FRITZ DICKMANN · DER WESTFÄLISCHE FRIEDEN

Gerard ter Borch,
Friede von Münster
1648.
(Reproduced by courtesy
of the Trustees, the National
Gallery London)

FRITZ DICKMANN

DER WESTFÄLISCHE FRIEDEN

ASCHENDORFF MÜNSTER

6. Auflage

Herausgegeben von Konrad Repgen

© 1972 Aschendorffsche Verlagsbuchhandlung GmbH & Co., Münster

Das Werk ist urheberrechtlich geschützt. Die dadurch begründeten Rechte,
insbesondere die der Übersetzung, des Nachdrucks, der Entnahme von Abbildungen,
der Funksendung, der Wiedergabe auf fotomechanischem oder ähnlichem Wege
und der Speicherung in Datenverarbeitungsanlagen bleiben, auch bei nur auszugsweiser
Verwertung, vorbehalten. Die Vergütungsansprüche des § 54, Abs. 2, UrhG,
werden durch die Verwertungsgesellschaft Wort wahrgenommen.

Gesamtherstellung: Druckhaus Aschendorff, Münster, 1992

ISBN 3-402-05161-3

Dem Andenken meines Lehrers

FRIEDRICH MEINECKE

und meines väterlichen Freundes

ERNST MÜSEBECK

Die Geschichtswissenschaft wird vielleicht mehr als bisher die Rechtsstandpunkte würdigen, die den Handlungen führender Persönlichkeiten zugrundeliegen, den rechtsethischen Wertvorstellungen nachgehen, von denen sie sich inspirieren ließen; sie wird erkennen lernen, daß das Recht selbst eine gewaltige Macht im politischen Leben ist und mancher Kampf um die Macht in Wahrheit zugleich einen Kampf ums Recht bedeutet.

Heinrich Mitteis, Rechtsgeschichte und Machtgeschichte, Festschrift A. Dopsch, 1938, Seite 555f.

INHALTSVERZEICHNIS

Vorworte XI

Einleitung

Der Westfälische Frieden im Urteil der Nachwelt 1
Der Kampf um den Religionsfrieden und die Auflösung der Reichsverfassung . 9
Kaiser und Stände 17
Kurfürsten, Fürsten und Städte 25
Die Westgrenze des Reiches. Vordringen Frankreichs und neue Staatenbildungen 34
Vom deutschen zum europäischen Krieg 42

Erster Teil. Vorgeschichte und Anfänge des Kongresses 1630—1645

1. Kapitel. Friedensverhandlungen zur Zeit des schwedischen Krieges 1630—1635

Bis zum Tode Gustav Adolfs 59
Bis zum Tode Wallensteins 65
Der Prager Frieden 70
Oxenstiernas Friedensangebot 74

2. Kapitel. Jahre des Gleichgewichts 1635—1640

Kriegseintritt Frankreichs. Päpstliche Vermittlung 77
Kurfürstentag von Regensburg und Kongreß von Köln 87
Geheimverhandlungen mit Schweden. Französisch-schwedisches Bündnis . . 91
Wende des Krieges 95

3. Kapitel. Vom Präliminarvertrag zum Friedenskongreß 1640—1643

Kurfürstentag von Nürnberg und Reichstag von Regensburg 98
Präliminarvertrag von Hamburg. Anfänge reichsständischer Opposition . . . 103
Der Reichsdeputationstag in Frankfurt 113
Regierungswechsel in Frankreich. Europäische Verwicklungen 117

4. Kapitel. Reichsverfassung und Bündnisrecht. Die deutsche Politik der Großmächte

Das deutsche Reichsstaatsrecht bis zu Hippolithus a Lapide 124
Das Bündnisrecht der Reichsstände 142
Die deutsche Politik Schwedens und Frankreichs 148

5. Kapitel. Der Kampf um Berufung und Stimmrecht der Reichsstände

Die erste Einladung 163
Die ersten Propositionen und die Zulassung der Reichsstände 169
Reichs- und Religionsbeschwerden 178
Die Entscheidung über das jus suffragii 186

6. Kapitel. Der Friedenskongreß

Der Schauplatz 189
Die Gesandten 192
Aufwand, Schulden, Korruption 201
Zeremoniell 206
Verhandlungsformen 212

Zweiter Teil. Die Gebietsabtretungen an Frankreich und Schweden

7. Kapitel. Vorverhandlungen

Die schwedischen Ansprüche 216
Die französischen Ansprüche 221
Bayern und die französische Satisfaktion. Schwedens Anspruch auf Pommern . . 233
Das letzte Vorgefecht: Die kaiserliche Duplik 241

8. Kapitel. Trauttmansdorff und die kaiserliche Politik. Das Annexionsprogramm der Mächte

Trauttmansdorffs Ankunft 243
Festlegung und Verkündung der Gebietsansprüche 246
Versuch einer Einigung mit Schweden 251
Beratungen und Votum der Reichsstände 253

9. Kapitel. Zwiespalt im Hause Habsburg. Vorvertrag mit Frankreich

Kaiser und Spanien, Niederlande und Frankreich 259
Verzicht auf das Elsaß. Spanischer Protest 265
Die Verhandlungsvollmacht des Kaisers und das Angebot Pommerns 274
Der Kampf um Breisach 279
Philippsburg. Einigung mit Frankreich 286

10. Kapitel. Spanien und die Niederlande. Schwedische Satisfaktion

Grundlagen des niederländischen Friedens 300
Schweden, Brandenburg und Pommern 304
Erste Verhandlungen. Ultimatum an Brandenburg 308
Die französische Vermittlung 312
Säkularisationen, Entschädigung Brandenburgs, Vertrag mit Schweden . . . 316

Dritter Teil. Die deutschen Fragen und der Abschluß des Friedens

11. Kapitel. Reichsverfassung und Friedensgarantie

Rechte der Stände 325
Assecuratio pacis und Antiprotestklausel 332

12. Kapitel. Die kirchlichen Streitfragen

    Die Grundlagen 343
    Erste Verhandlungen der Konfessionsparteien. 351
    Kaiserliche und kursächsische Vermittlung 354
    Anfänge und Hindernisse der Verständigung 360
    Die Anerkennung der Reformierten 367

13. Kapitel. Die Reichsstände auf dem Kongreß

    Amnestie und Restitution 373
    Die pfälzische Frage 377
    Ansprüche und Streitfragen fürstlicher Häuser 380
    Die Reichsstädte. Handels- und Zollfragen 384
    Grafen und Ritter. Einzelfragen 394

14. Kapitel. Krise und Neubeginn

    Der Ulmer Waffenstillstand 396
    Die achte Kur. Erste Friedensentwürfe. Bistum Osnabrück 398
    Nochmals Frankreich und das Elsaß. Abreise Trauttmansdorffs 406
    Katholische Opposition. Französische Satisfaktion und Forderungen der
        schwedischen Armee 413
    Anfänge einer Friedenspartei 424

15. Kapitel. Vorboten des Friedens

    Die eidgenössische Souveränität 432
    Der spanisch-niederländische Frieden 440
    Der Kaiser und die „dritte Partei" 443
    Kuriale Protestdrohung. Annäherung der Religionsparteien und Abschluß der
        kirchlichen Fragen 456
    Die letzten deutschen Fragen 465

16. Kapitel. Friedensschluß

    Ratifikation des niederländischen Friedens 468
    Abfindung des schwedischen Heeres. Abschluß mit Schweden 470
    Letzter Kampf um das Elsaß. Trennung des Reiches von Spanien. Frieden mit
        Frankreich. 477
    Beitritt des Kaisers und Friedensschluß 488

Schluß 494

ANHANG

Quellen und Darstellungen zum Westfälischen Frieden

    Gedruckte Quellen 509
    Archivalien 512
    Darstellungen 519

Anmerkungen 526

Verzeichnis der benutzten Archivalien 578

Literaturverzeichnis

    A. Bibliographische Hilfsmittel 580
    B. Ausgaben der Friedensverträge 580
    C. Quellen 581
    D. Darstellungen 585
    Von 1964 bis 1984 erschienenes Schrifttum zum
    Westfälischen Frieden und zum Dreißigjährigen Krieg 591

Abkürzungen 605

Zu den Abbildungen 606

Register 608

VORWORT ZUR SECHSTEN AUFLAGE

Nachdem sich herausstellte, daß eine erneute Auflage dieses Standardwerks nötig werde, haben Verlag und Herausgeber geprüft, ob nicht, wie zur fünften Auflage, erneut die Literatur nachzutragen sei. Das würde aber aus verschiedenen Gründen die Neuauflage verzögern und verteuern, so daß schließlich darauf verzichtet worden ist. Die sechste Auflage ist also ein Nachdruck der fünften.

Bonn, den 29. Dezember 1991   *Konrad Repgen*

VORWORT

Zum dritten Male innerhalb von zwölf Jahren wird ein in jeder Hinsicht gewichtiges Buch über den Westfälischen Frieden aufgelegt. Das ist eine erfreuliche Tatsache. Offenbar gibt es auch in unserer geschichts-müden Zeit noch Käufer und Leser für wissenschaftliche Werke dieses Ranges. Der im Juli 1969 überraschend verstorbene Autor hätte sich für diese seine Lebensleistung — er hat anderthalb Jahrzehnte daran gearbeitet — etwas Schöneres kaum wünschen können.

Die dritte Auflage ist, wie die zweite von 1965, im Text unverändert. Fritz Dickmann hatte damals zu Recht gemeint, ehe an eine gründliche Neubearbeitung zu denken sei, müßten zuvor in größerem Umfang neue Quellenmaterialien erschlossen sein. Nun hat sich unsere Quellenbasis inzwischen erheblich verbreitert. Die Publikation der Akten des Westfälischen Friedens schreitet gut voran; und die seit 1964 erschienene Literatur hat ebenfalls vielerlei Archivalien verarbeitet, die Dickmann noch nicht heranziehen konnte. Infolgedessen wäre zwar in manchen Details die Möglichkeit für Korrekturen gegeben. Aber als Ganzes ist sein Werk keineswegs überholt. Schon die erste Auflage war in der Darstellung des Faktischen meist zuverlässig, und Dickmann hatte, indem er die Frage nach dem Recht in den Mittelpunkt seiner Darstellung der Friedenstraktate rückte, einen unanfechtbaren Standpunkt gewählt. Daher konnte er seine Grundauffassungen in dem ausführlichen Vorwort der zweiten Auflage gegen die wichtigsten Einwände der allgemein sehr anerkennenden Kritik so gut verteidigen, daß sie sich auch weiterhin vertreten lassen. Sein Buch dürfte sich also noch lange als das eigentliche Standardwerk über den Westfälischen Frieden behaupten. Die weitere Einzelforschung wird von ihm auszugehen haben, und wegen der Bedeutung dieses Themas wird es auch in Zukunft ein historisch gebildetes Publikum ansprechen können.

Für diese Zwecke bedurfte es lediglich einer Ergänzung der Bibliographie durch die seit der zweiten Auflage erschienenen Titel. Dies hat Herr Dr. des. Winfried Becker besorgt, dem dafür auch an dieser Stelle zu danken ist. Er hat vielleicht mehr Titel aufgeführt, als Dickmann selbst gebracht hätte. Aber das Werk gewinnt dadurch natürlich für die weitere Benutzung sehr.

Möge die dritte Auflage, welche das Haus Aschendorff dankenswerterweise wagt, sich nun ebenso gut durchsetzen wie die beiden vorhergehenden. Fritz Dickmann gehört zu den Historikern, die — längst ehe es eine zum Teil reichlich modische „Friedensforschung" gab — mit großer Eindringlichkeit vom Frieden gesprochen haben, der nach bester europäischer Tradition Macht durch Recht einhegt. Die klassische Methode der deutschen Geschichtswissenschaft, deren er sich dabei bediente, die souveräne Stoffbeherrschung, die er sich als Frucht seiner langen Studien angeeignet hatte, das unbestechliche christliche Ethos, das die Kategorien seines Urteilens bestimmte, und nicht zuletzt die große geistige Kraft der Synthese, die er geleistet hat, sollten dieser Geschichte des Westfälischen Friedens auch für die Zukunft Beachtung und Aktualität sichern.

Bonn, den 20. August 1971 *Konrad Repgen*

VORWORT ZUR ZWEITEN AUFLAGE

Die erste Auflage dieses Buches erschien im August 1959. Im Herbst 1963 trat der Verleger mit dem Wunsch nach einer Neuauflage an mich heran. Er dachte an einen photomechanischen Nachdruck mit möglichst geringen Änderungen im Textteil. Mir schien dieser Wunsch auch sachlich berechtigt, weil ich an meiner Darstellung, auch unter Berücksichtigung der inzwischen erschienenen Arbeiten, im wesentlichen glaubte festhalten zu können, eine durchgreifende Umarbeitung jedenfalls nicht erforderlich schien. Es wurden daher im Text nur einige geringfügige Versehen stillschweigend berichtigt und die Auseinandersetzung mit der Kritik und den neueren Veröffentlichungen in das Vorwort verwiesen. Erst wenn die große Publikation der Acta Pacis Westphalicae weiter vorangeschritten sein und neues Quellenmaterial größeren Umfangs erschlossen haben sollte, wäre vielleicht auch die Zeit für eine gründliche Neubearbeitung dieses Buches gekommen. Wie die Dinge jetzt liegen, ist dem Leser wahrscheinlich am besten mit einem unveränderten, nur von Fehlern gereinigten Neudruck gedient, der den Forschungsstand beim Erscheinen der ersten Auflage wiedergibt und durch einen kurzen Bericht über die Ergebnisse der neueren Forschung zu unserem Thema ergänzt wird. Diesem Zweck soll also das Vorwort dienen.

Auch sonst ist nur wenig geändert worden: Der Anmerkungsteil wurde, dem Wunsch einiger Rezensenten entsprechend, durch Zahlen am Rande, die auf die Seiten der Darstellung verweisen, leichter benutzbar gemacht. Das Quellen- und Literaturverzeichnis wurde erweitert, indem nicht nur die neu erschienenen, sondern auch die im Anmerkungsteil öfter zitierten Arbeiten, die ursprünglich nicht alle nochmals genannt waren, in das Verzeichnis aufgenommen wurden, um das Auffinden der Zitate zu erleichtern. Auch das entspricht einem mehrfach geäußerten Wunsch.

Soviel zur äußeren Umgestaltung des Buches. Daß es zu seiner Zeit in einem (von der Forschungssituation her gesehen) günstigen Augenblick kam, zeigt die in den letzten Jahren in erstaunlichem Umfang angewachsene Beschäftigung mit dem Westfälischen Frieden, insbesondere die schon genannte, inzwischen begonnene Publikation seiner Akten durch die Vereinigung zur Erforschung der neueren Geschichte und der inzwischen erschienene erste Band von Konrad Repgens großem Werk „Die Römische Kurie und der Westfälische Friede", der freilich zunächst nur die Vorgeschichte des päpstlichen Protestes zum Gegenstand hat und mit dem Jahr der Eröffnung des Friedenskongresses (1644) abbricht. Die nicht leicht zu überschätzende Bedeutung schon dieses einleitenden Bandes habe ich an anderer Stelle[1] zu würdigen versucht und darf auf diese Rezension verweisen. Mit dem Thema dieses Buches berührt sich Repgens Darstellung vorerst noch wenig.

Was den bisher erschienenen ersten und zunächst noch einzigen Band der Acta Pacis Westphalicae betrifft, so sind die darin abgedruckten Instruktionen zum größten Teil von mir schon vor der Veröffentlichung in den Archiven von Wien, Paris und Stockholm benutzt und für meine Darstellung verwertet worden. Allerdings mit einer sehr gewichtigen Ausnahme: Die meisten kaiserlichen Instruktionen und vor allem die von Hans Wagner entdeckte und herausgegebene eigenhändige Weisung Kaiser Ferdinands III. an den Grafen Trauttmansdorff waren mir damals

---

[1] Historische Zeitschrift Band 197 (1963), S. 161—167.

noch unbekannt. Bedeutsam ist vor allem das letztgenannte, seit Jahrzehnten von vielen Forschern vergeblich gesuchte Dokument, das ich in der ersten Auflage (S. 553f) als möglicherweise verloren bezeichnet und dessen Inhalt ich aus den Berichten Trauttmansdorffs an den Kaiser zu rekonstruieren versucht hatte (S. 245f, 248). Es liegt uns nun also glücklich vor, und sein Inhalt entspricht im wesentlichen dem, was man darüber der Korrespondenz des Grafen entnehmen konnte, bringt aber auch einige Überraschungen. Hinsichtlich der Taktik, die Trauttmansdorff anbefohlen war, bestätigt sie unsere Vermutungen; erstaunlich ist aber, wie weit der Kaiser in den materiellen Zugeständnissen zu gehen bereit war: Er wollte sogar einer Amnestie und einer Wiederherstellung des kirchlichen Besitzstandes nach dem Stande von 1618 zustimmen, also die protestantischen Forderungen fast vollständig erfüllen, freilich nicht in den kaiserlichen Erblanden und unter Beibehaltung des Geistlichen Vorbehaltes zugunsten der Katholiken, sonst aber „cum assecuratione reciproca nihil in posterum immutandi." Er wollte weiter nicht nur ganz Pommern und das Erzstift Bremen, sondern Wismar und im Notfall auch Rostock den Schweden überlassen; im Westen über das Elsaß hinaus auch Breisach, ja „in desperatissimo casu" sogar den Breisgau an Frankreich abtreten[2]. Umso glänzender erscheint auf diesem Hintergrund das Verhandlungsgeschick des Grafen Trauttmansdorff, der mit sichtbarem Stolz in seinem Rechenschaftsbericht nach Abschluß des Krieges den Kaiser darauf hinweisen konnte, zu welchen bedeutenden Zugeständnissen er bevollmächtigt gewesen sei und was er ihm an Opfern erspart habe[3]!

In einem wichtigen Punkt glaube ich mein Urteil auf Grund inzwischen erschienener neuer Arbeiten modifizieren zu müssen, nämlich hinsichtlich des Augsburger Religionsfriedens, über den jetzt die grundlegende Abhandlung von Martin Heckel „Autonomia und Pacis Compositio[4]" vorliegt — vielleicht das beste, was zum Augsburger Religionsfrieden überhaupt geschrieben worden ist. Man sieht hier, wie viel der Historiker in diesen Dingen von dem Juristen lernen kann. Was mir an dem Friedensschluß von Augsburg besonders gravierend erschien (S. 9ff, 345ff, 526f), nämlich das Zudecken wichtiger Kontroversfragen, dessen verhängnisvolle Folgen freilich nicht zu bestreiten sind und auch von Heckel (S. 185—190) anerkannt werden, steht doch nun insofern in einem anderen Licht da, als Heckel dieses „Dissimulieren" als einen eigenen Typ rechtlichen Denkens und Gestaltens nachgewiesen hat, das sich nicht etwa nur aus Schwäche, sondern ganz bewußt gewisser „doppelseitig interpretierbarer Normen" bediente, um den unüberbrückbar erscheinenden Zwiespalt der Rechtsauffassungen, der sonst zu blutigem Austrag gedrängt hätte, zu verdecken und damit den Frieden zu retten oder doch wenigstens für den Moment zu erhalten. Mehr wird man kaum sagen können, denn ob dieses Verfahren wirklich, wie Heckel meint, dem Reich eine Bartholomäusnacht erspart hat, bleibt unbeweisbar, es hat jedenfalls mit dazu beigetragen, ihm einen dreißigjährigen Krieg zu bescheren. Selbst nach Heckel (S. 199, Anm. 351) hat das dissimulierende Verfahren sich als ein zweischneidiges erwiesen, es hat „den Frieden ermöglicht, inhaltlich geprägt und wieder von innen aufgelöst", und das bleibt eine

---

[2] Acta Pacis Westphalicae I Bd. 1, S. 441f., 446, 448.
[3] a. a. O. S. 453ff.
[4] Zeitschr. d. Savignystiftung für Rechtsgeschichte 76 (Kanonist. Abt. Bd. 45), 1959, S. 141—248.

tragische Schwäche; nur würde ich jetzt die Motive der Vertragschließenden doch etwas anders sehen und nicht mehr von „halber Unaufrichtigkeit in entscheidend wichtigen Fragen" (S. 11 unten) sprechen, seitdem uns Heckel das Verfahren in seiner ursprünglich positiven Intention verständlich gemacht hat.

Nicht zustimmen kann ich jedoch Heckels Ausführungen über das Prinzip der „Aequalitas" im Augsburger Religionsfrieden (S. 240—248) — eine Frage, die gerade im Hinblick auf die Weiterbildung des Konfessionsrechtes im Westfälischen Frieden von besonderem Gewicht ist; hängt doch davon dessen Beurteilung ganz wesentlich mit ab. Heckel sieht die Parität im Augsburger Religionsfrieden zwar nicht formal in den Einzelbestimmungen (eine gleichmäßige Subsumtion unter die einseitigen Maßstäbe und Verfassungsprinzipien einer Partei wäre nach seiner Meinung gar keine Parität gewesen), wohl aber im Gesamtgefüge des Friedens, in seinen Ausgleichstendenzen, seinem Kompromißcharakter, dem Nebeneinander von Erhaltung des Status quo und der Schaffung begrenzter Räume für Fortentwicklung, von Vorläufigkeit und Dauer etc. „Alle seine absurda, seine Unverträglichkeiten und Unvollziehbarkeiten sind eine Folge seiner Parität" (Heckel S. 247). Damit scheint mir aber nicht nur der einzig mögliche Sinn des Begriffes „Parität" verwischt, sondern auch das Entscheidende der von den Protestanten als Auslegungs- und Entscheidungsnorm des Friedens geforderten „Aequalitas" verkannt zu sein. Es ist sicher richtig, daß beim Abschluß des Religionsfriedens die evangelische Sache im Vordringen war, die Gleichheit also im Augenblick nur zum Vorteil der Protestanten gedient hätte. Aber nicht das war ja das Entscheidende. Die Zeiten konnten sich ändern und haben sich geändert, und dann konnte das Prinzip der Aequalitas sich auch einmal gegen die Evangelischen richten. Nur als formale Gleichheit, das heißt unter dem Gesichtspunkt der gleichen Chancen, so wie die Protestanten sie von 1559 bis 1648 unentwegt gefordert haben, darf die Parität verstanden werden, nicht als „Wahrung der beiden religiösen Positionen in ihrer Reinheit und ... Sicherung ihrer Existenz vor dem Zugriff der Gegenpartei" (so Heckel S.243). Eben daß die von den Evangelischen geforderte Aequalitas das nicht war, sondern mit der Forderung auf Freigabe aller Chancen ein dynamisches Element in sich barg, machte sie ja den Katholiken so unheimlich, so daß sie jedes Zugeständnis dieser Art stets konsequent ablehnten. Von „Parität als Verfahrensweise" war eben nicht die Rede, weder im Religionsfrieden selbst noch in seiner späteren Auslegung und Anwendung, und diese Tatsache scheint mir für die Entwicklung des Verhältnisses der Konfessionsparteien nach 1555 mit allen seinen Folgewirkungen für Reich und Reichsverfassung von größter Bedeutung zu sein.

Noch ein wichtiges Buch sei hier genannt, das mir beim Erscheinen der ersten Auflage zwar schon dem Namen nach bekannt, aber noch nicht zugänglich war, die schöne Biographie des Baseler Bürgermeisters Wettstein von Julia Gauß und Alfred Stoecklin. Sie bestätigt einerseits, was ich über die Konzeption einer Schweizer Neutralitätspolitik im dreißigjährigen Kriege und über Wettsteins Verhandlungen am Kongreß ausgeführt habe (S. 432—439), gibt aber andererseits auf breiter archivalischer Grundlage ein viel detaillierteres und farbigeres Bild von diesen Vorgängen als der kurze Abriß, mit dem ich mich begnügen mußte und der der Bedeutung der eidgenössischen Politik im Rahmen des großen Friedenswerkes eigentlich nicht ganz gerecht wird. Deshalb sei auf dieses bedeutende Lebensbild des „Königs der Schweizer" als eine notwendige Ergänzung und willkommene Bereicherung hingewiesen.

Julia Gauß hat inzwischen auch das wertvolle Diarium Wettsteins während seiner Tätigkeit am Kongreß herausgegeben. Es bringt manche Bereicherung im einzelnen, wirkt aber vor allem durch die Unmittelbarkeit, Frische und Anschaulichkeit seiner Schilderungen, die uns das Bild des Kongresses noch deutlicher und farbiger machen.

Aber nicht nur der fortschreitenden Forschung, auch der Kritik bin ich zu Dank verpflichtet. Meine Arbeit hat freundliche Aufnahme gefunden, nicht nur des Gegenstandes wegen, der dringend der Neubearbeitung bedurfte, sondern auch in vielen Einzelheiten. Es wurde anerkannt, daß die vorwiegend rechtsgeschichtliche Betrachtung der Eigenart des Themas entspreche; Bedenken gegen die Gesamtauffassung sind nur selten erhoben worden, hin und wieder wird von einer überraschend günstigen Beurteilung des Friedens gesprochen[5], im allgemeinen aber überwiegt doch die Meinung, die in der Herstellung einer europäischen Rechtsordnung, eines kirchlichen Friedens, einer trotz aller Gebrechen doch tragfähigen Neugestaltung des Reiches das große Verdienst des Westfälischen Friedens sieht, also der Grundthese meines Buches zustimmt[6]. Daß wir diesen Friedensschluß, der ja eine der tiefsten Zäsuren in unserer nationalen Geschichte darstellt, heute nicht mehr so sehen können wie die nationalstaatlich bestimmte deutsche Historiographie bis 1945, (was natürlich in der populären deutschen Geschichtsauffassung bis heute nachwirkt) und daß wir uns in mancher Hinsicht wieder der Auffassung der Publizisten des 17. und 18. Jahrhunderts zuneigen — das scheint in der Tat so etwas wie eine communis opinio in der deutschen Geschichtswissenschaft zu sein.

Ein anderes Thema, das in mehreren Rezensionen[7] und ganz besonders in der erwähnten Besprechung von Raumer beherrschend anklingt, ist das so viel erörterte Problem der Politik Richelieus. Es war nicht meine Absicht, das vor Jahrzehnten zwischen W. Mommsen, v. Raumer und anderen ausführlich erörterte Thema der damaligen französischen Rheinpolitik ganz neu aufzurollen, aber natürlich konnte ich mich im Rahmen meiner Aufgabe einer Erörterung der Kriegsziele Richelieus nicht entziehen, zumal ich dank neuer Quellenfunde ein Stück weiter zu kommen hoffte als meine Vorgänger in den zwanziger Jahren, denen die französischen Archive nicht offen gestanden hatten. Raumer hat in seiner Rezension bei im ganzen zustimmender Tendenz doch an zwei Punkten die kritische Sonde angesetzt: Er hat Bedenken dagegen, daß ich Richelieus Kriegsziele „aus der zu schmal bemessenen Strecke Zeit vor und nach Frankreichs Kriegseintritt" fassen wolle und neben den Aussagen der Quellen zu wenig „die Vorbehalte der ... Verschweigung als Denkmöglichkeit einbezogen" hätte (S. 608), insofern nämlich als ich Richelieu darin Glauben schenke, daß es ihm bei Besetzung der festen Plätze am Rhein zunächst mehr auf Sicherungsmaßnahmen und Gewinn von Faustpfändern und nicht so sehr auf Annexionen (obwohl solche sich später ergeben konnten und keineswegs prinzipiell ausgeschlossen wurden) angekommen sei.

---

[5] G. F. Klenk S. J. in Stimmen der Zeit Bd. 168, Heft 12; B. Schneider S. J. in Gregorianum 1960, Heft 3.

[6] E. W. Zeeden in Geschichte in Wissenschaft und Unterricht Bd. 11, (1960) S. 384ff.; K. von Raumer, Westfälischer Friede, Historische Zeitschrift Bd. 195 (1962), S. 596—613, u. a. m.

[7] U. a. G. Livet, Revue Historique Bd. 228 (1962), S. 481ff.; Dieter Albrecht, Ztschr. f. bayer. Landesgeschichte Bd. 24 (1961), S. 504ff.; Hans Wagner MIÖG Bd. 69 (1961), S. 171ff.

Raumers Kritik erstreckt sich weiter auf eine, wie er meint, etwas zu unbedenkliche „Ideologisierung" (S. 611) der Gesamtpolitik Richelieus, vor allem seiner europäischen Konzeption, für die ich mich gleichfalls auf neues Quellenmaterial, nämlich seine zahlreichen Vorentwürfe zur Friedensinstruktion im Archiv der auswärtigen Angelegenheiten in Paris, gestützt hatte, in denen seine bis dahin ganz unbekannten und noch nie im Zusammenhang gewürdigten Pläne eines Systems kollektiver Sicherheit für ganz Europa entwickelt werden. Gleichzeitig mit Raumers Rezension erschien der erste Band der Acta Pacis Westphalicae mit dem Abdruck der von mir benutzten Richelieu-Dokumente, und auf Grund dieser Publikation habe ich meine Auffassung in einer besonderen Abhandlung[8] noch eingehender zu begründen versucht. Ich darf statt einer Diskussion an dieser Stelle, die den Rahmen eines Vorwortes sprengen würde, auf den genannten Aufsatz verweisen. — Übrigens hat auch Otmar Freiherr von Aretin in einer in den Göttingischen Gelehrten Anzeigen erschienenen Rezension[8a] meiner Beurteilung Richelieus im wesentlichen zugestimmt, auch er aber mit der Einschränkung, daß Richelieus Garantie- und Sicherheitssystem weniger auf eine gesamteuropäische Friedensregelung gerichtet gewesen sei, als vielmehr dazu dienen sollte, die auf der kaiserlichen Lehenshoheit beruhende überlieferte Ordnung des Reiches aus den Angeln zu heben, um an die Stelle der habsburgischen Hegemonie über Europa eine französische zu setzen. Ich würde das nicht bestreiten, aber darin auch keinen Widerspruch zu meiner Auffassung erblicken. Die Absichten eines großen Staatsmannes lassen sich nie vereinfachend nur auf einen Nenner bringen, und ich würde hier noch nicht einmal von zwei sich ausschließenden Motiven reden (obwohl selbst so etwas bekanntlich in einer Person zusammentreffen kann), sondern zugeben, daß für Richelieu europäische Friedensordnung und französische Hegemonie nur zwei Seiten derselben Sache waren. Wie tief übrigens Rechtsüberzeugung und Machtdenken bei ihm zusammenhingen und sich miteinander verflochten, habe ich in dem erwähnten Aufsatz zu zeigen versucht.

Aretin wirft noch ein anderes wichtiges Problem auf: Er bedauert, daß der eingehenden Würdigung der zur Umgestaltung der Reichsverfassung drängenden evangelischen Kräfte in meiner Darstellung keine entsprechende Beachtung der beharrenden katholischen Kräfte gegenüberstehe. Deren Rolle bei den Friedensverhandlungen sei nicht weniger wichtig gewesen, und ihrem retardierenden Einfluß sei es zuzuschreiben, wenn das Reich auch in seiner letzten Phase nach 1648 noch immer seinen katholischen Charakter bewahrt habe. Selbst die Haltung der extremen katholischen Gruppe bei den Religionsverhandlungen sei reichs- wie kirchenrechtlich wohl begründet, ja „reichserhaltend" gewesen, denn die Rettung der katholischen Hierarchie und des Mitspracherechts des katholischen Reichsadels in Reichsangelegenheiten, das er mittels seiner Stellung in den geistlichen Fürstentümern ausübte, war (so glaube ich Aretin zu verstehen) mit Erhaltung der Reichsverfassung als solcher gleichbedeutend. Dies hätte ich übersehen oder verkannt, als ich den geistlichen Territorien des 17. Jahrhunderts die Daseinsberechtigung bestritt. — Ich würde dem doch nicht zustimmen können. Natürlich ist der enge Zusammenhang zwischen dem halb geistlichen Charakter des Reiches und seinem

---

[8] Rechtsgedanke und Machtpolitik bei Richelieu, Histor. Zeitschrift Bd. 196 (1963), S. 265—319.

[8a] 216. Jahrgang (1964), Nr. 3/4, S. 232—243.

altehrwürdigen Beruf als Schutzmacht der Kirche unbestreitbar. Wenn man diesen Beruf als unverändert gültig betrachtet, dann stritt allerdings ein Mann wie Bischof Franz Wilhelm von Osnabrück auch bei sehr eigenwilliger Wahrung seiner Ansprüche und Interessen im Grunde für die Erhaltung des Reiches. Aber eben doch in einem Sinne, der auch schon damals längst nicht mehr der allgemeine war! Das bezieht sich nicht nur auf die Protestanten, sondern in großem Umfang auch auf die Katholiken. Wenn Graf Trauttmansdorff unbedenklich zur Säkularisation großer geistlicher Fürstentümer die Hand bot und dabei über die Rechte der Kapitel und die Ansprüche des Reichsadels beider Konfessionen bedenkenlos hinwegging, wenn Bischof Franz Wilhelm, der Prior Adam Adami und andere für ihre Klagen bei den meisten katholischen Reichsständen taube Ohren fanden und die Bereitwilligkeit des Grafen d'Avaux, auf solche Beschwerden zu hören, als eine ganz besondere Ausnahme und er selbst deswegen als ein weißer Rabe galt, so beweist das doch, daß die Existenz der geistlichen Fürstentümer auch auf katholischer Seite damals bereits als eine Anomalie empfunden und ihr ursprünglicher Charakter garnicht mehr recht verstanden wurde. Mindestens beweist es, daß man sich auch katholischerseits das Reich ganz gut ohne das Element geistlicher Landesherrschaft und geistlicher Teilhabe an der Reichsgewalt vorstellen konnte, was hundert Jahre früher sicher noch undenkbar gewesen wäre. Natürlich suchte man auch jetzt noch so viel wie möglich davon zu erhalten, schon um ein protestantisches Übergewicht in den Reichskollegien zu verhindern; daß man aber das geistliche Element als wesentlich für die Reichsverfassung angesehen hätte, davon kann, glaube ich, für die Zeit des Westfälischen Friedens keine Rede mehr sein.

Zu manchen kritischen Einzelbemerkungen wäre noch dies oder jenes zu sagen; ich will mich auf das Notwendigste beschränken: Ein Zitat aus Srbik's Schrift über den Westfälischen Frieden, das ich auf Seite 4 oben anführte, ist mir als „Mißgriff" und als Versuch, ihn als Prototyp eines einseitig nationalistischen Historikers vorzuführen angekreidet worden[9]. Ich meine nicht, daß man beim Nachlesen der Stelle ein so hartes Urteil wiederfinden wird. Muß es der menschlichen Verehrung für einen der Großen unserer Wissenschaft Abbruch tun, wenn man ihn einmal kritisch zitiert? Daß man sein scharfes Verdikt über den Westfälischen Frieden, das er im Jahre 1940 niedergeschrieben hat und zu anderen Zeiten möglicherweise selbst anders formuliert hätte, gleichwohl als symptomatisch für eine gewisse Grundstimmung der damaligen deutschen Historikergeneration ansehen darf, scheint mir sicher. — Einen sachlichen Fehler glaubt Michael Roberts[10] feststellen zu müssen: Er bezeichnet den Hinweis auf Seite 422 meiner Darstellung, daß die schwedische Armee ihre Regierung mit ihren Geldforderungen unter Druck setzen konnte, weil sie das Recht hatte, den Reichstag zu beschicken, als „a very odd misapprehension." Seltsam ist die Sache schon, aber doch kein Mißverständnis, denn in der Tat wurden seit 1594 bis zum Ende des 18. Jahrhunderts in Schweden die militärischen Befehlshaber und mitunter auch Vertreter der Soldaten in den Reichstag berufen, wo sie zwar nicht als gleichberechtigt mit den anderen Ständen, sondern als eine Art Anhängsel des Ritterhauses galten, immerhin aber Einfluß auf die Verhandlungen hatten[11]. Für die Haltung der schwedischen Regierung und ihrer

---

[9] Hans Sturmberger in Erasmus Bd. 13 (1961), Sp. 558.
[10] The English Historical Review Bd. 76 (1961), S. 685.
[11] Vgl. Nils Herlitz, Grundzüge der schwedischen Verfassungsgeschichte, Rostock 1939, S. 86, 142, 156, 226.

Bevollmächtigten am Kongreß in der Frage der Abfindung der Soldateska war das zweifellos nicht ohne Bedeutung.

Zustimmen muß ich allen den Kritikern, die dem Buch eine breitere archivalische Grundlage gewünscht hätten und die Nichtberücksichtigung z. B. der bayerischen Akten oder außerdeutscher Archive wie des päpstlichen, spanischen oder holländischen bedauert haben. Aber das hätte eine Lebensarbeit bedeutet. Eine Grenze mußte gezogen werden, und ich konnte sie nur in der Beschränkung auf die Archive der drei Hauptsignatarmächte (mit einer ganz bestimmten, besonders begründeten Ausnahme hinsichtlich des Marburger Archivs) finden. Die Forschung wird ja im übrigen nicht stillstehen und ist, wie die erwähnte Arbeit von Repgen und das große Unternehmen der Acta Pacis Westphalicae zeigen, in den letzten Jahren unablässig weitergegangen.

Mit einem gewissen Recht ist auch bemängelt worden, daß meine Darstellung mit der Unterzeichnung des Friedens am 24. Oktober 1648 etwas unvermittelt abbricht, daß Ratifikation und Exekution, Nachwirkung und Folgen des Friedens nicht mehr geschildert werden. Ich könnte mich darauf berufen, daß wir dafür ja die ausgezeichnete und sehr ausführliche Darstellung von Bernhard Erdmannsdörffer im ersten Bande seiner „Deutschen Geschichte vom Westfälischen Frieden bis zum Regierungsantritt Friedrichs des Großen" (1892) besitzen, will aber doch gestehen, daß ich den Mangel selbst empfunden und die Kritik erwartet habe, daß ich aber nach mehr als einem Jahrzehnt angestrengtester Arbeit an diesem Buch, die neben unverkürzter Berufsarbeit geleistet werden mußte, zum Abschluß kommen wollte und mußte. Wir sind nun einmal im deutschen höheren Schulwesen nicht so gestellt, daß für wissenschaftliche Forschungstätigkeit eine nennenswerte Entlastung möglich wäre. So muß ich den Mangel, obwohl ich ihn sehe, auch in der zweiten Auflage bestehen lassen.

Es ist mir eine besondere Freude, aus diesem Anlaß der Aschendorffschen Verlagsbuchhandlung meinen Dank zum Ausdruck zu bringen, die das Wagnis nicht scheute, das Werk in ihre Obhut zu nehmen. Sie hat ihm durch ihren guten Namen einen raschen Eingang in der Leserwelt verschafft. So ist es nicht zuletzt ihr zu danken, wenn heute, fünf Jahre nach dem ersten Erscheinen, die zweite Auflage hinausgehen kann.

Marburg, im Juli 1964 *Fritz Dickmann*

VORWORT ZUR ERSTEN AUFLAGE (1959)

Die Epoche des Westfälischen Friedens ist ein fast vergessenes Kapitel unserer Geschichte. Es fehlt zwar nicht an Einzeluntersuchungen, wohl aber an einer zusammenfassenden Darstellung und vor allem an modernen Quellenpublikationen, wie wir sie sonst für jeden Zeitraum der neueren Geschichte besitzen. Der Versuch, eine Geschichte der Friedensschlüsse von Münster und Osnabrück zu schreiben, mag deshalb gewagt erscheinen, und es ist vielleicht gut, daß man die Schwierigkeiten eines solchen Unternehmens im voraus nicht übersieht. Diese Arbeit wäre sonst wohl unterblieben, und ich kann nur hoffen, daß man sie wenigstens als einen ersten, vorläufigen Überblick über den Gegenstand und seine Probleme gelten läßt.

Es ist bei dieser Sachlage billigerweise nicht zu erwarten, daß eine Gesamtdarstellung des komplizierten Vertragswerkes für alle Einzelheiten auf die besten Quellen zurückgreift und diese lückenlos erschließt. Ich habe mich weithin auf das zerstreute und unvollständige, meist schon im 17. und 18. Jahrhundert publizierte Aktenmaterial und auf die zusammenhanglose Einzelforschung der neueren Zeit beschränken müssen. Nur für die letzten drei Jahre, die eigentlichen Friedensverhandlungen, konnte ich die Archive der drei Hauptsignatarmächte benutzen und auch hier bei der Fülle des Materials nur in strenger Auswahl.

Besonderen Dank schulde ich der Deutschen Forschungsgemeinschaft, die mir durch Reisestipendien den Besuch der Archive in Paris und Stockholm möglich machte und den Druck des Buches in großzügiger Weise förderte. Das Haus-, Hof- und Staatsarchiv in Wien hat mir mit einer Bereitwilligkeit, für die ich nicht dankbar genug sein kann, durch Übersendung umfangreicher Aktenbestände nach Marburg und durch zahlreiche Mitteilungen geholfen. In Paris fand ich im Archiv des Ministeriums der auswärtigen Angelegenheiten, in der Handschriftenabteilung der Bibliothèque Nationale und im Institut de France, in Stockholm im Reichsarchiv, in Marburg im Staatsarchiv jede nur denkbare Förderung. Vor allem aber bin ich der Universitätsbibliothek und der Westdeutschen Bibliothek in Marburg und mancher auswärtigen Bibliothek für nie versagende Hilfsbereitschaft, für Auskünfte und Nachweise zu größtem Dank verpflichtet, und nicht zuletzt den Forschern, die mir auf Einzelfragen bereitwillig Auskünfte, Ratschläge und Hinweise gaben. Meiner Frau danke ich herzlich für das Mitlesen der Korrekturen.

Über die Quellen habe ich im Anhang berichtet. Gern hätte ich von dem ungedruckten Material einiges mitgeteilt, doch verbot leider der Mangel an Raum den Abdruck auch nur einzelner Stücke.

Zu bemerken ist noch, daß alle Daten im Text, soweit nichts anderes vermerkt ist, nach dem neuen (gregorianischen) Kalender gegeben sind.

Das Buch soll dem Andenken der beiden Männer gewidmet sein, die mir in besonderer Weise Lehrer und allezeit gütige Förderer gewesen sind.

Marburg, den 20. April 1958 *Fritz Dickmann*

DER WESTFÄLISCHE FRIEDEN

EINLEITUNG

Der Westfälische Frieden im Urteil der Nachwelt.

Am Abend des 24. Oktober 1648 unterzeichneten in Münster die Vertreter dreier Großmächte und zahlreicher deutscher Reichsstände die Urkunden des ersten großen Friedensschlusses der europäischen Geschichte. Von diesem Augenblicke an rechnet man seither eine neue Epoche. Waren sich auch die Zeitgenossen dessen bewußt? Wie nahm die Welt die Botschaft von diesem Frieden auf?

Dank und überströmende Freude waren die ersten Gefühle, die das deutsche Volk bewegten; Paul Gerhardts herrlicher Friedenschoral spricht davon. Wie hätte es nach dreißig Jahren erbarmungsloser Zerstörung und namenlosen Leides auch anders sein können? Ungläubig, staunend, aufs tiefste bewegt sahen die Frommen das Ende der göttlichen Heimsuchung gekommen. Eine neue Zeit der Gerechtigkeit, der Versöhnung, des Friedens schien endlich angebrochen.

Lange hat die Nachwelt den Frieden so gesehen. Zwar wich der überschwängliche Lobpreis bald ruhiger Betrachtung, aber die Grundstimmung blieb. Ganz Deutschland empfand die durch den Frieden geschaffene Ordnung als gerecht und wohltätig. Die Stimmen einiger leidenschaftlicher Eiferer, die ihn verdammten, wurden kaum gehört. Der Abt Colchon von Seligenstadt sah den Ruin der Kirche vor Augen, der Chronist von Thann im Elsaß schalt über „die verfluchten Ketzer mit ihrem vermaledeiten Münsterischen Frieden", der kaiserliche Rat und Friedensunterhändler Isaak Volmar nannte das Reich, wie es der Frieden hinterließ, einen „toten Körper", aber diese wenigen blieben mit ihrem Groll allein. Durch anderthalb Jahrhunderte hören wir allenthalben nur das Lob des Friedens. Den Staatsrechtslehrern war er das wichtigste Grundgesetz des Reiches, den Publizisten das Fundament der religiösen und politischen Freiheit, den Staatsmännern bot er die Gewähr für den Frieden und das Gleichgewicht unter den Mächten, allen schien er eine ruhige Entwicklung der Dinge und eine glückliche Zukunft zu verbürgen. Der Hannoversche Hofrat von Meiern, der fast hundert Jahre später die Akten des Friedens publizierte, versicherte in der Vorrede seines Werkes, Deutschland könne durch ihn eines der glücklichsten Reiche der Welt werden, wenn es nur wolle, und beim Jahrhundertfest 1748 stimmte der junge Justus Möser in der Friedensstadt Osnabrück eine begeisterte Dankode an:

> O Tag, o größter unserer Tage!
> Du schufst die Gleichheit jener Waage,
> die Reiche gegen Reiche wiegt.
> Du hast des Gottesdienstes Rechte,
> die Glück und Unglück wechselnd schwächte,
> besäult, daß sie kein Feind besiegt!

Empfand man so in Deutschland, dann kann der Lobpreis des Friedens aus dem Munde anderer Nationen umso weniger überraschen. Für sie alle verbanden und verbinden sich mit ihm die größten Erinnerungen ihrer Geschichte. Die Gefahr einer habsburgischen Universalmonarchie schien gebannt, da der Kaiser nicht mehr über das Reich gebieten konnte und sein Bündnis mit Spanien zerbrochen war. Frankreich und Schweden erstiegen die Höhe europäischer Großmachtstellung, Eidgenossen und Niederländer gewannen ihre nationale Unabhängigkeit und völkerrechtliche Souveränität. Im Gedächtnis aller dieser Nationen bewahrt der Westfälische Frieden bis heute einen ehrenvollen Platz.

Merkwürdig ist allerdings, daß er sich in Frankreich, dessen große Zeit mit ihm begann, diese Anerkennung erst erringen mußte. Während die französische Diplomatie in Münster ihren größten Triumph feierte, brach, fast auf den gleichen Tag, in Paris der Aufstand der Fronde aus, in dessen Verlauf Mazarin, der Schöpfer des Friedens, in die Verbannung gehen mußte. In diesen haßerfüllten Parteikämpfen ging die Kunde von dem glorreichen Friedensschluß fast unter. Die zeitgenössischen Memoiren und Geschichtswerke halten sie kaum der Erwähnung wert. Werden Stimmen laut, so äußern sie mehr Tadel als Lob. Zugleich mit dem unterschriebenen Vertrag traf in Paris die Denkschrift eines französischen Diplomaten aus Münster ein, der die Erwerbungen im Elsaß beschämend gering und ihre Bedingungen so verklausuliert fand, daß dadurch nur der Same künftiger Mißverständnisse und Kriege ausgestreut werde. Schärfste Ablehnung kam wie in Deutschland von den eifrigen Katholiken. Ihr alter Haß gegen die Partei der „Politiker" entzündete sich neu an der Kritik dieses Friedens; man sagte, ein Türke oder Sarazene im Kardinalsrock müsse ihn geschlossen haben!

Aber die Wut des Kampfes verflog und mit ihr die Kritik. Im 18. Jahrhundert nannte Voltaire den Vertrag von Münster die „gloire de la France", im 19. Jahrhundert Henri Martin das größte Dokument des größten Zeitalters der Diplomatie. Von da an sind alle französischen Urteile auf diesen Ton gestimmt. Der unmittelbare Gewinn für Frankreich spielte dabei noch nicht einmal die entscheidende Rolle. Wohl sprach man hin und wieder von der endlich erreichten Rheingrenze, wichtiger aber war den Franzosen seit jeher das europäische Gleichgewicht und der Sieg des föderativen Prinzips in der deutschen Reichsverfassung. Im einzelnen gab es da manche Schattierungen des Urteils. Henri Martin feierte den Frieden als einen Triumph des modernen Völkerrechts über die mittelalterliche Idee der Christenheit, der politique laique über die politique ecclésiastique. Albert Sorel lobte ihn, weil er die Führung Frankreichs über eine Gefolgschaft mittlerer Staaten begründet und damit die für den Frieden Europas so bedrohliche Rivalität der großen Militärmächte beseitigt habe. Am 3. Mai 1866 rief Adolphe Thiers im Corps législatif den Westfälischen Frieden zum Zeugnis dafür auf, daß die föderative Gliederung der Mitte Europas, die er geschaffen habe, nicht nur das ewig gültige Ziel der französischen Deutschlandpolitik darstelle, sondern auch durch die Garantie der Mächte als eine europäische Notwendigkeit anerkannt sei. Seine Rede war eine Warnung an Napoleon III. und eine Antwort auf das Bismarcksche Bundesreformprogramm vom 9. April 1866, das die Frage der deutschen Einheit aufrollte und dem System des Westfälischen Friedens den letzten Stoß versetzte. In einem Augenblick größter Entscheidungen mit historischem Instinkt gesprochen, waren die Worte Thiers' der gültige Ausdruck dessen, was Frankreich mit dem Erbe des Westfälischen Friedens zu besitzen glaubte und zu verlieren fürchtete. In ihm ist für französisches Denken das wahre Interesse Frankreichs und Europas verschmolzen. Mögen Ludwig XIV., die Jakobiner, Napoleon I. in ihrer Außenpolitik umstritten sein, um den Westfälischen Frieden gibt es keinen Streit.

Man könnte dasselbe auch von Deutschland sagen: Es ist kein Streit um diesen Frieden. Das einhellige Lob des 17. und 18. Jahrhunderts ist ebenso einheliger Verdammung gewichen. Selten hat ein geschichtliches Urteil sich so völlig in sein Gegenteil verkehrt. Der Wandel beginnt ziemlich unvermittelt mit dem Ende des alten Reiches. Noch wenige Jahre vorher hörte das Weimarer Publikum bei der ersten Aufführung des „Wallenstein" die Worte des Prologs:

> Zerfallen sehen wir in diesen Tagen
> die alte feste Form, die einst vor hundert
> und funfzig Jahren ein willkommner Friede
> Europens Reichen gab, die teure Frucht
> von dreissig jammervollen Kriegesjahren.

Das war damals wohl noch durchaus die herrschende Meinung. Sie wirkte vereinzelt bis in die Mitte des 19. Jahrhunderts nach, aber sie war seit den Freiheitskriegen und vollends seit der Revolution von 1848 nicht mehr das Urteil der Nation. Die durch den Westfälischen Frieden geschaffene Ordnung der europäischen und deutschen Dinge war dem neuerwachten deutschen Nationalgefühl höchst fragwürdig, ja verhaßt geworden. Daß die Regierungen in der Zeit nach 1815 an diese Ordnung irgendwie wieder anzuknüpfen suchten, erzeugte eine Spannung, die einer ruhigen Urteilsbildung nicht günstig war. „Kaum eine Zeile kann heutzutage über diesen Gegenstand geschrieben werden ohne den offenen oder verhüllten Zweck des Angriffs oder der Abwehr; unsere ganze Literatur auf diesem Gebiet ist polemisch geworden", bemerkte Bernhard Erdmannsdörffer in den sechziger Jahren. Die Auffassung, die seitdem tief in das Bewußtsein des deutschen Volkes eingegangen ist, hat in Droysens Geschichte der preußischen Politik klassischen Ausdruck gefunden: Die habsburgische Reichspolitik des 17. Jahrhunderts mußte scheitern, weil sie den einzig rettenden Gedanken, den nationalen, nicht erfaßte. Droysen gab zu, daß der Westfälische Frieden an die Stelle der alten Doktrin vom Heiligen Reich ein europäisches Völkerrecht gesetzt habe, aber er leugnete, daß damit eine neue Ordnung, ein dauernder Frieden und ein wirklicher Ausgleich geschaffen worden seien. Man habe die großen Gegensätze der Zeit durch Verträge und Garantien gebunden, ohne sie durch ein einigendes Prinzip zu versöhnen. Er fand es unerträglich, daß der Westfälische Frieden die Rechtsgemeinschaft der Staaten und das europäische Gleichgewicht auf die Ohnmacht Deutschlands gründen wollte, das Opfer war ihm zu schwer. Er schob die Schuld für diesen unglücklichen Frieden auf die Habsburger. Die katholisch-österreichische Geschichtsschreibung klagte dafür die mangelnde Reichsgesinnung der deutschen Fürsten an, in der Verurteilung des Friedens aber war man sich einig.

Ein Geschlecht, das um den nationalen Staat ringen mußte, konnte wohl kaum anders empfinden. Und gab nicht die Erfüllung des Einheitstraumes durch die Reichsgründung von 1871 diesem Urteil recht? Jedenfalls fanden die Deutschen ihr Geschichtsbild durch die Geschichte selbst bestätigt. In dem Jubiläumsbuch von 1898 wußte Carl Spannagel an dem Westfälischen Frieden nur das eine zu loben, daß er dem Hause Brandenburg den Weg in das Herz Deutschlands gewiesen habe. Man konnte hinfort alle deutschen Geschichtsbücher aufschlagen, überall fand man ähnliche Urteile. Nur die Völkerrechtslehrer und Theologen versuchten den Frieden auch von einer anderen Seite zu würdigen, im Geschichtsbild des deutschen Volkes behielt er den einmal angewiesenen Platz. Bis zum

Zusammenbruch von 1945 kamen die nationalen Leidenschaften nie zur Ruhe, und so stand dem seiner selbst gewissen französischen Urteil ein ebenso selbstbewußtes auf deutscher Seite gegenüber. Der Westfälische Frieden war nach Heinrich von Srbik „das ewige Gesetz französischer Hegemonie und deutscher Schwäche", und wenn sich so ein Historiker von hohem Range aussprach, was war dann von der populären Meinung zu erwarten oder gar von der politischen Propaganda, die sich im Dritten Reich dieses Gegenstandes bemächtigte? Hitler hat gern als Ziel des Krieges, den er entfesselt hatte, die Zerstörung des französischen Systems von 1648 genannt, von dem doch schon längst nichts mehr bestand. Wäre dem Sieg über Frankreich im Jahre 1940 ein nationalsozialistischer Frieden gefolgt, vielleicht hätten die alten Kongreßstädte Münster und Osnabrück eine ähnliche Rolle gespielt wie der Salonwagen des Marschalls Foch im Walde von Compiègne am 22. Juni 1940.

Inzwischen aber hat die Katastrophe von 1945 vieles hinweggeräumt, was uns Deutschen eine unbefangene Würdigung des Friedenswerkes von 1648 so schwer machte. Wir begannen zu verstehen, was der Frieden, wie er auch immer aussehen und was er an Opfern verlangen mag, für ein zu Tode getroffenes und fast verblutetes Volk bedeutet. Wir ahnten wieder, warum unsere Väter ihn, der doch ein schweres Joch für Deutschland war, gleichwohl als ein unverdientes Gottesgeschenk ungläubig und staunend begrüßt, warum sie ihn fast zweihundert Jahre überschwänglich gefeiert haben. Noch betäubt vom tiefen Sturz, wurden wir durch das Gedenkjahr 1948 zu neuer, nachdenklicher Betrachtung aufgerufen. Das Erinnerungsbuch dieses Jahres trug den Titel Pax optima rerum, wie die Gedenkmünze vor dreihundert Jahren. In diesem Werk hat Kurt von Raumer in einer gedankenreichen Abhandlung den Grund zu einer Revision unseres Urteils gelegt. Ist nicht, so fragt er, der teuer erkaufte Frieden zwischen den Konfessionen eine christliche Mahnung, sich der tieferen Einheit bewußt zu bleiben? Ist nicht die Reichsverfassung in der Form, die der Frieden ihr gab, trotz aller ihrer Gebrechen das Vorbild einer überstaatlichen Rechtsordnung gewesen, die das Machtstreben der Einzelstaaten hätte zügeln können? Haben wir die europäische Ordnung, die er schuf, nicht allzu einseitig als ein französisches Herrschaftssystem betrachtet und nach Dauer und Wirkung weit überschätzt? Raumer sieht schon ein Menschenalter nach dem dreißigjährigen Kriege eine rückläufige Bewegung einsetzen, die das Vertragswerk im deutschen Sinne revidierte. Schon der Aufstieg Preußens im 18. Jahrhundert schuf eine neue Lage, und das europäische Staatensystem des 19. Jahrhunderts hatte mit der Ordnung von 1648 nur noch die von den Großmächten garantierte föderative Verfassung Deutschlands gemeinsam, eine französische Hegemonie stellte es gewiß nicht mehr dar. Freilich endet auch Raumer mit der resignierten Feststellung, der Westfälische Frieden habe mehr zerstört, als an echten Lebenswerten zu ersetzen war. Aber sein Aufruf, ihn gerechter und unbefangener zu betrachten, bleibt doch unüberhörbar. In den Gedächtnisschriften des Jahres 1948 war zum ersten Mal auch in Deutschland neben der Kritik verhaltene Anerkennung des Friedens zu spüren.

Die deutsche Geschichtsschreibung aber ist ihm noch immer eine gerechte Würdigung schuldig. Ja mehr als das, sie hat ihren Blick allzu lange von dieser unrühmlichen Epoche unserer Geschichte abgewendet. Man hat sie deshalb wohl der nationalen Eigenliebe geziehen, und fast möchte man es glauben. Die beiden klassischen Darstellungen des dreißigjährigen Krieges in deutscher Sprache, die von Schiller (1793) und die von Moriz Ritter (1908), machen an dem Höhepunkt des Krieges Halt. Beide entschuldigen sich mit Gründen, die nicht recht überzeugen. „So ein großes Ganzes die Kriegsgeschichte war," sagt Schiller, „so ein großes und eigenes Ganzes ist auch die Geschichte des Westfälischen Friedens. Ein Abriß davon würde das interessanteste und charaktervollste Werk menschlicher Weisheit und Leidenschaft zum Skelet entstellen." Nur eben, daß dieses charaktervolle Werk den Dichter nicht mehr interessierte. Sein Anteil an dem großen Schauspiel war erschöpft, als die herrschenden Gestalten, Gustav Adolf und Wallenstein, die Bühne verließen. Ritter fügt seiner großen, mit epischer Breite geschriebenen Schilderung des Krieges einen kurzen Abriß der letzten zwölf Jahre an und erklärt dazu, eine ausführliche Erzählung müsse den Rahmen einer deutschen Geschichte sprengen, denn der Krieg sei in diesem Zeitraum zum europäischen geworden. Aber man weiß, daß bei diesem Verzicht auch der Verleger ein Wort mitgesprochen hat, und so läßt uns dieses bedeutende Werk gerade da im Stich, wo die großen Schicksalsentscheidungen für Deutschland sich erst eigentlich anbahnten.

Aber lohnt es sich auch, diese Lücke zu füllen? Was gewinnen wir, wenn wir der kaum zu entwirrenden diplomatischen Vorgeschichte des Friedens nachspüren? Ist nicht dieses Spiel an der Oberfläche eher geeignet, die in der Tiefe wirkenden Kräfte der Geschichte zu verdecken und von ihnen abzulenken? Wer sich durch den Wust verstaubter Akten und Folianten, die den Niederschlag dieser Verhandlungen bilden, mühsam hindurchquält, den läßt eine solche Frage nicht los. Und doch zu Unrecht. „Die europäische Politik," hat Ranke einmal nachdenklich gesagt, „immer beflissen, die Ereignisse zu lenken, und in der Regel in dem Nachteil, sich dieselben überlegen zu finden, folgt ihnen in unaufhörlicher Metamorphose nach. Ihre Gestalten sind vorübergehend, immer andere, und schwer in ihrem Umriß zu fassen. Aber wie sie aus der Tiefe unserer Gesellschaft herrühren, so greifen sie auch auf mannigfaltige Weise in dieselbe zurück; sie sind der Betrachtung höchst würdig." Wo würde das deutlicher als bei unserem Gegenstand? Die Ereignisse, so scheint es, gingen ihren Weg nach ehernen Gesetzen und spotteten der Bemühungen in den Konferenzsälen zu Münster und Osnabrück. Über ein Jahrhundert hatten die großen kirchlichen und politischen Bewegungen miteinander gerungen, ohne einen Ausgleich zu finden. Was vermochte da das Bemühen der Staatsmänner um eine neue Friedensordnung, deren Umrisse ihnen selbst zunächst nur schattenhaft vor Augen standen? Blieb nicht das Ergebnis fragwürdig wie alles Menschenwerk, hat es nicht schließlich doch alle enttäuscht? Denn der Jubel der Zeitgenossen galt ja nur dem Ende des Blutvergießens, galt allein dem Frieden und nicht seinem Inhalt. Und doch bleibt uns ein tröstlicher Eindruck zurück. Hier erwies es sich einmal, daß planvollem Handeln der Menschen noch Raum und Wirkung in der Geschichte vergönnt sind. Die aufgewühlten Kräfte kamen allmählich ins Gleichgewicht, verschlungene Fäden wurden entwirrt, der Knoten, den selbst das Schwert nicht hatte zerhauen können, löste sich endlich doch. Das Ende der jahrelangen und mühevollen Verhandlungen war ein gekünsteltes, wortreiches, oft verworrenes Vertragsdokument, stellenweise gewollt unklar und widerspruchsvoll. Gewiß ein höchst unvollkommenes Werk, aber am Ende doch die Grundlage einer neuen, den Mächten der Zerstörung mit letzter Kraft abgerungenen Ordnung.

Über Wert oder Unwert dieses Friedens mag man streiten, seine geschichtliche Tragweite hat noch niemand verkannt. In dreifacher Hinsicht hat er neue Fundamente gelegt.

Da ist zunächst seine Bedeutung für die europäische Staatengesellschaft und für das Völkerrecht zu nennen. An die Stelle der einstigen Kirchen- und Glaubenseinheit setzte er eine Gemeinschaft souveräner Staaten, in der sich fortan die Einheit Europas darstellte. Eine solche Gemeinschaft aber kann nur bestehen, wenn alle ihre Glieder einander ohne Rücksicht auf Staatsform und Bekenntnis als gleichberechtigt anerkennen und sich gegenseitig ihre Unabhängigkeit zusichern. Sie muß, wenn anders sie eine Rechtsgemeinschaft sein will, völkerrechtliche Verträge als bindend anerkennen. Zu alledem bedarf es nicht nur der Versicherung guten Willens, sondern auch eines Mindestmaßes an wirksamen Garantien. Und schließlich kann der Sinn einer Staatengemeinschaft nicht nur die Selbsterhaltung sein. Sittlich gerechtfertigt wird sie nur dann erscheinen, wenn sie Ideen und Rechtsgrundsätze bejaht, die durch das Zusammenwirken ihrer Glieder verwirklicht werden sollen.

Alle diese Prinzipien finden sich in den Verträgen von 1648 vor, manche zum ersten Mal in der Geschichte, nachdem man um ihre Anerkennung noch bei den Friedensverhandlungen ernsthaft gerungen hatte. Evangelische und katholische Mächte, Monarchien und Republiken waren gleichberechtigte Verhandlungs- und Vertragspartner, was im Zeremoniell sinnfälligen Ausdruck fand. Der Friedensvertrag bestätigte die Grundsätze der Souveränität und Gleichberechtigung aller ausdrücklich in zahlreichen Einzelbestimmungen und wurde so gleichsam das Grundgesetz der neuen Staatengesellschaft. Man sicherte ihn ferner gegen jeden nur denkbaren Einspruch oder Angriff und garantierte ihn durch gegenseitige Beistandsverpflichtungen. Die Friedens- und Rechtsidee, der die Staatengemeinschaft dienen sollte, kommt in den einleitenden Artikeln zu beredtem Ausdruck. Wenn hier von ewigem Frieden, wahrer Freundschaft zwischen den Staaten und beständigem Vergessen des Vergangenen die Rede ist, so sind das nicht nur rechtlich unverbindliche Formeln, so wenig wie die „amnestia" des zweiten Artikels dasselbe ist wie die bloße strafrechtliche Indulgenz in den Amnestieklauseln moderner Friedensverträge. Sie ist „friedewirkendes Vergessen". In amnestia consistit substantia pacis: Man halte diesen Satz, den sich der Westfälische Frieden in vollem Ernst zu eigen machte, neben den Kriegsschuldparagraphen des Versailler Friedens von 1919, um den Abstand der Zeiten zu ermessen. Daß der höchste Zweck der Staatengemeinschaft der Friede sein solle, wird in den Anfangsworten beider Verträge feierlich bekannt: Pax sit Christiana, universalis, perpetua veraque et sincera amicitia!

Der französische Sozialist Proudhon hat den Westfälischen Frieden deshalb geradezu als den Anfang einer neuen Ära der Menschheitsgeschichte gefeiert. Unter allen Lobeshymnen auf den Frieden nimmt die seine den ersten Platz ein, man könnte sie fast eine Apotheose nennen. Auch er spielt wie Thiers die Verträge von Münster und Osnabrück gegen Napoleon III. aus, dessen Politik, wie er glaubt, die Völkerrechtsordnung von 1648 untergräbt. Bis zum Westfälischen Frieden, so meint er, herrschte unter den Völkern das Recht des Stärkeren. Es gab prinzipiell keine Schranke für eine im Kriege siegreiche Macht. Ganze Staaten konnten vernichtet werden, die Idee der Universalmonarchie beruhte geradezu auf dem Gedenken, sie alle zu Gunsten der einen auszulöschen. Diese Idee aber, das Erbe der Antike und des christlichen Mittelalters, erklärte der Westfälische Frieden für tot. Zwar ließ er dem Sieger das Recht, dem Besiegten seinen Willen aufzuerlegen, aber er zog ihm Schranken: Hinfort durften Kriege allenfalls noch zu territorialen Veränderungen, aber nicht mehr zur Vernichtung ganzer Staaten führen. Gewiß, die polnischen Teilungen und der Imperialismus Napoleons I. waren böse Rückfälle in die Praxis des schrankenlosen Siegerrechtes, aber es bleibt dabei, daß der Westfälische Frieden die menschliche Zivilisation in neue Bahnen gelenkt hat: „Le traité de Westphalie, expression supérieure de la justice identifiée avec la force des choses, existe à jamais!"

Soweit Proudhon. Wir werden ihm freilich nur ein Stück Weges folgen können. Denn so plötzlich, mit so überraschender Gewalt pflegen neue Ideen in der Geschichte nun doch nicht hervorzubrechen, daß man ein einziges Jahr als Wendepunkt der Weltgeschichte betrachten könnte. Nicht alle völkerrechtlichen Prinzipien des Westfälischen Friedens waren neu, die meisten hatten eine lange Vorgeschichte und waren schon früher in einer Reihe von Verträgen zu immer größerer Klarheit ausgeformt worden. Zum Teil waren sie bereits Gemeingut der Völkerrechtslehre. Dafür finden sich andere, wie die des europäischen Gleichgewichtes, der Schiedsgerichtsbarkeit und der Kriegsächtung, nur erst andeutungsweise oder gar nicht. Die Verträge von 1648 sind demnach nur eine Stufe in der Völkerrechtsentwicklung, aber freilich eine von besonderer Bedeutung. Auch wo sie Bekanntes übernahmen, bleibt ihnen doch das Verdienst, bisher vereinzelte Grundsätze zum ersten Mal zu einem Ganzen zusammengefügt zu haben, und zwar auch da, wo es nicht einmal ausdrücklich geschah. Denn die Bedeutung des Friedens für Völkerrecht und Staatengemeinschaft ist nicht allein aus seinem Wortlaut zu erschließen. Wichtiger sind die Ideen, die ihm zu Grunde liegen. Mit Recht sagt einer unserer großen Völkerrechtslehrer, im Westfälischen Frieden sei vielleicht noch nicht die bewußte Absicht zur Begründung einer Völkerrechtsgemeinschaft, wohl aber das erste wichtige Symptom ihrer Existenz zu sehen, wie denn überhaupt in manchen Äußerungen der Schöpfer des Friedens eine Ahnung anklingt, daß ihr Werk vielleicht noch mehr bedeute als ihnen selbst bewußt war.

Von höchster Wichtigkeit war der Westfälische Frieden ferner für die Reichsverfassung. Die Landeshoheit der Fürsten wurde bestätigt, das Verhältnis des Kaisers zu den Ständen abschließend geregelt, den Reichsständen insgesamt ein Anteil an der Regierung des Reiches zugesprochen und ihnen schließlich das bisher umstrittene Recht zu Bündnissen mit auswärtigen Mächten zugesichert, so daß sie nunmehr als Völkerrechtssubjekte anerkannt waren. Diese Verfassungsbestimmungen haben mehr als alles andere, mehr sogar als die Gebietsabtretungen, dazu beigetragen, das Andenken des Friedens in Deutschland verhaßt zu machen. Allerdings erst, als die nationalstaatliche Geschichtsauffassung die territoriale und dynastische, das Erbe der großen Verfassungskämpfe des 16. und 17. Jahrhunderts, verdrängte. Den frühesten, überaus heftigen Angriff von dieser Seite führte 1815 Friedrich Rühs in seinem Buche „Historische Entwicklung des Einflusses Frankreichs und der Franzosen auf Deutschland und die Deutschen". Der Verfasser, Historiograph des preußischen Staates, schrieb in leidenschaftlichem Franzosenhaß unter dem frischen Eindruck des eben beendeten Freiheitskampfes. Der Westfälische Frieden hat nach seiner Ansicht das Reich zerstückelt, die „heillose verderbliche Souveränität" der deutschen Fürsten begründet und durch das unselige Bündnisrecht alle gesamtdeutschen Bande aufgelöst. Dieses scharfe Urteil, so einseitig es sein mag, war ein begreiflicher Protest gegen die kritiklose Verherrlichung des Friedens im 17. und 18. Jahrhundert und gewiß nicht ohne Berechtigung. Es ist seitdem in Deutschland das allgemeine geworden. Soweit ich sehe, hat nur ein namhafter Historiker ihm widersprochen: Hans Delbrück machte geltend, da der Frieden die Rechte des Kaisers und die Bestimmungen des Landfriedens ausdrücklich wahrte und Bündnisse gegen Kaiser und Reich verbot, sei an dem überlieferten Zustand praktisch nichts geändert worden. Die Spannung zwischen dem Reichsgedanken und der Selbständigkeit der partikularen Gewalten, die durch keine staatsrechtliche Formel zu fixieren oder zu lösen war, habe schon seit der Begründung des Reiches bestanden und sei durch den Westfälischen Frieden natürlich nicht behoben, aber auch keineswegs gesteigert worden. Doch auch hier kommt es nicht nur darauf an, was der Frieden an wirklichen Neuerungen gebracht hat. Es gibt deren auch auf dem Gebiet der Verfassung, denn manche seiner Bestimmungen waren in der reichsrechtlichen Praxis ohne Vorgang. In der Hauptsache hat er allerdings nur ständische Rechte fixiert, die auch früher schon beansprucht oder stillschweigend geübt worden waren. Aber ist ein solcher Akt verfassungsrechtlich ohne Bedeutung? Waren seine Bestimmungen über die Rechte der Stände in ihrer Mehrzahl nicht neu, so waren sie doch auch bis dahin keineswegs unbestritten geblieben oder gar allgemein anerkannt worden. Wenn der Frieden zahlreiche Streitfragen endgültig regelte und die so getroffene Entscheidung unter die Garantie zweier Großmächte stellte, so war das doch ein Vorgang von größter Tragweite. Bis 1648 galt in der Reichsverfassung überwiegend Gewohnheitsrecht, das sich lebendig weiterentwickeln konnte. Erst jetzt trat an seine Stelle in weitem Umfang positives Verfassungsrecht und damit ein Zustand relativer Rechtssicherheit. Freilich begann nun auch die tödliche Erstarrung der Reichsverfassung. Der Westfälische Frieden ist das letzte und wichtigste Grundgesetz des alten Reiches. Auch die Goldene Bulle, die Reformgesetze Maximilians I., die Wahlkapitulation Karls V. und die großen Reichsabschiede der Reformationszeit, schließlich das Restitutionsedikt und der Prager Frieden hatten für Teilgebiete der Reichsverfassung eine ähnliche Fixierung versucht. Daß es erst im Westfälischen Frieden in diesem Umfang geschah, und zwar mit dauerndem Erfolg geschah, ist allein auf das Eingreifen der auswärtigen Mächte und die von ihnen geleistete Garantie zurückzuführen. Das hebt den Frieden über alle früheren Reichsgrundgesetze hinaus und macht ihn zu einem Wendepunkt der deutschen Geschichte. Wir werden zu zeigen haben, wie anders die Dinge noch wenige Jahre vorher lagen. Bis zur Mitte des dreißigjährigen Krieges drohte dem deutschen Föderalismus ein schwerer Rückschlag, vielleicht gar das Ende. Erst die Intervention der fremden Mächte verhalf ihm im letzten Jahrzehnt des Krieges zum entscheidenden Durchbruch, der Westfälische Frieden zum endgültigen Sieg.

Zum dritten traf der Frieden bedeutungsvolle Entscheidungen über die kirchlichen Verhältnisse Deutschlands. Um sie ist am heftigsten gerungen und sie sind am widerwilligsten anerkannt worden, sie haben aber auch am meisten zu seinem Ruhm beigetragen. Man kennt ihren wesentlichen Inhalt, die Einigung über die Kirchengüter, das Normaljahr 1624 für den Bekenntnisstand, die Aufnahme der Reformierten in den Religionsfrieden, die volle Rechtsgleichheit beider Konfessionen. Aber nicht allein in diesen Einzelbestimmungen liegt das Bedeutsame, sondern mehr noch in der gesetzlichen Beschränkung der Staatsgewalt in Dingen des Glaubens und der Kirchenordnung. Es ist bekannt, daß man noch weit davon entfernt war, persönliche Glaubens- und Gewissensfreiheit zu gewähren. Der Westfälische Frieden hat noch keineswegs mit dem Grundsatz gebrochen, daß in einem Territorium grundsätzlich nur eine Religion bestehen könne, und er hat nur das katholische, lutherische und reformierte Bekenntnis dafür freigegeben. Trotzdem bedeutete er den entschiedensten Fortschritt zum modernen Toleranzgedanken, der bis dahin zu verzeichnen war, denn er verpflichtete die Landesherren zur Erhaltung eines bestimmten Bekenntnisstandes und schützte damit Kirchen und Untertanen vor jenem willkürlichen Gewissenszwang, der früher kraft des jus reformandi geübt werden konnte. Er führte damit eine Entwicklung weiter, die schon um 1530 mit der Bildung fester Konfessionen im Reich begonnen hatte. In den Anfangsjahren der Reformation schien sich nämlich das Reformationsrecht zu einem unumschränkten landesherrlichen Recht über Kultus, Disziplin und Lehre entwickeln zu wollen. Als dann aber die reichsrechtliche Duldung für die Anhänger der Confessio Augustana zugestanden wurde, wurde damit zugleich das jus reformandi auf die Befugnis reduziert, zwischen der alten Religionsübung oder einer Kirchenreform nach Maßgabe des Augsburgischen Bekenntnisses zu wählen. Der Westfälische Frieden engte dieses jus reformandi exercitium religionis durch das „Normaljahr" noch weiter ein, ja er hob es damit praktisch auf, denn ein Glaubenswechsel der Obrigkeit zog nun nicht mehr die Zwangsbekehrung der Untertanen nach sich. So garantierte er in den Grenzen des damals Möglichen eine Freiheit von staatlichem Bekenntniszwang, aus der später die volle Gewissensfreiheit erwachsen konnte.

Dem 17. und 18. Jahrhundert erschien dies als die größte Errungenschaft des Friedens überhaupt, und noch im 19. Jahrhundert hat der englische Historiker Gardiner seine kirchlichen Bestimmungen für wichtiger erklärt als alle anderen. Die allgemeine Rechtssicherheit auf kirchlichem Gebiet, so betont er mit Recht, mußte den Durchbruch zur Toleranz vorbereiten und erleichtern. Sah vor dem Kriege jeder deutsche Landesherr, nicht immer ohne Grund, in seinen andersgläubigen Untertanen mögliche Hochverräter, so konnte er nach dem Frieden mit Gelassenheit zuschauen, wenn ein Teil von ihnen sich zu einer anderen Konfession bekannte. Die nunmehr erreichte Abgrenzung der konfessionellen Lebensräume, die Garantie dieses Zustandes durch die Großmächte, der Rechtsschutz durch die paritätisch besetzten obersten Reichsgerichte schufen einen Zustand, in welchem religiöse Abweichungen keine politische Bedeutung mehr hatten. Toleranz konnte jetzt ohne Gefahr für den Staat geübt werden. Wenn sich in Deutschland Glaubens- und Gewissensfreiheit sehr früh durchsetzten, so war das nicht zuletzt dem Westfälischen Frieden zu danken.

Kaum je hat ein Friedenskongreß eine solche Fülle bedeutsamer Entscheidungen zu treffen gehabt. Ihm war es aufgegeben, die Probleme zu lösen, die anderthalb Jahrhunderte europäischer und deutscher Geschichte, die schicksalsreichsten vielleicht der abendländischen Geschichte, hinterlassen hatten. Diesen Fragen haben wir uns jetzt zuzuwenden. Wir beginnen mit den inneren Angelegenheiten des Reiches, von denen der große Krieg seinen Ausgang genommen hat.

Der Kampf um den Religionsfrieden und die Auflösung der Reichsverfassung.

Die Grundlage der kirchlichen Verhältnisse Deutschlands war der Augsburger Religionsfrieden von 1555. Eigentlich war es gar kein Religionsfrieden. Eine Verständigung über die Glaubensfragen brachte er nicht, Gegenstand der Verhandlungen und des Friedensschlusses war allein das jus reformandi der Landesherren. Ihnen und nicht dem Gewissen des Einzelnen war die Entscheidung für das eine oder andere kirchliche Bekenntnis überlassen. Das Recht der Obrigkeit, selbsttätig ordnend oder helfend in die kirchlichen Dinge einzugreifen, war längst durch Gewohnheitsrecht begründet und wurde im Religionsfrieden nur bestätigt. Das Reich hatte es mangels eigener Exekutivorgane nie ausüben können und von vornherein den Reichsständen überlassen müssen. Dabei blieb es.

Allerdings war dieses jus reformandi nie ein landesherrliches Recht wie andere gewesen, sondern nur von einem Teil der Reichsstände de facto geübt, nur wenigen von Reichswegen vorläufig zugestanden worden. Es blieb auch im Religionsfrieden noch immer mannigfach eingeschränkt und durchbrochen. Solange ein Landesherr katholisch war, konnte ohnehin von einem jus reformandi nicht die Rede sein, sondern höchstens von gewissen Schutz- und Aufsichtsbefugnissen über eine im übrigen selbständige geistliche Gewalt. Kirchenreform durch die weltliche Obrigkeit gab es nur im protestantischen Raum. Im Religionsfrieden ging es nun um die wichtige Frage, ob allen und gegebenenfalls welchen Reichsständen der Übertritt zum neuen Glauben gestattet sein solle, und wieweit in einem solchen Falle Abweichungen von der alten Lehre und Kirchenordnung stattfinden dürften. Man trug Sorge, beides trotz Widerstandes der evangelischen Stände nach Kräften zu beschränken; man begrenzte nach Möglichkeit den Inhalt des jus reformandi und auch den Kreis der Berechtigten.

Was das erste betrifft, so wurde überhaupt nur das Augsburgische Bekenntnis neben der alten Kirche geduldet; die Reformierten und alle anderen christlichen Gruppen wurden vom Religionsfrieden ausgeschlossen, kein Landesherr durfte sie in seinem Gebiet zulassen. Ja mehr, er mußte sie von Rechts wegen unterdrücken und austilgen, während er die Anhänger einer reichsgesetzlich zugelassenen Konfession höchstens ausweisen konnte. Man sprach deshalb nicht mit Unrecht von einem jus emigrandi der Untertanen, denn wenn es sich dabei auch mehr um eine Ausweisungsbefugnis des Landesherren in Ausübung des jus reformandi handelte, so lag darin doch auch eine gewisse Einschränkung dieses Rechtes, die den Untertan vor dem Äußersten schützte. Ferner suchte der Religionsfrieden die Einziehung von Kirchengütern in den Territorien und Machtbereichen evangelischer Landesherren für die Zukunft zu unterbinden, indem er ihnen nur die im Jahre 1552, zur Zeit der tiefsten Machtlosigkeit des Protestantismus, besessenen Güter garantierte, also ihre schweren Verluste durch das Interim zu verewigen suchte. Ein ausdrückliches Verbot künftiger Einziehungen war nicht ausgesprochen, aber wohl gemeint — eine der nie entschiedenen Fragen, die jede Partei nach ihrem Belieben beantwortete.

Blieb so das Reformationsrecht protestantischer Obrigkeiten fühlbar beschränkt, so wurde andererseits ein Angriff auf die Kirchenhoheit in katholischen Gebieten, den die Evangelischen zugunsten ihrer dort ansässigen Glaubensgenossen unternahmen, abgewehrt. Sie hatten für die lutherischen Untertanen, mindestens aber für die landsässigen Ritter und Städte in solchen Gebieten Freiheit des Augsburgischen Bekenntnisses gefordert, erlangten aber nur eine rechtlich unverbindliche, von den Katholiken nie anerkannte Deklaration des Königs Ferdinand, die diese Bekenntnisfreiheit nur den Rittern und Städten, und auch diesen nur in den geistlichen Territorien zusicherte.

Was die zweite Frage angeht, wer das Recht des Übertrittes zur Confessio Augustana und damit das jus reformandi mit den eben bezeichneten Einschränkungen haben solle, so wurden nicht einmal alle Reichsstände damit bedacht, und wieder dienten alle Ausnahmen allein dem katholischen Interesse. Es gab solche Ausnahmen für die konfessionell gemischten und für die rein katholischen Reichsstädte. Sie sollten bei dem Bekenntnisstand des Jahres 1555 bleiben; nur die bereits völlig evangelischen Reichsstädte erhielten das Reformationsrecht, so daß eine kleine katholische Minderheit schon hinreichte, einer Stadt dieses Recht abzusprechen. Ihren größten Sieg aber errang die katholische Partei mit dem „Geistlichen Vorbehalt", der alle geistlichen Landesherren verpflichtete, bei einem etwaigen Übertritt zum neuen Glauben Amt und Herrschaft aufzugeben. Er kam nur durch Machtspruch König Ferdinands und gegen den ausdrücklichen Willen der Protestanten in den Frieden hinein; sie bestritten denn auch seine Geltung oder deuteten ihn dahin um, daß er nur vom Übertritt eines bereits Gewählten handele, aber den Kapiteln nicht verbiete, von vornherein einen evangelischen Bischof oder Abt zu wählen, der dann das Stift reformiere. Sie taten also, als habe der Geistliche Vorbehalt den geistlichen Fürsten die Entscheidung über den Bekenntnisstand ihrer Stifter nur entzogen, um sie den Kapiteln zu übertragen, was natürlich nicht der Sinn war. Der Geistliche Vorbehalt war von der größten Bedeutung, denn von dem Schicksal der großen Stifter hing nichts Geringeres als der katholische Charakter des Reiches ab: Der Übertritt nur eines geistlichen Kurfürsten konnte zur Wahl eines evangelischen Kaisers, der Glaubenswechsel einiger Bischöfe und Reichsäbte zu einer evangelischen Mehrheit im Fürstenrat führen. Die Möglichkeit, daß die Evangelischen das Oberhaupt des Reiches stellten und den Reichstag beherrschten, lag nahe; im Städterat besaßen sie schon seit längerer Zeit ein bedeutendes Übergewicht.

Was man so an Ausnahmen, Beschränkungen und Sonderregelungen in den Frieden hineingebracht oder an Nebenabreden mit ihm verknüpft hatte, reichte bei den komplizierten Territorial- und Rechtsverhältnissen Deutschlands schon hin, um die schwierigsten und undurchsichtigsten Situationen zu schaffen. Aber die Widersprüche und Auslegungschwierigkeiten des Vertrages ergaben sich nicht nur aus diesen Verhältnissen, sie lagen zum Teil in ihm selber. Der Kern des Gegensatzes, bis zu dem man im Religionsfrieden gar nicht vorgedrungen war und auch nicht vordringen wollte, war der, daß die Katholiken, wie bei allen Verhandlungen mit der Gegenseite, nur die weitere Ausbreitung der evangelischen Sache zu hindern suchten, während die Protestanten nicht nur ihren Besitzstand sichern, sondern auch für die Zukunft freie Hand gewinnen wollten. Dieser Gegensatz wurde nie offen ausgesprochen. Es ist richtig, beide Parteien wollten Frieden und suchten daher um jeden Preis irgendein Abkommen zustande zu bringen. Beide verzichteten deshalb vorbehaltlos auf Gewaltanwendung in kirchlichen Streitfragen, und dies ist der größte Fortschritt, den der Religionsfrieden brachte. Um die Verständigung nicht scheitern zu lassen, griff man aber auch zu sehr bedenklichen Aushilfen: Wichtige Fragen, die später von größter Bedeutung werden sollten, ließ man liegen, um nur die augenblicklich brennenden aus der Welt zu schaffen, wobei aber oft nur das Interesse der mächtigeren Reichsstände darüber entschied, was brennend sei und was nicht. So hat Kursachsen die bedenklichen Glaubensgenossen in der Frage des Geistlichen Vorbehaltes zum Nachgeben überredet mit der sorglosen Begründung, daß „es nicht allwege necessitatis wäre, sondern voluntatis, einen abzusetzen, und die Sachen würden sich in Kapiteln wohl schicken". Diese halbe Unaufrichtigkeit in entscheidend wichtigen Fragen, dieses Zudecken offenkundig nicht beseitigter Gegensätze, diese vage Hoffnung auf künftige Gelegenheiten, wo „die Sachen sich wohl schicken" würden — das alles hat das Verhältnis der beiden Konfessionen bis auf den Grund vergiftet und die Dinge unheilbar verwirrt. Fast noch schlimmer war die Art, wie man bei Streitpunkten verfuhr, die nun einmal geregelt werden mußten, aber schwer zu regeln waren. Da ließ man zweideutige Formulierungen stehen, die jede Partei in ihrem Sinne auslegen konnte, oder man machte unbequeme Bestimmungen, die man nicht beseitigen konnte, durch solche mit entgegengesetztem Sinn unschädlich, die man an anderen Stellen des Vertrages einschmuggelte. Der Religionsfrieden war also nicht nur lückenhaft, sondern auch unklar, unbestimmt und in sich widerspruchsvoll.

Das war nun besonders bedenklich, weil es an jeder anerkannten Rechtsnorm fehlte, nach der man den Vertrag hätte auslegen können. Früher hatte das Reichskammergericht in Religionsprozessen, wenn gesetzliche Bestimmungen fehlten, das gemeine Recht als Norm zu Grunde gelegt. Zu ihm zählte auch das kanonische Recht, das als Reichsrecht kraft Rezeption angesehen wurde. Daraus war den Protestanten mancher Nachteil erwachsen, so wenn man etwa die Bestimmung des Codex Justiniani, wonach Häretiker kein Kirchengut besitzen durften, gegen sie geltend machte. Im Speirer Abschied von 1544 hatten sie deshalb ein Verbot erwirkt, das gemeine Recht in Religionssachen anzuwenden. Seitdem gab es keine Rechtsnorm mehr, und der Religionsfrieden versäumte es, eine neue zu schaffen. Wären die Protestanten mit ihrer Forderung auf Rechtsgleichheit durchgedrungen, so hätte man eine klare Entscheidungsnorm für alle Fälle gewonnen. Aber der Frieden gewährte dem Augsburgischen Bekenntnis eben keine Gleichberechtigung, sondern nur Duldung. Diese Tatsache ist für die Beurteilung des Religionsfriedens sehr wichtig. Prinzipiell gab er nämlich nichts anderes, als was die Reichsabschiede seit 1526 auch schon gewährt hatten. Der einzige Unterschied war, daß bisher immer nur zeitlich beschränkte Duldung, nämlich bis zur Entscheidung durch ein allgemeines Konzil, gewährt worden war, jetzt aber beständige Duldung zugesichert wurde, auch für den Fall, daß die Wiedervereinigung der Konfessionen scheitern sollte. Zwar sprach der Religionsfrieden es nicht offen aus, daß die alte Kirche nach wie vor ein Vorrecht genieße, aber es ergab sich zwingend aus seinem Inhalt, vor allem aus dem Geistlichen Vorbehalt. Nach katholischer Auffassung war das ganz folgerichtig, denn die Kirche konnte den vom Glauben Abgewichenen allenfalls ein Ausnahmerecht, niemals aber gleiches Recht zubilligen, und so haben die Katholiken den Frieden auch immer verstanden, so haben ihn die Reichsgerichte interpretiert und danach Recht gesprochen. Die evangelische Behauptung, der Religionsfrieden müsse nach dem Prinzip der Gleichheit verstanden werden, war jedenfalls mit dem Geist und Buchstaben des Vertrages nicht vereinbar. Schon auf dem Reichstag von 1559 ist es über die Frage der Entscheidungsnorm zum Streit gekommen: Die Protestanten forderten das Prinzip der Gleichheit, die Katholiken das gemeine Recht, eine Einigung wurde nie erzielt.

In gewisser Hinsicht war der Religionsfrieden sogar ein Rückschritt. Die ganze bisherige Ausbreitung des Luthertums hatte sich in gesetzlichen Bahnen oder doch im wesentlichen ohne Dazwischentreten der Reichsgewalt vollzogen. Das Reich hatte sich, aus welchen Gründen auch immer, schon im Speirer Abschied von 1526 seiner Kompetenz in diesen Dingen begeben, als es kirchliche Neubildungen geschehen ließ, die nicht mehr rückgängig zu machen waren. Jetzt, nach Jahrzehnten, wollte man eine bisher geduldete Entwicklung von Reichs wegen gesetzlichen Beschränkungen unterwerfen. Das war rechtlich anfechtbar und politisch höchst gefährlich. Was hundert Jahre später möglich war, als die reformatorische Bewegung und die katholische Gegenbewegung sich erschöpft hatten, und auch dann nur unter gleichen Bedingungen für beide Teile, konnte in einer Zeit, wo der Protestantismus noch im Vordringen war, nur zu den schwersten Erschütterungen führen.

Der Kampf der Religionsparteien ging denn auch trotz des Friedens weiter. Das Charakteristische dabei ist, daß die Protestanten im Lauf der Jahrzehnte von konkreten Einzelzielen allmählich zu immer grundsätzlicheren Forderungen geführt wurden. In der ersten Zeit umschrieb man die Forderungen der Evangelischen mit dem Begriff der „Freistellung". Er war nicht eindeutig und konnte bald die Religionsfreiheit im weitesten Sinne, bald die Aufhebung des Geistlichen Vorbehaltes, bald auch nur die Zulassung evangelischer Bewerber zu den reichsunmittelbaren Stiftern umfassen, manchmal war auch nur die Sicherstellung der lutherischen Reichsstädte gemäß dem Religionsfrieden oder die gesetzliche Anerkennung der Ferdinandeischen Deklaration gemeint. Diese fünf Arten der Freistellung unterschied Erstenberger in seiner „Autonomia", dem grundlegenden katholischen Werk über die kirchlichen Streitfragen aus dieser Zeit. Je nach Lage und Umständen konnte bald die eine, bald die andere Forderung hervorgekehrt werden. Im ersten Stadium des Kampfes, etwa bis in die achtziger Jahre des Jahrhunderts, haben die Protestanten im allgemeinen nur für begrenzte Ziele gefochten. Noch war ihre Sache im Vordringen, der Katholizismus in seiner Abwehr schwach. Man hatte es also noch nicht unbedingt nötig, die Grundsatzfragen aufzurollen. Während die Reichstagsverhandlungen völlig fruchtlos verliefen, weil die katholische Mehrheit jeder Erörterung des Religionsfriedens auswich, drang der Protestantismus im Reich, vor allem in den norddeutschen Bistümern, ungehindert vor. Trotz des Geistlichen Vorbehaltes wurden Magdeburg, Bremen, Halberstadt, Lübeck, Verden und Minden evangelisch. Unbekümmert um den Religionsfrieden zogen die evangelischen Landesherren zahlreiche Kirchengüter ein. Erst ein Menschenalter nach dem Religionsfrieden raffte sich der Katholizismus zu energischer Gegenwehr auf. Seit dem Abschluß des Trienter Konzils durchdrang ein neuer Geist die alte Kirche. Katholische Landesherren begannen gegen die seither geduldeten Lutheraner vorzugehen, die Evangelischen protestierten und beriefen sich auf die Ferdinandeische Deklaration. Die Katholiken bezweifelten zunächst ihre Echtheit. Der Augenschein überzeugte sie zwar, aber ihre Gültigkeit erkannten sie nicht an. Sie hat denn auch nicht die geringste Wirkung gehabt. Umso mehr aber der Geistliche Vorbehalt. Die Protestanten hatten den Kampf dagegen lange Zeit ruhen lassen und sich mit den tatsächlichen Erfolgen begnügt, jetzt sahen sie sich gezwungen, ihn wieder aufzunehmen. Stillschweigend hatte man bisher ihr Eindringen in die hohen Stifter geschehen lassen. Neuerdings aber wurde von Bischöfen und Kapitularen der Eid auf die Trienter Beschlüsse gefordert und den gewählten Bischöfen, deren katholische Gesinnung nicht erwiesen war, die päpstliche Konfirmation und die kaiserliche Belehnung versagt, auf dem Reichstag von 1582 zum ersten Mal auch einem Protestanten, dem gewählten Administrator von Magdeburg, die Session verweigert. Zur gleichen Zeit brach der Streit um das Reformationsrecht der katholischen Reichsstädte aus. In Aachen hatte der Protestantismus Eingang gefunden und die Mehrheit im Rat gewonnen. Der Kaiser ging gegen die Stadt vor, die evangelischen Städte brachten die Sache vor den Reichstag. Die einst in Augsburg sorgsam zugedeckten Streitfragen kamen also alle wieder zutage, die katholische Mehrheit aber blieb bei ihrer Taktik, jede Verhandlung abzulehnen und auf den Religionsfrieden zu verweisen. Dann brachte der Kölnische Krieg den entscheidenden Umschwung im Kampf der Konfessionen. Erzbischof Gebhard Truchseß von Köln versuchte dem Geistlichen Vorbehalt zum Trotz sein Stift zu reformieren und unterlag, weil er von den protestantischen Fürsten im Stich gelassen wurde. Dadurch kamen auch die meisten Bistümer im Nordwesten des Reiches wieder fest in katholische Hand; Herzog Ernst von Bayern wurde Nachfolger auf dem erzbischöflichen Stuhl von Köln und gleichzeitig Bischof von Hildesheim, Lüttich und Münster.

Alle diese Fragen berührten nun nicht nur die kirchlichen Zustände, sondern auch die politischen Machtverhältnisse und die Verfassung des Reiches. Der Ausgang des Kölnischen Krieges sicherte zugleich den Fortbestand des katholischen Kaisertums. Von größter politischer Bedeutung war es, daß die evangelischen Bistumsadministratoren sich um des Friedens willen bereden ließen, bis auf weiteres ihren Sitz am Reichstag nicht einzunehmen. Sie verzichteten damit nach Rankes zutreffendem Urteil endgültig auf den Versuch, eine paritätische Reichsgewalt zustande zu bringen. Aber dieser Verzicht bewirkte nur, daß der Kampf revolutionäre Formen annahm und schließlich den Bestand des Reiches überhaupt bedrohte. Die radikalen Kalvinisten mit Kurpfalz an der Spitze gingen mehr und mehr zum Angriff auf die gesetzmäßige Ordnung des Reiches, zunächst auf die Reichsjustiz, über. Bisher hatte man noch immer von der Rechtsprechung des Reichskammergerichtes und des Reichshofrates oder schließlich von dem Reichstag als höchster Instanz einen Ausgleich erwartet und das Vertrauen auf den Kaiser als unparteiischen höchsten Richter bewahrt. Das wurde nun anders. Der Kaiser selbst gab den ersten Anstoß, als er die vorgeschriebenen Visitationen des Kammergerichtes einstellte, nur weil er den evangelischen Administrator von Magdeburg, der nach der Reihenfolge dabei mitzuwirken hatte, nicht beteiligen wollte. Die Rechtsprechung des Reichskammergerichtes wurde dadurch gelähmt, weil Revisionen gegen seine Urteile aufschiebende Wirkung hatten, jetzt aber nicht mehr erledigt werden konnten. Da der Kaiser eine konkurrierende Gerichtsbarkeit mit dem Kammergericht beanspruchte, zog er nun bei dessen Behinderung zahlreiche Religionsprozesse vor den Reichshofrat nach Wien. War schon das Kammergericht seit einem Jahrzehnt immer schärfer gegen die Protestanten vorgegangen, so erwies sich die Rechtsprechung des Reichshofrates erst recht als parteiisch. Die entschiedenen Protestanten bestritten überhaupt seine Kompetenz, und es drohte damit ein völliger Stillstand jeder Justiz in Religionssachen. Wenn es aber keinen Richter mehr gab, so blieb nur noch der Appell an den Reichstag oder bei dessen wahrscheinlichem Versagen an die Waffen. Gleichwohl setzte der Kaiser sein Verfahren fort: In Aachen ließ er durch eine Kommission den evangelischen Rat absetzen und den katholischen wiederherstellen. Die evangelische Reichsstadt Donauwörth, wo sich Ausschreitungen des Pöbels gegen eine Prozession ereignet hatten, bestrafte er in einem übereilten Verfahren mit der Reichsacht, deren Vollstreckung er unter Mißachtung der Exekutionsordnung nicht dem dafür zuständigen Schwäbischen Kreis, sondern dem Herzog von Bayern übertrug, der die Stadt ihrer Reichsfreiheit beraubte und sie gewaltsam katholisch machte. Der Reichstag als letzte Instanz versagte und wurde nun selbst zum Gegenstand des Kampfes der Parteien. Die Protestanten forderten im Jahre 1608 eine feierliche Bestätigung des Religionsfriedens, die Katholiken Rückgabe der seit 1552 eingezogenen geistlichen

Güter. Über diesen Gegensatz brach der Reichstag auseinander. Die pfälzische Partei bestritt ihm das Recht, in Religionsfragen mit Stimmenmehrheit zu entscheiden. Soweit verteidigte sie noch das Recht und die Freiheit des Gewissens. Aber sie ging weiter und bestritt auch die bindende Kraft von Mehrheitsbeschlüssen überhaupt für diejenigen, die ihnen nicht zustimmten. Damit rührte sie an die Grundlagen der staatlichen Gemeinschaft. Unmittelbar nach dem stürmischen Reichstag von 1608, der ohne förmlichen Abschied auseinanderging, entstanden Union und Liga, zerfiel das Reich in zwei unversöhnliche Parteien. Als Kurpfalz und seine Anhänger fünf Jahre später erneut jede Geldbewilligung ablehnten, solange nicht die Religionsbeschwerden erledigt seien, nahm die katholische Mehrheit den Kampf auf. Zusammen mit Kursachsen und einigen lutherischen Ständen behauptete sie das Mehrheitsprinzip mit allen seinen Konsequenzen und ging über den Protest der Minderheit zur Tagesordnung über. Damit war die Einheit des Reiches zerrissen. In siebenundzwanzig Jahren trat kein Reichstag mehr zusammen. Fünf Jahre später brach der Krieg aus.

Er brachte die gewaltsame Wiederherstellung des kirchlichen Besitzstandes in weiten Teilen Deutschlands. Wo die siegreichen katholischen Heere auftauchten, kam die Restitution nach, ergriffen die Orden Besitz von längst säkularisierten Klöstern, eröffnete der Reichshofrat neue Prozesse. Mächtige Reichsstädte suchte man zu zwingen, den kirchlichen Zustand von 1552 wieder herzustellen. Das Bistum Halberstadt erhielt in der Person des Erzherzogs Leopold Wilhelm, eines Sohnes des Kaisers, wieder einen katholischen Bischof. Der nächste Schritt war das Restitutionsedikt vom 6. März 1629, das die rechtliche Grundlage für die vollzogenen und die noch geplanten Maßnahmen legen sollte. Es war nur mit Zustimmung der katholischen Kurfürsten und Fürsten erlassen und somit kein Reichsgesetz. Es wollte auch kein neues Recht schaffen, sondern nur den Religionsfrieden erläutern und anwenden. Aber es war nicht zu leugnen, daß hier durch kaiserlichen Machtspruch Entscheidungen getroffen wurden, die von größter Tragweite waren. An diesem Edikt hat sich der Streit entzündet, ob der Kaiser zur authentischen Interpretation der Reichsgesetze berechtigt sei oder dies nicht vielmehr dem Gesetzgeber selber, also dem Reichstag, vorbehalten sei, ja ob nicht gar bei einem Vertrag, wie es der Religionsfrieden doch eigentlich war, ein Übereinkommen beider Vertragsparteien nötig sei. Auf katholischer Seite machte man geltend, daß dies alles nur auf eine „unsterbliche Weiterung" hinauslaufen würde, vielmehr müsse dem Kaiser das Recht der letzten Entscheidung vorbehalten bleiben, wie es ihm nach dem Herkommen ja auch auf Reichstagen zustehe, wenn die Stände zu keinem Beschluß kämen. Genug, der Kaiser nahm das Recht zur Auslegung des Religionsfriedens für sich in Anspruch. Er verfügte ganz im Sinne der katholischen Auffassung die Restitution aller seit dem Passauer Vertrag eingezogenen Kirchengüter, die uneingeschränkte Geltung des Geistlichen Vorbehaltes, das Reformationsrecht der geistlichen Fürsten gegenüber den evangelischen Untertanen in ihren Territorien, das heißt die Kassierung der Ferdinandeischen Deklaration. Unumwunden sprach das Edikt den Grundsatz aus, was den Protestanten im Religionsfrieden nicht ausdrücklich erlaubt sei, müsse als verboten gelten. Das Kammergericht wurde angewiesen, auf dieser Grundlage Recht zu sprechen, kaiserliche Kommissare nahmen die Restitution der geistlichen Güter in die Hand. Ferner wurde der Kreis der in den Religionsfrieden eingeschlossenen evangelischen Reichsstände auf die Anhänger der ungeänderten Augsburgischen Konfession beschränkt, eine Auffassung, die bei den Verhandlungen von 1555 ausdrücklich abgelehnt worden war! Und schließlich unterwarf der Kaiser seiner Entscheidung nicht nur die umstrittenen und noch schwebenden Fälle, sondern auch längst verjährte, ja selbst solche, um die sich nie ein Streit erhoben hatte. Wie oft waren Klöster und Stifter ohne Widerspruch, ja mit Wunsch und Willen der geistlichen Inhaber reformiert worden! Sie alle sollten jetzt, manche nach Jahrzehnten, restituiert werden. Dies geschah gegen die ausdrückliche Meinung des Kurfürsten von Sachsen, der zwar die Kompetenz des Kaisers bejaht hatte, aber nur für solche Streitfragen, die ihm „submittiert", das heißt von einer der Parteien zur Entscheidung unterbreitet waren. Aber der Kaiser wollte selbst da Richter sein, wo kein Kläger war. Es war nicht auf Herstellung des Friedens, sondern der alten Kirche im denkbar weitesten Umfang abgesehen.

Das Edikt schlug der evangelischen Sache in kurzer Zeit tiefe Wunden. Da der größte Teil Deutschlands von katholischen Heeren besetzt war, ging die Restitution rasch vonstatten. In den süddeutschen Reichsstädten Ulm und Kaufbeuren und im Elsaß hatte sie schon 1627 begonnen, jetzt wurde sie auf die fränkischen und norddeutschen Gebiete ausgedehnt. Selbst Magdeburg und Bremen suchte der Kaiser seinem Sohne, dem Bischof von Halberstadt, zu verschaffen. Die gewählten Administratoren, dort ein sächsischer, hier ein dänischer Prinz, wurden nicht anerkannt. Weiter kam man freilich an dieser Stelle nicht. Auch in Hessen und Brandenburg blieb es bei erfolglosen Versuchen. In Straßburg wagte man bei der Nähe Frankreichs keine gewaltsame Exekution. Einzelne Restitutionen erstreckten sich bis an die Nordseeküste. Am schwersten wurde Württemberg getroffen, dem ein reicher Besitz an Klostergut und damit ein erheblicher Teil seiner Einnahmen verloren ging. In vielen Fällen gelang es, die angedrohten Exekutionen aufzuhalten, bis der Sieg Gustav Adolfs den Umschwung brachte und die Wirkungen des Ediktes beseitigte. Aufgehoben wurde es nicht, jeder Wechsel des Kriegsglückes bedrohte die Protestanten mit erneuter Exekution. Die Gefahr war für den Augenblick gebannt, die Rechtsunsicherheit war geblieben.

Die kirchlichen Streitfragen riefen eine lebhafte Publizistik hervor, die auch auf die politischen Entscheidungen nicht ohne Einfluß blieb. Von katholischer Seite begann bald nach dem Religionsfrieden eine scharfe Polemik, die sich gegen jede weitherzige Auslegung des Vertrages, oft aber auch gegen diesen selbst wendete. Sie gab den Evangelischen auf fast allen Reichstagen Anlaß zu ernstlichen Beschwerden. Der Kaiser und die katholischen Stände sind regelmäßig von den extremsten Auswüchsen dieser Propaganda abgerückt. Aber sie vergiftete doch die Atmosphäre und rief nicht minder heftige Gegenschriften hervor. Diese Polemik war ein Feld, auf dem Theologen und Juristen sich mit Vorliebe tummelten. Auf dem Regensburger Reichstag von 1641 beschwerten sich die katholischen Stände darüber, „daß über den Religionsfrieden ... viel mehr und allerlei disputationes und Fragen fürgebracht und etliche resolutive, etliche problematice defendirt werden, ja es ist sogar dahin gekommen, daß man nicht allein in scholis öffentlich in cathedra davon profitiert, sondern auch ein jeder Student, der nur ein Prob seiner Scientz erzeigen will, aber in keiner Fürsten Archiv gesehen noch in einigen negotiis publicis gebraucht gewesen, gleich eine disputation de pace religionis et prophana, juribus Imperatoris, Imperii statuum, de Aurea Bulla und anderen constitutionibus Imperii zu Papier bringen und in offenen Druck geben tut, wie denn alle Buchläden von solchen Scriptis voll."

Daß zuerst die Katholiken ihre Stimme erhoben, ist verständlich. Sie verteidigten das jahrhundertealte Recht der Kirche auf alleinige Gerichtsbarkeit in Sachen der Religion. Ein kaiserlicher Hofrat, Andreas Erstenberger, schrieb unter dem Pseudonym Franz Burgkard ein umfangreiches Werk „De Autonomia", worin er den katholischen Standpunkt erschöpfend darlegte. Er wollte eigentlich nur gegen die evangelische Auslegung des Religionsfriedens schreiben, nicht diesen selbst angreifen. Da er aber sehr grundsätzlich verfuhr, kam er dann doch zu einer recht kritischen Beurteilung, ja zu einer kaum verhüllten Verwerfung des Religionsfriedens. Denn er bewies schlüssig, daß die weltliche Gewalt kein Recht habe, über die Duldung einer Häresie zu entscheiden, daß es eine Gewissensfreiheit unter getauften Christen überhaupt nicht geben dürfe und die „Freistellung" daher gottlos sei, und wenn er bestritt, daß durch sie auch nur ein zeitlicher und bürgerlicher Frieden erreicht werden könne, so griff er damit die Grundlagen des Religionsfriedens an, der ja eben auf dieser Voraussetzung beruhte. Seine Theorien, nach katholischen Grundsätzen zweifellos korrekt, wirkten weiter und lebten in der Polemik des dreißigjährigen Krieges in verschärfter Form wieder auf. Mittelpunkt der Agitation war das Jesuitenkolleg in Dillingen, ihr Urheber und Förderer der Bischof Heinrich von Augsburg. Er setzte damit eine Tradition des Augsburger Bistums fort, hatte doch einst sein Vorgänger, der Kardinal Otto Truchseß, als einziger deutscher Bischof gegen den Religionsfrieden protestiert und seine Unterschrift verweigert. Im Jahr 1629, noch vor dem Restitutionsedikt, erschien in Dillingen die „Pacis compositio" des Jesuitenpaters Paul Laymann, die, wie einst die „Autonomia", alle Grundlagen des Religionsfriedens in Frage stellte. Laymann führte noch zwei neue Gesichtspunkte an: Ketzerei, sagte er, dürfe man höchstens vorübergehend dulden. Das ging also gegen die ewige Geltung des Religionsfriedens. Und ferner behauptete er, zweifellos im Sinne seines bischöflichen Herrn, daß der Religionsfriede als ein Vertrag nur die verpflichten könne, die ihn unterzeichnet hätten. Er bestritt also seine Verbindlichkeit für alle und damit auch seinen Charakter als Reichsgesetz. Er ging noch weiter und erwog die Frage, ob der Religionsfrieden überhaupt als erlaubt betrachtet werden könne, da er doch verbotenen Inhalts, durch Gewalt erzwungen und ohne päpstliche Approbation geschlossen sei? Er bejahte zwar die Frage nicht, aber daß sie überhaupt gestellt werden konnte, mußte die Protestanten aufs äußerste erregen. Es war kein Zweifel: Laymann und mit ihm viele nicht unbedeutende Männer der katholischen Kirche betrachteten die Alleinherrschaft ihres Glaubens als den einzigen gesetzlichen Zustand und die Duldung eines abweichenden Bekenntnisses nur als ein Zugeständnis aus Not, das man auch zurücknehmen könne.

Wir werden sehen, wie sich diese Gedanken, einmal ausgesprochen, weiterbildeten, und daß die Schärfe der Polemik noch der Steigerung fähig war.

Kaiser und Stände

Es war nicht zu vermeiden, daß die kirchlichen Streitfragen auf das politische Gebiet übergriffen. Wenn der Kaiser als Vogt der römischen Kirche deren alte Rechte gegen das landesherrliche jus reformandi verteidigte, so führte er zugleich den jahrhundertelangen Kampf der kaiserlichen Gewalt gegen die Landeshoheit der Fürsten fort. Die kirchlichen Kämpfe waren von Anfang an zugleich politische, und die Frage, ob der dreißigjährige Krieg ein Religionskrieg oder ein weltlicher

Machtkampf gewesen sei, ist falsch gestellt. Er war beides, es ging in diesem Ringen nicht nur um die Gleichberechtigung der Konfessionen, sondern auch um die Rechte des Kaisers und der Stände und den Anteil beider an der Reichsgewalt.

Der Gegensatz des monarchischen und des ständischen Prinzips beherrschte damals das innere Leben aller europäischen Staaten. Der werdende Machtstaat konnte sich als monarchischer oder als ständischer Staat ausbilden. Die Entscheidung darüber fiel fast überall in der ersten Hälfte des 17. Jahrhunderts, auch auf dem Boden des Reiches. Einer oberflächlichen Betrachtung mag es freilich so scheinen, als sei hier von Anfang an nur die ständische Lösung möglich gewesen. Der Kampf zwischen Königtum und Einzelgewalten hat ja die deutsche Geschichte seit ihren Ursprüngen begleitet. An ihrem Beginn steht nicht nur das Königtum Heinrichs I., sondern auch das Gegenkönigtum Arnulfs von Bayern. Die Stammesgewalten waren älter als das Reich, sie beruhten auf eigenem Recht und nicht auf Usurpation. Spätestens am Ende der Stauferzeit sei, so glaubt man meistens, ihr Sieg entschieden gewesen. Die Geschichte des Reiches von da an gilt als ein einziger beklagenswerter Verfall der kaiserlichen Macht. In Wirklichkeit fiel die letzte Entscheidung erst im Westfälischen Frieden. Freilich ging es da schon nicht mehr um die Landeshoheit der Reichsstände, denn die war allerdings seit dem hohen Mittelalter kaum mehr umstritten, wohl aber um den ständischen Charakter der Reichsgewalt selber, das heißt um die Frage, ob der Kaiser Herr der Fürsten und sie seine Untertanen seien, ob Regierung und Hoheitsrechte des Reiches ihm allein oder ihm und den Ständen gemeinsam zukämen. Gegen Ende des 15. Jahrhunderts schien dieses Ringen schon einmal zugunsten der Stände entschieden. Wider alles Erwarten ist dann noch zweimal sehr ernsthaft der Versuch gemacht worden, den monarchischen Gedanken durchzusetzen und die Stände von der Mitregierung auszuschließen.

Der Zustand der Reichsverfassung bot einem solchen Unternehmen noch immer Ansatzpunkte genug. Man muß bedenken, daß das Reich wohl einzelne Grundgesetze, aber keine geschriebene Verfassung besaß, die den verschiedenen Organen ihren Wirkungskreis zugewiesen hätte. Gewohnheit, Überlieferung und tatsächliche Macht bestimmten noch nahezu alles. Die Goldene Bulle, die Reformgesetze von 1495 und die Wahlkapitulation von 1519 bedeuteten nur den ersten Versuch einer solchen Abgrenzung. Das tatsächliche Verhältnis der kaiserlichen zur ständischen Gewalt kommt am besten in der Unterscheidung zum Ausdruck, die später die Staatsrechtslehrer bei den kaiserlichen Regierungsrechten vornahmen: Es gab jura reservata, die er allein, und jura comitialia, die er nur gemeinsam mit den Ständen ausüben durfte. Entscheidend aber ist, daß eine erschöpfende Zusammenstellung und eine klare Abgrenzung beider nie erfolgte. Immer konnten kaiserliche Reservatrechte zu den jura comitialia gezogen werden, was meist bei der Festsetzung der Wahlkapitulationen geschah. Aber es konnte auch das Umgekehrte eintreten, und Versuche dazu sind im 16. und 17. Jahrhundert nicht ohne Erfolg unternommen worden. Auch gab es noch genug unzweifelhaft kaiserliche Rechte, mit deren Hilfe, sofern nur eine ausreichende Macht dahinter stand, sich eine wahrhaft monarchische Stellung begründen ließ. Sie lagen vor allem auf dem Gebiet der Gesetzgebung und der Rechtsprechung.

Die Gesetzgebung, in der Goldenen Bulle noch allein dem Kaiser zugesprochen, war schon im späten Mittelalter irgendwie zwischen ihm und den Ständen geteilt. Sie geschah so, daß der Kaiser einem Votum der auf dem Reichstag versammelten

Stände seine Sanktion erteilte und es damit zum Gesetz erhob. Es bedurfte also zunächst einer Einigung zwischen Kaiser und Ständen, und insofern hatten sie gleichen Anteil an der Gesetzgebung. Die Juristen sprachen sie freilich allein dem Kaiser zu und betrachteten die Mitwirkung der Stände als rein beratend. Aber das war eine bloße, aus dem römischen Recht geschöpfte Theorie. Wahr ist aber, daß der Kaiser den stärkeren Anteil an der Gesetzgebung hatte, denn er war es, der den Reichstag berief und ihm die Tagesordnung vorschrieb, er allein hatte die Gesetzesinitiative. Auch gab es Fälle, wo er bei einem zwiespältigen Votum der Stände den Ausschlag gegeben hatte und ohne ihre Zustimmung gesetzgeberisch tätig geworden war. Der Geistliche Vorbehalt war das berühmteste, aber nicht das einzige Beispiel dafür. Dieses Recht des Kaisers zum „Vorgriff" war umstritten, aber doch oft genug praktiziert worden, um mehr zu sein als bloße Willkür, und die Reichsabschiede hatten ihm mindestens nicht widersprochen. Die Stellung des Kaisers in der Gesetzgebung war also stärker als die irgendeines Staatsoberhauptes im modernen Verfassungsstaat, sein Gesetzgebungsrecht war höher als das der Stände und eigentlich allein dieses Namens wert, weil er allein positiv gesetzgeberisch wirken konnte. Freilich verlor es dadurch wieder an Bedeutung, daß die Publikation und Exekution der Reichsgesetze Sache der Stände war und vom Reich so gut wie nie erzwungen wurde. Die herrschende Lehre sprach den Landesherren sogar das Recht zu, das gemeine Recht und die Reichsgesetze in ihren Gebieten nach Belieben abzuändern. Aber diese Befugnis konnte im Einzelfall von Reichs wegen ausgeschlossen werden und war somit ein zweifelhaftes Recht. Der Kaiser konnte also seinem Willen im Wege der Gesetzgebung weitgehend Geltung verschaffen, sobald er nur über die entsprechende Macht gebot und einen gewissen Anhang unter den Reichsständen hatte, an dem es ihm in der Regel nicht fehlen konnte. Aus dem Gesetzgebungsrecht folgerte man ferner, freilich nicht ganz logisch, nach römischem Vorbild die Befugnis zur authentischen Interpretation der Gesetze. Sie konnte fast noch wichtiger werden als die Gesetzgebung selbst; das Restitutionsedikt ist ein Beispiel dafür.

Noch gebietender konnte der Kaiser als höchster Gerichtsherr auftreten. Zwar besaß er so gut wie keine Gerichtsbarkeit über Untertanen mehr, wohl aber über Reichsstände. Hier lag für diese die eigentliche Gefahr, und sie war durch die ständische Justizreform des Jahres 1495 nicht geringer, vielmehr erst recht drohend geworden. Nach altem deutschen Recht hatte einst jedermann fordern können, von seinesgleichen gerichtet zu werden. Deshalb konnte über Fürsten ursprünglich nur ein Fürstengericht urteilen. Dann aber war das ständische Reichskammergericht, mit dessen Errichtung man der Willkür des kaiserlichen Kammergerichtes steuern wollte, an die Stelle des Fürstengerichtes über Standesgenossen getreten und der besondere Gerichtsstand der Fürsten beseitigt worden. Vielleicht war das ursprünglich nicht die Absicht gewesen, aber es führte dazu. Für die Fürsten erwies sich diese Justizreform als eine zweischneidige Sache, denn die kaiserliche Justiz schuf sich alsbald in dem von den Ständen unabhängigen Reichshofrat ein eigenes Gericht, das nun fortgesetzt eine mit dem Kammergericht konkurrierende Gerichtsbarkeit beanspruchte und ausübte. Nie wurde die Frage entschieden, ob der Kaiser eine Sache nach Belieben von dem Reichskammergericht an seinen Reichshofrat ziehen dürfe oder nicht, nie wurden die Kompetenzen beider Gerichte klar geschieden. Sicher war nur, daß die des Reichshofrates weiter reichte, denn er allein war zuständig in Reichslehensachen, in Kriminalklagen gegen Reichsstände mit Ausnahme von Landfriedenssachen, in Streitigkeiten über kaiserliche Privilegien und über Regierungsakte auf Grund kaiserlicher Reservatrechte, vor sein Forum gehörten Prozesse in Sachen fürstlicher Hausgesetze und Testamente. Nahm der Kaiser solche Anlässe wahr, so gab ihm seine Gerichtshoheit bedeutende Möglichkeiten in die Hand. Vor allem handhabte er die Reichsacht. Es war immer kaiserlichem Ermessen überlassen gewesen, ob er eine Acht gegen Reichsfürsten, auf die ein Fürstengericht erkannt hatte, auch aussprechen wollte. Zwar hatte Maximilian I. auch dieses Recht auf Drängen der Stände dem Kammergericht überlassen, doch war diese Konzession, die von höchster Bedeutung hätte werden können, wieder entwertet worden durch den Anspruch des Kaisers, weiterhin auch neben dem Reichskammergericht die Acht zu verhängen. Damit war der Hauptzweck, der Schutz der Fürsten vor kaiserlicher Willkür, verfehlt. Die Acht wurde dem Kaiser bis zum Westfälischen Frieden nie entwunden; noch die Wahlkapitulation Ferdinands III. vom Jahre 1636 ließ ihm das Recht, in notorischen Fällen auch ohne förmlichen Prozeß zur Acht zu schreiten. Da sie den Verlust der Reichslehen und Eigengüter nach sich zog, wurde sie in der Hand des Kaisers zu einer tödlichen Waffe. Es ist seltsam, aber wahr: Die ständische Justizreform hat die Reichsfürsten abhängiger gemacht als vorher und sie dem Reichshofrat ausgeliefert, der Fürsten vor seine Schranken zog, um sie allein im Namen des Kaisers und nicht mehr durch ihresgleichen zu richten. Ob und wie häufig das geschehen würde, war künftig nur noch eine Ermessensfrage.

Man sieht, auf dem Boden der Reichsverfassung konnten sehr wohl noch monarchische Bestrebungen gedeihen. Gesetzliche Handhaben gab sie genug, es mußte nur die Macht da sein. Karl V. besaß sie, und er war in seinen außerdeutschen Ländern gewöhnt, sich ihrer zu bedienen. Schon bei seinem ersten Erscheinen in Deutschland ließ er keinen Zweifel darüber, daß er den Reichsständen „Gesetz und legem setzen und imperiren" werde, und daß er die Reichsverfassung allein in diesem Sinne verstehe, sprach er selbst in Worms 1521 aus: „So steht unser Gemüt und Willen nit dahin, daß man viele Herren, denn allein einen, wie das Heilige Reich herkommen ist, habe." Er hat Gesetzgebung und Justiz als kaiserliche Vorrechte betrachtet, Reichstagsbeschlüsse annulliert, die Reichsverfassung sehr willkürlich ausgelegt und sich über das Reichsherkommen und seine Wahlkapitulation bedenkenlos hinweggesetzt. Er hat Reichstage berufen, ohne die Kurfürsten zu fragen, hat fremde Truppen ins Reich geführt und immer wieder versucht, die Reichsfinanzen der ständischen Kontrolle zu entziehen. Freilich hat er den zähen Widerstand der Stände nie ganz überwinden können. Vor allem gaben die Reichstage mit ihren schwerfälligen Verhandlungsformen Gelegenheit zu unauffälliger, aber nachhaltiger Opposition. Karl V. hat deshalb Formen der Exekutive gesucht, die ihm ein durchgreifenderes Verfahren gestatten sollten, und sich dazu der altüberlieferten Formen der Einung und des Bundes bedient. Erst war es der Schwäbische, dann in den dreißiger Jahren der neunjährige kaiserliche Bund. Beide umfaßten den ganzen Süden des Reiches, ihr offizieller Zweck war die Wahrung des Landfriedens, in Wirklichkeit sollten sie eine möglichst große Zahl von Ständen eng an den Kaiser binden. So wollte sich Karl von den verfassungsmäßigen Reichsorganen, vor allem dem Reichstag, frei machen. Diese Einrichtungen mochten dann, sich selbst überlassen, verkümmern. Die ständischen Landfriedensbündnisse hatten schon immer ein stehendes Bundesheer, ein Bundeskasse, die Schlichtung innerer Streitigkeiten durch ein Bundesgericht und die wechselseitige Garantie des Besitzstandes aller vorgesehen. Das alles fand sich auch in den kaiserlichen Bünden wieder, nur waren sie straffer organisiert als jene. An die Stelle der Gleichberechtigung aller Glieder trat schon im Schwäbischen Bund die Führung der Habsburger. Der Kaiser hatte den maßgebenden Einfluß im Bundesrat und bei der Besetzung des Bundesgerichtes, er ernannte die Bundeshauptleute und den Bundesfeldherrn. Der größte Vorzug war das schnelle und reibungslose Verfahren: Hier gab es kein „Hintersichbringen", sondern raschen Beschluß, der alle Bundesglieder verpflichtete, hier herrschte das Mehrheitsprinzip statt umständlicher Re- und Korrelation, hier gab es für die Bundesglieder keine anderen Rücksichten und Pflichten, weil alle Bündnisse, an denen sie sonst etwa teilhatten, für die Dauer des kaiserlichen Bundes suspendiert waren. Allerdings ist es dem Kaiser nicht gelungen, diesen Bund, wie er gewollt hat, auf das ganze Reich auszudehnen, nicht einmal auf der Höhe seiner Macht nach dem Schmalkaldischen Kriege. Das Projekt wurde in den Reichstagsberatungen zu Tode verhandelt. Die Stände empfanden sehr wohl, daß es hier nicht um das Interesse des Reiches, sondern des Hauses Habsburg ging und daß der Bund, wie der venezianische Gesandte mit Recht schrieb, nur den Zweck verfolge, daß ganz Deutschland Freund der Freunde und Feind der Feinde des Hauses Österreich werde.

Zu den von Karl beabsichtigten Verfassungsänderungen gehört auch der Sukzessionsplan, der die Kaiserkrone im Hause Habsburg erblich machen sollte. Sein Bruder Ferdinand hat allerdings abgeraten, dieses Ziel zu offen zu verfolgen, da die Kurfürsten wohl kaum auf ihr Wahlrecht verzichten würden; es werde genügen, sie für die nächsten zwei oder drei Wahlen festzulegen und das Weitere der Zukunft zu überlassen. Karl und seine Nachfolger haben sich denn auch damit begnügen müssen, die Wahl eines römischen Königs aus dem eigenen Hause bei ihren Lebzeiten durch mancherlei Zugeständnisse zu erkaufen, das heißt die Reservatrechte des Kaisers immer wieder einzuschränken. Sie haben sich dagegen durch Umgehung und nicht selten durch offene Verletzung der Wahlkapitulation zu helfen gesucht.

Die Regierung Karls V. endete mit einem vollen Sieg der Stände. Der Religionsfrieden, die Exekutionsordnung und die Kammergerichtsordnung von 1555, alle drei ein Werk des Augsburger Reichstages, sicherten ihnen das jus reformandi, legten die Landfriedenswahrung in ihre Hand und stellten den überwiegend ständischen Charakter des höchsten Reichsgerichtes wieder her. Daß aber die monarchischen Bestrebungen im Hause Habsburg keineswegs vergessen waren, zeigte sich in demselben Augenblick, als die ständischen Ordnungen an den konfessionellen Gegensätzen zerbrachen. Rudolf II. war gewiß kein ehrgeiziger und tatkräftiger Herrscher, und doch bedurfte es nur eines geringen Anstoßes, so lenkte auch er in autokratische Bahnen ein. Maximilian von Bayern wußte ihn im Jahre 1608 zu jenem Vorgehen gegen die Stadt Donauwörth zu bringen, das man nur als offene Verletzung der Exekutionsordnung bezeichnen konnte. Es war ein böser Präzedenzfall. Er veranlaßte Kurpfalz bei den Wahlverhandlungen von 1612 zu dem Antrag, den künftigen Kaiser bei Verhängung der Acht an die Zustimmung der Kurfürsten zu binden. Daß die Mehrheit des Kurkollegs diesen Antrag ablehnte, mußte die Habsburger geradezu ermutigen, auf ihrem Wege fortzufahren. Ferdinand II. hat, kaum gewählt, mit Maximilian von Bayern die Ächtung des Pfälzers und die Aufteilung seiner Lande verabredet. Zehn Tage vorher hatte

Kurfürst Friedrich die böhmische Krone angenommen, zum mindestens hätte erst die Frage rechtlicher Prüfung bedurft, ob er sich damit des Landfriedensbruches schuldig gemacht habe. Der Kaiser nahm das für erwiesen an, weil er die Hilfe der Liga und Spaniens gegen Pfalz und Böhmen nur gewinnen konnte, wenn er den Krieg als Achtsexekution führte; er beugte das Recht unter die Politik. Formell war er nicht verpflichtet, die Zustimmung der Kurfürsten einzuholen. Er versuchte es, aber ohne Erfolg. Ihre betonte Zurückhaltung hätte ihm zu denken geben sollen und ließ ihn immerhin zögern. Er sprach die Acht erst aus, als der Winterkönig aus Böhmen vertrieben war und ein Rechtsgrund gefunden werden mußte, den Krieg in seine pfälzischen Erblande zu tragen. Die Exekution, die sich zum gesamtdeutschen Kriege auswuchs, war und blieb anfechtbar. Nur insgeheim wagte der Kaiser zunächst dem Herzog von Bayern die erbliche Kur zu übertragen, die Kurfürsten haben ihn nur widerstrebend und nach langem Zögern für Lebenszeit in das Kurkolleg aufgenommen und sich ihre endgültige Entscheidung über die pfälzische Kur vorbehalten. Die Frage blieb bis zum Friedensschluß offen, der Kaiser aber nahm sich trotzdem schon 1623 in einem geheimen Vertrag mit Maximilian die Freiheit, auch gegen einen etwaigen Schiedsspruch der Kurfürsten die erbliche Belehnung Bayerns mit der Kur aufrechtzuerhalten, wenn er es so für billig erachten würde.

Alle diese Vorgänge zeigen, wie Ferdinand II. seine Stellung als Reichsoberhaupt verstand. Die Beschränkungen, die Gesetz und Wahlkapitulation ihm auferlegten, glaubte er in Fällen dringender Staatsnotwendigkeit beiseite setzen zu dürfen. Doch darf man in der unbekümmerten Nichtachtung ständischer Rechte, wie sie bei den Habsburgern immer wieder vorkam, nicht nur Mißachtung des Rechts überhaupt sehen. Für jeden kaiserlichen Übergriff ließ sich doch immer wieder auch ein Präzedenzfall anführen, bei der hohen Geltung des Reichsherkommens immerhin ein gewichtiges Argument. Es spricht ferner aus der Handlungsweise Karls V. und Ferdinands II. eine moderne Staatsgesinnung, die den ständischen Privilegien das Recht des Souveräns entgegensetzte und ihm die Befugnis zuerkannte, im Falle dringender Not den normalen Rechtszustand außer Kraft zu setzen. Freilich, was konnte nicht alles als necessitas gelten und den Staatsnotstand rechtfertigen? Eine noch so oft geübte Praxis dieser Art war und blieb doch schließlich nichts anderes als eine Revolution von oben, die Revolution einer rechtlich schon konstituierten und nicht erst durch die Revolution sich selbst konstituierenden Gewalt, und eben deshalb schwer zu bekämpfen. Es ist die Frage, ob Ferdinand II. wirklich die Absicht gehabt hat, auf diesem Wege die überlieferten Rechte der Reichsstände für immer zu beschränken oder gar aufzuheben?

Manches spricht dafür. Schon die Handhabung der Acht und der Achtsexekution erinnern nur noch von ferne an ein rechtliches Verfahren. Die Auffassung, daß die Reichsacht ipso facto eintreten könne und der Kaiser in solchem Falle ohne ordentlichen Prozeß zur Exekution schreiten dürfe, war an sich bedenklich genug. Noch mehr die Art, wie die Exekution gehandhabt wurde. Der Kaiser übertrug sie nicht den in der Exekutionsordnung vorgesehenen ständischen Organen, sondern kaiserlichen Kommissaren, die meist ein eigenes Interesse dabei verfolgten und durch bestimmte Versprechungen für ihr Amt gewonnen worden waren, Versprechungen zumeist auf Kosten der Geächteten selber! In besonderem Maße hat Wallenstein die Exekution von ihrer rechtlichen Grundlage gelöst, sie wurde zu einer Maßnahme der Politik, das Exekutionsverfahren zum Krieg, und der Kriegszweck allein bestimmte fortan ihren Charakter. Sie gab willkommenen Anlaß zu tiefen Eingriffen in die landesherrlichen Rechte und zu willkürlicher Ausdehnung der fiskalischen und militärischen Befugnisse des Kaisers. Nicht nur die Geächteten, auch die Unbeteiligten wurden Opfer dieser Exekutionen und, sofern sie sich widersetzten, selber mit Acht und Konfiskation bestraft. Der kaiserliche Kommissar war nur an seinen Auftrag gebunden und hatte darin weitgehende Vollmachten. Sofern ihm seine Instruktion nicht ausdrücklich die Schonung ständischer Privilegien vorschrieb, gingen ihn diese nichts an. Allenfalls verwies er die Stände mit ihren Beschwerden an den Kaiser, doch ehe die Sache an den Hof kam, verging lange Zeit, und inzwischen nahm die Exekution ihren Lauf. Den Kommissar bestimmten nur Gesichtspunkte reiner Zweckmäßigkeit, keine rechtlichen Erwägungen. Einem Manne wie Wallenstein war es sogar lieb, wenn die Stände „Diffikultäten" machten, „denn dadurch", sagte er, „verlieren sie alle ihre privilegia". So wurden die Exekutionen zu einem Mittel politischer Machterweiterung und zu einem Instrument kaiserlicher Alleinherrschaft. Es war ein System, das erbittern mußte: Die Kommissare standen an Stelle des Kaisers, sie waren zu allen Maßnahmen befugt, die ihr Auftrag erforderte, nur nicht zur Annahme rechtlicher Einreden. So trat die kaiserliche Gewalt den Ständen während des Krieges ohne die Schranken gegenüber, die ihr sonst von Rechts wegen gezogen waren, einfach dadurch, daß der ständischen Rechte in den Exekutionsaufträgen nicht gedacht wurde. Sie wurden nicht eigentlich bestritten, der Kaiser hat sogar die Klagen der Stände mehrfach als berechtigt anerkannt und wohl hier und da auch für Abhilfe gesorgt, sofern sein Gebot bei den immer herrischer auftretenden Befehlshabern überhaupt durchdrang. Die Exekutionen gingen eben oft genug ihren Gang ohne Rücksicht auf den Willen des Auftraggebers, sie folgten ihrer eigenen Gesetzmäßigkeit. An einen gewaltsamen Umsturz der Reichsverfassung hat Kaiser Ferdinand II. allerdings kaum gedacht, er legte sie aber in seinem Sinne aus und ging schließlich, als die Macht der Stände ganz darniederlag, zu dem Versuch über, sie in wichtigen Punkten auch auf gesetzlichem Wege zu ändern: Der Prager Frieden überführte die landesherrlichen Kontingente in ein Reichsheer unter kaiserlichem Oberbefehl und hob die Bündnisse der Reichsstände auf. Die Exekutivgewalt des Reiches wurde damit in aller Form den Ständen entzogen und dem Kaiser überantwortet, nachdem er sie faktisch schon an sich gerissen hatte. Zusammen mit der Rechtsprechung über Reichsstände und dem maßgebenden Anteil an der Gesetzgebung, die er beide schon besaß, sollte sie ihm für alle Zukunft eine wahrhaft monarchische Stellung im Reiche sichern.

Es bleibt die Frage, warum dieser kaum verhüllte Absolutismus niemals in den langen Jahren bis zum Prager Frieden auf eine geschlossene Opposition stieß, wie sie Karl V. im Fürstenaufstand von 1552 gefunden hatte? Wie konnte es dem Kaiser gelingen, die Stände in so hoffnungslose Vereinzelung zu drängen und sie nacheinander zu überwältigen? Da war zunächst der religiöse Gegensatz, der wie eine mächtige Querströmung jede ihrer gemeinsamen Bewegungen durchbrach und verwirrte. Er wurde seinerseits wieder durchkreuzt durch zahlreiche Interessengegensätze zwischen den einzelnen Ständen, fürstliche Familienkonflikte und Erbstreitigkeiten, von denen gleich noch zu reden sein wird. Die kaiserliche Politik hat sich ihrer meisterhaft bedient, um ein Fürstenhaus gegen das andere auszuspielen, bald diesen und bald jenen Stand fördernd oder ihn, wenn er sich nicht gefügig zeigte, bedenkenlos aufopfernd. Die Gerichtsbarkeit des Reichshofrates in Familien-, Erbschafts- und Testamentsstreitigkeiten der Reichsfürsten ließ sich hier trefflich verwerten. Und um das Bild heilloser Zersplitterung vollständig zu machen, gab es auch noch tiefe Gegensätze zwischen den einzelnen Gruppen der Reichsstände, die sich im Lauf der letzten Jahrzehnte immer mehr vertieft hatten. Der Anspruch der Kurfürsten auf eine besondere Stellung, ihre eifersüchtig gewahrte „Präeminenz", wurde von den übrigen Reichsständen mit Unwillen betrachtet und erbittert bekämpft. Seit dem 14. Jahrhundert war das Kurkolleg reichsgesetzlich anerkannt. Oft hatte es in Zeiten kaiserlicher Ohnmacht die Belange des Reiches nach außen und innen kraftvoll vertreten. Das Wahlrecht der Kurfürsten begründete zwischen dem Kaiser und ihnen eine besondere Interessengemeinschaft, jede Wahlkapitulation gab ihnen Gelegenheit, ihren Vorrang und ihre Sonderrechte neu bestätigen zu lassen und den Kaiser an ihren ständigen Rat oder gar an ihre Mitbestimmung zu binden. Je mehr aber auch andere Fürstenhäuser zu politischer Bedeutung im Reich aufstiegen, desto mehr Widerstand erhob sich gegen diese Sonderstellung. Daß die sechs Kurfürsten bei den Reichstagsberatungen, wo ohne sie kein Beschluß möglich war, mehr Gewicht besaßen als der gesamte Fürstenrat mit seinen hundert, der Städterat mit seinen achtzig Stimmen, wurde als ein Mißstand empfunden. Seit der Mitte des 16. Jahrhunderts versuchte man, das kurfürstliche Übergewicht durch das Prinzip der grundsätzlichen Gleichheit aller Stimmen zu brechen. Zwar nicht im Reichstag selber — dazu war die Ungleichheit der größten und der geringsten Stände denn doch zu kraß — aber durch die neue Einrichtung außerordentlicher Reichsdeputationen, wo auf sechs Kurfürstenstimmen immerhin acht der übrigen Stände kamen und ein Votum soviel wie das andere galt. Schon das empfanden die Kurfürsten als ihrer „Reputation und Präeminenz nit wenig verkleinerlich" und suchten deshalb die Einsetzung solcher Deputationen soviel wie möglich zu hindern. Nun setzte gar der Augsburger Reichstag von 1555 zur Wahrung des Landfriedens eine ordentliche Reichsdeputation ein, in der das Stimmenverhältnis für sie noch ungünstiger war und der im Laufe der Zeit immer neue Geschäfte zugewiesen wurden, schließlich fast im gleichen Umfang wie dem Reichstag selber. Bei der Macht des Gewohnheitsrechts im deutschen Verfassungsleben konnte sich daraus leicht ein neues Organ ständischer Mitregierung entwickeln, in dem die Kurfürsten jederzeit majorisiert werden konnten. Schon 1558 verabredeten sie daher bei Erneuerung ihres Kurvereins, sich nur bei „hochbewegenden Ursachen" zu einem solchen Ausschuß dringen zu lassen, seit 1564 bestanden sie trotz Protestes der übrigen Stände auf einer besonderen kurfürstlichen Kurie auf Deputationstagen, womit dieser Angriff der „niederen Stände" auf die kurfürstliche Präeminenz vorerst abgeschlagen war. Aber er blieb nicht der einzige. Man begann den Kurfürsten auch das Recht zu bestreiten, allein die Wahlkapitulation abzuschließen, da sie ja auch Sachen regelte, die das ganze Reich angingen. Merkwürdig spät erst hat sich dieser Widerspruch aus den Reihen der Fürsten geregt, beim Tode Rudolfs II. hören wir zum erstenmal davon reden. Offen hervorgewagt hat er sich noch lange nicht, erst die Kampfschrift des Hippolithus a Lapide vom Jahre 1640 packte die Frage ohne Scheu an, bei den Westfälischen Friedensverhandlungen tauchte sie wieder auf.

Auch die Reichsstädte hatten ihre Klagen über die anderen Stände. Nachdem sie am Ende des 15. Jahrhunderts die Reichsstandschaft errungen hatten, kämpften sie nun für gleiches Stimmrecht mit Kurfürsten und Fürsten. Hier hielten nun diese wieder zähe zusammen. Sie pflegten sich auf einen gemeinsamen Beschluß zu einigen, die Vertreter der Städte hatten dann in ihrer Sitzung zu erscheinen und vor den Schranken stehend entgegenzunehmen, was man ihnen eröffnete. Die Städte erhoben die Forderung auf Session und Votum, jene ganz wörtlich zu verstehen, dieses als Recht auf wirkliche Mitentscheidung aufzufassen: Sie wollten statt des votum deliberativum oder consultativum ein votum decisivum, erst dieses galt ihnen als Reichsstandschaft im vollen Sinne.

Den stärksten Stoß aber erhielt die geschlossene ständische Opposition, wenn es je eine gegeben hatte, durch die Auswirkungen der kirchlichen Kämpfe auf die Reichsverfassung. Der religiöse Gegensatz, bisher noch mühsam durch die alten Ordnungen des Reichsrechtes gebändigt, brach um die Jahrhundertwende zerstörend in sie ein, als die protestantische Opposition das Mehrheitsprinzip und damit den Reichstag als Institution anzugreifen begann. Seit 1512 war die Verbindlichkeit der Reichstagsbeschlüsse für alle, auch die Abwesenden und Dissentierenden, im Prinzip anerkannt. Zum erstenmal hatten sie die Evangelischen im Jahre 1529 in ihrer berühmten Protestation wieder in Frage gestellt. Damals nur für Sachen des Glaubens und Gewissens, im Jahre 1600 aber erklärten zahlreiche evangelische Stände, daß es Mehrheitsentscheidung nur in solchen Sachen geben dürfe, wo die Reichsgesetze dies ausdrücklich vorschrieben. Nicht nur in Religionssachen, auch bei Erlaß neuer und Interpretation alter Gesetze und bei freiwilligen Steuern sei eine Majorisierung unzulässig. Das hieß das Mehrheitsprinzip zur Ausnahme, die Willkür zur Regel und den Reichstag geschäftsunfähig machen und führte 1608 denn auch tatsächlich zur Sprengung des Reichstages.

Der religiöse Gegensatz hatte schließlich die Folge, daß der Zwiespalt auch in das bisher noch leidlich geschlossene Kurkolleg hineingetragen wurde und die evangelischen Kurfürsten die Ansprüche der übrigen Stände zu unterstützen begannen. Den Wendepunkt bezeichnet hier die Übertragung der pfälzischen Kur an Bayern im Jahre 1623. Seitdem waren die evangelischen Kurfürsten in einer hoffnungslosen Minderheit und traten nunmehr für die Rechte des Reichstages und der Reichsdeputation in die Schranken; auch sie haben das Mehrheitsprinzip in Religions- und Kontributionssachen abgelehnt. Der traurige Versuch, Fragen der Religion durch rücksichtslose Majorisierung zu entscheiden, führte also zur Lähmung der verfassungsmäßigen Reichsorgane, die allein der kaiserlichen Willkür wirksam hätten entgegentreten können. Damit war der Weg frei für die ungehemmte Betätigung der kaiserlichen Macht, deren steilen Anstieg bis zum Prager Frieden wir verfolgt haben. Wir werden später darzustellen haben, wie ein Jahr später bei der Wahl Ferdinands III. unter dem Eindruck des französischen Kriegseintrittes der Umschwung einsetzte, zuerst im Kurkolleg, dann auch in den Reihen der übrigen Stände.

Kurfürsten, Fürsten und Städte

Die Politik der meisten Reichsstände war noch immer von der Stellung bestimmt, die sie einst in den großen Kämpfen des Reformationszeitalters eingenommen hatten. Ihre Gegensätze, ihre Parteinahme in der Reichspolitik lagen seitdem fest und hingen in der Regel kaum noch vom Belieben der gerade Regierenden ab.

Ein Übergang zur anderen Richtung war selten, ein Glaubenswechsel kam kaum noch vor und zog im 17. Jahrhundert schon nicht mehr ohne weiteres den der Untertanen nach sich. In allen deutschen Fürstenhäusern hatte sich eine kirchlich-politische Tradition gebildet, die feste Parteibildungen im Reich zur Folge hatte.

Wenn unter den Reichsständen im Range die Kurfürsten und unter ihnen wiederum die drei geistlichen voranstanden, so entsprach das nicht mehr ganz den wahren Machtverhältnissen. Der Mainzer, der den Kaiser krönte und als Erzkanzler mit ihm zusammen das Reich verwaltete, war zu einem Territorialfürsten zweiten oder dritten Ranges herabgesunken. Ringsum nahmen aufstrebende weltliche Fürstentümer dem Kurstaat Licht und Luft, mit Mühe hielt man den ehemals reichen Besitz an Main, Rhein und Nahe, in Hessen und Thüringen zusammen. Die Bergstraße war an Kurpfalz verpfändet, die Städte Mainz und Erfurt strebten nach Reichsfreiheit. Im Kriege wehrlose Beute der Schweden, von Oxenstierna als Lehen begehrt, war das Erzstift in den letzten Jahren des Krieges fest in französischer Hand. Das Erzbistum Köln war eine Art bayrischer Sekundogenitur, seit nach dem mißglückten Säkularisationsversuch ein Prinz dieses Hauses gewählt worden war. Von hier aus dehnte sich bayrischer Einfluß auf viele Stifter des nordwestlichen Deutschland aus. Ihre Einkünfte, ihre Stimmen im Reichsfürstenrat dienten der bayrischen Politik. Kurtrier, das Mosel und Mittelrhein beherrschte und sich wie ein Riegel zwischen die Pfalz und die spanischen Niederlande schob, lag mitten im Kreuzungspunkt der großen weltpolitischen Gegensätze, genau da, wo Spanien den letzten Brückenpfeiler nach den Niederlanden setzen und wo Frankreich zustoßen mußte, wenn es den spanischen Ring um seine Grenzen sprengen wollte. Als nun Philipp von Sötern, Bischof von Speyer und als solcher zugleich Herr der starken Festung Philippsburg am Oberrhein, Erzbischof von Trier wurde, war es für den Kaiser, Spanien und Frankreich gleich wichtig, sich dieses Mannes zu versichern. Der ehrgeizige und herrschsüchtige Kurfürst war im Grunde seines Herzens eher spanisch als französisch gesinnt, aber die Spanier behandelten ihn schlecht, und die Schwedennot zwang ihn schließlich, die Protektion Frankreichs zu suchen. Seine Festung Ehrenbreitstein war der erste Platz in Deutschland, der eine französische Besatzung aufnahm. Man begann den Kurfürsten in Wien als Reichsverräter zu betrachten, 1635 griffen die Spanier zu, besetzten Trier und lieferten den Erzbischof in kaiserliche Gefangenschaft, aus der er erst nach zehn Jahren heimkehren sollte.

Unter den weltlichen Reichsfürsten waren natürlich die Habsburger die mächtigsten, aber es war die Frage, ob man sie noch so recht dazuzählen könne. Die Grundlage ihrer Macht, auch die der deutschen Linie, lag vorwiegend außerhalb des Reiches. Ungarn gehörte garnicht, Böhmen nur sehr lose zum Reichsverband, die burgundisch-niederländischen Gebiete hatte schon Karl V. aus ihren Pflichten gegen das Reich herauszulösen gewußt. Dann waren sie der spanischen Linie zugefallen, der man im Oñate-Vertrag von 1617 sogar Ansprüche auf das Elsaß eingeräumt hatte. Selbst die deutschen Erblande begannen diese Politik der Entfremdung vom Reich zu spüren. Von seinen Einrichtungen überwiegend ständischen Charakters wie Kammergericht, Reichsregiment, Land- und Religionsfrieden, Exkutionsordnung waren sie nach dem Willen ihrer Herscher ausdrücklich oder stillschweigend ausgenommen; die fortschreitende Gegenreformation und die Interessen der habsburgischen Weltpolitik, die von denen des Reiches sehr verschieden waren, taten das ihre, die Kluft immer mehr zu vertiefen.

Nächst den Habsburgern sind die Wittelsbacher zu nennen. Die pfälzische und die bayrische Linie dieses Hauses, meist einig in der Opposition gegen Habsburg, waren sonst durch mannigfache Interessengegensätze getrennt, die durch den kirchlichen Gegensatz noch vertieft wurden. Die Pfälzer vertraten am entschiedensten unter allen Reichsständen das protestantische, die Bayern ebenso schroff das katholische Prinzip. Seit dem 13. Jahrhundert stritten sie sich um die Kurwürde. Die Goldene Bulle hatte sie dem Pfälzer zugesprochen, aber die bayrische Linie gab ihren Anspruch nie auf. Herzog Maximilian, der bedeutendste deutsche Landesherr seiner Zeit, ein Renaissanceherrscher und rücksichtsloser Machtpolitiker, zugleich aber ganz ein Fürst nach dem Geist und Sinn der Gegenreformation, devot und asketisch, ein harter, aber musterhafter Landesvater, wollte diesen alten Anspruch verwirklichen. Ihm war der schwache, lebensfrohe und politisch ahnungslose Kurfürst Friedrich von der Pfalz, der „Winterkönig", in keinem Augenblick gewachsen. Maximilian hatte ehrgeizige, aber durchaus begrenzte Ziele. Die Kaiserkrone, die man ihm mehrfach anbot, war nicht einmal eine Versuchung für ihn. Er dachte nicht daran, sich in einen aussichtslosen Kampf auf Leben und Tod mit Habsburg zu stürzen. Er zog es vor, aus dem böhmischen Abenteuer seines Vetters Friedrich auf seine Weise Vorteil zu ziehen und ließ sich vom Kaiser als Preis für seine Waffenhilfe die pfälzische Kur übertragen. Damit war die Frage geschaffen, die mehr als irgendeine das Kriegselend verlängert hat. Maximilian wußte den Kaiser unlösbar an sich zu ketten, indem er als Pfand für seine Kriegskosten Oberösterreich forderte und erhielt. Der Kaiser wurde damit nicht nur selbst für die bayrischen Belange interessiert, sondern zugleich in der pfälzischen Frage unrettbar festgelegt, ja geradezu in eine Zwangslage versetzt. Die pfälzische Restitution, an der das ganze protestantische Europa, Spanien, Frankreich und selbst ein Teil der katholischen Reichsstände interessiert war, fand in dem Kaiser ihren entschlossensten Gegner, weil sie ihm die Auslösung des an Bayern gegebenen Pfandes auferlegen mußte, die er nie und nimmer leisten konnte, denn Maximilian hatte inzwischen seine Kriegskostenrechnung auf die phantastische Summe von 13 Millionen Gulden hinaufgeschraubt. Die pfälzische Frage war und blieb ein schwelender Brand. Sie schien unlösbar, und doch war ohne ihre Erledigung kein Frieden zu hoffen.

Auch die Politik der beiden protestantischen Kurhäuser war durch geschichtliche Erinnerungen bestimmt. Auch im Hause Wettin war einst die Kur der einen Linie genommen und auf die andere übertragen worden. Die Albertiner verdankten ihre Würde allein der Gnade des Kaisers. Den Kurfürsten Moritz hatte das freilich nicht gehindert, demselben Kaiser, der ihn eben erst erhöht hatte, mit dem Schwert entgegenzutreten. Aber seine Nachfolger waren nicht aus solchem Holz. Sie lehnten sich hinfort eng an das Kaiserhaus an und bekannten sich als gute Lutheraner zu strengem Gehorsam gegen die gottgesetzte Obrigkeit und zur Beachtung der ehrwürdigen Ordnungen des Reiches. Abscheu gegen den streitbaren Kalvinismus, Mißtrauen gegen die schwer gekränkten ernestinischen Vettern, persönliche Bequemlichkeit und Tatenscheu, das alles sprach dabei mit. Kursachsen hat vom Augsburgischen Religionsfrieden an jedes geschlossene Vorgehen der Protestanten verhindert und der katholischen Partei zu entscheidenden Siegen verholfen. Im dreißigjährigen Krieg hat Kurfürst Johann Georg die Partei des Kaisers gegen Böhmen ergriffen und die Lausitz als Lohn davongetragen. Nur widerstrebend ergriff er 1631 die schwedische Partei, als erster kehrte er wieder in das Lager des

Kaisers zurück. Dagegen waren die Söhne und Enkel Johann Friedrichs, des abgesetzten Kurfürsten, durch Erbteilungen zu bedeutungslosen Zwergfürsten geworden. In ihnen lebte die schmerzliche Erinnnerung an einstige Größe, der Ingrimm gegen das Kaiserhaus, der Geist des Widerstandes und der Empörung fort. Im dreißigjährigen Kriege haben Wilhelm und Bernhard von Weimar als Heerführer im Dienste Schwedens und Frankreichs mit dem Kaiser Abrechnung gehalten.

Brandenburg hat jahrzehntelang in der Reichspolitik sein Verhalten nach dem Kursachsens eingerichtet. Im 16. Jahrhundert erhielten die sächsischen und brandenburgischen Räte auf den Reichstagen häufig gemeinschaftliche Instruktionen und pflegte sich Brandenburg vor wichtigen Entscheidungen in Dresden Rat zu holen. Mit der Zeit aber traten Spannungen auf, Rivalität um das Erzstift Magdeburg, Gegensätze im Jülichschen Erbfolgestreit, und mit dem Erwerb Preußens, dem vorauszusehenden Erbfall in Pommern begann der Hohenzollernstaat über die Grenzen eines Reichsterritoriums hinauszuwachsen. Eine selbständigere Politik Kurbrandenburgs war für die Zukunft vorauszusehen, wenn es durch seine ausgedehnten Besitzungen zur Selbstbehauptung in den großen Machtkämpfen des Westens, Ostens und Nordens gezwungen sein würde. Am Ende des dreißigjährigen Krieges begann sich diese Entwicklung schon abzuzeichnen.

An Reichsfürsten zählte man im 16. Jahrhundert an die hundert. Die Zahl schwankte, da Session und Votum im Reichsfürstenrat damals noch nicht vom Besitz eines Territoriums, sondern von der fürstlichen Geburt abhingen. Das Territorialprinzip, im Kurfürstenrat seit je gültig, setzte sich im Fürstenrat erst zu Anfang des 17. Jahrhunderts durch. So nahm die Zahl der weltlichen Stimmen noch immer zu, die der geistlichen durch Mediatisierungen und Säkularisationen ständig ab. Immerhin hatten die Geistlichen noch im 17. Jahrhundert die Stimmenmehrheit, was bei allen Religionsverhandlungen seine Bedeutung hatte.

Eine Daseinsberechtigung hatten die geistlichen Staaten übrigens kaum noch. Sie dienten der Versorgung des Adels, sein Interesse allein erhielt sie am Leben, auch ohne die Reformation wären sie wohl mit der Zeit in den weltlichen Fürstentümern aufgegangen, wie es mit Brandenburg, Havelberg, Meißen, Merseburg und Naumburg ja schon in katholischer Zeit geschehen war. Die Reformation beschleunigte nur den Prozeß, indem der neue Glaube in die Kapitel eindrang und hier zu Parteibildung, Spaltung und Schwächung führte und die Verweltlichung förderte. Der Übergang in weltliche Hände war durchaus nicht immer ein Gewaltakt. Oft suchten die Kapitel mit den benachbarten Landesherren zu paktieren. Freiwillig begannen sie, sei es durch Vertrag, sei es aus Gewohnheit, ihre Freiheit einzuschränken, indem sie immer wieder Söhne eines bestimmten Fürstenhauses wählten, auf Beschickung der Reichs- und Kreistage verzichteten und so unmerklich landsässig wurden. In den evangelischen Gebieten Norddeutschlands gab es um 1600 überhaupt keine Reichsstifter mehr, im Nordwesten hielten sie sich noch, nur am Rhein und in Süddeutschland war ihre Stellung unerschüttert. Ihr Einfluß auf die Reichspolitik aber war auch hier im Schwinden. Die Bischöfe konnten mit den überlegenen weltlichen Fürsten nicht mehr Schritt halten und mußten sich an diese anlehnen. Österreich und Bayern besaßen so eine starke Gefolgschaft geistlicher Herren, die im Fürstenrat in ihrem Sinne stimmten. Kaiser Ferdinand II. verfügte mit Hilfe seines Sohnes Leopold Wilhelm über die Stimmen von Straßburg und

Passau, Maximilian von Bayern konnte auf Köln, Lüttich, Hildesheim und Münster zählen, mehr oder weniger auch auf die fränkischen Bischöfe, die auf seinen Schutz angewiesen waren und sich auf Reichs- und Kreistagen zu seiner Partei hielten. Denjenigen geistlichen Fürsten, die eigene Wege gehen wollten, vor allem den zahlreichen Prälaten, war es trotz ihrer hohen Stimmenzahl im Fürstenrat kaum noch möglich, etwas Entscheidendes auszurichten. Im letzten Stadium der Westfälischen Friedensverhandlungen werden wir davon noch hören.

Unter den weltlichen Fürsten spielten die beiden Landgrafen von Hessen im dreißigjährigen Krieg die wichtigste Rolle. Freilich nicht mehr in dem großartigen Stil ihres Ahnherrn Philipp, unter dem Hessen eine führende Stellung im Reich eingenommen hatte. Das große Territorium, das sich fast lückenlos von der Werra bis zum Rhein und Neckar erstreckt hatte, war durch Erbteilung in vier Teilfürstentümer zerrissen worden, von denen drei im Anfang des 17. Jahrhunderts noch übrig waren: Kassel, Darmstadt und Marburg. Im Jahre 1604 war Landgraf Ludwig von Marburg kinderlos verstorben, seitdem stritten sich Kassel und Darmstadt um sein Erbe. Die Rechtslage war so verwickelt, wie sie es nur bei einer landesfürstlichen Erbschaftssache in Deutschland sein konnte. Wir müssen sie hier erörtern, da der Friedenskongress mit ihr befaßt wurde: Ludwigs Testament hatte seine Vettern Moritz von Kassel und Ludwig von Darmstadt zu gleichen Teilen als Erben eingesetzt, aber jeden von ihnen mit vollständiger Enterbung zugunsten des anderen bedroht, wenn er das Testament anfechten oder in dem ihm vererbten Landesteil kirchliche Neuerungen einführen sollte. Nun machten sich aber beide Erben eines solchen Verstoßes schuldig. Ludwig durch Anfechtung, da er, Vater von drei Söhnen, statt der Halbierung der Erbschaft eine Teilung nach Köpfen forderte, wobei Moritz mit nur einem Sohn den Nachteil gehabt hätte. Dieser wiederum führte in dem an ihn gefallenen lutherischen Oberhessen eine halb reformierte Abendmahlsordnung ein. Über den nun ausbrechenden Streit entschied nicht das Recht, sondern die Politik. Ludwig erwirkte ein Reichshofratsurteil, das seinen Gegner enterbte — ein höchst parteiischer Spruch, denn Ludwigs eigener Verstoß gegen das Testament wog schwerer als der seines Vetters, dessen „Verbesserungspunkte" an dem überlieferten Bekenntnisstand in Marburg so gut wie nichts geändert hatten. Ludwig hatte sich freilich schlauerweise nachträglich doch wieder auf den Boden des Testamentes gestellt, genau in dem Augenblick, als er in den kichlichen Maßnahmen seines Vetters ein Mittel gefunden glaubte, ihn ganz zu verdrängen. Sein Rechtstitel war schwach, aber für ihn sprach in den Augen des Kaisers, daß er sich von allen evangelischen Fürsten am entschiedensten gegen den Pfälzer erklärt hatte, während Moritz ebenso entschieden im feindlichen Lager stand. Auch hatte Moritz die Kompetenz des Reichshofrates hartnäckig bestritten, war überhaupt eines der radikalsten Mitglieder der Union, hielt es mit Pfalz und Frankreich, hatte die böhmische Angelegenheit laut für eine allgemeine Reichs- und Religionssache erklärt und die Wahl eines evangelischen Reichsoberhauptes gefordert. Man kannte ihn in Wien als einen unruhigen Geist, der ohne Respekt vor den alten Ordnungen des Reiches immerfort mit umwälzenden Plänen beschäftigt war; man gedachte ihn unschädlich zu machen.

Das Urteil wurde von Tilly mit unerbittlicher Härte vollstreckt. Moritz verlor nicht nur die Erbschaft, man nahm ihm unter allen möglichen Vorwänden auch den größten Teil seines Stammlandes. Auf den engsten Raum um Kassel eingeengt und in eine ausweglose Lage gedrängt, mußte er sich zur Abdankung entschließen.

Ein demütigender Vergleich, den sein Sohn Wilhelm schließen mußte, wurde wegen eines Formfehlers als nicht rechtskräftig angesehen. Jeder Wechsel der politischen Lage bedrohte den Kaiser und die katholische Partei von hier aus mit ernsten Gefahren. Der Umschwung kam mit der Landung Gustav Adolfs in Deutschland. Als erster Reichsfürst trug ihm Landgraf Wilhelm Bündnis und Waffendienst an. Zwar konnte Gustav Adolf mit Rücksicht auf den Kurfürsten von Sachsen, den Schwiegervater des Darmstädters, in der hessischen Erbschaftssache nicht alle Hoffnungen des Landgrafen Wilhelm erfüllen. Aber er eröffnete ihm dafür andere Aussichten: Schon längst hatte man in Kassel den Blick auf die benachbarten Stifter Korvey, Paderborn und Fulda gerichtet. Sie wurden jetzt als schwedische Kriegsbeute in aller Form an Hessen-Kassel übereignet, noch mehr wurde zugesagt. Die Hoffnungen des Landgrafen verstiegen sich sehr hoch, selbst an den Kurhut von Köln hat er gedacht, ein großes Territorium im Nordwesten Deutschlands schien ihm sicher, wenn der Krieg mit einem schwedischen Sieg endete. So war die hessische Frage gleich der pfälzischen zu einem Problem geworden, an dessen Lösung ein Jahrzehnt lang alle diplomatische Kunst versagte.

Das Bild wiederholt sich, wenn wir uns den welfischen Landen zuwenden: Auch hier Zersplitterung durch Erbteilungen, neue Bildungen durch Aussterben einzelner Linien, auch hier Erbstreit und Streben nach Abrundung durch benachbarten geistlichen Besitz. Zwei Linien, Lüneburg und Wolfenbüttel, waren im Anfang des 17. Jahrhunderts übrig, die der Streit um das Stift Hildesheim in zwei verschiedene Lager führte: Wolfenbüttel hielt zu Habsburg, Lüneburg zur Gegenseite. Im dreißigjährigen Kriege tauschten sie zunächst die Rollen. Gegen alle Traditionen seines Hauses ließ sich Friedrich Ulrich von Wolfenbüttel auf die dänische Seite drängen und mußte dafür büßen. Nach der Schlacht bei Lutter wurden große Teile des Wolfenbütteler Landes kaiserlichen Generalen pfandweise überlassen, eine völlige Aufteilung war geplant und scheiterte nur an dem Widerspruch Bayerns. Georg von Lüneburg, der zum Kaiser gehalten hatte, wurde mit dem Fürstentum Grubenhagen belohnt. Aber ihm wurden nun seine Absichten auf die benachbarten geistlichen Territorien zum Verhängnis. In Minden, Bremen und Verden, in Magdeburg, Halberstadt und Osnabrück hatten schon lange braunschweigische Prinzen als Bischöfe, Koadjutoren und Domherren gesessen. Hier bestanden Ansprüche, deren Verwirklichung wenigstens in Hildesheim, das seit 1523 braunschweigisches Lehen war, kaum mehr zweifelhaft schien. Da erging das Restitutionsedikt. Nun sah sich der Herzog nicht nur um diese Hoffnungen betrogen, sondern auch in dem bisher unbestrittenen Besitz vieler mittelbarer Klöster bedroht. Schon wurde Hildesheim dem Prinzen Ferdinand von Bayern, Halberstadt dem Sohne des Kaisers zugesprochen. Das trieb auch den kaisertreuen Lüneburger zum Anschluß an Gustav Adolf. So standen schließlich beide Fürsten ungeachtet ihrer Rivalität im schwedischen Lager.

Auch die beiden Mecklenburger Herzöge der Linien Schwerin und Güstrow waren durch die harte Strenge des Kaisers aufs tiefste verletzt. Daß sie im böhmischen Kriege eine loyale Haltung bewahrt und nur unter Zwang die dänische Partei ergriffen hatten, half ihnen gar nichts. Ihr Land fiel an Wallenstein, sie gingen nach Schweden ins Exil und wurden von Gustav Adolf zurückgeführt. Aber nur, um in erneute Knechtschaft zu fallen. Ihr Land wurde jetzt von Schweden rücksichtslos ausgebeutet, ihre Häfen wurden besetzt, die Schiffahrt litt unter hohen Zöllen. Im Frankfurter Vertrag vom 10. März 1632 mußten sie den König als Protektor anerkennen und ein ewiges Bündnis mit ihm eingehen. In ständiger Furcht vor der Rache des Kaisers konnten sie nicht einmal wünschen, durch einen militärischen Umschwung von dem schwedischen Druck befreit zu werden.

Noch fester war Pommern in der Hand des Eroberers; man konnte es fast eine schwedische Provinz nennen. Bogislaw XIV., der letzte Herzog, hatte sich in kraftlosen Bemühungen um Neutralität erschöpft und die Besetzung seines Landes, erst durch Wallensteinsche, dann schwedische Truppen doch nicht hindern können. Widerstrebend mußte er den Stettiner Vertrag unterschreiben, der ziemlich unverhüllt den Übergang des Landes an Schweden ins Auge faßte.

Nur der äußerste Nordwesten des Reiches lag außerhalb des Bereiches der kriegführenden Mächte. Dem Grafen von Oldenburg gelang es, sich neutral zu erhalten, Holstein war dänisches Einflußgebiet, Hamburg wahrte eine von allen Parteien respektierte selbständige Stellung.

In Süddeutschland gab es außer Bayern nur noch zwei weltliche Fürstentümer von einiger Bedeutung, Württemberg und Baden. Obwohl die Herzöge von Württemberg im Kampf gegen Habsburg und den Schwäbischen Bund emporgekommen waren, sahen sie sich doch immer auf eine behutsame Politik des Lavierens angewiesen. Als Vorposten des Luthertums im Süden brauchten sie natürlich die Anlehnung an ein evangelisches Bündnis, da aber jeder bewaffnete Vorstoß der Liga sie zuerst überrennen mußte, hatten sie von jeher zu einer Politik der Mäßigung geraten, sie hielten in der Reichspolitik etwa die Mitte zwischen Pfalz und Kursachsen. Sie konnten in einem Religionskrieg nichts gewinnen, aber alles verlieren. Durch die Säkularisation der weitberühmten schwäbischen Reichsklöster hatten sie ihr Gebiet abgerundet und ihre Einkünfte um ein Drittel vermehrt. Trotz ihrer maßvollen politischen Haltung brach auch über sie mit dem Restitutionsedikt das Unheil herein. Da man am kaiserlichen Hofe die eingezogenen Klöster als reichsunmittelbar und somit durch den Geistlichen Vorbehalt geschützt betrachtete, wurden sie samt und sonders zurückverlangt. Alles hing an dieser umstrittenen Frage der Reichsunmittelbarkeit oder Landsässigkeit der Klöster. Seit dem 13. und 14. Jahrhundert hatte Württemberg die Vogtei über sie. Mit der Zeit hatten die Prälaten aufgehört, die Reichstage zu beschicken, hatten die Landtage besucht, dem Herzog Steuern gezahlt und ihm Einfluß auf die Abtswahlen gestattet. Im 16. Jahrhundert war von ihrer Reichsunmittelbarkeit fast nichts mehr übrig, und die Herzöge glaubten ohne Bedenken von dem jus reformandi gegen sie Gebrauch machen zu können. Nach dem Augsburger Interim waren die Prälaten wieder eingesetzt worden, zur Zeit des Passauer Vertrages waren sie im Besitz der Klöster gewesen, und dies war nach der katholischen Auffassung des Religionsfriedens Grund genug, sie in jedem Fall, also auch dann zu beanspruchen, wenn sie als landsässig zu betrachten seien. Umsonst berief sich der Herzog darauf, daß er sie damals sofort wieder eingezogen und zur Zeit des Religionsfriedens besessen habe. Das Edikt wurde wie überall so auch hier rigoros durchgeführt, ja man dehnte die Rückgabeforderung im klaren Widerspruch zu dem Religionsfrieden sogar auf solche Klöster aus, die von dem Interim nie berührt worden waren. Trotz Beschwerden, Protesten und vereinzeltem Widerstand wurde die Restitution von siebzehn Klöstern und fünf Kollegiatstiftern erzwungen und damit das Herzogtum förmlich zerstückelt. Der schwedische Sieg brachte vorübergehende Befreiung und Rückgabe der Klöster, die Nördlinger Schlacht lieferte das Herzogtum erneut zu harter Bestrafung dem Kaiser aus. Der Herzog ging außer Landes und wurde von der Regierung ausgeschlossen; genug, daß seinen Untertanen das Augsburgische Bekenntnis und ihm selber, wenn er den Prager Frieden annähme, ein fürstlicher Unterhalt zugesichert wurde. Weitere Teile des Herzogtums kamen als Kriegskostenentschädigung oder als Donationen an Bayern, an die Tiroler Linie der Habsburger, an kaiserliche Beamte und Offiziere, die Klöster wurden erneut restituiert. Bevor der Kaiser sich überhaupt in Verhandlungen mit dem Herzog einließ, war der größte Teil des Landes weggegeben.

Auch die Markgrafschaft Baden war durch Erbstreit und Verschiedenheit der Bekenntnisse der Linien Baden und Durlach in sich gespalten. Gegen Ende des 16. Jahrhunderts hatten die evangelischen Durlacher den katholischen Badenern unter nichtigen Vorwänden die obere Markgrafschaft entrissen. Georg Friedrich von Durlach, Mitbegründer der Union, ein ausgezeichneter Soldat und großer militärischer Organisator, verfügte bei Kriegsausbruch über eine eigene Armee von 15 000 Mann, mit der er den Kampf gegen die Liga aufnahm. Er wurde geschlagen und starb landflüchtig in Straßburg, ein Urteil des Reichshofrates sprach, ähnlich wie im hessischen Erbstreit, die strittige obere Markgrafschaft dem Anhänger des Kaisers, dem Markgrafen Wilhelm von Baden, zu. Außerdem wurde ihm eine Entschädigung zuerkannt, über deren Zahlung es lange Verhandlungen zwischen den beiden Linien gab. Auch hier wie überall im Reich der plötzliche Wechsel der Geschicke: Vordringen der Gegenreformation im Zuge der Vollstreckung des Restitutionsediktes, neuer Umschwung durch den schwedischen Sieg, der den Durlachern nicht nur ihren alten Besitz, sondern auch Belohnung mit österreichischem Hausgut im Breisgau und in der Ortenau brachte, was sie nach dem neuen Umschlag im Jahre 1634 schwer büßen mußten. Völlig enteignet, ging Markgraf Friedrich V. von Durlach gleich seinem Vater in die Verbannung. Wohin man um die Mitte des Krieges auch schaute, überall schaltete der Kaiser nach seinem Willen mit dem Geschick und den Ländern selbst der mächtigsten Fürsten des Reiches!

Wir wenden uns schließlich den Reichsstädten zu. Der große Krieg hat nicht nur die Kraft des deutschen Bauernstandes gebrochen, sondern auch das Bürgertum schwer heimgesucht. Er verwüstete von Anfang an erbarmungslos das flache Land, an dem Mark der Städte zehrte er nur langsam, indem er Handel und Verkehr lahmlegte. Während des langen Krieges gingen deutsche und auswärtige Mächte, Kriegführende und Neutrale dazu über, auf dem Boden des Reiches, vor allem an den Seeküsten und auf den großen Strömen, Zölle zu erheben. An der unteren Elbe errichtete König Christian von Dänemark den Glückstadter Zoll, an der Unterweser folgte der Graf von Oldenburg seinem Beispiel, den Rhein sperrten Spanier und Niederländer, an der gesamten deutschen Ostseeküste erhoben die Schweden ihre „Lizenten". Diese Behinderungen waren ein gemeinsamer Beschwerdepunkt aller Städte, die Freiheit der Kommerzien ihre wichtigste Forderung. Besonders eine nie beschwichtigte alte Klage schleppte sich unerledigt durch den ganzen Krieg fort, die über den Mißbrauch der Brabanter Bulle. Dieses alte privilegium de non appellando, einst von Karl IV. dem Herzog von Brabant, Lothringen und Limburg gewährt, nahm nun der Statthalter der spanischen Niederlande für seine Provinzen in Anspruch und legte es so aus, daß ein Limburger oder Brabanter Untertan überhaupt vor kein Gericht im Reich gezogen werden dürfe. Geschah es doch, so antwortete er mit Repressalien, die den Handel der benachbarten Reichskreise empfindlich störten und gegen die kein Reichstagsbeschluß, kein Protest des Kaisers in Madrid und Brüssel bisher das Geringste ausgerichtet hatte.

In diesen wirtschaftlichen Fragen und in ihren gemeinsamen politischen Anliegen waren die Reichsstädte einig, dafür bestanden Unterschiede in den kirchlichen Fragen. Die meisten hatten sich der neuen Lehre zugewendet und nahmen das jus reformandi für sich in Anspruch wie Kurfürsten und Fürsten. Den rein evangelischen Städten hatte der Religionsfriede dieses Recht und ihr Bekenntnis zugesichert, dagegen waren die katholischen und konfessionell gemischten Städte zur Erhaltung des Zustandes von 1555 verpflichtet. Dazu gehörte vor allem Augsburg. Der katholische Kultus war hier 1537 aufgehoben, aber nach dem Schmalkaldischen Krieg wiederhergestellt worden, die Evangelischen behielten damals nur zwei Kirchen in der Stadt. Karl V. hatte zahlreichen schwäbischen Reichsstädten einen neuen Rat und eine Wahlordnung aufgezwungen, die den Fortbestand des Katholizismus und sein Übergewicht im Stadtregiment für alle Zeiten sichern sollte. Er ging dabei von der am kaiserlichen Hofe immer festgehaltenen Ansicht aus, daß alle Städte Reichsgut und ihre Bürger unmittelbare kaiserliche Untertanen seien; man bestritt damit den Städten zwar nicht die Reichsstandschaft, wohl aber die Landeshoheit und das jus reformandi. Passauer Vertrag und Religionsfrieden hatten wenigstens die Gleichberechtigung der Bekenntnisse in den Stadtregimentern wiederhergestellt, was natürlich der evangelischen Mehrheit nicht genügte. In Augsburg kam die Bedrohung durch den Bischof hinzu, der als einziger Reichsfürst den Religionsfrieden nicht unterzeichnet hatte. Mit der Zeit verstärkte sich hier der katholische Einfluß im Stadtregiment, nach Erlaß des Restitutionsediktes erschien wie schon einmal vor achtzig Jahren ein kaiserlicher Kommissar, der den Evangelischen ihre Kirchen und Schulen, ihre Prediger und Lehrer, ihren Anteil am Stadtregiment nahm und keinen Protest achtete, nicht einmal den der katholischen Stadtpfleger. Die Schwedenzeit brachte den üblichen Rückschlag, das Jahr 1635 mit der Einnahme der Stadt durch Gallas die Wiederherstellung der katholischen Herrschaft. Den Evangelischen wurde zwar Religionsfreiheit, doch keine öffentliche Religionsübung, auch keine Kirche gewährt, und das gleiche Schicksal erlitten Biberach und Dinkelsbühl, Kaufbeuren und Ravensburg: Städte mit evangelischer Mehrheit, denen gewaltsam das Gepräge einer rein katholischen Stadt aufgedrückt wurde!

Als katholische Reichsstädte von einiger Bedeutung konnten eigentlich nur noch Köln und Aachen gelten. Sie bei dem alten Glauben zu erhalten, war für die katholische Partei natürlich von der größten Bedeutung, schon weil sonst der Städterat rein evangelisch geworden wäre. Aber selbst in diesen beiden Städten war der Katholizismus bedroht. Immerfort strömten aus den benachbarten Niederlanden kalvinistische Einwanderer zu, die man mehr fürchtete als die friedfertigen einheimischen Lutheraner, deren es gleichfalls in beiden Städten einige gab. In Köln wurde der Rat aus eigener Kraft des Kalvinismus Herr, in Aachen gelang das schließlich nur mit spanischer und kaiserlicher Hilfe. Das kaiserliche Urteil vom Jahre 1593, das die Protestanten vom Rat ausschloß, wurde 1611 durch einen Aufruhr hinweggefegt. Die Zünfte wählten einen rein evangelischen Rat, der drei Jahre später von dem spanischen Feldherrn Spinola beseitigt wurde. Unter dem Schutz spanischer Waffen herrschte nun der Katholizismus unumschränkt, den Evangelischen wurde selbst außerhalb der Ringmauern keine Kirche und kein Gottesdienst mehr erlaubt. Keine Verwendung der Generalstaaten, kein Einspruch der evangelischen Reichsstädte vermochte ihnen zu helfen, der Kaiser war entschlossen, die alte Krönungsstadt dem Katholizismus zu erhalten, und er durfte dabei der spanischen Hilfe sicher sein.

Die Westgrenze des Reiches. Vordringen Frankreichs und neue Staatenbildungen

Vor hundert Jahren hat Julius Ficker in seinem bekannten Streit mit Heinrich von Sybel von dem Deutschen Reich des Mittelalters gerühmt, es habe nicht allein dem staatlichen Bedürfnis der eigenen Nation genügt, sondern auch einem großen Kreis verwandter Völker Richtung und Halt gegeben. Mit Recht habe es sich daher nicht auf die Länder deutscher Zunge beschränkt. Allen Staaten des Abendlandes überlegen, sie alle trennend und auseinanderhaltend, habe es blutige Kriege zu hindern und den Frieden zu wahren gewußt, eben dazu habe es seiner weitgesteckten Grenzen bedurft. Wenn es aber, so müssen wir fortfahren, dazu nicht mehr imstande war, so mußte freilich mit dem inneren Verfall des Reiches ganz von selbst auch die Loslösung seiner Grenzgebiete einsetzen. Längst ehe fremde Nationen die Hand nach ihnen ausstreckten, zeigten sie denn auch Neigung, sich selbständig zu machen und zu eigener Staatlichkeit zu entwickeln. Es ist, als ob dem alternden Reichskörper die Kraft gefehlt habe, die weit entfernten Glieder noch kräftig zu durchbluten. Das zeigt sich in allen Außengebieten des Reiches, wir haben jedoch im Rahmen unseres Themas nur den westlichen Grenzraum ins Auge zu fassen. Hier war die jahrhundertealte Tradition des Lotharingischen Zwischenreiches noch lebendig, hier hat aber auch die dynastische Politik der Habsburger ganz bewußt die Bindungen zum Reich gelockert und damit den Loslösungsbestrebungen dieser Gebiete und dem wachsenden Drang Frankreichs nach Ausdehnung seiner östlichen Grenzen in die Hand gearbeitet, bis endlich der Westfälische Frieden das Ergebnis dieser Entwicklung mit einer neuen Grenzziehung im Westen des Reiches bestätigte.

Die Bildung des Zwischenreiches Lotharingien durch den Vertrag von Verdun im Jahre 843 ist eines jener zufälligen und scheinbar willkürlichen Ereignisse, die wider Erwarten größte geschichtliche Wirkungen hervorbringen. Sie hat das Schicksal des Raumes zwischen Rhein, Maas und Schelde bis heute bestimmt. Die Nachfolgestaaten dieses Teilreiches sind zwar nach kurzer Zeit dem Deutschen Reich einverleibt worden, haben sich aber durch das ganze Mittelalter hindurch ein Sonderdasein bewahrt. Sie blieben umstrittener Besitz, im Sprachgebrauch der Deutschen und Franzosen führten die linksrheinischen Lande die alte Bezeichnung Gallien weiter. Im Spätmittelalter wurden sie teilweise zu einer Zone halb unabhängiger Staaten, teils dem Reiche und teils dem König von Frankreich, oft genug aber auch beiden lehensverpflichtet. Mit dem Tode Karls des Kühnen scheiterte der großartige Versuch einer unabhängigen Staatenbildung in diesem Raum, der nun Beute oder Kampfplatz der Großmächte Habsburg und Frankreich wurde. Im dreißigjährigen Krieg erhielt dann Frankreich endgültig das Übergewicht. Es brach in entscheidendem Vorstoß bis zum Rhein durch, während die beiden Ecktürme der westlichen Reichsmauer, die Niederlande und die Schweiz, Mündung und Quelle des Stromes, unwiderruflich verloren gingen.

In Lothringen hatten Grenzlage und weite Entfernung von den Kerngebieten des Reiches immer ein Sondergefühl begünstigt. Das Herzogtum hatte sich im Jahre

1542 durch den Nürnberger Vertrag fast ganz vom Reiche gelöst. Dieser Vertrag sicherte ihm die wichtigsten Souveränitätsrechte und fast völlige Unabhängigkeit zu. Kaiser Karl V., der den Herzog als Bundesgenossen gegen Frankreich brauchte, hat diese Entwicklung nach anfänglichem Widerstand begünstigt und die Rechte des Reiches auf Lothringen preisgegeben. Sie waren zwar angefochten, aber sie hatten doch einst bestanden und waren von lothringischer Seite erst dann bestritten worden, als das Reichskammergericht seine Jurisdiktion auf das Herzogtum auszudehnen, den Herzog und die Ritterschaft des Landes in ihrer Gerichtsbarkeit zu beschränken begann. Das Lehensband zum Reich wurde im Nürnberger Vertrag gelöst, nur einige kleinere Gebietsteile trug der Herzog noch vom Reich zu Lehen, nicht mehr das Herzogtum als solches, doch hatte es als Teil des oberrheinischen Kreises gegen Zahlung eines ermäßigten Matrikularbeitrages weiterhin Anspruch auf den Schutz des Reiches.

In dieser Stellung konnte Lothringen als ein in Wahrheit souveräner Staat eine sehr selbständige Rolle zwischen Habsburg und Frankreich spielen. Welcher Macht es sich zuneigte, der sicherte es einen Aufmarschraum und fast ungehinderten Vorstoß in das Herz des Gegners. Heinrich IV. wollte es durch Heirat, Richelieu durch Eroberung an Frankreich angliedern. Erreicht wurde dieses Ziel erst im 18. Jahrhundert, der Westfälische Frieden hinterließ die lothringische Frage noch ungelöst.

Wohl aber entschied er über das Schicksal der drei Reichsstädte und Reichsbistümer Metz, Toul und Verdun, deren Diözesen sich über ganz Lothringen, in die Pfalz und ins Elsaß erstreckten und deren weltliche Herrschaftsgebiete das Herzogtum in drei nahezu getrennte Teile zerschnitten. Auch hier war wie überall im Reich die Aufsaugung der geistlichen Gebiete durch das benachbarte weltliche Territorium bereits in vollem Gange, als Frankreich mit dem Vertrag von Chambord 1552 die Protektion über die drei Städte übernahm und diese Schutzherrschaft bald auch auf die drei Bistümer ausdehnte. Die rechtliche Begründung der Protektion war jeweils verschieden: Über Toul und Verdun nahm Frankreich Schutzrechte schon seit dem späten Mittelalter auf Grund besonderer Verträge in Anspruch und zählte diese Städte deshalb zur französischen Krondomäne, ohne ihre Zugehörigkeit zum Reich zu bestreiten. Die Grenze zwischen dem Reich und Frankreich lief eben verschieden, je nachdem ob man sie als eine geographische oder eine solche rechtlichen Einflusses betrachtete. Die Protektion über Metz beruhte nach französischer Ansicht auf dem Vertrag von Chambord. Mit ihm hatte Heinrich II. alte Traditionen französischer Grenzpolitik wieder aufgenommen. Ob eine echte Annexion beabsichtigt war, ist freilich umstritten. Der Blick des französischen Königs war damals noch vorwiegend auf Italien gerichtet, die Besetzung der drei Städte, die die verbündeten Fürsten ihm antrugen, war zunächst einfach eine militärische Maßnahme, eine Diversion an der Westgrenze des Reiches, die den Kaiser in Deutschland beschäftigen, den Fürstenaufstand ermutigen und Frankreich in Italien entlasten sollte. Jedenfalls hat der König versichert, er wolle die Städte nur für Kriegsdauer unter seinen Schutz nehmen. Freilich nahm der Kriegszustand offiziell kein Ende, von 1552 bis 1648 hat Frankreich völkerrechtlich mit dem Kaiser im Krieg gelebt und keine normalen diplomatischen Beziehungen zu ihm unterhalten. Erst die dadurch bedingte Dauer der Besetzung festigte die französische Herrschaft und veränderte allmählich ihren Charakter.

Bei der Ohnmacht, in die Frankreich in der Zeit der Religionskriege versank, war die französische Protektion zunächst noch kein Hindernis für das lothringische

Vorgehen gegen die drei Bistümer. Herzog Karl III. war nahe daran, von den Bischöfen von Toul und Verdun die Abtretung ihrer Regalien und landesherrlichen Rechte zu erreichen und setzte sich vorübergehend mit Waffengewalt in den Besitz aller drei Städte. Lothringen bediente sich nicht ohne Erfolg des im Reiche so oft erprobten Mittels, die Bischofsstühle mit Prinzen seines Hauses zu besetzen. Hier griff erst König Heinrich IV. ein, indem er Einfluß auf die Bischofswahlen suchte, hier auch Richelieu, als er aus der französischen Protektion über die Bistümer das Recht herleitete, das lothringische Vorgehen gegen sie einer förmlichen Untersuchung und Kontrolle zu unterwerfen.

Eine rechtliche Begründung für diese Protektion gab es nun freilich in Wahrheit nicht. Der Vertrag von Chambord konnte dem König schon deshalb keinen Rechtstitel geben, weil er ohne Zustimmung von Kaiser und Reich und ohne Wissen und Willen der drei Städte geschlossen war und Verfügungen traf, zu denen die aufständischen Fürsten gar nicht befugt waren. Das Amt des Reichsvikars, zu dem sie den König zu befördern versprachen, hat er nicht erlangt und sich des Titels auch nie bedient, sondern immer nur die „Protektion" über die Städte und Bistümer beansprucht. Man bezeichnete damit im französischen Staatsrecht des Mittelalters einen Rechtszustand, der der endgültigen Reunion eines Gebietes mit der Krondomäne voranzugehen pflegte. Wo der Königsschutz und Königsfrieden mit oder ohne Zustimmung der ihm Unterworfenen Raum gewonnen hatte, blieben vorerst noch bestimmte Freiheiten oder eine beschränkte Autonomie bestehen, die erst nach und nach verschwanden und vollständiger Unterwerfung Platz machten. Die königliche Protektion über Metz, Toul und Verdun ähnelte dieser mittelalterlichen, wich aber in einem entscheidenden Punkt von ihr ab, was sie als eine Art Übergang von der mittelalterlichen „garde" zum modernen „Protektorat" kennzeichnete: Jene war ein Schutz aus der Ferne, der nur im Fall der Bedrohung als militärische Besetzung in Erscheinung trat, die Protektion aber von Anfang an, im Krieg wie im Frieden, ständige militärische Okkupation. Doch ließ sie, wie das moderne Protektorat, die Souveränität und die inneren Zustände der besetzten Gebiete grundsätzlich unangetastet. Die französischen Könige haben die Reichszugehörigkeit der drei Städte und Bistümer anerkannt, ihre Privilegien und Rechte bestätigt und in Nachahmung der im Reiche üblichen Formen feierlich beschworen. Allerdings haben sie sich auch nie auf den Wunsch der Metzer Bürgerschaft eingelassen, die Protektion nach dem Vorbild der mittelalterlichen „garde" auf die Rechtsbasis freiwilliger Übereinkunft zu stellen. Man hat vielmehr in Frankreich Wert darauf gelegt, daß die siegreiche Verteidigung der Stadt Metz gegen den Kaiser im Winter 1552 dem König den von allen Verträgen unabhängigen Rechtstitel militärischer Eroberung gegeben habe. Trotzdem galt die französische Herrschaft als eine „protection limitée", insofern sie der Fiktion nach im Namen des Reiches geübt wurde und die Reichshoheit unbestritten blieb. Die Stellung des königlichen Protektors war keine souveräne. Erst der Zeit Richelieus und Mazarins war es vorbehalten, zu dem Anspruch einer „protection souveraine" und schließlich zu voller Souveränität fortzuschreiten.

Blieb so der Rechtscharakter der französischen Herrschaft lange Zeit unbestimmt und möglichst auch unerörtert, so vollzogen sich dafür ihr Ausbau und ihre räumliche Ausdehnung umso folgerichtiger, wobei bald planvolle Absicht, bald Gelegenheit und Augenblicksbedürfnis eine Rolle spielten. Zunächst in den Städten. Schon 1556 ließ sich Frankreich von dem Kardinal von Lothringen, Bischof von

Metz, seine eben erst vertraglich gewonnenen landesherrlichen Rechte über die Metzer Bürgerschaft und ein Schutzrecht über das ganze Bistum einräumen. Die militärische Besetzung führte weiterhin zu einer zwar rechtswidrigen, aber kaum vermeidbaren Erhebung von Abgaben und Kontributionen. Die militärischen und administrativen Befugnisse des Gouverneurs gaben Gelegenheit zu Eingriffen in die innere Verwaltung. Frühzeitig suchte der französische Justizpräsident in Metz Berufungen an die Reichsgerichte zu unterbinden. Er durfte dabei der Unterstützung des Metzer Schöffenmeisters sicher sein, der seine hohe Gerichtsbarkeit damit bestätigt sah, doch hörten solche Berufungen bis ins 17. Jahrhundert nie ganz auf. Zum französischen Staatsgebiet zählten die Städte und Bistümer nicht. Ihre Bewohner waren keine französischen Staatsbürger, königliche Ordonnanzen und Edikte traten in den Protektionsgebieten nicht automatisch, sondern nur auf besondere Verfügung in Kraft, und den Bürgern stand das Recht der „remontrances" gegen königliche Anordnungen zu, das zwar praktisch wirkungslos war, aber doch andeutete, daß sie nicht völlig Untertanen der Krone seien. Begnadigungsrecht, Münzrecht und andere Regalien in den Städten nahm der König in Anspruch, und die Tendenz zur Souveränität war unverkennbar; 1588 wurde das „seigneur et protecteur" in der Formel des Treueides durch die Bezeichnung „souverain seigneur" ersetzt. Das Band zum Reich lockerte sich mehr und mehr, die drei Städte haben schon seit 1552 die Reichstage nicht mehr besucht.

Militärische Besetzung ohne Rechtsbasis, Protektion, Souveränität — diese Intensivierung der französischen Herrschaft ging Hand in Hand mit ihrer räumlichen Ausdehnung von den Städten auf die Bistümer. Die Bischöfe übten, anders als die Städte, im Anfang ihre landesherrliche Gewalt noch ungestört aus, nahmen die Temporalien vom Reich zu Lehen und beschickten die Reichstage, die Apellationen aus den Bistümern an das Reichskammergericht dauerten fort. Aber schon 1556 deutete der Erwerb des Protektionsrechtes über das Bistum Metz spätere Entwicklungen an. Dann setzte der französische Einfluß bei den Bischofswahlen ein. Hier herrschten verwickelte Rechtszustände, kreuzten sich vielerlei Interessen, bildeten sich deshalb bei allen Neuwahlen immer wechselnde Fronten. Nach dem für die Bistümer gültigen germanischen Konkordat hatten die Kapitel das Wahlrecht. Die Einführung des gallischen Konkordats, das dem König ein Präsentationsrecht gab, lag im französischen Interesse. Aber der erste Angriff auf die freien Bischofswahlen kam nicht von hier, sondern von Rom. Im Interesse des päpstlichen Stuhles, der die Hand auf die Benefizien der drei Stifter legen wollte, verneinte im Jahre 1594 die Rota Romana für sie die Gültigkeit des germanischen Konkordats. Frankreich hatte bis dahin nur indirekt die Wahlen beeinflußt, in Toul allerdings schon das Kapitelwahlrecht beseitigt, aber erst der Spruch des römischen Gerichtshofes machte ihm den Weg völlig frei. Heinrich IV., mit dem die Unterwerfung der Bistümer beginnt, hatte dabei ein doppeltes Ziel. Seine noch ungesicherte königliche Stellung verlangte nach Beherrschung des französischen Klerus, in den drei Bistümern strebte er außerdem danach, das ihm feindliche Haus Lothringen auszuschalten. Er begann Treueide der Untertanen zu fordern, die Wahl anderer als einheimischer oder französischer Geistlicher zu kirchlichen Würden zu verbieten, er trat in Verhandlungen mit der Kurie, um das Recht der Bischofsernennung zu erlangen und schloß, als Rom sich versagte, eine Art Bündnis mit den Kapiteln, worin er ihnen ihr Wahlrecht garantierte und sie es zugunsten seiner Kandidaten zu brauchen versprachen. So hoffte der König allmählich durch

Einigung mit den Kapiteln zu dem erwünschten Ziel zu kommen. Der Erfolg zeigte sich 1607 in Metz bei der Wahl seines natürlichen Sohnes Henri de Bourbon-Verneuil zum Bischof. Das Haus Lothringen schien damit verdrängt, der französische Einfluß gesichert. Aber noch einmal, unter der Regentschaft der Maria Medici, mußte Frankreich vor einer fast drohenden Haltung des Kaisers zurückweichen. Die Episode zeigte, wie in den Bistümern der französische Einfluß und der des Reiches unter der Decke miteinander rangen: Während die geistlichen Administratoren sich verpflichteten, nur französischen Schutz in Anspruch zu nehmen, gaben die Vasallen des Bistums ein gleiches Versprechen dem Kaiser.

Es war dies das einzigemal, daß das Reich in den Bistümern wirksam intervenierte, und zwar mit vollem Erfolg. Der kaiserliche Unterhändler in Paris setzte es durch, daß in dem Antwortschreiben auf seinen Protest jede Erwähnung des französischen Protektionsanspruches unterblieb. Alle früheren Einsprüche des Reiches waren ohne Nachdruck und Erfolg gewesen. Wenn der Reichstag sich mit der Lage in den Bistümern beschäftigte, so geschah es in formaler und geschäftsmäßiger Erfüllung einer Pflicht, mit der man es nicht recht ernst nahm. Seit 1582 war die Frage von der Tagesordnung der Reichstage überhaupt verschwunden. Die Räumung der drei Städte, von der Heinrich II. noch gesprochen hatte, lag längst nicht mehr in der Absicht Frankreichs, doch hütete man sich, die Rechtsfrage zu erörtern. Auf alle deutschen Proteste erfolgte immer die gleiche Antwort: Die Städte und Bistümer würden in ihren Rechten und Freiheiten nicht gekränkt, und auch das Reich habe keinen Grund zur Klage, denn die Protektion hindere die Städte, Bischöfe und Vasallen nicht, ihre Lehen vom Kaiser zu nehmen und ihre Pflichten gegen das Reich zu erfüllen, auch sei der König bereit, die Protektionsrechte vom Reich zu Lehen zu nehmen. Noch in der Instruktion für die Friedensverhandlungen in Münster ist davon die Rede. Freilich haben Kaiser und Reich den von Frankreich geschaffenen Zustand auch niemals anerkannt und noch in den ersten Jahren Richelieus einen bewaffneten Eingriff in den Bistümern versucht, der dann allerdings den entscheidenden militärischen Gegenstoß auslöste.

Die Ausgliederung der Eidgenossenschaft aus dem Reich bedurfte eigentlich keiner förmlichen Bestätigung mehr. Sie hatte sich schon schrittweise und fast unmerklich vollzogen, einfach dadurch, daß den Ansprüchen des Reiches nicht mehr Folge geleistet wurde und dieses nicht die Kraft hatte, ihnen Geltung zu verschaffen. Die staatsrechtliche Entwicklung der Schweiz war ein allmählicher Aufstieg aus der Stellung eines Reichsstandes zur völkerrechtlichen Unabhängigkeit und ging insofern der der anderen Reichsstände um anderthalb Jahrhunderte vorauf.

Bis in früheste Zeiten germanischer Gemeinfreiheit reichen die Anfänge dieses Staates zurück. Markgenossenschaften freier Bauern mit eigener Gerichtsbarkeit, Steuer- und Wehrorganisation fanden sich ursprünglich überall auf germanischem Boden, aber fast aller Orten erlagen sie früh den weltlichen und geistlichen Herren. Nur in der Schweiz blieben sie siegreich, nur hier entstand durch den Bund von Schwyz, Uri und Unterwalden eine Eidgenossenschaft, die nicht nur lebensfähig blieb, sondern als einzige das Vermögen zeigte, sich neue Glieder einzuordnen und in jahrhundertelangen Kämpfen mit dem Hause Habsburg zu einem wirklichen Staat heranzuwachsen.

Die Eidgenossen hatten zunächst garnicht die Absicht, sich vom Reiche zu lösen, beriefen sie sich doch oft genug gegen das Haus Habsburg auf kaiserliche Privilegien. Als aber dieses Haus die Kaiserkrone zu seinem fast erblichen Besitz machte, die Streitkräfte des Reiches gegen die Eidgenossen aufbot, Frankreich und Burgund gegen sie ausspielte, waren sie gezwungen, in den europäischen Händeln eine selbständige Stellung zu nehmen, sei es auch gegen Kaiser und Reich. Ohne sich förmlich vom Reich loszusagen, widersetzten sie sich doch dem Versuch, die Reichsgesetze, den Landfrieden, die Reichssteuern und die Reichsjustiz auf ihr Gebiet auszudehnen. Der Baseler Frieden von 1499, von dem man die faktische Unabhängigkeit der Eidgenossen datieren kann, ist doch vor allem dadurch bedeutsam, daß Maximilian I. die Forderungen des Reiches stillschweigend fallen ließ — ein Vertrag, dessen Hauptbedeutung in dem lag, was er *nicht* sagte. Seit dieser Zeit nahmen die Kantone eine Art Mittelstellung zwischen Reichsstandschaft und völliger Unabhängigkeit ein, für die man keinen rechten Namen fand. Sie selbst nannten sich gern einen „freien" oder „ausgezogenen" Stand, das heißt in der Sprache der Zeit einen Stand, der zum Reich gehörte, aber aus der Reichsmatrikel gestrichen war. Die Schweizer sprachen wohl auch von der „possessio vel quasi libertatis", in der sie sich befänden.

Im Reich selbst empfand man die Entfremdung sehr rasch. In einem Liede gegen Konstanz heißt es von den Bürgern dieser Stadt bereits in den Anfangszeiten der Reformation: „Es weißt der gemein Man nitt glich, ob er sy Schwytz oder ghör zum Rych." In der Schweiz selbst aber hielt man noch merkwürdig lange an der Vorstellung fest, dem Reiche anzugehören. Noch zwanzig Jahre nach dem Baseler Frieden schrieb die Tagsatzung voll Stolz an die Kurfürsten, noch nie hätten sich die Eidgenossen von dem Stuhl zu Rom und von dem Heiligen Reich abgesondert. Noch lange hörte man die Schweizer sich treuherzig zum Reich bekennen, sah man das Wappen des Reiches in ihren Städten, sprachen sie Recht im Namen des Kaisers. So war es bis in die Zeit des dreißigjährigen Krieges hinein, und erst im letzten Jahrzehnt des Krieges hat der weitblickende Baseler Bürgermeister Rudolf Wettstein den Gedanken der schweizerischen Souveränität in aller Klarheit ergriffen, die Anerkennung dieser Souveränität durch Europa als notwendig erkannt und schließlich durchgesetzt.

Auch die Niederlande haben sich ursprünglich nicht aus freien Stücken vom Reich getrennt. Sie waren von Karl V. so weit aus dem Reichsverband gelöst worden, als ihm notwendig schien, um sie fest in ein anderes Machtsystem, das spanisch-habsburgische Weltreich, einzufügen. Erst indem sie sich von Spanien in einem opferreichen Freiheitskampf losrissen und für unabhängig erklärten, wurden sie zu einem selbständigen Staat. Noch ehe der König von Spanien sie im Frieden von Münster als souverän anerkannte, waren sie von Europa so behandelt worden, als wären sie es bereits. Mit ihrem Freiheitskampf hatten sie nicht nur das spanische Joch abgeworfen, sondern jede fremde Oberhoheit überhaupt, auch die des Reiches.

Die burgundischen Niederlande haben im Mittelalter nicht alle zum Reich gehört. Flandern und Artois waren Lehen der Krone Frankreich, die Schelde war die Grenze. Aber auch die zum Reich gehörenden Gebiete hatten seit der Stauferzeit ein Sonderdasein geführt und mit der Eingliederung in den burgundischen

Staat fast jede Verbindung zu ihm verloren. Kaum, daß dem Kaiser noch die Lehenshuldigung geleistet wurde, schon Karl der Kühne tat es nur noch für Geldern und Zütphen, und ähnlich lose war das Verhältnis zu Frankreich. Wenn Maximilian I. nach dem Beispiels Karls des Kühnen die ererbten burgundischen Lande vom Reich zu Lehen nahm, so wollte er nicht ein altes Band wieder knüpfen, sondern für die zusammengeraffte Ländermasse einen einheitlichen Besitztitel und den Schutz des Reiches gewinnen, ohne viel dafür zu leisten. Schon sein Sohn Philipp fand es geraten, das Verhältnis zum Reich nicht mehr zu berühren, und Karl V. löste nicht nur durch den Frieden von Madrid 1526 das Lehensverhältnis zu Frankreich, er zwang auch im Jahre 1548 den widerstrebenden Reichsständen den Burgundischen Vertrag ab, der den im burgundischen Kreis zusammengefaßten Gebieten, darunter den Niederlanden, zwar den vollen Schutz des Reiches gewährte, sie aber von allen Pflichten befreite. Ihre Reichsabgaben wurden auf einen doppelten Kurfürstenbeitrag festgesetzt, — eine lächerliche Summe, nur ein Sechstel ihrer bisherigen Leistung — sie wirkten an der Gesetzgebung des Reiches mit, ohne ihr jedoch unterworfen zu sein und ohne die Jurisdiktion des Reiches anzuerkennen. Nicht Kaiser und Reich, sondern das Haus Habsburg galt als der wahre Souverän der burgundischen Länder, die denn auch der spanischen Linie zugeteilt und durch die Errichtung neuer Bistümer unter Philipp II. auch kirchlich vom Reich getrennt wurden. Noch ehe die Niederlande sich von Spanien befreiten, waren sie durch diesen Vertrag vom Reiche schon so gut wie gelöst.

Freilich blieb er nicht unangefochten. Kaiser und Reich haben ihre Rechte noch keineswegs als erloschen, das Band noch nicht als zerschnitten betrachtet und mehrfach versucht, den unwillkommenen Vertrag dadurch auszuhöhlen, daß sie die Reichshilfe von der Unterwerfung unter die Jurisdiktion des Kammergerichtes abhängig machten. Auch der niederländische Aufstand bot mehrfach Gelegenheit, an die alten Rechte zu erinnern, zumal man in den Niederlanden selber in der Not dieser Zeit hilfesuchend nach Deutschland blickte. Die Stände von Brabant riefen den Schutz des Reiches, freilich vergeblich, gegen Philipp II. an, und noch die Utrechter Union von 1579 enthielt die Versicherung, an eine Lösung vom Reich werde nicht gedacht. Aber Kaiser und Stände taten nichts. Zu eng war die Bindung des Kaiserhauses an Spanien, zu stark die Abneigung der Katholiken und Lutheraner gegen die Kalvinisten, zu stark das fürstliche Standesbewußtsein und zu gering schließlich die Teilnahme der Deutschen an diesem Kampf, der sich für das Bewußtsein der meisten von ihnen bereits am Rande, wenn nicht gar außerhalb des Reiches abspielte. So nahm der Gedanke der Souveränität in den Niederlanden immer mehr zu. Aus dem Jahre 1590 stammt die letzte Äußerung von niederländischer Seite, die eine Anerkennung ihrer Reichszugehörigkeit enthält, aber schon vorher hatten sie Moritz von Oranien zum souveränen Grafen von Holland und Seeland erklärt, ausländischen Herrschern die Krone angeboten und alle Befugnisse eines selbständigen Staates ausgeübt. Seit dem Anfang des 17. Jahrhunderts nannten sich die Niederlande einen „freien Staat", und als Ferdinand II. im Jahre 1623 an die alten Rechte des Reiches erinnern wollte, wurde er von den Generalstaaten in aller Form abgewiesen. Sie folgten damit nur dem Beispiel Spaniens, das von Anfang an diese Rechte bestritten hatte. Schon Karl V. hatte sich bei den Verhandlungen über den Burgundischen Vertrag dem Reichstag gegenüber darauf berufen, seine niederländisch-burgundischen Lande seien allezeit freie Allodien und keine Reichslehen gewesen, ihm überkommen kraft legitimer Erbfolge von Karl dem Großen und Kaiser Lothar, der mit dem Deutschen Reich nichts zu tun gehabt habe, sondern ein freier Herrscher gewesen sei. Wie ein Fremder sprach dieser Habsburger mit den Deutschen, deren Kaiser er doch war, wie hätten seine Nachfolger auf dem spanischen Thron anders denken sollen? Philipp II. hat ausdrücklich jede Pflicht gegen das Reich geleugnet, die nicht im Burgundischen Vertrag begründet sei, und diesen damit nicht als Privileg für einen Reichsstand, der dessen Rechtsstellung im übrigen unverändert lasse, sondern wie einen völkerrechtlichen Vertrag des Reiches mit einer fremden Macht angesehen, der beide Teile über das Vereinbarte hinaus nicht binden könne. Es war also nur folgerichtig, wenn Herzog Albas Blutrat den Plan eines Antwerpener Schöffen, Brabant unter den Schutz des Kaisers zu stellen, als Verrat ahndete.

Das Interesse des Reiches beschränkte sich im allgemeinen darauf, ein Übergreifen der niederländischen Wirren auf den Boden des Reiches zu verhindern. Nicht einmal das gelang. Der Angriff Wilhelms von Oranien gab der spanischen Regierung willkommenen Anlaß, sich am Niederrhein festzusetzen. Bis nach Soest und Lippstadt legten die Spanier schon im 16. Jahrhundert ihre Besatzungen, und ganz schlimm wurde es im dreißigjährigen Kriege. Beide Parteien sperrten den Rhein durch Zölle, vom Niederrhein her griffen die Spanier in den pfälzischen Krieg ein, 1635 schlugen sie mit der Besetzung Triers die Landbrücke vom Elsaß nach Luxemburg. Das Reich konnte allenfalls hoffen, einst beim allgemeinen Friedensschluß diese unerwünschten Gäste los zu werden, an eine Rückkehr der Niederlande zum Reich aber war in keinem Falle mehr zu denken. Ob nun die Niederlande die spanische Oberhoheit wieder annahmen oder Spanien sich entschloß, ihre Souveränität in aller Form anzuerkennen, für ihr Verhältnis zu Deutschland machte das keinen Unterschied.

Daß das erste geschah, war kaum noch denkbar. Die Vereinigten Niederlande hatten de facto die Anerkennung Europas gewonnen. Sie waren in die Weltpolitik eingetreten und zur ersten See-, Handels- und Kolonialmacht geworden. Auch ihre innere Struktur wandelte sich damit; sie waren auf dem Wege vom Staatenbund zum Bundesstaate. Im Anfang hatte die Freiheit der sieben Provinzen noch auf dem Landheer und der soldatischen Tüchtigkeit der großen Oranier beruht. Sie behaupteten noch eine nahezu monarchische Stellung, traten aber immer mehr zurück hinter Holland, der volkreichsten Provinz, das mehr als die Hälfte der Bundesbeiträge aufbrachte und dank seiner Seeherrschaft und Handelsmacht eine Art Hegemonie über die anderen Staaten ausübte und die Außenpolitik des Bundes zunehmend bestimmte. Die Verfassung kannte allerdings keine Bundesgewalt und keine Bundesorgane. Nach der Theorie war jede Provinz souverän, die Union nach der herrschenden Meinung nur ein Verteidigungsbündnis selbständiger Staaten. Wenn die Generalstaaten, die nichts anderes waren als eine Versammlung von Beauftragten der provinzialen Stände, die Union nach außen vertraten, Verträge schlossen, Gesandte empfingen, so taten sie das nicht kraft eigener Gewalt, sondern allein im Namen der souveränen Provinzen und in Übereinstimmung mit den Provinzialständen, ohne deren Zustimmung kein Beschluß der Generalstaaten Geltung gewinnen konnte.

Mit der Zeit aber erwuchsen der Union Aufgaben, die nur eine Zentralgewalt erfüllen konnte. Wer anders sollte die Souveränität über die gemeinsam eroberten Grenzgebiete im Süden des Landes, wer die Kontrolle über die Handelskompanien und ihre überseeischen Schutzgebiete ausüben? Es war gar nicht anders möglich, die Union mußte sich zum Bundesstaat entwickeln oder zerfallen; der Zwischenzustand, in dem sie sich befand, konnte nicht dauern. Aber er brachte es mit sich, daß ein Gemeinwille des jungen Staatswesens, vor allem in den Fragen der Außenpolitik, vorläufig nur schwer zustandekam. Bei den Friedensverhandlungen zu Münster sollte sich das in fast dramatischer Form zeigen.

Über eines aber bestand allerdings Klarheit: Mit einer Rückkehr der stolzen Republik unter die spanische Herrschaft war nie und nimmer zu rechnen. Es dauerte lange, bis sich diese Einsicht in Spanien durchrang. Wer wollte sich darüber wundern? Das Recht des Königs auf die Niederlande beruhte auf dem dynastischen Erbrecht und war damit nach den Anschauungen der Zeit unanfechtbar. Selbst eine Verletzung der Untertanenrechte durch den Herrscher hob es nicht auf; die Anschauung vom Widerstandsrecht, wie sie in den Schriften der Monarchomachen begründet und in der Unabhängigkeitserklärung der sieben Provinzen zum Ausdruck gekommen war, widersprach den strengen Begriffen vom geheiligten Recht des Monarchen, und auf ihnen beruhte vorläufig noch die europäische Staatenwelt. Solange der König von Spanien nicht auf seine Rechte verzichtete, blieb die Lage des neuen Staatswesens trotz der faktischen Anerkennung durch die nichthabsburgischen Mächte ungesichert und zweifelhaft. Diese entscheidende Wendung der spanischen Politik aber erfolgte erst im Verlaufe der Friedensverhandlungen von Münster.

Vom deutschen zum europäischen Krieg

Wir haben damit schon die großen Weltgegensätze berührt, die den dreißigjährigen Krieg in seinem letzten Jahrzehnt bestimmten. Zum ersten Mal zeigte sich in diesem Kriege ein Gefühl der europäischen Staaten für die Bedrohung aller durch das Überwiegen einer Macht und der entschlossene Wille, diese Macht in ihre Schranken zurückzuweisen. Hundert Jahre früher hatte Karl V. seine universalen Bestrebungen nur gegen eine Großmacht, Frankreich, durchsetzen müssen, jetzt stand die eine Hälfte Europas gegen die andere in Waffen. Der Gegensatz, der Europa in zwei Lager schied, entzündete sich an den konfessionellen Kämpfen Deutschlands, war aber selbst rein politischer Art. Ansätze zu einer konfessionellen Frontbildung in Europa hat es nur zu Anfang des Krieges gegeben. Ein Bündnis der protestantischen Mächte des Nordens gegen Spanien und den Kaiser war geplant, blieb aber Bruchstück: Dem „Haager Konzert" von 1625 zwischen England, Dänemark und den Niederlanden trat Schweden nicht bei. Die Koalition, der das Haus Habsburg schließlich erlag, war die einer katholischen und einer evangelischen Macht. Eine Tatsache von entscheidender Bedeutung für die Entstehung eines gesamteuropäischen Staatensystems! Die konfessionellen Gegensätze traten zurück, die habsburgische Politik, deren Feld bisher der Westen und Süden Europas gewesen war, griff in diesem Kriege zum ersten Mal in die Verhältnisse des Nordens ein, und dadurch traten die seither getrennten Machtsysteme des Westens und des Nordens in unmittelbare Berührung. Die hier und dort schwelende Glut schlug, zur Flamme entfacht, zu einem einzigen mächtigen Brande zusammen. Der dreißigjährige Krieg wurde zum ersten europäischen Kriege.

Zum ersten Mal zeigte sich aber jetzt auch die Gefahr, in die Europa durch den Kampf der großen Militärmächte gestürzt wurde. Die lange Dauer und die furchtbare Härte des Krieges mußten auch dem Verblendetsten die Augen dafür öffnen. Einsichtigen mochte es scheinen, als sei dem christlichen Europa jedes Gemeinschaftsgefühl geschwunden. Sogar der schwedische Kanzler Oxenstierna, Machtpolitiker wie nur einer und sentimentalen Betrachtungen gewiß abhold, hat einmal den Verfall Europas in Einzelstaaten, die einander bis zur Vernichtung bekämpften, voll ernster Sorge beklagt, um dann freilich sehr einseitig nur das Streben Habsburgs nach einem absoluten Dominat dafür verantwortlich zu machen. Dieser erste europäische Machtkampf drohte bereits alle Schranken zu zerbrechen, mit denen das Mittelalter den Krieg eingehegt hatte. Die scholastische Lehre vom bellum justum hatte den Krieg nur unter ganz bestimmten Bedingungen als erlaubt angesehen: Er durfte nur von einem unabhängigen Fürsten, nicht von einer Privatperson, unternommen werden, es mußte ein gerechter Grund für ihn vorhanden sein, und er mußte in rechter Absicht geführt werden. Die wichtigste Frage, die nach dem gerechten Grunde, hatte man dahin beantwortet, daß der Krieg von Gott nur zugelassen sei, um eine schwere Rechtsverletzung aus der Welt zu schaffen, also etwa zur Selbstverteidigung gegen einen Angriff oder zur Durchsetzung eines unanfechtbaren Rechtsanspruches. Ausgeschlossen war damit der nackte Eroberungskrieg, ausgeschlossen überhaupt die Entscheidung politischer Machtfragen durch Krieg, er war ein Rechtsmittel, aber kein erlaubtes Mittel der Politik. Bei allem Mißbrauch, den die Praxis der Staaten natürlich auch damals mit dieser Lehre trieb, war es doch von größter Bedeutung, daß der Krieg nach allgemeiner Überzeugung nur innerhalb gewisser Grenzen zulässig war. Seit dem Aufstieg des souveränen Staates im 16. Jahrhundert hatte sich jedoch die Ansicht vom gerechten Kriege unmerklich, aber in sehr bezeichnender Weise gewandelt. Man lehnte sie noch keineswegs ab, ihre Autorität war so groß, daß sie sogar in der reformatorischen Lehre vom Krieg ihren Platz behielt. Aber man suchte sie den Bedürfnissen des modernen Staatslebens anzupassen. Man legte das Schwergewicht jetzt einseitig darauf, daß der Krieg nur den souveränen Herrschern erlaubt sei, man ersparte es sich aber, jeden Krieg erst auf seinen gerechten Grund hin zu untersuchen und unterstellte, daß jeder von einem souveränen Staat geführte Krieg ein gerechter sei. Der Krieg wurde damit zu einem selbstverständlichen Recht der Fürsten. Sie durften das jus belli ac pacis kraft ihrer Souveränität ohne weiteres in Anspruch nehmen. Das Problem war nicht mehr, ob der Angreifer einen berechtigten Grund zum Kriege habe, sondern ob er ihn in gehöriger Form erklärt habe und nach den Regeln des Kriegsrechtes führe.

Damit verlor das Völkerrecht ein weites Herrschaftsgebiet. Die „Hegung" des Krieges durch das Recht, auf die das Mittelalter so viel Mühe verwendet hatte, beschränkte sich jetzt darauf, die Kriegführung an gewisse Regeln zu binden, nicht den Krieg selber zu beschränken. Er war in das jus publicum Europaeum aufgenommen und legalisiert. Gewiß auch humanisiert, da ihm nun das Verwerfliche fehlte und keine kriegführende Macht ihren Feldzug als einen Kreuzzug, ihre Gegner als Verbrecher betrachten und behandeln konnte. Aber es fiel doch auch eine Schranke gegen die Dämonie der Macht überhaupt. Europa trat in das Zeitalter seiner großen Kriege ein, zu denen der dreißigjährige den blutigen Auftakt bildete. Einen besonders furchtbaren Auftakt nicht nur wegen seiner Länge, sondern auch, weil er, anders als die ihm folgenden „Kabinettskriege", noch etwas von dem brutalen Charakter der Religionskriege hatte.

Das Völkerrecht ist nur Ausdruck und Symptom des Zustandes der Staatenwelt. Das neu sich bildende jus belli ac pacis entsprach dem neuen System souveräner Staaten, wie es in Europa zwischen Kaiser und Papst und als Ergebnis ihres großen Kampfes erwachsen war und sich seitdem weiter ausgebildet hatte. Daß es aber noch keineswegs voll entwickelt war, dafür gibt uns wieder der Zustand des damaligen Völkerrechtes einen Hinweis. Der neue Begriff der Souveränität, in Frankreich am Ende des 16. Jahrhunderts von Jean Bodin in klassische Form gebracht, war die Grundlage des europäischen Staatensystems und die Vorbedingung seiner Existenz. Das gleichberechtigte Nebeneinander der Staaten setzte gegenseitige Achtung der Souveränität aller voraus, nicht nur der Souveränität nach außen, im Verhältnis zu anderen Mächten, sondern auch der nach innen. Nur bei einer klaren Abgrenzung der Machtbereiche aller war eine Ordnung wie das europäische Staatensystem überhaupt denkbar, eine wechselseitige Einmischung der Staaten in ihre inneren Angelegenheiten mußte ausgeschlossen werden. Das Prinzip der Nichtintervention gehört notwendig zum Völkerrecht zwischen Gleichberechtigten, ohne sie kommt es zum latenten Krieg aller gegen alle. In diesem Punkt aber hatte sich das Völkerrecht den neuen Verhältnissen noch keineswegs angepaßt. Unter der Nachwirkung mittelalterlicher Rechtsvorstellungen und unter dem Einfluß der konfessionellen Kämpfe galten Interventionen unter gewissen Bedingungen als erlaubt, vor allem zu Gunsten von Glaubensgenossen oder zur Unterstützung eines gesetzmäßigen Widerstandes gegen eine tyrannische Regierung, und die politische Praxis verfuhr danach. Es war ein charakteristischer Zug im Bild des europäischen Staatensystems des 16. und 17. Jahrhunderts — erst im 18. verliert er sich —, daß die Fürsten sich in ihren Machtkämpfen gegeneinander rücksichtslos der Opposition im Lande des Gegners bedienten, daß das monarchische Solidaritätsgefühl noch schwach entwickelt war. Wenn sich die Reichsstände gegen den Kaiser erhoben, die Liga und die Fronde gegen den König von Frankreich, der Adel Kataloniens und Portugals gegen den König von Spanien, so fanden sie regelmäßig die Unterstützung fremder Mächte. Und es waren nicht nur die eigenen Glaubensgenossen, die man unterstützte; nach den Gründen der Opposition fragte man bald nicht mehr, sofern man nur aus ihr Nutzen ziehen konnte. Oft wurde sie erst durch diese Unterstützung zu einer wirklichen Gefahr. Wie wenig sie in der Regel mit ihren eigenen Kräften gegen das Machtaufgebot eines Monarchen vermochte, zeigten der böhmische Aufstand und die zahllosen Adelsrevolten, die Richelieu niederschlug. Gerade er aber war ein Meister in der Benutzung dieser Opposition im außerpolitischen Kampf. In fast allen Ländern Europas hat er sie für seine Zwecke eingespannt. Sein Bündnis mit den Niederlanden etwa war, wie Ranke gesagt hat, „die seltsamste Verbindung zwischen einer ihre provinzialen Ideen hartnäckig festhaltenden Landschaft und dem Kardinal Richelieu, der die Idee einer alle ihre Grenzen erfüllenden höchsten Gewalt mit unerbittlicher Strenge durchführte." Die großen Monarchien des Kontinents wurden eben in den Kampf gegeneinander gestürzt, ehe sie noch in sich selbst gefestigt waren. Ihre Außenpolitik trug dem Rechnung und zog daraus Nutzen. Es gehörte zu ihren Methoden, das noch unsichere Gefüge feindlicher Staaten zu lockern und aufzubrechen, ihre Macht von innen her zu schwächen. Die Skrupellosigkeit, mit der das geschah, gab den Machtkämpfen des 17. Jahrhunderts einen hinterhältigen Zug. Man stand noch am Anfang des Zeitalters der klassischen Diplomatie, erst im 18. und 19. Jahrhundert bildete sie eine Art Ehrenkodex aus, der solche im 17. Jahrhundert noch üblichen Methoden des Konspirierens und Unterwühlens einschränkte, wenn auch nie ganz beseitigte; im 20. Jahrhundert beginnt ein neuer Abstieg. Seltsam aber paaren sich mit solchem Verfahren Züge barocker Ritterlichkeit, wie wir sie auch aus der erbarmungslosen Kriegführung der Zeit kennen. Sie äußert sich in steifem und pomphaftem Zeremoniell, in einem phantastischen Gepränge bei kriegerischen und diplomatischen Aktionen. Beides hebt sich seltsam ab von dem düsteren Hintergrund schonungsloser Vernichtungswut. Es ist, als müßten die Leidenschaften der Macht durch strenge Formen gebändigt werden, damit sie nicht alles überschwemmen und zerstören. Velasquez' „Übergabe von Breda" und ter Borch's „Friede von Münster" zeigen uns ein wahres, aber freilich nur das eine Gesicht dieses frühen Zeitalters europäischer Machtkämpfe. Man soll diese strengen Formen, in denen sich ein rettender Sinn für Maß und Ordnung ausspricht, nicht unterschätzen. Ohne ihn wäre das große Friedenswerk von Münster und Osnabrück, selbst ein Sieg der Form und des Maßes über ein drohendes Chaos, nicht denkbar gewesen.

Dieser Sinn ist trotz aller ausschweifenden Machtpolitik dem Zeitalter nie ganz verloren gegangen. Man hatte ein Gefühl dafür, daß ihre entfesselte Dämonie alles in den Abgrund reißen könne, wenn man sie nicht zügele. In höchster Steigerung erschien sie den Zeitgenossen in dem Streben der Habsburger nach der europäischen Hegemonie. Nichts fürchtete man mehr als diese Gefahr, es gab kein größeres Schreckgespenst und kein wirksameres Schlagwort als das von der spanischen „Universalmonarchie". Das Mittelalter hatte immer an dem Ideal einer sichtbaren Einheit der Christenheit unter einem geistlichen und weltlichen Haupt festgehalten, jetzt sah man schon in jedem Versuch dieser Art eine tödliche Gefahr. Nichts zeigt deutlicher den Wandel des politischen Denkens seit der Renaissance. Doch war der Glaube an die Einheit der Christenheit deshalb nicht etwa erloschen. Man empfand die Gemeinschaft der europäischen Staaten als ein Ganzes, ihren Zwiespalt und ihre Kämpfe als eine Verirrung. Die Rufe nach einem beständigen Frieden unter den christlichen Völkern hörten nicht auf. Freilich erschöpften sie sich seit der „Querela pacis" des Erasmus von Rotterdam in Anklage und ethischem Appell, ohne rechten Sinn für die harten Tatsachen der Machtpolitik. Doch wandten mit der Zeit neben den Philosophen auch die Männer der praktischen Politik dem Friedensproblem ihre Aufmerksamkeit zu, man begann nicht nur nach dem allgemeinen Frieden zu rufen, sondern sich auch zu fragen, wie er geschaffen und durch Institutionen gesichert werden könne. Hier hat offenbar das Erlebnis des dreißigjährigen Krieges tief gewirkt. In den zwanziger und dreißiger Jahren des Jahrhunderts werden, vor allem in Frankreich, Pläne für einen ewigen Frieden unter den christlichen Staaten auf einmal zur großen Mode. Um diese Zeit schreibt Crucé seinen „Cinée d'Estat", erfindet der Herzog von Sully den angeblichen großen Friedensplan König Heinrichs IV., verfolgt Richelieus Mitarbeiter Pater Joseph sein Friedens- und Kreuzzugsprojekt, entwirft Richelieu selber die ersten Pläne eines europäischen Sicherheitssystems. Es kehren in diesen Entwürfen fast immer dieselben Grundgedanken wieder: Eine gegenseitige Verpflichtung der Staaten zum Frieden, die Regelung ihrer Streitfragen durch einen obersten Rat der Fürsten oder ihrer Gesandten und ähnliches. Nur Richelieu ging da eigene Wege, sonst trugen alle diese Pläne einen wirklichkeitsfremden Charakter. Sie waren Erzeugnisse eines rationalen und mechanischen Denkens, das mit den Staaten wie mit Schachfiguren operierte und weder nach ihren inneren Lebensgesetzen noch gar nach dem Willen der Völker fragte, über deren Schicksal man am Scrheibtisch mit einem Federstrich entschied. Erst wenn dieses Denken überwunden wurde und die Einsicht kam, daß jeder Staat ein geschichtlich gewordenes, individuelles und personhaftes Gebilde mit eigenem Lebensrecht sei, konnte das neue Völkerrecht entstehen. Während des dreißigjährigen Krieges hat dieser Wandel des Denkens erst bei einigen wenigen erleuchteten Geistern begonnen. Sullys „großer Plan" behandelt die Staaten noch als rein mathematische Größen, er hat die phantastische Idee, Europa in fünfzehn gleich große „Dominationen" aufzuteilen und erst auf dieser Grundlage die neue Friedensorganisation zu errichten, es stört ihn wenig, daß dieser europäische Frieden nur durch einen gigantischen Kampf gegen Habsburg erreicht werden kann, ja er rechnet damit. Der später so fruchtbare Gedanke einer europäischen Neuordnung auf der Grundlage des Gleichgewichtes taucht schon bei ihm auf, aber rein mechanisch gefaßt, als seien die Staaten beliebig nach Größe und Gewicht zu konstruieren und wie Gewichte auf einer Waage so oder so zu verteilen.

Indessen bahnt sich die Überwindung solchen Denkens schon bei Männern wie dem Herzog Heinrich von Rohan oder Richelieu an. Wenn man Rohan liest, sagt Friedrich Meinecke in seinem Buch über die Idee der Staatsräson, so ist es, wie wenn man aus dem 16. in das 17. Jahrhundert hinübertritt. Das rein empirische Prinzip hat gesiegt; er will sich nur an den frischen, ewig neu sprudelnden Quell des ihn umgebenden Lebens halten. Rohan hat in seiner berühmten Schrift über die Interessen der Staaten bereits ihre individuellen Lebensgesetze mit überraschendem Wirklichkeitssinn untersucht und war doch eigentlich nur ein gelehriger Schüler des großen Meisters der Politik, Richelieu. In ihm wird uns der stärkste Bahnbrecher des Neuen in dieser Übergangszeit vom mittelalterlichen zum modernen Europa, vom christlichen Völkerrecht zum jus publicum Europaeum begegnen.

Das entscheidende Ereignis, durch das sich der deutsche Krieg zum europäischen ausweitete, war die Landung Gustav Adolfs an der deutschen Küste im Jahre 1630. Sie ergab sich folgerichtig aus Schwedens Stellung im nordischen Mächtesystem, das sich seit der Mitte des 16. Jahrhunderts in den Kämpfen Dänemarks, Polens, Schwedens und Rußlands um das dominium maris Baltici gebildet hatte. Wenn Schweden sich schließlich in ihm als stärkste Macht durchsetzte, so war das vor allem eine persönliche Leistung seiner Könige Gustav Wasa und Gustav Adolf. In kurzer Zeit legte Schweden die Hand auf Finnland, die baltischen Provinzen, auf Preußen und Stralsund. Die Geschichte kennt nur wenige Beispiele einer Großmachtbildung auf so schmaler Basis, wie sie das menschenarme Schweden darstellte, der rasche Anstieg und der ebenso rasche Verfall bestätigen das Außergewöhnliche dieser Leistung. Zu der staatsmännischen Begabung der Könige kam die gesunde Kraft des schwedischen Bauernstandes, der sich, glücklicher als in den meisten europäischen Ländern, seine Freiheit bewahrt hatte. Die Könige schützten ihn und wurden mit seiner Hilfe des Adels Herr, die Bauern stellten den Kern des Heeres. Doch auch der Adel fand bei der Machtpolitik der Könige seinen Vorteil und förderte sie. Obwohl gebändigt, blieb er doch mächtig genug, um an der Regierung des Reiches einen gesetzlichen Anteil zu behalten. Dem Königtum gab die Reformation, die ihm das Kirchengut in die Hand spielte, eine gewisse Unabhängigkeit von den Ständen und eine wenn auch bescheidene finanzielle Grundlage.

Dennoch konnte die schwedische Großmachtstellung immer nur durch eine unnatürliche Anspannung aller Kräfte bewahrt werden, die auf die Dauer nicht durchzuhalten war. Das Land zählte nur eine Million Einwohner, nicht mehr als Sachsen oder Bayern. Die auswärtigen Kriege mußten zum großen Teil mit Söldnern geführt werden. Der Steuerdruck war schwer, der Staat hoch verschuldet. Der Krieg wurde schließlich zur Notwendigkeit, weil er allein neue Einnahmen erschließen konnte, während er doch zugleich die Kräfte des Landes erschöpfte. Es fehlte nicht an Opposition gegen diese ewigen Kriege. Dennoch mußte Schweden, wollte es nicht als Großmacht wieder abdanken, auf der einmal beschrittenen Bahn weiter. Es konnte keinen Frieden mehr schließen, ohne auf einer hohen Geldentschädigung und den Zöllen der Ostseehäfen zu bestehen, auf die es im Laufe seiner Kriege die Hand gelegt hatte. Die Beherrschung der Ostsee und ihrer Küsten war also nicht nur Zweck, sondern auch Mittel, sie diente zur Behauptung der Zolleinnahmen und damit zur Erhaltung des Heeres. Eines stützte das andere, und man könnte fragen, ob Schweden die Zölle um der Ostseeherrschaft oder diese um der Zölle willen errichtet habe.

Und doch, trotz dieser kaum tragbaren Anspannung tat Gustav Adolf mit der Landung in Pommern jenen Schritt, der sein Land aus den noch überschaubaren Verhältnissen der Ostseewelt in die unübersehbare Weite der europäischen Politik führte. Er hat sich ihn wohl überlegt, war sich der Größe der Entscheidung bewußt und hat den Zeitpunkt sorgsam gewählt. Er hatte sich bis dahin allen Kombinationen protestantischer Bündnispolitik gegen Habsburg versagt. Nicht aus Gleichgültigkeit gegen das Schicksal der Glaubensgenossen, das er vielmehr mit lebhafter Teilnahme verfolgte. Tag und Nacht, schrieb damals sein Kanzler, denke er an die Wiederherstellung der verjagten deutschen Fürsten. Aber er verknüpfte von Anfang an die Rettung des deutschen Protestantismus mit den schwedischen Interessen. Solange man ihm nicht den militärischen Oberbefehl über alle verbündeten Streitkräfte übertrug, wollte er nicht Teilhaber einer antihabsburgischen Koalition werden. Er forderte ferner Garantien und nicht nur Versprechungen für die Teilnahme der deutschen Fürsten, er beanspruchte einen Hafen oder ein Territorium an der deutschen Ostseeküste als Operationsbasis, Treuepfand und Entschädigung zugleich. Assecuratio und Satisfactio, seine späteren Hauptforderungen, sind hier bereits im Keim vorhanden. An ihnen scheiterten alle früheren Verhandlungen, da die deutschen Fürsten keineswegs bereit waren, sich so ganz in seine Hand zu geben. Erst das Scheitern der dänischen Intervention, das Vordringen der kaiserlichen Heere bis an die Ostsee und das Restitutionsedikt zwangen ihn zum Eingreifen ohne jede Bedingung. Die Gefahr rückte seinem eigenen Lande immer näher; ein ruhiges Zuschauen, ein Abwarten schien nicht mehr möglich.

Welches waren seine Ziele, als er 1630 in Deutschland landete? Kam er zur Rettung evangelischen Glaubens, ging es ihm um die Sicherheit Schwedens oder hatte er ausschweifende Eroberungspläne? In die innersten Gedanken eines Staatsmannes einzudringen ist uns selten vergönnt, wir müssen uns an seine Worte halten und seine Taten zu deuten versuchen. Nach Gustav Adolfs Reden und Proklamationen hat er den Krieg als einen Verteidigungskampf für sein Land und seinen Glauben betrachtet, auch wenn er ihn offensiv führte. Er hatte Grund zu dieser Auffassung. Auch Axel Oxenstierna hat 1630 geurteilt, wenn noch Stralsund in die Hand der Kaiserlichen falle, so werde man ihnen vor Kalmar und Stockholm widerstehen müssen. Während der Kanzler aber den Krieg defensiv führen und einen Bruch solange wie möglich vermeiden wollte, war der König der Ansicht, man müsse die kaiserlichen Flottenstützpunkte vom Lande her nehmen, den Krieg also auf deutschen Boden tragen. Aber aus dem Verteidigungskampf wurde, kaum daß er entfesselt war, ein Eroberungszug. Mit der Kriegslage wechselten die Ziele, mit den Erfolgen wuchs die Begehrlichkeit. Der nüchterne Kanzler hat nach dem Tode Gustav Adolfs gesagt, die Entwicklung der Dinge habe den König weiter getrieben, als er selbst anfangs gewollt, und es sei seine Art gewesen, seine Forderungen je nach der Lage bald hoch, bald niedrig zu stellen.

Sie betrafen zweierlei: Die Satisfactio, das heißt die Entschädigung Schwedens für seine Opfer an Gut und Blut, und die Assecuratio, das heißt die Sicherung des Sieges durch eine bleibende Neuordnung der deutschen Verhältnisse. Jene mußte, wie immer sie sich auch gestaltete, tiefe Eingriffe in die deutschen Territorialverhältnisse, diese ebenso tiefe Eingriffe in die Reichsverfassung zur Folge haben, und zwar nicht nur zum Nachteil des Kaisers. Von beiden schwedischen Forderungen wird noch in anderem Zusammenhang eingehend zu reden sein, für den Charakter der schwedischen Politik in Deutschland aber ergibt sich aus dem Gesagten schon so viel, daß ihre Hauptziele nur im Gegensatz zu der Mehrheit der Reichsstände, und zwar nicht nur der katholischen, zu verwirklichen waren; auch die evangelischen wurden durch sie bedroht, weil die geplante Neuordnung der deutschen Verhältnisse nur bei straffer Unterordnung der Protestanten unter schwedische Führung zu erreichen war, durch eine Unterordnung nicht nur für die Dauer des Krieges, sondern für immer, und die war wiederum nur denkbar, wenn entweder die Protestanten sich vom Reich trennten oder dieses selbst in eine ganz neue Form gegossen wurde. Ein Corpus Evangelicorum unter schwedischer Führung und ein habsburgisches Kaisertum vertrugen sich nicht miteinander, es gab dann nur die Wahl zwischen Auflösung des Reiches oder Erhebung eines evangelischen Kaisers. Auf wen aber sollte eine solche Wahl fallen, wenn nicht auf Gustav Adolf? Er hat diesen Gedanken zum mindesten nicht von sich gewiesen. Aber er wäre kein Kaiser im Sinne der Stände geworden, durch Herkommen, Gesetze und Wahlkapitulation gebunden und auf eine nominelle Oberhoheit beschränkt. Diese Kaiserwürde bot ihm der Kurfürst von Sachsen nach der Schlacht von Breitenfeld an, aber er nahm sie nicht. Jedoch Kaiser an der Spitze eines evangelischen Bundes, in dem er unumschränkt gebot, das hätte ihm eine Macht verliehen, wie kein Reichsoberhaupt vor ihm sie je besessen hatte!

Von Dauer freilich wäre sie kaum gewesen. Einer feindlichen Welt mit den Waffen und mit Hilfe widerstrebender Bundesgenossen abgerungen, hätte eine solche Stellung von Gustav Adolf selbst nur mit Mühe, von seinen Nachfolgern unmöglich behauptet werden können. Und vollends darf man zweifeln, ob sie für Europa und für Deutschland zum Heil gewesen wäre. Gustav Adolf hat die evangelische Freiheit gerettet und ist gefallen, ehe er der Totengräber der deutschen Freiheit werden konnte. Dieses Urteil Schillers und Treitschkes wird man bestehen lassen müssen.

Oxenstierna, den der schwedische Reichsrat nach dem Tode des Königs mit umfassenden Vollmachten in Deutschland versah, hatte die Ansichten des Königs über die Kriegsziele keineswegs in allen Punkten geteilt. Den Angriff gegen den Kaiser hatte er vor allem deshalb widerraten, weil er Polen und Dänemark als die Gegner ansah, auf die man eigentlich achtgeben müsse. Die Ostsee, die baltischen Küsten, den Sund müsse man beherrschen, nicht eine Vorherrschaft über Deutschland errichten, das war seine Meinung. Das heißt nun nicht, daß er den einmal begonnenen Krieg abbrechen wollte. Er war vielmehr überzeugt, daß bei einem Rückzug aus Deutschland die Welle des Krieges unfehlbar auf Schweden zurückschlagen werde. Deshalb galt seine erste Sorge nach dem Tod des Königs der Fortführung des Krieges in Deutschland.

Das hieß, die Stellung Schwedens zu den evangelischen Reichsständen bedurfte zunächst der Klärung. Oxenstierna hatte auch die deutsche Bündnispolitik seines Königs immer mit Mißtrauen betrachtet. Er hielt nichts davon, daß Schweden sich in die Streitigkeiten der Reichsstände hineinziehen ließ. Er war auch gegen politische Bündnisse und gegen Verpflichtungen auf lange Sicht, die von den deutschen Ständen doch nicht gehalten würden, er wollte sich auf Verträge rein militärischen Inhalts, auf Abmachungen über Kontributionen, Werbungen und Quartiere beschränken. In einer Denkschrift an den Reichsrat hat er Anfang Dezember 1632 seine Ansichten zur deutschen Politik entwickelt. Gewiß, fast die Hälfte des Reichsgebietes sei in schwedischer Hand, aber was für ein unsicherer Besitz! Die verbündeten Fürsten meist feindlich gesinnt, die Armeen mit Deutschen durchsetzt und weithin unzuverlässig! Hatte nicht auch der König manchmal am Erfolg seiner Sache verzweifelt? Dennoch dürfe man sich nicht aus Deutschland ausschließen lassen, vielmehr erst dann übers Meer zurückkehren, wenn ein allgemeiner Frieden geschlossen werde und Schweden mit Ehre und Ansehen und einer stattlichen Entschädigung aus dem Spiel ausscheiden könne. Er dachte an eine engere Verbindung mit Frankreich, England und den Niederlanden, um äußerstenfalls mit ihrer Hilfe Deutschland über den Haufen zu werfen und sich aus der Sache herauszuziehen. Er erwog auch, Süddeutschland den Franzosen zu überlassen, sich auf den Norden zu beschränken und hier Pommern und die geistlichen Gebiete als Pfand bis zum allgemeinen Friedensschluß zu behalten. Er versuchte gleichwohl zunächst durch den Heilbronner Bund die oberdeutschen Stände bei Schweden festzuhalten, aber seit dem Sommer 1634 wurde ihm klar, daß die Stellung in Süddeutschland nicht zu halten sei. Von da an bemühte er sich, Frankreich mit in das Spiel zu ziehen. Er war es, der das Elsaß den französischen Truppen auslieferte, er bot sogar eine Teilung Deutschlands in eine französische und schwedische Interessensphäre mit der Elbe als Grenze an. Damit hätte dann freilich Schweden als Schutzmacht der deutschen Protestanten abgedankt.

Die vorwiegend militärischen Absichten, die Schweden zunächst leiteten, gaben seiner Herrschaft in Deutschland immer mehr den Charakter einer willkürlichen Soldatenherrschaft mit allen ihren Schrecken. Auch die zivilen Verwaltungsbehörden, die Schweden in Deutschland eingerichtet hatte, dienten allein den Bedürfnissen der Armee. Ihr dienten auch die beiden Maßnahmen, die außer den Greueltaten einer zuchtlosen Soldateska den schwedischen Namen in Deutschland so verhaßt machten, die Donationen und die Zölle. Die schwedische Finanznot zwang zu einer besonders ausgedehnten und drastischen Anwendung beider Mittel. Das System der Schenkungen aus Kriegsbeute an Offiziere und hohe Beamte hatte schon der Kaiser in größtem Umfang betrieben, man denke an die böhmischen Konfiskationen, die Übertragung Mecklenburgs an Wallenstein oder Kalenbergs an Tilly. In gewissem Sinne ist auch die Übertragung der Oberpfalz und der pfälzischen Kur an Maximilian nichts anderes gewesen. Aber Gustav Adolf und Oxenstierna haben den Kaiser noch weit übertroffen und mit vollen Händen aus ihrer Kriegsbeute ausgeteilt, um Schwedens Staatsdiener und Anhänger zu belohnen, Gläubiger loszuwerden und die Soldaten zu befriedigen. Die Vergabung geschah in den gleichen lehenrechtlichen Formen wie der Kaiser sie übte, nur daß statt der kaiserlichen Oberhoheit die der Krone Schweden, zu den Zeiten des Heilbronner Bundes wohl auch die des Reiches vorbehalten wurde. Auch ein Rechtsgrund fand sich hier wie dort: War es beim Kaiser die Lehensverwirkung durch Felonie oder Majestätsbeleidigung, so hier das jus belli. Lehrte doch der berühmte Grotius, daß Kriegseroberungen dem Sieger von Rechts wegen gehörten und niemand sonst einen Anspruch darauf geltend machen könne. Gustav Adolf, der den Grotius eifrig studierte, fühlte sich durchaus im Einklang mit dem Völkerrecht, wenn er mit den eroberten Gebieten in Deutschland nach seinem Willen schaltete. Allein in Württemberg hat man 92 schwedische Schenkungen gezählt, für ganz Deutschland 255 geschätzt und damit wahrscheinlich noch nicht alle erfaßt. Und wenn auch ein großer Teil dieser Schenkungen in deutsche Hände kam, welch eine empörende Beraubung, welch unerhörte Besitzumwälzung bedeuteten sie doch!

Vor allem betrachtete Gustav Adolf die geistlichen Gebiete als herrenloses Gut, ihre Neuverteilung als wichtigstes Mittel zur Umgestaltung des Reiches und zur Begründung der schwedischen Herrschaft. Man glaubt seine Pläne in ihren Umrissen zu erkennen, wenn man sich diese Verteilung vergegenwärtigt: Die fränkischen Bistümer erhielt Bernhard von Weimar als ein neues Herzogtum, die Stifter Fulda, Korvey, Paderborn, vielleicht auch Münster waren Hessen-Kassel zugedacht, wenn der Landgraf auf die Marburger Erbschaft verzichtete. Oxenstierna wollte vielleicht sogar noch Kurköln hinzufügen, ob schon Gustav Adolf daran gedacht hat, weiß man nicht. Also zwei mächtige evangelische Territorien, die den Raum zwischen Main, Weser und Rhein fast lückenlos bedeckt hätten! Osnabrück erhielt Gustaf Gustafsohn, des Königs natürlicher Sohn, und als sicher ist anzunehmen, daß auch die übrigen großen Stifter Norddeutschlands für treue Anhänger Schwedens bestimmt waren; evangelisch waren sie bis auf Hildesheim ohnehin. Über Trier konnte man nicht verfügen, weil man ihm mit Rücksicht auf Frankreich Neutralität zubilligen mußte. Kurmainz war mindestens vorübergehend dem Kanzler Oxenstierna zugedacht, der damit Reichsfürst geworden wäre. Man sieht, wie das System der Donationen in Verbindung mit Lehenseiden deutscher Fürsten und Untertaneneiden deutscher Städte zu Lebzeiten des Königs in den Dienst großer politischer Pläne gestellt wurde. Oxenstierna mußte das meiste davon bestehen lassen. Die weiteren Donationen, die er vornahm, dienten wohl vor allem zur Befriedigung der Ansprüche der Soldaten, die ihn immer mehr bedrängten, je länger der Krieg dauerte.

Ein zweiter Pfahl im Fleisch Deutschlands waren die schwedischen Zölle, die verhaßten „Lizenten". In allen Ostseehäfen, die Schweden innehatte, wurden sie erhoben, und wir haben ihre Bedeutung für den schwedischen Staatshaushalt schon erwähnt. Ehe die Verträge mit Pommern und Mecklenburg geschlossen wurden, hatte Schweden dort bereits Zölle auf eigene Faust eingetrieben. Was besonders erbitterte, war die willkürliche Handhabung und eigenmächtige Erhöhung, die die Schweden sich unter Mißachtung der Verträge immer wieder erlaubten. In Pommern sollten die Zölle $4\frac{1}{2}\%$ des Wertes der Waren betragen, wobei $3\frac{1}{2}\%$ für Schweden und nur 1% für den Herzog bestimmt waren; die gleichen Bestimmungen wurden in den Vertrag mit Mecklenburg übernommen. In Pommern hielt sich Schweden zunächst an diese Abmachung, nicht so in Mecklenburg. Es gab endlose Streitigkeiten, die Schweden setzten den Mecklenburgischen Anteil einseitig herab oder führten ihn nicht ab, verzollten vertragswidrig den Bedarf des herzoglichen

Hofes, verfuhren mit einem Wort, wie es ihnen paßte. Der Wert der Waren wurde absichtlich hoch geschätzt, um die Einnahmen zu erhöhen. Eine Denkschrift der pommerschen Gesandten in Osnabrück vom Jahre 1646 gibt an, in Stettin seien bis zu 24% des Wertes einbehalten worden. Schon der vertragliche Zoll belastete Handel und Schiffahrt schwer genug, die willkürliche Erhöhung brachte sie fast zum Erliegen. Der Ostseehandel suchte das einzig noch zollfreie Lübeck auf, die pommerschen und mecklenburgischen Häfen verödeten. So mußte Deutschland mit den Erträgen seines Handels seine eigenen Peiniger bezahlen.

Man begreift das bittere Urteil, das der sächsische Feldmarschall von Arnim bereits im Jahre 1633 über die schwedische Herrschaft in Deutschland fällte: Der Religion halber, meinte er, habe man zwar im Falle eines schwedischen Sieges nichts zu befürchten. „Sollte aber das consilium formatum bei solcher Gewalt bleiben, daß sie Kurfürsten könnten degradieren, andere ihres Gefallens wiederum ansetzen, Fürstentümer verschenken, Fürsten und Ständen, was sie durchs Recht erlanget, eigentätig wieder nehmen, Werbungen beschließen, Quartier- und Musterplätze ihres Beliebens anordnen, contributiones auflegen, Kur- und Fürsten zum Konvent verschreiben, in summa erhöhen und verstoßen wen sie wollten, nehmen und verschenken wem sie wollten, so wüßte ich nicht, wie dann dieses anders als ein absolutum dominium könnte gennenet werden. Dadurch würde die deutsche Freiheit supprimiert, Kurfürsten und Stände despektiert und der herrliche status Imperii deformiert werden."

Schon lange vor der förmlichen Kriegserklärung an Spanien im Jahre 1635 war Frankreich ein stiller Teilhaber aller antihabsburgischen Koalitionen gewesen. Schon jahrelang hatte Richelieus Politik insgeheim den Krieg genährt und immer neu entfacht, wenn er je zu erlöschen drohte. Man darf sie nun freilich nicht, wie es auf deutscher und französischer Seite lange Zeit geschehen ist, unter dem Eindruck des späteren Gegensatzes der beiden Völker sehen. Bis zur Mitte des 17. Jahrhunderts gab es weder eine nationale Feindschaft zwischen dem deutschen und französischen Volk noch einen ernsthaften politischen Gegensatz zwischen Frankreich und dem Reich. Der Kampf zwischen Frankreich und Habsburg war ein dynastischer und berührte das Reich nicht unmittelbar. Seit der Abdankung Karls V. und der Teilung seines Reiches galt nicht das deutsche Kaisertum, sondern Spanien als Erbe seiner universalen Ansprüche und als Todfeind Frankreichs. Als schließlich der Krieg mit Spanien auch den mit dem Kaiser nach sich zog, hat Frankreich doch immer an der These festgehalten, nur mit dem Kaiser und seinem Hause und nicht mit dem Reich im Kriege zu stehen. Daß aber Deutschland trotzdem zum Schauplatz dieses Kampfes wurde, dazu hat die kaiserliche Politik selbst das Meiste beigetragen. Das Haus Habsburg, sagte der Herzog von Longueville in Münster, wolle Frankreich gleichsam in eine Kette einschließen und von allen Seiten fesseln. Das war buchstäblich richtig. Im Jahre 1617 schloß der spanische Botschafter Oñate in Prag den nach ihm benannten Geheimvertrag, der seinem König für den Verzicht auf die böhmische und ungarische Krone eine österreichische Provinz versprach, und es war auch in Paris kein Geheimnis, daß damit das Elsaß gemeint sei. Seit 1620 war Spanien außerdem Herr des Veltlins und damit eines freien Passes über die Alpen nach Norden. Ein Jahr später faßte es im Zuge der Exekution gegen den Winterkönig festen Fuß in der Pfalz, 1635 fügte es mit der Besetzung Triers das letzte Glied in die Kette, die Frankreich umgab.

Schon vor Richelieus Eintritt in den Rat des Königs im Jahre 1624 zeigte die französische Politik angesichts dieser Lage zunehmende Besorgnis und wachsende Unruhe. Allerdings verkannte sie noch die Abhängigkeit der österreichischen Habsburger von Spanien und unterstützte aus Furcht vor einem spanischen Kaisertum die Bewerbung Ferdinands II. um die Krone. Sie blickte vorwiegend auf Italien, weil sie das Gleichgewicht der Kräfte im Reich durch den konfessionellen Gegensatz hinlänglich gesichert glaubte. In verhängnisvoller Überschätzung der Protestanten ließ sie den Kaiser in Böhmen gewähren, trug sie sogar selbst durch den Vertrag von Ulm, den sie 1620 vermittelte, zur Isolierung des Winterkönigs und zur Auflösung der Union bei. Sie verspielte, wie später Napoleon III., in Verkennung der deutschen Machtverhältnisse die Möglichkeit, rechtzeitig als bewaffneter Schiedsrichter zwischen die Parteien zu treten und das Gleichgewicht in Deutschland zu erhalten.

Auch Richelieu erstrebte wie seine Vorgänger eine Balance der Kräfte in Deutschland, nur verliefen für seinen Blick die Fronten anders. Er faßte den Gedanken einer rein politischen Opposition gegen den Kaiser über die Grenzen der Konfessionen hinweg. Richelieus Bedeutung liegt nicht darin, daß er ein grundsätzlich neues Ziel der französischen Deutschlandpolitik aufgestellt hätte, sondern darin, daß er die Mittel, es zu verwirklichen, besser erkannte. Er war ein großer Staatsmann, das ist alles. Welches kraftvolle Ausgreifen vom ersten Tage an, welche Kühnheit und Vorsicht zugleich, welche Kunst, die Gewichte im europäischen Kräftesystem immer so zu verteilen, daß die Waagschale sich zu Gunsten Frankreichs senkte! Seine Politik ist Prinzipien und Projekten abgeneigt, ist wie alle große Staatskunst empirisch und auf das Unmittelbare und Nächste gerichtet, aber wir sagen damit nicht, daß ihr eine klare Vorstellung von der künftigen Ordnung der Dinge gefehlt hätte. Richelieu hatte vielmehr sehr bestimmte Anschauungen von der Weltlage, die er vorfand, und derjenigen, die er erstrebte. Er war überzeugt, daß die Freiheit Europas von Spanien bedroht sei. Indem Frankreich seine Unabhängigkeit gegen diese Macht verteidigte, vertrat es nach seiner Überzeugung zugleich das Interesse des ganzen christlichen Europa. Der spanischen Idee der Universalmonarchie setzte er die eines großen antihabsburgischen Bundes entgegen, in dem Frankreich als Gegenmacht Spaniens zu einer führenden Rolle bestimmt war. Sammlung aller Kräfte gegen Habsburg, Ausgleich aller Gegensätze zwischen den übrigen Mächten ist deshalb sein Ziel. Seine Absicht war aber nicht nur, eine militärische Koalition gegen Habsburg auf Kriegsdauer zu schaffen, den Kampf möglichst ohne eigene Beteiligung zu schüren und sich selbst mit einem respektablen Beuteanteil in Sicherheit zu bringen. So könnte es scheinen, wenn man nur die Politik Richelieus in der Zeit des „verdeckten Krieges" vor der Kriegserklärung von 1635 betrachtet. In Wahrheit weisen seine Bestrebungen weit über den Augenblick hinaus in eine erhoffte Aera des Friedens. Richelieu suchte dem zunächst für den Krieg entworfenen Bündnissystem Dauer zu verleihen. Ihm schwebte als erstem europäischen Staatsmann ein allgemeines Sicherheitssystem vor. Über dem Meister des verdeckten und des offenen Krieges hat man nur allzu sehr den kühnen Denker und Planer vergessen, dessen Phantasie immerfort mit den Möglichkeiten eines künftigen Friedens und einer dauerhaften Ordnung der Dinge beschäftigt war.

Und dennoch hat kein Staatsmann so viel wie er dazu beigetragen, das europäische Ringen zu verlängern, bis schließlich der Krieg ihn selbst überlebte. Von dem Ziel, um dessentwillen ihm die Leiden des Krieges unvermeidlich schienen, sah er sich, als er starb, noch weit entfernt. Auch der Westfälische Frieden hat nur einen Teil seiner großen Entwürfe verwirklicht. Ob Tragik, ob Schuld, Richelieus Politik war von zerstörerischer Wirkung und, obwohl ständig mit den Problemen des Friedens beschäftigt, für diesen selbst verderblich. Denn um den Universalfrieden zu erlangen, der ihm vorschwebte, mußte er den Kampf gegen die habsburgische Weltmacht ohne Unterbrechung und Atempause bis zur völligen Erschöpfung des Gegners weitertreiben, jedes Ausscheiden einer Macht verhindern, für jeden strauchelnden Kämpfer einen neuen ins Treffen führen, und das alles, solange es ging, ohne eigene Blutopfer. Außerdem war kein Friedensschluß zu dulden, bei dem Frankreich nicht ein entscheidendes Wort mitsprach und in den es nicht selbst eingeschlossen wurde. Es war vor allem in der ersten Epoche des „verdeckten Krieges" ein schwieriges Problem, die Dinge so zu lenken, daß Frankreich, obwohl amtlich neutral, in alle Entscheidungen eingeschaltet blieb.

Vielgestaltig und erfindungsreich hat Richelieus Politik diesem Ziele zugestrebt. Ihr Kern ist, wie sich von selbst ergibt, seine Vertrags- und Bündnispolitik. Er hat mancherlei Mittel und Methoden dafür entwickelt. In der ersten Phase arbeitete er vornehmlich mit Subsidienverträgen, die den Partner verpflichteten, keinen Friedensschluß oder Waffenstillstand ohne Frankreichs Genehmigung zu schließen, ohne daß dieses selbst deshalb am Kampf teilgenommen hätte. Sogar Großmächte wie Holland und Schweden haben sich gegen gutes französisches Gold solchen Bedingungen unterworfen. Nach der Kriegserklärung trat an die Stelle der Subsidien die französische Waffenhilfe, die Verträge nahmen mehr den Charakter echter Bündnisse an. Daneben war Richelieu bestrebt, seine Partner auch über den Krieg hinaus zu binden, sein künftiges Sicherheitssystem schon jetzt vorzubereiten. In allen seinen Friedensprojekten, in fast allen Bündnissen, die er im weiteren Verlauf des Krieges schloß, kehrte dieser Gedanke wieder.

Bis zum Jahre 1630 stand Italien im Vordergrund. In Deutschland verfolgte die französische Politik noch keine erkennbaren eigenen Interessen außer einem: Der Erhaltung oder Wiederherstellung des Gleichgewichtes. Aber anders als seine Vorgänger sah Richelieu es durch den Gegensatz der Konfessionen eben noch nicht als gesichert an. Wenn er von der „juste balance" im Reich sprach, meinte er vielmehr das Gleichgewicht zwischen Kaiser und Ständen. Damit wies er den katholischen Fürsten ihren Platz an der Seite der protestantischen an, er suchte sie an die alte, ihnen gemeinsame Idee reichsständischer Freiheit zu erinnern. Die wichtigste Rolle in seinen Berechnungen spielte Bayern, das Haupt der katholischen Stände. Immer wieder, unermüdlich und mit nie versagender Geduld hat er sich bemüht, Maximilian und die Liga für ein Bündnis oder doch wenigstens für ein Neutralitätsabkommen mit den Protestanten und ihren Schutzmächten Dänemark und später Schweden zu gewinnen.

Dem standen freilich zwei der schwierigsten Probleme des ganzen Krieges im Wege, die kirchlichen Streitfragen und die pfälzische Sache. An beiden hat Richelieu sich versucht, doch ohne Glück.

Frankreich war eine katholische Macht und im Innern selbst durch die Hugenotten bedroht, konnte es also in den deutschen Religionsfragen eine andere Stellung einnehmen, als die des kirchlichen Interesses? Jede Verbindung mit einer protestantischen Macht mußte der streng kirchlichen Partei in Frankreich Waffen gegen die Regierung liefern, konnte dem spanischen Einfluß an der Kurie und bei den italienischen Fürsten das Übergewicht geben. Zudem war Richelieu Kardinal der römischen Kirche, und nicht nur dem Namen nach. Ohne religiöse Wärme, war er doch seinem Glauben im Gewissen verpflichtet, und ständig ist ihm das Verhältnis zu den protestantischen Mächten zugleich ein theologisches und ethisches Problem neben dem politischen gewesen. Im Frankreich Richelieus ist zuerst die große Frage, wieweit Glaube und wieweit Staatsraison das Verhältnis eines katholischen Fürsten zu den Häretikern zu bestimmen habe, durchdacht und publizistisch erörtert worden. Während sich in Spanien ein solcher Konflikt kaum je einstellte, mußte Richelieu ständig abwägen, abgrenzen und zur Harmonie zu bringen suchen, was doch unvereinbar schien. Die letzte Rechtfertigung fand er immer nur in der Anklage gegen Spanien, daß es das katholische Interesse zum Deckmantel eines zutiefst unsittlichen Machtstrebens mache und Frankreich zu Selbsterhaltung und Gegenwehr zwinge, wobei denn nach Naturrecht auch die Hilfe einer unkatholischen Macht ergriffen werden könne und müsse. Deshalb war der Vorwurf, Habsburg strebe nach der Universalmonarchie, das unentbehrliche Fundament seiner Politik und ihre moralische Rechtfertigung. Freilich konnte es ihm nicht in den Sinn kommen, in die materiellen Streitfragen zwischen den deutschen Religionsparteien einzugreifen. Hier war er im allgemeinen ebenso vorsichtig wie in der Stellungnahme zu politischen Differenzen der Reichsstände untereinander. Gelegentliche Vorschläge zu einer wenigstens vorläufigen Regelung der kirchlichen Fragen in Deutschland, die er wohl einmal zur Diskussion stellen ließ, verraten nur eine sehr oberflächliche Kenntnis der Dinge und zeigen, daß er die Schwere der Probleme weit unterschätzte. Der Versuch, den kirchlichen Gegensätzen ihre Schärfe zu nehmen und sie politisch unschädlich zu machen, ist nicht gelungen, so oft auch Richelieus Sendboten in Deutschland auf die Glaubens- und Gewissensfreiheit ihres Landes als Vorbild hinwiesen!

Auch in der pfälzischen Frage galten seine Bemühungen einem unlösbaren Problem. Unbeirrt hielt Richelieu daran fest, es mit keiner Partei zu verderben. Er hat England und Holland insgeheim ermuntert, die volle Restitution des Pfälzers zu fordern, um sie beide mit Spanien zu verfeinden, aber eben damit ihre Verständigung mit Bayern, an der ihm eigentlich gelegen war, unmöglich gemacht. Er selbst ist freilich jeder Verpflichtung zur Wiederherstellung der Pfalz ausgewichen und nur aus diesem Grunde einem förmlichen Bündnis mit England aus dem Wege gegangen, so wertvoll ihm diese Bindung Englands sonst gewesen wäre. Auch in den späteren Verträgen mit Schweden vermied er eine Anerkennung der pfälzischen Ansprüche, ohne ihnen direkt zu widersprechen. Alles das war aufs sorgfältigste abgestimmt mit den vorsichtigen Zusagen, die er an Bayern gemacht hatte. In Widersprüche verwickelte er sich nicht, es ließ sich alles soeben noch miteinander vereinbaren. Hatte er anfangs dem Herzog Maximilian die Kur nur auf Lebenszeit zugestanden, so versprach er ihm in der Defensivallianz vom Mai 1631, sich für ihre Erhaltung bei seinem Hause zu verwenden. Zu verwenden, nicht mehr! Einer Verpflichtung, einer Festlegung auf eine bestimmte Lösung der schwierigen Frage wich er aus, indem er immer wieder auf die endgültige Entscheidung eines künftigen Reichstages oder eines europäischen Friedenskongresses verwies.

Das aber ist nun charakteristisch für seine deutsche Politik überhaupt. Um alles Trennende zu beseitigen und die zersplitterten Kräfte der Reichsstände gegen den Kaiser zu sammeln, wurden die materiellen Streitfragen möglichst beiseitegeschoben und dafür die Fragen des Verfahrens bei einem künftigen Friedensschluß in den Vordergrund gerückt. Denn nur darauf kam es zunächst an, daß Frankreich, obwohl nicht kriegführende Macht, bei diesen Entscheidungen nicht übergangen würde. Und es mußte ein allgemeiner Friedensschluß werden, denn nichts erschien Richelieu gefährlicher und bedrohlicher, als wenn etwa der Kaiser mit den Protestanten oder Spanien mit den Niederlanden zu einem Sonderfrieden käme und das Haus Habsburg, an einer oder gar an beiden Fronten entlastet, Europa seinen Willen aufzwingen könne. Sein Ziel war deshalb ein europäischer Friedenskongreß, auf dem Frankreich als Vermittler und Schiedsrichter oder später, als es selbst kriegführende Macht geworden war, an der Spitze einer mächtigen antihabsburgischen Koalition die entscheidende Rolle spielen und seine Forderungen durchsetzen sollte. Jene Vermittlung sollte nun aber keineswegs als aufgedrängt erscheinen, sondern möglichst von den Parteien erbeten werden. Diese Aufforderung war es, die Richelieu von den deutschen Reichsständen erwartete, die er ihnen immer wieder nahelegte, ohne sie je hervorlocken zu können. Man müßte, so wurde einem kurkölnischen Abgesandten schon in den zwanziger Jahren in Paris eröffnet, „Ihre königliche Würde darum nicht allein ersuchen, sondern sie wollen auch diesfalls stark gebeten sein". Nun war es freilich noch nie geschehen, daß deutsche Reichsstände neben dem Kaiser auf einem Friedenskongreß erschienen, Richelieu hat deshalb auch die andere Möglichkeit erwogen, für die deutschen Fragen einen Reichstag zu berufen und zu seinen Beratungen die Gesandten der interessierten Großmächte, vor allem natürlich Frankreichs, zuzulassen. Nicht die Form war entscheidend, sondern der Wunsch, dem Kaiser die alleinige Berechtigung zum Friedensschluß im Namen des Reiches zu entziehen und ihm die Vertretung der Stände als den eigentlichen Souverän entgegenzusetzen oder doch mindestens an die Seite zu stellen.

Aber damit nicht genug, hat Richelieu auch versucht, dem Hause Habsburg die Kaiserkrone zu entziehen. Man hat damals in Erinnerung an die Zeiten Franz' I. dem französischen König die Absicht nachgesagt, sie für sich zu erwerben. Davon ist nie die Rede gewesen. Richelieu hat sicher keinen Gedanken an so phantastische und wertlose Ideen verschwendet, auch hatte der Glanz der Kaiserkrone für französisches Empfinden nichts Verlockendes mehr, wie uns die Publizistik dieser Jahre deutlich zeigt. Aber Richelieu hat sie mehrfach dem Kurfürsten von Bayern angeboten und, als der seine Lockungen geflissentlich überhörte, wenigstens die Wahl eines römischen Königs bei Lebzeiten des regierenden Kaisers zu verhindern gesucht, in der Hoffnung, daß es so doch einmal zu einem Wechsel der Dynastie kommen werde.

Zusammen mit den Bündnisentwürfen, von denen noch zu reden sein wird und in denen Frankreich immer eine Art Protektorat zugedacht war, zeigen alle diese Pläne und Versuche den zielbewußten und unbeirrbaren Willen Richelieus, den deutschen Dualismus — nicht den religiösen, sondern den politischen — zu erhalten, wiederherzustellen, zur Grundlage des deutschen Verfassungslebens zu machen, diesen Willen aber nur behutsam und unmerklich zur Geltung zu bringen. Freilich mußte er in der Folge immer wieder erfahren, daß die deutschen Fürsten zu nichts bereit waren, was als Verletzung ihrer Pflichten gegen Kaiser und Reich gedeutet werden konnte. Auch gelang es ihm nie, wirkliches Vertrauen zu erwerben. Weder Katholiken noch Protestanten waren bereit, eine Macht als Schiedsrichter in Deutschland anzuerkennen, deren wahre Absichten sie nicht durchschauten. Die Protestanten mißtrauten dem Kirchenfürsten und Bekämpfer der Hugenotten, die Katholiken wußten um seine geheimen Verbindungen zu dem Mansfelder, zu

Dänemark, zu Gustav Adolf, Bayern blieb unzugänglich, weil er in der pfälzischen Frage immer wieder auswich, alle zusammen argwöhnten sie französische Absichten auf das Elsaß und andere Grenzgebiete des Reiches.

So ist es denn Richelieu nicht gelungen, vor dem offenen Eintritt Frankreichs in den Krieg irgendeinen nennenswerten Einfluß auf die Verhältnisse in Deutschland oder auf die Friedensverhandlungen in der schwedischen Epoche des Krieges zu gewinnen. Es ist richtig, Schweden hat in dem Bärwalder Subsidienvertrag vom Januar 1631 die Verpflichtung übernommen, nicht ohne Zustimmung Frankreichs Frieden zu schließen, über den Inhalt dieses Friedens aber, ja selbst über das Verfahren beim Friedensschluß war nichts vereinbart. Richelieus Abgesandter Charnacé hatte keine Mühe gescheut, den Schwedenkönig darauf irgendwie festzulegen, aber vergeblich. Gustav Adolf forderte die volle Restitution der Pfalz, wollte durchaus nichts von Verständigung mit den Katholiken hören und lehnte den Reichstag als entscheidende Instanz für die deutschen Fragen ab. Kein Wunder, denn er hätte damit seinen Gedanken eines Corpus Evangelicorum, einer Reichsreform im evangelischen Sinne, eines schwedischen Protektorats in Deutschland preisgegeben. Nur widerwillig hatte er schließlich versprochen, der katholischen Liga auf Antrag Neutralität zu bewilligen, zweifellos in der Hoffnung, einen solchen Antrag nie zu erhalten. Die Liga dennoch dazu zu bewegen, darin bestand jetzt für Richelieu die einzige Hoffnung. Nur dann behielt die französische Politik Aussicht, zwischen den Reichsständen beider Konfessionen zu vermitteln und so die Finger im Spiel zu behalten, eine Aussicht, die sich freilich schnell verflüchtigte. Bayern verstand sich zwar zu einem vorsichtig verklausulierten Defensivbündnis mit Frankreich, aber nicht zu einem Neutralitätsangebot an Gustav Adolf, weil das Felonie und Bruch mit dem Kaiser bedeutet hätte. Nur Kurtrier bot, ungern genug, die Hand dazu. Der Kurfürst mußte es später mit zehnjähriger Gefangenschaft büßen, daß er seinem Ländchen die Greuel des Krieges hatte ersparen wollen; daß Richelieu außerdem bei dieser Gelegenheit die Aufnahme einer französischen Besatzung in den Ehrenbreitstein erzwang, konnte das Vertrauen in die Uneigennützigkeit der französischen Politik bei den übrigen Gliedern der katholischen Liga nicht gerade stärken. Es ist Richelieu nie gelungen, die Neutralität zwischen Liga und Protestanten, die Basis seiner Vermittler- und Schiedsrichterstellung in Deutschland, herzustellen.

Stattdessen drohte zu Lebzeiten Gustav Adolfs die Gefahr, daß Schweden an der Spitze der Protestanten dem katholischen Deutschland den Frieden diktierte und Frankreich dabei einfach überging. Der Bärwalder Vertrag bot dagegen keine genügende Sicherheit. Es ist begreiflich, daß Richelieu angesichts dieser Gefahr nach neuen Wegen suchte, den französischen Einfluß in Deutschland sicherzustellen. Der überraschende Vorstoß nach Lothringen Ende Dezember 1631 galt nicht allein diesem Herzogtum, er stand vielmehr in unmittelbarem Zusammenhang mit dem Auftauchen der Schweden am Rhein und sollte ihren weiteren Vormarsch nach Westen verhindern, gleichzeitig aber Frankreich Faustpfänder verschaffen, damit man es aus den kommenden Entscheidungen nicht ausschalte. Wenige Monate vorher hatte Richelieu sich aus dem gleichen Grunde in Oberitalien mit List und Gewalt in den Besitz der Festung Pinerolo gesetzt und sich damit trotz des Friedens von Cherasco, ja gegen seine Bestimmungen, einen Stützpunkt in Italien gesichert. Ähnliches geschah nun auch im Reiche. Anfang 1632 bemächtigte sich Frankreich der beiden lothringischen Festungen Vic und Moyenvic, zugleich mußte ihm Herzog Karl von Lothringen freien Durchmarsch durch sein Land nach Osten vertraglich zusichern. Richelieu sprach damals im Rat des Königs die Befürchtung aus, Gustav Adolf könne sich der Rheinlinie bemächtigen und Frankreich ganz von Deutschland abschneiden, um dann die Liga und den Kaiser zu zerschmettern und den Frieden zu diktieren. Das hätte allerdings die völlige Katastrophe der Richelieuschen Deutschlandpolitik bedeutet. Nur um die Abwehr dieser Gefahr ging es damals bei dem lothringischen Unternehmen, der weitere Vormarsch ins Elsaß, der sich geradezu anbot, wurde nach kurzem Schwanken aufgegeben. Aber die Politik Frankreichs hatte nun eine Bahn betreten, die von Richelieus eigentlichen Konzeptionen abführte. Mehr und mehr sah sich Frankreich in der Zukunft auf die Politik der Pfänder und realen Garantien angewiesen. Eigentlich lag in ihr schon das Eingeständnis, daß die Politik der friedlichen Vermittlung, des uneigennützigen Ausgleichs gescheitert sei.

Natürlich wurde sie deshalb nicht aufgegeben. Der Tod Gustav Adolfs im November 1632 schien noch einmal die Möglichkeit zu bieten, sich kampflos in die deutschen Fragen einzuschalten. Frankreichs bester Diplomat, Feuquières, wurde entsandt mit dem Auftrage, Schweden die Führung der Protestanten zu entwinden, sie Kursachsen anzutragen und dann zwischen beiden Religionsparteien die Verständigung und somit die ersehnte „balance" im Reiche herzustellen. Dieser Plan brach wie ein Kartenhaus zusammen. Schon bei seiner ersten Unterredung mit Oxenstierna in Würzburg mußte Feuquières erkennen, daß man die Lage von Paris aus ganz falsch beurteilt habe, daß Oxenstierna die Führung der Protestanten fest in der Hand halte und auf eine selbständige sächsische Politik nicht zu rechnen sei. Statt nach Dresden zu reisen, folgte er dem schwedischen Kanzler nach Heilbronn, nur durch Schwedens Vermittlung gelang es ihm, mit den Protestanten überhaupt in Kontakt zu kommen. Mit dem Heilbronner Bund, der unter Schwedens Führung stand, schloß Frankreich den Vertrag, der ihm wenigstens einen bescheidenen Rest von Einfluß auf die deutschen Verhältnisse ließ. Daß der zweite, weit schwierigere Schritt, die Vermittlung zwischen Protestanten und Liga, erst recht nicht gelang, bedarf keiner Erwähnung. Richelieu spürte mit Sorge, wie wenig der französische Einfluß in Deutschland vermochte, alles schien ihm darauf anzukommen, irgendwo Fuß zu fassen. Beinahe verzweifelt und halsbrecherisch muten uns die Versuche an, mit Hilfe Wallensteins wieder zum Zuge zu kommen: Als Kinsky dem französischen Gesandten, angeblich im Namen des Generalissimus, geheime Verhandlungen über eine Empörung gegen den Kaiser anbot, ist man in Paris soweit gegangen, für diesen Fall sogar Bayern der Rache des Friedländers zu überlassen und die sächsische Kur wieder von den Albertinern auf die Ernestiner übergehen zu lassen, falls der Kurfürst dem Kaiser treu bleiben sollte! Man mag an dem Ernst solcher Angebote zweifeln, eines zeigen sie gewiß: Die tiefe Verstimmung in Paris gegen die beiden maßgebenden Fürsten auf katholischer und evangelischer Seite, deren kühle Zurückhaltung die französische Politik zu keinem Erfolg in Deutschland kommen ließ.

Alle Fortschritte, die Richelieu noch erzielte, führten denn auch nicht in die eigentlich von ihm gewünschte Richtung. Was vor dem Kriegseintritt noch gelang, und zwar meisterhaft gelang, war die Vermehrung der Pfänder, der Stützpunkte auf deutschem Boden. Im Verlauf eines Jahres, von Ende 1633 bis Ende 1634, gingen, wie wir noch sehen werden, fast alle Festungen des Elsaß aus schwedischer in französische Hand über. Als die schwedische Herrschaft in Oberdeutschland mit der Schlacht von Nördlingen im September 1634 zusammenbrach und sich die Macht des Kaisers im Prager Frieden drohend über ganz Deutschland erhob, war Frankreich wenigstens mit Hilfe seiner Faustpfänder sicher, vorerst jeden Friedensschluß verhindern zu können, der seinen Interessen nicht Rechnung trug. Bald genügte auch das nicht mehr, im Frühjahr 1635 mußte sich Richelieu zur Kriegserklärung an Spanien entschließen, die den Krieg mit dem Kaiser nach sich zog. Ihn zu verhindern war nun aber gerade bis dahin der Sinn seiner Deutschlandpolitik gewesen. Es war ihm nicht gelungen, sich in die deutschen Verhältnisse so wirksam einzuschalten, wie es nötig gewesen wäre, um sie im französischen Sinne zu gestalten. So blieb nur die Wahl zwischen Verzicht oder Krieg.

Wie maßvoll erscheint auf den ersten Blick Richelieus deutsche Politik neben der Schwedens! Dort unverhüllte Eroberung, Raub geistlichen und weltlichen Gutes, Zölle und Konfiskationen, religiöse Intoleranz, Kriegsdirektorium und miles perpetuus auf deutschem Boden — hier betonte Selbstlosigkeit, reichliche Subsidien, freundschaftliche Vermittlung, Gewissensfreiheit und Schutz ständischer Rechte, ein freigewählter Kaiser aus der Mitte der Nation selber — ließ sich ein größerer Gegensatz denken? In Wahrheit war diese Politik natürlich um keinen Deut selbstloser als die schwedische, aber sie war klüger und deshalb gefährlicher. Denn worauf lief das alles hinaus? Auf den Wunsch, die Kräfte in Deutschland so auszubalancieren, daß Frankreich die Waage in der Hand halten und einen Frieden nach Belieben herbeiführen oder hindern konnte. Das Ziel war allerdings der Frieden, aber natürlich, wie nicht anders zu erwarten, ein französischer Frieden; Richelieu hat es immer abgelehnt, sich für fremde Vorschläge mit der ganzen Macht Frankreichs als Interponent einzusetzen. Im Sinne Frankreichs mit Recht. Ein deutscher Frieden, der Frankreich nicht einschloß und zusammen mit seinen Bundesgenossen gegen künftige Angriffe Habsburgs sicherstellte, bedeutete den Zusammenbruch seines Bündnissystems, bedeutete Isolierung und Kampf auf Leben und Tod mit der Übermacht Habsburgs. So zahlte denn Deutschland in einem Opfergang ohnegleichen die Kosten des blutigen Ringens der großen Mächte, die sich auf seinem Boden zerfleischten. Der Frieden rückte in weiteste Ferne, menschlichem Willen entzogen und menschlicher Sehnsucht, so schien es, unerreichbar.

ERSTER TEIL

VORGESCHICHTE UND ANFÄNGE DES KONGRESSES

1. Kapitel

FRIEDENSVERHANDLUNGEN ZUR ZEIT DES SCHWEDISCHEN KRIEGES 1630—1635

Bis zum Tode Gustav Adolfs

Beinahe von dem Augenblicke an, wo schwedische Soldaten deutschen Boden betraten, ist über den Frieden verhandelt worden, die Vorgeschichte des Westfälischen Friedens reicht also bis in das Jahr 1630 zurück. Freilich hätte an dem Anfang aller Verhandlungen eine Erklärung Gustav Adolfs über seine Forderungen stehen sollen. War er es doch, der durch sein Erscheinen auf dem Kampfplatz den fast schon erloschenen Krieg wieder entfachte; also hätte man wissen müssen, um welchen Preis er zum Frieden bereit sei, wenn man mit Erfolg verhandeln wollte. Nun war der König gewiß keine beherrschte und vorsichtige Natur, aber immerhin Diplomat genug, um seine letzten Absichten nicht zu enthüllen. Er hat nur hin und wieder, vorsichtig und in sehr allgemeinen Umrissen, seine Gedanken durchblicken lassen, und auch das nur, wo ein politischer Zweck es unbedingt gebot. Konkrete Vorschläge sollten von der Gegenseite oder von seinen evangelischen Bundesgenossen kommen, sie herauszulocken war auch meist die einzige Absicht, wenn er sich einmal zu Andeutungen verstand.

So blieben die Verhandlungen dieser Jahre immer von der lähmenden Ungewißheit über Schwedens Kriegsziele beschattet. Andererseits verstand sich auch kaum einer der Bundesgenossen des Königs dazu, die von Gustav Adolf gewünschte Initiative zu ergreifen. Niemand wollte zum Steigbügelhalter schwedischer Vormacht in Deutschland werden, niemand das erste Wort in dieser Sache sprechen außer vielleicht der Landgrafen von Hessen-Kassel. Die evangelischen Stände in ihrer Gesamtheit waren nicht neugierig, die vermutlich sehr weitgehenden Absichten des Königs kennen zu lernen.

Wieweit aber verfolgten sie selbst ein klares Ziel? Eine unabhängige evangelische Politik, die Gründung einer „dritten Partei" zwischen Schweden und dem Kaiser hat damals zielbewußt nur ein Mann erstrebt, dessen charaktervolle Persönlichkeit fast vergessen ist: der Feldmarschall Hans Georg von Arnim. Eine Zeitlang hat er bedeutenden Einfluß auf die sächsische und brandenburgische Politik gehabt, doch nie genug, um seine Absichten durchzusetzen. Er war überzeugt, daß nur ein Zusammenwirken der Stände das Reich retten könne, von den Fremden erwartete er nichts Gutes. Wende das Glück sich auf ihre Seite, so würden sie Deutschland beherrschen und seinen Fürsten, auch den evangelischen, die Freiheit rauben, bleibe aber der Kaiser siegreich, so hätten die Großmächte doch nichts verloren, während Kurfürsten und Fürsten ins Elend wandern müßten. Die reichsständische Freiheit sah er beim Hause Österreich besser gesichert als bei den Fremden, und daß der Kaiser den evangelischen Glauben ausrotten wolle, sei nicht erwiesen. Noch immer habe man in Wien die Fürsten bei ihrer Hoheit und jeden bei seiner Freiheit erhalten, die alten Reichssatzungen respektiert und die feindselige Praxis gegen den Protestantismus erst seit den böhmischen Wirren angenommen. Auch Arnim wollte kein Übergewicht des Kaisers, sah vielmehr in einem gesunden Gleichgewicht der Kräfte das Heil Europas und Deutschlands; dabei rechnete er nur mit dem Kaiser und Frankreich, denn Schwedens innerer Kraft traute er nicht. Er meinte wohl, daß die Protestanten seiner nicht bedürften, um notfalls einen Rückhalt gegen den Kaiser zu haben, daß dazu Frankreich genüge, wenn überhaupt je ein solches Bedürfnis eintreten sollte.

Das waren gesunde und maßvolle Gedanken, wenn Arnim wohl auch die Wiener Politik etwas zu wohlwollend beurteilte. Der Kurfürst von Sachsen teilte diese Ansichten und ist bekanntlich nur sehr widerwillig auf die schwedische Seite getreten, vorher hat er alles getan, doch noch einen Frieden der Protestanten mit dem Kaiser herbeizuführen, um Gustav Adolf auf diese Weise zu isolieren und aus Deutschland hinauszumanövrieren. In diesen Zusammenhang gehören die frühesten evangelischen Friedensvorschläge, die ihrem Zweck gemäß mit keinem Wort auf Schweden und seine Ansprüche Rücksicht nahmen und sich allein mit kirchlichen Fragen beschäftigten. Freilich war es schon höchst schwierig gewesen, die Evangelischen noch einmal auf ein gemeinsames Programm festzulegen, denn der Leipziger Konvent der Protestanten vom Februar 1631, auf dem es geschah, war eigentlich dazu berufen worden, ein Waffenbündnis mit Schweden zustandezubringen, wenigstens ging die Absicht Brandenburgs, Hessens und anderer dahin. Es gelang Kursachsen noch einmal, die Glaubensgenossen in den Bahnen des Reichsrechtes festzuhalten und sich gegen die Einlagerungen und Durchmärsche Tillys zunächst nur durch eine Defensionsverfassung nach Maßgabe der Exekutionsordnung zu schützen. Allerdings wurden damit die militärischen Operationen des Kaisers, wenn man es recht betrachtet, zu ungesetzlichen Maßnahmen erklärt, aber doch das Bündnis mit Schweden zunächst vermieden und die Beschickung des Frankfurter „Kompositionstages" im August 1631 ermöglicht, wo der Kaiser noch einen letzten, matten Versuch unternahm, die beiden Religionsparteien zu versöhnen. Hier boten die Evangelischen den Frieden unter folgenden Bedingungen: Aufhebung des Restitutionsediktes, dafür Anerkennung des Geistlichen Vorbehaltes, aber Garantie des kirchlichen Besitzstandes von 1620 für beide Seiten. Damit wurde zum ersten Male der Gedanke ausgesprochen, den Religionsfrieden durch ein sogenanntes „Normaljahr" auf eine völlig neue Grundlage zu stellen. Das bedeutete für die Katholiken, das Verlorene endgültig preiszugeben und dafür für alle Zukunft gesichert zu sein, für die Protestanten den Verzicht auf die formelle Gleichberechtigung und auf weitere Ausbreitung in den geistlichen Gebieten, dafür aber Sicherung des bisher Erworbenen.

Man hat über diese Vorschläge gar nicht mehr ernsthaft verhandelt. Es war schon vorher alles entschieden, denn der Kaiser hatte die Leipziger Beschlüsse verworfen und damit auch Sachsen in das schwedische Lager getrieben; die Nachricht von dem schwedisch-sächsischen Sieg bei Breitenfeld zersprengte den Kompositionstag in alle Winde. Die Zeit war für eine Verständigung in den kirchlichen Fragen noch nicht reif, so wertvolle Ansätze dafür in den evangelischen Vorschlägen auch zu finden waren. Das gleiche gilt aber auch für die vielen Friedensvorschläge der folgenden Jahre. Nicht nur wegen der mangelnden Friedensbereitschaft der Parteien, sondern weil alle die gutgläubigen und vom besten Willen beseelten Vermittler immer nur auf dieses eine verwickelte Problem der Religionsfragen starrten und nicht gewahr wurden, daß der Krieg inzwischen zu einem europäischen Machtkampf geworden war und der Friede dem Rechnung tragen müsse. Kein Friedensprojekt aus diesen Jahren berücksichtigt die fremden Mächte, keines denkt an Schweden oder gar an Frankreich, dessen Einmischung von Jahr zu Jahr spürbarer wurde, niemand erkannte, daß seit dem Jahre 1630 alle Grundlagen des künftigen Friedens sich verschoben hatten.

Die Ansichten der Evangelischen treten uns, zum äußersten Gegensatz gesteigert, in den Plänen der beiden hessischen Vettern entgegen. Landgraf Georg von Darmstadt, der von dem siegreichen Vormarsch Gustav Adolfs für sich nichts Gutes erwartete, versuchte als erster, ihn durch eine Friedensvermittlung aufzuhalten. Der Kurfürst von Mainz forderte den Landgrafen nach der Schlacht von Breitenfeld auf, seinen Schwiegervater, den Kurfürsten von Sachsen, wieder auf die Seite des Kaisers herüberzuziehen. Georg nahm den Vorschlag auf und erweiterte ihn alsbald. Nur wenn man aufs Ganze gehe und einen allgemeinen Frieden ins Auge fasse, meinte er, könne ein solcher Versuch noch Erfolg versprechen. Der Anfang müsse mit einer neuen Zusammenkunft der evangelischen und katholischen Reichsstände gemacht werden, dort könne man über die Religionsfragen und die Bedingungen eines Universalfriedens verhandeln. Über den Inhalt des zu schließenden Friedens sagte der Landgraf nichts. Er war wohl der Meinung, daß es vorerst nur darauf ankomme, beide Parteien an einen Tisch zu bringen. Die Tagfahrt von Mühlhausen, die er vorschlug, sollte vom Kaiser und den Kurfürsten beschickt werden, zwei evangelische und zwei katholische Fürsten sollten als Vermittler hinzutreten, aber an eine Beteiligung Schwedens war nicht gedacht. Es sollte dem König freigestellt werden, durch Vermittlung Kursachsens bei den Verhandlungen mitzuwirken. Der Landgraf sprach die Hoffnung aus, daß er zufrieden sein werde, wenn die Stände beider Konfessionen sich einigten.

Man ist gar nicht dazu gekommen, die Richtigkeit dieser Annahme zu erproben. Schon bei den Vorfragen scheiterte man. Der König nahm sofort daran Anstoß, daß man ihn nicht zuziehen wolle. Der Landgraf schlug darauf dem Kaiser vor, mit Sachsen und Schweden zugleich (una opera, pari passu, aeque principaliter et immediate) zu verhandeln, der König aber wollte durchaus „nicht als ein consequens, sondern als ein principal bei den Traktaten konsideriret werden", und, was noch wichtiger war, vor allen anderen Fragen, auch vor den Religionsfragen also, den schwedischen Anspruch auf Satisfaktion verhandelt wissen, im übrigen müsse er sich zuerst mit seinen Bundesgenossen Brandenburg und Sachsen beraten. Diese Beratungen haben sich denn auch vorwiegend um die schwedischen Ansprüche gedreht und sind daran gescheitert. Gustav Adolf hat mehrfach den sächsischen Gesandten darauf aufmerksam gemacht, daß er Vorschläge von seinem Herrn erwarte, er wolle den Frieden nicht hindern, wenn er nur „kontentiert" werde. Er hat solche Vorschläge nicht erhalten, aber auch selbst, wie der Gesandte schreibt, „sich niemals recht erklären wollen, sondern gesagt, ich könnte leicht erachten, daß er viele schöne Lande dem Feind abgenommen, die er so nicht wiedergeben könnte." Er hat es bitter empfunden, daß man seine Dienste so gering anschlug, seine Wünsche so wenig beachtete. Er hat den Landgrafen mit zunehmender Schroffheit behandelt und die Verhandlungen schließlich abgebrochen. Es konnte ihm nichts an ihnen liegen, bevor er nicht von seinen Bundesgenossen feste Zusicherungen in der Hand hatte.

Die Schwierigkeiten mit Brandenburg und Sachsen veranlaßten den König, jetzt seinen Getreuesten, den Landgrafen Wilhelm von Hessen-Kassel, heranzuziehen. Er deutete ihm die Grundbedingungen eines künftigen Friedens an, wobei er aber den schwedischen Anspruch auf Satisfaktion wie immer vorsichtig beiseite ließ. Er bat um des Landgrafen Vorschläge.

Man verstand in Kassel, was der König wünschte. Die hessischen Räte betonten in ihrem Gutachten, da die Verdienste des Königs um die evangelische Sache gar nicht abzuschätzen seien, könne man Ihrer Majestät nicht verdenken, „wann sie auf die Vergeltung für sich selbst bedacht sind, inmaßen sie dann die Mittel hierzu gottlob selbst in Händen haben". Sie wollten es also dem König überlassen, die Höhe seiner Forderungen zu bestimmen. Das war nicht ganz, was dieser wollte, ihm lag ja eben an einem Angebot. Immerhin, sein Anspruch wäre überhaupt erst einmal anerkannt worden. In kirchlicher Hinsicht bezeichnete die Räte als Mindestforderungen die Herstellung des Zustandes von 1618, die Aufhebung des Restitutionsediktes und des Geistlichen Vorbehaltes, die paritätische Besetzung des Reichskammergerichtes, Interpretation des Religionsfriedens nur durch die Reichsstände, Religionsfreiheit für die Protestanten in katholischen Gebieten. In Frankfurt hatten die Evangelischen als Entgelt wenigstens ein neues Normaljahr geboten, die hessischen Räte aber wollten ein unbeschränktes Reformationsrecht, wollten auch die Reformierten in den Religionsfrieden aufnehmen und somit dem Protestantismus alle Möglichkeiten künftiger Ausbreitung im Reich offen lassen.

Der Landgraf stimmte dem Gutachten seiner Räte bezüglich der schwedischen Satisfaktion zu. Alle Forderungen Gustav Adolfs (die er noch gar nicht einmal kannte) seien von vornherein zu erfüllen. Sonst aber genügten ihm diese Vorschläge bei weitem nicht. Zunächst wollte er dem Schwedenkönig als Haupt und Protektor der Evangelischen die Verhandlungen mit dem Kaiser, allenfalls unter Assistenz einiger evangelischer Fürsten, allein übertragen. Den Frieden selbst dachte er sich als eine revolutionäre Umgestaltung aller Verhältnisse im Reich, durch die vor allem das Kurkolleg beseitigt werden sollte. Den geistlichen Kurfürsten wollte er das Wahlrecht für alle Zukunft nehmen und stattdessen die zur Reichsdeputation gehörenden protestantischen Fürsten damit betrauen. So wäre ein rein evangelischer Wahlkörper entstanden und die Wahl eines evangelischen Reichsoberhauptes für immer gesichert gewesen. Damit nicht genug, sollten die Rechte des Kaisers auch noch radikal beschränkt, die Vergebung der Reichslehen dem Reichstag, die Rechtsprechung in den bisher noch dem Kaiser vorbehaltenen Fällen dem Reichskammergericht übertragen werden. Selbstverständlich müßten die Katholiken den Evangelischen alle Kriegsschäden erstatten und dafür mit Land und Leuten einstehen.

Hier haben wir nun das radikalste Friedensprogramm vor uns, das sich denken ließ und das vielleicht nur in den rachsüchtigen Träumen böhmischer Emigranten seinesgleichen hatte. Politische Weisheit spricht nicht daraus, eins aber sah der Landgraf besser als seine Glaubensgenossen: daß der Krieg ohne eine Beteiligung Schwedens am Friedensschluß nicht mehr beendet werden konnte.

Diese Einsicht ließen aber die beiden evangelischen Kurfürsten noch immer vermissen. Im Februar 1632 trafen sie sich in Torgau, um die Friedensbedingungen zu besprechen. Die Vorschläge, die der Brandenburger vorlegte und auf die die beiden Kurfürsten sich einigten, gingen auf Schweden mit keinem Wort ein. Sie bewegten sich im übrigen auf einer mittleren Linie, die Gleichberechtigung beider Konfessionen im Reich war ihr Leitgedanke. Das Reformationsrecht wurde unmittelbar mit der Landeshoheit verknüpft und jedem Reichsstand zuerkannt. Den Geistlichen Vorbehalt hätte Brandenburg am liebsten kassiert, begnügte sich aber schließlich damit, nur die katholische Interpretation abzulehnen und ihr die protestantische entgegenzusetzen, wonach die Entscheidung über den Konfessionsstand der Stifter in die Hand der Kapitel zu legen sei. Auch die politischen Forderungen blieben maßvoll: Reichskriege mit auswärtigen Mächten sollten der Genehmigung des Reichstages unterliegen, über Kurpfalz Verhandlungen gepflogen, die Anhänger Schwedens amnestiert werden. Eine Erörterung der schwedischen Satisfaktion hatte Brandenburg um seines pommerschen Erbanspruches willen verhindert. Gustav Adolf hat geglaubt, es sei der Kurfürst von Sachsen, der sie aus bösem Willen und feindlicher Gesinnung hintertreibe. Darin tat er ihm Unrecht. Gerade Johann Georg hat in Torgau gewünscht, man solle mit dem König darüber ins Reine kommen, bevor der Friedenskongreß berufen würde. Brandenburg hatte stattdessen eine neue Zusammenkunft aller Evangelischen vorgeschlagen, wo man vereint den König zur Mäßigung bestimmen solle. Man war darüber nicht einig geworden.

Sonst aber war es in der Tat Kursachsen, das den Plänen des Königs überall zielbewußt entgegenarbeitete. In Böhmen, wo Gustav Adolf mit Hilfe der Exulanten das Wahlkönigtum herzustellen gedachte, hatte sich der sächsische Einfluß durchgesetzt und nicht der schwedische. Das war Arnims Verdienst; die böhmischen Protestanten haben ihn seitdem bitter gehaßt. Sächsische und nicht schwedische Truppen rückten 1631 in Böhmen ein, während der König sich Süddeutschland zuwandte. Hätte er Böhmen besetzen dürfen, der Krieg mit dem Kaiser wäre verewigt, ein Friede undenkbar geworden. Das aber lag nicht in der Absicht des sächsischen Kurfürsten. Er wollte die Aussöhnung mit dem Kaiser, er wollte heraus aus dem schwedischen Bündnis. Er hat immer betont, daß die Gesetze und die Verfassung des Reiches erhalten werden müßten, immer wieder abgelehnt, sich Schweden gegenüber zu bestimmten Friedensbedingungen zu verpflichten und die Torgauer Beschlüsse vor dem König geheimgehalten. Gustav Adolf hat diese Haltung sehr wohl bemerkt. Als er im November 1632 bei Lützen fiel, war als Ergebnis aller Verhandlungen zwischen ihm und den Evangelischen doch nur soviel klar geworden, daß der Frieden wie der Krieg zu einer europäischen Angelegenheit geworden war.

Wie haben zu gleicher Zeit der Kaiser und die katholischen Fürsten über die Möglichkeiten und Bedingungen eines allgemeinen Friedens gedacht? Natürlich gab es auch in diesem Lager Unversöhnliche. Ein Mann wie Slawata, einflußreicher Berater des Kaisers, erklärter Feind der böhmischen Freiheit und Opfer des Prager Fenstersturzes, hat einmal zynisch die Hoffnung ausgesprochen, Gott möge das Herz des Kurfürsten von Sachsen gegen alle Friedensvorschläge verhärten, damit man ihn mit Gewalt niederwerfen und die katholische Religion wie die kaiserliche Autorität umso fester begründen könne. Aber solche Grundsätze konnten doch nicht die des Kaisers sein. Die Räte Ferdinands II. haben immer als einzig möglichen Weg den bezeichnet, die Einheit des Reiches durch ein Einvernehmen des Kaisers mit den Kurfürsten wieder herzustellen und die vom Kaiser Abgefallenen zurückzugewinnen. Man findet auch keine Spur davon, daß der Kaiser oder die katholischen Reichsstände je die Aufhebung des Religionsfriedens erwogen hätten, wie manche es ihnen nachsagten. Freilich verstanden sie ihn auf ihre Art, nämlich so, wie das Restitutionsedikt ihn interpretiert hatte. An diesem Edikt suchte man solange wie möglich festzuhalten. Noch auf dem Frankfurter Kompositionstag erklärten die Katholiken die Befugnis des Kaisers, in den Religionsfragen den letzten Ausschlag zu geben, für unbestreitbar. Gegenüber dem Vorschlag eines neuen Normaljahres behaupteten sie die unverbrüchliche Geltung des Geistlichen Vorbehaltes, erklärten sie alle Einziehungen geistlicher Güter seit dem Passauer Vertrag für ungesetzlich. Auf diesem formalrechtlichen Standpunkt blieben sie stehen.

Freilich ein kurzsichtiger und verblendeter Standpunkt, denn wenige Wochen, und die Schlacht von Breitenfeld hatte alles verändert. Jetzt, als es zu spät war, lenkte man ein. Seit dieser Zeit bemerken wir am kaiserlichen Hof die ersten Anzeichen eines Gesinnungswechsels. Als Landgraf Georg seine Friedensvermittlung begann, verlangte der Kaiser ein Gutachten von seinen geistlichen Gewissensräten, ob er, wenn die Protestanten es fordern und die Katholiken es billigen sollten, die Ausführung des Restitutionsediktes aussetzen und die kraft des Ediktes eingezogenen Kirchengüter zurückerstatten könne? Die Theologen bejahten, gefügig wie immer, die ihnen vorgelegten Fragen, und der Kaiser zog die Folgerungen: Im Dezember 1631, als Wallenstein den Oberbefehl wieder erhielt, hat Ferdinand den Verzicht auf das Restitutionsedikt im Grundatz gebilligt und, wie es scheint, den Herzog ermächtigt, Kursachsen gegenüber davon Gebrauch zu machen. Der Kaiser sicherte zu, daß „alles der geistlichen Güter halber in vorigen Stand, darinnen es vor dem Edikt gewesen", restituiert würde. Offen blieb allerdings, was unter dem „vorigen Stand" zu verstehen, was als Normaljahr zu betrachten sei? Dies war die Kernfrage aller Religionsverhandlungen von jetzt an bis zum Westfälischen Frieden. Der Kaiser war geneigt, den protestantischen Fürsten, die ihm zuerst die Hand reichen würden, in diesem Punkt ziemlich weit entgegenzukommen, um dafür später möglichst wenig opfern zu müssen. Die unklare Fassung des neuen Zugeständnisses wäre dann also nicht ohne Absicht gewählt worden. In einer kaiserlichen Instruktion, die Wallenstein im Mai 1632 den Feldmarschall Arnim sehen ließ, stand jedenfalls zu lesen, daß der Kaiser den gehorsamen Fürsten den Besitz der geistlichen Güter, gleichviel ob sie vor oder nach dem Passauer Vertrag eingezogen seien, lassen wolle. Es war also wohl mehr seine Absicht, Sachsen und Brandenburg zu gewinnen als einen allgemeinen Grundsatz für den Frieden aufzustellen.

Diesen Schritt tat man erst im Herbst 1632, als die Lage noch schwieriger wurde. Jetzt hat der Kaiser dem Herzog von Friedland neue Friedensvorschläge mitgeteilt, in denen er alles, was die Protestanten in Leipzig gefordert hatten, zugestand, dafür aber als Gegenleistung die Erstattung aller besetzten Gebiete und aller Kriegskosten, die Rückgabe der Lausitz und des Landes ob der Enns verlangte, des Gebietes also, das er dem Herzog von Bayern hatte verpfänden müssen. Ganz nahe berührten sich jetzt des Kaisers Absichten mit denen, die der Kurfürst von Sachsen gehegt hatte, nur eben zu spät. Brandenburg und Sachsen waren jetzt schon zu fest an Schweden gebunden und konnten ohne den König auf nichts mehr eingehen. Die Absage, die der Kaiser mit der Preisgabe des Restitutionsediktes den hochfliegenden Plänen der ersten zehn Kriegsjahre erteilte, war sicher ehrlich. Er hatte erkannt, daß die bisherige Politik nur zum Zerfall des Reiches geführt hatte. Von nun an war man in Wien unablässig bemüht, die Reichsstände wieder unter den kaiserlichen Fahnen zu sammeln und das so leichtsinnig verwirtschaftete Kapital an Vertrauen wieder hereinzubringen. Die „Rekonjunktion" aller Stände mit dem Kaiser wird das große Schlagwort und das Ziel, das wir die kaiserliche Politik durch tausend Wechselfälle, durch Sieg und Niederlage hindurch bis zum Ende des Krieges verfolgen sehen. Freilich hat die Erinnerung an die frühere, allzu siegesbewußte Politik diese neue Politik belastet und ihr jeden dauernden Erfolg versagt.

Bis zum Tode Wallensteins

Nach dem Ende Gustav Adolfs belebten sich zunächst die Friedenshoffnungen und mit ihnen die Verhandlungen. Auf evangelischer Seite begann der Kampf um die Führung. Kursachsen drängte an die Spitze, nicht um mit Schweden den Kampf fortzusetzen, sondern um den Frieden mit dem Kaiser herbeizuführen. Dem Kanzler Oxenstierna aber lag nichts an Friedensverhandlungen. Er hätte ja die schwedischen Ansprüche in einem Augenblick aufdecken müssen, wo an ihre Verwirklichung am allerwenigsten zu denken war. So wirkte er also den sächsischen Friedensplänen entgegen; die ersten Wochen des Jahres 1633 sind von einem stillen, zähen Kampf zwischen dem Kurfürsten und dem Kanzler erfüllt. Die Verpflichtung, keinen Separatfrieden zu schließen, die der Kanzler von ihm verlangte, hat Johann Georg abgelehnt. Das schwedische Bündnis war für ihn mit dem Tode Gustav Adolfs erloschen, er gedachte die so überraschend gewonnene Handlungsfreiheit nicht wieder preiszugeben.

Bei seinen Friedensbemühungen kam ihm ein neuer Vermittler zugute, der sich in diesem Augenblick anbot, König Christian von Dänemark. Dessen Absicht war es, Schweden aus dem Reich zu verdrängen, indem er einen Frieden der evangelischen Stände mit dem Kaiser vermittelte, natürlich ohne Rücksicht auf die schwedischen Ansprüche. Wenige Wochen nach dem Tode Gustav Adolfs trug er dem Kaiser und Wallenstein seine Vermittlung an, zugleich wandte sich der dänische Reichsrat mit Friedensvorschlägen an Oxenstierna. Auch am Dresdener Hof erschienen dänische Gesandte; ihr Vorschlag eines allgemeinen Friedenskongresses in Frankfurt am Main kam den Absichten Arnims entgegen, der es noch zu erleben hoffte, daß der sächsische Kurfürst an der Spitze eines evangelischen Konventes den Frieden mit dem Kaiser herbeiführe.

Oxenstierna wich den dänischen Vorschlägen, wie einst Gustav Adolf den hessischen, mit der Begründung aus, er müsse zunächst seine Verbündeten hören. Alles kam auf die Haltung Brandenburgs an. Es war von größter Bedeutung, daß es Oxenstierna bereits im Februar 1633 gelang, Kurfürst Georg Wilhelm auf seine Seite zu ziehen. Ob er ihm Pommern als Lockmittel zeigte oder das berühmte Projekt einer Heirat des Kurprinzen Friedrich Wilhelm mit der Königin Christine vorgaukelte, jedenfalls gewann er das Spiel. Schwedens Stellung in Deutschland war wieder gefestigt, Brandenburg steuerte den Kurs, den Oxenstierna ihm angab. Die Dresdener Konferenzen zwischen den beiden evangelischen Kurfürsten, die bald darauf stattfanden, erwiesen das deutlich. Sachsen legte einen Friedensplan vor, den Landgraf Georg von Darmstadt nach dem vor Jahresfrist in Torgau verabredeten Programm entworfen hatte. Mit einer sehr bezeichnenden Ergänzung allerdings: Unter den politischen Fragen tauchte diesmal auch die schwedische Satisfaktion auf, der Landgraf dachte an die Abtretung einiger pommerscher Plätze. Man sieht, auch dem schwedenfeindlichsten aller evangelischen Fürsten wurde allmählich dieses Kernproblem jedes künftigen Friedens bewußt. Aber sein Schwiegervater Johann Georg ging darin nicht ganz mit; aus Rücksicht auf Brandenburg schlug er vor, die Satisfaktion Schwedens den Katholiken aufzubürden. Auch sonst zeigen seine Änderungen an dem landgräflichen Entwurf deutlich das Bestreben, Brandenburg zu gewinnen und darum soviel Rücksicht wie möglich auf den schwedischen Standpunkt zu nehmen. Jedenfalls vertrat er radikalere Forderungen als man sie sonst von ihm gewöhnt war, er setzte sogar die völlige Restitution der Pfalz in das Programm ein. Trotzdem kam man nicht überein. Georg Wilhelm, ganz unter schwedischem Einfluß, forderte noch mehr, er wollte sogar die Amnestie auf die österreichischen Erblande ausdehnen, die böhmische Freiheit wiederherstellen und die Besetzung des Reichshofrates den Reichsständen übertragen. Solche Eingriffe in die kaiserlichen Hoheitsrechte machte jedoch Kursachsen nicht mit. Es wurde damit offenbar, daß die beiden evangelischen Kurfürsten in der Friedensfrage verschiedene Wege eingeschlagen hatten.

Von jetzt an laufen die Friedensverhandlungen in zwei getrennten Bahnen nebeneinander her: Hier Schweden mit Brandenburg und einem großen Gefolge evangelischer Stände, dort Kursachsen, dessen Friedensbemühungen mit denen des Landgrafen von Hessen-Darmstadt und des Königs von Dänemark zusammenfließen.

Der Landgraf stellte sich, nachdem er mit dem Kaiser Fühlung genommen, im Januar 1633 in Dresden ein. Er übernahm es, auch die eben erwähnten Abänderungen, die Kursachsen um Brandenburgs willen an seinem Plan vornahm, beim Kaiser zu vertreten. Im März reiste er nach Leitmeritz, wo er mit Vertretern des Kaisers zusammentraf. Aber es fand sich, daß diese gar keine Vollmacht zu bestimmten Konzessionen hatten. Nur was der Kaiser nicht bewilligen werde, wußten sie anzugeben, und so kam man zu keinem Ergebnis. Es war deutlich, daß der Kaiser nur Sachsen und die Evangelischen an sich ziehen wollte, es fiel die Frage, was denn Schweden machen wolle, wenn der Kaiser die evangelischen Stände zufriedenstelle? Den von Dänemark vorgeschlagenen Kongreß suchte der Kaiser nach Prag, also in seinen Machtbereich zu ziehen, weil er wußte, daß schwedische Unterhändler dorthin ganz gewiß nicht folgen würden. Landgraf Georg jedoch beharrte auf einem allgemeinen Frieden und lehnte alle geheimen Nebenverhandlungen standhaft ab. Der Kaiser mußte sich schließlich, ungern genug, dazu bequemen, Breslau als Kongreßort anzunehmen.

Allein es sollte zu diesem Kongreß nicht mehr kommen. Denn inzwischen hatte der schwedische Kanzler in Heilbronn die oberdeutschen Stände fest um sich geschart. Die Friedensbedingungen, die man dort aufsetzte und die im August auf einem Bundestag in Frankfurt noch erweitert wurden, trugen diktatorischen Charakter: Schweden und seine Bundesgenossen sollten ihre Eroberungen behalten, man forderte, daß der Geistliche Vorbehalt falle, die Protestanten Sicherheitsplätze im Reich bekämen, deren Garnisonen von allen Reichsständen, also auch den Katholiken, zu besolden seien, daß die Jesuiten des Reiches verwiesen und neue geistliche Orden nicht mehr zugelassen würden. Im Kurkolleg sollte eine evangelische Mehrheit oder doch mindestens Stimmengleichheit der Konfessionen hergestellt werden, die Kaiserwürde zwischen Katholiken und Protestanten wechseln. Der Kaiser müsse die Untertanen seiner Erblande restituieren, den Exulanten die Heimkehr bewilligen, das Wahlrecht der Böhmen wieder herstellen. Ein solcher Frieden war nur mit Hilfe fremder Mächte zu erringen und zu behaupten, deshalb wollte man ihn von Schweden, Frankreich und den Generalstaaten in aller Form garantiert haben.

Diese Vorschläge liefen also auf Rechtsgleichheit der Konfessionen hinaus, waren aber im Politischen maßlos überspannt; selbst Oxenstierna hatte Bedenken gegen die gefährliche Forderung auf Anerkennung aller Eroberungen nicht bergen können. Aber das hinderte ihn nicht, aus der zuversichtlichen Stimmung seiner Gefolgschaft Nutzen zu ziehen. Auf sie gestützt konnte er jetzt der dänischen Friedensvermittlung den Garaus machen. Auch hatte er sich inzwischen mit Frankreich geeinigt. Die Interessen beider Mächte stimmten im Augenblick vollkommen überein. Wenn Dänemark und Sachsen wünschen mußten, durch einen raschen Frieden der Einmischung der beiden Großmächte ein Ziel zu setzen, so trafen sich diese in dem Wunsche, den Frieden hinauszuzögern, damit ihr Einfluß im Reich sich festige. Sie kamen überein, die dänische Vermittlung beiseitezuschieben und durch eine französische zu ersetzen. Frankreich sollte den Kongreß berufen und dort gemeinsam mit Schweden die Friedensentwürfe vorlegen. Oxenstierna öffnete dem französischen Einfluß die Tür, um den dänischen zu beseitigen.

Das Schicksal der dänisch-sächsischen Friedensoffensive war damit besiegelt. Die oberdeutschen Stände beantworteten die Botschaft des Königs mit der Aufforderung, er möge dem Heilbronner Bund beitreten. Kein Reichsstand wagte es, die beiden Großmächte vor den Kopf zu stoßen und die dänische Einladung anzunehmen. Brandenburg trat dem französisch-schwedischen Einverständnis bei und verpflichtete sich, keinen Frieden ohne Wissen und Willen Frankreichs einzugehen. Als die Einladung nach Breslau den schwedischen Kanzler erreichte, zu spät übrigens, um den Kongreß noch zu beschicken, war es ihm ein leichtes, sie schon aus diesem Grunde abzulehnen, ohne deshalb als Friedensstörer zu erscheinen. Ein neuer Versuch des Dänenkönigs im Oktober 1633, den Kongreß doch noch zustande zu bringen — er schlug Lübeck, Mühlhausen oder Marburg vor' — hatte kein besseres Schicksal.

In die Verhandlungen dieser Jahre hat nun auch Wallenstein seine abenteuerlichen Pläne verwoben. Unter dem Deckmantel einer kaiserlichen Vollmacht, die ihn jedoch nur zu Verhandlungen mit Kursachsen ermächtigte, hat er ein Netz von Beziehungen gesponnen, dessen seltsam verschlungene Fäden uns nur hin und wieder sichtbar werden, das bald zerrissen, bald neu geknüpft erscheint, und dessen geheimnisvoller Zweck, wenn es je einen solchen gab, wohl nie ganz aufzudecken sein wird. Schon bald nach seinem ersten Sturz im Jahr 1630 hören wir von Beziehungen zu Gustav Adolf, nach der Breitenfelder Schlacht entwickelte er dem Feldmarschall Arnim sein Friedensprogramm, das er im Sommer 1633 und im darauffolgenden Winter bis kurz vor seinem Tode mehrfach mit geringen Abänderungen wiederholt hat. Es sind immer die gleichen Hauptforderungen: Die Religionsfreiheit im Reich, mit der er anhebt und in der ihm offenbar der Kern der ganzen Friedensfrage zu liegen schien, die Herstellung des Zustandes von 1618 und die

Aufhebung des Restitutionsediktes, das alles mochte vielleicht noch in den Grenzen seiner Vollmacht liegen, wenn auch die Nennung des Stichjahres 1618 schon Bedenken erweckte. Aber was dann kam, mußte aufhorchen machen: Restitution der Pfalz, Religionsfreiheit in den kaiserlichen Erblanden, Wiederherstellung des Wahlkönigtums in Böhmen! Über die Reichsverfassung kein Wort, nur selten eine Andeutung über die Ansprüche Schwedens und Frankreichs, und zwar immer nur dann, wenn er sie selbst für seine Pläne interessieren wollte; anderen gegenüber ließ er wohl durchblicken, daß er am liebsten über sie hinweggehen würde.

Das waren für einen kaiserlichen General zweifellos hochverräterische Pläne. An einem nämlich hat Kaiser Ferdinand niemals den geringsten Zweifel gelassen, daß er den Protestantismus und die Ständefreiheit in seinen Landen keinesfalls dulden werde. Daß Wallenstein auf diese Forderungen so großes Gewicht legte und die politischen Fragen des Reiches so auffällig vernachlässigte, verrät den Zusammenhang seiner Pläne mit den Projekten der böhmischen Emigranten, die offenbar durch ihn Einfluß auf die Friedensverhandlungen suchten. Auch der Gedanke einer unmittelbaren Verständigung von Heer zu Heer, den Wallenstein immer wieder aussprach, stammte aus ihrem Kreise. Nur so glaubten sie alle Gegner ihres Friedensprogramms zur Unterwerfung zwingen zu können. Ihre Beziehungen zu Wallenstein sind bekannt. Er war ja selbst ein böhmischer Edelmann, an Verbindungen hin und her fehlte es nicht, sein Vertrauter Graf Trzka ließ die Fäden nie abreißen. Das Hauptquartier der böhmischen Emigranten war Dresden, durch Graf Thurn standen sie hier in Fühlung mit Schweden, durch Graf Kinsky mit Frankreich. Wie die Emigranten aller Zeiten kannten sie nur ein Ziel, Rache an ihren Feinden, Wiedergutmachung des alten Unrechtes und Wiederherstellung des früheren Zustandes. Thurn hat jahrelang Himmel und Hölle in Bewegung gesetzt, um Wallenstein zum Verrat an dem Kaiser zu treiben, von Kinsky ging der Plan aus, ihn zum König der Böhmen zu machen. Wallenstein ist auf Kinskys Anregung nicht eingegangen, aber mit Thurn hat er insgeheim verhandelt; der Einfluß, den die Gedanken der böhmischen Emigranten auf seine Friedenspläne gehabt haben, ist nicht zu verkennen. Nur das eine unterscheidet sie, daß die Böhmen allein in dem Kaiser ihren Feind sahen, Wallenstein vorwiegend in Frankreich, Spanien, Schweden und vor allem in Bayern. Das veränderte den Charakter seiner Pläne in ganz bestimmter Weise. Die Emigranten dachten an eine allgemeine Verbindung aller protestantischen Mächte Europas mit Frankreich zur Unterwerfung des Kaisers. Ein solcher Plan hatte Sinn und Verstand, seine Verwirklichung schien manchmal zum Greifen nahe. Wallenstein aber wollte im Grunde nur eine Vereinigung seines Heeres mit den Streitkräften der evangelischen Reichsstände, vor allem Sachsens und Brandenburgs, eine Vereinigung, die sich genau so gut gegen Schweden und Frankreich wie gegen den Kaiser und Bayern richten konnte. Eine doppelte Front also, aber freilich auf einer viel zu schmalen Basis. Erst ganz zuletzt, als der Bruch mit dem Kaiser da war, hat er die Hand der fremden Mächte ernsthaft ergreifen wollen, aber da war es zu spät. Daß er sich zu einem Zusammenwirken mit ihnen nie durchringen konnte, hat seine Pläne zum Scheitern verurteilt. Ohne Opfer an die beiden Kronen war der Krieg eben nicht mehr zu beenden.

Dazu war alles, was Wallenstein tat, von hemmungsloser Leidenschaft bestimmt und voll innerer Unwahrheit. Wenn er sich die Pläne der Böhmen zu eigen machte, so war er deshalb doch kein böhmischer Patriot, so wenig er ein deutscher Patriot war, weil er die Fremden haßte. Seine Landsleute waren ihm nur Mittel zum Zweck, wie er ihnen. Ehrgeiz und Rachsucht, also höchst persönliche Motive, waren seine Antriebe, deshalb konnten seine Pläne wohl eine zeitlang die Welt in Atem halten, aber keine dauernde Wirkung haben.

Als er im November 1631 zum ersten Mal an Arnim herantrat, wollte er offenbar durch eine Vereinigung seiner Armee mit der sächsischen den Frieden gegen den Kaiser und Schweden gleichzeitig durchsetzen. Hier und später immer wieder trat Arnim als sein Gegenspieler auf. Zum Schein auf seine Pläne eingehend, brachte er sie zum Scheitern. Beim nächsten Vorstoß, im Sommer 1633, suchte Wallenstein den Hebel durch Vermittlung seiner böhmischen Freunde zuerst bei Schweden und Frankreich anzusetzen. Daher mußte er die Satisfaktion Schwedens in sein Programm aufnehmen, immer deutlicher nahmen damit seine Pläne die dunkle Farbe der Verschwörung und des Verrates an. Oxenstierna erkannte das wohl. Er sah, daß die Annahme dieser Vorschläge einen Friedensschluß mit dem Kaiser und der Liga unmöglich machen würde, aber er war bereit, auf sie einzugehen, wenn Wallenstein durch offenen Abfall den schlüssigen Beweis für den Ernst seiner Absichten gäbe. Diesmal hat Wallenstein selbst alles zunichte gemacht. Als sich zu erfüllen schien, was er selbst kunstvoll eingeleitet hatte, verfiel er in ein seltsames Zögern. Er knüpfte erneut mit Arnim an und verlangte plötzlich, daß die sächsische Armee sich mit ihm vereinige, um — die Schweden aus dem Reich zu verjagen! Damit verlor er allen Kredit. Als er im Oktober und erneut im Dezember des gleichen Jahres mit neuen Vorschlägen kam, nahm man sie in Sachsen und Brandenburg nur mit Mißtrauen und höchstem Unwillen auf; als er im Februar 1634 in höchster Not und diesmal wirklich im Ernst nach der Hand der Schweden greifen wollte, glaubte ihm niemand mehr. Er stürzte, und von allen seinen Friedensplänen blieb nur der Gedanke einer Wiedervereinigung Sachsens mit dem Kaiser übrig, den man in Wien im Auge behielt und in den nächsten Monaten weiter verfolgte.

Er entsprach ganz der Politik, die man neuerdings am kaiserlichen Hof für richtig hielt. Ihr Grundgedanke war, wie wir uns erinnern, in den kirchlichen Fragen nachzugeben, um dafür die kaiserliche Oberhoheit wieder herzustellen und das Vertrauen der Reichsstände zurückzugewinnen. Wir begegnen ihm in der Instruktion, die den kaiserlichen Bevollmächtigten für den geplanten Friedenskongreß in Breslau im August 1633 erteilt wurde. Jede religiöse Konzession wurde hier gebilligt, welche die Stände beider Konfessionen miteinander vereinbaren würden, doch sollten die Gesandten, um das Odium von dem Kaiser zu nehmen, es vermeiden, von sich aus solche Zugeständnisse vorzuschlagen. Das nächste Ziel war, Sachsen und Brandenburg zu gewinnen, Schweden auszuschließen und ohne Entschädigung vom Reichsboden zu verweisen. Nur soweit dieses politische Ziel es verlangte, war in der Instruktion von kirchlichen Fragen die Rede: Der Kaiser war bereit, das Restitutionsedikt fallenzulassen und die großen norddeutschen Stifter den dänischen, sächsischen und brandenburgischen Ansprüchen zu opfern. Im übrigen wurde den Gesandten nur eine absolut bindende Beschränkung auferlegt: Keine Konzessionen in den kaiserlichen Erblanden! Nur mit den Ständen des Reiches gedenke der Kaiser zu verhandeln, nicht mit seinen Untertanen. Ganz offenbar waren die kirchlichen Fragen für den Wiener Hof von minderer Bedeutung, die Instruktion sprach sich auffallend unklar über sie aus, vor allem nannte sie kein Normaljahr. Die Frage war im Rat des Kaisers ausführlich erörtert worden, die Ansichten gingen hier sehr auseinander. Wallenstein zwar hat bedenkenlos die Wiederherstellung des kirchlichen Zustandes von 1618 angeboten, aber so weit gedachten die Räte des Kaisers nun doch nicht zu gehen. Warum sollte man schließlich mehr versprechen, als verlangt wurde? Graf Trauttmansdorf, der spätere Friedensunterhändler in Münster, hat schon damals dem Kaiser erklärt, daß es soviel nicht bedürfe, um die evangelischen Kurfürsten zu gewinnen. Er hat auch, offenbar als erster, auf 1627, das Jahr des Mühlhauser Kurfürstentages, hingewiesen, denn damals war der Weg zum Restitutionsedikt beschritten worden. Wenn dieses Jahr als Norm für den kirchlichen Besitzstand von beiden Parteien akzeptiert wurde, so war doch immerhin ein Teil der im Kriege zurückgewonnenen kirchlichen Güter gerettet und doch das den Protestanten verhaßte Edikt preisgegeben.

Es schien zunächst so, als sollte man damit zum Ziele kommen.

Der Prager Frieden

Bisher hatten zwei Richtungen miteinander gerungen: Der Kaiser und Dänemark suchten den Frieden durch Verständigung zwischen Haupt und Gliedern des Reiches unter Ausschluß der fremden Mächte herbeizuführen, Schweden und Frankreich wollten vielmehr diesen Gegensatz vertiefen und dem Kaiser eine geschlossene reichsständische Opposition entgegenstellen. Auf beiden Seiten sprach man vom Universalfrieden, man meinte aber etwas sehr verschiedenes.

Seither war Oxenstierna im Vorteil gewesen. Nun traten Ereignisse ein, die ihn weit zurückwerfen sollten.

Im Sommer 1634 tagte in Frankfurt am Main ein Konvent, auf dem der Kanzler den Anschluß der norddeutschen Protestanten an den Heilbronner Bund herbeizuführen hoffte. Aber eben hier wurde seinen Friedensplänen ein entscheidender Stoß versetzt. Es zeigte sich nämlich, daß Sachsen noch immer von den norddeutschen Protestanten als ihr unbestrittenes Haupt betrachtet wurde. Den Gegensatz zwischen den sächsischen und oberdeutschen Friedensentwürfen haben wir schon berührt. Eben den sächsischen Plan aber legten nun die Stände des ober- und niedersächsischen Kreises in Frankfurt ihren Vorschlägen zu Grunde, ja sie veränderten ihn hie und da noch zugunsten des Kaisers. Aber nicht nur daran scheiterte die Verständigung zwischen Nord und Süd. Auch Brandenburg wollte nun, da es sich der schwedischen Führung ganz unterstellen sollte, endlich wissen, woran es sei. Durch sein Drängen sah sich Oxenstierna wider Willen genötigt, den schwedischen Anspruch auf Pommern zu enthüllen. Dadurch aber verlor er Brandenburg und mit ihm einen großen Teil seiner norddeutschen Gefolgschaft. Seine Stellung war also schon untergraben, als im Herbst 1634 der große Umschwung zugunsten des Kaisers eintrat: Bei Nördlingen schlugen kaiserliche und spanische Truppen den schwedischen Feldmarschall Horn und den Prinzen Bernhard von Weimar. Ganz Süddeutschland fiel dem Kaiser anheim, die oberdeutschen Fürsten und Städte mußten sich ihm auf Gnade und Ungnade ergeben.

Inzwischen waren die Verhandlungen zwischen dem Kaiser und Sachsen, durch Wallensteins Tod nur für einen Augenblick unterbrochen, weitergegangen, zuerst in Leitmeritz, vom Juli 1634 ab in Pirna. Der Kurfürst dachte dabei zunächst gar nicht an Sonderverhandlungen, ausdrücklich verlangten seine Unterhändler bei der Eröffnung die Zuziehung Schwedens. Aber es war schon ein Zeichen des Umschwunges, daß sie daraus keine conditio sine qua non mehr machten. Sie legten zunächst auch noch den alten Entwurf vom letzten Jahr vor, waren aber bereits ermächtigt, auf die milderen Bedingungen des Frankfurter Kompositionstages und auf das Normaljahr 1620 zurückzugehen. Die kaiserlichen Bevollmächtigten verhielten sich genau so wie im Jahre zuvor: Klar und deutlich nur im Negativen und immer darauf bedacht, die Sachsen durch Versprechungen auf den Weg der Sonderverhandlungen zu locken; sie boten schließlich als äußerstes das Normaljahr 1627, wenn der Kurfürst zum Kaiser übertrete, die widerstrebenden Protestanten mit Waffengewalt zum Frieden zwinge und die Schweden vertreiben helfe. Die Nachricht von Nördlingen machte schließlich den Kurfürsten gefügig: Am 24. November 1634 wurde der Friedensentwurf in Pirna unterzeichnet.

Denn mehr als ein Entwurf war es vorerst noch nicht. Die Unterhändler verabredeten, die Entscheidung ihrer Herren einzuholen und am 13. Januar 1635 in Aussig wieder zusammenzukommen. Aber dann dauerte es bis zum April, und man traf sich in Prag wieder. Schon das besagte genug, es war der Ort, den Sachsen vor einem Jahr um Schwedens willen abgelehnt hatte. Auf beiden Seiten hatte man in der Zwischenzeit die geistlichen und weltlichen Berater gehört. Der Kurfürst war nun bereit, den Pirnaer Entwurf mit wenigen Vorbehalten anzunehmen. Nicht so der Kaiser. Er ließ einen neuen Vertragstext vorlegen, der kaum eine Bestimmung des Entwurfes unverändert ließ. Um diese Forderungen, die den Charakter des ganzen Vertrages entscheidend veränderten, wurde noch einmal hart gerungen.

Der Kaiser wollte jetzt endlich den Kurfürsten aus seiner vermittelnden Stellung drängen und zum Sonderfrieden zwingen. In diesem einen Punkte behaupteten sich die Sachsen mit Erfolg. Der Friede wurde zwischen dem Kaiser als Haupt der Katholiken und Kursachsen als Führer der Evangelischen geschlossen, also als ein allgemeiner Frieden und mit dem Anspruch, alle politischen und kirchlichen Streitfragen des Reiches auf einmal zu lösen.

Das Restitutionsedikt fiel hin, jedoch zunächst nur für vierzig Jahre, vom 12. November 1627 an gerechnet. Der Pirnaer Entwurf hatte noch eine Bestimmung enthalten, die eine Erneuerung des Ediktes nach Ablauf der vierzig Jahre ausschloß; sie war jetzt gestrichen. Das ist bezeichnend für den Geist des Prager Friedens. Es war alles auf ein Provisorium abgesehen, nur für vierzig Jahre sollten die Protestanten im Besitz der seit 1552 eingezogenen und am 12. November 1627 noch nicht restituierten geistlichen Güter sicher sein, inzwischen sollte eine friedliche Vereinbarung gesucht werden. Und wenn sie nicht gelang? Dann sollte jeder Teil „in demjenigen Rechte stehen, welches er den 12. November 1627 gehabt hat, sich desselbigen, so gut oder schwach es damals gewesen, gütlich oder rechtlich zu gebrauchen". Das war vieldeutig, alles wurde für diesen Fall doch wieder der kaiserlichen Jurisdiktion überlassen. Es wurde dem Kaiser freigestellt, nach Ablauf der vierzig Jahre entweder einen paritätischen reichsständischen Ausschuß oder das Kammergericht mit der Entscheidung streitiger Fälle zu betrauen, und was war dann nach den bisherigen Erfahrungen nicht alles möglich! Mit einem Wort, der Rechtsanspruch auf alle seit 1552 verlorenen Kirchengüter blieb der katholischen Kirche grundsätzlich erhalten, nur daß er für vierzig Jahre ruhen sollte, und selbst dieses Zugeständnis hatte man noch eingeschränkt und solche Stifter, die vor oder nach 1627 den Katholiken gerichtlich zuerkannt, aber noch nicht übereignet waren, von dieser Regelung ausgenommen.

Auch sonst war manches Zugeständnis des Pirnaer Entwurfes zurückgenommen oder verklausuliert. Der Reichsritterschaft wurde das Reformationsrecht jetzt noch entzogen, bei den Reichsstädten auf das eigentliche Stadtgebiet innerhalb der

Ringmauern beschränkt. Man nahm damit die alte kaiserliche Auffassung an, daß die Reichsstädte eigentlich kaiserlicher Hoheit unterstünden und keine Landeshoheit, also auch kein Reformationsrecht hätten. Nur die vier mächtigsten evangelischen Städte Frankfurt, Nürnberg, Straßburg und Ulm kamen besser davon. Der Kurfürst von Sachsen wies nämlich darauf hin, daß sie bei einer Beschränkung ihres Reformationsrechtes den Frieden kaum annehmen würden; so entschloß sich der Kaiser, es ihnen für den Fall ihres Beitritts im vollen Umfang und im ganzen Umkreis ihrer Territorien zu lassen und stellte darüber einen Partikularrezeß aus. Augsburg blieb auf den erzwungenen Spezialakkord verwiesen, der das Stadtregiment der katholischen Minderheit überantwortete, die Restitution von Donauwörth machte man von der Entschädigung des Kurfürsten von Bayern abhängig, die niemand aufbringen konnte und wollte. Der Geistliche Vorbehalt blieb in Kraft, den evangelischen Stiftsinhabern verweigerte man nach wie vor Sitz und Stimme am Reichstag. Schließlich wurden wie im Restitutionsedikt alle Konzessionen auf die Anhänger der ungeänderten Augsburgischen Konfession beschränkt.

Nie hätte der Kurfürst solche Bedingungen angenommen, wenn man ihm nicht zugleich große persönliche Vorteile geboten hätte, die nun freilich seine Nachgiebigkeit in bedenklichem Licht erscheinen ließen. Er bekam vier magdeburgische Ämter, während das Erzbistum selbst seinem Sohn, dem Prinzen August, zufiel. Dafür blieb Halberstadt dem Sohn des Kaisers, Hildesheim vorerst dem Prinzen Ernst von Bayern. Soweit möglich, kam der Kaiser also den persönlichen Wünschen des Kurfürsten entgegen, auch darin, daß er den Lutheranern in Breslau und in den Herzogtümern Brieg, Liegnitz und Wohlau eine beschränkte Religionsfreiheit gewährte, daß er die Stände des ober- und niedersächsischen Kreises in die Amnestie aufnahm. Er hielt ihnen zugute, daß sie die Waffen in Ausführung des Leipziger Schlusses und unter Führung Kursachsens erhoben hatten.

Damit stehen wir bei den politischen Bedingungen des Friedens. Eine allgemeine Amnestie wurde nicht erreicht. Schon in Pirna hatte man sie auf die Zeit nach dem schwedischen Kriegseintritt von 1630 beschränkt, die böhmischen Rebellen überhaupt ausgeschlossen und den Vorbehalt gemacht, daß der Kaiser auch noch weitere Stände und Einzelpersonen ausschließen könne. Jetzt zog der Kaiser sogar noch die Zusage einer gütlichen Verhandlung über die pfälzische Frage zurück, die er in Pirna noch gemacht hatte. Württemberg und Baden blieben in seiner Hand, ihr endliches Schicksal war ungewiß. Es war schon viel, daß dem Landgrafen von Hessen-Kassel und den sächsischen Herzögen Amnestie versprochen wurde, wenn sie den Frieden annähmen. Die Restitution Mecklenburgs traf den Kaiser, nachdem Wallensteins Anspruch erloschen war, ebensowenig wie die Anerkennung der brandenburgischen Rechte auf Pommern.

Der Prager Frieden wollte aber auch eine Umgestaltung der Reichsverfassung von bedeutendem Umfang einleiten. Freilich durchaus nicht im Sinne der Stände beider Konfessionen. Die dringende Justizreform wurde vielmehr ausgesetzt und einem künftigen Reichstag vorbehalten, und die Beschwerden über willkürliche Konfiskationen, Ächtungen und Lehenseinziehungen wurden achtlos beiseitegeschoben. Dafür verbot der Prager Frieden alle Bündnisse der Reichsstände untereinander, er überführte ihre Truppen mit Ausnahme der Festungsbesatzungen in ein Reichsheer unter kaiserlichem Oberbefehl. Dem Kaiser hatten sie zu schwören, ihm allein wurde das Recht zuerkannt, eine bewaffnete Macht zu unterhalten, und wenn ein Reichsfürst das Kommando über sein Kontingent behielt, so nur als

General des Kaisers. Trotzdem sollten die Stände die Mittel für dieses Heer weiter aufbringen, kaiserliche Kriegskommissare sollten mit ihnen darüber verhandeln oder besser die Befehle des Kaisers in ihren Landen durchführen.

Alle diese Bedingungen wurden den Ständen auferlegt, ohne daß man mit ihnen verhandelte, sie hatten anzunehmen oder abzulehnen. Nur wer beitrat, kam in den Genuß des Friedens und der Amnestie, wer ablehnte, galt als Rebell. Ein Drittes gab es nicht, und die Frist zur Erklärung war so kurz bemessen, daß es den Ständen unmöglich war, sich untereinander zu verständigen oder über Bedingungen zu verhandeln. Völlig unerhört war es, daß dieser Friedensschluß des Kaisers mit einem einzelnen Kurfürsten nicht nur alle verpflichten, sondern auch nach dem Beitritt der Mehrheit der Reichsstände als ein Gesetz angesehen werden und genau so gelten sollte, als sei er vom Reichstag beschlossen. Ein Notgesetz allerdings; es wurde ausdrücklich bestimmt, daß damit der ordentlichen Gesetzgebung des Reiches kein Eintrag geschehen und daß es bei diesem besonderen Falle sein Bewenden haben solle.

Nur um einen Frieden zwischen Kaiser und Ständen ging es in Prag. Noch in Pirna hatte man vereinbart, mit Schweden nach Inhalt eines besonderen Memorials zu verhandeln, jetzt wurde seiner Ansprüche überhaupt nicht mehr gedacht. Man tat, als wäre Schweden überhaupt nicht vorhanden. Der Vertrag verpflichtete die Reichsstände, mit dem Kaiser zusammen gegen alle vorzugehen, die sich dem Frieden widersetzen würden; dieser Passus war die einzige Erinnerung daran, daß eine fremde Macht mit einer mächtigen und kriegsgewohnten Armee auf dem Boden des Reiches stand. Selbst dem Kurfürsten von Sachsen war bei dieser Verpflichtung nicht wohl, aber er konnte sich ihr nicht entziehen. Es widerstrebte ihm doch, die Waffen gegen seinen bisherigen Bundesgenossen zu kehren. Sein Hofprediger warnte ihn, sich gegen die Schweden brauchen zu lassen, durch deren Hilfe er einst gerettet worden sei, und Arnim forderte seinen Abschied, weil er an einer solchen Treulosigkeit nicht teilhaben wollte. Aber alles, was der Kurfürst von dem Kaiser erreichte, war die Erlaubnis, vor Beginn der Feindseligkeiten noch einen gütlichen Ausgleich mit Schweden zu versuchen.

Das war der Prager Frieden. Was war von ihm zu halten, welche Aussichten eröffnete er? Man hat ihn als den letzten Versuch bezeichnet, das Reich in eine wirkliche Monarchie zu verwandeln und alle nationalen Kräfte über die Schranken der Konfessionen hinweg zusammenzufassen. Gewiß, man kann ihn so ansehen, er stellt den Höhepunkt der kaiserlichen Machtentfaltung im Reiche dar, so wie der Westfälische Frieden den endgültigen Sieg der ständischen Macht im Reich bezeichnet. Aber es war denn doch noch die Frage, ob die Reichsstände sich mit alledem abfinden würden. Schließlich war eine Entwicklung von Jahrhunderten nicht so leicht rückgängig zu machen, zumal fremde Mächte zur Hilfe bereitstanden, denen an dem überlieferten Zustand alles gelegen war.

Nicht anders auf kirchlichem Gebiet. Was seit dem Augsburger Religionsfrieden vorgegangen war, ob in Übereinstimmung mit seinem Geist und Wortlaut oder nicht, mußte nun einmal anerkannt werden, wenn Deutschland Ruhe finden sollte. War es vielleicht immer noch die Meinung des Kaisers und seiner Berater, diese Entwicklung wieder rückgängig zu machen? Warum drang er so stark auf ein bloßes Provisorium von vierzig Jahren? Das Damoklesschwert eines neuen Restitutionsediktes blieb, anders als noch im Pirnaer Vorvertrag, über den Protestanten hängen. Und doch gewahrt man, wenn man genauer zusieht, einen Fortschritt, der nicht unterschätzt werden darf: Indem der Kaiser wieder den Weg der Vereinbarung mit den Evangelischen beschritt, verzichtete er wenigstens vorläufig auf den Anspruch, den Religionsfrieden allein zu interpretieren. Und indem er die alte evangelische Forderung eines Normaljahres für den Besitz der Kirchengüter annahm, tat er, wiederum vorläufig und mit mancherlei Vorbehalten und Einschränkungen, den ersten Schritt von dem alten, vielumkämpften Religionsfrieden hinweg und über ihn hinaus. Insofern bedeutete der Prager Frieden doch einen Fortschritt auf dem Wege zu einer endgültigen Verständigung. Er ist das Dokument einer neuen kaiserlichen Politik, die zwar in den politischen Fragen noch immer unerbittlich blieb, in den kirchlichen Fragen aber ein erstes, vorsichtiges Entgegenkommen ahnen ließ.

Als Ganzes konnte der Friede nicht dauern. Er fand nur soweit und solange Zustimmung, wie die kaiserliche Macht reichte. Karl V., der Ähnliches geplant hatte, war an dem Widerstand der deutschen Fürsten gescheitert, die damals noch ohne nennenswerte Hilfe von außen ihr Ziel erreicht hatten. Die Stellung Ferdinands II. war dank einer günstigen Verkettung der Umstände womöglich noch gebietender, und ihm stand kein Moritz von Sachsen gegenüber. Dafür aber hatte er es mit einer europäischen Großmacht zu tun, deren Kraft keineswegs, wie er wohl meinte, gebrochen war, und mit einer zweiten, die sich jetzt eben anschickte, in das Spiel einzugreifen.

Oxenstiernas Friedensangebot

Im Prager Frieden war das Ziel aufgerichtet, dem der Kaiser von nun an bis zum Kriegsende zustrebte und für das er bis zuletzt unter schweren Opfern gekämpft hat.

Zunächst blieb der Erfolg nicht aus. In den folgenden Monaten nahmen fast alle Reichsstände den Frieden an und stellten sich damit unter die Führung des Kaisers. Schweden sah sich von fast allen Bundesgenossen verlassen, und je schwieriger seine Stellung in Deutschland wurde, desto größer auch die Gefahr, daß Polen und Dänemark auf der Seite des Kaisers den Krieg aufnahmen. Die Heimat war erschöpft und des Krieges müde. Schon die Schlacht von Nördlingen hatte eine Krise im schwedischen Reichsrat hervorgerufen. „Je länger wir das deutsche Wesen ansehen, Herr Kanzler, desto seltsamer kommt es uns vor", schrieben die Reichsräte schon damals an Oxenstierna. Sie drängten ihn, nichts zu „hasardieren", sondern mit beiden Händen nach dem Frieden zu greifen. Man war dafür, daß Schweden sich mit Ehren aus dem deutschen Kriege zurückziehe und gegen Polen wende, der Kanzler möge eine Satisfaktion in Land für Schweden suchen oder, wenn der Frieden damit nicht zu erhalten sei, auch mit Geld zufrieden sein.

Soweit war aber der Kanzler noch nicht. Er wußte, daß Sachsen schon mit dem Kaiser verhandelte und gab es verloren, aber Brandenburg hoffte er noch festzuhalten. Die Frankfurter Verhandlungen hatten nun freilich dem Kurfürsten Georg Wilhelm die Augen darüber geöffnet, daß Schweden ihm sein pommersches Erbe rauben wolle. Oxenstierna mußte versuchen, diesen Eindruck zu verwischen und Brandenburg noch an sich zu ziehen, bevor die Verhandlungen zwischen dem Kaiser und Kursachsen zum Abschluß kämen. Deshalb eröffnete er im Januar 1635 dem Kurfürsten, Schweden werde ihn nach dem Tode des Herzogs Bogislaw von Pommern Besitz ergreifen lassen, wenn er den schwedisch-pommerschen Bündnisvertrag mit allen seinen Klauseln ratifiziere und Schweden die wichtigsten Häfen und festen Plätze bis Kriegsende überlasse, ferner dafür eintrete, daß Schweden die Stifter Magdeburg, Halberstadt, Osnabrück und einen pommerschen Hafen als Reichslehen erhalte.

Das war eine Erneuerung und zugleich Abschwächung seiner letzten Frankfurter Vorschläge, die von einer endgültigen Abtretung der pommerschen Häfen und Festungen ausgegangen waren. Aber ein solcher Vertrag hätte Brandenburg an Schweden gekettet, ohne ihm doch Sicherheit für Pommern zu geben, denn der erzwungene und von Herzog Bogislaw nie ratifizierte Artikel 14 des Allianzvertrages von Stettin hätte jetzt den Kurfürsten von Brandenburg verpflichtet, Schweden zum Ersatz seiner Kriegskosten zu verhelfen. Und wenn ihm das, wie zu erwarten, nicht gelingen sollte? Wie leicht hätte ihm dann das Land, in dem Schweden ja militärisch der Herr blieb, beim Friedensschluß wieder entgleiten können! Man sieht, Oxenstierna gab noch keinen Trumpf aus der Hand.

Trotzdem wollte der brandenburgische Kanzler Götzen auf den Vorschlag eingehen, und der Große Kurfürst hat später gemeint, sein Vater hätte diesem Rat folgen sollen. Doch Kurfürst Georg Wilhelm entschied anders, und wohl mit Recht. Er forderte eine klare und verbindliche Zusage über Pommern, aber dazu verstand sich der Kanzler weder damals noch später, nicht einmal im Mai 1635 nach dem Abschluß des Prager Friedens. Er forderte vielmehr, der Kurfürst solle sich erst gegen diesen Frieden erklären, dann könne man weiter verhandeln. Eben damit aber stieß er Brandenburg von sich.

Noch blieb es Oxenstierna übrig, die Möglichkeit eines Friedens mit dem Kaiser zu prüfen. Eine Vermittlung Kursachsens war ihm nicht unwillkommen, und der Kurfürst hatte sich ja auch im Prager Frieden das Recht zu Verhandlungen mit Schweden ausbedungen. Die Ansicht des Kaisers dabei war die, daß es Sache der Protestanten sei, mit den Schweden ins Reine zu kommen, da sie es ja seien, die die fremden Gäste gerufen hätten. Er hatte nichts dagegen, wenn sie ihnen von sich aus eine Entschädigung, etwa einen festen Platz, anböten.

Die Verhandlungen begannen sehr bald nach dem Prager Frieden. Oxenstierna, der den Inhalt des Friedens noch nicht genau kannte, erhob zunächst Einspruch, daß Sachsen einen Sondervertrag schloß, in dem Schweden gar nicht erwähnt und ein Teil seiner Bundesgenossen von jeder Amnestie ausgeschlossen war. Doch betonte er, daß Schweden einen „durchgehenden, guten, heilsamen, sicheren und reputierlichen Frieden" nicht ablehnen werde. Der Kurfürst wiederum ließ keinen Zweifel daran, daß ein besonderer Friedensvertrag mit Schweden nicht in Frage komme, sondern nur eine Aufnahme in den Prager Frieden, und daß eine Landabtretung nicht zugestanden werden könne, sondern höchstens eine Geldentschädigung. Oxenstierna bestand auf einem Universalfrieden mit Einschluß der Großmächte, Schweden sei schon durch sein Bündnis mit Frankreich verpflichtet, davon nicht abzugehen. Der Friede von Prag sei kein wirklicher Friede, sondern ein Scheinfrieden und in Wahrheit ein Unterwerfungsvertrag. Es empörte sein Selbstgefühl, daß die Schweden als Feinde vom Boden des Reiches verwiesen werden sollten, während man ihnen doch Dank schulde. Den Beitritt zum Prager Frieden lehnte er ab, ohne doch zugleich eine deutliche Erklärung über die Entschädigung Schwedens abzugeben. Nur daß sie in Land bestehen müsse, daran hielt er fest, im übrigen erwartete er ein Angebot. Kurfürst Johann Georg aber war weit entfernt, ein solches zu machen, und beharrte darauf, daß die Schweden das Reich räumen müßten. Es trug nicht zum Erfolg seiner Verhandlungen bei, daß er durch verletzende Formen geflissentlich den schwedischen Stolz kränkte.

Während dieser Zeit trat auch Brandenburg dem Prager Frieden bei. Es war der schwerste Schlag, der Schweden treffen konnte. Dazu regte sich jetzt auch die Armee. Die deutschen Offiziere nötigten den Kanzler zu dem Versprechen, ohne Sicherung ihrer Ansprüche und ohne ihre Zustimmung keinen Frieden einzugehen. Sie behielten sich vor, den schwedischen Dienst zu quittieren, wenn die Verhandlungen mit Sachsen scheitern sollten. Es war das erste Mal, daß die Soldaten unmittelbar in die politischen Verhandlungen hineinredeten, ihre Ansprüche sollten sich im Lauf des Krieges noch öfter als eine schwere Belastung für die Friedensbemühungen erweisen. Zunächst hatte ihr Eingreifen die Folge, daß Oxenstierna nun doch noch weiter entgegenkam, als er eigentlich gewollt hatte. Es scheint in dieser Zeit selbst ihm, dem Unbeugsamen, der Gedanke gekommen zu sein, das deutsche Unternehmen ganz aufzugeben und sich, wo nicht mit Gewinn, so doch mit Ehren aus dem Kampf zurückzuziehen, also genau das zu tun, was ihm vor kurzem noch der Reichsrat vergeblich nahegelegt hatte. Er hat im September 1635 solche Gedanken geäußert, und der Reichsrat trat ihnen auch diesmal bei. Allerdings, über einen Beitritt zum Prager Frieden zu verhandeln, hielt auch er für unwürdig und verächtlich, aber er ermächtigte den Kanzler, mit dem Kurfürsten von Sachsen als kaiserlichem Bevollmächtigten in Verhandlungen einzutreten und sogar auf eine Satisfaktion ganz zu verzichten, wenn nur Schwedens Ansehen als Großmacht respektiert und seine Armee ohne Belastung für die Krone Schweden abgefunden würde. Man war bereit, das Reichsgebiet sogleich zu räumen, nur Wismar und Stralsund sollten vorerst noch festgehalten werden.

Oxenstierna hatte schon, von den Offizieren gedrängt, dem Kurfürsten förmliche Friedensvorschläge gemacht, ja er entschloß sich, als das nichts fruchtete, zu einem Schreiben an den Kaiser selbst, auf das er jedoch nie eine Antwort erhielt. Kurz darauf verließ er heimlich die Armee, die ihn sonst wohl mit Gewalt festgehalten hätte, und begab sich nach Wismar, um hier an der Küste mit frischen Truppen, die aus Preußen erwartet wurden, Schwedens letzte Verteidigungslinie in Deutschland zu sichern. Polen hatte im Vertrag von Stuhmsdorf den Waffenstillstand mit Schweden verlängert, und der Kanzler hoffte, mit seinen schwedischen Truppen, die zuverlässiger waren als die deutschen, dem Feind an der Ostseeküste noch standhalten zu können.

Die Verhandlungen mit Sachsen ließ er deswegen nicht fallen, aber sie verloren an Wichtigkeit. Er hatte Vollmachten zurückgelassen, und so ist, zuletzt unter mecklenburgischer Vermittlung, im Oktober und November 1635 in seinem Namen in Schönebeck an der Elbe weiter verhandelt worden. Von beiden Seiten legte man hier noch einmal Friedensprojekte vor. Oxenstiernas Mindestforderungen, die er vor seiner Abreise noch übermittelt hatte, umfaßten neben völliger Amnestie für alles, was seit 1618 geschehen war, eine Abfindung der schwedischen Armee ohne Belastung Schwedens, Erstattung der Kriegskosten und gewisse Plätze als Sicherheit dafür, schließlich eine Allianz zwischen Schweden und den deutschen Protestanten mit gegenseitiger Beistandsverpflichtung. Von territorialen Ansprüchen war nicht die Rede, aber es sollte Schweden freigestellt bleiben, über diesen Punkt noch in Wien anläßlich der Ratifikation des Friedens zu verhandeln.

Dies alles war, so bescheiden es den Schweden vorkommen mochte, immer noch weit mehr, als mit dem Prager Frieden vereinbar gewesen wäre. Zwar ließ der

Kanzler im Lauf der Verhandlungen auch noch den schwierigsten Punkt, den Allianzplan, fallen, aber die Forderungen auf Amnestie und auf Entschädigung blieben. Aber gerade für die Entschädigungsansprüche fühlte sich niemand verantwortlich, die Evangelischen nicht und der Kaiser schon gar nicht. An dieser Frage ist man schließlich gescheitert. Zwar gab auch der Kurfürst insoweit nach, als er einer Vertragsform zustimmte, die den Friedensschluß nicht als Beitritt zum Prager Frieden erscheinen ließ, und er sagte auch im Namen des Kaisers eine Entfestigung der Ostseeküste zu, um Schwedens Sicherheitsbedürfnis zu befriedigen. Ja man kam sogar darin überein, die schwedische Entschädigung, da sie den Kaiser nichts angehe, nur in einem Nebenrezeß zu regeln, über den sich Schweden und die evangelischen Reichsstände auf einem Konvent in Lüneburg verständigen sollten. Man war sich sehr nahe und kam doch nicht zusammen. Schweden verlangte Satisfaktion und Abfindung des Heeres zugleich mit dem Friedensschluß, Sachsen erst Friedensschluß und dann Verhandlung über die schwedischen Forderungen. Darüber kam es zum Bruch, noch ehe über die andere Hauptforderung, die Amnestie, entschieden worden wäre. Oxenstierna nahm es auf sich, an den schwedischen Sonderansprüchen das Ganze scheitern zu lassen, obwohl er vom Reichsrat ermächtigt war, auf den einen dieser Ansprüche, die Satisfaktion, ganz zu verzichten.

Das sind die „Schönebeckschen Traktaten", an die der Kaiser zehn Jahre später vergeblich wieder anzuknüpfen versuchte. Was wäre Deutschland erspart worden, wenn man sich damals geeinigt hätte! Aber es war das Äußerste, wozu sich Schweden jemals herbeiließ, ähnliches wiederholte sich nicht mehr. Schweden, vom Kaiser als ein bloßes Anhängsel der Protestanten mit Verachtung behandelt und beiseitegeschoben, wurde eben dadurch zum engsten Anschluß an Frankreich getrieben.

2. Kapitel

JAHRE DES GLEICHGEWICHTS 1635—1640

Kriegseintritt Frankreichs. Päpstliche Vermittlung

Die Frage, wann Richelieus Kriegsentschluß fiel und wodurch er ausgelöst wurde, ist oft erörtert worden. Sicher ist, daß er ihn solange wie möglich vermied, sicher auch, daß er sich frühzeitig auf ihn einrichtete und keineswegs von den Ereignissen überraschen ließ. Aber zwischen den frühesten Zeugnissen einer ernsthaften Beschäftigung mit der Möglichkeit des Krieges und der Kriegserklärung selbst liegt ein langer Zeitraum, in dem irgendwann die schicksalsschwere Entscheidung gefallen sein muß.

Am Jahresanfang 1632, als der Kronrat zu Vic schon den Vormarsch ins Elsaß beschließen wollte, stand Richelieu zum ersten Mal vor der großen Schicksalsfrage. Aber dann vergehen Jahre, bevor wir ihn erneut in der gleichen Lage sehen. Anfang 1633 ging Charnacé nach dem Haag, um einen drohenden spanisch-niederländischen Waffenstillstand zu verhindern. Damals ließ König Ludwig XIII. ihn wissen, Frankreich werde eher den Krieg auf sich nehmen als diesen Stillstand geschehen lassen, aber Richelieu warnte davor, einen solchen Preis zu zahlen, und er behielt recht, man kam ohne ihn davon. Richelieu zog es vor, durch Subsidien die Vorteile einer Allianz zu erkaufen, um eine Verpflichtung zum Krieg unter allen Umständen zu vermeiden. Noch im Juni und Juli 1634 zeigte er sich bei neuen Verhandlungen mit den Niederlanden fest entschlossen, lieber das Bündnis fahren zu lassen als eine solche Verpflichtung auf sich zu nehmen. Wieder war es der König, der für den offenen Bruch eintrat, wieder ließ er die Sache fallen, als Richelieu widersprach, aber er bemerkte dazu, der Kardinal werde ja doch einmal darauf zurückkommen müssen. Wir haben eine Aufzeichnung des Königs aus diesen Tagen, worin er auf Richelieus Wunsch seine Gründe für den offenen Krieg mit Spanien auseinandersetzt. Man hat den Eindruck, Richelieu habe sich mit diesem von ihm erbetenen Dokument den urkundlichen Beweis verschaffen wollen, daß der Entschluß zum Kriege des Königs persönliche Sache gewesen sei, jedenfalls hat er sich noch Jahre später darauf berufen, und unverkennbar weicht sein Widerstreben seitdem einer gewissen, wenn auch immer noch zögernden Bereitwilligkeit. Er stimmte jetzt einem Bündnis mit den Niederlanden zu, das den Kriegsfall wenigstens ins Auge faßte, aber das Ob und Wann noch immer offen ließ. Die allgemeine Lage im August 1634 gestattete es schon nicht mehr, die Niederlande zu enttäuschen: Damals zeichnete sich bereits deutlich der Mißerfolg geheimer Besprechungen ab, die Richelieu auf dringenden Wunsch des Papstes in Wien und Madrid hatte anknüpfen lassen, um die Möglichkeit einer allgemeinen Verständigung zwischen Habsburg und Frankreich über alle schwebenden Streitfragen zu prüfen. Der Gedanke eines allgemeinen Kongresses in Rom oder an einem anderen neutralen Ort scheiterte damals, weil Richelieu die protestantischen Mächte an ihm beteiligen wollte, was der Kaiser und Spanien ablehnten und auch der Papst unannehmbar fand. Im August 1634 war es auch, daß Schweden und seine protestantischen Verbündeten zuerst deutliche Zeichen von Ermattung erkennen ließen. Damals erhielt Feuquières Weisungen, die auf eine Sicherung der Rheinlinie für den Fall französischer Operationen in den spanischen Niederlanden hinausliefen. Aber trotz des furchtbaren Schlages von Nördlingen im September 1634 vergingen noch Monate mit militärischen Rüstungen, der Besetzung Philippsburgs und weiterer elsässischer Plätze, mit diplomatischer Stützung der wankenden Reichsstände. Schon kamen vereinzelte militärische Aktionen vor, so der Entsatz Heidelbergs durch französische Truppen im Dezember 1634, aber erst die Offensiv- und Defensivallianz mit den Niederlanden vom 8. Februar 1635 enthielt eine bindende Verpflichtung Frankreichs zum gemeinsamen Angriff auf die spanischen Niederlande in nächster Zukunft. Vielleicht hat dieses Bündnis die Spanier zu dem Handstreich auf Trier am 26. Mai 1635 veranlaßt, der den Kurfürsten Philipp von Sötern in ihre Hand lieferte, Frankreich als Schutzmacht Triers den gesuchten Anlaß zum Eingreifen gab und unmittelbar zur französischen Kriegserklärung an Spanien führte.

Durch den Kriegseintritt Frankreichs wurden die Friedensbemühungen ungeheuer erschwert. Fast unlösbar schien jetzt die Aufgabe, für die vielfachen Gegensätze der miteinander ringenden Mächte einen Ausgleich zu finden. Ging es doch nicht nur um Einzelfragen und Augenblicksinteressen, sondern um weittragende, für alle Zukunft bedeutsame Entscheidungen. Schon die Verständigung von einem zum anderen wäre unerhört schwer gewesen. Nun aber waren alle Mächte noch durch Bündnisse miteinander verkettet, die ihnen zwar Halt gaben, aber auch Fesseln anlegten. Durch den Kriegseintritt Frankreichs war diese Verkettung vollends lückenlos geworden. Jeder war nun mit jedem entweder verbündet oder verfeindet, jedem drohte Gefahr, wenn er aus dem Kreise seiner Alliierten heraustrat und Schritte zu einem Sonderfrieden unternahm. Konnte er wissen, ob der

Gegner es ehrlich meinte und ihn nicht an die verratenen Bundesgenossen preisgab? Konnte er wissen, ob man ihn nicht nur isolieren wollte, um nach gewonnenem Sieg die Waffen doch noch gegen ihn zu kehren? Aber nicht nur die Gegner, auch die Bundesgenossen beargwöhnten einander. Keiner war sicher, nicht plötzlich doch im Stich gelassen zu werden und sich einer feindlichen Koalition allein ausgeliefert zu sehen. Eine Atmosphäre giftigen Mißtrauens herrschte nicht nur zwischen den Feinden, sondern auch, trotz beschworener Verträge, unter den Freunden.

So wurde das Ob und das Wie des Friedens zum Problem. Es war eben der erste gesamteuropäische Krieg mit all seinen Verflechtungen und Verkettungen, die unentwirrbar schienen. Nur eine Gesamtlösung war möglich. Was war gewonnen, wenn ein Einzelner sich herauszog? Nur ein allgemeiner europäischer, von allen Mächten beschworener Frieden konnte jetzt noch den Krieg beenden.

Aber es dauerte lange, ehe man das allgemein begriff, ehe die Sonderverhandlungen und geheimen Besprechungen aufhörten und der europäische Kongreß beschlossen und beschickt wurde. Das Ringen um die Form der Verhandlungen und den Kreis der Teilnehmer, um Zusammensetzung, Ort und Zeit des Kongresses hat länger gedauert als die Friedensverhandlungen selber. Das alles waren ja nicht nur Formfragen, sondern zugleich Entscheidungen von größter materieller Bedeutung. Wurden etwa die Reichsstände in corpore zu den Verhandlungen eingeladen, so war die kaiserliche Verhandlungsvollmacht und die Führung der Außenpolitik des Reiches durch den Kaiser in Frage gestellt, wurden sie gar einzeln mit dem Recht zur Vertretung ihrer speziellen Interessen zugelassen, so wurden sie damit als völkerrechtlich selbständige Glieder der Staatengesellschaft anerkannt. In beiden Fällen war über wesentliche Teile der französischen und schwedischen Kriegsziele im voraus entschieden, ehe die Verhandlungen überhaupt begannen. Die Zulassung der Generalstaaten, Lothringens, der aufständischen Portugiesen und Katalanen warf ähnliche Probleme auf. Auch die Wahl der Vermittler war nicht ohne Bedeutung. Wenn etwa Schweden sich gegen die dänische Vermittlung sträubte, so geschah das mit gutem Grund, weil Dänemark mehr darauf bedacht war, die schwedischen Forderungen zum Scheitern zu bringen als Frieden zu stiften. Nicht jeder, der sich als Vermittler anbot, konnte als unparteiisch gelten.

Aber auch die Form des Kongresses und der Verhandlungen war unendlich schwer zu finden, war es doch der erste europäische Kongreß, auf den man sich vorbereitete, und es gab kein Vorbild für ihn. Fragen des Zeremoniells, der Titel, des Vorranges mußten geklärt werden, und auch sie waren nicht nur zur Befriedigung persönlicher Eitelkeit ersonnen, sondern von völkerrechtlicher Bedeutung, besonders in einer Zeit, die die Hoheit und Würde der Monarchen bis in kleinste Äußerlichkeiten im Symbol auszudrücken liebte. Noch hatte sich keine Rangordnung unter den europäischen Mächten gebildet, Völkerrecht und diplomatische Praxis steckten noch in den Anfängen. Über die Form der Geleitsbriefe und Vollmachten, über Titel und Anreden wurde durch Jahre hindurch gestritten, und nicht nur, um Zeit zu gewinnen.

Endlich war dieses in sich zerrissene Europa auch noch konfessionell gespalten. Auf beiden Seiten standen katholische und protestantische Mächte. Selbstverständlich lehnte ein evangelischer Staat wie Schweden eine päpstliche Friedensvermittlung ab, der Papst wiederum ignorierte die Existenz der Häretiker; seinen Diplomaten war es verboten, mit Abgesandten protestantischer Mächte oder auch nur in ihrer Gegenwart zu verhandeln.

Nimmt man hinzu, daß die Verkehrsverhältnisse schlecht, Straßen und Wege durch den Krieg gefährdet und die Verbindungen zwischen den Mächten dadurch bedeutend erschwert waren, so möchte man es fast ein Wunder nennen, daß überhaupt nach unendlichen Mühen die Verständigung über einen allgemeinen Friedenskongreß gelang und die Diplomaten aller europäischen Mächte sich endlich doch an einem Verhandlungstisch zusammenfanden. Der Weg zu den Friedensverhandlungen war länger und fast noch mühsamer als diese selbst.

Friedensschluß bedeutet Rückkehr vom Gewaltzustand zum Rechtszustand. Um ihn wieder herzustellen, pflegt man in der Regel dieselben Mittel anzuwenden, die, rechtzeitig gebraucht, den Krieg verhindert hätten. Kriegsverhütung und Kriegsbeendigung sind ein und dasselbe Problem, beide nur lösbar, wenn die Gegner sich entweder direkt verständigen oder ihren Streit einer höheren Instanz zur Entscheidung unterbreiten. Wie man den Zwist beendet, ob durch Zwang oder aus Einsicht, mag zunächst gleichgültig scheinen, ebenso, ob der Streit durch Verhandlung und Kompromiß oder durch Richterspruch entschieden wird. Wichtig erscheint nur, daß er überhaupt beendet wird. Es ist schon viel gewonnen, wenn beide Teile sich überzeugen, daß eine friedliche Verständigung ihren Interessen besser dient als der Krieg. Abscheu vor Gewalt und Anerkennung einer sittlichen Verpflichtung zum Frieden werden im Völkerleben selten erreichbar sein. Doch ist ein Frieden, der auf Achtung vor dem Recht und einer sittlichen Ordnung unter den Völkern beruht, nicht nur wertvoller, er wird in der Regel auch beständiger sein als ein durch Übermacht erzwungener. Deshalb ist die Entscheidung internationaler Streitigkeiten durch ein Schiedsgericht den Denkern des Völkerrechts immer als Ideal erschienen, weil hier die Lösung nicht auf dem Wege des Kompromisses, sondern nach den Grundsätzen des Rechtes gefunden wird. Alle anderen Friedensmittel gelten demgegenüber als unvollkommen.

Die Geschichte des Völkerrechts kennt Zeiten, in denen Friedensschluß durch Schiedsspruch oder Gottesurteil eine bedeutende Rolle spielte. Das Mittelalter sah in einer geistlichen, in keine irdischen Interessen verstrickten Autorität und in den sichtbaren Häuptern der Christenheit, Kaiser und Papst, die von Gott über die Fürsten und Völker gesetzten Richter, und es glaubte an ein göttliches Recht, nach dem zu entscheiden sei. Friedensverhandlungen spielten sich deshalb in prozessualen Formen ab, der Friedensschluß war ein kirchlicher Akt. Es brauchte nicht immer zum Schiedsspruch zu kommen, das Schiedsgerichtsverfahren hatte vielmehr auch Raum für Unterhandlung und Kompromiß. Vor allem in den Ländern germanischen Rechtes, wo der Weg zum Richter in der Regel über den Schlichter führte, wurde auch in völkerrechtlichen Streitigkeiten vor dem Schiedsspruch gern ein Güteverfahren eingeleitet. Es gab nicht nur das Amt der arbitri, sondern auch der amicabiles compositores oder mediatores, und so konnte sich neben dem Schiedsgerichtsverfahren allmählich die Vermittlung als ein selbständiges Institut herausbilden.

Auch von dem Vermittler wird die strenge Unparteilichkeit des Richters gefordert, aber es ist nicht seines Amtes, dem Recht Geltung zu verschaffen, sondern Frieden zu stiften, indem er die Gegner irgendwie versöhnt. Er legt ihnen keine Entscheidung auf, der sie sich zu unterwerfen hätten, Annahme oder Ablehnung des Vermittlers selbst und seiner Vorschläge bleiben ständig dem Belieben der Parteien überlassen. Daher ist ein Vermittlungsverfahren für sie immer weit bequemer als ein Schiedsgericht. So verliert das Schiedsverfahren seit dem Ende des Mittelalters mehr und mehr an Boden. Seit der Renaissance beginnt ein Niedergang des Rechtsdenkens im Völkerleben, die Staaten schließen sich gegeneinander ab, betonen eifersüchtig ihre Selbstbestimmung und Souveränität und halten es nicht mehr mit ihrer Würde und Unabhängigkeit für vereinbar, andere über ihre Interessen richten zu lassen. So verschwindet das Schiedsgerichtsverfahren, um erst im 19. Jahrhundert unter ganz anderen Voraussetzungen und Bedingungen wieder ins Leben zu treten, und das Güteverfahren, früher nur ein Teil von jenem, entwickelt sich selbständig. An die Stelle des juristischen Instituts des Schiedsgerichtes treten diplomatische Mittel der Streitschlichtung: Gute Dienste, Vermittlung, Intervention. Die Völkerrechtswissenschaft nimmt erst ziemlich spät von ihnen Kenntnis, selbst Hugo Grotius trennt noch nicht die alten und neuen Formen, er nennt in seltsamer Vermischung Unterhandlung (colloquium), Kompromiß, Los oder Zweikampf als Friedensmittel. Die Diplomatie aber hat sich der neuen Methoden schon im 16. und 17. Jahrhundert zunehmend bedient, freilich auch sie nicht in strenger begrifflicher Unterscheidung; bis heute gehen die genannten drei Grundformen in der Praxis ineinander über.

Die mildeste Form der Einwirkung einer dritten Macht, die die Selbständigkeit der Streitenden am wenigsten beeinträchtigt, sind die „guten Dienste". Keinem Staat ist es benommen, seine Hilfe zur Beilegung eines Konfliktes auch ungebeten zu leihen, es bedarf dafür keiner Zustimmung der streitenden Mächte, freilich sind sie auch nicht verpflichtet, diese Ratschläge anzuhören oder darüber zu verhandeln. Aber sobald die guten Dienste eines Dritten von beiden Parteien akzeptiert werden, können sie zur Vermittlung werden. Der neutrale Dritte tritt dann offiziell in Funktion, die Parteien erkennen ihn in bindender Form an, er geht von allgemeinen Ratschlägen zu formulierten Vorschlägen über und wartet nicht erst auf die Initiative der Streitenden, um die einzelnen Streitpunkte zur Verhandlung zu bringen, sondern nimmt die Sache selbst in die Hand. Bei der echten Vermittlung geht der Weg allein über den Vermittler, er kann fordern, daß man sich nur seiner Hilfe bedient und ihm nichts vorenthält; direkte Verhandlungen von Partei zu Partei ohne seine Zustimmung oder die Zuziehung anderer Vermittler ohne seinen Willen berechtigen ihn, sein Amt niederzulegen. Kurz, die Vermittlung ähnelt noch immer etwas dem Schiedsgericht, sie hat Züge ihres Ursprungs aus diesem bewahrt. So konnte schon die Annahme einer Vermittlung dem hochgespannten Souveränitätsgefühl der Monarchen des 16. und 17. Jahrhunderts als ein großes Opfer an die Sache des Friedens erscheinen. Wir begreifen nun, welche Bedeutung es hatte, daß man im dreißigjährigen Kriege nach Jahren diplomatischer Verhandlungen endlich unter allgemeiner Zustimmung zur Berufung eines Kongresses und zur Bestellung von Vermittlern kam. Kann doch Vermittlung jederzeit leicht in Intervention übergehen, wenn sie nicht auf freier und ungezwungener Zustimmung aller beruht. Jedes Drängen, jeder Schein einer Nötigung rückt sie schon in bedenkliche Nähe zur Intervention, bei der ein anderer den Parteien seinen Willen auferlegt und sich ungerufen in ihren Streit mischt, weil sein eigenes Interesse die Beendigung oder einen bestimmten Ausgang des Konfliktes erheischt. „Vermittlung ist das Anzeichen eines gewissen Interesses, Intervention erheblicher oder lebenswichtiger Interessen" heißt es in einer modernen Definition beider. Hinter der Intervention steht immer die Kriegsdrohung, wenn auch eine kluge Diplomatie offene Drohungen meiden und immer die schonendste Form wählen wird.

Der dreißigjährige Krieg stellte zum ersten Mal seit der Entstehung des neuen Staatensystems die Diplomatie vor die schwere Aufgabe, unter Schonung des bereits sehr ausgeprägten Souveränitätsanspruches der Mächte ihre widerstreitenden Interessen zu versöhnen. Das war ihre große Bewährungsprobe, und sie hat sie bestanden. Man war sich dabei bewußt, daß keine andere Form als die Vermittlung zum Ziele führen könne; geflissentlich suchten alle, die sich um einen Ausgleich bemühten, selbst den Schein einer Intervention oder eines schiedsrichterlichen Anspruches zu vermeiden. So war Richelieus Eingreifen in die deutschen Verhältnisse schon vor dem Kriegseintritt nichts anderes als eine fortgesetzte Intervention und sein Ziel war es ohne Frage, als Schiedsrichter über die Interessen der Parteien in Deutschland zu entscheiden, aber er wahrte den Schein und die äußeren Formen der Vermittlung. Wenn er von den deutschen Fürsten um das Eingreifen Frankreichs „stark gebeten" sein wollte, so liegt das auf dieser Linie, und er wurde nicht müde zu versichern, daß der König nicht „en qualité d'arbitre, mais de médiateur" aufzutreten gedenke. Nun war freilich Frankreich so wenig wie Dänemark eine wirklich neutrale Macht, keineswegs nur an der Herstellung des Friedens, sondern auch an seinem Inhalt stark interessiert und deshalb zum Vermittler wenig geeignet. Man empfand das in Deutschland recht gut. Der Kurfürst von Sachsen, seinerseits auch Partei und Fürsprecher einer dänischen Vermittlung, lehnte die französische ab und suchte Feuquières zu einer bloßen „interposition d'autorité", also einer Art „guten Diensten" für den von ihm geplanten Friedenskongreß in Breslau zu bewegen, wo als Vermittler bekanntlich nur Dänemark ausersehen war. Überflüssig zu sagen, daß dies Richelieu nicht genügte. Nur die Stellung eines anerkannten Vermittlers hätte ihm einen maßgebenden Einfluß auf die Friedensbedingungen erlaubt und damit eine Stellung verschafft, die der eines Schiedsrichters wenigstens nahekam.

Richelieu sprach von Vermittlung und meinte schiedsrichterliche Autorität, legte also mehr in den Begriff hinein als ihm zukam. Umgekehrt hat Papst Urban VIII., als er einige Jahre später zum Vermittler berufen wurde, sich eine so vorsichtige Beschränkung auferlegt, daß man die Tätigkeit seiner Legaten heute wohl eher mit dem völkerrechtlichen Begriff der „guten Dienste" bezeichnen würde. Um die Empfindlichkeit der kriegführenden Mächte zu schonen und nicht das ganze Friedenswerk zu gefährden, verzichtete er ängstlich auf jeden Schein einer Beeinflussung der Parteien. In der Instruktion, die der Kardinal Ginetti im Jahre 1636 für den Kölner Kongreß erhielt, wurde ihm eine der wichtigsten Befugnisse jedes Vermittlers, nämlich die, eigene Vorschläge zur Beilegung des Streites zu machen, ausdrücklich entzogen. Der Papst fürchtete, man könne seine Unparteilichkeit anzweifeln, wenn sein Legat eigene Ansichten zur Sache äußere; er habe, so sagt er, damit bei früheren Vermittlungsbemühungen in Italien böse Erfahrungen gemacht. So völlig verzichtete der Papst auf die Rolle eines Schiedsrichters in weltlichen Dingen, die ihm das Mittelalter noch einhellig zuerkannt hatte.

Der allgemeine Frieden bedurfte des allgemeinen Kongresses. Schon vor dem Kriegseintritt Frankreichs, etwa seit 1632, hatte sich diese Einsicht überall durchgesetzt, nachdem man bis dahin immer nur an zweiseitige Verhandlungen von Regierung zu Regierung gedacht hatte. Aber diese Einsicht half wenig; dem Kongreßgedanken stellten sich schier unüberwindliche Schwierigkeiten in den Weg. Die wichtigste war, daß Frankreich nur verhandeln wollte, wenn man seine protestantischen Bundesgenossen zum Kongreß zuließe, während der Papst, der Kaiser und Spanien die Lösung Frankreichs von eben diesen Bundesgenossen und eine Verständigung unter den katholischen Mächten allein, ohne Rücksicht auf die Protestanten, forderten. Unter dem Universalfrieden, den der Papst vermitteln wollte, verstand er allein den zwischen den Anhängern der alten Kirche, von den evangelischen Fürsten und Republiken nahm er keine Notiz. Da diese Haltung durch nichts zu erschüttern war, kam man bereits während der Verhandlungen dieser Jahre auf den Einfall, den Kongreß nach Konfessionen zu teilen oder besser noch, zwei getrennte Kongresse zu berufen. Fast gleichzeitig tauchte dieser Gedanke auf katholischer und evangelischer Seite auf, zuerst hat ihn wohl Richelieus Berater Pater Joseph geäußert. Im Februar 1634 hören wir von einem Vorschlag des Paters, zunächst die Differenzen zwischen Frankreich und Habsburg beizulegen, dann die allgemeine Verständigung folgen zu lassen, wobei ihm sicherlich nur eine zeitlich-räumliche, keine sachliche Trennung beider Probleme vorschwebte. Der Papst nahm das auf, entwickelte aber den Plan zweier voneinander unabhängiger Kongresse, in Rom für die Katholiken, in Trient oder anderswo für die Protestanten, und ebenso zweier getrennter Verträge. Es war der Gedanke, der die Zukunft für sich hatte, nur noch belastet mit einer schweren, für Frankreich und die Protestanten gleich unannehmbaren Bedingung: Der Papst wünschte, wie schon die weite räumliche Trennung beider Kongresse zeigt, keinen Zusammenhang zwischen den Verhandlungen hier und dort. Er forderte, daß der Vertrag der katholischen Mächte nicht von dem Erfolg der Friedensverhandlungen mit den Protestanten abhängen dürfe. Er verneinte also noch immer den Gedanken eines echten Universalfriedens. Näher kamen ihm die Protestanten. Im Mai des gleichen Jahres schlugen die evangelischen Stände des ober- und niedersächsischen Kreises einen dreigeteilten, aber auf engstem Raum versammelten Kongreß vor, in Erfurt für die evangelischen, in Mühlhausen für die katholischen Mächte, Langensalza in der Mitte zwischen den beiden Städten als Sitz der Vermittler. Solange aber der Papst und die Höfe von Wien und Madrid auf ihrem Standpunkt beharrten, schien eine Lösung des schwierigen Problems aussichtslos.

Wir müssen zum Verständnis dieser Lage die Stellung des Papsttums zur Friedensfrage noch etwas näher ins Auge fassen. Längst war die Autorität, die der Heilige Stuhl im Mittelalter in politischen Fragen gehabt hatte, verfallen. Staat und Politik waren verweltlicht. Nicht nur im Verhältnis zwischen Staat und Kirche zeigte sich das, sondern auch in den Beziehungen der Staaten untereinander, im Völkerrecht und in der internationalen Politik. Die Kurie selbst ließ sich immer mehr von weltlichen Interessen leiten. Als Souveräne des Kirchenstaates nahmen die Päpste im 16. und 17. Jahrhundert an Bündnissen und Koalitionen teil, wurden selbst Partei und erhoben doch den Anspruch, über den Parteien zu stehen und in grundsätzlichen Fragen der internationalen Politik das letzte Wort zu sprechen. Kein Wunder, daß sie damit nicht mehr durchdrangen. Nicht nur die protestantischen, auch die katholischen Fürsten folgten unbekümmert um päpstliche Entscheidungen ihrem politischen Interesse. Die Kirche verbot den christlichen Mächten, mit den Ungläubigen Handel zu treiben und Verträge zu schließen. Aber wie hätten auch nur die katholischen Staaten sich daran halten können? Frankreich, Spanien, Venedig schlossen Verträge und Bündnisse mit der Pforte. Noch weniger konnten sie die päpstliche Forderung erfüllen, den häretischen Staaten die Anerkennung zu verweigern und Verträge mit ihnen zu meiden. Diese Forderung aufrechterhalten hieß die Augen vor der Wirklichkeit verschließen, hieß jeden Einfluß auf das Verhältnis der katholischen Welt zu den Protestanten aufgeben und bewirkte nur, wie Ranke sagt, „daß das Papsttum eine Stellung außerhalb der lebendigen und wirksamen Interessen der Welt annahm".

An einer so grundsätzlichen Haltung, die auf langer Tradition und letztlich auf einer theologischen Auffassung vom Wesen der Kirche und ihrem Verhältnis zur Welt beruhte, vermochte auch ein einzelner Papst nichts Entscheidendes zu ändern. Man kann Urban VIII. das Zeugnis nicht versagen, daß er sich bemühte, die geistlichen Interessen über die weltlichen zu stellen, daß er für den Frieden der Christenheit wirken wollte und dabei trotz persönlicher Neigung zu Frankreich Unparteilichkeit wahrte. Aber die Christenheit, das waren für ihn zunächst einmal die katholischen Völker und Staaten, und damit waren seinen Friedensbemühungen nach Lage der Dinge von vornherein Grenzen gezogen. Innerhalb dieser Grenzen scheint er eine weitherzige Auffassung vertreten zu haben. Sein Amt, wie seine Zeit und er selbst es verstanden, gebot ihm, einen unmittelbaren Umgang mit den Häretikern zu vermeiden und die katholischen Mächte vor jedem Bündnis und jedem Zusammenwirken mit ihnen zu warnen, aber er hielt eine mittelbare Einwirkung auf sie für erlaubt. So hat er Ludwig XIII. zur Friedensvermittlung zwischen dem Kaiser und Gustav Adolf aufgefordert und, wie gleich zu erwähnen sein wird, auch in anderer Weise die katholisch-protestantischen Friedensbemühungen indirekt gefördert. Er hat also nicht einem Frieden mit den evangelischen Staaten überhaupt widerstrebt, wohl aber einem solchen, der die kirchlichen Interessen berührte und zu dem die Kurie offiziell hätte Stellung nehmen müssen. „Wenn es dahin kommen sollte", schrieb der Papst am 9. Juli 1633 dem Kaiser, „daß zwischen Dir und den protestantischen Fürsten ein Friede vereinbart wird, so müssen wir Dich pflichtgemäß ermahnen, daß Du die Furcht Gottes und die Erhaltung der katholischen Religion allen menschlichen Erwägungen voranstellst und Dich nicht verleiten läßt, um des vermeintlichen allgemeinen Wohles willen politischen, in Wahrheit aber höchst unsicheren Gründen zu folgen und etwas einzugehen, was ihr Nachteil und Minderung bringen könnte!" Freilich, gab es irgend eine protestantische Forderung, die nicht von der Kurie verworfen werden mußte, und wurde nicht doch durch solche Einschränkungen von vornherein jeder Frieden mit den Protestanten unmöglich gemacht?

Trotz des heißen Wunsches nach Frieden für die ganze christliche Welt glaubte also auch Urban es ablehnen zu müssen, die Verständigung unter den katholischen Mächten von der mit den Protestanten abhängig zu machen oder irgendeinen Zusammenhang zwischen beiden anzuerkennen. Dem Frieden unter den katholischen Staaten gehörte sein Herz, ihn hat er vom ersten Tage seines Pontifikates an unablässig gefördert. Und das nicht nur um der Kirche, sondern auch um Italiens willen. Schon im Interesse des Kirchenstaates mußte ihm alles daran liegen, den Krieg zwischen Spanien und Frankreich zu verhindern und, als er einmal ausgebrochen war, zu beenden. Immer wieder bot er seine Vermittlung an, nicht einen Augenblick hat die päpstliche Diplomatie geruht, die katholischen Mächte zu Friedensverhandlungen, zur Sammlung ihrer Kräfte gegen die Ungläubigen und Häretiker zu mahnen.

Aber wie es der Politik Urbans VIII. nicht gelungen war, den Krieg zu verhindern, so scheiterte sie auch an der Aufgabe, den Frieden wiederherzustellen. In einem Augenblick, wo alle Zeichen auf Sturm standen, nahm der Papst seine

Friedensvermittlung auf. Anfang 1635 hatten erst Frankreich, dann der Kaiser, schließlich auch Spanien sich bereit erklärt, ihre Bevollmächtigten für einen Kongreß zu benennen, und die Kriegserklärung Frankreichs vom 19. Mai 1635 hatte dem päpstlichen Kongreßplan noch keineswegs den Todesstoß gegeben. Der Papst setzte seine Bemühungen fort, im Oktober 1635 sollte der Kongreß zusammentreten, Konstanz, Speyer, Augsburg oder Trient wurden dafür genannt. Aber die alten Hindernisse tauchten wieder auf: Spanien verlangte erneut von dem Papst, daß er den König von Frankreich wegen seiner Bündnisse mit den Häretikern mit kirchlichen Strafen belege, Richelieu erklärte, Frankreich könne nur im Einvernehmen mit seinen Bundesgenossen verhandeln. Bei solchen Vorbehalten hatten alle Zusagen nur theoretische Bedeutung. Um die Mächte moralisch zu zwingen, gab Urban am 17. September die Ernennung des Kardinals Ginetti zum Legaten am Friedenskongreß bekannt.

Die Grundsätze, nach denen er seine Vermittlung zu führen habe, hat der Papst ihm persönlich eingeschärft und in zwei Instruktionen niedergelegt, deren eine, die mehr die persönlichen Ansichten des Papstes wiedergebende Hauptinstruktion, erst neuerdings aufgefunden und veröffentlicht worden ist, während die Nebeninstruktion, die mehr den Traditionen kurialer Politik folgt, in mancher Hinsicht weniger grundsätzlich und theologisch urteilt, aber auch geringere Kenntnis der großen Weltgegensätze und weniger Einsicht in das Notwendige zu verraten scheint. Frühzeitig durch Indiskretion preisgegeben, war diese Nebeninstruktion schon während der Friedensverhandlungen von Münster den Protestanten bekannt; sie wurde 1647 gedruckt und hat das Urteil über die Politik Urbans VIII. bei Mit- und Nachwelt bestimmt, auch das Rankes und dank seiner Autorität das der meisten späteren Geschichtsschreiber.

Was Urban VIII. in diesen Instruktionen als seinen Willen kundgibt, liegt ganz in der eben angedeuteten Richtung. Nur die katholischen Mächte gehen den päpstlichen Vermittler etwas an, die unkatholischen sind zu ignorieren, ihre Interessen auch nicht einmal indirekt zu fördern. Der strenge mittelalterliche Standpunkt der Kirche gegenüber allen Häretikern spricht aus den Sätzen der Instruktion, daß man diesen Menschen keinen Glauben schenken könne. Ist dem so, dann kann es auch keinen Vertrag mit ihnen geben. Nur ihre Bekehrung kann dann Gegenstand katholischer Bemühungen sein, ist diese nicht zu erreichen, so bleibt nur ihre Vernichtung — der Papst spricht in der Tat von destruttione und estirpatione — übrig. Da war dann allerdings keine Beziehung irgendwelcher Art zu den Evangelischen, keine Unterhandlung mit ihnen möglich und die völlige gegenseitige Ignorierung noch das beste, was man tun konnte.

In welchen Widerspruch sich der Papst verwickeln mußte, wenn er an dieser Theorie mit Strenge festhielt, ist oft betont worden: Auf der einen Seite der Anspruch, geistlicher Vater der europäischen Völker und Vermittler ihrer Gegensätze zu sein, auf der anderen Seite die souveräne Nichtbeachtung der Tatsache, daß fast die Hälfte dieser Völker seine Autorität nicht mehr anerkannte und die Einheit Europas unter einem geistlichen Haupt eben nicht mehr bestand! Wie weit zeigt Urbans Instruktion eine Ahnung von dieser elementaren Tatsache? Nicht die Existenz bestimmter Grundsätze allein entscheidet hier, sondern ihre Anwendung im konkreten Einzelfall. Sie konnten streng oder milde aufgefaßt werden, und der Papst wählte das zweite. Dem Legaten wurde nur verboten, selber mit den Protestanten zu verhandeln, ihre Sache aktiv oder zustimmend (positivamente) zu fördern. Sein Auftrag war, die katholischen Fürsten von Verhandlungen mit ihnen abzumahnen und zur Versöhnung unter sich zu überreden, mehr aber nicht. Es wurde ihm nicht befohlen, aktiv gegen die Verhandlungen mit den Protestanten zu wirken, sie zu hintertreiben, öffentlich dagegen zu protestieren oder gar den Kongreß zu verlassen, wenn man nicht auf ihn höre. Das alles wäre doch denkbar gewesen, aber es geschah nicht. Der Papst war nicht oder jedenfalls damals noch nicht gesonnen, alle seine Machtmittel zu versuchen, um einen Frieden unter Opfern für die katholische Sache zu verhindern, und zwar deshalb nicht — die Nebeninstruktion sagt es mit aller wünschenswerten Deutlichkeit —, weil mit einer Rückkehr der Protestanten in den Schoß der Kirche in diesem Jahrhundert nicht mehr zu rechnen sei. Daraus wird eine Folgerung von großer praktischer Bedeutung gezogen: Wenn die Katholiken in Verhandlungen mit den protestantischen Mächten glauben eintreten zu müssen, so soll der Legat nur dahin wirken, daß es nicht am Kongreß, sondern anderswo geschieht, sonst aber nichts dagegen unternehmen und nur soweit dagegen Stellung nehmen, daß die Mißbilligung der Kurie später jederzeit nachgewiesen werden kann. Indirekt konnte er, soweit das Interesse der Religion es erforderte, auf sie Einfluß nehmen, ja es konnte noch mehr geschehen: Ginetti ist im päpstlichen Auftrag insgeheim dafür eingetreten, den protestantischen Bundesgenossen Frankreichs die Pässe zum Kongreß auszustellen, um nur die Verständigung zwischen Frankreich und dem Kaiser in Gang zu bringen, hat also ihre Zuziehung zum Kongreß tatsächlich gefördert.

Wenn der Papst seinem Legaten in der Instruktion ausnahmsweise eine bestimmte Stellungnahme in der einen oder anderen politischen Frage vorschrieb, was ja eigentlich seiner Vermittleraufgabe nach Ansicht Urbans widersprach, so stand dabei jedesmal ein kirchliches Interesse auf dem Spiel. In solchem Fall durfte der Papst auch das Odium der Parteilichkeit nicht scheuen. So sollte der Legat dahin wirken, daß die Hoheitsrechte der protestantischen Bündner über das katholische Veltlin möglichst beschränkt würden, was freilich leicht auf eine Begünstigung spanischer Interessen hinauslaufen und zu Konflikten mit Frankreich führen konnte. Kirchliche Erwägungen waren es auch, die der Papst in der pfälzischen Frage anstellte. Ranke hat vornehmlich an diesem Beispiel die vermeintliche Intransigenz der päpstlichen Haltung dargetan, aber sieht man genauer zu, so zeigt sich doch auch hier ein gewisser Einschlag politischen Wirklichkeitssinnes. Ginetti wurde zwar angewiesen, der Restitution zu widersprechen, solange das pfälzische Haus beim protestantischen Glauben verharren sollte — die Hoffnung auf einen Übertritt des Pfalzgrafen spielte in den Verhandlungen jener Zeit eine gewisse Rolle —, aber der Papst faßte doch auch die Möglichkeit eines Kompromisses ins Auge, er verbot auch hier nur eine positiv fördernde Mitwirkung und wies den Legaten an, im äußersten Fall dafür zu sorgen, daß der neue Herr der Pfalz zur Duldung des Katholizismus und zur Erhaltung des kirchlichen Besitzstandes verpflichtet werde. Eine ähnliche Haltung wurde in der holländischen Frage vorgeschrieben, und nur hinsichtlich des kirchlichen Besitzstandes im Reich verharrte der Papst in einer völlig negativen Haltung; er blieb sozusagen auf dem Standpunkt des Restitutionsediktes stehen.

Nur kaum merkbare Abschwächungen also in den Prinzipien, aber hier entscheiden schon Nuancen. Es erscheint nicht ausgeschlossen, daß die Kurie im Jahre 1636 bereit war, unter Wahrung ihrer Grundsätze realpolitisch zu handeln, was denn freilich eine ganz andere Haltung ergeben hätte, als die, die sie später bei den Verhandlungen in Münster sehr zum Schaden ihrer eigenen Weltstellung eingenommen hat.

Kurfürstentag von Regensburg und Kongreß von Köln

Die Ernennung des Kardinals Ginetti übte wenigstens einen gewissen Druck auf die Großmächte aus. Frankreich, der Kaiser und Spanien bezeichneten ihre Vertreter, ohne jedoch die Namen öffentlich bekanntzugeben. Nur vertraulich wurden sie dem Papst mitgeteilt, der sie dann im März 1636 alle gleichzeitig bekannt gab. Niemand konnte so in den Verdacht geraten, der friedensbedürftigste zu sein.

Es wäre verlorene Zeit, die Namen der Bevollmächtigten aufzuzählen, da sie nie in Aktion traten. Als Kongreßort wählte man schließlich Köln, weil in den süddeutschen Städten die Pest herrschte, vor allem aber, weil die Niederländer, deren Teilnahme Frankreich zur Bedingung gemacht hatte, eigentlich nur in ihrem eigenen Lande verhandeln wollten und sich mit Mühe wenigstens für diese Stadt gewinnen ließen. Im Mai 1636 ging die französische Mitteilung darüber nach Rom, sehr spät für die Ungeduld des Papstes. Schon im April ließ er Ginetti einen Scheinaufbruch inszenieren, eine etwas seltsame Demonstration: Der Kardinal verließ Rom, kehrte aber durch ein anderes Stadttor zurück. Erst im Mai, noch ehe die kaiserliche Zustimmung für Köln vorlag, wurde es Ernst. Ginetti brach nun wirklich auf und bewegte sich nach Bologna, wo er weitere Befehle abwartete. Am 5. Juli 1636 teilte der kaiserliche Botschafter dem Papst mit, daß sein Herr Köln akzeptiert habe. Die Reise des Legaten nach Deutschland konnte beginnen, am 22. Oktober erreichte er Köln.

Dort aber fand er sich allein. Nur die kaiserlichen und spanischen Bevollmächtigten erschienen einige Zeit später, Franzosen, Schweden, Holländer und alle anderen protestantischen Mächte blieben fern.

Die Stellung Schwedens war nicht mehr die gleiche wie zur Zeit des Prager Friedens. Oxenstierna hatte Deutschland verlassen und wirkte jetzt im schwedischen Reichsrat für eine tatkräftige Fortsetzung des Krieges. Seine Vertreter in Deutschland hielt er durch enge Vorschriften gebunden. In Wismar hatte er sich vor seiner Abreise mit einem französischen Gesandten über das gemeinsame Kriegsziel der beiden Mächte geeinigt, es hieß Wiederherstellung des Zustandes von 1618. Frankreich hatte im Vertrag von Wesel im Oktober 1636 dem Landgrafen von Hessen-Kassel die Zusicherung gegeben, nicht ohne Beteiligung seiner Bundesgenossen verhandeln zu wollen, der Landgraf seinerseits hatte versprochen, seine Gesandten zu dem Kongreß zu schicken, und zwar zu der Zeit und an den Ort, die der König durch päpstliche Vermittlung mit den anderen Mächten vereinbaren würde. Frankreich versprach weiter, keinen Frieden zu schließen, der Hessen nicht einbeziehen würde, eine Erweiterung dieser Allianz durch Einbeziehung Englands und Hollands wurde in Aussicht genommen. Richelieu wollte mit alledem nicht etwa den Kongreß unmöglich machen, sondern ihn durch Zuziehung der protestantischen Mächte erweitern, und da der päpstliche Legat mit ihnen keine Beziehungen aufnehmen konnte, bewog er Venedig, seine Vermittlung für Verhandlungen mit Holland und Schweden anzubieten.

Zum ersten Mal hören wir jetzt auch etwas von französischen Kriegszielen. In den ersten Monaten des Jahres 1637 wurden die Instruktionen entworfen, die den französischen Bevollmächtigten nach Köln mitgegeben werden sollten und die dann Jahre später zur Grundlage der Friedensinstruktion für Münster geworden sind. Jahrelang hat sich Richelieu, wie die zahlreichen Entwürfe im Archiv des französischen Außenministeriums beweisen, mit diesen Dokumenten befaßt, bis in seine letzten Lebenstage immer wieder daran gearbeitet und sie bei seinem Tode nahezu vollendet hinterlassen, so daß sie fast unverändert von Mazarin übernommen werden konnten. Diese Aktenstücke sind von besonderem Wert, weil sie uns die Kontinuität der französischen Außenpolitik besonders eindrucksvoll zeigen und den Westfälischen Frieden, für dessen Verhandlungen sie später die Grundlage bildeten, als Richelieus ganz persönliches Werk erweisen.

Die Bedingungen, die Richelieu für Frankreich aufstellte, werden uns später beschäftigen. Wichtig ist für den Augenblick nur, daß er alle seine Forderungen von dem einen Gesichtspunkt der Sicherheit und Dauer des künftigen Friedens bestimmen ließ. Annexionen, Bündnisse, Garantieverpflichtungen, alles diente diesem beherrschenden Zweck. Erreichbar schien das Ziel nur durch festes Zusammenhalten mit den Verbündeten, ein Frieden ohne Schweden, die Niederlande und die deutschen Protestanten war ihm deshalb undenkbar. Es liegt auf der Hand, welche Bedeutung damit der unmittelbaren Teilnahme der Verbündeten am Kongreß zukam. Richelieu war bereit, den Bedenken der Kurie gegen direkte Verhandlungen ihres Vertreters mit den Protestanten Rechnung zu tragen, aber er war nicht bereit, diesen Bedenken seine Bundesgenossen geradezu aufzuopfern. Vergeblich hatte er versucht, den Papst davon zu überzeugen, daß er sich nichts vergebe, wenn er mit den Protestanten verhandele, es gehe ja nicht um Fragen des Glaubens, sondern um den Frieden der Christenheit. Er suchte nun, da dies mißlungen war, nach einer Verfassung des Kongresses, die beiden Teilen, dem Papst und den Protestanten, gerecht werden könne, und er fand keinen besseren Vorschlag als den, daß der Legat als Vermittler nicht unmittelbar mit den Parteien verhandeln, sondern sich seinerseits wieder besonderer Mittelspersonen nach beiden Seiten bedienen solle. Die offensichtlichen Schwierigkeiten dieses umständlichen Verfahrens scheute er nicht. Er faßte ferner, wie schon der Papst, zwei getrennte Verträge ins Auge. Diesen Weg hat man dann ja später auch tatsächlich beschritten. Aber die Vermittlung bei den Protestanten übernahm die Kurie auch in dieser Form nicht; genug, daß sie der venezianischen nicht widersprach.

Die Zulassung der mit Frankreich und Schweden verbündeten deutschen Fürsten war also die französische Kernforderung. Diese Frage stellte alles andere in den Schatten, um sie entbrannten die jahrelangen diplomatischen Kämpfe, die dem Kongreß von Köln ein unrühmliches Ende bereiten sollten, ohne daß er je recht ins Leben getreten wäre.

Auch der Kaiser rüstete zu den bevorstehenden Verhandlungen. Im September 1636 trat ein Kurfürstentag in Regensburg zusammen, auf dem sein Sohn zum römischen König gewählt werden sollte. Hier erbat er auch die Ansichten der Kurfürsten zur Friedensfrage.

Also endlich eine Möglichkeit für diese, ihre Stimmen für den heißersehnten Frieden zu erheben! Die Gelegenheit schien um so günstiger, als der Kaiser in der Wahlfrage auf sie angewiesen war, und die auch jetzt wieder erneuerte Bestimmung der Wahlkapitulation, die dem Reichsoberhaupt Verträge ohne Zustimmung der Kurfürsten verbot, gab ihnen außerdem ein verfassungsmäßiges Recht auf Mitwirkung an den Friedensverhandlungen. Aber es ist bezeichnend für die Machtverhältnisse dieser Jahre nach dem Prager Frieden, welch bescheidenen Gebrauch sie von diesem ihrem Recht machten. Sie erbaten nichts weiter als die Zulassung bevollmächtigter Vertreter des Kurkollegs zum Kölner Kongreß und zu den Sonderverhandlungen mit Schweden, von denen wir gleich hören werden. Und wie sie ihren Wunsch begründeten, das konnte für den Kaiser nur erfreulich klingen: Frankreich solle sehen, daß es nicht nur mit dem Hause Habsburg, sondern auch mit dem Reiche zu tun habe; sie seien entschlossen, mit dem Kaiser zum Wohl des Reiches für einen Mann zu stehen.

Auch mit dem Inhalt ihrer Vorschläge konnte der Kaiser zufrieden sein. Sie hielten zum Prager Frieden, sprachen sich gegen Milderungen der Amnestie aus, die vielleicht von den auswärtigen Mächten gefordert werden könnten, und rieten nur zu einer Einigung über die im Prager Frieden noch nicht entschiedenen Amnestiefälle. Sie wiesen also unumwunden die Einmischung der Fremden in die inneren Verhältnisse des Reiches ab. Eben das war ja das Prinzip, auf dem der Prager Frieden beruhte.

Die getrennte Verhandlung mit Frankreich und Schweden an zwei verschiedenen Orten fand Billigung, schon um ein enges Zusammenwirken der beiden Mächte zu verhindern. In keinem Punkt zeigten die Äußerungen der Kurfürsten irgendein Entgegenkommen gegen Frankreich oder Schweden, der Friedensschluß wurde noch immer als eine Sache angesehen, die den Kaiser und die Reichsstände allein angehe. Mit dem, was zwischen ihnen vereinbart würde, so glaubte man wohl, hätte das Ausland sich abzufinden. Frankreich wurde auf den Regensburger Vertrag von 1630 verwiesen, den es nicht ratifiziert hatte, und zur Räumung des Reichsgebietes aufgefordert; die Rechte des Reiches auf Lothringen und die drei Bistümer wurden betont, die volle Restitution von Metz, Toul und Verdun gefordert. Auch Schweden wurde ziemlich kurz abgefertigt, sein Anspruch auf Satisfaktion nicht anerkannt. Mochten die Protestanten, zu deren Gunsten es sich eingemischt hatte, für seine Kriegskosten einstehen, das Reich hatte nach Ansicht der Kurfürsten damit nichts zu tun. Deshalb, so hieß es in ihrem Gutachten, sei auch in keine Gebietsabtretung zu willigen, weder Pommern noch ein Küstenplatz, ja nicht einmal freie Einfahrt in die Ostseehäfen dürfe den Schweden zugestanden werden, doch könne man es geschehen lassen, daß die evangelischen Stände eine Geldentschädigung aufbrächten oder ihnen einen Seezoll abträten, allenfalls auch, aber nur als Pfand, einen festen Platz im Innern des Reiches oder an der mecklenburgischen Küste. Ein schwaches Entgegenkommen mag man vielleicht darin erkennen, daß die Kurfürsten bei hartnäckigem Beharren der Franzosen auf den drei Bistümern, der Schweden auf einem Ostseehafen neuen Bericht an Kaiser und Reich wünschten.

Für die Verhandlungen mit Frankreich wurden Köln und Bayern, für die mit Schweden Mainz und Brandenburg delegiert. Kursachsen hatte gebeten, von dieser undankbaren Aufgabe befreit zu werden.

Die Kurfürsten waren also ganz in der Hand des Kaisers. Auch in anderen Fragen zeigte sich das. Ein Vorstoß Kursachsens in der Amnestiefrage scheiterte völlig, selbst der brandenburgische Vertreter Graf Schwarzenberg ließ seinen sächsischen Kollegen im Stich. Ohne Schwierigkeiten wurde der Sohn des Kaisers, Ferdinand III., zum römischen König gewählt. Wohl wurde das eigenmächtige Regiment des Kaisers im Reich getadelt, auch fanden die Gewaltakte seiner Generale, die willkürlichen Einlagerungen und Kontributionen in den Gebieten der Reichsstände lebhafte Mißbilligung, die auch hier und da in den Bestimmungen der Wahlkapitulation anklingt. Gewisse Keime einer Opposition waren also vorhanden. Aber was wollte das besagen? Die meisten Übergriffe dieser Art waren auch seither schon als ungesetzlich empfunden und trotzdem ungestraft verübt worden. Wie wenig gelang es überhaupt, dem Reichsoberhaupt neue Verpflichtungen aufzuerlegen! Vielleicht die wichtigste Neuerung in dieser Wahlkapitulation betraf die Reichsacht. Schon bei der Wahl des Kaisers Matthias hatte Kurpfalz den Vorschlag gemacht, sie an die Genehmigung der Kurfürsten zu binden, und das zweifelhafte Verfahren bei der Ächtung des Winterkönigs legte eine Neuregelung nahe. Was aber kam dabei heraus? Die damals verworfene Bestimmung fand jetzt Aufnahme, zugleich aber wurde dem Kaiser die Befugnis zuerkannt, in notorischen Fällen auch ohne förmlichen Prozeß und lediglich nach Anhörung der Kurfürsten zu verfahren. Damit wurde der Achtprozeß dem ordentlichen Richter entzogen und zu einem politischen Verfahren unter maßgebendem Einfluß des Kaisers gemacht. Nein, von einer kurfürstlichen Opposition, die diesen Namen verdiente, war auf dem Regensburger Tag nichts zu spüren. Das System des Prager Friedens stand unerschüttert.

Bei so ausgeprägten Gegensätzen zwischen den beiden Hauptmächten, dem Kaiser und Frankreich, wäre der Kongreß von Köln vermutlich zum Scheitern verurteilt gewesen, wenn er überhaupt zusammengetreten wäre. Aber nicht einmal dazu kam es. Man stritt sich um die Geleitsbriefe für die Bevollmächtigten, in Wahrheit ging es dabei um die Zuziehung der beiderseitigen Bundesgenossen zum Kongreß. Richelieu wollte dem Kaiser eine festgefügte Partei entgegenstellen, die sich mit Frankreich und Schweden, den Niederlanden und den italienischen Staaten verbinden und so ein gewaltiges Gegengewicht gegen das Haus Habsburg in Europa herstellen sollte. Nur gemeinsam sollten alle diese Staaten mit Habsburg Frieden schließen, gemeinsam den künftigen Frieden durch ihre Garantie sichern. Der Kaiser dagegen hielt sich an den Regensburger Beschluß, der nur den Beauftragten des Kurkollegs Zutritt gestattete, die Teilnahme der Alliierten beider Kronen lehnte er ab. Erst die militärischen Ereignisse der folgenden Jahre machten ihn nach und nach williger. Zunächst stellte er für Holland und Schweden Geleitsbriefe aus, für die mit den Großmächten verbündeten Reichsstände verweigerte er sie noch immer. Sogar der Kardinal Ginetti wirkte insgeheim dahin, daß auch die Protestanten zugelassen würden. Er bemerkte, es sei doch sogar jedem Rebellen, der Gnade suche, erlaubt, durch Bevollmächtigte über die Bedingungen seiner Aussöhnung zu verhandeln. Dem allgemeinen Drängen nachgebend, willigte der Kaiser schließlich darein, die noch nicht durch den Prager Frieden versöhnten Stände, die „nondum reconciliati", im Gefolge der französischen Gesandten zuzulassen, damit sie ihre Interessen wahrnehmen könnten. Das aber entsprach nicht dem Wunsch Richelieus. Als gleichberechtigte Bevollmächtigte wollte er sie erscheinen sehen, und außerdem schloß der Kaiser lange Zeit die beiden wichtigsten von ihnen, Pfalz und Hessen-Kassel, noch aus. So versickerten die Verhandlungen um den Kölner Kongreß allmählich im Sande, und erst der Hamburger Präliminarvertrag vom Dezember 1641 löste alle diese Vorfragen im Sinne Frankreichs und Schwedens.

Geheimverhandlungen mit Schweden, französisch-schwedisches Bündnis

Bis zum Herbst des Jahres 1634 war Schweden die einzige Schutzmacht der deutschen Protestanten gewesen, besonders in Süddeutschland, wo es unbestritten und ausschließlich den Heilbronner Bund beherrschte. Französische Versuche, nach dem Tode Gustav Adolfs in ein unmittelbares Verhältnis zu den deutschen Protestanten zu kommen oder maßgebenden Anteil an der Führung des Bundes zu gewinnen, waren gescheitert. Als nichtkriegführende Macht mußte Frankreich sich darauf beschränken, Subsidien zu zahlen, aber auch deren Verwendung lag fast allein in Schwedens Hand. Immerhin hatte es die französische Diplomatie verstanden, ein Höchstmaß von politischen Vorteilen aus dieser Geldhilfe zu ziehen. Schweden und seine Bundesgenossen hatten sich verpflichten müssen, nicht ohne Frankreichs Zustimmung Frieden zu schließen und die Ausübung des katholischen Gottesdienstes, wo sie ihn vorfanden, nicht zu hindern. Frankreich hatte ferner die Anerkennung seiner Protektion über Lothringen und Kurtrier erreicht und mit Zustimmung Schwedens wichtige Festungen am Rhein besetzen können.

Dieses Verhältnis erlitt einen schweren Stoß, als der Heilbronner Bund am 1. November 1634 in Paris einen Vertrag mit Richelieu schloß, den Schweden nicht ratifizierte. Oxenstierna betrachtete damals das Bündnis mit Frankreich als erloschen. Zwar wurde es durch einen Vertrag, den er persönlich im April 1635 in Compiègne schloß, weitgehend wiederhergestellt, aber auch dieses Abkommen führte noch zu keiner wirklich befriedigenden Zusammenarbeit. Schweden war bereit, Frankreich den ganzen Süden und Westen des Reiches als Einflußgebiet zu überlassen, aber eben das wünschte Richelieu nicht, weil er sich nicht zu tief mit dem Kaiser einlassen und seine Kräfte gegen Spanien verfügbar haben wollte. Nur das Haus Habsburg wurde deshalb im Vertrag von Compiègne als der gemeinsame Feind genannt und nicht der Kaiser. Richelieu wollte den Krieg gegen Spanien offensiv in den Niederlanden und in Italien führen, am Rhein aber nur einen Schutzgürtel französischer Festungsbesatzungen ziehen und Schweden den deutschen Krieg allein überlassen. Wenn Oxenstierna unter solchen Umständen überhaupt auf einen Vertrag einging, so nur, weil er ihm Geldhilfe und Ansehen einbrachte; Schweden schien vor den Augen der Welt mit Frankreich verbündet, war es aber in Wirklichkeit nicht. Die schwedische Ratifikation wurde bewußt hinausgezögert, solange sich Frankreich nicht zum Kriege gegen den Kaiser bereit fand. Als Oxenstierna im folgenden Jahre, ehe er Deutschland verließ, in Wismar mit Frankreich über Ratifikation und Subsidien verhandelte, war der Gegensatz noch immer der gleiche. Die französische Parole lautete: Kein Livre ohne Ratifikation, die schwedische: Keine Ratifikation ohne Krieg! Das Ergebnis waren zwei verschiedene Vertragsentwürfe, die der Entscheidung beider Regierungen unterbreitet werden mußten, und nur, um den bündnislosen Zustand vor der Öffentlichkeit zu verbergen, kam man zu einem Interimsvertrag, der Schweden gegen einen Subsidienvorschuß zu einem vorläufigen Verzicht auf seine Friedensverhandlungen mit dem Kaiser für sechs Monate verpflichtete. Aber wenn es auch in Wismar zu keinem Abschluß kam und bei Beratung der Vertragsentwürfe im schwedischen Reichsrat die Frage nach Krieg oder Rückzug aus Deutschland auf Messers Schneide stand, so erhielten doch, nachdem dieser Augenblick der Schwäche durch die Energie des Kanzlers überwunden war, die Entwürfe von Wismar zunehmende Bedeutung. In ihnen waren zum ersten Mal die gemeinsamen Kriegsziele beider

Mächte formuliert. Uneinig war man sich nur noch in der Frage, auf welchem Wege sie zu erreichen seien.

Die kaiserlich-schwedischen Verhandlungen hatten bis zur Abreise Oxenstiernas aus Deutschland eigentlich nie ganz geruht. Er rechnete auch mit ihrem Fortgang, mindestens nach Ablauf des eben erwähnten Wismarer Interimsvertrages. Bjelke, der in Deutschland zurückblieb, und Salvius, der im Sommer 1636 dorthin entsandt wurde, erhielten für diese Verhandlungen Instruktionen, von denen sie aber mangels Kontaktes mit der Gegenseite keinen Gebrauch machen konnten. Als schließlich in Verfolg der Beschlüsse des Regenburger Kurfürstentages Mainz und Brandenburg durch Vermittlung des Markgrafen Sigismund von Brandenburg im Jahre 1637 in Vierraden mit Bjelke Fühlung aufnahmen, kam man über Fragen der Vollmachten, der Titel und des Kongreßortes nicht hinaus. Herzog August von Lüneburg, die Herzöge von Lauenburg und Mecklenburg boten sich als neue Vermittler an, aber der Kaiser hielt an dem Regensburger Beschluß fest, daß die schwedische Satisfaktion nicht seine Sache sei, sondern nur die Protestanten angehe. Er suchte die Verhandlungen von Hamburg, wo Salvius sich aufhielt und in ständiger Fühlung mit dem französischen Gesandten Grafen d'Avaux stand, in eine Stadt des kaiserlichen Machtbereiches zu ziehen, wohin der Franzose nicht folgen konnte, denn man spürte, daß er es war, der die Verbindung Frankreichs mit Schweden unentwegt festhielt, der jeden Schritt und jede Wendung der schwedischen Politik überwachte. Salvius aber lehnte es ab, anderswo als in Hamburg zu verhandeln. Kein Zweifel, Schweden war in schneller Annäherung an Frankreich begriffen.

In Wien fürchtete man nichts mehr als eine Ratifikation des Wismarer Vertragsentwurfes durch Schweden. Trat dies ein, so mußte man jede Hoffnung auf einen Sonderfrieden begraben. Der Kaiser suchte nach einem Ausweg. Im Januar 1638 wurde beschlossen, den Reichsvizekanzler Graf Kurz nach Norddeutschland und Dänemark zu entsenden. Sein Auftrag war ein doppelter: Er sollte versuchen, den Separatfrieden mit Schweden doch noch herbeizuführen oder, wenn dies mißlingen sollte, die niedersächsischen Stände und Dänemark für ein Bündnis mit dem Kaiser zu gewinnen. Im November 1637 hatte der dänische Gesandte in Wien eine Erklärung abgegeben, sein König sei bereit, in den Krieg gegen Schweden einzutreten, wenn es die dänische Vermittlung endgültig zurückweisen sollte. Hier schien sich eine Aussicht zu eröffnen.

Die bevorstehende Sendung des Reichsvizekanzlers war bekannt. Die norddeutschen Reichsstände bestürmten den schwedischen Gesandten, mit dem Abschluß des französischen Bündnisses zu warten, bis Graf Kurz käme und die neuen kaiserlichen Friedensangebote unterbreite. Es war vergeblich, am 6. März 1638 unterzeichneten Salvius und Graf d'Avaux in Hamburg den Vertrag, der das Schicksal Deutschlands besiegeln sollte.

Dem Abschluß waren noch einmal harte Kämpfe zwischen den beiden Großmächten vorangegangen. In den Kriegszielen war man sich zwar seit zwei Jahren einig, sie hießen Wiederherstellung des Status von 1618, allgemeine Amnestie, Satisfaktion für beide Kronen. Insofern wurde kein neuer Vertrag geschlossen, sondern, wie die Präambel ausdrücklich sagte, nur das Abkommen von Wismar erläutert, bestätigt und ratifiziert. Einige Zweifelsfragen wurden geklärt, vor allem die, wie die beiderseitige Verpflichtung, nur gemeinsam Frieden zu schließen, zu verstehen sei und wie man unter dieser Voraussetzung zum Frieden oder überhaupt nur zu Friedensverhandlungen kommen könne. Frankreich hätte am liebsten eine große, allgemeine Konferenz gesehen, die für alle Streitfragen, auch die italienischen und spanisch-niederländischen, zuständig sein sollte. Schweden hätte dann also ohne Schlichtung aller französisch-spanischen Differenzen keinen Frieden mit dem Kaiser eingehen dürfen. Avaux hatte hartnäckig für einen solchen Artikel gekämpft, ohne doch etwas erreichen zu können. Über ihr gemeinsames Verfahren dem Kaiser gegenüber wurden sich die beiden Mächte jedoch jetzt einig. Schon in Wismar war Köln als Ort der Konferenz genannt worden. Auch jetzt hielt man daran fest, möglichst in einer Stadt zu verhandeln. Für den Fall aber, daß es darüber zu keiner Verständigung käme, wurde eine Trennung des Kongresses vorgesehen. Frankreich sollte dann in Köln, Schweden in Hamburg oder Lübeck mit dem Kaiser verhandeln, beide würden mit ihren deutschen Bundesgenossen erscheinen. Die Einheit des Kongresses sollte trotzdem gewahrt bleiben, in Köln ein schwedischer, bei den Schweden ein französischer Resident ohne Verhandlungsvollmacht, nur als Berichterstatter, zugegen sein, ohne dessen Wissen nichts verhandelt und unterschrieben werden dürfte. Beide Konferenzen sollten zugleich beginnen und zugleich enden, ein Abbruch der Verhandlungen an einem Ort sollte das gleiche an dem anderen nach sich ziehen.

Für drei Jahre tat Schweden mit diesem Vertrag den Schritt aus der Unabhängigkeit in die Bindung, es verzichtete auf jeden Sonderfrieden. Dafür gewann es die französische Waffenhilfe. Frankreich verpflichtete sich, durch Süddeutschland in die kaiserlichen Erblande vorzudringen, Schweden auf dem Wege über Brandenburg und Sachsen. Trotzdem fiel der schwedischen Regierung der Entschluß nicht leicht. Ein Kriegsbündnis mit Frankreich mußte ihr viel Vertrauen und Anhänglichkeit bei den deutschen Protestanten rauben. Als Retter der evangelischen Sache war Gustav Adolf einst gekommen, acht Jahre später schlossen seine Nachfolger ein Bündnis, worin von Rettung des Glaubens nicht mehr die Rede war.

Dieser Vertrag hat das Verfahren für die späteren Friedensverhandlungen festgelegt. Sonderverhandlungen, die danach noch von der einen oder anderen Macht geführt wurden, hatten nur noch taktische Bedeutung. Der Kaiser sollte es bald erfahren. Als Graf Kurz in Hamburg geheime Besprechungen mit Salvius suchte, stieß er auf Ablehnung. Nur gleichzeitige Verhandlungen in Hamburg und Köln kämen in Betracht, war die Antwort; Salvius beschränkte sich darauf, im strengsten Vertrauen durch Vermittlung der Lauenburger Herzöge die kaiserlichen Vorschläge anzuhören. Ein Schriftstück, das diese dem Grafen Kurz als angeblich von Salvius stammend übergaben, verlangte, wie einst Oxenstierna bei den Schönebeckschen Verhandlungen, die Abtretung Vorpommerns und die Abfindung der schwedischen Armee, dazu volle Amnestie und Entfestigung der deutschen Ostseeküste. Kurz sandte es nach Wien, und es galt der kaiserlichen Regierung lange Zeit als schwedisches Angebot. Man knüpfte daran in den beiden folgenden Jahren ziemlich weitreichende Hoffnungen, um schließlich zu erleben, daß man sich auf schwedischer Seite keineswegs dazu bekennen wollte. Übrigens war Graf Kurz damals, im Sommer 1638, noch gar nicht bereit, auf die darin enthaltenen Bedingungen einzugehen.

Noch blieb die Hoffnung auf die dänische Vermittlung. Christian IV. schlug einen Kongreß in Lübeck vor. Die Verhandlungen darüber zogen sich bis zum Ende des Jahres hin, und hier zeigten sich nun zum ersten Mal Schwächeanwandlungen der kaiserlichen Unterhändler, erste Anzeichen geheimer Erschütterungen der Macht des Kaisers, die auf dem Prager Frieden bisher so sicher begründet schien. Es waren die Monate, da Herzog Bernhard von Weimar seinen glücklichen Feldzug am Oberrhein führte und den eisernen Ring der Belagerung um Breisach zog. Zunächst mußte Kurz die Zuziehung des französischen Gesandten Avaux bewilligen. Und aus den Friedensverhandlungen, auf die er hoffte, wurde eine reine Präliminarverhandlung. Der Franzose und der Schwede bestanden darauf, daß ihre Bundesgenossen Geleitsbriefe haben müßten, eherkönnten die Besprechungen in Köln und Lübeck nicht beginnen. Darauf tat der Kaiser den zweiten Schritt: Er versprach Geleitsbriefe für die vom Prager Frieden ausgeschlossenen Stände, die „nobis nondum reconciliati", damit sie „per legatos regios", durch den Mund der französischen und schwedischen Gesandten, ihre Beschwerden vorbringen könnten. Selbst mit ihnen zu verhandeln und sie als Teilnehmer des Kongresses anzuerkennen lehnte er ab. Aber war nicht schon dieses Zugeständnis gefährlich genug? Die Mine an den Prager Frieden war damit gelegt. Und alsbald mußte der Kaiser auch den dritten Schritt tun: Das „per legatos regios", so einigte man sich, sollte aus den Geleitsbriefen gestrichen werden, es sollte offen bleiben, auf welche Weise die Stände ihre Beschwerden vorbringen würden. Genug, wenn sie erst einmal erschienen.

Erbittert aber wurde der Kampf, als man auf die Stände zu sprechen kam, die den Prager Frieden angenommen hatten. Es war für Frankreich und Schweden eine Grundsatzfrage, ihre Zulassung zu erkämpfen, obwohl an ihnen selbst nicht viel gelegen war; Richelieu äußerte im Vertrauen: „Wir haben kein Interesse an diesen réconciliés, denn sie werden ihr Heil schließlich nicht bei Frankreich suchen, da sie und ihre Staaten in Wirklichkeit in der Hand des Kaisers sind." Man hätte andererseits meinen sollen, daß ihre Zulassung dem Kaiser weniger ausgemacht hätte als die der Rebellen. Aber im Gegenteil, sie galten ihm ja als die Ausgesöhnten und Zufriedengestellten. Erschienen auch sie auf dem Kongreß, so war der Prager Frieden tatsächlich umgestürzt, der Weg zu neuen Verhandlungen über Fragen, die man längst als erledigt betrachtet hatte, geöffnet. Und waren denn die Stände, die sich dem Prager Frieden gebeugt hatten, wirklich alle mit ihrem Schicksal zufrieden? Richelieus Geringschätzung für die „reconciliati" und seine Skepsis galten doch nur so lange, als die Kriegslage dem Kaiser günstig blieb. Erschienen aber die einstweilen Versöhnten auf dem Kongreß und wendete sich das Glück den fremden Mächten zu, wer stand dafür, daß es dann nicht zu neuen Verhandlungen, Konspirationen und Bündnissen mit dem Ausland kam? Der Charakter des Reiches als eines Staatswesens mit einheitlicher Außenpolitik hing daran, daß der Kaiser in diesem Punkt nun endlich fest blieb. Und der Vizekanzler tat sein Bestes. Er forderte mindestens eine Liste der Reichsstände, deren Zuziehung gewünscht werde, fürchtete er doch, daß sonst vielleicht gar die Böhmen und andere Untertanen aus den kaiserlichen Erblanden als „Bundesgenossen" der Kronen auf dem Kongreß eingeführt würden. Er blieb fest in der pfälzischen Frage, die mit den Friedensverhandlungen nichts zu tun habe, fest in der Weigerung, den gefangenen Philipp von Sötern noch als Kurfürsten des Reiches anzuerkennen. Pfalz und Trier zählten für den Kaiser nicht einmal mehr zu den Unversöhnten, sie waren für ihn nicht mehr vorhanden.

Man brach die Verhandlungen ab. Und die dänische Hilfe? Zweimal besuchte der Reichsvizekanzler den König in Dänemark, aber das versprochene Bündnis kam nicht zustande. Christian IV. war gefesselt durch die Opposition seiner Stände, die der kriegslustigen Politik ihres Königs seit jeher nicht gewogen waren. So war denn Graf Kurz völlig gescheitert. Als er im Anfang des Jahres 1639 nach Wien zurückkehrte, brachte er wenigstens ein sicheres Ergebnis mit, wenn auch kein erfreuliches: Schweden war nicht mehr von Frankreich zu trennen, Dänemark nicht zum Eingreifen zu bewegen und von dem allgemeinen Friedenskongreß, den die Gegner forderten, nichts Gutes zu hoffen. Zu den diplomatischen Niederlagen des Kaisers traten sehr bald die militärischen. Der Weg neigte sich abwärts, der letzte Akt der blutigen Tragödie begann.

Wende des Krieges

Langsam beginnt im Jahre 1638 der Umschwung, der die letzte Phase des Krieges einleitet. Schon im Frühjahr und Sommer hatten die Schweden Verstärkungen aus Preußen herangezogen, waren ihre Waffen in Mecklenburg und Pommern erfolgreich. Am 17. Dezember 1638 nahm Bernhard von Weimar die stärkste Festung des Oberrheins, Breisach. Mit ihrem Fall brach die strategische Stellung Habsburgs an einer entscheidenden Stelle zusammen. Im Februar 1639 drang Banér, wie das Bündnis mit Frankreich es vorsah, durch Brandenburg vor, schlug am 14. April die Sachsen bei Chemnitz aufs Haupt und stand im Mai vor Prag. Die Franzosen waren in diesem Jahr noch wenig glücklich im Felde. Bei Diedenhofen wurden sie von Piccolomini geschlagen, in Italien verloren sie Turin und Nizza an die Spanier. Als aber am 17. Juli 1639 Herzog Bernhard von Weimar plötzlich starb, ging sein Heer durch einen Vertrag mit den Regimentsobersten in französische Dienste über. Noch beruhten also die französischen Erfolge mehr auf diplomatischer als auf militärischer Überlegenheit, aber wenn die beiden habsburgischen Mächte noch Hoffnungen auf den niederländischen und italienischen Kriegsschauplatz gesetzt hatten, so wurden sie im folgenden Jahre auch hier enttäuscht. Im August 1640 fiel Arras in die Hand der Franzosen, in Italien gingen Casale und Turin an sie verloren. Auch in Deutschland drangen sie jetzt vor, zum ersten Mal kam es zu einer Vereinigung der Franzosen mit einer schwedischen Armee im Herzen des Reiches, in Thüringen. Wenn es auch diesmal noch glückte, den Angriff auf die Erblande des Kaisers abzuwehren und den Feind bis ins niedersächsische Gebiet zurückzuwerfen, so blieb Banér doch stark genug, im Januar 1641 bis vor die Mauern von Regensburg vorzudringen und die Stadt, in der der Reichstag unter Vorsitz des Kaisers tagte, mit seinen Stückkugeln zu beschießen; fast wäre es ihm gelungen, die Versammlung auseinanderzusprengen.

Die politischen Folgen dieser Kette von Niederlagen blieben nicht aus. Der Kaiser entschloß sich Anfang 1639 zu dem folgenschweren Schritt, den Schweden ein Stück Reichsbodens anzubieten, um den Frieden zu erkaufen. Die erste Sondierung, die Graf Kurz mit großer Vorsicht unternahm, knüpfte an die letzten Angebote an, die bei der gescheiterten Schönebeckschen Verhandlung des Jahres 1636 geschehen waren. Der Vizekanzler sprach zunächst noch sehr vage von einer Geldentschädigung und einem Stück Land als Sicherheit. Eine Antwort erhielt er erst, als er sich weiter vorwagte und auf Pommern hindeutete, aber sie war in keiner Weise bindend. Nur so viel erfuhr er, daß Pfandbesitz nicht genüge, daß Pommern als Reichslehen beansprucht werde. Danach mußte also ein Angebot, wenn es Sinn haben sollte, eingerichtet werden. Es erfolgte nach eingehenden Beratungen am Wiener Hof im Juli 1639. In dem Schriftstück, das man im Sommer 1638 durch Vermittlung der Lauenburger Herzöge bekommen hatte, glaubte man ja einen schwedischen Friedensvorschlag vor sich zu haben. Hier knüpfte man an. Der Kaiser versprach Aufnahme aller noch nicht versöhnten Reichsstände in die Amnestie, Beitritt der kaiserlichen und schwedischen Bundesgenossen zu dem geplanten Vertrag, Zahlung von zwei Monaten Sold an die schwedische Armee und Verhandlungen mit Brandenburg über einen Verzicht auf Vorpommern.

Dieses Projekt gab schon wichtige Grundsätze des Prager Friedens preis, der die Macht des Kaisers angeblich ja nur deshalb erhöht hatte, damit er die Feinde vom Reichsboden vertreibe. Damit hatte man ihn bisher gerechtfertigt, gerade in diesem Punkt verletzte ihn der Kaiser nun als erster, hatte er doch damals den Anspruch Brandenburgs auf Pommern ausdrücklich anerkannt und den Kurfürsten darin zu schützen versprochen! Aber das ganze Angebot war für Schweden schon deshalb unannehmbar, weil es den beiderseitigen Bundesgenossen nur den nachträglichen Beitritt offen ließ. Das hieß von Schweden den Verzicht auf das französische Bündnis fordern, denn es war keine Frage, daß Frankreich sich niemals dazu verstehen würde, einen ohne seine Mitwirkung geschlossenen Frieden nachträglich zu vollziehen. Es war die gleiche Taktik, die der Kaiser beim Prager Frieden verfolgt hatte. Damals war es gelungen, Schwedens Bundesgenossen zu gewinnen und Schweden selbst auszuschließen. Diesmals sollte Schweden einbezogen, dafür aber Frankreich isoliert werden. Konnte man hoffen, daß das einmal so erfolgreich betriebene Spiel wiederum glücken würde?

Außerdem aber war es doch ein häßlicher Flecken auf der Ehre des Kaisers, daß er den Frieden auf Kosten eines Vasallen und Bundesgenossen erkaufen wollte, und daß er dem Feinde ein Opfer anbot, ehe der Freund, der es bringen sollte, darein gewilligt hatte. Schon seit Anfang 1639 stand man in Verhandlungen mit Brandenburg, ohne seine Zustimmung gewinnen zu können. Erst am Ende dieses Jahres zeigte der Kurfürst eine gewisse Nachgiebigkeit, nannte er Magdeburg oder Halberstadt als etwaige Entschädigung für die Abtretung eines Teils von Pommern, ließ aber nie einen Zweifel darüber, daß seine Abfindung *vor* jedem Angebot an Schweden geregelt sein müsse. Als er schließlich im Februar 1640 dem kaiserlichen Angebot an Schweden zustimmte, sofern er „alsbald" ein gleichwertiges Stück Land erhalte, waren schon längst im geheimen die kaiserlichen Eröffnungen an Schweden geschehen. Im Dezember 1639 hatte man den ersten „gradus" getan und 25 Tonnen Goldes, aufzubringen durch die Stände Augsburgischer Konfession und zu sichern durch die Pfandabtretung von Rügen und Stralsund, geboten. Weitere Angebote folgten. Wenn die Einwilligung Brandenburgs, wie nicht anders möglich, jedesmal vorbehalten blieb, so war das doch ganz etwas anderes, als wenn man sie vorher eingeholt und dem Kurfürsten Gelegenheit gegeben hätte, seine Bedingungen zu nennen. Gerade die Vorbehaltsklausel brachte ihn in eine unerträgliche Zwangslage, denn mit ihr wurde die ganze Verantwortung auf ihn abgewälzt. Wie konnte er ablehnen, ohne als Störer des Friedens dazustehen, wie auf Bedingungen beharren, da er doch fürchten mußte, dann alles zu verlieren? Denn nachdem man einmal ohne ihn zu verhandeln begonnen, würde man sich da noch scheuen, am Ende auch ohne ihn abzuschließen?

Auf zwei Wegen suchte der Kaiser seine Angebote im Jahre 1640 an die schwedische Regierung heranzubringen, in Hamburg bei Salvius durch seinen Gesandten Lützow, im Feldlager durch Gallas, der mit Banér anzuknüpfen hatte. Noch einmal gab man sich der kühnen Hoffnung hin, den militärisch schon fast verlorenen Krieg auf diplomatischem Wege doch noch zu gewinnen. Im März 1641 lief das dreijährige Wismarer Bündnis zwischen Frankreich und Schweden ab. Diesen Zeitpunkt hatte man im Auge. Mit der Preisgabe Pommerns hoffte man den Bund der beiden Großmächte zu sprengen.

Natürlich hat die schwedische Regierung das keinen Augenblick verkannt. Die kaiserlichen Angebote enthielten doch zuviel des Fragwürdigen. Über Pommern konnte der Kaiser ohne Brandenburgs Zustimmung ja gar nicht verfügen, auch bedurfte eine solche Abtretung der Einwilligung der Reichsstände, die keineswegs sicher war. Was konnte ferner ein Sonderfrieden mit dem Kaiser den Schweden nützen? Sicherheit gegen künftige Angriffe bot nur ein allgemeiner Frieden, der alle Verbündeten Schwedens einschloß und den alle garantierten. Den aber gewährte nur das französische Bündnis. Ein Sondervertrag mit dem Kaiser, das hieß schließlich auch Preisgabe der evangelischen Reichsstände an ihn und an die katholische Majorität des Reichstages, hieß schonungsloses Eingeständnis der eigenen Eroberungsabsichten, hieß Erschütterung jedes Vertrauens in die schwedische Bündnistreue. Deshalb beschloß der schwedische Reichsrat im Jahre 1640, die Separatverhandlungen mit dem Kaiser überhaupt einzustellen. Nur schwer verstand sich Salvius dazu, den kaiserlichen Gesandten überhaupt anzuhören. Als er seine Bedingungen vernahm, verwarf er sie vollständig. Es ging dabei nicht nur um die schwedische Satisfaktion. Nach wie vor versuchte der Kaiser, unter den Reichsständen Unterschiede zu machen, sie nach Versöhnten, teilweise Versöhnten und Nichtversöhnten zu gruppieren und nur diesen letzten Geleitbriefe auszustellen, damit sie ihre Klagen vorbringen könnten. Was er bot, waren einige Verbesserungen des Prager Friedens, mehr nicht. Was Schweden dagegen forderte, wurde aus Salvius' Antwort klar: Der Prager Frieden sei ungesetzlich, neue Verträge müßten geschlossen, alle Reichsstände wiederhergestellt werden. Vergebens suchte Lützow die Satisfaktionsfrage in den Vordergrund zu schieben. Er verstand sich in schrittweisem Zurückweichen schließlich zu dem Angebot von ganz Vorpommern als Reichslehen gemäß dem vermeintlichen schwedischen Projekt von 1638. Er mußte erleben, daß Salvius es ablehnte, sich zu diesem Vorschlag überhaupt zu bekennen. Damit stand man am Ende.

Der große Umschwung dieser Jahre beschränkte sich nicht auf Deutschland. Mindestens ebenso entscheidend für den Verlauf des Krieges wurde es, daß Frankreich um diese Zeit auch die Oberhand über Spanien gewann. Im Jahre 1640 brachen fast gleichzeitig Aufstände in Katalonien und Portugal gegen die spanische Herrschaft aus. Die Katalanen beriefen sich auf ihre alten, von den spanischen Königen immer wieder mißachteten Privilegien und leiteten daraus ein Widerstandsrecht ab. Die Stände erklärten den König von Spanien für abgesetzt und wählten Ludwig XIII. zum Grafen von Barcelona. In Portugal erhob der Adel das eingeborene Geschlecht der Braganza auf den Thron, die neue Regierung bot dem König von Frankreich Freundschaft und Waffenbündnis. Richelieu stand vor einer schweren Entscheidung. Sollte er, der überzeugte Vorkämpfer monarchischer Autorität gegen ständische Autonomie, den Rebellen die Hand reichen? Das geltende Völkerrecht erlaubte eine solche Einmischung, wenn die Aufständischen ein gesetzliches Widerstandsrecht für sich geltend machen konnten und die Hilfe eines fremden Monarchen anriefen. Auf diese Lehren berief sich Richelieu, auf sie gestützt nahm der König von Frankreich die Wahl der katalanischen Stände an. Zu verlockend war die Aussicht, mit einem Schlage den Krieg in das Herz der spanischen Monarchie tragen zu können. Zugleich aber wurde, das war nicht zu verkennen, damit der Frieden mit Spanien unendlich erschwert. Nachdem dieser Schritt einmal geschehen, konnte Ludwig XIII. die Katalanen nicht mehr fallen lassen. Das Mindeste, was er von jetzt an beim Friedensschluß fordern mußte, war eine vollständige Amnestie für sie und eine Garantie ihrer alten Rechte, die auf eine Autonomie im Rahmen der spanischen Monarchie hinauslaufen mußte. Portugal gegenüber blieb man vorsichtiger, Richelieu hat sich hier nie soweit gebunden, daß Frankreich gezwungen gewesen wäre, allein um der Portugiesen willen den Krieg fortzuführen. Für die allgemeinen Friedensbemühungen waren beide Ereignisse von der größten Bedeutung, man mußte von jetzt an mit der Möglichkeit rechnen, daß der Frieden im Reich geschlossen wurde und der Kampf gegen Spanien weiter ging. Kam es dahin, dann mußte Frankreich eine für den Kaiser fast unerfüllbare Bedingung stellen, nämlich die, daß er dem Bündnis mit Spanien entsage, auf dem die Macht beider Linien des Hauses Habsburg beruhte.

3. Kapitel

VOM PRÄLIMINARVERTRAG ZUM FRIEDENSKONGRESS 1640—1643

Kurfürstentag von Nürnberg und Reichstag von Regensburg

Gegen ihren Willen waren die meisten deutschen Fürsten in den Krieg hineingezogen worden. Außer Maximilian von Bayern, der eigene Ziele verfolgte, und einigen radikal gesonnenen, aber machtlosen protestantischen Kleinfürsten, die alles auf eine Karte gesetzt und in der Regel denn auch verspielt hatten, waren die Reichsstände nichts als Opfer des Kampfes der Großen. Sie mußten zusehen, wie ihre Länder verwüstet wurden, ihre Untertanen dem Krieg und den Seuchen erlagen. Zwar drangen ihre Klagen beweglich an das Ohr und Herz der Kriegführenden, aber mehr konnten sie für den Frieden nicht tun, eigene Vorschläge wagten sie kaum vorzubringen. Der Prager Frieden hatte selbst die Kurfürsten, die noch 1630 dem Kaiser so entschieden gegenübergetreten waren, zur Ohnmacht und zum Schweigen verurteilt. In Regensburg 1636 sahen wir sie auf jede selbständige Haltung verzichten und sich völlig der kaiserlichen Politik unterordnen.

Hatten die Stände bis dahin noch erwartet, daß der Kaiser in Kürze den Frieden herbeiführen werde, so sahen sie sich in dieser Hoffnung von Jahr zu Jahr bitterer enttäuscht. Mit der wachsenden Hoffnungslosigkeit, dem zunehmenden Jammer des Krieges und dem immer deutlicher spürbaren Übergewicht Frankreichs und Schwedens begannen erst die Kurfürsten, dann auch die anderen Stände an der Außenpolitik des Kaisers Kritik zu üben, zum Frieden zu raten, zum Nachgeben zu drängen. Schließlich suchten sie, immerfort von den fremden Mächten ermutigt und angestachelt, tätigen Einfluß zu gewinnen, um am Ende gar heimlich oder offen mit den Feinden des Kaisers zu paktieren. Diese Entwicklung begann mit dem Nürnberger Kurfürstentag von 1640, führte über den Reichstag von Regensburg und den Frankfurter Deputationstag zur Teilnahme aller Reichsstände am Kongreß und schließlich zum Westfälischen Frieden. Dieses knappe Jahrzehnt hat den jahrhundertelangen Kampf um die Führung im Reiche zugunsten der Stände entschieden.

Schon seit 1638 stand Maximilian von Bayern in Verbindung mit Kursachsen, um die Einberufung eines Kurfürstentages zu betreiben. Es sollte beraten werden, ob die Stände des Reiches schuldig seien, diesen Krieg noch weiter zu führen, in dem es doch nachgerade nur noch um die Interessen Frankreichs und des Hauses Habsburg gehe. Seine Bemühungen hatten Erfolg, im Januar 1640 trat der Kurfürstentag in Nürnberg zusammen.

Wie anders war jetzt die Lage als auf dem letzten Regensburger Tag! Damals eine geschlossene Front der Kurfürsten, allgemeine Anerkennung des Prager Friedens, einmütige Zurückweisung aller fremden Ansprüche, jetzt eine ratlose, verbitterte, dem Kaiser feindliche Stimmung. Brandenburg und Sachsen nahmen bereits eine Änderung des Prager Friedens in Ausssicht oder zeigten doch wenigstens keine Neigung, sich noch für ihn zu erklären. Insbesondere in der Frage der Amnestie und der Religionsfreiheit wollten sie über ihn hinaus. Das war an sich nichts Neues, neu aber war, daß sie damit offen hervorzutreten wagten. Noch bedenklicher mußte es den Kaiser stimmen, daß selbst die katholischen Kurfürsten für eine gewisse Erweiterung der Amnestie waren. In dieser, der einen Hauptfrage des Friedens, zeigte sich jetzt zum ersten Mal ein Gegensatz zwischen dem Kaiser und dem gesamten Kurkolleg. Das zweite große Friedensproblem, die Religionsfrage, blieb unerörtert, in dem dritten Hauptpunkt, der Frage der schwedischen Satisfaktion, waren Kaiser und Kurfürsten einig, daß es ohne eine Landabtretung nicht mehr gehe. Jeder war zu Opfern bereit, soweit er sie nicht selber bringen sollte, und da als Preis für den Frieden doch nur Pommern in Betracht kommen konnte, war man sich rasch einig. Alle versuchten sie, Brandenburg zum Verzicht zu bewegen. Doch ohne Entschädigung wollte sich der Kurfürst auf nichts einlassen; seine Gesandten waren angewiesen, jeder Abtretung Pommerns entschieden zu widersprechen. Woher aber sollte man eine Entschädigung nehmen? Da griff denn allgemeine Ratlosigkeit um sich. Der Kurfürstentag war nicht in der Lage, dem Kaiser brauchbare Vorschläge über die Friedensbedingungen zu machen, aber offensichtlich auch nicht mehr so willig wie einst in Regensburg, die kaiserlichen Bedingungen ohne Vorbehalt anzunehmen.

Das wurde noch deutlicher bei der Beratung der Friedensmittel. Einmütig erbaten alle Kurfürsten vom Kaiser die Streichung des „nondum reconciliati", also die Zulassung der Unterzeichner des Prager Friedens zu Kongreß. Sie machten sich damit die wichtigste Forderung der fremden Mächte zu eigen. Sicherlich war hier französischer Einfluß am Werke. Während der Kurfürstentag beriet, verhandelte ein von Richelieu eingeladener bayerischer Abgesandter mit einem Vertrauensmann des Kardinals in Einsiedeln in der Schweiz, und ein anderer französischer Agent deutscher Nationalität war schon vor einem halben Jahr mit ausführlichen Instruktionen für den Kurfürstentag versehen worden, in denen die freundschaftlichsten Gesinnungen Frankreichs gegen das Reich beteuert wurden. Geflissentlich betonte Richelieu hier die Präeminenz der Kurfürsten, aber auch die Notwendigkeit einer allgemeinen Liga aller christlichen Fürsten zur Sicherung des künftigen Friedens. Mit äußerster Vorsicht hatte der Agent sich über die französischen Ansprüche zu äußern, nur Pinerolo ausdrücklich als Forderung zu nennen, über

Lothringen und das Elsaß nur auf Anfrage und dann ganz unbestimmt zu sprechen. Wieviel oder wie wenig dieses noch recht behutsame Auftreten des französischen Abgesandten zu der besagten Bitte der Kurfürsten an den Kaiser beigetragen haben mag, weiß man nicht; daß sie überhaupt geschah, war für Frankreich und Schweden ein unstreitiger Erfolg.

Noch fühlte sich der Kaiser stark genug, der Opposition entgegenzutreten, er lehnte die Zulassung der versöhnten Stände ab. Doch wurde die Lage für ihn gefährlich, als der Kurfürstentag sich durch eine Zuziehung der ausschreibenden Kreisfürsten zu verstärken wünschte. Das hieß eine wahrscheinlich sehr oppositionell gesinnte Versammlung bilden, ohne das Gegengewicht der kleineren Fürsten, der Prälaten, Grafen und Herren, der Reichsstädte, ohne die Möglichkeit für den Kaiser, diese geringeren und meist von ihm abhängigen Stände gegen die mächtigeren auszuspielen. Da war ein Reichstag schon besser. Seit siebenundzwanzig Jahren hatte man keinen mehr berufen, jetzt schlug der Kaiser selbst diesen Ausweg vor. Er rief damit die Menge der kleinen Reichsstände gegen die kurfürstliche Opposition zu Hilfe, freilich beschwor er damit auch unberechenbare Gefahren herauf. Aber er brauchte den Reichstag auch, um neue Mittel für den Krieg zu bekommen. Die Zeiten eigenmächtiger Kontributionen und Aushebungen im Reich waren vorbei, er bedurfte wieder des guten Willens der Stände.

Nach den Erfahrungen von Nürnberg und nach dem Beispiel, das um diese Zeit Hessen und Braunschweig durch ihre Bündnisse mit dem Feind gaben, mußte der Kaiser auch auf dem Reichstag mit einer starken Opposition rechnen. Um ihr zu begegnen, ging er selbst nach Regensburg, wo er nur wenige Fürsten persönlich antraf. Seit Jahrzehnten waren die deutschen Reichstage eigentlich nur noch Gesandtenkongresse. Durch sein persönliches Erscheinen gewann der Kaiser daher von vornherein ein starkes Übergewicht.

Zunächst gelang es ihm, die radikalsten Gegner glücklich auszuschalten. Hessen und Braunschweig hatten natürlich das größte Interesse daran, als nicht versöhnte und von der Amnestie ausgeschlossene Reichsstände die fremden Mächte zu den Reichstagsverhandlungen heranzuziehen. Sie hatten schon dem Nürnberger Kurfürstentag einen solchen Plan unterbreitet. Sie wollten schon jetzt erreichen, was erst fünf Jahre später in Münster gelang, die Verschmelzung des Friedenskongresses mit dem Reichstag oder, wenn man so will, einen internationalen Gesandtenkongreß mit den Reichsständen als völkerrechtlich selbständigen und gleichberechtigten Teilnehmern. Der Gedanke hatte zunächst bei den protestantischen Kurfürsten gewissen Anklang gefunden, bei Maximilian von Bayern jedoch Bedenken erregt, und es war zu keinem Beschluß gekommen. Auf dem Reichstag erneuerten Hessen und Braunschweig ihren Antrag und verknüpften damit die Forderung auf allgemeine Amnestie. Da aber trat ihnen Kursachsen entgegen. Ihre rücksichtslose Agitation war dem lutherisch-konservativen Kurfürsten Johann Georg im tiefsten zuwider. Der Kaiser konnte es wagen, den hessischen und braunschweigischen Gesandten Sitz und Stimme zu verweigern. Noch vor Schluß des Reichstages wurde ihnen das Geleit trotz Fürsprache der Fürsten entzogen. Der Kaiser zwang sie, Regensburg zu verlassen.

Auch bei der Beratung der Friedensfrage bemerkt man zunächst noch ein gewisses Übergewicht des Kaisers. Nicht, daß er in allen Fragen den Sieg davon getragen hätte. Er mußte entscheidende, bisher hartnäckig verteidigte Positionen räumen, in der Frage des Friedenskongresses und der Friedensbedingungen erhebliche Konzessionen machen, aber in der für ihn besonders wichtigen Amnestiefrage setzte er dafür seinen Willen so ziemlich durch. Schon frühzeitig, in den ersten Monaten des Reichstages, hatte er der einmütigen Forderung der Stände nachgegeben und in die Streichung des „nobis nondum reconciliati" gewilligt. Es war doch von einiger Bedeutung, daß nunmehr auch Anhänger des Kaisers und Unterzeichner des Prager Friedens zu den Friedensverhandlungen erscheinen durften. Doch war das Opfer nicht so schwer, wie es erscheinen mochte, wenn man darauf achtet, in welcher Eigenschaft sie dem Kongreß beiwohnen sollten. Der Sinn war keineswegs, ihnen eine Mitwirkung bei den Friedensverhandlungen zuzugestehen. Nur diejenigen Unterzeichner des Prager Friedens nämlich, die noch immer Grund zur Beschwerde in eigener Sache zu haben glaubten, sollten Anspruch auf Gehör und gütliche Verhandlung haben, mehr nicht. Der Reichsabschied schloß sich dieser Auffassung des Kaisers an, er räumte den Zugelassenen nur das Recht ein, mit den kaiserlichen Gesandten „des Reiches und ihrer Herren Notdurft zu bereden." Die Friedensverhandlungen mit den auswärtigen Mächten lagen also nach wie vor allein bei dem Kaiser, zu seiner Assistenz waren gemäß dem Regensburger Kurfürstenbeschluß nur die Vertreter des Kurkollegs befugt. Eine Deputation der Reichsstände zu den Friedensverhandlungen wurde zwar einmal im Fürstenrat angeregt, aber als der österreichische Gesandte durchblicken ließ, wie mißfällig eine solche Deputation dem Kaiser sein würde, stand man von einem Beschluß ab.

Zu einer Beratung über die Friedensbedingungen kam es erstmals im November 1640. Es war die Zeit der kaiserlichen Verhandlungen mit Schweden, die, wie wir sahen, die Erneuerung des französisch-schwedischen Bündnisses verhindern sollten. Der Kaiser brauchte die Zustimmung des Reichstages zu der Abtretung an Schweden, über die er insgeheim ja schon lange verhandelte. Jetzt wurde den Ständen jenes kaiserliche Schriftstück mitgeteilt, worin Stralsund und Rügen den Schweden geboten waren. Es war dem Reichstag nicht bekannt, daß zur gleichen Zeit Lützow in Hamburg schon weit darüber hinausging. Von den Kurfürsten traten Köln und Bayern für eine Landabtretung an Schweden ein; Sachsen, wie immer antischwedisch, war dagegen. Merkwürdig unentschlossen zeigten sich die Brandenburger. Daheim trat um diese Zeit der Regierungswechsel ein. Bisher hatte ihnen ihr Verhalten der katholische Minister Graf Schwarzenberg vorgeschrieben. Er wollte sie auch jetzt im Sinne Kölns und Bayerns instruieren, aber der junge Kurfürst verwarf diesen Rat. Er nahm selber die auswärtigen Geschäfte in seine Hand und wies die Gesandten an, gemeinsam mit Kursachsen gegen das Durchpeitschen der Satisfaktionsfrage auf dem Reichstag Front zu machen, er verbot ihnen schließlich jede weitere Verhandlung darüber. Das Steuer der brandenburgischen Politik wurde auf neuen Kurs gelegt, der Kurfürst trat in Verbindung mit Schweden.

Damit fiel der Plan des Kaisers, mit Hilfe des Reichstages noch in letzter Stunde eine Abtretung Pommerns und einen Sonderfrieden mit Schweden zu erreichen, dahin. Er hat noch im Mai, mit vertraulicher Zustimmung von Mainz und Bayern, in Hamburg die Versicherung abgeben lassen, Brandenburg werde, falls es der Abtretung Pommerns zustimme, vom Reich entschädigt werden. Aber damit konnte er weder im Namen des Reiches sprechen noch den Dingen die Wendung geben, die er wollte.

Auch in der Frage des Friedens mit Frankreich war ihm der Reichstag nicht zu Willen. Spanien und der Kaiser hätten gewünscht, daß er sich der lothringischen Beschwerden gegen Frankreich angenommen hätte, die der Herzog in einem hochfahrenden Memorial zur Kenntnis der Stände brachte. Es vertrug sich schlecht miteinander, daß er den Schutz des Reiches auf Grund des Nürnberger Vertrages forderte, zugleich aber unter Berufung auf denselben Vertrag wie ein Souverän auftrat, der dem Reiche eigentlich gar nicht mehr angehöre. Die Stimmung der Reichsstände gab das Württembergische Votum wieder: Die Antwort müsse in generalibus eingerichtet werden, damit es nicht das Ansehen habe, als wollte man der Krone Frankreich einen neuen Krieg anbieten. So geschah es, der Herzog wurde auf die künftigen Friedensverhandlungen verwiesen.

Nur den allgemeinen Frieden wollte und konnte der Reichstag noch fördern, den Wegen der kaiserlichen Politik zu folgen war er in seiner Mehrheit nicht mehr bereit. In dem jungen Kurfürsten von Brandenburg erwuchs dem Kaiser jetzt der gefährlichste Gegner. Der Kaiser war gewillt, Pommern preiszugeben, der Kurfürst entschlossen, es um jeden Preis zu behaupten. Er war ferner entschlossen, beim künftigen Frieden nicht nur Sicherheit für den evangelischen Glauben, sondern auch Gleichberechtigung des reformierten Bekenntnisses mit dem lutherischen und katholischen zu erkämpfen. Dem System des Restitutionsediktes und des Prager Friedens sagte er schärfsten Kampf an. Das alles bedeutete eine Annäherung an Schweden, dessen zähe Unnachgiebigkeit in der pommerschen Frage er freilich noch nicht erprobt hatte. Er trat in fast allen Punkten, die auf dem Reichstag verhandelt wurden, in schärfste Opposition zum Kaiser.

So denn auch in der Frage der Friedensverhandlungen und der Amnestie. Um die kaiserlichen Sonderverhandlungen mit Schweden zu zerschlagen und überhaupt an die Stelle zweiseitiger Besprechungen die Universalfriedenstraktaten zu setzen, schlugen die brandenburgischen Gesandten dem Reichstage vor, sich selbst unmittelbar an Schweden zu wenden. Das geschah denn auch. An die Königin, den Reichsrat und den Reichstag von Schweden ergingen im Laufe des Jahres 1641 mehrere Schreiben, in denen der Reichstag seine Friedensliebe beteuerte. Die Geleitsbriefe wurden in der von den Kronen gewünschten Form übersandt, über die Kongreßorte erzielte man jetzt ein endgültiges Einvernehmen. Frankreich und Schweden hatten sich 1638 in Wismar auf Köln und Hamburg oder Lübeck geeinigt, bei der Erneuerung ihres Bündnisses am 30. Juni 1641 jedoch auf Münster und Osnabrück, wo man einander näher war. Der Kaiser und die katholischen Stände hätten die Verhandlungen lieber in Worms und Frankfurt geführt, statt in dem entfernten Norden des Reiches. Auch hier gab der Reichstag dem Wunsche der Kronen nach.

Dem Verlangen nach einer vollständigen Amnestie aber konnte der Kaiser schon aus Gründen des eigenen Interesses nicht entsprechen. Bayern hätte die pfälzischen Gebiete zurückgeben, er selbst dafür auf Oberösterreich verzichten müssen. Noch gefährlicher mußte ihm eine Amnestie in seinen Erblanden erscheinen. Hier hat denn der Kaiser auch den zähesten Widerstand geleistet und seinen bedeutendsten Erfolg auf dem Reichstag davongetragen. Dagegen konnte er die Amnestie im Reich nicht ganz abweisen, er suchte sie wenigstens so zu verklausulieren, daß sie mit dem Prager Frieden vereinbar blieb. Mit aller Macht warfen sich ihm auch hier wieder die brandenburgischen Gesandten entgegen. Sie stellten den Antrag, vor allen anderen Punkten über Änderung oder Abschaffung des Prager Friedens zu beraten, wobei auch die vielen angeblich versöhnten, in Wahrheit aber unzufriedenen Unterzeichner des Friedens zu hören seien. Doch in dieser Frage blieb der Kaiser Sieger. Alle, auch Kursachsen, schreckten vor so umstürzenden Maßnahmen zurück und zwangen damit auch die Brandenburger zu vorsichtigerer Haltung. Die Amnestievorschläge der Stände fielen nach langer Beratung so aus, wie der Kaiser es gewünscht hatte, und kamen trotz Widerspruchs Brandenburgs und des Städterates als kaiserliches Amnestiedekret ungeändert in den Abschied. Die Stände, die den Prager Frieden angenommen hatten und als völlig restituiert galten, blieben danach in ihrem Status. Den teilweise Restituierten sollte werden, was ihnen laut dem Prager Frieden zustand, den Ausgeschlossenen völlige Amnestie und Gleichstellung mit den im Prager Frieden begriffenen Ständen. Dies aber mit wichtigen Einschränkungen. Denn als Stichjahr für die Amnestie galt wie im Prager Frieden das Jahr 1630 hinsichtlich der Personen und weltlichen Güter, das Jahr 1627 für die geistlichen Güter. Und gänzlich ausgenommen wurden gerade die wichtigsten Fälle, die kaiserlichen Erblande zumal und die Pfalz, über die besondere Verhandlungen zu führen seien. Schließlich blieb das ganze Dekret bis zur wirklichen Versöhnung aller Stände mit dem Kaiser suspendiert.

So war es also dem Kaiser noch einmal gelungen, in dieser Frage die widerstrebenden Stände unter seinen Willen zu beugen und zur Anerkennung des Prager Friedens zu nötigen. Aber er sollte dieses Sieges nicht froh werden. Er hatte ihn mit schweren Opfern in anderen Fragen erkaufen müssen. In die letzten Wochen des Reichstages fiel ferner die Botschaft, daß Frankreich und Schweden ihr Bündnis bis zum Kriegsende verlängert hätten. Und am Tage, als der Kaiser den Reichstag schloß, überreichten ihm die brandenburgischen Gesandten in besonderer Audienz die Mitteilung, daß ihr Herr Waffenstillstand mit Schweden geschlossen habe. Die Stellung des Kaisers in der Friedensfrage war in dem gleichen Augenblick, wo er sie neu zu festigen geglaubt hatte, entscheidend geschwächt.

Vertrag von Hamburg. Anfänge reichsständischer Opposition

Während zu Regensburg der Reichstag in seiner schwerfälligen Art beriet, hatten sich Frankreich und Schweden noch fester verbunden. Der Allianzvertrag lief im März 1641 ab. Schweden wünschte ein neues Abkommen mit erweiterten Zugeständnissen, höheren Subsidien und einer Verpflichtung Frankreichs, die kaiserlichen Erblande tatkräftiger als bisher anzugreifen. Richelieu wollte vor allem das Bündnis bis zum Kriegsende verlängern, auch war er nicht recht zufrieden mit dem Verfahren bei den künftigen Friedensverhandlungen, wie man es im Jahre 1638 vereinbart hatte. Ungern hatte er damals zwei Kongreßorte zugestanden. Die Idee einer einzigen Universalfriedensverhandlung verfolgte er nach wie vor, und die Erneuerung des Bündnisses sollte ihm jetzt dazu dienen, dieses Ziel doch noch zu erreichen. Die Schweden wünschten eigentlich zwei völlig getrennte Kongresse; sie gaben jetzt insoweit nach, als man statt Köln und Hamburg zwei nahe beieinanderliegende Städte wählte, das katholische Münster für Frankreich, das evangelische Osnabrück für Schweden, nachdem man sich überzeugt hatte, daß der Reichstag zustimmen werde. Nur schwer verstanden sich die französischen Unterhändler zu erhöhten Subsidien und entschiedener Kriegführung, aber die vertragliche Bindung Schwedens bis zum Kriegsende war jedes Opfer wert. Am 30. Juni 1641 wurde der neue Vertrag in Hamburg unterzeichnet. Die kaiserlich-schwedischen Verhandlungen waren damit, wie der Geschichtsschreiber Chemnitz sagt, „tot, ab und erloschen", dem Kaiser der Weg zum Sonderfrieden endgültig verschlossen.

Nur schwer gewöhnte sich der kaiserliche Vertreter daran, mit zwei Gegnern gleichzeitig zu verhandeln. Als im Sommer 1641 die offiziellen Vorbesprechungen zu den Friedensverhandlungen zwischen Lützow und Salvius aufgenommen wurden, zog der schwedische Gesandte den französischen Vertreter Graf d'Avaux hinzu. Lützow wollte sich dagegen verwahren, doch vergebens. Durch dänische Vermittlung wurde die Zustimmung des Kaisers erwirkt, daß auch mit Frankreich die Vorbesprechungen in Hamburg geführt würden. Dann erst kam man zur Sache.

Lützow und Salvius einigten sich schnell. Schwierig war die Verständigung mit dem Franzosen. Avaux forderte, daß Spanien sich vor der Unterzeichnung des Vertrages mit Ort und Zeit der Friedenskonferenz, so wie sie vereinbart seien, einverstanden erklären müsse. Außerdem erwies es sich als unmöglich, daß der kaiserliche und französische Gesandte gemeinsam den Vertrag unterzeichneten, solange Frankreich die Kaiserwahl von 1636 als ungültig betrachtete und dem Kaiser nur den Titel eines Königs von Ungarn gab. Über beide Schwierigkeiten kam man schließlich nur durch die dänische Vermittlung hinweg. König Christian IV. übernahm — ein ungewöhnliches Verfahren — die Bürgschaft für die spanische Zustimmung, und die Titelschwierigkeit überwand man damit, daß der Kaiser und Frankreich keinen förmlichen Vertrag schlossen, sondern ihre Gesandten das Vereinbarte nur brieflich bestätigten. So kam man am Weihnachtstage 1641 zum Ziel.

Der Hamburger Vorfriedensvertrag, wie man ihn oft nicht ganz zutreffend nennt, regelte nichts weiter als das Verfahren bei den künftigen Verhandlungen. Er bestand aus zwei Abkommen, dem kaiserlich-schwedischen Vertrag und dem Brief des kaiserlichen Gesandten an den französischen nebst dessen Antwort an den König von Dänemark. Diese ungewöhnlich komplizierte Form zeigt, wie seltsam verworren die Lage war: Zwei Monarchen entschlossen sich zur Einleitung von Friedensverhandlungen, deren einer den rechtlichen Status des anderen nicht anerkannte, die also beide noch nicht einmal in der Lage waren, Partner eines Vertrages zu sein. Das ließ noch mancherlei Wirren, noch viele Vorbehalte auf beiden Seiten erwarten.

Münster und Osnabrück, die nunmehr endgültig erwählten Kongreßstädte, sollten nach dem Hamburger Vertrag für die Dauer der Verhandlungen neutralisiert und von den Truppen der kriegführenden Mächte geräumt werden. Den Schutz des Kongresses hatten die Magistrate beider Städte im Auftrag des diplomatischen Korps wahrzunehmen. Auch die Verbindungsstraßen zwischen beiden Orten wurden für neutral erklärt, da beide Kongresse für einen gelten sollten. Jede der vier Großmächte hatte Geleitsbriefe für die Gegner und deren Verbündete auszufertigen; in zwei Monaten sollten sie in Hamburg ausgetauscht werden. Wichtig ist, wen Frankreich und Schweden als ihre Bundesgenossen bezeichneten. Beide nannten Pfalz, Braunschweig-Lüneburg, Hessen-Kassel, während Frankreich noch Savoyen, die Generalstaaten und Kurtrier hinzufügte. Aber das war nur ein Anfang. Der Abfall der Reichsstände vom Kaiser begann ja erst, beide Großmächte rechneten mit weiterem Zustrom und sicherten sich schon jetzt freies Geleit für alle, die sie künftig als ihre Verbündeten noch bezeichnen würden. Damit wurden Entscheidungen von großer Tragweite vorweggenommen, wenn auch noch nicht alle Ziele der französisch-schwedischen Bündnispolitik in Deutschland erreicht, denn noch blieben die Rechte und Vollmachten der Reichsstände, die etwa teilnehmen würden, offen.

In drei Monaten, am 25. März 1642, sollten die Friedensverhandlungen beginnen. Niemand ahnte, daß noch Jahre darüber vergehen sollten. Richelieu ließ zugleich mit der Billigung des Hamburger Vertrages dem Grafen d'Avaux die Weisung zugehen, den Beginn der Friedensverhandlungen nach Möglichkeit zu verzögern, die dazu erforderlichen Schwierigkeiten aber nicht selbst zu verursachen, sondern die Schweden dazu zu veranlassen und das Odium der Verzögerung auf sie zu schieben. Aber das war gar nicht einmal nötig, denn die Schwierigkeiten kamen von selbst. Zunächst erhob der Kaiser Einwände. Er verweigerte die Ratifikation aus formalen Gründen. Er sei, obwohl oberster Herr der Christenheit, in den Vertragsausfertigungen für Frankreich und Schweden an zweiter Stelle genannt, und die Bestimmungen über die Neutralisierung der Kongreßstädte seien Bekundungen des Mißtrauens gegen das kaiserliche Geleit. Aber man mußte sich allmählich auch in Wien an die völkerrechtliche Gleichstellung anderer Mächte mit dem Kaiser gewöhnen. Die militärische Lage war nicht dazu angetan, solche Ansprüche zu erheben: Im Januar 1642 siegten die Franzosen bei Kempen und faßten Fuß am Niederrhein. In Italien, in Roussillon waren sie erfolgreich, nur in den Niederlanden machten die Spanier einige Fortschritte. Die Schweden waren schon 1641 zu neuen Angriffen übergegangen, in Torstensson erstand ihnen nach Banérs Tod ein Feldherr von hohem Rang. Auf dem alten Kampfplatz von Breitenfeld schlug er im November 1642 die kaiserlichen und sächsischen Truppen, wieder drang ein schwedisches Heer ins Herz der kaiserlichen Erblande vor. Dann brachte das Jahr 1643 den Franzosen ihren ersten und zugleich glänzendsten Sieg im offenen Felde: Am 19. Mai 1643 schlug der jugendliche Herzog von Enghien die Spanier bei Rocroy. Dieser Tag vernichtete den Ruf der spanischen Infanterie und führte das Zeitalter der französischen Vorherrschaft über Europa herauf.

Unter solchen Schlägen mußte auch das kaiserliche Selbstgefühl ins Wanken geraten. Im Juli 1642 ratifizierte der Kaiser den Hamburger Vertrag, während Spanien damit noch bis zum Jahre 1644 zögerte. Im November 1642 unternahm der Kaiser einen unmittelbaren Friedensversuch bei Frankreich. Er entsandte den Provinzial des Predigerordens Georg von Herberstein nach Paris mit Zugeständnissen, die fünf, sechs Jahre früher vielleicht zum Frieden geführt hätten; sie enthielten den Verzicht auf Pinerolo und die Wiedereinsetzung des Kurfürsten von Trier. Auch an Versuchen, die Schweden zu Sonderverhandlungen einzuladen, fehlte es in diesen Jahren nicht. Aber die Zeiten waren vorbei, wo die beiden Kronen zu Verhandlungen außerhalb eines allgemeinen Kongresses bereit gewesen wären. Sie waren nicht nur beide jetzt miteinander unlösbar verknüpft, sondern sie sahen nun auch die Früchte ihrer langen Bemühungen um die deutschen Reichsstände reifen, deren Abfall vom Kaiser immer deutlicher wurde und das stolze Gebäude des Prager Friedens ins Wanken brachte.

Der Widerstand gegen die kaiserliche Politik war jahrelang nur von wenigen kleinen Fürsten des Reiches geführt worden, die verzweifelt und trotzig den Gedanken ständischer Libertät verfochten hatten, während selbst die Mächtigsten um sie herum sich dem Kaiser beugten. Man konnte sie damals an den Fingern einer Hand herzählen, und ihre Lage schien ausweglos. In den Jahren aber, von denen wir sprechen, gesellte sich zu ihnen eine ständig wachsende Zahl von Ständen, die auf endlichen Friedensschluß drangen, sei es auch unter Opfern, die dem an Spanien gefesselten Kaiser die Führung der Reichspolitik zu entwinden trachteten, um schließlich den fremden Mächten die Hand zu reichen und mit ihnen zusammen den Frieden zu erzwingen. In diesem Zusammenwirken der reichsständischen Opposition mit Frankreich und Schweden sind bereits die großen Entscheidungen über die künftige Gestalt der Reichsverfassung gefallen, noch ehe der Friedensvertrag sie sanktionierte. Deshalb sind die letzten Jahre vor dem Zusammentritt des Kongresses eine Schicksalszeit der deutschen Geschichte. Die Stände haben in diesen Jahren — das ergab sich aus der Lage der Dinge — vor allem das jus pacis ac belli, das ihnen der Kaiser im Prager Frieden entzogen hatte, wieder an sich genommen und, als seine wichtigste Konsequenz, die beiden Rechte, die man aus ihm zu folgern pflegte, das Bündnisrecht (jus foederis) und die Militärhoheit (jus armorum). Nicht durch förmliche Erklärung, sondern durch praktische Ausübung. Die Notwendigkeit, sich in den Wechselfällen des Krieges zu behaupten und ihre Untertanen zu schützen, zwang sie dazu. Der politische Umschwung dieser Jahre vom Fall Breisachs bis zum Beginn des Kongresses war von betäubender Wucht, und er trat nach dem Vertrag von Hamburg in sein entscheidendes Stadium.

Zuerst begannen einige Stände sich der Militärhoheit des Kaisers und der damit zusammenhängenden Besteuerung für Kriegszwecke zu entziehen. Kein Wunder, denn die Kriegsnot, die übermäßige Bedrückung der Stände durch die ewigen Einlagerungen und Kontributionen zwangen zu selbständigen Schritten. Diese Not trieb vor allem die mächtigeren Reichsstände zur Lösung ihrer Kontingente aus der kaiserlichen Armee, zum Ausbau eines „Defensionswesens" und zum Widerstand gegen das Kontributionssystem. Natürlich hätten sich solche Bestrebungen auch gegen das Kriegsregiment anderer Mächte, etwa Schwedens, wenden können, aber bei der nun einmal bestehenden Kriegslage liefen sie allein darauf hinaus, die Militärhoheit des Kaisers zu beseitigen.

Sie widersprach in der Tat durchaus dem überlieferten Zustand in Deutschland. Ein unbestrittenes Aufgebotsrecht, wie es in alter Zeit vielleicht der fränkische König gehabt haben mochte, fand sich schon im Deutschen Reich des Mittelalters nicht mehr. Der Kaiser teilte es mit den Fürsten, die die Reichsheerfahrt bewilligten, ihm selbst blieb nur der Oberbefehl über das im Felde versammelte Heer, und auch hier war er oft an den vorher beschlossenen Kriegszweck gebunden. Das Aufgebot der Lehensleute und Untertanen war Sache der Herzöge, Fürsten, Landesherrn, und so kam es, daß das deutsche Reichsheer nie eine einheitliche Streitmacht, sondern immer eine solche aus Kontingenten war und bis zum Ende der Monarchie im Jahre 1918 geblieben ist. Mag anfangs dem König noch eine Kontrolle darüber zugestanden haben, ob auch alle Verpflichteten wirklich aufgeboten waren, so erschien es mit der Zeit doch einfacher, nur die Zahl der zu stellenden Kämpfer durch Reichsbeschluß festzusetzen und die Durchführung den Fürsten zu überlassen. Damit wurde die Bindung des Mannes an den König immer lockerer, die an den Landesherrn, der ihn aufbot, immer fester. Immer eindeutiger wurden die Kontingente solche des Landesherrn, zunächst ihm und erst durch ihn mittelbar dem Reiche verpflichtet. Mehr und mehr gewannen damit die Fürsten die freie Verfügung über ihre Kontingente, die landesherrliche Militärhoheit entwickelte sich. Kaiser und Reich mußten mit den Ständen verhandeln, wenn sie die Wehrkraft des Reiches aufbieten wollten.

Ebenso wenig hatte der Kaiser das Recht, die Reichsstände zu besteuern und einseitig mit Kriegsabgaben zu belegen. Nachdem seine Einnahmen aus Reichsgut und Regalien schon früh dahingeschwunden waren, war er im wesentlichen auf seine Einkünfte als Landesherr angewiesen, für Fälle allgemeiner Not auf außerordentliche Reichsabgaben, die ihm die Stände etwa für Romfahrt, Landfrieden oder Türkenkrieg bewilligen konnten. Alle Versuche des späten Mittelalters, die Steuerkraft der Untertanen von Reichs wegen unmittelbar in Anspruch zu nehmen, scheiterten am Widerstand der Fürsten und Städte, gleichviel, ob solche Versuche vom Kaiser oder von einem ständischen Reichsregiment ausgingen. Und ebenso scheiterte die in allen Reichsreformprojekten geforderte Aufstellung einer ständigen, allzeit schlagfertigen Reichsarmee. An die Stelle der lange vergeblich erstrebten Reichssteuer, des „gemeinen Pfennigs", trat seit 1521 das System der Matrikularbeiträge, und so behielt das Reichsheer seine buntscheckige Mannigfaltigkeit bei. Der mangelhaften Reichsmatrikel entsprach das mangelhafte Reichskriegswesen. Die Habsburger, vor allem Karl V., haben denn auch darauf verzichtet, sich dieser zweifelhaften Hilfe und dieses Reichsheeres für ihre italienischen und französischen Kriege zu bedienen. Dem Kaiser blieb gleichwohl der Oberbefehl über das Reichsheer im Felde. Nur einmal, im Jahre 1495, haben die Stände bei der Bestellung eines Feldhauptmanns mitgewirkt, aber damit kein verfassungsmäßiges Recht erworben.

Eine Militärhoheit des Reiches gab es also eigentlich nicht, sondern nur eine solche der Stände. Auch auf diesem Gebiet aber unternahmen die Habsburger, vor allem Karl V. und Ferdinand II., den Versuch, eine monarchische Reichsgewalt zu begründen. Karl V. ließ die schwerfällige Ordnung der Reichsmatrikel von 1521 auf sich beruhen und setzte sie höchstens für Zwecke des Reiches, gegen die Türken und einmal auch gegen die Wiedertäufer von Münster in Bewegung. Im übrigen stützte er sich auf seine eigene Militärmacht. Man weiß, wie er gegen die Bestimmungen der Wahlkapitulation seine spanischen Truppen ins Reich führte, wie er auf dem geharnischten Reichstag von 1548 die Bildung einer Reichskriegskasse forderte, aus der eine kaiserliche, von den Ständen unabhängige Kriegsmacht besoldet werden sollte. Mit der Exekutionsordnung von 1555 kehrte man freilich ganz zu der ständischen Militärhoheit zurück. Es war fortan möglich, fast die Hälfte des Reiches, bis zu fünf Kreisen, zu den Waffen zu rufen, ohne daß der Kaiser gefragt werden mußte, es genügte eine einfache Anzeige an ihn. Neun Jahre später versuchte Ferdinand I. diese ständische Kriegsverfassung auszuhöhlen. Er wollte, daß der Reichstag dem Kaiser die Kontrolle über die Werbungen im Reich zugestehe und eine aus Kreismitteln geworbene Reitertruppe bewillige. Man wies ihn ab, aber der Vorgang zeigte deutlich die Absichten der Habsburger, und erst recht bewies der dreißigjährige Krieg, daß sie ihre alten Entwürfe auf militärischem Gebiet nicht vergessen hatten. Kaiser Ferdinand II. schritt über die Exekutionsordnung hinweg, stellte zweimal mit Wallensteins Hilfe Armeen auf, die er von den Reichsständen im Wege des bekannten Kontributionssystems unterhalten ließ, und ging offensichtlich darauf aus, das jus armorum der Reichsstände zu beseitigen und nur noch ein Reichsheer unter seinem eigenen Oberbefehl zu dulden. Dagegen erhob sich in Regensburg 1630 die kurfürstliche Opposition. Hauptstreitpunkt war damals die alte, seit 1495 nicht mehr berührte Frage, wer den Feldhauptmann und die höheren Truppenführer zu ernennen habe. Der Kaiser mußte damals seinen Feldherrn opfern, um den Sturm zu beschwören, nahm aber seine Bestrebungen mit gewohnter Zähigkeit fünf Jahre später im Prager Frieden wieder auf. Jetzt behielt er sich allein in aller Form das jus armorum vor. Alle landesherrlichen

Truppen mit Ausnahme der Festungsbesatzungen wurden in das Reichsheer überführt und auf den Kaiser vereidigt, die Aufbringung der Mittel für das Heer dagegen den Ständen aufgebürdet, nach näherer Vereinbarung mit den kaiserlichen Kommissaren.

Das Reichskriegswesen beruhte also seit 1635 darauf, daß der Kaiser das Oberkommando über die Feldarmee führte und den Landesherren nur die Festungen und die Landesdefension blieben. Hiergegen hat nun als erster der junge Kurfürst Friedrich Wilhelm von Brandenburg Front gemacht, und zwar alsbald nach seinem Regierungsantritt. Sein Vater hatte sich zeitlebens von dem Grafen Schwarzenberg, einem überzeugten Anhänger des Kaiserhauses und des Prager Friedens, bestimmen lassen. Der Graf trieb diese Politik nicht nur als Katholik, er sah vielmehr in der Verpflichtung des Kaisers, den brandenburgischen Anspruch auf Pommern zu vertreten, die einzige Möglichkeit, ihn auch zu verwirklichen. Gegen die reformierten Räte hatte er die aktive Teilnahme Brandenburgs am Krieg gegen Schweden und die Aufstellung einer dem Kaiser verpflichteten Feldarmee von 25000 Mann durchgesetzt. Wirklich wurde der Kurfürst zum kaiserlichen Generalissimus ernannt und damit von dem kursächsischen Kommando befreit, er wurde unmittelbar dem Kaiser unterstellt und mit Pommern belehnt. Das alles schien die Politik Schwarzenbergs zu rechtfertigen. Auch war er ohne Frage ein tüchtiger Vorkämpfer des fürstlichen Absolutismus gegen ständische Willkür und Eigensucht. Die märkische Ritterschaft, die sich durch Paktieren mit den schwedischen Truppenführern vor Plünderung zu schützen wußte und damit die größte Last auf die kurfürstlichen Domänen abwälzte, hat ja wirklich der Dynastie und dem Staat schweren Schaden zugefügt, und insofern vertrat Schwarzenberg das Wohl des Ganzen, wenn er den Ständen die Kontributionsverwaltung nahm, die Feldarmee gegen ihren Willen aufstellte und eine kurfürstliche Militärverwaltung schuf. Aber die Folgen für die Mark waren gleichwohl verheerend. Die Verwaltung war korrupt, die Offiziere waren es nicht minder, die Armee plünderte das Land aus und schützte es doch nicht vor dem Feind. Altmark und Neumark waren ganz in schwedischer Hand, das Land zwischen Elbe und Oder wurde von ihren Raubzügen heimgesucht, der politische Ertrag aller dieser schweren Opfer blieb aus. Da der Kaiser von Brandenburg nichts zu erhoffen und nichts zu fürchten hatte, suchte er bereits seit 1638 auf seine Kosten den Frieden von Schweden zu erkaufen. Ein verwüstetes Land, zerrüttete Finanzen, Konflikt mit den Ständen, eine gescheiterte Politik — das war das Ergebnis der Epoche des Prager Friedens für Brandenburg. „Pommern ist dahin, Jülich ist dahin, Preußen haben wir wie einen Aal beim Schwanz, und die Marken wollen wir auch vermarketendieren", so kennzeichnete einer der opponierenden Räte nicht zu Unrecht die Lage des Staates in den letzten Tagen Georg Wilhelms.

Die patriotische Legende, daß der junge Kurfürst als erstes ein stehendes Heer geschaffen habe, ist längst widerlegt. Der Gedanke ist gar nicht einmal gefaßt worden. Der Fürst, der als Schöpfer der brandenburgischen Armee und Bezwinger der ständischen Opposition in die Geschichte eingegangen ist, hat mit einer durchgreifenden Reduktion des Heeres und der Bewilligung der ständischen Forderungen begonnen. Die schreiende Not seines Landes ließ ihm gar keine Wahl, und die Politik der Heeresreduktion war, obwohl ein schweres Wagnis und von größter Bedeutung für die allgemeine Lage im Reich, keineswegs eine freie Tat, sondern bittere Notwendigkeit.

Was die Lage der Marken verlangte und die Stände mit Recht forderten, war Waffenruhe und Verminderung der Armee; Friedrich Wilhelm war zu beidem entschlossen. Ein Waffenstillstand mit Schweden war Voraussetzung jeder Reduzierung der Armee, beides war nach dem Prager Frieden nur mit Zustimmung des Kaisers statthaft, und der Kurfürst war gewillt, sich ihrer auch, wenn irgend möglich, zu versichern, allerdings nicht, seine Maßnahmen von ihr abhängig zu machen. So hat er die Sondierungen bei Schweden schon eingeleitet, ehe er mit dem Kaiser in Verbindung trat, und die Reduktion der dem Kaiser verpflichteten Feldarmee den Ständen schon zugesagt, ehe er den Vertrag mit dem kaiserlichen Gesandten darüber schloß. Die Reform sollte nach dem Willen der Stände die Abdankung der Reiterei, die Entlassung der Infanterie bis auf die dem Kurfürsten allein verpflichteten Festungsbesatzungen und die Auflösung der landesherrlichen Militärverwaltung zugunsten einer ständischen Kontributionsverwaltung umfassen. Die Grundzüge dieser Reform standen schon im Frühjahr 1641 fest, der kaiserliche Gesandte verstand sich zu einem Vertrag darüber, der wenigstens die Überführung der Reiterei in kaiserliche Dienste sicherte. Zu dieser Zeit war aber bereits, vielleicht unter dem Einfluß der reformierten Räte, der entscheidende Entschluß gefasst, den Waffenstillstand mit Schweden ohne kaiserlichen Konsens zu schließen. Die Verhandlungen in Stockholm wurden dem Kaiser verheimlicht, erst nach Abschluß des Stillstandvertrages vom 24. Juli 1641 erhielt er die offizielle Anzeige. Sie kam wohl nicht ganz überraschend, man wußte von den brandenburgischen Verhandlungen, und man hatte den Kaiser bei der ersten Nachricht darüber erblassen sehen. Der Abschluß des Stockholmer Vertrages war für ihn ein schwerer Schlag. Während soeben noch der Reichstag jede Neutralität eines Reichsstandes untersagt hatte, tat hier einer der Kurfürsten genau das Verbotene. In diesem Anspruch auf selbständige Außenpolitik liegt die eigentliche Bedeutung der ersten Maßnahmen des jungen Fürsten.

Nach dem Waffenstillstand nahm er die Heeresreduktion in die Hand. Sie wurde in wenigen Wochen durchgeführt. Die Reiterregimenter traten nach Sachsen über, die Fußregimenter wurden reduziert, zusammengelegt, die Reste zu den Festungsbesatzungen geschlagen und als solche neu vereidigt, nicht mehr auf den Kaiser, sondern allein auf den Landesherrn. Nur einige Reiter und 2400 Musketiere blieben unter Waffen. Es gab keine kaiserliche Streitmacht mehr in Brandenburg, einer der mächtigsten Reichsstände hatte sich den Verpflichtungen aus dem Prager Frieden entzogen. Der Kaiser hatte, um Schlimmeres zu verhüten, seine Zustimmung nicht versagen können, aber das änderte nichts an der verhängnisvollen Tragweite dieser Ereignisse. Die kaiserliche Militärhoheit war dahin, wenn ein Kurfürst das ihm übertragene Reichskontingent auflösen und der Kaiser das nicht hindern konnte. Für Brandenburg war es noch lange nicht der Anfang eines stehenden Heeres — die brandenburgische Feldarmee erstand erst fünfzehn Jahre später im schwedisch-polnischen Kriege — aber indem der im Prager Frieden errichtete kaiserliche Oberbefehl ohne großes Aufheben verschwand, scheiterte der letzte Versuch, dem Reich eine einheitliche militärische Führung zu geben, ohne daß dies irgendwo gesetzlich entschieden oder ausdrücklich festgesetzt worden wäre.

Die Entlastung der Mark war das eine Ziel der neuen brandenburgischen Politik, die Sicherung des Anspruches auf Pommern das andere. Da der Kaiser das Land den Schweden als Preis für einen Sonderfrieden bieten wollte, suchte der Kurfürst die pommersche Frage aus den Verhandlungen der kriegführenden Mächte herauszulösen und unmittelbar mit Schweden zu regeln. Er ließ das den Kaiser gleich im Anfang wissen. Der wollte den Versuch zunächst abfangen, indem er Brandenburg zu den Hamburger Besprechungen zwischen Lützow und Salvius zuzog, aber die Fruchtlosigkeit dieser Besprechungen war nicht zu verkennen. Die Verhandlungen des Regensburger Reichstages über die pommersche Frage legte der Kurfürst lahm, indem er seinen Gesandten jede Äußerung dazu verbot. So war der Weg frei zu Verhandlungen mit Stockholm. Wie man dort darüber dachte, erfahren wir aus der Instruktion für die Friedensverhandlungen von Herbst 1641. Wie Brandenburg Schweden durch direkte Verhandlungen zum Verzicht zu bewegen hoffte, so umgekehrt Schweden den Brandenburger. Nur in dieser Hoffnung ging man auf die brandenburgische Initiative ein, entschlossen, das Gespräch alsbald wieder fallen zu lassen, wenn der Kurfürst auf Pommern bestehen oder nur einen Teil des Landes bieten würde. Denn was man wollte, war allein Pommern und nichts als das, Verhandlungen unmittelbar mit Brandenburg konnten nur den Sinn haben, sich seiner Zustimmung bereits vor Beginn der allgemeinen Friedensverhandlungen zu versichern und dann dort einen umso leichteren Stand zu haben. Überhaupt war Schweden nach den Erfahrungen der letzten Jahre durchaus nicht gewillt, Brandenburg wieder emporkommen zu lassen und dem Kaiser damit einen möglichen Bundesgenossen für künftige Zeiten zu erhalten. Das sollte der Kurfürst in den nächsten Jahren zu seinem Leidwesen erfahren, und er hat sich später selber angeklagt, zu früh abgerüstet und damit die Aussicht auf Pommern verscherzt zu haben. Er tat sich selber Unrecht, denn es blieb damals keine andere Wahl. Er mußte froh sein, noch etwas aus dem allgemeinen Zusammenbruch zu retten, aufhalten konnte er ihn nicht.

Wie Brandenburg mit Schweden, so begann Bayern um diese Zeit mit Frankreich anzuknüpfen. Bisher war kein rechtes Einverständnis zwischen den beiden Staaten zustandegekommen, weil Frankreich sich in der pfälzischen Frage nicht festlegen und Maximilian nicht offen gegen den Kaiser Partei nehmen wollte. Er pflegte zwar seine Interessen auch dem Reichsoberhaupt gegenüber recht rücksichtslos zu vertreten, war aber dabei doch von unzweifelhafter Reichsgesinnung. Auch aus Gründen seines eigenen Interesses konnte er sich nicht wie Brandenburg an die Spitze einer reichsständischen Opposition gegen den Kaiser stellen, denn die Forderungen dieser Opposition hießen Wiederherstellung des Zustandes von 1618, vollständige Amnestie und Restitution der Pfalz. Aber auch an Frankreich konnte sich Maximilian nicht binden. Das einzige, was ihn vielleicht dazu vermocht hätte, eine Garantie der pfälzischen Kur für sich und seine Nachfolger, konnte ihm Frankreich nicht bieten, wenn es nicht sein ganzes Bündnissystem gefährden wollte. Wir wissen, welche Mühe es Richelieu gekostet hatte, den Vertrag mit Bayern vom Mai 1631 auf seine übrigen Bündnisverpflichtungen abzustimmen, über die damals eingegangenen Verpflichtungen hinaus war nichts von ihm zu erwarten. Daß die letzte Entscheidung in der pfälzischen Sache von einem Reichstage oder dem künftigen Friedenskongreß abhänge, davon konnte Frankreich nun einmal nicht abgehen und deshalb auch nicht mehr als höchstens eine wohlwollende Unterstützung der bayrischen Ansprüche in Aussicht stellen. So blieb das Verhältnis zu Frankreich kühl, die Verbindung lose.

Maximilian mochte sich in dieser Stellung zwischen Frankreich und dem Kaiser allenfalls solange behaupten, als der Kaiser im Felde die Oberhand behielt oder ein militärisches Gleichgewicht bestand. Solange blieb nämlich eine Lösung der pfälzischen Frage ohne Zustimmung der Kronen und ihrer Verbündeten noch immer denkbar. Gewannen aber, wie es im letzten Jahrzehnt des Krieges immer deutlicher wurde, die fremden Mächte das Übergewicht, so war eine Verständigung mindestens mit Frankreich dringend geboten. Kurfürst Maximilian war nicht der Mann, sich darüber Illusionen zu machen und etwa untätig zu warten, bis es zu spät war. Schon die ersten Anzeichen eines Umschwunges genügten, um ihn zu einer vorsichtigen Annäherung, einem behutsamen Vortasten zu bewegen. Zugleich begann er die Politik des Kaisers und den spanischen Einfluß am Wiener Hof immer entschiedener zu bekämpfen. Auf dem Kurfürstentag in Nürnberg war die veränderte bayrische Haltung bereits deutlich spürbar, auf dem Regensburger Reichstag stellte Maximilians Kanzler Richel schon offen die Forderung, die spanischen Truppen müßten das Reich verlassen. Schon hatte jene erste Besprechung mit einem Abgesandten Richelieus in der Schweiz stattgefunden, bei der sich freilich zunächst nur soviel ergab, daß Frankreich Bayern vom Kaiser zu trennen suchte, ohne dafür greifbare Vorteile zu bieten. Richelieu bezeichnete damals sogar die vagen Zugeständnisse in dem Bündnisvertrag von 1631 als nicht mehr zeitgemäß; zum erstenmal begegnen wir um diese Zeit bei ihm dem Gedanken einer Entschädigung Bayerns mit dem Elsaß, wofür Maximilian auf die Pfalz hätte verzichten müssen, ein Gedanke, der später noch öfter auftauchte, aber für Maximilian nie etwas Verlockendes hatte. Seit dem Bündnis mit Schweden war die bayrische Freundschaft für Frankreich eben im Kurs gesunken, seine Stellung zur pfälzischen Frage weit mehr von der Rücksicht auf Schweden und die Protestanten bestimmt als früher.

Je unzugänglicher sich Frankreich zeigte, desto sorgenvoller verfolgte Maximilian jeden Wechsel der Kriegslage. Im Jahre 1642 endlich schien ihm längeres Zuwarten nicht mehr möglich. Die Franzosen waren nach der Schlacht von Kempen in das Gebiet seines Bruders, des Kurfürsten von Köln, vorgedrungen. Die Lage wurde drohend, der Kaiser blieb in der Friedensfrage gleichwohl unzugänglich. Maximilian trat mit Mainz und Köln in Verbindung, der Gedanke eines katholischen Fürstenbundes wurde erörtert, einer erneuerten Liga sozusagen, aber nicht mehr eines Kampfbundes wie damals, sondern einer Koalition von Ständen, die zwischen den Kaiser und Frankreich treten und den Frieden zwischen ihnen vermitteln sollte. So wurde auch von dieser Seite her, immerhin ein ganzes Jahr später als im protestantischen Norden, der Angriff auf den Prager Frieden eröffnet. Auch hier die gleichen militärischen Erwägungen wie dort, auch die katholischen Kurfürsten dachten daran, zunächst ihr Kriegswesen von dem des Kaisers zu sondern, vielleicht sogar ein eigenes Heer aufzustellen. Und schließlich auch hier die Ansätze zu einer selbständigen Außenpolitik, der Plan einer Gesandtschaft an den Papst, um ihn zu einer neuen Friedensvermittlung zu bewegen, oder an den französischen Hof, um einen Waffenstillstand herbeizuführen. Noch blieb es bei Plänen, noch vermochten der Widerspruch des Kaisers und die Bedenken seiner eigenen Räte den Kurfürsten zurückzuhalten, aber es war schon kein Zweifel mehr: Bayern war auf dem Wege zu einer selbständigen Friedenspolitik.

Wer blieb dem Kaiser dann noch von den Kurfürsten? Wenn Bayern abfiel, war auch auf Köln nicht mehr zu zählen. Der Erzbischof von Trier saß zwar in der Gefangenschaft des Kaisers, aber sein Land hatten die Franzosen. Mainz und Sachsen waren hart bedrängt von den französischen und schwedischen Armeen, und die Verlockung, sich durch Neutralitätsverträge zu retten, für beide groß. Was bedeutete demgegenüber ein Erfolg wie der Friedensschluß von Goslar, der in diesem Jahr die Herzöge von Braunschweig-Lüneburg dem Kaiser wieder zuführte? Einen zuverlässigen Anhang von wirklicher Bedeutung hatte er im Reiche nicht mehr.

Denn auch unter den kleinen Reichsständen griff der Unwillen über den nutzlosen und mörderischen Krieg immer mehr um sich. Die zunehmende Opposition im Kurkolleg machte auch ihnen Mut. Noch in Regensburg hatten sie sich widerspruchslos allem gefügt, worüber Kaiser und Kurfürsten sich geeinigt hatten. Als der Reichsabschied ihren Anspruch auf amtliche Vertretung bei den Friedensverhandlungen mit Stillschweigen überging, hatten sie keinen Protest gewagt. Jetzt wurde das anders, und gerade die Haltung der kleinen, sonst ohnmächtigen und fügsamen Stände war es, die den Zerfall des Reiches vor aller Augen sichtbar machte.

Das Forum, vor dem sie zu Worte kamen, fanden sie auf den Kreistagen. Allerdings boten sich ihnen nicht in allen Reichskreisen die gleichen Möglichkeiten. Im österreichischen Kreise befahl der Kaiser, im burgundischen Spanien, im bayrischen, obersächsischen und kurrheinischen Kreis führten die Kurfürsten das Wort. Jedoch im niedersächsischen und westfälischen, besonders aber im fränkischen und schwäbischen Kreise konnten die Fürsten und Städte es wagen, ihr Urteil, ihre Bitten und Beschwerden zu äußern, und es sollte nicht mehr lange dauern, bis den Worten eigenmächtige Taten folgten. Der Kaiser war auf die Kreisstände angewiesen, um Geld und Truppen zu bekommen, da die geringen Mittel, die der Regensburger Reichstag bewilligt hatte, schnell dahinschmolzen. Wollte man nicht einen neuen Reichstag berufen, so mußte man sich an die Kreise wenden. Indem Kaiser und Kurfürsten diesen Weg beschritten, riefen sie selbst die Opposition wach, die ihnen bald so viel zu schaffen machen sollte. Denn überall, wo die Stände eines Kreises zusammentraten, berieten sie alsbald über die sie alle bedrängende Frage, wie dem Krieg ein Ziel zu setzen sei, und überall richteten sich ihre Klagen, ihre Beschwerden gegen den Kaiser und nicht, wie es doch auch denkbar gewesen wäre, gegen die fremden Mächte. Deren Armeen suchten ihre Länder gewiß nicht weniger heim als die des Kaisers, aber gegen sie wagte man nichts zu unternehmen. Frankreich und Schweden sahen schon in jedem Versuch, eine selbständige Stellung zwischen den kriegführenden Mächten einzunehmen, eine feindselige Haltung, die sie rücksichtslos ahndeten. Die Stände des Westfälischen Kreises bekamen das zu spüren, als sie 1644 mit Kurköln und den Niederlanden über eine Neutralität verhandelten. Frankreich schritt sofort energisch ein und erklärte eine Liga, an deren Spitze ein Anhänger des Kaisers stehe, sei nicht zu dulden; vor seinem Einspruch wichen sogar die Generalstaaten zurück. Selbständige Regungen der kleinen Reichsstände paßten nur dann in das französische Programm, wenn sie sich gegen den Kaiser richteten, sonst aber galt: Wer nicht für mich ist, der ist wider mich!

Besonders lebhaft rührte sich der fränkische Kreis im französischen Sinne. Hier war Markgraf Christian von Brandenburg-Kulmbach ein eifriger Vorkämpfer der kleinen Stände und ihrer Rechte. Auf den fränkischen und schwäbischen Kreis mußte selbst Maximilian, der doch so viel auf kurfürstliche Präeminenz hielt, Rücksicht nehmen. Um ihre Hilfe für seine Armee zu gewinnen, berief er sie zusammen mit den Ständen des bayrischen Kreises zu Anfang des Jahres 1643 nach Donauwörth. Auch diese Versammlung wendete sich sofort der Friedensfrage zu.

Deutlich läßt ihr Beschluß die tiefe Hoffnungslosigkeit erkennen, mit der man damals in Deutschland auf die schleppenden Hamburger Besprechungen blickte. Nur von einer unmittelbaren Schickung der Reichsstände an Frankreich und Schweden, wie die Kurfürsten sie schon dem Kaiser vorgeschlagen hatten, versprach man sich noch etwas. Man drückte den Wunsch aus, daß der Deputationstag, der soeben auf Grund des Regensburger Reichsabschiedes zur Beratung der Justizfragen in Frankfurt zusammentrat, sich dieser Sache annehmen möge, und wenn der Kaiser seine Zustimmung versage, so solle man die Gesandtschaft auch ohne ihn, allein im Namen der Kurfürsten und Stände, schicken.

Solch eine Sprache wagten also jetzt schon kleine und kleinste Reichsstände. Sie sagte genug; sie enthüllte mit schonungsloser Klarheit die Lage der Dinge.

Der Reichsdeputationstag in Frankfurt

Es war für die weitere Entwicklung von größter Bedeutung, ob die kleinen Stände auch über die Grenzen der Kreise hinweg zueinander finden, ob sie zusammenwirken und Einfluß auf die Friedensverhandlungen gewinnen würden. Nur vereint konnten sie zu einer wirklichen Macht im Reich werden. Das geschah auf dem Reichsdeputationstag, der im Januar 1643 in Frankfurt am Main begann. Auch diese Versammlung, die doch nach Reichsrecht und nach dem Regensburger Abschied nur über Landfrieden und Justiz beraten sollte, griff alsbald dem Kaiser und den Kurfürsten in ihre Vorrechte ein. Indem sie sich anschickte, über die Friedensfrage zu verhandeln, stellte sie das Recht beider, allein über die Außenpolitik des Reiches zu befinden, in Frage.

Die Deputation bestand aus den Kurfürsten, die eine eigene Kurie bildeten, und der gemeinsamen Fürsten- und Städtekurie, worin von den geistlichen Fürsten Würzburg, Münster und Konstanz, von den weltlichen Österreich, Bayern, Jülich, Hessen, Burgund, Braunschweig und Pommern saßen, dazu noch Vertreter der Prälaten und der Grafen und Herren, während die Städte durch Köln und Nürnberg vertreten waren. Zum 1. August 1642 hatte Kurmainz auf Ersuchen der katholischen Kurfürsten den Deputationstag einberufen, doch erschienen die kursächsischen Vertreter erst im Dezember, die brandenburgischen zunächst überhaupt nicht. Man wartete lange, schließlich begann man im Januar 1643 ohne sie.

Man wußte, daß die Versammlung sich sogleich der Friedensfrage annehmen würde. Der fränkische Kreis hatte bereits im Juli beschlossen, sie dort aufzuwerfen, und Anfang Januar faßten die drei oberdeutschen Kreise in Donauwörth den gleichen Beschluß. Die Begründung war einfach: Ohne Frieden keine Gerechtigkeit und keine Justiz, wozu also eine Beratung über Justizfragen, ehe der alles verwüstende Krieg beendet ist oder wenigstens Friedensverhandlungen eingeleitet sind?

Daß Brandenburg ausblieb, hatte seine guten Gründe. Die Mehrheit des Deputationstages war katholisch. Im Kurfürstenrat hatten die Katholiken eine Mehrheit von vier Stimmen gegen zwei, im Fürstenrat von zehn gegen vier. Dieses Verhältnis war den Evangelischen schon von jeher ein Ärgernis, weil es jede Justizreform in ihrem Sinne unmöglich machte. Kaiser Matthias war einst nicht abgeneigt gewesen, eine paritätische Zusammensetzung zu bewilligen, aber man war damals an übertriebenen Forderungen der pfälzischen Partei gescheitert. War schon in den Justizfragen für die Protestanten von diesem Gremium nichts zu erwarten, was konnten sie sich dann von seinen Beratungen über Amnestie, Religionsbeschwerden und sonstige Friedensbedingungen erhoffen? Seit hundert Jahren hatte man es erprobt, wie wenig die katholische Mehrheit auf Reichs- und Deputationstagen die Beschwerden der evangelischen Minderheit achtete. Kurfürst Friedrich Wilhelm nahm daher jetzt den gleichen Standpunkt ein wie Hessen und Braunschweig zur Zeit des Regensburger Reichstages: Er setzte seine Hoffnung allein auf Schweden und die Friedensverhandlungen, deren Beginn man nun bald erwartete, nachdem der Kaiser den Hamburger Vertrag ratifiziert hatte. Nur im Beisein der fremden Mächte und unter ihrem Schutz wollte er über Friedensbedingungen verhandeln. Deshalb blieb er dem Deputationstage vorerst fern.

Aber damit förderte er unbewußt die Absichten des Kaisers. Auch dem lag nichts an dieser Versammlung, die ihm und den Kurfürsten das alleinige jus pacis et belli streitig machen wollte. Es war daher die erste Niederlage des Kaisers, als der Deputationstag den Beschluß faßte, auch ohne Brandenburg, ja ohne kaiserliche Proposition zu beginnen. Die zweite war, daß er sich sofort der Friedensfrage zuwandte, obwohl die kaiserlichen Gesandten alles daransetzten, die Fragen der Justiz und der Amnestie auf die Tagesordnung zu bringen. Die Versammlung schritt damit über das herkömmliche Recht des Kaisers, durch Proposition die Tagesordnung zu bestimmen, hinweg.

Man kam also zur Friedensfrage. Nur ein einziger Gesandter, der von Burgund, trat für eine energische Fortsetzung des Krieges ein. Die burgundische Stimme führte Spanien, der Gesandte war des Deutschen nicht mächtig und votierte als einziger auf lateinisch; eigentlich empfand man den burgundischen Kreis schon lange als nicht mehr recht zum Reich gehörig. Keiner pflichtete dem Gesandten bei, selbst Österreich nicht. Man beschloß zunächst, an den Kaiser und den Dänenkönig zu schreiben, sie möchten alles tun, den Friedenskongreß bald zustande zu bringen. Dann nahm man als erste und wichtigste Verfahrensfrage den Anspruch der Fürsten und Städte auf Vertretung am Kongreß in Beratung. Im Fürstenrat herrschte nur eine Meinung darüber, daß neben dem Kurkolleg auch die anderen Stände das Reich zu vertreten hätten, und zwar mit vollem Stimmrecht. Die Frage war nur, in welcher Form. Österreich und Burgund wollten es jedem Stand anheimgeben, ob und wie er sich vertreten lassen wolle, das entspreche dem Regensburger Abschied, und Reichssachen würden am Kongreß ja doch nicht zur Sprache kommen, da sie durch den Prager Frieden und den Regensburger Schluß alle schon geregelt seien. Man sieht, sie verzichteten auf eine Erörterung der Rechtsfrage und taten so, als sei mit dem Beschluß von Regensburg dem Anliegen der Reichsstände bereits vollauf Genüge getan, auf gut Deutsch besagte ihr Votum aber nichts anderes, als daß die auswärtigen Angelegenheiten des Reiches allein Sache des Kaisers und der Kurfürsten seien und die übrigen Stände nichts angingen. Darauf beruhte ja der Regensburger Entscheid, deshalb ließ er höchstens einzelne Stände als Bittsteller in eigener Sache zu, deshalb wollten Österreich und Burgund auch jetzt wieder jedem Stand die Frage seiner Vertretung am Kongreß selbst anheimstellen.

Der Fürstenrat des Deputationstages aber meinte es anders, er wollte für das Reich mithandeln und beschloß demgemäß, sich in corpore auf dem Kongreß vertreten zu lassen. Die Frage war nur noch, wie das geschehen solle. Wen konnte man schicken? Man verfiel auf den Gedanken, jeder Kreistag solle Bevollmächtigte entsenden und mit Instruktionen versehen. In dieser Frage aber kam es sofort zum Gegensatz zwischen beiden Kurien. Die Kurfürsten begannen für ihre Präeminenz zu fürchten und suchten den Fürstenrat von seinem Beschluß abzubringen. Man wies, nicht ganz unrichtig, darauf hin, daß die Beteiligung so zahlreicher Stände die Verhandlungen in die Länge ziehen und die Geheimhaltung erschweren müsse. Man stellte den Beschluß als ein Mißtrauensvotum gegen die Kurfürsten hin, als ob sie nicht in der Lage seien, das Wohl des Reiches in Acht zu nehmen! Man wies darauf hin, daß selbst die Vertreter des Kurkollegs nach dem Regensburger Beschluß von 1636 nur zur Assistenz für die kaiserlichen Gesandten berufen seien und kein Stimmrecht hätten, die Fürsten würden doch wohl nicht mehr für sich fordern als die Kurfürsten? Aber Beschlüsse eines Kurfürstentages machten nun wiederum auf den Fürstenrat gar keinen Eindruck. Was ohne sie beschlossen sei, wurde erwidert, sei kein Gesetz und binde die Fürsten nicht. Es fielen scharfe Worte, man hörte sagen, es sei ganz unbillig, daß sich das Reich bisher habe von den Kurfürsten regieren lassen müssen, man sei gesonnen, sich jetzt von ihnen auch noch das jus pacis et belli entwinden zu lassen.

Die Ansichten standen sich so schroff gegenüber, daß ein gemeinsames Votum des Deputationstages unmöglich schien. Zwei Erwägungen waren es schließlich, die den Fürstenrat anderen Sinnes machten. Zunächst legten sich die kaiserlichen Gesandten mit ihrer Autorität ins Mittel, und nicht ganz ohne Erfolg. Einige der fürstlichen Gesandten wurden ängstlich und begannen ihr Votum zu verklausulieren. Ferner aber mußte der Fürstenrat einsehen, daß eine Vertretung nach Kreisen nur Sinn habe, wenn sich auch alle an ihr beteiligten. Was nutzte es, wenn zwei oder drei Kreise den Kongreß beschickten und die anderen ausblieben? Nun standen aber die meisten Reichskreise unter dem vorwiegenden Einfluß derselben Kurfürsten, die den Vorschlag des Fürstenrates so heftig bekämpften. In dieser Lage verfiel der würzburgische Gesandte Vorburg, der sich noch oft im Lauf der Friedensverhandlungen als geschickter Vermittler erweisen sollte, auf den Gedanken, man solle doch einfach den Deputationstag nach Münster verlegen oder wenigstens, statt ihn zu schließen, in Frankfurt versammelt lassen und im übrigen die Entwicklung der Dinge abwarten. Der Deputationstag als Vertretung der Reichsstände, das sah schon anders aus und war allenfalls auch für den Kaiser tragbar! Wie es scheint, hegten die kaiserlichen Gesandten die stille Hoffnung, auf die Weise eine Vertretung der Stände am Kongreß überhaupt zu verhindern, jedenfalls griffen sie den Antrag auf. Der Kaiser, hieß es jetzt, wolle bei Beginn der Friedensverhandlungen selber ins Reich kommen, er brauche den Deputationstag zu Beratung und wolle ihn deshalb in Frankfurt versammelt lassen.

In diesem Stadium, April 1643, griff zum erstenmal eine der auswärtigen Mächte unmittelbar in die Auseinandersetzungen zwischen Kaiser und Ständen ein. Der schwedische Gesandte Salvius erließ von Minden aus eine Einladung zum Kongreß an die evangelischen Reichsstände. Ohne diplomatische Rücksicht, mit schonungslosem Freimut deckte er die Ziele der schwedischen Politik auf: „Ich habe ungern vernommen," heißt es da, „daß denen sämtlichen Ständen des Reiches das jus pacis et armorum will abgestricket werden und daß man nicht gestatten will, daß der Fürstenstand und niedrigere Stände ebensowohl als die Kurfürsten unsere Friedenstraktaten beschicken mögen. Man hat in dreißig Jahren keinen Reichstag gehalten, und gleichwohl hat interim der Kaiser allein alle jura majestatis de facto usurpiert. Solches ist der rechte Weg zum absoluten Dominat und der Stände Servitut. Die Kronen werden solches pro posse hindern. Ihre Sekurität besteht in der deutschen Stände Libertät."

Der Fürstenrat des Deputationstages, dem die inzwischen erschienenen brandenburgischen Gesandten zur Seite traten, wollte sich ohnehin zu dem Verlangen der kaiserlichen Gesandten nicht verstehen. Daß die Kurfürsten den Kongreß beschicken würden, war ja entschieden. Blieb nun aber der Deputationstag in Frankfurt, so hieß das einfach auf eine Vertretung der übrigen Stände am Kongreß verzichten. Nun kam auch noch die schwedische Aufforderung hinzu. Der Fürstenrat beschloß im Juli 1643, den Kaiser um Verlegung des Deputationstages nach Münster zu bitten, der Kurfürstenrat sprach sich gegen die Stimme Brandenburgs für das Verbleiben in Frankfurt aus. Da ein einhelliges Votum nicht zustande kam, stellte das Reichsbedenken dem Kaiser die Sache anheim. Er entschied am 14. August, wie nicht anders zu erwarten, daß der Deputationstag in Frankfurt fortzusetzen sei.

Inzwischen war man hier zur Verhandlung über die Friedensbedingungen fortgeschritten. Die Amnestiefrage stand im Vordergrund. Kursachsen wollte die pfälzische Frage vor den Deputationstag ziehen. Natürlich brachte die katholische Mehrheit den Antrag zu Fall. Der Kaiser und die katholischen Kurfürsten wollten überhaupt Amnestie, Religionsfragen, alle inneren Angelegenheiten des Reiches vom Kongreß fernhalten, sie wünschten keine fremden Schiedsrichter in Deutschland. Anders der Fürstenrat. Hier gab man sich der treuherzigen Meinung hin, in die inneren Streitfragen würden die fremden Kronen sich ohnedies nicht mischen wollen, aber ihre Bedingungen müsse man doch hören. Inzwischen verlangten die Evangelischen, die in Regensburg beschlossene und noch suspendierte Amnestie müsse endlich in Kraft treten, und für die Religionsfragen sei ein besonderer Ausschuß einzusetzen. So kam man schrittweise weiter. Im August schlug der Deputationstag dem Kaiser die Aufhebung des effectus suspensivus der Regensburger Amnestie vor. Sogleich aber entbrannte ein neuer Streit darüber, ob es bei der Regensburger Amnestie mit ihren bedenklichen Einschränkungen bleiben oder ob man darüber hinausgehen solle. Das formale Recht war auf Seiten der Katholiken, denn ein Deputationstag konnte nicht gut einen Reichsabschied umstoßen. Die Protestanten gaben das zu, aber sollten sie, wenn Frankreich und Schweden eine allgemeine Amnestie forderten, den Krieg an der Seite des Kaisers für die schlechtere Amnestie fortführen? Der Fürstenrat empfahl schließlich die Regensburger Amnestie, doch ging das nur unter förmlicher Verwahrung Braunschweigs und Pommerns durch.

Gegen eine Verhandlung über die Religionsbeschwerden konnten sich schließlich auch die Katholiken nicht mehr sträuben. Der vorgeschlagene Ausschuß wurde beschlossen. Die Katholiken wollten ihn erst nach Friedensschluß zusammentreten lassen, um dem Kongreß jeden Einfluß auf diese Fragen abzuschneiden. Aber gerade auf den Kongreß und die Hilfe Schwedens hofften ja die Protestanten. Sie beantragten, den Ausschuß doch noch während der Friedensverhandlungen zu berufen und ihm nur die vom Kongreß nicht erledigten kirchlichen Streitfragen zuzuweisen. Die Gegner hätten, wenn sie dem zugestimmt hätten, die Kompetenz des Friedenskongresses für diese Fragen bejaht. Daran war nicht zu denken. Österreich hätte gern die Evangelischen im Fürstenrat in dieser Sache förmlich überstimmen lassen, aber diese erklärten, in Religionsfragen gebe es keinen Mehrheitsbeschluß, und eine rücksichtslose Majorisierung wie in früheren Zeiten wagte man wohl doch nicht mehr; die Frage blieb jedenfalls offen.

Während der Deputationstag in Frankfurt beriet, hatte der Friedenskongreß in Münster und Osnabrück begonnen. Nach der kaiserlichen Ratifikation waren noch

Monate mit Verhandlungen über die Form der Ratifikationsurkunden vergangen. Immer neue Rückfragen und Instruktionen hatten sich als nötig erwiesen, erst im April 1643 wurden sie allerseits für richtig befunden und ausgetauscht, der 11. Juli des gleichen Jahres als Beginn der Verhandlungen bestimmt.

Zwei Kurfürstentage, ein Reichstag, ein Deputationstag und mehrere Kreistage hatten sich vergeblich bemüht, die inneren Streitfragen der deutschen Nation zu entwirren, bevor die fremden Mächte sich ihrer annähmen. Es war alles umsonst gewesen. Der Prager Frieden war überholt, zahlreiche Fragen, die man durch ihn erledigt geglaubt, waren neu aufgeworfen, nicht eine einzige war gelöst worden. Uneins und in sich zerrissen wie nur je trat Deutschland in die Epoche der Friedensverhandlungen ein. Sein Schicksal lag jetzt in der Hand fremder Nationen.

Regierungswechsel in Frankreich. Europäische Verwicklungen

Während Frankreich die ersten Früchte einer unbeirrbaren und zielsicheren Politik reifen sah, war ihr Urheber, Kardinal Richelieu, am 4. Dezember 1642 aus dem Leben geschieden, am 14. Mai 1643 folgte ihm König Ludwig XIII. nach. Dem Staat, dessen Herrscher nun ein unmündiges Kind war, drohten schwerste Erschütterungen. Der Hochadel, von Richelieu kraftvoll gebändigt, hoffte jetzt die Herrschaft des absoluten Königtums brechen und durch ein Regiment der Großen des Reiches ersetzen zu können. Er zählte dabei auf die Hilfe der Königin. Ludwig XIII. hatte die Gefahr geahnt und ihr vorzubeugen gesucht. Wenige Wochen vor seinem Tode hatte er einen Regentschaftsrat eingesetzt, in dem die Königin so gut wie nichts, die Anhänger Richelieus alles zu sagen hatten. Besonders von Kardinal Mazarin, den Richelieu selbst als seinen Nachfolger bezeichnet hatte, erwartete der König, daß er die bewährte Innen- und Außenpolitik weiterführen werde. Zu größerer Sicherheit wurde den verbannten Gegnern Richelieus die Rückkehr nach Frankreich auf ewig untersagt, jede Änderung in der Zusammensetzung des Kronrates verboten, das königliche Testament vom Parlament in feierlicher Sitzung registriert. Die Kontinuität schien gesichert.

Aber der König hatte sich getäuscht. Sein Testament wurde nicht nur von der adligen Opposition, sondern auch von den Anhängern der absoluten Monarchie verworfen. Man empfand den Versuch des Herrschers, seinem Willen über den Tod hinaus Geltung zu verschaffen und seinem Nachfolger Schranken zu ziehen, als einen Schlag gegen das Königtum selbst. Krone und Opposition wirkten also zusammen, um das Testament des Königs wieder aufzuheben. Nur für einen Augenblick freilich, denn in diesem Bündnis erwies sich das Königtum sogleich als der stärkere Teil. Nicht irgendeine Partei triumphierte, sondern die Monarchie. Das System Richelieus ging aus den Machtkämpfen unverändert hervor, vertreten durch Mazarin als ersten Minister der Krone. Das Parlament von Paris, das vier Tage nach dem Thronwechsel das Testament Ludwigs XIII. annullierte, mochte sich als Vormund des Königs und als Sachverwalter des Volkswillens fühlen, in Wahrheit verhalf es doch nur der Krone zum Siege. Es war mehr als täuschender Schein, wenn im lit de justice am 18. Mai 1643 das königliche Kind im Mittelpunkt stand, alle Redner sich an den jungen König wendeten und der Beschluß, daß die Königinwitwe die Regentschaft mit absoluter Gewalt und ohne Bindung an die Beschlüsse des neuen Kronrates zu führen habe, als sein Wille verkündet und registriert wurde.

Durch Gunst der Regentin und nicht kraft Verfügung des verstorbenen Königs blieb Mazarin im Amt. Wenn aber der Hochadel, der durch Condé und Orleans im Conseil vertreten war, zunächst befriedigt schien, so zeigte sich die Opposition im ganzen durch die Bestätigung Mazarins als Minister bitter enttäuscht. Die hohe Geistlichkeit, viele Glieder des Adels und des Parlaments von Paris — man nannte sie die Partei der Importants — wünschten eine Reform des Hofes und Staates, Milderung des Steuerdruckes, Abkehr von der Politik des Krieges, Annäherung an das katholische Europa und statt des Universalfriedens einen Sonderfrieden mit Spanien. Mazarins Sieg über diese Partei bedeutete zugleich die Bestätigung und Erneuerung der Richelieuschen Außenpolitik.

Mazarin hat sich selbst immer als Erbe dieser Politik betrachtet. Mit Recht, wenn man ihre Grundgedanken im Auge hat. Aber unverkennbar kommt mit ihm doch auch etwas Neues hinein, ein Zug ins Ausschweifende, ein Überschreiten der Grenzen, die Richelieus klug berechnender, vorsichtiger und maßvoller Geist gezogen hatte. Man hat gefragt, ob schon Richelieus Außenpolitik, die sich selbst als defensiv verstand, den offensiven Charakter angenommen habe, der unter seinen Nachfolgern unverkennbar ist. Sicher sind schon durch Richelieu selbst Kräfte entfesselt und Antriebe mächtig geworden, die einst weiterwirkend und ihren eigenen Gesetzen folgend die von ihm gesteckten Grenzen überschritten haben. Und doch wird man sagen müssen, daß erst Mazarins Politik diesen schicksalhaften Lauf der Dinge wirklich eingeleitet hat. Wir lassen dahingestellt, wieweit er bewußt Urheber einer solchen Wendung war oder selbst mit fortgerissen wurde, sicher ist, daß bei ihm ihre Symptome zuerst deutlich werden. Wenn er gleich im Anfang den Bundesgenossen versichern ließ, daß die Außenpolitik unverändert bleibe und Frankreich die Waffen nicht niederlegen werde, bis ein ehrenvoller Friede erreicht sei, so ließ er doch auch schon frühzeitig durchblicken, daß die Politik der Regentin in ihren Grundsätzen und Absichten noch über die ihres Vorgängers hinausgehe.

Der Sinn solcher Andeutungen sollte sich in den nächsten Jahren enthüllen, nicht gerade zum Heil für Frankreich. Richelieu hatte bei weitgesteckten Zielen doch immer einen untrüglichen Sinn für das Mögliche bewahrt. Niemals hätte er leichtfertig den Ruf aufs Spiel gesetzt, daß Frankreich die Freiheit und Sicherheit seiner Bundesgenossen über den eigenen Nutzen stelle, niemals die Politik territorialer Erweiterung soweit getrieben, daß Frankreichs Bündnisse darüber in Gefahr gekommen wären. Mazarin erlag dieser Versuchung und hat damit den Abfall der Niederlande vom französischen Bündnis und ihren Sonderfrieden mit Spanien verschuldet.

Zunächst hat er die Pläne und Gedanken seines Vorgängers noch unverändert übernommen. Die Instruktion für die Friedensverhandlungen in Münster, im September 1643 fertiggestellt, war ganz und gar noch Richelieus Werk und erhielt durch Mazarin nur die letzte Form und einige unbedeutende Ergänzungen, wie sie die augenblickliche Lage gebot. Seine erste Sorge war, das weitgespannte und komplizierte französische Bündnissystem zu erhalten. Da Bündnisverträge im Namen des Monarchen geschlossen wurden, bedurften sie bei einem Thronwechsel der Erneuerung oder Bestätigung. Mazarin beeilte sich, den Alliierten zu versichern, daß hier alles beim alten bleibe. Seine Erlasse an die französischen Diplomaten in Deutschland wiederholen die Beteuerungen Richelieus, Frankreich werde ein uneigennütziger Verteidiger der reichsständischen Libertät sein, und die Forderung, daß die Macht des Kaisers auf ihren früheren Stand zurückzuführen und die Lage von 1618 wiederherzustellen sei. Er verstand es, Schmeicheleien und Warnungen, halbe und ganze Versprechungen geschickt zu verteilen, einige Reichsstände für ein festes Bündnis neu zu gewinnen, andere doch in günstiger Stimmung zu erhalten; keiner wurde dem französischen Interesse ganz entfremdet. Den kleineren wurde französische Protektion zugesichert, den treuen Parteigängern Kurtrier und Hessen wirksame Hilfe versprochen, den nicht so unbedingt ergebenen gelegentlich Tadel und Vermahnung zuteil. Die Hoffnung auf eine Neutralität unter Frankreichs Schutz wirkte in der entsetzlichen Not des Krieges verlockend auf die kleineren Stände, noch mehr die Aussicht, die eigenen Interessen beim künftigen Friedensschluß von Frankreich gefördert zu sehen. Die bindende Zusage vollständiger Restitution erhielt allerdings nur der in Wien gefangene Kurfürst von Trier, sonst war Mazarin mit solchen Verpflichtungen sehr vorsichtig. Besondere Hoffnungen setzte er auf die Reichsstädte, um die sich Richelieu wenig bemüht hatte. Trotz ihrer untergeordneten Stellung auf den Reichstagen maß er ihnen große Bedeutung bei, weil sie, anders als die Fürsten, noch über gewisse Geldmittel verfügten. Er meinte, wenn man sie vom Hause Österreich abzuziehen wisse, sei viel gewonnen.

Sonst fand sich in seinen Kundgebungen nichts, was nicht schon Richelieu vorbedacht und entworfen hätte. Seine Ideen einer französischen Bündnispolitik, einer Liga der deutschen und italienischen Fürsten gegen Habsburg, einer kollektiven Sicherheit durch allgemeine Garantie des Friedens, die Idee des Universalfriedens überhaupt, das alles hat Mazarin unverändert von seinem großen Lehrmeister übernommen. Ein Bruch in der französischen Außenpolitik, wie er sich beim Tode Heinrichs IV. ereignet hatte, trat nicht ein.

Die Anfänge des neuen Regimentes waren vom Glück begünstigt. An demselben Tage, an dem Mazarin erster Minister der Regentin wurde, erfocht der Herzog von Enghien den Sieg von Rocroy. Mazarin erkannte die Bedeutung des Augenblicks. Er war es, der im Staatsrat auf rasche Ausnutzung des Sieges drängte und diese Ansicht gegen jeden Widerstand durchsetzte. Sofort wendeten sich die französischen Armeen nach Osten, der deutschen Grenze zu. Diedenhofen wurde eingeschlossen und am 10. August 1643 genommen, das Tor zum Mittel- und Niederrhein damit aufgestoßen. Mazarin war es, der im folgenden Jahr auf energischer Kriegführung am Oberrhein bestand. Bei Freiburg bahnten sich die Franzosen den Weg nach Süddeutschland, bei Straßburg überschritten sie den Rhein, Philippsburg wurde genommen. Von Basel bis Koblenz war jetzt wieder, wie schon einmal vor zehn Jahren, das linke Rheinufer in ihrer Hand, und diesmal endgültig. Die so errungene militärische Stellung ermöglichte Frankreich überhaupt erst die Rolle, die es auf dem Friedenskongreß zu spielen gedachte und so glänzend durchführte. Hatte zu Richelieus Zeiten der niederländische Kriegsschauplatz im Vordergrund gestanden, so wurde seit Rocroy, wie Mazarin immer wieder betonte, der deutsche Schauplatz der wichtigste. Zugleich aber gelang der französischen Diplomatie in Italien ein entscheidender Erfolg. Im März 1644 schloß der Papst mit der von Frankreich geschaffenen Liga den Frieden von Ferrara unter französischer Vermittlung. Die Einheitsfront der meisten italienischen Staaten gegen Spanien war damit Wirklichkeit. Und schon stand in Neapel und Sizilien eine revolutionäre Bewegung zum Losschlagen bereit. Die spanische Vorherrschaft in Italien war spürbar erschüttert.

Unter solchen Vorzeichen begann der Friedenskongreß. Alle Vorbereitungen für seinen Zusammentritt waren in langen, mühsamen Verhandlungen getroffen worden, die Gesandten der Mächte bestimmt, die Geleitsbriefe ausgestellt, geprüft und anerkannt. Die Städte Münster und Osnabrück waren für neutral erklärt und aus ihren Pflichten gegen Kaiser und Reich entlassen. Verhandlungen mit hessischen Truppenbefehlshabern, die die Umgegend von Münster unsicher machten, und mit der schwedischen Besatzung in Osnabrück, die nicht weichen wollte, waren im Gange. Im Laufe des Sommers 1643 kam dies alles in Ordnung, auch für den Schutz der Konferenzen durch eine unparteiische Truppe war gesorgt.

Trotzdem waren nur wenige Gesandte erschienen, im Laufe des Juli die kaiserlichen, im Herbst die Dänen, ein spanischer Vertreter, der Venezianer Contarini. Die kurfürstlichen Gesandten, bereits im März vom Kaiser geladen, ließen auf sich warten, weil sie wußten, daß vor dem Erscheinen der Franzosen mit ernsthaften Verhandlungen nicht zu rechnen sei. In Osnabrück saß wartend der zweite schwedische Vertreter Adler Salvius, während der Hauptgesandte Johan Oxenstierna, der Sohn des Kanzlers, in Minden zurückblieb, denn er hielt es für unter seiner Würde, vor den Franzosen am Kongreß zu erscheinen. Erst im Frühjahr 1644 langten die Franzosen, von Holland kommend, in Münster an, nach ihnen als letzter im April der päpstliche Nuntius Fabio Chigi. Die Verhandlungen unter den Großmächten hätten damit eröffnet werden können. Aber es fehlten die Reichsstände, ohne die weder Frankreich noch Schweden beginnen wollten. Die Kämpfe um ihre Berufung, das Ringen um diese vielleicht bedeutsamste Entscheidung des ganzen Kongresses, sollten noch weitere anderthalb Jahre dauern.

Außerdem gab es noch einige internationale Verwicklungen, die den Kongreß aufhielten. Das europäische Staatensystem war schon immer ein empfindlicher Organismus. Was an irgendeinem scheinbar entlegenen Punkt geschah, zog nicht nur die unmittelbar Beteiligten in Mitleidenschaft, sondern bewirkte oft Veränderungen an den fernsten Stellen und eine Erschütterung des ganzen Systems, so wie ein Fremdkörper eine Erkrankung des ganzen Leibes, eine unerwartete Störung wichtiger Funktionen hervorrufen kann. In Münster und Osnabrück schlug für einige Jahre das Herz Europas. Hier verspürte man jede fernste Erschütterung, hier machten sich scheinbar weit abliegende und gleichgültige Ereignisse in einer Stockung oder einem rascheren Fluß der Verhandlungen spürbar.

Noch ehe der Kongreß recht begonnen hatte, trat eine solche Störung durch den schwedisch-dänischen Krieg ein. Der Wunsch des Königs von Dänemark, Schweden aus Deutschland zu entfernen und so um die Früchte seiner Siege zu bringen, hatte ihn immer mehr in das Fahrwasser der kaiserlichen Politik gleiten lassen. Schon 1638 war man in Stockholm überzeugt, daß Dänemark noch vor einem allgemeinen Friedensschluß unschädlich gemacht werden müsse. Man hatte die dänische Vermittlung in Osnabrück hinnehmen müssen, erwartete aber nichts Gutes von ihr. In der Tat hat König Christian im Juli 1643 seine Gesandten in Osnabrück angewiesen, in keine Gebietsabtretung an Schweden zu willigen und eine Geldentschädigung, falls sie nötig werde, möglichst vorteilhaft für das Reich zu regeln. Die dänische Vermittlung noch vor Beginn der Verhandlungen zu beseitigen, schien der schwedischen Regierung dringend geboten. Anderes kam hinzu, wie die Behinderung der schwedischen Schiffahrt im Sund, geheime Verbindungen Dänemarks mit Polen und Rußland, von denen man Kunde erhielt, vor allem aber Dänemarks Politik in Deutschland, die auf eine Vermittlung zwischen Kaiser und Ständen hinauslief. Eine Versöhnung zwischen Haupt und Gliedern des Reiches, äußerten die dänischen Gesandten in Osnabrück, werde dem Kaiser die Macht geben, die auswärtigen Feinde vom Reichsboden zu vertreiben.

Im Sommer und Herbst 1643 erreichte die schwedisch-dänische Spannung ihren Höhepunkt. Die kaiserlichen Gesandten in Osnabrück erhielten dänische Anträge, Holstein, Bremen und Verden enger mit der dänischen Krone zu verbinden; geschehe das, so werde der König sich weiter auslassen und seine Treue gegen den Kaiser mit der Tat erweisen. Man glaubte darin ein verstecktes Bündnisangebot zu erkennen. Noch ehe diese Nachricht nach Wien gelangte, wurde der Kaiser durch ein Waffenstillstandsangebot Torstenssons überrascht. Er ging im November 1643 auf eine kurze Waffenruhe ein, ohne zu ahnen, daß der schwedische General schon seit Monaten den Befehl in der Tasche hatte, mit Beginn des Winters nach Norden zu marschieren und das dänische Festland zu besetzen. Unter dem Schutz des Waffenstillstands löste er sich vom Gegner, erschien im Dezember unvermutet an der dänischen Grenze und besetzte Holstein, Schleswig und Jütland.

Der Schlag traf blitzartig und überraschend. Die kaiserlichen Erblande und ein großer Teil Norddeutschlands waren mit einem Male von den Schweden befreit. Dieses Ereignis fiel mit einem glänzenden Siege der kaiserlichen und bayerischen Truppen über die französische Armee bei Tuttlingen am 24. November 1643 zusammen. Der Kaiser, seit Jahren in gedrückter und ausweisloser Lage, sah sich zu seiner Überraschung plötzlich befreit und erleichtert. Als erste Folge des neuen Krieges erwartete man die Sprengung des Kongresses, wenigstens in Osnabrück. Konnte Dänemark, nunmehr selbst kriegführende Macht, noch Vermittler sein? Oder sollte ohne Vermittler weiterverhandelt werden? Die kaiserlichen Gesandten fragten schon in Wien an, was sie für ihre Sicherheit tun sollten, wenn die Dänen abreisen und die Schweden den Kongreß für aufgelöst erklären sollten?

Das erste trat ein: Der Kanzler Hoyer, Chef der dänischen Mission, reiste zur Berichterstattung nach Hause, der Rest der Gesandtschaft blieb vorerst zurück. Schweden aber zog nicht die erwartete Folgerung, benutzte vielmehr den Krieg nur dazu, die dänische Vermittlung loszuwerden. Salvius schlug vor, die venezianische an ihre Stelle treten zu lassen. Dänemark aber erkannte die Gefahr der diplomatischen Isolierung, in die es damit gedrängt wurde. Als im Februar 1644 auch der Rest der Gesandtschaft bis auf einen Beobachter Osnabrück verließ, behielt sich König Christian die Vermittlung ausdrücklich vor. Dem Deputationstag in Frankfurt sprach er die Erwartung aus, daß das Reich keinen Frieden mit Schweden ohne ihn schließen werde.

Der Kaiser stand vor der Wahl, auf Friedensverhandlungen ohne Dänemark einzugehen oder für Dänemark Partei zu ergreifen. Die Entscheidung fiel ihm nicht schwer. Seine Gesandten in Osnabrück machten den Dänen vor ihrer Abreise die freundlichsten Zusicherungen und Aussicht auf kaiserliche Hilfe. Indessen sollte es damit seine Schwierigkeiten haben. Torstensson hatte das dänische Festland besetzt und damit jede Verbindung vom Reich nach Kopenhagen zu Lande abgeschnitten, Königsmark fiel in das Erzbistum Bremen ein, den Kaiser suchte man durch das Angebot eines einjährigen Waffenstillstandes auszuschalten. Natürlich rieten die Gesandten in Osnabrück dringend ab, darauf einzugehen, drängten vielmehr in Wien auf rasche Hilfe; die Dänen müßten es übel vermerken, daß Torstenssons Armee in Holstein so ganz unbelästigt bleibe, wenigstens solle man doch Bremen schützen und den niedersächsischen Kreis zum Krieg gegen Schweden aufrufen.

Der Kaiser hatte bereits diesen Weg beschritten. Die Stände Niedersachsens erhielten Verbot, den Schweden Hilfe zu leisten, der kaiserliche Gesandte Plettenberg in Hamburg Vollmacht zum Abschluß eines Bündnisses mit Dänemark. Schweden sollte jetzt gezwungen werden, die dänische Vermittlung anzunehmen, oder mit dänischer Hilfe aus dem Reich vertrieben werden. Den kaiserlichen Gesandten am Kongreß wurde befohlen, nicht ohne Befehl vom Platz zu weichen, selbst dann nicht, wenn Schweden den Kongreß für aufgelöst erklären sollte.

Doppelt gibt, wer schnell gibt: Diesen Satz hätte sich der Kaiser vorhalten müssen, als im Anfang des Jahres 1644 die dänischen Hilferufe zu ihm drangen. Zunächst geschah garnichts. Torstensson saß schon ein Vierteljahr ungestört im dänischen Winterquartier, als der Kaiser die ersten militärischen Maßnahmen ergriff. Seinen Gesandten Plettenberg, der zu den Bündnisverhandlungen nach Kopenhagen reisen wollte, ließen die Schweden nicht durch. Das Bündnis kam nie zustande, weil Dänemark sich nicht verpflichten wollte, nur mit dem Kaiser gemeinsam Frieden zu schließen. Das einzige, was der Kaiser unter solchen Umständen für den Dänenkönig noch tun konnte, war, ihm die Vermittlung zu erhalten. Er befahl im April 1644 seinen Bevollmächtigten, die Friedensverhandlungen unauffällig hinauszuzögern. Das war nicht schwer, waren sie doch gar nicht einmal recht in Gang gekommen.

Ein zweites Hemmnis für den Friedenskongreß ergab sich aus den Verhandlungen, die Schweden mit dem Fürsten von Siebenbürgen, Georg Rakoczy, anknüpfte. Der Angriff auf Dänemark sollte durch einen Bundesgenossen im Rücken des Kaisers Deckung erhalten. Schon Gustav Adolf hatte Verbindung mit diesem alten Gegner Habsburgs gesucht, aber die Bedingungen, die Georg Rakoczy für ein Bündnis aufstellte, zu hoch gefunden. Auch später wurden siebenbürgische Anträge von Schweden und Frankreich abgewiesen. Nie hatten die europäischen Mächte diesen halbsouveränen Fürsten als einen gleichberechtigten Partner anerkennen wollen, gegen den man sich zu verpflichten habe. Er sollte ihnen dienen, sie wollten ihn bezahlen, aber politische Bedingungen lehnten sie ab. Rakoczy aber verlangte, sie sollten ihm dasselbe leisten, was sie von ihm verlangten, und so wenig wie er einen Sonderfrieden mit Habsburg schließen. Das war mehr, als sie einem Fürsten seines Ranges zubilligen wollten, und so mußte er auf seine Stunde warten.

Sie kam 1642, als Torstensson nach stürmischem Siegeslauf in Mähren stand und trotzdem fürchten mußte, von einer kaiserlichen Übermacht wieder hinausgeworfen zu werden. Er schickte damals zwei seiner Obersten nach Siebenbürgen, um Regimenter zu werben und gegen Wien zu führen. Aber Rakoczy ließ sich seine Soldaten nicht abkaufen und verlangte ein Bündnis. Torstensson sandte den Vertragsentwurf nach Stockholm, die schwedische Regierung und der französische Gesandte stimmten zu. Die Verhandlungen zwischen den drei Mächten sollten in Hamburg weitergehen, Rakoczy durfte hoffen, einen Vertrag nach seinen Wünschen durchzusetzen. Inzwischen aber war in Schweden der Entschluß zum Angriff auf Dänemark gefallen. Um dafür die erwünschte Rückendeckung zu gewinnen, wollte man auf die Hamburger Verhandlungen nicht warten. Am 16. November 1643 schloß Torstensson auf Grund von Vollmachten, die man ihm gegeben, das Bündnis mit Siebenbürgen ab. Nun erst, im Besitz eines Vertrages nach seinen Wünschen und eines Rechtsanspruches auf Subsidien, verstand sich Rakoczy zum Angriff auf die Erblande des Kaisers. Aber der Vertrag bedurfte der Zustimmung Frankreichs, ja er war ohne sie gar nicht zu erfüllen, denn Schweden, das selbst nur mit französischer Geldhilfe seine Kriege finanzieren konnte, war gar nicht imstande, auch noch die vertragsmäßige Hilfe an Rakoczy zu leisten.

Es war also keine angenehme Rechnung, die den Franzosen in dem Augenblick, als man die gemeinsamen Friedensverhandlungen eröffnen wollte, von ihren Bundesgenossen präsentiert wurde: Schweden überraschte sie mit einem eigenmächtigen Angriff auf eine mit Frankreich befreundete Macht, der überdies die schwedische Feldarmee entgegen den Bestimmungen des Bündnisvertrages vom deutschen Kriegsschauplatz abzog, erwartete aber trotzdem die Zahlung der französischen Hilfsgelder und forderte auch noch die Anerkennung eines Vertrages, den es ohne Frankreichs Wissen und Willen geschlossen hatte. Letztlich hieß das alles nichts anderes, als die französischen Bündnisverpflichtungen gegen Geist und Buchstaben der Verträge für den Krieg gegen Dänemark in Anspruch nehmen, für eine Sache also, die Frankreich nichts anging, ja seinen Interessen durchaus widersprach.

Als Franzosen und Schweden am Kongreß zuerst miteinander in Fühlung traten, kamen diese Gegensätze zur Sprache. Im Juni 1644 war Salvius in Münster, im August machte Servien im Namen der französischen Gesandtschaft Gegenbesuch in Osnabrück. Mazarin hatte an sich Verständnis für Schwedens Lage, selbst für die Kriegserklärung an Dänemark. Er hatte keinen Zweifel, daß sie nur die Antwort auf eine drohende russisch-polnisch-dänische Liga gegen Schweden sei, aber sie hätte, so meinte er, nicht ohne Wissen und Einverständnis Frankreichs geschehen dürfen. Er hielt es für nötig, Verstimmung zu zeigen, zugleich aber die französische Vermittlung anzubieten, um diesen Krieg so schnell wie möglich zu beenden und die schwedischen Armeen auf den deutschen Kriegsschauplatz zurückzuführen. Salvius antwortete auf die Vorstellungen der französischen Gesandten mit der barschen Frage, ob Frankreich die Allianz brechen wolle? Man erwiderte ihm kühl, die Verpflichtungen einer Allianz seien gegenseitige; wenn Schweden die seinigen nicht halte, werde Frankreich keine Subsidien mehr zahlen. Damit trafen die Franzosen den schwachen Punkt, sie hatten die Macht, Schweden zu zwingen. Man bequemte sich zu einem Abkommen: Die Hilfsgelder wurden in Hamburg deponiert, Torstensson versprach, bald nach Deutschland zurückzukehren. Erst dann sollte ihm die hinterlegte Summe ausgezahlt werden. Dafür bot wiederum Frankreich seine Hilfe, die stockenden Verhandlungen zu Osnabrück auch ohne dänische Vermittlung in Gang zu bringen. Aber den vereinten Bemühungen der Franzosen und Schweden gelang es nicht, die kaiserlichen Bevollmächtigten zu unmittelbaren Verhandlungen zu verlocken. Nicht einmal in einen direkten Austausch der Vollmachten wollten sie einwilligen.

Jetzt legten die Schweden auch ihren Vertrag mit Rakoczy vor, ein halbes Jahr nach dem Abschluß. Schon das wirkte verstimmend, noch mehr aber mußte sein Inhalt die Franzosen verletzen. Man verfügte also über ihre Subsidien und band sich an diesen kleinen Vasallenfürsten der Pforte mit der Verpflichtung, nicht ohne seine Zustimmung Frieden zu schließen! Man war in Paris auf den Bericht hin zunächst nicht gesonnen, den Vertrag zu ratifizieren. Man tat es dann doch, wie es scheint auf neue Vorstellungen aus Münster. Im September 1644 reiste ein französischer Bevollmächtigter über Polen nach Siebenbürgen, die Gesandten in Münster gaben ihm seine Instruktion. Am 22. April 1645 schloß er den Vertrag von Munkacz, durch den Rakoczy in die Zahl der Bundesgenossen Frankreichs und Schwedens aufgenommen wurde.

Zur gleichen Zeit schwanden dem Kaiser die Hoffnungen, die er auf Dänemark gesetzt hatte. Im September 1644 wurde die dänische Flotte in der Ostsee vernichtend geschlagen. Unter dem Eindruck dieser Niederlage verzichtete König Christian auf seine Vermittlung. Schon vorher hatte der Kaiser den direkten Austausch der Vollmachten bewilligt. Es sollten noch Monate vergehen, bis der Frieden zwischen Schweden und Dänemark geschlossen wurde, aber für die allgemeinen Friedensverhandlungen war das ohne Bedeutung. Die Verwicklungen im Norden hatten sie um ein ganzes Jahr verzögert, aber am Ende genau die Lage hergestellt, die Schweden gewünscht hatte. Das Hindernis der dänischen Vermittlung war beseitigt, das Verhältnis zu Frankreich fester geknüpft und mit Rakoczy ein neuer Alliierter gewonnen. Die Rückenfreiheit im baltischen Raum machte Schweden militärisch und diplomatisch die Hände frei zu noch engerem Zusammenwirken mit Frankreich, noch stärkerem Druck auf den Kaiser. Die Arbeit des Kongresses konnte beginnen.

4. Kapitel

REICHSVERFASSUNG UND BÜNDNISRECHT.
DIE DEUTSCHE POLITIK DER GROSSMÄCHTE

Das deutsche Reichsstaatsrecht bis zu Hippolithus a Lapide

Zu dieser Zeit, noch ehe der Kongreß vollzählig war und die eigentlichen Friedensverhandlungen begannen, trat das Problem der deutschen Verfassung in den Vordergrund. Zwar wurden die Vertragsbestimmungen über die Rechte der Stände erst viel später vereinbart, aber die Großmächte haben ihr Reichsreformprogramm schon jetzt, zugleich mit dem Verlangen auf Berufung der Stände zum Friedenskongreß, vorgelegt. Das Ringen zwischen der kaiserlichen und der landesherrlichen Gewalt trat damit in sein letztes Stadium.

Dieser Kampf ist nicht allein mit dem Degen entschieden worden, an ihm haben auch die mühevolle Arbeit der Gelehrten und der leidenschaftliche Eifer der Publizisten ihren Anteil gehabt. Zwar ist eine Wissenschaft vom deutschen Staatsrecht erst spät, kaum vor dem Ende des 16. Jahrhunderts, entstanden, aber die Kernfrage der deutschen Verfassung hat die Rechtsgelehrten und Politiker schon lange vorher beschäftigt. Im Mittelalter stand das juristische Denken noch so völlig unter der Herrschaft des römischen Rechtes, daß man für die wirklichen deutschen Verfassungszustände keinen rechten Blick gewann. Nirgendwo in Europa ist dieses Recht so vollständig und widerspruchslos rezipiert worden wie in Deutschland. Fast unbestritten herrschte hier bis ins 16. Jahrhundert die alte Lehre, daß das Deutsche Reich die unmittelbare Fortsetzung des Römischen sei und von ihm sein Recht und seine Gesetze geerbt habe. Nur hier wurde das römische Recht als Ganzes übernommen, ohne kritische Prüfung des Einzelsatzes, ,,ratione imperii" und nicht ,,imperio rationis". Da es nur die beiden Rechtssphären des Individuums und des Staates kannte und alle anderen Verbände auf staatliche Konzession zurückführte, fehlten ihm für die Vielzahl öffentlicher Gewalten eigenen Rechtes, wie das Reich sie aufwies, die Begriffe. So schrieb man allein dem Reiche staatlichen

Charakter, dem Kaiser die ganze Machtfülle des römischen Prinzeps zu, die Landeshoheit der Fürsten deutete man als übertragene Amtsgewalt.

Diese Konzessionstheorie legte das staatsrechtliche Denken des Mittelalters in Fesseln. Erst die großen religiösen und politischen Kämpfe der Reformationszeit haben diese Fessel gesprengt. Mit der neuen Lehre vom Herrschaftsvertrag zwischen Kaiser und Ständen und vom ständischen Widerstandsrecht bildete sich erst eigentlich eine neue Auffassung vom Wesen der Reichsverfassung, die die Autorität des römischen Kaiserrechtes erschütterte. Das leidenschaftliche, von tiefstem Gewissensernst erfüllte Ringen um die Frage der Gegenwehr begann schon in den Anfangsjahren der Reformation. In dieser Frage, die über Leben und Tod, Gewissen und ewiges Heil entschied, hing für die evangelischen Stände alles davon ab, wie sie ihr Rechtsverhältnis zum Kaiser zu verstehen hätten. Es ist bekannt, daß Luther in seinen frühesten Äußerungen zu dieser Frage den Kaiser noch schlechthin als Obrigkeit im Sinne des Neuen Testamentes, auch im Verhältnis zu Fürsten und Ständen, gesehen hat. Trotz des kurfürstlichen Wahlrechtes sah er im Reich eine echte Monarchie. Er wußte, daß die Kurfürsten den Kaiser bei Amtsmißbrauch absetzen konnten, aber er meinte, solange dies nicht geschehe, seien die Fürsten ihm Gehorsam schuldig.

Doch war diese Rechtsanschauung wohl schon damals nicht mehr allgemein. Eine Art Vertragsverhältnis zwischen Kaiser und Ständen wird schon in den Wormser Reformgesetzen von 1495 und in der Wahlkapitulation Karls V. vorausgesetzt, und bei der Kaiserwahl von 1519 soll der Kurfürst von Mainz nach dem Bericht Sleidans das Reich als eine Aristokratie bezeichnet haben. Zwar ist diese Rede frei erfunden, doch hat Sleidan nachweislich einen Bericht aus der Umgebung des Kurfürsten benutzt; derartige Meinungen waren also an deutschen Fürstenhöfen damals verbreitet. Stand Luther solchen Anschauungen noch fern, so sollten sie ihm doch bald nahekommen. Das geschah spätestens 1529, als der Kaiser offen mit Gewaltmaßnahmen gegen die protestierenden Stände drohte. Damals begann man im evangelischen Lager ernsthaft über das Verhältnis der Stände zum Kaiser nachzudenken. Alsbald bildeten sich zwei Gruppen, entschlossene Vorkämpfer der ständischen Gegenwehr und ebenso entschlossene Bekenner eines Verzichtes auf Waffengebrauch gegenüber dem Kaiser. Der Gegensatz war aber ein staatsrechtlicher, kein theologischer. Haupt der Widerstandspartei war Philipp von Hessen, der frühzeitig mit voller Überzeugung und mit großem Nachdruck das Reich als eine ständische Aristokratie bezeichnete und jede Analogie mit dem Römischen Reich ablehnte. Die deutschen Fürsten, sagte er, seien Erbherren mit alten Freiheiten und Privilegien und nicht „Landpfleger" wie einst die römischen Beamten. Bei ihm finden sich schon alle wesentlichen Prinzipien der reichsständischen Verfassungstheorie: Der Kaiser ist gewählt, sein Verhältnis zu den Reichsständen beruht auf beschworenen Verträgen. Er ist daher nicht ihr Herr, sie haben vielmehr neben ihm und mit ihm selbständigen Anteil an der Reichsgewalt. Er kann weder in Religionssachen Richter sein noch gar selbständig zur Reichsexekution schreiten. Jede Reichsgewalt findet eine unübersteigbare Schranke an der Landeshoheit der Fürsten, in deren Gebieten das Reich keine konkurrierende Regierungsgewalt ausüben kann. Philipp entnahm seine Ansichten dem Verfassungsleben des Reiches, wie er es vorfand, kaum irgendeiner gelehrten Theorie, aber sie stehen von Anfang an als ein wohldurchdachtes Ganzes vor uns und tragen auch schon die entschieden reichsfürstliche, gegen die „Präeminenz" der Kurfürsten gerichtete

Tendenz, die die hessische Politik bis zum Westfälischen Frieden immer gezeigt hat. In der Aufzeichnung eines landgräflichen Rates finden wir den inhaltsschweren Satz, wenn etwa die Kurfürsten ihre Pflicht, den Kaiser zu warnen und notfalls auch abzusetzen, versäumen würden, so „sollte ihnen die Kur billig von gemeinen Ständen des Reiches wieder entnommen werden, denn Gesetz gemacht und nit gehalten ist kein Gesetz mehr."

Landgraf Philipp wurde zum politischen Erzieher der evangelischen Stände. Auch Luther ließ sich von ihm überzeugen. Unter Philipps Einfluß machte er damals den kursächsischen Räten das wichtige Zugeständnis, das Urteil über die Reichsverfassung sei eine Rechtsfrage, die er ihnen überlassen müsse, und wenn es sich nach ihren Worten verhalte, so könne er ein Notwehrrecht nicht leugnen. Er hat zwar als Seelsorger auch jetzt von bewaffneter Gegenwehr abgeraten, aber zahlreiche Äußerungen aus seinen späteren Jahren zeigen, daß er sich mit den Fragen der Reichsverfassung beschäftigt und von den Juristen gelernt hat. Die Tatsache des Herrschaftsvertrages zwischen Kaiser und Fürsten hat er anerkannt. Er konnte daher seine frühere Meinung, die Stellung der Fürsten zum Kaiser sei keine andere als die des Bürgermeisters von Torgau zu seinem Landesherrn, nicht mehr aufrechterhalten. Jetzt galt auch ihm das Reich als eine Aristokratie, die Stellung der Fürsten verglich er mit der des Rates einer Stadt oder des Senates einer Hochschule. Er sprach ihnen Mitwirkung an der Gesetzgebung und Regierung des Reiches und ein Notwehrrecht gegen kaiserliche Willkür, etwa gegen eine eigenmächtige Reichsexekution, zu. Freilich nur ihnen und nicht den Untertanen, denn nur die Reichsstände sind ihm Vertragspartner des Kaisers und als Landesherren zugleich Obrigkeiten, wenn auch untergeordnete. Luther hat sich also die Theorie eines verfassungsmäßigen Widerstandsrechtes der „niederen Obrigkeiten" zu eigen gemacht. Aber nicht das Naturrecht war es, was ihn überzeugte, sondern allein das positive Recht.

Daß Luther sich trotz ursprünglicher Abneigung gegen das Widerstandsrecht zu solchen Anschauungen durchrang und Kursachsen der hessischen Richtung zufiel, wurde für die evangelische Bündnispolitik von größter Bedeutung. Dagegen sind die Theologen und Juristen in den großen Reichsstädten Süddeutschlands immer auf Luthers frühem Standpunkt stehengeblieben. Lazarus Spengler aus Nürnberg und Johann Brenz aus Schwäbisch-Hall waren hier die Wortführer. Theologisch blieb man sich einig, aber die Wandlung der Rechtsanschauungen Luthers machten sie nicht mit. Sie waren Bürger jener Reichsstädte, die schon immer beim Kaiser Schutz gegen landesfürstliche Willkür gesucht hatten. Sie blieben dabei, die Stände hätten ihr Regiment vom Kaiser und seien ihm unterworfen, Brenz leugnete nicht, daß „die Oberkeit des Kaisers und Gehorsam der Glieder des Reiches in einem verdingten Weg miteinander bestehen", aber diese Verdingung werde nur gelöst, wenn die Kurfürsten den Kaiser absetzten. Bis dahin bleibe die Pflicht zum Gehorsam. Deshalb hat Spengler in die frühesten Entwürfe eines protestantischen Bundes im Jahre 1529 den üblichen Treuevorbehalt aufgenommen, den freilich die Fürsten alsbald verklausulierten. Ihre Ansicht war es, die im evangelischen Lager durchdrang.

Auf lutherischem Boden ist also die Lehre vom Reich als einer Fürstenaristokratie und vom Widerstandsrecht der Stände erwachsen. Auf sie beriefen sich die Magdeburger Pfarrer bei dem heldenmütigen Widerstand, den die Stadt dem Kaiser zur Zeit des Interims leistete. Ihre gemeinsame Schrift „Bekenntnis, Unterricht und Vermahnung" hat dann diese Ansicht zu den französischen Kalvinisten getragen. Hier wurde sie zum Baustein für ein System der Staatslehre, worin die Theorie vom Herrschaftsvertrag und vom Widerstandsrecht den Kern bildete. Der Boden dafür war freilich schon vorbereitet. Die Schweizer Reformatoren hatten ja das Reich und seine Verfassung von Anfang an weit unbefangener betrachtet als Luther, Zwingli schon 1523 für alle Wahlmonarchien ein Widerstandsrecht behauptet und die Erbmonarchien ziemlich unverblümt in die Nähe der Tyrannenstaaten gerückt, denn er wisse nicht, „wie dieselbigen rych einen Grund habend". Calvin verwarf ursprünglich jeden Widerstand selbst gegen eine ungerechte Obrigkeit, aber ähnlich wie Luther revidierte er sein Urteil auf Grund staatsrechtlicher Erwägungen. In den späteren Ausgaben der Institutio religionis Christianae seit 1541 findet sich die Einschränkung, wo eine „niedere Obrigkeit" zur Abwehr herrschaftlicher Willkür bestehe, da sei Gegenwehr erlaubt, ja geboten. Man weiß, welche Folgerungen die französischen Kalvinisten, sehr gegen den Willen des Meisters, aus seiner Lehre gezogen haben. Aber sie haben dabei auch noch aus anderen Quellen geschöpft. Es führen nämlich unmittelbare Fäden von dem lutherischen Deutschland zu ihnen hinüber. Schon im Jahre 1554 hat Calvins Schüler Theodor Beza die Magdeburger Schrift gelesen und ihr entscheidende Gedanken entnommen, in den Büchern der französischen Monarchomachen, mit denen er in engen Beziehungen stand, finden sie sich wieder. Einer von ihnen, Franz Hotman, war mit Sleidan befreundet und pflegte in Straßburg vertrauten Umgang mit dem Geschichtsschreiber der deutschen Reformation, während dieser an seinem Werke arbeitete. Auf solchen Wegen drangen die Widerstandslehren der deutschen Lutheraner nach Frankreich, vor allem aber auch, was für unseren Zusammenhang wichtig ist, ihre Ansichten über das Reich und seine Verfassung. Sie alle, Beza und Hotman wie auch der Verfasser der Vindiciae contra tyrannos, betrachten das Reich als klassisches Muster eines auf Vertrag begründeten Staates, worin dem Volk die Herrschaft, den Ständen die Gesetzgebung, dem Kaiser nur eine sehr beschränkte Regierungsgewalt und den Landesherren als „niederen Obrigkeiten" ein gesetzliches Widerstandsrecht zusteht.

Von den Monarchomachen hat wohl auch ihr großer Gegner Jean Bodin diese Anschauung von der Reichsverfassung übernommen, nur kam er von seinem a priori gefaßten Souveränitätsbegriff zu einer schlimmen Verzeichnung, unter der man das wahre Bild kaum noch erkennt. Was geschichtlich geworden und nur so zu verstehen war, wurde hier mit den Methoden einer deduzierenden Staatslehre erklärt, die die Konstruktionen der mittelalterlichen Romanisten womöglich noch übertraf. Nichts war weniger geeignet, das wirkliche Wesen der Reichsverfassung zu deuten, als Bodins Begriff einer höchsten Gewalt im Staate, die notwendig unteilbar sei und immer nur einen einzigen sichtbaren Träger haben könne. Bodin erlebte die Selbstzerfleischung Frankreichs und die Wirren der Religionskriege. Er sah im Königtum die einzige Rettung und unternahm es, die aus der Praxis des Ständestaates stammende Lehre vom Herrschaftsvertrag zu bekämpfen. Die Monarchomachen hatten ja, wie wir heute wissen, weit weniger aus der Staatsphilosophie des Mittelalters geschöpft als vielmehr aus der politischen Wirklichkeit und nicht zuletzt aus der Deutschlands, wie sie ihnen im Spiegel der lutherischen Schriften über das Widerstandsrecht erschien. Bodin aber griff auf die mittelalterliche Lehre von der Majestas und vom princeps legibus solutus zurück. Wie die

Romanisten vermischte auch er die Frage nach der höchsten Gewalt *des* Staates, der Souveränität, mit der nach der höchsten Gewalt *im* Staate, ihrem Träger. So wenig wie seine mittelalterlichen Vorläufer war er fähig, den Begriff der Staatsgewalt von ihrem Träger zu trennen, sonst hätte es ihm nicht entgehen können, daß sie trotz ihrer begrifflichen Einheit in der Praxis sehr wohl geteilt sein kann, daß es untergeordnete Gewalten geben kann, die sich auf einem von der Zuständigkeit der Obergewalt freien Gebiet bewegen und insofern auch „souverän" heißen können. Wo ihm in der Wirklichkeit solche Bildungen vorkamen, da half er sich wohl mit der Unterscheidung zwischen Verfassung und Regierungspraxis oder mit dem Satz, daß es nicht auf die tatsächlichen Zustände ankomme, sondern auf das, was rechtens sei. Nur wenn er die Souveränität als die *jeweils* höchste Gewalt aufgefaßt hätte, hätte er auch dem Reiche als einem staatlichen Gemeinwesen, worin einer höchsten staatlichen Gewalt andere zweifellos auch staatliche Gewalten untergeordnet waren, gerecht werden können. Schon vor ihm hatten die mittelalterlichen Juristen seit Bartolus sich von einem ähnlichen Begriff der Majestas, die keine höhere Gewalt über sich anerkenne, zu ähnlichen Widersprüchen verführen lassen. Sie hätten eigentlich unter solcher Voraussetzung den deutschen Territorien den Charakter der res publica aberkennen müssen, hatten sich aber angesichts der Wirklichkeit der Dinge zu dem stillschweigenden Vorbehalt verstehen müssen, daß als „superiorem non recognoscens" auch der noch gelten dürfe, der den Kaiser als einzigen irdischen Herrn über sich anerkenne, womit denn freilich der Begriff seinen prägnanten Sinn verlor. Wenn Bodin ihn wieder in seiner strengen Bedeutung faßte — und gerade darin besteht ja das Epochemachende seiner Leistung — so mußte er freilich den deutschen Fürsten die Souveränität absprechen.

Daß er sie auch dem Kaiser nicht zuerkennen konnte, lag an dem Inhalt, den er dem Begriff gab. Schon vor ihm hatte man empfunden, daß „Souveränität" ja zunächst nur ein Verhältnisbegriff sei. Um ihn mit Inhalt zu füllen, hatte man schon im Mittelalter dem Träger der Souveränität die Hoheitsrechte beigelegt, die in den römischen Rechtsquellen dem Prinzeps vorbehalten waren. Von daher stammte auch die Bezeichnung des Herrschers als legibus solutus, womit man ihn über das positive Recht stellte, während er allerdings dem geoffenbarten göttlichen Recht und dem von Gott der Vernunft eingepflanzten Naturrecht unterworfen blieb. Bodin übernahm das alles, aber was jene aus dem römischen Recht an Befugnissen des Prinzeps zusammengetragen hatten, genügte ihm nicht. Er glaubte ein allgemeingültiges Prinzip für den Inhalt der Souveränität gefunden zu haben: Er fragte, ob Regierungsrechte ohne Gefahr für die höchste Gewalt nach unten abgetreten werden könnten oder nicht, nur im zweiten Falle galten sie ihm als unveräußerliche und notwendige Souveränitätsrechte. Aber wird nicht auch diese Frage je nach der geschichtlichen Lage und den besonderen Bedingungen eines jeden Staates verschieden beantwortet werden? In der Tat konnte auch Bodin nichts anderes tun als seine Vorgänger, er übernahm die aus dem römischen Recht stammenden Souveränitätsrechte, er fügte andere hinzu, die das französische Königtum den Seigneurs oder der Kirche abgerungen hatte, und erklärte alle diese Befugnisse, deren Zusammenfassung in einer Hand doch auch etwas sehr Zufälliges war, für Merkmale der Souveränität schlechthin.

Es ist klar, daß dann allerdings der deutsche Kaiser nicht als Souverän gelten konnte. Aber es ist ebenso klar, daß Bodins Souveränitätsbegriff gleichfalls nur eine historische und keine absolute Kategorie war. Er mochte annähernd auf die französischen Verfassungszustände seiner Zeit zutreffen, auf andere Staaten angewendet, mußte er in die Irre führen. So griff denn Bodin auch trotz seiner profunden Kenntnis der Verfassungszustände aller europäischen Staaten in der Beurteilung der Reichsverfassung völlig fehl. Die Frage, wer der Träger der „Souveränität" sei, war hier ja gar nicht zu beantworten. Beim Kaiser lag sie zweifellos nicht, bei den Landesherren auch nicht, obwohl Bodin, wie er gesteht, zunächst zu dieser Ansicht geneigt und das Reich für einen Bund souveräner Staaten gehalten hatte. Als er aber bemerkte, daß auch die mächtigsten Reichsfürsten der Lehenshoheit, Gesetzgebung und Gerichtsbarkeit des Reiches unterworfen waren, glaubte er die Souveränität doch dem Reiche zusprechen zu müssen, und zwar, da der Kaiser nicht ihr Träger sein konnte, dem Corpus der Reichsstände. Damit schien ihm das Reich als ständische Aristokratie bestimmt.

In seinem Souveränitätsbegriff befangen, sah Bodin also nicht, daß das Reich eben doch war, was es nach seiner Theorie nicht geben konnte: ein Staat, dessen Glieder gleichwohl Eigenstaatlichkeit besaßen. Nun gewann aber seine Lehre in den nächsten Jahrzehnten in der Wissenschaft hohes Ansehen und fast unbestrittene Autorität. Sein Souveränitätsbegriff beherrschte die wissenschaftliche Diskussion. So scharf er aber auch gefaßt war, in der Anwendung auf das Reich und seine Glieder mußte er es sich dann doch wieder gefallen lassen, den wirklichen Verhältnissen angepaßt und damit verwischt zu werden. Trotz Bodin wurde sogar im französischen Sprachgebrauch die Stellung der deutschen Landesherren als „souveraineté" bezeichnet, und das bei ausdrücklicher Anerkennung ihrer Unterordnung unter die Hoheit von Kaiser und Reich! Um so weniger trug man in Deutschland, wo man schon im 16. Jahrhundert die Stellung der Landesherren der des römischen Prinzeps verglichen hatte, Bedenken, den französischen Souveränitätsbegriff in der lateinischen Übersetzung als „majestas" oder „superioritas" auf die Landeshoheit anzuwenden. So bekam der Begriff einen Doppelsinn, und noch in den Friedensverträgen von 1648 schwankt seine Bedeutung zwischen Landeshoheit und voller Souveränität.

Länger als ein Menschenalter haben sich nun die deutschen Juristen bemüht, den „Status" des Reiches mit Hilfe des Bodinschen Begriffes der Souveränität zu bestimmen. Viel spitzfindige und wirklichkeitsfremde Begriffsklauberei lief dabei mit unter, aber hinter dem pedantischen Streit der Schulmeinungen standen die großen politischen und religiösen Gegensätze der Zeit als mächtige Triebkräfte. Zwar hatten sie am Ende des Reformationszeitalters einen ersten vorläufigen Ausgleich gefunden, und während Frankreich in der zweiten Hälfte des Jahrhunderts vom Lärm politischer Streitschriften widerhallte, war in Deutschland Ruhe eingekehrt. Um die Jahrhundertwende aber brachen die großen Gegensätze wieder auf. Sie entzündeten sich an der Rechtsprechung der höchsten Reichsgerichte und wuchsen sich alsbald zu einem Streit um die Grundlagen der Reichsverfassung aus. Doch deckte sich der politische Gegensatz keineswegs, wie man vielleicht denken könnte, mit dem konfessionellen, er ging vielmehr mitten durch das evangelische Lager hindurch. Die erste wissenschaftliche Fehde dieser Art wurde zwischen zwei Lehrern der beiden hessischen Universitäten ausgetragen. Hermann Vultejus aus Marburg führte 1599 als erster deutscher Jurist einen scharfen Angriff gegen die mittelalterliche Lehre von der Translatio Imperii und gegen die Folgerungen, die man aus ihr zu ziehen pflegte. Er vertrat die Meinung, das Imperium Romanum mit seiner Allgewalt des Prinzeps sei untergegangen und von Karl dem Großen unter ganz anderen Voraussetzungen und mit neuer Verfassung wieder ins Leben gerufen worden. An die Stelle der römischen Verwaltung durch Beamte habe er in weiten Teilen des Reiches, zumal in den Grenzmarken, eine solche durch Lehensleute gesetzt, deren Gewalt innerhalb ihrer Gebiete der des Kaisers gleichgekommen sei; auf dieser Ordnung beruhe die Verfassung des Reiches noch immer. Er bediente sich dafür der Terminologie Bodins und bezeichnete das Reich als eine Monarchie mit aristokratischer Regierungsform. Das klang unverfänglich, und doch rührte Vultejus mit seiner Verwerfung des römischen Rechtes an die Grundlagen der kaiserlichen Machtvollkommenheit, die er auf eine bloße Lehenshoheit reduzierte.

Dieser im deutschen Staatsrecht unerhörten Theorie trat der Gießener Professor Antonii mit Schärfe entgegen. Um gleich den Kern der Streitfrage herauszuschälen, bekannte er sich zu der Formel, in der die Lehre von der Allgewalt des Kaisers zum höchsten gesteigert schien: Er bezeichnete ihn als Princeps legibus solutus und vertrat den Grundsatz, was nach römischem Recht dem Prinzeps zugestanden habe und nicht ausdrücklich widerrufen sei, komme auch heute noch dem Kaiser zu. Er räumte ein, daß die ursprüngliche Gewalt des Kaisers durch das Reichsherkommen eingeschränkt sei, daß der Kaiser bestimmte Rechte mit den Ständen teile, er erklärte sogar das Reich für einen aus Monarchie und Aristokratie gemischten Staat und tat sich etwas darauf zugute, daß er den Ständen einen echten Anteil an der Reichsgewalt zuerkenne, während sein Gegner sie zu bloßen Beamten erniedrige. Aber was wollte das besagen? Indem er an der römischen Grundlage des Kaisertums festhielt, entzog er in Wahrheit den Ständen den Boden, auf dem ihr Eigenrecht erwachsen war. Denn was waren landesherrliche Rechte und Titel noch wert, die allein auf kaiserlicher Konzession beruhten?

Die neuen Gedanken aber, die Vultejus nur eben angedeutet hatte, brachen sich in wenigen Jahren mit überraschender Schnelligkeit Bahn. Im Jahre 1608 wurde der Bruch der deutschen Reichsverfassung vor aller Augen offenbar, als zum ersten Mal ein deutscher Reichstag ohne Abschied auseinanderging. In dem gleichen Jahre hielt Prinz Johann Ernst von Sachsen als Ehrenrektor der Universität Jena eine akademische Festrede, die ihm sein Lehrer Friedrich Hortleder aufgesetzt hatte. Dieser Mann, der sich hernach durch seine großen Aktenpublikationen zur Vorgeschichte und zur Rechtfertigung des Schmalkaldischen Krieges einen Namen machte, hat die jungen Prinzen des sächsischen Hauses in den Anschauungen von reichsständischer Libertät erzogen, die uns schon bei Philipp von Hessen begegnet sind und in den stilleren Jahrzehnten nach dem Augsburger Religionsfrieden fast vergessen schienen. Hortleder legte seinem staatsrechtlichen Unterricht die Werke Sleidans und der Monarchomachen, die Reichsgesetze, Wahlkapitulationen und Reichsabschiede zugrunde, das römische Recht verwarf er als Grundlage des deutschen Verfassungslebens ganz und gar; er zuerst nannte die Wahlkapitulation die Lex regia der Deutschen. Wenn dieses Gesetz, mit dem einst das römische Volk seine ganze Gewalt dem Prinzeps übertragen hatte, nicht mehr galt, so fiel auch der Schluß von dem römischen Prinzeps auf den deutschen Kaiser dahin, so war seine Herrschaft als eine vertraglich und gesetzlich beschränkte erwiesen. Im gleichen Jahre finden sich ähnliche Gedanken in dem vielgelesenen Lehrbuch des deutschen Staatsrechtes von Tobias Paurmeister, bald darauf dringen sie in die politische Publizistik ein. Im Streit um Donauwörth bestritten die Evangelischen dem Kaiser das Recht zu eigener Justiz; die Jurisdiktion gegen Reichsstände gebühre, von ganz bestimmten Ausnahmen abgesehen, allein dem Kammergericht. Der publizistische Streit, der sich anschloß, rührte an die Grundfragen des deutschen Staatsrechts. Unter Berufung auf das römische Recht verteidigte die „Donauwörthische Relation" die höchstrichterliche Gewalt des Kaisers, der er sich auch durch Einsetzung des Reichskammergerichtes nicht begeben habe, ihm stehe eine selbständige, mit dem Kammergericht konkurrierende Jurisdiktion gegen die Reichsstände zu. Aus der Jurisdiktion aber folge auch das Recht zur Vollstreckung. Die Exekutionsordnung von 1555 habe es zwar den Reichsständen übertragen und zu diesem Zweck die Kreisverfassung geordnet, aber doch nur als Aushilfsmittel für den Fall der Abwesenheit oder Behinderung des Kaisers. Schroffer konnte man der reichsständischen Auffassung nicht widersprechen. Rechtsprechung und Vollstreckungsgewalt des Kaisers wurden als die Regel, die der Stände nur als subsidiär behandelt und alles das mit dem römischen Recht begründet. Der ungenannte Schreiber spottete über die Doktoren, die im lateinischen Recht promoviert und den Juristeneid darauf geleistet hätten und es gleichwohl nicht als geltendes Recht anerkennen, sondern „einen absonderlichen Teutschen gebildeten Kaiser" fingieren wollten. Die Antwort blieb nicht aus. Der württembergische Kanzler Sebastian Faber erwies sich in der „Beständigen Informatio facti et juris" als ein nicht minder streitbarer Kämpe. Zwar wolle er nicht, sagte er, dem Kaiser an seiner Gewalt, Obrigkeit und Jurisdiktion etwas abbrechen, aber das sei nun doch aus der Geschichte und allen Gesetzen, den Abschieden und dem Herkommen des Reiches erwiesen, daß er diese Gewalt nicht nach Willkür üben dürfe, sondern er stehe mit den Ständen und diese mit ihm in einer gegenseitigen Verpflichtung, die ihm Form, Maß und Ordnung vorschreibe, wie er sein Regiment und seine Rechtsprechung zu führen habe. Es sei nun einmal ein Unterschied zwischen den alten lateinischen und den jetzigen deutschen Kaisern, und die Verfassung des Reiches sei nicht aus dem römischen Recht, sondern aus den Reichsgrundgesetzen und löblichen Gewohnheiten zu erschließen; man werde keinen Reichsstand finden, der seine alten Rechte und Privilegien dem gemeinen Recht unterwerfen wolle.

Mit alledem rührte man noch nicht an die monarchische Gewalt des Kaisers selbst. Mit der Verwerfung des römischen Rechtes und der Berufung auf das Reichsherkommen wollte man nur die willkürliche Form treffen, in der sie sich betätigte. Ein Schritt weiter war es schon, wenn Brandenburg bei den Wahlverhandlungen des Jahres 1612 eine Bestimmung in die Wahlkapitulation bringen wollte, daß die Stände dem Kaiser bei Verletzung der Reichsgrundgesetze „eo ipso ferners nicht verbunden sein wollten". Zum ersten Mal wurde hier wieder jene äußerste Konsequenz aus der Theorie vom Herrschaftsvertrag angedeutet, wie sie in den Zeiten des Schmalkaldischen Bundes verfochten worden war, und die man seitdem nicht mehr vernommen hatte.

Inzwischen war auch schon das Werk ans Licht getreten, das dann wirklich der Wissenschaft die Bahn zu solch kühnen Verfassungstheorien brach: Im Jahre 1603 erschien die Politica methodice digesta des Johannes Althusius, die Bodins Souveränitätsbegriff mit der Theorie der Monarchomachen vom Herrschaftsvertrag verknüpfte und so die moderne Lehre von der Volkssouveränität begründete. Ihre Anwendung auf das Reich ergab eine radikal ständische Verfassungstheorie.

Althusius zog mit ihr nur die Konsequenz aus seiner bekannten Lehre von den beiden Akten der Staatsbildung, dem Staatsvertrag, worin das Volk sich als Gemeinschaft konstituiert, und dem Herrschaftsvertrag, worin es einen Teil seiner Rechte der Obrigkeit zur Ausübung überträgt, dabei aber immer den größeren Teil seiner Gewalt zurückbehält. Das Volk bestimmt also die Organe seiner Herrschaft und die Staatsform, es setzt den Umfang der übertragenen Befugnisse fest und bindet ihre Ausübung an bestimmte Formen und Bedingungen. Ihre Verletzung durch den Herrscher hebt den Herrschaftsvertrag auf und entkleidet den Souverän seiner Gewalt. Jede Obrigkeit ist von Gott, dieses biblische Fundament der Staatslehre hält Althusius fest. Gott aber hat gewollt, daß sie ihre Gewalt durch das Volk erhält und in seinem Namen ausübt und daß jedes Volk dabei nach seiner Art verfährt. Wie also auch die Verfassung eines Staates immer aussehen mag, so trägt doch jede obrigkeitliche Gewalt Amtscharakter, sie ist der Kontrolle durch das Volk unterworfen, die durch besondere Organe, die „Ephoren" ausgeübt wird. Aber konnte es nach einer solchen Lehre überhaupt noch verschiedene Staatsformen geben? In der Tat, wenn der Souverän immer und überall das Volk ist und nur die Organe seiner Gewalt wechseln, so unterscheiden sich die Staaten nur noch durch das, was Bodin ihre Regierungsart, ihre ratio gubernandi, genannt hatte. In Wirklichkeit, sagt Althusius, sind alle Staaten Demokratien. Aber sie haben auch alle wiederum ein monarchisches Element in dem einheitlichen Herrscherwillen, ohne den ja kein Staat bestehen kann und der, wo kein Einzelherrscher ist, durch den consensus imperantium entsteht. So ist jede Verfassung eine demokratische mit gewissen Beimischungen anderer Elemente; die überlieferten Staatsformen verlieren ihre Bedeutung.

Was aber konnte eine so abstrakte Theorie zur Erklärung des Reiches und seiner Verfassung beitragen? Ließ sich die verwirrende Vielfalt seines Staatslebens in dieses Schema pressen? Man muß wissen, daß Althusius nicht nur eine Staatslehre, sondern auch eine Gesellschaftslehre geben will, daß der Staat für ihn zwar die höchste, aber doch nur eine Form menschlicher Gemeinschaft ist und daß sein Aufbau nicht durch unmittelbaren Zusammenschluß der Individuen, sondern stufenweise erfolgt, indem immer eine Gemeinschaft sich über der anderen aufschichtet: Familien, Berufsverbände, Gemeinden, Provinzen sind solche Stufen, wobei die niederen Gemeinschaften jeweils die Elemente der höheren bilden. Jede „consociatio" beruht auf Vertrag, in allen herrscht das gleiche Ordnungsprinzip, übt die Gemeinschaft ihre Gewalt durch gewählte Organe aus. Aber nur die Gewalt des Staates als des wahren corpus universale verdient den höchsten Namen der Majestas, ihm allein gehören die Souveränitätsrechte. Er kann sie auftragsweise auf niedere Gemeinschaften, vor allem die „Provinzen", delegieren, aber niemals sich ihrer völlig entäußern. Man sieht sofort, daß hier Möglichkeiten lagen, die Vielzahl öffentlicher Gewalten im Reich zu deuten.

Aber diese Lehre enthielt noch ein zweites Element, das ihre Anwendung auf die deutsche Verfassung ermöglichte, nämlich den Gedanken der Repräsentation. Wahl und Kontrolle der Obrigkeit vollzieht das Volk nicht unmittelbar, sondern durch besondere Organe, die Ephoren. Der Herrscher muß ihren Rat hören, ihre Zustimmung einholen, ihre Beratungen schützen und ihre freie Meinungsäußerung respektieren. Mißbraucht er seine Gewalt, so setzen sie ihn ab, wirft er sich zum Tyrannen auf, so rufen sie das Volk zum Widerstand auf. Für die Stellung des Herrschers zu den Ephoren gilt: Praeses major singulis, minor universis.

Erst diese beiden Prinzipien machten die Staatslehre des Althusius so bedeutsam für das deutsche Reichsstaatsrecht. Nur das Reich ist souverän, die Territorien sind „Provinzen", die Landesherren haben ihr Amt und ihre Hoheitsrechte vom Reich und sind dem Kaiser verantwortlich. Nach unten ist ihre Gewalt daher praktisch unumschränkt. Natürlich haben sie sie letztlich vom Volk, aber nur auf einem weiten Umweg, insofern nämlich die Gewalt des Kaisers, der sie einsetzt, von da stammt. Das Reich ist mehr als sie, constituens est major constituto. Andererseits aber sind sie es wiederum, die das Reich konstituieren. Denn das Reich ist die consociatio der Stände, und der Herrschaftsvertrag, durch den es entsteht, ist ein Vertrag zwischen ihnen und dem Kaiser.

So üben also die Reichsstände nach Althusius ein doppeltes Amt aus: Ein officium speciale als Landesherren im Auftrag des Reiches, ein officium generale als Reichsstände im Namen des Volkes. Daraus ergibt sich ihr doppeltes Verhältnis zum Kaiser: Als einzelne sind sie ihm untergeordnet, da sie ja ihr landesherrliches Amt von ihm haben und ihm durch Lehenseid verpflichtet sind, als Gesamtheit aber sind sie ihm übergeordnet, Inhaber der höchsten Gewalt und Repräsentanten des souveränen Volkes. Der Kaiser als der gewählte höchste Beamte des Volkes ist an die Bedingungen des Herrschaftsvertrages, das heißt der Wahlkapitulation, gebunden. Er hat nur die Rechte, die ihm durch sie ausdrücklich übertragen sind. Eine darüber hinausgehende allgemeine Gewalt unbestimmten Umfanges, wie sie aus dem römischen Recht gefolgert wurde, steht ihm nicht zu.

Althusius' Lehre wurde für die deutsche Staatsrechtswissenschaft ein Kompaß im Nebel verworrener Begriffe. Bodins Souveränitätsbegriff hatte das Rätsel der deutschen Verfassung nicht lösen können. Seine These, daß die Souveränität bei der Gesamtheit der Reichsstände liege, war offensichtlich falsch. Sprach man sie aber, wie es einzelne deutsche Rechtsgelehrte versucht hatten, dem Kaiser zu, so ließ sich allenfalls eine gewisse Beschränkung seiner Rechte durch die Stände erklären, nicht aber, worauf doch alles ankam, die positive Mitwirkung der Reichsstände an der Ausübung der Souveränität, die doch nicht bezweifelt werden konnte. Solange man aus der Einheit des Begriffes auf die Einheit des Trägers der Souveränität schloß, gab es aus diesem Dilemma keinen Ausweg. Der Denkprozeß, der beides trennte und für die moderne Staatsrechtslehre von größter Bedeutung wurde, begann jetzt erst und ist hier nicht zu verfolgen. Der Prinzipienstreit, der sich in Deutschland an Althusius anschloß, war anderer Art. Er drehte sich um den Begriff der Souveränität selber, den man bisher unbesehen von Bodin übernommen hatte, entsprang aber weniger dem Bedürfnis nach begrifflicher Klarheit, als dem Wunsch, durch Zergliederung dieses Begriffes ein gültiges Prinzip für die Abgrenzung der kaiserlichen und der ständischen Rechte zu finden. Diese Abgrenzung erwies sich in den Verfassungskämpfen dieser Zeit als dringend nötig, und noch gab es keine Normen dafür. Um diese Aufgabe hat sich vor allem die Schule des Jenenser Staatsrechtslehrers Dominicus Arumaeus bemüht. Der politische Hintergrund ihrer Tätigkeit ist unverkennbar: In Jena lebte wie in Marburg der Geist reichsständischer Libertät, Arumaeus selbst war als Niederländer mit den Ideen republikanischer Volksfreiheit vertraut. In seinen Schriften und denen seiner Schüler, die zu hunderten in den dicken Folianten der Discursus academici vorliegen, verbinden sich die reformatorische Lehre vom Widerstandsrecht, die der Monarchomachen vom Herrschaftsvertrag und die des Althusius von der Volkssouveränität mit dem Gedanken eines Reichsstaatsrechtes aus deutschen statt römischen Quellen zu einer neuen Verfassungslehre. Viel Spreu ist unter diesem Saatgut einer neuen Zeit, doch haben auch einige bedeutende Gelehrte an der Sammlung mitgearbeitet, darunter außer Arumaeus selbst der große Strafrechtslehrer Benedikt Carpzow. Das Fazit dieser Lehren zog 1629 Johann Limnaeus in seinem viel gelesenen Jus publicum Imperii Romano-Germanici, und nicht wenige Juristen, die bei Arumaeus oder Limnaeus in die Schule gegangen waren, haben als Berater evangelischer Fürsten das Denken und Handeln der politisch Verantwortlichen mitbestimmt.

Soviel glaubte man zu wissen, daß das Reich in keine der üblichen Staatsformen passe, sondern eine irgendwie gemischte Form darstelle. Doch war, um im Bilde zu bleiben, der Mischungsvorgang im einzelnen nicht geklärt und vor allem die quantitative Analyse noch nicht gelungen. Da zeigte nun die Unterscheidung zwischen Staatsvertrag und Herrschaftsvertrag einen neuen Weg. Es war ein Schüler des Arumaeus, Matthias Bortius, der ihn zuerst beschritt. Er folgerte aus ihr eine doppelte Art von Souveränitätsrechten, unveräußerliche und übertragbare, und damit eine doppelte Souveränität. Er stellte die Theorie auf, daß durch den Staatsvertrag die eigentliche Souveränität oder Majestas realis begründet werde, die unveräußerlich beim Volk bleibe, und aus ihr wiederum in dem zweiten Akt der Staatsgründung, dem Herrschaftsvertrag, die Majestas personalis durch Übertragung bestimmter Rechte vom Volk auf den Herrscher hervorgehe. Kraft der Majestas realis, die das Volk sich ewig vorbehält, gründet es den Staat, verfügt es über Staatsgebiet und Staatsvermögen, wählt es den Herrscher und bestimmt es die Staatsform. Deshalb sind die Grundgesetze eines Staates, in denen dies alles verankert ist, dem Willen des Herrschers entzogen. Die Majestas realis ist also staatsgründende, konstituierende Gewalt. Anders die Majestas personalis. Sie umfaßt nur Regierungsrechte, und zwar nur diejenigen, die das Volk dem Herrscher ausdrücklich übertragen hat, aber immer nur widerruflich verleiht. In ihrer Ausübung ist die Obrigkeit zwar innerhalb der vom Volk gezogenen Grenzen souverän, immer aber zugleich der ständigen Kontrolle durch die Ephoren unterworfen. Zu den vornehmsten Rechten der Majestas personalis zählt Bortius auch das der Gesetzgebung, das den Herrscher über das positive Recht — natürlich mit Ausnahme der Grundgesetze — erhebt und zum princeps legibus solutus, zum wahren Souverän macht, der gleichwohl der Gewalt des Volkes unterworfen bleibt.

Natürlich war diese Lehre auf das Reich zugeschnitten. Jetzt konnte man seinen ständischen Charakter festhalten und doch dem Kaiser die Souveränität zusprechen. Bodin und Althusius hatten den Kaiser seiner Majestät entkleidet, in der Form der Majestas personalis erhielt er sie zurück. Nun konnten sich die deutschen Staatsrechtslehrer mit ruhigem Gewissen daran begeben, seine Rechte gegen die der Stände abzuwägen und die Grenzen der kaiserlichen Gewalt zu untersuchen, ohne in den Verdacht der Majestätsbeleidigung zu geraten. Denn die Ehrfurcht vor dem kaiserlichen Namen war selbst bei den eifrigsten Verfechtern reichsständischer Libertät noch tief eingewurzelt; die höhnische Verachtung, mit der Hippolithus a Lapide ihn einige Jahrzehnte später behandelte, war einzig in ihrer Art und erregte Abscheu. Die Lehre von der doppelten Souveränität fand daher in Deutschland lebhaften Anklang.

Der Fortschritt, den sie brachte, war ein doppelter: Sie unterwarf den Herrscher nicht nur dem göttlichen Recht, dem natürlichen Sittengesetz und den Grundgesetzen des Staates — das hatte ja auch Bodin getan — sondern auch der Kontrolle durch die Organe des Volkes, ohne doch seiner Souveränität Eintrag zu tun. Auch konnte nach dieser Lehre der Umfang der Majestas personalis des Herrschers in den einzelnen Staaten durchaus verschieden sein und die Souveränität gleichwohl davon unberührt bleiben. Mit diesen Voraussetzungen haben die Juristen der reichsständischen Schule von Arumaeus bis Limnaeus die Rechte des Kaisers und der Stände untersucht. Leicht erklärten sich hinfort der Krönungseid des Kaisers, die Wahlkapitulation, die Gerichtsbarkeit des Pfalzgrafen über den Kaiser und das Absetzungsrecht der Kurfürsten. Mit Althusius konnte man jetzt sagen: „Imperator minor Imperio," wobei unter „Imperium" die Gesamtheit der Reichsstände verstanden wurde. Auch über den Umfang der kaiserlichen Regierungsrechte ließ sich diskutieren. Zwar vertrat Bortius selbst noch die Ansicht, daß die Majestas personalis unteilbar sei und nur als Ganzes übertragen werden könne, dem Kaiser also alle Regierungsrechte ungeteilt zukämen. Aber man konnte auch anderer Meinung sein und sich dafür auf Autoritäten berufen: Man kannte den alten Streit der Romanisten, ob das römische Volk durch die Lex regia seine Gewalt dem Prinzeps abdicative et privative, also ganz und zur alleinigen Ausübung, oder communicative et cumulative, das heißt unter Vorbehalt eigener Mitwirkung, übertragen habe. Es lag nahe, diese Frage auch für den deutschen Kaiser zu stellen, und sie wurde gestellt. Zwar folgten die beiden bedeutendsten Vertreter der Schule, Arumaeus und Carpzow, der Ansicht des Bortius. Sie schlossen aus den Ehrenvorrechten des Kaisers und der volltönenden Sprache der Reichsabschiede und kaiserlichen Erlasse, daß alle Regierungsrechte nebst der Gesetzgebung allein beim Kaiser lägen und die unleugbaren Einschränkungen durch das Herkommen und die Wahlkapitulationen nur Ausnahmen seien, die im Prinzip nichts änderten. Arumaeus erinnerte daran, daß Ferdinand I. den Geistlichen Vorbehalt auch ohne Reichstagsbeschluß aus eigener Machtvollkommenheit in Kraft gesetzt habe, doch hatte schon Paurmeister in ähnlichem Zusammenhang eingewendet, eine Schwalbe mache noch keinen Sommer, und ein solcher Ausnahmeakt, zudem von zweifelhafter Rechtsgültigkeit, beweise nichts gegen das Gewohnheitsrecht, das den Ständen eine Mitwirkung an der Reichsgesetzgebung zuerkenne. Und diese Meinung erwies sich auf die Dauer als stärker. Limnaeus erklärte, kein Volk, das seine Freiheit liebe, gebe seine Regierungsrechte in ihrem ganzen Umfang dahin. Aber auf solche Sätze a priori beriefen sich die deutschen Staatsrechtslehrer im übrigen nicht mehr. Wenn sie die Lehre von der beschränkten Regierungsgewalt des Kaisers annahmen, so überzeugte sie schließlich doch nur das geltende Gewohnheitsrecht und die herrschende Praxis.

Damit aber stehen wir an einem bedeutenden Wendepunkt der deutschen Staatsrechtslehre. Das römische Kaiserrecht verliert seine alte Kraft, das Naturrecht wird seinen Siegeszug erst in der zweiten Hälfte des Jahrhunderts beginnen. Zwischen diesen beiden Epochen der Rechtsgeschichte aber bemerkt man so etwas wie eine Besinnung auf die heimischen Grundlagen des deutschen Rechtes. Man begann die deutschen Rechtsquellen zu erschließen. In dieser Zeit gab Goldast die ersten großen Sammlungen deutscher Reichsgesetze, Reichsabschiede und Kammergerichtsentscheidungen heraus. Die Saat, die Vultejus ausgeworfen hatte, schien aufzugehen. Hortleders Satz, die Lex regia der Deutschen sei die kaiserliche Wahlkapitulation, wurde zum Gemeinplatz. Carpzow nahm ihn auf, Limnaeus schalt auf die Romanisten, die aus krassem Eigennutz und den Fürsten zu Gefallen das römische Staatsrecht gepflegt und das deutsche vernachlässigt hätten. Gewiß, meinte er ironisch, sei es nicht ohne Gefahr, über Fürstenrechte zu disputieren, aber höher stehe die Pflicht zur Wahrheit. Er verwies auf das eigenständige Recht der Germanen längst vor dem Eindringen der Römer, er lehrte, daß das römische Privatrecht nie in seinem ganzem Umfang und nicht in allen Teilen Deutschlands gleichmäßig rezipiert worden sei, das römische Staatsrecht so gut wie gar nicht. Wer das deutsche Staatsrecht erlernen wolle, der solle Bartolus und Baldus beiseite lassen und lieber seinen Goldast studieren, noch besser aber als alle Bücherweisheit sei praktische Erfahrung in den Reichsgeschäften. Längst ehe Hermann Conring im Jahre 1643 in seinem Buch vom Ursprung des deutschen Rechts die bisherige Rezeptionstheorie quellenmäßig widerlegte, hatte man ihr in der Staatsrechtslehre weithin entsagt und sich dem lebendigen Recht zugewendet.

So gab also die Lehre von der Teilbarkeit der Majestas personalis die theoretische Begründung für eine Unterscheidung zwischen Regierungsrechten des Kaisers und solchen der Stände, die neu erschlossenen Quellen des heimischen Staatsrechtes das Mittel, beide im einzelnen zu bestimmen. Man unterschied Reservatrechte des Kaisers, Rechte der Stände und solche, die beiden gemeinsam waren. Über die Verteilung im einzelnen gab es da mancherlei Streit. Einmütigkeit bestand eigentlich nur bei den reinen Ehrenrechten des Kaisers oder den Hoheitsrechten zweiten und dritten Ranges, während bei den bedeutungsvollen Regierungsbefugnissen selbst unter den Vertretern der reichsständischen Schule große Meinungsverschiedenheiten blieben. Ob der Kaiser als oberster Richter in Lehenssachen Reichslehen aberkennen könne oder dazu den Reichstag hören müsse, war umstritten. Eine andere Frage war, ob der Anteil der Stände an der Gesetzgebung rein beratend sei, oder ob sie ein Zustimmungsrecht hätten. Erst der Westfälische Frieden hat ja das Konsensrecht in aller Form bestätigt, aber schon Arumaeus und Limnaeus haben die Formel „mit Rat und Willen" in den Präambeln der Reichsgesetze als Ausdruck für ein Zustimmungsrecht der Stände gewertet und darauf hingewiesen, daß der Kaiser in der Wahlkapitulation die bestehenden Gesetze beschwöre und damit auf das Recht verzichte, die Gesetze seiner Vorgänger aufzuheben oder zu ändern. Strittig blieb, ob der Kaiser bei einem zwiespältigen Votum des Reichstages selbst entscheiden könne, wie es beim Geistlichen Vorbehalt und auch sonst wohl geschehen war. Sehr verschiedener Deutung war schließlich die Landeshoheit der Reichsstände fähig, wo man mangels geschichtlicher Kenntnis sehr unsicher war. Noch immer hielt man sie für eine ursprünglich verliehene Amtsgewalt, die allerdings durch die Wahlverpflichtung des Kaisers, die Privilegien der Stände zu achten, gegen Widerruf geschützt sei. Das schloß eine konkurrierende Regierungsgewalt des Kaisers in den Territorien nicht notwendig aus; man sah sie ungern, wußte aber rechtlich nichts Entscheidendes dagegen zu sagen.

Selbst die Lehre von der doppelten Majestas ließ also noch wichtige Streitfragen zwischen Kaiser und Ständen offen. Auch der eifrigste Vorkämpfer ungeteilter kaiserlicher Souveränität, Theodor Reinkingk, hat über die Verteilung der Hoheitsrechte zwischen Kaiser und Ständen kaum etwas anderes gelehrt als die Schüler des Arumaeus. Er war ein Schüler Antoniis und sein Nachfolger auf dem Gießener Lehrstuhl, strenger Lutheraner und erbitterter Feind der Schweden, von denen er während des Krieges in mehrfacher Gefangenschaft Hartes erdulden mußte. Was ihn zum getreuesten Anhänger des Kaisers machte, war seine streng lutherische Reichsgesinnung, die aus seinem staatsrechtlichen Lehrbuch „De regimine seculari et ecclesiastico" spricht. Er war so konservativ, wie man nur irgend sein konnte.

Gläubig bekannte er sich zu der Prophezeiung Daniels von der vierten Weltmonarchie, die bis ans Ende der Tage dauern werde, aber er schloß aus ihr nicht nur, wie es in seiner Zeit noch üblich war, auf den Bestand des Reiches bis zum Jüngsten Tage, sondern auch auf den rein monarchischen Charakter dieses Reiches, weil Daniel ja von Königreichen gesprochen habe, während die meisten Rechtslehrer leugneten, daß sie irgend etwas über die Verfassung des Reiches aussagen und für kaiserliche Ansprüche ins Feld geführt werden könne. Auf ihr also und auf dem römischen Recht errichtete Reinkingk seine Lehre von der unumschränkten Majestas des Kaisers, und so scharf er Bodins Theorie von der Reichsverfassung bekämpfte, seines Souveränitätsbegriffes bediente er sich gern, um dem Kaiser allein die Majestas zuzusprechen und den Reichsständen jeden Anspruch auf Teilhabe an der Reichsgewalt zu bestreiten. Ihren faktischen Anteil daran ließ er ruhig und unbefangen gelten, führte ihn aber allein auf kaiserliche Konzession zurück.

So großes Ansehen Reinkingk in der Staatsrechtswissenschaft genoß, er nahm doch schon damals in ihr eine Sonderstellung ein. Die Zeiten hatten sich gewandelt. Wie unsicher und tastend hatten sich noch hundert Jahre zuvor die ersten reichsständischen Verfassungstheorien hervorgewagt, wie lange hatte es gedauert, bis die Wissenschaft überhaupt Notiz von ihnen nahm! Jetzt beherrschten sie das Feld, jetzt erklärte Limnaeus, ein anerkanntes Haupt der juristischen Wissenschaft, jedes kaiserliche Regiment, das nicht die Rechte der Fürsten beständig und unverletzlich erhalte, sei tyrannisch. Das konnte politisch nicht ohne Bedeutung bleiben. Zwar lag es den gelehrten Theoretikern des deutschen Staatsrechtes fern, aus ihren Lehren die politischen Folgerungen zu ziehen, wahrscheinlich wußten sie garnicht einmal, welch scharfes Instrument sie da geschliffen hatten. Daß es zur Waffe im politischen Kampf wurde, war gleichwohl nicht zu vermeiden, und es gab Leute, die sich seiner zu bedienen wußten.

Zunächst finden wir den Niederschlag der wissenschaftlichen Bemühungen der Staatsrechtslehrer in der politischen Tagesliteratur des dreißigjährigen Krieges. Natürlich behandelte diese Publizistik die diffizilen staatsrechtlichen Fragen in grober Vereinfachung. An die Stelle sorgfältigen Abwägens kaiserlicher und ständischer Rechte traten hier selbstsichere Behauptungen und kecke Forderungen. Da wurde das Regiment des Kaisers als tyrannische Willkürherrschaft gebrandmarkt und mit wildem Haß bekämpft, das Reich als eine Fürstenrepublik mit unbeschränkter Libertät der Stände dargestellt, dem Kaiser allenfalls ein wesenloser Schatten von Macht zuerkannt.

Von allen diesen Schriften gelangte nur eine zu geschichtlichem Ruhm, das viel umkämpfte Buch des Hippolithus a Lapide „De ratione status in Imperio nostro Romano-Germanico." Der Verfasser, Bogislav Philipp von Chemnitz, ist später Historiograph der Krone Schweden und Verfasser der bekannten Geschichte des schwedischen Krieges in Deutschland geworden. Dies und eine sehr viel spätere Notiz Hermann Conrings, Chemnitz habe das Buch in Schweden verfaßt, hat einige Forscher zu der Ansicht bestimmt, es sei eine in schwedischem Sold und Interesse verfaßte Tendenzschrift, ja man hat dem Autor jede redliche Absicht und ehrliche Überzeugung abgesprochen. Aber das ist weder erwiesen noch wahrscheinlich. Chemnitz trat nachweislich nicht vor 1642 als Publizist in schwedische Dienste, sein Buch aber trägt auf dem Titelblatt die Jahreszahl 1640, und sein ganzer Inhalt deutet auf eine Abfassung in diesem Jahre, nichts auf eine spätere Zeit. Für eine absichtliche Rückdatierung, die man unterstellt hat, findet sich kein Anhaltspunkt und kein plausibler Grund, und daß es in der deutschen gelehrten Welt erst nach Kriegsende Beachtung gefunden hat, ist zwar auffällig, aber nicht hinreichend, um die Schrift so spät einzureihen und als ein schwedisches Propagandawerk abzutun. Sie ist vielmehr ein echtes Zeugnis der Stimmung und der politischen Bestrebungen einer radikalen, übrigens keineswegs einflußlosen Gruppe unter den protestantischen Reichsfürsten.

Das Buch ist von besonderer Art, in seinem ersten Teil eine staatsrechtliche Abhandlung, worin das Reich als eine ständische Aristokratie dargestellt wird, im zweiten und dritten Teil eine politische Kampfschrift mit den heftigsten Ausfällen gegen das Haus Habsburg, die man bis dahin erlebt hatte. Chemnitz schiebt die ganze mühsam aufgebaute Lehre von der doppelten Majestas und der gemischten Verfassung des Reiches mit einer Handbewegung beiseite. Er kehrt zu dem Bodinschen Begriff der ungeteilten Souveränität zurück und bezeichnet als ihr Subjekt im Reich weder Kaiser noch Stände, sondern beide, freilich so, daß er sie zu einem Corpus zusammenfaßt, worin — das ist das Neue — der Kaiser nur noch ein Glied unter anderen und nicht, wie bisher noch bei allen Staatsrechtslehrern, ein besonders Organ mit eigenen Funktionen ist. Er ist selbst nur ein Reichsstand, von den anderen lediglich durch einige unbedeutende Ehrenvorrechte unterschieden. Wenn also Chemnitz das Reich als eine ständische Aristokratie auffaßt, so nur in dieser besonderen Variation. Er eliminiert den Kaiser aus der Verfassung, er leugnet ihren Dualismus, den bisher selbst die radikalsten Vertreter der reichsständischen Schule nicht bestritten hatten.

Das Verhältnis von Kaiser und Ständen sucht er nicht mehr durch Analyse staatsrechtlicher Begriffe zu bestimmen, denn diese Arbeit schien hinreichend getan, sondern so, daß er die Rechte beider allein an Hand des Herkommens und der heimischen Rechtsquellen untersucht. Das römische Recht läßt er überhaupt nicht mehr gelten, selbst eine Teilrezeption bestreitet er. Niemand hat ingrimmiger gegen das fremde Recht und seine Jünger gewettert, das ganze Unheil des deutschen Staatslebens führte er auf sie zurück. Nun ließ sich ja freilich aus dem Herkommen nahezu alles beweisen. Auch Chemnitz berief sich immer nur auf solche Präzedenzfälle, die für reichsständische Ansprüche verwertet werden konnten; was zugunsten des Kaisers sprach, war eben kein Herkommen mehr, sondern gesetzlose Willkür. So sprach er das Gesetzgebungsrecht allein den Ständen zu, dem Kaiser ließ er dabei nur eine Stimme wie jedem anderen Stand und nur das bescheidene Vorrecht, bei Stimmengleichheit den Ausschlag zu geben. Den Geistlichen Vorbehalt, das berühmte Gegenbeispiel, erklärte er für einen Schiedsspruch, den der Kaiser auf freiwilliges Anheimstellen der beiden Religionsparteien gefällt habe, nicht als Gesetzgebungsakt. Die Reichsgesetze sind weder Verfügungen des Kaisers noch Verträge zwischen ihm und den Ständen, denn beides würde dem Kaiser die Stellung eines besonderen Organs in der Verfassung geben, sie sind dem Reichsoberhaupt wie jedem anderen Reichsstand auferlegte Beschlüsse der Stände. Nur die Gesamtheit der Reichsstände ist also legibus soluta, der Kaiser ist es nicht. Daß er allein die Gesetzesinitiative hat, diese wichtige Tatsache beachtet Chemnitz so wenig wie alle seine Vorgänger, er bagatellisiert sie vielmehr mit den Worten des Limnaeus: Non ad propositionem, sed ad conclusionem spectandum est. Die Verkündung der Reichsgesetze durch den Kaiser geschieht ex necessitate und hat keine konstitutive Bedeutung. Selbstverständlich unterliegen Krieg und Frieden, Verträge und Bündnisse dem Konsens der Stände, ihr eigenes Bündnisrecht dagegen ist nicht zu bezweifeln und bedarf keiner kaiserlichen Bestätigung. Über die entgegenstehenden Bestimmungen der Goldenen Bulle und späterer Reichsgesetze geht Chemnitz in sehr bezeichnender Weise hinweg, indem er unter Hinweis auf die Praxis der deutschen Fürsten erklärt, sie seien niemals in usum aut plenam observantiam gekommen! Dem Kaiser dagegen ist das freie Bündnisrecht durch die Wahlkapitulation genommen, und zwar nicht nur dem Reichsoberhaupt, sondern sogar dem Kaiser als Landesherrn; Chemnitz unterläßt es nicht, mit Befriedigung darauf hinzuweisen, daß er hierin schlechter gestellt sei als jeder andere Reichsstand. Auch die Jurisdiktion ist ein Hoheitsrecht der Stände, das sie dem Kaiser nur zur Ausübung, und zwar in beschränktem Umfange, übertragen, aber wegen mannigfachen Mißbrauches durch die Kammergerichtsordnung von 1495 wieder entzogen haben. Insbesondere haben sie sich die Justiz über Reichsstände vorbehalten. Sie erfolgt nach Fürstenrecht, und in dem Gerichtshof der Standesgenossen hat der Kaiser nur den Vorsitz und die Leitung, das Urteil finden sie und nicht er. Den Ständen und nicht dem Kaiser gebührt die Achterklärung gegen Fürsten, ihnen allein daher auch jede Exekution. Eine konkurrierende Gerichtsbarkeit des Kaisers gibt es nicht.

Aber was bleibt ihm dann noch an Sonderrechten? Es ist wenig genug, nicht einmal von Reservatrechten will Chemnitz reden hören, weil der Kaiser sich gar nichts reservieren könne. Die Belehnung der Fürsten, die er gar nicht verweigern kann, die ersten Bitten, die geringfügigen Privilegien, die er erteilen kann, verdient das alles eigentlich noch den Namen von Rechten? Es sind Scheinrechte, wie man sie nach dem Rate Bodins in einer gut geordneten Aristokratie dem Staatsoberhaupt belassen soll, damit ihm ein Schatten von Macht bleibe.

Soweit hat Chemnitz als Jurist gesprochen, nun aber nimmt der Politiker das Wort. Mit dem geltenden Verfassungsrecht, wie er es sieht, vergleicht er die tatsächliche Übung. Da findet er denn allerdings dieses Recht auf das schlimmste in sein Gegenteil verkehrt. Der Kaiser übt eine gesetzlose, nahezu unumschränkte Willkürherrschaft aus. Alle ständischen Einrichtungen, wie Reichsregiment, Reichstag, Deputationstag, Reichskammergericht, hat das Haus Habsburg entmachtet und verdrängt, alles Herkommen und jede Ordnung im Reiche verletzt. Die Kaiser dieses Hauses haben ohne die Stände regiert, Reichsgrundgesetze und ständische Privilegien mißachtet, allein Gesetze gemacht, den Religionsfrieden nach ihrem Belieben interpretiert. Sie haben über Krieg und Frieden, Reichsabgaben und Kontributionen selbst entschieden, die höchste Gerichtsbarkeit und die Acht an sich gezogen, im Prozeß gegen Reichsstände das Fürstenrecht mißachtet, die Exekutionsordnung nicht gehalten und vieles mehr. Freilich haben die Reichsstände durch sorgloses Geschehenlassen und durch Uneinigkeit unter sich viel dazu beigetragen, und besonders haben die Kurfürsten schwere Schuld auf sich geladen. Bei ihnen war es nicht nur ein Geschehenlassen, sie haben die Sache der Stände geradezu verraten, reichsständische Rechte für das Kurkolleg usurpiert und die Abfassung der Wahlkapitulation, die doch alle angeht, zu ihrem Sonderrecht gemacht. Sie sind mitschuldig am Untergang der alten ständischen Freiheit. Deshalb ist Chemnitz ein erklärter Feind der kurfürstlichen Präeminenz, und was einst die Räte Philipps des Großmütigen nur in geheimen Aufzeichnungen zu sagen wagten, spricht er vor aller Welt aus: Die Stände haben den Kurfürsten das Wahlrecht gegeben, sie können es ihnen auch wieder nehmen!

Aber der Politiker Chemnitz begnügt sich nicht mit der Anklage, er will auch den Weg zur rettenden Tat zeigen. Damit begibt er sich auf das Gebiet der praktischen Staatskunst, und hier erweist er sich als ein Jünger der ratio status, die eben jetzt in Deutschland heimisch zu werden begann. Noch betrachtete man sie mit unverholenem Mißtrauen, umso erstaunlicher ist die Unbefangenheit, mit der Chemnitz sich ihrer bedient und die fast an Machiavelli erinnert. Wenn von diesem gesagt worden ist, er sei kühn genug gewesen, seinem todkranken Vaterland Gift zu verschreiben, so hat man von Chemnitz schon damals behauptet, seine Heilmittel schmeckten mehr nach dem Henker als nach dem Arzt. Freilich hat ihn nicht wie Machiavelli das ewige Problem der Macht, nicht das zeitlos Gültige und Allgemeinmenschliche gefesselt, er verfolgte sein politisches Ziel und sonst nichts. Auch hat er nicht unmittelbar an Machiavelli angeknüpft. Schon vor ihm hatte man versucht, das fremde Gewächs der Staatsraison auf deutschem Boden heimisch zu machen. Arnold Clapmar hatte um die Jahrhundertwende in seinem Werk „De arcanis rerum publicarum" in echt deutscher Weise die Lehre von der ratio status in ein System gebracht und vor allen Dingen die Staatsraison aus einer politischen Maxime zu einem Rechtsbegriff umgedeutet. Aus der wild wuchernden Giftpflanze sollte ein nützliches Gartengewächs werden. Sie erhielt durch Clapmar ihren wohlumhegten Platz unter den Mitteln einer legitimen Staatskunst, die er „arcana" nannte und als die Schanzwerke bezeichnete, von wo aus der Souverän seine jura imperii verteidigt. In ruhigen Zeiten genügen harmlose Maßnahmen, die er nur deshalb arcana nennt, weil durch sie die Untertanen in die Illusion einer eigenen Mitwirkung am Staat gewiegt werden, womit man die verfassungsmäßige Ordnung am besten gegen Umsturz sichert. Ungesetzlich sind diese arcana nicht. Kommen aber außerordentliche Zeiten, so muß der Herrscher um des Gemeinwohles willen wohl auch einmal gegen das Gesetz verstoßen. Für diesen Fall stehen ihm gewisse Ausnahmerechte zu Gebote, und diese meint Clapmar, wenn er von „Staatsraison" redet. Freilich ist das eine schon gezähmte Staatsraison, denn Religion und Sittengesetz müssen auch in solchen Zeiten unverletzt bleiben, da ja der Herrscher nur über dem positiven Recht, aber nicht über dem göttlichen und natürlichen Recht steht.

Indem so die Staatsraison zu einem Ausnahmerecht der verfassungsmäßigen Staatsgewalt erklärt wurde, ergab es sich, daß sie je nach der Staatsform eine andere sein mußte. Erst jetzt wird klar, warum Chemnitz seinem Buch so weitläufige Untersuchungen über die Reichsverfassung voranschickte: Er wollte die ratio status des Reiches ergründen. Clapmar hatte jeder Staatsform bestimmte arcana zugeordnet, und da Chemnitz den aristokratischen Charakter des Reiches erwiesen zu haben glaubte, brauchte er nur zu übernehmen, was jener über die arcana aristocratica contra regem geschrieben hatte. So fand er sechs rationes status des Reiches, sechs Grundsätze, die zu beachten seien, damit es nicht wieder in den ursprünglichen monarchischen Zustand der fränkischen Zeit zurückfalle, sondern seine aristokratische Freiheit bewahre. Denn jeder Staat sinkt nach Chemnitz nur allzu leicht in einen überwundenen Verfassungszustand zurück, wenn seine berufenen Wächter das nicht verhindern. Für das Reich als ständische Aristokratie, die durch die monarchischen Ambitionen der Habsburger am Leben bedroht ist, ergeben sich daher die schon erwähnten sechs rationes status fast von selbst: Die Eintracht unter den Reichsständen ist zu wahren, auch über die Grenzen der Konfessionen hinweg, damit kein Alleinherrscher aufkommen kann. Die Kaiserkrone darf nicht zu lange in einer Familie bleiben, besonders nicht in einer solchen, die sich durch ihre Hausmacht selbst erhalten und von den Ständen unabhängig machen kann. Man wähle einen weniger Mächtigen und lasse ihm durch die Reichsstände die Mittel zuweisen, deren er bedarf! Dem Reichstag muß seine Mitwirkung an der Regierung des Reiches gewahrt bleiben. Leben und Ehre, Güter und Rechte der Stände dürfen nicht der Willkür des Kaisers ausgeliefert, Reichsheer und Festungen nicht seinem Kommando überlassen bleiben. Wenn so dem Kaiser alle wesentlichen Hoheitsrechte genommen sind, dann mögen ihm die äußeren Ehren und die Abzeichen des Majestas bleiben, die man nach den Grundsätzen der Staatsraison denen zu geben pflegt, die keinen wirklichen Anteil an der Macht haben.

Eherne Notwendigkeit ist es, die das gebietet. Ein Staat lebt nur, wenn er dem Gesetz seiner Staatsraison folgt, die ja nichts anderes ist als die Regel zur Verwirklichung des Gemeinwohls. Freilich, es gibt keinen für alle Zeiten und alle Staaten gültigen Begriff des Gemeinwohls, weil dieses selbst sich nach der herrschenden Staatsform bestimmt. Aber das genügt auch, und sofern nur die Verwirklichung des Gemeinwohls in diesem Sinne das Ziel der Staatsraison ist, hat sie keine anderen Schranken zu achten als Religion und natürliches Sittengesetz. Kein Gesetz, auch kein Grundgesetz läßt Chemnitz da gelten, denn Notwendigkeit, so sagt er, bricht jedes Gesetz. Wenige haben nach dem Urteil Friedrich Meineckes so energisch wie er den Gedanken in den Mittelpunkt gestellt, daß staatliches Handeln ein Handeln nach eiserner Notwendigkeit sei. Wenn ein Gesetz, das dem Schutz und der Erhaltung des Staates dienen sollte, diesen Zweck nicht mehr erfüllt, hat es schon aufgehört, Gesetz zu sein! Auch dieser Satz findet sich bei Chemnitz; man versteht, wie unheimlich ein Publizist auf seine Zeit wirken mußte, der solche Grundsätze mit einer so radikalen Verfassungstheorie verband.

Wie jene Grundsätze, die Chemnitz die rationes status des Reiches nannte, in der damaligen Lage anzuwenden seien, darüber hat er sich im letzten Teil seiner Schrift ausführlich geäußert. Hier finden sich die maßlosen Angriffe gegen das Haus Habsburg, die er später nach dem Zeugnis Conrings selbst bedauert hat und die ihm den Abscheu seiner Landsleute eingetragen, vielleicht auch die Rückkehr ins Vaterland trotz des schwedischen Sieges unmöglich gemacht haben. Er forderte allgemeine Amnestie, Vertreibung der Habsburger aus dem Reich mit Hilfe Frankreichs und Schwedens, Einziehung ihrer Lande zugunsten des Reiches, Wahl eines neuen Kaisers und Aufstellung einer neuen Wahlkapitulation, dabei sei durch Grundgesetz zu bestimmen, daß künftig höchstens zwei Kaiser aus einem und demselben Hause gewählt werden dürften. Schließlich solle das Mißtrauen unter den Ständen durch friedliche Beilegung aller Streitigkeiten, vor allem der kirchlichen Gravamina, behoben und ein ständisches Reichsregiment errichtet werden, das in den Zeiten, wo der Reichstag nicht versammelt sei, den Kaiser kontrollieren und mit ihm gemeinsam das Reich regieren müsse. Das ständische Reichskammergericht sei zu erhalten, der kaiserliche Reichshofrat aufzuheben, das Reichsheer dem Befehl des Reichsregimentes zu unterstellen und durch einen gemeinen Pfennig zu unterhalten.

Daß mit solchen Mitteln eine Reform des Reiches gelingen werde, dagegen sprachen freilich alle Erfahrungen der deutschen Geschichte. Und so erhebt sich denn wieder die Frage, ob Chemnitz wirklich meinte, was er sagte, oder ob er nur die Geschäfte des Auslandes besorgen, bestenfalls dem Souveränitätsdünkel deutscher Fürsten schmeicheln wollte? Wir sahen schon, daß diese Frage leicht gestellt, aber nur schwer beantwortet werden kann. Es bleibt noch die andere, welchen Einfluß Chemnitz mit seinen Forderungen auf die Politik dieser Jahre geübt hat. Man hat seine Gedanken in den Propositionen wiederfinden wollen, die Frankreich und Schweden im Juni 1645 dem Friedenskongreß vorlegten. Aber wir werden im nächsten Kapitel sehen, daß hier wahrscheinlich ganz andere Einflüsse am Werk gewesen sind. Chemnitz war kein schöpferischer politischer Geist und, soweit wir wissen, ohne unmittelbaren Einfluß auf die Staatsmänner seiner Zeit, aber er war ein genialer Agitator mit starker Leidenschaft. Sein Buch bleibt trotz seiner begrenzten Wirkung ein Ereignis in der deutschen Verfassungsgeschichte. Er hat es gewagt, dem Hause Habsburg das Heimatrecht in Deutschland zu bestreiten, ja sogar mit der Aufhebung des Kaisertums selbst zu drohen. So ist seine Schrift ein Zeugnis dafür, welche gewaltigen Energien sich in diesen Jahren gegen das Haus Österreich und gegen das Kaisertum zusammenballten.

Das Bündnisrecht der Reichsstände

Unter den zahlreichen Problemen, mit denen sich die deutsche staatsrechtliche Literatur befaßte, nahmen das Bündnisrecht der Stände, ihr Recht auf eigene Außenpolitik und ihr Anteil an der Außenpolitik des Reiches nur einen bescheidenen Raum ein. In den meisten Lehrbüchern wurden sie mit wenigen Worten abgetan. Niemand ahnte ja, daß einst fremde Mächte das letzte Wort über die deutschen Verfassungsfragen sprechen würden, niemand außer dem streitbaren Hippolithus a Lapide hatte deshalb so recht die Bedeutung der Frage erkannt, welche Befugnisse den Ständen auf dem Felde der Außenpolitik zukämen. Erst in den letzten Jahren des Krieges drängte sie sich unabweisbar auf. Wie aber stand es in Wahrheit mit diesen Befugnissen, was sagten geschriebenes Recht und Herkommen dazu?

In der Frühzeit haben Stammesherzöge und Markgrafen ihre Beziehungen zu den kleinen, an das Reich angrenzenden christlichen Staaten meist recht selbständig geregelt. So haben Bayern und Kärnten mit italienischen Fürsten, Schwaben mit Burgund, Lothringen mit Frankreich, Sachsen mit Dänemark Kriege geführt und Verträge geschlossen. Die Außenpolitik des Reiches dagegen war Sache des Kaisers. Wieweit den Fürsten und Ständen ein Anteil an ihr zukomme, ob sie über Krieg und Frieden, Bündnisse und Verträge des Reiches mit zu entscheiden hätten, war umstritten. Wir wissen nur wenig darüber, ob der König in der Frühzeit bei Bündnissen und Friedensverhandlungen die Fürsten zuzog und ob er dazu verpflichtet war. Als das Reich vom 13., 14. Jahrhundert an immer mehr in äußere Kämpfe verwickelt wurde, waren die Fürsten jedenfalls schon an sehr selbständiges Handeln gewöhnt und nahmen völkerrechtliche Handlungsfreiheit und Bündnisrecht ohne weiteres für sich in Anspruch.

Man hat dieses Recht auf die altgermanische Befugnis aller Freien zu genossenschaftlicher Verbindung zurückführen wollen, die aus den zahlreichen „Einungen" der deutschen Geschichte bekannt ist. Doch kann man das wohl nur mit Einschränkung sagen. Die echte Einung erstrebt einen höheren Zweck, dem der einzelne sich unterwirft, im Bündnis verfolgt jeder Partner sein eigenes Interesse. Auch fand das Recht der Einung Grenzen, die dem Bündnis nicht ohne weiteres gezogen sind. Wer eine Einung schloß, hatte ältere und höhere Rechte in jedem Fall zu respektieren. So wurden Kaiser und Reich, Lehensherren und Genossen früher geschlossener Einungen beim Abschluß einer neuen gewöhnlich ausgenommen; sie wurden aus ihr „geschieden," die neue Verpflichtung galt nicht gegen sie. Davon ist nun manches in die späteren Bündnisse deutscher Fürsten mit dem Ausland übergegangen, sonst aber strebt das völkerrechtliche Bündnis als ein Vertrag souveräner Mächte zur Wahrung ihrer besonderen Interessen aus solchen Bindungen heraus.

Dagegen hat merkwürdigerweise das Band, das eigentlich die deutschen Fürsten am festesten mit dem Kaiser verknüpfen sollte, das Lehensverhältnis, die Entwicklung des Bündnisrechtes kaum gehemmt. Enthielt doch das Lehenrecht Keime, durch die es sich selbst zersetzte und die Entstehung einer freien Bündnispraxis begünstigte, nämlich die doppelte oder mehrfache Vasallität. Zwar forderte auch das Lehenrecht von dem Vasallen, wenn er neue Bindungen einging, den „Treuevorbehalt" zugunsten seines ursprünglichen Lehensherrn, von den deutschen Fürsten zugunsten des Kaisers. Aber je mehr sich im späten Mittelalter diese zusätzlichen Lehensverträge häuften, je mehr sich vor allem deutsche Reichsfürsten fremden Herrschern verpflichteten, desto mehr wurde der Treuevorbehalt umgedeutet, abgeschwächt, wohl auch ganz unterdrückt. So ähnelten die Lehensverträge mit fremden Herren im Westen des Reiches schon im 13. Jahrhundert politischen Bündnissen. Mit der Zeit überdeckten allenthalben die neuen Vertragsformen die älteren lehenrechtlichen Formen, aus denen sie erwachsen waren. Bündnisse waren bequemer als Lehensverträge, die doch immer, auch in der dinglichen Form des Kammer- oder Rentenlehens, noch eine Unterordnung des einen Partners begründeten. So streiften die Lehensverträge deutscher Fürsten mit dem Ausland mehr und mehr die feudale Hülle ab und nahmen rein politischen Charakter an. Im 14. Jahrhundert ist das Bündnisrecht der Fürsten im Nordwesten des Reiches voll entwickelt, breitet sich von hier aus rasch über das Reich aus und gilt bald als ein selbstverständlicher Bestandteil des jus territoriale und als ein Vorrecht der Landesherren, während die Einungen der Untertanen als verbotene Konspirationen behandelt werden. Die Reichsgewalt allerdings hat diese Entwicklung nie anerkannt, vielmehr stets darauf beharrt, daß Bündnisse der Fürsten untereinander und mit fremden Mächten, ausgenommen Landfriedensbündnisse, kaiserlicher Zustimmung bedürften. Noch der Prager Frieden hielt daran fest.

Daß diese an völkerrechtliche Selbständigkeit gewöhnten Fürsten die Außenpolitik des Reiches allein dem Kaiser überlassen würden, war nicht zu erwarten. Zunächst erhoben die Kurfürsten Anspruch auf Mitwirkung, später auch die Stände in ihrer Gesamtheit. Bei den Verhandlungen über die Reichsreform zur Zeit Maximilians I. hat er eine bedeutende Rolle gespielt. Freilich kam es den Ständen damals weniger auf grundsätzliche Entscheidungen an als vielmehr darauf, den König zu kontrollieren, dessen unruhige Politik das Reich in immer neue Konflikte stürzte. In dem Entwurf einer Regimentsordnung, den Berthold von Henneberg im Jahre 1495 dem Wormser Reichstag vorlegte, wurde die Außenpolitik zu einer gemeinsamen Sache des Königs, der Kurfürsten und des Reichsregiments erklärt und der König ersucht, ohne Wissen und Willen der Stände keinen Krieg zu beginnen und kein Bündnis im Namen des Reiches zu schließen. Maximilians Gegenprojekt drehte die Dinge genau um, das Bündnisverbot erschien hier als ein königliches, an seinen Sohn Philipp und die Stände gerichtetes, das Bündnisrecht der Stände sollte also aufgehoben werden, während der König selbst von jeder Verpflichtung frei bleiben wollte. Der Streit endete mit einem Kompromiß, in der „Handhabung Friedens und Rechts" verpflichteten sich beide, König und Stände, Kriege, Bündnisse und Verträge der Genehmigung des Reichstages zu unterwerfen. Faktisch blieben aber beide Teile nach wie vor frei. Maximilian hielt seinen Anspruch auf eigene Außenpolitik aufrecht, die Stände ebenfalls. Das Reichsregiment von 1500 hat während seines kurzen Bestehens sehr selbständig mit dem Ausland verhandelt, Maximilian wiederum seine eigene Politik unbekümmert fortgesetzt. Als die Reichsstände im Jahre 1508 das eigenmächtige Bündnis des Kaisers mit dem Papst, Frankreich und Spanien tadelten, erhielten sie den hochfahrenden Bescheid, als regierender Kaiser habe er von sich aus wohl Fug und Macht, einen solchen Vertrag zu schließen. „Wo ihnen dann die Stände solches nicht lieb sein lassen wollten, möchte ihnen darum übel gesprochen werden, in Ansehung ihrer Pflicht und Eid, die sie wohl weiseten, was sie ihm und dem heiligen Reich gönnen und schuldig sein sollten."

Solche Erfahrungen veranlaßten die Kurfürsten, dem Nachfolger die Beschränkungen, denen sich Maximilian entzogen hatte, von vornherein in bindender Form aufzuerlegen: Seit der Wahlkapitulation Karls V. vom Jahre 1519 war der Kaiser verfassungsmäßig bei Reichskriegen und Bündnissen an die Zustimmung der Mehrheit des Kurkollegs — nicht mehr der gesamten Reichsstände — gebunden. Wie wenig oder wieviel das zu bedeuten hatte, hing nun freilich auch noch von anderen Dingen ab. Daß die Habsburger, auf die Machtmittel eines Weltreiches gestützt, in der europäischen Politik eine selbständige Stellung einnahmen und der Hilfe des Reiches entraten konnten, hat diese verfassungsmäßige Bindung des Kaisers stark entwertet. Die Stände konnten ihm ihre Hilfe versagen, ihm Schwierigkeiten machen, aber seine Freiheit nicht eigentlich beschränken, und sie konnten es nicht hindern, daß durch die habsburgische Politik auch das Reich in Verwicklungen mit fremden Mächten geriet.

In der Geschichte des reichsständischen Bündnisrechtes aber tritt im 16. Jahrhundert ein Rückschlag ein. Es ist kein Zweifel, der Versuch einer ständischen Reichsreform hat, obwohl im wesentlichen mißlungen, doch zu einer Stärkung des Reichsgedankens bei Fürsten und Ständen geführt. Dazu kamen die Bedenken der Reformatoren gegen jeden Widerstand und gegen alles, was auch nur wie eine Vorbereitung dazu erscheinen konnte, jedenfalls wird das Bündnisrecht nicht mehr so unbedenklich ausgeübt wie zuvor. In den Testamenten lutherischer Landesfürsten wird vor Verbindungen mit dem Ausland eindringlich gewarnt. Das Recht dazu wird zwar nicht bestritten, aber die Frage, wie es sich zu den Pflichten gegen Kaiser und Reich verhalte, hat die Fürsten und Politiker, die Juristen und die Theologen ernsthaft beschäftigt. Die Frage des Treuevorbehaltes, der exceptio imperii, wird zum eigentlichen Problem der reichsständischen Bündnispolitik des 16. und 17. Jahrhunderts. Jean Bodin hat noch am Ende des 16. Jahrhunderts mit Verwunderung bemerkt, daß selbst die Eidgenossen in ihren Bündnissen das Reich auszunehmen pflegten. Das war nicht nur politische Klugheit, sondern auch ein Ausdruck der noch immer lebendigen Ehrfurcht vor dem Reiche und seinem Oberhaupt, von dem sich die Schweizer in Wahrheit doch schon getrennt hatten. Wieviel schwerer mußte es den deutschen Fürsten fallen, sich aus so ehrwürdigen Bindungen zu lösen! Man tat es, aber nur widerstrebend. Als Sachsen, Hessen und einige Reichsstädte zur Zeit des Speirer Reichstages 1529 ihre ersten Bündnisbesprechungen führten, nahmen sie Kaiser und Reich wie üblich aus. Als aber im Herbst des gleichen Jahres der Kaiser eine unverhüllt feindselige Haltung zeigte, erkannte man, daß dieser Vorbehalt das ganze Bündnis entwerten konnte. Alsbald begann man ihn einzuschränken. In einer kursächsischen Instruktion von 1530 findet sich sogar die These, der Treuevorbehalt gelte nur solange, als der Kaiser sich in den Grenzen seines Amtes halte, hindere aber nicht die Gegenwehr, wenn er seine verfassungsmäßigen Befugnisse überschreite. Bei alledem handelte es sich zunächst nur um Bündnisse unter deutschen Fürsten, noch hatte keine ausländische Macht ihre Hand dabei im Spiel. Faßte man aber erst bewaffneten Widerstand gegen den Kaiser ins Auge, so lag auch der Gedanke an auswärtige Hilfe nicht fern. Es hat doch noch lange Zeit gedauert, ehe man sich dazu verstand. Der Schmalkaldische Bund wurde ohne Beteiligung einer fremden Macht geschlossen, und dies offenbar ganz bewußt. Vor einem Bündnis mit Frankreich scheute man lange zurück, gab dem Kaiser beruhigende Zusicherungen, und der kaiserliche Vizekanzler konnte in seinen Verhandlungen mit den Evangelischen unbedenklich bis nahe an die Gefahr eines Bruches herangehen, weil er sicher sein konnte, daß sie sich mit Frankreich nicht einlassen würden. Der französische Gesandte legte den protestantischen Fürsten dar, die deutsche Freiheit bedürfe auswärtigen Schutzes, und wer den Reichsständen das Recht zu einer Verbindung mit dem Ausland bestreite, erniedrige sie, aber er machte damit nicht den erhofften Eindruck.

Zum ersten Mal gingen dann im Vertrag von Chambord 1552 deutsche Fürsten ein förmliches Bündnis mit einer fremden Macht gegen den Kaiser ein. Aber kaum daß sie ihr Ziel erreicht hatten, ließen sie den französischen Bundesgenossen im Stich und verständigten sich mit dem Kaiser. Man hat das in Frankreich nicht vergessen, noch Richelieu hat deshalb Bündnisse mit deutschen Fürsten sehr skeptisch betrachtet. Gesucht hat er sie trotzdem, denn sie waren nun einmal unentbehrlich gegen die Übermacht des Hauses Habsburg. Die Skrupel der deutschen Fürsten stellten dabei die größte Schwierigkeit dar, und das unablässige Bemühen der französischen und schwedischen Politik war, diese Bedenken zu überwinden und das Bündnisrecht als ein selbstverständliches Recht der Fürsten, als unzweifelhaft in der Verfassung und dem Herkommen des Reiches begründet zu erweisen. Das ist aber bis zum Westfälischen Frieden trotz aller Bemühungen nie recht gelungen. Die exceptio imperatoris et imperii war und blieb der sichtbare Ausdruck dafür, daß die Treue gegen Kaiser und Reich den Pflichten aus Bündnissen mit dem Ausland überzuordnen sei. So oft auch die fremden Mächte den Versuch machten, diesen Grundsatz umzudeuten oder zu beseitigen, es ist ihnen damit doch nur selten geglückt, und gerade bei den mächtigsten Reichsfürsten am wenigsten.

Wie wenig den Reichsständen im Grunde an ihrem Bündnisrecht lag, wieviel mehr es fremdem als eigenem Interesse diente, zeigt sich in allen ihren Verhandlungen mit dem Ausland. Sie wußten recht wohl, daß allein das Reich ihnen eine gewisse Rechtssicherheit, eine Garantie ihrer Existenz bieten konnte. Der religiöse Zwiespalt machte da kaum einen Unterschied, die evangelischen Fürsten dachten mit wenigen Ausnahmen nicht anders als die katholischen. Wir wählen als Beispiel die französisch-bayerischen Geheimverhandlungen der Jahre 1629—1631. Obwohl Maximilian einen Vertrag mit Frankreich wollte, scheute er die von Richelieu vorgeschlagene Bezeichnung confoederatio und ersetzte sie durch „defensio et obligatio reciproca". Ausdrücklich wurde, wie auch sonst wohl in Verträgen deutscher Fürsten mit dem Ausland, betont, daß es sich um eine nach Naturrecht erlaubte und mit der kurfürstlichen Stellung vereinbare defensio handele, die übliche exceptio imperii wurde natürlich in den Vertrag aufgenommen. Wollte Richelieu nicht alles scheitern lassen, so mußte er darauf eingehen. Das Bündnisrecht selbst aber zogen die bayerischen Räte nicht in Zweifel, ihre Bedenken waren politische, nicht rechtliche! Wir kennen ihre Gutachten für und wider den Vertrag; es wurden da mancherlei Bedenken vorgebracht, niemals aber das Argument, daß ein solches Bündnis den Pflichten gegen Kaiser und Reich widerspreche. Selbst die Gegner der französischen Allianz am bayerischen Hofe haben das nicht behauptet, nur Offensivbündnisse mit auswärtigen Mächten hielt man für verboten.

Dies ist die allgemeine Ansicht. Nur wenige dürften die Meinung des Kurfürsten von Sachsen geteilt haben, der im Jahre 1633 nach dem Bericht des französischen Gesandten jedes Bündnis mit dem Ausland schlechthin für verboten erklärte. Maximilian von Bayern zum Beispiel hat dem Kaiser sehr entschieden das Recht bestritten, die Kurfürsten in ihren auswärtigen Beziehungen zu kontrollieren, und diesen das Recht zugesprochen, auch ohne Vorwissen des Kaisers Bündnisse mit dem Ausland zu schließen. Mit anderer Frontstellung, aber im gleichen Sinne sprach der braunschweigische Rat Lampadius bei den Verhandlungen mit Gustav Adolf von dem Bündnisrecht der deutschen Fürsten als einer Selbstverständlichkeit, aber auch von seinen Grenzen. Die Schweden forderten von Braunschweig eine ewige Allianz mit der Bedingung, daß jeder Nachfolger am Herzogtum sein Erbrecht verlieren solle, wenn er vom schwedischen Bündnis weiche. Sie beriefen sich dabei auf den Bruch der Reichsverfassung durch den Kaiser und die Katholiken. Lampadius stellte in seiner Antwort das Bündnisrecht in den Dienst des Reichsgedankens: Das Reich, sagte er, bestünde „in tota civitate und nicht in hodierno Caesare et hoc vel illo statu Imperii". Das Bündnisrecht solle dazu dienen, die rechtmäßige Verfassung des Reiches auch gegen den Kaiser zu schützen, eben diesen Sinn aber verliere es, wenn es zu einer ewigen Bindung eines Reichsstandes an eine fremde Macht führe. Er beharrte demnach auf dem Anspruch der deutschen Fürsten, ihre Bündnisse frei zu wählen, und behauptete dieses Recht nicht nur gegen den Kaiser, sondern auch gegen Schweden.

Nur in den Kreisen der kleineren Reichsstände, der Ritterschaft und der Städte, dachte man anders. Hier hielt man die auf den Reichsabschied von 1495 gegründete strenge Auffassung fest, daß Bündnisse mit dem Ausland in jedem Falle der Genehmigung des Reiches bedürften. Die exceptio imperii genüge nicht, vielmehr seien alle Bündnisse ohne kaiserliche Billigung als reichsfeindlich zu betrachten. Solche Meinungen erklären sich aus der alten Anhänglichkeit der kleinen Reichsstände an den Kaiser; im Elsaß, wo die Habsburger selbst Territorialherren waren, war es bezeichnenderweise anders. Hier haben zahlreiche kleine Immediatstände schon frühzeitig während des dreißigjährigen Krieges vor der religiösen und politischen Bedrohung durch Habsburg Schutz bei Schweden und Frankreich gesucht, und ihre Ansichten über das Bündnisrecht haben in der Apologia Colmariensis des Balthasar Schneider beredten Ausdruck gefunden. Er knüpfte unmittelbar an die Erörterungen der Reformationszeit über das Widerstandsrecht an und betrachtete das Bündnisrecht nur als einen Sonderfall der Gegenwehr oder als eine Konsequenz aus ihr. Die Reichsstände seien dem Kaiser nur unter der Bedingung unterworfen, daß er ihre Rechte und Privilegien achte. Verletze er sie, so sei mit dem Widerstandsrecht auch das Recht zu Bündnissen mit dem Ausland ohne weiteres gegeben. Aber auch bei loyalem Verhalten des Kaisers könne es den Ständen nicht bestritten werden, sie seien ja mehr als Untertanen, und ihr Verhältnis zu Kaiser und Reich werde durch ein Bündnis mit einer fremden Macht nicht berührt, sofern es nur keine dem Reich nachteilige Verpflichtung enthalte. Es könne sogar dazu dienen, Ruhe und Frieden zu erhalten und damit den Ständen die Erfüllung ihrer Pflichten gegen Kaiser und Reich zu erleichtern. Hier berührt sich Balthasar Schneider mit Lampadius.

So nahmen die meisten Reichsstände eine eigentümlich zwiespältige Haltung ein. Ihr Bündnisrecht behaupteten sie, aber das Drängen der fremden Mächte, die mit ihren Armeen auf deutschem Boden standen und ihnen ihre Allianzen aufnötigen wollten, betrachteten sie gleichwohl mit tiefem Mißtrauen.

In einem anderen Punkt aber kamen die Bemühungen der Großmächte dem Interesse der Stände entgegen: Der Wunsch, dem Kaiser die alleinige Führung der Außenpolitik des Reiches zu entwinden und die Stände daran zu beteiligen, war auch der ihre. Hier machte sich allerdings auch der Gegensatz zwischen Kurfürsten und niederen Ständen bemerkbar. Mehr und mehr haben sich in dieser Streitfrage die fremden Mächte auf die Seite der Fürsten und Städte geschlagen, wozu sicher die betont reservierte Haltung der Kurfürsten und ihr besonders zähes Festhalten an der exceptio imperii beigetragen haben. Daß die Außenpolitik des Reiches — das jus pacis et belli, wie man sagte — kein kaiserliches Reservatrecht sei, darüber war man sich wohl an allen deutschen Fürstenhöfen einig. Doch haben in der Praxis lange Zeit nur die Kurfürsten Anspruch auf Mitwirkung erhoben, und während des dreißigjährigen Krieges hat der Kaiser sie in Wirklichkeit so gut wie allein geführt. Er hat sich freilich gehütet, das Mitwirkungsrecht der Kurfürsten zu diskutieren. Der Kurfürstentag von Mühlhausen im Jahre 1627 hat seinerseits dem Kaiser das Recht, mit Dänemark Friedensverhandlungen zu führen, nicht bestritten und nur die Zuziehung eines oder mehrerer Kurfürsten zur Feststellung der Friedensbedingungen empfohlen. Bei den Lübecker Verhandlungen 1629 suchte der Kaiser die Kurfürsten auf Mitwirkung bei der Publikation des Friedens zu beschränken, Verhandlung und Ratifikation sich selbst vorzubehalten. Dagegen hat vor allem Bayern ein volles Mitwirkungsrecht der Kurfürsten behauptet, aber nicht durchsetzen können. Auf dem Regensburger Kollegialtag 1630 aber haben die Kurfürsten ihren Anspruch ostentativ betont, indem sie den französischen Gesandten auf sein Ersuchen in feierlicher Audienz empfingen, „indem sie nach ihrer Reihe und der Gesandte gegenübergesessen, zur Stabilierung ihrer Autorität, daß sie auch, wann schon Ihro Kaiserliche Majestät zugegen, fremder Potentaten Gesandten collegialiter Audienz erteilen, sie anhören und sich in Handlung mit ihnen einlassen können". Wir hören auch, daß das von vielen „vor Unrecht gehalten" worden sei. Der Kaiser hat klugerweise auch diesmal die Frage nicht grundsätzlich erörtert und im wesentlichen doch seinen Willen durchgesetzt. Es kam ihm dabei zustatten, daß das Kurkolleg in den entscheidenden außenpolitischen Fragen uneins war. Sachsen und Brandenburg, die die Politik des Kaisers mißbilligten, bestritten dem Kollegialtag seine Kompetenz und forderten die Beteiligung des gesamten Reichstages. Die katholischen Kurfürsten näherten sich deshalb mehr dem Kaiser, die Entscheidung über den Vertrag mit Frankreich fiel in den Beratungen zwischen ihnen und den kaiserlichen Kommissaren. Die evangelischen Kurfürsten wurden beiseite gedrängt, und die grundsätzliche Frage, ob das kaiserliche jus belli an die Zustimmung der Kurfürsten oder aller Stände gebunden sei, blieb offen.

Es waren also allein die Kurfürsten, denen der Kaiser einen bescheidenen Anteil an der Außenpolitik zugestand. Die Erneuerung der Kapitulation bei der Wahl Ferdinands III. im Jahre 1636 bestätigte das. Verträge des Reiches mit dem Ausland wurden an die Zustimmung der Kurfürsten gebunden, bevollmächtigte Vertreter des Kurkollegs für die Friedensverhandlungen bestellt. Noch blieben die eigentlichen Geschäfte in der Hand des Kaisers, die kurfürstlichen Vertreter auf bloße Assistenz beschränkt, und selbst der Regensburger Reichstag, der die Friedensfrage so energisch vorantrieb, hat sich doch gescheut, daran etwas zu ändern. Auf die mehrfach angeregte Deputation der Reichsstände zu den Friedensverhandlungen hat man verzichtet. In den Jahren danach aber war, wie wir sahen, der Wunsch nach Frieden übermächtig hervorgebrochen, selbständige Schritte der Kurfürsten und selbst der Kreistage waren geschehen. Von der Mitbestimmung an den Geschicken des Reiches ausgeschlossen, begannen die Stände selbständig auf Rettung zu denken. Neben die Außenpolitik des Reiches trat konkurrierend die der Reichsstände.

Damit kam die Zeit, wo sie ihr Bündnisrecht zu brauchen begannen. Nicht aus freien Stücken, sondern eher widerstrebend, aber es blieb ihnen keine Wahl. Die Not des Krieges trieb sie in die Arme der fremden Mächte.

Die deutsche Politik Schwedens und Frankreichs

Die politische Praxis rechnete mit dem Bündnisrecht der Reichsstände, die Theorie erkannte ihre völkerrechtliche Handlungsfähigkeit an. Aber das allein hätte noch nicht genügt, um das Reich in der Weise in einen losen Verband nahezu selbständiger Staaten aufzulösen, wie es im Westfälischen Frieden geschah. Erst Frankreich und Schweden haben, wie man immer wieder hervorheben muß, diese Entwicklung erzwungen. Machtpolitik und Sicherheitsbedürfnis der Großmächte haben die Frage der deutschen Verfassung entschieden.

Nach den völkerrechtlichen Begriffen der Zeit war eine Einmischung in die inneren Verhältnisse anderer Staaten nicht so unerhört, wie es heute scheinen mag. Das Prinzip der Nichtintervention ist nach moderner Auffassung eines der wichtigsten Prinzipien des Völkerrechts und Grundbedingung jeder Staatengemeinschaft überhaupt. Im 16. und 17. Jahrhundert dachte man darüber anders. Das innere Gefüge der Staaten war noch schwach, die Glaubensspaltung, die mitten durch die Nationen hindurchging, gab den Konfessionsverwandten ein Gefühl der Verbundenheit über die Grenzen hinweg, das stärker war als Staatsbewußtsein und Patriotismus. In den Vindiciae contra tyrannos, der Hauptschrift der französischen Monarchomachen, wird die Frage gestellt, ob ein Fürst den Untertanen eines anderen Hilfe bringen dürfe, wenn sie um der reinen Lehre willen verfolgt oder durch tyrannische Willkür ihres Herrschers bedrängt würden. Beide Fragen werden bejaht. Die erste, weil die Kirche Christi unteilbar und jedem Fürsten ihr Schutz anbefohlen sei, die zweite, weil ein Fürst aus Gründen der Gerechtigkeit und Nächstenliebe den zu Unrecht Bedrängten Hilfe leisten müsse. Daß jede Intervention zu eigensüchtigen Zwecken mißbraucht werden könne, wird nicht verkannt, aber der Grundsatz „distinctos esse limites, distinctas jurisdictiones" dennoch verworfen, weil er in der Konsequenz die Gemeinschaft der Christenheit auflösen müsse. Noch überwiegt also der Gedanke einer christlichen Glaubens- und Rechtseinheit, die alle Nationen umfaßt, und grundsätzlich darf sich kein Fürst der Verantwortung für das, was jenseits seiner Grenzen geschieht, entziehen.

Ging man von solchen Grundsätzen aus, so lagen die Dinge für Schweden allerdings sehr einfach, denn als Gustav Adolf eingriff, war die evangelische Sache in Deutschland ja wirklich ernsthaft bedroht, und mit Fug und Recht konnte er sich auf die Pflicht zum Schutz der bedrängten Glaubensgenossen berufen. Wie aber Richelieu die Frage ansah, zeigt ein Mémoire, das er im Jahre 1631 dem französischen Gesandten Delisle zum Leipziger Konvent der protestantischen Reichsstände mitgab. Der Friedenszustand zwischen dem Kaiser und dem König von Frankreich, heißt es da, werde diesen nicht hindern, die verbündeten deutschen Fürsten gegen Unterdrückung zu schützen. Dazu verpflichte ihn das Völkerrecht, sein Rang in der Christenheit und das Beispiel seiner Vorfahren. Das Völkerrecht also! Dabei war Richelieu keineswegs der Meinung, daß ein Souverän fremde Untertanen unter allen Umständen gegen Unterdrückung schützen dürfe oder müsse. Daß sie Gewalt leiden, begründet noch kein Interventionsrecht anderer, nur wenn sie ein gesetzliches Widerstandsrecht haben, wenn sie davon Gebrauch machen und zu diesem Zweck fremde Hilfe anrufen, ist ein Eingreifen von außen gerechtfertigt. Bei den Niederländern und Katalanen sah Richelieu diese Voraussetzungen als erfüllt an, da sie dem König von Spanien nur unter Bedingungen untertan gewesen seien, die er verletzt habe, was ihren Aufstand rechtfertige. Deshalb dürfe sich Frankreich ihrer annehmen, während umgekehrt jeder spanische Anspruch auf Protektion der innerfranzösischen Opposition als völkerrechtswidrig zurückzuweisen sei, denn Frankreich sei eine absolute Monarchie, die königliche Gewalt durch keinerlei Pakte oder Privilegien beschränkt, ein gesetzliches Widerstandsrecht der Untertanen mithin nicht gegeben. Es gab also für Richelieu kein Interventionsrecht schlechthin. Nur wo die monarchische Gewalt auf einem Herrschaftsvertrag beruht und die Untertanen gegen einen vertragsbrüchigen Herrscher um Intervention bitten, ist Einmischung erlaubt. Nur mit dieser Einschränkung ist das Prinzip für Richelieu überhaupt brauchbar, denn sie erlaubt es, die Waffe der Intervention gegen Spanien und den Kaiser zu gebrauchen und zugleich ihre Anwendung gegen Frankreich als rechtswidrig abzuwehren.

Dies sind die Argumente, deren sich Frankreich bei seiner Politik der Einmischung in Deutschland bediente. Man sieht, daß diese Politik auf einer ganz bestimmten Anschauung von dem Verhältnis zwischen Kaiser und Ständen beruhte. Fragt man aber nach dem politischen Interesse, das Frankreich wie Schweden zur Intervention in Deutschland veranlaßte, so stößt man immer wieder auf Äußerungen, die das Bedürfnis der beiden Mächte nach eigener Sicherheit voranstellen. Wenn wir, daran anknüpfend, von einer Sicherheitspolitik Frankreichs und Schwedens reden, so lassen wir die Frage offen, ob sie sich durch den Aufstieg der kaiserlichen Macht im dreißigjährigen Kriege wirklich bedroht fühlen durften, wie weit also ein berechtigtes Sicherheitsbedürfnis bestand. Uns genügt, daß es subjektiv vorhanden war und ein wesentliches Motiv der Politik Schwedens und Frankreichs bildete. Die Sicherheit des künftigen Friedens durch eine wirksame Garantie, welcher Art auch immer, hat in der Tat die Kabinette in Stockholm und Paris mehr als jede andere Frage beschäftigt.

Das schwedische Programm einer Assecuratio pacis tritt schon früh in seinen Umrissen hervor. Es geht über Reichsrecht und Herkommen mit kühnem Schritt hinweg und erstrebt einen dauernden Zusammenschluß des protestantischen Deutschland unter schwedischer Führung. Vom ersten Tage an hat sich Gustav Adolf als „tutor" oder „capo" der evangelischen Fürsten bezeichnet. Sie sollten ihm ihre Häfen und Festungen öffnen, Kriegskosten zahlen, seinen Truppen Durchmarsch gewähren und denen des Feindes versagen, sein „Kriegsdirektorium" anerkennen, ihm Fluß- und Seezölle übereignen. Soweit mochten das noch militärische Maßnahmen und für Kriegsdauer vielleicht unvermeidlich sein, aber es zeigte sich doch bald, daß es auf eine dauernde politische Verbindung, ja auf einen Umsturz der Reichsverfassung abgesehen war. Denn alle Vertragspartner des Königs mußten sich verpflichten, ohne sein Wissen keine Verhandlungen zu führen und keine Verträge zu schließen, während er selbst sich volle Freiheit wahrte. Alle Verträge sind stillschweigend oder — dies war die Regel — ausdrücklich auf Dauer berechnet. Alle halten anderen Fürsten den Beitritt offen, zielen also auf einen umfassenden evangelischen Bund. Ja mehr noch: Schon im ersten Entwurf eines Vertrages mit Pommern war von „Schutz und Protektion" die Rede. Noch gelang es dem Herzog, den verdächtigen Ausdruck aus dem Text zu tilgen. Aber bereits im November 1630 brach Landgraf Wilhelm von Hessen den Plänen des Königs eine Bresche: In der „Eventualkonföderation" von Stralsund begab er sich in „Verspruch, Schutz und Protektion" des Königs. Diese Konföderation war im Sinn des Königs die ideale Form eines Vertrages mit deutschen Fürsten und hat allen zukünftigen Bündnissen als Muster gedient. Alle haben sie diese Formel annehmen müssen, nur Brandenburg und Sachsen wußten sich ihr zu entziehen.

Noch waren das Einzelverträge, aber spätestens im Frühjahr 1631 taucht der Plan einer Gesamtverfassung der evangelischen Stände auf. Noch scheint der König zu schwanken, noch versichert er den auf dem Leipziger Konvent versammelten Evangelischen, er denke nicht daran, das Reich „in ein neu Modell zu gießen", sondern wolle es nach Norm der Fundamentalgesetze, des Religions- und Profanfriedens regiert sehen. Aber das war doch nur diplomatische Rücksicht auf den kursächsischen Legitimismus; dem brandenburgischen Kanzler hat er zur gleichen Zeit von einem formatum consilium der Stände nach dem Muster der Generalstaaten gesprochen und seine Gedanken darüber zu Papier gebracht, und längst war Landgraf Wilhelm von Hessen in seinem Auftrag tätig, die Masse der kleinen evangelischen Stände in sein eigenes Bündnis mit dem König hineinzuziehen.

Der entscheidende Schritt geschah nach Breitenfeld, etwa Anfang 1632. Verträge, die nach den alten Mustern entworfen waren, hat der König von da an nicht mehr ratifiziert. In den Verhandlungen mit Braunschweig und Mecklenburg taucht jetzt zum ersten Mal die erstaunliche Forderung auf, die Herzöge sollten ihre Lande von ihm als dem „obersten Haupt der evangelischen Kurfürsten und Stände deutscher Nation" zu Lehen nehmen, ja aus dem Reich austreten! Herzog Wilhelm von Weimar und Kurfürst Friedrich von der Pfalz wurden wenig später vor ähnliche Forderungen gestellt, und die Bürgerschaft von Ausgburg mußte im April 1632 einen förmlichen Untertaneneid leisten. Nicht so die Fürsten. Sie haben sich unter Berufung auf ihren Lehenseid bis aufs letzte gesträubt, und der König hat sie nicht zwingen können. Sich als obersten Lehensherrn an die Stelle des Kaisers zu setzen, ist ihm bei keinem deutschen Reichsstand gelungen. Wo er Huldigungseide verlangte oder sich in Verträgen das jus superioritatis vorbehielt, waren das erzwungene Akte und einseitige Handlungen.

Der Widerstand der Fürsten mag ihn bewogen haben, zunächst, etwa seit Februar 1632, überhaupt keine Einzelverträge mehr zu schließen, sondern ein Einvernehmen mit Kursachsen zu suchen, um mit dessen Hilfe den erstrebten Bund zu schaffen. Dem Landgrafen Wilhelm von Hessen hat er einige Gedanken darüber entwickelt: Er wolle auch nach dem Kriege protector religionis in Deutschland bleiben, die evangelischen Stände müßten milem perpetuum behalten, die kaiserlichen Truppen abgedankt werden. In einem solchen Bunde mußten dem König der militärische Oberbefehl, die politische Führung und die Vertretung nach außen ganz von selber zufallen, wie die Einzelverträge es ja schon andeuteten. Eine Stellung, die mit der überlieferten Freiheit der deutschen Fürsten freilich unvereinbar war! Blieb doch in den Vorschlägen, die Gustav Adolf im Juli 1632 dem Kurfürsten von Sachsen unterbreiten ließ, sogar offen, ob den verbündeten Ständen gestattet sein würde, bei der Armee ein formatum consilium mit beratender Funktion zu unterhalten.

Hier tritt nun offen zutage, worum es dem König eigentlich ging: Zunächst und vor allem um eine evangelische Streitmacht unter seinem unbeschränkten Oberbefehl. Das militärische Bündnis, daran lag ihm, die politische Seite der Sache blieb sehr im Unklaren, die „Universalkonjunktion" der Evangelischen zum Schutz der Reichsverfassung wurde nur angedeutet, obwohl dem König sehr genaue Vorschläge zur Reichsreform, etwa aus der hessischen Kanzlei, vorlagen.

Hat Gustav Adolf nur ein Kriegsdirektorium schaffen und alles andere der Zukunft oder der Entscheidung der deutschen Protestanten überlassen wollen? Wir wissen es nicht. Sein Schweigen erlaubt uns höchstens Vermutungen darüber, wie er sich das Verhältnis des evangelischen Bundes zu Kaiser und Reich eigentlich gedacht hat. Eines ist sicher: Vor der Libertät der Stände hat er genau so wenig Achtung gezeigt wie vor der Hoheit des Kaisers. Die deutschen Fürsten empfanden das wohl, sie sträubten sich nicht nur aus Patriotismus gegen die schwedische Protektion und Lehenshoheit. Kaiser und Reich boten ihnen doch immer noch einen Rechtsschutz und ein gewisses Maß an Sicherheit, die sie zu schätzen wußten. Adolf Friedrich von Mecklenburg hat dem schwedischen Kanzler unverhohlen gesagt, die deutschen Fürsten könnten der richterlichen Gewalt des Kaisers in ihren nachbarlichen Konflikten nicht entraten, und die Kur, die Gustav Adolf mit ihnen vorhabe, werde beschwerlicher sein als die Krankheit selber, „also daß es dahin kommen würde, daß, weil wir viam juris verloren, und zudem via facti nicht bastant, wir endlich jedermanns Raub sein würden".

Gustav Adolf konnte und wollte das nicht verstehen. Alle Versuche der Fürsten, sich ihm zu entziehen oder auch nur neutral zu bleiben, hat er zornig abgewiesen. Die exceptio imperii, zu der sich die deutschen Fürsten nun einmal verpflichtet fühlten, hat er anfangs bei Pommern und Brandenburg noch geduldet, aber schon in der hessischen Eventualkonföderation finden wir sie nicht mehr. Immerhin wird zunächst das Reich formell noch respektiert, das Bündnis weitläufig durch Berufung auf Naturrecht und Reichskonstitutionen gerechtfertigt, auch wohl die Wiederherstellung der Reichsverfassung „in ihrem gesunden und rechtmäßigen Verstande" als Ziel des Bundes proklamiert. Aber war die Anerkennung der Protektion und des unbeschränkten Kriegsdirektoriums einer fremden Macht auf deutschem Boden mit den Pflichten gegen Kaiser und Reich noch in irgendeinem Sinne vereinbar? Sehr bald fielen auch diese letzten Schranken: Die erbliche Schutzherrschaft und der Lehenseid, die der König erstmals von Braunschweig forderte, sollten das letzte Band der Treue zum Kaiser zerschneiden. Durch Auflösung des Lehensverbandes hat Napoleon später dem Reich sein Ende bereitet, und genau so hat es ihm bereits Gustav Adolf zugedacht. Wenn er das Ziel noch nicht erreichte, so erzwang er doch Vertragsbestimmungen, die ihm sehr nahe kamen: Die Braunschweiger mußten feierlich anerkennen, daß dem Vertrag „weder die kaiserliche Pflicht noch einiger anderer Respekt, wie der auch sein oder Namen haben möchte" im Wege sein dürfe. Nicht ganz so deutlich, aber ähnlich lautete es in anderen Verträgen des letzten Jahres, und lieber wollte der König einem Fürsten, der den Lehenseid weigerte, die volle Souveränität zugestehen als eine Bindung an Kaiser und Reich dulden. Ihm allein oder keinem sollten sie verbunden sein, die Pflicht gegen ihn, den Schutzherrn, mußte jeder anderen vorgehen. Daraus ergibt sich: Die Assekuration des Friedens im Sinne Gustav Adolfs war das protestantische Bündnis unter schwedischer Führung, war die Aufspaltung, vielleicht gar die Auflösung des Reiches.

Das hat sich nach seinem Tode wesentlich geändert. Oxenstierna zog sich auf eine rein militärische Bündnispolitik zurück und gab den hochfliegenden Plänen eines Corpus Evangelicorum den Abschied. Die politischen Fernziele fielen fort, es kam nicht mehr so sehr auf Protektorat, Oberhoheit und Lehensherrschaft, sondern auf ein schwedisches Kriegsdirektorium und auf die Waffenhilfe der deutschen Protestanten an. Das heißt nicht, daß Oxenstierna auf die Assecuratio pacis überhaupt verzichtet hätte. Sie trat nur vorläufig in den Hintergrund und gewann, als man nach der Epoche des Prager Friedens auf sie zurückkam, ein anderes Aussehen. Die kühnen Ideen Gustav Adolfs wurden nicht wieder aufgenommen. Das Bündnis mit Frankreich, dessen Entwurf im März 1636 in Wismar noch von dem Kanzler selbst vereinbart wurde, bezeichnete im ersten Artikel als Ziel des gemeinsamen Kampfes die Sicherheit beider Kronen und die Wiederherstellung der deutschen Freiheit. Beides sollte offenbar gleichbedeutend sein und wurde im vierten Artikel näher ausgeführt. Er verpflichtete die beiden Mächte zur Wiederherstellung des Status von 1618, und so haben es die späteren Bündnisverträge von 1638 und 1641 wiederholt. Indem aber Schweden unter französischem Einfluß diese Formel annahm, verzichtete es auf eine revolutionäre Umgestaltung des Reiches. Noch bleibt die Frage, welche Auffassung vom Wesen der Reichsverfassung sich unter dem vieldeutigen Ausdruck der „franchises et libertés d'Allemagne" des Vertrages von Wismar verbarg. Salvius hat einige Jahre später so etwas wie eine Interpretation dazu geliefert. Die allgemeine Sicherheit, äußerte er, beruhe auf dem Gleichgewicht aller europäischen Staaten, diese wiederum auf dem Gleichgewicht der Katholiken und Protestanten in Deutschland. Es ist wahr, Salvius war für eine gemäßigte Politik und stand schon damals in einem gewissen Gegensatz zu dem Kanzler, aber daß ein Mann von solchem Einfluß, der doch schließlich die schwedische Politik in Deutschland vertrat, sich zu der französischen These vom Gleichgewicht der Konfessionen im Reich bekannte, zeigte den Wandel der Dinge.

Deshalb hat aber Schweden seinen Führungsanspruch über die protestantische Hälfte des Reiches nicht aufgegeben. Es hat auch jetzt noch seinen evangelischen Bundesgenossen Bedingungen zugemutet, die ihre Freiheit und Selbständigkeit bedrohten, und die Frankreich so niemals gestellt hätte. Während zum Beispiel die Landgräfin von Hessen-Kassel in ihrem Bündnis mit Frankreich volle militärische Selbständigkeit behielt und sich lediglich verpflichten mußte, keinen Sonderfrieden mit dem Kaiser zu schließen, verlangte Oxenstierna in den Bündnisverhandlungen der Jahre 1639 bis 1641 einen uneingeschränkten schwedischen Oberbefehl wie zur Zeit Gustav Adolfs und einen Verzicht der Landgräfin auf jede eigene Außenpolitik. Ohne Schwedens Zustimmung sollte sie nicht einmal Bündnisverhandlungen mit irgendeiner Macht anknüpfen dürfen. Während sich also Frankreich auf die für den Bündniszweck unbedingt notwendigen Forderungen beschränkte, verlangte Schweden die volle militärische und politische Unterwerfung. Dabei handelte es sich hier um die treueste und zuverlässigste Parteigängerin der schwedischen Sache in Deutschland! Es ist klar, daß die Landgräfin auf solche Bedingungen nicht eingehen konnte. Schweden aber wollte lieber auf ein Bündnis verzichten als einem seiner deutschen Alliierten auch nur die bescheidenste Handlungsfreiheit einzuräumen.

Ob man sich dabei nur für Kriegsdauer sichern wollte oder ob man in Schweden noch immer an ein ständiges Corpus Evangelicorum dachte, wissen wir nicht. Die schwedische Friedensinstruktion vom Oktober 1641 sagt jedenfalls darüber nichts. Sie enthält ein umfangreiches Programm territorialer Veränderungen im Reich, aber keine Andeutung über Reichsverfassungspläne und nichts, was über die Herstellung des status quo ante hinauswiese. Die Parität im Kurkolleg, von der einmal die Rede ist, war schon in der Forderung auf Wiederherstellung der Pfalz und auf allgemeine Amnestie und Restitution mit enthalten; diese selbst wird als notwendige, aber auch vollauf genügende Vorbedingung für den Frieden des Reiches und die Sicherheit der Kronen betrachtet. Sie war noch nicht einmal die wichtigste Forderung, die Satisfaktion der Krone Schweden und ihrer Armeen hatte durchaus den Vorrang. Wurde sie nur gesichert, so konnte man — die Instruktion sagt das ausdrücklich — über Amnestie und Restitution mit sich reden lassen, das Einverständnis der interessierten Reichsstände natürlich vorausgesetzt. Ein eigenes Interesse nahm Schweden also an diesen Fragen kaum noch. Der Besitz Pommerns und der deutschen Ostseehäfen erschien als die beste Sicherung des Friedens, die Satisfactio hat der Assecuratio den Rang abgelaufen. Im übrigen genügte die Unterzeichnung und Ratifikation des Friedens durch die Reichsstände, um das schwedische Sicherheitsbedürfnis zu befriedigen.

Frankreich, das nicht wie Schweden über eine glaubensverwandte Partei im Reich verfügte, konnte revolutionäre Lösungen schon deshalb nicht vertreten, weil es damit die katholische Religion in Deutschland in Gefahr gebracht hätte. Richelieu bemühte sich, auf behutsame Weise und sozusagen auf gesetzlichem Wege gegen Habsburg vorzugehen. Es galt die im Innern des Reiches selbst schlummernden Kräfte des Widerstandes und den alten Geist reichsständischer Opposition zu wecken, nicht aber die überlieferte Reichsverfassung zu zerstören. Vielmehr mußte sie selbst als Waffe gegen den Kaiser dienen, die Heilung sollte gewissermaßen von innen kommen.

Die Mittel, die Richelieu dafür ins Auge faßte, waren die Wiederherstellung eines reinen Wahlkaisertums, die Bindung des Kaisers in allen wichtigen Reichsangelegenheiten an die Gesamtheit der Stände und die Anerkennung der völkerrechtlichen Selbständigkeit der Reichsstände, zumal ihres Bündnisrechtes.

Seit zweihundert Jahren war die Kaiserkrone beim Hause Habsburg verblieben und so gut wie erblich geworden. Richelieu wollte den Wahlcharakter des Reiches wiederherstellen, wie er sich einst im Investiturstreit gegen das alte Geblütsrecht durchgesetzt hatte und in der Goldenen Bulle 1356 gesetzlich bestätigt worden war. Neuerdings schien er durch die Gewohnheit der Habsburger bedroht, den Sohn des regierenden Kaisers möglichst schon bei Lebzeiten des Vaters zum römischen König zu erheben. Die Frage, ob das rechtlich zulässig und mit den Grundsätzen einer freien Wahl vereinbar sei, war umstritten. Solange das Geblütsrecht nachgewirkt und die Königswahl eigentlich nur dazu gedient hatte, den vom Kaiser designierten Nachfolger zu bestätigen, war es natürlich, daß sie zu seinen Lebzeiten stattfand, und bis 1237 finden wir diesen Brauch unangefochten. Dann aber hatten Einflüsse des kanonischen Rechtes und reichsfürstliches Interesse ihn verdrängt. Die Goldene Bulle ließ bereits für eine Königswahl vivente imperatore keinen Raum mehr. Dennoch starb der Brauch nicht aus. Karl IV. erlangte die Wahl seines Sohnes Wenzel noch zu seinen Lebzeiten, hundert Jahre später waren es die Kurfürsten, die gegen den Widerstand Friedrichs III. die Wahl seines Sohnes Maximilian durchsetzten. Die Königswahl zu Lebzeiten eines Kaisers konnte also sehr wohl auch gegen ihn gerichtet sein, doch lag wohl die Gefahr näher, daß das regierende Haus sie zugunsten eigener Erbreichspläne benutzte. Dies war denn auch die Regel. Maximilian I. wünschte aus diesem Grunde die Wahl seines Enkels Karl, sie war bei seinem Tode so gut wie gesichert und fand wenige Monate später statt, aber in der Wahlkapitulation wahrten die Kurfürsten das Prinzip der freien Wahl, indem sie den Kaiser verpflichteten, nicht nach der Erblichkeit der Krone zu streben. Es geschah dennoch: Karl ließ 1531 seinen Bruder Ferdinand zum römischen König wählen, gegen den Widerspruch des Kurfürsten von Sachsen und unter Protest aus den Reihen der Reichsfürsten. Es kam darüber zu einem langen Verfassungsstreit, der im Vertrag von Kaden 1534 schließlich so beigelegt wurde, daß Kursachsen die Wahl nachträglich anerkannte unter der Bedingung, daß für die Zukunft eine gesetzliche Regelung der Frage getroffen werde. Man sah damals die Freiheit der Wahl vor allem dadurch bedroht, daß der Kaiser die Kurfürsten zum Wahltag berief und für die Prüfung der Frage, ob eine Königswahl bei seinen Lebzeiten überhaupt erwünscht sei, kein Raum blieb. Man kam in Kaden überein, daß dies künftig vorher unter den Kurfürsten allein entschieden und erst dann ein Wahltag berufen werden solle. Auch ob ein Ausländer wählbar sei und mehrere römische Könige nacheinander aus demselben Hause genommen werden dürften, sollte von den Kurfürsten ein für allemal festgesetzt werden. Dazu kam es nun zwar nicht, aber bei den Königswahlen von 1562 und 1574 wurde die Frage, ob gewählt werden solle, jedesmal zuvor entschieden. Unter Rudolf II. nahmen wieder die Kurfürsten die Sache in die Hand. Sie wollten dem tatenscheuen Kaiser im Interesse des Reiches einen Nachfolger an die Seite setzen, und bei den Wahlverhandlungen von 1612 erscheint die Freiheit, einen König auch bei Lebzeiten des Kaisers und sogar gegen seinen Willen zu wählen, als ein eifersüchtig zu wahrendes Recht der Kurfürsten, das sie sich in der Wahlkapitulation des Kaisers Matthias ausdrücklich bestätigen ließen, während die Staatsrechtswissenschaft im allgemeinen noch daran festhielt, daß die Zustimmung des regierenden Kaisers erforderlich sei.

Richelieu hat offenbar nicht erkannt, daß die Königswahl vivente imperatore durchaus auch im kurfürstlichen Interesse liegen konnte, weil er vornehmlich die Zeiten Ferdinands II. im Auge hatte, wo die Wahl allerdings von dem Kaiser gewünscht und die Frage zur Machtprobe zwischen ihm und den Kurfürsten wurde. Ferdinand wollte die Wahl seines Sohnes ohne vorherige Prüfung des Bedürfnisses durch die Kurfürsten durchsetzen. Durch Einzelverhandlungen mit ihnen wollte er die Berufung eines Wahltages erreichen, er vertrat die Ansicht, daß es dazu keines Konsenses der Kurfürsten bedürfe und der Erzkanzler auf kaiserliches Ansuchen die

Wahl ausschreiben müsse. Obwohl man an den kurfürstlichen Höfen in einem möglichen Interregnum während der Kriegswirren allerhand Gefahren und nicht zuletzt die einer Einmischung des Auslandes sah, zeigte man sich doch über das Drängen des Kaisers verstimmt und zog die Dinge in die Länge. Eben damit gab man Frankreich die erwünschte Gelegenheit zur Einmischung. Richelieu wollte die Frage der Königswahl ein für allemal entscheiden, freilich nicht, wie man in Deutschland argwöhnte, im Sinne einer französischen Kandidatur. Die Erinnerung an die Wahl von 1519 war bei den Deutschen noch sehr lebendig, man las die französischen Flugschriften und wußte, daß mancher Publizist noch immer mit gelehrten Gründen den alten französischen Anspruch auf die Kaiserkrone verfocht. In Wirklichkeit war Richelieu weit entfernt, solchen Träumen nachzujagen. Wohl aber betrachtete er ein erbliches Kaisertum der Habsburger als eine große Gefahr. Nicht daß er die Kaiserwürde selbst sehr hoch eingeschätzt hätte, aber sie war, wie eine französische Flugschrift aus dem Jahre 1618 sich ausdrückte, eine Null, die für sich nichts bedeutet, aber den Wert einer Zahl, der man sie anhängt, verzehnfachen kann. Im Besitz eines Fürstenhauses mit geringer Hausmacht schien sie ungefährlich, dem Hause Habsburg mußte sie entwunden werden. Eine französische Bewerbung war aussichtslos, so blieb nur übrig, den Kurfürsten die Gefahr einer Erbmonarchie deutlich zu machen und aus der Zahl der katholischen Reichsfürsten einen Gegenkandidaten zu präsentieren. Das konnte nach Lage der Dinge nur der Bayer sein, und Richelieus Bemühen war denn auch unablässig auf ein bayerisches Kaisertum gerichtet. Es reiste keine französische Gesandtschaft nach München, die nicht den Auftrag gehabt hätte, in diesem Sinne zu wirken. Pater Joseph, der 1630 nach Regensburg ging, war sogar beauftragt, den Kurfürsten französische Waffenhilfe zu versprechen, wenn der Kaiser sie zur Wahl seines Sohnes zwingen wolle, und die Ablehnung dieser Wahl durch die Kurfürsten hat man in Paris als großen Erfolg gefeiert.

Es sollte freilich der einzige bleiben. In der Folgezeit enttäuschten die Kurfürsten die französischen Erwartungen. Noch 1633 erhoffte Richelieu eine antihabsburgische Mehrheit im Kurkolleg, mindestens einen Aufschub der Wahl bis zum Tode des Kaisers oder doch bis zum Friedensschluß. Noch während des Regensburger Wahltages von 1636 hat er nichts unversucht gelassen, durch diplomatischen Druck, selbst auf den Papst, die Wahl Ferdinands III. zu verhindern. Als sie dennoch erfolgte, suchte er sie anzufechten, da der Pfälzer und der Trierer an der Wahl verhindert worden seien, und jahrelang hat Frankreich dem Neugewählten die Anerkennung versagt und ihm nur den Titel eines Königs von Ungarn gegönnt, in der trügerischen Hoffnung, daraus noch bei den Friedensverhandlungen Kapital zu schlagen.

Darüber hinaus behielt Richelieu eine gesetzliche Regelung des Königswahlrechts im Auge. Es sollte nicht nur die Wahl bei Lebzeiten des regierenden Kaisers verboten werden, sondern auch die Erhebung zweier Kaiser aus dem gleichen Hause nacheinander. Nur so sei die Wahlfreiheit gesichert, nur so würden alle deutschen Fürstenhäuser einmal der Ehre des Kaisertums teilhaftig — eines Scheinkaisertums freilich, aber eben darauf lief es ja hinaus.

Damit kommen wir auf die zweite französische Sicherheitsforderung, die Bindung des Kaisers an die Stände. Richelieu und die Franzosen seiner Zeit hatten sich sehr bestimmte Ansichten über die hergebrachte Verfassung des Reiches gebildet, die auf Bodin und die Monarchomachen, letztlich also auf die Lehren der reichsständischen Publizistik der deutschen Reformationszeit zurückgingen. Man braucht nicht an ein unmittelbares Studium dieser Literatur zu denken, aber zweifellos hatte sich durch sie in Frankreich eine allgemeine Ansicht gebildet, unter deren Einfluß auch die französischen Politiker standen. Daß tatsächlich das Verhältnis der kaiserlichen und der ständischen Gewalt zueinander umstritten war, davon wußte schon die zeitgenössische wissenschaftliche Literatur in Frankreich so gut wie nichts, wieviel weniger die Politiker, von denen ein vorurteilsloses Studium der deutschen Verfassung nicht zu erwarten war und die sich natürlich in ihrem Urteil vom französischen Interesse bestimmen ließen. Die Beschränkung der kaiserlichen Rechte und die Kontrolle ihrer Ausübung durch die Stände ist auch für Richelieu eine Selbstverständlichkeit. Ohne ihre Zustimmung, so liest man häufig in seinen Denkschriften und Memoiren, darf der Kaiser weder Steuern ausschreiben noch Truppen werben, weder Befestigungen außerhalb seiner Erblande anlegen noch die Streitkräfte des Reiches gegen fremde Mächte verwenden, er darf keinen Reichsstand in die Acht erklären und keinem seine Lehen entziehen — alles Befugnisse, die Ferdinand II. tatsächlich ausübte und auch rechtlich in Anspruch nahm.

Der für Frankreich wichtigste Punkt war natürlich die Beschränkung des kaiserlichen Oberbefehls über die Streitkräfte des Reiches, noch mehr aber die Kontrolle seiner Außenpolitik durch die Stände und deren völkerrechtliche Selbständigkeit, besonders ihr Bündnisrecht. Um die Reichsstände unmittelbar an den auswärtigen Fragen zu beteiligen, schlug Richelieu schon frühzeitig zur Regelung der zwischen dem Kaiser und den auswärtigen Mächten schwebenden Streitfragen einen Reichstag vor, bei dem diese Mächte vertreten sein müßten. Bereits 1626 taucht dieser Vorschlag auf, bei den Bündnisverhandlungen mit Schweden 1629 spielte er eine entscheidende Rolle. Gustav Adolf widerstrebte, verständlich genug, einem Reichstag mit seiner katholischen Mehrheit. Er wollte als Haupt des Corpus Evangelicorum mit dem Kaiser Frieden schließen und nur von Beschwerden der Stände gegen den Kaiser hören, nichts von solchen der Stände untereinander. An der Mitwirkung des Reichstages beim Friedensschluß lag ihm nichts, er strebte über die alten Formen der deutschen Verfassung hinaus. Man hat sich darüber nicht einigen können, Richelieu aber hat den Gedanken weiterverfolgt. Solange Frankreich noch nicht am Kriege teilnahm, war ihm die Rolle des Vermittlers auf einem solchen Reichstag zugedacht, eines Vermittlers zwischen den Ständen wie auch in den Streitfragen zwischen dem Kaiser und Schweden. Es findet sich sogar der Vorschlag, nicht nur beim Friedensschluß, sondern auch fernerhin bei den deutschen Reichstagen Gesandte der fremden Mächte zuzulassen, was doch wohl darauf hinauslief, den Reichstag als Vertreter des Reiches nach außen herauszustellen. Nach dem Kriegseintritt Frankreichs tritt dann in den französischen Vorschlägen an die Stelle des Reichstages ein allgemeiner Kongreß unter Zuziehung der interessierten Reichsstände. Die Form hat gewechselt, die Tendenz ist die gleiche: Es kommt Richelieu darauf an, das Reich durch die Stände repräsentiert zu sehen und diese selbst zum Rang selbständiger Staaten in der europäischen Politik zu erheben.

Auch hier brauchte Richelieu eigentlich nur bereits Vorhandenes aufzugreifen und aus dem praktisch längst geübten Bündnisrecht der Reichsstände die Folgerungen zu ziehen. Immer wieder wird denn auch in seinen Äußerungen dieses Bündnisrecht als eine Selbstverständlichkeit behandelt und jedesmal mit den alten Gesetzen und Ordnungen des Reiches begründet. Sogar dem Kaiser gegenüber geschah das: Während Richelieu ihm im Jahre 1633 ein gegenseitiges Beistandesabkommen vorschlug und darin den Verzicht auf jede Unterstützung der französischen Opposition erwartete, verlangte er zugleich von dem Kaiser die förmliche Anerkennung des Bündnisrechtes der Fürsten und Städte, denn von jeher habe der französische König mit ihnen rechtmäßige Bündnisse und Verträge geschlossen, dem Kaiser sollte die Versicherung genügen, daß Frankreich sich ihrer nur zum Besten des Reiches und der katholischen Religion bedienen werde! Später gab besonders das Schicksal des Kurfürsten von Trier erwünschten Anlaß, das Bündnisrecht der deutschen Fürsten zu erörtern. Er hatte mit Schweden und Frankreich Neutralitätsverträge geschlossen und sozusagen die völkerrechtliche Handlungsfreiheit der Reichsstände durch sein Beispiel demonstriert. Deshalb stand seine Haftentlassung an der Spitze der Forderungen, die Richelieu vor jeder Friedensverhandlung erfüllt sehen wollte. Eines der französischen Gutachten, zu denen dieser Fall Anlaß gab, kommt zu dem Schluß, eher dürfe der König auf eine reiche Provinz verzichten als auf das Recht der Bündnisse mit deutschen Fürsten; der Verfasser, Theodor Godefroy, setzt es den unveräußerlichen Rechten der Krone Frankreich gleich.

Wahlkaisertum, ständisches Reichsregiment, Bündnisrecht — in diesem Umkreis bewegten sich Richelieus Gedanken zur Verfassung Deutschlands. Einen Umsturz, eine Auflösung des Reiches erstrebte er eigentlich nicht, darin trug er der Mentalität der Deutschen besser Rechnung als Gustav Adolf, bei dessen revolutionären Plänen den deutschen Fürsten unheimlich wurde. Aber viel mehr als einen losen Bund selbständiger Staaten ließen doch auch seine Entwürfe nicht bestehen.

Mit alledem haben wir jedoch das wichtigste Ziel Richelieus und den Kern seiner Sicherheitspolitik noch nicht berührt. Krönung und Ziel dieser Politik sollte eine auf der Sicherheit aller beruhende neue Ordnung der europäischen Staatenwelt sein. Eine Idee, die die Denker der Zeit stark beschäftigte, den Politikern aber, die das Nächstliegende zu bedenken pflegen, als unpraktische Träumerei erscheinen mochte. Nur bei Richelieu setzt die Phantasie des Staatsmanns zu kühnerem Flug an. Auch ihm kam es zunächst auf Sicherheit für Frankreich an. Aber er war der einzige Staatsmann, der nicht nur an spezielle Sicherungen für sein Land dachte, sondern auch erkannte, daß das Sicherheitsproblem im Rahmen einer Gesamtorganisation der europäischen Staatengesellschaft gelöst werden müsse. Freilich eine Aufgabe, zu deren Bewältigung noch jedes Vorbild und alle zureichenden Mittel fehlten! Richelieu plante eine Garantie des Friedens durch alle Signatarmächte. Sie sollte in einer allgemeinen gegenseitigen Beistandsverpflichtung bestehen und sich gegen jeden Friedensbrecher und Störer der neuen Ordnung wenden. Es war der erste Entwurf eines Systems kollektiver Sicherheit, den die europäische Geschichte kennt.

Die Sicherung internationaler Verpflichtungen ist ja das große Problem des Völkerrechtes seit jeher. Würde es einmal gelöst, so wäre der Rechtszustand unter den Staaten erreicht. Selbst wo man seither richterliche Organe für internationale Streitfragen zu schaffen vermochte, hat es doch immer noch an Exekutivorganen gefehlt, um ihre Entscheidungen zu vollstrecken, so daß man zu Aushilfen greifen mußte. Das Mittelalter kannte ein ausgebildetes Schiedsgerichtswesen, aber schon damals hat man die fehlende Exekutive durch besondere Garantien ersetzen müssen. Als solche galten der Eid, der Austausch von Geiseln, die Verpfändung von Staatsgebiet, daneben auch die kirchliche Sanktion von Verträgen, die Androhung geistlicher Strafen und die aus dem Lehenrecht stammende Einrichtung der conservatores pacis. Das waren Vasallen, die sich für die Vertragstreue ihrer Herren verbürgten und sich verpflichteten, ihnen bei Vertragsbruch nicht mehr zu dienen, sie vielmehr zur Erfüllung zu zwingen. Als sich aber zu Beginn der Neuzeit der Staat allmählich der geistlichen Gewalt entzog, verloren päpstliche Sanktionen und Kirchenstrafen ihre Kraft. Zugleich wurden auch die Vasallen als conservatores pacis untauglich, weil sie überall der monarchischen Gewalt unterworfen wurden und nicht mehr gegen ihre Souveräne Garantie leisten konnten oder wollten. Die moderne Staatenwelt brauchte neue Formen der Vertragssicherung und fand sie in dem (natürlich längst bekannten) Mittel gegenseitiger Beistandsverträge, die man aber erst im Italien des 15. Jahrhunderts zu regelrechten Vertragssystemen ausbaute, und in dem Institut der völkerrechtlichen Garantie, dessen Ursprünge im Anfang des 16. Jahrhunderts liegen. Diese beiden Mittel zur Sicherung des status quo und des Friedens hat aber nun, wenn wir recht sehen, Richelieu als erster bewußt kombiniert und zu den Grundbedingungen eines europäischen Systems kollektiver Sicherheit zu machen versucht.

Man hat oft bemerkt, daß das europäische Staatensystem der Neuzeit in dem italienischen des 15. Jahrhunderts wie in einem Modell vorgebildet sei. So sind auch die Methoden moderner Machtpolitik, ihre Werkzeuge und Mittel, darunter die heute üblichen Formen völkerrechtlicher Verträge, hier zuerst entwickelt worden; ihre Technik hat Europa von den italienischen Staaten der Renaissance gelernt. In dem ständigen Kampf aller gegen alle auf der Halbinsel gewann der Gedanke allgemeiner Sicherheit durch ein Gleichgewicht der Kräfte frühzeitig die größte Bedeutung. Man schloß zu diesem Zweck Verträge mit gegenseitiger Beistandspflicht gegen jeden, der den Status quo einseitig verletzen würde. Freilich wollte es nie gelingen, einen solchen status quo zu finden, der alle befriedigte. Schon damals zeigte sich die Fragwürdigkeit aller kollektiven Sicherheitssysteme: Die gerade führende Gruppe im Staatensystem, meist eine siegreiche Koalition, erklärte willkürlich einen ihr genehmen Zustand als endgültig und baute auf ihn ein Sicherheitssystem auf, in das auch die Widerstrebenden hineingezwungen wurden. Die pflegten dann ihre offenen oder stillen Vorbehalte zu machen und sich ihren vertraglichen Verpflichtungen sobald als möglich zu entziehen. Ja selbst die Urheber des Systems wurden ihm gewöhnlich schnell untreu, wenn sie ihr eigenes Interesse dabei nicht mehr gewahrt fanden. Und ist es überhaupt zu wünschen, daß ein solches System funktioniere? Man ist versucht zu fragen, ob es den Frieden nicht mehr bedrohe als sichere, weil es die Lokalisierung von Konflikten erschwert; kann doch aus dem unscheinbarsten Streitfall unversehens ein allgemeiner Brand entstehen, jeder Konflikt zwischen zwei Staaten leicht das ganze System in Bewegung setzen. Trotzdem hat der Gedanke kollektiver Sicherheit durch gegenseitige Beistandspflicht seine Anziehungskraft bis heute bewahrt, weil es sonst kein wirksames Mittel gibt, den Frieden und eine relative Sicherheit, sei es auch nur für eine gewisse Zeit, zu sichern.

Das erste System dieser Art, das wir kennen, war die italienische Liga von 1455, durch die Venedig, Mailand und Florenz den territorialen Besitzstand des im Jahre zuvor geschlossenen Friedens von Lodi zu verewigen suchten. Sie war ein Völkerbund im kleinen, mit einem ständigen Rat der Hauptmächte, einem obligatorischen Schiedsgerichtsverfahren und vertraglicher Beistandspflicht aller für alle, aber sie erfüllte ihren Zweck nur unvollkommen. Zwar gelang es den drei Mächten, ihr System der ganzen italienischen Staatenwelt, selbst dem Papst und dem König von

Neapel, aufzuzwingen, aber die Liga hatte keinen langen Bestand. Sie zerfiel und wurde wieder erneuert, je nachdem die Lage im italienischen Staatensystem wechselte; sie erlebte noch einmal eine Art Wiedergeburt, als sich 1495 alle italienischen Staaten in der Liga von Venedig gegen Karl VIII. von Frankreich verbündeten, wobei sie den Vertrag von 1455 fast wörtlich erneuerten. Damit begann sich aber das System schon über Italien hinaus zu erweitern, denn dieser Liga traten Spanien und der Kaiser, später auch England bei. Das italienische Staatensystem wurde zum europäischen.

Doch hat es seine Zeit gedauert, bis sich der Gedanke kollektiver Sicherheit auch in diesem größeren System durchsetzte. Wir kennen vor Richelieus Zeit nur einen einzigen Versuch, das italienische Vorbild auf die europäischen Verhältnisse zu übertragen: den Londoner Vertrag vom 2. Oktober 1518, durch den Kardinal Wolsey eine dauerhafte europäische Ordnung mittels einer allgemeinen wechselseitigen Beistandsverpflichtung aller Mächte zu begründen suchte. Auch hier war ein regelrechtes Schlichtungs- und Sanktionsverfahren vorgesehen; jeder Angriff auf einen Vertragspartner sollte alle anderen einzeln und insgesamt innerhalb bestimmter Fristen zu diplomatischem und militärischem Beistand für den Angegriffenen verpflichten. Aber dieser kurzlebige Vertrag, der den bezeichnenden Titel „Paix universelle" führte, war doch nur darauf berechnet, der englischen Politik die Stellung eines Schiedsrichters über den kontinentalen Mächten zu sichern und blieb in den folgenden Jahrzehnten, die von der Hegemonie des Hauses Habsburg in Europa überschattet waren, der einzige seiner Art.

Erst Richelieu griff den Gedanken wieder auf. Er unternahm den Versuch, die Vormacht Habsburgs zu brechen und durch ein System kollektiver Sicherheit zu ersetzen. Doch tat er nicht wie Wolsey den zweiten Schritt vor dem ersten; er ging von den unmittelbaren Bedürfnissen Frankreichs aus und hat zunächst damit begonnen, dem Hause Habsburg in Italien und Deutschland eine Liga der kleinen Fürsten und Staaten entgegenzustellen. Regionale Beistands- und Sicherheitspakte also, über die Frankreich eine Art Schutzherrschaft führen, an denen es mit gleichen Verpflichtungen teilnehmen sollte. Nun war aber Frankreich weder eine italienische noch eine deutsche Macht. Wie konnte es seine Teilnahme an solchen Vertragssystemen rechtfertigen, in welche Rechtsformen ließ sie sich kleiden? Hier bediente sich Richelieu des noch neuen völkerrechtlichen Instituts der Garantie, die er mit dem Prinzip kollektiver Sicherheit verknüpfte. Beides zusammen macht die bisher kaum recht gewürdigte Eigenart seiner italienischen, deutschen, schließlich gesamteuropäischen Bündnispolitik aus.

Die völkerrechtliche Garantie ist heute das wichtigste Mittel, die Erfüllung internationaler Verpflichtungen zu sichern. Sie hat im modernen Völkerrecht ihren festen Platz, ihre Funktionen und genau bestimmten Merkmale. Garantie ist die Sicherung von Rechtsansprüchen eines Staates gegen andere durch eine dritte Macht. Diese verpflichtet sich dem Berechtigten gegenüber zum Beistand gegen jeden, der seine Rechte verletzen sollte. Sie sichert damit vorhandene Rechte, schafft aber keine neuen; sie ist, wie die Juristen sagen, ihrem Wesen nach akzessorisch. In den Anfangszeiten des modernen Völkerrechtes kannte man zunächst nur die reine Vertragsgarantie. Man garantierte Friedensschlüsse, Bündnisse, fürstliche Heiratskontrakte und ähnliche Abmachungen, während man heute auch andere Rechtsansprüche jeder nur denkbaren Art mit ihrer Hilfe sichert. Wesentlich ist der Garantie die einseitige Verpflichtung des Garanten und die freiwillige

Zustimmung dessen, dem sie zugute kommen soll. Das ist nicht immer beachtet worden; vor allem in den Zeiten der Heiligen Allianz haben die Großmächte Staaten und Dynastien garantiert, ohne nach dem Willen der also Beglückten zu fragen. Selbst die Völkerrechtslehre unterschied damals einseitige „Garantiebeschlüsse" von echten „Bürgschaftsgarantien". Aber derartige Distinktionen sind gefährlich, denn wenn man dem Garanten ein Recht auf einseitige Einmischung zuerkennt, so verwischt man die Grenze zwischen Garantie und Intervention. Die Garantie darf immer nur mit Zustimmung des Garantierten gewährt und nur auf seinen Antrag ausgeübt werden, sonst wird aus der Garantiepflicht des Garanten ein Interventionsrecht, das die Souveränität des Garantierten bedroht. Nur die reine Verpflichtung des Garanten ohne eigenen Rechtsanspruch ist Garantie im eigentlichen und wahren Sinne.

Die Geburtsstunde der modernen Vertragsgarantie läßt sich genau bestimmen. Es ist der Frieden von Blois vom Jahre 1505, in dem zum erstenmal zwei Mächte, Frankreich und Spanien, einen dritten Souverän, den König von England, als conservator pacis annahmen. Neben der neuen völkerrechtlichen Garantie blieben ihre älteren Formen, die lehenrechtlichen und kirchlichen, noch lange in Übung. Es wurden weiterhin Verträge beschworen, Geiseln gestellt, der Papst oder mächtige Vasallen als conservatores pacis in Anspruch genommen, aber die Garantie durch eine souveräne Macht erwies sich mit der Zeit doch als wirksamer. Sie begann die alten Formen zu überschatten. Das Neue an ihr war die einseitige Hilfeleistungspflicht, von der wir sprachen. Wechselseitige Verpflichtungen dieser Art kennt das Völkerrecht, solange es Staaten gibt, ist doch jedes Defensivbündnis im Grunde nichts anderes als ein zwei- oder mehrseitiger Garantievertrag zur Erhaltung des status quo. Aber daß ein Staat ein ihn nicht unmittelbar berührendes Vertragsverhältnis Dritter garantiert, ohne selbst ein Recht dabei zu gewinnen, das war damals etwas Neues. Daß diese Form der Vertragssicherung sich durchsetzte, ist als Symptom dafür zu werten, daß ein neues Staatensystem im Entstehen war, worin die Beziehungen einzelner Glieder zueinander mannigfache Rückwirkungen auf andere haben konnten, so daß eine Macht unter Umständen aus eigenem Antrieb weitreichende Verpflichtungen einseitiger Natur übernahm, um die Existenz, die Unabhängigkeit, die Unversehrtheit einzelner Staaten oder einen bestimmten Zustand des Ganzen zu erhalten.

Die französische Politik hatte sich vor Richelieu gegen Habsburg der überlieferten Defensivallianzen, vor allem mit den kleinen Staaten Italiens und Deutschlands, bedient, nur ganz selten schon des modernen Mittels der Garantie, so wenn König Heinrich IV. im Jahre 1609 zusammen mit England den spanisch-niederländischen Waffenstillstand garantierte. Richelieu verknüpfte nun von Anfang an alle diese Mittel zu einem Ganzen. Die Einzelverträge suchte er zu förmlichen Bündnissystemen zu erweitern, die Garantie als ein Mittel zu nutzen, um alle von Habsburg bedrohten Mächte zu Defensivallianzen zu ermutigen, sie unter Führung Frankreichs zur Wahrung ihrer Sicherheit zusammenzuschließen. Alles das ist nur zu verstehen, wenn man das Ziel kennt, worauf diese Einzelmaßnahmen sich richteten: Ein europäisches System kollektiver Sicherheit. Daß die Stimmung der Zeit solchen Gedanken entgegenkam, beweisen die zahlreichen, freilich meist utopischen Friedenspläne, die sie hervorbrachte.

Bei Richelieus Amtsantritt stand Frankreich isoliert und fast ohne Bündnisse da. Die Allianzen Heinrichs IV. hatte man in der Zeit der Regentschaft verfallen lassen, die Garantie des niederländischen Waffenstillstandes war mit seinem Ablauf im Jahre 1621 erloschen. In Frankreich selbst dachte man über den Wert von Bündnissen verschieden. Es gab Skeptiker, die ihn bestritten, weil die gegensätzlichen Interessen der Partner ihnen doch immer nur eine kurze Lebensdauer sicherten, und die deshalb in der Isolierung Frankreichs sogar einen Vorteil sahen. Richelieu dachte anders. Er glaubte, daß Frankreichs Interesse mit dem Interesse Europas an einem Zustand allgemeiner Sicherheit identisch sei. Er betrachtete daher die nichthabsburgischen Staaten als die natürlichen Bundesgenossen Frankreichs, und seine Pläne eines europäischen Systems kollektiver Sicherheit rechneten auf ihre Mitwirkung.

Von Anfang an suchte er Bündnisse, insbesondere in Italien und Deutschland, und von Anfang an lassen seine Projekte die Absicht erkennen, über die einzelnen Defensivallianzen hinaus zu einem umfassenderen System fortzuschreiten. Seine Bündnisvorschläge an die deutschen Fürsten beider Konfessionen vom September 1626, sein Bündnisangebot an Bayern vom Herbst 1629 scheinen von Anfang an darauf berechnet, den Kern einer großen Liga evangelischer und katholischer Fürsten Deutschlands mit gegenseitiger Beistandspflicht auch gegen den Kaiser und mit französischer Garantie zu bilden. Zur selben Zeit hatte er bereits Hand angelegt, um auch die italienischen Kleinstaaten in einer Liga unter französischer Garantie zu organisieren. Schon ehe Frankreich 1629 in den mantuanischen Krieg eingriff, hatte Richelieu dem Papst, Savoyen und Venedig einen Hilfeleistungsvertrag zur Sicherung des status quo in Italien antragen lassen. Während des Feldzuges regte er stattdessen ein Bündnis zur Eroberung des spanischen Mailand an, als aber der Papst jede Offensivliga ablehnte, legte Richelieu einen neuen Entwurf vor, in dem er zum erstenmal die Grundzüge eines Systems kollektiver Sicherheit entwickelte. Ein moderner Völkerrechtler würde hier keine der Forderungen vermissen, die er an ein solches System zu stellen gewohnt ist: Es war nicht gegen einen bestimmten Staat, sondern gegen jeden denkbaren Friedensbrecher gerichtet. Es wendete sich nicht nur gegen Außenstehende, sondern auch gegen jedes Mitglied des Systems selber, das den Frieden brechen oder den status quo verletzen sollte. Es strebte die jedem kollektiven Sicherheitssystem eigene Universalität an, da es von vornherein ganz Italien und, wie sich bald zeigen wird, weiterhin ganz Europa ins Auge faßte. Die Garantie sollte sich auf alle gemeinsam und jeden einzeln erstrecken, also kollektive und Einzelgarantie zugleich sein. Frankreich war in diesem Paktsystem eine führende Stellung zugedacht, denn die Höhe der Truppenkontingente der italienischen Staaten sollte von der Truppenzahl abhängen, die der König von Frankreich ins Feld führen würde, so daß Frankreich ihnen jederzeit zusätzliche Leistungen auferlegen konnte. In diesem Entwurf haben wir schon die Grundzüge aller späteren Ligaprojekte Richelieus vor uns. Obwohl er Stückwerk blieb, weil der Papst seinen Beitritt auch diesmal verweigerte und die wenigen italienischen Staaten, die sich dazu bereitfanden, nur für sechs Jahre gewonnen werden konnten, dachte Richelieu sofort daran, diese bescheidene oberitalienische Liga mit dem geplanten deutschen Bündnissystem aufs engste zu verknüpfen. Und obgleich allen diesen Bemühungen der Erfolg versagt blieb, hat Richelieu sein Ziel nie aus den Augen verloren und in den italienischen Friedensverhandlungen des Jahres 1630 sogar eine neue, noch höhere Stufe zu erreichen versucht, indem er die dazwischenliegenden mit kühnem Schritt übersprang: In seinen Vertragsentwürfen, die dem Frieden von Cherasco vorangingen, tauchte zum erstenmal der Gedanke einer Garantie des Friedens durch alle seine Unterzeichner einschließlich der habsburgischen Mächte auf. Das künftige Sicherheitssystem sollte also nicht nur die Bundesgenossen, sondern auch die Gegner umfassen, Freund und Feind sollten nach geschlossenem Frieden zusammenstehen, um die neue Ordnung zu sichern.

Auch diese Forderung hat Richelieu nicht durchsetzen können, weil der Kaiser und Spanien ihr hartnäckig widerstrebten. Der Frieden von Cherasco wurde ohne die gewünschte allgemeine Garantieklausel geschlossen, und nicht einmal eine Liga der italienischen Staaten kam zustande, obwohl Richelieu den Plan bis an sein Lebensende hartnäckig verfolgte. Der Papst wollte sich zu keinem Vertrag verstehen, der ihn in Konflikt mit einer der katholischen Großmächte bringen konnte. Aber trotz Cherasco hat Richelieu mit erstaunlicher Zähigkeit und unerschöpflicher Phantasie sein großes Ziel weiterverfolgt. Was in Italien mißlungen war, sollte in Deutschland verwirklicht werden. Hier stellte zunächst die schwedische Sicherheitskonzeption das größte Hindernis dar. Richelieu stellte ihr beharrlich die eigene entgegen. Nicht ohne Erfolg: Im Heilbronner Vertrag von 1633 verband sich Schweden mit Frankreich zu einer zehnjährigen Garantie des künftigen Friedens gegen jedermann, eine Verpflichtung, die auf alle Verbündeten ausgedehnt werden sollte und in den späteren Verträgen von Wismar und Hamburg wiederkehrte. Damit hatte sich Schweden den Grundgedanken der französischen Sicherheitspolitik zu eigen gemacht. Auch mit dem Heilbronner Bund vereinbarte Richelieu durch den Vertrag vom 1. November 1634 eine Friedensgarantie sogar für zwanzig Jahre, und mit dem Bündnis vom Februar 1635 trat auch Holland in die Reihe der Garanten des künftigen Friedens ein. Die deutschen Kurfürsten waren allerdings nicht zu gewinnen, und auch die Heilbronner Stände fielen, indem sie nach und nach den Prager Frieden annahmen, von ihrer Zusage wieder ab. Der Wiederaufbau des deutschen Bündnis- und Garantiesystems begann mit dem Vertrag von Wesel vom 21. Oktober 1636, in dem Hessen-Kassel dem Beispiel Schwedens folgte und sich zu einer zehnjährigen Garantie des künftigen Friedens verpflichtete. Doch gelang es bis zum Beginn der Friedensverhandlungen nicht, weitere Reichsstände für das System der „sûreté publique" zu gewinnen.

Richelieu hat seine Gedanken über das Sicherheitsproblem in den Friedensinstruktionen seit 1637 mehrfach im Zusammenhang entwickelt. Da es unmöglich sei, heißt es hier, die beiden Zweige des Hauses Habsburg zu trennen, gebe es gegen ihre Übermacht keine reale Sicherheit (sûreté physique). Sie müsse also anders gefunden werden, eben durch die beiden einander ergänzenden Vertragssysteme in Italien und Deutschland. Beide sollten über den Krieg hinaus dauern, der deutschen Liga war dabei noch die besondere Aufgabe zugedacht, den Kaiser in seinen verfassungsmäßigen Schranken zu halten. Unklar blieb in Richelieus Instruktionen das Verhältnis der beiden Vertragssysteme zueinander. Sollten sie jeweils nur im eigenen Lande den Frieden sichern oder sollte jede Friedensstörung, ganz gleich wo, beide Systeme in Bewegung setzen? Erst Mazarin hat sich in einem Zusatz zu Richelius Instruktion über diesen Punkt ausgesprochen. Er verzichtete auf eine Verknüpfung beider Garantiesysteme und ließ ihr Verhältnis zueinander offen, obwohl, wie er sagte, der deutsche und der italienische Frieden aufs engste zusammenhingen, da ja Spanien seine militärische Macht nach Bedarf bald hier-, bald dorthin verlagern konnte. Aber die Interessen der deutschen und der italienischen Fürsten schienen ihm doch zu verschieden, als daß man sie für ein gemeinsames Sicherheitssystem gewinnen könnte. Darum entschloß er sich zu einer Trennung beider Systeme, also zu einem Verzicht, der den Spaniern freilich die Möglichkeit ließ, den status quo in dem einen Lande anzugreifen, ohne daß die Garanten des Friedens in dem anderen einen Finger zu rühren brauchten.

Solchergestalt waren die Pläne der beiden Großmächte, in deren Hand nun das Schicksal Deutschlands lag. Anfangs waren sie von ganz unvereinbaren Sicherheitsplänen ausgegangen, mit der Zeit hatte sich Schweden den französischen Ansichten genähert. Ob sie sich ganz einigen oder ob die Differenzen zwischen ihnen bleiben würden, war noch nicht zu übersehen. Doch wie auch immer, ohne eine tiefgreifende Umgestaltung der inneren Verhältnisse Deutschlands und seiner jahrhundertealten Verfassung konnte es nicht mehr abgehen. In welchem Umfang, das hing jetzt allein von der Frage ab, wie weit Kaiser und Stände des Reiches noch Widerstand leisten würden. Die nächsten Monate mußten darüber entscheiden.

5. Kapitel

DER KAMPF UM BERUFUNG UND STIMMRECHT DER REICHSSTÄNDE

Die erste Einladung

Sooft Friedensverhandlungen angeknüpft worden waren, hatten Schweden und Frankreich die Beteiligung ihrer deutschen Bundesgenossen gefordert. Die Schweden dachten dabei nur an die evangelischen Stände, wobei die Stellung der beiden Kurfürsten von Sachsen und Brandenburg immer zweifelhaft blieb. Sachsens Haltung seit dem Prager Frieden, Brandenburgs Anspruch auf Pommern standen hier störend im Wege. Frankreich besaß eigentlich nur in Kurtrier und Hessen-Kassel zuverlässige Alliierte, aber es suchte auch andere Stände an sich zu fesseln, vor allem hoffte Richelieu noch immer auf Bayern. So war der Kreis der Bundesgenossen beider Kronen nie fest geschlossen. In den französich-schwedischen Bündnisverträgen wurde deshalb immer nur allgemein von der Zuziehung der beiderseitigen Alliierten zu den Verhandlungen gesprochen, und wenn, wie im Präliminarvertrag von Hamburg, eine Benennung im einzelnen notwendig war, wurde doch eine Erweiterung des Kreises regelmäßig offengelassen. Immer aber blieb die Forderung beschränkt auf die mit den Kronen verbündeten Stände. An ein Erscheinen aller, an eine Vertretung des Reiches durch die Gesamtheit der Stände dachte damals noch niemand. Auch Richelieu, der in seinen Instruktionsentwürfen von einer Garantie des Friedens durch alle deutschen Fürsten sprach, meinte damit offenbar noch nicht, daß sie deshalb auch alle den Frieden mit beraten und beschließen sollten.

Daß es später doch zu einer solchen Gesamtvertretung kam, ist nicht in erster Linie auf die Initiative der fremden Mächte zurückzuführen, sondern auf das Drängen einer ganz bestimmten Gruppe unter den Reichsfürsten, die den Kampf gegen die monarchischen Bestrebungen des Kaisers und gegen die Präeminenz der Kurfürsten schon lange betrieb. An ihrer Spitze stand Hessen-Kassel, nächst ihm

Braunschweig-Lüneburg. Auf dem Reichstag von Regensburg und auf dem Frankfurter Deputationstag war die Opposition dieser Gruppe gegen die Alleinherrschaft des Kaisers und der Kurfürsten, die im Verlauf des Krieges die kleineren Stände von der Mitbestimmung an den Geschicken des Reiches völlig verdrängt hatten, deutlich in Erscheinung getreten. Noch konnte sie sich nicht durchsetzen. Da wurde es von größter Bedeutung, daß der junge Kurfürst von Brandenburg den Anspruch der „niederen Stände" tatkräftig unterstützte, vor allem aber, daß es der Landgräfin von Hessen-Kassel gelang, die beiden Großmächte für ihn zu gewinnen. Sie konnte Schweden und Frankreich überzeugen, daß sie nicht so sehr bei den Kurfürsten, als vielmehr bei der Masse der kleinen Stände die wirksamste Unterstützung für ihre Forderungen finden würden, sie verstand es, die Kronen für die Berufung aller Reichsstände ohne Unterschied zu gewinnen. Frankreich und Schweden nahmen damit die ständische Auffassung vom Wesen der Reichsverfassung an, sie machten sich jene Ansicht zu eigen, die das jus pacis et belli der Gesamtheit der Stände, nicht nur dem Kaiser und den Kurfürsten, zusprach. An dem Ringen um das jus pacis et belli der Stände entschied sich das Schicksal des Friedenskongresses und weiterhin das des Reiches.

Durch das ganze Jahr 1643 schleppten sich die Verhandlungen des Deputationstages nutzlos dahin. Nachdem der Kaiser im August 1643 entschieden hatte, daß sie in Frankfurt fortzusetzen seien, hatte sich die Versammlung bis Oktober vertagt, doch wurde es November, bis man wieder zusammentrat. Da die kleinen Reichsstände so, wie sie gewollt hatten, nicht durchdringen konnten, suchten sie nun ohne förmlichen Beschluß die Frage der Verlegung des Deputationstages nach Münster in der Schwebe zu halten. Schon längst waren aus ihren Reihen, noch während sie in Frankfurt mit dem Kaiser um die Zulassung zum Kongreß gerungen hatten, öffentlich und geheim die Bitten an die fremden Mächte gelangt, man möge sich ihrer annehmen. Sie waren kriegsmüde, zu Tode erschöpft. Selbst die treuesten Verbündeten des Kaisers, erklärte sein Gesandter Volmar in Münster den Spaniern, seien nicht mehr weit davon entfernt, den Kaiser zu verlassen und beim Feind ihr Heil zu suchen.

Dennoch hatte die schwedische Einladung an die protestantischen Stände vom April 1643 nicht die gewünschte Wirkung erzielt. Man war im evangelischen Lager nicht ganz sicher, ob Schweden auf das Stimmrecht der Stände wirklich so großen Wert lege, ob es sie nicht lieber als Religionsverwandte, die lediglich ihre Beschwerden vortragen sollten, am Kongreß begrüßen würde. Auch hatte die Form der Einladung Anstoß erregt, deutlich hatte selbst ein Fürst wie Markgraf Christian von Brandenburg-Kulmbach, der doch ganz in ständischen Gedanken lebte, seinen Unwillen über die Einmischung des Auslandes zu verstehen gegeben. Es galt also, wenn man die Stände ermutigen wollte, einen neuen Vorstoß zu wagen. Der Kanzler Oxenstierna wies seinen Sohn an, sich dazu der Hilfe Frankreichs zu versichern, vor allem aber sich an die beiden zuverlässigsten Bundesgenossen, Hessen und Braunschweig, zu halten. Die Franzosen wollten jedoch erst ihren Vertrag mit den Niederlanden unter Dach bringen und rieten, bis zum Beginn wirklicher Verhandlungen zu warten. Von Hessen aber erfuhren die Schweden tatkräftige Unterstützung. Der Landgräfin Amalie Elisabeth, ihrem Drängen, ihrem nie erlahmenden Eifer kam ein wesentlicher Anteil daran zu, daß der Kongreß das wurde, was er war, und daß die deutschen Reichsstände als vollberechtigte Verhandlungspartner an ihm teilnehmen konnten.

Im August 1643 hatte sich die schwedische Regierung der Landgräfin mit der Bitte genähert, ihrerseits „alle mitinteressierten evangelischen Stände, auf Maß und Weise als es Ihre Fürstlichen Gnaden am besten befinden werden", zur Beschickung des Kongresses „mit einmütiger Zusammensetzung" anfzufordern und auch an die katholischen Stände heranzutreten, auf die Schweden selbst keinen Einfluß habe. Wer einzuladen sei, war also ganz dem Ermessen der Landgräfin überlassen, der Teilnehmerkreis nicht mehr ausdrücklich auf die Bundesgenossen beider Kronen beschränkt. Das kam den hessischen Wünschen entgegen. Ob es wirklich schon die Absicht der schwedischen Regierung war, die Beschickung des Kongresses durch alle Stände zu fordern, bleibt ungewiß, aber ihr Schritt bei der Landgräfin öffnete den Weg dazu, und in Hessen nutzte man die Chance, um die eigenen Reichsverfassungspläne zu fördern. Die Landgräfin wandte sich zunächst im Oktober 1643 an die evangelischen Mitglieder des Fürstenrates und an die Bischöfe von Bamberg und Würzburg, um sie zu ermutigen, sich auch ohne kaiserliche Erlaubnis am Kongreß zu beteiligen. Das Echo war im ganzen nicht ungünstig, wenn auch nur von wenigen ein deutliches Ja kam. Aber alle stimmten der Meinung zu, daß die Stände sich nicht von den Friedensverhandlungen ausschließen lassen dürften, die meisten verwiesen dabei allerdings auf die Beratungen des Deputationstages, von dem sie noch immer eine Entscheidung über die Form der reichsständischen Vertretung am Kongreß erhofften. Im fränkischen Kreise blickte man auch auf den Kreistag, dessen Beschluß, die Friedensverhandlungen zu beschicken, noch der Ausführung harrte.

Nach diesem Anfangserfolg ging man in Hessen einen Schritt weiter. Im November überreichte der hessische Gesandte von Hoff den schwedischen Bevollmächtigten ein Memorial, dessen Inhalt man ihm einige Tage zuvor in einer Instruktion aus Kassel vorgeschrieben hatte. Es enthält in reinster Form das Programm der „niederen Stände" und hat nichts Geringeres im Sinn als die Zulassung aller Reichsstände zum Kongreß mit vollem Stimmrecht. Das war für Hessen die alles entscheidende Frage, nur mit Hilfe der auswärtigen Mächte schien sie zu lösen. Deshalb, so schlug die Landgräfin vor, sollten die Gesandten von Frankreich und Schweden ihre Ankunft in Münster und Osnabrück allen Reichsständen notifizieren und sie auffordern, am Kongreß zu erscheinen und ihr Stimmrecht auszuüben. Aber man kannte auch den scheuen Respekt der kleineren Stände vor Kaiser und Kurfürsten. Keiner von ihnen hatte bisher gewagt, ohne ausdrückliche Erlaubnis des Kaisers einen Schritt in der von Hessen gewünschten Richtung zu tun, widerspruchslos hatte soeben noch der Deputationstag den kaiserlichen Befehl hingenommen, der ihn in Frankfurt festhielt. Die Landgräfin gedachte hier Furcht durch Furcht auszutreiben und schlug vor, dem Einladungsschreiben der Kronen die Bedingung — der Gesandte setzte dafür in seinem Memorial sogar „Drohung" — anzuhängen, die Kronen würden, wenn die Stände ihre Privilegien nicht besser als bisher wahrnähmen, die Hand von ihnen abziehen.

In aller Form wurde also die Intervention der fremden Mächte zur Entscheidung einer innerdeutschen Verfassungsfrage angerufen. Die schwedischen Gesandten wendeten sich um Instruktionen an ihre Regierung, doch noch ehe ihr Bericht in Stockholm sein konnte, taten sie bereits den Schritt, der allen hessischen Wünschen Genüge tat: Am 14. November — der Deputationstag hatte sich nach längerer Pause soeben wieder versammelt — lud Salvius erneut alle evangelischen Stände nach Osnabrück. Aber auch diesmal erhielt er nur wenige Zusagen. Der Kaiser verbot seinen Gesandten, über die Zulassung der Reichsstände mit den fremden Mächten auch nur zu verhandeln. Der schwedische Druck allein genügte offenbar nicht.

Wieder ergriff Hessen die Initiative. Ende Dezember wies die Landgräfin ihren Vertreter in Münster an, den Franzosen alsbald nach ihrem Eintreffen dieselben Gesichtspunkte vorzutragen, die sie den Schweden hatte darlegen lassen. Beide Mächte sollten vor Antritt der Friedensverhandlungen erklären, ohne Zulassung aller Stände mit vollem Stimmrecht könne man nicht beginnen, weil das jus pacis et belli Kaiser und Ständen gemeinsam zustehe und deshalb ein Friedensschluß nur mit dem Kaiser das Reich nicht binde. Daß diese Auffassung keineswegs zu erweisen war, daß das Herkommen eher für eine Vertretung des Reiches durch Kaiser und Kurfürsten sprach und gewöhnlich der Kaiser im Namen des Reiches Verträge und Frieden schloß, das alles wußte man in Kassel sehr wohl. Man sah voraus, daß man sich in Wien auf diese Übung berufen werde, aber dem sei entgegenzuhalten „quod non exemplis judicandum sit sed legibus". Der hessische Vertreter wurde angewiesen, die Gesandten beider Mächte außerdem an ihre Bündnisverpflichtungen zu erinnern, wonach sie den gesetzlichen Zustand im Reich wieder herzustellen hätten, und an die Gefahr, die ihnen selbst drohe, wenn Kaiser und Kurfürsten allein über Krieg und Frieden zu befinden hätten. Mit einer nachträglichen Billigung der Friedensbedingungen durch die Stände und der gesetzlichen Ratifikation des Friedens durch den Reichstag sei nichts gewonnen, denn damit bleibe praktisch das jus pacis bei Kaiser und Kurfürsten, könnten beide jederzeit einen neuen Reichskrieg ohne die Stände beschließen. Auch die in Regensburg bewilligte Zulassung der Stände ohne Stimmrecht genüge nicht, ja sie sei schlimmer als Abwesenheit, da sie dann durch ihre bloße Gegenwart alles Geschlossene gleichsam stillschweigend approbieren würden. Nur das volle Stimmrecht, nur die gleichberechtigte Teilnahme an den Verhandlungen gewähre den Ständen einen wirklichen Einfluß und damit den Großmächten einen sicheren Frieden.

Die hessischen Denkschriften ließen zwar noch verschiedene Formen für diese Teilnahme offen, etwa durch paritätisch zusammengesetzte Abordnungen der Reichskreise oder durch Verlegung des Deputationstages an den Kongreß, als das erstrebenswerteste Ziel aber bezeichneten sie die Berufung aller Stände und für die Friedensverhandlungen ein Verfahren nach Maßgabe der Geschäftsordnung des Reichstages. Das Nächste, worauf die Landgräfin hinauswollte, war ein gemeinsamer Aufruf beider Mächte, wobei Schweden sich nochmals an die evangelischen Stände, Frankreich an alle wenden sollte. Für die Abfassung dieser Schreiben bot Hessen seine Mitwirkung an, sie sollten in einer gemeinsamen Beratung der französischen, schwedischen und hessischen Gesandten entworfen werden.

Wie es scheint, hat dieser hessische Schritt auf die französische Regierung Eindruck gemacht. Er hatte zur Folge, daß jetzt auch Frankreich der Auffassung beitrat, die Teilnahme am Kongreß komme nicht nur den Verbündeten der Kronen, sondern allen Ständen zu. Auch Frankreich ergriff nun die Partei der kleinen Stände gegen Kaiser und Kurfürsten, nachdem Salvius am 1. Februar 1644 in einem Schreiben an seinen Kollegen Avaux noch einmal die fundamentale Bedeutung dieser Frage für beide Mächte dargelegt hatte: Auf dem jus pacis et belli der Stände beruhe die Freiheit des Reiches und die Sicherheit der Kronen, von ihm hänge die Majestas und absoluta potestas, hänge die Gesamtheit aller anderen Rechte der Stände ab. Wenn die beiden Großmächte es ihnen nicht erkämpften, bleibe alles vergeblich und die habsburgische Universalmonarchie unerschüttert. Im Lauf des März trafen die französischen Bevollmächtigten in Münster ein, schon am 6. April erging ihre erste Einladung an alle Reichsstände, in der sie sich offen und entschieden zu dem gleichen Ziel wie Schweden bekannten. Es war ein glänzend stilisierter, schwungvoller Aufruf. Alle Schuld an der Verzögerung des Friedens wurde dem Kaiser zugeschoben, Frankreichs Friedensliebe erstrahlte im hellsten Licht. Nur um der deutschen Freiheit willen hätten die verbündeten Großmächte zu den Waffen gegriffen. „Wo aber," hieß es theatralisch, „sind die, um derentwillen der Krieg unternommen und durchgefochten worden ist?". Es folgten die heftigsten Angriffe auf den Kaiser: Österreich strebe nach der Herrschaft über ganz Europa, die Vormacht im Reich sei nur die Grundlage dafür, und wenn die Fürsten das nicht zu verhindern wüßten, sei es vorbei mit der deutschen Freiheit. Folge Deutschland dem Ruf des Königs nicht, der es auf die Seite des Sieges rufe, so werde das Schicksal Böhmens auch das des Reiches sein; die alte Würde, die alten Rechte, die alte Freiheit gelte es wiederherzustellen!

Es war freilich ein eigenartiger Auftakt für die Friedensverhandlungen, daß die französischen Gesandten auf dem Boden des Reiches die Fürsten zum offenen Ungehorsam gegen den Kaiser aufriefen. Die Mehrzahl von ihnen hat die Schrift trotz ihres Pathos und ihrer meisterhaften Rhetorik gerade wegen ihres Tones als eine Beleidigung gegen das Reich empfunden. Dennoch haben die Franzosen eine offene Zurückweisung nur von dem Kaiser erfahren, der durch die Vermittler in Münster eine Ahndung forderte und seinen Gesandten jeglichen Verkehr mit den französischen Bevollmächtigten verbot. Der Nuntius hat denn auch den Franzosen Vorhaltungen wegen dieses ungewöhnlichen Aufrufes gemacht. Außerdem erging am 14. Juni ein kaiserliches Rundschreiben an alle Reichsstände, das sie aufforderte, im schuldigen Gehorsam zu verharren. Mit dem Schwung des französischen Aufrufes konnte sich dieses langatmige Schriftstück in umständlichem Kanzleideutsch freilich nicht messen, doch traf es den Ton, auf den man im Reich noch immer hörte: Nicht Frieden, sondern neue Kriegsbündnisse seien das Ziel des französischen Aufrufes, damit das liebe Vaterland sobald zu keiner Ruhe komme und seine vorige Kraft und Stärke, vor der die Franzosen sich noch immer gefürchtet, ja nicht wiedererlange; hinter den „süßen Worten von der lieblichen Protektion" sei die Absicht brutaler Beherrschung und völliger Unterdrückung unschwer zu erkennen.

Der Deputationstag, gleichfalls mit einem Einladungsschreiben bedacht, hätte wohl am ersten die dem Kaiser angetane Beleidigung im Namen des Reiches zurückweisen müssen. Nichts der Art geschah, obwohl der Kaiser es nahelegte. Die Proposition seiner Gesandten beim Deputationstag stellte die Frage, ob es nicht besser für die deutsche Nation sei, wenn ihre Interessen beim Friedensschluß von einem erwählten deutschen Kaiser als von einem französischen König wahrgenommen würden? Aber auch diese Frage wurde zur Parteisache. Die Anhänger des Kaisers im Kurfürstenrat, Sachsen, Bayern und Köln, waren dafür, das Schreiben zurückzusenden, die anderen Kurfürsten aber und die Mehrheit des Fürstenrates scheuten sich, die fremden Mächte zu reizen. Kurbrandenburg schlug schließlich vor, das Zirkular mit Stillschweigen zu übergehen, und dabei blieb es. Die Ahndung des französischen Schreibens wurde dem Kaiser anheimgegeben. Und zu allem Überfluß setzte Braunschweig noch hinzu, diese Anheimstellung sei nur so zu verstehen, daß der Kaiser in seinem und seines Hauses Namen, nicht für das Reich zu sprechen habe.

Trotz dieser zaghaften Haltung des Deputationstages war das Ganze kein unbedingter Erfolg für die französische Sache. Wagte der Unwillen vieler deutscher Fürsten sich auch nicht offen hervor, er war doch da. Der Kurfürst von Sachsen, dem gegenüber man bei Zustellung des Schreibens die Etikette gröblich verletzt hatte, lehnte unumwunden ab, und man tat nichts, ihn zu gewinnen oder auch nur zu versöhnen, da man ohnehin nichts von ihm erwartete. An seiner Weigerung scheiterte denn auch die Einberufung eines obersächsischen Kreistages, die Herzog Wilhelm von Weimar und die Fürsten von Anhalt gewünscht hatten. Freilich trug das nur dazu bei, diese Fürsten zu selbständigen Schritten zu ermutigen. Der Herzog von Württemberg suchte wie immer vorsichtig die Mitte zu halten. Unbedingte Zustimmung kam nur von Hessen und den Bischöfen von Salzburg, Bamberg und Würzburg. Die Landgräfin schickte eine dringende Aufforderung an den Deputationstag im Sinne des von ihr veranlaßten Schrittes der Großmächte. Die Stände des fränkischen Kreises neigten ohnehin längst zur Beschickung des Kongresses, während im schwäbischen Kreis die katholische Mehrheit einen solchen Beschluß verhinderte und der gleichfalls katholische Rat von Augsburg sogar bestritt, daß außer Kaiser und Kurfürsten noch irgendein Reichsstand das jus pacis et belli habe. Ja, es kam vor, daß Gesandte von Osnabrück wieder abreisten, als sie sahen, daß noch keine Verhandlung zustande kam.

Frankreich und Schweden mußten also auf andere Wege denken, um die deutschen Fürsten zum Kongreß heranzuholen. Am 4. September 1644 erging ein neues französisches Rundschreiben, am 14. Oktober wieder einmal ein schwedisches, beide bemüht, den Ton gegen den Kaiser etwas zu mäßigen, im übrigen deutlich bestrebt, den Reichsständen den Gedanken auszureden, als handelten sie gegen ihre Pflicht, wenn sie den Kongreß beschickten.

Noch immer aber hielt der Kaiser den Deputationstag in Frankfurt fest, noch immer verweigerte er der Gesamtheit der Stände die Erlaubnis, Gesandte nach Münster und Osnabrück abzuordnen. Da taten am 9. November die Rundschreiben der Kronen ihre erste Wirkung: Der fränkische Kreis teilte dem Kaiser mit, er habe sich entschlossen, den Kongreß zu beschicken. Es schien, als hätten andere Stände nur auf ein solches Signal gewartet. Die Glieder des elsässischen Zehnstädtebundes, Kolmar voran, wünschten schon lange Frankreich gefällig zu sein, wollten aber nichts ohne Straßburg tun. Hier hatte man bisher vorsichtig laviert und sich nach den anderen Reichsstädten umgesehen, unter denen vor allem Nürnberg und Köln eine entschieden kaiserfreundliche Stellung einnahmen. Jetzt, unter dem Eindruck des Beschlusses der fränkischen Stände, setzte sich Straßburg mit Frankfurt und Nürnberg in Verbindung. Noch vor Jahresende beschloß die mächtige Reichsstadt am Oberrhein die Abordnung ihrer Gesandten an den Kongreß; Kolmar folgte nach.

Nun waren die Dinge im Fluß. Der Kaiser suchte die Bewegung abzufangen, indem er jetzt wenigstens die Kurfürsten einlud, sich auch einzeln und nicht nur korporativ am Kongreß vertreten zu lassen. Als darauf Bayern und Köln, die ja gemäß dem Regensburger Beschluß von 1636 zu den Deputierten des Kurkollegs gehörten, nun auch ihre selbständige Teilnahme ansagten, stimmten die Franzosen in ihren Berichten nach Paris nicht ohne Grund einen lauten Siegesjubel an: Dies sei nur der Anfang, bald werde der Kaiser gezwungen sein, auch die Fürsten und Stände zuzulassen.

Um diese Zeit kämpften die Franzosen in Münster noch immer um die im Hamburger Präliminarvertrag bereits zugestandene Teilnahme ihrer unmittelbaren Bundesgenossen. Ihr Angriff richtete sich gegen die Vollmachten der kaiserlichen Gesandten, diese erhoben ihrerseits wieder formale Einwendungen gegen die französischen Vollmachten, weil in ihnen von einer Verhandlung conjunctim cum confoederatis et adhaerentibus die Rede war, wodurch die verbündeten Stände zu gleichberechtigten Verhandlungspartnern erklärt wurden, während der Kaiser sie nur als Bittsteller in eigener Sache zulassen wollte. Die Franzosen änderten ihre Vollmachten in Kleinigkeiten ab, aber um dieses eine Wort „conjunctim" kämpften sie lange. Zugleich holten sie zum Gegenstoß aus. Sie bemängelten, daß die kaiserliche Vollmacht nur auf Verhandlung mit Frankreich laute und nicht auch mit seinen Bundesgenossen. Dies, so argumentierten sie, widerstreite dem Präliminarvertrag, denn wenn der Kaiser ihren Alliierten Geleitsbriefe bewilligt habe, so müsse er auch mit ihnen verhandeln. Selbst den Vermittlern, ja sogar den Schweden erschien die französische Haltung eigensinnig, aber alle ihre Vorstellungen blieben fruchtlos. Da sah der Kaiser nach monatelangem Verhandeln schließlich keine Wahl mehr. Man schloß einen Kompromiß, der in Wahrheit ein französischer Sieg war: Der Kaiser gestand zu, die Verbündeten Frankreichs in seiner Vollmacht zu nennen, die Franzosen willigten dafür in die Streichung des „conjunctim".

Der Austausch der Vollmachten wurde darauf verabredet und der 4. Dezember 1644 als Beginn der Friedensverhandlungen bestimmt. Mit der Übergabe der ersten Propositionen sollten sie eröffnet werden. Das wichtigste Ziel aber, die Zulassung aller Reichsstände, war noch nicht erreicht. Die Franzosen taten, nun ihnen der erste Schritt geglückt war, alsbald den nächsten.

Die ersten Propositionen und die Zulassung der Reichsstände

Der Kaiser mochte hoffen, mit solchen Zugeständnissen den Beginn der Friedensverhandlungen erkauft zu haben. Er konnte nicht wissen, daß die beiden Großmächte inzwischen für die hessischen Forderungen gewonnen waren und seine Konzessionen schon längst nicht mehr genügten. Außerdem aber gab es über die Einzelheiten des weiteren Programms noch Gegensätze zwischen Frankreich und Schweden, die sich aus dem zwiespältigen Charakter der deutschen Politik beider Mächte ergaben. Offiziell war die Herstellung der deutschen Freiheit und der überlieferten Verfassung des Reiches ihr einziges Kriegsziel, in Wirklichkeit hatten sie natürlich sehr eigennützige Absichten, die mit den öffentlich verkündeten Zielen schwer vereinbar waren. Der alte Widerspruch zwischen Assecuratio und Satisfactio, bisher sorgfältig verborgen, mußte spätestens in dem Augenblick offenbar werden, wo die beiden Mächte ihre territorialen Forderungen nennen würden. Konnte das geschehen, solange über das wichtigste Recht der Reichsstände noch nicht entschieden war? Man wußte, daß der Kaiser und Spanien nur auf Wiederherstellung ihres Besitzstandes und Rückerstattung aller Eroberungen dringen würden, Frankreich und Schweden aber stellten Ansprüche an das Reich. Wer fordert, ist immer im Nachteil. Wenn die territorialen Ansprüche der Mächte vorzeitig bekannt wurden, dann konnte das mit einem Schlage die mühsame diplomatische Arbeit vieler Jahre zerstören und die deutschen Fürsten erneut dem Kaiser in die Arme treiben.

Deshalb war es ein wohlerwogener Grundsatz beider Großmächte, ihre Forderungen vorerst noch geheimzuhalten und höchstens mit einzelnen zuverlässigen Ständen des Reiches in vorsichtiger Form darüber zu sprechen, um so das Terrain zu erkunden. Als Eröffnung amtlicher Friedensverhandlungen eigneten sich diese Forderungen nicht. Wenn man aber die Wünsche der Deutschen selber an den Anfang stellte und sich so die Bundesgenossen verpflichtete, schuf man zugleich die beste Grundlage für die später zu stellenden eigenen Ansprüche.

Darüber war man sich längst klar. Aber was tun? Aufschieben konnte man die Friedensverhandlungen auch nicht mehr. Seitdem man sich über die Vollmachten geeinigt hatte, fiel jeder Grund für weiteres Zögern dahin. Ein neues Ausweichen mußte bei den deutschen Alliierten, deren Sinn einzig nach Frieden stand, den schlechtesten Eindruck machen. Wo aber gab es ein Anliegen, das auch den Deutschen selbst lebenswichtig erscheinen und womit man füglich den Anfang machen konnte? Um die Zulassung aller Stände kämpfte man nun schon ein ganzes Jahr, und die Ansichten darüber waren bei den Deutschen selbst geteilt. Die Schweden hatten in den Religionsbeschwerden ein wirkungsvolles Verhandlungsobjekt, aber für Frankreich wäre es nicht nur zwecklos, sondern auch gefährlich gewesen, sich mit diesem Fragenkomplex zu befassen. Schon Richelieu hatte sich Gedanken über eine geschickte Eröffnung der Verhandlungen gemacht. „Das erste, was auf die Tagesordnung gesetzt werden muß", so hatte er geschrieben und so stand es noch jetzt unverändert in der französischen Instruktion, „ist ein Abkommen über die Sicherheit des künftigen Vertrages". Mazarin hatte es den französischen Gesandten nach ihrem Eintreffen in Münster erneut so eingeschärft, aber der Gedanke erschien ihnen wohl für die Deutschen noch nicht wirkungsvoll genug. Jedenfalls kamen sie jetzt mit einem eigenen Vorschlag: Sie wollten die Verhandlungen mit einem großartigen Propagandatrick eröffnen, der, wie sie hofften, auf die Reichsstände einen glänzenden Eindruck machen würde. Frankreich und Schweden sollten gemeinsam feierlich erklären, sie seien bereit, ihre Truppen aus Deutschland zurückzuziehen, wenn der Kaiser eine allgemeine Amnestie gewähre, den Zustand von 1618 wiederherstelle und eine Sicherheit für den künftigen Frieden leiste. Natürlich war diese Erklärung nicht ernst gemeint. Man rechnete damit, daß der Kaiser und Bayern ablehnen würden, denn wie hätten sie der Wiederherstellung Böhmens und der Pfalz zustimmen können? Wichtig war ja auch nur der Eindruck einer solchen Erklärung. „Unter Angebot wird dem König alle Herzen gewinnen, ohne daß wir Gefahr laufen, beim Wort genommen zu werden", heißt es in schöner Offenheit in dem Bericht nach Paris. Noch bedurfte das Projekt freilich der Zustimmung Schwedens und der Genehmigung Mazarins. In der ersten gemeinsamen Proposition, die am 4. Dezember 1644 fällig war, sollte daher, so gedachten die Franzosen den Schweden vorzuschlagen, zunächst nichts weiter gefordert werden als das vollzählige Erscheinen der Reichsstände und die Haftentlassung des Kurfürsten von Trier.

Zum erstenmal traten nun bei diesen Vorverhandlungen die französische und die schwedische Sicherheitskonzeption einander gegenüber. Der Gegensatz, der bisher unter den allgemeinen Formeln der Bündnisverträge verdeckt worden war, konnte nun nicht länger verborgen bleiben. Konnte Schweden einen allgemeinen Beistandspakt, der die Stände des Reiches zu einem geschlossenen Machtblock über die Konfessionsgrenzen hinweg zusammenschmieden mußte, ernstlich wollen? Mußte nicht in einem solchen System die Führung ganz von selbst an Frankreich fallen? Würde es nicht ein Übergewicht der katholischen Stände und Gefahren für den Protestantismus mit sich bringen? Und würde Frankreich dann noch in gleicher Weise wie bisher auf das schwedische Bündnis angewiesen sein? Auch glaubten die Schweden die Stimmung der Deutschen besser zu kennen als die Franzosen. Sie wiesen darauf hin, daß die Reichsstände für ein Bündnissystem, das seine Spitze so deutlich gegen den Kaiser richte, nicht zu haben sein würden. Es ist wahr, die Stände waren zwar in ihrem Mißtrauen gegen Habsburg jederzeit bereit, der kaiserlichen Macht mit den Mitteln, die die Reichsverfassung bot, Fesseln anzulegen, nicht aber, mit den Waffen in der Hand gegen den Kaiser aufzutreten.

Dies zogen die Schweden in Betracht, als sie dem französischen Sicherheitsvorschlag einen eigenen entgegensetzten, der darauf hinauslief, den Kaiser durch eine einfache Verfassungsänderung in seine Schranken zu weisen. Es genüge, erwiderten sie, wenn der Friedensvertrag ihm das jus pacis et belli entziehe und jede Kriegserklärung an einen einstimmigen Reichstagsbeschluß binde. Diese Beschränkung des Kaisers wollten sie unter internationale Garantie stellen, aber einer Aktivierung der Kräfte des Reiches gegen den Kaiser mißtrauten sie durchaus. Die Franzosen drückten das in ihrem Bericht so aus: Das protestantische Parteiinteresse sei bei den Schweden eben doch stärker als die politische Vernunft. Aber darin irrten sie. Es war auch bei den Schweden im Grunde nichts anderes als wohlverstandenes eigenes Interesse, und kühle Staatsraison war es auch, wenn sie die vorgeschlagene große Erklärung als Eröffnung der Friedensverhandlungen ablehnten. Zwar hatten sie gegen eine allgemeine Amnestie nichts einzuwenden, wohl aber gegen die Zurückziehung der Truppen. Sie fürchteten eben doch beim Wort genommen zu werden. Auch bemängelten sie, daß der Satisfaktion beider Kronen in der Erklärung nicht gedacht werden solle. Nicht einmal zum Schein wollten sie davon absehen. Das hätte natürlich die ganze Erklärung um ihre Wirkung gebracht. Vergeblich bemühten sich die Franzosen, ihnen die schöne Deklaration als eine bloße Scheinhandlung, die zu nichts verpflichte, annehmbar zu machen. Schließlich einigte man sich darüber, die Ankunft aller Reichsstände als unerläßliche Vorbedingung für die Eröffnung der Friedensverhandlungen zu fordern und dann, wenn der Kongreß beisammen sei, die Sicherheitsfrage als ersten Verhandlungspunkt in Aussicht zu nehmen.

Der 4. Dezember rückte heran, der den Austausch der ersten Propositionen brachte. Aber nur die kaiserliche und spanische Note enthielten materielle Vorschläge, an die sich Friedensverhandlungen anknüpfen ließen. Der Kaiser nannte den Regensburger Vertrag von 1630 mit Frankreich und den Schönebeckschen Entwurf eines Friedens mit Schweden von 1635 als geeignete Grundlagen. Frankreich und Schweden beschränkten sich darauf, die Zulassung und das Erscheinen sämtlicher Reichsstände am Kongreß als notwendige Voraussetzung aller Verhandlungen zu bezeichnen, und Frankreich forderte als Konsequenz daraus die Freilassung des Kurfürsten von Trier.

Damit machten sich die beiden Großmächte die reichsständische Auffassung vom jus pacis et belli amtlich zu eigen. Sie verließen den Boden des Hamburger Präliminarvertrages, der nur von der Zulassung der Anhänger und Bundesgenossen aller Parteien gesprochen hatte. Die französische Begründung, daß doch alle Reichsstände Bundesgenossen entweder des Kaisers oder der Kronen seien, also nach dem Hamburger Vertrag das Recht zum Erscheinen hätten, war mehr als künstlich. Aber es ging eben nicht mehr um die Auslegung dieses Vertrages, sondern um die Grundfragen der Reichsverfassung. Die Franzosen vertraten jetzt in aller Form die Meinung, das Erscheinen der Reichsstände sei nötig, um den Kongreß handlungsfähig zu machen. Sie beharrten darauf trotz deutlichen Unwillens der Vermittler, die dahinter nur die Absicht sahen, die Verhandlungen hinauszuzögern. Die Form des Kongresses war nun einmal für die Franzosen keine gleichgültige Frage. Die Sicherheit des Friedens hing damit aufs engste zusammen, denn nur wenn die Reichsstände alle teilnahmen, glaubte man sie für eine Garantie gewinnen und in das kollektive Sicherheitssystem mit hineinziehen zu können. Servien hat in diesen Tagen den Grafen Johan Oxenstierna im Gespräch zu überzeugen versucht, daß die Bindung des Kaisers an die Stände bei einer Kriegserklärung eben nicht genüge, weil die Reichsgesetze und -ordnungen es auch bisher nicht hätten verhindern können, daß der Kaiser nach Willkür seine Verpflichtungen aus der Wahlkapitulation verletzt habe. Deshalb bedürfe es wirksamerer Mittel; ohne das ominöse Wort „Liga" in den Mund zu nehmen, sprach er ihm von einer Verpflichtung aller Vertragsparteien zu gegenseitiger Waffenhilfe gegen jeden Friedensbrecher.

Die Vermittler hielten den Franzosen den kaiserlichen Standpunkt entgegen: Selbst wenn ihre Forderung erfüllt würde und alle Stände den Kongreß beschickten, sei damit doch nichts gewonnen, denn eine solche Versammlung könne nur eine beratende Tätigkeit ausüben und nichts über den Frieden beschließen. Eine gesetzmäßige Reichsversammlung könne nur vom Reichserzkanzler im Auftrag des Kaisers unter Wahrung bestimmter Formen berufen werden. Das Erscheinen aller Stände abzuwarten sei also zwecklos, es werde aber alsbald nach Friedensschluß ein ordentlicher Reichstag berufen werden, um den Frieden zu ratifizieren.

Das war nach Herkommen und geltendem Recht zweifellos korrekt. Aber man vermutete, daß der Kaiser diese Gründe nur vorwende, um einen ordentlichen Reichstag nach Regensburg oder einem anderen Ort, jedenfalls möglichst weit vom Kongreß entfernt, zu berufen, dort selbst den Vorsitz zu führen und so die Stände dem Kongreß und dem Einfluß der fremden Mächte zu entziehen. In der Tat hat man derartiges in Wien erwogen. Diesen Versuch, einen Reichstag neben den Kongreß zu stellen, „Altar gegen Altar zu errichten", empfanden die Franzosen als eine wirkliche Gefahr. Lasse man das geschehen, so bestätigte man die kaiserliche Auffassung, daß die nach Münster eingeladenen Stände nur zu beraten und nichts zu beschließen hätten.

Freilich war ein anderes Bedenken schwer zu entkräften: Die Vermittler stellten die Frage, wieviele Stände denn eigentlich erscheinen müßten, um den Friedenskongreß in den Augen der Franzosen legitim zu machen, ob man denn ad infinitum auf ihre Ankunft warten oder ihnen eine Frist setzen wolle? In der Tat waren ja verschiedene Formen der ständischen Vertretung am Kongreß denkbar und schon erörtert worden, es brauchte nicht unbedingt die Anwesenheit aller gefordert zu werden. Man beriet darüber mit den hessischen Gesandten, die eine Vertretung der Stände durch eine gewisse Anzahl von ihnen, mit Verhandlungsvollmacht von den Abwesenden, durchaus für möglich erklärten. Man schlug also den Schweden vor, eine Frist zu setzen und nur die Anwesenheit einer bestimmten Zahl zu verlangen, mit deren Hilfe man zunächst beginnen könne, die Ankunft der übrigen sei dann der Zukunft anheimzustellen. Man unterbreitete ihnen auch die andere Möglichkeit, einem Reichstag zuzustimmen, sofern er sich am Kongreßort selbst versammle. Den Vermittlern antwortete man mit der Forderung, der Kaiser müsse wenigstens erklären, daß er die Entsendung von Bevollmächtigten der Reichsstände an den Kongreß nicht hindern werde.

Der Wiener Hof, in nahezu verzweifelter Lage und vom Abfall der Reichsstände bedroht, sah eigentlich nur noch einen Weg: Es mußte alles versucht werden, die Stände von den Kronen, die Kronen voneinander zu trennen. Deshalb der Gedanke eines Reichstages, deshalb wohl auch der Versuch, bei Schweden an den Entwurf von Schönebeck, bei Frankreich an den Vertrag von Regensburg anzuknüpfen, stammten doch beide aus der Zeit vor dem französisch-schwedischen Bündnis. Man durchschaute in Paris diese Absicht sehr wohl, und vor allem aus diesem Grunde verwarf man im Rat des Königs den Vorschlag der Bevollmächtigten, die Verhandlungen mit jener großen Erklärung zu eröffnen, die den scheinbaren Verzicht auf Eroberung und die scheinbare Bereitschaft zum Rückzug aus Deutschland in sich schloß. Denn eine solche Erklärung mußte Schweden verletzen, weil sie seinen Anspruch auf Pommern ignorierte, und gleichzeitig Bayern vor den Kopf stoßen, weil sie seine pfälzischen Ansprüche bedrohte. Man sagte sich in Paris, es komme nicht darauf an, ob die Erklärung ernst gemeint sei, sondern wie sie auf die Bundesgenossen wirke.

Wie aber stellten sich die so vielfach umworbenen Reichsstände selbst zu der großen Verfassungsfrage, um deren Entscheidung es jetzt ging? Der Beschluß des fränkischen Kreises hatte weithin gewirkt und begann die Erstarrung, die Angst der Fürsten vor dem Kaiser zu lösen. An der Spitze derer, die auf vollberechtigte Teilnahme aller drängten, stand wieder die Landgräfin von Hessen. Die Gefahr, daß die Kronen ungeduldig würden oder auf den kaiserlichen Plan eines Reichstages eingehen könnten, schien im Januar 1645 nicht allzu fern. Die Landgräfin wies ihren Gesandten von Krosigk an, das Friedenswerk bis zur Ankunft der Reichsstände oder doch solange wie immer möglich aufzuhalten. Sollte es trotzdem dahin kommen, daß die Großmächte mit neuen Propositionen hervorträten und auf Verhandlungen eingingen, so wäre die Zulassung der noch fehlenden Stände dabei ausdrücklich zur Bedingung zu machen. Krosigk wendete sich erneut an die französischen Gesandten, er beschwor sie, auf ihrer ersten Proposition fest zu beharren, er berief sich noch einmal auf die Bündnisse und auf die feierliche Verpflichtung der Großmächte, die alte deutsche Freiheit wiederherzustellen. Gebe man jetzt nach, so werde dieses Versprechen als ein bloßer Vorwand, als Deckmantel eigensüchtiger Interessen erscheinen und die Kronen bei den Deutschen verhaßt machen. Im übrigen kam es der hessischen Regierung allein auf das Prinzip der ständischen Teilnahme an, die Form erschien ihr als eine Frage zweiten Ranges.

Dieses Prinzip aber war noch immer umstritten: Der Kaiser erteilte zwar am 13. Januar 1645 in einer Mitteilung an den Deputationstag den Reichsständen unter Berufung auf den Regensburger Abschied die Erlaubnis, unter gleichen Bedingungen wie die Kurfürsten ihre Gesandten zum Kongreß zu schicken, aber eben diese Beschränkung änderte in Wahrheit nichts, sie ließ die Führung der Verhandlungen in der Hand des Kaisers und verwies die Stände auf bloße Beratung und Assistenz. Außerdem sollte die Reichsdeputation in Frankfurt bleiben und, soweit erforderlich, über die am Kongreß verhandelten Angelegenheiten beraten. Dort war das Reich nach wie vor allein durch den Kaiser vertreten. Vor diesem Bescheid hatte der Kaiser die Kurfürsten befragt, wie man den fränkischen Kreis abhalten könne, den Kongreß zu beschicken. Fast alle hatten geraten, das Unvermeidliche geschehen zu lassen, aber der Kaiser gab, wie man sieht, das Spiel noch nicht verloren. Insgeheim hatte er den fränkischen Kreis zu bestimmen gesucht, entweder ganz vom Kongreß fernzubleiben oder doch wenigstens Osnabrück zu meiden. Der Kreistag wich aus, verlegte seine Sitzungen von Bamberg in das evangelische Nürnberg und ließ die Schweden unter der Hand wissen, daß man auch nach Osnabrück kommen werde. Der schwäbische Kreistag in Ulm folgte Anfang des Jahres diesem Beispiel, von hier erging sogar trotz des Widerspruches des katholischen Rates von Augsburg eine offizielle Antwort an Schweden. Schon berief Pfalz-Neuburg den westfälischen Kreistag nach Köln, um einen gleichen Beschluß herbeizuführen. Ein Reichsstand nach dem anderen gab seinen Willen zu erkennen, am Kongreß zu erscheinen, selbst einige Mediatstände wie Stralsund, Rostock, Wismar, Erfurt und Leipzig erhielten schwedische Einladungen nach Osnabrück.

Bei diesem Zustrom der Stände wurde es den Franzosen und Schweden immer schwerer gemacht, die Eröffnung der Friedensverhandlungen zu verweigern und das Erscheinen aller Reichsstände als conditio sine qua non festzuhalten. Die Vermittler drängten fort und fort, auch aus Paris kam an die Adresse der französischen Gesandten eher Tadel als Lob. Mazarin verwarf nicht nur die große Erklärung über die Herstellung des status quo ante, er mißbilligte auch ihr Vorgehen bei der ersten Proposition. Die schriftliche Fixierung so wichtiger Erklärungen sei überhaupt mißlich, man lege sich unnötig fest, wenn man die Verhandlungen von der Haftentlassung des Trierers abhängig mache, die gar nicht einmal eine Präliminarfrage sei. Immer schwieriger wurde auch die Position des hessischen Gesandten. Scheffer hatte harte Arbeit, Franzosen und Schweden zu überzeugen, daß den zögernden Reichsständen wenigstens noch eine kurze Frist zugebilligt werden müsse. Schließlich einigte man sich auf ein letztes Einladungsschreiben, das am 20. Januar erging. Die Antworten darauf wollte man noch abwarten, dann aber beginnen. Als am 31. Januar die nunmehr anerkannten und gültigen Vollmachten bei den Vermittlern hinterlegt waren, schien das letzte Hindernis beseitigt. Aber die schwedischen Legaten, stark unter hessischem und braunschweigischem Einfluß, sprachen von weiterem Aufschub. Da entschloß sich Avaux zur Reise nach Osnabrück. Anfang Februar verhandelte er dort mit den Bundesgenossen über alle schwebenden Fragen. Die erste war, wann in Münster und Osnabrück die Friedensbedingungen zu überreichen seien. Die Schweden hatten Weisung, sich nicht zu leicht von der Forderung des Erscheinens der Reichsstände abbringen zu lassen, gegebenenfalls aber den Franzosen einen gemeinsamen Antrag auf Berufung eines Reichstages vorzuschlagen, sei es am Kongreß oder neben ihm, aber mit dem Recht, den ständischen Deputierten am Kongreß Weisungen zu erteilen. Das lag in der Linie der schwedischen Politik, auch hoffte man wohl angesichts der großen Siege der schwedischen Waffen in Deutschland auf eine stärkere Position der Evangelischen am Reichstag als früher.

Den Vorschlägen des Grafen d'Avaux, der einen festen Termin für den Beginn der Verhandlungen wollte, setzten sie ein starres Nein entgegen. Avaux erklärte, man habe die Stände oft genug eingeladen, es sei ihre Schuld, wenn man nun ohne sie beginne. Er wies auf die Gefahren weiteren Zögerns hin: Man werde sich neue Feinde schaffen, der Papst sei unwillig und werde sich um so mehr der habsburgischen Seite zuwenden, was in Italien sehr unangenehme Rückwirkungen haben könne; der im Sommer neu gewählte Innozenz X. galt ohnehin als Freund Spaniens. Den Schweden lag wenig an Italien, aber um so mehr an den evangelischen

Ständen, sie bedachten ihre nächsten Interessen. Avaux rang hart mit ihnen und sah sich schließlich doch genötigt, einen Schritt entgegen zu kommen. Vorher suchte er sich aber der wirklichen Meinung der Protestanten in Abwesenheit der Schweden zu versichern, einzeln und nacheinander empfing er Lampadius, Scheffer und die anderen. Alle trugen ihm die Bitte um Aufschub vor, alle betonten, wenn man die Propositionen in Abwesenheit der Stände überreiche, mißachte man ihr jus pacis et belli.

Avaux sah, daß er nachgeben müsse. Man einigte sich, wenigstens noch auf Mainz, Brandenburg und den fränkischen Kreis zu warten. Dann legte Avaux den Entwurf einer Proposition vor, dem die Schweden ein eigenes, schnell aufs Papier geworfenes Projekt entgegenstellten. Der Satisfaktion wollte man beiderseits nur obenhin gedenken, um so ausführlicher unterhielt man sich über die Frage der Assecuratio.

Deutlich trat der Gegensatz zutage: Frankreich wünschte ein System kollektiver Sicherheit durch allseitige Beistandsverpflichtung, die Schweden bezweifelten, daß sich die deutschen Fürsten jemals zu einem solchen Bündnis hergeben würden, sie bezeichneten das Gleichgewicht der Konfessionen im Kurkolleg, Reichshofrat und Kammergericht als die beste Sicherung des Friedens. Die Erörterungen darüber setzten sich noch länger fort, erst Ende Februar akzeptierten die Schweden den französischen Plan, freilich mit dem vieldeutigen Zusatz „si cela se peut".

Die mühsam hergestellte Einigkeit der beiden Bundesgenossen aber erhielt einen schweren Stoß, als die französischen Gesandten in Münster trotz der Abreden, die Avaux in Osnabrück getroffen hatte, Ende Februar eine Proposition übergaben, worin sie sich nun doch bereit erklärten, die Verhandlungen zu eröffnen. Von dem Erscheinen der Reichsstände, der Befreiung des Kurfürsten von Trier wurde darin nur noch im Ton sicherer Erwartung, nicht mehr als Bedingung gesprochen. Es lagen Weisungen aus Paris vor, wo man den Eindruck der ersten schroffen Proposition abschwächen wollte, aber von dem heftigen schwedischen Widerstand nichts wissen konnte. Nach den Osnabrücker Besprechungen mußte nun allerdings dieses einseitige Vorgehen geradezu als eine Brüskierung des Alliierten erscheinen. Nur mit Bedenken hatte Avaux seinem Kollegen Servien nachgegeben, die Wirkung ihres Schrittes gab ihm recht; sie hatte einen schweren Konflikt zwischen den beiden französischen Gesandten zur Folge. Selbst in Gegenwart des schwedischen Residenten und der Vermittler griffen sie sich mit den heftigsten Vorwürfen an. Der Ärger der Schweden ließ sich endlich mit einiger Mühe beschwichtigen, der Streit der Gesandten bewog die französische Regierung, ihnen in der Person des Herzogs von Longueville einen Vorgesetzten zu geben, dessen Ansehen, wie man hoffte, weiteren Zwist unterbinden würde.

Es hätte der französischen Bemühungen und des schwedischen Zögerns eigentlich kaum noch bedurft, denn der Bann der Furcht war gewichen. Noch während Franzosen und Schweden um Beginn oder Aufschub rangen, setzte der Zustrom der Reichsstände an den Kongreß ein.

Als die kaiserlichen Gesandten in Münster am 10. März ihre Antwort auf die französische Proposition überreichten, verweigerten sie noch die Berufung der Stände und die Befreiung des Trierers; sie forderten, daß Frankreich endlich seine Bundesgenossen nenne und sich über seine Friedensbedingungen erkläre. Die Frage der Assecuratio gehöre nicht an den Anfang, geschweige denn zu den Vorverhandlungen, sondern an den Schluß der Friedenstraktaten, und wenn Frankreich die Zustimmung der Reichsstände zu dem Friedensvertrag verlange, werde der Kaiser auch die der französischen Stände fordern.

Nun war es allerdings auch in Frankreich einmal ein Recht, mindestens aber ein alter Anspruch der Stände gewesen, über Krieg und Frieden mit zu entscheiden und Friedensverträge zu ratifizieren. Eine solche Drohung des Kaisers hätte einige Jahrzehnte früher vielleicht noch Eindruck machen können, aber nicht mehr, seitdem Richelieu sein Werk in Frankreich getan hatte. Die Franzosen wiesen sie leichthin ab mit dem Hinweis, Frankreich sei im Unterschied zum Reiche eine absolute Monarchie. Ihre Bundesgenossen zu nennen, lehnten sie ab, denn noch sei der Krieg nicht zu Ende, noch könnten Alliierte ab- und neue hinzutreten. Sie wollten nun einmal keine Beschränkung mehr auf die verbündeten Reichsstände, sie wollten das Erscheinen aller.

Die kaiserlichen Gesandten wußten in diesem Augenblick noch nichts von der schweren Niederlage, die Torstensson am 6. März bei Jankau in Böhmen dem Kaiser bereitet hatte, noch nichts von dem Umschlag, den sie in Wien und im ganzen Reich bewirkte. Zunächst begannen jetzt immer mehr Stände unmittelbar und ohne kaiserliche Erlaubnis den Kongreß zu beschicken. Im Lauf des Jahres 1644 waren nur Hessen, Braunschweig und der Bischof von Osnabrück als Vertreter des Kurkollegs erschienen, erst im Dezember hatten sich Mecklenburg und Lübeck, im Januar Mainz und Bayern eingefunden. Von Februar bis April kamen Frankfurt und Ulm, der fränkische Kreis, Darmstadt und Württemberg hinzu, schließlich Straßburg und einige andere Reichsstädte. Von da ab hörte der Zustrom nicht mehr auf. Im obersächsischen Kreise ermutigte Brandenburg die kleinen Fürsten, selbst im bayrischen Kreise regte sichs. Noch hoffte der Kaiser dem äußersten zu entgehen, wenn er den Widerstand gegen die Verlegung des Deputationstages aufgäbe und ihm nunmehr die Vertretung der Stände am Kongreß übertrüge. Der Deputationstag stand schon seit dem Sommer 1644 unter dem Eindruck der veränderten Kriegslage. In seiner unmittelbaren Nähe, in Mainz, standen die Franzosen. Österreich und Bayern suchten ihn seit Monaten zu Beschlüssen über einmütige Fortsetzung des Krieges zu bewegen. Das hatte zu einem Entgegenkommen gegen die evangelische Minderheit geführt. Man hatte den Protestanten in Aussicht gestellt, daß der Ausschuß für Reichs- und Religionsfragen vielleicht noch während der Friedensverhandlungen berufen werden könne, wenn sie nur versprechen wollten, sich in dieser Sache nicht an die fremden Mächte zu hängen. Die Protestanten hatten kühl erwidert, das sei nicht ihre Absicht, aber wenn sich die Kronen der Religionsbeschwerden annähmen, könnten sie sie nicht daran hindern. Als der Kaiser im Januar notgedrungen den Ständen die Erlaubnis zur Beschickung des Kongresses mit den bekannten Einschränkungen gab, hatte er zugleich aufs neue entschieden, daß der Deputationstag in Frankfurt bleiben solle. Unter dem Eindruck der Niederlage von Jankau entschloß er sich jetzt doch, ihn nach Münster zu verlegen. Das schien immer noch besser als eine Einzelvertretung der Stände. Die Stimmung auf dem Deputationstag kam ihm entgegen. Dort schwankte man noch immer, ob man nicht doch eine Verlegung des Deputationstages der Einzelbeschickung vorziehen solle. Der Kurfürstenrat wollte ihn auflösen, denn er wünschte überhaupt keine Vertretung der „niederen Stände" am Kongreß, der Fürstenrat stimmte für Verlegung. Man trug deshalb die Frage dem Kaiser vor. Am 11. April befahl er die Verlegung, am 14. schrieb Kurmainz ihn für den 15. Mai nach Münster aus. Um die Religionsfragen auf alle Fälle vom Kongreß fernzuhalten, sollte für sie ein neuer Deputationstag am 1. Mai 1646 in Frankfurt zusammentreten. Aber der Kaiser mußte es dulden, daß die Protestanten sich trotzdem vorbehielten, ihre Gesandten auch nach Osnabrück zu schicken. Er hatte die Zügel endgültig verloren.

Auch die Befreiung des Kurfürsten von Trier mußte er bewilligen. Es fiel ihm nicht leicht, mit dem starrköpfigen alten Herrn eine Verständigung zu suchen, er hatte Trier und Speyer bereits für zwei Erzherzöge seines Hauses bestimmt. Aber der Kurfürst kam ihm entgegen, sogar überraschend weit entgegen. Er erkannte den Prager Frieden und die Wahl Ferdinands III. nachträglich an und verpflichtete sich, dem Kaiser Ehrenbreitstein und Philippsburg zu übergeben. Vorerst waren sie freilich noch in französischer Hand, und daß der Kurfürst nach zehnjähriger Haft nicht eben als Freund des Kaisers aus Wien schied, ließ sich unschwer denken.

Schließlich gestand der Kaiser den kurfürstlichen Vertretern am Kongreß den Exzellenzentitel und damit den Rang von Gesandten souveräner Mächte zu. Und am 3. April ließ er die in Regensburg 1641 beschlossene und noch immer suspendierte Amnestie endlich in Kraft setzen.

Er mochte hoffen, mit so bedeutenden Zugeständnissen denn doch einige Schritte weiterzukommen, aber er täuschte sich. Nicht einmal einen Waffenstillstand erlangte er. Wenn seine Gesandten jetzt am Kongreß behaupteten, seit der Verlegung des Deputationstages könne nun wirklich von einer Ausschließung der Reichsstände keine Rede mehr sein, so blieben die Franzosen dabei, daß die bereits anwesenden wie alle künftig eintreffenden Stände volles Stimmrecht erhalten müßten. Der Deputationstag genüge nicht, seine Mitglieder seien ja nur für die Justizfragen instruiert, die protestantischen Stände in ihm ungenügend vertreten. Es machte keinen Eindruck, wenn man sie darauf hinwies, daß die Reichsverfassung nur den Reichstag, den Deputationstag und die Kreistage als ständische Körperschaften kenne und andere Formen der Ständevertretung weder legitim seien noch bindende Beschlüsse fassen könnten. In seltsamer Umkehr ihrer eigenen früheren Argumente bemühten sich jetzt die Räte und Gesandten des Kaisers um den Nachweis, daß der Deputationstag keineswegs nur Justizfragen zu behandeln habe, sondern auch über den Landfrieden und somit auch über die Mittel zur Stillung dieses Krieges beraten könne. Aber es ging ja eben nicht mehr um die alte, es ging um die Einführung einer neuen Ordnung im Reich und um eine selbständige Stellung der Reichsstände in der europäischen Politik.

Waren es eigentlich noch Präliminarien, um die man sich stritt? War man nicht schon längst zu den Kernproblemen des Friedens selbst vorgestoßen? Der Form nach nicht; man tat aus guten Gründen, als sei man noch immer bei Fragen des Verfahrens. Über die materiellen Friedensbedingungen berieten die Franzosen noch immer mit den Schweden, aber man hatte beschlossen, die Hauptverhandlungen jetzt wirklich zu eröffnen. Oxenstierna war Anfang April in Münster, um sich mit den französischen Kollegen über den Verhandlungsmodus und die gemeinsamen Forderungen zu verständigen. Die Form schriftlicher Verhandlung, wie sie bisher geübt worden war, hatte zu jenem unliebsamen Zwischenfall mit den Schweden beigetragen und Mazarin zu der Weisung veranlaßt, in Zukunft mündlich zu verhandeln. Erst wenn ein Artikel vereinbart sei, solle er schriftlich fixiert und bei den Vermittlern hinterlegt werden. Das stieß aber auf die Schwierigkeit, daß es in

Osnabrück keinen Vermittler gab. Gern hätte man die Schweden unter diesem Vorwand nach Münster geholt, aber das war aussichtslos. Sie bestanden auf getrennten Verhandlungen und wollten die Einheit der beiden Kronen nur durch gleichlautende Propositionen demonstrieren, alle Forderungen beider Mächte sozusagen als ein gemeinsames Programm auf einmal vortragen. Ein für Frankreich allerdings sehr bedenkliches Verfahren! Man verlangte von ihm, daß es sich öffentlich zu Forderungen bekenne, die es bisher nur in seinen geheimen Bündnisverträgen und auch da nur in sehr allgemeiner Form gebilligt hatte. Die Wiederherstellung des politischen und kirchlichen Zustandes von 1618 in Deutschland war zwar als gemeinsames Kriegsziel vereinbart, mußte aber, sobald man zu konkreten Einzelforderungen überging, die größten Schwierigkeiten mit sich bringen. Schweden trat bedingungslos für die Protestanten ein, Frankreich wollte zwischen den Ständen beider Konfessionen vermitteln. Bei mündlichen Verhandlungen ließ sich dieser Widerspruch allenfalls verbergen, eine gemeinsame Proposition aber mußte ihn aufdecken. Doch die Hartnäckigkeit, mit der die Schweden auf ihrer Forderung beharrten, verlegte den Franzosen schließlich jede Ausflucht, sogar Mazarin mußte sich durch die Berichte aus Münster überzeugen lassen und, ungern genug, einer gemeinsamen Proposition zustimmen.

Es drang also der schwedische Standpunkt durch, wonach alle Forderungen auf einmal zu Papier zu bringen waren. Für die Ordnung der einzelnen Punkte wählte man den Entwurf von Schönebeck. Die eigenen Satisfaktionsforderungen beschloß man nur sehr allgemein zu formulieren, dafür aber die drei Punkte in den Mittelpunkt zu rücken, an denen die deutschen Alliierten vor allem interessiert waren: Allgemeine Amnestie nach dem Stande von 1618, Herstellung der Rechte und Freiheiten der Reichsstände, Beilegung aller Religionsbeschwerden. Beide Teile versprachen, binnen acht Tagen ihre Entwürfe zu fertigen und sich gegenseitig mitzuteilen.

Reichs- und Religionsbeschwerden

Dies war der Augenblick, wo die protestantischen Reichsstände mit ihren politischen und kirchlichen Beschwerden hervortraten. Die Großmächte sahen die Hauptforderung ihrer ersten Proposition jetzt schon fast ohne ihr eigenes Zutun erfüllt; eine große Zahl von Reichsständen war am Kongreß erschienen, und wenn auch noch mancher fehlte, so waren doch die, auf die es ankam, zur Stelle. Vor allem, worauf die Schweden den größten Wert legten, die Mehrzahl der Protestanten. Längst hatte man sich auf diesen Augenblick gerüstet. Schon Anfang 1645 hatte Schweden die evangelischen Stände um eine Zusammenstellung ihrer Forderungen für die Friedensproposition gebeten und damit die Fragen wieder angerührt, die seit dem Augsburger Religionsfrieden die deutsche Nation gespalten und in den blutigsten Krieg ihrer Geschichte hineingeführt hatten.

Wir haben die Entwicklung der Reichs- und Religionsfragen bis zum Prager Frieden verfolgt. Er hatte keine wirkliche Entscheidung gebracht, alles drängte zu neuen Lösungen. Die Gelegenheit der römischen Königswahl ein Jahr darauf wurde versäumt, die Kurfürsten begnügten sich, ihre Sonderstellung und ihre Rechte durch die neue Wahlkapitulation zu sichern. In der Religionsfrage war übrigens von dem Kurkolleg mit seiner katholischen Mehrheit nichts zu hoffen, und, da die

Teilung der Macht zwischen Kaiser und Kurfürsten beide zufriedenstellte, auch in den politischen Fragen nur wenig. Erst auf dem Regensburger Reichstag fanden die Protestanten, fanden Fürsten und Städte nach 27 Jahren wieder Gelegenheit, ihre Beschwerden anzumelden.

Diese waren dreifacher Art. Zunächst die Religionsfragen, an denen aber nur die Protestanten interessiert waren, während die katholischen Stände sich durch den Prager Frieden hinlänglich gesichert sahen. Dann die Justizfragen. Hier lagen ernste Klagen aller Stände gegen den Kaiser vor, war also ein gemeinsames Vorgehen eher zu erwarten. Aber doch nur bis zu einem gewissen Punkt, denn wo die Justizangelegenheiten sich mit den kirchlichen Fragen berührten, standen die Protestanten wieder allein. Schließlich die Reichsverfassungsfragen. Hier spielte der religiöse Gegensatz keine entscheidende Rolle, hier war sich die Mehrzahl der Stände einig, wenn auch die Rufer im Streit vornehmlich unter den evangelischen Reichsfürsten zu finden waren. Aber hier hielten nun wieder die Kurfürsten in wesentlichen Fragen zum Kaiser, so daß die Kampflinie nicht zwischen ihm und den Ständen, sondern mitten durch diese hindurchlief.

Was konnte bei so verworrenen Fronten in Regensburg herauskommen? Die Geschichte der Reichstage hatte die Protestanten gelehrt, daß sie in allen entscheidenden Fragen in der Minderheit blieben und rücksichtslos überstimmt wurden. Sie setzten deshalb ihre Hoffnung auf die fremden Mächte. Ihr Hauptanliegen wurde es, daß über ihre Beschwerden entschieden würde, solange der Krieg noch währte. Geschah es nicht vor oder mit dem Friedensschluß, so geschah es nie. „Die Abhilfung der Gravamina und das Pazifikationswerk hangen unauflöslich aneinander", ließen sie sich in Regensburg vernehmen. Die katholischen Stände suchten die Religions- und Justizfragen mit wenigen geringfügigen Ausnahmen, wo ihr eigenes Interesse mitsprach, von der Friedensfrage zu trennen und auf künftige Zeiten zu verschieben. Zudem sah sich die evangelische Minderheit durch die Ausschließung von Pfalz, Hessen und Lüneburg ihrer tatkräftigsten Führer beraubt. So gewannen die Verhandlungen in Regensburg für die Religionsfragen eigentlich nur die eine Bedeutung, daß die Protestanten eine neue Bearbeitung ihrer alten Beschwerden einreichen konnten, wie sie der veränderten Lage entsprach, und daß die Katholiken ihnen ihre Auffassung entgegensetzten. Das Ergebnis war eine Klärung der Fronten, aber keine Entscheidung. So trat von jetzt an die Frage in den Mittelpunkt, wie die kirchlichen Probleme überhaupt zu einer Entscheidung gebracht werden könnten. Die Protestanten forderten, daß alle Streitfragen aus dem Religionsfrieden vor Kaiser und Stände zu bringen und dort nicht nach Majorität, sondern auf gütliche Weise zu entscheiden seien. Die Katholiken wollten nicht gütliche Verhandlungen über den Religionsfrieden überhaupt abweisen, waren aber der Ansicht, für die Auslegung sei allein der Kaiser, für Verletzungen des Religionsfriedens und für alle sonstigen Streitfragen nur der ordentliche Rechtsweg zuständig. Sie hielten also die Fiktion aufrecht, als habe im Religionsfrieden der Gesetzgeber seinen Willen im wesentlichen klar und deutlich ausgesprochen, während man doch in Wahrheit gerade die entscheidenden Gegensätze umgangen und nicht entschieden hatte. Was die Evangelischen als offene Fragen betrachteten, war nach Ansicht der Katholiken nie unklar gewesen oder doch spätestens im Prager Frieden endgültig geregelt worden. Sie warnten davor, ihn umzustoßen; geschehe das, so werde man sich katholischerseits auf keine gütliche Regelung mehr einlassen können. Freilich hatte der Prager Frieden selbst eine künftige Verständigung nicht ausgeschlossen, vielmehr zugegeben, daß noch offene Fragen bestehen könnten, die einer gütlichen Einigung bedürften. Aber diese Einigung suchte man katholischerseits zu vermeiden oder doch aufzuschieben, bis der Krieg vorüber sei, denn man könne den Frieden von dieser langwierigen Sache nicht abhängig machen. Man war in Regensburg schließlich zu dem Kompromiß gekommen, die Gravamina einer außerordentlichen Reichsdeputation zuzuweisen, deren Ort, Zeit und Zusammensetzung die für das nächste Jahr nach Frankfurt berufene ordentliche Reichsdeputation bestimmen sollte. Es war eine neue Vertagung ad kalendas Graecas.

Ähnlich waren in Regensburg die Beratungen über die Justizsachen verlaufen. Zwar waren sich alle Stände darüber einig gewesen, daß die Mißstände am Kammergericht, vor allem die Verschleppung der Prozesse, der Abhilfe bedürften und der Kaiser um die im Prager Frieden zugesagte Neuordnung des Reichshofrates anzugehen sei. Aber wo die Justizfragen mit den Religionssachen zusammenhingen, kam man gegen den geschlossenen Widerstand der Katholiken nicht auf. Es ging hier um die alte evangelische Forderung der Parität am Kammergericht. Die Protestanten wollten die Entscheidung über die Justizfragen, soweit sie ihre religiösen Interessen berührten, nicht der ordentlichen Reichsdeputation mit ihrer katholischen Mehrheit überlassen, sondern auch für die Justizfragen eine außerordentliche Deputation mit stärkerer evangelischer Beteiligung eingesetzt sehen. Natürlich erreichten sie das nicht. In der Kritik am Reichshofrat stimmten die Stände beider Konfessionen weithin überein. Daß er dem Kammergericht keinen Eintrag tun dürfe, indem er Prozesse von dort an sich ziehe, daß er überhaupt strenger an die Reichskonstitutionen zu binden sei, war ihre gemeinsame Forderung, aber eine Parität lehnten auch hier die Katholiken natürlich ab. Auch diese Fragen überwies der Reichstag gegen die Stimmen der Protestanten der ordentlichen Reichsdeputation, deren Beschlüsse in Justizsachen sogar Gesetzeskraft haben sollten und deren Zusammensetzung jede Gewähr bot, daß die Reform im katholischen Sinne erfolgen werde.

Man muß diese rücksichtslose Majorisierung der Evangelischen, noch jetzt, nach dreiundzwanzig Jahren blutigen Krieges, bedenken, um ihre Erbitterung zu verstehen. Was blieb ihnen weiter übrig, als sich den Schweden in die Arme zu werfen, denen sie doch im übrigen so gründlich mißtrauten? So war ihre Lage und so ihre Stimmung, als die Friedensverhandlungen begannen und Anfang 1645 die schwedische Aufforderung an sie erging, ihre Beschwerden zu nennen, damit man sie in die Proposition aufnehme.

Auch diesmal griff Hessen sofort am tatkräftigsten zu. Man war in Kassel der Meinung, daß ein großer Teil der in Regensburg formulierten Gravamina seine Erledigung fände, wenn zwei Grundforderungen verwirklicht würden: Amnestie nach dem Stande von 1618 und Herstellung des verfassungsmäßigen Zustandes im Reich. Was aber war darunter zu verstehen? Die hessischen Räte fanden dafür folgende Formulierung: „daß die jura majestatis, worunter die jura magistratus, armorum et legum begriffen, welche man an kaiserlicher resp. kurfürstlicher Seiten an sich allein zu ziehen und davon die Stände allgemächlich auszuschließen sich unterstanden, da doch hoc statu Imperii aristocratico mixto solche nicht Imperatori soli, sondern vermög der Güldenen Bull und Reichskonstitutionen mit demselben auch Kurfürsten und Ständen insgesamt zustehen, wieder in behörige Schranken gebracht werden." Es ist die genugsam bekannte Auffassung vom ständisch-aristokratischen Charakter des Reiches, der man nun hessischerseits bei den Friedensverhandlungen ein für allemal die gesetzliche Anerkennung erkämpfen wollte. Dazu aber erschien zweierlei nötig: Was Hessen forderte, stand im schärfsten Gegensatz zu dem kaiserlichen Anspruch auf eine eigene, von den Ständen unabhängige monarchische Gewalt, wie sie sich im Restitutionsedikt und im Prager Frieden durchgesetzt hatte. Deshalb forderte Hessen deren förmliche Kassierung. Man fürchtete, daß Frankreich und Schweden, die die beiden Akte nie anerkannt hatten, sich gleichwohl mit einer stillschweigenden Außerkraftsetzung durch neue Regelungen begnügen würden. Aber eben diese Gewohnheit, Recht allein durch Tatsachen zu schaffen und entgegenstehende Rechtssatzungen stillschweigend zu ignorieren, hatte ja zu der gegenwärtigen Verwirrung geführt und jede klare Entscheidung der großen Verfassungsstreitfragen verhindert. Da half auch keine Berufung auf die uralten löblichen Ordnungen des Reiches, denn eben um ihren Sinn ging ja der Streit. Deshalb wollten die hessischen Politiker an Stelle des von jedermann nach Belieben verstandenen „Herkommens" klare gesetzliche Bestimmungen und ein neues, positives Reichsstaatsrecht einführen und alles, was ihnen entgegenstünde, ausdrücklich aufheben. Zweitens aber schien es nötig, den erstrebten neuen Zustand, wenn er erreicht sei, auch für alle Zukunft zu sichern. Bloßes Papier, Hand und Siegel hätten sich, so heißt es in der hessischen Denkschrift, als ein zu schwaches Band erwiesen, „sonderlich bei denjenigen so rationem status der raison des Gewissens vorzuziehen pflegen." Deshalb forderte Hessen die Ratifikation des Friedens durch alle Interessenten, verbindliche Strafbestimmungen gegen Zuwiderhandelnde, allgemeine Abrüstung, eine dauernde oder doch mehrjährige Garantie des Friedens durch die beiden Kronen, denen zu diesem Behufe „gewisse Lande und Festungen" im Reich eingeräumt werden müßten, vor allem aber die Wiedereinsetzung der depossedierten Fürsten und die Wiederherstellung des konfessionellen Gleichgewichts im Kurkolleg, denn die betrachtete man, da die böhmische Stimme im allgemeinen nicht gezählt worden war, als den Vorkriegszustand. Noch weiter ging hierin der Kanzler Deinhardt, dessen Vorschläge in ihrem Radikalismus an die des Landgrafen Wilhelm dreizehn Jahre zuvor erinnern. Er wollte zur Sicherung des künftigen Zustandes im Reich die Könige von Frankreich, Dänemark und Schweden ins Kurkolleg aufnehmen, da sie ja ohnehin Teile des Reiches als Lehen behalten und damit Reichsfürsten sein würden. Deinhardt sprach sogar von der Wiederherstellung der böhmischen Freiheit, aber das waren wohl nur Reminiszenzen an eine frühere Epoche der hessischen Politik, seine Ideen fanden jedenfalls in die amtlichen hessischen Vorschläge keine Aufnahme.

Die Anträge der Evangelischen zur schwedischen Proposition, die der hessische Gesandte Scheffer in ihrem Auftrage verfaßte, wurden Mitte März überreicht. In Regensburg hatte man politische, kirchliche und Justizbeschwerden getrennt, hier war alles in zwölf Punkten zusammengefaßt. Allgemein forderte man uneingeschränkte Generalamnestie, Respektierung der Goldenen Bulle, der Reichssatzungen und des Religionsfriedens. Zu den einzelnen Punkten dieses allgemeinen Verhandlungsprogramms behielt man sich nähere Erläuterungen vor, zunächst bat man nur dringend, die Krone Schweden möge keiner neuen Interimslösung zustimmen, sondern auf einer endgültigen Bereinigung aller Streitfragen bestehen. Wir werden gleich sehen, warum man sich in so allgemeinen Ausdrücken bewegte. Auch wo man ins Einzelne ging, ist eine gewisse Vorsicht nicht zu verkennen; man vergleiche nur die Forderungen dieser Denkschrift mit den früher formulierten evangelischen Beschwerden oder gar mit den hessischen Aktenstücken: Zunächst wiederholte man das bekannte reichsständische Programm, wonach über neue Gesetze und Interpretation der alten, über Krieg und Frieden, Reichsabgaben und Reichsacht allein die Gesamtheit der Stände zu entscheiden habe. Dann kam man auf die kirchlichen Fragen: Der Religionsfrieden, in den auch die Reformierten einzuschließen seien, sei in seiner immerwährenden Gültigkeit zu bestätigen, alle Differenzen über seine Auslegung müßten noch jetzt bei den Friedensverhandlungen beigelegt werden — man nannte in diesem Zusammenhang die Frage der Mediat- und Immediatstifter, das jus emigrandi, die Ferdinandeische Deklaration, aber nicht den Geistlichen Vorbehalt — und man wiederholte die alte, noch jüngst in Regensburg abgelehnte Forderung, daß in Religionssachen keine Stimmenmehrheit gelten dürfe, sondern ein Ausgleich zu suchen sei.

Diese Vorschläge waren in ihrer summarischen Form bereits eine Art Kompromiß, Ergebnis von Vorbesprechungen, bei denen man sich zu einer gewissen Vorsicht hatte entschließen müssen. Denn natürlich gingen die evangelischen Forderungen viel weiter, als dieses Programm erkennen ließ. Doch galt es zunächst einmal, sie überhaupt auf die Tagesordnung des Kongresses zu bringen, denn das war keineswegs eine selbstverständliche Sache. Man wußte, daß der Kaiser sie unbedingt der Reichsdeputation zuweisen wollte. Seine Gesandten in Osnabrück hatten den Schweden schon erklärt, der Kongreß sei nicht befugt, über innere Fragen des Reiches zu entscheiden, und wenn die Großmächte diese Forderung stellen sollten, so könne aus dem Frieden nichts werden. Andererseits hatte Salvius die Proposition so fassen wollen, daß sie in den Reichsangelegenheiten gleich aufs Ganze ginge und die „media pacis definitiva", nämlich die materiellen Forderungen der Protestanten, mit enthalte; besonders auf die Kassierung des Geistlichen Vorbehaltes kam es ihm dabei an. Das hatte selbst bei einigen evangelischen Ständen Bedenken erregt. Man hielt ihm entgegen, daß dadurch der Kaiser, die katholischen Stände und Frankreich gleichzeitig vor den Kopf gestoßen würden, es werde ohnehin schwer sein, die Behandlung der Gravamina bei den Friedensverhandlungen durchzusetzen. Deshalb solle man zunächst lieber nur die Verhandlungspunkte bezeichnen, präzise Vorschläge aber vermeiden. Wie es scheint, trugen die von Scheffer eingereichten Vorschläge diesem Gesichtspunkt bereits Rechnung, so würde sich jedenfalls die summarische Fassung und das Schweigen über wesentliche protestantische Forderungen erklären.

Es sollte sich zeigen, wie recht die Protestanten gehabt hatten, den Schweden in den Arm zu fallen. Ende April, nachdem man mit ihnen über das Verfahren endlich eins geworden war, wurden diese Vorschläge von den hessischen Vertretern auch in Münster und Paris unterbreitet. Anfang Mai erschien dann Servien in Osnabrück, um mit den Schweden die gemeinsame Proposition zu verabreden. Im Politischen war man sich einig, in den Religionsfragen aber war der Gegensatz womöglich noch schärfer geworden. Unmöglich konnte Frankreich selbst die abgeschwächten protestantischen Forderungen, wie sie inzwischen in den schwedischen Propositionsentwurf übergegangen waren, unterschreiben. Servien trat sehr energisch auf. Solche Ansprüche würden der Gegenseite nur den Beweis liefern, daß Schweden den Krieg zur Vernichtung des Katholizismus geführt habe, das Bündnis der Kronen aber sei nicht aus Gründen der Religion, sondern zur Wiederherstellung des alten Zustandes im Reich geschlossen worden. Selbstverständlich müßten auch die kirchlichen Verhältnisse wiederhergestellt werden, aber Frankreich könne nichts vertreten, was über seine Bündnisverpflichtungen hinausgehe. Er wies darauf hin, daß das Bündnis beide Teile lediglich zur Herstellung der Religion nach dem Stand von 1630 verpflichte und das Jahr 1618 nur für die politischen Fragen gelte. Der Wortlaut der Verträge gab ihm Recht. Wenn man den Artikel 4 des Bündnisses von 1636, das ja durch die Verträge von 1638 und 1641 bestätigt worden war, allein auf die politischen Verhältnisse bezog und den Artikel 5, der die Partner zum Schutz des exercitium religionis in den besetzten Reichsgebieten nach dem im Jahre 1630 vorgefundenen Stand verpflichtete, für die kirchlichen Fragen als allein maßgebend betrachtete, so konnte man allerdings zu der von Servien vertretenen Auffassung kommen. Diese heikle Frage hatte man bisher wohlweislich nicht erörtert, jetzt mußte sie zur Sprache kommen. Diese Auslegung der Verträge, die Servien vorbrachte, stand allerdings in entschiedenem Gegensatz zur schwedischen. Oxenstierna und Salvius sahen sich unvermutet in die Notwendigkeit versetzt, für eine Position zu kämpfen, die sie als längst gesichert betrachtet hatten. Sie legten dar, daß die Wiederherstellung des Protestantismus in den Vorkriegsstand unbedingt nötig sei, sogar der Kaiser habe im Prager Frieden Konzessionen über das Restitutionsedikt hinaus gemacht und werde gewiß noch mehr gewähren, wenn er damit die Protestanten von den Kronen trennen könne. Der Wink war deutlich: Schreckten die Franzosen die Schweden mit dem Abfall der katholischen Stände, so die Schweden umgekehrt die Franzosen mit der Untreue der Evangelischen. Servien hatte ursprünglich der gemeinsamen Proposition nur den allgemeinen Satz einverleiben wollen, wegen der Religionsfragen und geistlichen Güter sei während der Friedensverhandlungen ein Ausgleich herbeizuführen. Damit aber war der hessische Gesandte nicht einverstanden, er bestand darauf, daß mindestens die Aufnahme der Reformierten in den Religionsfrieden gefordert werde. Servien konnte das nicht abweisen. Die Schweden kamen schließlich auch etwas entgegen und versprachen, die anstößigsten Punkte aus ihrem Entwurf zu streichen, aber natürlich blieben die kirchlichen Fragen als solche darin stehen, und wenn Frankreich nicht als Beschützer des Protestantismus erscheinen sollte, mußte Servien auf eine gleichlautende Proposition beider Mächte verzichten. Und da es nun doch einmal so geschehen mußte, entschloß man sich französischerseits, den ganzen Fragenkomplex in der eigenen Proposition überhaupt auszulassen.

So traten, als am 11. Juni 1645 die Friedensbedingungen der Kronen übergeben wurden, Einheit und Zwiespalt der beiden Mächte gleichzeitig zu Tage: Die Einheit in dem gleichmäßigen Verfahren und der offenbaren Absicht, die Verhandlungspunkte des Kongresses und ihre Reihenfolge nach ihrem Willen zu bestimmen, der Zwiespalt in der Stellung zu den Religionsfragen. Im übrigen war bei beiden die Tendenz deutlich, ihre eigenen Forderungen in diesem Stadium der Verhandlungen noch nicht aufzudecken. Sie erwähnten die Satisfaktion nur im Prinzip, ohne sich über Art und Umfang ihrer Ansprüche zu äußern. Daß sich auch territoriale Wünsche dahinter verbargen, konnte wohl kaum jemand bezweifeln, aber gesagt wurde es nicht. Beide betonten, daß auch für die Entschädigung ihrer Bundesgenossen und ihrer Armeen gesorgt werden müsse, doch sollte sich später zeigen, daß nur Schweden eine Abfindung seiner Soldaten ernsthaft beanspruchte. In der französischen Proposition fand sich dafür eine Sonderbedingung von noch weit größerer Bedeutung: Der Kaiser sollte darauf verzichten, nach Friedensschluß den Spaniern weiter Hilfe zu leisten. Die Allianz der beiden Linien des Hauses

Habsburg sollte also zerschlagen werden, eine Frage, die uns später noch beschäftigen wird.

Nur vorsichtig deutete man also die Tatsache an, daß man eigene, lebenswichtige Interessen auf diesem Kongreß vertrat! Wollte man nach dem Hauptinhalt der Propositionen urteilen, so hätten die beiden Kronen eigentlich nur die deutsche Libertät im Sinne gehabt. So sollte es auch scheinen, denn bevor der Kongreß nicht vollzählig und das Stimmrecht der Reichsstände nicht erkämpft war, gab es für beide Mächte kein dringenderes Anliegen, als das Vertrauen der Deutschen und die Gunst der öffentlichen Meinung zu gewinnen.

Deshalb wurden auch die Reichsangelegenheiten mit breiter Ausführlichkeit behandelt. An der Spitze stand die Forderung allgemeiner und unbeschränkter Amnestie. Aber wer zu lesen verstand, konnte schon hier gewisse Unterschiede bemerken. Beide Mächte griffen zurück auf den Status von 1618, aber nur die schwedische Proposition sprach von dem Zustand in geistlichen und weltlichen Dingen (in sacris et profanis). Bei den Franzosen fehlten diese Worte, und sie hatten sich vergeblich bemüht, ihre Streichung auch in dem schwedischen Entwurf zu erreichen. Auch in profanis gingen die Schweden weiter als die Franzosen, sie nannten Böhmen, Pfalz, Württemberg, Baden, Augsburg, sie sprachen von förmlicher Aufhebung des Prager Friedens. Die Franzosen vermieden jede solche Spezialisierung, sie deuteten sogar an, daß der Friedensvertrag Ausnahmen von der Amnestie festsetzen könne. Hier trat die Rücksicht auf Bayern zutage. In sacris beschränkten sich die Schweden übrigens auf das Prinzipielle, indem sie Maßnahmen zum Schutz der evangelischen Religion, Aufnahme der Reformierten in den Religionsfrieden und eine Klärung der kirchlichen Streitfragen im Zuge der Friedensverhandlungen forderten und Einzelfragen bewußt vermieden. Es geschah, wie wir sahen, auf Wunsch der Evangelischen selber.

In den Verfassungsfragen aber gab es nichts zu verbergen und nichts zu verschweigen, hier war man sich einig. Die hessischen Vorschläge kehrten in beiden Propositionen fast Wort für Wort wieder, das Reformprogramm der reichsfürstlichen Partei war zum Programm der Großmächte erhoben. Krieg und Frieden, Bündnisse und Verträge im Namen des Reiches, Gesetzgebung und Gesetzesinterpretation, Aushebungen, Einquartierungen und Anlage von Befestigungen in den Territorien, Steuern und Kontributionen sowie Achterklärungen gegen Reichsstände wollten sie ganz nach den Vorschlägen des hessischen Gesandten an die einstimmige Genehmigung sämtlicher Reichsstände gebunden wissen. Das bedeutete die völlige Lähmung der Gesetzgebung, der Exekution, der Militärhoheit und der Außenpolitik des Reiches. Bezeichnend übrigens, daß in der französischen Proposition die Reichsacht nicht erwähnt wurde, sicher mit Rücksicht auf Bayern, wäre doch dadurch die Ächtung des Pfälzers für ungesetzlich erklärt worden. Aber noch eine Abweichung von den hessischen Vorschlägen fällt auf, und zwar in beiden Propositionen: Hessen hatte gefordert, daß alle Arten von außerordentlichen Reichsabgaben (collectae et contributiones) von einem einstimmigen Beschluß aller Stände abhängig gemacht würden, aber die beiden Propositionen ließen die collectae, das heißt die auf der Reichsmatrikel beruhenden und im Reichsrecht begründeten Abgaben, die man im Deutschen als „Reichshilfen" oder „Reichsanlagen" bezeichnete, beiseite und erwähnten nur die Kriegskontributionen (tributa, contributiones), deren willkürliche und einseitige Erhebung während des Krieges so viel böses Blut gemacht hatte. Hier lag wohl die Absicht zugrunde, kaiserliche Willkürhandlungen von reichsgesetzlichen Maßnahmen streng zu unterscheiden. Die Annahme des hessischen Wortlautes hätte bedeutet, sich in die alte Streitfrage einzumischen, ob für Beschlüsse über Reichsabgaben das Mehrheitsprinzip gelte, und man hätte höchst unnötigerweise in dem Meinungsstreit, ob widerstrebende und abwesende Stände zu solchen Abgaben gezwungen werden könnten oder nicht, zugunsten der zweiten Ansicht Partei ergriffen. Das wollte man vermeiden.

Schwächung der Reichsgewalt hieß Stärkung der ständischen Macht. Den Reichsständen seien alle ihre verfassungsmäßigen Rechte zu sichern, hieß es gemäß dem hessischen Entwurf in beiden Propositionen. Neben dem vollen Anteil an der Reichsgewalt verstand man darunter die landesherrlichen Rechte überhaupt. Die schwedische Proposition nannte sie „Regalia", die französische sprach von „droits de souveraineté", wobei diesem Wort der abgeschwächte Sinn zugrunde zu legen ist, den es im französischen Sprachgebrauch nach Bodin gelegentlich, vor allem in Anwendung auf die Stellung der deutschen Fürsten, angenommen hatte, nicht der ursprüngliche strenge Souveränitätsbegriff. Von allen landesherrlichen Rechten wurde übrigens nur eines, allerdings das für die fremden Mächte wichtigste, genannt: das Bündnisrecht. Auch hier folgte man dem hessischen Entwurf, der sich gleichfalls auf dieses Attribut der Landeshoheit beschränkt hatte.

Nur in einem einzigen Punkte kamen beide Mächte mit einem eigenen Vorschlag zur Reichsreform. Sie forderten, ein römischer König dürfe nie mehr bei Lebzeiten eines Kaisers, sondern nur vacante Imperio gewählt werden. Das stand in keinem reichsständischen Programm, nicht einmal in den hessischen Projekten, es war die alte französische Forderung schon aus den Zeiten Richelieus. Sie war, wie wir sehen werden, die einzige, mit der sich Frankreich und Schweden in Widerspruch zu den Reichsständen setzten, die einzige auch, mit der sie schließlich ganz unterlagen.

Gemeinsam war beiden Mächten das Bedürfnis nach einer Sicherung des Friedens. Es ist nun sehr merkwürdig, wie das in ihren Propositionen zum Ausdruck kam. Die französische Ansicht, daß eine allgemeine gegenseitige Beistandspflicht nötig sei, war bekanntlich von den Schweden sehr kühl aufgenommen worden. Sie hatten das Gleichgewicht der Konfessionen im Reich und die Bindung des Kaisers an die Stände als eine bessere und durchaus genügende Sicherheit bezeichnet. Um den Gegensatz nicht zu vertiefen, hatten die Franzosen die Frage zunächst fallen lassen und für die Propositionen nur die allgemeine Formel vorgeschlagen, es müsse für eine hinreichende Sicherheit des Friedens gesorgt werden; das Wie sollte offen bleiben. So stand es nun auch in ihrer eigenen Proposition. Zur Überraschung der Franzosen aber brachte die schwedische Proposition einen Sicherheitsvorschlag, der an ihre eigenen, früher geäußerten Gedanken erinnerte und doch auch wieder davon abwich: Schweden, Frankreich und die Gesamtheit der Reichsstände sollten sich verpflichten, gegen jede Verletzung des Friedens spätestens einen Monat nach Aufforderung durch den verletzten Teil mit den Waffen einzuschreiten! Der Gedanke eines Systems kollektiver Sicherheit war ganz offenbar der französische, aber es fehlte ihm die Allgemeinheit, die die französischen Entwürfe seit Richelieu kennzeichnete. Weder der Kaiser noch Spanien noch irgendeine andere Macht außerhalb des Reiches war neben den Kronen als Garant genannt, nur sie und die Stände des Reiches. Es war kein europäisches, sondern nur ein deutsches Sicherheitssystem.

Was bewog die Schweden zu diesem überraschenden Vorstoß? Daß sie ihren Vorschlag ohne Fühlung mit den Franzosen vorbrachten, zeigt, daß sie besondere

Absichten dabei hatten. Ihr Vorgehen läßt darauf schließen, daß sie dem Vorschlag eine Fassung geben wollten, für die sie die Zustimmung Frankreichs nicht voraussetzen konnten. Es scheint sicher, daß sie die allgemeine Garantieverpflichtung in der französischen Form nicht wollten. Was ihnen daran mißfiel, war offenbar das Übergewicht der katholischen Mächte und Frankreichs in einem solchen Sicherheitssystem. So ersetzten sie es durch ein einseitiges, nur auf Deutschland beschränktes Garantiesystem der Kronen und ihrer Anhänger, worin ein protestantisches Übergewicht oder doch mindestens ein konfessionelles Gleichgewicht möglich schien und ihnen selbst ein stärkerer Einfluß sicher war als in der gesamteuropäischen Ordnung, wie sie Frankreich vorschwebte. Sonderliga oder allgemeine Liga — in diese Formel ließ sich der Gegensatz beider Mächte in Deutschland fassen in dem Augenblick, wo sie gemeinsam Hand an das Friedenswerk legten.

Die Entscheidung über das jus suffragii

Nun sollten Kaiser und Reich Stellung nehmen. Wie aber stand es um die Mitwirkung der Reichsstände? Erst jetzt begann die Frage brennend zu werden, erst jetzt lag ein Verhandlungsgegenstand vor, der sie alle, besonders aber die Protestanten, unmittelbar anging. Es mußte nun eine Entscheidung fallen.

Der Standpunkt des Kaisers war bekannt. Nur die Reichsdeputation, deren Verlegung nach Münster befohlen war, durfte von seinen Gesandten gehört werden, und auch sie nur zu den politischen Fragen. Für die kirchlichen Streitfragen sollte ja allein die außerordentliche Reichsdeputation zuständig sein, die noch gar nicht gebildet war und ihren Sitz fern vom Kongreß haben sollte. Die Reichsdeputationen wurden vom Kaiser oder von Kurmainz berufen, ohne eine solche ordentliche Berufung gab es nach dem Reichsherkommen kein Stimmrecht. Die nicht zur Deputation gehörenden Stände hatten demnach im Augenblick auch nichts zu beraten und nichts zu beschließen.

Dagegen hatte nun unter den Reichsständen mehr und mehr die Ansicht Boden gewonnen, daß das Stimmrecht am Friedenskongreß nicht von der Berufung, sondern allein von der Reichsstandschaft abhänge, daß das Recht zu Friedensschlüssen und Verträgen eben kein kaiserliches Reservatrecht sei, sondern allen Ständen mit zukomme. Sie nahmen deshalb in ihrer Mehrheit nicht nur die Ratifikation des Friedens, sondern auch die Verhandlung darüber als ihr Recht in Anspruch.

Der Streit entbrannte unmittelbar nach der Übergabe der schwedischen Proposition in Osnabrück. Die kaiserlichen Gesandten teilten das schwedische Aktenstück nur den Ständen mit, die zur Reichsdeputation gehörten, und verweigerten den anderen die Teilnahme an den Beratungen. Die Schweden nahmen darauf den Kampf für das Stimmrecht ihrer Bundesgenossen auf. Sie hatten bereits dem Magdeburgischen Gesandten, der im Fürstenrat zu Osnabrück das Direktorium beanspruchte, ihre Proposition amtlich übermittelt und um Mitteilung an die übrigen Stände ersucht. Dieser nahm sie im Namen der Fürsten und Städte entgegen. Die Kaiserlichen beharrten auf ihrem Verhandlungsmodus. Sie suchten zunächst die Beratung über beide Propositionen ganz nach Münster zu verlegen und dorthin alle Mitglieder der Reichsdeputation zu laden, um ihre protestantischen Mitglieder dem schwedischen Einfluß zu entziehen. Sie berieten ihre Absicht mit den Gesandten von Köln, Bayern und Brandenburg, den amtlich bestellten Vertretern des Reiches, stießen aber schon hier auf ein bedenkliches Zögern. Darauf taten sie einen halben Schritt zurück und regten an, weitere Stände per modum voti et suffragii der Reichsdeputation beizuordnen und diese selbst, wenn es denn nicht anders gehe, auf Münster und Osnabrück zu verteilen, wenn nur das Prinzip gerettet und die Reichsdeputation als das allein gesetzmäßige und verhandlungsberechtigte ständische Organ anerkannt werde. Auf den Grundsatz kam es ihnen an und nicht so sehr auf die Zahl der verhandlungsberechtigten Stände. Der Kaiser hat in diesem Stadium der Dinge sogar noch einmal den Gedanken eines Reichstages erörtert, um nur das fatale Stimmrecht aller Stände am Kongreß zu beseitigen, ehe es praktisch würde. Die Entscheidungsfrage war, ob der herkömmliche Modus gelten oder mit dem neuen Verfahren auch die neue Verfassungstheorie, die mächtig vordringende Auffassung vom ständischen Charakter des Reiches, den Sieg davontragen werde.

Dazu erhoben nun die kleinen Reichsstände, zumal die evangelischen, in einer Reihe von Gutachten ihre Bedenken und ihre Forderungen. Drei verschiedene Möglichkeiten einer ständischen Vertretung waren denkbar und wurden erörtert. Zunächst die Reichsdeputation mit ihrer katholischen Mehrheit. Konnte man sie akzeptieren, wenn man die nicht dazu gehörigen Stände irgendwie zufriedenstellte? Diese Lösung erwies sich schnell als unmöglich. Auch der Gedanke einer Vertretung nach Kreisen war noch immer lebendig, zu ihm neigte man besonders im fränkischen und schwäbischen Kreise, wo die Masse der kleinen und kleinsten Stände ihren Sitz hatte, die nur auf diesem Wege einigen Einfluß erlangen konnte, auch Nürnberg verfocht diesen Plan. Die dritte, von den meisten Protestanten vertretene Ansicht war die, daß nur die Teilnahme aller Stände am Kongreß ihr Stimmrecht wirksam zur Geltung bringe. Diese Meinung behielt den Sieg. Unter dem maßgebenden Einfluß des braunschweigischen Gesandten Dr. Lampadius sprachen sich die Protestanten in Osnabrück in einem gemeinsamen Gutachten dafür aus, alle Reichsstände, und zwar, wie auf Reichstagen üblich, in drei Kurien zu den Beratungen des Kongresses hinzuzuziehen. Man war der Meinung, daß Kurfürsten- und Städterat an dem einen, der Fürstenrat an dem anderen Kongreßort tagen solle, ließ aber' auch eine Aufteilung aller drei Kurien als Möglichkeit bestehen.

Zu welchen Schwierigkeiten das noch führen sollte, hätte man schon bei diesen Vorverhandlungen ahnen können, war es doch noch nicht einmal gelungen, die Mitglieder der Reichsdeputation, die man halbwegs zwischen beiden Kongreßorten in Lengerich versammeln wollte, an einen Tisch zu bringen. Der in Deutschland neue und unerhörte Exzellenzentitel, den die kurfürstlichen Gesandten beanspruchten und den die fürstlichen ihnen verweigerten, war daran schuld, daß sich schließlich nur die Vertreter des Kurkollegs dort zusammenfanden und die anderen fernblieben. Hier vertrat Bayern unbeirrt den kaiserlichen Standpunkt, stellte Kurmainz in völliger Verkennung der Lage noch einmal das jus suffragii zur Beratung, obwohl es doch nur noch um die Form seiner Verwirklichung gehen konnte, und hielt seinerseits an der Reichsdeputation fest, während Brandenburg sie unerschütterlich ablehnte und für das allgemeine Stimmrecht eintrat, denn der Friedensschluß gehe alle an, und wenn es in der Stadt brenne, sei jeder Bürger zum Löschen verpflichtet. Am 10. und 11. Juli fiel die Entscheidung. Der Kaiser hatte ein Gutachten der Kurfürsten und der Reichsdeputation verlangt, es sprach sich im Sinne Brandenburgs aus. Was man vorschlug, war ein Reichstag ohne den Namen eines solchen: Drei Kollegien, Re- und Korrelation, Gesetzeskraft der Beschlüsse mit bindender

Wirkung für die Abwesenden. Nach Reichsrecht gab es eine derartige Ständeversammlung bisher nicht, und man war sich dessen bewußt, aber man stellte dem Kaiser vor, die Wohlfahrt des Reiches hänge jetzt davon ab, daß man so verfahre und er seine Zustimmung gebe.

Bis sie eintraf, mußten Wochen vergehen. Für diese Zeit akzeptierte man im Kurfürstenrat ein Provisorum, das im wesentlichen dem Vorschlag einer erweiterten Reichsdeputation entsprach, wie ihn die kaiserlichen Gesandten anfangs gemacht hatten, mit Schwergewicht in Münster und nur sechs Vertretern in Osnabrück. Das hieß aber dem Kaiser ein Übergewicht geben, dessen Dauer allein von ihm abgehangen hätte, hieß den Verhandlungsmodus am Kongreß seiner Genehmigung unterwerfen und hieß endlich Schweden zugunsten Frankreichs auf einen Platz zweiten Ranges und minderer Bedeutung verweisen. Jetzt wurde aus der Sache erst recht eine Prestige- und Machtfrage. Die Schweden griffen energisch ein, brachten die Osnabrücker Stände auf ihre Seite und zu dem Beschluß, der soeben beschlossene endgültige Verhandlungsmodus müsse sofort, also auch ohne kaiserliche Genehmigung, in Kraft treten.

Damit war die Frage, um die es sich bei dem ganzen Streit handelte, endlich klar herausgestellt. Dem Bestreben der kaiserlichen Gesandten, ihrem Herrn die letzte Entscheidung vorzubehalten, trat die Auffassung entgegen, daß den Ständen das Stimmrecht ipso jure gehöre und nicht erst vom Kaiser zuerkannt zu werden brauche. Der Gegensatz, so lange nur theoretisch erörtert, drängte zur sofortigen Entscheidung. Die katholischen Stände in Münster spielten auf Zeit und luden ihre protestantischen Kollegen aus Osnabrück zu weiteren Besprechungen ein, aber diese lehnten ab und forderten schnellen Beschluß. Der Streit zog sich noch über Wochen hin, bis schließlich im September die Osnabrücker siegten: Die Stände in Münster traten ihrem Votum in allen wesentlichen Punkten bei.

Damit erst erhielt der Kongreß seine endgültige Verfassung. Alle Stände, die bisher auf Reichstagen Sitz und Stimme gehabt hatten, erhielten sie auch hier. Die drei Kollegien wurden auf die Kongreßorte verteilt, so daß eigentlich sechs verschiedene Beratungskörper entstanden. Man hat deshalb später Fürsten- und Städterat, wie auf Deputationstagen üblich war, zusammengelegt, was dann wieder zu der Streitfrage führte, ob nun die Stimmen einzeln oder nach Kurien zu zählen seien. Jedenfalls wurde das ohnehin beschwerliche Verfahren bei den Beratungen der Reichsstände durch ihre Verteilung auf zwei Städte noch komplizierter. Beide Kronen, die sich offiziell diesen inneren Reichsgeschäften fernhalten mußten, wirkten hinter den Kulissen um so eifriger mit. Die Schweden hätten am liebsten in Osnabrück nur evangelische Stände gesehen, die Franzosen dagegen wollten ihnen ihren evangelischen Anhang entziehen und in Münster eine evangelische, in Osnabrück eine katholische Mehrheit schaffen. Da dies nicht erreichbar schien, legten sie eine Mischung nach Konfessionen nahe, und so bestimmte man eine kleine Anzahl Katholiken von vornherein für Osnabrück, einige Evangelische für Münster. Sonst wurde jedem freigestellt, wo er seine Stimme führen wollte. Die Beratungen sollten an beiden Orten über dieselben Punkte gleichzeitig stattfinden, die Beschlüsse gegenseitig mitgeteilt werden, und nur, wenn ein Ausgleich anders nicht zu erreichen sei, sollte die Gesamtheit aller Stände an den einen oder anderen Ort beschieden werden.

Mit diesen Beschlüssen war eigentlich schon die Entscheidung über eine der wichtigsten Forderungen der beiden verbündeten Kronen gefallen: Das jus pacis et belli war den Reichsständen zugesprochen. Der Kaiser, der am 29. August sämtliche Reichsstände eingeladen hatte, in Münster und Osnabrück zu erscheinen, den kaiserlichen Gesandten zu assistieren und „hierinnen ihr freies jus suffragii zu gebrauchen", kam zu spät, denn ehe die Einladung am Kongreß bekannt wurde, war der Beschluß der Stände gefallen. Der Schein, als seien die Stände nur nach Maßgabe der Regensburger Beschlüsse als Gehilfen seiner Gesandten berufen, als liege in deren Händen allein die ganze Verhandlung, ließ sich nun nicht mehr aufrechterhalten, nachdem die Reichsstände über seinen Kopf hinweg genau das beschlossen hatten, was er bis zuletzt verweigern wollte. Wieviel oder wie wenig ihre Mitwirkung bei den späteren Friedensverhandlungen auch bedeutet haben mag, die Grundsatzfrage, auf die im Augenblick alles ankam, war in ihrem Sinne entschieden, sie waren nun vollberechtigte Vertreter des Reiches, zugleich aber auch anerkannte und selbständige Glieder eines europäischen Kongresses. Das Reich war nicht mehr allein durch den Kaiser, allenfalls unter beratender Mitwirkung der Kurfürsten, sondern durch die Gesamtheit der Stände repräsentiert, und die kaiserlichen Gesandten mußten das vor aller Welt anerkennen, indem sie am 25. September 1645 ihre Antwort auf die Propositionen der fremden Mächte den versammelten Ständen in feierlicher Sitzung überreichten. Es war in der Tat ein denkwürdiger Augenblick in der Geschichte der deutschen Reichsverfassung und des europäischen Völkerrechtes.

6. Kapitel

DER FRIEDENSKONGRESS

Der Schauplatz

Ein weltgeschichtliches Schauspiel auf einer engen Bühne war dieser erste Friedenkongreß der europäischen Geschichte. Statt Münster und Osnabrück hätte man wohl lieber eine der großen deutschen Reichsstädte für eine so glänzende Versammlung gewählt. Frankfurt und Köln, Hamburg und Lübeck waren genannt und wieder verworfen worden, rein politische Erwägungen hatten schließlich den Ausschlag gegeben.

Mit den großen Reichsstädten, die in Europa ihresgleichen suchten und seit Menschengedenken die deutschen Reichstage beherbergten, konnten sich die beiden westfälischen Bischofsstädte freilich nicht messen. Beide hatten kaum zehntausend Einwohner, während jene fünfzigtausend und mehr zählten; an Glanz und Reichtum vollends kamen sie ihnen nicht entfernt gleich. Der Rahmen, den sie boten, war bescheiden, aber doch nicht unwürdig. Münster war immerhin stattlich zu nennen mit seinen Adelssitzen und Bürgerhäusern, seinen elf Kirchen und dem herrlichen Prinzipalmarkt. Die Franzosen taten ihm die Ehre, es mit Orleans zu vergleichen. Osnabrück war ärmlich und vom Kriege schwer heimgesucht, hatte aber wenigstens das Rathaus mit den benachbarten großen Bürgerhäusern, wo sich einiger Glanz entfalten ließ. Beide Städte trugen trotz stattlicher Mauern und Tore noch halb ländlichen Charakter, selbst in Münster zeigten viele Bürgerhäuser das Bild westfälischer Bauernhöfe mit Eichenfachwerk, Tenne und Stall, Küche und offenem Herd. Das Vieh zog morgens und abends durch Straßen und Tore, Erntewagen holperten herein, Dunghaufen lagen hier und da vor den Türen. Unmittelbar daneben aber stattlich Domherrenpaläste, Adelshöfe, Kaufmannshäuser mit reichen Fassaden, die Giebel der Straße zugekehrt. Bogengänge begleiteten hallenartig rechts und links den Markt und die vornehmsten Straßen, über denen die Türme des Domes, der drei Kollegiat- und der sieben Pfarrkirchen aufstiegen. In Osnabrück fand ein französischer Besucher nur drei Straßen der Rede wert, die anderen, sagte er, seien nur von armen Leuten bewohnt, unansehnlich bebaut, etliche nicht einmal gepflastert. Außer Dom, Pfarrkirchen und Rathaus fand er kein Gebäude, das ihm Eindruck gemacht hätte. Von einer neuerbauten Zitadelle im Südwesten der Stadt hatte Bischof Franz Wilhelm die protestantische und zum Aufruhr neigende Bürgerschaft bewacht, bis die Schweden ihn vertrieben. Die Zwingburg wurde noch vor dem Friedensschluß auf Befehl des Bürgermeisters Schepeler geschleift. Noch mehr als Münster war Osnabrück eine ländliche Kleinstadt.

Manches liebe Mal haben die fremden Gesandten über Schmutz und Unordnung in beiden Städten geklagt. Der kaiserliche Hauptgesandte Graf Trauttmansdorff datierte einen seiner ersten Briefe aus „Münster hinter dem Saustall"; auch ein Franzose beklagte sich über die Borstentiere auf den Straßen und nannte Münster „la ville aux cochons". Wir hören von redlichem, aber oft vergeblichem Bemühen des Rates, der Verwahrlosung zu steuern. Das umliegende Land war vom Kriege schrecklich verheert. Franzosen, Spanier und Italiener meinten das alte Germanien wiederzuerkennen, wie es Caesar und Tacitus geschildert hatten. Trostlos war der Eindruck, den der französische Gesandtschaftskaplan auf der ersten Fahrt nach Münster gewann: Die Wege ungepflegt, voller Pfützen und stehender Gewässer, umstürzende Wagen, die Reisenden vom Schnee durchnäßt bis auf die Knochen. Das nordische Klima setzte den Südländern böse zu, und mancher hat den jahrelangen Aufenthalt in dem unwirtlichen Lande von Herzen verwünscht. Doch hören wir auch Worte der Anerkennung, ja der Überraschung über das Bild hoher bürgerlicher Kultur, das vor allem Münster bot. Die Bevölkerung kam den Gesandten freundlich entgegen und wird meistens gelobt. Man verstand sich gut, es gab in den langen Jahren nur wenige Zwischenfälle zwischen Bürgern und Fremden, hin und wieder einen Streit in den Schänken oder auf den Straßen, in Osnabrück wohl auch konfessionelles Gezänk. Ernsthafteren Zwist gab es nur dann und wann zwischen dem Gesandtschaftspersonal der feindlichen Mächte, einmal auch einen Kampf mit blanken Waffen zwischen Spaniern und Portugiesen. Die Deutschen sahen die fremden Gäste gern, denn sie verdienten an ihnen und erhofften von ihrem Bemühen den Frieden nach dreißig langen Kriegsjahren; wie hätte man sich schließlich nicht verstehen sollen? Ein Ballett, das in der französischen Gesandtschaft aufgeführt wurde, schloß mit einer galanten Huldigung an die Frauen von Münster:

> Quoique la France et l'Italie
> Soit le pais de la beauté
> Nous aimons la simplicité
> des bourgeoises de Westphalie!

Frühzeitig hatte man sich bemüht, die Menge der Gesandten würdig unterzubringen. Die Aufgabe fiel dem kaiserlichen Hofrat Krane zu, der schon 1643 von Köln herüberkam. Er konnte sie, wie es scheint, ohne Schwierigkeiten lösen.

Osnabrück sollte ja nur die Schweden und einen Teil der Reichsstände aufnehmen, einige Domherrenhöfe und größere Patrizierhäuser genügten dem Bedarf, zumal viele wohlhabende Bürger abgewandert waren. Der Spanier Saavedra half sich sehr geschickt, indem er die geräumige Tenne seines Hauses durch Bretterwände aufteilte und mit Hilfe aufgehängter Gobelins in eine Flucht vornehmer Zimmer verwandelte. Selbst in Münster, wo ganz Europa sich ein Stelldichein gab, waren nach Kranes Bericht leichter Wohnungen zu haben als in Köln, wo er bereits als Quartiermacher des Kongresses seine Erfahrungen gemacht hatte. In Münster entfaltete sich nun wirklich ein glänzendes gesellschaftliches Leben. Die Adelshöfe boten dem fürstlichen Aufwand der Gesandten hinreichend Raum. Auch einige Bürgerhäuser, doch nicht allzu viele, wurden als Gesandtschaftsquartiere gebraucht, der Nuntius und der spanische Hauptgesandte Graf Peñaranda wählten Klöster dazu. Die Gesandten höchsten Ranges wohnten zumeist um den Domplatz herum, doch finden wir Trauttmansdorff, Volmar, Servien auch in abgelegenen Nebenstraßen gewiß nicht weniger prächtig untergebracht, die Niederländer in dem schönen Krameramtshaus, das die Zerstörung der Stadt im zweiten Weltkrieg überdauert hat.

Das Quartier eines Gesandten galt als Wohnung seines fürstlichen Herrn, dessen Person er vertrat, wie ja der Gesandte auch im Zeremoniell eine Stellung ähnlich einem Souverän einnahm. Über den Haustüren prangten die Wappen aller europäischen Potentaten, die Räume waren so prächtig wie möglich ausgestattet, im Audienzzimmer deutete oft ein erhöhter Sessel mit Baldachin an, daß das Haus des Gesandten eine Art Residenz seines Herrn sei. Da die Verhandlungen hin und her in den Quartieren stattfanden, brauchte man keinen eigentlichen Tagungsraum. Für die Versammlungen der Reichsstände wählte man in Münster den Bischofshof am Domplatz, in Osnabrück das neue Rathaus. Zwischen Münster und Osnabrück mietete die kaiserliche Gesandtschaft das Schloß Mark, damit die Vertreter des Kaisers auch in der Mitte zwischen beiden Städten zusammenkommen könnten, doch hat man davon, wie es scheint, wenig Gebrauch gemacht.

Der Hamburger Vertrag hatte bestimmt, daß beide Städte für neutral zu erklären seien. Auch diese Aufgabe fiel Krane zu. In Münster wie in Osnabrück verkündete er im Sommer 1643 das kaiserliche Edikt, das die Bürger ihrer Eide und Pflichten gegen Kaiser und Landesherren entband. Beide Städte wurden sozusagen souverän, die Truppen der kriegführenden Mächte zogen ab. Die Magistrate übernahmen damit die Verantwortung für die Sicherheit des Kongresses und waren in der Erfüllung dieser Pflicht nur den beiden Vermittlern verantwortlich. Eine wichtige und keineswegs einfache Aufgabe! Näheres über die Art, wie sie gelöst wurde, wissen wir eigentlich nur von Münster. Die Gerichtsbarkeit in seinen Mauern übte der Rat ohnehin aus, man übertrug ihm jetzt auch die Justiz über das niedere Gesandtschaftspersonal, das in solchen Fällen seines diplomatischen Charakters entkleidet wurde. Der Schutz des Kongresses wurde in Osnabrück schlecht und recht von der Bürgerschaft selbst wahrgenommen, in Münster durch eine besondere Truppe von 1200 Mann, die nach Bedarf durch bewaffnete Bürger verstärkt wurde. An der Spitze stand der Oberst Reumont, den der Kaiser aus seinem Dienst entlassen und die Stadt in Pflicht genommen hatte. Die vornehmsten Gesandten hielten sich eine Leibwache und Ehrengarde.

Das reichte hin, um die Ruhe in den Städten zu sichern. „Indem ganz Deutschland in Bewegung war", sagt ein Geschichtsschreiber des Kongresses, „genoß man zu Münster und Osnabrück, als in den Tempeln oder Wiege des Friedens, einer vollkommenen Ruhe, und man nahm mit Vergnügen wahr, wie im Schoß derselben die feindseligen Nationen an einer gegenseitigen Aussöhnung arbeiteten". Aber außerhalb der Städte, ja unmittelbar unter ihren Mauern ging der Krieg mit allen seinen Greueln weiter. Überfälle und Plünderungen fast in den Vorstädten von Münster, unsichere Wege, elende und flüchtige Bauern, die in der Stadt Schutz suchten, davon sah und hörte man auch in den wohlbehüteten Kongreßorten. Die Wogen des Krieges schlugen nicht über die Mauern, aber man spürte ihn doch: Die Preise der Lebensmittel waren hoch und stiegen noch immer, die Zufuhren stockten, Diplomaten und Kuriere wurden angefallen, bisweilen konnte man nicht ohne Gefahr zwischen Münster und Osnabrück reisen. Man erwog, die Neutralität auch auf die Umgebung beider Städte, vielleicht auf den ganzen westfälischen Raum auszudehnen oder gar den Kongreß zu verlegen. Daraus wurde nichts, und mit der Zeit besserte sich die Lage. In den letzten Jahren verstummten die Klagen.

Für die Verbindung mit der Außenwelt war im übrigen aufs beste gesorgt. Der Fürst von Thurn und Taxis richtete 1643 im Auftrag des Kaisers ein Reichspostamt in Münster ein. Durch Reitposten nach Wien, Amsterdam, Köln und Hamburg wurde ein regelmäßiger Briefverkehr mindestens einmal in der Woche nach allen Richtungen hergestellt, dazu kamen die Kuriere der größeren Gesandtschaften. Nicht selten wurden Post und Kuriere abgefangen, oft von plündernden Soldatenhaufen, oft auch von der Gegenpartei unter Mißachtung des Völkerrechtes; von den aufgefangenen Depeschen machte man meist recht unbefangen Gebrauch.

Von solchen Zwischenfällen abgesehen, konnte man mit einer zuverlässigen Postversorgung und festen Laufzeiten rechnen. Von Münster nach Wien brauchten die Depeschen fünfzehn Tage, es verging also ein Monat, bis eine Antwort vom Kaiser eintreffen konnte. Zehn Tage war die Post von Münster nach Paris unterwegs, Kuriere machten sich anheischig, den Weg in sechs Tagen zurückzulegen. Von Osnabrück nach Stockholm liefen die Berichte sechzehn Tage, nach Dresden fünf bis sechs, nach Straßburg mindestens acht. Am längsten mußten die Spanier auf Antwort aus der Heimat warten, denn die Post nach Madrid brauchte vier Wochen und länger, ein Sonderkurier konnte den Weg hin und zurück im besten Falle in vierzig Tagen zurücklegen.

Die Länge dieser über ganz Europa ausgespannten Postverbindungen will auch bedacht sein, wenn man die Arbeit des Kongresses beurteilt. Wenn Weisungen aus den Hauptstädten erst so spät ihr Ziel erreichten, mußte man den Gesandten sehr viel an eigener Verantwortung überlassen, und doch machte das wechselnde Spiel der politischen und militärischen Geschicke immer neue Anfragen und Berichte nötig. Indem man die Antworten darauf erwartete, zogen sich die Verhandlungen über Wochen, Monate, schließlich Jahre hin.

Die Gesandten

Vielleicht wäre man schneller zum Schluß gekommen, wenn man Männer entsandt hätte, die die Politik ihres Landes selbst bestimmen und eigene Entscheidungen treffen konnten. Auf späteren Kongressen haben sich Staatsoberhäupter und leitende Minister zusammengefunden, der Wiener Kongreß und die Versailler Friedenskonferenz haben nicht zuletzt aus diesem Grunde sehr viel schnellere Arbeit geleistet. Aber der Kongreß von Münster und Osnabrück war ein reiner

ET VERITATE · IVSTITIA

Fabius Chisius Dei et Aplicæ Sedis gratia
Ep̄us Nevitonensis, Sanctmi in Christo Patris ac D.
D. Innocentij Divina Providentia, P.P. X ac prae-
dictæ Ste Sedis ad Tractatum Rheni aliasq̃ Inferi-
oris Germaniæ Partes, cum potestate Legati de
Latere, nec non ad Tractatus Pacis Monasterij
inter Principes Christianos Nuncius ac Mediator.

accessit Privilegium Cæsareum   Cum privilegio Regum et Hollandiæ Ordin.   1648

Anselmus van Hulle Brux.t   Paul Pontius Sculpsit

PROXIMOS MEOS LOQUEBAR PACEM. PROPTER FRATRES MEOS ET

Aloysius Contareno Eques Patricius
Venetus extraordinarius ad Pacis Tractatus
Universalis, Legatus, et Mediator.

Anselmus van Hulle pinxit. Cum priuilegio Regum et Hollandiæ ord. Petrus de Iode sculpsit.

Gesandtenkongreß. Nur Graf Trauttmansdorff hatte unmittelbaren Einfluß auf die Entschließungen seines Hofes und weitgehende Vollmachten. Wieviel rascher wäre er zum Ziel gelangt, wenn er etwa mit Mazarin und dem Kanzler Oxenstierna persönlich hätte verhandeln können und nicht mit Beauftragten, die doch im ganzen sehr eng an die Weisungen ihrer Souveräne und Minister gebunden waren.

Einhundertachtundvierzig Namen zählt die von Philippi aufgestellte Liste der Gesandten. Waren sie auch niemals alle gleichzeitig zur Stelle, so bildeten sie doch die zahlreichste Diplomatenversammlung, die man bis dahin gesehen hatte. Manche glänzende Erscheinung bemerkt man darunter, Männer von edelster Geburt und hohem Rang, die gewandtesten Diplomaten Europas und die gelehrtesten Kenner des deutschen Staatsrechtes, aber wir finden keinen Staatsmann von geschichtlicher Bedeutung. Wohl sieht man hier und da eine Persönlichkeit von eigener Prägung, die Mehrzahl aber ragt über ein Mittelmaß nicht hinaus. Die Vermittler und die Vertreter der Großmächte genossen Ansehen durch die Macht, die sie vertraten, wer aber sonst Beachtung finden wollte, mußte schon durch Leistung und Können auffallen. In der Tat haben einige Vertreter kleiner und kleinster Reichsstände nur dank ihrer persönlichen Eigenschaften eine Rolle auf dem Kongreß gespielt und teilweise bedeutenden Einfluß ausgeübt.

Es gab siebenunddreißig ausländische und einhundertelf deutsche Gesandte, darunter allein zehn vom Hause Österreich, denn Ferdinand III. ließ sich nicht nur als Kaiser, sondern auch als König von Böhmen und Erzherzog von Österreich vertreten, außerdem waren Bevollmächtigte für das Gesamthaus Österreich und für Erzherzog Leopold Wilhelm als Deutschordensmeister anwesend. Dreiundneunzig Gesandte waren von den Reichsständen, acht von Mediatständen entsandt. Sie verteilten sich in fast gleicher Anzahl auf beide Städte. In Münster fanden sich alle ausländischen Gesandten bis auf die Schweden und Dänen ein, hier trug der Kongreß ein europäisches Gepräge. In Osnabrück hielten sich die meisten deutschen, darunter fast alle evangelischen Gesandten auf, denn hier standen die innerdeutschen Fragen und vor allem die Religionsfragen zur Erörterung. So war Münster eigentlich der wichtigere Ort, aber trotzdem geschah es oft, daß der Schwerpunkt der Verhandlungen sich ganz nach Osnabrück verlagerte und Münster fast verödete. So war es fast das ganze letzte Jahr hindurch; Osnabrück war damals der eigentliche Sitz des Kongresses, obwohl die Vermittler dort nicht beglaubigt waren und keine amtliche Tätigkeit ausüben konnten.

In Münster aber liefen alle Fäden bei ihnen zusammen. Der Nuntius Fabio Chigi und der Venetianer Alvisi Contarini waren für ihre ehren- und mühevolle Aufgabe sorgfältig ausgewählt. Chigi, später Kardinal und Papst, vielleicht der beste Diplomat der Kurie, hatte schon jahrelang in Köln als Nuntius gewirkt. Vornehmer Abkunft, fein gebildet, von milder Gesinnung, war er zum Vermittler wie geschaffen und, soweit man sieht, selbst bei den Protestanten geachtet. Im Verkehr mit ihnen mußte er sich sehr zurückhalten, denn der päpstliche Hof unterhielt noch keine diplomatischen Beziehungen zu unkatholischen Fürsten. Chigi durfte mit den evangelischen Gesandten nicht verhandeln und kein Schriftstück unterzeichnen, unter dem ihr Name stand, ja er durfte nicht einmal in dem von ihm selbst vermittelten Frieden genannt werden. Er mußte sich auf die Mediation zwischen den katholischen Mächten beschränken. Im übrigen hatte er natürlich die Rechte der Kirche zu wahren. Und da nun einmal der Frieden nur mit schweren Opfern für sie zu erkaufen war, sah sich Chigi bald in eine Stellung gedrängt, die ihm kaum noch Einfluß auf den Gang der Dinge gewährte. Er mußte sich in Mahnungen und Protesten erschöpfen, deren Fruchtlosigkeit er sich kaum verhehlte. Er spendete dem streitbaren Jesuiten Wangnereck Beifall, der jede Konzession an die Evangelischen verdammte, und gab doch dem spanischen Gesandten zu verstehen, kein Theologe könne dem Kaiser Unrecht geben, wenn er aus Not einen Vergleich mit ihnen suche. Seine wenig beneidenswerte Rolle hat er stark empfunden und sich mit Petrus verglichen, dem Gott gebot, Gemeines und Unreines zu essen.

Contarini brauchte solche Rücksichten nicht zu nehmen. Ihm allein widerfuhr daher die Ehre, im Friedensvertrag mit Ruhm als Vermittler genannt zu werden. Viele seiner edlen Familie hatten der Republik in den höchsten Stellen gedient. Auch er war im diplomatischen Dienst herangewachsen, war Botschafter in London, Paris, Rom und Konstantinopel gewesen, bevor er seine Vaterstadt auf dem Kongreß vertrat. Seine freimütige, manchmal fast rücksichtslose Art wird gelegentlich erwähnt, sonst aber gewinnen wir kein deutliches Bild von ihm. Daß er auch als Vermittler die Interessen seiner Heimat vertrat, ist selbstverständlich. Sie vertrugen sich weit besser mit seiner Aufgabe als die der Kurie, der Blick Venedigs war auf das Mittelmeer und die drohende Türkengefahr gerichtet, es lag der Stadt alles daran, die Gegensätze der europäischen Mächte auszugleichen und ihre Kräfte gegen den Erbfeind der Christenheit zu sammeln. Danach hat Contarini klug und zielbewußt getrachtet und die Vermittlung mit Chigi zusammen geschickt geführt.

Beide bemühten sich, strenge Unparteilichkeit zu zeigen. Sie nahmen keine Geschenke, speisten nie bei einem Gesandten und luden keinen an ihren Tisch. Hatten sie je Gäste, so nur wenige und nur solche, die keiner Partei verdächtig sein konnten. Und doch entgingen sie dem Vorwurf der Parteilichkeit nicht. Sie waren Italiener, man erwartete von ihnen, daß sie Frankreich begünstigten und die Spanier als die Unterdrücker ihres Vaterlandes haßten. Um so größer war die Enttäuschung der Franzosen, als sie ihren Ansprüchen auf das Elsaß zeitweise entgegentraten. Nun galten sie ihrem Landsmann Mazarin mit einemmal als Feinde Frankreichs. Im Ernst aber kann man ihre ehrliche Gesinnung und ihr Verdienst um den Frieden kaum bestreiten.

Die Großmächte begnügten sich bei der Fülle der Geschäfte, die es zu erledigen galt, nicht mit einem Gesandten. Wer von den kleinen Fürsten etwas gelten wollte, tat es ihnen nach. Contarini erwähnt in seinem Schlußbericht, die Deutschen hätten den Brauch, zu den Reichstagen zwei Gesandte zu schicken, einen vornehmen und reichen Herrn als repräsentatives Haupt und einen „dottore" minderen Ranges für die mündlichen und schriftlichen Verhandlungen. So war es auch auf dem Kongreß. Die kaiserliche Gesandtschaft in Münster bestand, bevor Trauttmansdorff eintraf, aus dem Grafen Nassau und dem Dr. Volmar, die in Osnabrück aus dem Grafen Lamberg und dem Hofrat Krane. Schweden schickte außer dem Grafen Johan Oxenstierna, dem Sohn des Reichskanzlers, den bürgerlichen Juristen Johan Adler Salvius. Spanien war durch zwei adlige Herren, Graf Peñaranda und Zapata, außerdem durch den Erzbischof von Cambrai für die Niederlande und den Parlamentsrat Antonius Brun für Burgund vertreten. Auch die kurfürstlichen Gesandtschaften waren mindestens doppelt besetzt, die brandenburgische wurde gar von einem Reichsgrafen, Johann von Sayn-Wittgenstein, geführt, was ihr Ansehen beträchtlich hob. Nur der Kurfürst von Sachsen begnügte sich mit zwei bürgerlichen Räten. Vertreter des Kurkollegs in Münster war ein Reichsfürst, Bischof Franz Wilhelm von Osnabrück. Frankreich legte besonderen Wert auf äußeren Glanz. Der Missionschef war ein Prinz von Geblüt, Heinrich von Bourbon-Orleans, Herzog von Longueville, ihm unterstanden zwei Herren aus dem Beamtenadel, die Grafen d'Avaux und Servien. Unter den Deutschen überwog das bürgerliche Element der rechtskundigen Räte, die sich seit Jahren und Jahrzehnten auf allen Reichs- und Kreis-, Kollegial- und Deputationstagen begegneten, einander genau kannten und in den verwickelten Rechtsverhältnissen des Reiches bestens bewandert waren. Bei den vornehmen Herren genossen sie aber kein großes Ansehen. Man sagte ihnen nach, daß sie durch ihre Pedanterie und Streitsucht, ihre Vorliebe für umständlichen Schriftverkehr und lächerlichen Formelkram die Verhandlungen unendlich erschwerten. „Sie sind alle Doktoren", äußerte Graf d'Avaux einmal geringschätzig bei einer solchen Gelegenheit. Contarini bezeichnete sie als ganz ungeeignet für solche Verhandlungen, und Trauttmansdorff klagte einmal, daß die deutschen Fürsten „einen Haufen praeceptores und Schulmeister geschickt hätten, die nichts denn Verwirrung machten".

Der bedeutendste Mann des Kongresses war Maximilian Graf von Trauttmansdorff. Er traf erst im November 1645 ein und blieb nur anderthalb Jahre. In dieser kurzen Zeit aber legte er die Grundlagen der Verständigung; wenn einer, so kann er als Schöpfer des Friedens gelten. Er war, wie übrigens fast alle kaiserlichen Gesandten, evangelisch geboren, aber schon in jungen Jahren konvertiert. Seit Jahrzehnten stand er im kaiserlichen Dienst, die Politik Ferdinands II. scheint er weitgehend mitbestimmt zu haben, wenigstens in ihrer späteren, versöhnlichen Epoche; den Prager Frieden hat er verhandelt und abgeschlossen. Unter Ferdinand III. wurde er Präsident des Geheimen Rates. Die Größe des Erzhauses bedeutete ihm alles, das Reich, die Nation, selbst das Wohl der Kirche mußten ihm dahinter zurückstehen. Er konnte entschieden auftreten, doch war Schroffheit nicht eigentlich seine Sache. Lieber gab er sich freundlich, jovial, österreichisch-gemütlich. Er konnte wohl einem protestantischen Gesandten freundlich die Schulter klopfen und zur Versöhnung mit den Katholiken raten: „Nun gehts hin und seids fein brave Kinder!" Eine stattliche Erscheinung war er nicht. „Er hat eine stumpfe Nase, die Augen liegen ihm tief im Kopf, er sieht sehr mürrisch aus und trägt eine abscheuliche Perücke, die ihm auf den Augen sitzt", so wird er beschrieben. Auch glatte Formen besaß er nicht, aber eine hervorragende Geschäftsgewandtheit. Seine großzügige, ganz und gar nicht pedantische Art machte ihn beliebt, seine Ehrenhaftigkeit verschaffte ihm ein hohes Ansehen. Die reichsständischen Gesandten nannten ihn oft ihren Vater, Avaux den geduldigsten aller Menschen. Nur die Spanier haßten ihn, weil er die Verständigung mit Frankreich auch ohne sie suchte, die extremen Katholiken, weil er „Pfaffengut" ohne große Skrupel preisgab. Seine Verdienste ließen sie nicht gelten, seine Rechtlichkeit konnte niemand bestreiten.

Ein beschlagener, rede- und schreibgewandter Mann stand ihm zur Seite, der gelehrte Hofrat und Kanzler der vorderösterreichischen Regierung Dr. Isaak Volmar, Sohn eines Stadtschreibers aus Weinsberg in Schwaben. Man sagte ihm nach, er sei lutherischer Theologe gewesen. Das ist nicht wahrscheinlich, aber protestantisch geboren wie Trauttmansdorff war er auch. Er war ehrgeizig, eitel, groß in Prunkreden, zu denen das Zeremoniell ihm reichlich Gelegenheit bot, und er dozierte gern. Die vornehmen Herren spotteten anfangs über seine einfache Herkunft und seinen bescheidenen Aufwand, aber sie bemerkten bald, daß er höflich, gemäßigt und frei von der gewöhnlichen Pedanterie der deutschen Juristen sei. Sein Einfluß nahm ständig zu, nach Trauttmansdorffs Heimkehr führte er die Geschäfte der kaiserlichen Gesandtschaft fast allein und galt als einer der führenden Männer des Kongresses.

Hervorragend war Frankreich vertreten. Der Herzog von Longueville, noch mehr seine schöne und geistreiche junge Frau, verstanden ihr Haus zum glänzenden Mittelpunkt der Geselligkeit in Münster zu machen. Für beide war der Aufenthalt hier eine Art Verbannung. Sie standen in der ersten Reihe der hochadeligen Opposition gegen Mazarin, der sie fürchtete, vom Hofe fernhielt und selbst in Münster noch überwachen ließ. Nur scheinbar erschöpfte sich der Ehrgeiz des Herzogs und seiner Frau darin, glänzende Feste zu geben, sie haben wenige Jahre später am Aufstand der Fronde führenden Anteil gehabt. Die Herzogin, eine geborene Prinzessin Condé, wurde bewundert, verehrt und in überschwänglichen Versen als lebendes Bild der Eintracht und des Friedens gefeiert, als sei sie vom Himmel gesandt, um den Sturm des Krieges zu stillen.

In Wahrheit war ihr Verdienst und das ihres Gatten um den Frieden gering. Die eigentlichen Verhandlungen für Frankreich führten Avaux und Servien, hervorragende Diplomaten von Erfahrung und großem Können. Avaux war zunächst in Italien, dann lange Jahre in Deutschland und den nordischen Ländern als Diplomat tätig gewesen. Er kannte Personen und Verhältnisse, sprach gut deutsch, verstand durch höflich-geschmeidiges Wesen zu gewinnen und war wie geschaffen, zu vermitteln und auszugleichen. Er war der Sohn eines Parlamentsrates, sehr gebildet, ein glänzender und überzeugender Redner, im übrigen ein treuer Sohn der Kirche und daher nicht immer mit der Unterstützung der deutschen Protestanten einverstanden, wie Richelieu und Mazarin sie betrieben. Wohl sah auch er in ihnen Bundesgenossen und verstand sie zu behandeln, war aber nicht so leicht bereit, kirchliche Interessen zu opfern. Er gehörte wie der Herzog zur Opposition; Mazarin hatte die Gelegenheit gern benutzt, ihn vom Hofe zu entfernen. Avaux machte aus seinem Haß gegen den Kardinal kein Geheimnis. Er sagte einst dem Grafen Trauttmansdorff, Mazarin führe den Krieg nur, um den hohen Adel auf den Schlachtfeldern zu opfern und sich so seiner Feinde zu entledigen. Nach Jahren erfolgreicher Tätigkeit am Kongreß erlag Avaux der Feindschaft des Ministers. Er wurde in Ungnaden abberufen, wenige Monate vor dem Friedensschluß, der zum großen Teil sein Verdienst war.

Servien war härter und energischer, weniger geschmeidig, rücksichtslos in seinen Formen. Auch er war ein Diplomat von großen Verdiensten, hatte in Italien gewirkt und war Staatssekretär unter Richelieu gewesen. Es ergab sich von selbst, daß ihm mehr die Verhandlungen mit den Spaniern und Niederländern zufielen, ohne daß die Arbeitsgebiete der beiden Gesandten ausdrücklich getrennt gewesen wären. Sie waren gemeinsam verantwortlich und zuständig, leider aber gar nicht eines Sinnes. Die Gewohnheit, mehrere Gesandte für das gleiche Geschäft zu bevollmächtigen, hatte nicht nur praktische Gründe, sie sollten wohl auch einander überwachen und in Schranken halten. So beobachten wir es wenigstens bei den Franzosen und Schweden. Jeder von ihnen war Vertrauensmann einer Partei, jeder mißtraute dem anderen. Longueville und Avaux waren dem Kardinal verdächtig, Servien war sein Vertrauter und stand mit dem Neffen Mazarins, Lionne, in geheimem Briefwechsel. Die beiden Gesandten waren, schon ehe sie in Münster eintrafen, miteinander verfeindet. Ihr Zwist, vorübergehend beigelegt, aber immer wieder ausbrechend, wurde zu einem dauernden Zerwürfnis. Es geschah, daß sie sich sogar im Beisein fremder Diplomaten mit heftigen Vorwürfen bedachten und schließlich in gedruckten Streitschriften gegeneinander auftraten, die den ganzen Kongreß erregten. Schließlich bat Avaux um seine Abberufung, die man ihm der Form nach bewilligte, aber mit der dringenden Bitte, von der Erlaubnis zur Heimkehr keinen Gebrauch zu machen. Die französische Regierung tadelte beide aufs schärfste, sie bat und beschwor sie, sich zu einigen oder doch den Streit wenigstens ruhen zu lassen und ihre persönlichen Gefühle dem Wohl des Landes unterzuordnen. Sie versöhnten sich äußerlich und entzweiten sich erneut, schrieben getrennte Depeschen und stellen jeden Verkehr miteinander ein. Man befahl ihnen, gemeinsam zu berichten, um sie zur Zusammenarbeit zu zwingen, und schickte schließlich den Herzog von Longueville, um sie zur Ordnung zu bringen. Äußerlich hörte der Streit auf, aber der Gegensatz blieb, und Servien erlebte den späten Triumph, daß sein Gegner und auch der Herzog abberufen wurden und ihm das Feld überlassen mußten. Er allein erntete die Früchte der gemeinsamen Arbeit, indem er den Frieden für Frankreich unterzeichnete.

Der ganze Streit zeigt in sehr charakteristischer Weise das gesteigerte persönliche Wert- und Selbstbewußtsein der Staatsmänner jener Zeit. Es durfte sich noch viel ungebändigter ausleben als ein, zwei Jahrhunderte später unter der strengen Disziplin des absoluten Fürstenstaates. Noch war der Adel durch den Fürstendienst nicht gebändigt, sondern selbstbewußt und trotzig bis zur Empörung.

Ähnlich war das Verhältnis bei den Schweden. Johan Oxenstierna war natürlich der Vertraute seines Vaters, Adler Salvius schloß sich an die junge Königin an, als diese, mündig geworden, dem Einfluß des Reichskanzlers entwuchs und eigene Wege ging. Der Kanzler hatte ursprünglich sein Land selbst vertreten wollen; daß er seinen Sohn schickte, erwies sich als keine glückliche Wahl. Johan war erst dreißig Jahre oder wenig älter, jedenfalls noch recht unerfahren. Sein Vater, der ihn selbst in die Geschäfte eingeführt hatte, hatte doch aus dem reizbaren und hochfahrenden jungen Mann keinen Staatsmann machen können. Freunde und Feinde beklagten sich über ihn. Die Franzosen nannten ihn diffizil und brutal, mißtrauisch und von wahrhaft gotischem Stolz, unentschlossen und ohne Selbstvertrauen, er sei imstande, jede Verhandlung um einer Nichtigkeit willen zu zerschlagen. Servien wunderte sich, daß die Krone Schweden eine so hochwichtige Sache diesem Manne anvertraue, sein Vater sei zwar „ein weltweiser Staatsmann, dieser aber ein hochintoniertes, aufgeblasenes Subjectum, dabei nichts in recessu wäre". Unbeherrscht war er auch, und man sagte ihm nach, des Nachmittags sei überhaupt nicht mit ihm zu verhandeln, weil er da meistens bezecht sei. Wie unselbständig er war, zeigen die Briefe des Vaters, der den Sohn streng überwachte, immerzu lenkte und nicht selten schulmeisterte.

Salvius vertrat sein Land besser. Er war von niedriger Herkunft, aber wegen seiner Begabung früh emporgestiegen. Mit königlichen Stipendien und Unterstützung des Kanzlers hatte er in Deutschland und Frankreich studiert. Er muß ein kühler, sehr kluger Beobachter und ein gewandter Unterhändler gewesen sein, die Franzosen hielten ihn für den geschicktesten Diplomaten des Nordens. Er war in allen deutschen Verhältnissen erfahren, im Staatsrecht des Reiches seit seiner Studienzeit wohl bewandert, in religiösen Dingen offenbar ziemlich indifferent. Er stand in persönlichem Briefwechsel mit der Königin und entfernte sich immer mehr von der Politik des Kanzlers. Der alte Oxenstierna wollte einen Frieden mit möglichst hohem Gewinn, Salvius wollte Frieden schlechthin, selbst unter Opfern. Zu dem sachlichen Konflikt mit dem Vater kam der persönliche mit dem Sohn. Salvius sah sich von dem unfähigen und weit jüngeren Mann, dem er sich an Geist und Charakter überlegen wußte, an die zweite Stelle gedrängt; er klagte, daß er mehr die Rolle eines Bedienten als eines Gesandten zu spielen habe. Auch diese beiden Diplomaten haben manchmal mehr Politik gegeneinander als miteinander getrieben.

Unter den spanischen Gesandten ragten nur zwei besonders hervor: Graf Peñaranda war mit Widerstreben nach Münster gegangen und hielt nur mit Unwillen, unter immer erneuten Klagen, hier aus. Alles war ihm zuwider, die Geschäfte, das Land, die Menschen und vor allem das Klima, unter dem seine Gesundheit litt. Oft bat er den König um Rückkehr in die Heimat, aber umsonst. Es hieß, der König halte ihn geflissentlich von seiner jungen Frau fern, jedenfalls mußte er aushalten, bis die Verhandlungen mit Frankreich im Sommer 1648 als aussichtslos abgebrochen wurden. Aber trotz aller Widerwärtigkeiten hat er sein Land würdig vertreten, auf die Ehre seines Monarchen bedacht, trotz nie endender Geldnot fürstlich repräsentierend, mit überlegener Verachtung Menschen und Dinge um sich betrachtend. Nie hätte er sich in einen Rangstreit mit den verhaßten Franzosen eingelassen, lieber mied er jede öffentliche Begegnung mit ihnen. Anders aber bei einer lächerlichen Schlägerei seiner Bedienten mit denen des portugiesischen Gesandten! Da fuhr er in raschem Zorn auf, denn von diesen Rebellen fühlte sich sein spanischer Stolz tödlich verletzt. Er ließ sich zu dem Befehl hinreißen, das Quartier der Portugiesen zu stürmen und alles niederzumachen. Das führte zu einem der wenigen blutigen Zwischenfälle in der sonst friedlichen Kongreßstadt und zu einem ernsten Zusammenstoß mit dem furchtlosen Oberst Reumont. Als Diplomat verstand Peñaranda sein Handwerk. Als großen Erfolg brachte er den Sonderfrieden mit den Niederlanden heim, der einen achtzigjährigen Krieg beschloß und dem französischen Bündnissystem einen schweren Stoß versetzte. Das war eine Leistung, die man bei der Schwäche der spanischen Kriegsmacht und Finanzen doppelt hoch bewerten mußte.

Viele wollten allerdings das Hauptverdienst an ihr dem Burgunder Antonius Brun zuschreiben, dem geschickten und kenntnisreichen Parlamentsrat aus Dôle, der sich als Verteidiger seiner Vaterstadt gegen Condé auch militärischen Ruhm erworben hatte. Dieser Mann muß sich vorteilhaft von seinen Berufsgenossen unterschieden haben. Contarini fand, daß er zwar ein dottore sei, aber doch auch ein Weltmann und Soldat. Auch als Redner und Schriftsteller galt er etwas. Zweifellos konnte sich mit Peñaranda und ihm sonst kein Mitglied der spanischen Gesandtschaft vergleichen.

Die niederländische Abordnung bestand aus acht Bevollmächtigten. Jede der sieben Provinzen hatte einen geschickt, Holland zwei. Einige waren nur Zuschauer, wenige wirkliche Unterhändler, nur zwei oder drei von einiger Bedeutung. Das meiste für den spanischen Frieden hat der in diplomatischen Geschäften erfahrene zweite Vertreter von Holland, Adrian Pauw, getan. Sein Gegenspieler war Godard van Reede, Herr von Nederhorst, Abgesandter für Utrecht, ein erklärter Feind Spaniens und Parteigänger Frankreichs. Zwischen diesen beiden Männern ging der Kampf hin und her, neben ihnen tritt in der vielköpfigen Gesandtschaft allenfalls noch Johan de Knuyt aus Seeland hervor, der zugleich die Interessen des Prinzen von Oranien vertrat.

Die Eidgenossenschaft war auf dem Kongreß, der ihre völkerrechtliche Unabhängigkeit bestätigen sollte, amtlich nicht vertreten. Bürgermeister Wettstein von Basel, dem wir begegnen werden, hatte nur Aufträge seiner Vaterstadt und der evangelischen Orte zu erledigen und daher nicht die Rechte eines Gesandten, so hoch er, der „König der Schweizer", auch geachtet wurde.

Sonst war außer England, Rußland und der Türkei ganz Europa vertreten. Dänemark hat sich nur in den ersten Monaten des Kongresses als Vermittler betätigt. Polnische und siebenbürgische Gesandte waren wenigstens vorübergehend da, wenn auch nicht akkreditiert. Die italienischen Fürsten ließen sich vertreten, weil der spanisch-französische Frieden auch in die Verhältnisse ihrer Staaten eingreifen mußte, und selbst die Aufständischen in Katalonien und Portugal hatten Vertreter geschickt, die im Gefolge der Franzosen in Münster einzogen und unter ihrem Schutz lebten. Nicht ohne Gefahr, denn sie wurden von den habsburgischen Mächten und deren Anhängern niemals anerkannt, von den Vermittlern gemieden, und es gab ihretwegen mehrfach Tumulte und Unruhen.

Von der Unzahl der deutschen Gesandten haben einige trotz der geringen Macht, die hinter ihnen stand, das Bild des Kongresses durch ihre Persönlichkeiten mit geprägt. Da treten zunächst drei Männer als streitbare Vorkämpfer des Katholizismus hervor: Der Bischof von Osnabrück Franz Wilhelm von Wartenberg, der Prior Adam Adami aus dem Kloster Murhardt und der Ratsherr Dr. Leuxelring von Augsburg, der den katholischen Rat seiner Vaterstadt und zugleich die schwäbischen Grafen vertrat. Diese drei vereinigten so viele Stimmen kleiner und kleinster Reichsstände auf sich, daß sie den katholischen Teil des Fürstenrates fast allein beherrschten. Hätte der Friedensschluß nur von der Zahl der Stimmen abgehangen und nicht auch von ihrem Gewicht und ihrer Bedeutung, so wären diese drei Männer wohl Schiedsrichter des Friedens gewesen.

Franz Wilhelm war nicht nur selbst Reichsfürst und Vertreter seiner eigenen Interessen, sondern auch Beauftragter des Kurfürsten von Köln und als solcher zugleich des Kurkollegs. Als Sohn eines bayerischen Prinzen aus morganatischer Ehe war er mit den höchsten Herren im Reich verwandt. Er hatte sein Bistum Osnabrück gegen den erbitterten Widerstand des Adels und der Bürgerschaft im katholischen Sinne reformiert und war nach dem Restitutionsedikt vom Papst zum Bischof von Minden und Verden ernannt worden, wiederum gegen heftigen Widerstand, diesmal der Domkapitel und des fürstlichen Hauses Braunschweig. Er war also Kämpfe gewöhnt. Durch den Krieg hatte er alle drei Bistümer verloren und wollte sie durch den Frieden wiedergewinnen. Zugleich war er ein entschiedener Vorkämpfer der kurfürstlichen „Präeminenz" im Reich, denn er war, obwohl Bischof und Landesherr, seit zwanzig Jahren zugleich leitender Minister im Kurstaat Köln. Seine politische Erfahrung, sein Einfluß und seine Verbindungen waren gleich bedeutend, seinen fürstlichen Rang und seine amtliche Stellung betonte er durch großartigen Prunk.

Adami, klug und zielbewußt auch er, aber als Ordensgeistlicher ohne den großartigen Weitblick des fürstlichen Bischofs, war an dem Gange der Friedensverhandlungen eigentlich nur insoweit interessiert, als das Schicksal der Kirche und vor allem seiner schwäbischen Klöster davon bestimmt wurde. Für sie aber kämpfte er entschlossen bis aufs äußerste, mochte auch das ganze Friedenswerk darüber in

Gefahr kommen. Es war nicht ohne Tragik, daß ein Mann von solcher Begabung auf einem Platze stand, wo er nur hindernd und nicht aufbauend wirken konnte. So ist der beste Ertrag seiner Tätigkeit auf dem Kongreß sein Geschichtswerk geworden, die Arcana Pacis Westphalicae, die einzige zeitgenössische Darstellung der Friedensverhandlungen aus der Feder eines Mithandelnden.

Von den evangelischen Gesandten wäre einer zu nennen, der durch seine hohe Geburt hervorragt, und zwei, die sich durch persönliche Tüchtigkeit auszeichneten. Graf Johann VIII. von Sayn-Wittgenstein, der brandenburgische Hauptgesandte, war von Hause aus Soldat. Er hatte in hessischen und schwedischen Diensten gestanden, an führender Stelle im Heilbronner Bund gewirkt und schließlich den Prager Frieden angenommen. In der Bedrängnis der folgenden Jahre suchte er den Schutz eines Mächtigeren, seit 1642 war er deshalb im Dienst des Kurfürsten.

Der tüchtigste Jurist des Kongresses war der Gesandte von Braunschweig-Grubenhagen, Dr. Jacob Lampadius, ein Bauernsohn aus dem Kalenbergischen, der eine ebenso erstaunliche Laufbahn hinter sich hatte wie sein Universitätsfreund Salvius. Er war ein Mann mit höchst selbständiger Auffassung vom Reich und seiner Verfassung, als Staatsrechtslehrer längst berühmt, als Staatsmann im Dienst des Hauses Braunschweig Vorkämpfer einer Politik der bewaffneten Neutralität, als eifriger Lutheraner und Feind der Jesuiten doch zugleich duldsam; er war für eine Einigkeit der Konfessionen unter einem zwischen beiden wechselnden Kaisertum. Aus Reichstreue hatte er dem Anschluß seines Herzogs an Schweden durchaus widerstrebt. Sein Ansehen als Kenner des Reichsrechtes war bei Protestanten und Katholiken gleich groß, die evangelischen Religionsbeschwerden hat er mit verfaßt und kraftvoll vertreten. In die Ehre eines Vorkämpfers der Protestanten teilte er sich mit dem altenburgischen Gesandten Wolfgang Konrad von Thumbshirn, der mit weniger Gelehrsamkeit, aber bedeutendem Geschick und großer Tatkraft lange Zeit das Direktorium im evangelischen Fürstenrat zu Osnabrück führte.

Dies waren die Hauptpersonen des großen Dramas. Es ließen sich noch einige nennen, doch wären sie für uns kaum mehr als bloße Namen. Da ist allenfalls noch der kluge und gelehrte würzburgische Gesandte Johann Philipp von Vorburg, der im letzten Jahr der Verhandlungen mehr hervortrat und einen überragenden Anteil an der Verständigung zwischen den evangelischen und katholischen Ständen über die Grundlagen des kirchlichen Friedens hatte, ein Gegenspieler der unversöhnlichen Katholiken. Einige wenige Vertreter großer Reichsstädte könnte man noch anführen, etwa den Lübecker Dr. David Gloxin, der die Interessen der Hanse mit Erfolg vertrat, oder Markus Otto aus Straßburg, vielleicht auch Valentin Heider aus Lindau, der sich so rührig und unermüdlich für die Evangelischen in Augsburg einsetzte, oder Zacharias Stenglin, den vorsichtigen und behutsamen Gesandten der freien Reichsstadt Frankfurt, dessen Haltung für die ganze reichsstädtische Politik auf dem Kongreß so außerordentlich bezeichnend war.

Nur ein Mann von weltgeschichtlichem Ruhm war unter den Kongreßgesandten zu finden, aber diesen Ruhm hat er nicht hier und nicht als Unterhändler seiner Stadt erworben. Das war Otto von Guericke, Bürgermeister von Magdeburg, der große Physiker. Er hat auch nicht, wie oft erzählt wird, auf dem Kongreß seine berühmten Hohlkugelexperimente gezeigt. Das tat er erst viel später auf dem Reichstag zu Regensburg. In Münster erwarb er sich gewisse Verdienste, weil er mit unglaublicher Zähigkeit für seine Vaterstadt eine halbe Anerkennung als Reichsstadt erlangte, ohne sie damit vor der späteren Einverleibung in den brandenburgischen Staat retten zu können. Der Naturforscher Guericke hat Bleibendes geschaffen, der Politiker kämpfte für eine verlorene Sache

Die Gesandten in Münster und Osnabrück haben nicht die Politik ihrer Länder gemacht. Sie glichen in mühevollem Ringen aus, was an widerspruchsvollen Entscheidungen aus den fernen Hauptstädten zu ihnen kam. Dazu gehörte ein Übermaß an Zähigkeit, Geschick und tausendfacher Geduld. In diesen Tugenden haben die Männer des Kongresses Großes geleistet. Ihre Namen sind fast alle vergessen, und die Erinnerung an sie war schon in der nächsten Generation so verblaßt, daß man ihre Bildnisse im Rathaussaal zu Münster nicht mehr zu benennen wußte. Ihre Verdienste aber an dem großen Friedenswerk soll man nicht geringschätzen und nicht vergessen.

Aufwand, Schulden, Korruption

Die Mitwelt sah zunächst nur die glänzende Außenseite des Kongresses. Wie wandelte sich in kurzer Zeit das Bild der beiden bescheidenen Kleinstädte! Die zahlreichen Gesandten zogen ein mit stattlichem Gefolge an Kavalieren und Pagen, Sekretären und Schreibern, Dienern und Hausgesinde, die vornehmsten mit eigener Leibgarde, alle mit Wagen und Pferden in großer Zahl. Jeder wollte durch äußeren Prunk das Ansehen seines Herrn betonen. Man wetteiferte in übertriebenem Aufwand trotz drückendem Mangel an Geld; niemand wollte den Eindruck erwecken, daß es daran etwa fehle. Der Kaiser wies seine Gesandten an, der kaiserlichen Autorität in äußerem Gepräge nichts zu vergeben, zugleich aber befahl er ihnen, ihr Quartier so zu wählen, daß sie möglichst wenig mit den Franzosen in prunkvollen Auffahrten zu wetteifern hätten. Immer wieder klagen die Gesandten aller Potentaten in ihren Berichten über den Aufwand der anderen, mit denen sie nicht Schritt halten könnten. Jeder schob die Schuld an dem unsinnigen Treiben auf die anderen, um der eigenen Regierung mehr Geld zu entlocken; am Ende weiß man nicht, wer es nun eigentlich am ärgsten getrieben hat. Eigentlich galten die Spanier für besonders prunksüchtig, doch scheint es, als hätten in Münster die Franzosen den Vogel abgeschossen. Mehr als tausend Menschen soll ihr Gefolge gezählt haben, und die Zahl scheint nicht übertrieben, wenn man etwa die Schilderungen von Longuevilles prächtigem Einzug in Münster liest oder wenn man hört, daß allein in seinem Hause täglich mehr als vierhundert Menschen gespeist wurden. Peñaranda, der diesen Aufwand mißfällig bemerkt, gibt doch seinen eigenen Hausstand immer noch auf einhundert Personen an, seinen Marstall auf sieben Kutschen, jede mit einem Siebenergespann. Dabei vermied er gerne öffentliches Auftreten, um zu sparen, denn Spanien war ja in diesem Kriege arm geworden. Als der erste spanische Gesandte im Oktober 1643 in Münster einzog, ging es so bescheiden zu, daß die spalierstehenden Bürger sehr enttäuscht waren. Sie hätten es, hören wir, der Mühe schier nicht wert geachtet, deshalb so lange in Waffen zu stehen.

Auch die schwedische Regierung mußte sparen. Ihr Hofhistoriograph Chemnitz versichert, sie habe beschlossen, nur „einen mittelmäßigen Staat von guten Leuten nett und wohl zu unterhalten". Dennoch sagte man, der junge Oxenstierna übertreffe an Prunksucht noch die Franzosen. Man hatte ihm eine königliche Karosse mitgegeben, darin er, umgeben von zwölf Hellebardieren und einer Unzahl von Edelleuten, Pagen und Lakaien, seine Ausfahrten hielt. Er war lächerlich eitel; wenn er sich vom Bett erhob, zur Tafel ging oder sich schlafen legte, so ließ er diese wichtigen Ereignisse durch Trompetenschall verkünden. Besonders soll die dänische Gesandtschaft in der kurzen Zeit ihres Aufenthaltes zu Osnabrück geglänzt haben. König Christian wollte keinem großen Monarchen nachstehen. Die Zimmer seiner Gesandten waren mit Seidengobelins behängt, die Tische mit goldenem Geschirr bestellt, aber die ganze Pracht war, wie man sehr wohl bemerkte, keineswegs neu, sondern den Beständen des königlichen Hofes entnommen.

Da konnten die Reichsstände freilich nicht mit. Nur Bischof Franz Wilhelm konnte mit den Ausländern wetteifern, weil er sein Quartier in Münster aufs prächtigste mit Teppichen, Möbeln und Gemälden aus seinen nahen Schlössern ausstatten und so fürstlich Hof halten konnte. Als die kaiserlichen Gesandten ihren ersten Besuch bei ihm machten, stand im Hof die bewaffnete Garde, die Treppe hinauf eine doppelte Kette von Hofkavalieren. Ein Reichsadler mit den Wappen des Kaisers und der Kurfürsten zeigte an, daß hier der Vertreter des Kurkollegs residiere.

Um Prunk zu entfalten, nahm man alle Gelegenheiten zu öffentlichen Auffahrten und Empfängen wahr. Die nichtigsten Anlässe mußten dazu herhalten, und die schaulustigen Bürger kamen auf ihre Kosten. Der Einzug eines neuen Gesandten war ein Hauptereignis, das noch dazu den Vorzug hatte, sich häufig zu ereignen, vor allem in den ersten Jahren. Da fuhren dann die Legationsekretäre in prunkvollen Staatskarossen mit sechs, acht oder gar zehn Pferden und von berittenen Trabanten eskortiert zur Begrüßung hinaus vor die Stadt. Machte der Missionschef sich selber auf, so folgten ihm auch Edelleute und Pagen zu Pferde. Auf freiem Feld fand die Begrüßung statt, alles schloß sich mit Wagen und Eskorte der Suite des Eintreffenden an. Im langen Prunkzuge ging es in die Stadt, während die Stücke auf den Wällen gelöst wurden, Soldaten und Bürger die Einzugsstraßen säumten und die Menge der Neugierigen sich auf den Straßen und an den Fenstern drängte. Und wirklich, der Anblick pflegte sich zu lohnen. Wir haben manche Schilderung eines solchen Einzuges, denn die Gesandten berichteten mit umständlicher Wichtigkeit alle diese Einzelheiten nach Hause. Der Empfang des Herzogs von Longueville übertraf alles andere. Offiziere und Reisewagen eröffneten ihn, zwölf Maultiere folgten, deren Decken von blauem Velour waren und in Goldstickerei die königlichen Lilien von Frankreich und das Wappen des Hauses Orleans zeigten. Es folgten fünfzig berittene Edelleute, zwölf prächtig geschirrte Reitpferde, zweiundzwanzig Pagen, zwölf Schweizer mit Hellebarden, Samtbaretten und silbernen Degen als Vortrupp für den Wagen des Herzogs. Ihn zogen sechs mit roten Decken geschmückte Pferde, vierundzwanzig Lakaien begleiteten ihn. Den Beschluß machten die berittene Leibgarde in Scharlach und Silber, die Wagen der übrigen Gesandten und deren berittenes Gefolge.

Solche Prunkentfaltung, der man sich unbekümmert um die schreiende Not ringsum ergab, sollte die Höhepunkte des Kongreßlebens herausheben. Die Zeit des Barock zog herauf, man nahm gern den glänzenden Schein für das Wesen der Dinge. Jede Visite, jede Fahrt zu einer nicht ganz alltäglichen Konferenz bot Anlaß zu prächtigem Aufwand. Wir hören viel Seufzen und Klagen darüber, aber selten von einem ernsthaften Anlauf zur Besserung. Man spottete über Dr. Volmar, der sich nur eine bescheidene Kutsche mit zwei Pferden halten konnte, während der spanische Gesandte mit neun Kutschen vorfuhr, als er den Kaiserlichen seinen Gegenbesuch machte. Eigentlich wollte er nach dem Vorbild des Herzogs von Longueville mit Trabanten und Hatschieren erscheinen, doch da legte sich Graf

Nassau ins Mittel und bat Franzosen und Spanier, künftig solches Gepränge zu unterlassen. Danach wurde es etwas besser; auch der Brauch, in der engen Stadt sechsspännig zu fahren, kam seitdem ab.

Auch sonst nahm man die Gelegenheiten zu großartigem Auftreten eifrig wahr, besonders in Münster. Hohe kirchliche Feiertage boten Anlaß, sich bei Prozessionen und Hochamt darzustellen, besonders wenn der päpstliche Nuntius oder Bischof Franz Wilhelm dabei amtierten. Die großen Empfänge und üppigen Bankette müssen Unsummen gekostet haben. Die Herren waren eß- und trinkfreudig wie ihr ganzes Jahrhundert, nicht selten auch am Tage betrunken und selbst bei amtlichen Konferenzen nicht immer ganz nüchtern. Der Lebensgenuß war derb, nur langsam drangen feinere Sitten ein. Anzeichen dafür zeigten sich schon auf dem Kongreß, so sah man Ballett und Theater hin und wieder in der französischen und spanischen Gesandtschaft, vielleicht zum ersten Mal auf deutschem Boden überhaupt. Es waren die Vorboten einer neuen gesellschaftlichen Kultur, und sie nahmen sich inmitten der furchtbaren Verwilderung dieser letzten Kriegsjahre seltsam genug aus.

Das bunte Leben des Kongresses zog fahrendes Volk aller Art herbei. Wir hören von englischen und polnischen Komödianten, von Künstlern, die Aufträge erhofften und fanden, auch von einem der großen Maler des Jahrhunderts, Gerard ter Borch. Er hat sich mehrere Jahre in Münster aufgehalten, eine Anzahl der vornehmsten Gesandten porträtiert und auch Szenen aus dem Leben des Kongresses in Gemälden von höchster Kunst und größter Objektivität festgehalten. Er folgte dann dem Grafen Peñaranda nach Spanien. Den anderen Malern und Kupferstechern, die der Kongreß herbeilockte, verdanken wir daneben nur wenig. Wir kennen kaum noch ihre Namen. Einer von ihnen, Anselm van Hulle, hat die Bildnisse aller Gesandten schlecht und recht in Kupfer gestochen und in einem großen Sammelwerk herausgegeben, das den stolzen Titel trug: Pacificatores orbis christiani.

Diplomaten haben von jeher gern oder ungern Aufwand treiben müssen und sich nicht selten in Schulden gestürzt. Das scheint für die ersten Zeiten des europäischen Gesandtschaftswesens dank der notorischen Finanznot aller Staaten in besonderem Maße zu gelten. Aber selbst für damalige Begriffe haben offenbar die Schulden der Diplomaten in Münster und Osnabrück ein erstaunliches Ausmaß erreicht. Kein Wunder, denn die Finanzen aller Mächte waren nicht nur durch den langen Krieg besonders erschöpft, der Kongreß schleppte sich auch Jahr um Jahr hin, die Preise waren hoch und stiegen immer weiter an, je stärker der Zustrom der Gesandten wurde. Schon 1643 baten die kaiserlichen Gesandten, Domkapitel und Rat möchten doch gegen den Mietwucher einschreiten. Sie behaupteten, es werde zum Teil das Zehnfache der Friedensmieten gefordert. Peñaranda bezeichnete einmal Münster als die teuerste Stadt Deutschlands. Keiner der Gesandten kam mit dem aus, was seine Regierung ihm gab, jeder klagte, er müsse sich ruinieren. Selbst die Franzosen, die wohl noch am besten mit Geld versehen waren, mahnten immer wieder, man möge sie nicht zu lange warten lassen, sie seien sonst gezwungen, Schulden zu machen.

Ja, Schulden hatten sie alle. Der Graf von Nassau sollte eine monatliche Aufwandsentschädigung von 1000 Gulden erhalten, hatte aber in den ersten zwei Jahren bereits 130 000 Gulden zulegen müssen. Nach weiteren zwei Jahren war er so verschuldet, daß er am liebsten davongezogen wäre, wenn er nicht Schimpf und

Skandal von seinen Gläubigern befürchtet hätte. Er habe, so klagt er, sein Silbergeschirr versetzt, wisse sich der Gläubiger nicht mehr zu erwehren, er habe bei Juden und Christen keinen Kredit mehr. Er schrieb alle paar Wochen klägliche Briefe nach Wien, aber ob er je zu seinem Gelde gekommen ist, sagen die Akten nicht. Peñarandas ewige Bitten um Geld erregen noch heute das Mitleid des Lesers. Oft wußte der Graf nicht, wovon er seinen Leuten den Lohn zahlen sollte, aber auch er hat, wie man fürchten muß, in Madrid meist vergeblich angepocht. Man rechnete eben damit, daß die adligen Herren ihren Aufwand wenn nicht ganz, so doch zum größten Teil selber bezahlten.

So ging es den großen Herren. Um wieviel schlimmer war dann die Lage der reichsständischen Gesandten, deren Fürsten bei der völligen Verwüstung ihrer Länder oft nicht einmal die eigene Hofhaltung bezahlen konnten! Selbst die reichen Handelsstädte zahlten schlecht. Die Stadt Frankfurt ließ den Hauswirt ihres Gesandten in Osnabrück um 240 Gulden acht bewegliche Mahnbriefe schreiben und rührte sich selbst dann noch nicht. Adami war in ständiger Not und schließlich, so behauptet er wenigstens, in seiner Kleidung so abgerissen, daß er sich nicht auf die Straße traute. „Misere et uno verbo Westphalice vivit" sagte Leuxelring von ihm. Und wen rührt nicht folgender klägliche Hilfeschrei in einem Bericht an den Kaiser aus Osnabrück, den alle seine Gesandten unterzeichneten: „Ob wir uns zwar billig entziehen, Euere Majestät so oft und vielfältig wegen unseres Unterhaltes anzulaufen, so dringet uns doch die äußerste Not, worin wir stecken, indem so geraume Zeit schon ohne alle Lebensmittel gelassen worden, daß unser Flehen und Bitten kontinuieren müssen, zumalen es leider nunmehr mit uns soweit kommen, daß, wo nit in kurzem nötige Verhelfung erfolgen sollte, wir mit dem Unserigen ferners nit wissen auszukommen, dabei uns dann billig tief zu Herzen gehet, daß solche unsere Bedürftigkeit nit mehr kann verborgen bleiben, sondern von Tagen zu Tagen je länger je mehr herfür bricht und dero Feinden (welche ihr Mütl damit kühlen) dermaßen bekannt wird, daß wir derentwegen allerhand verkleinerliche Nachrede, so wir lieber stillschweigend vorbeigehen als melden wöllen, darüber leiden müssen."

Kein Wunder, daß die Mehrzahl der Gesandten sich bestechlich zeigte. Man hatte allerdings in diesem Punkte weniger Skrupel als heute. Von jeher war es Brauch, daß ein scheidender Gesandter von dem Souverän des Gastlandes ein Geschenk erhielt. Die Versuchung lag nahe, solche Geschenke auch schon vorher und auch von anderen anzunehmen, denn niemals reichte das Gehalt des Gesandten, wenn er überhaupt eines erhielt, dazu aus, um den Aufwand zu decken, den man von ihm erwartete. Die Republiken hielten allerdings ihre Gesandten in strenger Zucht. Die Generalstaaten erließen im Jahre 1651 ein formelles Verbot, Geschenke anzunehmen, doch haben ihre Gesandten sich schon zur Zeit des Kongresses in dieser Hinsicht unfrei gefühlt. Sie halfen sich, indem sie die ihnen zugedachten Geschenke ihren Frauen zuwenden ließen. In Venedig mußten die Botschafter, wie bekannt, die mitgebrachten Geschenke der Signoria übergeben, nur mit ihrer Erlaubnis durften sie sie behalten. So streng dachte man anderswo nicht. Abraham de Wicquefort, der Verfasser eines berühmten Handbuches über den Ambassadeur und seine Pflichten, wunderte sich darüber, wie die Generalstaaten einen solchen jeder internationalen Höflichkeit widersprechenden Beschluß fassen könnten, denn durch ein Geschenk werde ein Botschafter doch nicht korrumpiert. Was darüber hinausging, war freilich auch in seinen Augen Bestechung, doch sah er sie als ein erlaubtes Mittel im politischen Kampf an. Nur der Bestochene selbst erschien ihm strafbar, nicht der andere, der ihn durch Bestechung gewann, denn dies sei, versichert er, nach allgemeiner Ansicht keine Verletzung des Völkerrechtes.

Die Geldnot, die lange Dauer des Kongresses und der Umstand, daß viele Gesandte heute diesem, morgen jenem Herrn dienten oder mehrere zugleich vertraten, das alles leistete der Bestechung Vorschub. Sie hat wohl auf dem Kongreß ein besonderes Ausmaß erreicht. Nur wenige werden als unbestechlich gerühmt, etwa die beiden Vermittler, die Franzosen oder auch Trauttmansdorff, wenigstens läßt sich ihnen nichts nachweisen. Gegen kleine Geschenke hat sich auch Trauttmansdorff nicht gesträubt, war jedoch mit Geld nicht zu gewinnen, jedenfalls hat Graf Wittgenstein es vergeblich versucht. Vielleicht hat man sich auch an die Herren von hochadliger Geburt nicht so leicht herangewagt. Immerhin haben sich selbst Männer wie Bischof Franz Wilhelm, Graf Wittgenstein, Oxenstierna, Salvius und Volmar kaufen lassen. Der Bischof erhielt Geld von Spanien, und warum sollte er auch nicht als Reichsfürst wie so viele seiner Standesgenossen eine ausländische Pension annehmen? Wittgenstein hat Geld von den Franzosen bekommen, die Schweden ließen sich von ihnen allerhand kostbare Geschenke an Tapeten und Silbergeschirr machen. Sie galten beide, vor allem aber Salvius, als käuflich. „Der Salvius", schrieb Trauttmansdorff dem Kaiser, „hat sich gegen mir selbst beklagt, er habe bei diesem Krieg nichts prosperiert, nur Sorge, Mühe und Arbeit gehabt. Ich verstehe die Sprache wohl." Er schlug vor, ihm 50 bis 60000 Taler zu versprechen, zahlbar nach Ratifikation des Friedens, das Kapital werde gut angelegt sein. Ob Salvius zu dem Gelde kam, wissen wir nicht, aber so schätzte man ihn ein. Contarini sagte schon frühzeitig den kaiserlichen Gesandten, Salvius wolle offenbar in Deutschland sein „stabilimentum" machen, „sintemal denn seinesgleichen Subjekte gemeiniglich mehr auf ihr eigen, als ihrer Prinzipalen Interesse zu sehen pflegen." Graf Wittgenstein bot, um Pommern zu retten, den beiden Schweden Landbesitz an und glaubte zu bemerken, daß sie sich darauf „etwas besser angelassen" hätten. Sicher ist, daß Salvius 10000 Taler von Brandenburg nahm und daß die Abtretung Mindens an diesen Staat nur durch großzügige Bestechung der schwedischen Gesandten erreicht worden ist. Volmar und Krane erhielten beträchtliche Summen von Hessen-Kassel und Oldenburg, Peñaranda bestach die niederländischen Gesandten, und die Menge der reichsständischen Vertreter wird nicht spröder gewesen sein als die großen Herren. Man kann sie fast alle nennen: Der Mainzer Kanzler Reigensperger nahm Geld von Spanien, Würzburg, Oldenburg; die Augsburger Protestanten beschenkten den adelsstolzen Herrn von Thumbshirn und den Straßburger Markus Otto und brachten nur so ihre Sache schließlich durch. Die Franzosen beschenkten den Mainzer Gesandten Dr. Mehl, der Bischof von Würzburg den Weimarischen Vertreter Dr. Heher, damit er seine Ansprüche auf Kitzingen begünstige, und alle diese Männer waren hochangesehene Persönlichkeiten des Kongresses! Oft taten es schon kleine Summen. Fünfzig Taler genügten dem fränkischen Gesandten Dr. Ölhafen als „Verehrung" von der Stadt Frankfurt, und Zuwendungen für die Tafel der Herren Gesandten wurden gar nicht einmal groß gerechnet. Die Stadt Frankfurt beschenkte die Schweden und sogar den Grafen Trauttmansdorff mit einigen Stücken Wein, die Augsburger erwiesen den Schweden die gleiche Aufmerksamkeit, und der Gesandte des fruchtbaren, vom Kriege verschonten Oldenburg belieferte die Gesandtschaftsküchen planvoll und regelmäßig mit Käse, Wild, Fischen und anderen guten Dingen. Es ist lustig zu lesen, wie er sich über die tölpelhaften Fuhrleute ärgerte, die nicht pünktlich zu den hohen Festtagen eintrafen oder stundenlang vor seiner Tür hielten und abluden, so daß die ganze Stadt zu sehen bekam, „was der Oldenburger Austernkramer für Vorrat bekommen hat." Auch mit Geld, Pferden und Silberwaren war der reiche Oldenburger Graf nicht karg, um seinen einträglichen Weserzoll durchzusetzen, und doch klagte sein Gesandter, er könne mit seinen Gegnern, den Bremern, nicht Schritt halten. Auf seiner Bestechungsliste finden sich zahlreiche reichsständische Vertreter, und daß Oldenburg sein Ziel erreichte, verdankte es nur dieser schamlosen, systematisch betriebenen Bestechung oder, wie man selber schonend sagte, der „Realdankbarkeit." In welchem Maße das niedere Gesandtschaftspersonal aller Parteien bis hinab zu den Sekretären und Schreibern sich kaufen ließ, kann man nur ahnen, und wieviele wichtige Entscheidungen des Kongresses durch Bestechungen beeinflußt worden sind, wird sich wohl nie aufklären lassen. Nur wer reichlich und unermüdlich gab, konnte auf Erfolg hoffen, und selbst eine erkaufte Zusage blieb noch unsicher. Wie leicht kam die Gegenseite mit stärkeren Argumenten und besserer „Realdankbarkeit" dazwischen! Erst eine ständige „Untermauerung" gab Aussicht auf einen glücklichen Erfolg.

Ein Bild abstoßender Fäulnis hinter einer glänzenden Außenseite! Viele, die mittaten, empfanden es selber und schämten sich. „Nicht ohne sonderbare Entfärbung und schamrötige Blödigkeit" bedankte sich Graf Wittgenstein für die Geschenke des Oldenburgers. Sittliche Entrüstung über die allgemeine Verderbnis war häufig, aber manchem stand sie schlecht zu Gesicht. Der brandenburgische Gesandte von Löben bat daheim um neue Bestechungsgelder: „Unter 10 oder 12 000 Reichstalern werde ich wenig richten. Gott erbarme es, daß diese Sache auch unter den Deutschen eingeschlichen." Aber derselbe Löben nahm Geschenke von Oldenburg und scheute sich nicht, offen um mehr zu betteln. „O tempora! Auri sacra fames!" rief der oldenburgische Landrichter Mylius schmerzerfüllt aus, der doch selber die Bestechungsgelder und Geschenke seines Herrn verteilte und alles tat, um den beklagten Goldhunger nach Kräften zu stillen. „Was helfen rationes, was helfen recommendationes, wenn ihrer auch ein ganz Schiff voll wäre, ohne Geld! Das Leder will geschmiert sein!" Diese traurige Erfahrung machte der Osnabrücker Bürgermeister Schepeler auf dem Kongreß zu Münster. Die Franzosen sprachen von einer neuen deutschen Krankheit, der „Geldbräune", und der Würzburger Gesandte Vorburg schrieb: „Alle nehmen hier etwas, entweder von der einen oder von der anderen Partei." Er vergaß die, die von beiden nahmen. Glanz und Luxus bei größter Not ringsum, Geldnot und schamlose Bestechlichkeit aller Orten, das war das allgemeine Bild.

Zeremoniell

Doch haben nicht nur Genußsucht und Habgier die Männer des Kongresses geleitet, so verbreitet diese Übel unter ihnen auch waren. Sie zahlten den Lastern der Zeit ihren Tribut, aber die meisten sind doch mit großem Ernst und dem Bewußtsein, vor einer weltgeschichtlichen Aufgabe zu stehen, ans Werk gegangen. Aus zahlreichen Äußerungen spricht bei aller Rhetorik ein Gefühl großer Verantwortung. Der französische Staatssekretär Brienne schrieb nach Münster: „Uns ist die größte Aufgabe gestellt, die es seit Jahrhunderten gegeben hat. Es gilt nicht nur den Frieden zwischen zwei Kronen zu schließen, sondern in ganz Europa, und ihn so fest zu gründen, daß die Hoffnung, ihn wieder zu brechen, vergeblich bleibt." Als Graf d'Avaux auf dem Wege nach Münster in Reims weilte, hielt er vor dem Domkapitel eine Ansprache, worin er dem Friedenswerk, zu dem er sich anschickte, einen fast sakralen Charakter zusprach und die Geistlichen zur Fürbitte aufforderte. Wer will den Ernst solcher Äußerungen verkennen? Ein echtes Empfinden für Würde und Größe ihres Werkes finden wir immer wieder bei den Gesandten aller Parteien. Nur Graf Peñaranda, der jeden seiner Tage in Münster verwünschte, schalt auf den Müßigang des Kongresses, der nur dazu diene, ständig neue Komplotte und Kriegspläne auszubrüten und das größte Hindernis für den Frieden sei.

Doch finden wir solche Verdammungsurteile im allgemeinen nicht, dafür aber häufig den Vorwurf gegen die andere Partei, sie wolle keinen Frieden und benutze die Verhandlungen nur, um Zeit zu gewinnen. Nicht den Kongreß selber verurteilte man also, sondern den Mißbrauch, den der Gegner angeblich damit trieb. In der Geschichte des Kongresses, die der Jesuitenpater Bougeant hundert Jahre später schrieb, erscheinen allerdings die Verhandlungen als eine einzige Kette diplomatischer Praktiken und Finessen, schlauer Überlistungen und Intrigen, die mit Behagen geschildert werden. Hier könnte man wirklich den Eindruck gewinnen, der Kongreß sei eigentlich nur ein Mittel gewesen, um mit allerhand Künsten den Krieg noch recht lange hinauszuziehen. Bis heute erhebt man gegen die Männer des Kongresses den Vorwurf wenn nicht bewußter Verschleppung, so doch mangelnden Ernstes und unglaublicher Umständlichkeit. Immer wieder verweist man auf die langatmigen Zeremoniellverhandlungen, die mehr als alles andere den Abschluß verzögert hätten.

Es ist wahr, diese Fragen haben, zumal im Anfang, ganz ungebührlich im Vordergrund gestanden. Schon der päpstliche Nuntius klagte, es sei eine wahre Komödie, und er würde gerne allen den Titel Majestät geben, wenn sie sich nur zum Frieden bequemten. Doch entsprangen diese Streitigkeiten nicht nur, wie es scheinen möchte, persönlicher Eitelkeit der Diplomaten. Sie bezeichnen vielmehr eine Stufe in der Entwicklung des Gesandtschaftswesens und des europäischen Staatensystems. Denn dieses System war noch nicht abgeschlossen, in den Kreis der souveränen Mächte drängten noch immer neue Staaten hinein, die Anerkennung suchten. Außerdem fehlte es noch an einer unbestrittenen Rangordnung unter ihnen. Beides, das Streben nach Anerkennung und nach einem würdigen Platz in der Rangordnung, fand seinen sinnfälligen Ausdruck im diplomatischen Zeremoniell, und insofern haben die ermüdenden Rangstreitigkeiten eben doch einen Sinn und eine sachliche Bedeutung gehabt. Daß man sie mit einem so übertriebenen Eifer und mit so peinlicher Beachtung der nichtigsten Nichtigkeiten durchfocht, ist nun wieder Ausdruck des barocken Zeitgeistes, dem die Form unendlich viel mehr bedeutete als uns.

Seit dem 15. Jahrhundert gab es die Einrichtung der ständigen Gesandten. Im 16. Jahrhundert hatten sich zwei Rangklassen unter ihnen gebildet. Noch waren die Grenzen zwischen ihnen fließend und die Bezeichnungen schwankend, der Unterschied als solcher aber klar ausgeprägt. Als die vornehmste Klasse galt die der Ambasciatori (ambassadeurs) oder legati. Nur souveräne Fürsten und freie Republiken konnten sich ihrer bedienen. So hatte schon Karl V. in einem Streitfall entschieden und den Vertretern aller Staaten, die irgendein Lehen trugen, den Charakter des Ambassadeurs abgesprochen. Dabei hatte er Venedig als einzige Republik den gekrönten Häuptern gleichgeordnet und über die italienischen Fürsten gestellt, weil sie Lehensleute des Reiches waren. So war es bis zum Beginn des Friedenskongresses geblieben. Die Gesandten nichtsouveräner Fürsten zählten zu einer besonderen Rangklasse. Man nannte sie Agenten, Deputierte, envoyés oder ablegati. Natürlich konnten auch souveräne Herren solche Diplomaten zweiten Ranges verwenden, aber das Recht, jederzeit ambassadeurs zu ernennen, hob sie über die anderen hinaus. Wicquefort sagt, es gebe „kein durchleuchtigeres Kennzeichen der Souveraineté" als dieses, und die völkerrechtliche Literatur der Zeit ist sich darin völlig einig. Allerdings eilte die Theorie seit der zweiten Hälfte des 16. Jahrhunderts der Praxis insofern voraus, als sie den Begriff der Souveränität erweiterte. Die Lehensabhängigkeit, die ja kaum noch etwas bedeutete, schien der Souveränität keinen Eintrag mehr zu tun, und so erkannte man in der Theorie den italienischen Fürsten und den deutschen Kurfürsten bereits das Recht zu, Botschafter zu ernennen, obwohl sie es in der Praxis erst bei den Westfälischen Friedensverhandlungen durchsetzten.

Der hohe Rang der Ambassadeurs fand in ihren Vorrechten und im Zeremoniell Ausdruck. Nur sie genossen uneingeschränkten völkerrechtlichen Schutz; noch zu Anfang des Kongresses legten die Franzosen eben aus diesem Grunde den größten Wert darauf, in der Vollmacht der kaiserlichen Gesandten als Ambassadeurs und nicht nur als Plénipotentiaires bezeichnet zu werden, denn nur so seien sie auf alle Fälle gegen Übergriffe geschützt. Der Ambassadeur vertrat die Person des Souveräns, deshalb standen ihm die gleichen oder doch nahezu die gleichen Ehren zu wie diesem. Er durfte unter Entfaltung alles nur denkbaren fürstlichen Prunkes seinen feierlichen Einzug in die Stadt halten, wohin ihn sein Auftrag führte. Er durfte dort einen Empfang erwarten, wie er sonst nur regierenden Herren zukam, indem ihm Personen hohen Ranges in feierlicher Auffahrt entgegengeschickt wurden. Er empfing bei seiner Ankunft von allen bereits anwesenden Diplomaten den ersten Besuch, während ein Gesandter der zweiten Rangklasse den Ambassadeurs stets die erste Visite abstatten mußte. Als Gast im Hause eines anderen erhielt er in jedem Fall den Vorrang, der Hausherr empfing ihn am Wagenschlag, bot ihm die Hand, ließ ihn zur Rechten gehen und bei Tisch den Ehrenplatz einnehmen. Niemals kamen diese Ehrungen einem Gesandten zweiten Ranges zu. Es konnte geschehen, daß selbst Fürsten einem Ambassadeur den Vorrang ließen. Auch militärische Ehren erwies man ihnen, vor allem aber kam ihnen die neumodische Anrede „Exzellenz" zu, um die sich in Münster noch bittere Kämpfe erheben sollten.

In diesen vornehmen Kreis drängten nun als erste die Niederländer hinein. Merkwürdigerweise waren es die Spanier, die sich am meisten beeilten, dem noch gar nicht anerkannten Rebellenstaat die Ehren einer souveränen Macht zu erweisen. Nach achtzig Jahren erbitterten Kampfes kam es der spanischen Politik jetzt darauf an, die Niederlande aus dem französischen Bündnissystem zu lösen. Dafür war kein Preis zu hoch. So erkannten die stolzen Spanier den niederländischen Gesandten vom Beginn des Kongresses an gleiche Rechte und gleichen Rang zu. Um dies zu betonen, wurden die Friedensverhandlungen abwechselnd im Quartier der spanischen und der niederländischen Gesandtschaft abgehalten, wobei die Gäste jeweils den üblichen Ehrenvorrang genossen, und es erregte beträchtliches Aufsehen, als die Gesandten des katholischen Königs sich sogar zur Unterzeichnung des Friedens am 30. Januar 1648 in das Quartier der Niederländer begaben.

Die Franzosen hätten eigentlich alles daran setzen müssen, die Generalstaaten bei ihrem Bündnis festzuhalten. Es ist deshalb schwer zu verstehen, warum sie ihnen im Zeremoniell fortgesetzt Schwierigkeiten machten und ihr Selbstgefühl kränkten. Als man 1644 im Haag über die Erneuerung des Bündnisses verhandelte, suchten die Niederländer vertraglich eine Gleichstellung ihrer Gesandten zu erlangen. Avaux verwies sie nach Paris, aber dort behandelte man die Sache dilatorisch. Bei der Unterzeichnung des erneuerten Bündnisvertrages gingen die Franzosen so weit, über die Anordnung der Unterschriften zu streiten, und betrachteten es als einen großen Erfolg, daß sie ihre Namen nebeneinander in die erste Zeile setzen durften und die Niederländer die ihren erst in die zweite. Die Generalstaaten haben erst nach Jahresfrist die Gleichstellung ihrer Gesandten erzwungen, und zwar dadurch, daß sie den Kongreß nicht eher beschickten, als bis die Franzosen ihre Bedingungen erfüllten. Erst im Januar 1645 wurden die französischen Bevollmächtigten in Münster angewiesen, den niederländischen Gesandten den Exzellenzentitel und die Oberhand in ihrem Hause, nicht aber die erste Visite zuzugestehen. Bei dieser Gleichstellung mit Einschränkungen ist es offenbar geblieben.

Einen Unterschied wollte Frankreich nämlich zwischen den souveränen Mächten unter allen Umständen aufrechterhalten, den zwischen Monarchien und Republiken. So begannen die Franzosen selbst an der herkömmlichen zeremoniellen Gleichstellung der Venezianer herumzumäkeln. Als Graf d'Avaux den ersten Besuch Contarinis empfing, ging er ihm nur fünf Stufen hinab entgegen und geleitete ihn beim Abschied nur bis zum Fuß der Treppe und nicht die letzten Schritte bis zum Wagen. Das war wohlberechnete Absicht, dem Venezianer sollte damit eine Zwischenstellung zwischen einem Ambassadeur und einem Gesandten zweiter Klasse angewiesen werden. Contarini protestierte und verlangte Gleichstellung, Avaux verweigerte sie und fand die Billigung seines Hofes.

Aber die Anerkennung der Niederländer hatte nun, wie zu erwarten, weitere Folgen. Die Kurfürsten wollten den Republiken nicht nachstehen. Schon auf dem Trienter Konzil hatte es darum Kämpfe zwischen Venedig und Bayern gegeben. Ferdinand III. hatte in seiner Wahlkapitulation den kurfürstlichen Gesandten an seinem Hofe den Vortritt vor denen der ausländischen Fürsten mit Ausnahme der Könige gewähren müssen. Jetzt wollten die kurfürstlichen Gesandten gar den Ambassadeurs gleichgestellt werden. Zunächst fanden sie allgemeine Ablehnung. Die kaiserlichen Bevollmächtigten waren angewiesen, sie nach dem Herkommen zu behandeln, und erklärten deshalb, sie könnten diese Forderung selbst dann nicht bewilligen, wenn die ausländischen Mächte darauf eingehen sollten. Doch die Kurfürsten setzten ihren Willen durch, der Kaiser gestand am Ende ihren Gesandten sogar als erster Titel und Ehren eines Ambassadeurs zu, Franzosen und Schweden folgten zögernd nach. Auch das neue Prädikat „Exzellenz" ertrotzten sie sich, allerdings nur für die Prinzipalgesandten. Die Franzosen empfanden es anfangs als peinlich, auf gleichem Fuße mit den Gesandten kaiserlicher Vasallen verkehren zu müssen, aber als Schutzherr der deutschen Libertät konnte ihr König den Kurfürsten doch schließlich nicht verweigern, was ihnen sogar der Kaiser zugestanden hatte. Natürlich konnte man nun den Italienern nicht versagen, was man den Kurfürsten gegeben hatte. Nicht lange, und Münster wimmelte von Exzellenzen.

Nicht alle freuten sich dessen. Die deutschen Fürsten protestierten nun natürlich gegen diesen Vorzug der Kurfürsten. Der Kurfürst von Sachsen, wie immer konservativ, verbot seinen Gesandten, den neuen welschen Titel zu führen, und in Osnabrück blieb es überhaupt bei dem Reichsherkommen.

Der Kreis der souveränen Mächte war damit geschlossen, aber die schwierigsten Kämpfe entbrannten nun erst um die Präzedenz innerhalb dieses Kreises. Gustav Adolf hatte einst dem französischen Gesandten Charnacé, der in seinem Feldlager mit dem englischen Botschafter um den Vorrang stritt, sein Erstaunen darüber ausgedrückt, daß ein König den Vorrang vor einem anderen beanspruche, obwohl sie doch alle allein von Gott abhingen und er jedenfalls niemals einem anderen weichen würde. Charnacé hatte ihm erwidert, das gelte wohl für jeden Konig in seinem Königreich, aber nicht bei einer Versammlung von Königen oder Königlichen Botschaftern. Hier müsse es notwendigerweise eine Präzedenz geben und sie lasse sich auch herstellen, da es ja Könige von älterer und vornehmerer Herkunft gebe und damit berechtigte Ansprüche auf Präzedenz. Aber konnten solche Argumente einen Herrscher überzeugen, der nun einmal keinen Sterblichen über sich anerkennen wollte? So war das Problem der Präzedenz unter den gekrönten Häuptern bisher ungelöst geblieben. Es gab gewisse Gewohnheiten, aber keine festen Regeln. Den Vortritt hatten, mindestens an den katholischen Höfen, von altersher unbestritten die Gesandten des Papstes, und dabei ist es auch in Münster geblieben. Doch haben die Franzosen streng darauf geachtet, daß aus der Präzedenz kein Vorrang werde. Dem Nuntius gestatteten sie in der Kirche einen abgesonderten und erhöhten Platz nur solange, als er Pontifikalgewänder trug und geistliche Funktionen ausübte, im übrigen habe er seinen Platz bei den Botschaftern einzunehmen, einen ehrenvolleren Sitz könne es auch gar nicht geben. Der Nuntius fügte sich wohlweislich. Unter den weltlichen Botschaftern standen die kaiserlichen herkömmlich an erster Stelle. Auch daran hat man nicht gerüttelt, doch legten auch hier die Franzosen Wert auf die Feststellung, dieser Vorzug gebühre nicht etwa dem Hause Habsburg, sondern allein dem Kaiser als solchem. Man sieht hier deutlich, wie die fast monarchische mittelalterliche Ordnung des Staatensystems einer aristokratischen weicht und von dem echten Vorrang, den der Kaiser als Herr der Christenheit einst unbestritten gehabt hat, nur eine widerwillig geduldete Präzedenz übrig bleibt. Die kursächsischen Gesandten haben als einzige versucht, diese Tatsache zu ignorieren. Sie trafen sehr spät in Osnabrück ein und hätten nach der Ordnung des Kongresses von allen anwesenden Botschaftern den ersten Besuch erhalten müssen. Sie machten jedoch, wie auf Reichstagen üblich, dem kaiserlichen Prinzipalgesandten Graf Trauttmansdorff ihre Aufwartung. Darauf verweigerten ihnen die Schweden den ersten Besuch, weil sie damit zwischen sich und den Kaiserlichen einen Unterschied anerkannt hätten. Da aber die Sachsen sich keineswegs zur ersten Visite bei den Schweden verstanden, konnte der amtliche Verkehr zwischen ihnen nicht aufgenommen werden, und dieses zeremonielle Hindernis war stärker als das sachliche Bedürfnis nach Begegnung und Aussprache.

Um den Platz nach den kaiserlichen Gesandten stritten sich Franzosen und Spanier, und zwar schon seit langem. Das Herkommen sprach für Frankreich. Nur am Wiener Hof und überhaupt auf Reichsboden pflegte der spanische Botschafter die Präzedenz zu behaupten. Wie es in Münster sein würde, war ungeklärt. Die Spanier waren angewiesen, auf Gleichstellung mit den Franzosen zu dringen und, wenn sie sie nicht erreichen sollten, jedes Zusammentreffen zu vermeiden. Die Franzosen dagegen waren entschlossen, ihren Anspruch mit allen Mitteln durchzusetzen, und Avaux scheute in diesem Punkte vor nichts zurück. Als er beim Eintreffen des

Nuntius erfuhr, daß die kaiserlichen und spanischen Gesandten ihm entgegenfahren würden, ließ er zwanzig bewaffnete Edelleute aufsitzen und teilte den Spaniern mit, er werde gegen jeden Gewalt brauchen, der sich zwischen ihn und die Kaiserlichen drängen wolle. Die Spanier zogen es darauf vor, die Ankunft des Nuntius zu ignorieren. Avaux pflegte ihnen auch mit der Visite bei neueintreffenden Botschaftern zuvorzukommen, um so Anspruch auf den ersten Gegenbesuch zu erwerben. Nur bei Trauttmansdorff hatte er damit kein Glück. Der besuchte zuerst die Spanier, dann die Vermittler, zuletzt die Franzosen und erklärte, das gehöre sich so, man müsse zuerst seine Bundesgenossen, danach die Neutralen und dann erst die Gegner besuchen. Dagegen ließ sich nicht viel sagen. Es wäre ermüdend, alle Präzedenzstreitigkeiten zu schildern oder auch nur zu erwähnen; sie gehörten zum täglichen Bild des Kongresses und spielten sich selbst in der Kirche und sogar zwischen Freunden und Bundesgenossen ab. Die Rivalität zwischen Franzosen und Schweden hatte mit zur Teilung des Kongresses Anlaß gegeben, die Republik Venedig stritt nicht nur mit Frankreich, sondern auch mit den Kurfürsten und den italienischen Potentaten, und beim Empfang des Herzogs von Longueville entbrannte der Streit um die Reihenfolge der Kutschen so heftig, daß Contarini mit Abreise drohte.

Bei allen diesen Konflikten ging es nicht um persönliche Qualitäten, nicht um Geburt und Herkunft, sondern einzig und allein um die amtliche Stellung der Gesandten. Das wurde in sehr eindrucksvoller Weise klar, als die Kurfürsten den Rang des Ambassadeurs nur für ihre Prinzipalgesandten durchsetzten, während die Großmächte diesen Rang für alle ihre Vertreter behaupteten. Damit rückten auch gelehrte Räte nichtadliger Herkunft in die Klasse der Botschafter auf, ja sie erhielten sogar den Vorrang vor den kurfürstlichen Hauptgesandten. So konnte ein Edelmann in die Lage kommen, einem Bürgerlichen einfachster Herkunft weichen zu müssen. Contarini bemerkte diese Neuerung in seiner Schlußrelation mit großem Mißfallen. In Venedig freilich war so etwas nicht möglich, hier waren die Botschafterposten den Angehörigen der vornehmsten Familien allein vorbehalten.

Die Vertreter der Reichsfürsten und Reichsstädte zählten ohne Ausnahme zur zweiten Rangklasse. Natürlich gaben sie sich nicht ohne weiteres damit zufrieden, denn der willkürliche und rechtlich nicht zu begründende Vorrang der Kurfürsten erregte ihren Neid. Daß ihnen genau so das volle jus legationis zustehe, war nicht zu bestreiten und in der Praxis längst selbstverständlich; der altenburgische Gesandte von Thumbshirn hat es auch auf dem Kongreß einmal ausdrücklich betont. Merkwürdigerweise machten die Franzosen, die doch sonst für das Bündnisrecht aller Reichsstände ohne Ausnahme kämpften, im Zeremoniell die Unterschiede zwischen Kurfürsten und Fürsten mit. Bei diesem Unterschied ist es denn auch allgemein auf dem Kongreß geblieben. Die Gesandten der „niederen Stände" rächten sich, indem sie den kurfürstlichen Botschaftern den Exzellenztitel weigerten und den nachgeordneten kurfürstlichen Gesandten den Vortritt nicht gönnten.

Im übrigen fochten sie unter sich die gleichen Präzedenzkämpfe aus wie die Ambassadeurs in ihrem Kreise. Man war das im Reich seit Jahrhunderten gewöhnt. Schon Lambert von Hersfeld berichtet von blutigen Kämpfen um den Vortritt zwischen den Dienstmannen des Abtes von Fulda und des Bischofs von Hildesheim. Auch der Präzedenzstreit der geistlichen Kurfürsten untereinander war uralt, und der Zwist der Königinnen im Nibelungenlied weist wohl gar bis in germanische Zeiten zurück. Was auf Reichs- und Kreistagen an der Tagesordnung war, lebte in

Münster und Osnabrück wieder auf. Wir hören von Rangkonflikten zwischen Reichsstädten und Reichsritterschaft, zwischen Mainz und Brandenburg, zwischen geistlichen und weltlichen Fürsten. Ein ärgerlicher Zank erhob sich noch im letzten Jahr des Kongresses über die Frage, ob die städtischen Vertreter den Vorträgen der kaiserlichen Gesandten sitzend oder stehend, bedeckten oder entblößten Hauptes beizuwohnen hätten. Man räumte ihnen die Stühle weg, was sie schmachvoll fanden, sie drohten den gemeinsamen Beratungen fernzubleiben, bis man schließlich irgendeinen Kompromiß fand. Es kam vor, daß Gesandte geistlichen Standes Ornat anlegten, um sich so den Vortritt zu sichern. So kämpften die Herren mit unerbittlichem Ernst um nichtigen Schein, während die Fragen, an denen Europas Wohl und Wehe hing, der Entscheidung harrten.

Ist das noch Nachklang der halb religiösen Formenstrenge des herbstlichen Mittelalters, die Huizinga so feinfühlig geschildert hat, oder schon eine neue Welt? Es ist wohl beides, alt aber ist zum mindesten die Form, während der Inhalt sich unmerklich gewandelt hat. Aber während diese Form im späten Mittelalter noch ein beinahe liturgisches Element war und das Leben in eine höhere, edlere Sphäre emporheben sollte, ist sie hier bereits Ausdruck eines rein weltlichen Strebens nach Macht und Einfluß, nach einem angesehenen Platz in einer säkularen Staatenordnung. Damals konnte ein französischer Chronist den Fürsten zurufen: „Wer sich demütigt vor dem, der größer ist als er, der vermehrt und vervielfältigt seine Ehre bei sich selbst, und seine Güte erstrahlt ihm überquellend im Antlitz." Jetzt schreibt Wicquefort, der Lehrmeister der Diplomaten: „Es ist nichts auf der Welt, worüber ein Ambassadeur eifriger zu halten Ursache hat, als das hohe Ansehen und die daran hangenden Berechtigungen seines Fürsten. Absonderlich aber so ist er verbunden, über den Rang, welchen er bei anderen Fürsten zu prätendieren hat, kräftiglich zu eifern, damit er solchen bei denen Staats-Zeremonien und öffentlichen Versammlungen ungekränkt erhalten möge." Welcher Wandel der Gesinnung spricht sich in diesen beiden Sätzen aus!

Zu endgültigen Formen des diplomatischen Zeremoniells hat der Kongreß nicht geführt. Noch während seiner Dauer erklärten die Franzosen, die Handhabung in Münster dürfe nicht etwa als Regel für die Zukunft gelten. Eine der wichtigsten Neuerungen, die Aufnahme der kurfürstlichen Gesandten in den Kreis der Botschafter, ist später nicht immer anerkannt worden. Einen gewissen Abschluß erreichte überhaupt erst das 19. Jahrhundert.

Verhandlungsformen

Für einen Kongreß so vieler Mächte mußten auch die Formen des geschäftlichen Verkehrs erst gefunden werden, denn man kannte bisher nur zweiseitige Friedensverhandlungen und als Versammlungen mit übernationalem Charakter nur die großen Konzilien.

Die Teilung des Kongresses, nach Lage der Dinge vielleicht unvermeidlich, hat doch seine Arbeit unendlich erschwert. Die Auskunft, auf die Franzosen und Schweden, Kaiserliche und Reichsstände zuerst verfielen, sich von Fall zu Fall irgendwo in der Mitte zwischen beiden Städten zu treffen, bewährte sich nicht. Die Zusammenkünfte der kurfürstlichen Gesandten in Lengerich im Sommer 1645 wurden nicht fortgesetzt, wechselseitige Besuche erwiesen sich als einfacher. Das Schwergewicht der Verhandlungen lag daher bald in der einen, bald in der anderen Kongreßstadt. Münster war der Ort der Verhandlungen zwischen dem Kaiser und Frankreich, Spanien und Frankreich, Spanien und den Niederlanden. In Osnabrück wurden die Konferenzen des Kaisers mit Schweden und Protestanten abgehalten, in deren Lauf schließlich alle Reichs- und Religionsfragen einmündeten. So hat die kleinere und anfangs weniger bedeutende Kongreßstadt der anderen, der Stätte großer Politik und glanzvoller Repräsentation, schließlich fast den Rang abgelaufen.

Der Brauch, durch Vermittler zu verhandeln, war von früheren Friedensverhandlungen bekannt, wurde aber nur in Münster beibehalten. In Osnabrück besprach man sich, nachdem einmal die dänische Vermittlung beseitigt war, lieber unmittelbar, was nicht ausschloß, daß inoffizielle Vermittler sich in kritischen Augenblicken einschalteten. So hat Avaux zwischen Schweden und Brandenburg, haben die reichsständischen Gesandten in der Endphase der Religionsverhandlungen zwischen Kaiserlichen und Schweden, die Schweden wiederum zwischen Lutheranern und Reformierten vermittelt. Wie die amtliche Vermittlung von Chigi und Contarini gehandhabt wurde, erfahren wir gelegentlich. Sie hüteten sich, eigene Vorschläge zu machen oder gar als Schiedsrichter aufzutreten, betrachteten sich vielmehr nur als uneigennützige Übermittler der Vorschläge beider Parteien. Doch haben sie gelegentlich auch diese Vorschläge kritisch geprüft, Schärfen gemildert, Spitzen abgebogen und hie und da wichtige Änderungen durchgesetzt, bevor sie das Übermittelte weitergaben.

Auch sonst ging man in Münster und Osnabrück verschiedene Wege. So in der Frage, ob man schriftlich oder mündlich verhandeln solle. Das erste Verfahren hat sich in Münster durchgesetzt, das zweite in Osnabrück. Mazarin neigte anfangs mehr zu mündlichen Verhandlungen, er fand diese Art elastischer und meinte, man binde sich zu stark, wenn man seine Forderungen zu Papier bringe. Dennoch ist es bei dem schriftlichen Verfahren geblieben. Contarini hat es auf die Schreibseligkeit der deutschen Juristen zurückgeführt, die Wahrheit aber ist, daß die Vermittler selbst es wünschten, eben weil sie bindende Vorschläge der Parteien sehen wollten. Auch entsprach das den Anweisungen, die der päpstliche Nuntius erhalten hatte. Wir haben deshalb immer zwischen offiziellen Propositionen, amtlichen Vorschlägen und unverbindlichen Meinungsäußerungen der Parteien zu unterscheiden. Zu jenen mußte die Gegenseite ebenso offiziell Stellung nehmen, zu diesen nicht unbedingt. So nahmen die Verhandlungen in Münster in gewissem Sinne die Formen eines Prozesses an, bei dem beide Parteien ihre Schriftsätze überreichten. Die Propositionen wurden versiegelt dem Nuntius übergeben, der sie öffnete und weiterreichte oder, wenn es nottat, mit dem Absender über Änderungen verhandelte. In Osnabrück dagegen entwickelte sich im unmittelbaren, meist mündlichen Verkehr der Parteien eine freiere, ungezwungenere und mehr persönliche Art des Verhandelns.

Bei der Fülle der Fragen kam man nur in Etappen zum Ziel. War man über einen Punkt einig geworden, so wurde ein Vertragsentwurf gefertigt und in der Regel auch unterzeichnet. Der so vereinbarte Wortlaut war dazu bestimmt, in den endgültigen Vertragstext aufgenommen zu werden. In den letzten zwei Jahren gingen die Parteien dazu über, ganze Friedensentwürfe vorzulegen, die teilweise sogar im Druck erschienen. Bei allem aber, was man vereinbarte und unterschrieb, behielt man sich Änderungen vor. Auch galt der Vorbehalt, daß alles erst mit dem allgemeinen Friedensschluß in Kraft treten werde. So näherte man sich Schritt für

Schritt dem Ziel, und die Friedensverträge, wie sie am Ende vorlagen, könnte man als eine Sammlung von Einzelverträgen bezeichnen, von denen die meisten schon vor Monaten oder Jahren abgeschlossen und unterzeichnet worden waren.

Die Verhandlungen verliefen also nicht so, wie man sich die Arbeit eines Kongresses vorzustellen pflegt. Es gab keine Vollversammlungen und keine allgemeinen Sitzungen, der Kongreß ist weder formell eröffnet noch geschlossen worden, ja man könnte streiten, wann er begonnen und geendet hat. Als Ganzes ist er nie in Erscheinung getreten, es sei denn bei den großen öffentlichen Schaustellungen, wo das Zeremoniell sich entfaltete, aber keine Entscheidungen fielen. Die eigentliche Arbeit wurde in den Sitzungen geleistet, die hin und her in den Häusern der Gesandten oder bei den Vermittlern stattfanden, noch mehr fast in den unverbindlichen und vertraulichen persönlichen Gesprächen. Hier wurde das Werk mühevoll von Tag zu Tag gefördert; die Vermittler sollen über achthundert Einzelkonferenzen gehabt haben. Alle diese Verhandlungen wurden ständig begleitet von den Beratungen der Reichsstände. Sie vertraten ja eigentlich das Reich, ohne ihre Zustimmung konnten die kaiserlichen Gesandten von Rechts wegen nichts Bindendes eingehen. Man zog sie daher bei vielen Einzelfragen zu Rate, zweimal haben sie auch in zusammenhängenden Beratungen von längerer Dauer zu der Gesamtheit aller Probleme Stellung genommen: Im Frühjahr 1646, als man ihnen die Friedensvorschläge Frankreichs und Schwedens zur Beratung überwies, und im Sommer 1648, als man vor dem endgültigen Abschluß stand. Da ging es dann nach der umständlichen Art deutscher Reichstagsverhandlungen zu: Verlesung der Proposition durch den kaiserlichen oder kurmainzischen Gesandten, Beratung und Beschluß in den drei Kollegien, Einigung auf ein gemeinsames Votum durch Re- und Korrelation und, wenn das gelang, endlich die Abfassung eines Reichskonklusums.

Die militärische Lage hat, wie wir sehen werden, die Verhandlungen dauernd beeinflußt. Kluge Beobachter wollten sogar jahreszeitliche Schwankungen bemerkt haben. „Die Friedensverhandlungen", schreibt der französische Gesandtschaftskaplan, „erwärmen sich im Winter und kühlen sich im Frühjahr ab. Die Unruhe hält in der Versammlung etwa bis Ende Februar an. Dann gehen wir wieder zu unserer gewöhnlichen Ruhe über, die Generale rücken ins Feld und nehmen die Sache in die Hand. So haben die Männer des Krieges und des Friedens abwechselnd ihre Beschäftigung, und niemand kann sich beklagen." Der Prior Adami schreibt ähnlich: „Sonsten seind wir schon gewohnt, im Winter zu traktieren und im Sommer zu lavieren."

In welchen Sprachen hat man auf dem Kongreß verhandelt? Eine allgemeine Regel gab es dafür nicht. Das Lateinische, in gewissem Umfang noch immer die Diplomatensprache, ist doch nicht mehr so ausschließlich gebraucht worden, wie man meist annimmt. Noch war es die Regel im amtlichen Schriftverkehr des Reiches mit fremden Nationen, und darauf hat man auch in Münster und Osnabrück gehalten. Als die Franzosen ihre erste Proposition in ihrer Sprache vorlegten, protestierten die Kaiserlichen. Auch die Reichsstände wünschten, daß die Ausländer deutsch oder lateinisch mit ihnen verkehrten, und lehnten andere Sprachen ab. Nach der Anweisung, die Oxenstierna seinem Sohn erteilte, wollte er gleichfalls das Lateinische im Schriftverkehr mit Deutschen und Franzosen angewendet sehen. Auch die amtliche schwedische Instruktion ließ den Gesandten in der Sprachenfrage ziemliche Freiheit, jedenfalls was die mündlichen Verhandlungen betraf. Da mochten sie nach Gelegenheit deutsch, lateinisch oder französisch verhandeln, nur acta publica, Beschlüsse und Resolutionen sollten wie bisher lateinisch verfaßt werden.

Anders die westeuropäischen Nationen. Spanier und Niederländer vereinbarten als gleichberechtigte Verhandlungssprachen Französisch und Niederländisch und ließen das Lateinische daneben nur noch im mündlichen Verkehr gelten, nicht in den Akten. Die Nationalsprachen sind deutlich im Vordringen, besonders im schriftlichen Gebrauch; die Franzosen haben trotz des kaiserlichen Protestes ihre Propositionen auch weiterhin in ihrer Sprache verfaßt, und ein Mann wie der Hofhistoriograph Theodor Godefroy, der vom Französischen als Verhandlungs- und Vertragssprache abriet, weil die Deutschen es nicht verstünden, glaubte doch schon beteuern zu müssen, daß es das Ansehen des Königs nicht mindere, wenn er das Lateinische dafür zulasse.

Eine allgemeine Regel gab es also nicht, vor allem nicht im mündlichen Verkehr. In Osnabrück herrschte das Deutsche, das auch die Schweden geläufig sprachen, in Münster hat man sich wohl von Fall zu Fall verschieden verhalten, wir finden neben dem Lateinischen als Umgangssprachen vor allem Französisch und Italienisch. Das Französische war bekannter, aber noch nicht so allgemein üblich wie ein Jahrhundert später. Die Franzosen suchten ihm, wie es scheint, bewußt Raum zu schaffen. Dem Straßburger Markus Otto sprachen sie ihre Verwunderung aus, daß er mit ihnen Lateinisch rede, da doch das Französische in Straßburg bekannt und üblich sei. Otto erwiderte ihnen: „Wir sind Deutsche und reden Deutsch, haben uns aber der lateinischen als der mächtigsten Sprache bisher gleich anderen Ständen des Reiches in Schreiben und Propositionen meistenteils beflissen." Als Vertragssprache ist das Lateinische nur für die Verträge mit Kaiser und Reich verwendet, für den spanisch-niederländischen und den spanisch-französischen Frieden aber gar nicht mehr in Betracht gezogen worden. Es ist auch später noch und bis ins 18. Jahrhundert für Staatsverträge gebraucht worden, seine letzte hohe Blüte aber als *die* Sprache der europäischen Diplomatie hat es in Münster und Osnabrück erlebt.

ZWEITER TEIL

DIE GEBIETSABTRETUNGEN AN FRANKREICH
UND SCHWEDEN
1645 — 1647

7. Kapitel.

VORVERHANDLUNGEN

Die schwedischen Ansprüche

„Nun seind arma nostra in urbe vestra, jure belli seid ihr mein!" Dieses Wort Gustav Adolfs an die pommerschen Stände war nie widerrufen worden. Unablässig blieb in allen Wechselfällen des Krieges der Blick Schwedens auf die deutschen Ostseeküsten, vornehmlich auf Pommern, gerichtet. Vor dem Kriege hatte der König immer nur die Herstellung des status quo ante gefordert, vor allem die Räumung Pommerns und die Schleifung der Ostseefestungen. Nach der Landung in Deutschland begann er die Ostseeküsten und ihre Häfen zu verlangen. Schon der Vertrag mit dem Herzog von Pommern wenige Wochen nach der Landung bereitete den Weg dafür. In einem besonderen, von dem Herzog nie unterschriebenen und dem Vertrag einseitig einverleibten Artikel behielt sich der König den Besitz des Landes nach dem bald zu erwartenden Aussterben der herzoglichen Dynastie zunächst vor. Falls dem durch Erbvertrag berechtigten Nachfolger, dem Kurfürsten von Brandenburg, sein Recht „von anderen streitig gemacht und widerfochten würde", sollte erst dieser Punkt geklärt und dann dem König seine Kriegslast erstattet werden, schließlich der Kurfürst dem schwedisch-pommerschen Vertrag beitreten, ehe ihm das Land übereignet würde. Wozu diese Anzweiflung eines Erbrechtes, das bisher niemand bestritten hatte, wozu die ganze Klausel? Gustav Adolf wollte Pommern offenbar als Pfand für seine von Monat zu Monat ansteigenden Kriegskosten in der Hand behalten. Er fuhr in dieser Weise fort: Im Mai 1631 beanspruchte er in dem Entwurf eines Bündnisses mit Brandenburg Wolgast, Usedom und Rügen als Pfänder, bald darauf forderte er von Mecklenburg Wismar und Warnemünde unter gleichem Titel, alles noch sehr vorsichtig formuliert, unter Vorbehalt der landesherrlichen Rechte der bisherigen Eigentümer. Es handelte sich zunächst nur um ein Besetzungsrecht für Kriegsdauer. Aber nach dem Siege von Breitenfeld wird seine Sprache deutlicher. Die Bündnisverträge dieser Zeit setzen zu den Gebietsforderungen bereits vielsagend hinzu: Donec plenius nobis cum Imperio Romano convenerit. Der König hat ferner vertraulich die Absicht geäußert, die eroberten Stifter Mainz, Bamberg und Würzburg zu behalten, Magdeburg und Halberstadt zur Entschädigung Brandenburgs zu verwenden.

Niemals aber hat sich Gustav Adolf offen zu solchen Zielen bekannt. Wer immer den Versuch machte, die schwedischen Ansprüche festzustellen, stieß auf entschiedene Weigerung, bestimmte Objekte zu nennen, allerdings auch auf deutliche Abweisung aller Vorschläge, die auf eine Geldabfindung oder ähnliche Ersatzlösungen hinausliefen. Auch nach dem Tode Gustav Adolfs behielt man diese Taktik bei. Die Entschädigung müsse dem Wert der Guttat entsprechen, die Gustav Adolf den deutschen Protestanten erwiesen habe, hieß es da etwa, und sie müsse der Krone Schweden zu beständiger Sicherheit dienen, mit Geld wäre dem nicht entsprochen. Nur die vertrautesten Parteigänger ließ man die Absicht auf Pommern merken. Der Zweck dieser Vorsicht war, ein Angebot der deutschen Stände hervorzulocken.

Das ist, wie wir wissen, nie gelungen, weil Brandenburg jeden Verzicht auf Pommern ablehnte. Den Protestanten konnte es allerdings nicht ganz gleichgültig sein, ob Schweden zufriedengestellt würde. Sie bedurften seines Schutzes gegen den Kaiser und konnten sich für die Zukunft nur ganz gesichert glauben, wenn Schweden Reichsstand würde. Deshalb haben manche den Anspruch Schwedens auf Pommern befürwortet, Hessen ihn sogar vertraglich anerkannt und selbst Kursachsen hat, wenn auch ohne Erfolg, bei Brandenburg in der pommerschen Frage sondiert. Doch geschah das alles mit äußerster Vorsicht, und diese Zurückhaltung seiner Bundesgenossen veranlaßte den Kanzler Oxenstierna endlich doch, seine Karten aufzudecken. Das war 1634 in Frankfurt. Die Folgen waren für die schwedische Stellung in Deutschland verhängnisvoll. Die unvorsichtige Enthüllung der Kriegsziele hat zu dem großen Umschwung dieses Jahres beinahe ebensoviel beigetragen wie die schwedische Niederlage von Nördlingen. Unter dem Eindruck der Kriegslage wich Oxenstierna in den nächsten beiden Jahren schrittweise zurück, ging aber nie so weit, einen wirklichen Verzicht auszusprechen. Als in den folgenden Jahren das Glück der schwedischen Waffen und das Bündnis mit Frankreich eine kühnere Sprache erlaubt hätten, hat Oxenstierna es doch streng vermieden, den Fehler von damals zu wiederholen. Von territorialen Forderungen hörte man vorerst nichts mehr.

Dafür schuf man vollendete Tatsachen. In Pommern mußte bis zum Tode des Herzogs Bogislav im Jahre 1637 noch Vorsicht walten, dann aber erklärte die schwedische Regierung unter Berufung auf den Stettiner Vertrag, der Kurfürst von Brandenburg könne zur Regierung des Landes nur zugelassen werden, wenn er sich vorher mit Schweden vergleiche. Als Georg Wilhelm das ablehnte, schritt man mit Hilfe der Landstände zur Einrichtung einer vorläufigen Regierung. Der Statthalter Steno Bjelke erklärte dies den herzoglichen Räten so, es sei Schwedens Absicht, die Dinge „in integro und suspenso" zu lassen. Die Einrichtung der Interimsregierung brauchte dem nicht unbedingt zu widersprechen. So gingen die Stände, obwohl sie den Kurfürsten als ihren rechtmäßigen Herrn ansahen, zunächst darauf ein. Die Regierung der „Fürstlich Pommerischen hinterlassenen Regierungsräte" beruhte auf einer Vereinbarung zwischen ihnen und dem schwedischen Residenten und tastete die Rechte des Kurfürsten nicht an, interimistisch war sie insofern, als die Genehmigung der Königin von Schweden vorbehalten blieb. Diese kam, doch mit der Einschränkung, daß die Königin nicht gebunden sein wolle und sich neue Verhandlungen mit den Ständen vorbehalte. Die Stellung dieser Regierung aber wurde unhaltbar, als der Kurfürst ihr den Befehl gab, sich aufzulösen, weil man ihr verboten hatte, die Geschäfte in seinem Namen zu führen. Damit gab er Schweden den Vorwand, den es suchte. Schon 1638 wurde eine schwedische Zwischenregierung eingerichtet; da aber Verwaltung und Rechtsprechung durch die starre Haltung des Kurfürsten fast zum Stillstand kamen, eröffnete Schweden im Jahre 1640 neue Verhandlungen mit den Ständen. Diesmal war es auf eine völlige Neuordnung abgesehen: Ein Staatsrat, zwei Konsistorien, zwei Hofgerichte in Stettin und Greifswald wurden eingerichtet, die Regierung, nunmehr als „schwedisch-pommerische" bezeichnet, sollte allein im Namen der Königin tätig sein, Appellationen an das Reichskammergericht wurden verboten. Umsonst verwiesen die Stände darauf, daß das im Stettiner Vertrag vereinbarte schwedische Direktorium nur ein Kriegsdirektorium sei, man bedeutete ihnen, der brandenburgisch-pommersche Erbvertrag sei durch den Krieg suspendiert und binde die Stände nicht, wohl aber verpflichte sie der Stettiner Vertrag, die Feinde Schwedens auch als die ihren zu betrachten und den Kurfürsten nicht mehr als Eventualsukzessor anzuerkennen. Darauf lehnten die Stände jede Mitwirkung an der neuen Verfassung ab, die Regierung des Landes ging völlig in schwedische Hand über.

Dies war die Lage, die den jungen Kurfürsten Friedrich Wilhelm bei seinem Regierungsantritt zu dem bekannten Wechsel der brandenburgischen Politik bestimmte. Er hoffte die pommersche Frage wenigstens in der Schwebe zu halten, vielleicht sogar an Oxenstiernas Friedensangebot von 1635 wieder anknüpfen zu können. Hatte Schweden damals nicht Neigung gezeigt, unter Umständen auf Pommern zu verzichten? Er wurde allerdings seiner Täuschung bald inne. Bei den Waffenstillstandsverhandlungen in Stockholm stieß der brandenburgische Unterhändler nur auf Feindschaft und Mißtrauen. Man zwang ihn zu demütigenden Bedingungen. Schon 1642 mußte der Kurfürst seine Politik der unbewaffneten Neutralität als gescheitert erkennen. Das hieß zugleich, daß die pommersche Frage nicht mehr durch unmittelbare Verhandlungen beizulegen war. Nur vor dem Tribunal der europäischen Mächte war eine Lösung zu erwarten.

Bremen und Verden waren der andere Brückenkopf, den sich Schweden auf deutschem Boden gesichert hatte. Als Gustav Adolf von dem Land zwischen Weser und Elbe Besitz ergriff, kreuzten sich hier dänische, holsteinische und kaiserliche Interessen. Gegen Dänemark auf der einen, den Kaiser auf der anderen Seite suchte Gustav Adolf das schwedische Interesse durch Unterstützung des Erzbischofs Johann Friedrich von Holstein, seines Schwestersohnes, zu sichern. Das Bündnis mit ihm vom 23. Juni 1631 versprach dem Erzbischof völlige Wiederherstellung gegen Anerkennung des schwedischen Kriegsdirektoriums. Im folgenden Jahr rückten schwedische Truppen ein, ein Bündnis mit der Stadt Bremen und die militärische Besetzung der Bistümer begründeten eine unumschränkte schwedische Machtstellung im Lande, an deren Preisgabe schon deshalb nicht zu denken war, weil der Kaiser jetzt bei der Aussichtslosigkeit seiner eigenen Ansprüche die des Königs von Dänemark unterstützte, das heißt des größten Feindes und Rivalen der Schweden. Die Lage war ähnlich wie in Pommern: Formell war das Land mit Schweden verbündet, in Wahrheit aber Kriegsbeute, für Schweden von größtem Wert zur Überwachung der beiden wichtigsten Flußmündungen an der Nordsee.

Doch war es nicht leicht, dem schwedischen Anspruch gehörige Rechtstitel zu verschaffen. Der Tod des Erzbischofs hätte dazu dienen können, fiel aber gerade in die Tage der Schlacht von Nördlingen, und es gelang in diesem Augenblick nicht, die Nachfolge im schwedischen Sinn zu regeln. Oxenstierna hätte gern Kapitel und Stände zunächst von einer Wahl abgehalten und die während der Vakanz eingesetzte ständische Interimsregierung erhalten. Aber nur die Städte hielten zu ihm, Prälaten und Ritterschaft waren dänisch gesinnt und wählten den bisherigen Koadjutor, den Prinzen Friedrich von Dänemark. Schweden mußte ihn wohl oder übel anerkennen, obwohl er das schwedische Bündnis für seine Person nicht annahm; nur die Stände unterschrieben es neu. Bremen und Verden waren für Schweden nur zu retten, wenn der dänische Einfluß irgendwie ausgeschaltet wurde. Das hat zum Ausbruch des schwedisch-dänischen Krieges im Jahre 1643 mit beigetragen, aber die bremische Frage wurde beim Friedensschluß von Brömsebro unter französischer Vermittlung ausgesetzt und besonderen Verhandlungen in Stockholm vorbehalten, kam aber dort nicht voran und wurde ungelöst dem Friedenskongreß überwiesen.

Auch Wismar und Warnemünde gehörten von Anfang an in das schwedische Annexionsprogramm. Gustav Adolf hatte zunächst nur die Zölle verlangt, nach der Schlacht von Breitenfeld auch die Einräumung beider Städte gefordert und schließlich im Vertrag vom 29. Februar 1632 die Herzöge von Mecklenburg gezwungen, ihm Stadt und Hafen Wismar mit Walfisch, Schanze und Hafen Warnemünde als Garnison und Flottenstützpunkt bis Kriegsende zu überlassen. Die endgültige Entscheidung über diese Plätze war nach dem Vertrage beim allgemeinen Friedensschluß zu treffen.

Es war also damit zu rechnen, daß die sorgfältig verschwiegenen schwedischen Ansprüche bei gelegener Zeit wieder auftauchen würden. In welchem Umfang stand dahin. Nicht einmal die Bündnisverträge mit Frankreich gaben irgendeine Andeutung über die Gebietsansprüche beider Mächte. Sie hielten sorgfältig damit zurück, ja sie verbargen sie auch voreinander. Offenbar wollten sie frei bleiben, ihre Forderungen je nach der Lage zu steigern. Die Verträge sprachen nur den Grundsatz der Entschädigung aus und schwiegen über das Ausmaß; beide Mächte liebten es im übrigen, zu betonen, ihre Satisfaktion bestehe vornehmlich in der Wiederherstellung der deutschen Freiheit.

Nur aus den Friedensinstruktionen, die zur Zeit noch unerschlossen in den Archiven ruhen, erfahren wir Zuverlässiges über ihre territorialen Ansprüche. Die schwedische Regierung hat sie in der Instruktion vom 5. Oktober 1641 klar umschrieben und auch den Weg zu ihrer Verwirklichung angegeben. Sie gab sich keinem Zweifel darüber hin, wie unpopulär ihre Gebietsansprüche in Deutschland seien. Das konnte ihr als Schutzmacht der deutschen Protestanten nicht gleichgültig sein. Niemals durfte deshalb der Frieden an diesen territorialen Forderungen scheitern. Waren sie nicht durchzusetzen und schien ein Bruch unvermeidlich, so mußte er bei den Verhandlungen über Amnestie und Religionsfreiheit herbeigeführt werden. Das war natürlich nur möglich bei zeitlichem Vorrang der schwedischen Satisfaktion vor den Reichs- und Religionsbeschwerden. Man mochte immerhin über beide Fragenkomplexe gleichzeitig verhandeln, niemals aber die letzte Hand an den zweiten legen, ehe über den ersten entschieden war.

Mit Rücksicht auf Schwedens deutsche Stellung bedurften seine Ansprüche sorgfältiger Begründung und überzeugender Rechtfertigung. Die Instruktion wies die Gesandten dementsprechend an, und sie haben die Verdienste ihres Königs um die deutsche Libertät und um die evangelische Freiheit oft mehr betont, als Klugheit und Takt eigentlich erlaubt hätten. Noch schwieriger war der Auftrag zu erfüllen, für alle Gebietsabtretungen nach Möglichkeit die Zustimmung der Betroffenen und die der Reichsstände zu erwirken; zu diesem Zweck wurden auch Separatverhandlungen mit Brandenburg ins Auge gefaßt.

Als Satisfaktion kam, daran ließ die Instruktion keinen Zweifel, nur Pommern in Frage, keine Geldentschädigung und kein anderes Territorium. Ausdrücklich wurden Magdeburg, Halberstadt oder ähnliche Ersatzangebote abgelehnt. Das Ziel war ganz Pommern mit dem Bistum Kammin und mit den Seezöllen, diese wenigstens für acht bis zehn Jahre. Eine geheime Nebeninstruktion sah für den äußersten Fall eines drohenden Sonderfriedens der Reichsstände mit dem Kaiser oder eines dänisch-polnischen Angriffes Konzessionen vor, die einen raschen Friedensschluß ermöglichen sollten, ohne doch die Ansprüche auf Pommern ganz aufzuheben. Schrittweise wollte man in diesem Fall Hinterpommern, im Notfall mit Einschluß Kammins und der Odermündungen, im schlimmsten Falle sogar Vorpommern und Rügen fahren lassen, immer jedoch auf einer möglichst hohen Geldsumme als Entschädigung bestehen und zu deren Sicherung Pommern oder mindestens Vorpommern sowie Warnemünde nebst Walfisch als Pfänder solange wie möglich in der Hand behalten, was dann doch wieder, wie man leicht erkennt, auf dauernden Besitz hinauslief.

Erstrebt wurde die Belehnung mit Pommern, um Sitz und Stimme am Reichstag zu erlangen. Aber auch Wismar, Walfisch und Warnemünde sollten mit ihren Seezöllen behauptet werden, mindestens aber das Recht auf Einsetzung schwedischer Zolleinnehmer in Wismar und Rostock. Dagegen wurden Bremen und Verden in der Instruktion von 1641 noch nicht genannt. Die Rücksicht auf Dänemark gebot, sich zu bescheiden.

Noch einmal ist zur Zeit des dänischen Krieges im Jahre 1643 im schwedischen Reichsrat im Beisein der Königin sehr ernsthaft der Verzicht auf Pommern erwogen worden. Krieg oder Frieden mit Dänemark hingen an dieser Frage, selbst der Kanzler bestritt nicht, daß Schwedens Anspruch auf Pommern der Hauptgrund für Dänemarks gefahrdrohende Haltung sei. Noch einmal erhob sich heftige Opposition gegen die Annexionspolitik, der Reichsmarschall Gustav Horn und andere warnten vor den schweren Gefahren, die sie mit sich bringe: Dänemark und Polen, Brandenburg, Sachsen und den Kaiser werde man gegen sich aufbringen. Noch einmal erläuterte der Kanzler vor dem Reichsrat die Bedeutung Pommerns als Bastion Schwedens, als Flottenbasis gegen Dänemark und Truppenbasis gegen Polen, als Stützpunkt, der die Verbindung zwischen Kalmar und Narwa erst eigentlich sichere. Er gab auch den politischen Vorteil zu bedenken, daß Schweden mit Pommern Sitz und Stimme im Reichstag erhalte und so im Reiche Fuß fassen könne. Jedermann gab zu, daß Pommern, einmal preisgegeben, nie wieder zu gewinnen sein werde, und so beschloß der Reichsrat schließlich, in dem Zwielicht zu bleiben, in dem man sich in der pommerschen Frage bisher immer bewegt hatte, und dem Kurfürsten von Brandenburg, dessen Anschluß an Dänemark ernstlich zu fürchten war, wohl Hoffnungen, aber keine Zusicherungen zu machen.

Erst der siegreiche Ausgang des dänischen Krieges gab Schweden die gewünschte Handlungsfreiheit. Oxenstierna riet der Königin im April 1645, ihre Forderungen jetzt höher zu spannen als noch in der Instruktion von 1641 geschehen war, und nun auch Bremen und Verden, Minden und Osnabrück ins Auge zu fassen. Jetzt also tauchte zum ersten Mal die Absicht wieder auf, auch an der Nordsee und im niedersächsischen Kreise für dauernd Fuß zu fassen, sicher in der Meinung, so einen größeren Einfluß auf das protestantische Deutschland zu gewinnen. Im Jahre 1641 hatte die schwedische Regierung auch noch daran gedacht, durch unmittelbare Verhandlungen die Zustimmung Brandenburgs zur Abtretung Pommerns zu gewinnen. Viel Hoffnung wird man von Anfang an nicht gehabt haben, die letzten Jahre hatten gezeigt, daß auf diesem Wege nicht weiterzukommen war. Der Kurfürst hatte zwar Anfang 1645 zu verstehen gegeben, daß er Separatverhandlungen über Pommern abseits vom Orte der Friedensverhandlungen nicht ablehne, wollte aber wieder an die Vorschläge von 1635 anknüpfen. Schweden ging auf solche Anregungen jetzt noch weniger ein als früher. Seitdem die deutschen Reichsstände am Kongreß versammelt waren und Schweden dort über eine mächtige Partei gebot, durfte es hoffen, mit ihrer Hilfe besser zum Ziel zu kommen. Der Weg schien klar vorgezeichnet: Als ersten Schritt bezeichnete die schwedische Regierung ihren Bevollmächtigten einen Reichsbeschluß, der Schwedens Anspruch auf Satisfaktion im Prinzip anerkenne. Sei das erreicht, dann könne man sich an Pommern halten und alle anderen Objekte ausschlagen. Verhandlungen mit Brandenburg könnten dieses Verfahren nur stören. Im Grunde entsprach das auch der Absicht des Kurfürsten. Mit seinem Angebot hatte er wohl nur die offizielle Aufnahme Pommerns in die schwedische Satisfaktionsforderung verhindern wollen. Die unbefriedigende Antwort, die er erhielt, ließ auch ihm keinen Zweifel mehr, daß der Kampf um Pommern auf dem Kongreß selbst ausgetragen werden müsse.

Die französischen Ansprüche

Die Ansprüche Schwedens liegen offen zutage, über die territorialen Kriegsziele Frankreichs dagegen ist bis heute lebhaft gestritten worden, ganz besonders in der Forschung des letzten Jahrhunderts. Sie hat sich dabei von dem nationalen Gegensatz zwischen Deutschland und Frankreich, dessen Symbol der Rhein war, stärker als billig bestimmen lassen. Immer wieder kehrte sie zu Richelieu zurück; im Guten wie im Bösen galt er ihr als Urheber der „klassischen" französischen Rheinpolitik. Alle Einzelzüge seiner auswärtigen Politik suchte sie aus dem Streben nach den „natürlichen Grenzen" Frankreichs zu erklären.

Freilich muß man zweifeln, ob die Idee „natürlicher" Grenzen im 17. Jahrhundert überhaupt schon eine nennenswerte Rolle in der Politik gespielt hat. Der Begriff findet sich bei Richelieu nie, im politischen Schrifttum seiner Zeit nur selten. Erst im 19. Jahrhundert werden Natur-, Sprach- und Volksgrenzen von Bedeutung. Wenn gelegentlich ein Franzose des 17. Jahrhunderts Pyrenäen, Alpen und Rhein als die Grenzen Frankreichs bezeichnet, so ist er gewiß ein Humanist, der in der antiken Tradition lebt und an Gallien denkt, wie die Alten es beschrieben haben, also an geschichtliche, nicht an natürliche Grenzlinien. Ferner aber ist es mehr als fraglich, ob der Staatsmann Richelieu sich überhaupt entscheidend von irgendeiner gelehrten Meinung bestimmen ließ. Die beliebte Gleichsetzung Frankreichs mit dem alten Gallien oder dem Imperium Karls des Großen findet sich wohl einmal bei Männern seiner Umgebung, bei ihm aber kaum, und keinesfalls hat er daraus praktische Folgerungen gezogen. Man kennt seine Warnung vor den politischen Dilettanten, die die Welt nach den Theorien regieren wollen, die sie ihren Büchern entnehmen.

Dennoch hat man sich nur schwer von der Vorstellung eines „Programms" der Richelieu'schen Außenpolitik freigemacht. Als Wilhelm Mommsen nach dem ersten

Weltkrieg in einem vielbeachteten Buch den Kardinal von der Anklage einer systematischen Rheingrenzenpolitik freisprach, bestritt er doch eigentlich nur seine Absichten auf das Elsaß, nicht die auf Lothringen und nicht die Absicht territorialer Erwerbungen überhaupt. Auch sollte nicht etwa dem Kardinal statt der „Rheingrenzentheorie" eine „Nichtrheingrenzentheorie" oder „Lothringentheorie" zugeschrieben, sondern wohl nur betont werden, daß Richelieus territoriale Ziele nicht für sich betrachtet werden dürften, daß sie mit der europäischen Lage gewechselt hätten und nur aus dem Gesamtzusammenhang seiner Politik zu verstehen seien, wo eines das andere trägt und bedingt. Wenn er, wie wir nicht zweifeln dürfen, Frankreich zur gleichberechtigten Großmacht neben Habsburg erheben wollte, so waren ihm Grenzerweiterungen nur ein Mittel neben anderen, so hing es von der jeweiligen Lage ab, welche Bedeutung ihnen gerade zukam und in welchem Umfang sie angestrebt wurden. Es bleibt zu untersuchen, wie weit andere Mittel, etwa Bündnisse, Garantie- und Sicherheitspakte daneben Bedeutung gewannen, wie weit Rechtsanschauungen und ein noch immer mächtiges christlich-europäisches Gemeinschaftsbewußtsein dem Ausdehnungsdrang Schranken setzten.

Daraufhin wären also seine Maßnahmen im einzelnen zu prüfen. Richelieu hat zum Beispiel einen ganzen Stab von Juristen und Historiographen unterhalten, um französische „Rechtsansprüche" auf fast alle europäischen Gebiete nachzuweisen. Hier wurden Länder und Staaten nach den Begriffen des römischen Rechtes vom zivilistischen Sacheigentum behandelt und so Ansprüche konstruiert, die weit über die Grenzen Frankreichs hinausgingen. Auf diese Ansprüche wurden ferner die Prinzipien angewendet, die die Legisten für die französische Krondomäne entwickelt hatten, denn sie wurden als unverjährbar und unveräußerlich bezeichnet. Einige Forscher haben ihnen große Bedeutung für Richelieus Politik zugesprochen und gemeint, er habe nur solche Erwerbungen ins Auge gefaßt, von deren Rechtmäßigkeit er überzeugt war, und das zu seiner Zeit laut verkündete jus belli verworfen. Doch dem widersprechen die Tatsachen. Die mühsam gesammelten Rechtstitel waren einerseits für Richelieu keine Schranke, andererseits blieben seine Forderungen auch weit hinter ihnen zurück. Sie sind also kein ernstgemeintes Programm, aber doch wieder mehr als nur fadenscheinige Gründe für unabhängig davon gefaßte politische Entschlüsse. In einer noch unveröffentlichten Aufzeichnung aus dem Jahre 1642 hat Richelieu nach genauer Prüfung aller Rechtstitel ihren Wert bejaht und ernsthaft mit der Frage gerungen, ob man auf etliche von ihnen verzichten dürfe, um dafür einige reale, aber begrenzte Vorteile und einen sicheren Frieden zu erlangen. Diese Aufzeichnung läßt deutlich erkennen, wie Richelieu sich im Gewissen an die Rechte der Krone gebunden fühlte und doch deutlich sah, wie das konsequente Festhalten an ewig unveräußerlichen Rechtstiteln alle Verträge unglaubwürdig machen und die außenpolitische Handlungsfreiheit des Staates lähmen müsse. Er kam nur so aus der Sache, daß er das Prinzip zwar festhielt, für die Praxis aber milderte und einen Verzicht für erlaubt erklärte, wenn der Staat nur dadurch vor völligem Ruin bewahrt werden könne. Er zog enge Grenzen, ließ nicht einmal die Lösung eines Königs aus feindlicher Gefangenschaft als Entschuldigung gelten, er band auch mit den Legisten jeden solchen Verzicht an die Zustimmung der Generalstände, bekannte aber doch, daß er für seine Person das Odium eines solchen Verzichtes tragen und seinen guten Namen dafür aufs Spiel setzen würde, wenn das Staatsinteresse es verlangen sollte. Er wies ihn schließlich nur deshalb von sich, weil er Spanien nicht traute und eine Sicherheit für den künftigen Frieden auf diesem Wege nicht erwartete.

Auch dem jus belli hat er seine Geltung zugestanden und damit die Rechtsüberzeugungen seiner Zeit geteilt. Die Lehre vom gerechten Krieg, im christlichen Mittelalter zuerst aufgestellt, war unter dem Eindruck der modernen Kriege mit ihrem Söldnerwesen und dem rücksichtslosen Einsatz aller staatlichen Machtmittel längst fraglich geworden, wurde aber in der theologischen und völkerrechtlichen Literatur noch immer ausführlich erörtert. Richelieu stand hier ganz in der scholastischen Tradition. Von der Einengung des Begriffes des gerechten Krieges durch die Reformatoren wußte er nichts. Ihm galt nicht nur die Verteidigung, sondern auch ein Angriffskrieg als gerecht, sofern er nur dazu diente, einen unzweifelhaften Rechtsanspruch durchzusetzen, unter Umständen denn also auch das, was wir einen Eroberungskrieg nennen würden. Aber dieses Recht zur Eroberung nach den Regeln des Völkerrechtes war deshalb doch nicht einfach ein bloßes Recht des Stärkeren. Es genügte nicht die tatsächliche Übermacht, um es zu begründen. Allerdings mußte ein beanspruchtes Gebiet zuvor mit den Waffen erobert sein, ehe man es annektierte; hier wirkte noch die uralte Rechtsüberzeugung vom Krieg als Gottesurteil nach. Okkupation ohne ehrlichen Kampf, ohne eigene Teilnahme am Krieg galt als Raub und konnte kein Recht begründen, sondern man mußte mit dem Besitzer des eroberten Landes im Kriegszustand sein, und selbst nach gewonnenem Krieg konnte der Sieger nur solche Gebiete für sich fordern, die er im Kriege besetzt und beim Friedensschluß noch in der Hand hatte. Was der Besiegte bis dahin behauptet hatte, mußte ihm bleiben. Die Annexion bedurfte ferner einer rechtlichen Grundlage, sei es daß ein Rechtsanspruch schon vor dem Krieg bestanden hatte oder im Lauf des Krieges entstand, etwa durch Kriegskosten und Kriegsschäden, für die ein Teil des eroberten Gebietes als Entgelt oder Pfand beansprucht werden durfte. Und noch eine dritte Schranke erhob sich gegen die willkürliche Annexion: Das Gebiet mußte im Augenblick der Eroberung rechtmäßiges Eigentum des Besiegten gewesen sein, sonst durfte es der Sieger nicht beanspruchen, weil er dann fremde Rechte verletzt hätte. Im übrigen gebot die Lehre vom bellum justum dem Sieger die Rückgabe aller seiner Eroberungen, sobald der Kriegszweck erreicht war und der Frieden geschlossen wurde.

Mit alledem war der Raubkrieg des Starken gegen den Schwachen wenigstens in der Theorie als Unrecht gebrandmarkt. Wir treffen diese Lehre vom jus belli in systematischer Form auch bei Richelieus Mitarbeitern an, bei ihm selbst nur in gelegentlichen Andeutungen, die aber erweisen, daß er sie kannte und anerkannte. Das erklärt uns, warum erst der Krieg, den er lange vermieden und nie gesucht hat, seine Annexionspläne zur Reife brachte, und veranlaßt uns, seine Ziele in der Zeit vor und nach Kriegsausbruch sorgfältig zu unterscheiden.

Als erstes Zeugnis weitgesteckter Eroberungsziele noch mitten im Frieden wird meist jene berühmte Denkschrift vom Januar 1629 zitiert, in der die Sätze stehen: „Man muß sich in Metz festsetzen (fortifier) und möglichst bis Straßburg vorrücken, um einen Zugang nach Deutschland zu gewinnen; das erfordert lange Zeit, strenge Diskretion und ein behutsames und verdecktes Verfahren". Ist hier nicht das Ziel der Rheingrenze in klaren Worten gewiesen? So hat man die Stelle meist verstanden, nur darüber hat man gestritten, ob hier ein Programm für nahe Zukunft oder ein lockendes Fernziel ohne unmittelbaren Wert für die Tagespolitik gemeint sei.

Dazu ist zunächst zu sagen, daß Richelieu das hier Geforderte in den nächsten Jahren tatsächlich Zug um Zug verwirklicht oder doch zu verwirklichen versucht hat. In der Denkschrift waren neben Metz und Straßburg auch Versoix und Neuchâtel in der Schweiz genannt und überhaupt als wichtigstes Mittel, die Nachbarländer vor spanischer Unterdrückung zu sichern, die Öffnung ihrer Grenzen für französische Interventionen empfohlen worden. Zu diesem Zweck forderte Richelieu militärische Stützpunkte im Grenzgebiet der Nachbarstaaten und eine mächtige Kriegsflotte, so gewinne man Zugang in ihr Gebiet zu Lande und von der See her und könne man Spanien jederzeit und an jedem Ort entgegentreten. Ein Jahr später folgte schon die Ausführung: Zuerst im Zuge des mantuanischen Krieges die Besetzung Pinerolos und der Versuch, Savoyen zu einem gemeinsamen Vorgehen gegen Genf zu ermutigen, wobei Neuchâtel und Versoix Frankreich zufallen sollten. Das Projekt scheiterte, aber wieder ein Jahr später brachte der lothringische Feldzug die Besetzung der Festungen Moyenvic und Marsal, halbwegs zwischen Metz und Zabern an der großen Heerstraße ins Elsaß, und zugleich bot Richelieu der Stadt Straßburg ein Bündnis, das dem König freien Paß über die Rheinbrücke sichern sollte. Man kann also der Denkschrift von 1629 die praktische Bedeutung nicht absprechen, nur muß man sie richtig zu lesen wissen. Den Schlüssel geben die Sätze, worin der spanischen Politik maßloser Eroberung das französische Verfahren entgegengestellt wird: Innere Festigung des Staates, Pflege der Allianzen, Intervention ohne offenen Krieg und eben zu diesem Zweck das System der „Einfallspforten" an den Grenzen Italiens, der Schweiz und Deutschlands. Nicht um Annexion ging es hier, obwohl das Verfahren natürlich dahin führen konnte, sondern um Sicherungsmaßnahmen. Richelieu unterschied beides sehr genau; von Annexionen bescheidenen Umfanges (Navarra, Saluzzo und Franche Comté) sprach er nur an letzter Stelle und rein hypothetisch für den noch unwahrscheinlichen Fall eines offenen Konfliktes mit Spanien, und er lehnte es ausdrücklich ab, um ihretwillen einen Krieg vom Zaun zu brechen.

Richelieus Politik hat schon vor dem Kriegseintritt von 1635 zu bedeutenden Grenzerweiterungen geführt, aber sie war nicht systematisch auf dieses Ziel gerichtet. Frankreich griff hier und da zu, wie die Kriegslage es gerade erforderte, aber was man besetzte, betrachtete man noch nicht als dauernden Erwerb. Das meiste wurde nur als Pfandbesitz für Kriegsdauer betrachtet, und einen großen Teil der Gebiete, die Frankreich im Westfälischen Frieden davontrug, hat Richelieu zunächst in der Absicht und mit der feierlichen Verpflichtung künftiger Rückgabe in Besitz genommen. Nur hier und da begegnet schon vor 1635 ein Anspruch auf dauerndes Eigentum, und dann jedesmal mit besonderer Begründung. Für Pinerolo, das im Jahre 1630 besetzt und entgegen den Bestimmungen des Friedens von Cherasco nicht wieder geräumt worden war, mußte ein Kaufvertrag als Rechtsgrund dienen, den Richelieu insgeheim mit Savoyen geschlossen hatte. Daß es dabei nicht ohne Druck und Hinterlist zugegangen war, stand auf einem anderen Blatt. Um den Einspruch des Kaisers abzuwehren, mußte der Nachweis erbracht werden, daß Pinerolo nicht Reichslehen sei. Die Gutachten der französischen Kronjuristen darüber waren natürlich bestellte Arbeiten mit vorher bestimmtem Ergebnis, deren Wert man bezweifeln darf, die aber den gewünschten Schein eines Rechtes lieferten.

Auch in den drei Bistümern Metz, Toul und Verdun erhob Richelieu schon in Friedenszeiten Ansprüche für Frankreich, aber sie waren nicht neu, sondern bestanden schon seit Jahrzehnten. Der französischen Protektion fehlte die Anerkennung durch das Reich, dessen Lehenshoheit Richelieu übrigens nicht bestritt und auch lange Zeit förmlich anerkennen wollte, wenn Kaiser und Reich dafür den status quo, das heißt die französische Protektion, respektierten. Die ersten Verwicklungen in diesen Grenzgebieten ergaben sich aus der Abwehr lothringischer Übergriffe. Der Herzog wollte seine Kirche von der Jurisdiktion der drei unter französischer Protektion stehenden Bischöfe befreien und einem eigenen Primas mit dem Sitz in Nancy unterstellen. Diesem Primas übereignete er im Jahre 1622 die reiche Abtei Gorze und suchte er die Gerichtsbarkeit über Gebiete französischer Protektion zu verschaffen. Dem König von Frankreich drohten damit seine Rechte gleichsam unter den Händen dahinzuschwinden. Richelieu schritt ein und wählte dazu das aus früheren Zeiten nicht unbekannte Mittel einer Untersuchungskommission zur Feststellung und Abgrenzung der beiderseitigen Rechte. Sie begann ihre Arbeit nach sorgfältiger militärischer und politischer Abschirmung Ende 1624. Ihre Tätigkeit richtete sich vornehmlich gegen Lothringen, wenn sie aber in diesem Gebiet der tausend kleinen Territorien Grenzen, gerichtliche Zuständigkeiten, den Umfang der Appellationen an die obersten Reichsgerichte und die Rechtmäßigkeit der lothringischen Maßnahmen im weltlichen Gebiet der Bistümer untersuchen sollte, so konnte es dabei nicht ohne Kränkung der Rechte des Reiches abgehen. Man hat diese Kommission wegen ihres anfechtbaren Verfahrens nicht ganz mit Unrecht als „Vorreunionskammer" bezeichnet. Den Rechtsgrund für die französische Einmischung gab der Protektionsanspruch, aus dem die Pflicht gefolgert wurde, die Bischöfe in ihren Rechten zu schützen. Das Verfahren lief in den Formen eines Scheinprozesses ab, schuf aber zunächst noch keine neuen Tatsachen, denn die Kommission hatte nur festzustellen und zu berichten, die Folgerungen zu ziehen war Sache der Politik. Ihre eigentliche Bedeutung liegt darin, daß sie einer neuen Auffassung der französischen Protektion den Weg bereitete, indem sie sie als Übergang zur Reunion und die Protektionsgebiete als Teile der alten Krondomäne bezeichnete.

Die Politik konnte der Theorie nur langsam folgen. Richelieu hat wahrscheinlich noch nicht einmal die Veröffentlichung der Kommissionsberichte gewünscht, jedenfalls hat er zunächst keine Folgerungen aus ihnen gezogen. Wo die Kommission gelegentlich zu Exekutionen schritt, handelte sie wahrscheinlich eigenmächtig. Richelieu ließ über die von ihr erarbeiteten Ansprüche mit sich reden und hat sie in den Verhandlungen mit Lothringen jahrelang bald behauptet, bald fallengelassen und dem Reich gegenüber jede Erörterung darüber vermieden. Diese Politik des Zuwartens mußte er freilich aufgeben, als der Kaiser nach seinem vollständigen Sieg in Deutschland 1630 die Ansprüche des Reiches in den westlichen Grenzgebieten wieder aufnahm und zur Besetzung von Vic und Moyenvic schritt, während gleichzeitig Lothringen, nunmehr eines Rückhaltes gewiß, zu offener Feindschaft überging. Als vollends die Schweden Ende 1631 am Rhein erschienen und Lothringen bedrohten, mußte Richelieu aus seiner Reserve heraustreten, wollte er nicht eine siegreiche Großmacht in diesen Gebieten als Erbin der Ansprüche des Reiches auftreten sehen. In raschem Zugriff wurden die beiden Festungen den kaiserlichen Truppen entrissen, Lothringen niedergeworfen und zur Annahme französischer Protektion gezwungen. Frankreich erhielt freien Durchmarsch durch das Herzogtum, die linksrheinischen Gebiete lagen seinem Zugriff offen, und wenig fehlte, so wären französische Truppen schon damals über die Zaberner Steige ins Elsaß vorgerückt.

Damit war die lothringische Frage geschaffen. Der Herzog trug das französische Joch mit Widerwillen und suchte immer wieder Anschluß an die kaiserlich-spanische Partei. Indem er, unbesonnen genug, alle Verträge nach kurzer Frist und in beleidigender Form brach, zwang er Richelieu zu immer schärferen Maßnahmen bis zu dem Spruch des Pariser Parlaments von 1634, der dem König das Recht zur Annexion des Herzogtums zuerkannte. Es war damit noch nicht unbedingt das letzte Wort gesprochen. Richelieu wollte drohen, aber den Weg zu Verhandlungen doch immer noch offen halten. Nur wollte er die lothringische Frage isolieren und aus den Verhandlungen der Großmächte ausscheiden, als eine Sache, die nur den König und den Herzog selber angehe. Dabei blieben verschiedene Lösungen denkbar. Der Herzog brauchte nicht unbedingt abgesetzt, er konnte auch auf den Stand eines französischen Kronvasallen herabgedrückt werden, indem man ihm die wichtigsten Festungen und einen großen Teil seiner Hoheitsrechte und Einkünfte nahm. Die Lehenshoheit des Reiches über Lothringen hat Richelieu deshalb, anders als bei den drei Bistümern, bestritten und schon 1633 als Usurpation bezeichnet.

Sobald Lothringen ausgeschaltet war, konnte man auch in den drei Bistümern freier vorgehen. Im Januar 1633 wurde ein alter Plan verwirklicht und in Metz ein Parlament errichtet. Man erfüllte damit einen Wunsch der Metzer Bürger, ein Appellationsgericht am Ort zu haben und den umständlichen Rechtszug zum Reichskammergericht zu ersparen, trat damit aber zugleich den Ansprüchen des Bischofs und des Herzogs entgegen. Zum Bereich des Parlaments erklärte man die weltlichen Herrschaftsgebiete (provinces) aller drei Bistümer im weitesten Umfang. Damit war aus der Protektion die Staatshoheit geworden, doch bedeutete sie noch nicht unbedingt die Trennung vom Reich. Man konnte seine nominelle Oberhoheit umso eher unberührt lassen, als sie nun ihres Inhalts beraubt war. Noch mehrfach hat Richelieu die Anerkennung der Rechte des Reiches angeboten. In Wirklichkeit hätte das nichts bedeutet, Frankreich hatte bei seinem Kriegseintritt in den drei Bistümern und in großen Teilen Lothringens den Zustand faktischer Souveränität schon erreicht. Die Frage war nur noch, ob es die nominelle Oberhoheit des Reiches weiterhin dulden oder beim Friedensschluß auch die formelle Souveränität fordern würde.

In diesen Jahren 1632 bis 1634 hat sich Frankreich ferner vom Ehrenbreitstein im Norden bis Mömpelgard im Süden eine Kette von Stützpunkten längs des Rheines gesichert und damit große Teile des Reichsgebietes seiner Kontrolle unterworfen. Hier bestanden keine ererbten Ansprüche, hier konnte zunächst auch kein jus belli geltend gemacht werden, denn alle diese Plätze waren durch Verträge erworben, die die Besetzung ausdrücklich auf Kriegsdauer beschränkten und den Eigentümern alle ihre Rechte vorbehielten. Welche Absichten verfolgte Richelieu mit diesen Maßnahmen? Wir kennen aus seinen Denkschriften und Instruktionen die Gründe sehr genau, die zur Besetzung dieser strategischen Positionen führten, und haben sie zum Teil bereits angedeutet. Die ersten Erörterungen darüber stammen schon aus dem Anfang des Jahres 1632, der Zeit des ersten bewaffneten Vorgehens gegen Lothringen. Richelieu fürchtete damals, Schweden könne die Rheinlinie besetzen und damit jedes Eingreifen Frankreichs in die deutschen Verhältnisse unterbinden. Um das Gleichgewicht der Kräfte in Deutschland zu erhalten, bedurfte aber Frankreich ständiger Verbindung mit der katholischen Liga und mit den protestantischen Fürsten. Deshalb galt es, dem Schwedenkönig zuvorzukommen und die Rheinlinie selbst in Besitz zu nehmen. Gewalt schied aus, wenn man sich nicht die deutschen Fürsten von vornherein verfeinden wollte. Also blieb nur der Weg der Verhandlungen und Verträge, und nicht um Annexion konnte es sich handeln, sondern nur um Aufbewahrung (dépôt) für Kriegsdauer. So stand es in dem ersten Vertrag mit Kurtrier, der Frankreich im April 1632 den Ehrenbreitstein überlieferte, so auch in allen folgenden. Aber bereits ein Jahr später, nach dem Tode Gustav Adolfs, trat unter dem Eindruck noch größerer Gefahren ein zweiter Gesichtspunkt in den Vordergrund: In der Instruktion für Feuquières im Frühjahr 1633 heißt es, es komme jetzt alles darauf an, daß es in Deutschland zu keinem Friedensschluß komme, ohne daß Frankreich mitspreche. Richelieu fürchtete damals den Zusammenbruch der protestantischen Mächte und einen übereilten Friedensschluß mit dem Kaiser. Da gewann die strategische Stellung am Rhein noch an Bedeutung. Nach wie vor sollte sie dazu dienen, den Krieg von Frankreichs Grenzen fernzuhalten, die spanische Etappenstraße nach Norden zu sperren, die Verbindung mit Deutschland zu sichern und Schweden unter Kontrolle zu halten. Jetzt aber brauchte man auch noch Garantien gegen eine Verständigung der kriegführenden Mächte unter Ausschaltung Frankreichs. Hatte man die rheinischen Festungen in der Hand, so war man Schiedsrichter über Krieg und Frieden in Deutschland, und dieser Gesichtspunkt gewann in der Folge immer mehr an Gewicht. Richelieu wollte die Bundesgenossen unter Kontrolle nehmen und sie hindern, einen Frieden zu schließen, der Frankreich isoliert hätte. Er nahm die Pläne des Vorjahres mit doppelter Anstrengung auf, er dachte an kampflose Besetzung des ganzen linken Rheinufers, die Politik der Stützpunkte und Einfallspforten wurde zur Politik der Pfänder.

Die Absichten Richelieus waren zeitweise sehr umfassend, wir finden Mainz, Kaub, Mannheim, die Pfalz und das Elsaß genannt, wir kennen den Entwurf eines Schutzvertrages mit Kurköln, der Frankreich das Besatzungsrecht in Linz, Kaiserswerth, Pyrmont und Dortmund bringen sollte. Auch Straßburg wurde dauernd umworben, schon 1629 hatte Richelieu ihm vergeblich Hilfe gegen den Kaiser angeboten, 1631 der finanziell bedrängten Stadt ein Darlehen gewährt und bis 1632 seine Bündnisangebote fortgesetzt, wobei die Benutzung der Rheinbrücke jedesmal eine große Rolle spielte, mindestens ebensosehr aber der Wunsch, die Stadt dem schwedischen Einfluß zu entziehen. Aus alledem war nichts geworden, der Widerstand Schwedens und das Mißtrauen der deutschen Fürsten waren nicht zu überwinden. Erst der Umschwung der militärischen Lage in den Jahren 1633 und 1634 brachte Richelieu an das Ziel seiner Wünsche. Als damals der Herzog von Feria mit spanischen Truppen von Mailand heranzog, kam es zur ersten französischen Intervention im Elsaß, wobei das Schutzbedürfnis der kleinen Reichsstände eine große Rolle spielte. Richelieu verstand es geschickt, ihre Notlage noch zu steigern und dadurch ihre Hilfegesuche zum Teil erst hervorzulocken. Innerhalb eines Jahres, vom Oktober 1633 bis Oktober 1634, gelang es ihm, ohne Schwertstreich alle wichtigen Plätze des Elsaß zu besetzen. Es begann mit dem württembergischen Ersuchen, die Stadt Mömpelgard in französischen Schutz zu nehmen. Dieser Schutz wurde im Januar auch dem Grafen von Hanau-Lichtenberg für seine Städte Buchsweiler, Ingweiler und Neuweiler angeboten, denen nach dem Abzug der Schweden kaiserliche Besetzung drohte. Die Sache war beiderseits nicht ohne Bedenken, für den Grafen als Reichsstand, für Frankreich als neutrale Macht, weil es den Eindruck einer Verletzung der Rechte des Reiches vermeiden mußte. Man rechtfertigte die Protektion deshalb mit einem Lehensverhältnis, das die drei Städte seit 1626 mit dem Bistum Metz verknüpfte. Zur gleichen Zeit übergab der Graf von Salm als Administrator des Bistums Straßburg, von den Schweden bedrängt und von den Franzosen in eine verzweifelte militärische Lage hineinmanövriert, Hagenau und Reichshofen, Zabern und Hochbarr als Preis freien Abzuges an die französischen Truppen. Nach der Schlacht von Nördlingen im Herbst 1634 tauschten Schweden und Frankreich förmlich die Rollen, kam Richelieu in die Lage, nicht mehr drängen zu müssen, sondern sich bitten zu lassen und Bedingungen zu stellen. Oxenstierna lud Frankreich ein, als Preis für einen Kriegseintritt außer Philippsburg und einem Anteil an dem noch zu erobernden Breisach alle schwedischen Eroberungen im Elsaß zu übernehmen. Kolmar und einige andere Städte allerdings, die durch Vertrag in schwedische Hand gekommen waren, mußten erst um ihre Zustimmung ersucht werden. Bereits hatte der schwedische Resident in Kolmar auf Weisung Oxenstiernas einen Vertrag vermittelt, durch den Kolmar selbst und fünf oberelsässische Mitglieder der Dekapolis in französischen Schutz übergingen. Von der burgundischen Pforte bis Markolsheim am Oberrhein bedeckten nun französische Garnisonen das Land. Richelieu hatte freilich diesen Vertrag seines Straßburger Residenten aus nicht ganz durchschaubaren Gründen verworfen, aber die militärische Besetzung war schon vollzogen und blieb bestehen. Ihre Rechtsgrundlage wurden einerseits der Vertrag mit dem Heilbronner Bund, den Richelieu selbst am 1. November 1634 in Paris schloß, andererseits die besonderen Konventionen mit den einzelnen Städten der Dekapolis, die in den nächsten Jahren nach und nach unterzeichnet wurden, als letzte die mit Schlettstadt im Jahre 1637. Der Pariser Vertrag sicherte Frankreich für den Kriegsfall das Recht, die elsässischen Städte zu besetzen und die Straßburger Rheinbrücke zu benutzen. Die Städte besaß man bereits, der Kriegsfall trat 1635 ein, und daß Schweden die Ratifikation verweigerte, blieb ohne Bedeutung, da Frankreich die Vorteile aus dem Vertrag auch ohne das davontrug.

Die Mehrzahl der besetzten Plätze ging freilich in den ersten Kriegsjahren wieder verloren. Aber sie wurden allmählich zurückerobert. Das hätte dazu verleiten können, nunmehr das jus belli in Anspruch zu nehmen und die alten Verträge als erloschen zu betrachten. Das ist nicht geschehen. Richelieu hat die Gültigkeit aller mit dem Heilbronner Bund und den Städten geschlossenen Verträge auch ferner anerkannt, sie waren und blieben die Rechtsgrundlage der französischen Okkupation. Frankreich war in ihnen die bindende Verpflichtung eingegangen, die Rechte und Privilegien der Eigentümer zu achten, die Hoheit des Reiches nicht anzutasten, selbst keine Souveränitätsrechte auszuüben und keine Kontributionen zu erheben, den Religionsstand zu respektieren, vor allem aber beim Friedensschluß die Städte zu räumen und alles in den früheren Stand zu versetzen. So feierlich beschworene Zusagen lassen eigentlich keinen Zweifel über Richelieus Absichten. Er dachte damals sicherlich noch nicht an Annexionen im Elsaß und hat zu allem Überfluß immer wieder in feierlichster Form versichert, sein König werde sich nicht auf Kosten des Reiches vergrößern und alle besetzten Plätze beim Friedensschluß zurückerstatten.

Frankreichs verwundbarste Stelle war die Nordostgrenze. Sie war seit dem hohen Mittelalter immer mehr zurückgedrängt worden. Die spanischen Niederlande bedrohten die Hauptstadt des Reiches durch ihre Nähe, der Aufstand der nördlichen Provinzen bot deshalb die große Möglichkeit, von diesem Druck ein für allemal frei zu werden. Der neue Staat der Vereinigten Niederlande wurde zum natürlichen Bundesgenossen Frankreichs, der Gedanke lag nahe, auch die noch spanisch gebliebenen Provinzen von dem Weltreich der Habsburger loszulösen und zwischen Frankreich und den Niederlanden aufzuteilen. Dieser Plan ist jedoch nicht in Frankreich, sondern in den spanischen Niederlanden selber entstanden. Die Führer der dortigen Adelsverschwörung regten ihn 1632 an. Richelieu wies ihn nicht geradezu von sich, um die Verschworenen nicht zu entmutigen, aber die Zurückhaltung, mit der er sich äußerte, mußte auffallen. Er wollte nicht durch ein solches Abenteuer in einen Krieg mit Spanien verwickelt werden. Er versprach zwar Hilfe für den Fall offener Empörung, auf das Teilungsprojekt ging er nicht ein. In einer Denkschrift vom Juni 1634 hat er über die inzwischen von den Generalstaaten akzeptierten Teilungspläne gesagt, sie würden, wenn durchgeführt, dauernde militärische Anstrengungen gegen eine aufsässige Bevölkerung notwendig machen, vor allem aber die Schranke niederreißen, die Frankreich und die Vereinigten Niederlande zu ihrer beider Glück trenne, und zwischen ihnen das gleiche Mißtrauen und den gleichen Dauerkrieg entzünden wie jetzt zwischen Holland und Spanien. Statt der Teilung, wie sie die Generalstaaten vorschlugen, schwebte ihm eine unabhängige katholische Republik der zehn Provinzen vor, die, auf die Freundschaft Frankreichs und der Niederlande angewiesen, mit beiden verbündet und von beiden garantiert, jedem Zwist zwischen ihnen vorbeugen und so Frankreichs Nordgrenze am besten sichern werde. Auch hoffte er dadurch England, um dessen Beitritt zu einer antihabsburgischen Koalition er sich seit langem bemühte und dessen Neigung zu Spanien ihm eine ständige Sorge war, jeden Grund zur Eifersucht zu nehmen. Schließlich schien auch das katholische Interesse für die vorgeschlagene Lösung zu sprechen. Nur vorsichtige Grenzbereinigungen sah Richelieu vor, zwei oder drei feste Plätze mochten an Frankreich und die nördlichen Niederlande fallen, mehr nicht. Richelieu hat diese seine Konzeption in dem Bündnisvertrag vom 8. Februar 1635 im wesentlichen durchgesetzt. Hier wurde an erster Stelle die Bildung eines unabhängigen Staates vorgesehen und nur für den allerdings wahrscheinlichen Fall, daß der Ruf zum Aufstand gegen Spanien keinen Widerhall in den zehn Provinzen finden sollte, die dann freilich unvermeidliche Teilung ins Auge gefaßt. Das Mißtrauen gegen einen neuen, mächtigen Grenznachbarn im Norden spielte also eine größere Rolle als der Wunsch nach Ausdehnung der eigenen Grenzen.

Bis zum Jahre 1635 blieben die französischen Ziele bei allem Wechsel der Dinge ziemlich unverändert, ein eigentliches Programm territorialer Erwerbungen bestand nicht. Mit dem Kriegseintritt aber entstand eine neue Lage. Soweit nicht frühere Verträge im Wege standen, trat das jus belli in Kraft, und es fielen damit mancherlei Rücksichten und Schranken. Die Ansprüche konnten nun mit dem Glück der Waffen steigen oder fallen. Leider fehlen direkte Nachrichten über die Absichten Richelieus, und viel Scharfsinn ist aufgeboten worden, um aus den spärlichen Bruchstücken seiner Korrespondenz oder aus Verwaltungsakten und militärischen Maßnahmen in den besetzten Gebieten seine Absichten zu erschließen. Im ganzen mit wenig Glück. Vor allem lassen die erwähnten Maßnahmen keinen sicheren Schluß zu, denn nach damaligen Völkerrecht konnte jeder militärische Okkupant Hoheitsrechte in Anspruch nehmen, ohne damit einer endgültigen Entscheidung über das besetzte Gebiet vorzugreifen. So konnten Gehorsamseide und Huldigungen verlangt, Gerichtshöfe und Verwaltungsbehörden errichtet werden, ohne daß daraus auf die Absicht dauernden Erwerbs geschlossen werden müßte. Man hat beispielsweise in diesem Zusammenhang dem Amt der militärischen Gouverneure und der Intendanten in den besetzten Gebieten große Bedeutung beigemessen, aber das Intendantenamt war auch in den alten Provinzen Frankreichs noch sehr unbestimmten Umfanges und begann soeben erst zu einer ständigen Einrichtung zu werden. Wenn daher in den okkupierten Gebieten die Intendanten ziemlich häufig auftauchen, schnell wechseln und die verschiedensten Funktionen wahrnehmen, so bedeutet das jedenfalls noch nicht die Einbeziehung der besetzten Gebiete in das französische Verwaltungssystem.

Sicherheit über die wirklichen Absichten der französischen Politik können uns also nur die amtlichen Akten geben. Sie allein zeigen, was jeweils beabsichtigt, was nur taktisch gemeint war. Sonst haben wir aus diesen Jahren nur einige verstreute Äußerungen Richelieus, die etwa folgendes, sehr vages Bild geben: An Pinerolo hat er seit 1635, wie es scheint, immer unbeirrt festgehalten, die lothringische Frage nach wie vor zu isolieren versucht und sich über die drei Bistümer beharrlich in Schweigen gehüllt. Seltsam widerspruchsvoll sind seine Andeutungen über das Elsaß: Er betont wohl einmal die militärische Bedeutung des Landes und äußert auch, Frankreich könne die Abtretung dieses Gebietes oder doch einiger fester Plätze beim Friedensschluß verlangen, daneben aber ist immer wieder auch von der Rückgabe des Landes und der Festungen die Rede, besonders bei den Verhandlungen mit Herzog Bernhard von Weimar, dem immer nur von Nutznießung und vorübergehender Übertragung gesprochen wurde, weil das endgültige Schicksal des Elsaß dem künftigen Friedensschluß vorbehalten bleiben müsse. Wie es scheint, war das Hauptanliegen Richelieus immer, das Haus Österreich vom Oberrhein zu verdrängen, und es hat den Anschein, als habe er dabei eher an einen Pufferstaat gedacht als an eine Einverleibung in Frankreich.

Die bisher ungedruckten Friedensinstruktionen, die uns allein sicheren Aufschluß über die französischen Gebietsansprüche geben, reichen bis in die Zeiten des Kölner Kongresses zurück. Schon der erste Entwurf vom Jahre 1637 stellt an die Spitze den sehr bezeichnenden und in alle späteren Fassungen übernommenen Satz, Frankreich wolle sich weder in Deutschland noch in Italien noch sonst irgendwo auf Kosten anderer vergrößern, gedenke vielmehr die Sicherheit und den Frieden der Christenheit durch eine allgemeine Garantieverpflichtung sämtlicher Staaten zu gewährleisten. Aber damit ist schon der Umweg betreten, auf dem es dann doch möglich werden soll, territoriale Forderungen zur Diskussion zu stellen: Frankreich, so heißt es unmittelbar weiter, könne allerdings solche Garantieverpflichtungen nur übernehmen, wenn es die Mittel dafür erhalte, vor allem einen ungehinderten Zugang nach Italien und Deutschland. Ebenso begründet Richelieu die schwedische Satisfaktion mit dem Sicherheitsinteresse der ganzen Christenheit; auch Schweden brauche die verlangten Ostseehäfen, um jederzeit in die deutschen Verhältnisse eingreifen zu können. Alle Annexionen stehen also für Richelieu im engsten Zusammenhang mit der Sicherheit des Friedens, sie sind die Voraussetzung einer wirksamen Garantie, und nur so wird es verständlich, daß er die Hoffnung hegen konnte, die deutschen Fürsten würden aus eigenstem Interesse den fremden Mächten die gewünschten militärischen Stützpunkte im Reich anbieten und es ihnen ersparen, sie selbst zu fordern.

Wir übergehen die Abwandlung der territorialen Ansprüche in den verschiedenen Entwürfen dieser Jahre und betrachten sie nur in der Gestalt, die sie in Richelieus letztem Lebensjahr annahmen. Damals waren Flandern und Artois, Roussillon und die Franche Comté zum großen Teil in französischer Hand, Katalonien hatte sich von Spanien losgerissen, das Elsaß war zurückerobert, Breisach neu gewonnen. Die Theorie vom gerechten Krieg erlaubte, alle diese Eroberungen beim Friedensschluß zu fordern. Aber Richelieu war Realist genug um zu sehen, daß er so weit nicht gehen könne. Man mußte sich auf Konzessionen gefaßt machen. Er hat darüber zweimal die Befehle des Königs eingeholt, im Januar und wieder im November 1642. Die Mindestforderungen Ludwigs XIII., beide Male im wesentlichen die gleichen, legte er den Weisungen an die Friedensunterhändler zugrunde: Wieder umfassen sie Pinerolo und jetzt, nach dem letzten schweren Vertragsbruch des Herzogs, auch uneingeschränkt Lothringen. Im Norden wünschte der König die Grenzfestungen des Artois, nämlich Arras, Hesdin und Bapaume, zu behalten, im Süden forderte er das den Pyrenäen vorgelagerte Roussillon und die Befreiung Kataloniens. Über Breisach und Elsaß wollte er noch im Januar 1642 mit sich reden lassen, im November zeigte er sich geneigt, auch sie zu behaupten.

Das war der Rahmen, an den sich Richelieu zu halten hatte. Nur da, wo der König ihm freie Hand gelassen hatte, blieb Raum zu elastischem Verhandeln. Richelieu erwog die verschiedenen Möglichkeiten in umfangreichen Aufzeichnungen. Aus ihnen wird deutlich, wie die beiden strategischen Hauptpositionen in Flandern und am Oberrhein für ihn in Wechselwirkung standen. Wird die eine behauptet, so kann dafür die andere wenigstens teilweise preisgegeben werden. Das wird in einer ganzen Anzahl verschiedener Projekte variiert. Richelieu hoffte, mit Hilfe der deutschen Fürsten und vor allem Bayerns die Abtretung der vorderösterreichischen Waldstädte, Breisachs und der wichtigsten Plätze des Elsaß zu erreichen. Nicht, um sie alle zu annektieren, er erwog vielmehr, Kolmar an Bayern zu geben, Hagenau dem Kaiser zurückzuerstatten und für Frankreich nur Breisach mit den zugehörigen Verbindungen, nämlich Zabern, Schlettstadt und Benfeld zu fordern, also eine Etappenstraße von der Zaberner Steige zum Rhein und stromaufwärts zur Breisacher Brücke. Diese strategische Position im Elsaß würde zusammen mit dem Besitz Lothringens genügen, Frankreich eine starke Stellung am Oberrhein zu sichern und Habsburg von da zu entfernen. Vielleicht, meinte Richelieu, würde Spanien sogar die dann wertlose Franche Comté anbieten, um einen Teil seiner flandrischen Festungen zurückzubekommen. Er fand auch das verlockend und war bereit, um diesen Preis die französischen Ansprüche auf jene Plätze zu opfern, damit ein geschlossenes Hoheitsgebiet bis zum Rhein zustande komme.

Doch auch die umgekehrte Lösung schien denkbar: Behauptung eines Teiles der Festungen im flandrischen Grenzgebiet und dafür Rückgabe des ganzen Elsaß mit Breisach. Freilich wiederum nicht, um es Habsburg zu überlassen, sondern als ein fürstliches Territorium mit enger Anlehnung an Frankreich, wie es einst dem Herzog Bernhard von Weimar verlockend gezeigt worden war. Jetzt war es Maximilian von Bayern oder allenfalls einer Nebenlinie des Hauses Habsburg zugedacht. Aber wer es auch sein mochte, der neue Landesherr sollte sich verpflichten, keinen Truppendurchmarsch zu dulden, der gegen Frankreich gerichtet wäre. Die militärische Sicherheit der Oberrheingrenze sollte also in jedem Fall gewährleistet sein, obwohl, wie Richelieu schreibt, die Bindung des neuen elsässischen Landesherrn an Frankreich immer „imaginär" sein werde. Wenn Frankreich so seine Truppen vom Rhein abziehe, müßten wenigstens die Franche Comté und Roussillon sowie ein Festungsgürtel längs der Südgrenze der spanischen Niederlande in seiner Hand bleiben.

So scheint die oberrheinische Position für Richelieu die erstrebenswerteste gewesen zu sein, aber es war nicht seine Art, sich auf eine der denkbaren Lösungen starr festzulegen. Mehr als eine „idée générale" der verschiedenen Möglichkeiten wollte er den Unterhändlern zunächst nicht geben. Sie wurden auf Berichterstattung angewiesen, Vollmachten für bestimmte Lösungen erhielten sie nicht.

Auch Katalonien wird jetzt zu den französischen Eroberungen gezählt, die nach Kriegsrecht dem Sieger verfallen seien. Die Begründung ist denkwürdig. „Wir erheben heute" schrieb Richelieu, „keinen Anspruch mehr auf Katalonien kraft alter Rechte, wohl aber kraft der neuen Schenkung, womit die Katalanen ihren Staat nach rechtmäßiger Befreiung von der spanischen Herrschaft dem König übereignet haben." Richelieu, der Absolutist, bejaht hier also das Widerstandsrecht eines Volkes und gründet den Anspruch seines Königs auf die Wahl durch eben dieses Volk. Doch wollte er damit nicht unbedingt Katalonien von Spanien losreißen, vielmehr rechnete er mit einer Rückkehr des Landes unter spanische Herrschaft, freilich nur gegen wirksame Garantien für seine Privilegien und Rechte, die vielleicht in einem dauernden Schutzrecht Frankreichs zugunsten der Katalanen bestehen könnten. Diesen französischen Verzicht auf Katalonien aber sollte Spanien mit Roussillon bezahlen.

Mazarin hat Richelieus Entwürfe fast unverändert übernommen. Die Weisungen, mit denen die französischen Unterhändler nach Münster gingen, und die Forderungen, die sie dort vorbringen sollten, sind die eben skizzierten. Doch sind die französischen Ziele in den nächsten zwei Jahren, bevor sie am Kongreß bekanntgegeben wurden, lebhaft weiter erörtert worden. Es ist nun einmal natürlich, daß der Nachfolger nicht ewig an den Ideen seines Vorgängers festhält, und ebenso natürlich wächst der Ausdehnungsdrang der Staaten, je mehr der Widerstand dagegen schwindet. Für Frankreich entwickelte sich die Kriegslage in den ersten Jahren Mazarins überaus günstig, und so trug er sich bald mit Annexionsplänen, die den von Richelieu gesteckten Rahmen nach zwei Seiten hin überschritten: In Italien erwog er, außer Pinerolo auch Savoyen und Nizza durch Gebietsaustausch an Frankreich zu bringen, und im Nordosten werden wir ihn bald ein noch größeres Ziel verfolgen sehen, den Erwerb der gesamten spanischen Niederlande, den er unbekümmert um die Gefahren, vor denen Richelieu gewarnt hatte, ins Auge faßte. Auch an der Rheingrenze kommt mit Mazarins Amtsantritt ein Zug der Unruhe in die französische Politik, der diese Epoche deutlich von der vorhergehenden abhebt.

Für eine rücksichtslose Ausnützung der günstigen Lage trat vor allem Servien ein. Im Oktober 1644 versicherte er dem kaiserlichen Gesandten Volmar, „daß die Krone Frankreich nicht gemeint sei, eines Schuhes breit, was bei diesem Kriege von derselben erobert worden, zu restituieren; man hätte darüber des Parlaments zu Paris, auch der Sorbonne decisiones eingelangt und wäre dies ihnen vornehmlich in ihre Instruktion gesetzt worden. Artois gehöre der Krone Frankreich von alters gleichwie auch was von Teuschland zwischen Rhein und Frankreich gelegen wäre." Wenn Servien sich in diesem Gespräch mit dem kaiserlichen Diplomaten sozusagen die karolingische Geschichtslegende zu eigen machte, so war das nicht nur ein Versuch, durch Maximalforderungen ein Angebot hervorzulocken, sondern er hat wirklich so gedacht und auch in seinen Berichten nach Paris so gesprochen. Er lobte das Wort, das einst der Kanzler Olivier im Rate Heinrichs II. dem Ansinnen auf Rückgabe von Metz, Toul und Verdun entgegengestellt habe: Jeder Franzose, der solches vorschlage, müsse den Kopf verlieren. Er meinte, wenn es der göttlichen Vorsehung gefallen habe, Frankreich seine alten Grenzen am Rhein wiederzugeben und die beiden Bollwerke Karls V. gegen Frankreich, Breisach und Perpignan, in Bollwerke Frankreichs gegen Habsburg zu verwandeln, wie dürfe man da an Rückgabe denken? Es wäre ihm als Verrat an allen großen Traditionen der französischen Politik erschienen, auf die Stellung am Oberrhein um einer höchst unsicheren Freundschaft mit dem Kaiser willen zu verzichten. Ähnlich äußerte sich im Februar 1645 sein Kollege Graf d'Avaux zu den Schweden.

Damals waren die Ansichten in Paris über das Ausmaß der französischen Forderungen am Oberrhein noch nicht geklärt. Die Antwort an Servien ließ nur erkennen, daß man Breisach fordern werde, hinsichtlich des Elsaß aber noch schwanke. Die Entscheidung fiel erst im Verlauf der Verhandlungen mit Bayern, die das ganze Jahr 1645 erfüllten.

Bayern und die französische Satisfaktion

Schwedens Anspruch auf Pommern

Zwischen den beiden Hauptzielen der französischen Politik in Deutschland bestand ein schwer zu lösender Widerspruch, der aber ihren Leitern lange Zeit verborgen blieb. Auf der einen Seite der Wunsch, eine möglichst geschlossene reichsständische Opposition gegen Habsburg zu bilden, auf der anderen die Absicht, selbst im Reich Fuß zu fassen, Grenzverbesserungen und Stützpunkte, vielleicht gar die Reichsstandschaft zu gewinnen. Selbst Richelieu hielt lange Zeit beide Ziele für vereinbar, Mazarin ging in diesem Optimismus womöglich noch weiter und wähnte, daß sie einander ergänzen, ja fördern könnten. Einige seiner wenigen Zusätze zu der Richelieuschen Friedensinstruktion spricht davon: „Die Klugheit der deutschen Fürsten, ihre Erfahrungen mit der Herrschaft Österreichs, ihre Erkenntnis, daß Österreich kein anderes Ziel hat als Deutschland zu unterjochen, während die französische Politik ihnen ihre Freiheit sichert, muß sie alle mit Frankreich in dem Bestreben vereinigen, uns die Festung Breisach zu erhalten. Denn in unseren Händen kann dieser Platz ihnen niemals schaden, vielmehr bei gewissen Gelegenheiten nur von höchstem Vorteil sein." Er erinnerte an das Vorbild der italienischen Fürsten, die in ihrem eigenen Interesse darauf gedrungen hätten, daß Pinerolo in französischer Hand bleibe. Wenn man ein wenig Geschichtslegende in Abzug bringt und die Behauptung Mazarins für einen Teil der italienischen Fürsten gelten läßt, so haben wir hier die Erklärung für die Selbsttäuschung, der sich die französische Deutschlandpolitik lange Zeit hingab. Sie schloß von Italien auf Deutschland, und dieser Schluß war falsch. Die italienischen Staaten waren souverän oder erhoben doch den Anspruch es zu sein. Sie sahen in Frankreich das einzige Gegengewicht gegen die spanische Fremdherrschaft. Die deutschen Fürsten aber waren durch tausend Bande der Ehrerbietung und Treue mit dem Kaiserhaus verbunden, selbst dann noch, wenn sie ihm mit den Waffen in der Hand entgegentraten. Sie waren aus alter Tradition und eigenem Interesse dem Reich ergeben und von der Pflicht durchdrungen, mit dem Kaiser zusammen Mehrer und nicht Zerstörer des Reiches zu sein. Jede Abtretung von Reichsgebiet, jede Preisgabe von Reichsrechten traf sie in ihrer eigenen Ehre. Es war ein Grundirrtum der Franzosen, wenn sie mit Widerstand gegen ihre territorialen Absichten nur bei dem Kaiser und nicht auch bei den Reichsständen rechneten. Den Deutschen wiederum schien es fast unglaublich, daß Frankreich die Absicht haben sollte, Reichsgebiete zu annektieren, ohne selbst Reichsstand zu werden, und sie damit dem Reich zu entziehen, oder daß es ihm in den Sinn kommen könnte, die Rechte derer anzutasten, mit denen es erklärtermaßen in Frieden und Freundschaft lebte, ja deren Schutz und Protektion es feierlich übernommen hatte. Als einige evangelische Gesandte im Herbst 1645 die ersten vagen Hinweise auf derartige Möglichkeiten erhielten, zeigten sie sich kaum beunruhigt. Nichts werde leichter sein, erwiderten sie, als solche Ansprüche abzuweisen, man brauche doch nur auf die von Frankreich beschworene schwedische Allianz und auf seine Verträge mit deutschen Fürsten und mit den Ständen des Elsaß zu verweisen. Ja, der Gesandte von Kolmar hielt das Ganze für einen Versuch, Mißtrauen gegen Frankreich auszusäen, und für eine vollendete Täuschung.

Mit welchen Schwierigkeiten man bei den deutschen Reichsständen zu rechnen hatte, ist offenbar den französischen Bevollmächtigten so recht erst während ihres Wirkens am Kongreß aufgegangen. Im Januar 1645 schrieben sie an den Kardinal, die deutschen Fürsten seien anders als die italienischen. Diese seien klug genug, den Franzosen einige Festungen in Italien zu gönnen, damit sie sie gegen Spanien schützten. Die Deutschen nähmen wohl gern den Schutz der Fremden in Anspruch, wünschten aber beileibe nicht, daß das Reich zerstückelt werde. Als aber ein Jahr später die Franzosen ihre Ansprüche auf das Elsaß bekanntgaben und auf die heftige Opposition der Dekapolis stießen, erklärte Servien dem Kolmarer Gesandten, gerade mit ihrem Widerstand habe man am wenigsten gerechnet, vielmehr ihre freudige Zustimmung zu der Befreiung vom österreichischen Joch erwartet! Man sieht, er gab die Hoffnung noch nicht auf, durch solche Vorhaltungen die Stimmung der Deutschen zu beeinflussen, obwohl er ihre wahre Meinung inzwischen kannte.

Diese Einsicht mußte die Franzosen darin bestärken, über ihre territorialen Ansprüche zunächst nicht zu sprechen, sondern in geheimen Verhandlungen mit den wichtigsten Reichsständen ein Angebot herauszulocken, ihnen die eigenen Wünsche in den Mund zu legen und sich selbst die Initiative in einer Sache zu ersparen, die für das Ansehen Frankreichs und für seine Rolle als Protektor der deutschen Libertät zu viele Gefahren barg.

Von besonderer Wichtigkeit waren hier die Geheimverhandlungen mit Bayern. Sie entstanden aus bayrischer Initiative, doch gewann Schritt für Schritt der französische Partner die Führung. Schon seit 1642 entfaltete ja Maximilian eine rege politische Tätigkeit, immer noch in der selbstbewußten Hoffnung, an der Spitze einer kurfürstlichen Partei vermittelnd zwischen die großen Mächte treten und dem Reich den Frieden geben zu können. Aber schon das Jahr 1644, das den Franzosen einen glücklichen Sommerfeldzug und den Besitz des ganzen linken Rheinufers bescherte, gab den Plänen Maximilians eine Richtung, die sie immer mehr dem französischen Interesse dienstbar machte, so daß sie schließlich Handlangerdiensten für die französischen Absichten verzweifelt nahe kamen. In diesem Jahre erbot er sich durch den päpstlichen Nuntius Grimaldi in Paris, zur Herstellung des Friedens mitzuwirken. Mazarin erkannte sofort die Bedeutung dieses Angebotes. Er dachte zunächst an die Wirkung, die die Gefahr eines französisch-bayrischen Sonderfriedens auf den Kaiser und Spanien üben könne, während die Gesandten in Münster mehr mit den Diensten rechneten, die er Frankreich bei den Friedensverhandlungen in der Frage der Gebietserwerbungen leisten könne. In jedem Falle war sein Erbieten willkommen, doch wurde er, als er im Juni 1644 um Pässe für einen Abgesandten nach Paris ersuchte, nach Münster verwiesen, denn man wollte um keinen Preis Verdacht bei den Schweden erregen. Den ersten Beweis guten Willens gab der Kurfürst dann im Dezember, als er seine Gesandten nach Münster schickte; wir sahen, wie dieser Schritt, dem sich Köln alsbald anschloß, als ein französischer Sieg und als ein erstes Anzeichen erlahmender Widerstandskraft der Stände begrüßt wurde. Erst jetzt entschloß sich Mazarin seinerseits zu einem Entgegenkommen. So peinlich eine Entdeckung werden konnte, er bequemte sich schließlich doch, dem Kurfürsten im strengsten Geheimnis die Pässe zu einer Reise seines Beichtvaters, des Jesuiten Vervaux, nach Paris zuzustellen. Der Pater wurde dort allerdings noch recht kühl empfangen, nur in später Abendstunde beim Kardinal vorgelassen und mit allen seinen Anträgen nach Münster verwiesen. Nichts wurde ihm zugesagt, weder die erbetene Waffenruhe noch die Unterstützung in der pfälzischen Sache noch eine Sicherheit gegen die Überweisung der Religionsfragen an den Friedenskongreß. Mazarin legte sich in keinem Punkte fest, ließ aber Unterstützung hoffen, wenn Maximilian durch die Tat beweise, daß es ihm mit der Förderung der französischen Wünsche ernst sei. Diese wurden nur angedeutet: Frankreich wolle zum Besten des Reiches und zur Sicherung des Friedens ein Weniges von dem, was es erobert habe, behalten. Damit war zum erstenmal der Schleier gehoben, der bisher so sorgsam über die französischen Kriegsziele gebreitet worden war, zum erstenmal der offizielle Grundsatz Lügen gestraft, das Interesse und die Sicherheit Frankreichs bestünden allein in der Sicherheit und Freiheit der Stände des Reiches. Dieser Augenblick leitete eine neue Epoche der deutsch-französischen Beziehungen ein. Frankreich traf eine bedeutsame Wahl, es opferte den Ruf eines uneigennützigen Protektors reichsständischer Libertät, um dafür reale Vorteile einzutauschen, um ein für allemal im Reiche festen Fuß zu fassen.

Die Verhandlungen, die nun unauffällig in Münster zwischen den französischen und bayrischen Gesandten angeknüpft wurden, sollten vor allem Klarheit bringen, wie weit Frankreich seine Forderungen spannen und in welchem Umfang es dabei auf bayrische Hilfe rechnen könne. Da es aber selbst dem geschmeidigen Grafen d'Avaux nicht gelang, einen bayrischen Vorschlag herauszulocken, mußte er schließlich selber sprechen. So wurden von Mai bis Juni 1645 in Münster gesprächsweise und unter dem Schein privater Meinungsäußerung die französischen Gebietsansprüche ausführlich erörtert und am 1. Juli schließlich auf Grund der darüber erstatteten Berichte in einer amtlichen Weisung aus Paris an die französischen Bevollmächtigten ein vorläufiges Programm aufgestellt, das den künftigen Verhandlungen eine feste Grundlage geben sollte.

Avaux und Servien haben in ihren Vorbesprechungen mit den Bayern eine ganz klare Linie verfolgt. Sie bezeichneten als französische Forderungen Ober- und Niederelsaß, und zwar unter denselben Bedingungen und mit denselben Rechten, wie diese Lande bisher von Habsburg besessen worden seien, dazu Breisach und Philippsburg. Über die drei Bistümer und über Lothringen dagegen haben sie bewußt geschwiegen, denn hier erstrebte man nur die Anerkennung einer schon längst de facto vollzogenen Annexion, über die man erst nach Regelung der elsässischen Frage zu verhandeln gedachte. Man hielt das für leichter und wollte das schwierigste Problem zuerst angreifen. Sehr bald erwies sich freilich, daß man die Schwierigkeiten noch unterschätzt hatte.

Zunächst schien alles glatt zu gehen. Die Bayern zeigten sich in den mündlichen Vorbesprechungen so entgegenkommend, daß Mazarin kein Bedenken trug, in der Instruktion vom 1. Juli 1645 die bisher von den Bevollmächtigten mündlich vertretenen Forderungen in allen Punkten zu bestätigen. Da aber stieß man auf eine unerwartete Schwierigkeit. Als Avaux am 16. Juli den Bayern die französischen Wünsche vortrug, wiesen sie ihn darauf hin, daß die Formulierung „Ober- und Niederelsaß" eine Ungenauigkeit enthalte, weil nämlich darunter nicht nur habsburgischer Hausbesitz begriffen sei, sondern auch eine große Zahl reichsunmittelbarer Stände mitverstanden werden müsse, die bei einer Abtretung des ganzen Elsaß an Frankreich ihre Reichsunmittelbarkeit verlieren würden. Das aber sei bedenklich und unerhört.

In der Tat, so verhielt es sich. Ein Blick auf die Geschichte der elsässischen Territorien lehrt das.

Seit das Elsaß durch den Vertrag von Mersen im Jahre 870 zum Deutschen Reiche gekommen war, hatte es dem Herzogtum Schwaben zugehört. Zwei Gaugrafen übten dort anfangs im Namen des Königs die Gerichtsbarkeit, einer im Nordgau, der andere im Südgau, genannt Sundgau. Bis zum 12. Jahrhundert wurde wie allenthalben in Deutschland die Gerichtsbarkeit der Gaugrafen durch zahlreiche Exemtionen geschwächt, seit dieser Zeit etwa taucht die Bezeichnung „Landgraf" im Oberelsaß, bald auch im Unterelsaß auf, aber mit dem alten Gaugrafenamt hat die Landgrafschaft kaum etwas gemein, sie bezeichnet eigentlich nur noch ein aus früherem Reichsgut entstandenes Territorium, dessen Schicksale sich im niederen und im oberen Elsaß ganz verschieden gestalten sollten. Im Nordgau ging das Amt des Landgrafen mit den zugehörigen Rechten und Gütern in schneller Folge von einem Gechlecht auf das andere über, das landgräfliche Gut wurde aufgeteilt, und als König Wenzel im Jahre 1384 den Bischof von Straßburg mit der Landgrafschaft Unterelsaß belehnte, bestand sie nur noch aus ganz geringem Besitz und zwei inhaltslosen Ehrenrechten, der Belehnung der Vasallen und der Berufung und Leitung der unterelsässischen Landtage. Das Unterelsaß selbst war nur noch eine Landschaft, keine politische Einheit mehr, es zerfiel in eine Unzahl kleiner und kleinster Territorien, der Adel war längst von der landgräflichen Gewalt befreit und reichsunmittelbar geworden, selbst der Name der Landgrafschaft Unterelsaß verschwand. Als er im Zusammenhang mit den französischen Gebietsansprüchen bei den Verhandlungen in Münster wieder auftauchte, herrschte bei den Reichsständen, wie wir sehen werden, völlige Unklarheit, was eigentlich damit gemeint sei. Im Oberelsaß aber schuf das kraftvolle Geschlecht der Habsburger, die jahrhundertelang Inhaber der Landgrafschaft waren, aus dem dazu gehörigen Gut und aus eigenem Besitz einen geschlossenen Territorialstaat. Hier behielt die Bezeichnung einen Sinn und einen Inhalt. Allerdings war das, was man später die Landgrafschaft im Oberelsaß nannte, nur zu einem kleinen Teil wirklich landgräflichen Ursprungs. Die Herrschaft der Habsburger setzte sich aus mannigfachen Gütern und Rechten zusammen, Landgrafschaftsgut und Allodien, Schutzrechten sehr verschiedener Art über Prälaten, Ritterschaft, Reichsabteien und Reichsstädte des oberen Elsaß, schließlich aus dem Königsgut, altem Domanium und staufischem Familienbesitz, die den Habsburgern zuwuchsen, als sie Könige und Kaiser wurden. Anders als im Unterelsaß waren hier Ritterschaft und Geistlichkeit entweder landsässig geworden oder doch, soweit sie ihre Reichsunmittelbarkeit bewahrt hatten, in so starke Abhängigkeit von Habsburg geraten, daß sie sich von Mediatständen teilweise kaum unterschieden. Habsburg vertrat sie alle auf Reichs- und Kreistagen und auf dem gesamtelsässischen Landtag, den es selbst berief und leitete.

Zweierlei kam hinzu, um dem Hause Habsburg eine überaus gebietende Stellung im ganzen Elsaß zu verschaffen: Seit 1600 saßen ununterbrochen österreichische Erzherzöge auf dem bischöflichen Stuhl von Straßburg. Sie waren damit Herren eines ansehnlichen Territoriums in beiden Teilen des Landes und nominell, wie wir sahen, Landgrafen des Unterelsaß. Aber noch mehr. Die Habsburger waren seit langem auch im Besitz der Reichslandvogtei im Elsaß, eines Amtes zur Verwaltung des Reichsgutes, dessen Umfang hier wie in ganz Schwaben und Franken bekanntlich sehr groß war oder doch einst gewesen war. Das Reichsgut war auch im Elsaß im Lauf der Jahrhunderte stark zusammengeschmolzen, im 17. Jahrhundert erstreckte sich die Reichslandvogtei noch auf zehn kleine sogenannte „kaiserliche Städte", auf den Hagenauer Reichswald und vierzig Reichsdörfer im Unterelsaß. Freilich kam diese Vogtei höchstens außerhalb der Städte einer wirklichen Landesherrschaft gleich, den zehn Städten gegenüber, die sich in der sogenannten „Dekapolis" zusammengeschlossen hatten und sich gegen den Landvogt kräftig zu wehren wußten, beschränkte sie sich auf eine bescheidene, eng umgrenzte Mitwirkung bei gewissen städtischen Wahlen.

Seltsam verworrene Zustände! Von außen gesehen mochte die überragende Stellung der Habsburger sich wie eine Landesherrschaft über beide Teile des Elsaß ausnehmen, aus der allenfalls Stadt und Bistum Straßburg noch herausragten, in Wirklichkeit war sie doch noch weit davon entfernt. Freilich, wer außer den Einheimischen selber und bestenfalls einigen speziellen Kennern der elsässischen Rechtsverhältnisse am kaiserlichen Hof übersah diese Dinge wirklich? In Frankreich gab es damals, soweit wir wissen, nur einen, der in den deutschen Verhältnissen wirklich bewandert war, den Hofhistoriographen Theodor Godefroy. Er war der französischen Gesandtschaft in Münster als Sachverständiger zugeteilt und hat, wie wir aus einem von ihm verfaßten Memoire wissen, den Umfang der österreichischen Rechte im Elsaß im wesentlichen richtig gesehen, ja eher unterschätzt. Aber er weilte damals noch im Haag und traf erst Monate später in Münster ein. Sonst wußte man es in Frankreich kaum anders, als daß die „Landgrafschaft Elsaß" ein geschlossenes Territorium und habsburgischer Besitz sei, selbst ihre Grenzen waren nicht durchweg genau bekannt. Und doch wäre es für die französischen Politiker von größter Wichtigkeit gewesen, sich darüber genau zu unterrichten, bevor sie ihre Forderungen stellten. Denn die Ansprüche Frankreichs im Elsaß waren anderer Art als in Lothringen oder in den drei Bistümern. Alte Rechtstitel auf Grund eines wirklichen oder vermeintlichen Protektions- oder Erbrechtes hatte Frankreich im Elsaß nicht, und in der ausgedehnten Publizistik über die „droits du roi", in den amtlichen Sammlungen französischer Ansprüche kommt das Elsaß überhaupt nicht vor. Hier war nur mit dem jus belli weiterzukommen, allein darauf berief sich die französische Regierung denn auch bei ihrer Forderung auf elsässisches Gebiet. Im Kriegszustand aber befand man sich nur mit dem Hause Habsburg und nicht mit dem Reich; wir wissen, welchen Wert man in Frankreich auf diese Unterscheidung legte, und es geschah zweifellos mit vollem Bedacht, wenn die französischen Gesandten und die französische Regierung ihre Forderung auf die österreichischen Rechte und Besitzungen in beiden Elsaß beschränkten. Freilich glaubten sie mit ihr das ganze oder doch fast das ganze Ober- und Unterelsaß zu erfassen und somit das erstrebte Ziel, die Beherrschung des Oberrheins, ohne Kränkung der Rechte Dritter erreichen zu können.

Man begreift, wie schwer das Bedenken wog, das ihnen nun mit einem Mal von bayrischer Seite entgegenkam. Bei dieser Mitteilung am 16. Juli mag sich den Franzosen zum erstenmal die Ahnung aufgedrängt haben, daß der Griff nach dem Elaß sie in einen unlösbaren Widerspruch zu ihrer deutschen Politik hineintreiben, daß er sie die Freundschaft ihrer Bundesgenossen kosten könne. Sie wiesen umgehend ihre Regierung auf die neue Schwierigkeit hin und beantragten eine sofortige, aber unauffällige Untersuchung der Rechts- und Besitzverhältnisse im Elsaß durch französische Sachverständige. Das geschah sofort, der Intendant Vautorte erhielt entsprechenden Auftrag. Vor allem aber mußte den Franzosen daran liegen, daß ein Satisfaktionsangebot von Kaiser und Reich gemacht und sie selbst der Notwendigkeit enthoben würden, eine Forderung zu stellen, mit der man Anstoß erregen und eine vorzeitige Abweisung durch die Reichsstände provozieren konnte. Man hoffte, die deutschen Fürsten durch die Aussicht auf einen Waffenstillstand zu einem Druck auf den Kaiser bewegen zu können, daß er die Replik auf die Propositionen der beiden Großmächte zum Anlaß nehme, Verhandlungen über die Satisfaktionsfrage zu eröffnen. Wirklich brachte man es soweit, daß Bayern und Köln beim Kaiser und bei Kurmainz vorstellig wurden. Ihr Rat ging dahin, der Kaiser möge in seine Duplik zwar nicht ein Angebot, wohl aber eine Anfrage aufnehmen, worin denn die Forderung der Kronen bestehe. Damit wäre der Anstoß zur weiteren Erörterung der Frage vom Kaiser ausgegangen.

Am 3. August 1645 erlitten die Bayern bei Allerheim eine schwere Niederlage, am 7. August wies der Kurfürst seine Gesandten an, aus ihrer unbestimmten Haltung herauszutreten und sich zur Förderung der französischen Ansprüche in ihrem ganzen Umfang bereit zu erklären. Dem kriegsgefangenen Marschall Gramont, der im Austausch frei wurde, brachte er vor seiner Rückreise nach Frankreich deutlich den Wunsch zum Ausdruck, einen Sonderfrieden zwischen dem Kaiser und Frankreich unter Ausschluß Spaniens zu vermitteln. In Münster brachten seine Gesandten die Satisfaktionssache zur Sprache, wie immer in Verbindung mit der pfälzischen Angelegenheit, und mit der Bitte, nun endlich die französischen Ansprüche zu nennen. Aber noch zeigten sie keine Neigung, selbst ein Angebot zu machen. Damit war man dann doch zu einem toten Punkt gelangt, denn die Franzosen, so zu eigenen Äußerungen gedrängt, konnten nur ihre Andeutungen vom Juli wiederholen, was die gleichen Bedenken wie damals zur Folge hatte. Die aber konnten sie nicht entkräften, denn noch waren sie ohne die erwarteten Weisungen aus Paris, noch hatten sie keine neue Fassung der französischen Ansprüche erhalten, die den staatsrechtlichen Verhältnissen im Elsaß Rechnung getragen hätte. Ihre Antwort an Bayern zeigt deutlich diese Verlegenheit und eine spürbare Unsicherheit über die elsässischen Verhältnisse: Der König, sagten sie, werde sich ihrer Meinung nach mit dem österreichischen Eigentum, nämlich Breisach, Breisgau, Sundgau und den habsburgischen Hoheitsrechten (droits de souveraineté) in Ober- und Unterelsaß, mit der Protektion und dem Garnisonrecht in den „kaiserlichen Städten" (womit offenbar die Orte der Dekapolis gemeint waren) begnügen. Die Immediatstände würden in dem gleichen Verhältnis zum Reich bleiben wie bisher, aber unter der Protektion des Königs stehen, die Mediatstände von ihm als Landgraf zu Lehen gehen. Auf das Speirische Philippsburg würden sie auch nur diejenigen Ansprüche erheben, die der Kaiser sich einst im Prager Frieden vorbehalten habe. Mit alledem glaubten sie sichtlich nichts anderes zu fordern als ein Einrücken des Königs von Frankreich in die Rechte und die Stellung des Kaisers in beiden Elsaß; offenbar hielten sie eine solche Prozedur ohne weiteres für möglich. Sie bedachten nicht oder wollten nicht bedenken, daß die Protektion und Lehenshoheit eines reichsfremden Herrn die Rechtsstellung der ihr Unterworfenen und ihr Verhältnis zum Reich nicht unberührt lassen konnte. Und indem sie erneut die Abtretung der zum Bistum Straßburg gehörigen Stadt Zabern und einer Etappenstraße nach Philippsburg forderten, gaben sie selber zu, daß es ohne Kränkung der Rechte anderer gar nicht abgehen konnte.

Daß sie dies alles so unbefangen vorbrachten, hatte wohl seinen Grund in der noch immer sehr mangelhaften Kenntnis der Rechtslage. Sie haben sogar noch im Oktober desselben Jahres die merkwürdige Ansicht geäußert, die habsburgischen Erblande seien nicht zum Reiche zu zählen, und sie mußten sich erst von Volmar belehren lassen, daß dies nur für Böhmen und Ungarn zutreffe. Auf die Bayern hat ihre Unbelehrbarkeit und Hartnäckigkeit offenbar sehr ernüchternd gewirkt, jedenfalls kamen die so mühsam angeknüpften Verhandlungen nicht mehr vom Fleck. Maximilian gab seinen Gesandten keine Vollmacht zum Abschluß mit Frankreich. Er kündigte die Sendung eines besonderen Bevollmächtigten nach Münster an, der aber nicht eintraf. Wochenlang erfolgte keine weitere Eröffnung. Während die Franzosen über die Gründe dieses plötzlichen Schweigens rätselten, hatte sich dem Kurfürsten eine neue Hoffnung aufgetan. Es schien nicht unmöglich, daß der Kaiser sich zu einer entgegenkommenden Antwort auf die französische Proposition bewegen ließ. Maximilian wäre damit der Notwendigkeit enthoben worden, selbst einen Sondervertrag mit Frankreich zu schließen.

Dem Schicksal des Elsaß ähnlich gestaltete sich nun auch das Los des Grenzlandes an der baltischen Küste. Pommern war wenige Jahre vor dem Elsaß in Feindeshand gefallen und de facto schon eine schwedische Provinz, als um sein künftiges Schicksal noch verhandelt wurde. Zur gleichen Zeit wie Frankreich begann auch Schweden den diplomatischen Feldzug zur Vorbereitung der Annexion. Ziele und Methoden glichen sich aufs Haar: Die Reichsstände sollten vorweg gewonnen werden, ehe man die offiziellen Verhandlungen begann, vielleicht konnte man sie gar zu einem Angebot verleiten. Jedenfalls war unbedingte Geheimhaltung geboten, und die ersten Schritte konnten nur in unverbindlichen Vorbesprechungen mit einzelnen vertrauten Reichsständen bestehen.

Seit August 1645 beobachtete man eine verstärkte Tätigkeit der Schweden, die ganz offenbar mit der Satisfaktionsfrage zusammenhing. Auf den Brief des Kanzlers an die Königin vom April 1645, worin er eine Ausweitung des Annexionsprogrammes vorgeschlagen hatte, war ein an Erfolgen reicher Sommer gefolgt. Am 23. August schloß Dänemark Frieden, am 6. September der Kurfürst von Sachsen Waffenstillstand. Zwei gefährliche Gegner der schwedischen Satisfaktionsansprüche waren damit mattgesetzt. Im Juli und wieder im September versuchten die Franzosen, mit ihrem Bundesgenossen in Besprechungen über die Satisfaktionsfrage einzutreten, beidemale wichen die schwedischen Gesandten aus. Dafür begannen sie im August die Brandenburger mit vorsichtigen Andeutungen auf ihre Ansprüche vorzubereiten. Man wies sie ab, aber sie kamen wieder, und ihre

Sprache wurde dringender, ihr Verfahren immer rücksichtsloser. Unverhüllt begannen sie, etwa seit Oktober, davon zu sprechen, daß sie Pommern haben müßten, vorsichtig und diplomatisch Oxenstierna, offen und beinahe brutal Salvius: Schweden müsse sich vor einer so volkreichen und kriegerischen Nation wie der deutschen schützen, erklärte er damals den pommerschen Gesandten, denn es gebe kein Land unter der Sonne, das zur Errichtung einer Universalmonarchie so wohl gelegen sei wie das Reich. Die Ostsee sei der Graben Schwedens, Pommern und Mecklenburg seien die Contrescarpe, die übrigen Länder des Reiches die Außenwerke. Auch den Brandenburgern gab Salvius zu verstehen, man werde von Pommern nicht lassen, es sei gut, wenn der Kurfürst das beizeiten wisse und sich darauf einrichte.

Da Brandenburg offensichtlich unzugänglich blieb, traten die Schweden in diesen Wochen den pommerschen Gesandten etwas näher. Friedrich Runge und Marx von Eickstedt waren, da ein Landesherr fehlte, als Abgesandte der pommerschen Landstände nach Münster geschickt worden, aber ihre Entsendung und ihre Instruktion hatte der schwedische Statthalter genehmigen müssen. Immerhin enthielt sie den Auftrag, dahin zu wirken, daß das Land beim Reiche bleibe. Das brauchte nicht unbedingt gegen eine Abtretung an Schweden zu sprechen, die ja in Form einer Belehnung durch das Reich geschehen konnte, aber man wußte, daß die pommerschen Stände noch immer in dem Kurfürsten von Brandenburg ihren rechtmäßigen Herrn sahen und ihm anzugehören wünschten. Obwohl Pommern in schwedischer Hand war und die Stände unter strenger Kontrolle standen, haben die pommerschen Gesandten in Osnabrück im Sinne ihrer Auftraggeber gehandelt und über ihre geschriebene Instruktion hinaus nicht nur gegen die Trennung vom Reich, sondern auch gegen die Abtretung an Schweden gewirkt. Sicher haben dabei, wie auch im Westen des Reiches, nicht nur Reichsgesinnung und Anhänglichkeit an die Dynastie eine Rolle gespielt, sondern auch der Wunsch, die eigenen Privilegien zu erhalten, für die man von einem mächtigen ausländischen Monarchen mehr zu fürchten hatte als von einem Reichsfürsten. Nun aber suchten die Schweden sie von einer anderen Seite zu fassen. Sie gingen darauf aus, zwischen den lutherischen Pommern und dem kalvinistischen Kurfürsten von Brandenburg Mißtrauen zu säen, wobei ihnen die soeben ausbrechenden Streitigkeiten zwischen Lutheranern und Reformierten um die Frage der Gleichberechtigung sehr zugute kamen. Die pommersche Frage wurde so mit der konfessionellen verquickt und bestimmte für einige Zeit die Schweden zu einer betont lutherischen, den Reformierten feindlichen Haltung in den Religionsfragen.

Diese werden uns in einem späteren Zusammenhang zu beschäftigen haben. Zunächst einmal hatten sie die Folge, daß der Kurfürst in dem schwedisch-brandenburgischen Duell in die schwächere Position geriet. Zwar suchten ihn die kaiserlichen Gesandten in seinem Widerstand gegen Schwedens Ansinnen zu bestärken, aber was war davon zu halten? Der Kaiser war es ja gerade, der jahrelang den Frieden mit der Zession Pommerns zu erkaufen gesucht hatte. Offenbar ging es ihm gar nicht so sehr um dieses Land; er betrieb im Augenblick eine Politik der Versöhnung mit den Reichsständen, er wollte sie bei den Friedensverhandlungen um sich scharen, das war alles. Die Franzosen rieten den Brandenburgern zum Nachgeben, mindestens aber zu einem Kompromiß in Gestalt einer Teilung Pommerns. Die Evangelischen zeigten sich lau, wo nicht gar feindlich, wie manche von den Lutheranern. Ihnen allen waren zur Zeit die Reichs- und Religionsfragen wichtiger als das Schicksal Pommerns.

Das letzte Vorgefecht: Die kaiserliche Duplik

Das erste Jahr der Friedensverhandlungen war mit Scheingefechten vergangen. Man hatte die ersten Propositionen im Dezember 1644, dann Repliken und neue Propositionen erlebt, jetzt bereitete man die kaiserliche Duplik vor. In Wirklichkeit aber waren die entscheidenden Fragen bisher alle in Geheimverhandlungen hinter den Kulissen oder in unmittelbarer Fühlungnahme der Kabinette fern vom Kongreß gefördert worden. Berufung der Reichsstände, jus suffragii, Reichs- und Religionsbeschwerden, Gebietsansprüche der Kronen waren die Themen der Verhandlungen gewesen. Noch war dieses Spiel im Gange, und es sollte auch noch einige Monate andauern, doch nähern wir uns nun allmählich dem Zeitpunkt, wo im Ringen um Teilnehmerkreis, Verfahren und Tagesordnung des Kongresses der Kampfplatz abgesteckt ist und die Fronten hinreichend geklärt scheinen. Es ist die letzte Phase des Aufmarsches, in die wir mit der kaiserlichen Duplik vom Oktober 1645 eintreten.

Das Verhandlungsprogramm, wie es Frankreich und Schweden in ihren Propositionen aufgestellt hatten, fanden die kaiserlichen Gesandten in Münster anfangs nicht nur unannehmbar, sondern geradezu empörend, unziemlich, wider die Ehre des Kaisers und die Hoheit und Würde der Stände selbst gerichtet, ja gegen alle Grundgesetze des Reiches, gegen Natur- und Völkerrecht verstoßend, so daß sich hoffentlich kein ehrliebender Reichsstand in irgend eine Verhandlung darüber werde einlassen wollen. Ähnlich hatten sich ihre Kollegen in Osnabrück über die schwedischen Vorschläge ausgesprochen und sie als Verhandlungsgrundlage schon deshalb völlig verworfen, weil sie, statt der Verabredung gemäß an den Schönebeckschen Entwurf anzuknüpfen, sogar die vom Prager Frieden längst geregelten Fragen wieder aufwerfen und mit der Forderung auf Herstellung des Status von 1618 sogar weit vor die Zeit des schwedischen Kriegseintrittes zurückgreifen wollten. Aber in Wien dachte man realistischer. Der Kaiser war bereit, Punkt für Punkt in der vorgeschlagenen Ordnung zu verhandeln. Er hoffte auf einen mäßigenden Einfluß der Vermittler und auf ein einmütiges Zusammenwirken mit den Ständen. Der Gedanke, daß das Reich als ein geschlossenes Ganze aus Haupt und Gliedern den Forderungen des Auslandes entgegentreten müsse, wurde keineswegs preisgegeben und wie immer in solchen Fällen der Rat der wichtigsten Kurfürsten eingeholt. An Mainz, Bayern und Sachsen gingen Gesandte hinaus.

Als Graf Kurz in dieser Eigenschaft Ende August in München eintraf, teilte ihm Kurfürst Maximilian die französischen Forderungen mit. Eigentlich hatte er versprochen, sie als seine eigenen Vorschläge an den Kaiser heranzubringen, aber er bezeichnete sie dem Reichsvizekanzler als das, was sie waren. Im übrigen tat er alles, die kaiserliche Antwort, deren Entwurf Graf Kurz ihm vorlegte, so zu gestalten, daß sie für die Gegner annehmbar werde. Er gab zu, was er bisher immer abgelehnt hatte, daß die Religionsbeschwerden und sogar die pfälzische Sache vor den Kongreß gebracht würden, vor allem aber wünschte er den Franzosen in der Satisfaktionsfrage entgegenzukommen. Der Entwurf der kaiserlichen Kanzlei lehnte jede Satisfaktion rundweg ab, der Kurfürst bestand darauf, daß man Verhandlungen darüber in Aussicht stelle und setzte sich im Gespräch mit dem Vizekanzler entschieden dafür ein, das Elsaß abzutreten. Die Franzosen, versicherte er, würden dort nur österreichischen Besitz fordern und die reichsunmittelbaren Stände ungekränkt lassen. Hier trugen die französisch-bayrischen Geheimverhandlungen ihre ersten Früchte, aber dem Abgesandten des Kaisers schmeckten sie bitter. Er warnte dringend, die Franzosen in irgendwelchen Forderungen zu bestärken, die vielleicht noch gar nicht so ernst gemeint seien, außerdem gehöre das Land ja nicht dem Kaiser, sondern den Tiroler Erzherzögen. Andererseits wünschte Maximilian offensichtlich alles zu vermeiden, womit der Hoheit des Kaisers zu nahe getreten werden könne. Er selbst schlug eine Formel vor, die das Bündnisrecht der Fürsten durch einen Hinweis auf ihren Lehenseid einschränken sollte, und er verwarf die von den Gegnern geforderte Einstimmigkeit bei Reichstagsbeschlüssen. Er erreichte ferner, daß der Kaiser einen Antrag auf Waffenstillstand in den Entwurf aufnahm, aber in der für ihn entscheidenden Frage drang er nicht durch: Den Zusatz, der die Aussicht auf Satisfaktionsverhandlungen offen ließ, strich man am kaiserlichen Hofe wieder aus.

Damit verlor die kaiserliche Duplik für Maximilian jeden Wert. Er hat noch einmal in Münster bei den Franzosen wegen eines Abkommens sondieren lassen, allerdings ohne Erfolg. Frankreich war weder bereit, sich zur Erhaltung der Kur beim Hause Bayern zu verpflichten noch sein Bündnis mit Schweden zu lösen, wie Maximilian es für den Fall einer Trennung Bayerns vom Kaiser fordern ließ. Aber natürlich konnte von einer Einheitsfront der Stände und des Kaisers keine Rede mehr sein, wenn der mächtigste Kurfürst des Reiches sich in dem Augenblick, wo die kaiserliche Duplik übergeben wurde, in solche Verhandlungen einließ. Schon aus diesem Grunde waren sie, auch wenn sie zu nichts führten, für die Franzosen von größtem Wert; sie enthüllten ihnen die wirkliche Lage.

Am 25. September 1645 wurden die kaiserlichen Gegenvorschläge in Münster und Osnabrück in feierlicher Sitzung den gesamten Reichsständen zur Prüfung und Stellungnahme überreicht. Es ist dies jener schon erwähnte Akt, der das jus pacis et belli der Reichsstände und den Sieg des ständischen Prinzips über das monarchische vor aller Augen bestätigte. Aber auch aus dieser Niederlage suchte der Kaiser noch das Beste zu machen. Die Übergabe an die Stände sollte dazu dienen, das Reich fest um ihn zu scharen. Deshalb kam er ihren Wünschen weit entgegen, und die Teile der französischen und schwedischen Proposition, die von den Rechten der Reichsstände handelten, waren die einzigen, auf die er in seiner Duplik wirklich einging. In dem Entwurf, den er vorlegte, wurde zwar die Einmischung der Mächte in die Reichsangelegenheiten abgewiesen und als dafür allein kompetent der Reichstag erklärt, trotzdem aber materiell sehr viel zugestanden: Zustimmungsrecht der Stände bei Krieg und Friedensschluß, Bündnissen und Reichsabgaben, bei Aushebungen, Einquartierungen und Befestigungen in den Gebieten der Reichsstände, bei der Gesetzgebung und Gesetzesinterpretation, und sogar das Bündnisrecht wurde bestätigt, wenn auch mit dem von Bayern vorgeschlagenen Hinweis auf den Treuevorbehalt. Es war ganz und gar die ständische Auffassung vom Reichsherkommen, die der Kaiser sich hier zu eigen machte und womit er, wenn man es recht betrachtet, seine eigene bisher geübte Praxis selbst als ungesetzlich verurteilte. Er knüpfte daran die Mahnung, die Stände sollten sich nicht durch heimliche Einwirkungen der fremden Mächte von der Sorge für das Wohl des Reiches abwenden lassen. Auch die Protestanten waren nicht vergessen. Ihnen wurde sogar sehr viel zugestanden, denn der Kaiser stimmte zu, daß alle Differenzen über Religionsfreiheit und Kirchengüter zugleich mit den Friedensverhandlungen, und das hieß nichts anderes als unter dem Schutz und Beistand Schwedens, geschlichtet würden. Selbst die Reformierten sollten zufriedengestellt werden, ihnen wurde Aufnahme in den Religionsfrieden versprochen, doch mit einer Klausel, deren Sinn und Bedeutung uns noch beschäftigen wird.

Eine Beratung der Reichsstände über den Entwurf des Kaisers fand zunächst nicht statt. Noch war zwischen den evangelischen in Osnabrück und den katholischen in Münster Streit über die Zulassung einiger bisher noch ausgeschlossener Stände, und im protestantischen Lager brach soeben der heftigste Zwist über die Gleichberechtigung der Reformierten aus. Man war noch zu sehr mit sich selbst beschäftigt, um eine allen Ständen gemeinsame große Aufgabe in Angriff zu nehmen. Gleich beim erstenmal, wo die am Kongreß versammelten Reichsstände ein gemeinsames Gutachten erstatten sollten, versagten sie. Sie verzichteten auf die Ausübung eines Rechtes, das man ihnen soeben mühsam erkämpft hatte, und baten die kaiserlichen Gesandten, ihre Noten zu übergeben, ohne das reichsständische Gutachten abzuwarten. Am 16. Oktober wurde die kaiserliche Duplik in Münster, am 22. in Osnabrück überreicht.

Daß diese Aktenstücke so, wie sie waren, noch keine ausreichende Verhandlungsgrundlage darstellten, empfand wohl auch der Kaiser, denn um die gleiche Zeit entschloß er sich zu Zugeständnissen, die in einigen Punkten bereits über das in den Dupliken Bewilligte hinausgingen. Die Regensburger Amnestie wurde am 10. Oktober in Kraft gesetzt. Ihre mannigfachen Einschränkungen kennen wir; sie war ungenügend nach Inhalt und Ausmaß und blieb es, aber die Aufhebung des effectus suspensivus war doch ein deutliches Zeichen für die Wendung, die sich in der kaiserlichen Politik vollzog. Wenige Tage vorher hatte der Kaiser den Entschluß gefaßt, seinen vertrautesten Rat, den Grafen Maximilian Trauttmansdorff, nach Münster zu senden. Der Name dieses Mannes bedeutete ein Programm, seine Ankunft in Münster bezeichnete den Beginn von Friedensverhandlungen, die erstmals diesen Namen wirklich verdienten.

8. Kapitel

TRAUTTMANSDORFF UND DIE KAISERLICHE POLITIK
DAS ANNEXIONSPROGRAMM DER MÄCHTE

Trauttmansdorffs Ankunft

Der Mann, der dem Reich den Frieden bringen sollte, traf am 29. November 1645 in Münster ein. Trauttmansdorff galt als ein Feind der spanischen Partei am Wiener Hof. Aber wenn die Vertreter des katholischen Königs in Münster seiner Ankunft mit Unbehagen entgegensahen, so hatten doch deshalb die Franzosen noch keinen Grund, sich ihrer zu freuen. Denn Trauttmansdorff galt zugleich als ein Mann, der die Versöhnung des Kaisers mit den Reichsständen beider Konfessionen betreibe, um so die fremden Mächte um den Preis ihres Sieges zu bringen. Mazarin traute ihm außerdem zu, daß er einen Sonderfrieden mit Schweden anstreben werde, um Frankreich zu isolieren. Aber auch große Hoffnungen knüpften sich an sein Kommen. Er galt Freunden und Feinden als ein fähiger Diplomat, der durch Artigkeit, gepaart mit Konsequenz, mehr zu erreichen wisse als andere. Auch wußte man wohl, daß er das besondere Vertrauen des Kaisers genieße und in seinem geheimen Rate sitze, man sprach von außerordentlichen Vollmachten, die er mitbringe und die einen Friedensschluß in aller Kürze möglich erscheinen ließen.

Wir haben keine Biographie dieses merkwürdigen Mannes, und das Familienarchiv, das seine Papiere birgt, wird bis heute sorgfältig gehütet. So sind wir über seinen Anteil an der kaiserlichen Politik während des ganzen Krieges nur höchst unvollkommen unterrichtet und nur mit Fragmenten seines Lebenswerkes bekannt. Er ist schon in den ersten Jahren des Krieges zu bedeutenden diplomatischen Missionen gebraucht worden. Einen Höhepunkt erreichte seine Wirksamkeit in der Epoche des Prager Friedens, der sein Werk war. Noch höher stieg er im Vertrauen des jungen Kaisers, dessen allernächster Berater er war. Wenn wir nicht irren, so war die Politik der Versöhnung mit den Ständen beider Konfessionen in der zweiten Hälfte des Krieges vornehmlich von ihm eingegeben, jedenfalls trat er immer dann besonders hervor, wenn es um Einlenken und Beschwichtigen ging. Das schroffe Betonen der kaiserlichen Autorität, der rücksichtslose Einsatz der Machtmittel des Kaiserhauses mit spanischer Hilfe, absolutistische und gegenreformatorische Tendenzen, das alles war nicht seine Sache. Sprach dabei auch die eigene protestantische Herkunft mit? Wir wissen zu wenig davon. Sicher ist, daß er keine Vorurteile kannte und mit größerer Unbefangenheit, als man sie sonst am Wiener Hof gewöhnt war, von Konzessionen an die Protestanten reden konnte.

Wenn der Kaiser den Frieden ernsthaft wollte, so konnte er jedenfalls keine bessere Wahl treffen. Geplant war die Sendung Trauttmansdorffs längst, schon im Juli 1643 hatten die Räte des Kaisers sie dringend empfohlen. Aber Ferdinand wollte diesen Schritt erst tun, wenn begründete Aussicht zu sein schien, den Frieden damit zu erreichen. Mehr als zwei Jahre waren seitdem vergangen, das Ringen um die Amnestie und um die Zulassung der Reichsstände hatte mit einer völligen Niederlage des Kaisers geendet. Es schien an der Zeit, die bisherige Politik gründlich zu revidieren. Wo lagen die Fehler, wo die Ursachen der herben Enttäuschungen, wo die neuen Möglichkeiten?

Hätte der Kaiser die Zugeständnisse, die er den Reichsständen unter jahrelangem Druck der fremden Mächte endlich machen mußte, schon vor Jahren freiwillig gewährt, so wäre vielleicht ein enges Zusammenwirken zwischen Haupt und Gliedern des Reiches auf der Friedenskonferenz möglich geworden. Stattdessen hatte man, als die Epoche des Prager Friedens mit ihren kaiserlich-monarchischen Bestrebungen zu Ende ging, in Wien zunächst seine Hoffnung auf die Oligarchie der Kurfürsten gesetzt und die Masse der kleinen Stände vor der Mitverantwortung weiterhin ausgeschlossen. Während das Übergewicht der schwedischen und französischen Macht immer drohender anstieg, war man der Hoffnung nachgejagt, mit der einen oder anderen zu einer besonderen Verständigung zu kommen und so das Gesetz des Handelns wieder an sich zu reißen. Jahrelang waren mit Schweden Geheimverhandlungen geführt worden und schließlich gescheitert. Dem Bündnis von Wismar folgte der Vertrag von Hamburg, es drohte der Abfall der mächtigsten Kurfürsten, und noch immer wußte man der Agitation der fremden Mächte unter den Ständen des Reiches nichts anderes entgegenzusetzen als die Mahnung zu vertrauensvoller Ergebung an dasselbe Kaiserhaus, das zur Zeit seiner großen Erfolge die Rechte der Stände so grob mißachtet hatte. In den folgenden Jahren war dann das Gesetz des Handelns mehr und mehr an Frankreich übergegangen, und die Hoffnungen des Wiener Hofes wandten sich dem Gedanken eines Sonderfriedens mit dieser Macht zu. Im Januar 1643 hatte man insgeheim mit dem französischen Hofe Fühlung gesucht, vermutlich weil man nach dem Tod des Kardinals Richelieu eine Wendung in der Politik Frankreichs nicht für ausgeschlossen hielt. Aber der kaiserliche Abgesandte hatte nur die Antwort erhalten, Frankreich werde gemeinsam mit seinem Bundesgenossen verhandeln, nicht anders. Man ließ sich in Wien dadurch noch nicht abschrecken. Wir kennen eine große Zahl von Gutachten aus diesen Jahren, worin dem Kaiser immer wieder geraten wird, zuerst eine Einigung mit Frankreich zu versuchen und dafür große Opfer nicht zu scheuen, dann mit Frankreichs Hilfe die Schweden und Protestanten zum Nachgeben zu bringen. Auch Trauttmansdorff hat damals diese Ansicht geteilt. Fragt man nach den Gründen, so wird in allen Gutachten immer wieder betont, Frankreich sei eine katholische Macht, und es gebe bei den Friedensverhandlungen eine wichtige Frage, über die der Kaiser nie sich reden lassen dürfe: die Religionsfreiheit in den Erblanden. Sie aber sei ein Hauptanliegen der Schweden und Protestanten, dessen Bewilligung den Bestand des österreichischen Staates erschüttern müsse. Hier liegt wahrscheinlich auch der Grund für die unüberwindliche Scheu des Kaisers und seiner Ratgeber, mit den evangelischen Reichsständen ernsthaft zusammenzuwirken, liegt die Erklärung dafür, warum sie noch Anfang 1645 angesichts des drohenden Abfalls der Reichsstände nichts anderes zu raten wußten als Einwirkung auf Frankreich mit Hilfe des Papstes, damit es sich zu milden Friedensbedingungen verstehe und so der Abfall der Stände verhütet werde.

Von dieser Politik, die schon deshalb verfehlt war, weil sie den Gegensatz zwischen Frankreich und Spanien unterschätzte, zeigte sich Trauttmansdorff schon damals nicht mehr überzeugt. Er deutete dem Kaiser eine andere Möglichkeit an: Nicht den Abfall der Stände abwarten, sich nicht, wie er sagt, von ihnen „aperte superirn lassen, sondern als das Haupt die Glieder veri demonstratione also moderirn, daß zu Zeiten der Zügel angezogen, zu Zeiten nachgelassen, keineswegs aber gar aus der Hand gezogen werde, und seind endlich in hoc casu auch iniquae conditiones eher conjunctim einzugehen, als auf die Separation (so unzählige damna mit sich bringen würde) zu fallen."

Hier ist nicht nur das Fazit der bisherigen Politik gezogen und die drohende Separation der Stände als ihr Ergebnis erkannt, sondern auch schon das Programm entworfen, nach dem Trauttmansdorff dann in Münster Friedenspolitik getrieben hat: Nicht die Zügel zu straff anziehen, lieber einen Frieden mit Opfern erkaufen, als durch Unnachgiebigkeit den Abfall der Stände herbeiführen; kein Übel wäre schlimmer als die Trennung der Glieder des Reiches von seinem Haupt!

Am 21. Oktober 1645 ernannte der Kaiser den Grafen zu seinem ersten Bevollmächtigten bei den Friedensverhandlungen. Eigenhändig hatte er seine Instruktion verfaßt, sie war niemandem sonst bekannt und ist bis heute verborgen geblieben; kein Geschichtsforscher hat sie bisher zu Gesicht bekommen. Wir müssen ihren Inhalt aus gelegentlichen Hinweisen des Grafen in seiner Korrespondenz und aus seinem späteren Verhalten erschließen. Sicher hat der Kaiser ihm darin aufgegeben, zunächst eine Verständigung mit den Reichsständen zu versuchen. „Die Furcht, daß E. K. Mt. die Reichsstände auf Ihre Seite bringen, macht die feindlichen Kronen dem Frieden geneigt, derenthalben ist das der rechte Weg (jedoch sine exclusione tractatus cum coronis), den man ferner gehen muß" schrieb Trauttmansdorff auf dem Wege nach Münster an den Kaiser. Die Instruktion war zweifellos im

Geist der Politik verfaßt, die er selbst seit längerer Zeit vertrat und nun also am kaiserlichen Hof durchgesetzt hatte. Seine Weisungen führten ihn demnach auf den steinigen und dornenvollen Weg der Reichs- und Religionsverhandlungen. Gelang ihm hier die Verständigung, so war mit einer Mäßigung der französischen und schwedischen Forderungen zu rechnen. Es blieb als weitere, wenn auch schwache Möglichkeit der alte Versuch, die beiden Kronen durch Sonderverhandlungen zu trennen. Die Frage war dann nur, mit welcher Macht zuerst anzuknüpfen sei? Trauttmansdorff war der Ansicht, daß dies nur Schweden sein könne. „Es muß", schrieb er dem Kaiser, „durch die Protestanten bei den Schweden, und die Schweden und die Protestanten bei Frankreich der Frieden befördert werden." Zu welchen Angeboten an die beiden Kronen er Vollmachten hatte, davon wird noch zu reden sein, aber ganz offenbar — die Reihenfolge beweist es — hatte er Hoffnung, zunächst einmal die Protestanten zu sich herüberzuziehen, und er muß auch dafür Mittel zur Hand gehabt haben. Sie konnten nur in kirchlichen Zugeständnissen bestehen. Er hat darüber zunächst nichts verlauten lassen, wohl aber schon auf der Reise nach Münster sich öffentlich geäußert, er wolle allen Ständen beider Religion zur Erhaltung ihrer Freiheit verhelfen, der Kaiser wünsche den Frieden und hoffe auf Einigkeit und Vertrauen unter den Ständen. In Köln kam ihm die Nachricht zu, daß die katholischen Gesandten in Münster die Beratung der Religionsfragen von der Proposition der fremden Mächte abhängig machen wollten; sofort drängte er zur Eile, zur Verhandlung ohne das Votum der Fremden, „als denen nicht gar so viel von den Reichssachen einzuräumen."

Alles das blieb natürlich eine unsichere Rechnung. Zur gleichen Zeit, als Trauttmansdorff auf der Reise war, äußerte sich der kaiserliche Geheime Rat sehr zweifelnd darüber, ob die Protestanten wirklich durch Konzessionen dahin zu bringen seien, auf Frankreich und Schweden mäßigend einzuwirken. Es sei sehr fraglich, ob sie überhaupt zu befriedigen seien, und selbst wenn es gelänge, würden sie sich schwerlich gegen die verwenden lassen, denen sie alles zu verdanken hätten und in deren Hand sie sich befänden. Die Minister rieten deshalb, nicht alles auf diese Verhandlungen allein zu setzen, sondern auch mit den Kronen weiter in Fühlung zu bleiben. Eben das war der Weg, den auch Trauttmansdorff im Auge hatte und auf den er sich nun schrittweise und tastend begab.

Festlegung und Verkündung der Gebietsansprüche

In den letzten Monaten des Jahres 1645 bemühten sich die Franzosen, die Schweden zu einer bindenden Äußerung über ihre Forderungen zu bringen. Die Besuche und Gegenbesuche häuften sich in diesem Herbst: Im Oktober war der Herzog von Longueville in Osnabrück, Mitte November fuhr Salvius nach Münster, schon am Ende des gleichen Monats finden wir Servien in Osnabrück, im Dezember Oxenstierna in Münster. Wieder, wie schon im Juli, boten die Franzosen den Schweden ihre Hilfe an, wenn sie Pommern und Wismar fordern wollten, wiederum wichen die Schweden aus und wiederholten ihren alten Satz, ihre Satisfaktion bestehe in der Wiederherstellung der deutschen Freiheit. In Wahrheit aber lagen ihnen noch keine endgültigen Weisungen vor, auch wollten sie den Beschluß der evangelischen Stände über die Gravamina und die Ankunft Trauttmansdorffs abwarten. Als er kam, und als es ruchbar wurde, daß er seine Hoffnung auf eine Verständigung mit den Protestanten und Schweden setze, eilte Servien sogleich nach Osnabrück, um vor einer solchen Annäherung dringend zu warnen.

Aber Trauttmansdorff ging nicht, wie man erwartete, sofort nach Osnabrück. Er suchte zuerst Fühlung mit den Franzosen, um einiges über ihre wirklichen Forderungen zu erfahren. Wie der Weg zum Frieden zu suchen sei, war in seiner Instruktion vorgeschrieben. Aber diese Weisungen bedurften der Ergänzung durch andere, die die Grenze des Nachgebens gegen Forderungen der fremden Mächte festlegten. Welche Gebietsabtretungen in der kaiserlichen Instruktion als möglich bezeichnet wurden und ob sie überhaupt Bestimmtes darüber enthielt, wissen wir nicht. Wie es scheint, wollte der Kaiser damals seinen endgültigen Entschluß in dieser Sache noch von der ersten Fühlungnahme Trauttmansdorffs mit den Franzosen abhängig machen, und das würde erklären, warum dieser zunächst in Münster blieb. In welcher Richtung sich aber die Gedanken des Kaisers bewegten, darüber geben uns die Wiener Akten mannigfachen Aufschluß, waren doch jahrelange Erörterungen über die media pacis vorhergegangen, und die vielen Gutachten der geheimen Räte enthalten mancherlei über mögliche Gebietsabtretungen an Frankreich. Die Überzeugung der kaiserlichen Regierung blieb immer, daß dem Hause Habsburg ein Opfer aus seinem Hausbesitz eigentlich nicht zugemutet werden dürfe. Gegenseitige Rückgabe aller Eroberungen war deshalb regelmäßig der Grundsatz, von dem man ausging, höchstens wurden einige geringfügige, schrittweise zu gewährende Konzessionen erörtert. So hatte Trauttmansdorff selbst im Sommer 1643 daran gedacht, den Franzosen allenfalls Pinerolo zu lassen, vielleicht Moyenvic und Breisach zu schleifen. Martinitz ging damals schon wesentlich weiter. Er sprach nicht nur von einer Entfestigung der Städte Zabern, Breisach, Ehrenbreitstein, Philippsburg, er erörterte auch einen Vorschlag, den man nur mit Erstaunen liest: Er riet, den Franzosen Stadt und Bistum Straßburg anzubieten, dazu noch andere Plätze des Elsaß als Pfand oder Lehen, selbst das ganze Elsaß als Mitgift im Fall einer habsburgischen Heiratsverbindung mit dem französischen Königshaus dahinzugeben oder es auch von der Krone Frankreich zu Lehen zu nehmen. Die Stadt Straßburg habe ohnehin immer zu den Feinden des Kaisers gehalten, und die Abtretung des Bistums schade der katholischen Religion nicht. Besser den Franzosen etwas nachgeben, als den Protestanten, besser das Reich trägt ein Opfer als das Haus Habsburg — so steht es sehr offenherzig in dem Gutachten dieses kaiserlichen Rates zu lesen. Wir finden übrigens das Spiel mit dem Gedanken einer Abtretung des Bistums Straßburg nicht nur Jahre später in einem eigenhändigen Entwurf des Kaisers, es muß auch etwas davon nach Frankreich gedrungen sein, denn der Herzog von Longueville hat im April 1646 einmal den gleichen, von Trauttmansdorff freilich sofort abgelehnten Vorschlag gemacht, und daß man das Elsaß dem Kaiser auch ohne Annexion durch Heirat entziehen könne, dieser Gedanke findet sich schon in den Instruktionsentwürfen Richelieus von 1642, vielleicht ist er überhaupt französischen Ursprunges. Nun war freilich Martinitz strenger Katholik und seine Ansicht nicht unbedingt die des Wiener Kabinetts, aber mit der Meinung, daß man eher Frankreich nachgeben müsse als den Protestanten und lieber das Reich schädigen lassen solle als das Haus Österreich, stand er gewiß nicht allein. „Minimum quod dari poterit erit optimum, sed et multum dare ut pax obtineatur, maxime ex alienis et acatholicis" schreibt er zwei Jahre später erneut in sein Gutachten. Zu dieser Zeit, September 1645, waren im Grunde schon alle kaiserlichen Räte davon überzeugt, daß es ohne das ganze linksrheinische Elsaß, ohne die Schleifung Breisachs, ohne Pommern überhaupt nicht mehr abgehen werde und daß es besser sei, den Kronen etwas im Punkte der Satisfaktion als den Protestanten im Punkt der Amnestie und der Gravamina nachzugeben, „welches", wie einer der Räte schreibt, „auch viel ein mehreres und größeres austrägt, sowohl in conscientia als statu politico."

Müssen wir diese Meinung als die allgemeine in Wien annehmen, so läßt sich zwar der Schluß kaum abweisen, daß auch Trauttmansdorffs Vollmachten den Verzicht auf Pommern und Elsaß, auf die drei Bistümer Metz, Toul und Verdun und vielleicht auch noch mehr umfaßten oder doch dies alles als möglich bezeichneten, aber seine Instruktion kann sich kaum so schroff gegen Zugeständnisse an die Evangelischen ausgesprochen haben wie die Räte des Kaisers. Sie hat ihm offenbar eine Freiheit des Verhandelns gelassen, die die Minister in ihren Gutachten keineswegs vorausgesetzt hatten, und vor allem die von ihnen nie vorgesehene Möglichkeit, den Hebel zuerst bei den Protestanten anzusetzen.

Als aber Trauttmansdorff in Münster eintraf, fand er schon eine Situation vor, die seine Sondierungen bei den Franzosen außerordentlich erschwerte: Die kaiserlichen Gesandten hatten sich nicht darauf beschränkt, die französischen Friedensbedingungen zu erforschen, wie ihre Weisungen das vorschrieben, sondern den Vermittlern bereits zu erkennen gegeben, daß der Kaiser zu Verhandlungen über Metz, Toul und Verdun bereit sei, daß er über den vierzigjährigen Zeitraum, den der Prager Frieden für die Überlassung der geistlichen Güter festgesetzt hatte, mit sich reden lassen werde, sie hatten schließlich zur Bereinigung der pfälzischen Frage eine achte Kurwürde vorgeschlagen. Die Mißbilligung, die der Kaiser über dieses eigenmächtige Verfahren zu erkennen gab, kam zu spät. Die geheimen Absichten der Wiener Politik waren erkennbar geworden, ihre weitgehende Konzessionsbereitschaft in wichtigen Punkten vorzeitig aufgedeckt. Gleichwohl entschloß sich Trauttmansdorff, es doch zunächst bei den Franzosen zu versuchen. Dazu drängten ihn auch mit wachsender Ungeduld die bayrischen Gesandten. Einen ersten Höflichkeitsbesuch bei den Franzosen benutzte er dazu, sie auf das Beispiel des Kaisers zu verweisen, der im mantuanischen und dänischen Kriege alle seine Eroberungen wieder herausgegeben habe. Durch die Vermittler ließ er ihnen die Stifter Metz, Toul und Verdun anbieten, auch über Pinerolo, Moyenvic und eine Schleifung Breisachs wurde gesprochen. Aber damit wurde den Franzosen nur geboten, was sie ohnehin als ihren sichersten Besitz ansahen und was sie nach allem, was sie über Trauttmansdorffs Vollmachten zu wissen glaubten, nur als einen Anfang betrachten konnten. Sie gaben das auch zu verstehen. Trauttmansdorff brach die Verhandlung in Münster zunächst damit ab, daß er sein Angebot als erstes und letztes bezeichnete; der Kaiser sei den Franzosen zu keiner Satisfaktion verpflichtet.

Während er am 14. Dezember nach Osnabrück weiterreiste, um sich seiner eigentlichen Absicht gemäß mit Protestanten und Schweden zu verständigen, einigten sich Franzosen und Schweden über ihre Forderungen, deren amtliche Bekanntgabe nicht mehr zu umgehen war. Es war ihnen nicht gelungen, von irgendeiner Seite ein Angebot herauszulocken, obwohl sie ein ganzes Jahr diplomatischer Bemühungen daran gewendet hatten. Der ganze Kongreß sah nunmehr ihrer Äußerung entgegen.

Am 22. November hatte Mazarin den französischen Bevollmächtigten in einem geheimen Zusatz zu ihrer Instruktion die endgültigen Friedensbedingungen übermittelt. Wir gehen hier nur auf die territorialen Forderungen ein, die er an den Kaiser zu stellen gedachte und die durch solche an Spanien ergänzt wurden.

Das Erstaunlichste ist, daß Mazarin rund und schlicht, ohne Zusatz und Kommentar, nur die Forderungen bestätigte, die er schon am 1. Juli formuliert hatte. Damals hatte er in Übereinstimmung mit den Vorschlägen seiner Gesandten Ober- und Unterelsaß, Breisach und Philippsburg genannt. Das wurde jetzt wiederholt, als ob die Warnungen und Hinweise, als ob die Erörterungen über die Rechtsstellung der reichsunmittelbaren Stände im Elsaß gar nicht gewesen wären! Hatten die Erkundigungen im Elsaß noch kein Ergebnis gebracht oder wollte man die Schwierigkeiten ignorieren, auf die man gestoßen war? Wollte man vielleicht schon damals gar keinen klaren Vertragstext, um ihn später nach Belieben auslegen zu können? Alle diese Rätselfragen, die die Forschung im Zusammenhang mit den Zessionsbestimmungen des Vertrages von Münster durch Jahrzehnte beschäftigt haben, tauchen hier schon auf. Am wahrscheinlichsten ist allerdings — die nachlässige Formulierung läßt darauf schließen — daß man in Paris die Schwierigkeiten, auf die man von Münster aus hingewiesen worden war, nicht hoch einschätzte.

Auch die schwedische Regierung legte jetzt ihre Ansprüche endgültig fest. Ihre Instruktion vom 20. November 1645 nannte Pommern mit Kammin, Wismar mit Poel und Walfisch, Bremen und Verden.

Nun war aber bei Franzosen und Schweden die wirkliche Forderung nicht die gleiche wie die, die in den Propositionen genannt werden sollte. Natürlich mußte man mehr fordern, als man am Ende behalten wollte. Die Franzosen haben den Breisgau und die vorderösterreichischen Waldstädte hinzugesetzt, die Schweden nach ausdrücklicher Weisung aus Stockholm die Stifter Magdeburg, Halberstadt, Minden, Osnabrück und ganz Schlesien genannt. So stand es in den Propositionsentwürfen, die die Verbündeten jetzt austauschten. Keiner wußte zunächst vom anderen, wie weit es ihm mit diesen Forderungen ernst sei und wie weit seine wahren Absichten dahinter zurückblieben. Das sollte zu Komplikationen führen. Denn mit diesem Griff nach den geistlichen Gütern setzten sich die Schweden in Gegensatz zu Frankreich. Schon bei den Vorbesprechungen legten die Franzosen heftigen Protest gegen diesen Punkt ein: Die Krone Schweden möge außerhalb der Stifter fordern was sie wolle, man werde sie darin unterstützen, aber zur Aneignung geistlicher Güter könne Frankreic seine Hand nicht bieten. Überflüssig zu bemerken, daß dieser Protest verhallte, aber es tat sich hier ein Gegensatz auf, der noch seine Rolle spielen sollte, so oft die schwedische Satisfaktion auf die Tagesordnung des Kongresses kam.

Die Antwort der beiden Mächte auf die kaiserliche Duplik erfolgte mündlich — darüber hatte man sich inzwischen geeinigt — am 7. Januar 1646 in Münster an die Vermittler, in Osnabrück an die kaiserlichen Gesandten unmittelbar. Beide Mächte hatten außerdem gewünscht, daß eine Deputation aus allen drei Reichskollegien bei ihnen erscheine und ihre Antwort gleichfalls entgegennehme. Sie wollten sinnfällig zum Ausdruck bringen, daß der Kaiser allein nicht mehr für das Reich sprechen könne. Die Stände in Münster lehnten das aber als im Herkommen nicht begründet ab, in Osnabrück einigte man sich auf einen nachträglichen Besuch der Stände bei Oxenstierna, wo er ihnen über den Hergang Bericht gab.

Beide Mächte hatten sich geeinigt, die Religionsbeschwerden diesmal in ihren Propositionen überhaupt nicht zu berühren und sie zunächst der Verständigung der Parteien zu überlassen. Die Reichsverfassungsfragen wurden erneut diskutiert, werden uns aber später noch im Zusammenhang beschäftigen. Von Bedeutung waren für den Augenblick nur die Satisfaktionsforderungen. Ihr Inhalt war der erwartete, aber der Eindruck war doch ungeheuer. Er wurde verstärkt durch die merkwürdig unbestimmte Art der Formulierung. Was bedeutete der Ausdruck „Ober- und Unterelsaß" bei den Franzosen, schloß er die reichsunmittelbaren Stände ein oder nicht? Die Schweden hatten, vielleicht unter dem Eindruck der französischen Bedenken, die geforderten Stifter außer Bremen und Verden nicht namentlich genannt, es hieß in ihrer mündlichen Proposition nur, sie wünschten die von ihnen besetzten geistlichen Güter zur Abfindung der durch die schwedische Satisfaktion geschädigten Reichsstände zu verwenden. Aber welche unerhörte Umwälzung im Reich konnte das bedeuten, welche Absichten mochten dahinter verborgen sein? Welche Pläne verfolgte schließlich Frankreich, wenn es nicht nur das Elsaß verlangte, sondern mit Philippsburg und Breisach auch den Fuß auf das rechte Rheinufer setzen wollte? Die beiden Mächte waren nicht gut beraten, als sie derart unbestimmte Formulierungen wählten.

So war also endlich ausgesprochen, worauf der versammelte Kongreß seit langem gewartet hatte. Die Kriegsziele Frankreichs und Schwedens lagen vor aller Welt offen, wenn auch ihr genauer Umfang noch zweifelhaft blieb. Die bisher beteuert hatten, daß sie nur für die deutsche Freiheit die Waffen erhoben hätten, teilten jetzt weite Provinzen des ausgeplünderten Reiches unter sich und ließen die Schwachen und Unschuldigen die Kosten eines Krieges bezahlen, den sie nicht entfesselt und an dem sie keinen Teil gehabt hatten. Was hatten die Tiroler Erzherzöge, der Kurfürst von Brandenburg, der Herzog von Mecklenburg begangen, daß man sich an ihrem Gut vergriff? Die brandenburgischen Gesandten hatten übrigens bis zuletzt versucht, die Nennung Pommerns in der schwedischen Proposition zu verhindern. Jetzt stellte Wittgenstein den Grafen Oxenstierna in schärfsten Worten zur Rede, und Löben wußte sich vor Zorn nicht zu lassen: Das heiße die deutsche Libertät verfechten; es sei nur zu hoffen, daß die katholischen Stände in der Religionsfrage ein wenig nachgäben, so sollten die Sachen bald in einen anderen Stand geraten! Mecklenburg und die Hansestädte protestierten laut gegen die Absichten auf deutsche Häfen, und Trauttmansdorff zeigte sich entsetzt über das Verlangen nach den geistlichen Stiftern. Wenn der Kaiser in Stockholm gefangen säße, meinte er, hätte man den Bogen nicht höher spannen können.

Die fremden Gesandten, und nicht nur die Franzosen und Schweden, betrachteten diesen Sturm der Entrüstung ziemlich ungerührt. In einem französischen Gesandtschaftsbericht aus diesen Tagen lesen wir, Gott habe Frankreich in seiner Gerechtigkeit in diesem Kriege einen Teil seines alten Besitzes wiedergegeben, warum sollte der König sich freiwillig der Gunst des Himmels berauben und allein den Frieden durch Opfer erkaufen? Man hatte nicht das Gefühl, irgendjemandem Unrecht zu tun, und man hatte auch nichts zu fürchten. Daß es Trauttmansdorff gelingen werde, das vielköpfige Gremium der Reichsstände zu gemeinsamer Abwehr der fremden Ansprüche zusammenzufassen, damit war auch jetzt nicht zu rechnen. Graf d'Avaux rühmte sich, der Reichsstände halber sei keine Gefahr, man habe von mehreren bereits die schriftliche Zustimmung in Händen und fürchte sie nicht.

Versuch einer Einigung mit Schweden

Zweieinhalb Monate kehrte Trauttmansdorff dem Hauptort der Verhandlungen, Münster, den Rücken, rang er in Osnabrück um Verständigung mit Schweden und Protestanten. Mit der Hoffnung im Herzen, den Grund zum Frieden gelegt zu haben, kehrte er nach Münster zurück. Aber dem hoffnungsvollen Aufschwung der ersten Monate folgten Enttäuschung, Verzicht und Rückschläge, in denen seine Zuversicht und seine Geduld auf die härteste Probe gestellt wurden, aber auch seine Gaben als Staatsmann sich aufs höchste bewährten.

Als er Anfang Januar die Propositionen der Mächte vernahm, schrieb er dem Kaiser, diese Forderungen würden nichts Böses bewirken, sondern zur völligen Vereinigung der Stände des Reiches mit ihrem Oberhaupt führen. Trauttmansdorff hatte ein Gefühl dafür, daß ohne persönlichen Kontakt auch die großen sachlichen Gegensätze nicht zu vereinigen sind. Die Atmosphäre zu schaffen, in der man sich von Mensch zu Mensch verständigen könne, war immer sein erstes Bemühen. Seine vertrauenerweckende, unkonventionelle Art tat dabei das Beste. Gleich beim ersten Besuch, den er den Schweden abstattete, ging er von den üblichen Komplimenten unmittelbar zur Sache über. Dem Grafen Oxenstierna teilte er vertraulich mit, er habe eine besondere Vollmacht an ihn und sei zu Sonderverhandlungen geneigt. Nicht daß er in der Sache so sehr weit nachgegeben hätte. Er verhehlte sich und anderen keinen Augenblick, wo die großen Schwierigkeiten lagen. Der schwedischen Amnestieforderung, der Verhandlung der pfälzischen Sache am Kongreß trat er entschlossen entgegen. Das seien entschiedene Sachen, sie umstoßen heiße „alle Sentenzen, eidlich und bei fürstlichen Ehren und Worten beteuerte Verträge und Akkorde, ja die justitiam und heilsame Reichssatzungen selbst über den Haufen werfen." An eine Abtretung Schlesiens, an Religionsfreiheit in den kaiserlichen Erblanden, an Abschaffung des Geistlichen Vorbehalts sei nicht zu denken. Wenn er so wichtige Forderungen der Schweden entschieden von sich wies, so geschah das doch nur, um anzudeuten, auf welchem Wege seiner Meinung nach eine Verständigung möglich sei: Die schwedische Satisfaktion hatte er nicht als indiskutabel bezeichnet! Hier wollte er Bresche schlagen. Mitte Januar schickte er Krane zu Salvius, um die wahren Ansichten der Schweden über diesen Punkt zu erfahren. Er erreichte damit nichts. Schließlich griff er selber ein. Im Februar hatte er mehrere Unterredungen mit Salvius, in denen er Vorpommern mit Kammin und Verden als Reichslehen bot. Auch Wismar wollte man den Schweden gönnen, nur an Schlesien, die „Pupille in des Kaisers Auge", und an die geistlichen Stifter dürfe man nicht rühren. In der Tat ist auf dieser Basis so etwas wie eine Vereinbarung mit den Schweden zustande gekommen, die man streng geheimzuhalten versprach, bis Antwort aus Stockholm vorliege. „Wir halten unsere Abrede beiderseits für einen Schluß" schrieb Trauttmansdorff am 22. Februar dem Kaiser.

Die Einigung mit Schweden hing aber noch von der Zustimmung Brandenburgs ab. Sie war nicht zu gewinnen. Als Trauttmansdorff von einer Teilung Pommerns sprach, erinnerte Wittgenstein ihn an die früheren Zusagen kaiserlichen Schutzes. Man müsse Frieden haben, war Trauttmansdorffs Antwort, Schweden werde von Pommern nicht weichen. Er bot erst Geld, dann Land und sogar geistliches Gut zur Entschädigung: Der Kurfürst habe ein großes Territorium, das habe hier einen Zipfel und dort wieder einen, so daß sich gar wohl ein Pfaffengut darein schicke. Aber die joviale Sprache verfing hier nicht. Als Trauttmansdorff am 26. Februar Osnabrück verließ, glaubte er mindestens mit Schweden ins Reine gekommen zu sein, während in Wahrheit sein Vorstoß gescheitert war.

Aber seine monatelangen Verhandlungen in Osnabrück hatten genügt, bei den Franzosen Argwohn zu erregen. Die Unzuverlässigkeit der Bündnisse war ein wesentlicher Faktor in dem Verhältnis der beiden Großmächte. Ein auf vielfachen Umständen, nicht zuletzt auf der konfessionellen Verschiedenheit beruhendes Mißtrauen ist zwischen ihnen nie ganz geschwunden. Es ist selten so stark hervorgebrochen wie in den ersten Wochen des Jahres 1646. In Münster ruhten alle Verhandlungen. Der Argwohn der Franzosen, daß etwas hinter ihrem Rücken vorgehe, wurde bestärkt, weil man ihren Residenten de la Barde schon seit längerer Zeit nicht mehr zu den Osnabrücker Besprechungen zuzog, obwohl der Präliminarvertrag das vorschrieb. Der Gegensatz war schon spürbar gewesen, als die Franzosen bei Beratung der Propositionen den Schweden rund heraus erklärt hatten, sie könnten die Aneignung kirchlicher Güter nicht dulden. Während der Verhandlungen Trauttmansdorffs in Osnabrück wuchs der Unwille in Münster und in Paris. Man glaubte nicht ernsthaft an eine Untreue der Schweden, aber man tadelte, daß durch diese Verhandlungen der Anschein eines Zwiespaltes erweckt werde, und man ärgerte sich über die eigene offensichtliche Isolierung, die dem ganzen Kongreß auffiel. Zum ersten Mal gewann Osnabrück den Vorsprung vor Münster, Schweden schien die beherrschende Macht des Kongresses zu sein. Es zeigte sich jetzt, eine wie starke Stütze und im ganzen doch zuverlässige Gefolgschaft es an den deutschen Protestanten besaß. Frankreich konnte sich in der gegenwärtigen Lage eigentlich nur noch auf Bayern verlassen. Kurfürst Maximilian unterstützte denn auch mit allen Mitteln den französischen Satisfaktionsanspruch weiter. Er versicherte, daß er einen Sonderfrieden des Kaisers mit Schweden und Protestanten nicht dulden werde. Seiner Haltung war es zu danken, daß Frankreich den Vorgängen in Osnabrück im ganzen doch mit Gelassenheit zuschauen konnte. Um jedoch volle Klarheit zu gewinnen, wurde Avaux nach Osnabrück und gleichzeitig der Gesandtschaftssekretär St. Romain nach Stockholm geschickt.

Die Reise des Grafen d'Avaux bezeichnete den Höhepunkt der Verstimmung zwischen den beiden Bundesgenossen, aber sie brachte schließlich auch die Klärung. Der Botschafter schüttete zunächst eine Fülle von Klagen und Anklagen aus: Die Schweden hätten den französischen Residenten von ihren Konferenzen ausgeschlossen, sie hätten ihre Satisfaktionsforderungen unnötig hoch gespannt und in ihrer Proposition ostentativ ihre Neutralität gegen Spanien betont, sie hätten die protestantische Forderung unterstützt, zuerst die Reichs- und Religionsfragen zu regeln, und schließlich ohne Rücksicht auf die stockenden kaiserlich-französischen Besprechungen lebhaft mit Trauttmansdorff weiter verhandelt. Während er zunächst nur frostige und ausweichende Antworten erhielt, kam es dann doch über die meisten Punkte zu einer Verständigung. Die Schweden gaben beruhigende Versicherungen, versprachen im Sinne Frankreichs auf die Reichsstände zu wirken und erklärten ihren Anspruch auf die Bistümer als nicht ernst gemeint. Auch ihnen, versicherte Oxenstierna, liege mehr an der Satisfaktion als an den Religionsbeschwerden, aber sie seien der Meinung, der Kaiser werde die protestantischen Forderungen niemals befriedigen können und deshalb den Kronen ihre Wünsche erfüllen müssen, um die Protestanten loszuwerden. Wie aber, hielt Avaux ihm entgegen, wenn dem Grafen Trauttmansdorff nun doch eine Verständigung mit den Protestanten gelinge? Dann werde ja der Krieg als ein reiner Raubzug für französische und schwedische Interessen weitergehen müssen!

Es blieb also ein Rest von Mißtrauen und Sorge zurück, doch schied er von Osnabrück nicht ganz unzufrieden. Vor allem machten ihm die Gesandten der protestantischen Reichsstände, mit denen er sprach, einen guten Eindruck. Sie versicherten, daß sie keineswegs gegen die Satisfaktion der Kronen arbeiten und damit ihre stärkste Stütze selbst zerbrechen wollten. Avaux suchte sie noch günstiger zu stimmen und Einfluß auf die Beschlüsse zu gewinnen, die sie damals gerade über die Friedensbedingungen der beiden Großmächte zu fassen hatten. Er meinte sie soweit gebracht zu haben, daß sie die Frage, ob Frankreich und Schweden eine Entschädigung zukomme, in dem Reichskonklusum grundsätzlich bejahen würden, und er war mit den Schweden der Meinung, daß eine solche Erklärung genügen werde, um gute Bedingungen vom Kaiser zu erlangen. Er berichtete, daß die Abgesandten ihm versichert und einige ihm sogar die Hand darauf gegeben hätten, sie seien dem König von Frankreich geneigt und dankbar.

Avaux hatte nicht ohne Erfolg in Osnabrück gewirkt. Schweden und Protestanten waren noch keineswegs soweit gewonnen, wie Trauttmansdorff wohl hoffen mochte.

Beratungen und Votum der Reichsstände

Die Reichsstände hatten nach dem Willen der Großmächte durch die Zulassung zum Kongreß zu einem entscheidenden Faktor bei den Friedensverhandlungen werden sollen. Würden sie die Haltung einnehmen, die Frankreich und Schweden von ihnen erwarteten? Würden sie ein Bollwerk reichsständischer Libertät gegen habsburgische Übermacht werden, oder würde die gewohnte Ehrfurcht vor dem kaiserlichen Namen stärker sein? Das war die noch keineswegs entschiedene Frage. Auch Trauttmansdorff rechnete mit den Ständen, ja es war geradezu der Grundgedanke seiner Politik, sie nun, nachdem ihre Berufung und Mitwirkung Tatsache geworden waren, zu einer Waffe in der Hand des Kaisers umzuschmieden. Die Kronen hatten die Stände als Hilfstruppen gegen den Kaiser aufgeboten, Trauttmansdorff wollte sie um das Banner eben dieses Kaisers sammeln und gegen die Fremden ins Feld führen, um ihnen die fast sichere Beute wieder zu entreißen.

Das Ringen um die Stände begann mit der Erörterung über die im Januar bekanntgegebenen Friedensbedingungen. Im Oktober 1645 hatten die Reichsstände noch darauf verzichtet, ihr Gutachten zu den damals vorliegenden Propositionen und zur kaiserlichen Duplik abzugeben, jetzt mußten sie sich wohl entschließen, ihre Meinung kundzutun. Zuvor jedoch war die nicht unwesentliche Frage zu klären, in welcher Reihenfolge die einzelnen Gegenstände der französischen und schwedischen Proposition zu behandeln seien. Amnestie, Reichsverfassungsfragen, Religionsbeschwerden und Satisfaktionsforderungen lagen vor. Unter ihnen nahmen die Religionsfragen eine besondere Stellung ein, weil hier als Fordernde weder die fremden Mächte noch die Reichsstände in ihrer Gesamtheit auftraten, sondern nur die evangelische Minderheit, unterstützt von Schweden. Die Protestanten hatten im November 1645 nach dem Brauch auf früheren Reichstagen einen Ausschuß eingesetzt, der die Gravamina zu formulieren hatte. Hinter ihnen standen mit einer freilich nur scheinbaren Zurückhaltung die Schweden, nicht ohne Bedenken und mit betonter Reserve die Franzosen. Beide Mächte hatten auf den Inhalt dieser Beschwerden keinen Einfluß genommen, drängten aber auf ihre Erledigung noch während des Kongresses. Diese bisher nur von den Schweden unterstützte Forderung hatten sich jetzt auch die Franzosen in ihrer Proposition zu eigen gemacht. Sie waren damit aus ihrer lange bewahrten Vorsicht etwas hervorgetreten, um nicht ihre protestantische Gefolgschaft ganz an die Schweden zu verlieren.

Die Evangelischen aber wünschten noch mehr, sie wollten ihre Gravamina vor allen anderen Fragen erledigt sehen, denn sie fürchteten den Schutz der Großmächte zu verlieren, wenn deren Gebietsansprüche vorher zur Entscheidung kämen. Gerade darauf aber drängten die Bayern. Noch weiter ging Bischof Franz Wilhelm von Osnabrück, der um den Besitz seines Bistums bangte und deshalb die längst überholte Forderung stellte, die Gravamina überhaupt vom Kongreß auszuschließen und auf spätere Zeiten zu vertagen. Trauttmansdorff nahm den Standpunkt der Evangelischen ein. Er brauchte die Versöhnung mit ihnen, überschätzte aber wohl ihre Bereitschaft zum Nachgeben. So drangen die Protestanten im wesentlich durch, man legte den Beratungen die Ordnung der schwedischen Proposition zu Grunde. Diese befaßte sich in der ersten Klasse mit allen Reichsangelegenheiten, und zwar in der Reihenfolge Amnestie, Privilegien und Rechte der Stände, Gravamina, Freiheit des Handels, kam in der zweiten Klasse auf die Satisfaktionen zu sprechen und wandte sich in der dritten Klasse den Maßnahmen zur Sicherung des Friedens, mit der vierten den Ausführungsbestimmungen zu.

Hier aber ergab sich eine neue Schwierigkeit. Hielt man diese Reihenfolge ein, so mußten die fremden Mächte bei der unübersehbaren Ausdehnung der Religionsverhandlungen, mit denen man in hundert Jahren nicht vom Fleck gekommen war, zunächst darauf verzichten, ihre Wünsche in den Reichskollegien beraten zu sehen. Da trennten sich also die Interessen Frankreichs und Schwedens von denen der Protestanten. Als Avaux im Februar in Osnabrück war, verhandelte er mit den Evangelischen und erreichte schließlich die Zusage, daß die Satisfaktionsforderungen mit den Reichs- und Religionsbeschwerden in gleichem Schritt verhandelt werden sollten, doch so, daß trotz getrennter Behandlung eines nicht ohne das andere abgeschlossen würde. Indem es Avaux gelang, die Schweden für diese Ansicht zu gewinnen, wurden die ständischen Beratungen von dieser Seite her unter einen nicht unbeträchtlichen Druck gesetzt.

Was Frankreich hier forderte und schließlich durchsetzte, deckte sich mit dem Interesse mächtiger katholischer Stände. Der so erreichte Kompromiß beendete zugleich einen Streit unter den Ständen, der für ihre Beratungen hätte tödlich werden können. Indem nämlich Trauttmansdorff für die Wünsche der Protestanten eingetreten war, um die solange Entfremdeten wieder für den Kaiser zu gewinnen, hatte er ein schweres Zerwürfnis mit den Katholiken heraufbeschworen. Schon im Anfang des Jahres hatte das unablässige Drängen der Bayern, er solle nun endlich mit Frankreich verhandeln, und ihr Konspirieren mit den französischen Gesandten seinen Unmut erregt. Er schrieb damals dem Kaiser, wenn der Kurfürst von Bayern übel handeln wolle, so habe er fest versicherte Mittel, ihm seinen Anspruch auf Kriegskosten durch die Osnabrücker Reichsstände und die Krone Schweden absprechen zu lassen und dieses conjunctis viribus zu manutenieren. Alle seine Bemühungen, klagte er, würden durch die bayrischen Umtriebe in Paris und Münster zunichte gemacht, und das ohne jeden Nutzen. Dann hatten sich seinem wohlbegründeten Eintreten für die Protestanten fast alle katholischen Reichsstände in Münster unter der Führung der Bayern und des Bischofs von Osnabrück widersetzt. Gegen die Beratung der inneren Reichsangelegenheiten vor den Ansprüchen der Kronen wendeten sie sich nicht nur aus konfessionellem Interesse. Da standen ja auch die Amnestiefragen zur Debatte, zu denen die Restitution der Pfalz gehörte, die dem bayrischen Hausinteresse lebensgefährlich werden konnte. Da war ferner die Last des Krieges und die verzweifelte militärische Lage, die die Stände in ihrem eigenen Interesse zu schnellem Friedensschluß oder wenigstens Waffenstillstand trieb, und man glaubte genau zu wissen, daß beides von Frankreich nicht ohne die Abtretung Breisachs und des Elsaß zu haben sei. Von der in Osnabrück beschlossenen Reihenfolge drohte unendliche Verzögerung oder ein Friedensschluß, der der katholischen Sache und dem Hause Bayern schwersten Schaden zufügen konnte.

Man hatte sich daher im Januar in Münster zu einem Verfahren entschlossen, das die französische Satisfaktionsfrage auch gegen den Willen Trauttmansdorffs in Fluß bringen sollte und zu dem man die Mitwirkung der katholischen Reichsstände brauchte. Franz Wilhelm, der im Kurfürstenrat zu Münster die Initiative ergriff, verfügte hier ohne weiteres über die Stimmen von Bayern, Köln und Trier. Auch auf Brandenburg glaubte er in allem, was Frankreich betraf, rechnen zu können. Im Fürstenrat aber war dem Hause Bayern dank seiner großen Gefolgschaft an geistlichen Herren und dem Bischof von Osnabrück dank seiner vielen Pfründen die Stimmenmehrheit sicher. Nur Mainz war dem Kaiser ergeben und den Spaniern geneigt, sein Widerspruch allein aber konnte einen Beschluß beider Kollegien nicht verhindern, es konnte als Präsidium höchstens die Dinge durch geschäftliche Maßnahmen verschleppen.

Dies war die Lage, wie der Mainzische Kanzler sie dem spanischen Gesandten Brun mit Bedauern im vertrauten Gespräch darlegte, und Bischof Franz Wilhelm gedachte sie zu nutzen. Er führte am 29. Januar einen doppelten Beschluß im Kurfürstenrat und Fürstenrat herbei, dem die Städte sich widerwillig anschlossen. Eine Deputation der katholischen Stände wurde zu den Kaiserlichen gesandt mit der Aufforderung, die Satisfaktionsverhandlungen mit Frankreich fortzusetzen, zugleich aber eine Abordnung an die Franzosen selbst beschlossen, um einige Unklarheiten in ihrer Proposition zu klären. Man versicherte später dem Grafen Trauttmansdorff, es sei keineswegs darum gegangen, ihnen mehr anzubieten als sie gefordert hätten. Das traf zu, die Erkundigungen bezogen sich zwar auf den Umfang der französischen Ansprüche, waren aber offenbar im Interesse der bedrohten kleinen Reichsstände des Elsaß gestellt worden. In diesem Augenblick war es jedoch noch auf etwas ganz anderes abgesehen: Diese Deputation an die Franzosen war ein Eingriff in die Verhandlungsbefugnis des kaiserlichen Ministers und sollte ganz offenbar die Besprechungen mit Frankreich auch in seiner Abwesenheit und gegen seinen Willen in Gang halten.

In einem zweiten Beschluß verabredeten die Münsterschen Stände, ihr Gutachten zur französischen Proposition selbständig abzufassen und es den Osnabrücker Ständen erst nachträglich vorzulegen. Man wäre so der Notwendigkeit entgangen, einen Kompromiß mit den Evangelischen in Osnabrück zu suchen. Ein Gutachten der Stände in Münster, das sich für den Grundsatz der Satisfaktion, gegen eine ausgedehnte Amnestie und gegen die protestantischen Religionsbeschwerden aussprach, hätte zwar nicht den Anspruch erheben können, ein allgemeines Reichsgutachten zu sein, aber trotzdem seine Wirkung nicht verfehlt.

Gegen diese Beschlüsse schritt Trauttmansdorff mit aller Schärfe ein, und es gelang ihm, beide zu hintertreiben. Aber daß so etwas überhaupt möglich war, mußte als ein bedrohliches Zeichen aufgefaßt werden. Schon jetzt tauchte die Frage auf, ob bei der Tiefe der Gegensätze zwischen den Reichsständen der Grundgedanke Trauttmansdorffs, die Versöhnung dieser Stände unter sich und mit dem Kaiser, nicht eine Illusion sei? Zunächst jedenfalls führten die Vorgänge zu einem ernsten Konflikt mit dem Kurfürsten von Bayern. Das Schreiben, womit er den Bericht Trauttmansdorffs über den Hergang der Dinge am 7. Februar beantwortete, nahm nicht nur die katholischen Stände in Schutz, sondern auch die gesamte französische Politik: Man könne es den Franzosen nicht verargen, wenn sie sich dagegen wehrten, daß ihre Forderungen nebst denen der katholischen Stände zurückgestellt würden und Trauttmansdorff durch einseitige Verhandlungen den Versuch mache, ihnen ihre Bundesgenossen und Anhänger zu entfremden. Er gab zu, daß eine reichsständische Deputation an die fremden Gesandten nicht korrekt sei, aber die Franzosen hätten diese Forderung nur aus Unkenntnis des Reichsherkommens gestellt. Dann aber ging Maximilian offen zum Angriff und zu sehr grundsätzlichen Forderungen über: Der Grund der ganzen Verwirrung sei, daß man in so wichtigen Sachen entgegen dem Reichsherkommen ohne Zuziehung der Stände verfahren sei. Der Kurfürst bestritt damit dem Kaiser nicht nur das Recht zum selbständigen Friedensschluß, sondern auch zu selbständigem Verhandeln. Im übrigen drängte er erneut auf Verständigung mit Frankreich und mahnte mit unzweideutigen Worten den Grafen an die Vollmachten, die er vom Kaiser in der elsässischen Frage erhalten habe. Ja er drohte, er werde sich, seine Untertanen und die katholische Religion sowie das Römische Reich durch selbständige Entschlüsse vor dem Untergang zu retten wissen, wenn das Geforderte nicht bald geschehe.

Wahrscheinlich hatte noch kaum ein Kurfürst in der Geschichte des Reiches so zu einem kaiserlichen Minister zu sprechen gewagt, dessen einziges Vergehen darin bestand, daß er nach bestem Wissen und nach den Weisungen seines Herrn handelte. Der Vorgang beleuchtete grell den Verfall der Reichsgewalt. Trauttmansdorffs Antwort war würdig; eine ruhige und sachliche Darstellung der Lage, wie er sie sah. Er betonte erneut, die Franzosen würden erst dann an Frieden denken, wenn sie die Stände unter sich und mit dem Kaiser vereinigt sähen, und dazu gehöre auch, daß man willens sei, die Vorschläge der Protestanten anzuhören und darüber zu beraten. Der Graf hat, obwohl der Kaiser sein Verfahren billigte und Maximilian ihm in ruhigerem Ton antwortete, diese Angriffe tief empfunden. „Aber ich will", schrieb er vertraulich dem Grafen Kurz, „Ihre kurfürstliche Durchlaucht durch meine Dienste nötigen, daß ihr dieses Schreiben gereuen soll, und ehe der April vergeht, mir anders werden zuschreiben." So fest war er damals noch von einem baldigen Erfolg seiner Politik überzeugt. Es war in den Tagen, wo er mit den Schweden über Pommern einig zu sein glaubte und noch nichts ihn die künftigen Enttäuschungen ahnen ließ.

Der Konflikt zwischen den Ständen in Münster und Osnabrück wurde beigelegt, indem man sich auf das herkömmliche Verfahren einigte, jede Kurie also aus den Voten ihrer Mitglieder in beiden Kongreßorten ihr Gutachten zusammenstellte, doch so, daß die Gutachten der drei Kurien nicht in eins zusammengefaßt, sondern getrennt den kaiserlichen Gesandten eingereicht werden sollten. Man verzichtete also von vornherein auf ein einhelliges Reichsgutachten.

ÆTERNA IN DESIDERIO, SINT TEMPORALIA IN USU.

Maximilianus Comes de Trautmanstorff, et Weinsberg, Baro in Gliechenberg, Neostadij, ad Kocher am Negau Burgau et Totzenbach, Dñs. in Teinits et Leithomisch, Eques Aurei Velleris, Sacræ. Cæs. M.tis Consiliarius Intimus, Cubicularius Supremus Aulæ Præfectus, Castelli Gretziensis Capitaneus, atque ad Tractatus Pacis Univer:salis, tam Monastery, quam Osnabrugi, eiusdem suæ Cæsa. M.tis Nomine, Legatus Plenipotentiarius Primarius.

Anselmus v. Hulle Pinxit. 1648. Petrus de Iode Sculpsit.

accessit Privilegium Cæsareum. Cum privilegio Regum et Hollandiæ ordinum.

EXULTAT HERUS NIGROQUE SIMILLIMA SIGNO EST · SUMMA PETENDUM DUMAS CŒLO CONDITA VIRTUS

ISAACVS VOLMARVS. I.V.D Sacræ Cæsareæ Mat.^{tis} et Ferdinandi Caroli, Archiducum Austriæ respettiuè Consiliarius Intimus, et Archiducalis Superioris Austriæ Districtus Cameræ Præses, atque ad Tractatus Pacis vniuersalis nomine vtriusq; Legatus, Plenipotentiarius. etc.

Anselmus van Hulle Pinxit, Petrus de Iode Sculpsit

Cum privilegio Regni et Hollandiæ ordinum.

Den Beratungen lagen Gutachten und Antwortentwürfe der kaiserlichen Gesandten zugrunde. Wie auf Reichsversammlungen üblich, bestimmte die kaiserliche Proposition die Tagesordnung. Den Ständen fehlte nach dem Herkommen jede eigene Initiative. Sie hatten von sich aus kein Antragsrecht, der Kaiser begehrte ihr consilium und sie antworteten nur auf die ihnen vorgelegten Fragen und Vorschläge. Dieses Verfahren, geschickt gehandhabt, erlaubte es, die ständischen Beratungen bis zu einem gewissen Grade zu lenken. Es lag nahe, nur solche Gegenstände zu proponieren, bei denen ein günstiger Beschluß zu erwarten war, und eine geschickt abgefaßte Proposition konnte von vornherein vieles entscheiden.

Gewiß waren diesmal durch die französischen und schwedischen Forderungen Weg und Ziel der Beratungen schon gewiesen, aber durch Auswahl und Fragestellung doch noch zu beeinflussen. Der von Trauttmansdorff gewünschte Ablauf war klar: Vorweg eine Einigung der Stände über die Fragen der inneren Reichspolitik, unter denen die Amnestie, nachdem man die Religionsfragen abgetrennt hatte, die wichtigste war. Diese Abtrennung, obwohl zunächst von Trauttmansdorff nicht gewünscht, beseitigte doch erst einmal den gefährlichsten Zündstoff, denn wenn auch ein Religionsvergleich eine unerläßliche Vorbedingung des Friedens war, so hing doch das Gutachten der Kurien jetzt noch nicht davon ab; über die Amnestie konnte umso unbefangener beraten werden. Gelang hier ein günstiger Beschluß, so stand der zweite Hauptpunkt zur Diskussion, auf den es Trauttmansdorff im Augenblick entscheidend ankam, die Frage der Satisfaktion. Dabei war es nicht etwa Sache der Stände, über das Ausmaß und über bestimmte Objekte zu beraten. Es ging nicht um den materiellen Inhalt, sondern allein um den Grundsatz. Den Reichsständen wurde in der Proposition der kaiserlichen Gesandten allein die Frage gestellt, ob Kaiser und Reich den fremden Mächten eine Satisfaktion schuldig seien. Eine Frage, die, wie Trauttmansdorff die Meinung der Stände zu kennen glaubte, nur negativ beantwortet werden konnte und in dem vorgelegten Entwurf einer kaiserlichen Antwort auch bereits negativ beantwortet war. Ein gleichlautender Beschluß der Stände mußte bei den kommenden Verhandlungen eine wichtige Rückendeckung für die kaiserlichen Gesandten bedeuten. Deshalb rief die Fragestellung als solche bei allen, die an der Satisfaktionsfrage interessiert waren, lebhafte Unruhe hervor; die von Bayern und dem Bischof von Osnabrück betriebene Deputation der katholischen Stände an die Franzosen war ja nichts anderes als ein Versuch, die Verhandlungen mit Frankreich über diese Frage trotzdem in Gang zu halten.

Ein ordentliches Reichskonklusum kam herkömmlich durch Einigung mindestens zweier Kurien zustande. Diesmal sollten also getrennte Gutachten vorgelegt werden. Trauttmansdorff erwartete im Kurkolleg und im Fürstenrat einen für ihn günstigen Beschluß in der Amnestiefrage und in der pfälzischen Sache, im Fürsten- und Städterat gedachte er den Satisfaktionspunkt in seinem Sinne durchzubringen.

Die ständischen Beratungen mußten der Prüfstein für Trauttmansdorffs Politik der Sammlung werden. Zunächst lief auch alles nach Wunsch. Die Amnestie wurde beraten. Diese Frage, die so eng mit der konfessionellen zusammenhing, hätte leicht zur ersten Klippe werden können, denn die Katholiken wollten an der beschränkten Regensburger Amnestie festhalten mit ihren Stichjahren 1630 für die politischen, 1627 für die kirchlichen Dinge und höchstens Einzelverhandlungen mit denen zulassen, die sich durch diese Regelung beschwert fühlten. Die Protestanten forderten in Übereinstimmung mit den Kronen allgemein das Stichjahr 1618. Im

Kurfürsten- und Fürstenrat, wo die Katholiken die Mehrheit hatten, fiel denn auch das Votum zugunsten der Regensburger Amnestie aus, der evangelische Standpunkt kam in Sondergutachten Kurbrandenburgs und der evangelischen Fürsten zu Worte. Dafür mußte im Städterat die kleine katholische Gruppe sich mit einem Minderheitsgutachten begnügen. Das Gesamtergebnis konnte als eine Art Reichsgutachten für die Regensburger Amnestie gelten, war also ganz im Sinne des Kaisers. Auch bei den Erörterungen über die jura statuum, von denen in späterem Zusammenhang noch zu reden sein wird, fehlte fast völlig der revolutionäre Geist, den die Großmächte mit ihren Vorschlägen zur Reichsverfassung so gern erweckt hätten. Nur Hessen-Kassel mit einem kleinen Gefolge evangelischer Stände bekannte sich zu ihm, alle anderen, selbst die meisten Protestanten, verwiesen dafür auf die Reichsgesetze und die Goldene Bulle. In den alten Reichsordnungen sah man eine hinreichende Sicherung für alle ständischen Privilegien und Rechte, man wünschte nicht mehr, als daß der Kaiser sich künftig an sie halte. Eine Garantie durch die fremden Mächte für die ständischen Rechte lehnte man nicht geradezu ab, aber eine Ausdehnung dieser Rechte über das Maß hinaus, das Gesetz und Herkommen vorschrieben, verlangten die Stände im allgemeinen nicht. Dafür stieß die allgemeine gegenseitige Garantieverpflichtung zum Schutze des Friedens, diese alte, nun auch von den Schweden aufgenommene Lieblingsidee Richelieus, bei den Ständen auf mißtrauische Ablehnung. Wie hätten sie auch wünschen können, so unübersehbare Verpflichtungen einzugehen? Fürsten- und Städterat stellten eigene capita assecurationis auf, die darauf hinausliefen, den Friedensvertrag in der Gesetzgebung des Reiches zu verankern.

Soweit schien alles glatt zu gehen. Man hatte die schwierige Amnestiefrage hinter sich, ohne daß es zu ernsten Konflikten gekommen wäre. Aber ehe die Re- und Korrelation, das heißt die Abstimmung der Gutachtenentwürfe zwischen den Ständen in Münster und Osnabrück, innerhalb der Kurien stattfinden konnte, schalteten sich die Franzosen und Schweden ein und verlangten, dieses Verfahren müsse solange ausgesetzt werden, bis auch die folgende Klasse, nämlich ihre Satisfaktion, beraten sei. Auch der Anfang dieser Beratungen versprach zunächst das Beste. Sogar Kurtrier habe sich im Kurfürstenrat gar stattlich gehalten, berichtete Trauttmansdorff dem Kaiser, und die Pflicht zur Satisfaktion gegen die Fremden bestritten. Der Fürstenrat in Münster beschloß schon am 1. März mit großer Mehrheit, weder Kaiser noch Stände seien Frankreich eine Satisfaktion schuldig. Dafür predigte aber im Kurfürstenrat zu Münster der bayrische Gesandte Krebs, man solle den sinnlosen Widerstand aufgeben und den Franzosen ihre Forderungen bewilligen, und im gleichen Sinne wirkte der bayrische Vertreter im Osnabrücker Fürstenrat. Hier schloß sich ihm in bemerkenswertem Gegensatz zu Münster die Mehrzahl der fürstlichen Gesandten an. Nur der Brandenburger, der die pommersche Stimme führte, verlas einen Protest und sprach die Erwartung aus, daß man sich nicht über Brandenburgs Kopf hinweg mit Schweden einigen werde. Diese Zusage wurde ihm gemacht, im übrigen beschloß man, sich bei der Vorfrage nach dem Ob nicht weiter aufzuhalten. Mit einemmal begann auch in Münster der Fürstenrat sein schon gefaßtes Votum einzuschränken, nachdem die Franzosen den einzelnen Gesandten Vorhaltungen gemacht hatten. Trauttmansdorff selbst stimmte am 13. März einer neuen Fassung zu, die die Grundsatzfrage unerörtert ließ und sich auf den Wunsch beschränkte, die Franzosen möchten sich in ihren Forderungen bescheiden. Er sah, daß er mehr nicht erreichen werde.

So zeigten die Stände im ganzen in der Satisfaktionsfrage eine vorsichtige Zurückhaltung. Nur der Kurfürstenrat lehnte die fremden Ansprüche mit Mehrheit ab. Dieser Beschluß war bei der bekannten Haltung Bayerns und Kölns wohl nur dem Votum Kurtriers zu verdanken, aber die Trierer Gesandten hatten eigenmächtig gestimmt und erhielten von ihrem Herrn einen scharfen, mit groben Ausfällen gegen Österreich gewürzten Verweis: Sie hätten sein und nicht ihr Votum zu vertreten, und wenn Österreich durch Aufopferung des Katholizismus im Reich die Protestanten gewinnen und das Elsaß retten wolle, so werde es „dem Rheinstrom per majora Ursach geben, sich gänzlich zu separieren." Man sieht also, wieviel das Votum des Kurfürstenrates wert war. Der Fürstenrat schwieg über die ihm gestellte Grundsatzfrage, der Städterat erklärte ihre Erörterung für praktisch wertlos.

Von den Gutachten der drei Kurien war jedes in seiner Art charakteristisch. Das kurfürstliche kam dem kaiserlichen Standpunkt am nächsten, von ihm ist auch das meiste in die kaiserliche Antwortnote an die Kronen übergegangen. Nur Brandenburg nahm in den Reichs- und Religionssachen eine Sonderstellung ein. Der Fürstenrat zeigte in den außenpolitischen Fragen ängstliche Zurückhaltung. Ein dringendes Friedensbedürfnis trat bei Fürsten und Städten überall hervor und wurde nicht verhehlt. Ihm verdankten es Frankreich und Schweden, daß ihre Gebietsforderungen nicht von vornherein abgewiesen wurden.

Alles in allem genommen, hatten sich die Reichsstände doch nur sehr bedingt als die Bundesgenossen erwiesen, wie Trauttmansdorff sie brauchte. Im übrigen war das Ergebnis ihrer Beratungen, als es endlich vorlag, in wesentlichen Stücken schon durch die sich anbahnende Verständigung zwischen dem Kaiser und Frankreich überholt.

9. Kapitel

ZWIESPALT IM HAUSE HABSBURG. VORVERTRAG MIT FRANKREICH

Kaiser und Spanien, Niederlande und Frankreich

Um diese Zeit stand Trauttmansdorff bereits vor neuen Entscheidungen. Seine Bemühungen bei den Schweden waren gescheitert, ein Ausgleich mit den Protestanten noch nicht abzusehen, da die Religionsverhandlungen noch nicht einmal begonnen hatten. Mit den katholischen Reichsständen hatte er bereits bittere Erfahrungen gemacht. Er mußte nach neuen Wegen suchen. Der Versuch einer Verständigung mit Frankreich mußte gewagt werden, obwohl es nicht zweifelhaft sein konnte, daß er schwere Opfer von dem Kaiserhaus verlangen werde.

Es war der für den ganzen Verlauf der Friedensverhandlungen entscheidende Schritt, daß Trauttmansdorff sich jetzt Frankreich zuwendete. Er löste eine bedeutsame Umgruppierung der europäischen Staaten aus, denn nicht nur das Verhältnis des Kaisers zu Frankreich wurde damit verändert, sondern auch das zu Spanien. Die Verständigung mit Frankreich mußte erkauft werden durch die Abtretung des Elsaß, Breisachs, Philippsburgs, der drei Bistümer und durch die Preisgabe Lothringens; mit einem Wort, die ganze oberrheinische Stellung des Hauses Habsburg mußte aufgegeben werden. Auf ihr aber beruhte zu einem wesentlichen Teil auch die europäische Machtstellung Spaniens. Indem Spanien gezwungen wurde, trotz heftigen Widerstrebens die Rheinlinie preiszugeben, sah es sich seinerseits genötigt, eine Verständigung mit den Generalstaaten zu suchen, um wenigstens seinen niederländischen Besitz zu retten, der sonst völlig isoliert dem kombinierten Angriff Frankreichs und der Vereinigten Niederlande ausgesetzt gewesen wäre. Am Ende des Weges, den Trauttmansdorff im Frühjahr 1646 beschritt, sollte dann schließlich dem Kaiser nur die bittere Wahl bleiben, entweder Spanien die Treue zu halten und damit das Reich auseinanderbrechen zu sehen, oder die verbündete und blutsverwandte Linie seines Hauses ihrem Schicksal zu überlassen, um wenigstens die Kaiserkrone zu retten. Indem er sich für das zweite entschied, wurde das Bündnis der beiden habsburgischen Dynastien, das 150 Jahre lang die europäische Politik beherrscht hatte, zerbrochen und der Weg für die französische Vormachtstellung auf dem Kontinent frei, die die nächsten zwei Menschenalter europäischer Geschichte bestimmen sollte. Der Kurswechsel, den Spanien in seiner niederländischen Politik vollziehen mußte, löste ferner die Generalstaaten aus dem französischen Bündnissystem heraus und wies ihnen eine Stellung im europäischen Staatensystem zu, durch die dieser Staat in der Folge zum Teilhaber und zeitweise zum Vorkämpfer antifranzösischer Koalitionen werden sollte. So leiteten die Verhandlungen, die Trauttmansdorff jetzt mit Frankreich anknüpfte, eine neue Epoche in der Geschichte des europäischen Staatensystems ein.

Erinnern wir uns, was das Bündnis mit dem Kaiser für die spanische Weltstellung bedeutete! Neben der dynastischen Verbundenheit war die Stellung, die der König von Spanien als Herzog von Burgund im Reiche einnahm, von größter Bedeutung. Der burgundische Vertrag von 1548 gab ihm bei geringen eigenen Verpflichtungen Anspruch auf den Schutz des Reiches bei Angriffen fremder Mächte gegen den burgundischen Kreis. Eine der Lebensadern des Weltreiches, die Verbindung der Niederlande mit Italien, wurde dadurch gesichert. Außerdem war die Rheinlinie durch eine Kette von Stützpunkten und Garnisonen verstärkt und der militärischen Herrschaft Spaniens unterworfen. Der Kaiser hatte sich in dem Geheimvertrag vom 31. Oktober 1634 mit Spanien verbündet. Zwar hatte man die Waffenhilfe des Reiches gegen die aufständischen Niederlande nicht erlangt, aber in dem gleichen Vertrage hatte der Kaiser versprochen, seinerseits alles für eine Teilnahme des Reiches an diesem Kriege zu tun und über die pfälzischen Lande nicht ohne Spaniens Zustimmung zu verfügen. Nehmen wir die allerdings rechtlich zweifelhaften Ansprüche Spaniens auf das Elsaß aus dem Oñatevertrag von 1617 hinzu, so wird es verständlich, daß Spanien dem Kaiser im dreißigjährigen Kriege alle Unterstützung zuteil werden ließ und sich jeder etwaigen Abtretung westlichen Reichsgebietes an Frankreich energisch widersetzen mußte. Schon längst bestanden Sorgen in dieser Hinsicht. Mit dem Fall von Breisach im Jahre 1638 hatten sich, wie Carl Burckhardt gesagt hat, die strategischen Druckverhältnisse des Kontinents entscheidend zugunsten Frankreichs verändert. Das Bündnis mit dem Kaiser war für Spanien die einzige Hoffnung, daß es noch einmal anders werden könne. In dem Augenblick, wo er sich entschließen mußte, das Elsaß oder gar Breisach den Franzosen in aller Form abzutreten, war auch für Spanien die entscheidende Stunde gekommen, eine Verständigung mit den Generalstaaten unerläßlich geworden.

Ein Gedanke, an den man sich in Madrid allmählich gewöhnt hatte, ohne daß er sich bisher zum Entschluß verdichtet hätte. Schon 1628 hatte der leitende Minister Olivarez in einem Memorandum an den Staatsrat die Möglichkeit erwogen, die Souveränität der sieben Provinzen anzuerkennen. Zwar wäre es erwünscht, so heißt es hier, die Oberhoheit des Königs noch unter irgendeinem Titel, sei er auch noch so vage, zu erhalten, doch sei das nicht mehr entscheidend. Nur in der religiösen Frage und in den kolonialen Interessen sah Olivarez damals noch ein Hindernis für einen Friedensschluß, freie Religionsübung für den Katholizismus in den Niederlanden, Preisgabe der westindischen Kolonien durch die Holländer und ein Abkommen über den Ostindienhandel waren die einzigen Bedingungen, die er noch stellte. An den kolonialen Fragen waren denn auch die geheimen Friedensverhandlungen der Jahre 1632 und 1633 gescheitert. Dann waren die Niederlande in ein Bündnis mit Frankreich eingetreten, große militärische Erfolge hatten das Band zwischen beiden Mächten immer enger geknüpft. Da brachte die portugiesische Revolution von 1640 eine Wandlung. Hatte bisher die Rivalität in Brasilien das Verhältnis der Niederlande zu Spanien belastet, so trat nunmehr Portugal als Gegner an die Stelle Spaniens, denn die brasilianischen Kolonien schlossen sich sofort dem Mutterlande an. Zwar vermittelte Richelieu einen Waffenstillstand, aber es war nur eine Frage der Zeit, wann der Gegensatz zwischen den Niederlanden und Portugal offen ausbrechen und Frankreich vor die Notwendigkeit stellen würde, zwischen diesen beiden Bundesgenossen zu wählen.

Alles das führte zu einer fortschreitenden Annäherung der Niederlande an Spanien. Schon 1641 warnte der Prinz von Oranien den französischen Botschafter vor der Gefahr eines Sonderfriedens der Generalstaaten mit Spanien. Er selbst hielt zu Frankreich und riet dringend ab, die Entsendung niederländischer Gesandter zum allgemeinen Friedenskongreß zu betreiben, seien sie erst einmal dort, so könnten Verhandlungen mit Spanien leicht in Gang kommen. In der Tat hatten ja die Niederlande seit dem Abfall Portugals keine lebenswichtigen Interessen mehr gegen Spanien zu verfechten. Der Krieg, der ihren Handel lähmte und ihre Finanzen schwer belastete, hatte eigentlich keinen rechten Sinn mehr. Man war aber durch das französische Bündnis verpflichtet, ihn weiterzuführen, solange auch Frankreich kämpfte. Kein Volk wird auf die Dauer einen Krieg fortsetzen, in dem sein Interesse nicht mehr auf dem Spiel steht. Früher oder später siegt der Unwille über die Zumutung, sich nur noch für fremde Belange schlagen zu sollen, über die Bündnistreue. Mazarin hat sich wohl zu lange darüber getäuscht, daß die Niederländer an Frankreichs Seite nichts mehr zu gewinnen hatten. Er hat ihren Abfall mit diplomatischer Kunst eine Zeitlang aufhalten, aber schließlich nicht hindern können, er hat ihn endlich durch rücksichtslose Verfolgung französischer Interessen sogar beschleunigt. Er betrieb fort und fort die Entsendung einer niederländischen Gesandtschaft nach Münster und glaubte immer noch, damit die französische Stellung bei den Friedensverhandlungen zu verstärken, während er so doch nur der spanischen Partei in die Hände arbeitete.

Ende 1643 verließ die französische Friedensgesandtschaft Paris. Ihr erster Auftrag wies sie nach dem Haag und nicht nach Münster. Es galt die Erneuerung des Bündnisses mit den Niederlanden. Der Kern der bisherigen Allianzverträge von 1634 und 1635 war die doppelte Verpflichtung, nur gemeinsam Frieden oder Waffenstillstand zu schließen und gemeinsam den künftigen Frieden mit Spanien zu garantieren, so zwar, daß bei einem etwaigen Verstoß Spaniens gegen seine Bestimmungen die Verpflichtungen aus dem Kriegsbündnis auf gegenseitigen Beistand und gemeinsamen Friedensschluß sofort wieder in Kraft treten sollten. Diese Verträge, wichtige Steine in Richelieus großem Sicherheitsgebäude, entsprachen aber nach Mazarins Ansicht nicht mehr der neuen Lage und nicht genügend dem französischen Interesse. Einmal waren die Beistandsverpflichtungen der Niederlande in ihrem Umfang nicht ganz klar. Die inzwischen abgelaufene Allianz von 1634 hatte sich nur auf den Schutz der französischen Interessen in Italien, Veltlin und Lothringen nach dem damaligen Besitzstand erstreckt, die noch geltende Allianz von 1635 enthielt darüber nichts. Mazarin wollte, daß beide Partner sich zur Behauptung aller ihrer bisherigen und künftigen Eroberungen verbinden und keiner ohne des anderen Zustimmung von seiner Beute etwas herausgeben sollte. Die zweite Schwierigkeit bestand darin, daß die Niederlande, wie man damals noch meinte, wohl kaum die Anerkennung ihrer Souveränität durch Spanien erlangen würden. Es war demnach zwischen Spanien und den Niederlanden kein Friedensschluß, sondern höchstens ein längerer Waffenstillstand wie im Jahre 1609 zu erwarten. Wie aber, wenn Frankreich nun Frieden und Holland nur einen Stillstand mit Spanien schloß? Dann mußte man entweder auf eine wechselseitige Garantie des Erreichten verzichten, oder Frankreich mußte sich verpflichten, bei Ablauf des niederländischen Waffenstillstandes auch seinerseits mit Spanien wieder zu brechen. So wollten es die Niederlande, während Mazarin in diesem Verlangen eine unbillige Zumutung sah. Die Holländer, meinte er, wünschten einen Waffenstillstand mit allen Vorteilen eines Friedens und muteten dem König einen Friedensschluß zu, der nicht mehr wert sei als ein Waffenstillstand. Er wollte daher den Generalstaaten nach Ablauf ihres Stillstandes nur diejenige Hilfe zusichern, die mit dem künftigen französisch-spanischen Frieden vereinbar sein würde, also allenfalls Geld- oder indirekte Waffenhilfe, ihnen aber trotzdem alle Verpflichtungen aus dem Bündnisvertrag von 1635 auferlegen, insbesondere die, keinen Waffenstillstand oder Frieden ohne Zustimmung Frankreichs zu schließen. Sie sollten also im französischen Bündnissystem festgehalten werden unter Reduzierung der französischen Verpflichtungen auf ein solches Mindestmaß, welches den Franzosen alle eigenen Vorteile aus ihrem künftigen Frieden mit Spanien ließ.

Es war ein glänzender Triumph der französischen Diplomatie, daß sie in der Tat unter diesen Bedingungen, freilich nach harten diplomatischen Kämpfen, am 1. März 1644 im Haag einen Garantievertrag zustande brachte. Für die späteren Verhandlungen ist es wichtig zu wissen, daß nach diesem Vertrag die Partner verpflichtet waren, nicht nur auf einen selbständigen Friedensschluß zu verzichten, sondern sogar den Verlauf ihrer Verhandlungen so einzurichten, daß der andere mit den seinigen nicht im Rückstand bliebe. Frankreich hatte alles durchgesetzt und selber nichts bewilligt. Aber gerade dieser scheinbar so glänzende Erfolg brachte die Wendung im Verhältnis der Niederlande zu Frankreich. Zunächst verging überhaupt ein Jahr, ehe die Generalstaaten ihre Friedensgesandtschaft nach Münster schickten, wobei auch die zeremoniellen Schwierigkeiten, die Frankreich ihnen bereitete, eine Rolle spielten. An mancherlei Symptomen hätte die französische Regierung bemerken können, wie sich das Verhältnis verschlechterte: Im schwedisch-dänischen Konflikt, im Streit zwischen Krone und Parlament in England, anläßlich des portugiesischen Aufstandes fand sie die Vereinigten Niederlande im entgegengesetzten Lager, und als Spanien im Winter 1645 in den Niederlanden durch Gerüchte über französisch-spanische Geheimverhandlungen Mißtrauen gegen Frankreich zu säen versuchte, nahm man ein solches Aufwallen feindseliger Stimmungen gegen Frankreich wahr, daß der Haß gegen Spanien fast dahinter zurücktrat. Als dann am 11. Januar 1646 die niederländische Gesandtschaft in Münster erschien, nahm sie den ersten Kontakt nicht mit den Franzosen, sondern mit den Spaniern auf. Bereits am 28. Januar begannen mit der Aushändigung eines spanischen Waffenstillstandsangebotes die Verhandlungen, die binnen weniger Monate zu einer vollen Verständigung führen sollten.

Ganz offensichtlich war es den Spaniern auf diesem Kongreß einzig und allein darum zu tun, Frankreich durch eine Verständigung mit den Niederlanden zu isolieren und nicht, mit ihm Frieden zu schließen. Übrigens verfolgte die französche Politik gegenüber Spanien das gleiche Ziel. Mazarin hat wohl von vornherein nicht recht an einen Friedensschluß mit Spanien geglaubt. Mit Kaiser und Reich wollte er zum Ende kommen, aber den Kampf mit Spanien in den Niederlanden und am Rhein, in Italien und an der Pyrenäengrenze, in Portugal und auf den Weltmeeren solange weiterführen, bis seine Vormachtstellung endgültig gebrochen sei. Aus diesem Verhältnis der beiden feindseligen Mächte, deren Gegensatz die große Konstante in der europäischen Politik bildete, ergab es sich, daß für Frankreich alle anderen Verhandlungen in Münster den Vorrang vor denen mit Spanien hatten, und daß Spanien den Kongreß in erster Linie dazu benutzte, das französische Bündnissystem zu zersetzen und ihm nach Möglichkeit Holland, Schweden und seine deutschen Bundesgenossen zu entfremden. So unterhielten die streng katholischen Spanier die besten Beziehungen zu den lutherischen Schweden, zu den Hansestädten und zu evangelischen Fürsten wie dem Landgrafen von Hessen-Darmstadt, ja sie wirkten mehr als einmal bei dem Kaiser auf eine versöhnliche Politik gegenüber den Protestanten hin.

In diesem Bestreben, einander zu isolieren, gewannen also die Spanier durch ihre erfolgreichen Verhandlungen mit den Niederländern einen deutlichen Vorsprung, der sich noch dadurch vergrößerte, daß Mazarin in diesem Augenblick einen schwerwiegenden Fehler beging: Ende Februar 1646 ließ er dem Prinzen von Oranien einen Plan angeblich spanischen Ursprungs mitteilen, wonach Frankreich gegen Rückerstattung Kataloniens und Roussillons an Spanien die Franche Comté und den Hauptteil der spanischen Niederlande erhalten, der Prinz selbst mit Antwerpen abgefunden werden sollte. Doch es blieb kein Geheimnis, daß dieser phantastische Plan im Kopfe Mazarins entstanden war. Graf Peñaranda tat in Münster das Seine dazu, die Niederländer auf die richtige Spur zu setzen. Mazarin scheint auf diese Idee eines höchst zweifelhaften Länderschachers besonders stolz gewesen zu sein. Den Gesandten in Münster legte er ausführlich seine großen Vorteile dar: Paris würde mehr in den Mittelpunkt des Staates rücken, die spanische Umklammerung gelöst und Spanien vom Reich getrennt werden, zumal wenn auch das Elsaß an Frankreich käme. Frankreichs Einfluß in England, den Niederlanden, im Reich würde steigen, die Beute selber — es waren die reichsten Provinzen Europas — Frankreichs Einkünfte gewaltig vermehren. Aber sah er nicht die Rückwirkungen auf die übrigen Mächte? Wenn ja, so gab er sich doch den Anschein, sie nicht zu sehen. Er behauptete allen Ernstes, die Schwierigkeiten lägen nicht in der Sache selber, sondern nur in der Art und Weise, die Verhandlung darüber anzuknüpfen. Er meinte wirklich, auch Spanien müsse diesen Ländertausch wünschen und könne deshalb dazu bewogen werden, die Sache selbst anzuregen. Er war naiv genug, in einem besonderen Memoire die Vorteile auseinanderzusetzen, die das Projekt für

Spanien habe; dies den Spaniern selbst zu suggerieren, war nun freilich der schwerste Teil der Aufgabe.

Die Bevollmächtigten in Münster sahen deutlicher als er die großen Schwierigkeiten und offenbar auch die Unmöglichkeit der ganzen Sache, wenn sie auch natürlich nicht direkt widersprachen und den Plan als nicht ganz aussichtslos bezeichneten. Aber sie wollten wenigstens erst die Abtretung des Elsaß gesichert sehen, denn man könne nicht über beides zugleich verhandeln. Richelieus Warnung aber, nicht durch solche Teilungspläne die Freundschaft der Niederländer aufs Spiel zu setzen und im beiderseitigen Interesse lieber einen selbständigen Pufferstaat zwischen ihnen zu errichten, sollte sich jetzt als wahres Orakel bewähren. Natürlich wiesen die Spanier den Vorschlag weit von sich; Peñaranda äußerte, er wolle lieber Toledo opfern als Cambrai. Vor allem aber reagierten die Niederländer in unerwartet heftiger Form. Sie kannten ein Sprichwort, der Franzose sei ein guter Freund von weitem, aber nicht in der Nähe, sie fürchteten das mächtige Frankreich als Grenznachbarn und Erben der spanischen Ansprüche, und den Amsterdamer Kaufleuten lag nichts daran, Antwerpen, ihren gefährlichsten Konkurrenten, in die Union aufzunehmen. Man tadelte den Statthalter auf das heftigste, weil er dem Plan überhaupt sein Ohr geliehen hatte, eine neue Welle des Mißtrauens und der Abneigung gegen Frankreich lief durch das Land. Mazarin mußte seinen Plan vorerst begraben. Das einzige, was er seinem Lande eingebracht hatte, war eine schwere diplomatische Niederlage, war vermehrtes Mißtrauen bei dem Bundesgenossen.

Eine für Spanien um so erfreulichere Entwicklung, als die Politik Trauttmansdorffs, wie sie sich neuerdings anließ, ihnen Sorge bereitete und eine rasche Verständigung mit den Niederländern nahelegte. Sie hatten die ersten Schritte des Grafen in Osnabrück nicht ohne Hoffnung betrachtet. So wenig sie ihm von Anfang an getraut hatten, seine Politik der Verständigung mit den Reichsständen, der kirchlichen Zugeständnisse, der Annäherung an Schweden und der Isolierung Frankreichs war ihnen willkommen. Sie taten alles, um Trauttmansdorff weiter in diese Richtung zu drängen, aber einem aufmerksamen Beobachter mußte es auffallen, daß dieser keineswegs so sonderlich an den Spaniern interessiert war. Er hatte doch immerhin in seinem ersten Angebot an die Franzosen über Pinerolo verfügt, ohne nach ihnen und ihren italienischen Interessen zu fragen. Als später die Franzosen in ihrer Proposition die auf die Reichsstände berechnete Frage stellten, ob der Kaiser nur mit oder auch ohne Spanien Frieden schließen wolle, suchte Peñaranda, Böses ahnend, zu verhindern, daß die Stände in dieser Frage und überhaupt in den Punkten der Proposition, die Spanien berührten, um ihr Votum ersucht würden. Aber Volmar erklärte ihm, die Propositionen könnten den Ständen nur als Ganzes vorgelegt werden. Je deutlicher sich Trauttmansdorffs vergebliches Bemühen in Osnabrück abzeichnete, desto aufmerksamer und mißtrauischer wurden die Spanier. Sobald er die entscheidende Wendung zu Frankreich vornahm, mußte Spanien unwiderruflich die Hand der Niederländer ergreifen.

Verzicht auf das Elsaß. Spanischer Protest

Während seiner Verhandlungen in Osnabrück hatte Trauttmansdorff es abgelehnt, mit den Franzosen in Verbindung zu treten, so sehr auch Bayern und die katholischen Stände ihn drängten und so empfindlich sich die Franzosen darüber zeigten. Am 2. März 1646 aber fragte er beim Kaiser an, ob die ihm grundsätzlich schon erteilte Ermächtigung, das Elsaß und Breisach abzutreten, bestehen bleibe? Zu dieser Zeit war er also offenbar entschlossen, die Verhandlungen mit Frankreich ernsthaft aufzunehmen.

Mazarin hatte sich in der Zwischenzeit über seine Bedingungen noch näher geäußert. Trauttmansdorffs Angebot vom Dezember hatte erneut und nicht zum letztenmal unter den französischen Staatsmännern eine Erörterung über die Gebietsansprüche ausgelöst, bei der es auch nicht an Stimmen fehlte, die in dem endgültigen Erwerb von Metz, Toul und Verdun zu voller Souveränität und in der Zustimmung des Reiches dazu einen ausreichenden Gewinn sahen. Wieder aber trat Servien energisch für ausgedehnte französische Forderungen ein. Gewiß, argumentierte er, sei es richtig, daß die endgültige Regelung einer alten Streitfrage ihren Wert habe, aber man müsse doch auch darauf hinweisen, daß Frankreich die Bistümer faktisch längst besitze und die kaiserliche Oberhoheit nur noch ein Schatten, das Trauttmansdorff'sche Angebot also praktisch ohne Wert sei. Ja mehr als das, wenn Frankreich annehme, werde es sich den Unwillen der Reichsstände zuziehen, die keine Abtrennung der Bistümer vom Reich wollten. Er wußte von offenherzigen Äußerungen zu berichten, die ihm darüber von deutscher Seite zugekommen waren. Man werde dann nur der Meinung Vorschub leisten, Frankreich strebe planmäßig nach der Rheingrenze, es wolle das alte Königreich Austrasien wiederherstellen. Auf Äußerungen dieser Art spielte Servien in seinem Bericht an und er sagte dazu, nehme man jetzt die drei Bistümer zu souveränem Besitz und trenne man sie damit vom Reiche, so werde man sich gerade dadurch weitere Annexionen erschweren. Die Deutschen würden dann fürchten, Frankreich werde mit dem Elsaß und den Festungen am Oberrhein nicht anders verfahren als mit den Bistümern, es werde alles, was es zunächst unter Anerkennung der Rechte des Reiches erhalte, mit der Zeit doch dem Reich entziehen. Servien glaubte einen besseren Weg zu wissen, wie man ohne Verletzung des deutschen Empfindens die Grenzen des Königreiches bis zum Rhein vorschieben könne. Man zahle, so riet er, den Erzherzögen von Tirol eine Geldentschädigung für das Elsaß, man erkläre öffentlich, daß der König die drei Bistümer nicht vom Reich zu trennen gedenke, lasse sich aber das Metzer Parlament vom Kaiser gegen Zahlung einer Konfirmationsgebühr bestätigen, man biete die Räumung des Elsaß an, falls der Kaiser die früher den französischen Königen geraubten Gebiete zurückgebe (woran natürlich nicht zu denken war), man nehme schließlich das Elsaß zu Lehen vom Reich, und verspreche zugleich eine Türkenhilfe, wobei man das Gerücht ausstreuen könne, Frankreich werde es zurückerstatten, wenn eine Sicherheit gegeben werde, daß das Kaisertum dem Hause Österreich genommen werde.

Dieses Gutachten Serviens zeigt besonders deutlich das Dilemma der französischen Deutschlandpolitik. In solchen Gedankengängen bewegte man sich besonders in den ersten Wochen des Jahres 1646, denn man sah während der Verhandlungen Trauttmansdorffs in Osnabrück die Gefahr der Isolierung vor Augen. Gerade die mit Frankreich befreundeten Stände regten sich. Wir sahen, daß die von Trauttmansdorff bekämpfte Deputation an die französischen Gesandten nicht nur als ein Schlag gegen die kaiserliche Politik gedacht war, sondern auch aus bestimmten schwachen Punkten der französischen Proposition Vorteile für das Elsaß ziehen wollte. Kam die Deputation nicht zustande, so sind doch sicher diese Bedenken auf anderen Wegen den Franzosen nahegebracht worden. Sie bezogen sich auf die zum Bistum Straßburg gehörenden Orte, die von der französischen Forderung betroffen wurden, und auf die Etappenstraße nach Philippsburg, die ohne Schädigung reichsständischer Rechte und Besitzungen nicht denkbar war.

Mazarin konnte sich den Gründen Serviens nicht verschließen. Neue Weisungen, die er im Laufe des Januar und Februar nach Münster schickte, revidierten die französischen Forderungen in mehreren Punkten: Geldentschädigung für die Erzherzöge von Tirol, Türkenhilfe, das Elsaß und die drei Bistümer als Lehen vom Reich mit Sitz und Stimme am Reichstag und Verzicht auf Philippsburg, dies letzte aber nur im äußersten Notfall. Hier hatte sich also der bayrische Einfluß einmal mäßigend ausgewirkt, er machte sich auch nach der anderen Seite geltend. Ende Februar erschien Dr. Mändl, ein Rat des Kurfürsten Maximilian, am Kaiserhof, um zu drängen, daß man Frankreich endlich die nötigen Zugeständnisse mache. Man war sich in Wien bewußt, daß man vor entscheidenden Schritten stand. Die amtliche kaiserliche Antwort auf die Propositionen der Mächte war fällig, zum erstenmal hatten die beiden Kronen statt allgemeiner Prinzipien konkrete Forderungen vorgebracht, zu denen man Stellung nehmen mußte. Gravamina, Amnestie, Satisfaktion, politische Beschwerden, Reichsjustiz — es waren Fragenkomplexe, von denen jeder einzelne an die Grundlagen des Reiches rührte. „Dieses ist das schwerste negotium, so der Zeit von E. Kais. Majestät gehandelt werden kann, es stehet darauf Verlust und Gewinn des Kaisertums und E. Kais. Majestät Erbkönigreich und Lande neben der Religion, auch die Erhaltung oder Erniedrigung ihres ganzen Hauses." So äußerten sich die Geheimen Räte, aber sie gaben sich auch über die wahre Lage keinen Illusionen hin: Sie sei militärisch gesehen so, daß der Frieden zur Notwendigkeit geworden sei, „und wird ein solcher angenommen werden müssen, den man haben kann, und nit den man verlangen tut."

Angesichts des neuen bayrischen Schrittes mußte nun über die Frage entschieden werden, ob man, wie Bayern wollte, das Elsaß anbieten oder es noch weiter mit Konzessionen an die Protestanten und Schweden versuchen solle. Auf beiden Seiten sah der Geheime Rat Gefahren schwerster Art. Schließe man mit Frankreich, so bleibe Spanien allein, und es bestehe dann die Gefahr, daß beide Linien des Hauses Österreich nacheinander unterdrückt würden, Frankreich vielleicht gar nach der Kaiserkrone greife. Aber ebenso ernst sei die Gefahr, wenn man sich einseitig mit Schweden und Protestanten verständige. Dann drohe der Abfall Bayerns, und was von den Franzosen gelte, treffe erst recht auf die Schweden zu, denn auch sie wollten dem Hause Habsburg die Krone entreißen und dafür gar ein protestantisches Kaisertum errichten. Hier komme also noch die Gefahr für die Kirche hinzu; man müsse die Verständigung nach dieser Seite mit Opfern für die katholische Religion erkaufen, ohne doch den Versprechungen der Protestanten trauen zu können. So wußte der Geheime Rat, obwohl er theoretisch die Franzosen den Schweden vorzog, schließlich keinen anderen Rat, als mit beiden Seiten zugleich zu verhandeln.

Was aber sollte man Frankreich bieten? In diesem Augenblick, wo es mit wirklichen Opfern an Land und Leuten ernst wurde, hatte der Geheime Rat nur den einen Gedanken, die Last möglichst vom Hause Österreich abzuwälzen und auf andere Schultern zu legen. Ein Teil des Elsaß mußte wohl dahingegeben werden, aber Habsburg sollte geschont werden. Da blieb nur übrig, auf die Vorschläge eines Martinitz zurückzukommen. Man riet dem Kaiser, den Anfang mit der Landvogtei Hagenau zu machen. Man konnte vermuten, daß das nicht reichen werde, wollte man aber mehr bieten, ohne doch die eigenen Interessen zu verletzen, so blieb nur Kirchengut übrig. Man riet daher, an zweiter Stelle das Bistum Straßburg erst teilweise, dann ganz anzubieten und erst danach, wenn das alles nichts helfe, Ober- oder Unterelsaß oder schließlich gar beide hinzugeben. Der Kaiser stimmte zu und war, wie ein eigenhändiger Instruktionsentwurf von ihm zeigt, auch durchaus bereit, das Bistum zu opfern. Aber er ist wohl an dem Widerspruch seines Bruders Leopold Wilhelm, des Bischofs von Straßburg, gescheitert. Am 2. März fertigte er jedenfalls die Instruktion an Trauttmansdorff aus, in der von Straßburg keine Rede mehr war, sondern nun doch der eigene Hausbesitz wohl oder übel ins Spiel gebracht wurde. Der Graf wurde angewiesen, Ober- oder Unterelsaß anzubieten, wobei die Wahl zwischen beiden ihm freigestellt wurde, aber nach dem geringsten Schaden für das Haus Österreich zu treffen sei. Im Notfall sollte er auch beide Elsaß opfern, auf alle Fälle aber Breisgau, Breisach und die Waldstädte rechts des Rheines retten. Das Elsaß sollte möglichst nur pfandweise gegen eine Geldsumme, wenn nicht anders auch als Reichslehen, doch ohne Sitz und Stimme am Reichstag abgetreten werden.

Mit diesem Verzicht gedachte der Kaiser Großes zu erreichen. Frankreich sollte als Gegenleistung Spanien in den Frieden mit aufnehmen, Schweden und Protestanten zu einer Mäßigung ihrer Forderungen veranlassen und für die Abtretung der Oberpfalz an Bayern wirken. Trauttmansdorff sah in dieser Weisung, die er Mitte März erhielt, einen entscheidenden Schritt vorwärts. „Nun geht der Traktat erst recht an", schrieb er dem Kaiser, „so der feindlichen Kronen Plenipotentiarii rechte Vollmacht haben, könnte man auf Ostern geschlossen haben, welches der Allmächtige gnädiglich verleihe".

Die nun beginnenden Verhandlungen, in denen binnen weniger Wochen über das Schicksal des Elsaß für alle Zukunft entschieden wurde, standen für Trauttmansdorff unter keinem günstigen Stern. Fortgesetztes Drängen der bayrischen Gesandten, die mehrfach mit Sonderverhandlungen drohten, wenn es nicht schneller vorangehe, dazu die Hartnäckigkeit der Franzosen, die jedem Angebot nur immer wieder mit der Behauptung begegneten, sie wüßten genau, daß der Graf zur Abtretung des Elsaß und Breisachs ermächtigt sei — durchaus richtige, wenn auch nicht ganz dem neuesten Stand der Dinge entsprechende Informationen, die nur aus bayrischer Quelle stammen konnten. Dann nahmen im Lauf des März die Verhandlungen der Reichsstände einen immer schlechteren Verlauf. Eingeschüchtert durch das Drängen der französischen Gesandten, wagten sie nicht offen ihre Meinung zu bekennen und verklausulierten ihr Votum über die Satisfaktion Frankreichs und Schwedens, so daß es gegen deren Ansprüche kaum noch verwendbar war. Schließlich drängten die Vermittler; der wieder ausgebrochene Türkenkrieg ließ sie beide, vor allem den Venezianer, den Abschluß des Friedens zwischen den katholischen Mächten dringend herbeiwünschen.

Trauttmansdorff hat trotzdem von den kaiserlichen Vollmachten nicht sogleich Gebrauch gemacht. Ehe er daran ging, österreichisches Hausgut zu opfern, mußte jedes andere Mittel versucht sein. Das letzte, das er Mitte März anwendete, war die Einschaltung Spaniens, dessen Verhandlungen mit Frankreich noch immer nicht in Gang gekommen waren. Trauttmansdorff stellte den Spaniern vor, daß sie nun eine Proposition vorlegen und darin im Namen des österreichischen Gesamthauses die Rückerstattung aller französischen Eroberungen, also auch des Elsaß, fordern müßten. Er schob ihre Bedenken mit dem Hinweis beiseite, ein spanischer Friedensvorschlag biete, auch wenn er abgelehnt werde, ja gerade dann, die einzige Hoffnung, Schweden und Holland von Frankreich zu trennen, während ohne einen solchen der Kaiser eben gezwungen sein werde, mit Frankreich über das Elsaß zu verhandeln. Dann seien aber die Reichsstände nicht mehr zu halten, unter Zurücklassung Spaniens mit Frankreich abzuschließen.

Diese Gründe schlugen durch. Am 21. März boten die Spanier in amtlicher Form Pinerolo und einige Grenzplätze in den Niederlanden zur Abtretung an, forderten aber dafür Verzicht auf alle anderen Eroberungen. Ihre Proposition war so gefaßt, daß sie im Namen des Gesamthauses Österreich sprachen, der erste und, wie sich schnell erweisen sollte, vergebliche und deshalb einzige Versuch, das habsburgische Haus als eine geschlossene Macht den Franzosen gegenüberzustellen und die Interessen beider Linien gemeinsam zu wahren. Trauttmansdorff setzte große Hoffnungen darauf. Hier sei der Angelpunkt der gesamten Verhandlungen mit den Franzosen, schrieb er dem Kaiser; käme Spanien mit Frankreich überein, so habe er mit den Franzosen wenig mehr zu traktieren als allein über das, was er ihnen bereits geboten: Metz, Toul und Verdun. Er hoffte so allen Verhandlungen über das Elsaß zu entgehen.

Am Tage nach der spanischen Proposition statteten die kaiserlichen Gesandten den Vermittlern einen Besuch ab und erneuerten ihr Angebot vom Dezember: Metz, Toul, Verdun, Moyenvic und Pinerolo. Die Franzosen lehnten ab. Damit fiel Trauttmansdorffs Plan in sich zusammen. Er versammelte seine Mitarbeiter zur Beratung. Man beschloß, zunächst das Unterelsaß anzubieten. Wieder sollten die Spanier einen Parallelschritt tun und den Franzosen die Franche Comté anbieten, die ja, wie man ihnen darstellte, doch nicht mehr zu halten sei, wenn Frankreich sich im Elsaß festsetze. Aber jetzt stieß man auf spanischen Widerstand. Dazu, sagten sie, seien sie nicht ermächtigt. Es war ein deutliches Zeichen, daß Spanien keineswegs gewillt war, seine Stellung am Oberrhein zu räumen. Das ließ schwere Konflikte ahnen, wenn es an das Elsaß gehen würde.

Trauttmansdorff leitete also seine Verhandlungen ohne Spanien ein. Die Vermittler wurden gebeten, an die Franzosen wie von sich aus die Frage heranzutragen, wie sie sich zur Abtretung eines Stückes vom Elsaß stellen würden, da der Kaiser nun einmal auf ganz Elsaß nicht verzichten könne und wolle. Dieses Stück wurde umschrieben als der Teil der Landvogtei, den das Haus Österreich zwischen Moder und Lauter besitze und der die Reichsstädte Hagenau und Weißenburg umfasse. Damit waren die habsburgischen Rechte im Unterelsaß korrekt umschrieben, ihr geringfügiger Inhalt aber wohlweislich nicht betont. Es waren eigentlich nur die vierzig Reichsdörfer, die hier geboten wurden, denn in den Reichsstädten, die zur Landvogtei gehörten, besaß Österreich ja nur das ziemlich inhaltlose Schutzrecht, wofür es ein Schirmgeld bekam und den Treueid erhielt, und das Recht, aus der

Zahl der Schöffen den Schultheiß zu ernennen und bei den Ratswahlen vertreten zu sein. Als besonderen Vorteil hob Trauttmansdorff in seinem Angebot hervor, daß es den Franzosen die Stadt Hagenau als Versorgungsbasis (horreum perpetuum) für ganze Heere überliefere und ihnen eine Verbindungslinie von den bereits abgetretenen Bistümern bis zum Rhein sichere, so daß sie jederzeit ins Unterelsaß einmarschieren und den Rhein überschreiten könnten. In der Tat hatte Kaiser Ferdinand II. im Jahre 1624 die militärischen Befugnisse des Landvogtes in der Stadt Hagenau durch ein besonderes Reglement erheblich verstärkt. Der Reichslandvogt hatte dadurch das Recht erhalten, die militärischen Anlagen und Sicherheitsvorkehrungen der Stadt zu kontrollieren, im übrigen beanspruchte er in allen Städten der Landvogtei seit Anfang des Krieges ein Garnisonrecht, das die Bürger nie ernsthaft bestritten, aber auch nur widerwillig geduldet hatten.

Inhalt und Umfang der landvogteilichen Rechte wurden in dem kaiserlichen Angebot jedoch nicht weiter erörtert. Schon hier, beim ersten Angebot, liegt wie bei allen folgenden der Verdacht nahe, daß die kaiserlichen Unterhändler es bewußt vermieden haben, den Umfang der österreichischen Rechte im Elsaß genau anzugeben, um so den Franzosen ihren Wert höher erscheinen zu lassen als er wirklich war. Genau ist das nicht zu entscheiden, denn wir wissen weder von den Kaiserlichen noch von den Franzosen, wie weit sie mit den elsässischen Rechts- und Territorialverhältnissen wirklich vertraut waren. Wir können nur feststellen, daß diese Unklarheit, die die Verhandlungen kennzeichnete und sich später in den Vertragstexten niederschlug, Jahrzehnte danach die schwersten Folgen gehabt und die Reunionen Ludwigs XIV. überhaupt erst möglich gemacht hat.

Hagenau, das Hauptstück des ersten kaiserlichen Angebotes, war nun aber gerade der einzige Ort, dessen Rückgabe an den Kaiser schon Richelieu vorgesehen hatte. So stand es in der französischen Instruktion, offenbar wurden seine militärische Bedeutung und sein Wert für die Sicherung des Weges von den Bistümern zum Rhein gering eingeschätzt; es lag abseits der großen Straße von Metz über die Zaberner Steige nach Straßburg und war nicht einmal als Verbindung mit dem von Frankreich erstrebten Philippsburg zu gebrauchen. So erklärt es sich, daß die Franzosen auch dieses Angebot der Vermittler ohne Besinnen ablehnten. Das Elsaß, sagten sie, lasse sich nicht teilen, ohne daß dauernder Zwist daraus entstünde, auch wüßten sie genau, daß der Kaiser bereits in die Abtretung des ganzen Landes gewilligt habe. Darauf fragte der Nuntius — sichtlich gegen den Willen Contarinis, der ihn unterbrechen wollte — was die Franzosen für den Kaiser tun könnten, wenn er ihnen das ganze Elsaß gebe? Aus der Frage sprach die Ungeduld, mit der der Gesandte des Papstes auf die Verständigung der katholischen Mächte wartete, den Franzosen war sie ein Zeichen, wie die Dinge standen.

Während sie aber in den offiziellen Verhandlungen keinen Schritt zurückwichen und immer noch auf Breisach, Philippsburg und den rechtsrheinischen Gebieten bestanden, begannen sie den Bayern gegenüber vorsichtig ein gewisses Entgegenkommen durchblicken zu lassen. Sie deuteten einen Verzicht auf den Breisgau und die Waldstädte als möglich an. Ihre Instruktion gestattete das, aber selbst dieses Zugeständnis hatte sich Servien, der wie immer die rücksichtsloseste Annexionspolitik vertrat, erst mühsam abringen lassen. Er hielt die Beherrschung beider Ufer des Oberrheins für unbedingt nötig, um nicht nur die spanischen Niederlande, sondern auch die Franche Comté von den deutschen Erblanden des Kaisers abzuschneiden, vor allem aber, um die Verbindung Frankreichs mit Breisach auf jede Weise zu sichern, zu Lande durch den Sundgau, zu Schiff von der Schweiz; letzteres sei besonders für den Fall einer etwaigen Belagerung Breisachs wichtig. Servien dachte also rein militärisch, er wollte die französische Position am Oberrhein ohne Rücksicht auf politische Gesichtspunkte für alle Zeiten und gegen alle Eventualitäten sichern. Der Herzog von Longueville aber wollte nicht nur auf die rechtsrheinischen Gebiete, sondern auch auf den Sundgau verzichten und damit natürlich auch Breisach preisgeben. Er richtete dafür den Blick auf Philippsburg; wenn man diese Festung und dazu das Bistum Straßburg erhalte, dann könne man getrost auf das habsburgische Oberelsaß verzichten. Man sieht nicht recht, warum der Herzog das Haus Österreich so geflissentlich schonen wollte, und auch nicht, wie er gerade in dem Bistum Straßburg in der Kombination mit Philippsburg einen glücklichen Gewinn sehen konnte, denn beide standen in keinem Zusammenhang miteinander, während die Vorteile von Serviens Vorschlag in die Augen sprangen. Vielleicht wollte Longueville auf diese Weise zwei Rheinübergänge gewinnen, doch mußte Philippsburg ohne eine sichere Etappenstraße ein verlorener Außenposten bleiben, und der Besitz des Bistums gab noch keine Verfügung über die Straßburger Rheinbrücke, die vielmehr der Stadt gehörte. Wie dem auch sei, der Herzog hat im Sinne seines Vorschlages bei Trauttmansdorff sondiert, ist aber sofort abgewiesen worden; er konnte nicht wissen, daß die Abtretung des Bistums in Wien bereits erwogen und verworfen worden war. Durchschlagender aber war wohl der Hinweis seiner Kollegen, man könne das Bistum ja gar nicht so der Krone inkorporieren, wie es mit weltlichen Gebieten möglich sei. Servien erläuterte ihm in etwas phantastischen Gedankengängen, daß es besser sei, das Bistum dem Kardinal Mazarin zu übertragen und den Erzherzog Leopold Wilhelm dafür mit den spanischen Niederlanden zu belehnen, wo er dann, durch diesen glänzenden Tausch dem König zu Dank verpflichtet und außerdem durch Heirat mit einer französischen Prinzessin der Krone eng verbunden, zu einem wertvollen Bundesgenossen werden könne. Wer weiß, ob dies alles so ernst gemeint war, jedenfalls kam man innerhalb der französischen Gesandtschaft zu einem Kompromiß und deutete den Bayern an, daß man das habsburgische Ober- und Unterelsaß allerdings behaupten müsse, auf den Breisgau und die Waldstädte aber verzichten werde, Breisach jedoch und die kleine rechtsrheinische Festung Neuenburg, zwischen Basel und Breisach gelegen, müsse man behalten. Das war also der Überrest von Serviens Projekt einer Beherrschung der beiden oberrheinischen Ufer. Auch Benfeld, Zabern und Philippsburg wurden beansprucht, doch wollte man darüber Verhandlungen zugestehen; dies war von der Forderung Longuevilles übriggeblieben.

Diese Andeutungen genügten, um die Bayern zu einem neuen, verstärkten Druck auf die kaiserlichen Gesandten zu veranlassen. Wir erkennen die Wirkung an dem überaus ernsten Bericht der kaiserlichen Gesandten: „Und sehen wir die höchste Gefahr der kurbayrischen Separation vor Augen, welche diesen Westfälischen Kreis zugleich nach sich ziehen und also E. K. M. von aller Hilfe und Beistand der katholischen Kurfürsten und Stände des Reiches gänzlich bloßstellen würde." Die ganze Last des Krieges werde dann auf die kaiserlichen Erblande fallen, oder man müsse den Protestanten und Schweden alle ihre Forderungen bewilligen, damit aber auch den Abfall der katholischen Stände herbeiführen. So bleibe also nichts übrig, als auch Breisach und Neuenburg aufzuopfern. Trauttmansdorff war dazu in seiner Geheiminstruktion schon längst ermächtigt, doch hatte die letzte kaiserliche Weisung wieder alles rechtsrheinische Gebiet ausgeschlossen. Man begreift die Ungeduld des von schwerer Verantwortung bedrückten Mannes ob dieser sich widersprechenden Befehle und seine vertrauliche Klage bei dem Reichsvizekanzler, man sei am Hofe gar fleißig, in kleinen Sachen große Gutachten herauszuschicken, in schweren Dingen aber lasse man ihn ohne Antwort und ohne beständige Resolution.

Trat man aber der Zession des Elsaß oder gar Breisachs näher, so drohte wiederum der offene Konflikt mit Spanien. Trauttmansdorff hatte alles versucht, Frankreich zu einem gemeinsamen Friedensschluß mit den beiden habsburgischen Mächten zu bringen. Zuerst war Spanien als Sprecher des Gesamthauses vorgeschoben und ohne Besinnen abgewiesen worden. Dann hatte Trauttmansdorff am 3. April — es war einen Tag bevor die Franzosen das Unterelsaß zurückwiesen — bei den Vermittlern sondiert, unter welchen Bedingungen die Franzosen wohl die Spanier in den Frieden einschließen würden. Der Nuntius hatte Roussillon, Franche Comté, Artois als vermutliche französische Forderungen genannt, auch ihre Pläne mit Katalonien angedeutet, im übrigen aber die geringen Aussichten einer spanisch-französischen Verständigung nicht verhehlt. Peñaranda aber ließ über solche Vorschläge gar nicht erst mit sich reden. Auch zur Abtretung des Elsaß, erklärte er, werde sein König niemals seine Zustimmung geben und im Notfall auch ohne den Kaiser den Krieg im Reiche fortsetzen. Als Trauttmansdorff dann den Spaniern auf Grund der bayrischen Mitteilungen erklärte, daß er nun mit weiteren Eröffnungen an Frankreich hervortreten müsse, taten sie alles, ihn auf den alten Weg der Verständigung mit Schweden und Protestanten zurückzulenken. Trauttmansdorff stellte ihnen den ganzen Ernst der Lage dar, er ließ keinen Zweifel, daß der Kaiser auch ohne Spanien werde schließen müssen, wenn sie unzugänglich blieben und ihre Zustimmung weigerten, er bat um sorgfältige Erwägung und Stellungnahme. In den nächsten Tagen steigerte sich die Auseinandersetzung zum dramatischen Konflikt: Am 11. April eröffneten sämtliche kaiserlichen Gesandten dem Grafen Peñaranda den Inhalt ihrer geheimen Instruktion: Sie seien ermächtigt und gewillt, noch vor dem nächsten Feldzug durch Abtretung des Elsaß den Frieden mit Frankreich zu erkaufen und Spanien nach Möglichkeit einzuschließen, wenn es sich zu einem „mehr proponierten Anerbieten resolvieren würde." Das war ein unzweideutiges Ultimatum und wurde auch so verstanden. Peñaranda besserte die Sache nicht, wenn er, tief verletzt, den Vorwurf erhob, man wolle den Frieden mit seines Königs Gut erkaufen, denn die vorderösterreichischen Lande seien spanisches Eigentum und der Innsbrucker Linie nur zur Nutznießung überlassen. Er rührte damit an eine böse Streitfrage, denn diese spanische Auffassung des Oñate-Vertrages wurde von den deutschen Habsburgern bestritten. Sie jetzt, im Angesichts Volmars, des Kanzlers der Innsbrucker Erzherzöge, aussprechen, hieß doppelt verletzen, war doch dieser Vertrag ihnen amtlich nie mitgeteilt worden. Freilich handelte Peñaranda in Wahrung der Interessen seines Königs, über die der Kaiser hinweggehen wollte. Aber die Art, wie er seinen Protest vorbrachte, und die Umstände, unter denen es geschah, gaben der Sache eine besondere Schärfe.

Schließlich lenkten die Spanier ein und baten um Aufschub, um Weisungen aus Brüssel einzuholen. Aber selbst dazu durfte und konnte Trauttmansdorff sich nicht mehr verstehen. Alles drängte, die Franzosen, die Bayern, die Vermittler, die herannahende neue Kampagne, die man so sehr fürchtete. Was sollte außerdem das Warten nützen? Selbst eine ablehnende Antwort aus Brüssel, mit der übrigens zu rechnen war, hätte nichts ändern können. Verhandeln mußte er, und das Elsaß hatte er innerlich schon aufgegeben.

Was nun, am 14. April, folgte, war von weitreichender Bedeutung. Es war nicht nur das erste schriftliche und in aller Form vollzogene Angebot elsässischen Landes, es war auch die Abwendung von Trauttmansdorffs bisheriger Politik. Noch am 30. März hatte er dem Kaiser geschrieben: „Nunmehr wird sonnenklar, daß wenn wir Frieden haben wollen, solcher durch Rekonziliierung der Reichsstände, der Krone Schweden und der Holländer erhalten werden muß, und durch Entziehung dieser Hilfe erst Frankreich zum Frieden zu bringen sei; alle die consilia, so man anderwärts und hier gehört, daß man erstens Frankreich Satisfaktion gebe, durch dessen Hilfe mit den übrigen Feinden Frieden machen soll, seind ohne einiges Fundament." Das hatte er also damals noch für möglich gehalten, jetzt war alles anders. Jetzt, aber allzu spät, begannen die Verhandlungen über die Gravamina, zu deren Beginn Trauttmansdorff sich schon vor der Übergabe des Angebotes nach Osnabrück begab. Seit Wochen hatte er um die Entsendung einer Deputation der katholischen Stände zur Verhandlung der Religionsbeschwerden nach Osnabrück gerungen. Nun hatte er sie durchgesetzt, aber das Schicksal des Elsaß wendete er damit nicht mehr.

Das Angebot, das am 14. April den Vermittlern überreicht wurde, war das Ergebnis der vorhergegangenen Verhandlungen und suchte die vielen dabei geäußerten, einander oft widersprechenden Wünsche zusammenzufassen. Die Forderungen der Franzosen suchte man mit Ober- und Unterelsaß samt dem Sundgau zu befriedigen, die man unter dem Titel „Alsatia superior et inferior cum Sundgovia, titulo Landgraviatus Alsatiae, eo plane jure, quo hactenus a domo Austriaca possessus sit" zusammenfaßte; den Breisgau, die Ortenau, die Waldstädte, Philippsburg, Zabern und Benfeld nahm man ausdrücklich aus, über Breisach müsse erst die kaiserliche Instruktion eingeholt werden. Die Reichsstände suchte man zufriedenzustellen, indem man das Land als Lehen für den König von Frankreich und seine männlichen Leibeserben bot und allen Immediatständen des Elsaß ihre Freiheit und Reichsunmittelbarkeit vorbehielt; sie seien in den Stand wie vor dem Krieg zurückzuversetzen. Zur Beruhigung der Tiroler Erzherzöge wurden für sie Geldentschädigungen und Mitbelehnung, also die nächste Anwartschaft auf das Elsaß nach dem Hause Bourbon, ausbedungen. Rücksicht nach allen Seiten war die Tendenz: Um Bayerns willen forderte man einen Waffenstillstand und die Zusage, daß die Kur mit der Oberpfalz dem Hause Bayern bleiben müsse, den katholischen Reichsständen zu Gefallen wurde verlangt, Frankreich solle nunmehr seinen Einfluß gegen die schwedischen und protestantischen Ansprüche geltend machen. Den Vermittlern zuliebe forderte man französische Geldhilfe gegen die Türken, Spanien suchte man mit der Bedingung zu versöhnen, daß es in den Frieden eingeschlossen werde.

An alledem ist nichts Auffallendes außer der vorgeschlagenen Zessionsformel selbst, die allerdings manche Rätsel aufgibt. Man lese sie genau: Ober- und Unterelsaß werden angeboten, als handle es sich um zwei geschlossene Territorien, während man doch ganz ohne Zweifel nur Teile beider Elsaß zedieren wollte, darüber hinaus vielleicht noch einige Rechte, die Österreich hier oder da besaß, keinesfalls aber doch die beiden genannten Gebiete in ihrem vollen Umfang. Warum bezeichnete man das ganze Objekt als „Landgrafschaft", während es doch zwei Landgrafschaften gab, von denen nur die im Oberelsaß habsburgisch

MIHI CONCEDE LABOREM. EXTREMVM HVNC DEVS ALME

Claudius de Mesmes Comes d'Avaux
Regÿ Ordinis Commendator Supremus
ærarÿ Præfectus Regisq; Christianissimi
ad Pacem publicam Legatus.

Anselmus van Hulle pinxit accessit Privilegium Cæsareum.   Paul. Pontius sculpsit.
Cum privilegio Regum   et Hollandiæ Ordinum.

IN NOMINE DNI DEI NOSTRI INVOCABIMUS HI IN CURRIBUS ET HI IN EQUIS NOS AUTEM

Abel Servien Comes de la Roche
des Aubiers, Consiliarius Regis in omnibus
Consilijs, et Regis Christianissimi Legatus
extraordinarius in Germania, et ad Generalis
Pacis Tractatus Monasterij Plenipotentiarius.

Anselmus van Hulle Pinxit.   accessit Privilegium Cæsareum.   Paul. Pontius sculpsit.

Cum privilegio Regum et Hollandiæ Ordinum.

war und die andere dem Bistum Straßburg gehörte? Warum wird die Landvogtei nicht erwähnt, auf der doch allein die freilich geringfügigen Rechte Österreichs im Unterelsaß beruhten, aus der aber auch Rechte in Teilen des Oberelsaß flossen und die man in dem mündlichen Angebot an die Vermittler am 28. März noch genannt hatte? Diese Fragen haben die Forschung lange Zeit beschäftigt. Man hat sie nicht klären können und die kaiserlichen Gesandten dunkler Absichten, mindestens aber der Fahrlässigkeit geziehen wegen dieser Ungenauigkeiten, die in der Tat nicht ohne böse Folgen geblieben sind. Denn die Franzosen haben zunächst ohne weiteres die Landvogtei mit unter der „Landgrafschaft" verstanden und als zediert betrachtet, obwohl beide nichts miteinander zu tun hatten, und sie haben sich ferner durch die Formulierung „Ober- und Unterelsaß" dazu verleiten lassen — vielleicht gutgläubig, vielleicht unter bewußter Ignorierung des wahren Sachverhaltes — den Umfang der österreichischen Rechte in beiden Teilen des Elsaß erheblich zu überschätzen. Zwar wußten sie, wie wir sahen, daß es dort auch reichsunmittelbare Stände gab, und das kaiserliche Angebot wies sie ja durch die Schutzbestimmung für diese Stände erneut darauf hin, aber sie glaubten oder gaben sich den Anschein zu glauben, daß dem Hause Österreich über alle oder doch fast alle diese Reichsstände ein Schutzrecht zustehe, das nun an Frankreich falle. Eine Ansicht, die für Oberelsaß annähernd, für Unterelsaß aber ganz und gar nicht zutraf. Wenn aber die Franzosen das vielleicht nicht wußten, die Kaiserlichen wußten es oder hätten es wissen müssen. Volmar hat denn auch wenige Tage später in einem Vertragsentwurf, den er auf Weisung Trauttmansdorffs anfertigte, der aber den Franzosen nicht übergeben wurde, den Tatbestand ganz richtig wiedergegeben und die den Franzosen angebotenen Gebiete als Landgrafschaft Oberelsaß und Landvogtei Unterelsaß umschrieben.

Die Franzosen haben das Angebot vom 14. April mit triumphierender Freude aufgenommen. Sie haben zwar noch einen Versuch unternommen, die Entschädigung für die Tiroler Erzherzöge herabzudrücken, was Contarini zu der spöttisch-erstaunten Bemerkung veranlaßte, seit zweihundert Jahren habe doch noch kein französischer Gesandter seinem Herrn drei Provinzen in einer Depesche geschickt; sie haben auch noch versucht, den Breisgau und die Waldstädte, wenn sie sie schon fahren lassen mußten, wenigstens Bayern in die Hand zu spielen, sind aber am Widerspruch der bayrischen Gesandten selbst gescheitert. Sie haben, und zwar auf bayrische Intervention, Aussicht gemacht, Breisach und Neuenburg vielleicht doch noch herauszugeben, und sich inzwischen an den General von Erlach, ihren Befehlshaber am Oberrhein, mit der Frage gewendet, ob nicht vielleicht eine Entfestigung des rechten Rheinufers zwischen Basel und Breisach genüge. Sie haben die Schleifung von Benfeld gefordert — es war das mehr ein Wunsch der Stadt Straßburg als ihr eigener — und das Durchmarschrecht in Zabern; sie haben schließlich auf Sitz und Stimme am Reichstag bestanden. Aber das alles war nicht entscheidend. Entscheidend war allein, daß sie das Angebot annahmen und so der Friedensschluß auf dieser Seite in greifbare Nähe gerückt schien. Eine herbe Enttäuschung freilich war es, daß von Waffenstillstand keine Rede sein konnte. Es scheint, als seien die Franzosen dazu geneigt gewesen, aber bei den Schweden gescheitert. Und es blieb noch eine Streitfrage ungelöst: Breisach. In Paris aber herrschte heller Triumph. Der Staatssekretär Brienne schrieb den französischen Gesandten als Antwort auf ihren Bericht: „Noch niemals hat Frankreich einen so glorreichen Vertrag geschlossen."

18 Dickmann, Westf. Frieden

Die Verhandlungsvollmacht des Kaisers und das Angebot Pommerns

Die Besprechungen über das Elsaß hatten in wenigen Tagen zu einem greifbaren Resultat, zu dem ersten wirklichen Fortschritt der Friedensverhandlungen geführt. Das Verfahren aber, das man dabei angewendet hatte, die Unterhandlung von Partei zu Partei ohne Beteiligung der Reichsstände, manchmal sogar im direkten Gedankenaustausch ohne Einschaltung der Vermittler, widersprach durchaus der offiziellen Geschäftsordnung des Kongresses, wie sie sich aus dem Präliminarvertrag und dem den Reichsständen zugestandenen Stimmrecht ergab. Frankreich und Schweden hatten ihnen die Zulassung erkämpft, damit sie mit dem Kaiser zusammen das Reich repräsentierten und für das Reich verhandelten. Trotzdem hatten sich beide auch weiterhin in unmittelbare Verhandlungen mit den kaiserlichen Gesandten eingelassen, Frankreich sogar schon Vertragsentwürfe über seine Satisfaktion mit ihnen ausgetauscht. Das war, wenn man es recht betrachtet, eine Inkonsequenz und eigentlich so etwas wie eine Anerkennung der kaiserlichen Verhandlungsvollmacht, von der doch die beiden Mächte noch vor kurzem nichts hatten hören wollen.

Für die kaiserlichen Gesandten stand natürlich die Verhandlungsvollmacht ihres Herrn außer Frage. Nach der Theorie ihrer Gegner wären sie nicht zunächst an die Weisungen aus Wien, sondern an die Beschlüsse der Reichsstände gebunden gewesen, und nur von diesen hätten sie eine Verhandlungsvollmacht erhalten können. Aber das widersprach durchaus dem Reichsherkommen, und wenn die Kronen die Zuziehung der Stände zum Kongreß erzwungen hatten, so bedeutete das für den Kaiser noch lange nicht die Anerkennung ihrer staatsrechtlichen Anschauungen. Seine Bevollmächtigten fühlten sich jedenfalls nur ihm und nicht den Ständen verantwortlich, ihre Verhandlungsvollmacht führten sie allein auf kaiserlichen Auftrag zurück.

Wenn Frankreich und Schweden sich hinter verschlossenen Türen in unmittelbare Verhandlungen mit den Kaiserlichen über ihre Satisfaktion einließen, so wußten sie natürlich, was sie taten. Sie hätten nie zugegeben, daß sie damit eigentlich den Reichsständen wieder die Stellung anwiesen, aus der sie sie doch hatten befreien wollen, daß sie ihnen damit den zweiten Rang in der Reichspolitik und nur das Recht nachträglicher Stellungnahme ließen. Aber so haben sich die Dinge auf dem Kongreß tatsächlich entwickelt. Gewiß waren die Stände und ihre Beschlüsse nicht ohne Bedeutung für die Arbeit des Kongresses, aber die wirklichen Entscheidungen fielen in den Verhandlungen der Großmächte mit dem Kaiser, die Bestätigung oder Nichtbestätigung durch die Stände hat an ihrem Ergebnis in der Regel nichts mehr geändert. Das hat die Verhandlungsformen des Kongresses nachhaltig bestimmt. Ein doppeltes Verfahren bildete sich heraus: Eine ständige, bald persönliche, bald durch die Vermittler geleitete Fühlungnahme der kaiserlichen Gesandten mit den Großmächten, in der wir die wirklichen Verhandlungen zu erblicken haben, und ein offizieller Austausch von schriftlichen oder mündlichen Propositionen, Repliken, Dupliken und Vertragsentwürfen, deren Übergabe jedesmal mit einem steifen und prunkenden Zeremoniell gefeiert wurde, als seien sie das eigentlich Entscheidende. In Wirklichkeit waren das entweder nur programmatische Erklärungen für die Öffentlichkeit des Kongresses, an die man sich in den daran anschließenden Geheimverhandlungen durchaus nicht immer gebunden fühlte, oder sogar schon die Resultate interner Besprechungen der Hauptmächte und daher in dem Augenblick, wo man sie amtlich zur Erörterung stellte, bereits entschiedene Sachen. Man könnte von zweigleisigen Friedensverhandlungen sprechen, wahren und scheinbaren, ernstgemeinten und solchen, mit denen man bestenfalls eine Formvorschrift erfüllte. An dieser zweiten Art von Verhandlungen wurden die Reichsstände amtlich beteiligt, in die anderen höchstens von Fall zu Fall eingeweiht. Ihre Mitwirkung als Gesamtheit, als Corpus, war nicht entscheidend und eigentlich nur ein schmückendes Beiwerk.

Natürlich schloß das nicht aus, daß einzelne Stände auch Einfluß auf die geheimen Verhandlungen hatten. Wir wissen, einen wie engen Kontakt die Mächte mit den größeren Reichsständen unterhielten, und auch der Kaiser mußte Rücksichten auf sie nehmen. Man hat sich in Wien zu der Zeit, als die Verhandlungen über die Satisfikation der Kronen begannen, im Geheimen Rat des Kaisers sehr ernsthaft die Frage des rechten Verfahrens vorgelegt. Es gebe hier zwei Extreme, gaben die kaiserlichen Räte zu bedenken, entweder keinen Schritt ohne die Zustimmung der Stände und besonders der jeweils Interessierten zu tun, oder aber sich unmittelbar mit den Kronen zu einigen, ohne jemanden zu fragen. Man sah sehr wohl, daß die Entscheidung für das eine oder andere von der allgemeinen Lage und den Absichten der fremden Mächte abhänge, die Frage also nicht ohne weiteres zu beantworten sei. Müsse man mit einer unveränderlichen, radikalen Feindschaft der Kronen gegen das Kaiserhaus rechnen, dann sei jede Konzession an sie nicht nur sinnlos, sondern ohne Zustimmung der betroffenen Reichsstände auch gefährlich, weil man dann auch noch die Stände zum Abfall treibe. Wenn aber, wie es scheine, die Kronen im Augenblick nur auf ein „moderatum imperium" hinauswollten, zur Zeit also noch zu Kompromissen bereit seien, so sei langes Zuwarten gefährlich, so sei es auch sinnlos, in jedem Einzelfall erst „anderer Interessierter zweifelhaftige oder vielleicht widrige Gutachten zu erwarten."

Zwischen diesen beiden gleich gefährlichen Extremen suchte man den rechten Mittelweg. Sollte man mit allen Verhandlungen warten, bis die Stände ihre Gutachten fertig hätten? Aber darüber mußten noch Wochen vergehen, auch wußte man nur zu gut, daß die katholischen Stände alles tun würden, die Erledigung der Religionsbeschwerden so weit wie möglich hinauszuschieben und inzwischen die Satisfaktion Frankreichs auf Kosten Österreichs zu beschließen. Sollte man die Meinung der Stände im voraus erkunden und bei den Verhandlungen mit den Kronen schon jetzt verwerten? Aber würde man dabei das Rechte treffen? „Es pflegen die Brüder anders in capitulo als außerhalb desselben zu reden." Man verwarf schließlich alle diese und auch noch einige andere Vorschläge und kam auf das Verfahren zurück, das man früher schon bei schwierigen Entscheidungen, etwa in der pfälzischen Sache oder beim Restitutionsedikt, geübt hatte. Statt auf die vielköpfige Versammlung der Reichsstände zu hören, beschloß man, sich nur an die wichtigsten Kurfürsten, nämlich Mainz, Bayern und Sachsen zu wenden. Mit ihnen über die media compositionis einig zu werden, schien allerdings die wichtigste Voraussetzung für alles andere. Durch Bayern waren Kurköln und die große Masse der katholischen Fürsten, durch Sachsen vielleicht Brandenburg, bestimmt aber ein Teil der Evangelischen zu gewinnen. Von den drei Kurfürsten sei also durch Sondergesandte ein vertrauliches Gutachten über die drei Punkte Gravamina, Satisfaktion und Amnestie zu erbitten. Erst wenn man mit ihnen einig sei, könne man auch mit den anderen kurfürstlichen Gesandten in Münster und Osnabrück und mit einzelnen aus dem Fürsten- und Städterat verhandeln. So seien „die Gemüter zu präparieren", ehe man mit den Ständen offiziell verhandle. Man hoffte, daß die drei genannten Kurfürsten auf diesem Wege veranlaßt werden könnten, schon von sich aus einen wesentlichen Teil der gemeinsamen Vorschläge bei den Ständen zu proponieren. Mit den fremden Mächten sollte indessen ruhig weiterverhandelt werden; man könne ihnen schon Andeutungen über die Grundzüge der kaiserlichen Friedensvorschläge machen, müsse aber natürlich das Votum der Reichsstände formell vorbehalten.

Dieses Verfahren, nicht neu und der Lage zweifellos am besten entsprechend, hat die kaiserliche Regierung während der Friedensverhandlungen bei allen schwierigen Fragen beibehalten. Es stellte sich damit ganz von selbst die alte Kurfürstenoligarchie wieder her, und es wurde damit in gewisser Weise die Fehlentwicklung korrigiert, die durch die Berufung aller Reichsstände an den Kongreß eingeleitet worden war. Natürlich geschah das alles nur aus Gründen der Zweckmäßigkeit. Verfassungsrechtlich hatte man in Wien keinen Zweifel, daß der Kaiser unbeschränkt verhandlungsberechtigt sei und keiner Vollmacht oder Zustimmung der Stände bedürfe. Nur in einem Fall sah man die Sache allerdings anders an: Wenn Rechtsansprüche eines Reichsstandes preisgegeben werden sollten, auf die er nicht oder noch nicht verzichten wollte. Das sollte im Lauf der Satisfaktionsverhandlungen mehr als einmal eintreten, es wurde zum erstenmal zu einem ernsten Problem bei den Verhandlungen über Pommern. Der Geheime Rat hat über die Frage, ob der Kaiser im Namen des Reiches auch ohne brandenburgischen Konsens über Pommern verhandeln und schließen dürfe, weitläufig beraten. Er kam zu dem Schluß, daß er kraft seiner Machtvollkommenheit in sonderlichen Notfällen, wo die gemeine Wohlfahrt und der Friede auf dem Spiel stünden, einem Stand wohl sein Recht suspendieren oder gar nehmen und es auf einen anderen übertragen könne. Aber, setzten die Räte hinzu, „es läßt sich gleichwohl solche plenitudo potestatis Caesareae im Reich, und sonderlich wider vornehme Kur- und fürstliche Häuser absolute nicht wohl praktizieren, ist auch nicht recht und billig, noch E. K. M. ratsam und nützlich, daß sie derer sich in diesem Fall gegen Kurbrandenburg und sein Haus brauchen sollten." Das Lehenrecht, die Wahlkapitulation und der Prager Friede verpflichteten den Kaiser, das Haus Brandenburg bei seinem Recht auf Pommern zu schützen. Könne er das nicht mehr, so sei er verpflichtet, dies dem Kurfürsten vorher mitzuteilen und seine Vorschläge zu hören. Erst wenn auch der Kurfürst kein Mittel mehr vorzuschlagen wisse, sei der Kaiser berechtigt, auch ohne seinen Konsens über Pommern zu verhandeln.

Es war also eine Gewissensfrage, eine an die Grundlagen seines Amtes rührende Entscheidung, die der Kaiser mit der pommerschen Frage auf sich zukommen sah. Ihr mußte man sich unausweichlich stellen, als Trauttmansdorff Mitte April von Münster, wo er soeben den Verzicht auf das Elsaß ausgesprochen hatte, nach Osnabrück kam. Alle bisherigen Verhandlungen über Pommern waren unverbindlich geführt worden, aber in der Antwort auf die schwedische Proposition, die nun zu erteilen war, mußte der Kaiser amtlich im Namen des Reiches zu der schwedischen Forderung Stellung nehmen. Es mußte vorher noch versucht werden, durch Verhandlungen zu klären, ob an diesem Anspruch noch etwas zu mindern sei. Auch das erforderte einen klaren Entschluß über die Grenze des eigenen Nachgebens und, wenn möglich, eine vorherige Verständigung darüber mit Brandenburg.

Der Geheime Rat in Wien hatte sich am 22. Februar erneut mit der schwedischen Satisfaktion befaßt und dabei schrittweise sich steigernde Angebote pommerschen Landes befürwortet. Mehr als die Zession selbst, an deren Notwendigkeit man gar nicht mehr zweifelte, interessierte ihn dabei die Entschädigung Brandenburgs, die unter allen Umständen vom Reich zu tragen sei und keinesfalls auf Kosten der kaiserlichen Erblande gehen dürfe. Dies war es vor allem, weshalb man die Assistenz der Kurfürsten suchte. Sie sollten Brandenburg zum Verzicht und die Reichsstände zur Bewilligung einer Entschädigung aus Reichsmitteln veranlassen. Gedacht war dabei an eine Reichskontribution, die man Brandenburg geben wollte, um die geistlichen Stifter vor seinem Anspruch zu retten, höchstens wäre eines der ohnehin schon protestantischen Bistümer dafür zu opfern. Man dachte an Bremen, falls Schweden zum Verzicht auf dieses Erzbistum bewogen werden könnte. Weniger Rücksicht glaubte man den Mecklenburger Herzögen schuldig zu sein. Einen Anspruch auf Entschädigung für Wismar erkannte man ihnen nicht zu, weil sie sich der schwedischen Hilfe zu ihrer Restitution bedient hätten.

Die Hoffnungen, die Trauttmansdorff im Februar an die Besprechungen mit den Schweden geknüpft hatte, erwiesen sich mehr und mehr als trügerisch. Königin Christine hatte ihre Bevollmächtigten lange warten lassen, ihre Antwort vom 21. März befahl striktes Festhalten an ganz Pommern und erlaubte nur für den äußersten Fall eines drohenden Bruches, der Schweden von Frankreich und den Reichsständen isolieren könnte, ein Abweichen. Trauttmansdorff erfuhr dies am 4. April. Er wußte nun, daß ein weiteres Feilschen um Pommern keinen Sinn mehr haben würde.

Während die Reichsstände noch immer berieten, trafen die kaiserlichen Gesandten ihre Vorbereitungen zu einer Antwort an die Mächte. Der Kaiser hatte befohlen, zur Beschleunigung diesmal nicht mit einer Duplik, sondern gleich mit dem Entwurf eines Friedensvertrages hervorzutreten. Diese Arbeit wurde Anfang April von den kaiserlichen Gesandten in beiden Kongreßorten begonnen; die Ergebnisse der letzten Verhandlungen in Münster und der neue schwedische Bescheid waren darin zu berücksichtigen. Die Aufgabe war nicht leicht. In den kirchlichen Fragen zum Beispiel standen die Auffassungen sich noch unvermindert schroff gegenüber, die Verhandlungen zwischen den Religionsparteien hatten noch kaum begonnen. Der Osnabrücker Entwurf ließ deshalb diesen Fragenkomplex ganz aus, das darüber noch zu schließende Abkommen sollte später eingerückt werden. Was aber sollte man über die schwedische Satisfaktion und die brandenburgische Entschädigung schreiben? Während die Schweden auf Pommern, Bremen, Verden und Wismar bestanden, warnte der brandenburgische Gesandte die Kaiserlichen, die Rechnung ohne den Wirt zu machen: Nie werde der Kurfürst in die Abtretung Pommerns willigen. Soviel man den Schweden von Pommern biete, soviel werde man den Franzosen vom Elsaß lassen müssen, halb Pommern gegen halb Elsaß, ganz Pommern gegen ganz Elsaß, und es werde kein Bauer dabei zurückgelassen werden. Er wußte nicht, daß das Elsaß eben zu der Zeit, wo er dies sagte, schon an die Franzosen preisgegeben war. Während Salvius wegen der brandenburgischen Entschädigung auf Minden, Glogau oder Halberstadt verwies, waren Trauttmansdorff gerade in dieser Hinsicht durch seine Weisungen die Hände gebunden. Gegen die Abtretung Bremens und Verdens lagen Proteste der katholischen Stände vor. Es gab keinen Ausweg aus diesen einander widerstreitenden Forderungen als die Entscheidung aus eigener Verantwortung. In den kaiserlichen

Friedensentwurf wurde jetzt die Abtretung ganz Pommerns, Bremens und Verdens und der Stadt Wismar eingesetzt, unter Vorbehalt der Zustimmung der Reichsstände und der Betroffenen selber, als Entschädigung für Brandenburg das Stift Halberstadt vorgesehen.

Am 19. April geschah dann der erste Schritt bei den Schweden, wo ihnen Trauttmansdorff zunächst Vorpommern mit den beiden Stiftern Bremen und Verden unter Vorbehalt des Votums der Stände, das ihm jedoch in den Grundzügen schon bekannt sei, anbot. Wolle Schweden allerdings ganz Pommern, so müßten die Stifter zurückbleiben. Offensichtlich suchte er Halberstadt noch vor Schweden und Brandenburg zu retten, daher die Alternative. Nahm nämlich Schweden ganz Pommern, so blieb Bremen für Brandenburg, begnügte es sich mit der Hälfte, so erübrigte sich nach der Meinung Trauttmansdorffs eine Entschädigung für den Kurfürsten. An einen Erfolg dieser Bemühungen hat er wohl selbst kaum noch geglaubt, aber er hatte seine Gründe, so zu handeln. „Es ist besser," schrieb er dem Kaiser, „daß wir in Sachen so die Religion und anderer Fürsten Interessen angehen, uns gleichsam nötigen lassen, was Beschwerliches Friedens wegen einzugehen, als es selbst offerieren." Oxenstierna beharrte freilich auf ganz Pommern und den geistlichen Stiftern, wie seine Instruktion es ihm vorschrieb, aber er hielt doch jetzt den Augenblick für gekommen, den Anspruch auf Schlesien fallenzulassen. Man schien einander näherzukommen.

Inzwischen überreichten die Stände am 22. April ihre Gutachten. Da ein einheitliches Reichsbedenken nicht zustande gekommen war, wurde es den kaiserlichen Unterhändlern leicht gemacht, ja geradezu nahegelegt, aus den sich widersprechenden Einzelgutachten das ihnen Passende auszuwählen. So übernahm man die Vorschläge der Stände nur dann als eigene, wenn sie dem kaiserlichen Standpunkt entsprachen oder Gleichgültiges betrafen, wo aber die Stände eine unbequeme Meinung geäußert hatten, fand sich wohl auch ein dem Kaiser günstiges Sondervotum einer Minderheit, oder man überhörte das Nachteilige. So hielt die kaiserliche Regierung an dem Bündnis mit Spanien, an der Ausschließung Portugals und der Zulassung Lothringens fest, obwohl Fürsten und Städte deutlich genug gesagt hatten, daß wegen dieser Punkte der Friede nicht aufgehalten werden dürfe. So fielen die protestantischen Amnestieforderungen unter den Tisch, und wegen der Gravamina bezog man sich auf die laufenden Verhandlungen. Wo soviel noch offen blieb, war es nicht geraten, schon einen Vertragsentwurf vorzulegen. Man stellte das zurück, bis wenigstens in der Satisfaktionsfrage eine Einigung erzielt sei, und begnügte sich für diesmal noch mit Propositionen, die in Osnabrück am 1. Mai und in Münster am 5. Mai übergeben wurden.

Sie konnten in der schwedischen Satisfaktionsfrage natürlich nur die bisher gemachten, nicht die bereits in Aussicht genommenen Konzessionen enthalten. Die Duplik an Schweden sagte daher noch nichts von der Preisgabe ganz Pommerns und der Entschädigung Brandenburgs durch Halberstadt, aber in dem Friedensprojekt war beides schon vorgesehen. Es sollten nur wenige Tage vergehen, bis Trauttmansdorff auch die letzte Stellung räumte. Am 6. Mai, einen Tag vor seiner Abreise nach Münster, kamen die schwedischen Gesandten zu ihm. Sie bezeigten Unzufriedenheit mit dem bisher Gebotenen und führten eine solche Sprache, daß, wie Trauttmansdorff schrieb, „wir unschwer daraus abnehmen können, daß alles mit dem Degen wird ausgeführt werden müssen." Da ging der kaiserliche Unterhändler endlich aus sich heraus und gab das letzte, was seine Instruktion gestattete, preis: Pommern, Wismar, Bremen und Verden, für Brandenburg das Bistum Halberstadt, in den Religionsfragen die Überlassung der geistlichen Güter auf hundert Jahre. Wie bei den Franzosen, knüpfte er auch hier an die Konzession sogleich die Bedingung: Schweden müsse dazu mitwirken, daß die Amnestie und die pfälzische Frage im Sinne des nunmehr mitzuteilenden kaiserlichen Friedensprojektes geregelt würden, sie müßten zu einer Bestimmung über die geistlichen Güter helfen, die eine Überlassung auf Zeit und nicht für ewig mit sich bringe, schließlich die Franzosen zum Verzicht auf Breisach und Breisgau bestimmen.

Nun konnte, während Trauttmansdorff nach Münster zurückkehrte, den Schweden der kaiserliche Vertragsentwurf überreicht werden. Es geschah am 8. Mai; am gleichen Tage wurde den brandenburgischen Gesandten eröffnet, was man den Schweden angeboten hatte. Ihr lebhafter Protest, aber auch einige sofort einsetzende schwedische Nachforderungen auf Osnabrück und verschiedene Plätze Westfalens zeigten, daß man trotz allem noch nicht am Ziel war. Gegen die Verabredung teilten die Schweden den kaiserlichen Entwurf den protestantischen Ständen zur Beratung mit, und auch von da ertönte sofort lauter Widerspruch. Im Lauf des Mai erfuhr man, die Schweden seien gesonnen, den Protesten der Evangelischen in den meisten Punkten Recht zu geben. Sie sprachen von einem dauernden Religionsvergleich, von Justizreform, Amnestie bis zurück zum Jahre 1618, von besseren Bedingungen in der pfälzischen Frage, auch die Umwandlung von Bremen und Verden in weltliche Fürstentümer und die Abfindung der Armee wurden genannt, kurz ein ganzes Bündel schwierigster Forderungen. Die Brandenburger suchten alle protestantischen Stände rebellisch zu machen und luden dem Kaiser die Schuld dafür auf, daß Schweden jetzt ganz Pommern beansprucht, offenbar wolle man ihren Herrn um Land und Leute bringen wie einst den Kurfürsten von der Pfalz. Sie boten die Generalstaaten zu einer Fürsprache auf, es gingen Gerüchte um, ein neues Bündnis zwischen Franzosen, Schweden und Protestanten sei im Werden. Statt des ersehnten Friedens ertönten von allen Seiten Drohungen und neuer Waffenlärm. Es war in den gleichen Tagen, wo Trauttmansdorff die Hoffnungen, die er auf eine Versöhnung der Religionsparteien gesetzt hatte, fürs erste begraben mußte.

So endete der Versuch, durch Preisgabe Pommerns die schwedische Einmischung in die Reichsangelegenheiten zu verhindern. Vielleicht, daß Frankreich sich durch neue Opfer gewinnen ließ?

Der Kampf um Breisach

Auf schroffem Felsen erhob sich rechts des Rheines, halbwegs zwischen Basel und Straßburg, die Festung Breisach, der kostbarste österreichische Besitz am Oberrhein, „des heiligen Römischen Reiches Schlüssel und Ruhekissen." Sie beherrschte eine der wenigen Rheinbrücken, deckte zusammen mit Straßburg Oberdeutschland gegen jeden französischen Angriff und sicherte die Verbindung Spaniens mit den Niederlanden. An strategischer Bedeutung kam diesem Platz außer den Pässen des Veltlin und der oberitalienischen Festung Casale sonst keiner in Europa gleich. Für Frankreich war er von unschätzbarem Wert, weil er nach einem zeitgenössischen französischen Gutachten die Franche Comté vom Körper des spanischen Weltreiches trennte, Lothringen deckte und als Waffenlager und Sammelplatz die militärische Beherrschung des südlichen Deutschland garantierte.

Um diese Stadt ist im dreißigjährigen Krieg mit allen kriegerischen und diplomatischen Waffen gerungen worden. Die Schweden belagerten sie 1633, mit Mühe wurde sie von dem Herzog von Feria entsetzt. Von August bis Dezember 1638 wurde sie von deutschen und französischen Truppen unter Bernhard von Weimar bestürmt und am 17. Dezember erobert. Nach seinem Tode kam Breisach durch Vertrag mit den Obersten seines Heeres in französische Hand. Als man Mazarin einmal davon sprach, sich mit Elsaß ohne Breisach zu begnügen, äußerte er, Frankreich werde keine Satisfaktion annehmen, die man ihm in vier Tagen wieder entreißen könne. Wie einst die militärische Eroberung, so wurde jetzt die diplomatische Behauptung dieser Stadt als Krönung des französischen Sieges empfunden.

In dem diplomatischen Kampf um Breisach wurden von beiden Seiten alle Hilfstruppen aufgeboten und alle Künste versucht. Der Kaiser schickte doppelte Instruktionen, eine ostensible, die jeden Verzicht ablehnte, und eine vertrauliche, von der nur in der äußersten Not Gebrauch gemacht werden durfte. Sie war am 22. April vom Geheimen Rat aufgesetzt und gab Trauttmansdorff Vollmacht, die unvermeidliche Zession von Breisach und Neuenburg auszusprechen, zuvor aber den Franzosen zur Ablenkung Zabern oder Philippsburg anzubieten oder auch die Entfestigung von Breisach vorzuschlagen, doch dürfe das alles den Abschluß nicht wesentlich aufhalten, denn man müsse noch vor der Sommerkampagne zum Waffenstillstand kommen. Die Franzosen wiederum hatten Weisungen erhalten, allenfalls Benfeld und Zabern schleifen zu lassen, selbst auf Philippsburg unter Umständen zu verzichten, keinesfalls aber auf Breisach. Auch ein entfestigtes Breisach lehnte Mazarin ab, man brauche es ohne Einschränkungen und Bedingungen mit allen militärischen Anlagen und unbeschränktem Befestigungs- und Nutzungsrecht. Man wußte recht gut, daß Trauttmansdorff zur Abtretung ermächtigt war.

Auch Maximilian von Bayern setzte jetzt nach so langem Drängen und Drohen zu einem Vorstoß an, dessen Ernst nicht zu verkennen war. Seine Gesandten erschienen bei Trauttmansdorff und erklärten, sie hätten Befehl, für die Überlassung der Stadt an Frankreich einzutreten und, wenn das nichts fruchte, ohne weiteren Aufschub ein Sonderabkommen zu schließen. Ihm traten andere katholische Stände zur Seite. In diesen Tagen nahm der Bischof von Würzburg Verbindung mit Frankreich auf, auch er versprach im Laufe der Verhandlungen für die französischen Forderungen einzutreten. Jetzt geschah auch, was Trauttmansdorff im Februar noch mühsam verhindert hatte: Eine Deputation der katholischen Reichsstände erschien bei den Franzosen und erklärte ihnen, sie würden dem Kaiser keine Hilfe leisten, um Breisach zu behaupten.

Die einzigen, die der Abtretung einen ernsthaften Widerstand entgegensetzten, waren die Spanier. Sie stellten dem päpstlichen Nuntius und dem venezianischen Gesandten vor, daß es den italienischen Fürsten nicht gleichgültig sein könne, wenn Frankreich beiderseits des Rheines Fuß fasse und die Verbindungen Italiens mit den Niederlanden kontrolliere, auch die Kirche könne nicht ruhig zuschauen, wenn Frankreich die Schweden anstachele, immer mehr geistliche Güter zu fordern. Der Nuntius schien solchen Erwägungen zugänglich, ohne sich jedoch auszusprechen,

Contarini aber erwiderte, der Friede müsse nun einmal um jeden Preis herbeigeführt werden. Die Spanier glaubten noch ein Mittel in der Hand zu haben, die Verhandlungen über Breisach wirksam zu stören, nämlich die Aussicht auf ihre Verständigung mit den Niederländern. Sie wurde beinahe täglich erwartet und konnte vielleicht den kaiserlichen Unterhändler noch in letzter Minute abhalten, den entscheidenden Schritt zu tun.

Anfang Mai lehnte Trauttmansdorff im Sinne der ostensiblen kaiserlichen Instruktion die Abtretung Breisachs ab, bot aber zur Sicherheit Frankreichs die Zerstörung der Rheinbrücke und der neuen, im Kriege errichteten Festungsanlagen. Er bekam die Antwort, man werde eher noch hundert Jahre Krieg führen als Breisach wieder herausgeben. Trauttmansdorff tat darauf einen Schritt, der noch weittragende Folgen haben sollte: Er bot den Franzosen zum Beweis dauernden Verzichtes die Souveränität über das habsburgische Elsaß. Aber auch das wurde mit Gleichgültigkeit aufgenommen. Noch immer setzte der Graf seine Hoffnung auf den niederländischen Frieden. Dann, meinte er, werde alles leichter sein und der Friede Frankreichs mit Spanien zugleich mit dem des Reiches geschlossen werden. Peñaranda hatte wenige Tage vorher den Grafen auf das heftigste angegriffen und ihm die Schuld an der völligen Zerrüttung des habsburgischen Gesamthauses zugesprochen, wenn er sich zum Verzicht auf Breisach verstehe. Er kannte nur die ostensible Instruktion und beschuldigte Trauttmansdorff unzweideutig der Zuwiderhandlung gegen die Befehle seines eigenen Herrn. Erst als dieser ihn die geheimen Weisungen des Kaisers wissen ließ, wurde er stiller.

Unerwartet aber kam dazu noch ein Protest aus den eigenen Reihen. Isaak Volmar, Kanzler der Innsbrucker Erzherzöge und Vertreter ihrer Interessen am Kongreß, hatte schon die Verhandlungen über die Zession des Elsaß mit Mißtrauen und Widerwillen verfolgt. Von ihm war der Gedanke ausgegangen, statt des Sundgau die Landvogtei anzubieten. Er hatte damit die Abtretung beider Elsaß nicht hindern können. Als es nun auch an Breisach ging, erhob er im Namen seiner Herrschaft Einspruch gegen jede weitere Schädigung ihrer Rechte. Der Kaiser, dem Trauttmansdorff Bericht erstattete, schob den Protest, wie es nicht anders sein konnte, beiseite. Einen Erbanspruch seiner Verwandten bestritt er, obwohl die Abtretung des Elsaß an Erzherzog Leopold und dessen männliche Erben einst vertraglich zugesagt worden war. Man wird nicht Zeit gehabt haben, diese immerhin verwickelten Rechtsfragen noch zu erörtern, die Entwicklung ging rasch darüber hinweg.

Die Verhandlungspause, die Trauttmansdorff den Spaniern zuliebe eingeschaltet hatte, ließ sich nicht beliebig ausdehnen. Am 22. Mai teilte er seinen Mitgesandten die geheimen Weisungen des Kaisers mit. Man beschloß schrittweise vorzugehen und erst Zabern, Benfeld und Philippsburg auf Zeit anzubieten, und zwar für solange, bis die Franzosen am linken Rheinufer gegenüber Breisach eine Befestigung errichtet hätten. Volmar schlug erneut vor, den Franzosen die Reichslandvogtei und die Souveränität über Metz anzutragen, aber man fand es doch bedenklich, aus freien Stücken Rechte und Ansprüche des Reiches preiszugeben. Dem spanischen Protest gegen den Fortgang der Unterhandlungen wußte Trauttmansdorff nur entgegenzuhalten, daß auch nach Einigung über Breisach noch viele Streitfragen mit Frankreich zu regeln sein würden und Spanien Zeit genug behalte, seinen Friedensschluß mit Holland zu fördern.

Der Kompromißvorschlag wurde, wie zu erwarten, von den Franzosen abgelehnt. Nun wechselten in schneller Folge Vorschläge und Gegenvorschläge, bei deren Austausch nur immer wieder klar wurde, daß Frankreich auf jeden Fall am rechten Ufer des Rheines bleiben wollte. Sein Ziel war, zwei Übergänge zu gewinnen, nach Möglichkeit Breisach und Philippsburg, die Mindestforderung war, wenigstens einen davon bei dieser Verhandlung davonzutragen. War es Breisach, so ließ sich über Philippsburg noch reden, wobei sicher schon jetzt die Absicht feststand, in direkter Verhandlung mit dem Herrn des Platzes, Philipp von Sötern, zum Ziel zu kommen. Wurde Philippsburg abgetreten, so mochte es bei der Entfestigung Breisachs sein Bewenden haben, nur müßten dann die beiden Waldstädte Laufenburg und Rheinfelden hinzukommen. Von hier aus glaubten die Franzosen wohl einen Wiederaufbau der Werke von Breisach jederzeit verhindern zu können. Warum sie aber gegen Mazarins Weisung einen Verzicht auf Breisach überhaupt in Betracht zogen, sieht man nicht recht, denn es kam dem Kardinal doch offenbar nicht nur darauf an, die Festung dem Kaiser zu nehmen und auch nicht, sie militärisch wertlos zu machen, sondern sie für Frankreich zu gewinnen. Die Kaiserlichen wiederum ließen über Benfeld und Zabern mit sich reden, sie boten außerdem entweder Philippsburg oder die beiden Waldstädte an, nicht aber Breisach. Das wollten sie, vor allem wenn Philippsburg den Franzosen zufiele, behalten, sollte sich aber Frankreich mit den Waldstädten begnügen, so könne Breisach geschleift werden. Die kaiserlichen Gesandten glaubten, wie wir aus ihrer Niederschrift ersehen, daß die Franzosen von Laufenburg und Rheinfelden aus den Wiederaufbau Breisachs im Kriegsfall nicht würden hindern können. In diesen kleinen Städten ließ sich nur eine geringe Garnison unterhalten, deren Nachschub im Kriegsfall über Schweizer Gebiet gehen mußte. Auch würde man im Ernstfall Breisach durch künstliche Teilung des Rheines leicht in eine Insel verwandeln und die zerstörten Befestigungen in kurzer Zeit und ohne große Kosten wieder aufbauen können. Breisach selbst aber, das „nobilissimum totius Germaniae munimentum et propugnaculum", dürfe man selbst im entfestigten Zustande nicht hergeben, zumal auch der Zoll und die Kontrolle der Schiffahrt auf dem Oberrhein daran hänge.

Das schmerzliche Opfer blieb ihnen dennoch nicht erspart. Die Franzosen wollten Breisach nicht fahren lassen, ohne Philippsburg *und* die Waldstädte, Zabern und Benfeld nebst dem bereits zedierten österreichischen Elsaß sicher zu haben. Da die Kaiserlichen darauf nicht eingehen wollten, mußten sie sich zum Verzicht auf Breisach entschließen, denn die Franzosen gingen von ihrer Alternative nicht ab. Trauttmansdorff wollte sie dafür wenigstens in den übrigen Fragen des Friedens festlegen, aber eine mündliche Sondierung darüber durch die Vermittler scheiterte völlig. Man machte noch einen letzten Versuch, zu verbindlichen französischen Zusicherungen zu gelangen: Trauttmansdorff faßte den kühnen Gedanken, jetzt in schriftlicher und bindender Form eine Generalregelung aller zwischen dem Kaiser und Frankreich strittigen Fragen vorzuschlagen. Am 29. Mai übergab er ein Aktenstück in die Hände der Vermittler, das offiziell als „letzte Erklärung" bezeichnet war. Darin bot er die Abtretung der Bistümer Metz, Toul und Verdun unter Vorbehalt der Rechte der Kapitel, die Stadt Metz, die Festungen Moyenvic und Pinerolo, am Oberrhein Breisach, den Sundgau, die Landgrafschaft Oberelsaß und die Reichsvogtei Unterelsaß. Alles das sollte Frankreich zu freiem und souveränem Eigentum, mit derselben Hoheit und denselben Rechten wie bisher das Haus Österreich erhalten, unter völliger Trennung aller dieser Gebiete vom

Reich, aber mit der Verpflichtung, die Immediatstände des Elsaß in ihrer Reichsunmittelbarkeit zu erhalten und sie nicht mit neuen Einrichtungen zu beschweren, vor allem nicht, wie es in Metz geschehen war, mit der Errichtung von Gerichtshöfen und Parlamenten. Es ist bereits der Zessionsartikel des Friedens von Münster, den wir hier vor uns haben. Er beruhte auf der Vorarbeit Volmars und war seinem im April gefertigten Friedensentwurf entnommen, die exakte Umschreibung der österreichischen Rechte im Elsaß zeigt die Spuren seiner Sachkenntnis.

Als Gegenleistung für diese Abtretungen mutete nun aber Trauttmansdorff den Franzosen zu, die kaiserliche Auffassung in der Frage der Amnestie, der Pfalz, der schwedischen, brandenburgischen und hessischen Satisfaktion zu unterstützen, Lothringen zum Kongreß zuzulassen und Spanien in den Frieden einzuschließen. Er verlangte also nichts geringeres als einen allgemeinen Frontwechsel der französischen Politik.

Es war die Frage, ob er damit durchdringen würde. Wirklich war in den Satisfaktionsfragen zwischen Forderung und Angebot nun keine allzu große Differenz mehr. In Paris hatte man sich soeben noch entschlossen, im Notfall auch auf Breisach zu verzichten; das Opfer war nun also nicht mehr nötig. Und dennoch, obwohl Trauttmansdorff, ohne es zu ahnen, in diesem Punkt noch über die französische Mindestforderung hinausging, war mit einer einfachen Zustimmung der Franzosen zu dem Gesamtinhalt seiner „letzten Erklärung" nicht zu rechnen. Die Forderungen, mit denen Trauttmansdorff sein Erbieten verknüpfte, machten das unmöglich. Es war nun einmal sein Verhandlungsprinzip, einen Gegner zu befriedigen, um mit seiner Hilfe den anderen zu überwältigen. Aber das war ihm schon bei den Schweden mißlungen, es sollte auch hier zu nichts anderem als zu neuer Verzögerung führen. In ihrer Antwort vom 1. Juni vermieden es die Franzosen, sich in irgendeiner der von Trauttmansdorff aufgeworfenen allgemeinen Fragen zu binden. Sein Angebot in der Satisfaktionsfrage nahmen sie grundsätzlich an, aber auch hier erhoben sie unerwartet einige neue und, wie sich alsbald zeigen sollte, keineswegs belanglose Forderungen. Sie betrafen einerseits die drei Bistümer, andererseits Umfang und Form der Abtretungen im Elsaß.

Bewußt hatte man auf französischer Seite über Metz, Toul und Verdun bisher geschwiegen, um zuerst die elsässischen Forderungen durchzusetzen. So hatten die Franzosen Trauttmansdorffs Angebot vom Dezember 1645 glatt zu Boden fallen lassen und in ihrer Proposition vom Januar 1646 die Bistümer mit keinem Wort erwähnt. Nun aber hatte Trauttmansdorff nicht nur im Prinzip alle ihre Ansprüche im Elsaß erfüllt, sondern auch die Frage der Bistümer wieder aufgeworfen. Die Franzosen nahmen das an, gaben aber der Zession durch eine etwas andere Formulierung einen über alle Erwartungen hinausgehenden Umfang: Trauttmansdorff hatte von den tres episcopatus gesprochen, sie aber forderten alle Rechte des Reiches im gesamten Diözesanbereich und nicht nur im weltlichen Herrschaftsgebiet der drei Bistümer (dans toute l'étendue des villes et évêchéz tant pour le spirituel que pour le temporel, c'est à dire toute l'étendue de leurs diocèses). Eine völlig neue, noch nie gehörte Forderung! Aus dem Reichsvikariat über die drei Städte, das Heinrich II. sich von einigen deutschen Fürsten hatte versprechen lassen, ohne je die Anerkennung des Reiches dafür zu erhalten, hatte Frankreich unter der Hand eine Protektion über die drei Bistümer gemacht. Aber auch diese hatte sich bisher nie weiter erstreckt als über den weltlichen Besitz der drei Bischofskirchen, und mit keinem Wort war von französischer Seite je mehr gefordert worden. Wenn man nun wie selbstverständlich dem von Trauttmansdorff verwendeten Begriff der „Bistümer" die Bedeutung „Diözesen" beilegte, so hieß das über alle bisherigen Ansprüche weit hinausgreifen. Denn natürlich erstreckte sich die geistliche Gewalt der Bischöfe sehr viel weiter als ihre Landeshoheit. In einem Gebiet, das von Dun an der Maas unterhalb Verdun nach Norden bis über die Mosel vorsprang und Diedenhofen einschloß, dann Saarbrücken und nördlich davon einen Teil der Pfalz, St. Wendel, Blieskastel und Zweibrücken umfaßte, schließlich ostwärts von der Linie Saarburg-Markirch begrenzt wurde, beanspruchte Frankreich nun die bisher vom Kaiser ausgeübte Lehenshoheit. Nicht nur ganz Lothringen, sondern auch eine größere Zahl von Reichsständen, darunter so bedeutende wie Nassau-Saarbrücken, Pfalz-Zweibrücken, die Grafschaft Salm und andere wären für große Teile ihrer Territorien Vasallen der Krone Frankreich geworden, deren Einflußgebiet sich damit im Norden bis in die Gegend von Birkenfeld erstreckt und im Osten den Anschluß an das soeben gewonnene Elsaß erreicht hätte.

Man muß diese neue Forderung der Franzosen aber noch vor einem anderen Hintergrund sehen, dem ihrer Verhandlungen mit dem päpstlichen Stuhl über die Benefizien in den drei Bistümern. Wir haben früher erwähnt, wie Frankreich seit Heinrich IV. sich bemüht hatte, die Besetzung der Bischofsstühle und die Verfügung über die Benefizien in die Hand zu bekommen, wie ihm dies aber bisher immer nur de facto, nie in aller Form Rechtens gelungen war. Eben jetzt, zur Zeit der Friedensverhandlungen, stand die französische Regierung in neuen Unterhandlungen mit Rom über diese Fragen. Darauf bezog sich also die Forderung auf die Rechte des Reiches im Geistlichen wie im Weltlichen! Das Ziel war nach manchen Umwegen noch immer dasselbe, die Bistümer sollten dem französischen Konkordat unterworfen werden. Das eben hatten die Kaiserlichen mit ihrem Vorbehalt der Rechte der Kapitel verhindern wollen, sie wünschten das germanische Konkordat in den Bistümern zu erhalten, und eben das wies Frankreich jetzt mit seiner Gegenforderung zurück. Aber im selben Augenblick meldete auch Rom seinen Protest an und wahrte es seine Rechte: Chigi suchte der französischen Forderung einen Vorbehalt der päpstlichen Rechte in den drei Bistümern anzuhängen, die französischen Gesandten aber wiesen das sofort ab und nahmen seinen förmlichen Protest in Kauf.

Die zweite Forderung sollte Frankreichs Erwerbungen im Elsaß nach Umfang und Art des Besitzes definieren. Je länger nämlich über das Elsaß verhandelt wurde, desto klarer war es der französischen Regierung geworden, daß sie es hier mit einem Knäuel verworrener Rechtsverhältnisse zu tun habe. Die Berichte ihres Intendanten Vautorte aus dem Elsaß, die man ein Jahr zuvor anläßlich der Verhandlungen mit Bayern angefordert hatte, hatten nicht die gewünschte Klarheit gebracht. Sie waren sogar fehlerhaft, denn Vautorte war erst seit Anfang 1645 als Intendant der französischen Truppen dort tätig und eigentlich für das rechtsrheinische Operationsgebiet zuständig, auch mit den Landesverhältnissen keineswegs vertraut. Man hatte ferner in Paris alle erreichbaren Gutachten, Denkschriften und Karten über das Elsaß zusammengesucht und nach Münster geschickt; erst im März und April sammelte sich dieses Material in den Schränken der Bevollmächtigten an. Offenbar genügte das alles nicht, jedenfalls waren die Gesandten mit dem General von Erlach unmittelbar in Verbindung getreten, um weitere Auskünfte zu erhalten. Außerdem war seit Anfang des Jahres Theodor Godefroy zur Stelle, dessen Kenntnisse und Erfahrungen sie jetzt nutzen konnten.

Soviel war inzwischen klar geworden, daß es bei vielen kleinen Territorien des Elsaß zweifelhaft sein konnte, ob Habsburg Rechte über sie besitze und von welchem Umfang. Man mußte fürchten, durch unklare und allgemein gehaltene Formulierungen von den kaiserlichen Diplomaten getäuscht zu werden. Deshalb hatte Mazarin die Bevollmächtigten angewiesen, im Falle eines Verzichtes auf Philippsburg und die Waldstädte wenigstens links des Rheines in Bausch und Bogen alles zu fordern, was Frankreich in beiden Elsaß in ihrer gesamten geographischen Ausdehnung während des Krieges in Besitz genommen hatte; nur auf Neuenburg, dessen militärischen Wert der General von Erlach als gering bezeichnet hatte, könne man verzichten.

Diese Ausdehnung der Ansprüche im Elsaß fand aber eine Grenze an der Rücksicht auf die Reichsstände, besonders die geistlichen. Wenn Frankreich als Schützer der katholischen Partei im Reiche auftrat und wenn es seinen Anspruch auf Elsaß und Breisach damit zu begründen liebte, daß es ein Gegengewicht gegen das protestantische Schweden herstellen und deshalb im Süden des Reiches festen Fuß fassen müsse, so konnte es nicht zur gleichen Zeit geistlichen Besitz annektieren. Das hieß ja dasselbe tun, was man den Schweden immer wieder vorwarf. Also mußte man die geistlichen Territorien des Elsaß ausnehmen. Schon im Februar hatten die katholischen Stände Gewißheit darüber gewünscht, ob Frankreich auch geistliches Gebiet zu seiner Satisfaktion begehre, und der Bischof von Basel hatte an seine Lehensansprüche im Oberelsaß erinnert. So schien es den Franzosen richtig, in ihrer schriftlichen Antwort die Bischöfe von Straßburg und Basel von ihrer Satisfaktionsforderung förmlich auszunehmen oder doch, wo dies aus strategischen Gründen nicht ging, wenigstens keine förmliche Abtretung zu fordern. Deshalb beschränkten sie sich, und zwar nicht offiziell, sondern allein mündlich, bei Benfeld und Zabern auf die Schleifung oder ein Durchmarschrecht, bei Philippsburg auf ein Besetzungsrecht, worüber sie sich Verhandlungen mit Philipp von Sötern vorbehielten. Dem stand aber auf der anderen Seite jene Ausdehnung der französischen Zessionsforderung gegenüber, die sich aus der neuen Forderung Mazarins ergab. Indem der präzisen Fassung der Kaiserlichen eine sehr allgemeine entgegengesetzt wurde, verließ man eigentlich die ganze bisherige Verhandlungsgrundlage, nämlich die Beschränkung auf den österreichischen Besitz. Gefahr drohte, da die Geistlichen aus den erwähnten Gründen geschont werden mußten, vor allem den weltlichen Immediatständen in beiden Elsaß. „Unius exclusio est alterius inclusio" rief deshalb der Kolmarer Gesandte Balthasar Schneider aus, als er den Text zu lesen bekam. Hier wurde eine neue Streitfrage aufgeworfen, deren Erörterung den Kongreß noch mehrfach beschäftigen sollte.

Noch etwas kam hinzu: Die Franzosen akzeptierten jetzt die Abtretung des Elsaß zu voller Souveränität, also seine Trennung vom Reich, und verlangten dazu eine Verzichterklärung nicht nur vom Hause Österreich, sondern auch vom Kaiser und von den Reichsständen. Insoweit war die Forderung korrekt und mit dem kaiserlichen Angebot übereinstimmend. Aber es fiel auf, daß sie der kaiserlichen Bedingung, kein Parlament im Elsaß einzurichten, mit der Begründung auswichen, über die Fragen der Gerichtsbarkeit könnten sie sich erst erklären, wenn sie die kaiserliche Zessionsformel gesehen hätten. Es fiel weiter auf, daß sie — wieder mündlich, zusammen mit ihren Forderungen auf Benfeld, Zabern und Philippsburg — die Absicht äußerten, sie wollten „die kaiserliche und des Reiches Oberherrlichkeit über alle ungemittelten Reichsstände im Elsaß haben." Das war entschieden mehr als die bisher beanspruchte Summe der österreichischen Rechte, denn die geringen Schutzrechte der Habsburger als Landgrafen und Landvögte waren natürlich ihrem Wesen nach etwas durchaus anderes als die Rechte, die der Kaiser als Reichsoberhaupt über die Immediatstände ausübte; daß sie beide in einer Hand vereinigt waren, hob ihre rechtliche Verschiedenheit nicht auf. Darüber können sich auch die Franzosen bei aller unzureichenden Kenntnis der elsässischen Verhältnisse nicht gut getäuscht haben. Zum erstenmal griffen sie nach Rechten, die unzweifelhaft dem Reich gehörten und nicht als dem Hause Habsburg eigen betrachtet werden konnten. Wir werden davon noch hören.

Jedenfalls war mit der französischen Antwort noch nicht der ersehnte Abschluß erreicht, sondern nur ein weiteres Stadium der Verhandlungen eröffnet. Die neuen Fragen konnten auch gar nicht allein zwischen den kaiserlichen und französischen Unterhändlern geregelt werden, sie erforderten die Zuziehung der Reichsstände. Es kam deshalb nur noch zu einer erneuten Festlegung der beiderseitigen Standpunkte, während in den Verhandlungen selbst eine längere Pause eintrat.

Philippsburg. Einigung mit Frankreich

Während dieser Pause errang die französische Diplomatie außerhalb des Kongresses einen bedeutenden Erfolg. Ihre Bemühungen galten der Festung Philippsburg. Sie war als zweites Einfallstor nach Süddeutschland neben Breisach von besonderer strategischer Bedeutung. Der Eigentümer, Philipp von Sötern, Erzbischof von Trier und Bischof von Speyer, wollte sie bereits im Jahre 1632 zusammen mit Ehrenbreitstein den Franzosen überliefern, doch der Kommandant verweigerte damals den Gehorsam und ließ eine spanische Besatzung ein, indem er sich selbst als kaiserlichen Kommandanten bezeichnete. Erst 1634 fiel Philippsburg den Schweden in die Hand, das Vordringen der kaiserlichen Truppen veranlaßte sie noch im gleichen Jahre, den Platz den Franzosen zu übergeben. Freilich nicht zu dauerndem Besitz, sondern nur als Garnison für Kriegsdauer. Wie überall, hatte sich Frankreich auch hier zur Rückgabe beim Friedensschluß verpflichtet. Deshalb konnte von einer Annexion nicht gut die Rede sein, die französische Forderung ging auf ein Garnisonrecht in Philippsburg.

Da die kaiserlichen Gesandten in Münster, um dem Anspruch auszuweichen, sich für unzuständig erklärten, mußte Frankreich versuchen, den Kurfürsten zu gewinnen. Das war nicht leicht, denn ein ständiges Besetzungsrecht war eben doch etwas anderes als die vertraglich zugesagte Rückerstattung. Andererseits verdankte Philipp den Franzosen seine Befreiung und die Heimführung in den Kurstaat. Am 20. November 1645 hatte er an Turennes Seite festlichen Einzug in seine Hauptstadt Trier gehalten. Gleichzeitig hatten die Franzosen ihm die bereits von Spanien anerkannte Neutralität zugesichert und sich zur Räumung des Landes verpflichtet. Man konnte mit seiner Nachgiebigkeit rechnen.

Zwei Gründe waren es, die Frankreich zu so rücksichtsvoller Haltung gegenüber Trier bewogen hatten: Mazarins Absicht auf die Stelle eines Koadjutors zu Mainz oder Trier und das Verlangen nach Philippsburg. Schon Richelieu hatte 1634 nach der von Mazarin begehrten Würde gestrebt. Das war damals nur mit Mühe durch die Winkelzüge Söterns und den Widerstand der Kurie verhindert worden. Seit Nördlingen hatte Richelieu solche Pläne zurückstellen müssen, jetzt nahm sein

Nachfolger sie wieder auf. Allerdings mußte Mazarin bald erkennen, daß er als Ausländer keine Aussicht auf einen deutschen Bischofsstuhl habe. Er machte noch einige schwache Versuche, in Trier dafür wenigstens den Frankreich ergebenen Domkapitular von Reifenberg als Koadjutor durchzubringen, aber ohne Erfolg. Philipp fand dabei heftigen Widerstand im Domkapitel, das seinerseits mit dem Kaiser in Verbindung stand, auch selbst die Wahl eines Koadjutors erwog, da der Kurfürst bei seinem Alter gar nicht mehr vernünftig regieren könne und sich von Zorn, Rachsucht und Geiz bestimmen lasse.

Umso erfolgreicher war Frankreich in seinem Streben nach Philippsburg. Freilich nicht ohne heftigen Kampf. Zwei französische Gesandte, Vautorte und Audonville, hatten schon Anfang 1646 mit dem Kurfürsten verhandelt. Sötern wehrte sich so hartnäckig gegen jedes Zugeständnis, daß Mazarin im März schon beinahe bereit war, zu verzichten. Jetzt, im Mai, beschloß man einen neuen Versuch. Nur durch ein unmittelbares Abkommen mit dem Kurfürsten ließ sich, wenn überhaupt, der Widerstand der Reichsstände und damit schließlich auch der des Kaisers überwinden. Im Juli ging Audonville zum zweiten Mal nach Trier, um die stockenden Verhandlungen wieder in Gang zu bringen, und diesmal mit Erfolg. Der Kurfürst hatte inzwischen die Protektion Frankreichs für Speyer und Philippsburg, Prüm und die Abtei St. Maximin in Trier angenommen, einen halben Schritt war er damit schon entgegengekommen. Audonville stellte ihm jetzt vor, Frankreich habe die Festung, die es im Lauf des Krieges an den Kaiser verloren und mit den Waffen wiedergewonnen hatte, ja eigentlich gar nicht aus seinen, des Kurfürsten, Händen empfangen, sondern nach Kriegsrecht dem Kaiser abgenommen. Kaiser und Reich aber seien im Begriff, sie ganz preiszugeben. Er fügte zu dieser Täuschung noch die Drohung, man werde auf seine Einwilligung verzichten und sich mit der Abtretung durch Kaiser und Reich begnügen. Der Kurfürst konnte nicht wissen, daß die kaiserlichen Unterhändler in Münster nach wie vor seine Zustimmung für unerläßlich erklärten und allen französischen Anträgen bisher widerstanden hatten. Er mißtraute der kaiserlichen Politik, und die Gefahr, die Festung ganz zu verlieren, machte ihn gefügig: Am 16. Juli 1646 schloß er den Geheimvertrag, der Frankreich das dauernde Besetzungsrecht in Philippsburg zusicherte.

Wir wenden uns wieder nach Münster. Die beiden neuen Forderungen, die Frankreich hier vorgebracht hatte, Souveränität über das Elsaß statt Belehnung und Souveränität über die Immediatstände im Elsaß, waren nicht ohne inneren Zusammenhang, hatte doch die eine erst die andere hervorgerufen.

Die Frage, ob die österreichischen Besitzungen der Krone Frankreich als Reichslehen oder zu voller Souveränität überantwortet werden sollten, war auf beiden Seiten schon mehrfach erörtert worden. Ursprünglich wäre ein souveräner Besitz den Franzosen wohl das liebste gewesen. Aber seit dem Jahre 1644 waren, zuerst offenbar bei den Gesandten in Münster, dann auch in Paris die Vorteile einer Belehnung erwogen worden, weil dabei weniger Widerstand der Reichsstände zu befürchten war und sich die lockende Möglichkeit zu bieten schien, Sitz und Stimme am Reichstag und damit Einfluß auf die deutschen Verhältnisse zu gewinnen. So hatte die französische Proposition vom 7. Januar 1646 Kaiser und Ständen die Entscheidung überlassen und nur für den Fall der Belehnung das Stimmrecht am Reichstag zur Bedingung gemacht. Noch die kaiserliche Antwort vom 14. April hatte sich für die Belehnung entschieden, dann aber war der Gedanke einer Übertragung zu Eigen unter Abtrennung vom Reich zuerst am 17. Mai gesprächsweise von Trauttmansdorff geäußert worden, und zwar als eine neue Konzession, um so der Abtretung Breisachs zu entgehen. Die kaiserliche Erklärung vom 29. Mai hatte das Angebot wiederholt, die französische Antwort vom 1. Juni hatte es akzeptiert. Aber damit war die Frage noch keineswegs entschieden. Solange der Kaiser und Frankreich noch verhandelten, war eine andere Regelung immer noch möglich, und in Paris wie in Wien hat man sich weiter mit ihr beschäftigt, zumal seitdem die Franzosen das Problem der elsässischen Immediatsstände damit verknüpft hatten.

Es war eine verwickelte Frage, in die die verschiedensten Gesichtspunkte hineinspielten. Eine Belehnung hätte rechtlich nichts an dem Verhältnis des Elsaß zum Reich geändert, die französische Souveränität bedeutete die Abtrennung. Dem Kaiser gebot schon sein Titel, allezeit ein Mehrer des Reiches zu sein, die Wahlkapitulation verpflichtete ihn, dem Reiche nichts zu entziehen und entfremdete Reichsgebiete nach Möglichkeit zurückzubringen. Und selbst wenn er seine Bedenken überwand, so war doch von den Reichsständen Opposition zu erwarten, denn sie pflegten eifersüchtig darüber zu wachen, daß der Kaiser der beschworenen Verpflichtung nachkomme. Sie hatten im allgemeinen geringe Skrupel, fremde Monarchen als Reichsstände aufzunehmen, aber große Bedenken, Teile des Reiches aus seinem Verband zu entlassen. Für sie war das Ansehen des Reiches mit der Unversehrtheit seines Gebietes eng verknüpft. Man wußte das in Frankreich recht gut. Servien hatte deshalb bei den drei Bistümern für eine Belehnung plädiert, und Mazarin war bereit gewesen, darauf einzugehen. Man wird heute fragen, ob nicht die erzwungene Aufnahme Frankreichs in den Reichsverband weit größere Gefahren mit sich gebracht hätte als die Abtrennung einiger Grenzprovinzen, aber damals empfand man anders. Man hing an der Tradition und an den altüberlieferten Formen, man sah vielleicht sogar in der Lehenshuldigung eines französischen Königs vor dem Kaiser eine Erhöhung des Reiches und seines Ansehens.

Eben das aber war der Gesichtspunkt, der den Franzosen diese Lösung erschwerte. König Heinrich II. hatte noch hundert Jahre früher nichts dabei gefunden, sich als Vikar des Reiches in dessen welschen Gebieten bestätigen zu lassen, auch seine Nachfolger haben noch lange mit der Hoffnung gespielt, auf dem Wege der Belehnung mit Metz, Toul und Verdun in den Reichsverband und so vielleicht gar zur Kaiserkrone zu gelangen. In der Instruktion der französischen Unterhändler für Münster fand sich noch unverändert der schon von Richelieu entworfene Satz, der König sei bereit, die drei Bistümer vom Reich zu Lehen zu nehmen. Aber das Ansehen des kaiserlichen Namens war im Sinken und das Selbstbewußtsein der souveränen Könige im Steigen. Man begann in einer vasallitischen Huldigung eine Minderung der Souveränität zu erblicken, in Frankreich tauchten Bedenken auf, ob der König es vor seinem Amt und seiner Würde verantworten könne, irgendjemandem den Lehenseid zu leisten. In der französischen Publizistik wurde schon zur Zeit Richelieus jede Lehensabhängigkeit als unvereinbar mit der Souveränität betrachtet und von den französischen Königen mit Stolz behauptet, sie hätten als einzige Herrscher des Abendlandes nie jemandem eine Huldigung geleistet. Solche Erwägungen haben auch bei der Erörterung der elsässischen Frage eine Rolle gespielt. Aber es konnte gegen die Belehnung auf französischer Seite auch noch ein anderes Bedenken sprechen: Wurde durch sie die erstrebte dauernde Vereinigung des Elsaß mit Frankreich gesichert? Nach dem Reichslehenrecht erfolgte eine Investitur nur für den Belehnten und seine männlichen Erben. Deshalb hatte der Kaiser ja auch die Mitbelehnung der Innsbrucker Linie gefordert, um ihr die Anwartschaft nach dem Hause Bourbon zu sichern. Den Schweden ist es später gelungen, Pommern als ewiges Reichslehen für die schwedische Krone und nicht nur für das Haus Wasa zu erhalten. Ähnliches schwebte zunächst auch den Franzosen für das Elsaß vor, sie haben darüber mit Trauttmansdorff verhandelt und auf die Belehnung Philipps II. mit Mailand durch Kaiser Karl V. hingewiesen, die an die spanische Krone, und zwar für ewige Zeiten, erfolgt sei. Die Bedenken und Widerstände der kaiserlichen Unterhändler gegen eine solche Übertragung konnten bei den Franzosen nur die Neigung zu vollständiger Annexion verstärken. Dazu kam, daß der für Frankreich entscheidende Vorteil einer Lehensnahme, die Reichsstandschaft, noch gar nicht einmal sicher schien. Da Metz, Toul und Verdun Reichsstädte waren und auch die Bischöfe Sitz und Stimme am Reichstag hatten, fand sich eigentlich gar keine Möglichkeit, auch noch dem König von Frankreich für diese Gebiete die Eigenschaft eines Reichsstandes zu verschaffen. Der Landgraf im Elsaß und der Reichslandvogt, deren Titel er erhalten sollte, waren überhaupt keine Reichsstände. Man hätte also das französische Anliegen allenfalls durch Schaffung einer neuen Stimme im Reichsfürstenrat erfüllen können. Kaiser und Stände hätten schon eine Sonderregelung treffen können, zumal die katholischen Stände, vor allem Bayern, Frankreich schon deshalb gern als Reichsstand gesehen hätten, weil sie ein Gegengewicht gegen Spanien schaffen wollten, das für Burgund Sitz und Stimme im Fürstenrat hatte, und gegen Schweden, das für Pommern Reichsstand werden sollte. Dem Kaiser aber war dieser Gedanke höchst zuwider, und die kaiserlichen Räte suchten schon die Rechtsbedenken zusammen, die man gegen eine solche Forderung erheben könnte. Zwar gab es bei den Reichstagsverhandlungen keine großen Geheimnisse auszukundschaften, und was die fremden Gesandten wissen wollten, erfuhren sie auch ohne Teilnahme an den Sitzungen. Aber die ständische Opposition, ob evangelisch oder katholisch, mußte natürlich durch die Aufnahme fremder Mächte in das Reich Rückhalt und Auftrieb bekommen. Da die Räte des Kaisers nicht recht sahen, wie man Frankreich im Fall einer Belehnung mit dem Elsaß Sitz und Stimme mit Erfolg verweigern könne, empfahlen sie ihm am 17. Mai, es ganz vom Reich zu trennen und seiner völligen Einverleibung in das Königreich Frankreich zuzustimmen. Die Entscheidung wurde Trauttmansdorff unter Darlegung aller dieser Gesichtspunkte überlassen. Es war schon vorher seine Ansicht gewesen; auf Grund dieser Instruktion bot er am 29. Mai den Franzosen die habsburgischen Besitzungen und Rechte im Elsaß nun auch amtlich zu souveränem Besitz an. Diese mögen sich überlegt haben, daß ihr König mit nur einer Stimme im Fürstenrat wohl keine glänzende Rolle im Reich spielen werde. Dazu kamen ihre schon erwähnten Bedenken gegen eine Lehensnahme, jedenfalls haben sie das Angebot am 1. Juni akzeptiert. Trauttmansdorff wollte die Übertragung noch auf den bourbonischen Mannesstamm beschränken, aber dieses Relikt einer lehenrechtlichen Zession wurde schnell beseitigt, die Franzosen forderten Abtretung an die Krone Frankreich, und zwar für ewige Zeiten. Am 5. Juni wurde sie ihnen zugestanden.

Ganz von selbst wurde damit die Frage nach dem künftigen Status der elsässischen Immediatstände akut. Die Franzosen haben diesen Zusammenhang sofort erkannt und zur Sprache gebracht. Sie knüpften an die Klausel des kaiserlichen Angebotes an, die ihnen die Verpflichtung auferlegen sollte, die Stände in ihrer Reichsunmittelbarkeit zu erhalten und nicht mit der Einrichtung von Parlamenten zu beschweren. Die erste Forderung stammte noch aus der Fassung vom 14. April, die auf der Voraussetzung einer Lehensübertragung beruht hatte, die zweite war Zusatz der neuen Erklärung vom 29. Mai, sie wollte verhindern, daß der König von Frankreich als souveräner Herr im Elsaß die Gerichtshoheit auch für Streitigkeiten mit den Immediatständen an sich ziehe und so in eigener Sache richte. Natürlich dachten die kaiserlichen Gesandten an das Metzer Parlament, dessen Vorgehen gegen die benachbarten Reichsstände in Deutschland großes Aufsehen erregt und die Kurfürstentage und den Reichstag mehrfach beschäftigt hatte. Die Befürchtung, Frankreich werde im Elsaß das Metzer Beispiel nachahmen, hatte solange nicht auftauchen können, als nur von einer Belehnung die Rede gewesen war. Wurde der König Reichsstand, so blieb er ja bei Streitigkeiten mit benachbarten Immediatständen der Gerichtsbarkeit des Reiches unterworfen. Wurde er aber, wie es die Erklärung vom 29. Mai vorsah, souveräner Herr im Elsaß, so konnte ihm die Errichtung eines eigenen obersten Gerichts für seine Gebiete nicht gut verwehrt werden. Dann aber drohte die willkürliche Ausdehnung der Kompetenz eines solchen Gerichtes auf die benachbarten Stände. Auf diese Gefahr haben die Reichsstände schon damals hingewiesen und wahrscheinlich die kaiserliche Verwahrung gegen ein Parlament im Elsaß veranlaßt. Obwohl die Franzosen die gebotene Souveränität annahmen und zu ihrer Sicherung Zessionsurkunden von Kaiser und Reich und vom Hause Österreich verlangten, wichen sie, wie berichtet, einer Erklärung über die Gerichtsbarkeit im Elsaß aus mit der Begründung, sie müßten erst die Zessionsformel sehen.

Schon das mußte Mißtrauen erregen. Dazu kamen nun die gleichfalls schon erwähnten mündlichen Zusatzforderungen. Sie waren, wie wir uns erinnern, doppelter Art: Die Franzosen forderten das Besetzungsrecht in Philippsburg und gleichzeitig die Rechte des Kaisers und Reiches über alle elsässischen Immediatstände mit Ausnahme der Bischöfe von Basel und Straßburg. Ihre Berichte nach Paris lassen erkennen, was nach der mündlichen Form beider Forderungen ohnehin zu vermuten ist: Sie waren taktisch gemeint und ergänzten einander, die Franzosen hofften, durch Konzessionen in der einen Frage die andere durchzubringen, wobei sie sich selbst noch nicht klar waren, was das Ergebnis sein würde. Sie haben zunächst anscheinend mehr an das Elsaß gedacht und nicht so sehr an Philippsburg, weil sie ja damals, Anfang Juni, mit dem Kurfürsten von Trier noch nicht im Reinen waren. Ihr Verfahren entsprach jedenfalls genau der Weisung Mazarins, entweder Philippsburg und die Waldstädte zu behaupten oder, wenn das nicht gelinge, wenigstens das ganze linksrheinische Elsaß ohne jede Einschränkung und Bedingung zu fordern. In einem Erlaß des Staatssekretärs Brienne vom 30. Mai wurde das noch einmal eingeschärft und begründet: Wenn Frankreich die Souveränität im Elsaß akzeptiere, so sei das eine Konzession, da man ja als Gegenleistung von ihm den Verzicht auf die Reichsstandschaft oder gar auf rechtsrheinische Eroberungen erwarte. Dafür müsse eine Kompensation, nämlich die Oberhoheit über die elsässichen Stände, bewilligt werden. Sie sei auch deshalb zu fordern, weil es sonst im Elsaß zu dauernden Reibungen kommen müsse, denn eine souveräne Herrschaft Frankreichs und eine Oberhoheit des Kaisers und des Reiches über die Immediatstände könnten nebeneinander nicht bestehen.

Diese Forderung, obwohl zunächst nur mündlich gestellt, war gleichwohl von größter Bedeutung. Sie verschob die Grundlage aller bisherigen Verhandlungen. Denn immer war bis zu diesem Augenblick der Umfang der künftigen Abtretungen auf habsburgischen Besitz beschränkt worden. Eigentlich hätten die Franzosen in der Konsequenz ihrer neuen Forderung die Aufhebung der Schutzklausel für die elsäsisschen Stände verlangen müssen. Sie ließen sie zunächst unberührt, sicher aus Rücksicht auf die Stimmung der Reichsstände. Aber sie sollten einer Erörterung über diese Schutzbestimmung nicht entgehen, denn unter dem Eindruck ihres neuen, seither unerhörten Verlangens gewann sie eine immer größere Bedeutung, wurde sie schließlich selbst in den Augen der Franzosen zu einer Gefahr für ihre Ansprüche. Zunächst wies Trauttmansdorff die Franzosen darauf hin, daß die Beschränkung auf österreichischen Besitz bisher die selbstverständliche Grundlage aller Verhandlungen gewesen sei und daß es außer den Bischöfen von Straßburg und Basel noch weitere Immediatstände im Elsaß gebe, die Exemtion jener beiden geistlichen Herren also nicht genüge, um die bisherige Verhandlungsbasis zu sichern. Er führte gleich eine ganze Anzahl auf: Murbach, Lüders, Andlau und einige kleinere Klöster, die Dekapolis, die Grafen von Lützelstein und sonstige Grafen und Herren, die er nicht einzeln nannte, dazu die gesamte Ritterschaft im Unterelsaß. Die Liste war keineswegs vollständig, denn es wurden offenbar nur die genannt, die bis zu diesem Augenblick bei den kaiserlichen Gesandten um Schutz ihrer Rechte nachgesucht hatten. Die bedeutendsten Stände fehlten noch, auch alle rechtsrheinischen, die Besitz im Elsaß hatten, und deren Zahl war nicht klein. Von den angeführten Ständen aber sagte Trauttmansdorff, der Kaiser könne sie nicht einfach einem fremden Souverän unterwerfen, sei aber bereit, die Frage den Reichsständen vorzulegen. Die Franzosen stimmten zu.

Als aber das kurmainzische Direktorium die Frage auf Antrag Trauttmansdorffs zur Beratung stellen wollte, widersprachen die Evangelischen im Fürstenrat zu Münster. Sie wollten von der früher festgelegten Reihenfolge der Verhandlungsgegenstände nicht abweichen, sie fürchteten Vernachlässigung der Amnestie und der Gravamina, wenn erst die französische Satisfaktion erledigt sei, und wünschten mit den Ständeverhandlungen in Osnabrück gleichen Schritt zu halten. Es wurde beschlossen, beim Direktorium Aufschub zu erbitten, bis die Schweden ihren Friedensentwurf vorgelegt hätten. Gleichzeitig entschuldigte man sich bei den Franzosen, daß man damit nicht etwa gegen ihre Satisfaktion Stellung nehmen wolle. Da auch die Evangelischen in Osnabrück gleicher Meinung waren, mußte die Beratung vorerst abgesetzt werden.

Inoffiziell wurde die Sache zwischen den kaiserlichen und französischen Gesandten in den nächsten Wochen weiter beraten. Trauttmansdorff hatte zwar versprochen, die französischen Forderungen den Ständen vorzulegen, nicht aber, sie zu unterstützen. Er blieb bei dieser Haltung, und die Schwierigkeiten, auf die man bei den Ständen stieß, taten wohl auch das ihre. Die Franzosen wichen jedenfalls Schritt um Schritt zurück. Schon im Juni berichtete Longueville, man werde wohl die für die Reichsstände so beunruhigenden Bedingungen fallen lassen müssen, am 16. Juli sprachen die Franzosen nur noch von dem „vollkommenen Dominium über die zehn Landvogteistädte." Der Verzicht wurde ihnen wohl auch durch das Urteil des Generals von Erlach erleichtert, der den militärischen Wert und die Einkünfte der habsburgischen Gebiete im Unterelsaß sehr gering anschlug und dafür zur Behauptung der rechtsrheinischen Waldstädte riet, andererseits davor warnte, durch Ansprüche im Elsaß die Reichsstände zu reizen. Auch schwedischer Einfluß scheint eine Rolle gespielt zu haben, und schließlich eröffneten die Verhandlungen mit Philipp von Sötern im Laufe des Sommers ziemlich sichere Aussichten auf Philippsburg. Am Ende fanden die Franzosen sogar selber einen gewissen Vorteil dabei, ihre Souveränität nur auf Teile des Elsaß zu beschränken, denn wenn zwischen die französischen Gebiete noch solche unabhängiger Reichsstände eingestreut blieben, würde in den Augen der Deutschen auch weiterhin das ganze Elsaß als Teil des Reiches gelten. Das könne dem König sehr zugute kommen, wenn er sich einmal um die Kaiserkrone bewerben sollte. Man sieht, sie hofften die Vorteile eines souveränen Besitzes zu erlangen und doch zugleich die einer förmlichen Reichsstandschaft zu genießen! Man sieht aber auch, wie solche Überlegungen dazu führen konnten, eine gewisse Unklarheit und Zweideutigkeit der Bestimmungen über das Elsaß geradezu zu wünschen.

Damit kommen wir auf einen der verhängnisvollsten Punkte dieser Verhandlungen überhaupt: Je mehr man zwischen die Fronten geriet, je mehr verschiedenartige Interessen man bedrohte, desto mehr verfing man sich im Gestrüp unklarer und widerspruchsvoller Formulierungen. Diese Unklarheiten aber wußte man auch wiederum zu schätzen, weil sie unliebsame Festlegungen ersparten. Das ist bei den Franzosen schon in diesem Stadium zu bemerken, und auch die kaiserlichen Unterhändler haben sich nicht sonderlich um Klarheit bemüht. Der Grund ist deutlich: Merkten die Franzosen erst, wie gering der österreichische Besitz war, daß vor allem die Landgrafschaft im Unterelsaß nur einen leeren Titel darstellte, so war ein Wiederaufleben ihrer Forderungen auf rechtsrheinischen österreichischen Besitz zu fürchten, die man ja gerade abwehren wollte. So kam es, daß die anfänglich klaren Bestimmungen über das Elsaß im weiteren Verlauf der Verhandlungen unter stillschweigender Duldung der Franzosen und mit Zustimmung der kaiserlichen Unterhändler mehr und mehr verwischt wurden.

Trauttmansdorff weilte im Juni mehrere Wochen in Osnabrück, wo ihn die schwierigen Religionsverhandlungen festhielten. Ende Juni kehrte er zurück, aber es vergingen noch zwei Monate, bis ernsthafte Besprechungen in Gang kamen. Die Franzosen warteten auf das Ergebnis der Verhandlungen mit Kurtrier. Trauttmansdorff versuchte alles, um sie wieder an den Verhandlungstisch zu bringen. Aber erst in der zweiten Augusthälfte, als sie den Vertrag über Philippsburg in der Tasche hatten, kam es durch Vermittlung Contarinis zu einer Abrede, die sich zunächst nur auf ein neues Verhandlungsprogramm erstreckte. Er erreichte es, daß man die Frage der elsässischen Immediatstände vorerst ausklammerte, um nur über Philippsburg zu sprechen. Trauttmansdorff ließ sich nur deshalb auf diesen Modus ein, weil der venezianische Gesandte ihm Hoffnung auf eine Regelung aller zwischen dem Kaiser und Frankreich noch schwebenden Streitfragen machte; die Gravamina, Pfalz, Pommern, die hessische Entschädigung wurden genannt, nur von Spanien und Lothringen war nicht die Rede. Trauttmansdorff erinnerte zwar daran, ließ den Punkt aber schließlich fallen, was die Spanier zu neuem Protest veranlaßte. Nur dabei blieb er unerbittlich, daß jede Verfügung über Philippsburg der Zustimmung der Reichsstände bedürfe. Die Franzosen erreichten aber, daß er sich schließlich damit einverstanden erklärte, nur den Kurfürstenrat einzuschalten. Er mochte hoffen, in diesem Gremium eine Mehrheit gegen die französische Forderung zu finden. Aber die Dinge liefen ganz anders, die französische Diplomatie hatte gute Vorarbeit geleistet.

Als die Vermittler — der Nuntius wirkte bei diesen Besprechungen nur soweit mit, als kirchliche Interessen nicht berührt wurden — den Standpunkt Trauttmansdorffs verteidigten und eine Zustimmung der Gesandten von Kurtrier als unwahrscheinlich bezeichneten, hielten es die Franzosen für an der Zeit, ihr geheimes Abkommen mit dem Kurfürsten vorzuzeigen. Die Folge war ein völliger Umschwung bei den Vermittlern. Sie gaben nach und rieten jetzt selbst den Franzosen, sich auch der übrigen Kurfürsten zu versichern.

Dies geschah. Die Franzosen zeigten zunächst den Trierern das Original des Geheimvertrages. Die Gesandten konnten nicht wagen, unnachgiebiger zu sein als ihr Herr. Damit entfiel auch der Widerstand, den die Bayern bisher lediglich aus Rücksicht auf Kurtrier geleistet hatten. Auch bei ihnen wirkte der Vertrag Wunder. Mainz und Sachsen, Köln und Brandenburg hatten nur die eine Frage, ob der Friede gefördert werde, wenn man Philippsburg preisgebe. Sie erhielten darüber beruhigende Versicherungen. Auch den kaiserlichen Gesandten boten die Franzosen Einsicht in den Vertrag an. Sie lehnten es ab, ihn zur Kenntnis zu nehmen. Der kaiserliche Geheime Rat hatte schon im Juni die Ansicht vertreten, die Franzosen müßten Philippsburg ungeachtet etwaiger Abmachungen mit dem Kurfürsten zurückgeben. Ein Gutachten des Reichsvizekanzlers hat später das Abkommen für null und nichtig erklärt, aber da war die Sache schon längst entschieden. Sie war es auch schon, als Trauttmansdorff die französische Forderung dem Kurfürstenrat zur vertraulichen Beratung vorlegte. Das Votum fiel am 23. August ganz im französischen Sinne aus. Obwohl geheim, blieb es den Franzosen nicht lange verborgen. Sie konnten jetzt den Verhandlungen mit Trauttmansdorff zuversichtlich entgegensehen.

Am 31. August legte dieser den Vermittlern einen Vertragsentwurf vor, auf den die Franzosen am 10. September mit einem Gegenprojekt antworteten. Gemäß den Informationen, die Trauttmansdorff von Contarini erhalten hatte, verknüpfte er die Regelung der französischen Satisfaktion mit einem Abkommen über die Konzessionen, die Frankreich in der pfälzischen Frage, den Religionsfragen, der schwedischen und hessischen Satisfaktion erwirken sollte, er machte außerdem einen Waffenstillstand zur Bedingung. Er wollte Frankreich also seine Gebietsansprüche erfüllen, ihm dafür aber Bedingungen auferlegen, die mit seinen Bündnisverpflichtungen gegen Schweden kaum noch vereinbar waren. Natürlich machten die Franzosen Schwierigkeiten. Contarini mußte vermittelnd eingreifen, während der Nuntius sich entschieden weigerte, bei einer Verhandlung mitzuwirken, bei der es um Befriedigung schwedischer, hessischer und protestantischer Forderungen ging, und Schriftstücke dieser Art bei sich zu deponieren. Er soll nach dem Bericht Adamis nicht weniger als fünfmal im Namen des apostolischen Stuhles protestiert haben. Die Akten wissen davon nichts, jedenfalls ist man über seinen Einspruch stillschweigend hinweggegangen. Contarini schlug ein Abkommen vor, bei dem beide Teile ihre Vorbehalte machen könnten, der Kaiser hinsichtlich Spaniens und Lothringens, der König hinsichtlich der schwedischen und hessischen Forderungen. Was die kaiserlichen Wünsche im Hinblick auf Amnestie und Religionsfragen betreffe, so sollten sie aus dem Vertrag herausbleiben, doch würden sich die Franzosen in seiner, Contarinis, Gegenwart im Augenblick der Unterzeichnung mündlich in feierlicher Form verpflichten, für sie zu wirken.

Auf dieser Basis einigte man sich, um dann in die abschließenden Verhandlungen über die elsässischen Fragen einzutreten. Sowohl der kaiserliche wie der französische Entwurf enthielten wichtige Änderungen, die Umfang und Art der Abtretungen im kaiserlichen oder französischen Sinn zu modifizieren suchten. Diese letzten Verhandlungen haben über das Schicksal der westlichen Grenzgebiete des Reiches für Jahrhunderte entschieden. Sie sind es wert, daß wir ihnen noch einige Aufmerksamkeit zuwenden.

Grundlage war der kaiserliche Entwurf vom 31. August, den auch die Franzosen für ihr Projekt benutzten. Für die Fassung der Zessionsartikel des späteren Friedens sind also im wesentlichen die kaiserlichen Bevollmächtigten verantwortlich. Ihr Vorschlag brachte außer einigen Einschränkungen des Besatzungsrechtes in Philippsburg — es ging um die Stärke der Garnison und ihre gleichzeitige Verpflichtung auf Bischof und Kapitel von Speyer — eigentlich nur noch eine Erweiterung der Schutzklausel für die Immediatstände. Von ihr ist zunächst zu reden.

Es ist jener berühmte Artikel 87 des Vertrages von Münster „Teneatur rex christianissimus ...", der meistumstrittene des ganzen Friedens, der hier im wesentlichen schon fertig vorlag. Sein Kern ist der Satz, der den König von Frankreich verpflichtete, die Stände beider Elsaß, geistliche und weltliche, in ihrer Reichsunmittelbarkeit zu erhalten. Daß diese zunächst klare Bestimmung verdunkelt wurde, ist auf das ängstliche Drängen der Stände selbst zurückzuführen, die zusätzliche Sicherungen über den ursprünglichen Text hinaus begehrten und durch namentliche Nennung geschützt sein wollten. Als die Klausel zum erstenmal in dem kaiserlichen Angebot vom 14. April auftauchte, war noch von Lehensübertragung die Rede gewesen. Damals sollte sie die Stände des Elsaß vor dem König von Frankreich, der nun einer der ihren werden sollte, schützen und ihre bösen Ahnungen beschwichtigen. Als in dem Angebot vom 29. Mai an die Stelle der Lehensübertragung die Lösung der habsburgischen Gebiete aus dem Reiche trat, erschien der französische König mit einemmal als souveräner Herr im Elsaß, an kein Reichsrecht gebunden und keinem Reichsgericht unterworfen. Gleichwohl sollte er über einen großen Teil des Landes gebieten und mannigfache Schutzrechte über zahlreiche Immediatstände ausüben. Zwar hatten die Kaiserlichen gleich ein Gegengewicht eingebaut, indem sie die Bedingung stellten, Frankreich dürfe im Elsaß kein Parlament einrichten, aber die Franzosen waren dieser Forderung ausgewichen und ihr mündlich sogar mit der Gegenforderung begegnet, es müsse ihnen die Oberhoheit des Kaisers und des Reiches über diese Stände zediert werden. Je weniger man sah, was damit eigentlich gemeint sei, desto unruhiger wurden die Bedrohten. Schon hatten die beiden Bischöfe durch Intervention bei Frankreich und einige andere Stände durch Vorsprache bei Trauttmansdorff ihre Aufnahme in die Schutzklausel erreicht. Zwar konnte es zweifelhaft sein, ob das angesichts der neuen Forderung der Franzosen noch irgendeinen Sinn habe, auf jeden Fall aber war zu fürchten, daß die namentliche Nennung einzelner die Lage der anderen umso mehr verschlechtere. So setzte alsbald ein Sturm derer ein, die bisher nicht berücksichtigt worden waren. Sie waren alarmiert, aufs äußerste bestürzt, und doch fiel ihnen nichts besseres ein, als nun auch für sich die gleiche Sicherung zu erflehen. So zweifelhaft der Wert der Klausel war, die Aufnahme in sie schien die einzige, freilich sehr vage Hoffnung auf Rettung zu bieten. So folgten neue Gesuche im Laufe des Sommers, weitere Stände fanden Aufnahme in den Schutzparagraphen anläßlich der kaiserlichen Deklaration vom 31. August. Viele aber versäumten auch diese letzte Gelegenheit, denn nun wurden die Franzosen hellhörig, und später ist es keinem mehr gelungen, außer der Stadt Straßburg, die noch unmittelbar vor Friedensschluß durch nachhaltige Vorstellungen bei Servien zum gewünschten Ziele kam. Trauttmansdorff selbst hat keineswegs nach Vollständigkeit seiner Liste gestrebt und nicht etwa systematisch den Schutz der Immediatstände betrieben, eher im Gegenteil, denn je mehr Ausnahmen den Franzosen zugemutet wurden, desto größer wurde die Gefahr für das Haus Österreich. Waren doch die Franzosen gegen Klagen der Reichsstände immer empfindlich und wo irgend möglich auch geneigt, sich ihnen auf Kosten Habsburgs gefällig zu zeigen.

War die Aufnahme in die Schutzklausel bis dahin noch möglich, so war es freilich ausgeschlossen, an der den Franzosen bereits gewährten Satisfaktion noch irgend etwas abzumarkten. Wer darauf spekulierte, spielte von vornherein ein verlorenes Spiel. In dieser Lage sah sich der Gesandte der Stadt Kolmar, Balthasar Schneider. Er hatte es sich zum Ziel gesetzt, bei Gelegenheit der Zession an Frankreich das Amt des Reichslandvogtes vollständig zu beseitigen. Schon längst betrachteten die zehn Städte, die der Reichslandvogtei unterstanden, diese Einrichtung als nicht mehr zeitgemäß. Sie waren der Meinung, sie sei durch die Landfriedensordnungen des Reiches und durch die Übertragung der Reichsexekution an die Kreise überholt und werde von Österreich nur noch benutzt, um eine unrechtmäßige Herrschaft über die Städte auszuüben. Ging das Amt an Frankreich über, so mußte es ihnen natürlich erst recht gefährlich werden. Wurde es aber unter den an Frankreich abzutretenden österreichischen Rechten gar nicht erst erwähnt, so konnte man hoffen, daß es in völlige Vergessenheit geriet. Deshalb protestierte Schneider gegen die Nennung der Reichslandvogtei in den Zessionsartikeln, wurde aber darin nicht einmal von den anderen Mitgliedern der Dekapolis unterstützt. Natürlich ließen die Franzosen sich auf ein solches Verlangen gar nicht erst ein. Die Städte mußten sich begnügen, in der Schutzklausel genannt zu sein, in die Trauttmansdorff sie schon am 5. Juni aufgenommen hatte.

Offenbar haben nun auch die Immediatstände in den Diözesen Metz, Toul und Verdun das Beispiel der elsässischen Stände befolgt und den kaiserlichen Gesandten ihre Sorgen vorgetragen, jedenfalls erschien in dem Projekt Trauttmansdorffs vom 31. August auch für sie eine Schutzbestimmung, die aber von den Franzosen in ihrem Gegenprojekt sofort gestrichen wurde. Die Kaiserlichen haben in diesen Tagen auch versucht, den französischen Anspruch auf die Rechte des Reiches im gesamten Umfang der Diözesen dadurch zu beseitigen, daß sie in dem späteren § 70 des Vertrages hinter dem Wort „districtus" den Zusatz „temporales" einfügten, ihn also auf das weltliche Gebiet der Bistümer beschränkten. Aber sie setzten auch das nicht durch und mochten sich trösten, daß die Bezeichnung „districtus" auch ohne Zusatz ihrer Auffassung mindestens nicht widerspreche. Mit größerem Recht freilich konnten die Franzosen für sich in Anspruch nehmen, daß die ausdrückliche Abweisung des kaiserlichen Zusatzes die Frage in ihrem Sinn entschieden habe, und sie haben das auch in ihrem Bericht nach Paris unmittelbar nach Abschluß der Verhandlungen zum Ausdruck gebracht. Nur die Metropolitanrechte des Erzbischofs von Trier blieben vorbehalten, Sötern hatte sie sich schon im April in seinem Protektionsvertrag mit Frankreich gesichert. Im übrigen wurden auch kirchliche Rechte nicht respektiert. Eine Verpflichtung für den König, die freie Wahl der Bischöfe gemäß dem Herkommen zu achten, lehnten die Franzosen durchaus ab, und die Wiedereinsetzung des Herzogs Franz von Lothringen als Bischof von Verdun machten sie von einem Treueid abhängig, den er dem König zu leisten habe. „Wir haben keinerlei Klausel geduldet," heißt es in ihrem Bericht, „die der vollen Souveränität des Königs Eintrag tun könnte."

Wir sind damit schon zu dem französischen Gegenprojekt vom 10. September übergegangen. Es zeigt sich bei einer genauen Analyse dieses Dokumentes, welchen Einfluß die Schutzklausel auf die Formulierung der Zessionsbestimmungen gewonnen hat. Die Franzosen, offenbar durch das Treiben der kleinen Stände aufmerksam gemacht, trugen jetzt Sorge, die volle Souveränität ihres Königs über alle abgetretenen Gebiete gegen jeden Zweifel zu sichern. Da sie ja die Klausel um der Reichsstände willen nicht verweigern konnten, suchten sie nach einer Fassung der Abtretungsbestimmungen, die diese Schutzklausel einigermaßen unschädlich machen könne. Alle bisher gebrauchten Zessionsformeln genügten ihnen dafür nicht. In den kaiserlichen Entwürfen war immer nur von einer „omnimoda jurisdictio" und „superioritas" die Rede gewesen, die an Frankreich übergehen solle, auch die französischen Aktenstücke hatten bisher keine präziseren Ausdrücke gefunden. Wir lesen in ihnen neben den genannten lateinischen Bezeichnungen wohl auch die Formel „en toute propriété et souveraineté," aber alle diese Ausdrücke bestimmten das Gemeinte keineswegs eindeutig, denn mit ihnen pflegte man ja auch die Landeshoheit deutscher Fürsten zu umschreiben. Zwar hätte der Zusatz, daß der König für die abgetretenen Gebiete dem Kaiser und dem Reiche nicht untertan und verpflichtet sein solle, jedem Mißverständnis vorbeugen sollen. Aber nach den Erfahrungen der letzten Monate schien das alles den Franzosen wohl nicht mehr genügend. Jedenfalls haben sie in ihrem Gegenprojekt überall zu den seither verwendeten Begriffen noch das Wort „supremum dominium" hinzugesetzt. Auch dieser Ausdruck entbehrte freilich der vollen Klarheit, wie alle Begriffe des römischen Rechtes, sobald man sie auf die Verhältnisse des modernen Staatslebens anzuwenden begann. Immerhin scheint soviel klar, daß die Franzosen mit ihm irgendwie den Anspruch auf eine Gebietshoheit im Elsaß zum Ausdruck bringen wollten, im Gegensatz zu der „jurisdictio" und „superioritas" des kaiserlichen Entwurfes, die ja nur Herrschaft über Personen bedeuteten. Im Französischen bezeichneten „domaine éminent" oder „domaine direct" die oberste Herrschaft des Königs über das Krongut (domaine), einschließlich der Lehenshoheit, die er im Bereich dieses domanium übte, im Gegensatz zum „domaine utile" des Vasallen, dem sein Lehen nur zur Nutzung überlassen war. Im „dominium" mochte also für einen Franzosen beides mitschwingen, Herrschaft über Personen im Sinne des Lehenrechtes und Verfügungsgewalt über ein Gebiet, aber das zweite gab den Grundton; aus der Herrschaft über das domanium folgte erst die Hoheit über den Vasallen, der mit einem Teil davon belehnt war. Wieviel von diesem Doppelsinn des Wortes den Franzosen des 17. Jahrhunderts noch gegenwärtig war, ist schwer zu sagen, sicherlich aber wollten die Unterhändler in Münster durch den Zusatz „supremum dominium" einen Rechtsanspruch ihres Königs sicherstellen, der ihnen durch die seither gebrauchten Formeln nicht hinreichend bezeichnet und gewahrt schien. Daß die Gebietsherrschaft in ihren Überlegungen eine große Rolle spielte, hat Servien ein Jahr später bei anderer Gelegenheit recht deutlich gesagt, als er gewisse Ansprüche der Dekapolis zurückwies: Die zehn Städte beriefen sich damals auf ihre Reichsunmittelbarkeit, sie bestritten, daß der König mit der Reichslandvogtei mehr erworben habe, als dem Hause Habsburg an Rechten aus diesem Amt zugestanden habe. Serviens Antwort war außerordentlich bezeichnend: Die französische Intention bei der Abtretung sei gewesen, daß die Städte „hinfüro unter der Krone Frankreich dergestalt sein sollten, wie sie unter dem Römischen Reich bisher gewesen, vorab weiln sie auf französischem Grund und Boden liegen, und es sonsten ein seltsames Ansehen gewinnen würde, wenn das Elsaß der Krone Frankreich, die darinnen liegenden zehn Reichsstädte aber des Römischen Reiches sein sollten, cum superficies cedat solo." Was mit dem Grund und Boden untrennbar verbunden ist, fällt dem anheim, der das Eigentum daran erwirbt: So stand es im Kapitel De rerum divisione der Institutionen des Kaisers Justinian (II 1, 29 und 32) zu lesen. Wenn Servien diesen Satz des römischen Zivilrechtes zitierte, so wurde damit der Sinn der neu eingeführten Formel „supremum dominium" vollends deutlich: Der König von Frankreich beanspruchte ein dem Sacheigentum am Grund und Boden vergleichbares Recht. Dominium im strengen Sinne des römischen Zivilrechtes bedeutete vollkommene Verfügungsgewalt, bedeutete die Befugnis, jeden fremden Anspruch auf Miteigentum oder auch nur auf Mitnutzung auszuschließen. Das war mehr, als alle Begriffe des mittelalterlichen Lehenrechtes zu geben vermochten, und man bedurfte ihrer denn auch nicht mehr, wenn man das supremum dominium in diesem ausschließenden Sinne faßte.

Und dieser Sinn wurde, wie wir hinzufügen können, auch noch dadurch verstärkt, daß die abgetretenen Gebiete in dem Abschnitt des Vorvertrages, der dem späteren § 74 des Friedensinstrumentes entsprach, auf französisches Verlangen außerdem als „dictae Coronae incorporata" bezeichnet wurden. Mit anderen Worten: Alles, was an Frankreich zediert wird, scheidet nicht nur aus dem Reichsverband aus, es wird auch dem französischen Staatsgebiet einverleibt und der Krondomäne inkorporiert. Damit wird aber auch der Rechtsstatus ein ganz anderer. Nicht nur das ehemals habsburgische Territorium, auch alle sonst von Habsburg bisher im Elsaß ausgeübten Rechte verändern mit dem Augenblick, wo sie aus den Händen des Kaisers, der sie im Namen des Reiches geübt hat, in die des Königs von Frankreich übergehen, der sie zu souveränem Besitz übernimmt, vollständig ihren Charakter. Das „supremum dominium" des Königs ist etwas anderes als die „jurisdictio" und „superioritas" des Kaisers, was diesem dominium unterworfen wird, unterliegt künftig allein dem Recht, das für die französische Krondomäne gilt, nicht mehr dem des Reiches. Die der königlichen Domäne einverleibte Landvogtei zum Beispiel hat nicht nur ihren Träger gewechselt, sie ist etwas anderes geworden als die Reichslandvogtei gewesen ist. Mochten die kaiserlichen Unterhändler immerhin die Fiktion aufrecht erhalten, als blieben für die Immediatstände des Elsaß die alten Beziehungen zum Reich unverändert, mochten die Stände selbst sich nach wie vor in diesem Glauben wiegen, für die Franzosen war die Frage entschieden, war das Elsaß in seiner ganzen Ausdehnung der Krone Frankreich inkorporiert und jeder Anspruch des Reiches erloschen, es sei denn, daß einzelne Teile des Landes davon auszunehmen wären, in denen nachweislich das Haus Habsburg keinerlei Rechte gehabt hätte.

Daß dies wirklich die Ansicht der Franzosen war, ergibt sich aus der Neufassung der Schutzklausel, die sie gleichfalls in diesem letzten Stadium der Verhandlungen forderten und auch wirklich durchsetzten. Sie ganz zu beseitigen, ging nicht an, ließ man sie aber unverändert stehen, so widersprach ihr bisheriger Wortlaut der eben skizzierten französischen Rechtsauffassung. Die Franzosen trugen deshalb

Sorge, sie so umzugestalten, daß ihr eigener Standpunkt gewahrt blieb. Das geschah in doppelter Weise: Die kaiserlichen Entwürfe hatten bisher dem König die Verpflichtung auferlegt, die Immediatstände des Elsaß, die namentlich genannten und auch die nicht genannten, in ihrer seitherigen Reichsunmittelbarkeit zu erhalten oder wiederherzustellen. Der Wortlaut ließ keinen Zweifel, daß die Oberhoheit des Reiches gewahrt bleiben sollte (in sua libertate et possessione immedietatis erga Imperium Romanum relinquere et restituere). Die Franzosen änderten den Text in einer Weise, die den Sinn vollständig veränderte und den Ständen nur noch eine gleiche Art von Freiheit und Unmittelbarkeit garantierte, wie sie sie bisher im Reichsverband besessen hatten, aber durchaus die Möglichkeit offen ließ, daß an die Stelle des Reiches als Oberherr der König von Frankreich träte (in ea libertate et possessione immedietatis qua hactenus gavisae sunt erga Romanum Imperium relinquere, unter Streichung des „restituere"). Die Änderung betraf übrigens nicht allein das Verhältnis zum Reich. Es sollten mit ihr auch gewisse Versuche der Stände abgewiesen werden, bei Gelegenheit der Zession die bisher von Habsburg geübten Protektionsrechte überhaupt abzustreifen, ähnlich wie es Balthasar Schneider mit dem Amt und den Rechten der Reichslandvogtei im Sinne hatte. Die kaiserliche Fassung mit dem „sua" war auf Antrag der Stände gewählt worden und hatte den Anschein erwecken sollen, als hätten sie sich bisher alle einer uneingeschränkten Reichsunmittelbarkeit und voller Unabhängigkeit von Habsburg erfreut. Frankreich tat nun den Immediatständen nicht den Gefallen, sie aus der bisherigen Abhängigkeit, so gering sie bei den meisten gewesen sein mochte, zu entlassen. Es sicherte sich durch die neue Fassung den vollen Umfang der früheren österreichischen Rechte, aber es wählte den Wortlaut so, daß mit seiner Hilfe auch das Band zerschnitten werden konnte, das diese Stände mit dem Reich verknüpfte. So wollte man die These, daß das supremum dominium des Königs und die Einverleibung in die Krondomäne den bisherigen Rechtszustand aufhöben, im Vertragstext verankern. Man wollte freilich die Stände selbst damit so wenig wie möglich beunruhigen, Avaux hat dem Kolmarer Gesandten versichert, die zehn Städte würden auch unter der Krone Frankreich dieselbe Freiheit genießen wie bisher; auch dort gebe es ständische Rechte, hätten doch soeben noch die Stände der Languedoc dem König die erbetenen Subsidien verweigert! Aber gerade diese Äußerung des Grafen zeigt deutlich, worauf es abgesehen war: Aus Ständen des Reiches sollten Stände der Krone Frankreich werden.

Damit ist man nun freilich nur für den Augenblick durchgedrungen. Die französische Fassung der Schutzklausel fand Aufnahme in den Vorvertrag, hat aber später im endgültigen Vertragstext noch eine Abänderung erfahren, die den bedrohten Ständen eindeutig die Reichsunmittelbarkeit sicherte und das Mißverständnis ausschloß, als hätten sie sich sonst seither uneingeschränkter Freiheit erfreut (in ea libertate et possessione immedietatis erga Imperium Romanum qua hactenus gavisae sunt relinquere). Der Friedensvertrag hat damit jede Möglichkeit ausgeschlossen, mit Hilfe der Schutzklausel die ehemals habsburgischen Rechte abzustreifen, indem er nämlich die Klausel so faßte, daß sie allein das Verhältnis der Stände zum Reiche bestätigte, nicht das zu Habsburg, in das vielmehr der König von Frankreich als Rechtsnachfolger eintrat. Die Franzosen haben also schließlich nur den einen der beiden Zwecke erreicht, die sie mit der Abänderung der Klausel im September 1646 verfolgt hatten, und den anderen preisgeben müssen. Spätere Interpreten des Friedens haben freilich versucht, die Garantie der

Reichsunmittelbarkeit und damit der Zugehörigkeit der Stände zum Reich auch aus dem endgültigen Vertragstext noch hinwegzudisputieren. Selbst im 19. Jahrhundert hat Legrelle diese Auffassung durch eine sehr gekünstelte und grammatisch unmögliche Deutung des entscheidenden Satzes noch einmal zu begründen versucht, doch ist ihm darin niemand mehr gefolgt.

Gleichwohl hat auch der endgültige Wortlaut des Friedens trotz dieser Textänderung in der eigentlichen Streitfrage keine volle Klarheit schaffen können, weil die Franzosen in diesen Septembertagen 1646 noch eine zweite Sicherung in die Schutzklausel eingebaut haben, die später nicht mehr beseitigt werden konnte. Sie sahen voraus, daß die Immediatstände keine Ruhe geben würden, daß die Schutzklausel zahlreiche Streitigkeiten heraufbeschwören müsse und werde. Sie trugen daher Sorge, eine Bestimmung einzuführen, die solche künftig auftauchenden Fragen von vornherein in ihrem Sinne entschied: Sie forderten und erlangten einen Zusatz, durch den die Verpflichtung Frankreichs zur Respektierung der ständischen Rechte, also auch ihrer Reichsunmittelbarkeit, wenn man sie je gelten lassen müßte, eindeutig durch das Recht Frankreichs auf Ausübung des supremum dominium begrenzt wurde. Mit „ita tamen" beginnend, also in einschränkendem Sinne, erläuterte dieser wichtige Zusatz die französische Verpflichtung dahin, es solle durch sie in keiner Weise dem König etwas von dem eben zedierten Recht des supremum dominium entzogen werden. Damit aber war die ganze Schutzklausel ausgehöhlt und so gut wie entwertet. Das königliche supremum dominium erhielt, da es einschränkenden Charakter hatte, den Vorrang vor den Rechten der Stände und ihrem Anspruch auf Reichsunmittelbarkeit, den Vorrang auch vor allen etwaigen Ansprüchen des Reiches an diese Stände. Die Vermutung sprach im Streitfalle für das Recht des Königs. Wer aber bestimmte im Streitfalle die Grenzen dieses Rechtes? Der Gerichtsstand des Reiches war von vornherein ausgeschlossen, da es mit dem supremum dominium des Königs natürlich nicht vereinbar war, ihn vor ein Gericht des Reiches zu ziehen.

So hat die Einführung dieses Begriffes in die Zessionsbestimmungen, die Frankreich im Vorvertrag durchsetzte, alle früheren Grundlagen der Verhandlung verschoben und die Zession selbst auf eine ganz neue Rechtsbasis gestellt. Es war nur folgerichtig, wenn jetzt auch der letzte noch an die Lehensübertragung erinnernde Passus fiel, die Bestimmung nämlich, daß Frankreich das Erworbene unter dem gleichen Rechtstitel wie vordem Österreich besitzen solle. Der Zusatz „eo prorsus modo, quo antehac a Domo Austriaca possidebantur" wurde aus dem § 74 gestrichen. Frankreich trat nicht einfach in die habsburgischen Rechte ein, es erwarb neue, wie sie bisher noch nie jemand im Elsaß gehabt hatte: Ein souveräner Herrscher ergriff Besitz von weiten Teilen des Landes und von zahlreichen Rechten über dort eingesessene Reichsstände, ein Herr, der dem Reich nicht unterworfen war und von keinem Reichsgericht zur Rechenschaft gezogen werden konnte, dem man außerdem zugestanden hatte, daß sein souveränes Herrscherrecht allen Ansprüchen des Reiches und der einheimischen Stände vorgehen solle! Man hat immer wieder und bis heute behauptet, Frankreich habe im Elsaß nicht mehr erhalten, als was Österreich dort vor ihm besessen habe. Das ist richtig, sofern man damit nur die räumliche Ausdehnung der gewonnenen Gebiete und den Umfang der erworbenen Rechte meint. Die blieben, wie sie unter Habsburg gewesen, und wenn Ludwig XIV. später darüber hinausgriff, etwa bei der Aneignung Straßburgs, war das eine klare Verletzung des beschworenen Friedens. Aber wo Habsburg je ein Recht besessen hatte, das jetzt an Frankreich überging, veränderte es mit diesem Übergang seine rechtliche Natur. Es hörte auf, ein Recht des Reiches zu sein. Es wurde ein Souveränitätsrecht des Königs von Frankreich mit allen Konsequenzen, die sich daraus für die diesem Recht Unterworfenen ergaben. Nicht nur für die habsburgischen Territorien, auch für die Immediatstände im Elsaß, soweit Habsburg über sie irgendwelche Rechte besessen hatte, ergab sich aus dem Vorvertrag eine ganz neue Rechtslage.

Er wurde am 13. September 1646 in Gegenwart der Vermittler unterzeichnet. Sie hatten ernsthaft gebangt, es könne zu einem Bruch kommen, aber die Einwendungen der kaiserlichen Gesandten gegen den letzten französischen Entwurf waren überraschend gering. Wir wissen aus den Berichten und Protokollen, daß nur noch über den Umfang der französischen Ansprüche in den drei Bistümern ernsthaft gestritten worden ist. Trauttmansdorff hat keinen Versuch mehr gemacht, im Elsaß noch irgend etwas für das Reich oder für die bedrohten Stände zu retten.

10. Kapitel

SPANIEN UND DIE NIEDERLANDE. SCHWEDISCHE SATISFAKTION

Grundlagen des niederländischen Friedens.

Wenn es Spanien in Jahrzehnten nicht gelungen war, das Reich in seinen Kampf mit den Niederlanden zu verwickeln, so lag das nicht an dem Kaiser, sondern an dem geschlossenen Widerstand der Reichsstände. Die Aussichten, die das Bündnis vom 31. Oktober 1634 den Spaniern gemacht hatte, erfüllten sich nicht. Der Kaiser hatte es nicht einmal gewagt, den Vertrag zu veröffentlichen. Ferdinand II. mußte sich in dieser Sache ganz nach dem Willen der Stände richten. So wurden die Gesandten in Münster instruiert, daß das Reich mit den Niederländern „derzeit im Unguten nichts zu schaffen" habe und sie ihr Verhalten danach einzurichten hätten. Die kaiserlichen Räte hatten dargelegt, daß eine andere Haltung trotz der „merklichen Interessen" des Kaisers an dem niederländischen Kriege nicht möglich sei, denn im Reichsabschied von 1603 hätten die Stände die Neutralität des Reiches in diesem Konflikt beschlossen und seitdem unentwegt daran festgehalten. So hat denn auch Trauttmansdorff die niederländischen Gesandten der Neutralität von Kaiser und Reich ausdrücklich versichert. Freilich war die Frage nicht mehr von der Bedeutung wie ehedem. Seitdem Philipp IV. zur Verständigung mit der jungen Republik entschlossen war, konnte ihm ein gutes Verhältnis zwischen ihr und dem Reich nur recht sein. Trauttmansdorff hat in vollem Einvernehmen mit Peñaranda die Niederländer in ihrem Wunsch nach Frieden bestärkt und selbst die größten Hoffnungen auf die Verhandlungen gesetzt. „Wenn die Krone Spanien von diesem Krieg liberiert würde," schrieb er nach Wien, „ist sie gegen alle anderen Feinde bastant, daß sie einen billigen Frieden annehmen werden."

Rücksicht auf die Reichsstände bestimmte notgedrungen das Verhalten des Kaisers auch da, wo die Beziehungen der beiden habsburgischen Linien zu Frankreich in Betracht kamen. Hier aber stimmten die Interessen des Reiches und Spaniens nicht überein. Trauttmansdorffs erste Schritte in Osnabrück hatten, wie berührt, den Beifall Spaniens gefunden, weil eine Verständigung des Reiches mit Schweden eine umso entschiedenere Wendung gegen Frankreich erhoffen ließ. Doch schon ehe sich diese Aussicht als trügerisch erwies, hatten die Beratungen der Reichsstände einigen Zündstoff gehäuft. Die Frage der Franzosen, ob der Kaiser auch ohne Spanien Frieden schließen werde, hatte sich als ein außerordentlich kluger Schachzug erwiesen. Vergeblich hatte Peñaranda versucht, ihre Erörterung durch die Reichsstände zu verhindern. Trauttmansdorff konnte es nicht gut wagen, ihnen die französischen Friedensvorschläge nur im Auszug vorzulegen und diese wichtige Frage zu unterschlagen, vielleicht wollte er auch nicht. Der Verlauf rechtfertigte die Befürchtungen Peñarandas. Die Evangelischen hatten sich schon früher gegen Spanien erklärt und taten es in der Folge noch öfter. Aber auch die katholischen Reichsstände mit Bayern an der Spitze zeigten sich an der habsburgischen Weltpolitik in keiner Weise interessiert. Was gingen das aufständische Portugal, das die Spanier absolut vom Kongreß ausschließen wollten, was Katalonien, was der Frieden zwischen Frankreich und Spanien das Reich an? Sein Interesse bestand darin, den eigenen Krieg zu beenden und den spanisch-französischen Konflikt von seinen Grenzen fernzuhalten. Bei der Beratung im Fürstenrat wagte nicht einmal Österreich eine Verpflichtung des Reiches gegenüber Spanien zu behaupten. Es war schon viel, daß der Kurfürsten- und Fürstenrat diese Verpflichtung nicht geradezu verneinten, sondern nur dem Kaiser rieten, eine Antwort auf die französische Frage als verfrüht abzulehnen. Mehr war nicht zu erwarten, und der Kaiser verfuhr entsprechend. Natürlich hielt er an dem Bündnis mit Spanien fest, und in allen Verhandlungen mit Frankreich, auch bei Abschluß des Vorvertrages, wurde die Verständigung zwischen Frankreich und Spanien von Trauttmansdorff als unerläßliche Bedingung für den kaiserlich-französischen Frieden bezeichnet. Und doch war das Ergebnis der ständischen Beratungen ein französischer Erfolg. Sie hatten den Beweis erbracht, daß das Reich jedenfalls diesen kaiserlichen Standpunkt nicht teile.

Dann hatten die Erörterungen über das Elsaß im April zum erstenmal zum offenen Gegensatz zwischen den beiden habsburgischen Mächten geführt. Von da an verfolgten die spanischen Gesandten den Grafen Trauttmansdorff mit bitterem Haß. Peñaranda nannte ihn einen Verräter, der um geringer Vorteile willen dem Kaiser und der katholischen Sache schwersten Schaden zufüge. Der sachliche Gegensatz kam zwischen den beiden Staatsmännern mehrfach zur Aussprache. Die Spanier hielten dafür, daß Frankreich nur durch militärische Kraftanstrengungen zum Einlenken zu bringen sei, während Trauttmansdorff an Erfolge im Felde nicht mehr glaubte. Er meinte, daß Frankreich erst nach Befriedigung seiner Gebietsansprüche im Elsaß, in den Niederlanden und in Roussillon auch in den anderen Fragen — Katalonien, Portugal, Lothringen, Religionsfragen und schwedische Satisfaktion — ein Entgegenkommen zeigen werde, aber auch ein schneller Friedensschluß zwischen Spanien und den Niederlanden werde dafür große Bedeutung haben.

Wir übergehen die spanisch-französischen Verhandlungen, die während des ganzen Jahres ohne Ergebnis fortgesetzt wurden. Auf der einen Seite lehnte Spanien Verhandlungen über Katalonien und Portugal ab, auf der anderen Seite wollte Frankreich nicht von dem Prinzip abgehen, daß jeder Teil seine Eroberungen behalte. So konnte man sich nicht näherkommen. Es war offensichtlich, beide wünschten den Gegner in eine Lage hineinzumanövrieren, die ihn wehrlos mache; Frankreich hoffte mit dem Kaiser, Spanien mit den Niederlanden zum Schluß zu kommen, und doch waren das für beide nur vorläufige Ziele. Jeder behielt den anderen, den Gegner auf Leben und Tod, scharf im Auge, nach jeder seiner Bewegungen spähend und immer bestrebt, ihm den entscheidenden Vorteil abzugewinnen.

Der fiel nun zunächst den Spaniern zu. Ihre Verhandlungen mit den Niederländern, wegen der unzureichenden Vollmacht der Spanier im Januar unterbrochen, wurden Ende April wieder aufgenommen. Es schien hohe Zeit, denn schon eilte Trauttmansdorff dem Abschluß mit Frankreich zu. Bereits hatte er den Spaniern mitgeteilt, daß er Breisach opfern müsse. Mit fiebernder Eile, oder, wie er selbst nach Madrid schrieb, mit dem Strick um den Hals ging Peñaranda daran, den Waffenstillstand unter Dach zu bringen. Die neue Vollmacht, die Anfang Juni eintraf, erkannte die Freiheit und Souveränität der sieben Provinzen an. Der König selbst hatte im Staatsrat nach lebhaften Erörterungen entschieden, daß sie ohne Einschränkung und Abschwächung zu bewilligen sei, und damit gleich das wichtigste Hindernis aus dem Weg geräumt. Peñaranda war entschlossen, seine Bedingungen so großzügig zu stellen, daß die Niederländer ohne Anfrage daheim unterzeichnen könnten. Die Verhandlungen verliefen in großer Harmonie, man kam fast in ein herzliches Verhältnis zueinander, den Franzosen zum Ärger sah man Spanier und Niederländer freundschaftlich miteinander tafeln.

Man dachte zunächst an nichts anderes als an einen Waffenstillstand ähnlich dem von 1609, und es lag nahe, einfach auf ihn zurückzugreifen. Der vorläufige Waffenstillstandstraktat, der dann sehr bald von Peñaranda und drei niederländischen Gesandten unterzeichnet wurde, war eigentlich nur eine Erneuerung des alten Vertrages, diesmal aber unter Anerkennung der vollen niederländischen Souveränität. Im übrigen beruhte er auf der vorläufigen Erhaltung des status quo, allen territorialen Fragen war man bewußt aus dem Wege gegangen, ebenso denen der Handelsschiffahrt, der Kolonien und der Religionsübung. Was irgend vertagt werden konnte, hatte man vertagt und offengelassen. Nur auf eines kam es den Spaniern an: Die Niederlande sollten aus dem französischen Bündnissystem herausgelöst werden.

Das ging nun doch nicht ganz ohne Schwierigkeiten ab. Die Niederländer stellten die Bedingung, der Waffenstillstand dürfe erst mit Abschluß des spanisch-französischen Friedens in Kraft treten. Einige hatten sogar ihre Unterschrift unter den vorläufigen Vertrag verweigert und waren nach dem Haag gereist, um ihre abweichende Meinung zu vertreten. Dort aber trat nun im Herbst 1646 der längst erwartete Umschwung in der Außenpolitik ein. Man war natürlich in den Niederlanden darüber unterrichtet, an welchen Fragen die französisch-spanische Verständigung bisher gescheitert war. Man wurde immer unwilliger, daß die Niederlande nur deshalb weiter im Kriege bleiben sollten, damit Frankreich seine Eroberungen in Deutschland, in Italien und auf der Pyrenäenhalbinsel behaupten könne. Im Juli stellte der französische Gesandte offiziell die Frage, ob die Generalstaaten den in Münster vereinbarten Entwurf eines Waffenstillstandes und das bündniswidrige Verhalten ihrer Gesandten billigten. Er erhielt statt aller Antwort eine beruhigende oder wenn man will beunruhigend nichtssagende Versicherung der niederländischen Bündnistreue, aber durch diese französische Demarche kam die Auseinandersetzung unter den Provinzen und in den Generalstaaten erst recht in Gang.

Die Führung übernahm wie immer die Staatenversammlung von Holland. In ihrer Mitte wurde zum erstenmal der Gedanke erörtert und zum Beschluß erhoben, statt des Waffenstillstandes mit Spanien einen Friedensschluß anzustreben. Alle Staaten außer Seeland schlossen sich dem an, am 26. November faßten die Generalstaaten einen entsprechenden Beschluß. Das war noch nicht die Absage an das französische Bündnis, sondern eher ein Hinausschieben der Entscheidung, weil ja nun erneut verhandelt werden mußte. Aber die Krisis rückte schneller heran, als man vermutet hatte, denn über Erwarten rasch kamen die spanischen und niederländischen Gesandten auch über diese Sache zum Abschluß. Im Dezember bereits lag der Friedensentwurf vor. Obwohl bei dieser Verhandlung alle im Waffenstillstandsentwurf noch vertagten Probleme gelöst werden mußten, war die Verständigung in wenigen Wochen gelungen. Ihre Einzelheiten haben mit dem großen Friedenswerk von Münster nur mittelbar zu tun. Der spanisch-niederländische Frieden hat seine besondere Geschichte, aber in einigen Punkten hat er doch auf das Ganze zurückgewirkt, und insoweit müssen wir ihn betrachten.

Daß es ein wirklicher Friedensschluß wurde, bedeutete zunächst, daß die völkerrechtliche Unabhängigkeit der Vereinigten Niederlande von Spanien endgültig anerkannt wurde. Der König versprach, sich auch für die Anerkennung durch Kaiser und Reich einzusetzen. Daß sie erfolgen würde, war kaum zu bezweifeln. Damit aber besiegelte dieser Frieden zugleich die endgültige Abtrennung der Niederlande vom Reich. Die Spanier haben ferner alles getan, durch Nachgeben bis zur Selbstaufopferung den Frieden so schnell wie möglich herbeizuführen. Die kolonialen Angelegenheiten, die territorialen Streitigkeiten, die Handels- und Schiffahrtsfragen, über die seit Jahrzehnten ohne Erfolg verhandelt worden war, wurden jetzt mit raschem Entschluß aus dem Wege geräumt. Nur über den vierten Hauptpunkt, die Freiheit des katholischen Gottesdienstes in den Niederlanden, vornehmlich in den südlichen Grenzbezirken, konnte man sich nicht verständigen. Er wurde zu späterer Einigung ausgesetzt.

Nach wenigen Wochen stand man also in den Niederlanden erneut vor der gleichen Entscheidung wie im Sommer. Aber es ging kaum noch um Krieg oder Frieden mit Spanien, es ging um das französische Bündnis. Alle spanischen Konzessionen hatten ja nur das eine Ziel, dieses Bündnis zu sprengen. Wenn die Generalstaaten darauf bestanden, das Inkrafttreten des Friedens von der Verständigung Spaniens mit Frankreich abhängig zu machen, war der ganze Vertrag für Spanien wertlos.

Die Niederländer setzten die Franzosen am 27. Dezember von dem bevorstehenden Abschluß in Kenntnis. Diese protestierten sofort aufs heftigste. Die Versicherung, daß es sich um nichts Endgültiges handele, beruhigte sie nicht. Sie verlangten unter Berufung auf den Bündnisvertrag, die Verhandlungen müßten stillstehen, und es dürfe nichts unterzeichnet werden, bevor sie nicht auch mit Spanien einig seien. Ihre Proteste bewirkten immerhin, daß ein Teil der Gesandten unsicher wurde. Noch waren ja die früheren Gegensätze unter ihnen lebendig. Man beschloß, die Unterzeichnung aufzuschieben und erst die Weisung der Generalstaaten einzuholen. Die Spanier widerstrebten, bewilligten aber schließlich einen Aufschub von acht bis zehn Tagen. Servien reiste nach dem Haag, um auf die Generalstaaten im französischen Sinne einzuwirken. Als jedoch die gesetzte Frist ohne Bescheid verstrichen war, schritten Spanier und Niederländer am 8. Januar 1647 zur Unterzeichnung. Noch einmal zeigte sich die Macht des französischen

Einflusses: Die Niederländer wollten den von Frankreich verlangten Vorbehalt in den Vertrag einrücken, die Spanier weigerten sich entschieden. Aber erst dann verstanden sich die Niederländer zur Unterschrift, als man ihnen wenigstens eine einseitige schriftliche Erklärung außerhalb des Vertrages gestattete, die sein Inkrafttreten von der französisch-spanischen Verständigung abhängig machte.

Damit wurde das letzte Wort den Generalstaaten erteilt. Dort im Haag und nicht mehr in Münster lag nun die Entscheidung.

Schweden, Brandenburg und Pommern

Während Frankreich im Sommer 1646 mit wenigen raschen Schritten sein Ziel erreichte, war die schwedische Politik in eine Periode unsicheren Schwankens eingetreten und mit der Verwirklichung ihrer Ansprüche weit zurückgeblieben. Ursache war die innere Lage des Staates. Seit Gustav Adolfs Tod hatte der Kanzler Axel Oxenstierna die schwedische Politik nach seinem Willen geleitet. Er allein bestimmte ihr Verfahren und ihre Ziele, wobei er den Reichsrat, wenn er hin und wieder abweichende Ansichten kundtat, unmerklich zu führen wußte. Die junge Königin, die anfangs den Kanzler bewundert und verehrt hatte, begann, je mehr sie heranwuchs, sein Übergewicht zu fühlen und sich seinem Einfluß zu entziehen. Der Tag ihrer Volljährigkeit rückte näher, und es konnte nicht ausbleiben, daß sich nach und nach um sie eine Partei sammelte, in der sich alle zusammenfanden, die dem Einfluß Oxenstiernas widerstrebten. Ihre Häupter waren die pfälzischen Prinzen aus dem Hause Zweibrücken, der Reichsmarschall Jakob de la Gardie, sein Sohn Magnus und der Feldmarschall Torstensson. Die Mehrheit des Reichsrates, darunter Horn und Wrangel, hielt allerdings zum Kanzler, aber die spürbare Verschiebung der Machtverhältnisse zwang diesen doch, dem Reichsrat noch vorsichtiger als bisher gegenüberzutreten und auf die Königin und ihre Ansichten Rücksicht zu nehmen.

Auf die Außenpolitik wirkten sich diese verborgenen Gegensätze erst spät, dann aber mit rasch zunehmender Stärke aus. Der französische Gesandte de la Thuillerie berichtete im Januar 1646 von zwei Parteien am Hofe, bemerkte aber noch kein Anzeichen dafür, daß der Einfluß des Kanzlers auf die Königin abnehme. Immerhin glaubte er bei ihr eine sehr bestimmte Vorliebe für alles Französische wahrnehmen zu können. Darin sah er richtig, Christine neigte zu Frankreich, und schon darin lag ein gewisser Gegensatz zum Kanzler, der den Franzosen schon immer mißtraute und auf die Selbständigkeit Schwedens ihnen gegenüber größtes Gewicht legte. Ferner wollte Christine den Frieden, weil der Krieg den Einfluß der ihr widerwärtigen militärischen Machthaber stärkte, sie wünschte deshalb mäßige Friedensbedingungen, der Kanzler aber war von jeher für Annexionen eingetreten.

Zum erstenmal ist der Gegensatz ihrer außenpolitischen Anschauungen im Frühjahr 1646 offen zutage getreten, als die Gesandten aus Osnabrück das Trauttmansdorff'sche Februarangebot mitteilten und zur Annahme empfahlen. Sie legten damals, wie wir uns erinnern, ihrer Regierung nahe, sich mit Vorpommern zu begnügen. De la Gardie trat im Reichsrat für diesen Vorschlag ein. Er führte aus, die Annexion ganz Pommerns werde der Krone Schweden nur Feindschaft und damit dauernde Belastungen einbringen. Der Reichsdrost Graf Per Brahe trat schroff für Annexion des ganzen Landes ein. Der Kanzler nahm, klug wie immer,

CURAM TUAM. JACTA SUPER DOMINUM

Gaspar de Beaccamonte et Gusman Comes de Penaranda, Ordinis de Alcantara Eques, Comendator de Daymiel, Regi Hispaniarum e Nobilibus Cubiculi, et a Consiliis Cameræ ac Justitæ, Legatus Extraord:us in Germaniam, nec non ad tractatum Pacis Universalis Monasterÿ Westphaliæ, qua Plenipotentiarius Primarius.

FACIET. IPSE.

IOANNES DE KNUYT, Eques Ordinis S.ti Michaelis,
Dominus de Veteri, Novoque Vosmeer, Primus et Re-
præsentans Collegium Nobilium in Ordinibus,
et Consilio Comitatus Zelandiæ: &. Celsissimi
Principis Auriaci Consiliarius Ordinarius, dicti
Comitatus ad Pacem Universalem Legatus
Plenipotentiarius. &.

Anselmus van Hulle pinxit. Paulus Pontius sculpsit.

eine vermittelnde Stellung ein und sprach für eine Lösung, wonach Hinterpommern zum größten Teil an Brandenburg, Vorpommern nebst Stettin und den Odermündungen an Schweden fallen solle. Seine wahre Meinung war das nicht, er verzichtete nur darauf, sie im Reichsrat durchzusetzen und wählte stattdessen wie später noch oft den Weg persönlicher und geheimer Weisungen an seinen Sohn, die den amtlichen Instruktionen nicht selten widersprachen. So erklärt sich das merkwürdige Schwanken der schwedischen Regierung in ihren Weisungen nach Osnabrück. Die ungeduldige Frage der Bevollmächtigten, worauf sie denn nun eigentlich bei den Satisfaktionsverhandlungen bestehen sollten, wurde im März zunächst im Sinne Oxenstiernas beantwortet. Man ließ sie wissen, man wolle nichts von Pommern preisgeben, stellte aber für den Notfall dann doch wieder einen Teilverzicht in Aussicht. Im Mai erging eine Weisung, die noch um einen Grad nachgiebiger lautete, im Juni wiederum der Befehl, auf ganz Pommern zu beharren, so daß Johan Oxenstierna und Salvius in ziemliche Verlegenheit kamen, worin sie denn nun eigentlich den Willen ihrer Regierung zu erblicken hätten.

Der Gegensatz zwischen Königin und Kanzler, Friedens- und Kriegspartei bestand auch am Kongreß zwischen den beiden Gesandten. Salvius war schon lange ein Feind der Oxenstiernas und eifersüchtig auf den jüngeren, ihm übergeordneten Kollegen. Von jeher hatte er eine Politik der Mäßigung befürwortet und somit auch in einem sachlichen Gegensatz zu dem Kanzler gestanden. Johan Oxenstierna vertrat natürlich die Politik des Vaters; sie schien dann eine glänzende Rechtfertigung zu finden, als Trauttmansdorff am 6. Mai mündlich und wenige Tage später auch schriftlich ganz Pommern, Wismar, Bremen und Verden anbot. Aber diesem Angebot fehlte die Zustimmung Brandenburgs, und daß mit ihr nicht zu rechnen sei, versicherten die Gesandten des Kurfürsten mit aller Entschiedenheit jedem, der es hören wollte. Es war nun die Frage, welchen Wert man der Zustimmung des Kurfürsten beizumessen habe. Oxenstierna legte aus verschiedenen Gründen das größte Gewicht auf den Erwerb des ganzen Landes, auch Hinterpommerns. Er wollte möglichst keinen Küstenstreifen, keinen Hafen in der Hand Brandenburgs sehen, ferner waren gerade in diesem Landesteil zahlreiche Güter an schwedische Offiziere und Beamte verschenkt worden. Ein Verzicht hätte die schwedische Regierung mit einer großen Entschädigungssumme belastet. Aus militärischen, handelspolitischen und finanziellen Gründen war also dem Kanzler die Behauptung von ganz Pommern erwünscht. Er rechnete nicht mit der brandenburgischen Zustimmung und glaubte sie entbehren zu können, eine Garantie von Kaiser und Reich schien ihm ausreichend. Salvius aber meinte, daß Pommern ein zweifelhafter Besitz bleiben werde, wenn es dem Kurfürsten mit Gewalt entrissen würde. Ohne Zustimmung Brandenburgs war in der Tat der allgemeine Friede unerreichbar. Blieb Brandenburg in Waffen, so auch Schweden, und damit notwendigerweise auch Kaiser und Reich. Daß der Kaiser sich diese Sache leicht machen würde, ergab ein Gespräch, das Salvius im August mit dem Grafen Lamberg hatte, der ihm erklärte, es sei Schwedens Sache, den Konsens Brandenburgs einzuholen, der Kaiser habe mit der Aufnahme der Zession in den Friedensvertrag getan, was an ihm sei, das weitere gehe ihn nichts an. Salvius bedachte aber auch die Stellung der pommerschen Landstände. Sie hatten dem Kurfürsten geschworen und waren nicht bereit, sich von irgend jemandem außer ihm selber von diesem Eid entbinden zu lassen, nicht einmal dem Kaiser räumten sie das Recht dazu ein. Schließlich fürchtete er, daß eine allzu schroffe Haltung in der pommerschen Frage die europäischen Mächte und die deutschen Protestanten verstimmen könne. Die Niederlande hatten schon zugunsten Brandenburgs interveniert, sie bangten um den eigenen Ostseehandel, wenn Schweden Herr aller deutschen Küsten würde. Auch Dänemark und Polen legten Verwahrung ein, die deutschen Protestanten neigten zu einer Fürsprache für Brandenburg, und welche Haltung Frankreich einnehmen werde, wenn es erst die eigene Beute in Sicherheit gebracht haben würde, war nicht zu übersehen.

Solcher Art waren die Überlegungen, die Salvius anstellte. Er fand Wege, sie durch einen Vertrauten der Königin zu übermitteln. Daran knüpfte sich seit dem Sommer 1646 ein privater Briefwechsel. Christine, nun unmittelbar und vertraulich über die Vorgänge am Kongreß unterrichtet, fand sich besser als zuvor in der Lage, ihrer Meinung Nachdruck zu geben. Salvius wiederum sah sich in seinen Auffassungen von höchster Stelle bestätigt und gefördert. Zum erstenmal war ein wirkliches Gegengewicht gegen die Politik des Kanzlers vorhanden.

Als Kurfürst Friedrich Wilhelm im Jahre 1642 zu der Einsicht gekommen war, daß durch direkte Verhandlungen mit Schweden in der pommerschen Sache nichts zu erreichen sei, war ihm nur noch die Wendung zu Frankreich übrig geblieben. Die Bereitschaft des Kaisers, sich auf seine Kosten mit Schweden zu verständigen, war mehrfach erwiesen und schloß eine Rückkehr zu der Politik des Prager Friedens aus, von der militärischen Lage ganz zu schweigen. Im tiefsten Geheimnis, wie der bayrische Pater Vervaux, wurde 1643 auch der brandenburgische Agent Winandt Rodt von Mazarin empfangen, auch hier wurde für weitere Verhandlungen auf Münster verwiesen, wo die Fäden der französischen Deutschlandpolitik zusammenliefen. Avaux bot den Brandenburgern einen Subsidienvertrag an, womit Brandenburg in die Reihe der französischen Klientelstaaten eingetreten wäre. Soweit ließ der Kurfürst sich allerdings nicht ein, aber die vertrauensvollen Beziehungen zu Frankreich, die durch diese Verhandlungen geknüpft wurden, hielten an und sollten sich bei den Verhandlungen über Pommern als außerordentlich nützlich erweisen.

Inzwischen erfuhr der Kurfürst von den Schweden Enttäuschung über Enttäuschung. Seitdem die dänische Gefahr beseitigt war, ließ man in Stockholm jede Rücksicht fallen. Im Jahre 1645 wurde die Werbung des Kurfürsten um die Hand der Königin endgültig abgewiesen, im Januar 1646 der Anspruch auf ganz Pommern offiziell am Kongreß bekanntgegeben. Dagegen, so urteilte man im brandenburgischen Geheimen Rat, würde nun kein Rechtsgrund mehr verfangen. Die ratio status überwiege bei den Schweden alle anderen rationes, und selbst wenn man ihnen Bibel und Corpus juris vorhalte, werde man nichts erreichen. Hilfe von anderer Seite gebe es nicht, auch die das gute Recht des Kurfürsten anerkennten, würden doch bald mit dem Hohenpriester Kaiphas sprechen: Es ist besser, ein Mensch komme um, denn daß das ganze Volk verderbe.

Das ging auf den Grafen Trauttmansdorff, der allerdings vom ersten Tage an keinen Zweifel darüber ließ, daß er wie Kaiphas denke. Hatten früher die kaiserlichen Gesandten am Kongreß die Ansprüche Brandenburgs feierlich anerkannt und jede Unterstützung versprochen, so nahm er sofort Verhandlungen mit den Schweden auf, bei denen er erst halb und dann ganz Pommern bot. Ende April erklärte er dem brandenburgischen Gesandten in Osnabrück vor den versammelten

Reichsständen, man könne und werde um des Kurfürsten willen den Frieden nicht aufhalten. In der kaiserlichen Note vom 1. Mai wurde Pommern ungeteilt den Schweden als Entschädigung angeboten, ohne daß die Zustimmung Brandenburgs vorlag. Der Kurfürst sollte offensichtlich einem konzentrierten Druck von allen Seiten ausgesetzt werden.

In dieser Lage sah auch der brandenburgische Hauptgesandte Graf Wittgenstein keinen anderen Weg mehr als den des Kompromisses. Im gleichen Monat noch schickte er den Herrn von Löben an den kurfürstlichen Hof nach Küstrin, wo nun ein wochenlanges Ringen der Minister mit ihrem Herrn begann. Der Kanzler Goetzen, seit jeher schwedenfreundlich, riet als erster zu einem Teilverzicht, um wenigstens etwas zu retten. Er riet weiter, französische und niederländische Vermittlung nachzusuchen und ein bedeutendes Äquivalent zu fordern. Er nannte Magdeburg, Halberstadt, Minden, Osnabrück, Glogau und Sagan. Die Räte traten dem Kanzler bei, aber den Kurfürsten kostete es einen harten Kampf. Man weiß, warum ihm zeitlebens an Pommern und zumal an Stettin so überaus viel gelegen war: Er plante die Gründung einer brandenburgischen See- und Kolonialmacht, wie er sie in seinen jungen Jahren in den Niederlanden bewundernd kennen gelernt hatte. Es ist erstaunlich, wie der sonst so real denkende junge Fürst das wahre Lebensgesetz seines Staates um einer Lieblingsidee willen verkannte. Freilich entsprach sie einer Zeitmode, und er konnte gelten machen, daß die pommerschen Häfen die einzig sichere Verbindung zu dem fernen Preußen gewährten, nur schloß das nicht notwendig den Besitz Vorpommerns ein; Stettin allerdings und die Odermündungen blieben immer ein erstrebenswertes Ziel. Aber wog ihr Besitz wirklich das auf, was der Kanzler jetzt seinem Herrn als ein mögliches Äquivalent vor Augen stellte? Es scheint, daß dieser bewährte Diener des Kurfürsten Pommern nicht ungern dahingegeben hätte, daß er die Schlüsselstellung, die Brandenburg dank seines unbestreitbaren Rechtsanspruches durch einen Verzicht gewinnen konnte, zu einer Politik territorialer Ausdehnung im norddeutschen Raum ausnutzen wollte, die ihresgleichen suchte, und es ist kein Zweifel, daß diese Politik der wahren „ratio status" Brandenburgs entsprach. Sie ist, so kühn sie zunächst erscheinen mochte, ein halbes Jahr später Wirklichkeit geworden.

Es dauerte lange, bis der Kurfürst sich in das Unvermeidliche fügte. Nach monatelangem Kampf wurden die Gesandten am Kongreß doch nur dazu ermächtigt, nach und nach Teile Vorpommerns bis zur Peene anzubieten, wobei Wolgast mit seinem Hafen zu Brandenburg gehören und die Ausfahrt ins Meer für die brandenburgische Schiffahrt frei bleiben müsse. Den nicht eben bescheidenen Forderungen des Kanzlers fügte Friedrich Wilhelm außerdem noch Bremen, Münster, Hildesheim, Schweidnitz und Jauer hinzu. Wollte er die Verhandlungen durch hohe Forderungen hintertreiben? Fast sieht es so aus, denn die geringfügige Konzession, zu der er sich herbeiließ, sollte überhaupt erst dann ausgesprochen werden, wenn Schweden vorher dem Anspruch auf ganz Pommern entsage und die pommerschen Stände mit den Verhandlungen einverstanden seien. Die Rechtsauffassung der Zeit erkannte den Ständen ja ein Mitspracherecht bei einer Zession ihres Landes zu. Immerhin verließ Brandenburg mit dieser neuen Weisung an die Gesandten zum erstenmal die Haltung völliger Intransigenz und den rein juristischen Standpunkt, den man bisher bis zum Starrsinn verteidigt hatte.

Auch in Schweden vollzog sich eine Wendung zu mehr realpolitischer Betrachtung der Dinge. Schließlich lagen einige Tatsachen vor, die sich nicht ignorieren ließen: Frankreich war mit dem Kaiser über seine Entschädigung eins geworden, Holland dem Abschluß mit Spanien nahe. Würde der Kongreß sich mit der pommerschen Frage noch sehr lange aufhalten wollen? Jedenfalls erging am 29. September aus Stockholm eine als „ultima et extrema resolutio" bezeichnete Weisung, die die Gesandten ermächtigte, schrittweise ein Stück nach dem anderen von Hinterpommern preiszugeben. Mit den an die Neumark grenzenden Landesteilen sei zu beginnen, doch auf Kammin, Kolberg, Wollin und Stettin dabei nicht zu verzichten. Wenn aber wirklich ganz Hinterpommern mit seiner Hauptstadt Stettin geopfert werden müsse, dann solle doch wenigstens Wollin davon abgetrennt und zu Vorpommern geschlagen werden, damit die drei Odermündungen schwedisch würden, möglichst auch noch Kolberg und Kammin. Diese bescheidenen Küstenstädte waren also, wie man sieht, der schwedischen Regierung fast noch wichtiger als die Hauptstadt Stettin, weil alles dem einen Zweck untergeordnet wurde, Brandenburg von der See fernzuhalten. Die See zu gewinnen war aber das Hauptziel der brandenburgischen Politik. Konnte man hoffen, zwei so völlig entgegengesetzte, einander so radikal ausschließende Forderungen im Verhandlungswege miteinander zu versöhnen? Die französische Politik unternahm es, das scheinbar Unmögliche möglich zu machen.

Erste Verhandlungen. Ultimatum an Brandenburg

Die Franzosen hatten bei Unterzeichnung ihres Vorvertrages feierlich versprochen, auf die Schweden mäßigend einzuwirken und die kaiserlichen Bedingungen in der Satisfaktionsfrage zu vertreten. Als mögliche Abtretungen hatte Trauttmansdorff ganz oder halb Pommern, Wismar, Bremen, Verden und Halberstadt genannt (S. 279). Dabei war Halberstadt als Entschädigung für Brandenburg gedacht, wenn es auf Pommern ganz verzichten müßte; blieb ihm ein Teil von Pommern, so war eine Entschädigung nach Trauttmansdorffs Ansicht nicht nötig. Über die genannten Abtretungen hinaus dürften an Kaiser und Reich keine Ansprüche weiter gestellt werden, insbesondere nicht an den habsburgischen Hausbesitz. Das deckte sich im wesentlichen mit den Ansichten der Franzosen. Auch ihnen waren die schwedischen Forderungen von Anfang an übertrieben erschienen. Vor allem die Ansprüche auf geistliche Stifter konnte Frankreich als katholische Macht nicht unterstützen, allenfalls konnte man eine Abtretung durch Kaiser und Reich stillschweigend geschehen lassen. Frankreich glaubte die Hauptlast des Krieges getragen zu haben, vor allem durch seine enormen Subsidienzahlungen. Was aber war der kleine Teil vom Elsaß, den man dafür gewonnen hatte, gegen das, was Schweden in seiner Proposition gefordert hatte? Schon im Sommer hatten die Franzosen versucht, die schwedischen Ansprüche vorsichtig zu reduzieren, im ganzen doch nur mit mäßigem Erfolg. Wenn nun der Kaiser das meiste davon bewilligen wollte, so fiel natürlich ein wesentliches Bedenken, die Rücksicht auf die Deutschen selber, dahin, aber es blieb noch der Wunsch, Brandenburg soweit wie möglich zu schonen. In seinem Interesse wünschten die Franzosen eine Teilung Pommerns, wobei sie aber Stettin von Anfang an den Schweden zudachten.

Ende September begannen sie, dem Wunsch des Kaiser entsprechend, ihre vermittelnde Tätigkeit in Osnabrück. Es galt zunächst durch vorsichtiges Sondieren die Konzessionsbereitschaft beider Parteien festzustellen. Den Brandenburgern wurden drei Lösungen als theoretisch denkbar bezeichnet: Die erste, ganz Pommern für Brandenburg, mußte von vornherein als aussichtslos gelten. Die zweite sah ganz Hinterpommern mit Stettin und als Äquivalent Halberstadt vor, die dritte Hinterpommern ohne Stettin, dafür aber mehrere norddeutsche Stifter, ja sogar Teile Schlesiens als Entschädigung. Die Brandenburger lehnten weisungsgemäß jede Äußerung ab, ehe Schweden nicht seinen Totalanspruch auf Pommern aufgebe. Die Reaktion der Schweden und der Kaiserlichen erlaubte den Franzosen aber wenigstens, jetzt die Grenzen genauer abzustecken, innerhalb deren eine Lösung gesucht werden mußte. Die schwedischen Gesandten nämlich zeigten sich, obwohl sie noch auf die endgültige Resolution aus Stockholm warteten, nicht abgeneigt, ihrer Regierung einen Verzicht auf Hinterpommern zu empfehlen, nur auf Stettin gaben sie keine Hoffnung. Trauttmansdorff wiederum erhob, wie nicht anders zu erwarten, sofort energisch Einspruch gegen die Abtretung weiterer geistlicher Gebiete oder gar eines Teiles von Schlesien. Um aber dem einen oder anderen Partner den Verzicht auf Stettin zu erleichtern, einigte er sich mit den Franzosen auf eine Entschädigung von 1,2 Millionen Thalern, die von den Reichsständen aufgebracht werden und demjenigen zufallen sollte, der auf die Stadt verzichten würde, wobei allerdings erhebliche Zweifel blieben, ob die ausgebluteten Stände diese Summe noch aufbringen würden.

Mehr war zunächst nicht zu tun, alles weitere hing von der schwedischen Instruktion ab, die man für Ende Oktober erwartete. Inzwischen aber nahmen die Dinge eine für Brandenburg nicht ungefährliche Wendung. Trauttmansdorff, immer noch ungeduldig auf der Suche nach einem brauchbaren Kompromiß, verabredete in Münster mit den Franzosen einen neuen Vorschlag, der an den soeben in Osnabrück ausgearbeiteten anknüpfte: Die Entschädigung solle auf 2 Millionen erhöht und den Schweden angeboten werden, dafür werde man ihnen Stettin pfandweise überlassen, bis das Geld von den Ständen aufgebracht sei. Das war schon eine kaum verhüllte Abtretung an Schweden, denn wer außer Brandenburg hätte ein Interesse an einer raschen Zahlung der Summe gehabt, wer einen wirksamen Druck auf die Reichsstände ausgeübt? Als der Graf diesen Vorschlag den Brandenburgern unterbreitete, mußten sie erneut darauf verweisen, daß sie ohne die erwähnte Voraussetzung sich zu nichts äußern könnten, sie deuteten zugleich an, daß es ihrem Herrn eben gerade auf Stettin und nicht nur darauf, sondern auch auf Wolgast und die freie Ausfahrt ins Meer ankomme. Diese unverhüllte Ablehnung erbitterte den Grafen. Er sah wohl, daß es auf einen Kampf um die Odermündung hinauslaufe und niemand weichen wolle. Bei dieser Sachlage war er entschlossen, über den schwächeren Teil hinwegzugehen und Brandenburgs Einspruch beiseitezuschieben, wozu ja die Wiener Politik ohnehin schon immer geneigt hatte. Er beantragte bei den Vermittlern in Münster, den Schweden durch Frankreich Vorpommern und Stettin anbieten zu lassen, und zwar mit Zustimmung der Reichsstände, über einen etwaigen Einspruch Brandenburgs aber hinwegzugehen und den Kurfürsten mit Halberstadt und den 2 Millionen abzufinden. Das hieß die fehlende Zustimmung Brandenburgs durch einen Reichsbeschluß ersetzen, hieß den Brandenburgern statt der von Frankreich gewünschten Verhandlung über mehrere mögliche Lösungen ein Ultimatum stellen, und ohne Frankreich wäre es wohl auch wirklich dahin gekommen. Hier aber erhoben die Franzosen Einspruch. Sie waren zwar auch der Meinung, daß ein Beschluß der drei Großmächte die Sache entscheiden könne und daß es dazu noch nicht einmal der Reichsstände bedürfe, aber es sei doch nicht geraten, über Stettin schon zu verfügen, bevor man die endgültige schwedische Instruktion kenne. Von Vorpommern möge man den Schweden immerhin sprechen, aber noch nicht von Stettin.

Damit war zwar für den Moment eine ernste Bedrohung von Brandenburg abgewendet, aber die Episode hatte seine gefahrvolle Lage wie ein Blitz grell und mitleidlos erhellt. Die brandenburgischen Gesandten empfanden es an der kühlen Abweisung, die ihnen überall zuteil wurde, wo sie in diesen Tagen um Hilfe vorsprachen. Von allen Seiten gab man ihnen zu verstehen, daß man ihretwegen nicht den Frieden gefährden könne. Der alte Kanzler Goetzen schien recht zu behalten mit seiner Erinnerung an das harte Wort des Hohenpriesters Kaiphas.

Am 16. Oktober traf die schwedische Instruktion ein. Sie ermächtigte die Gesandten zu unmittelbaren Verhandlungen mit Brandenburg, sie erlaubte zum erstenmal den pommerschen Ständen, sich zur Beratung über das Schicksal ihres Landes, freilich ohne Fühlungnahme mit Brandenburg, zusammenzufinden, aber das entscheidende Zugeständnis, den öffentlichen Verzicht auf das gesamte Pommern, brachte sie nicht. Wieder also mußten die brandenburgischen Bevollmächtigten sich der Verhandlung entziehen. Kurfürst Friedrich Wilhelm weilte soeben auf der Durchreise nach Kleve und den Niederlanden in Bielefeld, wo er seine Gesandten empfing. Auch die kaiserlichen Gesandten schrieben ihm, die Franzosen schickten ihren Sekretär St. Romain. Alle bestürmten ihn, der ganze Kongreß wartete auf seine Entscheidung, aber er verweigerte hartnäckig jede Vollmacht zu einer Verhandlung, die von der Zession ganz Pommerns ausgehe, er verlangte als Ausgangsbasis den schwedischen Teilverzicht. Er vertraute darauf, daß ein Universalfrieden schließlich nicht möglich sein werde, wenn ein so mächtiger Reichsstand wie er seine Unterschrift weigere, aber er traute zu sehr darauf. Gewiß wollten die Schweden ungern auf seine Zustimmung verzichten, jetzt aber entschlossen sie sich dazu. Wenigstens machte Oxenstierna alle Anstalten, die Sache über den Kopf des Kurfürsten hinweg mit dem Kaiser und Frankreich ins Reine zu bringen, während Salvius noch immer erklärte, lieber halb Pommern mit als ganz Pommern ohne seinen Konsens nehmen zu wollen, denn er sei ein mächtiger Herr, den man zum Freunde und nicht zum Feinde haben wolle. Aber Oxenstierna teilte diese Auffassung nicht, und er fand sich darin eines Sinnes mit den kaiserlichen Gesandten, deren Verhalten nun in offene Feindschaft gegen Brandenburg umschlug. Ihnen lag nur die Sorge um die österreichischen Erblande am Herzen, sie drängten nun förmlich auf einen Abschluß mit Schweden unter bewußter und schonungsloser Aufopferung des Kurfürsten. Der Kaiser hatte sie angewiesen, den Schweden, „wenn es ja mit ihnen zu einem Schluß zu bringen, viel ehend was mehrer als weniger denn zuvor anzubieten," ein Konflikt mit Brandenburg sei leichter zu tragen als ein dauernder Krieg mit Schweden. Trauttmansdorff ließ sich jetzt von den drei reichsständischen Kollegien in Münster die Vollmacht geben, mit Schweden auch ohne Beteiligung Brandenburgs zu verhandeln, und als Oxenstierna in Münster erschien, bat er ihn um eine schriftliche Formulierung der schwedischen Forderungen, wobei er zu verstehen gab, daß der Kurfürst außer dem Stift Halberstadt nichts zur Entschädigung erhalten werde; versage er sich den schwedischen Forderungen, so werde er überhaupt nichts bekommen. Volmar tat noch mehr: Er riet dem Grafen Oxenstierna mit dürren Worten, die Schweden sollten nur machen, daß Brandenburg nicht konsentiere, so hätten sie Ursache, Pommern ganz und gar zu behalten.

Man kann solche Schroffheiten wohl nicht nur als Ausdruck einer Verärgerung deuten. Die Kaiserlichen sahen jetzt eine Lösung der pommerschen Frage voraus, der Brandenburg gar nicht oder höchstens nachträglich unter allgemeinem Druck des ganzen Kongresses zustimmen würde. In diesem Fall schien es geraten, den Kurfürsten nach Möglichkeit zu schwächen, damit er nicht in die Lage käme, den einmal geschlossenen Frieden bei Gelegenheit umzustürzen. Freilich ließ sich dieser Vorsatz nicht so leicht verwirklichen, wie man sich das in Wien wohl dachte, denn noch war die französische Vermittlung da, die man selbst erbeten hatte und die sich so ohne weiteres nicht beiseite schieben ließ. Auch war Trauttmansdorff zunächst einmal an den eigenen Vorschlag gebunden, den er mit den Franzosen vereinbart hatte. Als die Schweden daher am 18. November außer Vorpommern und Stettin auch noch rechts der Oder Damm und Stift Kammin forderten und für Hinterpommern eine Geldentschädigung verlangten, die doch nach den bisherigen Vorverhandlungen nur dem zugedacht war, der auf Stettin verzichten mußte, sah er sich gezwungen, bei dem mit Frankreich verabredeten Vorschlag zu bleiben und, was an den schwedischen Forderungen darüber hinaus ging, abzulehnen. Aber dafür gelang es ihm, nun auch die Zustimmung Frankreichs zu einem schärferen Druck auf Brandenburg zu gewinnen. In seiner Antwort, die mit den Franzosen besprochen war, hieß es jetzt drohend, verweigere der Kurfürst dem Vorschlag der drei Großmächte seine Zustimmung, so solle Schweden berechtigt sein, ganz Pommern zu behalten; Kaiser und Reich würden auf dieser Basis Frieden schließen.

Das Unwetter zog sich jetzt drohend über dem Haupt des Kurfürsten zusammen. Oxenstiernas Politik schien im schwedischen Lager zu triumphieren. Er sehe wohl, sagte er dem Grafen Lamberg, sie müßten Brandenburg doch offendieren, so wollten sie es lieber mit dem ganzen als mit dem halben Pommern tun. Wir übergehen die Einzelheiten der nun folgenden Verhandlungen und die vergeblichen Versuche, entweder einen der beiden Gegner doch noch zum Verzicht auf Stettin und die Odermündungen oder die Brandenburger zur Annahme einer Entschädigung zu bewegen. Die Gesandten des Kurfürsten versicherten immer wieder, sie hätten keine Vollmacht, über Stettin zu verhandeln, und man mußte es ihnen schließlich glauben. So blieb kein anderer Weg, als sich unmittelbar an ihren Herrn zu wenden, der inzwischen nach dem Haag weitergereist war. Von seiner Entscheidung hing jetzt das ganze Friedenswerk ab. Um ihm den Verzicht auf Stettin zu erleichtern, entschloß man sich, ihm statt Halberstadt eine sehr viel bedeutendere Entschädigung, nämlich die Exspektanz auf Magdeburg, zu bieten. Der Vorschlag kam von den Franzosen, aber Trauttmansdorff ließ ihn passieren. Die Sache war nicht ohne Bedenken, und der Kaiser hätte es hinterher lieber gesehen, wenn Trauttmansdorff den Vorschlag gar nicht erst geduldet hätte, denn dieses Angebot mußte den Kurfürsten von Sachsen kränken, dessen Sohn man ja im Prager Frieden in das Erzstift eingewiesen hatte. Eben deshalb konnte es sich nur um eine Exspektanz handeln, auch sollten die im Prager Frieden dem sächsischen Kurhaus zugesprochenen vier magdeburgischen Ämter bei Sachsen verbleiben und Brandenburg bis zum Anfall des Erzstiftes das Bistum Halberstadt als Pfand bekommen, dann aber wieder herausgeben. Auch bei diesem Geschäft vergaß Trauttmansdorff das Interesse des löblichen Erzhauses nicht: Der Kurfürst sollte als Gegenleistung für das reiche Erzstift dem Kaiser das Fürstentum Krossen über lassen.

Die Franzosen übernahmen es, dieses Angebot dem Kurfürsten als ihr eigenes zu überbringen. Es trug nach Lage der Dinge den Charakter eines Ultimatums. Der französische Resident St. Romain und der Baron Plettenberg als Vertreter der kaiserlichen und kurfürstlichen Gesandten wurden mit der schwierigen Mission betraut. Ende Dezember reisten sie nach den Niederlanden ab.

Die französische Vermittlung

Kurfürst Friedrich Wilhelm war Mitte November insgeheim von Kleve nach dem Haag gereist, wo seine Vermählung mit der Prinzessin von Oranien gefeiert werden sollte. Jetzt endlich schienen seine Versuche, Anlehnung bei einer größeren Macht zu finden, von Erfolg gekrönt. Er setzte große Hoffnungen auf diese Heirat. Am 23. November trat er vor die Generalstaaten, um vor ihnen seine pommerschen Ansprüche zu vertreten, am 4. Dezember bot er ihnen eine Defensivallianz an.

Mitten in diesen Verhandlungen trafen ihn Plettenberg und St. Romain. Der einmütige Vorschlag dreier Großmächte, unterstützt von der dringenden Bitte des ganzen Kurkollegs, um des Friedens willen auf Stettin zu verzichten, hätte eigentlich den letzten Widerstand niederschlagen sollen. St. Romain, der dem Kurfürsten das Projekt erläuterte, verschwieg sogar noch den Anspruch des Kaisers auf Krossen, um ihm die Annahme zu erleichtern. Aber der Kurfürst verkannte seine Lage noch immer. Er setzte übertriebene Hoffnungen in die Hilfe der Generalstaaten und hatte seine Gesandten beschieden, er wolle „rem integram auf allen Fall behalten." St. Romain erhielt überhaupt keinen klaren Bescheid; in der Umgebung des Kurfürsten hörte er äußern, Schweden könne ja Pommern ohne des Kurfürsten Willen gar nicht nehmen, denn wie wolle man ohne seine Zustimmung Frieden schließen? Deutlicher, wenn auch nicht ohne Vorsicht abgefaßt, war die schriftliche Resolution, die Plettenberg erhielt. Hier beklagte sich der Kurfürst bitter über das Unrecht, das man ihm androhe; er bat, nichts zu übereilen. Er verwies auf einen vermittelnden Vorschlag der pommerschen Landstände, wonach das Land an Brandenburg fallen und Schweden nebst einer reichlichen Entschädigung aus geistlichen Gütern ein Erbrecht nach dem Kurhause Hohenzollern erhalten sollte. Die schwedischen Gesandten hatten ihn nach Stockholm weitergegeben. Natürlich war wenig Aussicht, daß man ihn dort annehmen werde, immerhin diente er dem Kurfürsten als Vorwand, die Dinge in die Länge zu ziehen. Seine Resolution ließ im übrigen keinen Zweifel, daß ihm soviel von Pommern bleiben müsse, als er „ohne Hasardierung seines Staates" nicht hergeben könne, daß er vor allem die Odergrenze „in Ewigkeit nicht" annehmen werde, eine Erklärung, die man später in ihrer Schroffheit abzumildern und als einen Schreibfehler hinzustellen suchte. Graf Wittgenstein hat für die brüske Antwort des Kurfürsten die Schweden selbst verantwortlich zu machen gesucht, denn nur auf ihre Zusicherung, sie würden Stettin nicht beanspruchen, habe er, Wittgenstein, selbst zu dem Bescheide an Plettenberg geraten, und erst das daraufhin von den Kaiserlichen erlassene Angebot ganz Pommerns habe alle Voraussetzungen umgestoßen. Hatte Wittgenstein sich durch die freundlichere Haltung des Salvius täuschen lassen? Wie dem auch sei, die Antwort des Kurfürsten ließ erkennen, daß er mindestens jetzt noch nicht verhandeln wolle oder daß ihm Magdeburg als Äquivalent nicht genüge.

Als dieser Bescheid in Münster bekannt wurde, drängten die Kaiserlichen, nun auch das Ultimatum wahr zu machen und die Sache zum Ende zu bringen. Nicht um Brandenburg zu kränken, vielmehr rechnete Trauttmansdorff es dem Kurfürsten hoch an, daß er kürzlich erklärt hatte, er begehre keine Entschädigung aus österreichischem Besitz, und er wäre bereit gewesen, ihm dafür anderwärts Entschädigung zu verschaffen, „damit man die österreichische Dankbarkeit spüren möge". Gewiß auch nicht aus Liebe zu den Schweden, denn zur Zeit des Ultimatums an Brandenburg klagte Trauttmansdorff dem Kaiser, „wie ungern der schwedische Geist aus dem deutschen Leib fahren wolle, daher man unterschiedliche exorcismos brauchen müsse." Aber die Verständigung mit Schweden war nun einmal nötig und durfte an Brandenburg nicht scheitern; wenn die Kaiserlichen jetzt alle Rücksicht auf den Kurfürsten fallen ließen, so war das eben ein solcher unvermeidlicher und schmerzhafter Exorzismus. Noch zögerten die Franzosen, noch zeigte Contarini Bedenken, noch schränkte der Kurfürstenrat seine Zustimmung mit der Bedingung ein, dem Kurfürsten nach der Verständigung mit Schweden noch drei Wochen Zeit zu geben zum nachträglichen Beitritt, damit er wenigstens einen Teil Pommerns für sich retten könne. Diesem Beschluß hatte einzig Bayern widersprochen und für sofortige endgültige Entscheidung gestimmt; das genügte den Kaiserlichen, den Schweden den Beschluß der Kurfürsten ohne den einschränkenden Zusatz mitzuteilen und sich selbst zur Verständigung ohne Brandenburg bereit zu erklären.

Würden die Schweden zugreifen? Die Ansicht des Salvius, daß es nur mit Zustimmung Brandenburgs gehe, schien dadurch widerlegt, daß Brandenburg offenbar gar nicht wollte oder doch nur unter unannehmbaren Bedingungen wollte. Wenn nun aber die Oxenstiernas Recht behielten und es auf eine Abmachung ohne Brandenburg und gegen seinen Willen hinauslief, sehr wahrscheinlich auch ein brandenburgischer Protest in Kauf genommen werden mußte, dann galt es freilich andere Sicherungen für den neuen Besitz zu finden. Der Kanzler dachte an eine Belehnung durch den Kaiser mit Zustimmung der Reichsstände, so daß der ganze Akt die Form eines „pactum publicum" erhalte, wie er sich ausdrückte, und überdies unter eine wirksame Garantie gestellt werde. „Faktischer Besitz, kaiserliche Investitur, Huldigung der Stände und die Zeit können wohl als eine Ratifikation gelten und mit der Zeit unsere Lage sichern", ließ er sich vernehmen. Natürlich müsse man dann aber dem Kurfürsten auch jede Entschädigung versagen. Es war das Rezept Machiavellis, niemals jemanden stark werden zu lassen, den man beleidigt habe.

Die Schweden bejahten daher die Frage, ob sie bereit seien, nunmehr, nach der unmißverständlichen Erklärung des Kurfürsten an Plettenberg, ganz Pommern ohne brandenburgischen Konsens zu nehmen und dem Kurfürsten jedes Äquivalent zu verweigern. Man war sich einig. Nun konnte man den schärfsten Druck auf die brandenburgischen Gesandten ausüben, indem man ihnen diesen Beschluß der beiden Mächte mitteilte. Aber da die Brandenburger wirklich ohne Instruktion waren und gleichsam mit gebundenen Händen dastanden, konnten sie nur immer wieder um Aufschub bitten. Da kam ihnen auf ganz unerwartete Weise Hilfe. Bei den kaiserlich-schwedischen Verhandlungen über die Sicherung der geplanten Zession stieß man auf Schwierigkeiten, mit denen man nicht gerechnet hatte. Eine Garantie durch die Reichsstände war vorgesehen, aber nur die Kurfürsten hatten ihr bisher zugestimmt, freilich gegen die Stimme Kursachsens, und es kam nun noch auf die anderen Stände an, von denen man nicht wußte, wie sie sich stellen würden. Da zeigte sich nun, daß zahlreiche Evangelische zwischen Schweden und Brandenburg schwankten und es doch auch mit dem Kurfürsten nicht verderben wollten. Sie planten eine Deputation an die Schweden, um weiteren Aufschub zu erwirken. Die Bedenken der Stände mußten sich verstärken, als man erfuhr, wie die Schweden sich diese Garantie vorstellten. Johan Oxenstierna hatte die Unvorsichtigkeit begangen, einen ziemlich abenteuerlichen Plan zu äußern, von dem man nicht weiß, ob er aus seinem eigenen Kopfe kam oder in Stockholm ersonnen war: Eine schwedische Armee von 20 000 Mann, in Pommern und Preußen aufzustellen und von Kaiser und Reich zu unterhalten, solle die Garantie für Pommern übernehmen. Also ein miles perpetuus Schwedens in Deutschland auf Kosten der Deutschen selber! Und ausgerechnet dem brandenburgischen Gesandten Löben hatte er unter dem Siegel der Verschwiegenheit davon gesprochen. Selbstverständlich tat Löben alles, die Sache unter die Leute zu bringen. Da mußten sogar die evangelischen Reichsstände erschrecken, von den katholischen ganz zu schweigen. Die Schweden merkten bald, daß es mit einer einhelligen Garantie durch die Reichsstände seine Schwierigkeiten haben werde. Die kaiserlichen Gesandten betrieben zwar die Sache eifrig und versicherten den Schweden, der Kaiser werde außerdem die Stände Pommerns ihres Eides entbinden und sie kraft seiner Gewalt als oberster Richter in Lehenssachen an die Krone Schweden als ihren neuen Landesherrn weisen. Aber dann kam es wirklich zu der Deputation der Evangelischen, und so vorsichtig ihr Anbringen auch war, den Schweden wurde die ganze Sache allmählich unbehaglich. Sie hatten den Entwurf einer Proposition an die Stände gebilligt, der eine wechselseitige Garantieverpflichtung des Reiches und Schwedens für Pommern vorsah — von einer schwedischen Armee auf Kosten des Reiches war übrigens darin nicht die Rede — jetzt schlugen sie selber vor, die Sache doch noch nicht an die Stände zu bringen, sondern erst die Satisfaktion selbst auszuhandeln.

Einen Tag bevor die Verhandlungen in Osnabrück diesen toten Punkt erreichten, war am Hoflager des Kurfürsten von Brandenburg in Kleve endlich der Entschluß gefaßt worden, der alles löste: Friedrich Wilhelm hatte den Verzicht auf Stettin ausgesprochen. Man darf den Grund für diesen Gesinnungswandel wohl nicht nur in der Lage am Kongreß suchen. Die Generalstaaten hatten den Kurfürsten enttäuscht. Ein Bündnis war nicht zustande gekommen, mit seiner oranischen Heirat hatte der Kurfürst sich wohl auch die Abneigung der von Holland geführten Friedenspartei zugezogen, und überhaupt war ja die Republik mit Bündnissen sehr vorsichtig und kaum geneigt, sich durch eine Allianz in die weit abgelegenen Interessen und Händel des Kurfürsten verstricken zu lassen. So war denn auch keine wirksame Unterstützung in der pommerschen Frage von ihr zu erwarten, und das muß dem Kurfürsten bei seiner Abreise aus den Niederlanden doch wohl deutlich geworden sein. In dieser Lage befand er sich, als Graf Wittgenstein bei ihm eintrat, um ihn von der bedrohlichen Lage am Kongreß zu unterrichten und ihn zu überzeugen, daß es hohe Zeit zum Nachgeben sei. Am 13. Januar 1647 erhielt Wittgenstein endlich die Ermächtigung, auf Stettin zu verzichten, aber nur gegen ein weit größeres Äquivalent, als man bisher geboten hatte: Außer Magdeburg nannte der Kurfürst Halberstadt, Minden, die Grafschaft Schaumburg, dazu Glogau und Sagan, also nun doch kaiserliches Hausgut, oder, wenn das nicht sein könne, das Stift Osnabrück. Immerhin war es schon nicht mehr ganz so viel wie im August. Auch Brandenburg strebte nun endlich einem Kompromiß zu.

Inzwischen war der gewandte und den Deutschen so sympathische Graf d'Avaux nach Osnabrück beordert worden, um die verfahrene Situation zu retten. Er hielt die bisherige Politik Frankreichs in der pommerschen Frage für falsch. Es war seine Meinung, daß eine unmittelbare Einigung zwischen dem Kaiser und Schweden über Pommern nicht im französischen Interesse liege, weil sie zu einem zu engen Einvernehmen zwischen beiden führen werde, einem Einvernehmen, das außerdem durch den Zwang, gemeinsam ein Auge auf Brandenburg zu haben, ein dauerndes werden könne. Er wußte von dem Gegensatz am schwedischen Hof, ihm war bekannt, daß die Königin zu milderen Bedingungen neige und Salvius sie darin unterstütze. Leider, urteilte er, habe man, statt Salvius zu helfen, den Schweden ganz Pommern geboten, nun werde es schwer halten, noch einen brauchbaren Kompromiß herbeizuführen.

Es ist ihm dann doch gelungen. Vor allem galt es erst einmal wieder eine Verhandlung zwischen Schweden und Brandenburg in Gang zu bringen. Das Haupthindernis schien dem Grafen in den noch immer zu hohen Forderungen Brandenburgs zu liegen, die Wittgenstein ihm mitteilte. Wollin und Osnabrück mußte Brandenburg daher noch vor Beginn der Verhandlungen auf dem Altar des Friedens opfern. Damit schien der Weg frei. Aber es war schwer, die Schweden dahin zu bringen, von der Forderung auf ganz Pommern wieder abzugehen. Wahrscheinlich hat Avaux es nur dadurch erreicht, daß er durchblicken ließ, Frankreich werde sich an einer Garantie für Pommern ohne Zustimmung Brandenburgs nicht beteiligen. Was die Schweden aber dann in ihrer endgültigen Resolution bewilligten, sah fast so aus, als wollten sie dem Kurfürsten die Teilung Pommerns so unleidlich machen, daß er sie lieber ausschlüge. Über die Oder hinaus forderten sie das ganze Ostufer in 20 bis 30 km Tiefe von Greifenhagen bis zur Küste mit den Ämtern Pyritz, Kolbatz und Gollnow, während bisher immer nur von Damm und Greifenhagen, also kleinen Brückenköpfen am Ostufer, die Rede gewesen war. Neu war auch eine Entschädigungsforderung von 1 Million Talern für Hinterpommern, und überdies wollten sie selbst das, was dem Kurfürsten bleiben sollte, soweit wie möglich schmälern. Sie verlangten für Schweden die Anwartschaft auf Hinterpommern und Kammin, Sitz und Stimme am Reichstag für ganz Pommern und mit Vorrang vor Brandenburg, die Hälfte der Präbenden im Stift Kammin, die bisher dem Herzog von Pommern zugestanden hatten, und als schwerste Auflage die Bestätigung aller schwedischen Schenkungen in Hinterpommern. Damit wäre dem Kurfürsten nur ein kläglicher, vielfach geschmälerter und schwer belasteter Rest von Hinterpommern geblieben. Die Odermündung war ohnehin verloren, die Zusage freier Schiffahrt auf der Oder deshalb nicht mehr viel wert. Die Entschädigung des Kurfürsten wurde dem Kaiser aufgebürdet, und binnen drei Tagen sollten sich die Brandenburger auf dieses Ultimatum erklären, andernfalls die Forderung auf ganz Pommern wieder aufleben würde.

Von einer einfachen Ablehnung dieses Projektes konnte natürlich, wie die Dinge lagen, nicht die Rede sein, nur über Milderungen konnte man verhandeln. Es zeigte sich dabei, daß es den Schweden vor allem darauf ankam, Brandenburg vom rechten Oderufer zu verdrängen. Da sie keine genauen Karten hatten, suchten sie den sachverständigen Rat der pommerschen Gesandten, wieweit sie auf einzelne Forderungen am rechten Oderufer noch verzichten könnten und wo die Grenze zu ziehen sei, um zu verhindern, daß das Gebiet des Kurfürsten solche Küstenpunkte an Oder und Haff erreiche, wo er Befestigungen anlegen und die Oder sperren könnte. Die Pommern gaben, wenn auch ungern, Auskunft. Sie lautete beruhigend, benahm aber den Schweden wohl doch noch nicht ganz ihr Mißtrauen, denn sie beharrten weiter auf dem Amte Gollnow am rechten Ufer unterhalb Stettins und einem Grenzstreifen am gleichen Ufer von Greifenhagen bis zur See, dessen Ausdehnung durch eine schwedisch-brandenburgische Kommission näher zu bestimmen sei. Man mußte es ihnen bewilligen.

So war ihr Hauptanliegen gewahrt; am 30. Januar kam unter Vermittlung des pommerschen Gesandten Dr. Runge der Kompromiß unter diesen Bedingungen zustande. Daß den Schweden ein Teil der Präbenden von Kammin zugesprochen wurde, entsprach übrigens dem Interesse des vorpommerschen Adels, der sonst von diesem Stift ganz ausgeschlossen worden wäre, und war von den pommerschen Gesandten durchaus gebilligt worden. Auf Pyritz, Kolbatz und die Donationen in Hinterpommern haben die Schweden schließlich verzichtet. Ganz zufrieden waren sie mit dem Ergebnis nicht. Sie gaben dem Grafen d'Avaux mehrfach zu verstehen, ohne sein Dazwischentreten wäre ihnen ganz Pommern sicher gewesen. Jedenfalls zögerten sie tagelang mit ihrer Unterschrift und suchten noch kleine Schwierigkeiten hervor, und als man am 11. Februar das schwedisch-brandenburgische Abkommen über Pommern unterzeichnete, betonten sie bis zuletzt seinen vorläufigen und zunächst noch unverbindlichen Charakter. Um dies deutlich zu machen, setzten sie durch, daß nicht die Bevollmächtigten, sondern nur die Legationssekretäre beiderseits die Unterschrift leisteten.

Säkularisationen, Entschädigung Brandenburgs, Vertrag mit Schweden

Inzwischen hatten am 1. Februar zwischen den kaiserlichen und brandenburgischen Gesandten die Verhandlungen über die Entschädigung des Kurfürsten begonnen. Trauttmansdorff bot die Bistümer Halberstadt und Kammin und die Anwartschaft auf Magdeburg. Zum ersten Mal in der deutschen Geschichte regte damit ein Kaiser die Säkularisation reichsunmittelbarer geistlicher Stifter an. Es war der Anfang vom Ende der geistlichen Fürstentümer, die dem Heiligen Römischen Reich ein so charakteristisches Gepräge gegeben hatten.

Zwar war der Brauch, Kirchengüter für weltliche Zwecke einzuziehen, von außerdeutschen Herrschern schon seit jeher geübt und auch in Deutschland seit der Reformation von protestantischen Fürsten als ihr Recht in Anspruch genommen worden. Doch empfand man eine solche Einziehung herkömmlicherweise nur dann als gerechtfertigt, wenn sie für wohltätige Zwecke oder zur Verteidigung der Christenheit gegen die Ungläubigen geschah. Nicht anders meinten es auch die Reformatoren. Sie forderten eine bessere Verwendung der geistlichen Güter, aber nicht ihre Konfiskation zugunsten staatlicher Zwecke, und noch in den Zeiten des dreißigjährigen Krieges finden wir auch auf protestantischer Seite die Ansicht, daß Kirchengüter eigentlich unveräußerlich seien und ihrem ursprünglichen Zweck nicht entfremdet werden dürften. Solche Äußerungen waren natürlich nicht immer als bare Münze zu nehmen, nicht einmal auf katholischer Seite. Der „geistliche Zweck" bestand häufig nur in der lebenslänglichen Versorgung der Inhaber. Die katholischen Pfründenbesitzer standen in der Vertretung nackter Standesinteressen den protestantischen keineswegs nach und führten auch noch im 17. Jahrhundert ihren geistlichen Titel oft bloß dem Namen nach. Deshalb sind ihre Argumente nicht immer sehr glaubwürdig, wurden aber nichtsdestoweniger fleißig gebraucht und spielten in den Religionsverhandlungen ihre Rolle. So schrieb der große Eiferer für die katholische Sache, Bischof Franz Wilhelm von Osnabrück, dem Grafen Trauttmansdorff im Januar 1647, die Überlassung katholischer Stifter an Schweden oder Brandenburg werde „zu noch mehrerer Erweckung Gottes gerechten Zornes und unausbleiblicher Straf" führen, weil diese Güter „von Gott allein dependieren, zu Gottes Ehren ewiglich gewidmet und von den gottseligen Fundatoren gestiftet" seien.

Auch die großen reichsunmittelbaren Stifter, nach denen man nun im Zuge der brandenburgischen Entschädigungsverhandlungen die Hand ausstreckte, um sie aus politischem Interesse einem protestantischen Fürsten zu überantworten, waren Pfründen für den Hochadel und dienten ihrem ursprünglichen Zweck kaum noch. Der jetzt geplanten Verwendung standen trotzdem noch gewichtige Bedenken entgegen, die überwunden sein wollten, ein kirchliches und ein weltliches. Es gab vornehmlich im katholischen, aber gelegentlich auch im evangelischen Lager Stimmen, die aus Gewissensgründen den alten Stiftern auch bei Abtretung an einen weltlichen Landesherrn ihren geistlichen Charakter erhalten wissen wollten, während die Erwerber eine echte Säkularisation wünschten, das heißt eine Umwandlung in weltliche Fürstentümer unter Beseitigung der Kapitel, deren Einkünfte sie an sich ziehen wollten. Natürlich beruhte der Widerstand gegen die landesherrlichen Wünsche nur teilweise auf Gewissensbedenken. Die Erhaltung der Kapitel und der damit verbundenen Pfründen lag ja im Interesse des Adels, dessen jüngere Söhne seither von ihnen gelebt hatten. So konnte es etwa geschehen, daß niemand heftiger gegen eine Säkularisierung protestierte, als die vorwiegend evangelische Ritterschaft. Der Ruf nach Erhaltung des geistlichen Charakters der Stifter muß in jedem Falle richtig verstanden und auf seinen wahren Wert untersucht werden. Es lag eben eine unlösliche Vermengung geistlicher und weltlicher Interessen vor, und hinter kirchlichen Argumenten verbarg sich nicht selten das Streben nach wirtschaftlichem Nutzen und weltlicher Macht.

So betrachtet, lag nun allerdings eine klare Scheidung des Geistlichen und Weltlichen, das heißt die Säkularisation der Stifter und ihre Umwandlung in weltliche Fürstentümer, durchaus in der Konsequenz der reformatorischen Lehre. Hier lief eine scharfe Grenze zwischen katholischer und evangelischer Auffassung, hier lag ein echter, weil theologisch begründeter Gegensatz vor. So hatte Luther zur Aufhebung der geistlichen Fürstentümer geraten und bei der Umwandlung des Ordensstaates in das Herzogtum Preußen unmittelbar Hilfe geleistet, so hatte Melanchthon die gleiche Forderung für alle geistlichen Territorien erhoben, „weil niemand als allein die weltliche Obrigkeit imperia haben sollte." Nicht ohne Erfolg, denn der Prozeß der Aufsaugung reichsunmittelbarer Bistümer und Klöster durch benachbarte Landesherrn, schon vor der Kirchentrennung im Gange, ist durch die Reformation mächtig gefördert worden.

Trauttmansdorff hat bei dem Angebot großer Reichsbistümer an Brandenburg selbstverständlich nur solche gewählt, die bereits evangelisch und seit Jahrzehnten von Bischöfen oder Administratoren aus protestantischen Fürstenhäusern regiert worden waren. Er opferte, was eigentlich schon dahin war, um diejenigen Stifter, die noch katholisch waren oder noch schwankten, umso entschiedener zu behaupten. Er hatte soeben noch dem Bischof von Osnabrück auf sein Protestschreiben erwidert, daß er seine Bistümer, die ganz oder teilweise katholischen Stifter Münster, Osnabrück, Hildesheim, Minden nicht in Verhandlung kommen lassen werde. Er hat aber auch bei seinem Angebot an Brandenburg keineswegs eine Säkularisation im vollen Sinne des Wortes im Auge gehabt und sich der Rechte der Kapitel schon mit Rücksicht auf den Adel angenommen, vielleicht auch — wer weiß es — in der stillen, von vielen Katholiken geteilten Hoffnung auf eine spätere Wiederherstellung im Sinne der alten Kirche. In dem Friedensentwurf vom April 1646 hatte er bereits den geistlichen Charakter der an Schweden oder Brandenburg abzutretenden Bistümer betont und die Rechte der Bischöfe und Kapitel wenigstens in ihrem gegenwärtigen Zustand zu erhalten gesucht. An dieser Forderung hatte er auch im Laufe der Religionsverhandlungen des Jahres 1646 unentwegt festgehalten. Er stellte auch jetzt die Bedingung, daß der kirchliche und politische Zustand der fraglichen Stifter erhalten bleibe. Eine Einschränkung dieses Prinzips ergab sich freilich aus der Abtretung von selbst: Mit dem Übergang an einen weltlichen Herrn zu erblichem Eigentum war natürlich das wichtigste Recht der Kapitel, das Wahlrecht, nicht länger vereinbar. Eine teilweise Säkularisation fand eben doch statt, man konnte sie höchstens begrenzen, und Trauttmansdorff versuchte das auch. Er wünschte der Gefahr vorzubeugen, daß der neue Landesherr die Einkünfte der Kapitel nach und nach an sich brachte, indem er erledigte Pfründen einfach einzog. Er forderte, eine bestimmte Anzahl Pfründen müsse auf jeden Fall erhalten bleiben. Damit wäre ein Kompromiß zwischen den Interessen des neuen Landesherrn und der adligen Kapitel erreicht worden.

Es waren immer die gleichen Bistümer, die nun schon seit Monaten als Entschädigungsobjekte genannt wurden: Bremen und Verden, Magdeburg und Halberstadt, neuerdings auch Kammin. Sie waren alle unbestritten evangelisch; einzelne Versuche, sie auf Grund des Restitutionsediktes wieder katholisch zu machen, waren mißlungen und längst aufgegeben. Die Ansprüche Schwedens und anderer Evangelischer richteten sich allerdings auch auf solche Stifter, um die beide Konfessionen noch stritten, wie Minden und Osnabrück, bisher noch ohne Erfolg. Von rein katholischen Bistümern war nie die Rede, dazu hätten weder die katholischen Reichsstände noch die Franzosen je die Hand geboten. Nur einmal, im August 1646, hatte Kurfürst Friedrich Wilhelm Münster und Hildesheim als Entschädigungsobjekte genannt, eine Forderung, vor der seine Räte ihn jedoch gewarnt hatten und die seine Gesandten am Kongreß gar nicht zu vertreten wagten.

An der ersten Stelle des kaiserlichen Angebotes stand Halberstadt. Das Stift blickte auf eine achthundertjährige Geschichte zurück. Sechzig Jahre lang hatte es Bischöfe aus dem Hause Braunschweig gehabt, bis der „tolle Christian" es durch sein unbesonnenes Eintreten für den Winterkönig verspielt hatte. Das in seiner Mehrheit evangelische Kapitel mußte im Jahre 1627 zu einer Neuwahl schreiten, die unter dem Druck der katholischen Besatzungsmacht auf den Sohn des Kaisers, Erzherzog Leopold Wilhelm, fiel. Er betrat sein Bistum nie und verlor es im Wechsel des Kriegsglückes, gewann es kurze Zeit zurück und mußte es 1643 endgültig in den Händen der Schweden lassen. Er war zum Verzicht bereit, wenn man ihn entschädige, und da man am kaiserlichen Hofe keine Aussicht sah, Halberstadt für die alte Kirche zurückzugewinnen, hatte man es nicht allzu schweren Herzens für Brandenburg bestimmt. Man beschränkte sich darauf, die Erhaltung des von Leopold Wilhelm hinterlassenen kirchlichen und politischen Zustandes zu fordern. Der Erzherzog selbst hatte nur wenige bescheidene Wünsche zugunsten einiger Vasallen, denen er verpflichtet war und ihre Lehen erhalten wollte. Widerstand war jedenfalls von ihm nicht zu erwarten.

Das von Otto dem Großen gestiftete Erzstift Magdeburg hatte sich im Lauf der Jahrhunderte ein geschlossenes Territorium von der unteren Havel bis zum Harz und zur mittleren Saale geschaffen. Im Jahre 1476 hatte ein Wettiner den erzbischöflichen Stuhl bestiegen, dann hatten ihn ein Jahrhundert lang hohenzollernsche Prinzen innegehabt. Der letzte aus ihrer Reihe, der Administrator Christian Wilhelm, wurde vom Kaiser abgesetzt, versuchte im Bunde mit Gustav Adolf das Erzbistum wieder an sich zu reißen und kam schließlich in kaiserliche Gefangenschaft, wo er zum Katholizismus übertrat. Das Kapitel haßte ihn, weil er das Stift in ein Erbland hatte verwandeln wollen, und wählte 1628 bereitwillig den Herzog August von Sachsen. Da der Kaiser auch hier seinen Sohn Leopold Wilhelm eingesetzt hatte, lagen drei Landesherren im Streit miteinander, den aber der Prager Frieden schließlich unter Abfindung des Habsburgers und des Hohenzollern zugunsten des Wettiners entschied, während die vier Herrschaften Querfurt, Jüterbog, Dahme und Burg abgetrennt und Kursachsen zugesprochen wurden. Es waren dieselben, die Trauttmansdorff jetzt ausdrücklich ausnahm, als er das Stift dem Brandenburger bot. Mehr konnte er für das getreue Kurhaus Sachsen nicht tun. Die persönlichen Interessen des Herzogs August wurden dadurch gewahrt, daß er für Lebenszeit im Besitz bleiben sollte und Brandenburg deshalb zunächst nur die Anwartschaft bekam, im übrigen ließ sich die Entscheidung des Prager Friedens zugunsten der Wettiner eben nicht aufrecht erhalten. Es standen höhere Interessen auf dem Spiel.

Kammin schließlich war seit 1544 evangelisch und seit 1556 regelmäßig in der Hand von Bischöfen aus dem pommerschen Herzoghaus gewesen. Der jetzt regierende Bischof, Herzog Ernst Bogislav von Croy, ein Schwestersohn des letzten Pommernherzogs, war mit Zustimmung Schwedens und Brandenburgs gewählt worden. Um das Stift dem Kurfürsten möglichst lange vorzuenthalten, hatten die Schweden, allerdings vergeblich, durchzusetzen versucht, daß er das Bistum auf Lebenszeit behalten könne. Brandenburg ließ sich darauf nicht ein, hat aber durch einen Revers vom 4. April 1647 den Anspruch des Herzogs bestätigt und ihm eine Entschädigung zugesagt.

In allen drei Stiftern erhob sich ein doppelter Widerstand, der sich nicht eigentlich gegen die brandenburgische Herrschaft, sondern gegen die Einverleibung in ein fürstliches Territorium überhaupt richtete. Er kam von den Domkapiteln und von den Städten, soweit sie reichsunmittelbar waren oder zu sein beanspruchten. Von den Städten wird später zu reden sein. Die Domkapitel waren bisher die eigentlichen Landesherren gewesen, hatten die Bischöfe und Administratoren durch Wahlkapitulationen in jeder Weise eingeengt und oft mit Absicht durch die Wahl minderjähriger Fürstensöhne einen Zwischenzustand geschaffen, der ihnen viele Jahre hindurch die Regierung in die Hand gab. Es war ein Zustand, worin den bequemen und tatenscheuen, auf Lebensgenuß bedachten Söhnen des Hochadels wohl sein konnte. Jetzt sahen sie mit dem Wahlrecht alle ihre Privilegien bedroht. Sie protestierten gegen jede Zession und beriefen sich auf ihre uralten, vielfach vom Reich anerkannten und bestätigten Rechte. Herzog August von Sachsen als Erzbischof von Magdeburg und Prinz Friedrich von Dänemark als Koadjutor von Halberstadt schlossen sich mit Protesten an. In Magdeburg und Halberstadt suchten die Kapitel vollendete Tatsachen zu schaffen, indem sie dort im Dezember 1646 den Herzog Ernst August von Braunschweig-Lüneburg, hier am 10. Februar 1647 den Prinzen Anton Ulrich von Braunschweig-Wolfenbüttel zu Koadjutoren wählten. Also Welf gegen Zollern! Die Kapitelherren wußten recht gut, daß das Haus Braunschweig zur Zeit bei den Schweden in Gunst stand und riefen es gegen Brandenburg auf den Plan, um sich und ihre Privilegien vor dem Zugriff des absoluten Fürstenstaates zu retten. Wirklich hat Lampadius bei Kaiserlichen und Schweden gegen die Abtretung der beiden Bistümer an Brandenburg protestiert, ohne jedoch ihr Schicksal aufhalten zu können.

Trauttmansdorff erwiderte auf die Beschwerden der Kapitel, deren Rechtsgrund er natürlich nicht bestreiten konnte, nur mit dem Hinweis, daß kein anderer Weg zum Frieden bleibe und kein anderes Entschädigungsobjekt da sei. Er hatte die Erhaltung des status ecclesiasticus und damit der Kapitelsrechte gefordert, mehr konnte er nicht tun. Oxenstierna stellte der Berufung auf die alten Privilegien den Satz entgegen, auch überlieferte Rechte und Regierungsformen seien nicht ewig, sondern dem Wechsel der Zeiten unterworfen; er sprach damit das Urteil der Geschichte aus. Die geistlichen Fürstentümer waren in der Tat in einer tief verwandelten Zeit nicht mehr zu erhalten und mußten neuen staatlichen Gebilden weichen; ein Prozeß von innerer Notwendigkeit und Berechtigung, der bei diesen Friedensverhandlungen begann und in der napoleonischen Epoche zum Abschluß kam.

Die Brandenburger nahmen am 6. Februar nach einigem Hin und Her die drei Bistümer als Entschädigung an, doch mit vollen landesherrlichen Rechten und ohne Garantie des status ecclesiasticus. Damit war die Abfindung Brandenburgs vorerst geregelt. Freilich noch nicht ganz, denn für den Verzicht auf Stettin verlangte Brandenburg die einst dafür verheißenen 1,2 Millionen, für die späte Aussicht auf Magdeburg das Stift Minden, für die abgetrennten magdeburgischen Ämter ein anderes, und auch das Haus Braunschweig meldete Entschädigungsforderungen für Halberstadt an. Von Bedeutung war hier eigentlich nur noch die Mindener Frage, sonst war Brandenburg mit Schweden und dem Kaiser eins.

Aber ehe das schwedische Satisfaktionswerk durch einen kaiserlich-schwedischen Vorvertrag abgeschlossen werden konnte, waren noch die Ansprüche auf Wismar, Bremen und Verden zu regeln. Auch sie griffen tief in die norddeutschen Territorialverhältnisse ein. Mecklenburg sollte seinen besten Seehafen opfern, und die Ansprüche der schwedischen Januarproposition gingen sogar noch weiter: Warnemünde, Poel und Walfisch, mit einem Wort die Seezölle der beiden Hafenstädte des Landes wurden gefordert. Wismar war von Trauttmansdorff bereits angeboten worden. Ein Vermittlungsvorschlag des Mecklenburgischen Gesandten Dr. Keyser, der auf eine schwedische Flottenstation in Wismar unter Erhaltung der mecklenburgischen Landeshoheit hinauslief, war von Schweden ebenso abgewiesen worden wie die französische Anregung eines schwedisch-mecklenburgischen Kondominiums. Herzog Adolf Friedrich wollte bis jetzt nicht mehr bewilligen als eine schwedische Garnison und Flottenbasis und zu ihrer Unterhaltung einen mäßigen Zoll. Das kam den von Oxenstierna im Reichsrat genannten Bedingungen schon näher. Trauttmansdorff ging in seinen Verhandlungen mit den Schweden von dieser Grundlage aus und vereinbarte in dem Vorvertrag vom 18. Februar eine ständige schwedische Garnison, die, wie auch die Stadtbehörden, der Krone Schweden und dem Herzog zugleich schwören sollte. Im Hafen sollte schwedischen Schiffen Heimatrecht zustehen, das Fort Walfisch abgetreten werden. Auf den Herzog wurde der gleiche, beinahe erpresserische Druck ausgeübt, den man bei Brandenburg beabsichtigt hatte, indem

PAX RERVM MAXIMA

Johannes Oxenstierna Axelij filius,
Comes in Södeemöre etc, Liber Baro in Kymeht etc,
Dominus in fyholm, Hornunsgholm, et Tulgaen etc,
S.æ Regiæ Majest.ᵗⁱˢ Regnorumq; SVECIÆ senator,
Cancellariæ Consiliarius, atq; in Germania ad Tracta-
tus Pacis vniversalis Legatus Plenipotñ.ᵗⁱᵘˢ Prim.ᵃʳⁱᵘˢ

Anselmus van Hulle Pinxit. 1648. Pet: de Iode sculpsit.

acceßit Privilegium Cæsareum.   Cum privilegio Regum et Hollandiæ ordinum.

DEUS SED PACIS NON EST DISSENSIONIS

IOANNES ADLER SALVIUS
S:ᵃᵉ Regiæ Maiest:ᵗⁱˢ Sueciæ Consiliarius Intimus,
Cancellarius Aulicus, Hæreditarius in Adels burg,
Alatzineÿ, Offverbÿ, Tulingen, etc: dictæ Maiest:ᵗⁱ ad Tractatus
Pacis Vniuersalis Osnabrugæ Legatus Plenipotentiarius.
Anselmus van Hulle pinxit.   Pet. de Iode sculpsit.

accessit Priuilegium Cæsareum.   Cum priuilegijs Regum et Hollandiæ ordinum.

man ihm sagte, Wismar werde, falls er diese Kompromisse nicht annehme, als Reichslehen an Schweden fallen. Die Entschädigung, die man dem Herzog bot, war dürftig; es waren die Stifter Schwerin und Ratzeburg, in denen die Kapitel ohnehin bereits ihr Wahlrecht an Mecklenburg abgetreten hatten und die so gut wie landsässig waren. Ihre mageren Einkünfte wurden noch durch die Bestimmung reduziert, daß der Herzog nur die Hälfte der Kanonikate einziehen dürfe. Der mecklenburgische Gesandte protestierte und der Herzog vermied, sich zu erklären. Eine höchst unkluge Haltung; sie sollte ihn in der Folgezeit tatsächlich um Wismar bringen. Diese schmähliche Behandlung eines kleinen und wehrlosen Reichsfürsten war der beiden Großmächte wenig würdig.

Bremen und Verden waren als letzte, erst nach dem Sieg über Dänemark, in das schwedische Programm aufgenommen worden. Der Anspruch war vom Kaiser unter der Bedingung akzeptiert worden, daß die Bistümer in ihrem kirchlichen und rechtlichen Status belassen und durch besondere Administratoren verwaltet würden, unter Wahrung der Rechte von Kapitel und Landständen. Die Bindung an Schweden sollte also so lose wie möglich sein. Deshalb unterstützte der Kaiser auch das Streben der Stadt Bremen nach Reichsunmittelbarkeit, die ihr die Erzbischöfe bisher mit Recht bestritten hatten. Aber ein Zufall, eine irrtümliche Einreihung in die Reichsmatrikel, kam den Bestrebungen der Stadt zur Hilfe. In dem kaiserlichen Friedensprojekt, das im Mai 1646 den Schweden ausgehändigt worden war, stand ein Satz, der die Reichsstadt Bremen mit ihrem Territorium von der Zession an Schweden ausnahm, und durch Urkunde vom 1. Juni 1646 hatte Ferdinand III. der Stadt die Reichsunmittelbarkeit bestätigt. Die Schweden bestritten natürlich die Rechtsgültigkeit dieses Aktes, sie verlangten die Abtretung der Stadt und außerdem die Umwandlung der beiden Stifter in weltliche Herzogtümer. Das zweite setzten sie durch, der Vorvertrag ersetzte die im kaiserlichen Entwurf gebrauchte Bezeichnung principatus, die man auch für geistliche Territorien kannte, im letzten Augenblick noch durch das Wort ducatus, womit die erste vollständige Säkularisierung eines reichsunmittelbaren Stiftes vollzogen war. Über die Stadt Bremen schloß man einen Kompromiß. Die Schweden als Schützer der deutschen Libertät konnten ja nicht gut ständische Privilegien bekämpfen, aber die Anerkennung der Reichsfreiheit Bremens wußten sie doch zu umgehen. Der Stadt wurden auf Drängen ihrer Abgesandten ihre Freiheit, Stand, Rechte und Privilegien bestätigt, die sie *rechtmäßig* von den Kaisern erhalten oder *seit langem* besessen habe (legitime acquisita vel usu longo obtenta). Nun, das konnte von der jungen Reichsfreiheit der Stadt freilich nicht gut gelten. Damit hatte Schweden, was es wollte, und niemand konnte ihm nachsagen, daß es alte Rechte für nichts achte.

Übrigens wurden auch sonst den Landständen in den abgetretenen Gebieten ihre Rechte zugesichert. Sie legten auch alle den größten Wert darauf, daß die Abtretung an Schweden an dem Verhältnis zum Reich nichts ändere, denn wo gab es sonst einen Schutz gegen landesherrliche Willkür? Die Reichsgewalt hielt es zwar in der Regel mit den Landesherren, aber es konnte doch auch einmal anders sein, und man hatte Beispiele dafür. Besonders rührig zeigten sich auf dem Friedenskongreß die pommerschen Landstände, die ja das Glück hatten, durch eigene Abgesandte vertreten zu sein. Ihnen dürfte es zu danken sein, daß für alle abgetretenen Lande ausdrücklich die unveränderte Fortdauer ihrer Beziehungen zum Reich festgesetzt wurde. Schweden durfte sie nicht ohne Zustimmung von

Kaiser und Reich in seine auswärtigen Kriege hineinziehen und hatte umgekehrt Anspruch auf Reichshilfe, wenn es ihretwegen angegriffen wurde.

Die Bemühungen der Pommern waren zunächst darauf gerichtet gewesen, die Abtretung zu verhindern, dann auf einen besonderen Artikel im Friedensvertrag zur Sicherung ihrer Rechte und Privilegien. Das hatte bei den Kaiserlichen nicht schwer gehalten, bei den Schweden aber große Mühe gekostet. Als die Pommern endlich Oxenstierna gewonnen hatten, mußten sie sich noch lange beklagen, daß Salvius so gar nicht auf ihre Wünsche eingehe. Selbst das Mainzer Reichsdirektorium überhörte geflissentlich ihre Wünsche; man war in den Kanzleien der Kurfürsten und Fürsten auf landständische Bestrebungen nun einmal schlecht zu sprechen. Die Stände drängten stärker, man müsse sie hören, es gehe nicht an, freie Menschen wie Ware zu verhandeln, und drangen doch nur sehr unvollkommen durch. Eine allgemeine Versicherung ihrer Privilegien genügte ihnen nicht, sie hatten es auf ganz bestimmte Punkte abgesehen. Sie bekämpften das schwedische Befestigungs- und Garnisonrecht, die Lizenten, das privilegium de non appellando, die Schenkungen aus öffentlichem Grundbesitz. Oxenstierna suchte ihnen in besonderen Verhandlungen das eine oder andere schmackhaft zu machen, doch ohne rechten Erfolg. Jede Spezialisierung war aber den Schweden verdächtig, weil sie immer fürchteten, daß die Stände bei dieser Gelegenheit Rechte durchsetzen würden, die sie bisher gar nicht besessen hätten, deshalb wollten sie höchstens eine Generalversicherung der ständischen Privilegien zugestehen. Durch Vermittlung der Brandenburger, die sich wiederum hinter den Grafen d'Avaux steckten, gelang schließlich die Aufnahme eines Schutzartikels in den schwedisch-brandenburgischen Vertrag, der aber ziemlich verstümmelt war, und im kaiserlich-schwedischen Vorvertrag erschienen dann doch wieder die Lizenten und das Privileg de non appellando, und den Pommern gelang es nicht, beides wieder herauszubringen. In gewissem Sinne waren das Parallelvorgänge zu dem Kampf der elsässischen Stände, wenn auch nicht von der gleichen Tragweite wie dort.

Noch andere Schwierigkeiten belasteten die Verhandlungen. Die erste betraf das künftige Schicksal der Bistümer Osnabrück und Minden. Schweden wollte mit ihnen Mecklenburg für Wismar und Braunschweig für seinen Verzicht auf Halberstadt entschädigen. Beide Fürstenhäuser sollten in diesen Stiftern alternieren. Die Kaiserlichen erhoben Einspruch, weil das den noch schwankenden Konfessionsstand der beiden Bistümer zugunsten der Evangelischen entschieden hätte.

Osnabrück hatte sich früh der lutherischen Lehre geöffnet und 1544 die Reformation eingeführt. Diesem Werk der Bischöfe aus dem Hause Waldeck widerstrebte das Domkapitel. Später hatte Bischof Eitel Friedrich von Hohenzollern die Jesuiten ins Land gerufen, seit 1625 Franz Wilhelm von Wartenberg die Gegenreformation energisch betrieben. König Christian von Dänemark hatte im Jahr darauf die Wahl seines Sohnes Friedrich zum Koadjutor erzwungen, seit 1633 hatten die Schweden das Stift wieder evangelisch gemacht. Kaiserliche und Franzosen waren sich darin eins, daß es beim Friedensschluß an seinen katholischen Bischof zurückfallen müsse. Deshalb hatte Avaux es schon den Brandenburgern abgerungen und hoffte, daß ihm dies auch bei den Schweden gelingen werde.

Das reiche Stift Minden hatte schon die Hälfte seines Besitzes an die benachbarten Grafen von Hoya, Diepholz, Schaumburg und Ravensberg verloren. Die

Stadt war als Festung am Weserübergang von Bedeutung und seit Jahren in schwedischer Hand. Bevölkerung und Kapitel waren in ihrer Mehrheit lutherisch, da aber inzwischen Franz Wilhelm als Bischof dem evangelischen Administrator Christian von Braunschweig gefolgt war, galt Minden den Altgläubigen als ein katholisches Stift. Hier hatte die Kunst des Grafen d'Avaux gegenüber Brandenburg versagt, der Kurfürst hatte sich zu keinem Verzicht bereitgefunden. Auch Trauttmansdorff war bei Minden eher zum Nachgeben bereit als bei Osnabrück. Die Schweden kämpften um beide Stifter hartnäckig, konnten aber eine Aufnahme ihres Anspruches in den Vorvertrag nicht erzwingen. Der Vertrag ließ das Schicksal beider Bistümer noch offen. Aber bereits zwei Tage später wurde über Minden schon in aller Stille entschieden. Durch Bestechung der kaiserlichen und schwedischen Gesandten erhielt Brandenburg die Zusage, Minden werde dem Kurfürsten zufallen, wenn es bei den Religionsverhandlungen den Protestanten zugesprochen werden sollte. Dort also war die Entscheidung über das künftige Schicksal von Minden und Osnabrück zu erwarten.

Die zweite Schwierigkeit bestand in den Geldforderungen der Schweden. Man mußte ihnen das Recht einräumen, die neu eingeführten Zölle in den pommerschen Häfen, allerdings zu ermäßigten Sätzen, weiter zu erheben; sie haben es später sehr willkürlich gehandhabt und ausgedehnt. Aber damit nicht genug, forderten sie auch eine Entschädigung für die Räumung der Festungen im Reich und berechneten dafür 1,2 Millionen Taler. Obwohl Kaiser und Stände zahlungsunfähig waren, mußte Trauttmansdorff ihnen doch die Hälfte dieser Summe bewilligen, unter Anrechnung von zwei Dritteln des Betrages auf die künftigen Reichsabgaben der schwedisch-deutschen Länder. Nur 200 000 Taler blieben also zu zahlen, was unmittelbar nach Friedensschluß geschehen sollte. Um die Reichsstände nicht zu verärgern, hielt man diesen Artikel streng geheim. Umso schlimmer war die Wirkung, als kurz vor Ende des Kongresses doch etwas davon durchsickerte. Es hieß, Schweden habe die österreichischen Protestanten um Geld ihrem Schicksal überlassen. Eine Klärung durch die beteiligten Gesandten erfolgte nicht und das Mißtrauen blieb.

Noch war von den Forderungen der schwedischen Armee keine Rede, die aber nicht lange auf sich warten lassen und für Deutschland fast die schwerste von allen Kriegslasten werden sollten. Ein letzter Stein im Wege war noch die pfälzische Frage. Die Schweden schoben sie geflissentlich zurück, Maximilian von Bayern erlebte jetzt schon zum zweiten Mal, daß ein wichtiger Schritt zum Frieden geschah, ohne daß man seiner Interessen gedachte. Man versprach ihm, es werde im unmittelbaren Anschluß an die Regelung der schwedischen Satisfaktion geschehen.

Selbst nach der Unterzeichnung des Vorvertrages am 18. Februar war es noch nicht sicher, ob man sich am Ziele glauben dürfe, denn die schwedische Regierung hatte inzwischen noch einmal erwogen, ob sie nicht doch auf ganz Pommern bestehen und den von ihren Gesandten Ende Januar ausgesprochenen Teilverzicht verwerfen solle. Man legte schließlich die Entscheidung in die Hände der Gesandten selber, aber der Kanzler gab deutlich seine Unzufriedenheit mit ihrer Verhandlungsführung zu verstehen, und noch einen Monat später haben die schwedischen Gesandten den Grafen Wittgenstein zu neuen Verhandlungen drängen wollen. Wir haben darin wohl den letzten Versuch der Oxenstierna'schen Partei zu sehen, das Ergebnis noch einmal umzustürzen. Die Königin jedenfalls war zufrieden und bezeigte das, indem sie ihren Günstling und Helfer Salvius zum Reichsrat erhob.

Alles Wesentliche hatte man ja schließlich auch erreicht: Ein Ring schwedischer Häfen zog sich um die Ostsee, die Zölle aller Flußmündungen hatte man in der Hand. Auch Weser- und Elbmündung lagen unter der Mündung schwedischer Kanonen, dem dänischen Einfluß im Reich war ein Riegel vorgeschoben, zwischen ihm und Polen mit Pommern ein trennender Keil eingetrieben. Sitz und Stimme am Reichstag und im niedersächsischen Kreistag waren Schweden sicher, für alle neu erworbenen Lande erhielt es das Privileg de non appellando. Ungehindert konnte Schweden seine Truppen auf deutschen Boden hinüberführen und dort unterhalten. Gustav Adolfs Ziel, milem perpetuum im Reich zu haben, war erreicht.

Mit dem Vorvertrag vom 18. Februar hatte der Kongreß seine zweite große Aufgabe gelöst. Nachdem die Kronen allen Reichsständen die Teilnahme an den Verhandlungen erkämpft hatten, sahen sie nun auch ihre eigenen Ansprüche gesichert. Was noch zu tun blieb, war die Regelung der innerdeutschen Streitfragen. Der Kongreß trat in seine letzte Phase ein.

DRITTER TEIL

DIE DEUTSCHEN FRAGEN UND DER ABSCHLUSS DES FRIEDENS
1647 — 1648

11. Kapitel

REICHSVERFASSUNG UND FRIEDENSGARANTIE

Rechte der Stände

Die deutschen Verfassungsfragen waren dem Kongreß von zwei Seiten nahegebracht worden, von Frankreich und Schweden, weil sie eine Garantie für den Frieden brauchten, und von einigen evangelischen Reichsfürsten unter Führung Hessens, weil sie die Alleinherrschaft des Kaisers und der Kurfürsten brechen wollten. Beide Tendenzen hatten sich in den Propositionen vom Juni 1645 vereinigt. Die Mächte hatten die Wünsche der reichsfürstlichen Partei fast Wort für Wort aufgenommen und durch die Forderung übertrumpft, die Wahl eines römischen Königs bei Lebzeiten des Kaisers ein für allemal zu verbieten. Anderthalb Jahre hatte seitdem die französisch-schwedische Satisfaktion den Kongreß beschäftigt und die übrigen Fragen fast ganz verdrängt, doch hatte man nie aufgehört, sich mit ihnen zu beschäftigen. Wir müssen daher zum Ende des Jahres 1645 zurückkehren, um die Geschichte solcher Probleme wie der Friedensgarantie, der Reichsverfassungsreform und der Religionsfragen seit ihrem ersten Auftauchen am Kongreß zu verfolgen.

Wir kennen den Grundsatz des Kaisers, daß die inneren Angelegenheiten des Reiches mit den Friedensverhandlungen nichts zu tun hätten, weil sie durch den Prager Frieden im wesentlichen beigelegt seien und die fremden Mächte überdies gar nichts angingen. Diesen Standpunkt hielt der Kaiser auch fest, als er im September 1645 auf die Propositionen Frankreichs und Schwedens antwortete. Konsequent wäre es gewesen, jede Erörterung abzulehnen, aber das geschah nun wieder nicht. Man ließ sich auf einen Disput ein, indem man den fremden Mächten erklärte, es bedürfe keiner neuen Gesetze und Abmachungen über die Verfassungsfragen, da Reichsherkommen und Reichsgrundgesetze eine hinreichende Sicherung der ständischen Rechte und Freiheiten darstellten. Sei es je zu kaiserlichen Übergriffen gekommen, so liege das eben an der allgemeinen Verwirrung, die der Krieg geschaffen, nicht an böser Absicht, und werde mit dem Friedensschluß ganz von selber aufhören. Wenn aber wirklich an der Verfassung des Reiches etwas zu ändern oder zu bessern sei, so gehöre das vor einen künftigen Reichstag. Es ist klar, worauf die kaiserliche Politik damit hinauswollte: Man wünschte eine Vertagung der Verfassungsfragen bis nach dem Kriege. Aber in Wirklichkeit ließ sich das schon nicht mehr aufrecht erhalten, und man sah das wohl auch ein. Gerade damals faßten die Stände den eigenmächtigen Beschluß, auch ohne kaiserliche Ladung am Kongreß zu erscheinen, sprachen sie sich selbst das volle Stimmrecht zu. Mit Rücksicht auf sie sah man sich genötigt, zu den Verfassungsforderungen der Mächte Stellung zu nehmen.

Das geschah nun in sehr merkwürdiger Weise. Kaum eine dieser Forderungen wurde geradezu abgewiesen, nur das von Frankreich und Schweden gewünschte Verbot einer Königswahl vivente Imperatore verweigerte der Kaiser ausdrücklich. Hier waren ja auch die Kurfürsten interessiert, und wenn der Kaiser statt aller Antwort auf die Wahlfreiheit und auf die Goldene Bulle verwies, so durfte er der vollen Unterstützung der Kurfürsten, ja aller Stände sicher sein. Nicht so einfach lag es bei dem Abschnitt der schwedischen und französischen Proposition, der die Hoheitsrechte aufzählte, zu deren Ausübung die einhellige Zustimmung aller Stände nötig sei: Gesetzgebung und Gesetzesinterpretation, das jus belli mit allem was dazu gehörte, nämlich das Recht, Verträge und Bündnisse zu schließen, Kontributionen, Aushebungen und Einquartierungen anzuordnen und Befestigungen in den Gebieten der Reichsstände anzulegen; ferner das wichtige Recht des Kaisers als des obersten Lehensherrn, einem Reichsstand seine Würden, Rechte und Lande abzuerkennen. Natürlich dachte man am kaiserlichen Hof nicht entfernt daran, diese Rechte in der von Frankreich und Schweden gewünschten Art mit den Ständen zu teilen. Trotzdem wagte der Kaiser keine glatte Ablehnung. Er akzeptierte vielmehr diesen Abschnitt ausdrücklich, aber er suchte ihn auf mancherlei Art unschädlich zu machen. Zunächst ließ man in der Antwort einige Punkte der Aufzählung fort, diejenigen nämlich, die die kaiserliche Militärhoheit und die Lehens- und Gerichtshoheit über Reichsstände einschränkten. Weiter brachte man einen Zusatz an, der die Rechte des Kaisers und der Kurfürsten in jedem Fall vorbehielt und das eben Zugestandene dahin erläuterte, daß es nur gemäß den Reichsgrundgesetzen und dem alten Herkommen zu verstehen sei. Wir kennen diese Methode, Frankreich hatte sie, wie erwähnt, schon bei dem Schutzparagraphen für die elsässischen Immediatstände angewandt; ein solcher Nachsatz konnte den ganzen Inhalt eines Artikels entwerten.

Doch handelte es sich in diesem Fall nicht nur um einen schlauen Trick. Der Zusatz brachte vielmehr die kaiserliche Auffassung von den Reservatrechten des Reichsoberhauptes zum Ausdruck, die man so zur Geltung zu bringen hoffte. Es war ja ein alter Streit, ob es sich bei den jura reservata nur um einzelne, dem Kaiser von den Ständen ausdrücklich überlassene Rechte handele, oder ob umgekehrt die Stände ihre Rechte vom Kaiser hätten, in Zweifelsfällen demnach die Vermutung für ihn spräche. Dieses Prinzip wollte der Kaiser also gegenüber den Kronen durchsetzen. Ebenso erfuhr das Bündnisrecht der Fürsten in der kaiserlichen Replik eine wichtige, aber rechtlich begründete Einschränkung durch den „Treuevorbehalt": Alle Bündnisse, hieß es nach dem Vorschlag Bayerns, müßten vorbehaltlich des Eides, durch den die Stände dem Kaiser und dem Reich verpflichtet seien, geschlossen werden.

So trat die Frage der kaiserlichen Reservatrechte in den Mittelpunkt der verfassungsrechtlichen Erörterungen des Kongresses.

Die kaiserliche Antwort auf die Propositionen der beiden Mächte wurde im Frühjahr 1646 Gegenstand langer Erörterungen bei den Reichsständen. Hier teilten die Kurfürsten im wesentlichen den kaiserlichen Standpunkt, während die Fürsten eine ausdrückliche Begrenzung der kaiserlichen Reservatrechte wünschten. Bayern hatte schon den Entwurf der kaiserlichen Antwort mitberaten und dabei nicht nur den Treuevorbehalt eingefügt, sondern auch die Bedingung der Kronen bekämpft, daß die Zustimmung der Stände bei Ausübung der Hoheitsrechte einstimmig sein müsse. In der Antwort an Frankreich hatte man sie denn auch gestrichen, in der an Schweden aber stehen lassen, was die Sache natürlich um ihren Effekt brachte. Da die Reichsstände im Sommer 1645 noch nicht beratungsfähig gewesen waren und deshalb den Kaiser gebeten hatten, ihr Gutachten nicht abzuwarten, sondern den Kronen selbständig zu antworten, waren sie nun darauf angewiesen, den Standpunkt des Kaisers in diesen Fragen erst nachträglich und sehr verspätet zu bekämpfen. Bei den Beratungen der evangelischen Stände zu Osnabrück geschah das schon im Herbst 1645 in vorsichtiger Form, aber in der Sache recht nachdrücklich. Man beschränkte sich dabei nicht auf die Gegenstände der Propositionen und der kaiserlichen Repliken, die „Gravamina politica" der Evangelischen griffen auch andere Fragen auf. In ihnen ist die Frontstellung nicht nur gegen den Kaiser, sondern auch gegen die Präeminenz der Kurfürsten unverkennbar. Man beklagte sich darüber, daß der Reichstag so selten berufen werde, man verlangte, daß es künftig alle drei Jahre und bei eilender Notdurft auch öfter geschehe, man beharrte auf der Einstimmigkeit der Reichstagsbeschlüsse, die Bayern und der Kaiser verworfen hatten. Dabei ist freilich zu bemerken, daß man für gewisse Angelegenheiten das Mehrheitsprinzip gelten lassen wollte, so im Kurkolleg bei der Wahl des Reichsoberhauptes oder im Reichstag bei Angelegenheiten der Reichsverteidigung, wo das übereinstimmende Votum zweier Kurien auch die dritte binde. Alle freiwilligen Angelegenheiten aber und alle diejenigen, „die die Stände ut singuli considerieren", dürften nur einstimmig entschieden werden. Darunter verstand man vor allem die Religionsfragen, in denen überhaupt nur eine friedliche Einigung beider Konfessionsparteien gelten dürfe — man folgerte das aus dem Vertragscharakter des Religionsfriedens — aber auch Kontributionssachen und überhaupt jede Art von Reichsgesetzgebung, die Acht über Reichsstände, Beschlüsse über Krieg und Frieden, kurz alles, was die Propositionen der Mächte unter hessischem Einfluß hierher gezählt hatten. Alles das galt den Evangelischen offenbar als die Stände „ut singuli" betreffend. In der Konsequenz mußte es dahin führen, daß Einstimmigkeit die Regel, Mehrheitsentscheidung eine Ausnahme wurde und im Zweifel jene galt, und so war es offenbar auch gemeint.

Das richtete sich nun ebensowohl gegen den Kaiser wie gegen die Präeminenz der Kurfürsten, wobei sich die Fürsten mit den Städten verbanden. Nicht ohne Grund forderte das evangelische Gutachten für diese das votum decisivum, das heißt das Recht der Mitentscheidung auf Reichstagen, wo man bisher den Städten nur eine Mitberatung zugestanden hatte. Sehr entschieden tadelte das Gutachten die Übergriffe der Kurfürsten. Sie hätten sich angemaßt, in der Wahlkapitulation allgemeine Reichsangelegenheiten zu regeln, die doch nicht ihre Sache allein seien, sondern alle Stände angingen, sie hätten sich nicht gescheut, auf diesem Wege die Verfassung des Reiches abzuändern. In der Tat war ja die Wahlkapitulation eines der wichtigsten Mittel, wodurch die Kurfürsten sich ihr Übergewicht im Reich verschafft hatten und zu erhalten wußten. Aber die „niedcren Stände" forderten jetzt nicht nur ihr Recht auf Mitbestimmung zurück, sie suchten sogar einen gewissen Einfluß auf die Kaiserwahl zu gewinnen, die doch seit 1356 und länger das unbestrittene Vorrecht der Kurfürsten war. Schon in dem ersten Entwurf des evangelischen Gutachtens findet sich das. Die Kurfürsten werden hier ermahnt, darauf zu achten, daß das Römische Reich nicht zu einem Erbe gemacht werde. „Es werden auch die Herren Kurfürsten nicht uneben nehmen, wenn Fürsten und Stände bei den künftigen Erwählungen eines Römischen Kaisers nützliche Erinnerungen zu tun dem Heiligen Römischen Reich nötig befinden möchten", und in den folgenden Beratungen des Fürstenrates hat Lampadius ernstlich den Vorschlag gemacht, die Stände sollten sogar das Recht haben, in ihrer Gesamtheit oder kreisweise diese „Erinnerungen" bei der Kaiserwahl vorzutragen. Es bedurfte energischen Einspruches des brandenburgischen Vertreters im Fürstenrat, der hier die pommersche Stimme führte, um diesen Angiff abzuschlagen.

Ebenso entschieden war, wie immer natürlich in den ehrerbietigsten Formen, die Frontstellung gegen den Kaiser. Er mußte erneut den Vorwurf hören, daß er sein Recht zu Standeserhöhungen mißbraucht und ganz unwürdigen Leuten den Fürstenrang verliehen habe, zum großen Schaden des hohen und niederen Adels. Nur wer würdig sei und genug reichsunmittelbare Lande besitze, um seinen Teil an den Reichslasten zu tragen, dürfe in den Fürstenrat eintreten. Man versagte es sich auch nicht, zu dem Treuevorbehalt, den man natürlich anerkannte, die Bemerkung zu machen, hier sei zwischen Kaiser und Reich „etwas Unterschied zu machen." Was das heißen sollte, deutete man nur an, aber doch verständlich genug: Es gebühre niemandem, weder Haupt noch Gliedern, gegen das Reich irgend ein Bündnis zu machen, wie man auch nicht zweifele, daß der Kaiser seine Verpflichtung, Kurfürsten, Fürsten und Stände bei ihrem Stand, Hoheit und Würden zu erhalten, rühmlich halten werde. Das besagte doch wohl: Bündnisse gegen das Reich sind ausnahmslos verboten, gegen den Kaiser nur unter der Bedingung, daß er die Rechte der Stände ungekränkt läßt? Das Wichtigste aber war, daß die Evangelischen den Antrag stellten, die kaiserlichen Reservatrechte zur Verhütung künftiger Irrungen im einzelnen zu bezeichnen, also genau das forderten, was der Kaiser nicht wünschte. Man kann, wenn man will, den ganzen Gegensatz zwischen Kaiser und Ständen auf die Formel bringen: Soll das Enumerationsprinzip für die kaiserlichen oder für die ständischen Rechte gelten? Wer die Geltung dieses Prinzips für den anderen durchsetzte, würde das Spiel gewonnen und sich selbst eine Gewalt unbestimmten Umfangs gesichert haben, während der andere Teil in einen festen Umkreis von Rechten gebannt blieb.

Beide, der Kaiser und die evangelische Fürstenpartei, gingen von der Voraussetzung aus, daß ihre Auffassung dem Geist und althergebrachten Sinn der Reichsverfassung entspreche, beiderseits war man überzeugt, keineswegs etwas Neues zu verlangen, sondern auf altem Rechtsboden zu stehen. Auch die Schweden erklärten am 7. Januar 1646 in ihrer Antwort auf die kaiserliche Replik, was sie hinsichtlich der jura Majestatica gefordert hätten, sei nicht mehr, als was vordem Brauch gewesen. Franzosen und Schweden verfolgten dabei zwei taktische Ziele: Sie suchten einmal eine klare Unterscheidung zwischen Kaiser und Reich und den Rechten beider einzuführen. So erklärten die Franzosen ausdrücklich, nur mit dem Kaiser und nicht mit dem Reich im Krieg zu stehen, so gaben die Schweden einen Treuevorbehalt nur zugunsten des Reiches, nicht aber des Kaisers zu, „dann wann der Kaiser etwas contra imperii jura tun wollte, so wären die foedera zugelassen."

Zweitens suchten sie ihre Gegner zu einer Aufzählung der Reservatrechte des Kaisers zu veranlassen, denn so ist wohl die offenbar verabredete Bitte beider Kronen aufzufassen, man möge ihnen näher erklären, was unter dem Vorbehalt der Rechte des Kaisers und der Kurfürsten zu verstehen sei?

Dagegen traten die beiden Mächte in der Frage der römischen Königswahl schon im Januar 1646 deutlich den Rückzug an. Die Schweden erwähnten sie nicht mehr, die Franzosen gaben ihrer Forderung eine Wendung, die den Schein einer Kränkung der kurfürstlichen Rechte vermeiden sollte: Sie schlugen jetzt nur noch vor, die Wahl eines römischen Königs aus dem regierenden Kaiserhaus zu verbieten, damit das Reich nicht erblich werde, umso besser werde dann die Freiheit der Kurfürsten gewahrt sein.

Man war sich im kaiserlichen Lager darüber klar, daß eine Definition der Reservatrechte abzulehnen sei. Die Gesandten betonten ferner in ihrem nach Wien übersandten Gutachten, man müsse darin festhalten, daß die Goldene Bulle, die Wahlkapitulation, die Reichskonstitutionen und das Reichsherkommen das Verhältnis von Kaiser und Ständen hinreichend bestimmten. Was die Kronen für die Gesamtheit der Stände zu fordern willens seien, gehöre in Wirklichkeit nur zum Teil den Reichsständen, anderes zur Kompetenz der Kurfürsten oder eines Ausschusses der Stände, und bei diesem Herkommen müsse es bleiben. Keinesfalls stehe es den fremden Mächten zu, hier irgendwelche Bestimmungen zu treffen. Das gebühre allenfalls in Zweifelsfällen dem Reichstage, und vollends bedürfe es keiner auswärtigen Bündnisse, um etwaige Zuwiderhandlungen des Kaisers zu ahnden, weil das Reich für sich selbst mächtig genug sei, einem solchen Vorhaben zu begegnen. Für die Königswahl sei erneut auf die in der Goldenen Bulle verankerte Wahlfreiheit der Kurfürsten zu verweisen.

In den monatelangen Beratungen, die darauf folgten, schieden sich die Geister unter den Ständen. Es zeigte sich jetzt, daß die Mehrheit mit dem, was der Kaiser bisher bewilligt hatte, zufrieden war und eine weitere Einmischung der Kronen ungern sah. Bei den Kurfürsten war das ohnehin klar, aber auch die katholische Mehrheit des Fürstenrates und selbst ein Teil der evangelischen Minderheit dachte so. Hessen-Kassel blieb mit seinem evangelischen Anhang im Fürstenrat allein. Das führte im späteren Verlauf dahin, daß im Friedensvertrag nur ein Teil der Verfassungsforderungen, nämlich die von der Mehrheit vertretenen, bewilligt wurde und die Wünsche der Minderheit einem künftigen Reichstag zur Erledigung zugeschrieben wurden. Die Spezifizierung der ständischen Rechte in der Form, wie der Kaiser sie im September 1645 zugestanden hatte, genügte den meisten Reichsständen durchaus, an einer ausdrücklichen Begrenzung der kaiserlichen Reservatrechte war keinem so recht gelegen. Niemand stimmte dieser Forderung der Kronen und der evangelischen Fürstenpartei zu. Allerdings waren wohl die Motive der Kurfürsten und der Mehrheit des Fürstenrates dabei verschieden. Das kurfürstliche Gutachten erklärte geradezu, daß dem Kaiser „alles dasjenige an Hoheit, Jurisdiktion, Autorität, Macht und Gewalt allein zustehe, was den Kurfürsten und Ständen vermöge der Wahlkapitulation, Güldenen Bulle und Reichskonstitutionen nicht participative ausbehalten worden," machte sich also die kaiserliche Auffassung zu eigen. Am liebsten hätten daher die Kurfürsten auch die Klausel, die dem Kaiser seine Reservatrechte und ihnen ihre Präeminenz vorbehielt, gerettet, aber die lehnte der Fürstenrat in seiner Mehrheit ab. Freilich nicht, weil er die kaiserliche These geradezu mißbilligt hätte, jedenfalls sprach er das nicht aus.

Die Streichung wurde vielmehr damit begründet, es könne über die Klausel vielleicht zu Weiterungen mit den Kronen kommen. Der Kaiser möge deshalb auf sie verzichten, und die beanstandeten Worte könnten schon deshalb ohne Sorge ausgelassen werden, „weil man selbe für sich selbsten bei diesem Articul verstehet." Ein Argument, das niemanden überzeugen konnte, denn der Sinn der Streichung war völlig klar: Sie beseitigte das Prinzip einer grundsätzlich allumfassenden kaiserlichen Gewalt! Freilich wurde dadurch noch nicht eine ständische Gewalt unbestimmten Umfanges an ihre Stelle gesetzt, wohl aber die ganze Streitfrage nach dem Inhaber der höchsten Gewalt im Reich offen gelassen.

Es zeigte sich ferner, daß die Stände in der Frage des Bündnisrechtes ganz auf Seiten des Kaisers standen. Wieder machten die Kronen die Erfahrung, daß sie mancherlei von den deutschen Fürsten erwarten konnten, niemals aber eine klare Frontstellung gegen den Kaiser. Soweit wir sehen, hat sich bei den Ständeberatungen keine Stimme dafür erhoben, den Treuevorbehalt irgendwie zu verklausulieren.

Kaiser und Reich waren nun einmal im Bewußtsein der Deutschen nicht zu trennen. Der Kurfürstenrat wollte der Bündnisfreiheit sogar noch engere Fesseln anlegen; er verwies in seinem Gutachten auf den Wormser Reichsabschied von 1495, der auswärtige Bündnisse der Genehmigung des Reichstages unterworfen hatte, aber diese Erinnerung konnte dem Kaiser nicht angenehm sein, denn damit wären ja auch seine Bündnisse unter Aufsicht gestellt worden. Zu allem Überfluß erinnerten die Kurfürsten bei dieser Gelegenheit noch daran, daß ja auch die Wahlkapitulation dem Kaiser Bündnisse ohne kurfürstlichen Konsens verbiete, weshalb für die Stände erst recht keine vollkommene Bündnisfreiheit bestehen könne.

Überhaupt trat bei diesen Beratungen der Gegensatz zwischen Kurfürsten und Fürsten viel stärker hervor als der zwischen Kaiser und Ständen. Daß Frankreich die Frage der römischen Königswahl erneut aufgegriffen hatte, gab dem evangelischen Teil des Fürstenrates willkommenen Anlaß, seine Angriffe gegen die kurfürstliche Präeminenz fortzusetzen. Der braunschweigische Gesandte Lampadius sprach von den „unleidentlichen Eingriffen" der Kurfürsten, die mit Hilfe der Wahlkapitulation bald Rechte des Kaisers, bald solche der Fürsten an sich zögen, wodurch eine ständige Unruhe in die Reichsangelegenheiten komme. Er warnte vor einer Oligarchie, man müsse jetzt oder spätestens beim nächsten Reichstag zu einer beständigen Wahlkapitulation kommen, an deren Veränderung jeweils auch der Reichstag zu beteiligen sei. Und was die Königswahl selbst betraf, so schloß eigentlich die Form, die die Franzosen zuletzt ihrem Vorschlag gegeben hatten, jede Spitze gegen die Kurfürsten aus, und doch nahm man ihn zum Anlaß, um den Kurfürsten am Zeuge zu flicken. Der Fürstenrat in Osnabrück beantragte, die Bestimmung des Vertrages von Kaden 1534 zu erneuern, wonach die Frage, ob die Wahl eines römischen Königs überhaupt erforderlich sei, jedesmal zuvor geprüft werden sollte, ehe ein Wahltag einberufen wurde. Nur daß der Vertrag von Kaden diese Vorberatung dem Kollegialtag zugewiesen hatte, während man sie jetzt für den Reichstag forderte. Als Begründung diente, die Franzosen wollten dem Hause Österreich die Kaiserkrone entziehen, vielleicht würden sie sich mit diesem Vorschlag abfinden lassen. In Wirklichkeit war die Tendenz gegen die Kurfürsten deutlich genug. Auch hier trat sofort der brandenburgische Gesandte energisch für das ungeschmälerte Wahlrecht der Kurfürsten ein, aber der Vorschlag fand Beifall bei der evangelischen Mehrheit des Fürstenrates. Man suchte sie damit abzufertigen, daß die ganze Frage ja auf einem künftigen Reichstag entschieden werden könne, nur nicht jetzt. Aber die Mehrheit in Osnabrück blieb trotz des Widerspruches des katholischen Teils bei ihrem Verlangen. Freilich lehnte der Fürstenrat in Münster die Sache ab, so daß der Vorschlag schließlich nur als Minderheitsvotum im Anhang zu dem Gutachten des Fürstenrates Platz fand.

Am Ende der ständischen Beratungen hatte sich eine klare Mehrheit gebildet, auf die sich die kaiserlichen Bevollmächtigten bei ihrer Antwort an die Kronen im Mai 1646 stützen konnten. Sie brauchten keinen Schritt weiter zu gehen als im Herbst zuvor und konnten sich mit der Wiederholung des damals Zugestandenen begnügen. Die Folge war, daß die evangelische Fürstenpartei sich mit ihren politischen Sonderbeschwerden allein sah, und so ist es geblieben: Regelmäßige Reichstage, Wiederherstellung der Kreisverfassung, Überprüfung der Reichsmatrikel, Beschwerden gegen die Kurfürsten, das alles kam nicht in das Gesamtgutachten der Reichsstände hinein. Nur in den „Gravamina politica" der Protestanten spielte es seine Rolle weiter.

Damit waren die Bestimmungen des Friedensvertrages über die Rechte der Stände so gut wie fertig. Die im Mai 1646 erreichte Fassung ist später nur noch unwesentlich verändert worden. Man ist auf die jura statuum, nach den spärlichen Nachrichten zu schließen, nur noch gelegentlich und ohne rechten Nachdruck zurückgekommen. Im Juli 1646 unternahmen Franzosen und Schweden einen neuen Vorstoß gegen die Klausel, die die kaiserlichen Reservatrechte vorbehalten hatte und an der die Unterhändler des Kaisers noch festhielten, und für eine Regelung der Königswahl vivo Imperatore. Volmar hielt ihnen entgegen, die kaiserliche Gewalt sei grundsätzlich allumfassend (generalis), soweit sie nicht im Einzelfall durch Gesetz ausdrücklich beschränkt sei, für die Königswahl verwies er erneut auf die Goldene Bulle und die Wahlfreiheit der Kurfürsten. Die Schweden haben dann noch einmal im April 1647 versucht, die Forderungen der evangelischen Fürstenpartei durchzusetzen. Ihr Entwurf wollte alle kurfürstlichen Beratungen über allgemeine Reichsangelegenheiten, wollte auch die Frage, ob ein römischer König zu wählen sei, und die Festsetzung einer ständigen Wahlkapitulation sowie die Aberkennung reichsständischer Rechte und Territorien der Kontrolle und Genehmigung des Reichstages unterwerfen, der mindestens alle drei Jahre zu berufen sei. Sie wollten ferner den besonderen Kurfürstenrat bei Deputationstagen verbieten und das Recht zu Bündnissen gegen einen Kaiser, der sich der Verfassungsverletzung schuldig mache, ausdrücklich statuieren. Es ist merkwürdig, wie unbedenklich Schweden hier die Partei der Fürsten gegen die Kurfürsten ergriff und sich noch einmal alle ihre Forderungen zu eigen machte, die doch auf nichts anderes hinausliefen, als den Vorrang der Kurfürsten zu beseitigen und alle ihre Privilegien mit Ausnahme des Wahlrechtes zugunsten des Reichstages zu kassieren. Im Osnabrücker Fürstenrat sekundierten auch einige katholische Stände wie Salzburg und Würzburg diesem Verlangen.

Im Juni 1647 ist dann bereits die endgültige Fassung des Friedenstextes bis auf Kleinigkeiten erreicht. Man hat sich inzwischen geeinigt: Der Kaiser hat den Vorbehalt seiner Reservatrechte, die Kurfürsten haben die Kontrolle der ständischen Bündnisse durch den Reichstag geopfert, die Schweden haben zugestanden, daß die Königswahl, die Frage der Acht gegen Reichsstände und die anderen Reformvorschläge der Fürstenpartei, für die sich keine Mehrheit unter den Ständen gefunden hatte, dem künftigen Reichstag zur Entscheidung zu überlassen seien. Die Franzosen haben sich anscheinend diesem Kompromiß angeschlossen.

Ziehen wir das Fazit: Der Friedensvertrag (VIII § 1 und 2 IPO) bestätigte die volle Landeshoheit der Reichsstände und band den Kaiser in der Gesetzgebung und in Ausübung des jus pacis et belli mit allem, was herkömmlich dazu gerechnet wurde, nämlich Kriegserklärung, Kriegssteuern, Aushebungen, Befestigungsrecht, Friedensschluß und Bündnisse im Namen des Reiches, an die Zustimmung des Reichstages. Dabei ist unter den Worten „de comitiali liberoque omnium imperii statuum suffragio et consensu" nur ein ordentlicher, unter Mitwirkung aller Stände vollzogener Reichstagsbeschluß zu verstehen. Ein einstimmiger Beschluß ist nicht gemeint, denn das „unanimi consensu" des französischen Entwurfes kehrte nicht wieder. Damit waren diejenigen Reichsverfassungsbestimmungen gesichert, in denen Kurfürsten und Stände beider Konfessionen übereinstimmten, an denen auch den Kronen um ihrer Sicherheit willen am meisten gelegen war. Alle anderen, unter den Ständen selbst strittigen Fragen — sie betrafen in der Hauptsache die großen Fragenkomplexe der Königswahl, der ständigen Wahlkapitulation, der kaiserlichen Gerichtsbarkeit in Lehenssachen, der Kreisverfassung, der Reichsmatrikel — blieben dem künftigen Reichstag vorbehalten. Die Hauptfrage der Verfassungsverhandlungen aber, ob die kaiserliche Regierungsgewalt allgemein und überall gelte, soweit sie nicht ausdrücklich gesetzlich beschränkt sei, blieb unentschieden. Sie hat auch nach dem Westfälischen Frieden noch eine gewisse Rolle gespielt. Aber es waren dem Kaiser dadurch, daß er in Ausübung der wichtigsten Hoheitsrechte fortan an die Zustimmung der Stände gebunden war, doch solche Schranken gezogen, daß für irgendwelche Reservatrechte nur noch ein beschränkter Raum blieb und der Versuch, das Reich monarchisch zu regieren, hinfort nicht mehr gewagt werden konnte.

Assecuratio pacis und Antiprotestklausel

Entgegen ihrer ursprünglichen Meinung hatten die Schweden sich im Juni 1645 entschlossen, eine Garantie des Friedens durch einen Beistandspakt beider Kronen mit den Ständen auf ihr Programm zu schreiben. Auch haben sie, wie soeben berichtet, bei den Verhandlungen über die jura statuum ein Bündnisrecht der Stände gegen den Kaiser verfochten. Und das, obwohl sie selber von Anfang an daran zweifelten, ob die Reichsstände sich jemals zu einem aktiven Widerstand gegen das Reichsoberhaupt verstehen würden. Hatte dann aber eine Garantie des Friedens durch die Stände irgendeinen Sinn?

Was auch immer die Gründe der Schweden gewesen sein mögen, die Frage der Assecuratio pacis war durch ihre Initiative auf die Tagesordnung gekommen, einer Assecuratio in der ganz bestimmten Form einer Beistandspflicht, die auf Anruf eines Geschädigten automatisch eintreten sollte. Der Unterschied der schwedischen und französischen Konzeption war nur der, daß Schweden diese Verpflichtung auf die beiden Kronen und ihre Bundesgenossen beschränken wollte, während Frankreich eine Verpflichtung *aller* Vertragschließenden wünschte. Letztlich verbarg sich dahinter der alte Gegensatz schwedisch-protestantischer und französisch-reichsständischer, das heißt interkonfessioneller Bündnispolitik. Das ergab sich schon bei dem Gedankenaustausch der beiden Mächte im Sommer 1645, im Anschluß an die ersten Propositionen und die eben genannte schwedische Forderung. Die Franzosen wünschten, daß man in die nächste Proposition ihren Garantievorschlag einrücke, die Schweden erwiderten, eine allgemeine gegenseitige Beistandsverpflichtung aller Vertragspartner zu fordern sei Sache des Kaisers, nicht die ihre. Offensichtlich dachten sie realistisch. Sie glaubten an die Fortdauer der verschiedenen Interessen und den Fortbestand der beiden Mächtegruppen auch nach Friedensschluß und wünschten ihn sogar, während die französische Politik die Spaltung überwinden und den Ehrgeiz Habsburgs durch eine allen Mächten gemeinsame Rechtsordnung zügeln wollte.

Die kaiserliche Antwort vom September 1645 konnte sich natürlich, da der französische Vorschlag noch nicht vorlag, nur mit dem schwedischen Projekt befassen. Auch sie rechnete mit einem künftigen beständigen Gegenüber der beiden kriegführenden Gruppen und wollte der gegenseitigen Beistandsverpflichtung der Kronen und ihrer Anhänger eine solche zwischen dem Kaiser und seinen Bundesgenossen entgegenstellen. Das Gefährliche an dem schwedischen Vorschlag war ja, daß die Stände des Reiches oder doch ein erheblicher Teil von ihnen zu den Anhängern der Kronen gezählt waren und verpflichtet werden sollten, gegebenenfalls auch gegen den Kaiser Beistand zu leisten. Es geschah deshalb mit Vorbedacht, wenn die kaiserliche Antwort bei der Aufzählung der Garanten die Worte „atque universi status Imperii" aus dem schwedischen Text nicht übernahm und nur in unbestimmter Form von den beiden Parteien, ihren Anhängern und Verbündeten redete. Sie machte eben den stillschweigenden Vorbehalt, daß die Reichsstände in jedem Falle zur kaiserlichen Partei zu rechnen seien. Zweitens aber schaltete der kaiserliche Plan vor die Verpflichtung zum bewaffneten Beistand ein Schlichtungsverfahren. Erst wenn dieses binnen eines noch zu vereinbarenden Zeitraumes erfolglos bleiben sollte, dürfe dem Geschädigten seine Bitte um Beistand erfüllt werden. Dieser Vorschlag war dem Kaiser besonders wichtig; er sollte verhindern, daß ein Vertragspartner, der sich geschädigt glaubte, ohne rechtliche Prüfung der Sache zur Selbsthilfe schritt und den Beistand der Garanten anrief.

Diese kaiserliche Duplik führte also die Frage der Friedensgarantie in doppelter Weise weiter und stellte insoweit nur eine Vervollständigung des schwedischen Vorschlages dar; sie sprach beiden Parteien zu, was die Schweden nur für die eine gefordert hatten. Sie tat es freilich noch nicht deutlich genug, und diese Zurückhaltung der kaiserlichen Bevollmächtigten wurde im Geheimen Rat in Wien getadelt, denn damit werde der schwedische Hieb nicht pariert. Man wies die Gesandten an, das nächstemal die volle Gegenseitigkeit, das heißt auch die ausdrückliche Benennung der französischen und schwedischen Stände zu fordern, oder noch besser von den „universi status alterius partis" zu sprechen. So geschah es: Als die Schweden in ihrer Duplik vom Januar 1646 ausdrücklich erklärten, daß sie die Stände als tertii intervenientes zwischen Kaiser und Kronen ansehen müßten, erhielten sie diesmal sogleich die unzweideutige Antwort: Die Reichsstände könnten ebensowenig gegen ihre Obrigkeit verpflichtet werden wie die französischen und schwedischen Stände gegen die ihre.

Dagegen kam die französische Duplik vom Januar 1646 dem Hauptanliegen des Kaisers in gewissem Sinne entgegen. Natürlich nicht hinsichtlich der Beistandsverpflichtung ihrer eigenen Stände, denn niemals hätten Franzosen oder Schweden zugegeben, daß diese mit den Reichsständen verfassungsrechtlich gleichzustellen seien. Sie haben immer betont, das Reich sei eine ständische Aristokratie, ihre Könige aber seien absolut und ihre Stände bloße Untertanen. Aber die französische

Antwort brachte doch etwas grundsätzlich Neues gegenüber dem schwedischen Vorschlag, denn sie ging gleichfalls, wenn auch anders als der Kaiser, von dem Prinzip der Gegenseitigkeit aus. Sie führte nämlich zum erstenmal den Gedanken der allgemeinen Liga aller vertragschließenden Mächte ein, einer Liga mit allumfassender gegenseitiger Beistandsverpflichtung, die sich gegen jeden Friedensstörer, gleich welcher Partei, richten sollte. Wir erkennen den alten Plan Richelieus wieder. Er zuerst hatte ja den Gedanken der kollektiven Sicherheit voll ausgebildet, den Gedanken einer Ordnung, die alle umfaßt, alle verpflichtet und sicherstellt und gegen jeden möglichen Friedensbrecher, auch den aus den eigenen Reihen, wirksam werden kann.

Dieser Vorschlag wies den weiteren Verhandlungen die Richtung. Die französische Lösung des Problems schien den kaiserlichen Gesandten eben deshalb weit annehmbarer, weil sie eine reziproke Verpflichtung vorsah. Zwar waren die Reichsstände auch hier erwähnt, aber in einem anderen Sinne als bei den Schweden, nämlich als selbständige Garanten des Friedens, so daß sie nicht von vornherein zu einer Partei zählten, sondern einzeln sowohl zum Kaiser wie auch zu den Kronen treten konnten, je nachdem wer den Frieden verletzte und den Garantiefall herbeiführte. Hiergegen, so erklärten die kaiserlichen Räte in Wien, hätten sie kein Bedenken, wenn wiederum volle Gegenseitigkeit bewilligt und den französischen und schwedischen Ständen die gleiche Verpflichtung auferlegt werde, also auch sie selbständige Garanten würden und dem verletzten Teil gegen ihren eigenen König Hilfe zu leisten hätten. Entsprechend diesen Weisungen formulierten nun die Kaiserlichen das Prinzip der Gleichberechtigung so, daß die Reichsstände zur Partei des Kaisers, die französischen und schwedischen Stände zu der ihres Königs zu zählen und also beiderseits die Stände zu verpflichten seien, die Verträge mit zu garantieren, das heißt sowohl ihre eigenen Herren zur Vertragstreue anzuhalten als auch ihnen gegen Vertragsverletzungen der anderen Seite Beistand zu leisten. Sie wollten also nach mittelalterlichem Brauch auf beiden Seiten die Lehensleute als conservatores pacis bestellen und beriefen sich dafür auf den Frieden von Cambrai 1529, der die Registrierung des Vertrages durch das französische Parlament und die Ratifikation durch die Generalstände vorgesehen hatte. Sie verstanden die volle Gegenseitigkeit also auch als eine solche der beiderseitigen Verfassungszustände und folgerten daraus, daß beiderseits die Stände entweder ausdrücklich zu benennen oder auszulassen seien, „weiln Kaiserliche Majestät mit den Ständen ein Corpus machen, darunter sie das Haupt sein", oder, wie der österreichische Gesandte im Fürstenrat es etwas vorsichtiger ausdrückte, „quia nullus Imperator est sine Statibus", so daß es ihrer Erwähnung nicht besonders bedürfe. Daß die Stände im Reich tatsächlich längst etwas anderes waren als in Frankreich oder Schweden, wollte man eben nicht wahrhaben. „Man wüßte wohl", erklärte Volmar dem Grafen Oxenstierna, „daß jetzigerzeit in Frankreich ein solch absolutum dominium eingeführt, dergleichen vor diesem nicht üblich gewesen, und eben darum hätte man desto mehr Ursach, auf angedeutete reciprocation zu dringen".

Die Stellung der Reichsstände in dem vorgeschlagenen Garantiesystem blieb also noch zu klären. Aber es bestand auch noch ein anderes Bedenken: Eine sofort wirkende automatische Beistandsverpflichtung drohte alle Regeln außer Kraft zu setzen, die für die Beilegung von Konflikten unter den Reichsständen galten, drohte vor allem die Reichsjustiz über den Haufen zu werfen. Denn wenn die Reichsstände als selbständige Garanten des Friedens anerkannt wurden, bestand die

Gefahr, daß ein Reichsstand, statt die vorgeschriebenen Mittel friedlicher Beilegung in Anspruch zu nehmen oder seine Beschwerden auf dem Rechtswege vorzubringen, sich kurzerhand an die übrigen Garanten des Friedens wendete. Da gewann die vom Kaiser gestellte Bedingung, daß zuerst der Weg einer friedlichen Einigung (amicabilis compositio) oder Rechtsentscheidung (juris disceptatio) zu wählen sei, ehe die Garanten angerufen werden dürften, besondere Bedeutung. Selbst die evangelischen Stände hatten diesen Vorschlag freudig begrüßt. Die kaiserlichen Gesandten schlugen jetzt eine Frist von drei Jahren vor, lang genug, um die erwähnten Mittel friedlicher Erledigung anzuwenden. Diese Frist sollte für alle Streitfälle aus dem Frieden gelten, nicht nur für solche der Reichsglieder untereinander, aber es ist wohl kein Zweifel, daß man diese vor allem im Auge hatte.

Die Beratungen der Reichsstände über die Assecuratio beschäftigten sich fast ausschließlich mit diesem Punkt, ein Beweis, mit welchem Mißtrauen auch sie die französisch-schwedischen Garantiepläne betrachteten. Sie waren keineswegs beglückt über die Aussicht, in ein völkerrechtliches Garantiesystem dieser Art eingespannt zu werden. Sie fürchteten die schwer zu übersehenden Verpflichtungen, die ihnen daraus erwachsen konnten, und wünschten deshalb Fristen, Art und Form für die vorher anzuwendenden friedlichen Streiterledigungsmittel unbedingt im Friedensvertrag geregelt zu sehen. Fast noch mehr aber fürchteten sie die „Hilfeleistung" der mächtigen Garanten. Der Kurfürstenrat erinnerte ausdrücklich daran, welche bösen Erfahrungen man in diesem Krieg gemacht habe und wie beschwerlich dem Reich die Rechnung fallen müsse, die die Mächte für ihre Hilfeleistung unter dem Namen der Satisfaktion und Kriegskostenerstattung präsentieren würden. Sofern Reichssachen im Friedensvertrag geregelt würden, solle der Kaiser deshalb nur die Exekutionsordnung und die Reichsgesetze zur Sicherung zulassen und die Kronen ersuchen, sich in Reichsangelegenheiten nicht einzumischen. Nur soweit die eigene Sicherheit der Mächte in Frage stehe, möge ihnen die im Völkerrecht übliche Garantie geboten werden. Für die Reichsangelegenheiten lehnte der Kurfürstenrat also eine internationale Garantie überhaupt ab, ja er wollte diese Sachen am liebsten gar nicht in den Vertrag mit den Kronen aufgenommen wissen, sondern zwischen Kaiser und Ständen allein abgehandelt sehen; allenfalls könne im Friedensvertrag auf diese Abmachungen verwiesen werden. Bei solchem Verfahren würde sich auch die von den Kronen geforderte Unterzeichnung des Friedens durch die Reichsstände erübrigen, die ohnehin nach dem Herkommen allein Sache des Kaisers sei.

So äußerte sich auch die katholische Mehrheit des Fürstenrates. Man vergaß, daß die fremden Mächte eben gerade in der Garantie eines bestimmten deutschen Verfassungszustandes ihre Sicherheit sahen. Aber auch die Evangelischen hatten Grund, dem überlieferten reichsrechtlichen Verfahren und dem guten Willen des Kaisers und ihrer katholischen Mitstände allein nicht zu trauen. Brandenburg gab im Kurfürstenrat ein Sondervotum ab, es sei nicht ratsam, auf die vorgeschlagene allgemeine Liga zu verzichten oder um die Einbeziehung der Reichsstände in das Garantiesystem lange zu streiten. Der Städterat forderte geradezu, die von Schweden verlangten Worte „atque universi status Imperii" müßten stehenbleiben, und die evangelischen Stände in Osnabrück einigten sich insgesamt auf eigene Vorschläge zur Friedenssicherung, die „capita assecurationis", die im Januar 1646 aufgestellt wurden. Es ging in diesem Schriftstück nicht um die völkerrechtliche, sondern um die reichsrechtliche Garantie des Friedens, von der bisher noch kaum die Rede gewesen war. Allerdings war auch diese Seite der Sache in Betracht zu ziehen, der Frieden mußte auch im Reichsrecht fest verankert werden. Freilich, wie die Erfahrungen mit dem Religionsfrieden lehrten, kein ganz leichtes Unterfangen. Die feierlichsten Versicherungen, die man sich in Augsburg gegeben hatte, die Aufnahme des Friedens in die kaiserliche Wahlkapitulation und seine mehrfache Bestätigung auf späteren Reichstagen hatten nicht hindern können, daß man ihn auf beiden Seiten mißachtet und vielfach durchbrochen hatte; selbst der Rechtsschutz durch die höchsten Gerichte des Reiches hatte schließlich versagt. Angesichts solcher Erfahrungen hatte man sich in evangelischen Kreisen schon mehrfach Gedanken gemacht, wie man sich künftig besser sichern könne. Die hessische Instruktion hatte von ,,allerhand nötigen und verbindlichen Clausuln wie auch ein und anderer in casum contraventionis eingerichteter Poenalstipulation" und von einer Ratifikation des Friedens durch alle Hauptinteressenten gesprochen, aber wie das im einzelnen aussehen sollte, darüber war man sich noch nicht klar. Erst jetzt, Anfang 1646, tauchten präzise Vorschläge, eben die genannten capita assecurationis, auf.

Man forderte darin zunächst die gleichen Sicherungen für den Frieden wie einst für den Augsburger Religionsfrieden: Aufnahme in die Wahlkapitulation, Bestätigung durch die künftigen Reichstage, Anerkennung als ewiges Grundgesetz des Reiches und Mitteilung an alle Reichsgerichte, damit sie in ihrer Rechtsprechung an ihn gebunden seien. Einst hatte der Bischof von Augsburg den Religionsfrieden nicht angenommen und für sich als unverbindlich erklärt, dies sollte verhindert und der Friedensschluß als bindend auch für die abwesenden Stände bezeichnet werden. Aber man ging noch weiter. Der Religionsfrieden war auch durch die im gleichen Abschied beschlossene Exekutionsordnung gesichert worden, die seither die innere Ruhe im Reich und den Frieden unter den Ständen mehr schlecht als recht gewährleistet hatte. Man war schon lange der Ansicht, daß diese Ordnung an sich gut, aber durch kaiserliche Willkür durchbrochen und um ihre Wirkung gebracht worden sei, ihre Erneuerung und die Wiederherstellung der Kreisverfassung waren alte evangelische Forderungen. Auch jetzt tauchten sie wieder auf, und mit ihnen forderte man die alte Landfriedensbestimmung, daß die Friedensbrecher Land und Leute verwirken sollten. Aber es genügte nicht, die alte Kreisordnung wieder herzustellen, man mußte sie auch gegen Willkür schützen. Daher die Forderung, daß kaiserliche und gerichtliche Inhibitionen gegen die Kreisverfassung nichtig sein und ein vom Kaiser angegriffener Reichsstand das Recht haben solle, an einen Reichstag zu appellieren, den der Kaiser oder Kurmainz auf sein Ersuchen ausschreiben müßten. Ja man wollte sogar jedem Reichsstand gegen einen Störer des Friedens das Recht der Selbsthilfe zuerkennen.

Die capita assecurationis enthielten aber noch eine dritte Gruppe von Bestimmungen, die den Frieden auch gegen die geistliche Gewalt sichern sollten, und diese müssen uns besonders beschäftigen. Sie führen uns zunächst auf die Frage, welche Stellung der päpstliche Stuhl zu den Friedensverhandlungen einnahm.

Urban VIII. hatte zur Zeit des Kölner Kongresses bei voller Wahrung der katholischen Grundsätze doch einiges dazu getan, einen Frieden mit den protestantischen Mächten indirekt zu fördern und sie zunächst einmal an den Verhandlungstisch zu bringen. Sein Amt zog ihm bei allen Friedensbemühungen enge Schranken. Er konnte keinem Vertrag zustimmen, der kirchliche Interessen verletzte, er durfte höchstens Sonderverhandlungen mit den Protestanten, niemals aber ihre Zuziehung zum allgemeinen Kongreß hingehen lassen, und er konnte selbst diese Sonderverhandlungen nie offiziell anerkennen, mußte sogar unter Umständen gegen sie protestieren. Aber er hatte, wie wir wissen, diesen Grundsätzen eine weitherzige Auslegung gegeben.

Die päpstliche Politik ist nun auf diesem Wege nicht verblieben, hat vielmehr später eine schroff ablehnende Haltung zu den Verhandlungen mit den Protestanten eingenommen, die in dem feierlichen Protest gegen den Frieden durch das Breve Zelo domus Dei vom 20. November 1648 gipfelte. Aber mußte es wirklich zu dieser Haltung kommen, war sie notwendig? Wäre nicht auch ein stillschweigendes Geschehenlassen denkbar gewesen, ein Verfahren, das den Gegensatz wenigstens unausgesprochen ließ? Denn es war doch nun einmal so, daß die Kurie, die den Gedanken des europäischen Friedens am eifrigsten vertreten hatte, mit diesem Protest in entschiedenen Gegensatz zu der europäischen Staatenwelt trat und sich selbst aus der neu gegründeten Völkerrechtsgemeinschaft ausschloß. Und es ist kaum denkbar, daß man sich in Rom darüber getäuscht haben sollte. Der Übergang zu einer radikalen Protesthaltung während der Westfälischen Friedensverhandlungen ist sicher mit dem vollen Bewußtsein seiner Tragweite beschlossen worden.

Die Frage ist, wann und aus welchen Gründen dies geschah. Es geht wohlgemerkt nur darum, seit wann man einen *öffentlichen* Protest erwogen hat, der die päpstliche Politik für alle Zukunft festlegen mußte. Daß der Papst während des Kölner Kongresses, beim Regensburger Reichstag und bei anderen Gelegenheiten diplomatisch intervenierte und die katholischen Mächte vor Zugeständnissen an die Protestanten warnte, wohl auch mündlich protestieren ließ, beweist noch nicht, daß die Kurie schon damals entschlossen gewesen wäre, ihren Einspruch öffentlich zu bekunden. Vielmehr zeigt die Instruktion, die im Sommer 1643 dem neuen päpstlichen Legaten Rosetti ausgestellt wurde, eine sehr vorsichtige und milde Ausdrucksweise. Sie band dem Legaten hinsichtlich der Konzessionen an die Protestanten möglichst wenig die Hände. Man rechnete mit Zugeständnissen an sie und wollte den unvermeidlichen Kompromiß möglichst günstig gestalten. Aber noch sah man nicht recht, wie das geschehen könne, ohne daß diese Haltung zugleich als eine Anerkennung der Konzessionen durch den Heiligen Stuhl ausgelegt würde. Auch jetzt blieb es dabei, daß die Kurie keinen Vertrag, der die Protestanten einschloß, unterzeichnen oder öffentlich billigen konnte, aber man wollte doch auch dem Papst die Ehre der Friedensvermittlung retten und seine vermittelnde Tätigkeit im Friedensvertrag erwähnt sehen. So blieb nur ein Weg: Im Frieden von Vervins 1598 hatte man die Abmachungen mit Oranien in einen Nebenvertrag verwiesen, in dem der Papst unerwähnt blieb; so gedachte man auch jetzt zu verfahren. In den Vertrag der katholischen Mächte sollte außerdem eine Klausel eingerückt werden, daß aus ihm dem Heiligen Stuhl und der Kirche kein Präjudiz erwachsen dürfe. Die Klausel, deren Wortlaut die Instruktion vorschrieb, war so gefaßt, daß sie genau genommen alle etwaigen Zugeständnisse an die Häretiker aufhob. Es war kaum denkbar, daß die Mächte sie in dieser Form annehmen würden, und die Kurie konnte daher leicht auf den Weg eines wirkungslosen Protestes gedrängt werden. Man hat in Rom der Frage weiter nachgedacht und im Jahre darauf, als dem neuen Friedensvermittler Fabio Chigi seine Instruktion zu erteilen war, sogar den Verzicht auf die Klausel erwogen und den

Nuntius gewarnt, auf ihr zu bestehen, wenn sich daraus Schwierigkeiten mit den katholischen Mächten ergeben sollten. In diesem Falle sollte nur die eine Bedingung gestellt werden, daß kein Gesamtvertrag, sondern Einzelverträge geschlossen würden und die Kurie in keinem Vertrag erscheine, an dem Häretiker Anteil hätten. Diese Überlegungen des Papstes beweisen schlüssig, daß er damals mit Zugeständnissen rechnete und bereit war, sie hingehen zu lassen und auf einen Protest zu verzichten, wenn sich nur eine Vertragsform fand, bei der der päpstliche Stuhl das Gesicht wahren und eine Anerkennung häretischer Staaten vermeiden konnte.

Diese Vorsicht ist erst während der Friedensverhandlungen einer anderen Haltung gewichen. Der Umschwung hing nicht, wie man vermuten könnte, mit dem Pontifikatswechsel vom September 1644 zusammen, er ging eher von Münster als von Rom aus, und einen entscheidenden Anteil daran haben vermutlich die radikalen katholischen Reichsstände gehabt, unter deren Einfluß Chigi in Münster stand. Am 15. Dezember 1645 jedenfalls schickte er den ersten Entwurf eines Protestes gegen den zu erwartenden Frieden nach Rom zur Begutachtung. Das Ergebnis der Prüfung dieses Dokumentes durch eine Kardinalskongregation war eine neues Kredentialbreve für Chigi, das am 19. Mai 1646 nach Münster abging, aber soweit wie möglich zurückdatiert war, auf den 4. Oktober 1644, so als wäre es unmittelbar nach der Wahl Innozenz' X. erlassen. Das Breve befahl dem Nuntius nicht nur, jeder dem katholischen Glauben, Kult und Kirchenrecht abträglichen Bestimmung zu widersprechen, sondern ermächtigte ihn auch, gegebenenfalls öffentlich zu protestieren, ja den Kongreß zu verlassen.

Was den Nuntius im Dezember 1645 bewogen haben mag, sich von Rom eine solche Vollmacht zu erbitten, kann man nur vermuten. Wahrscheinlich haben die protestantischen Religionsbeschwerden und die Haltung Trauttmansdorffs den Anstoß dazu gegeben. Die Evangelischen übergaben an demselben Tage, an dem Chigi seinen Entwurf nach Rom schickte, den kaiserlichen Gesandten ihre Gravamina. Ihr Inhalt wird schon seit längerer Zeit kein Geheimnis gewesen sein. Noch wehrten sich die Katholiken gegen eine Behandlung der Religionsfragen am Kongreß, aber wir wissen, daß sie kaum noch hoffen durften, damit durchzudringen. Der österreichische Vertreter im Fürstenrat widersprach um diese Zeit bereits weiteren fruchtlosen Verzögerungsmanövern, und Trauttmansdorff war entschlossen, eine Verständigung mit den Protestanten noch während der Friedensverhandlungen herbeizuführen. Es war also mit einem Friedensvertrag zu rechnen, der auch die kirchlichen Fragen umfaßte — Grund genug für den päpstlichen Vertreter, nunmehr den förmlichen Protest, den man so gern vermieden hätte, auf alle Fälle vorzubereiten.

Katholiken und Protestanten haben von diesem Schritt des Nuntius wohl kaum etwas gewußt. Mit der Möglichkeit eines päpstlichen Protestes mußten sie immerhin rechnen. Über die grundsätzliche Haltung der Kurie bestand kein Zweifel, auch kannten die Protestanten die Instruktion des Kardinals Ginetti von 1636, die durch Indiskretion in fremde Hände gelangt und in zahlreichen Abschriften verbreitet war. Chigi klagt in seinen Berichten, daß sie auch in Münster bekannt sei und von den Häretikern böswillig interpretiert werde. Sie konnten in ihr nur den Beweis dafür sehen, daß von Rom Gefahr drohe. Es galt also, den Frieden auch gegen einen Protest der Kurie zu sichern und ihren Einspruch von vornherein abzuwehren, genau so wie man sich einst beim Augsburger Religionsfrieden gegen jede

„Deklaration oder etwas anderes, so denselbigen verhindern oder verändern möchte" verwahrt hatte. So kam es zu der Antiprotestklausel des Westfälischen Friedens, deren Ursprung wir in den „Capita assecurationis" vom Januar 1646 vor uns haben.

Schon bei den Vorberatungen zur schwedischen Duplik im September 1645 hatten die Protestanten die Formel vorgeschlagen, daß wider den Frieden „kein Reservat noch Protestation gegenwärtig noch künftig gelten noch gehöret werden solle". In den Capita assecurationis wurden sie deutlicher und bezeichneten den Zweck der Antiprotestklausel ohne Umschweife. Allerdings, als es im April 1646 zur Beratung der Assecuratio pacis im Fürstenrat zu Osnabrück kam, trennten sie ihre radikalsten Forderungen ab und übergaben sie nur den Schweden zur weiteren Verfolgung, während sie im Fürstenrat lediglich eine verkürzte Fassung der Capita assecurationis zur Diskussion stellten. Es fehlten in ihr einige politische Forderungen wie das Recht zur Selbsthilfe, zur Anrufung des Reichstages gegen Übergriffe des Kaisers, das Verlangen auf Abführung der spanischen Garnisonen aus dem Reich, die Forderung auf Mitteilung jeder neuen Wahlkapitulation an die ausschreibenden Fürsten der Reichskreise, damit man sicher sei, daß nicht bei Gelegenheit künftiger Kaiserwahlen insgeheim Abänderungen des Friedensvertrages zwischen Kaiser und Kurfürsten vereinbart würden. Für so extreme Forderungen zur Friedenssicherung, die zudem auf Umwegen auch noch eine Beschränkung der kurfürstlichen Rechte erstrebten, konnte man im Fürstenrat nicht ohne weiteres auf Mehrheit hoffen. Auch die Klausel gegen etwaige Proteste von kirchlicher Seite wurde in der Vorlage an den Fürstenrat nicht direkt genannt, wenn auch jeder wußte, was für „Kontradiktionen, Protestationen und Reservationen" gemeint seien. Es wurden nur Konzilsbeschlüsse, Dekrete und päpstliche Dispositionen der Vergangenheit, die etwa gegen den Frieden angezogen werden könnten, erwähnt; von einem etwaigen künftigen Protest der Kurie war wohl deshalb keine Rede, weil man ihn nicht durch öffentliche Verwahrung erst hervorrufen und die Katholiken nicht geradezu vor den Kopf stoßen wollte. Dafür standen in dem Aktenstück, das man den Schweden überreichte, unter den Mitteln zur Friedenssicherung noch zwei sehr einschneidende Forderungen: Ausweisung der Jesuiten aus dem Reich, denn von ihnen vor allem war ja die maßlose Polemik gegen den Religionsfrieden ausgegangen, und die Streichung jenes Satzes der Wahlkapitulation, der den Kaiser zum Schutz des päpstlichen Stuhles verpflichtete. Auf dieser Pflicht hatte bisher recht eigentlich das kaiserliche Amt beruht, in ihr lag sein Ursprung und bestand sein Wesen. Die Protestanten wollten aus dem advocatus ecclesiae einen weltlichen Kaiser machen. Mit der Sicherung des Friedens hatte dieser Punkt nur noch sehr indirekt etwas zu tun.

Aber auch hier ist es ähnlich wie bei den jura statuum gegangen: Die protestantische Fürstenpartei hat diese weitgehenden Forderungen nicht durchsetzen können. Dort half man sich so, daß man das Nichterreichte wenigstens auf einen späteren Reichstag verschob, bei der Assecuratio war das natürlich nicht möglich, da hier nur solche Bestimmungen Sinn hatten, die auch Bestandteile des Friedensvertrages wurden. Hier konnte also nur Forderung gegen Forderung ausgehandelt werden.

Zunächst ging es um die völkerrechtliche Garantie und dabei insbesondere um die Stellung der Reichsstände und die Bedingungen und Fristen der friedlichen oder rechtlichen Beilegung vor Eintritt des Garantiefalles. Wie erwähnt, verlangten die Schweden für sich und ihre Verbündeten ein Recht zu bewaffneter Intervention und überließen es dem Kaiser, ob er ein gleiches für sich fordern wolle, während die Franzosen eine allgemeine, Freunde wie Feinde umfassende Garantieverpflichtung, also ein System kollektiver Sicherheit, wollten. Schweden interessierte sich in diesem Zusammenhang nur für die mit ihm verbündeten Reichsstände, Frankreich betrachtete sie alle als selbständige Garanten des Friedens. Der französische Vorschlag war insofern der bessere, als er des üblen Beigeschmacks einseitiger Intervention entbehrte und eine wechselseitige Verpflichtung vorsah, doch war auch hier die selbständige Stellung der Reichsstände für den Kaiser unannehmbar, falls nicht für die Stände Frankreichs und Schwedens ein Gleiches vereinbart würde. Die Absichten der kaiserlichen Unterhändler erhellen aus ihren Friedensprojekten vom April und Mai 1646. Hier akzeptierten sie die allgemeine gegenseitige Beistandsverpflichtung mit der Frist von drei Jahren für friedliche Beilegung oder rechtliche Entscheidung, aber nur für Konflikte der Hauptkriegführenden untereinander, nicht für Streitigkeiten innerhalb des Reiches und der kaiserlichen Erblande! Das heißt, sie ließen jetzt zwar die französischen und schwedischen Stände aus dem Spiel, nahmen aber dafür auch die Reichsstände aus dem ganzen Garantiesystem heraus.

Man kann also die Stellung der drei Mächte zu dieser Frage kurz so kennzeichnen: Die Schweden wollten die Reichsstände der Partei der Kronen zuschlagen, Frankreich wollte ihnen die Stellung selbständiger völkerrechtlicher Garanten geben, der Kaiser wollte sie überhaupt ausklammern und eine völkerrechtliche Garantie nur für die Verträge zwischen den Großmächten, nicht für innere Reichsangelegenheiten, gelten lassen.

Diese verschiedenen Positionen kamen sehr deutlich bei den Besprechungen heraus, die sich an die kaiserliche Antwort vom Mai 1646 anschlossen. Die Einbeziehung der Reichsstände in die Garantie in der von den Gegnern gewünschten Form lehnte der Kaiser mit klaren Worten ab. Oxenstierna erläuterte damals dem Grafen Trauttmansdorff, gerade an den Ständen sei der Krone Schweden am meisten gelegen, auch an ihrer Unterschrift unter den Friedensvertrag, die Trauttmansdorff als dem Herkommen zuwider abgelehnt hatte. Im Juli 1646 kam zwar mit Frankreich eine Einigung über die allgemeine Assekurationsformel in dem Sinne zustande, daß eine Beistandsverpflichtung aller Parteien gegen jeden Friedensstörer vereinbart wurde, aber ohne die Parteien im einzelnen zu bezeichnen, so daß die Frage, ob auch die Reichsstände zu den partes principales zählten, zunächst noch offen blieb. Noch ein Jahr später standen sich die Friedensentwürfe der drei Großmächte in diesem Punkt schroff gegenüber: Schweden und Frankreich zählten die Reichsstände zu den Mitgaranten des Friedens, ihre fast wörtlich übereinstimmenden Entwürfe zeigten, daß sie in diesem Punkt nach Verabredung vorgingen, der Kaiser wiederholte seinen Vorschlag vom Jahre zuvor.

In diesem schwedischen Entwurf aber fand sich jetzt zum erstenmal eine Klausel, mit deren Hilfe die ersten Schritte zu einer Einigung möglich wurden. Hier wurde nämlich die Gerichtshoheit und Rechtsprechung (jurisdictio und justitia) des Kaisers im Reich und in den Erblanden, die der Königin von Schweden in ihrem Königreich ausdrücklich vorbehalten. Für den Kaiser bedeutete das, daß Streitfälle der Reichsstände untereinander und mit dem Reichsoberhaupt der ordentlichen Justiz unterworfen bleiben sollten. Dieses überraschende Zugeständnis erwies sich freilich bei näherem Zusehen als sehr fragwürdig, denn nach dem ganzen Zusammenhang konnte die Auslegung vertreten werden, daß das alles nur für den Zeitraum friedlicher Regelung oder richterlichen Austrages vor Eintritt der Beistandspflicht zu gelten habe, nach wie vor stand aber nichts im Wege, die Reichsstände nach Ablauf dieser Frist allgemein und bei Konflikten zwischen dem Kaiser und Schweden auch ohne Frist als Mitgaranten des Friedens in Anspruch zu nehmen.

Der Kaiser hat gleichwohl diesen schwedischen Vorschlag akzeptiert und in sein Friedensprojekt vom Juni 1647 übernommen, aber so, daß er es vermied, nach schwedischem Vorbild Kaiser, Schweden und Stände als Vertragsparteien zu nennen, vielmehr nur allgemein von der Beistandspflicht der vertragschließenden Teile (omnes huius transactionis consortes) sprach, ohne sie namentlich aufzuführen. Diese kaiserliche Fassung der Garantiebestimmungen ist dann mit geringen Abänderungen in den Friedenstext (IPO XVII § 5 bis 6) übergegangen. Man einigte sich also, aber wie immer, wenn die Ansichten unvereinbar blieben, mittels einer Fassung, die die Gegensätze zudeckte und jedem die Möglichkeit ließ, seine Auslegung zu vertreten. Schweden verstand eben unter den „consortes transactionis" die Reichsstände mit, der Kaiser nicht, wozu ihn die angehängte Klausel mit dem Vorbehalt seiner Rechte als oberster Gerichtsherr im Reiche zu berechtigen schien; ihm galten Kaiser und Reichsstände zusammen als eine Partei. Daß er dies wirklich so verstand, geht eindeutig aus dem Projekt für den Frieden mit Frankreich hervor, das am gleichen Tage den Vermittlern ausgehändigt wurde. Hier trennte der Kaiser nach wie vor das Verfahren bei Streitfällen innerhalb des Reiches von dem der Hauptvertragschließenden untereinander und führte beides noch genauer aus: Dort Berufung eines Reichstages durch den Kaiser zur Entscheidung des Streitfalles, hier auf Antrag des verletzten Teiles zunächst Versuch einer friedlichen Einigung oder, wenn er mißlang, Entscheidung durch Schiedsrichter, die von beiden Parteien zu wählen seien. Ausdrücklich aber wurden hier die Reichsstände zur Partei des Kaisers gezählt! Sie waren deshalb auch in keinem der kaiserlichen Entwürfe als Unterzeichner des Friedens vorgesehen.

Das hieß nun aber den französischen Grundgedanken verlassen, der ja eben darin bestand, daß an die Stelle zweier miteinander streitenden Parteien ein System kollektiver Beistandsverpflichtung aller für alle gesetzt werden sollte. Die Einigung mit Frankreich erfolgte schließlich auf der gleichen Basis wie die mit Schweden; die dort vereinbarte Fassung wurde auch in den Vertrag von Münster übernommen. Auch hier trat an die Stelle einer klaren Regelung eine Fassung, die den Gegensatz der Auffassungen verhüllte.

Die so endlich vereinbarten Bestimmungen sind später viel erörtert und in der Regel so interpretiert worden, als bezöge sich die völkerrechtliche Garantie nur auf einen Teil der Friedensbestimmungen, als hätten die fremden Mächte nur die Regelung der innerdeutschen Verhältnisse und nicht den sonstigen Vertragsinhalt garantiert. Man wies darauf hin, daß im Vertragstext unmittelbar vorher und nachher nur von Reichsangelegenheiten die Rede sei und mehrfach auf die Justiz und den Landfrieden Bezug genommen werde. Die Beschränkung auf diese Fragen und der Verzicht auf eine umfassende Garantie des ganzen Vertragsinhaltes, den man darin zu erkennen glaubte, wurden aus der Rücksicht Frankreichs auf Schweden erklärt, dessen Ziel ja in der Tat von Anfang an allein eine Garantie der deutschen

Verhältnisse war und sich darin von der französischen Absicht deutlich unterschied. Eine reine Textinterpretation ohne Kenntnis der Vorgeschichte konnte wohl zu einer solchen Deutung gelangen. Im endgültigen Text wird tatsächlich nicht mehr (wie noch in den kaiserlichen Entwürfen des Jahres 1647) zwischen zwei Verfahren, einem für die innerdeutschen und einem für die auswärtigen Streitfragen, unterschieden. Aber es wurde auch keine ausdrückliche Beschränkung der Garantie auf das eine oder andere ausgesprochen. Garantiert wurde der gesamte Vertragsinhalt; Schlichtungsverfahren und Beistandspflicht galten für alle Streitfragen zwischen den Vertragsparteien, gleich aus welchen Vertragsbestimmungen sie sich ergaben. In der Praxis freilich konnten das eigentlich nur innerdeutsche Fragen sein, weil der Frieden kaum andere betraf, entgegen der ursprünglichen Absicht Frankreichs, das ja zunächst einen Universalfrieden erstrebt hatte, durch den auch seine Streitfragen mit Spanien und überhaupt alle europäischen Fragen geregelt werden sollten. Wäre es dahin gekommen, so hätte die Garantie eines solchen Vertrages durch gegenseitige Beistandsverpflichtung aller Partner zugleich ein europäisches System kollektiver Sicherheit bedeutet. Wie wir sahen, hatte Mazarin schon vor Beginn des Kongresses diesen Gedanken Richelieus verlassen und nur regionale Beistandspakte in Italien und Deutschland erstrebt. So wurde es im wesentlichen nur ein deutsches System, und dies ist der Grund, warum die Garantiebestimmungen des Westfälischen Friedens weit hinter dem zurückblieben, was Richelieu ursprünglich vorgeschwebt hatte.

So endete der erste Versuch eines Systems kollektiver Sicherheit für Europa, den die Geschichte kennt.

Inzwischen fiel auch die Entscheidung über die Antiprotestklausel. Wir finden sie in allen Friedensprojekten seit dem Frühjahr 1647, aber schon im Januar dieses Jahres hatte Trauttmansdorff sie zugestanden, nachdem die Katholiken sie während des ganzen Jahres 1646 noch einmütig abgelehnt hatten. Der Grund dieses plötzlichen Umschwunges ist leicht zu erraten: Im Januar 1647 mußte sich Trauttmansdorff im Zuge der Verhandlungen über die schwedische und brandenburgische Satisfaktion zu den ersten Säkularisationen geistlicher Immediatstifter verstehen. Dies mußte, daran war kein Zweifel, zu einem kirchlichen Protest führen. Es lag im evangelischen, aber nicht minder auch im habsburgischen Interesse, einen solchen Einspruch zurückzuweisen, denn wenn diese Säkularisationen angefochten wurden, drohten schwedisch-brandenburgische Ansprüche auf Schlesien, also auf die kaiserlichen Erblande. Das Drängen Schwedens und das österreichische Hausinteresse wirkten also zusammen, als Trauttmansdorff am 28. Januar 1647 die Antiprotestklausel annahm, wobei ihm die Gutachten der Wiener Hoftheologen zur Hilfe kamen, die schon vor längerer Zeit die Hergabe geistlichen Gutes zur Vermeidung größerer Nachteile und Gefahren für die Kirche als erlaubt, ja geboten erklärt hatten. Eine spezielle Antiprotestklausel wurde bald darauf auf protestantischen Antrag auch noch für die kirchlichen Bestimmungen vereinbart und in ihr der Papst, den man in der allgemeinen Antiprotestklausel zu nennen vermieden hatte, ziemlich unzweideutig bezeichnet mit dem Satz, daß der Widerspruch jeder geistlichen Instanz „intra vel extra imperium" ungültig sein solle. Auch Frankreich schloß sich der Antiprotestklausel an, denn die Bedingungen, unter denen Metz, Toul und Verdun abgetreten wurden, ließen gleichfalls einen Einspruch Roms erwarten. So trafen mit Ausnahme einiger katholischer Reichsstände alle Parteien in dem Wunsche zusammen, sich gegen kirchlichen Einspruch von vornherein zu sichern, und die Klausel fand als ein wesentlicher Teil der Garantiebestimmungen Aufnahme in die Friedensverträge.

So erklärte die ganze katholische gemeinsam mit der protestantischen Staatenwelt Europas den Einspruch des geistlichen Oberhauptes der Kirche von vornherein für ungültig und unverbindlich. Es war ein vollständiger Sieg der weltlichen Politik, die sich mit diesem Akt von einer jahrhundertelangen geistlichen Vormundschaft lossagte.

12. Kapitel

DIE KIRCHLICHEN STREITFRAGEN

Die Grundlagen

Als die Friedensverhandlungen Ende 1645 in Gang kamen, waren die Aussichten für die protestantische Sache zum erstenmal ausgesprochen günstig. Zwar hielten beide Seiten an ihren Prinzipien und an ihrer Auslegung des Religionsfriedens fest; die Streitfragen waren in einer jahrzehntelangen Polemik so erschöpfend behandelt worden, daß eine Annäherung in der Sache nicht mehr zu hoffen war. Aber es war doch die Frage, ob wirklich alles Prinzip und unaufgebbares Gewissensanliegen war, was man bisher dafür erklärt hatte. Solange kirchliche und politische Interessen zusammengingen, war das nicht zu entscheiden, fielen sie aber erst einmal auseinander, so mußte sich ergeben, wo beiderseits die Grenzen lagen, die man nicht überschreiten konnte.

Sie waren, wie sich erweisen sollte, bisher auf beiden Seiten längst nicht soweit zurückgesteckt worden, wie es hätte geschehen können. Warum kam man jetzt in kaum mehr als zwei Jahren zu einer Verständigung, nachdem fast hundert Jahre über fruchtlosem Streit hingegangen waren? Doch nur, weil die Politik gebieterisch einen Ausgleich forderte. Die kirchlichen Belange mußten dem Anspruch der Staatsraison weichen.

Vor allem auf katholischer Seite, denn die Protestanten befanden sich jetzt in der stärkeren Position. Sie sahen sich in der glücklichen Lage, nun auch von den katholischen Mächten umworben zu werden. Frankreich hatte immer eine vermittelnde Stellung zwischen den deutschen Konfessionsparteien eingenommen und sich gehütet, protestantischen Forderungen offen entgegenzutreten. Jetzt näherte sich auch der Kaiser den Protestanten. Die Politik der Versöhnung zwischen Haupt und Gliedern des Reiches, die man seit dem Prager Frieden von Wien aus verkündet hatte, wurde nun wirklich im Ernst betrieben; die Sendung Trauttmansdorffs nach Münster sprach deutlich dafür. Diese Politik war ohne eine Verständigung über die kirchlichen Streitfragen nicht denkbar. Aber auch Bayern, die dritte katholische Macht, wünschte jetzt wahrhaft Frieden zwischen Katholiken und Protestanten. Maximilian hatte lange gehofft, seine Absichten auf die pfälzische Kur mit Hilfe des Kaisers und Frankreichs gegen Schweden und Protestanten durchsetzen zu können. Daran war nicht mehr zu denken. Nur ein allgemeiner Friedensschluß konnte ihn an das Ziel seiner Wünsche bringen, und angesichts der offenbaren Solidarität zwischen Frankreich und Schweden und der neuen Haltung des Kaisers war ein solcher Frieden nur über die Verständigung zwischen den Konfessionen erreichbar. Der Papst und die unentwegten Katholiken in Deutschland sahen sich also Ende 1645 völlig in die Defensive gedrängt. Um diese Zeit war es ja, daß Fabio Chigi sich von Rom die Ermächtigung zu einem öffentlichen Protest gegen den Frieden erbat.

Die erste Folge des Umschwungs der Dinge war, daß die Forderung der schwedischen und französischen Propositionen erfüllt werden mußte, die Verständigung über die kirchlichen Fragen nicht zu verschieben, sondern bereits im Zuge der Friedensverhandlungen vorzunehmen. Die letzten Versuche, das noch zu verhindern, fanden Ende 1645 statt und gingen von einigen katholischen Reichsständen aus, denen der Nuntius insgeheim sekundiert haben mag. Der Kaiser hatte schon im September in seiner Duplik seine Zustimmung zu Verhandlungen über die Gravamina gegeben. Daher der Widerspruch des österreichischen Gesandten im Fürstenrat gegen eine weitere Verschleppung der Religionsfragen: Man könne nicht mehr wie früher das aequilibrium machen und sagen, ein Schwert werde das andere in der Scheide halten, man müsse nachgeben. Am 2. Januar 1646 fiel der Beschluß der katholischen Stände, die von den Kronen und den Protestanten begehrten Verhandlungen aufzunehmen.

Auf beiden Seiten hatte man seine Beschwerden zuletzt in Regensburg formuliert. Der Reichstag hatte sie damals, sehr gegen den Willen der Protestanten, dem Deputationstag überwiesen. Auch der hatte sie unerledigt gelassen. Im Herbst 1645 waren die Protestanten erneut an die Arbeit gegangen: Im Oktober wurde ein Ausschuß eingesetzt, in dem der gelehrte Lampadius die Amnestiefragen, der Altenburger Thumbshirn die Religionsbeschwerden, der Nürnberger Oelhafen das Justizwesen, der Straßburger Markus Otto die politischen Beschwerden zu bearbeiten und der Magdeburgische Gesandte Einsiedel die Gesamtredaktion zu besorgen hatte. Damit war die Bearbeitung der kirchlichen Fragen einem Mann übertragen worden, der zu den eifrigsten Protestanten zählte. Thumbshirn, sein altenburgischer Kollege Carpzow und der sachsen-weimarische Gesandte Dr. Heher bildeten den radikalen, vorwärtsdrängenden Flügel der Lutheraner; sie lebten noch ganz in dem engen konfessionellen Geist des 16. Jahrhunderts. Kursachsen, seines kirchlichen Besitzstandes sicher, schaltete sich fast völlig aus den Religionsverhandlungen aus, in denen ihm durch seine Bedeutung sonst die führende Stellung auf evangelischer Seite zugekommen wäre. Wir werden die Ansichten des Kurfürsten über die kirchlichen Fragen noch kennenlernen; zu der Zeit, als die Verhandlungen darüber begannen, waren seine Gesandten noch gar nicht am Kongreß erschienen. Zwischen den Radikalen und Kursachsen stand eine Mittelgruppe, deren bedeutendster Vertreter später Lampadius wurde. Zunächst stand er, der vorwiegend politisch und weniger theologisch-grundsätzlich dachte, noch dem radikalen Flügel nahe. Von Anfang an für Mäßigung und behutsames Operieren waren die süddeutschen Protestanten mit Württemberg an der Spitze, denen ihre bedrängte Lage zwischen den Fronten von jeher Vorsicht geboten hatte.

Die Stellung der radikalen Gruppe war dadurch gekennzeichnet, daß Thumbshirn und seine Freunde eine Regelung erstrebten, die dem Protestantismus ein weiteres Vordringen auch in der Zukunft sichern sollte. Deshalb verfochten sie zwei Grundsätze, die einander eigentlich widersprachen: Einmal den, daß die Landeshoheit das unbeschränkte jus reformandi in sich schließe, andererseits die Forderung freier evangelischer Religionsübung im ganzen Reich, auch in den katholischen Gebieten, aber durchaus ohne Gegenseitigkeit. Demgegenüber wünschten Kursachsen und die Süddeutschen eine Verständigung mit den Katholiken, sei es auch unter Opfern. Die Mittelgruppe dachte mehr geschäftsmäßig, sah in den kirchlichen Fragen ein Mittel zur Erreichung politischer Ziele und war vor allem an den geistlichen Gütern interessiert, die nun wieder für die Vertreter der kleinen sächsischen Herzogtümer keine Rolle spielten, da in ihrem Umkreis keinerlei Möglichkeit zur Einziehung von Kirchengut mehr bestand und sie in ihrem Besitz, der bis weit vor den Passauer Vertrag zurückreichte, nicht bedroht waren.

Der Entwurf, den die genannten Männer fertigten, fand die Billigung der protestantischen Stände; in den letzten Novembertagen 1645 lag das „Vollständige Gutachten der evangelischen Stände zu Osnabrück" fertig vor. In ihm finden sich politische und kirchliche Beschwerden durcheinandergemengt, wie es die Reihenfolge der einzelnen Punkte in der schwedischen Proposition und in der kaiserlichen Duplik mit sich brachte. Gegen diese Vermischung aber kamen den evangelischen Ständen Bedenken. Sie fühlten sich ja in den meisten politischen Fragen mit den katholischen Reichsständen eins. Um ein Zusammengehen mit ihnen zu ermöglichen, beschloß man eine Trennung der kirchlichen von den politischen Beschwerden. So wurden, wie schon auf früheren Reichstagen üblich, die protestantischen Gravamina in einem besonderen Schriftstück zusammengefaßt. Die Beratungen der Evangelischen hatten somit ein doppeltes Ergebnis, aus ihnen gingen ein Vorentwurf für die politischen Beschwerden und die für die Friedensverhandlungen so überaus wichtigen protestantischen Religionsbeschwerden hervor, um die es uns jetzt geht. Die katholischen Stände folgten dem Beispiel der Protestanten; im Januar lagen die Gravamina beider Konfessionen dem Kongreß vor.

In diesen Aktenstücken ist in gewissem Sinne die Summe der Erfahrungen eines neunzigjährigen Kampfes um den Religionsfrieden und seine Auslegung gezogen. Wie verstanden beide Parteien diesen Frieden und das durch ihn begründete Verhältnis der Konfessionen zueinander?

Wir erinnern uns des Kampfes um die sogenannte „Entscheidungsnorm", nach der der Religionsfrieden auszulegen sei. Die Katholiken wollten ihn nach dem gemeinen Recht interpretieren, die Protestanten nach dem Grundsatz der Gleichberechtigung. Wir haben hier den Kern des jahrzehntelangen Kampfes um den Religionsfrieden vor uns. Unter der „aequalitas mutua et reciproca", oder wie das Prinzip sonst immer auf evangelischer Seite formuliert wurde, verstand man im wesentlichen eine völlige Gleichberechtigung der Reichsstände (nicht der Individuen) beider Konfessionen. Je entschiedener die Katholiken diesen Grundsatz bestritten und in der Praxis mißachteten, desto mehr wurde er zum eigentlichen Anliegen der Protestanten.

Zunächst in der Auffassung vom Religionsfrieden selber. Die Protestanten sahen in ihm einen Vertrag zwischen zwei gleichberechtigten Parteien und wollten ihn in allen unklaren oder strittigen Punkten nach dem Grundsatz der vollständigen Gleichheit interpretiert wissen, ungeachtet aller entgegenstehenden Grundsätze des kanonischen Rechtes oder sonstiger Vorbehalte. Sie wollten die Zugeständnisse, die man ihnen in diesem Frieden gemacht hatte, als Rechtsansprüche bestätigt haben und forderten deshalb, daß er als eine sanctio pragmatica anerkannt werde. Aber sie hatten die Katholiken nie zur Anerkennung dieser These bringen können. Nach katholischer Auffassung hatte der Religionsfrieden den Augsburgischen Konfessionsverwandten keine Gleichberechtigung zuerkannt, sondern nur gewisse, genau begrenzte Zugeständnisse gemacht. Den Protestanten war nach dieser Auffassung nur ein Ausnahmerecht zugebilligt. Die Konzessionen des Friedens waren zwar nicht zeitlich beschränkt — den Verdacht, den Religionsfrieden nur für ein „Temporalwerk" zu halten, haben die Katholiken immer entschieden von sich gewiesen — aber sie waren auch nicht ewig und unabänderlich. Nach katholischer Auffassung war ein ewiger Verzicht auf kirchliche Rechte und Güter überhaupt nicht möglich und hatte deshalb auch gar nicht ausgesprochen werden können. Der Religionsfrieden war deshalb für die Katholiken, wie ein Gutachten der kaiserlichen Räte es ausdrückte, keine sanctio pragmatica, sondern nur ein pactum de non repetendo ablata, das heißt die Rechte der Kirche waren nicht preisgegeben, man verzichtete nur darauf, sie geltend zu machen. Deshalb bestritten die Katholiken, daß der Religionsfrieden nach dem Grundsatz der Gleichheit zu interpretieren sei. Was er nicht ausdrücklich konzediert habe, dürfe nicht in Anspruch genommen werden.

Nach dem Wortlaut des Religionsfriedens bestand diese Auffassung zu Recht. Aber die Protestanten hatten ihn ja gerade in den Punkten, die dem Gleichheitsgrundsatz widersprachen, nicht anerkannt. Sie hatten ihn immer in ihrem Sinn ausgelegt und waren in der Praxis nach dieser Auslegung verfahren. Die größten Meinungsverschiedenheiten bestanden über das jus reformandi. Von jeher war es protestantische Auffassung, daß dieses Recht jedem Reichsstand kraft seines obrigkeitlichen Amtes zukomme. Den Speirer Abschied von 1526 und alle späteren Regelungen ähnlicher Art verstanden sie als eine Bestätigung dieser ihrer Auffassung. Wenn der Pfalzgraf Ottheinrich einmal die Religion als das vornehmste Regal der Fürsten bezeichnete, so sprach er übrigens nicht nur eine protestantische Ansicht aus. Auch nach katholischer Meinung gehörten jus reformandi und Landeshoheit zusammen, aber das schloß nicht aus, daß man es den Ständen der anderen Konfession möglichst zu beschränken suchte. Im Religionsfrieden war das ja auch geschehen, indem man es einzelnen Ständen reichsgesetzlich vorenthalten und den Evangelischen nicht überall im vollen Umfang zugestanden hatte.

Was das erste betrifft, so sprach der Religionsfrieden, wie bekannt, den geistlichen Fürsten das Reformationsrecht durch den Geistlichen Vorbehalt ab, ebenso aber auch einem Teil der Reichsstädte und der Reichsritterschaft. Auf der anderen Seite nahmen katholische Fürsten auch da ein Reformationsrecht für sich in Anspruch, wo sie gar nicht im Besitz der Landeshoheit waren. So hat Maximilian von Bayern während des dreißigjährigen Krieges in der Oberpfalz, die er nur pfandweise besaß, die Gegenreformation durchgeführt. Daher ging man verständlicherweise auf evangelischer Seite immer mehr dazu über, den Grundsatz, daß das jus reformandi ein mit der Landeshoheit untrennbar verknüpftes Recht sei, in aller Schärfe zu formulieren. Man bezeichnete es noch nicht geradezu als einen Bestandteil der Landeshoheit, denn noch war man sich des verschiedenen Ursprungs beider Rechte bewußt. Für die Praxis genügte es, zwischen beiden eine so enge Verbindung zu knüpfen, daß alle Reichsstände ohne Ausnahme das Reformationsrecht beanspruchen konnten. Es sei „auf die hohe Landesfürstliche und Territorialobrigkeit und Jurisdiktion offenbarlich gestellt", hieß es 1629 in einem Schriftsatz der Stände des schwäbischen Kreises, und in einem brandenburgischen Projekt von 1632 wurde gefordert, „daß hinfüro die potestas reformandi aut de religione disponendi bei allen und jeden Ständen des Reiches ... absolute auf die landesfürstliche Obrigkeit oder Hoheit gewiesen werde, also daß ein jeglicher Stand vom kleinsten bis zum größten in seinem Gebiet wegen Lassung oder Einführung der katholischen oder evangelischen Religion es also anstellen möge, wie ers in seinem Gewissen verantwortlich befindet." Hier haben wir also das Prinzip, das man schon damals prägnant mit dem Schlagwort Cujus regio ejus religio bezeichnet hat. Das Entscheidende an dem Grundsatz der Evangelischen war, daß sie für ihn ausnahmslose Geltung beanspruchten und deshalb gegen den Geistlichen Vorbehalt und die übrigen Beschränkungen des Reformationsrechtes Sturm liefen, und eben diese ausnahmslose Geltung hatte man ihnen nie gewährt. Wenn der Kaiser zum Beispiel im Prager Frieden zugestand, daß das Reformationsrecht in gewissen umstrittenen Immediatstiftern endgültig dem zustehen solle, dem künftig die Landeshoheit darüber zugesprochen werde, so übernahm er damit nicht, wie man oft behauptet hat, den protestantischen Grundsatz, denn es fehlte die Anerkennung seiner durchgehenden Geltung. Nur solchen protestantischen Ständen gestand man katholischerseits das Reformationsrecht zu, denen es der Religionsfrieden ausdrücklich gegeben hatte, also den weltlichen Kurfürsten und Fürsten und den rein evangelischen Reichsstädten. Die Protestanten forderten Anerkennung ihres Grundsatzes, und es steht dem nicht entgegen, daß sie im Lauf des dreißigjährigen Krieges Neigung erkennen ließen, einem Kompromiß etwa über den Geistlichen Vorbehalt zuzustimmen, also einzelne Ausnahmen gelten zu lassen. Wie stark sie im übrigen die Ungleichheit und die Zurücksetzung gerade durch diesen Geistlichen Vorbehalt empfanden, zeigt ihr erbitterter Kampf um Sitz und Stimme der evangelischen Bistumsadministratoren am Reichstag, der ihnen bis zum Beginn der Friedensverhandlungen auch nicht den geringsten Erfolg gebracht hatte.

Dem Gleichheitsprinzip widersprachen ferner gewisse inhaltliche Beschränkungen des jus reformandi, die man den Protestanten aufzuerlegen suchte. Hierher gehörte die Frage der Mediatstifter. Der Religionsfrieden ließ bekanntlich nicht klar erkennen, ob den evangelischen Reichsständen weitere Einziehungen solcher Stifter in ihren Gebieten über den Stand von 1552 hinaus erlaubt seien oder nicht. Wenn die Katholiken wirklich nur, wie sie behaupteten, im Religionsfrieden auf Rückforderung des bereits verlorenen Kirchengutes verzichtet hatten, dann mußten alle im Jahre 1552 noch katholischen Mediatstifter für alle Zukunft auch katholisch bleiben. War der Frieden aber im Sinne der Gleichheit beider Konfessionen auszulegen, dann war nicht einzusehen, warum die evangelischen Landesherren auf die Einziehung dieser Stifter und damit auf eine echte Kirchenreform im evangelischen Sinne verzichten sollten. Aber der Kaiser faßte die Sache anders auf. Er erklärte den schwäbischen Ständen im Jahre 1629, es sei zwar den Protestanten vermöge ihrer Landeshoheit erlaubt, ihre Untertanen zu ihrer Religion zu bringen, nicht aber die Stifter und Klöster einzuziehen. Auch sonst suchte man die Bestimmungen des Religionsfriedens über das jus reformandi zu verklausulieren. Die evangelischen Reichsstädte besaßen es ohne jeden Zweifel, aber katholischerseits wollte man es ihnen nur innerhalb ihrer Ringmauern und nicht auf dem flachen Lande zugestehen, das ihrer Obrigkeit unterstand, denn, so sagte man, die Reichsstädte hätten gar keine Landeshoheit, sondern seien kaiserliche Patrimonial- und Kammergüter. Gegen alle diese Beschränkungen forderte man evangelischerseits nach dem Grundsatz der Gleichheit ein gleiches Reformationsrecht, so daß „was der einen Religion zugetanen Ständen in ihrem Gebiet zu tun freisteht, auch der anderen ebenmäßig frei und bevorstehen solle."

Schließlich widersprachen sich auch die Ansichten über das Verfahren, das bei Streitfragen aus dem Religionsfrieden anzuwenden sei. Auch dies folgte aus der verschiedenen Grundauffassung. War der Frieden ein den Augsburgischen Konfessionsverwandten gewährtes Ausnahmerecht, so waren seine Regelungen als erschöpfend zu betrachten und weitergehende Ansprüche aus ihm nicht abzuleiten. Dann gab es für Streitfälle lediglich den Rechtsweg, in letzter Instanz die Berufung an den Kaiser, dem die Katholiken die Befugnis zur authentischen Auslegung des Religionsfriedens zusprachen. War der Frieden aber, wie die Protestanten es ansahen, ein Vertrag inter pares und der Kaiser als katholischer Fürst selbst Partei, so konnte der Rechtsweg nur soweit in Betracht kommen, als über Inhalt und Absicht des Friedens selbst kein Streit war. In casibus claris et in pace religionis aperte decisis erbiete man sich zu jedem Recht vor dem zuständigen Richter, ließen sich die Protestanten auf dem Regensburger Reichstag vernehmen, nicht aber in zweifelhaften Fällen, die allein vor die partes transigentes gehörten. Nur ein Verfahren, das die Majorisierung der einen Religionspartei durch die andere ausschließe, könne in solchen Fällen Platz greifen. Auslegungsfragen des Religionsfriedens gehörten nach protestantischer Auffassung vor den Reichstag, Rechtsstreitigkeiten aus ihm allein vor das Reichskammergericht, nicht den Reichshofrat; in beiden Fällen sei für Religionssachen Parität herzustellen. Das bedeutete am Reichstag Abstimmung nach Konfessionsparteien und nicht, wie üblich, nach Kurien; am Kammergericht hätten dann für Religionsprozesse besondere paritätische Kammern gebildet werden müssen, wenn man nicht überhaupt eine paritätische Zusammensetzung dieses Gerichtes forderte. Der Prager Frieden ließ diese Frage wie alle Justizsachen vollständig offen, indem er sie einer künftigen Vereinbarung der Stände beider Konfessionen zuschob, in Regensburg wiederholten die Protestanten ihren alten Standpunkt ohne den geringsten Erfolg. Man warf ihnen vor, sie wollten in keiner Streitfrage vor irgendeinem Gericht zu Recht stehen und alles nur in gütliche Handlung ziehen, während doch der Religionsfrieden dies nur für zweifelhafte und unentschiedene Fragen vorschreibe. Aber darin bestand ja gerade der Streit, was denn nun eigentlich als entschieden zu gelten habe und was nicht, denn eben das wurde ja je nach dem Grundprinzip, das man dem Religionsfrieden unterlegte, verschieden beantwortet. Es war eine Fiktion, wenn man katholischerseits so tat, als stände hinter dem Religionsfrieden ein einheitlicher gesetzgeberischer Wille. In Wirklichkeit waren in ihm noch alle Gegensätze enthalten, man hatte sie nur zugedeckt, aber nicht entschieden. Deshalb legte ihn ja jede Partei nach ihrem Willen aus. Keine hatte Recht und keine Unrecht, und nur eine neue Vereinbarung konnte den Streit enden.

Und es waren auch schon Schritte dazu geschehen. Man war sich doch schon etwas näher, als die beiderseits immer wieder neu vorgebrachten Prinzipien es erscheinen ließen. Der Grundsatz, durch den später eine neue Einigung möglich werden sollte, war bereits gefunden mit dem Gedanken eines „Normaljahres", eines endgültigen Konfessionsstandes im Reich, der für alle Zukunft maßgebend bleiben sollte. Wir haben schon verfolgt, wie er in den Verhandlungen der Religionsparteien alsbald nach dem Restitutionsedikt auftauchte, wie man evangelischerseits zunächst die Jahre 1620 oder 1612 nannte, wie der Kaiser schon im Jahre 1630 das Restitutionsedikt preisgab und bald darauf das Normaljahr 1627 annahm, auf das man sich im Prager Frieden einigte. Allerdings zunächst nur provisorisch auf vierzig Jahre, dann sollte es den Parteien freistehen, eine rechtliche Entscheidung zu suchen: Es war nur ein Normaljahr in possessorio, nicht in petitorio, das heißt maßgebend nur für den vorläufigen Besitzstand, nicht für den endgültigen Anspruch, denn der Prager Frieden konservierte den Besitzstand an geistlichen Gütern, wie er im Jahre 1627 gewesen war, nur auf vierzig Jahre, er ließ danach die Inhaber nur solange im Besitz, als er ihnen nicht im Rechtswege aberkannt wurde. Man sieht, das von den Protestanten geforderte Prinzip der Gleichheit gedachte er noch nicht zu verwirklichen, da er noch immer eine im Religionsfrieden nicht geklärte Frage richterlicher Entscheidung statt gütlicher Verständigung vorbehielt. Der Fortschritt bestand, wie wir sahen, allein darin, daß der Kaiser überhaupt erst einmal den Weg einseitiger Deklaration verließ und wenigstens vorläufig ein neues Normaljahr statt des bisher immer festgehaltenen Stichjahres 1552 akzeptierte, wogegen Kursachsen den Kampf gegen den Geistlichen Vorbehalt aufgab. Aber es war eben doch nur ein erster Schritt. Nicht nur der provisorische Charakter, auch der Inhalt des Friedens genügte den Protestanten nicht, schon 1641 in Regensburg regten sie neue Verhandlungen über den Geistlichen Vorbehalt an. Ihnen schwebte ein Kompromiß anderer Art vor, dessen Grundgedanke schon seit zehn Jahren erörtert wurde und wonach es einem geistlichen Fürsten erlaubt sein sollte, mit Zustimmung seines Kapitels unter Beibehaltung seiner Würde überzutreten und sein Stift zu reformieren. Also ein Vermittlungsvorschlag, dem gegenüber freilich die Radikalen wie Hessen-Kassel an der Forderung auf Abschaffung des Geistlichen Vorbehalts festhielten. Es kam auch in Regensburg nicht zur Verhandlung darüber, weil die Katholiken am Prager Frieden festhielten. Aber wie auch immer, der Gedanke eines neuen Normaljahres war einmal ausgesprochen und von beiden Seiten akzeptiert. Wurde er zur Grundlage einer allgemeinen und dauernden Verständigung, so bedurfte es auch des Geistlichen Vorbehaltes nicht mehr, so war die Ungleichheit der beiden Konfessionen in dem wichtigsten Punkt beseitigt und über die restlichen eine Verständigung um so eher denkbar.

Die Gravamina der beiden Parteien, die um die Jahreswende 1645/46 vorgelegt wurden, ließen freilich von Verständigungsbereitschaft noch wenig erkennen. Die Protestanten wiederholten alle ihre längst bekannten Forderungen. Sie verlangten die Anerkennung des Religionsfriedens als pragmatische Sanktion, Abschaffung des Geistlichen Vorbehaltes und Aufhebung aller Beschränkungen, die dem evangelischen Adel den Zutritt zu den hohen Stiftern, den evangelischen Administratoren Sitz und Stimme am Reichstag verwehrten. Sie behaupteten ihr Recht auf die Mediatstifter, das Reformationsrecht der Reichsstädte und Reichsritter und im Zusammenhang damit die Abhängigkeit des jus reformandi von der Landeshoheit: Cujus est regio, ejus est religionis dispositio heißt es in einem lapidaren, damals wohl schon sprichwörtlichen Satz, und nachdrücklich wird gegen die Versuche katholischer Fürsten protestiert, ein Reformationsrecht auch da auszuüben, wo ihnen keine Landeshoheit zustand. Aber auch diesmal scheuten die Protestanten nicht die Inkonsequenz, im gleichen Atem die Anerkennung der Ferdinandeischen Deklaration, ja ganz allgemein die öffentliche evangelische Religionsübung in allen katholischen Gebieten zu fordern. Und natürlich kehrte die These wieder, daß in Religionsfragen keine Mehrheitsbeschlüsse gelten dürften.

Vor allem aber warfen die protestantischen Beschwerden nun sofort die Frage der vollen Gleichberechtigung beider Konfessionen in die Debatte. In der schwedischen Proposition war nur von gleichmäßiger Anwendung der Justiz auf beide

Konfessionen, also nur von Rechtsgleichheit die Rede gewesen, und diese hatte die kaiserliche Antwort vom September 1645 ohne Anstand bewilligt. Aber Gleichheit vor dem Richter war noch nicht Gleichberechtigung in Religionssachen, und um die ging es. Die Gravamina sprachen jetzt, zwar beiläufig im Zusammenhang mit der paritätischen Besetzung des Reichskammergerichtes, aber ganz klar von der aequalitas mutua et reciproca, also von voller Gleichheit der Stände beider Konfession, da sie ja alle gleichberechtigte Glieder des Reiches seien. Das rollte alle Streitfragen mit einemmal auf, und die Schweden nahmen das Thema in ihrer Replik Anfang Januar 1646 auf, indem sie gleichfalls von einer „Aequalitas in allem" sprachen.

Demgegenüber wiederholten die Katholiken ihre bekannte Rechtsauffassung, sie bestritten den Zusammenhang des jus reformandi mit der Landeshoheit und beantworteten die protestantischen Einzelbeschwerden mit entsprechenden Gegenklagen. Scharf und unerbittlich wie nur je stießen also, wenn man diese Gravamina betrachtet, die großen Gegensätze aufeinander, verschieden wie Himmel und Erde, so sagte dazu der Prior Adam Adami.

Aber das war doch nur der Schein. Der Kaiser, auf dessen Haltung viel ankommen mußte, und seine Minister, in erster Linie Trauttmansdorff selbst, suchten ernsthaft nach einer Lösung. Wir haben die Gutachten der Geheimen Räte in Wien zu dieser Sache. Sie zeigten überraschend viel Verständnis für den protestantischen Standpunkt und deuteten Wege zur Verständigung an. Das Verfahren der Katholiken auf dem letzten Reichstag, einfach auf den Prager Frieden zu verweisen, wird darin getadelt; so gehe es eben nicht. Auch die Räte wollten die katholischen Grundsätze nicht aufgeben und den Religionsfrieden keineswegs zu einer sanctio pragmatica erklären, aber sie opferten das Alleinrecht des Kaisers auf authentische Interpretation des Religionsfriedens, weil es unhaltbar sei, und das Mehrheitsprinzip in Religionssachen, denn in der Tat sei darüber immer in besonderen Zusammenkünften der Religionsparteien verhandelt worden. Die kaiserliche Jurisdiktion in Religionssachen sei freilich festzuhalten, als fast das einzige Stück, „welches noch de summo Imperio übrig", nachdem Gesetzgebung, Recht über Krieg und Frieden und vieles andere verloren gegangen seien. Man war auch in Wien schon bereit, gegen Annahme des Stichjahres 1627 und Anerkennung des Geistlichen Vorbehaltes den Protestanten die Immediat- und Mediatstifter, die sie im Stichjahr besessen hatten, auf ewig hinzugeben und die evangelischen Administratoren unter gewissen Klauseln mit Sitz und Stimme am Reichstag zuzulassen. So wurde Trauttmansdorff beschieden. Als Maxime für die Verhandlungen galt: Wo der Religionsfrieden klar und deutlich laute, sei bei ihm zu verharren, wo er dunkel, sei gütliche Verhandlung und gegebenenfalls Nachgiebigkeit in einzelnen Punkten geboten. Kein Zweifel, diese Instruktion war ein bedeutender Fortschritt.

Natürlich wurde sie geheim gehalten, denn erst mußte das Ergebnis der unmittelbaren Verhandlungen zwischen den Parteien und der Verlauf der Satisfaktionsverhandlungen mit Schweden und Frankreich abgewartet werden. Aber Trauttmansdorffs Äußerungen gegen die katholischen Stände gingen von Anfang an in diese Richtung, auch bot er schon damals den Schweden geistliche Stifter zur Satisfaktion, unter Berufung auf Wiener Theologengutachten, die einen ewigen Verzicht gutgeheißen hätten. Seine Meinung war, man solle die Stifter in protestantischer Hand fahren lassen und sich lieber um die künftige Sicherung dessen bemühen, was man noch habe.

Ihm kamen gewisse Ansichten auf protestantischer Seite entgegen. Der Große Kurfürst und der Herzog von Württemberg waren bereit, den Geistlichen Vorbehalt anzuerkennen und auch das Normaljahr 1618 preiszugeben. Sie waren der Meinung, das Reich bestehe nun einmal aus beiden Konfessionen, und es sei nicht erwiesen, daß die Katholiken das Verderben der Protestanten wollten. Aber freilich, zunächst überwog noch der Einfluß der Unduldsamen auf beiden Seiten. Der Nuntius sammelte um sich die Partei der streitbaren Katholiken, den Bischof von Osnabrück, den Prior Adami und den augsburgischen Gesandten Dr. Leuxelring. Auf evangelischer Seite führten die hessischen und herzoglich-sächsischen Vertreter die schärfste Sprache. Sie mahnten ihre Glaubensgenossen, die Gelegenheit jetzt nicht zu versäumen und für die Aufhebung des Geistlichen Vorbehaltes und für die Religionsfreiheit in den kaiserlichen Erblanden zu kämpfen.

Erste Verhandlungen der Konfessionsparteien

Daß die Unversöhnlichen vorerst noch das Feld beherrschten, erwies sich bei den Verhandlungen der katholischen und evangelischen Stände, die im Februar 1646 begannen. Beide sollten zunächst nach dem Wunsch der Schweden und Kaiserlichen eine unmittelbare Verständigung miteinander suchen. Trauttmansdorff und Oxenstierna waren gewillt, ehrlich zu vermitteln, während die extrem katholische Partei jeder Verhandlung widerstrebte. Selbst Bayern wünschte sie noch nicht und riet, erst die französischen und schwedischen Gebietsforderungen zu erfüllen, um so den Protestanten den Beistand der beiden Mächte zu entziehen.

Noch ehe man über das Wie und Wo der Verhandlungen einig war, legten beide Parteien ihre Vermittlungsvorschläge vor. Es ist sehr aufschlußreich, in welcher Richtung man da und hier die Verständigung anstrebte. Die Protestanten versuchten es bei Wahrung ihrer Grundsätze mit einzelnen Konzessionen: Sie boten zunächst eine Verpflichtung an, den evangelisch gewordenen großen Stifter ihren geistlichen Charakter und insbesondere dem Kaiser das Recht der ersten Bitten zu erhalten, sofern er sich verpflichte, nur evangelische Personen zu präsentieren und dem Gewählten Sitz und Stimme am Reichstag zu geben. Oft hatten sie den Vorwurf hören müssen, die Reformierung der Stifter bedeute zugleich Säkularisation und Verweltlichung, sie waren bereit, den fragwürdigen geistlichen Charakter der Bistümer und Abteien zu konservieren und sie nicht zum erblichen Besitz weltlicher Fürsten zu machen, nur die päpstlichen Rechte sollten fallen. Reformatorisch gedacht war das freilich nicht, wie wären geistliche Obrigkeiten im evangelischen Raum auf die Dauer möglich gewesen? Dafür sollten nun aber die Katholiken den Geistlichen Vorbehalt aufgeben oder doch im Sinne der Regensburger Vorschläge mildern und ihm so den für die Protestanten verletzenden Charakter nehmen: Ein geistlicher Landesherr sollte mit Zustimmung seines Kapitels und gegebenenfalls auch der Landstände sein Stift reformieren dürfen, das gleiche sollte bei Mediatstiftern durch Beschluß der Konvente möglich sein. Es war also nicht einmal ein echtes Normaljahr, was die Protestanten boten; sie hielten zwar das Jahr 1618 grundsätzlich fest, wollten aber, wie man sieht, auf die weitere Ausbreitung ihres Glaubens in den geistlichen Gebieten keineswegs ganz verzichten. Sie boten also den Katholiken keine Sicherheit für die Zukunft. Selbst die „Freistellung" ihres Glaubens in katholischen Gebieten gaben sie noch nicht ganz auf, dort sollte ihren Glaubensgenossen die öffentliche, mindestens aber eine private Religionsübung gestattet werden, sie erblickten schon darin, daß sie sich gegebenenfalls mit der zweiten zufrieden geben wollten, eine wichtige Konzession. Es handelte sich bei diesen Unterscheidungen um kirchliche Rechtsbegriffe, die sich im Lauf der jahrzehntelangen Kämpfe um die Freistellung ausgebildet hatten: Man unterschied die öffentliche Religionsübung von der privaten, die zwar auch die Abhaltung von Gottesdiensten durch Pfarrer, aber nur in Privatwohnungen gestattete, und diese wiederum von der bloßen häuslichen Privaterbauung ohne Beteiligung eines Geistlichen. Die Evangelischen waren sich übrigens klar, daß selbst das exercitium privatum kaum zu erhalten sein werde, und hatten sich daher geeinigt, im äußersten Fall mit der bloßen devotio domestica zufrieden zu sein.

Alle anderen Gravamina wurden ohne Ausnahme aufrechterhalten und wiederholt. Das stärkste Argument der Protestanten war immer wieder, daß man ihnen die Gleichberechtigung versage und damit ihren Glauben diffamiere. Für die Katholiken hätte sich daraus die Frage ergeben sollen, wie es gelingen könne, ein weiteres Vordringen des Protestantismus, vor allem in den geistlichen Gebieten, zu hindern, die konfessionellen Lebensräume also endgültig abzugrenzen und doch den Protestanten die formale Gleichberechtigung zu geben, die man ihnen in der Tat nicht gut versagen konnte, ohne sich selbst ins Unrecht zu setzen.

Man hat nicht den Eindruck, daß die katholischen Stände diesen Kernpunkt erfaßten. Ihre Gegenvorschläge enthielten nicht die geringste Konzession, sie verwiesen wieder nur auf den Prager Frieden. Als nach langem Hin und Her am 12. April 1646 im Rathaussaal zu Osnabrück die Konferenzen der evangelischen Stände mit einer Abordnung der Katholiken aus Münster eröffnet wurden, sah keine Partei in den Vorschlägen der anderen auch nur eine Möglichkeit des Anknüpfens. Jede versuchte, ihre Vorschläge zur Grundlage der weiteren Verhandlung zu machen, jede wollte dem Gegner die erste Äußerung zuschieben. In fünf Sitzungen kam man über diese formalen Voraussetzungen nicht hinaus, bis schließlich die Protestanten sich bereit erklärten, neue Vorschläge zu unterbreiten.

Das geschah am 24. April, und diesmal war es ein Angebot, das nun wirklich einen wesentlichen Fortschritt bedeutete. Die Protestanten blieben zwar beim Normaljahr 1618, nahmen aber den Geistlichen Vorbehalt unter der einzigen Bedingung an, daß einem Prälaten, der zum evangelischen Glauben übertrete, Amt und Würden auf Lebenszeit erhalten blieben. Auch die Möglichkeit einer freiwilligen Reformation von Mediatstiftern erwähnten sie nicht mehr. Sie boten damit zum erstenmal ein echtes Normaljahr ohne wesentliche Ausnahmen oder Vorbehalte, eine Verewigung des deutschen Konfessionsstandes von 1618 ohne die Möglichkeit nachträglicher Verbesserungen zu ihren Gunsten. Aber ihre Zugeständnisse, so bedeutend sie waren, wurden kaum als solche gewertet. Der Geistliche Vorbehalt, erwiderte man ihnen, handele gar nicht vom jus reformandi, sondern von der Aberkennung der geistlichen Würden, gegen die Reformation geistlicher Stifter habe man sich ohnehin durch Verträge und Pakte gesichert. Also gerade das, was die Protestanten am Geistlichen Vorbehalt als entehrend empfanden, sollte bleiben. Was half es, daß die Katholiken über eine Verlängerung der vierzigjährigen Frist des Prager Friedens auf fünfzig oder sechzig Jahre mit sich reden lassen wollten? Der Stachel blieb, und besonders aufreizend mußte es wirken, daß die Katholiken die „durchgehende Aequalität", die die Protestanten erneut in

NEMINEM TIMEAS. RECTE AGENDO

WOLFGANGVS CONRADVS A THVMESHIRN IN PONIX
Celsissimi et Illustrissimi Principis ac Domini Dⁿⁱ FRIDERICI
WILHELMI, Saxoniæ, Iuliæ, Cliviæ, et Montium Ducis,
Consiliarius Aulicus, Ærarij Provincialis Director, et
Consistorij Assessor atq, ad Tractatus Pacis Universalis
Legatus Plenipotentiarius

Anselmus van Hulle pinx. Corn. Galle sculp. 1649. Cum privilegijs Regum & Hollandiæ ordinum.

SPERA IN EUM ET IPSE FACIET. COMMITTE DOMINO VIAS TUAS ET

IACOBUS LAMPADIUS
Iuris-consultus Celsissimorum Principum **FRIDERICI** et
CHRISTIANI LUDOVICI Ducum Brunovicensium et Luneburgensium ad Comitia Osnabrugensia et Monasteriensia Legatus Ducis item **CHRISTIANI LUDOVICI** Consiliarius
intimus et Procancellarius

Anselmus van Hulle pinxit   accessit Privilegium Cæsareum.   Coenr. Waumans sculp.
Cum privilegio Regum et Hollandiæ Ordinum

1649

ihrem Vorschlag gefordert hatten, ausdrücklich ablehnten. Was konnte die Katholiken jetzt, nachdem die Protestanten den Geistlichen Vorbehalt ohne Einschränkung anerkennen wollten, noch daran hindern, den Grundsatz der Gleichheit anzunehmen? Wir kennen zwar die Bedeutung, die eine Auslegung des Religionsfriedens nach dem Grundsatz der Gleichheit auch sonst noch haben konnte, aber hätte sich darüber nicht in Einzelverhandlungen ein Modus finden lassen? Wenn die Katholiken die Antwort erteilten, daß sie eine andere Gleichheit als die des Religionsfriedens nicht einräumen könnten, so diente das den Protestanten nur zum Beweis, daß man das große Opfer, das sie soeben gebracht hatten, nicht würdige. Daß die Katholiken sich auf ihr Gewissen beriefen, befremdete umso mehr, als man katholischerseits im Jahre 1555 einen ewigen Verzicht auf geistliche Güter ohne Gewissensbedenken ausgesprochen hatte.

Offensichtlich hatten Adami und Leuxelring, die dem katholischen Ausschuß angehörten, über die gemäßigten Mitglieder dieses Gremiums gesiegt. Die Protestanten sahen damit den Religionsfrieden selbst in Gefahr; die Sicherheit, die sie wünschten und selbst zu geben bereit waren, wurde ihnen nicht. Von der Gleichheit als Prinzip in allen durch den Frieden nicht ausdrücklich geregelten Fragen war man weit entfernt. Ja noch mehr, die Katholiken hatten sich wieder wie einst in der Reformationszeit auf das gemeine Recht berufen, und die Protestanten hatten sie erneut auf den Speirer Reichsabschied von 1544 verweisen müssen, der dies verbot und nach ihrer Meinung durch den Religionsfrieden keineswegs aufgehoben war. Sie sahen nun keinen anderen Weg, als den kaiserlichen und schwedischen Gesandten das Ergebnis mitzuteilen und sie zu bitten, die Sache selbst in die Hand zu nehmen: Sie möchten nun sehen, wie weit sie hierin kommen könnten. Gewiß, beide Parteien erboten sich, die Besprechungen fortzusetzen. Aber die eine Sitzung, die sie am 5. Mai noch miteinander hielten, verging mit unfruchtbarem Streit.

Trauttmansdorff legte sich ins Mittel. Er hatte schon vor längerer Zeit versucht, die Meinung des Papstes darüber zu erfahren, ob nicht im Punkt der geistlichen Güter ein dauerndes Entgegenkommen möglich sei. Aber er hatte darüber noch keinen Bescheid, und wenn er auch selbst zu diesem Verzicht bereit war, so konnte er doch den katholischen Ständen nicht vorgreifen, ehe alle anderen Mittel erschöpft waren. Er suchte also die Protestanten zum Nachgeben zu überreden. Sie hofften vergebens, sagte er ihnen, daß die Katholiken sich das Normaljahr 1618 oder einen Kompromiß über den Geistlichen Vorbehalt abringen lassen würden. So etwas könne auch nicht von einem oder zwei Bischöfen gemacht werden, sondern nur durch gemeinsamen Beschluß aller. Inzwischen aber gehe das Reich zugrunde. Wenn man auf sechzig Jahre gesichert sei, werde man sich doch wohl inzwischen vergleichen können. Auch der Herzog von Longueville, von den Katholiken zu Hilfe gerufen, riet den Protestanten, auf einen ewigen Vergleich nicht zu dringen, denn es stehe gar nicht in der Macht der Katholiken, dergleichen zu bewilligen. Geschehe es ohne Zustimmung des Papstes, so würden sie gar keine Sicherheit gewinnen. Auch er riet zu einem Abkommen auf siebzig, achtzig oder mehr Jahre.

Die Haltung der katholischen Stände zeigt deutlich den Gesinnungswandel, der sich im Jahrhundert der Gegenreformation vollzogen hatte. Was 1555 noch möglich gewesen war, schien jetzt undenkbar. Man hielt an Prinzipien fest, die man damals schon preisgegeben hatte. Die Protestanten andererseits wollten Sicherheit und dauernden Besitz, sie schätzten beides so hoch, daß sie dafür sogar die Ausbreitung ihres Glaubens in der Zukunft preisgaben. Grundsatz stand gegen Grundsatz, und darüber war die Frage, ob sich zwischen den beiden Entscheidungsjahren 1618 und 1627 ein Mittelweg finden lasse, noch gar nicht gestellt worden.

Die Verhandlungen zwischen den Ständen waren also gescheitert. Franzosen und Schweden, von beiden Seiten um Mitentscheidung angerufen, ließen sich nur zögernd in diese Sache ein und eigentlich nur, weil ihre eigenen Interessen durch eine Verschleppung der Religionsverhandlungen ernstlich gefährdet schienen. Sie waren an einer Versöhnung lebhaft interessiert, aber sie rieten vergeblich nach der einen wie nach der anderen Seite zum Nachgeben.

Kaiserliche und kursächsische Vermittlung

Da entschloß sich Trauttmansdorff, selbst mit Vorschlägen einzugreifen. Er war schon seit Monaten angewiesen, zunächst eine unmittelbare Einigung der Religionsparteien nach Kräften zu fördern, bei zu langem Aufenthalt aber selbst das Werk in die Hand zu nehmen. Der Kaiser hielt sich kraft seines Amtes für berechtigt, den Ausschlag zu geben, falls die Stände sich nicht einigen könnten. Die Dinge schienen sich dahin zu entwickeln. Anfang Mai liefen neue Weisungen bei Trauttmansdorff ein, die ihn ermächtigten, den Protestanten jetzt Kirchengüter auf ewig abzutreten und den Schweden Bremen und Verden als Lehen anzubieten, also beide Bistümer zu säkularisieren. Begleitet waren diese Weisungen von entsprechenden Gutachten der kaiserlichen Gewissensräte, denen die bayrischen und kurmainzischen Hoftheologen sekundierten.

Es war also bei den maßgebenden katholischen Mächten eine Wendung eingetreten. Wir können ihre Phasen an den Wiener Akten verfolgen. Im März hatte ein bayrischer Abgesandter in Linz mit den kaiserlichen Räten eingehende Besprechun über alle Fragen der Friedensverhandlungen geführt. Man wollte Bayern für eine volle Unterstützung der kaiserlichen Politik gewinnen. Es kam dem Kaiser dabei nicht nur auf ein passives Geschehenlassen, sondern auf Zustimmung und aktive Mitwirkung an. Das war nicht leicht, denn zwischen der Wiener und Münchener Politik bestanden erhebliche Unterschiede. Der Kaiser wollte alle Stände zu gemeinsamem Widerstand gegen die Forderungen Frankreichs und Schwedens um sich sammeln und deshalb über die Gravamina und die Satisfaktionsfragen mindestens gleichzeitig verhandeln. Maximilian hoffte auf die Hilfe Frankreichs für seine pfälzischen Pläne, wenn es nur erst seiner Satisfaktion versichert sei; über diese wünschte er daher zunächst zu verhandeln. Daß die Protestanten nicht länger vertröstet werden könnten, sah auch er, eine Vertagung ihrer Forderungen bis nach Friedensschluß verfocht er nicht mehr. Aber er hoffte doch mit ihnen leichter fertig werden zu können, wenn die Kronen erst ihren Gewinn in der Tasche hätten. Wenn also Bayern der Forderung gleichzeitiger Verhandlungen über Satisfaktion und Gravamina zustimmte, so meinte es doch nicht dasselbe wie der Kaiser. Der Unterschied lag darin, daß man das Tempo der beiden Verhandlungen jeweils verschieden wünschte.

Diese Differenzen zu beseitigen schien nicht leicht. Aber es war nötig, denn Bayerns Haltung pflegte für die meisten katholischen Reichsstände maßgebend zu sein. Ihm und Kurmainz wurde nun im März 1646 mitgeteilt, wie der Kaiser den Grafen Trauttmansdorff hinsichtlich der Religionsfragen zu instruieren gedenke, beide wurden um ihre Ansicht befragt. Bayern zeigte sich am wenigsten zum Nachgeben geneigt, Mainz hatte Verständnis dafür, daß man hie und da Konzessionen machen müsse, die kaiserlichen Räte wollten das Äußerste an Zugeständnissen herausholen und mit den Protestanten so schnell wie möglich ins Reine kommen. Man war darüber einig, daß der Geistliche Vorbehalt bleiben müsse, aber es war doch ein Unterschied, wenn Bayern ihn feierlich neu bestätigt, auf die Mediatstifter ausgedehnt und so allgemein gefaßt haben wollte, daß auch die Wahl katholischer Bischöfe in jetzt bereits protestantischen Bistümern möglich blieb, und wenn der Kaiser nur auf den Religionsfrieden verweisen und die Fortdauer des Geistlichen Vorbehalts stillschweigend voraussetzen wollte. Das gab natürlich keine Sicherheit für die Zukunft, aber dafür im Augenblick auch keine Kontroversen, es hieß die Gegensätze wie bisher stillschweigend zudecken. Noch weniger verstand man sich in der Frage eines ewigen Verzichts auf die verlorenen geistlichen Güter. Weder Bayern noch Mainz wollten dem zustimmen, sie erklärten selbst die Befristung bis zu einem künftigen Religionsvergleich als untragbar, weil sie einem ewigen Verzicht gleichkomme und aus Gewissensgründen unmöglich sei. Die kaiserlichen Räte fanden, sie könnten diesen Grundsatz „noch nicht mit seinem Fundament begreifen". Er sei wünschenswert, ja, aber man habe doch Beispiele, daß Kirchengüter im Falle dringender Not oder zum gemeinen Nutzen des Reiches veräußert worden seien. Der Kaiser habe so viel zum Wohl der Kirche erreicht, daß ein paar Stifter dagegen nicht ins Gewicht fallen könnten; lege man Gewinn und Verlust dieses Krieges auf die Waagschale, so stehe die katholische Sache immer noch besser da als vorher. Und wenn Kurbayern um seines Vorteils willen eine achte Kur schaffen und damit gegen das wichtigste Grundgesetz des Reiches, die Goldene Bulle, verstoßen wolle, warum solle es dem Kaiser verwehrt sein, um des Friedens willen einige ohnehin verlorene Bistümer aufzuopfern? Sie warnten davor, die Hoffnung auf künftige Rückkehr solcher Stifter oder Gewissensbedenken gegen eine Dauerregelung merken zu lassen, denn das werde unheilbares Mißtrauen bei den Protestanten hervorrufen. Diese würden sich dann in ihrer Meinung bestärkt finden, daß auf Verträge mit den Katholiken kein Verlaß sei, und sich desto mehr auf den Beistand der Fremden verlassen. Gebe man den Protestanten keine Sicherheit, so werde es zu keiner Verständigung kommen.

Eine große Gefahr sah Bayern in der Gewährung von Titel, Session und Votum an die protestantischen Administratoren. Im vorigen Jahrhundert habe man lieber die Revision des Kammergerichts stecken lassen, als hierin nachzugeben. Geschehe es jetzt, so würden die Protestanten im Fürstenrat zwar nicht die Mehrheit, aber doch zwanzig neue Stimmen erhalten, und Magdeburg werde sofort das Direktorium beanspruchen, in das sich bisher Österreich und Salzburg geteilt hatten. Hier aber sahen der Kaiser und Mainz einen Kompromiß als unvermeidlich an. Nur in zwei Punkten blieb man sich einig: Den Kalvinisten könne man den Schutz des Religionsfriedens nicht länger versagen, wobei man sich mit der Hoffnung tröstete, diese „aufrührerische Sekte" werde ihn doch von sich aus brechen und damit die Duldung verscherzen. Ebenso war man sich einig in der unbedingten Ablehnung jeder evangelischen Religionsübung in katholischen Gebieten, denn das werde womöglich zur Austilgung der katholischen Religion gereichen und schließlich dahin führen, daß die katholischen Fürsten in ihren Landen vor ihren eigenen Untertanen nicht mehr sicher seien!

Dem Kaiser gelang es also nicht, Bayern auf seine Linie festzulegen. Der Kurfürst ließ sich nicht mehr abringen als eine unsichere Vertröstung auf einen Gedankenaustausch der beiderseitigen Gesandten am Kongreß. So erhielt Trauttmansdorff Weisung, zunächst alles zu tun, daß die Parteien sich einigten oder, wenn das mißlinge, die Sache dem Kaiser anheimgäben. Dann sei gemäß den kaiserlichen Instruktionen zu verfahren. Wie aber, wenn die Religionsparteien nicht dazu zu bringen waren, dem Kaiser die Entscheidung zu überlassen? Dann trat die schwere Frage an ihn heran, ob er von sich aus kraft seines Amtes und ohne Auftrag der Stände den Protestanten eine willfährige Resolution erteilen und ihnen die geistlichen Güter auf ewig lassen solle. Dazu mußte man entweder der bayrischen Zustimmung oder des Friedens mit Schweden sicher sein, denn sonst saß man zwischen zwei Stühlen. Verfassungsmäßig hielt sich der Kaiser zu einem solchen „Vorgriff" für berechtigt, anwenden wollte er ihn nur im äußersten Fall.

So wurde Trauttmansdorff Anfang Mai beschieden. Jetzt bot er den Schweden, mit denen er die Sache auf Wunsch der Stände abhandeln sollte, als erstes die geistlichen Güter auf hundert Jahre, unter Beibehaltung des Normaljahres 1627 und des Geistlichen Vorbehaltes. Noch hoffte er, dafür die Zustimmung der katholischen Stände zu erhalten, deren Vertreter er am 12. Mai empfing. Die aber wollten die abwesenden Stände nicht binden und hofften wohl auch, daß die Abtretung Breisachs, über die man gerade verhandelte, die Franzosen ganz auf die katholische Seite herüberziehen würde. Trauttmansdorff teilte ihnen mit, wie weit er inzwischen gegangen war, und entwickelte darauf seine Ansicht. Über die hundert Jahre sei für diesmal nicht hinauszugehen, was also eine Abtretung auf ewig noch immer offen ließ. Er kam damit dem Gedanken eines echten Normaljahres schon sehr nahe. Dem entsprach auch, daß er den evangelischen Stiftsinhabern Sitz und Stimme am Reichstag gewähren wollte, sofern sie von den Kapiteln frei gewählt seien und die Zusicherung gäben, die Stifter nicht erblich zu machen. Über die Mediatstifter sprach er sich nicht aus, die Frage wäre mit der allgemeinen Geltung des Normaljahres 1627 ohnehin gelöst worden. In allem näherte er sich dem von den Protestanten geforderten Gleichheitsprinzip; er war der Meinung, daß die Parität am Kammergericht und die Berufung protestantischer Assessoren in den Reichshofrat nicht verweigert werden könne und daß man auch am Reichstag in Religionssachen nicht gut auf Mehrheitsbeschlüssen bestehen könne. Nur die allgemeine Freistellung der evangelischen Religionsübung in katholischen Gebieten lehnte er strikt ab, doch ließ er durchblicken, daß über die Religionsfreiheit gewisser Mediatstände wohl nach den besonderen Umständen entschieden werden müsse und mit einem einfachen Nein nicht durchzukommen sei, denn hier gebe es nun einmal verschiedene Gewohnheiten und bestünden in den einzelnen Territorien besondere Pakte und Privilegien, die man nicht einfach aufheben könne.

Das war Trauttmansdorffs Programm. Es kam darüber unter den katholischen Ständen zu den heftigsten Auseinandersetzungen. Die Radikalen protestierten scharf gegen die Art, wie hier die Gutachten der Theologen ausgebeutet würden. Denen sei ja nur die Frage vorgelegt worden, ob der Kaiser im Falle äußerster Not kirchliche Güter dahingeben dürfe, und nur diese Frage hätten sie bejaht. Von dringender Not könne aber gar keine Rede sein. Man wußte recht gut, warum es dem Grafen so eilte: Gelang jetzt noch die Verständigung mit den Protestanten, so ließ sich Breisach vielleicht retten, und um diesen Punkt drehten sich denn auch die Debatten im katholischen Fürstenrat. Bischof Franz Wilhelm, der bayrische Gesandte und Leuxelring widersprachen heftig und wünschten stattdessen ein Angebot an Frankreich, das zur Verständigung führe, Adami forderte eine „heroische Resolution". Das selbständige Verfahren Trauttmansdorffs erregte einen Sturm, zumal er damit die Forderung verband, daß alles, was man mit den Protestanten vereinbare, auch die abwesenden und dissentierenden katholischen Stände verpflichten müsse. Franz Wilhelm erklärte, er behalte sich sein Recht in Ewigkeit vor, Leuxelring protestierte namens der Stadt Augsburg und der schwäbischen Städte und Grafen gegen alles, was etwa zu ihrem Nachteil abgeredet werde, der Vertreter der Reichsstadt Köln erklärte gar, man wäre hier nicht erschienen, wenn man gewußt hätte, was traktiert und abgehandelt werden solle. Aber am Ende fand Trauttmansdorff dann doch eine Mehrheit. Man beschloß, ihm zwei Vertreter der katholischen Stände beizuordnen, und überreichte ihm Ende Mai ein Gutachten, worin die Stände ihm wohl oder übel in den meisten Punkten beitraten. Allerdings vermerkten sie es bitter, daß er die hundert Jahre ohne sie bewilligt habe, er möge nun wenigstens nicht eigenmächtig darüber hinausgehen und keinesfalls den Geistlichen Vorbehalt preisgeben.

Immerhin, damit sah Trauttmansdorff den Weg zu weiteren Verhandlungen mit den Protestanten frei. Beide Seiten hatten dabei ein spezielles Interesse, das alle anderen überwog, Trauttmansdorff das Normaljahr, die Protestanten den Grundsatz der Gleichheit. Trauttmansdorff erklärte von vornherein, wenn die Protestanten auf ihrem Stichjahr 1618 bestünden, würde sein Kommen nach Osnabrück vergeblich sein. Er kam doch, obwohl man ihm keine Eröffnung darüber machte, denn er erhielt Nachrichten, daß unter den Evangelischen auch nachgiebige Leute seien. Zunächst bewilligte er den Grundsatz der Gleichheit. Die Protestanten hatten ihn in einer Erklärung vom 5. Juni wie folgt formuliert: Der Passauer Vertrag und der Augsburger Religionsfrieden seien in ihren wichtigsten Teilen, aber ohne den Geistlichen Vorbehalt, zu bestätigen. Ferner habe das, worüber man sich jetzt vergleiche, als eine immerwährende Deklaration des Religionsfriedens zu gelten. In allem, worüber keine ausdrückliche Bestimmung getroffen werde, habe der Grundsatz völliger Gleichheit zu gelten, insbesondere müsse den Evangelischen alles das, wozu die Katholiken sich in ihren Landen berechtigt glaubten, gleichfalls freistehen. Von diesem Prinzip gaben sie nun gleich eine praktische Anwendung: Sie boten die Anerkennung des Geistlichen Vorbehaltes nach dem Prinzip der Gegenseitigkeit, so daß künftig nicht nur eine Reformation noch katholischer, sondern auch eine Rekatholisierung bereits evangelisch gewordener geistlicher Stifter ausgeschlossen sein sollte. Der Grundgedanke des katholischen Kirchenrechtes, daß allein die alte Kirche einen Rechtsanspruch auf diese Güter habe, wurde damit freilich ins Herz getroffen, aber trotzdem hat Trauttmansdorff das Prinzip angenommen — ein Zugeständnis von größter Tragweite, das freilich später die katholischen Stände nicht akzeptiert haben. Aber den gewünschten Erfolg erzielte Trauttmansdorff mit diesem Entgegenkommen nicht. Weder von ihrem Normaljahr wollten die Protestanten weichen noch von der Forderung der Religionsübung in den katholischen Landen, auch Böhmen und Schlesien wurden dabei ausdrücklich genannt. Wir wissen, daß der Kaiser nicht bereit war, in seinen Erblanden auch nur das exercitium privatum zu bewilligen. Trauttmansdorff berichtete nach Wien, in der evangelischen Erklärung sei alles nur auf die Ausrottung der katholischen Religion abgestellt gewesen, und auch als er mit seinen letzten Zugeständnissen herauskam, der Session für ihre Bischöfe und dem Reformationsrecht der Reichsstädte auch extra muros, blieben die Protestanten bei dem, was sie nun einmal als unaufgebbar betrachteten.

In diesem Augenblick, als Trauttmansdorff bereits drohte, er werde die Hand abziehen und das Werk Gott befehlen, griff die sächsische Vermittlung ein.

Als einer der letzten hatte Kurfürst Johann Georg den Kongreß beschickt. Er hatte dringendere Sorgen. Sein Land war vom Krieg schwer heimgesucht, ein Tummelplatz bald der Schweden, bald der Kaiserlichen. Widerstrebend hatte der Kurfürst im September 1645 Waffenstillstand mit Schweden schließen und sich endlich durch den Vertrag von Eilenburg im März 1646 zur Neutralität bis Kriegsende verpflichten müssen. Erst jetzt schickte er seine Gesandten auf die Reise nach Osnabrück.

Kein Reichsstand stellte sich so entschieden hinter die kaiserliche Politik, wie es Johann Georg in seiner Instruktion für die beiden Gesandten tat. Er bedauerte die Verhandlung der Reichs- und Religionsbeschwerden vor den Augen des Auslandes, der Friedenskongreß sei zur Bereinigung der Differenzen mit den Kronen da, nicht zur Regelung der innerdeutschen Fragen. Ein Religionsvergleich, der den Katholiken mit Hilfe der fremden Waffen abgerungen werde, müsse genau so unwirksam bleiben wie früher die einseitigen Entscheidungen des Kaisers; nur ein gütlicher Vergleich verspreche Dauer, die fremden Kriegsvölker seien dem Reich lästiger als die Gravamina. Nicht einmal die evangelische Hauptforderung, die Wiederherstellung des politischen und kirchlichen Zustandes von 1618, vermochte er gutzuheißen, denn von einem wirklichen Vertrauen der Stände untereinander sei damals keineswegs die Rede gewesen, manche Differenz erst durch spätere Verträge geschlichtet worden. Johann Georg hielt also, was niemanden wundern wird, am Prager Frieden fest. Im übrigen gedachte er sich in die Religionsfragen möglichst wenig einzulassen, er lehnte sogar das ihm angetragene Direktorium der evangelischen Stände in Osnabrück ab.

Von Anfang an sprachen sich denn auch die sächsischen Gesandten dagegen aus, die Katholiken in ihrem Gewissen zu bedrängen und einen ewigen Verzicht auf Kirchengüter von ihnen zu fordern, eine Überlassung auf Zeit müsse genügen. Als Trauttmansdorff im Mai gar auf hundert Jahre hinaufging, riet der Kurfürst dringend zur Annahme. Trauttmansdorff wußte zweifellos darum, daß Lampadius und Thumbshirn, die Rufer im Streit auf der evangelischen Seite, in den eigenen Reihen auch ihre Gegner hatten, und so lag es nahe, daß er in diesem Augenblick, wo die Religionsverhandlungen zu scheitern drohten, an die Sachsen herantrat, um mit ihnen die Lage zu besprechen. Was die Sachsen vorzuschlagen hatten, war eine Einschränkung der letzten protestantischen Forderungen in dem Sinne, daß die geistlichen Güter nicht auf ewig, sondern auf hundert Jahre und, falls es bis dahin zu keiner Einigung komme, nochmals auf hundert Jahre überlassen würden. Also ein Provisorium, das aber praktisch einer Dauerregelung gleichkam und doch dem Gewissen der Katholiken eine Konzession machte. Sie schlugen zweitens vor, das Stichjahr auf 1624 hinaufzusetzen und für die Stände, die damit noch nicht zufriedengestellt seien, eine Sonderregelung zu treffen. Der Unterschied war für die Protestanten nicht allzu beträchtlich. Die größten Umwälzungen in konfessioneller Hinsicht hatten der böhmisch-pfälzische Krieg und die Jahre 1627 bis 1629 gebracht. Das bisher von den Protestanten geforderte Stichjahr 1618 hätte alle katholischen Erfolge zunichte gemacht, das im Prager Frieden vereinbarte Datum des 12. November 1627 gab die meisten Errungenschaften der zweiten Periode des katholischen Vordringens preis, ließ aber die großen Fortschritte in den ersten

Jahren des Krieges bestehen. Wenn Sachsen jetzt auf 1624 zurückgriff, so lief das im wesentlichen auf das Gleiche hinaus, nur daß gewisse Veränderungen in den niedersächsischen Stiftern, die der Kaiser danach noch vorgenommen hatte, wieder rückgängig gemacht und auch die Spezialakkorde mit den süddeutschen Reichsstädten, vor allem Augsburg, betroffen wurden, an denen Trauttmansdorff bisher so zähe festgehalten hatte. Der dritte Punkt der sächsischen Vorschläge betraf die Wiederherstellung der evangelischen Religionsübung in den Erblanden des Kaisers. Sie war als eine Bitte, nicht mehr als Forderung formuliert und sollte den Protestanten erlauben, das Gesicht zu wahren, dem Kaiser aber seine Freiheit erhalten.

Aber auch die sächsische Vermittlung blieb erfolglos. Die evangelischen Stände lehnten sie überhaupt ab, auch Trauttmansdorff erklärte sich außerstande, auf die Vorschläge einzugehen. Im Juli und August legten beide Parteien noch einmal ihre Bedingungen vor, wie sie dem damaligen Stand entsprachen, zu Verhandlungen kam es zunächst nicht mehr.

Vergegenwärtigen wir uns diesen Stand! Klaffte schon zwischen Trauttmansdorff und den Sachsen noch immer eine große Lücke, so waren die Mehrheit der katholischen und evangelischen Stände, wie ihre Bedingungen zeigten, noch weiter voneinander entfernt. An der Gleichheit lag den Protestanten alles, aber die Katholiken gewährten sie nach wie vor nur nach Maßgabe des Religionsfriedens und des jetzt neu zu schließenden Vergleiches, das heißt, sie lehnten sie in Wahrheit ab. Auf ein Normaljahr, das eine Gleichheit automatisch herbeigeführt hätte, hatte man sich noch nicht einigen können. Zwar hatte Kursachsen das Jahr 1624 vorgeschlagen, und in diesem Punkte hatte Trauttmansdorff nicht einmal widersprochen, auf der anderen Seite waren die Protestanten zuletzt noch auf den 1. Januar 1621 hinaufgegangen. Das Entscheidende aber war, daß beide Seiten den von ihnen vorgeschlagenen Termin nicht ausnahmslos gelten lassen wollten. Wenn die Katholiken sich zu dem Jahr 1624 verstanden, so wollten sie doch die Bistümer Halberstadt, Verden, Osnabrück und Minden davon ausnehmen, weil sie jenes dem Sohn des Kaisers, diese dem Bischof Franz Wilhelm zu erhalten wünschten. Wenn die Protestanten ihrerseits das erwähnte Datum vorschlugen, so wünschten doch auch sie für einige Stände als „antegravati" eine Sonderregelung, vor allem für Pfalz und Donauwörth. Außerdem war keine Partei bereit, dem Gegner etwas anderes als den *Besitz* der geistlichen Güter zu garantieren, die er zur Zeit des Stichjahres gehabt hatte, als Grundlage für einen *Rechts*anspruch wollten sie diesen Besitz nicht anerkennen. Darin kam deutlich die Tatsache zum Ausdruck, daß die Katholiken sich zu keinem ewigen Verzicht durchringen wollten und daß auch die Protestanten noch keineswegs die Hoffnung aufgaben, den Besitzstand des von ihnen selbst vorgeschlagenen Normaljahres später einmal zu erweitern. Konnten die Parteien es klarer bekunden, daß noch immer keine der anderen einen vollständigen Rechtsschutz gönnte? Die Katholiken wollten zwar nach Ablauf der hundertjährigen Frist, zu der sie sich verstanden, auf gewaltsame Rückforderung verzichten, den gewohnten Rechtsweg aber auf alle Fälle offenhalten. Das hieß aber auf eine sichere Rechtsgrundlage für den Besitz an geistlichen Gütern überhaupt verzichten. Denn wer sollte nach Ablauf der hundert Jahre Richter sein und nach welchen Grundsätzen sollte Recht gesprochen werden? Die Katholiken boten an, daß eine Verständigung über die Rechtsnormen eines solchen Verfahrens vorgehen solle, die Protestanten forderten eine solche auch über den zuständigen Richter. Und obwohl dies alles doch erst in hundert Jahren von Bedeutung werden konnte, verstand sich die Gegenseite zu diesem zweiten Zugeständnis nicht. Man hätte damit die höchstrichterliche Stellung des Kaisers in Religionssachen in Frage gestellt, an der die Katholiken unter allen Umständen festhalten wollten.

Ungleichheit war es, wenn die Katholiken an dem Geistlichen Vorbehalt nichts ändern wollten und seine paritätische Anwendung verweigerten. Die Parität hätte verlangt, entweder in allen Stiftern die Wahlen völlig freizugeben, also den Geistlichen Vorbehalt aufzuheben, oder überall den Zustand des Normaljahres zu verewigen und damit den Geistlichen Vorbehalt gegenstandslos zu machen. Da das erste nicht erreichbar schien, verlegten sich die Protestanten neuerdings auf das zweite. Das hieß, daß hinfort überall Bischöfe oder Äbte derjenigen Konfession zu wählen seien, die im Normaljahr im Besitz des Stiftes war, und auch der Kaiser hätte sich in Ausübung des Rechtes der ersten Bitte an diesen Grundsatz halten müssen. Die katholische Partei verweigerte das. Sie war auch nicht bereit, was gleichfalls eine notwendige Konsequenz der Gleichberechtigung gewesen wäre, den protestantischen Stiftsinhabern Belehnung, Sitz und Stimme zu gewähren. Nur Lehensindult und Session in loco tertio, das heißt an besonderer Stelle und nicht auf der geistlichen Bank des Fürstenrates, wollten sie zugeben, und auch dies nur für Magdeburg, Bremen und Lübeck. Man fürchtete für die katholische Mehrheit im Fürstenrat, nachdem man sie im Kurfürstenrat glücklich wiederhergestellt und im Städterat schon längst verloren hatte. Ungleichheit war es ferner, wenn die Katholiken den evangelischen Landesherren das Recht zur Einziehung der Mediatstifter nach wie vor beschneiden und solche Güter, die außerhalb der geschlossenen Territorien lagen oder anderen katholischen Ständen inkorporiert waren, von der Regelung des Normaljahres ausnehmen wollten. Ungleichheit bedeutete es schließlich, noch immer bestimmten Reichsstädten das Reformationsrecht vorzuenthalten, die Frage der Parität bei den Reichsgerichten und auf Deputationstagen noch immer hinauszuschieben, obwohl man sie für Religionsangelegenheiten am Reichstag inzwischen zugestanden hatte, und bei Mischehen die Zuständigkeit der geistlichen Gerichte aufrechtzuerhalten. Die psychologische Bedeutung der vollen Gleichberechtigung für die Protestanten war der katholischen Partei offensichtlich noch nicht aufgegangen.

Gewiß hatte die katholische Seite bedeutende Zugeständnisse gemacht, oder vielmehr, sie hatte Trauttmansdorff nicht hindern können, sie in ihrem Namen zu machen. Das Schlimme war eben, daß die mühsam erreichte Annäherung auf beiden Seiten so bitter bekämpft wurde. Direkte Verhandlungen zwischen den Parteien hatten seit Mai nicht mehr stattgefunden. Die Vergleichsvorschläge aber, die man zum Schluß statt neuer Verhandlungen ausgetauscht hatte und in denen man doch noch so weit voneinander entfernt war, enthielten noch nicht einmal die einhellige Meinung der Parteien. Man konnte nicht einmal sicher sein, ob darauf wirklich zu bauen sei und ob man künftig an dem Punkt werde anknüpfen können, an welchem man jetzt aufhören mußte.

Anfänge und Hindernisse der Verständigung

Es war nicht so sehr die Ungeduld der Protestanten oder der Schweden, die trotz allem die Religionsverhandlungen in Gang hielt, als vielmehr das rastlose Drängen des Kaisers und seiner Minister, Trauttmansdorffs und seiner Mitarbeiter am Kongreß. Die Versöhnung der Konfessionen war zu einem Hauptanliegen der

Wiener Politik geworden. Das zeigt sich am deutlichsten daran, daß man in Wien mit Zugeständnissen immer ein Stück vor den Verhandlungen in Münster voraus war. Wir wissen zum Beispiel, daß man am kaiserlichen Hof schon im Sommer 1646 mit den Bistümern Bremen, Verden und Halberstadt, die die Katholiken sich damals noch ausdrücklich vorbehielten, überhaupt nicht mehr rechnete und selbst an Osnabrück und Minden den Frieden nicht scheitern lassen wollte. Man hoffte in Wien, wenn man so alle Einschränkungen des Normaljahres 1624 fallen lasse, werde man vielleicht die Protestanten von ihrem Stichjahr 1618 abbringen können. Und schon jetzt, lange vor Annahme der Antiprotestklausel, suchte man in Wien Argumente gegen einen etwaigen päpstlichen Einspruch zusammen. Man überlegte etwa, wie die Belehnung der protestantischen Stiftsinhaber mit den Temporalien auch ohne päpstliche Zustimmung erfolgen könne und ob sie mit dem germanischen Konkordat vereinbar sei. Hier erinnerten die Räte an die Zeit vor dem Wormser Konkordat. Zweifellos sei das Recht der Investitur bis 1122 allein vom Kaiser ausgeübt und dann erst dem Römischen Stuhl überlassen worden. Weil aber die Unkatholischen die päpstliche Investitur und Konfirmation in Ewigkeit nicht nachsuchen würden, sei es besser, wenn der Kaiser wieder an die Stelle trete und sie zu Gehorsam an- und aufnehme. Nicht ohne Grund führten die Räte an, daß die evangelischen Administratoren ohne Belehnung und Eid nicht in gleicher Pflicht wie die katholischen Bischöfe stehen würden und ihnen, was sie etwa zum Schaden von Kaiser und Reich vornähmen, nicht vorgehalten werden könne. Merkwürdig, wie sogar die Erinnerung an die großen Gegensätze des Investiturstreites wieder auflebte, und es war von den Überlegungen der kaiserlichen Räte kein so weiter Weg mehr bis zu der förmlichen Abweisung aller päpstlichen Ansprüche und Proteste, wie sie später im Frieden geschah.

Je mehr man sich aber auf Zugeständnisse an die Protestanten einrichtete, desto größer wurden die Schwierigkeiten, mit denen der Kaiser von katholischer Seite rechnen mußte. Zuerst war es nur die Partei der Unversöhnlichen, also eine Minderheit gewesen, die Einspruch erhob, jetzt wurden auch die Gemäßigten unruhig. Als im Herbst 1646 neue Verhandlungen mit den Protestanten angeknüpft werden sollten, wollte die Mehrheit der Katholiken die letzte Erklärung, die Trauttmansdorff am 12. Juli in ihrem Namen abgegeben hatte, mit einemmal nicht mehr anerkennen. Zu ihrem Erstaunen erfuhren jetzt die Protestanten, daß das Normaljahr 1624 noch keineswegs als bewilligt gelten könne. Es war den katholischen Ständen offenbar so zuwider, daß sie vorschlugen, den Gedanken eines Normaljahres überhaupt fallenzulassen und über die den Protestanten zu überlassenden geistlichen Güter einzeln zu verhandeln, nach einer von evangelischer Seite selbst aufzustellenden Liste. Man war auf diese Auskunft verfallen, weil die Protestanten selbst im Sommer eine solche Liste eingereicht hatten, natürlich um ihr Normaljahr zu erläutern, nicht um es dadurch zu ersetzen.

Das hieß nun aber alles Zugestandene wieder in Frage stellen und Trauttmansdorff desavouieren, dessen Vorschläge den Protestanten bisher als solche der katholischen Partei gegolten hatten. Wie sollte man weiterkommen? Trauttmansdorff versicherte zwar, daß sein Entwurf vom 12. Juli weiterhin Verhandlungsgrundlage bleibe, aber das Verhalten seiner Glaubensgenossen widersprach dem. Er seinerseits versuchte nun, mit den Protestanten direkt ohne schwedische Vermittlung ins Gespräch zu kommen, aber sie erklärten ihm, die Religionsfrage sei von den Schweden auf die Tagesordnung gebracht und als ein Teil ihrer Forderungen zu betrachten, ohne schwedische Mitwirkung könnten sie nicht verhandeln. Mit viel diplomatischer Kunst gelang es dann, im November noch einmal unmittelbare Besprechungen der beiden Religionsparteien ohne kaiserliche und schwedische Teilnahme in Gang zu bringen. Sie endeten fruchtlos wie die früheren, man gab die Sache wieder in die Hände der bisherigen Vermittler zurück. Neue Besprechungen zwischen Trauttmansdorff und Salvius ergaben, daß die Vorschläge vom 12. Juli von den radikalen Gruppen beiderseits standhaft als Grundlage weiterer Verhandlungen abgelehnt wurden. Trauttmansdorff sah sich gezwungen, am 1. Dezember eine neue „endliche Erklärung" vorzulegen. Er nannte hier nur noch „etliche vornehme katholische Stände" als Miturheber. Die Erklärung beruhte in der Hauptsache auf kaiserlichen Instruktionen und ging von zwei Grundgedanken aus: Sie sprach zum erstenmal die dauernde Überlassung geistlicher Güter aus, legte diese selbst aber namentlich fest, ließ also das Prinzip des Normaljahres fallen. Es ist interessant, die Bistümer kennenzulernen, auf die der Kaiser und ein Teil der Katholiken damals zu verzichten bereit waren. Es waren die Erzstifter Magdeburg und Bremen, die Bistümer Verden, Halberstadt, Meißen, Naumburg, Merseburg, Lebus, Brandenburg, Havelberg, Lübeck, Kammin, Schwerin und Ratzeburg, die Abteien Hersfeld, Saalfeld, Walkenried, Quedlinburg, Herford, Gernrode. Alles Stifter, die längst ohne jede Frage evangelisch und zum Teil schon seit über hundert Jahren mediatisiert waren. Selbst in der Zeit des Restitutionsediktes hatte die katholische Seite nur auf zwei von ihnen, Magdeburg und Halberstadt, Ansprüche erhoben. Nicht genannt waren Osnabrück und Minden; sie blieben vorerst strittig, über ihr Schicksal wurde jedoch nicht bei den Religionsverhandlungen, sondern im Zusammenhang mit der schwedischen Satisfaktion entschieden. Dort wurden sie als Entschädigungsobjekte bestimmt, während die Regelung ihres kirchlichen Status im einzelnen später entschieden wurde.

Doch wir greifen vor. Dieser Entwurf vom 1. Dezember 1646 ergab zum erstenmal Klarheit über das Ausmaß der katholischen Zugeständnisse. Enttäuschend war ihr Umfang hinsichtlich der Mediatstifter, vor allem in Württemberg. Hier wurde der größte Teil der Klöster für die katholische Kirche in Anspruch genommen; Adamis Einfluß machte sich bemerkbar. Enttäuschend war auch, daß Augsburg mit nur geringen Erleichterungen für die Evangelischen bei dem Löwenberger Akkord belassen werden sollte. Alles beruhte im übrigen auf dem Prinzip: Nur was ausdrücklich konzediert wird, kommt den Protestanten zu, was nicht genannt wird, bleibt katholisch. Selbst Trauttmansdorff verkannte also offenbar noch immer, daß eben diese Ungleichheit den Protestanten so ärgerlich war. Nicht auf ein Spezialabkommen und begrenzte Konzessionen, sondern auf gesetzliche Anerkennung ihrer Gleichberechtigung kam es ihnen an, und sei waren eigentlich für jede Regelung zu haben, wenn sie nur paritätisch war.

Damit schlossen die Verhandlungen in Münster. Sie wurden nach Osnabrück zurückverlegt. Ihr Ergebnis war ein immer engerer Anschluß der Protestanten an die Schweden. Sie proklamierten eine feste Verknüpfung der Gravamina mit der schwedischen Satisfaktion, um die man damals gerade rang; keines könne ohne das andere Gültigkeit erlangen. Es war ein Dienst, den sie den Schweden damit leisteten, und er sollte sich später bezahlt machen. Die nächste Folge war, daß die Religionsverhandlungen für diesmal zum Stillstand kamen. Erst als die schwedischen Ansprüche befriedigt waren und mit der Abfindung der dadurch geschädigten

Reichsstände das Schicksal der norddeutschen Bistümer akut wurde, kamen auch sie wieder in Fluß.

Das war im Februar 1647. Diesmals vertrat Trauttmansdorff die katholische Seite allein, für die Evangelischen führte Salvius das Wort, doch waren ihm fünf reichsständische Gesandte beigegeben, unter ihnen die eifrigen Lutheraner Thumbshirn und Lampadius. Die anderen hielten sich in Nebenräumen bereit, um für Fragen ständig zur Hand zu sein. Die Evangelischen wußten nicht, daß Trauttmannsdorffs Vollmacht diesmal noch fragwürdiger war als im vergangenen Herbst. Was er am 1. Dezember 1646 zugestanden hatte, war trotz heftiger Opposition doch immerhin mit Zustimmung einiger vornehmer katholischer Stände geschehen, nachträglich allen bekanntgegeben und mindestens stillschweigend hingenommen worden. Die Verhandlungen, die er jetzt begann, führte er ganz ohne Rückendeckung. Nur für einige wenige Punkte, und wohl nicht gerade die wichtigsten, hatten die katholischen Stände ihm Verhandlungsauftrag gegeben, aber sich selbst die Bestätigung des Vereinbarten vorbehalten. Allerdings sah Trauttmansdorff, wie wir wissen, in der kaiserlichen Verhandlungsvollmacht Legitimation für sich genug. Er ist deshalb von jetzt an mehrfach über die Vollmacht der Stände hinausgeschritten und hat Dinge bewilligt, die die Katholiken bis dahin einmütig abgelehnt hatten. Das sollte später noch zu bösen Verwicklungen, ja zu einer schweren Krise des Kongresses führen. Schweden und Protestanten ahnten von diesen Zusammenhängen nichts. Sie nahmen Trauttmansdorffs Zugeständnisse im guten Glauben als solche der katholischen Partei hin.

Diese neue Phase der Religionsverhandlungen begann damit, daß Trauttmansdorff die schon erwähnte Antiprotestklausel annahm und der Aufnahme des Religionsvergleiches in das Friedensinstrument zustimmte. Das hieß den Vergleich unter die Garantie des Kaisers und Schwedens stellen und bedeutete einen Druck auf die widerstrebenden Stände, die sich, wenn sie die Annahme verweigerten, damit auch vom Frieden ausschließen mußten. Dann ließ er die Spezifikation der den Protestanten zu überlassenden Kirchengüter fallen. Man war allerdings noch keineswegs über das Normaljahr und seine Anwendung einig, vielmehr ging der Kampf um die strittigen Stifter jetzt erst richtig an. Für die Gleichberechtigungsformel hatte Salvius während der Verhandlungen im November eine Fassung entworfen, die den Katholiken das Mißtrauen nehmen sollte, als wollten die Protestanten mit der Gleichheitsforderung einen Interpretationsgrundsatz einführen, der alles Vereinbarte wieder in Frage stellen könnte. Sie hatten von „allzuweit aussehender Generalität und Obskurität" gesprochen und offenbar eine geheime Hintertür vermutet, durch die ihre Gegner später allen Verpflichtungen wieder entschlüpfen könnten. Deshalb schränkte die von Salvius entworfene Formel das Gleichheitsprinzip auf diejenigen Gegensätze ein, über die man in dem Religionsvergleich keine spezielle Vereinbarung treffen würde. In dieser Fassung nahm Trauttmansdorff die Formel jetzt an, und in diesem Sinne hat der Friedensvertrag schließlich das Gleichheitsprinzip sanktioniert. Es hat damit in den nächsten Monaten noch einige Schwierigkeiten gegeben, und die katholischen Stände haben erst im Januar 1648 zugestimmt, nachdem man noch einen Vorbehalt eingefügt hatte, der verhindern sollte, daß das Prinzip konfessioneller Gleichheit auf den politischen Bereich ausgedehnt und daraus etwa eine Parität im Kurkolleg, ein zwischen Katholiken und Protestanten alternierendes Kaisertum oder ähnliches gefolgert werde. Aber das war nur noch kleines Geplänkel, das Entscheidende war die grundsätzliche Annahme der Formel durch Trauttmansdorff im Februar 1647. Sie bedeutete den Wendepunkt der Religionsverhandlungen.

Da die Methode einer Spezifikation der zu überlassenden Stifter aufgegeben war, die ja ohnehin mit dem Gleichheitsprinzip nicht mehr vereinbar gewesen wäre, mußte man das Normaljahr wieder einführen. Es konnte nun, nachdem Trauttmansdorff den ewigen Verzicht zugestanden hatte, wirklich ein Normaljahr im vollen Sinne, in possessorio und in petitorio, werden. Noch klaffte freilich die Lücke zwischen 1621 und 1624, und ehe man sich auf dieses Thema einließ, suchte man durch vorsichtiges Tasten beiderseits zu ermitteln, um welche konkreten Forderungen es dem Gegner eigentlich zu tun sei. Die Protestanten traten nach wie vor für ihre „Antegravati" ein, Salvius versprach in ihrem Namen eine Liste derselben vorzulegen. Die Katholiken erläuterten ihre Vorbehalte. So kam man denn nach und nach zu einer Einigung oder, wo das nicht gelang, wenigstens zu einer Aussprache und einem Gedankenaustausch über die strittigen Kirchengüter.

Es war, wie sich ergab, eine stattliche Liste. Da waren Minden und Osnabrück. Noch wogte der Endkampf um die brandenburgische Entschädigung, aber Minden war dem Kurfürsten von Trauttmansdorff schon so gut wie versprochen, vorbehaltlich allerdings einer Einigung der Religionsparteien darüber. Umso entschlossener gedachte er an Osnabrück festzuhalten. Die Schweden wollten es dem befreundeten braunschweigischen Hause zuspielen, und da Bremen und Verden, Magdeburg, Halberstadt und Minden schon vergeben waren, Münster und Paderborn als rein katholische Stifter ausschieden, sonst aber im niedersächsischen Raum kein Objekt mehr zu finden war, war es kaum abzusehen, wie man das schwedische Verlangen abweisen könne. Braunschweig, des schwedischen Schutzes sicher, würde sich bestimmt nicht ohne Entschädigung nach Hause schicken lassen; sprach man ihm aber Osnabrück zu, so war das Bistum damit aus dem Normaljahr herausgenommen.

Auch die badische Frage spielte hinein. Sie war dadurch eng mit den Religionsfragen verknüpft, daß die Protestanten Durlach unter die Antegravati aufgenommen hatten, weil das Reichshofratsurteil von 1622 auch in den kirchlichen Zustand und in den Besitz an geistlichen Gütern eingegriffen hatte. Da war die württembergische Frage, der man nicht mehr ausweichen konnte und die auch in diesen Zusammenhang gehörte, weil die Katholiken die reichen schwäbischen Klöster unbedingt vom Normaljahr ausnehmen wollten. Da war ferner das Stift Straßburg, für das die Katholiken die gleiche Forderung stellten. In seinem Kapitel hatten im Jahre 1624 auf Grund eines alten Vertrages noch einige evangelische Domherren gesessen. Sie waren nach Ablauf der im Vertrag gesetzten Fristen durch katholische Herren ersetzt worden, und die Katholiken wollten diesen Zustand erhalten, während die Protestanten natürlich zu dem des Normaljahres zurückwollten. Da waren die zahlreichen Fragen der gemischten Reichsstädte, denen die Katholiken noch immer die geforderte Parität im Stadtregiment versagten, wie sie auch den Aachener Protestanten selbst die bescheidenste Religionsübung innerhalb wie außerhalb der Stadtmauern verweigerten. Von Donauwörth wollten sie gar nicht einmal reden.

Natürlich standen dann auch noch die alten Forderungen freier Religionsübung für die evangelischen Untertanen in katholischen Gebieten, zumal in den kaiserlichen Erblanden, und auf Parität in den Reichsgerichten und Deputationstagen zur Debatte. So bereitwillig nun aber Trauttmansdorff im Grundsätzlichen nachgegeben hatte, so zäh zeigte er sich in den Einzelfragen. Für sie wollte er weiterhin seinen Entwurf vom Dezember zugrunde legen. Die Evangelischen griffen dagegen auf einen Entwurf des Salvius vom November 1646 zurück. Trauttmansdorff zeigte sich über diese plötzliche Verschiebung seiner Verhandlungsgrundlagen höchst erregt, besonders über die Forderung der Religionsfreiheit in den Erblanden. Ehe der Kaiser hierin nachgebe, sagte er, werde er lieber Zepter und Krone, Leib und Leben verlieren und seine eigenen Söhne vor seinen Augen niedermachen sehen. Salvius erwiderte kalt, daß es dazu leicht kommen könne. Trauttmansdorff hatte dabei noch eine Hoffnung: Zum erstenmal schien Aussicht auf französische Hilfe. Servien war nach dem Haag gereist, und Avaux, dessen kirchliche Devotion bekannt war, hatte zur Zeit den maßgebenden Einfluß in der französischen Gesandtschaft. Es sei allmählich notwendig, schrieb er damals nach Paris, dem Ruin des Katholizismus in Deutschland Einhalt zu tun, und er gab zu bedenken, ob Frankreichs überlieferte Politik im Reich, die bekanntlich auf der Neutralität zwischen den Konfessionen beruhte, noch fortgesetzt werden könne. Die Protestanten hätten jetzt einen Rückhalt an Schweden, und deshalb sei die Lage anders als etwa zur Zeit Heinrichs II., wo Frankreich sie hätte stützen können, ohne den Ruin der Kirche zu verschulden. Überlasse man aber jetzt den Evangelischen Osnabrück und Minden, so würden sie Herren im westfälischen Kreise, wie sie es bereits im ober- und niedersächsischen seien. Würden sie aber erst Grenznachbarn der niederländischen Protestanten, so bedürften sie Frankreichs nicht mehr. Auch Mazarin sah der Entwicklung mit Sorge zu und fand, es sei an der Zeit, gegen diese Ausnützung des französisch-schwedischen Bündnisses für konfessionelle Zwecke einzuschreiten. An Mitteln dazu fehlte es nicht. Man erklärte in Osnabrück und gleichzeitig durch den französischen Gesandten in Stockholm, mit der Sicherung der beiderseitigen Satisfaktionen sei der Bündniszweck im wesentlichen erreicht, Frankreich könne nicht um einiger Bistümer oder Klöster willen den Kampf fortsetzen. Avaux seinerseits suchte der katholischen Partei und den kaiserlichen Unterhändlern in jeder Weise den Rücken zu stärken. Er bat sie dringend, sich ja nicht auf eine Abtretung von Osnabrück und Minden einzulassen. Freilich stellte Trauttmansdorff sehr bald fest, daß Frankreich dabei jedes Risiko scheute. Als er nämlich die Frage aufwarf, ob man denn auch zu einer wirksamen Hilfe bereit sei, falls es über der Weigerung der Katholiken zu einem Religionskrieg käme, erhielt er nur sehr gewundene Erklärungen, jedenfalls keine Zusage.

Und dies war nun allerdings das Entscheidende. Vielleicht hat der französische Einspruch etwas dazu beigetragen, die Schweden behutsamer und vorsichtiger zu machen, aber zu einer nachhaltigen Stärkung der katholischen Position war es zu wenig, was man tat. Der März und April 1647 brachten den Protestanten die größten Erfolge, die sie bisher bei den Religionsverhandlungen erzielt hatten. Da man ihnen einmal die Gleichberechtigung, den ewigen Besitz der Kirchengüter und das Normaljahr im Prinzip zugestanden hatte, mußte man auch die Konsequenzen daraus ziehen. Minden fiel ihnen zu, das paritätische Regiment in den gemischten Reichsstädten wurde bewilligt, die württembergischen Klöster bis auf eines mußten die Katholiken herausgeben. Ein ganz großer Erfolg wurde ihnen durch ein schwerwiegendes Versehen Volmars zuteil, der irrtümlich das paritätische Regiment auch in Augsburg zugestand, was Trauttmansdorff später vergeblich zurückzunehmen suchte. Am erstaunlichsten war der protestantische Erfolg in der württembergischen Klosterfrage, aber hier stand die katholische Weigerung, das

Normaljahr anzuerkennen, schon deshalb auf schwachen Füßen, weil die Regensburger Amnestie die Restitution des Herzogs von Württemberg bereits grundsätzlich zugestanden hatte.

Sehr eigenartig entwickelten sich auf beiden Seiten die Ansichten über den Zusammenhang zwischen Landeshoheit und Reformationsrecht. Es war über die alte protestantische These, daß beides eng zusammengehöre, lange still gewesen. Wahrscheinlich hatten die Protestanten Grund, darüber zu schweigen, als die Frage der Religionsfreiheit ihrer Glaubensgenossen in katholischen Gebieten infolge der hartnäckigen Weigerung der Gegner immer mehr an Bedeutung gewann. Schließlich hatten sie im Herbst 1646 eine Generalregel vorgeschlagen, die freie Religionsübung beiderseits da zu gewähren, wo zwischen Landesobrigkeit und Untertanen alte Verträge darüber bestünden. Trauttmansdorff hatte das passieren lassen, sich aber gleich durch die Einschränkung gesichert, der Kaiser habe solche Pakte mit seinen Untertanen nicht. Die Fachleute in Wien wußten es besser, die kaiserlichen Räte wiesen in ihren Gutachten darauf hin, daß eine solche Generalregel auch für den Kaiser höchst gefährlich werden könne, übrigens diene sie allein den Protestanten zum Vorteil, denn einen evangelischen Landesherrn, der solche Verträge mit seinen altgläubigen Untertanen geschlossen hätte, gebe es nicht. Die kaiserlichen Räte wünschten deshalb, daß man die Generalregel und mit ihr jede Erinnerung an solche Pakte wieder entferne. Es hängt wohl damit zusammen, daß am 9. April 1647 in einem katholischen Aktenstück mit einemmal der alte protestantische Satz auftauchte, das jus reformandi hänge der Landeshoheit an. Und diesmal bekämpften ihn die Protestanten!

Für die Evangelischen in den kaiserlichen Erblanden hatte selbst die energischste Fürsprache der evangelischen Gesandten in Osnabrück nichts erreicht. Trauttmansdorff erklärte ihnen, er habe seine Instruktion bereits aufs äußerste ausgedehnt, ja überschritten, und müsse kaiserliche Ungnade gewärtigen. Die völlige Ausmerzung des protestantischen Elementes in den Erblanden war für die Räte des Kaisers einfach eine Frage der Staatsraison, hier nachzugeben, war das letzte, was ihnen in den Sinn kommen konnte. „Falls aber zu verspüren und Sicherheit zu erlangen wäre", schrieben sie, „daß man die Religion in EKM Erblanden erhalten könnte, wäre weiter zu bedenken, ob man nicht in plerisque aliis nachzugeben hätte." Liegt hier vielleicht mit der Schlüssel für die erstaunliche Konzessionsbereitschaft des Grafen Trauttmansdorff in den übrigen Fragen?

Jedenfalls erregten das sichtbare Nachlassen seines Widerstandswillens und die überraschenden Verhandlungserfolge der Protestanten die größte Bestürzung des Grafen d'Avaux. Tag für Tag drängte er im April die kaiserlichen Gesandten und die katholischen Stände, nun wenigstens in den letzten beiden Hauptpunkten, Autonomie und Osnabrück, nicht weiter nachzugeben. Die Gegenfrage war immer, was Frankreich denn für Hilfe leisten wolle, wenn man fest bleibe. Die Antwort war, man werde Schweden die Subsidien sperren und die Armee Turennes von der schwedischen abziehen. Trauttmansdorff hat, wie es scheint, eine mündliche Vereinbarung der gewünschten Art mit Avaux getroffen, und wirklich hat die französische Regierung die Subsidien zurückgehalten und die versprochenen Befehle an Turenne erteilt. Es war schon eine seltsame Sache, daß eine der beiden Großmächte in eine Art Bündnis mit Kaiser und Katholiken eintrat, um ihnen gegen die andere den Rücken zu stärken. Man war nun in das Stadium der Verhandlungen eingetreten, wo die innerdeutschen Fragen in den Vordergrund rückten und die alten Gegensätze Frankreichs und Schwedens auf diesem Gebiet zu einem wichtigen Faktor wurden. Die Fronten schienen sich zu ändern. Die große Krisis des Sommers 1647 ist aus dieser neuen Lage der Dinge zu erklären.

Die Anerkennung der Reformierten

Zwei Gegensätze durchzogen die Religionsverhandlungen, der zwischen Katholiken und Protestanten und der der Protestanten unter sich. Beide machten sich schon im allerersten Stadium der Verhandlungen bemerkbar. Als im Oktober 1645 die evangelischen Gravamina ausgearbeitet wurden, hatten in dem dafür eingesetzten Ausschuß nur Lutheraner gesessen. Das von ihnen erarbeitete Dokument wurde die Grundlage für die Verhandlungen mit den Katholiken, hatte aber auch noch eine andere unmittelbare Wirkung: Es brachte den Gegensatz zwischen Lutheranern und Reformierten zum Ausbruch und führte zur Spaltung der protestantischen Partei.

Wir müssen weiter ausholen, um diese Frage zu verstehen. Der Augsburgische Religionsfrieden hatte bekanntlich nur den Anhängern der Confessio Augustana den Schutz des Reiches zugesichert, alle anderen Bekenntnisse ausdrücklich verboten. Aber es war die Frage, welche Ausdehnung man dem Begriff der Confessio Augustana gab. Ließ man nur die ursprüngliche, in Augsburg vorgelegte Fassung, die sogenannte „invariata" gelten, so waren alle Abweichungen vom ursprünglichen strengen Luthertum ungesetzlich, wurde die „variata" zugelassen, so durften auch andere, mehr zur reformierten Lehre neigende Reichsstände gesetzliche Anerkennung ihres Reformationsrechtes verlangen. Im zweiten Fall konnte aber noch die Frage auftauchen, wer über die Zugehörigkeit zur Confessio Augustana zu entscheiden habe. Genügte das Bekenntnis dazu? Aber konnte das nicht mißbraucht, konnte nicht durch eine formale Annahme des Bekenntnisses einem reinen Kalvinismus die reichsgesetzliche Anerkennung erschlichen werden? Man weiß, mit welchem Abscheu Katholiken und Lutheraner den streitbaren und aufrührerischen Kalvinismus betrachteten.

Der Religionsfrieden war allen diesen Schwierigkeiten ausgewichen, indem er die Frage der variata oder invariata mit Stillschweigen überging. Aber in dem Streit um seine Auslegung tauchte sie wieder auf. Katholiken und Lutheraner waren sich einig, den Kalvinismus in keiner Form zu dulden, und gaben deshalb der invariata den Vorzug. Das Restitutionsedikt beschränkte den Schutz des Religionsfriedens auf ihre Anhänger, obwohl diese Auffassung bei den Verhandlungen in Augsburg 1555 ausdrücklich abgelehnt worden war. Nur gnadenweise hatte es reformierte Reichsstände wie Brandenburg und Anhalt in den Religionsfrieden aufgenommen oder darin belassen.

Die Frage aber, ob die Reformierten nicht doch von rechtswegen in den Religionsfrieden gehörten, sofern sie sich nur selbst zur Augsburgischen Konfession bekannten, ruhte nicht. Sie tauchte, soweit wir sehen, zuerst im Jahre 1638 wieder auf, als der Kurfürst von Mainz im Namen des Kaisers mit der Landgräfin von Hessen-Kassel über ihren Beitritt zum Prager Frieden verhandelte. Die Landgräfin verlangte in aller Form die Aufnahme des gesamten reformierten Bekenntnisses und aller seiner Anhänger unter den Begriff der „Augsburgischen Konfessionsverwandten" und damit in den Frieden. Es war der entscheidende Schritt von der Duldung zum Rechtsanspruch, den sie erzwingen wollte. Schon hatten die Mainzer Unterhändler diese Bedingung zugestanden, selbst die Wiener Hoftheologen sprachen sich im gleichen Sinne aus, aber der Kaiser versagte seine Bestätigung. Mit dem endgültigen Übergang der Landgräfin in das französisch-schwedische Lager blieb die Frage auf sich beruhen. Einen neuen Vorstoß unternahm der Kurfürst von Brandenburg 1641 am Regensburger Reichstag. Er wies seine Gesandten an, den Ausdruck „ungeänderte Augsburgische Konfession" als im Reich nicht Herkommens keinesfalls durchgehen zu lassen. Ihm war es mit der Versöhnung der beiden verwandten Konfessionen wirklich ernst. Seine Duldsamkeit im eigenen Lande wurde von keinem Gegner bestritten, er kam sogar in der Frage des Geistlichen Vorbehaltes den Katholiken weit entgegen und wollte ihn in den Stiftern, die noch 1618 katholisch gewesen waren, durchaus gelten lassen. „Gott kann seine Wahrheit wohl ausbreiten und bedarf dazu keiner so reichen und großen Einkünften, darum es allhier am meisten zu tun ist." Zur Augsburgischen Konfession bekannte er sich genau wie die Lutheraner und ließ das in Münster und Osnabrück erklären. Auch die Landgräfin von Hessen machte erneut die Gleichberechtigung der Reformierten zur Bedingung. Brandenburg und Hessen waren die Führer der reformierten Partei auf dem Kongreß, jenes im Kurfürstenrat, dieses im Fürstenrat. Im übrigen war ihr Anhang gering; Pfalz-Zweibrücken, Anhalt, Kleve-Berg, Hanau — das war eigentlich alles.

So glaubte man zunächst wohl im lutherischen Lager, über diese kleine Gruppe ruhig hinweggehen zu können. Nicht, daß man an eine Verfolgung oder Unterdrückung des Kalvinismus als Bekenntnis gedacht hätte. Es ging nicht um Duldung, sondern um Aufnahme in den Religionsfrieden und um deren wichtigste Konsequenz, das jus reformandi. Den bürgerlichen Frieden wollte man den Reformierten gönnen, das Reformationsrecht nicht. Es ging darum, ob kalvinistischen Reichsständen ausdrücklich das Recht gegeben werden solle, wie katholische und lutherische in ihren Landen die Alleingeltung ihres Bekenntnisses zu befehlen. In dieser Frage standen zunächst der Kaiser und Schweden, Katholiken und Lutheraner grundsätzlich auf derselben Seite.

Das weitere Schicksal der Frage hing wesentlich davon ab, ob Schweden bei diesem Standpunkt bleiben würde. Es gab in Schweden selbst theologische Gegensätze, es gab die strengen Lutheraner und die Unionisten, die über das Verhältnis zu den Reformierten sehr verschiedener Ansicht waren. Die Oxenstiernas waren den Reformierten abgeneigt, die Königin und ihr Günstling Salvius wurden zu den Unionisten gezählt. Die schwedische Friedensinstruktion berührte diese Frage nicht, aber bei der engen Verbindung, die zwischen den schwedischen und hessischen Gesandten bestand, war es gar nicht möglich, die der Landgräfin so wichtige Angelegenheit abzuweisen oder auch nur mit Stillschweigen zu übergehen. Schon im April 1645 beantragte ihr Gesandter Scheffer gegen den anfänglichen Widerstand des Salvius, Schweden möge in seine Proposition einen besonderen Passus über die Reformierten aufnehmen, der sie als zugehörig zur Augsburgischen Konfession anerkenne. Der hessische Gesandte Vultejus versuchte das gleiche bei den Franzosen in Münster, aber Graf d'Avaux schlug die Aufnahme in die französische Proposition rundweg ab, so daß die Landgräfin sich an den Hof nach Paris wenden mußte. Salvius hat die Frage dann auch mit den Franzosen besprochen, als die gemeinsame Proposition vorbereitet wurde, und zu dem Artikel über die Reichsjustiz sogar einen hessischen Entwurf vorgelegt, der den Reformierten Rechtsgleichheit zusprach und den Servien anstandslos passieren lassen wollte. Da griff Avaux ein. Daß die Reformierten als „estant compris sous le nom desdits Protestants" bezeichnet wurden, ließ er nicht gelten und schlug stattdessen vor zu schreiben „s'entendant estre compris dans la paix de la Religion de l'année 1555", was den reformierten Anspruch nur registrierte, ohne ihn anzuerkennen. Aber da schließlich die Religionsfragen aus der französischen Proposition herausblieben, blieb das jus reformandi der Reformierten französischerseits unberührt, die Frage wurde zwischen Schweden und Frankreich nicht weiter verfolgt. In der schwedischen Proposition vom Juni 1645 dagegen erhielten die Reformierten, was sie wünschten. Es hieß dort ausdrücklich, sie seien in den Religionsfrieden eingeschlossen, und alles, was für die Evangelischen gelte, dessen seien sie auch mit gleichem Recht wie jene teilhaftig. Der Satz stand unter den Forderungen zur Reichsjustiz, weil man die Zugehörigkeit der Reformierten zur Confessio Augustana garnicht erst in Zweifel ziehen wollte; hätte man sie dagegen bei den Religionsbestimmungen besonders erwähnt, so wäre das vielleicht so verstanden worden. Aus der rechtlichen Gleichstellung mit den Lutheranern ließ sich der Anspruch auf das jus reformandi dagegen ohne weiteres ableiten, und darauf kam es den Reformierten ja vor allem an.

Die Sache kam mit der kaiserlichen Duplik vom Herbst 1645 in Gang. Es ist sehr charakteristisch, wie hier die Forderung der Reformierten behandelt wurde. Man griff auf eine Formel zurück, die neunzig Jahre zuvor bei den Verhandlungen des Augsburger Religionsfriedens von den lutherischen Ständen zugunsten der religiösen Duldung evangelischer Untertanen in katholischen Gebieten vorgeschlagen und später von lutherischen Juristen auch auf die Reformierten ausgedehnt worden war. Sie sollten Duldung haben, hatte es da geheißen, „so sie ruhig und friedlich leben und sich der öffentlichen Übung ihres Glaubens und Kirchenzeremonien enthalten." Hätte man sich dieses Satzes auf evangelischer Seite noch zu erinnern gewußt, so wäre der Sinn der Bedingung, die der Kaiser jetzt an die Anerkennung der Reformierten knüpfte, „si ipsi velint et quiete vivant" wohl klar gewesen. Aber in Osnabrück hatte man nicht wie die kaiserlichen Räte in Wien die Akten der Religionsverhandlungen des letzten Jahrhunderts bei der Hand. Man rätselte über diese Klausel, der man in Wien, wenn sie Annahme finden sollte, sicherlich zu gegebener Zeit den erwünschten Sinn unterlegen würde. Aber die kaiserlichen Diplomaten gaben keine amtliche Auskunft, was unter diesem Satz zu verstehen sei. Erst später hat Trauttmansdorff gesprächsweise seinen wahren Sinn erläutert: Wenn die Kalvinisten gebührlich beim Kaiser um die Duldung anhielten und auf das Reformationsrecht verzichteten. Eine Gleichberechtigung kam also für Wien nicht in Betracht.

In gleicher Richtung gingen auch die Gedanken der Lutheraner, wenigstens der eifrigen unter ihnen. Durch einen starken Druck auf die Schweden suchten sie zunächst eine Abschwächung des entscheidenden Satzes der Proposition zu erreichen, die ihrer Auffassung entsprochen hätte und die bei der unbestimmten Fassung, die die Schweden ihm gegeben hatten, nicht herauskam. Die Reformierten hofften sie durch ein geheimes Abkommen zufriedenzustellen. Man hat darüber im November und Dezember 1645 verschiedene Projekte entworfen, ohne zu einem Ergebnis zu kommen. Wir kennen nicht alle Einzelheiten dieser Verhandlungen, wissen aber doch so viel, daß die Lutheraner eine Interpretation der schwedischen Forderung vorschlugen, wonach die Einschließung der Reformierten in den Religionsfrieden nur zu bedeuten hätte, daß sie den gleichen Schutz wie die Lutheraner genießen sollten. Die Frage des jus reformandi sollte also offen bleiben, man gedachte ihnen jedoch durch besonderes Abkommen eine Art Ersatz dafür zuzubilligen. Freilich nur gegen einen Revers, in dem sie sich selbst zu einer Beschränkung ihrer Religionsübung auf diejenigen Gebiete verstehen sollten, wo sie 1618 üblich gewesen war. Dafür sollten sie aber in allen reformierten Gebieten nicht nur den Schutz des lutherischen Gottesdienstes nach dem gleichen Stand zugestehen, was ja billig gewesen wäre, sondern auch seine freie Ausbreitungsmöglichkeit, den Bau neuer Kirchen und Schulen, die Bestellung neuer Pfarrer und Lehrer usw. Also ein freies Ausbreitungsrecht ohne jede Gegenseitigkeit, ewige Einschließung des reformierten Kirchendienstes in die engen Grenzen seines Bestandes von 1618, volles jus reformandi für die Lutherischen, nur beschränkt durch die Pflicht zur Duldung des reformierten Bekenntnisses nach dem Stand von 1618, aber gar kein jus reformandi für die Reformierten. Dies war die Tendenz des vom engsten Konfessionialismus diktierten Entwurfes, und das alles sollte — wir werden den Grund gleich erfahren — ohne reichsgesetzliche Garantie und ohne Aufnahme in den Friedensvertrag geheim vereinbart werden, aber auch gegenüber etwaigen Kassationsbestimmungen des Friedensvertrages gültig bleiben. Was aber konnten die Reformierten von einer solchen „Sicherheit" hoffen, was konnte dieser Vorschlag für sie Verlockendes haben? Nun, die Lutheraner boten einen Vorteil, der freilich ihrem ganzen Vorschlag einen fragwürdigen, ja anrüchigen Sinn verlieh. Sie hatten nämlich, wie sie durchblicken ließen, nichts dagegen, wenn die Reformierten in ihren Territorien ein jus reformandi gegen die — Katholiken ausüben würden, nur gegen das Luthertum sollte seine Anwendung unterbunden werden! Deshalb also die Geheimhaltung vor den Katholiken, deshalb die Scheu vor der Aufnahme in den Friedensvertrag! Es war ein häßliches Spiel, das hier getrieben wurde. Der künftige Friedensvertrag sollte von vornherein in einem seiner wichtigsten Punkte durch ein geheimes Abkommen um seinen Sinn gebracht werden. Das mochte noch hingehen, wenn es mit Zustimmung der Berechtigten geschah. Aber die reformierten Obrigkeiten sollten ja zugleich angehalten werden, ihre Untertanen je nach ihrem Glaubensbekenntnis als Bürger verschiedenen Rechtes zu behandeln. Das jus reformandi war eine harte Sache, eine schier unerträgliche Bedrückung der Gewissen. Was es allein entschuldbar erscheinen ließ, waren die Gewissensbedenken der Obrigkeit gegen die öffentliche Duldung eines vermeintlichen Irrglaubens. Davon war nun hier keine Rede mehr. So wie die Lutheraner sich seine künftige Ausübung in den reformierten Landen dachten, war es nicht mehr Ausdruck christlicher Verantwortung der Obrigkeit, sondern reine Willkür. Entweder Reformationsrecht oder Gewissensfreiheit, ein drittes konnte ehrlicherweise nicht gefordert werden.

Nun waren die Reformierten freilich nicht gewillt, auf derartige Bedingungen einzugehen. Es ist während der Beratungen der evangelischen Stände im November und Dezember 1645 hart hergegangen. Wesenbeck, der brandenburgische Gesandte, und Scheffer traten sehr bestimmt für volle Gleichberechtigung ein. Scheffer betonte, daß das öffentliche Bekenntnis eines Reichsstandes zur Confessio Augustana genügen müsse, um ihn aller Rechte des Religionsfriedens teilhaftig zu machen, ohne weitere Untersuchung, ob er sich an die variata oder invariata halte. Er nannte die lutherischen Vorschläge eine „jesuitische Aequivokation", seine Herrin habe keine Lust, sich in die Klientel der Lutherischen zu begeben und sich von ihnen mit dem Religionsfrieden belehnen zu lassen. Wesenbeck aber berief sich kurzweg auf „die bekannte Regul der Herren Cameralium: Cujus est regio, ejus est religio." Hier taucht nun also auch bei den Friedensverhandlungen dieses damals schon nicht mehr ganz neue Wort auf, klarer Ausdruck der Überzeugung, daß aus der Landeshoheit das Reformationsrecht notwendig und ohne Frage folge. Solange dies gelte, war die Meinung der Reformierten, müßten auch sie es für sich in Anspruch nehmen. Allerdings mehrten sich schon damals die Stimmen, die an die Stelle des jus reformandi die Bekenntnisfreiheit der Untertanen setzen wollten, nicht freilich die volle Glaubensfreiheit, aber die Freiheit der Wahl zwischen dem lutherischen oder reformierten Bekenntnis. Oxenstierna hat sich gelegentlich in diesem Sinne geäußert, und von reformierter Seite ist gleichfalls bei den Verhandlungen, von denen wir hier sprechen, ein solcher Plan einmal angedeutet worden, der freilich der Zeit vorauslief.

Beide Parteien suchten die Hilfe der Schweden, deren Antwort auf die kaiserliche Replik demnächst fällig war. Aber die Schweden hatten seit dem Sommer ihre Stellung zur Sache geändert und begannen sich auf die Seite der Lutheraner zu schlagen. Konfessionelle Gründe dürften nicht entscheidend gewesen sein, wurden doch dem jungen Oxenstierna sogar kalvinistische Neigungen nachgesagt. Wichtig aber wurde die Haltung Brandenburgs in der pommerschen Frage. Die Schweden wünschten damals von den pommerschen Ständen eine Erklärung, daß sie zu Schweden wollten, und suchten die pommerschen Gesandten mit dem Gespenst einer Lutheranerverfolgung zu schrecken, die sie zu gewärtigen hätten, wenn sie brandenburgisch würden. Eine entschiedene Unterstützung der Reformierten hätte ihren Argumenten jede Glaubwürdigkeit genommen. Übrigens waren sie auch aus Stockholm angewiesen, den Punkt der Reformierten auf sich beruhen zu lassen. Schon Ende Oktober 1645 gewann Scheffer von Oxenstierna den Eindruck, daß er sich der lutherischen Auffassung verschrieben habe und den Reformierten nur noch Toleranz zugestehen wolle. Oxenstierna widersprach jetzt der Auffassung, die Reformierten seien in den Religionsfrieden eingeschlossen; eben deshalb sei ja ein eigener Artikel für sie nötig, und zwar nicht bei den Justizfragen wie bisher, sondern bei dem Abschnitt über die kirchlichen Streitfragen. Nichts fürchteten die Reformierten mehr, denn dann war nicht nur ein neuer Streit um die geänderte oder ungeänderte Augsburgische Konfession zu erwarten, schon die Überweisung selbst hätte die Sache als das erscheinen lassen, was sie eben in ihren Augen nicht war, als eine Frage des Bekenntnisses. Sie wollten die Frage ihrer Zugehörigkeit zur Confessio Augustana nicht mehr diskutieren und nur noch ihre förmliche Gleichstellung bestätigt sehen.

Um diesen Streitpunkt drehten sich nun wochenlang die Erörterungen. Die Schweden und auch der französische Resident — er hatte auf Intervention der Landgräfin entsprechende Weisung aus Paris erhalten — drängten auf Verständigung beider Parteien. Sie hätten sich selbst gern aus der Sache herausgehalten und in ihrer Proposition nur das Ergebnis der Einigung zwischen Lutheranern und Reformierten verwertet. Diese Einigung aber kam nicht. Oxenstiernas Haltung gegen die Reformierten wurde immer unfreundlicher, er begann die bereits zu ihren Gunsten erteilte Zusage als „Schreibfehler" zu interpretieren oder willkürlich einzuschränken, kurz man konnte zur Zeit auf keinen Fortschritt in der Sache mehr hoffen. Die Erörterungen liefen schließlich bloß noch darauf hinaus, wie die Sache formal weiter zu behandeln sei. Die Reformierten mußten darauf verzichten, daß der schwedischen Proposition eine ihnen günstige Interpretation gegeben werde, und sich damit begnügen, daß die Kaiserlichen nach dem Sinn ihrer ominösen Formel gefragt wurden, was sachlich keinen Schritt weiterführte. Sie mußten endlich damit zufrieden sein, daß die Schweden versprachen, sich ihrer Sache irgendwie weiter anzunehmen.

Durch diese Vorgänge war die Spaltung der evangelischen Partei offenkundig geworden. Die Reformierten sind von da an für längere Zeit überhaupt nicht mehr zu den Sitzungen der evangelischen Stände erschienen. Die Schweden hielten sich zurück und beriefen sich nur auf den Grundsatz der allgemeinen Amnestie und Restitution. Damit aber konnte den Reformierten nicht gedient sein, denn ihre Teilhabe am Religionsfrieden war ja schon vor dem Krieg umstritten gewesen. Sie waren jetzt schlimmer daran, als wenn die Frage am Kongreß überhaupt nicht aufgegriffen worden wäre. Der Kurfürst von Brandenburg hatte das geahnt und von vornherein davor gewarnt. Da aber nun einmal die Frage ins Rollen gekommen war, durfte sie allerdings nicht ruhen bleiben. Bei den Beratungen der Reichsstände im Frühjahr 1646 nahm Brandenburg sich ihrer erneut an und suchte den Anspruch der Reformierten besser zu begründen, als es früher geschehen war. Man suchte jetzt zu erweisen, daß die Kaiserlichen mit der Formel „si ipsi velint et quiete vivant" eine ganz unzulässige Unterscheidung gemacht hätten und deshalb die Fassung der schwedischen Proposition, die ja die Einschließung der Reformierten in den Religionsfrieden als selbstverständlich vorausgesetzt hatte, wieder herzustellen sei. Oder besser gesagt, der Antrag der Reformierten ging nicht auf Einschließung, sondern er richtete sich gegen die beabsichtigte Ausschließung, man wollte nicht die inclusio, sondern die non-exclusio.

Da Lutheraner und Kaiserliche in dieser Frage zusammenhielten und bei der angegriffenen Formel blieben, sahen die reformierten Stände im Sommer 1646 keinen anderen Weg, als erneut an die Schweden heranzutreten. Brandenburg, gerade damals im schärfsten Gegensatz zu Schweden, fügte sich ihrem Drängen nur widerstrebend. Auch die Schweden gingen ungern darauf ein. Sie fürchteten sich die Lutheraner zu verfeinden und bedauerten schon längst, die Frage im Jahr zuvor überhaupt aufgeworfen zu haben. Sie machten also mehrere Vermittlungsvorschläge, die auf ein Normaljahr auch zwischen Lutheranern und Reformierten hinausliefen, und schlugen dafür unbeschadet etwaiger Spezialverträge das Jahr 1618 vor. Die Reformierten aber wünschten kein Normaljahr, auch erwies es sich als schwierig, über den Besitzstand der beiden evangelischen Gruppen in diesem Jahr ins Klare zu kommen. So blieb die Sache wieder ein halbes Jahr liegen und kam erst im Januar 1647 auf Verwendung der Generalstaaten erneut zur Verhandlung. Diesmal legten die Lutheraner mehrere Entwürfe vor, von denen aber nur einer, der des Magdeburgischen Gesandten von Einsiedel, die volle Gleichberechtigung vorsah. Die Schweden entschieden sich für einen Vorschlag Thumbshirns, der zwar die künftige Einführung der Invariata in einem reformierten Territorium an die Zustimmung der Landstände knüpfte, dafür aber die Einführung des reformierten Kultus in einem lutherischen Lande ganz ausschloß. Wieder forderten die Reformierten Gleichberechtigung und volle Gegenseitigkeit. Ähnlich wie die Evangelischen gegenüber den Katholiken wollten sie eine allgemeine Norm in Form einer Gleichberechtigungsklausel im Friedensvertrag; die Durchführung des Grundsatzes in der Praxis sei einem Abkommen beider Parteien zu überlassen, dessen Grundgedanke der sein sollte, daß beide Teile eine Änderung der öffentlichen Religionsübung bei einem etwaigen Konfessionswechsel des Landesherrn an die

Zustimmung der Untertanen binden würden, das heißt sie sollten praktisch auf die Anwendung des Reformationsrechtes gegeneinander verzichten. Nur dem Landesherrn sollte es freistehen, sich einen Hofprediger seiner neuen Richtung zu halten.

Dieses Projekt entsprach den tatsächlichen Verhältnissen, wie sie zum Beispiel in Brandenburg seit dem Übertritt des Herrscherhauses zum Kalvinismus bestanden. Die Lutheraner nahmen es nach längeren Verhandlungen in seinen Grundzügen an. Nur einige Nebenfragen blieben noch offen, so ob die Reformierten sich als Angehörige der Augsburgischen Konfession bezeichnen oder ob lutherische Fürsten, die bisher ihr jus reformandi gegenüber den Kalvinisten nicht ausgeübt hatten, dies noch in Zukunft tun dürften. Die Lutheraner wollten das natürlich bejahen, das heißt ihren Verzicht auf künftig eintretende Fälle eines Konfessionswechsels beschränken, die Reformierten ihn sofort und ausnahmslos in Kraft setzen. Aber der entscheidende Schritt war getan, die Gleichberechtigung der Reformierten zum erstenmal im Grundsatz anerkannt. Doch war auch hier, wie sich zeigen sollte, vom Prinzip zur Verwirklichung in der Praxis noch ein schwieriger Weg zurückzulegen, noch mancher Streit zu schlichten.

Soweit waren die Verfassungs- und Religionsfragen in ständigen Parallelverhandlungen neben dem Problem der Satisfaktionen bis Anfang 1647 gefördert worden. Nun aber mündeten sie in den Strom der allgemeinen Friedensverhandlungen ein, in deren Mittelpunkt jetzt, nach Erledigung der französischen und schwedischen Gebietsforderungen, die deutschen Fragen rückten.

13. Kapitel

DIE REICHSSTÄNDE AUF DEM KONGRESS

Amnestie und Restitution

Auf den Anruf und unter dem ständigen Drängen der auswärtigen Mächte waren die Reichsstände auf dem Kongreß erschienen. Was die meisten von ihnen wünschten, war mit dem einen Wort Restitution gesagt. Nur wenige verfolgten wie Bayern oder Brandenburg höhere Ziele, nur die mächtigsten Reichsstände waren ja in der Lage, so etwas wie Machtpolitik mit bescheidenen Mitteln zu treiben. Die große Masse hatte kein anderes Verlangen als einen Zustand der Ruhe und Rechtssicherheit, der ihnen die friedliche und beschauliche kleinstaatliche Existenz der Friedensjahre wiedergeben sollte. Die Rückkehr zu der ehrwürdigen Überlieferung und zum guten alten Recht wurde als höchste politische Weisheit verehrt. Daß unvordenklich lange Übung Recht schaffe, war ja alter und wohlbegründeter Glaube. Daß es auf Reform zunächst, und zwar auf Reform im Sinne der Wiederherstellung eines früher dagewesenen, alten, löblichen Zustandes ankomme — dieser echt mittelalterliche Gedanke beherrschte noch immer das politische Denken der meisten Reichsstände. Das gilt selbst für die kleine protestantische Gruppe, als deren Anführer wir Hessen-Kassel und als deren Sprecher wir Hippolithus a Lapide kennengelernt haben. Zwar war deren Sinn in Wirklichkeit auf etwas radikal Neues gerichtet, doch ohne daß sie sich dessen bewußt gewesen wären. Merkwürdigerweise glaubten auch sie nichts anderes zu wollen und zu verkünden als „Reform", aber eben nicht im Sinne einer Um- und Neuformung des Bestehenden, sondern so, wie das Wort in der reichsständischen Reformbewegung seit Jahrhunderten verstanden wurde, als Wiederbelebung eines alten, ursprünglichen, idealen, aber leider verschütteten Zustandes der Dinge, als eine Wiederherstellung des Reiches und seiner ehrwürdigen Institutionen. Etwas von diesem Geiste lebte noch in der treuherzigen Berufung der kleinen Reichsstände auf das alte löbliche Reichsherkommen, dessen Erneuerung alle Gebrechen heilen werde. Der Magdeburgische Gesandte schrieb während des Friedenskongresses in einer Denkschrift: „Alldieweil auch die angestellte hiesige Friedenstraktaten dahin gar nicht angesehen, daß der status publicus geändert, sondern die alte herrliche Harmonie restituiert und also männlichen in seinem Stande, Hoheit, Würden und Wesen erhalten, und was bei jetzigen langwierigen Zeiten dagegen vorgenommen, in allewege hinwieder abgestellet werden solle ...". Natürlich hatte jeder zunächst sein eigenes Interesse im Auge, wenn er von Herstellung des alten Rechtes und der alten Verfassung, des löblichen deutschen Vertrauens und der Einigkeit zwischen Haupt und Gliedern des Reiches sprach, denn jeder legte seine Ziele und Wünsche der Vergangenheit unter. Keine Parole fand deshalb so lebhaften Widerhall wie die Forderung Frankreichs und Schwedens nach vollständiger Amnestie und Restitution. Die Großmächte wußten recht gut, warum sie sie ihren Bündnisverträgen zugrunde legten und in ihren Proklamationen immer wieder verkündeten. Auch sie legten dieser Forderung natürlich einen ihnen genehmen Sinn unter, und es ist noch sehr die Frage, ob es ihnen mit der unveränderten Wiederherstellung des Zustandes von 1618 wirklich so ernst war. Aber der Zauberwirkung dieser Parole auf die Masse der Reichsstände waren sie sicher.

Selbst die kaiserliche Regierung mußte dem Rechnung tragen und hat sich schon im Prager Frieden die Forderung nach einer Amnestie zu eigen gemacht. Wir wissen, wie man sie verklausulierte, welche Einschränkungen man auch noch in Regensburg aufrecht erhielt und wie schwer man sich entschloß, selbst diese beschränkte Amnestie in Kraft zu setzen. Als man es im Jahre 1645 endlich tat, geschah es nur unter dem Druck der fremden Mächte. Auf deren Forderungen hat auch in diesem Punkt Hessen-Kassel den stärksten Einfluß gehabt. Die hessischen Wünsche liefen auf eine vollständige Wiederherstellung des politischen und kirchlichen Zustandes von 1618 hinaus, wobei man freilich auch seine Hintergedanken hatte, denn die uns bekannten hessischen Pläne zur Reichsreform enthielten ja noch weit mehr als das, und man wird sich in Kassel darüber klar gewesen sein. In den hessischen Instruktionen heißt es denn auch, Amnestie und Restitution würden wohl den Hauptteil der kirchlichen und politischen Beschwerden aufheben, aber doch noch nicht jeden Samen der Zwietracht und noch nicht alle wahren Ursachen des deutschen Krieges beseitigen. Tatsächlich begnügten sich denn auch die Kronen nicht mit dem Grundsatz der Restitution, sie fügten Forderungen zur Reform der Reichsverfassung hinzu, die sehr viel weitergingen, sie griffen auch bei den kirchlichen Angelegenheiten zum Teil weit hinter das Jahr 1618 zurück und sprachen in ihren Propositionen sehr vage von Wiederherstellung des Zustandes, wie er „vor Entstehung der jetzigen Unruhe" (ante exortos anno 1618 motus) gewesen sei, was durchaus auch auf frühere Zeiten bezogen werden konnte.

Wir wissen, daß die kaiserliche Regierung am liebsten alle inneren Angelegenheiten des Reiches dem Kongreß ferngehalten hätte. Es ist ihr damit nicht gelungen, und so konnte sie sich auch den Fragen der Amnestie und der Restitution nicht ganz entziehen. Allerdings suchte sie hier sehr genau zu unterscheiden. Was die Differenzen der Reichsstände untereinander und mit dem Kaiser betraf, so sah man sie in Wien durch die Regensburger Amnestie als erledigt an. Im Verhältnis zu den fremden Mächten konnte es sich dann nur noch um Amnestierung solcher Stände und Einzelpersonen handeln, die seit dem Kriegseintritt der Großmächte ihnen unmittelbar gedient oder Hilfe geleistet hatten. Es war üblich, bei Friedensverträgen eine gegenseitige Amnestie dieser Art zu vereinbaren. Mit Schweden bestand der Kriegszustand seit 1630, mit Frankreich seit 1635, und der Kaiser meinte allen billigen Ansprüchen zu genügen, wenn er den Kronen für ihre Anhänger eine Amnestie rückwirkend bis 1630 zugestände, im übrigen aber die Reichsstände auf die Regensburger Amnestie verwiese. Als Frankreich und Schweden dagegen auf ihrer Forderung einer Generalamnestie mit Rückwirkung bis 1618 bestanden, suchte der Kaiser ihren Wünschen durch einen Kompromißvorschlag entgegenzukommen: Es möge in die Amnestie noch mit einbezogen werden, was zwischen 1618 und 1630 durch die unmittelbaren Anhänger des Kaisers und der Kronen geschehen sei, zwischen Kaiser und Ständen aber müsse es beim Prager Frieden und bei der Regensburger Amnestie bleiben. Das mochte korrekt sein, aber es war nicht politisch, denn die Kronen fühlten sich nun einmal zum Schutz aller Stände, die durch den Krieg gelitten hatten, verpflichtet und waren entschlossen, ihnen zur vollen Restitution zu verhelfen. Das schloß alles ein, was man ihnen genommen hatte, sei es vor oder nach dem Kriegseintritt der Mächte. Die Kronen hatten deshalb ihre Forderung auf eine Gesamtrestitution nach dem Stande von 1618 überhaupt ausgedehnt und damit die Sache aller Stände, nicht nur die ihrer Anhänger und Verbündeten, zu der ihren erklärt.

Da schien sich den kaiserlichen Räten im Zuge der Religionsverhandlungen ein Weg zu zeigen, die beschwerten Stände selbst zu einem Verzicht auf so weitgehende Amnestieforderungen zu bewegen. Als man evangelischerseits die kirchlichen Beschwerden von den politischen getrennt hatte, war es natürlich nicht in der Absicht geschehen, nur jene durchzusetzen und auf diese zu verzichten. Die Trennung hatte rein taktische Bedeutung, sie sollte den Protestanten für die politischen Forderungen die Hilfe der Katholiken sichern. Die Frage war aber nun, wohin die Amnestieforderungen zu rechnen seien? Sie konnten bei beiden Gruppen von Beschwerden eine Rolle spielen, und man legte sich darin auf Seiten der Evangelischen auch nicht fest. Schweden und Protestanten waren nicht gewillt, bei Konzessionen des Kaisers und der Katholiken in den kirchlichen Fragen oder in einzelnen Amnestiefällen etwa den Schluß zuzulassen, daß dadurch ihre Forderung der vollständigen Amnestie irgendwie berührt werde. Eben das aber hoffte man auf der Gegenseite. Im April 1646 glaubte man in Wien auf Grund von Berichten Trauttmansdorffs zu bemerken, die Protestanten würden vielleicht von ihrem Grundsatz abgehen und sich mit der Regensburger Amnestie begnügen, wenn dagegen einige ihnen unbequeme Reichshofratsurteile, etwa die in der hessischen und badischen Sache, revidiert würden. Nun wollte man allerdings in Wien darauf nicht ohne weiteres eingehen, denn damit, so urteilten die Räte des Kaisers, würden die Protestanten eine Art Revisionsrecht gegen den Reichshofrat gewinnen, was kein römischer Kaiser bisher zugestanden habe und auch um seiner höchstrichterlichen Gewalt willen gar nicht zugestehen könne. Aber Trauttmansdorff versuchte jetzt auf andere Weise die kirchlichen Fragen mit der Amnestie zu verknüpfen, indem er seine Konzessionen bei den Religionsverhandlungen an die Bedingung knüpfte, daß die Protestanten dafür die Regensburger Amnestie annehmen oder doch wenigstens für Amnestie und kirchliche Restitution das gleiche Normaljahr, nämlich 1624, akzeptieren müßten.

Die Protestanten lehnten nun aber jede Verbindung zwischen Religionsfragen und Amnestie ab und verwarfen auch das Normaljahr 1624 für die Amnestie, weil es die wichtigsten Einzelfälle Pfalz, Hessen und Baden ungeregelt und die darüber ergangenen Entscheidungen und Reichshofratsurteile unangetastet gelassen hätte. Aber man sah doch inzwischen auch in ihrem Lager ein, daß man den Kaiser und die Katholiken kaum zu dem Normaljahr 1618 für die Amnestie zwingen werde und deshalb den Krieg nicht ad infinitum fortsetzen könne. Schon im Mai 1646 äußerten die Schweden einigen Protestanten gegenüber die Absicht, von einer Generalregel überhaupt abzugehen und Spezialabkommen über die einzelnen Amnestiefälle zu schließen, die dem Friedensvertrag einzuverleiben seien. Verständlicherweise scheute man sich in Wien lange, sich in ein solches Labyrinth unübersehbarer Einzelverhandlungen zu begeben, und da es Trauttmansdorff nicht gelang, Amnestie und Gravamina zusammenzubinden und auf diese Weise die Regensburger Amnestie durchzubringen, hat er noch bis in das Jahr 1647 hinein ein günstiges Stichjahr für die Amnestie durchzusetzen versucht, schließlich aber doch das Prinzip der Einzelverhandlungen annehmen müssen.

Das Ergebnis war also bei der Amnestie ein anderes als bei den Religionsverhandlungen. Bei beiden war die schwedisch-französische Forderung eines Stichjahres, nämlich 1618, der Ausgangspunkt. Der Vorschlag eines Stichjahres hatte ursprünglich nur, wie zum Beispiel auch im Prager Frieden, den Sinn, zunächst einen bestimmten Besitzstand wiederherzustellen, den dadurch Beschwerten aber den Rechtsweg offenzuhalten. Es diente also nach der ursprünglichen Meinung, wie man zu sagen pflegte, nur zur possessorischen, nicht aber auch zur ständigen petitorischen Bestimmung. Wer nach dem Stand des Normaljahres in einen Besitz eingewiesen wurde, konnte unter Umständen noch einmal im Rechtswege wieder daraus entfernt werden. Das Verlangen nach einer abschließenden Regelung war aber so groß, daß man von dem *nur* possessorischen Normaljahr ganz abkam, aber bei den Religionsfragen in anderer Weise als bei der Amnestie: Dort einigte man sich schließlich auf den 1. Januar 1624 als Entscheidungsziel im possessorischen *und* petitorischen Sinne, so daß jeder Rechtsstreit künftig ausgeschlossen wurde und nur die quaestio facti übrig blieb, wer an dem fraglichen Tage im Besitz gewesen sei. Etwaige Ausnahmen mußten besonders vereinbart sein, und man kam ja auch im Friedensvertrag, wie wir sehen werden, zu einigen Sonderregelungen für den Religionsstand gewisser Gebiete im Reich. Für die Amnestie aber, wo man sich auf ein Normaljahr nicht einigen konnte, blieb nur der Weg, den Grundsatz der Restitution in sehr allgemeiner Form zu verkünden, aber ihren Umfang in jedem Einzelfall besonders zu bestimmen. Trauttmansdorff hat dem Gedanken, die Amnestie in anderer Weise zu regeln als die Religionsfragen und das Junktim zwischen beiden zu lösen, sehr lange widerstrebt, weil er eine schnelle und klare Regelung wollte. Er sah richtig, denn die vielen Amnestiefälle, an denen fast alle Reichsstände beteiligt oder irgendwie interessiert waren, haben nicht wenig dazu beigetragen, den Friedensschluß zu verzögern. Aber die Frage war nun einmal nicht anders zu lösen als durch Einzelentscheidungen. Ehe wir uns ihnen zuwenden, müssen wir uns einen Überblick über die Fülle der Streitfragen verschaffen, die von den Reichsständen dem Kongreß unterbreitet wurden.

Die pfälzische Frage

Der Prager Frieden hatte den Söhnen des geächteten Kurfürsten von der Pfalz die Restitution versagt und ihnen nur für den Fall der Unterwerfung einen fürstlichen Unterhalt zugesichert. Bei der europäischen Bedeutung der Frage war es klar, daß dies nicht das letzte Wort sein konnte. Die Verhandlungen haben denn auch nach dem Prager Frieden nie ganz geruht. Die kaiserliche Politik zeigte in ihnen ein doppeltes Gesicht: Einerseits war der Kaiser durch seine Zusagen an Maximilian gebunden, andererseits durch die Weltlage zur Rücksicht auf England, den mächtigsten Fürsprecher der pfälzischen Erben, gezwungen. Frankreich war in den Krieg eingetreten, und es war von großer Bedeutung, ob die Seemacht England sich auf die spanisch-österreichische oder auf die französisch-niederländische Seite schlagen würde. König Karl I. erklärte sich damals zu einem Bündnis mit dem Kaiser und zur Flottenhilfe gegen die Niederlande bereit, wenn der Pfalzgraf Karl Ludwig wieder eingesetzt werde. Spanien drängte, Maximilian von Bayern aber wehrte sich entschieden dagegen, den Interessen des habsburgischen Hauses aufgeopfert zu werden. Er war allenfalls bereit, die ihm überlassenen rechtsrheinischen Teile der Unterpfalz herauszugeben, wenn auch Spanien auf seinen linksrheinischen Anteil verzichte. Der spanische Botschafter erklärte, sein König sei zu diesem Opfer bereit, um die englische Allianz zu gewinnen, und in diesem Sinne beschied der Kaiser den englischen Sondergesandten Lord Arundel, der im Frühjahr 1636 in Wien erschienen war. Der aber zeigte sich enttäuscht, daß weder von der Oberpfalz noch von der Kur die Rede war, und brach die Verhandlungen ab.

Auch Richelieu hatte den Wert des englischen Bündnisses erkannt, auch er schwankte zwischen der Rücksicht auf England und der auf Bayern. Solange das Bündnis mit Bayern bestand, konnte er den Engländern nicht mehr bieten als das Versprechen, sich für die Restitution zu verwenden, doch mit der Bedingung, daß Maximilian bis zu seinem Tode die Kur behalten müsse. Da das englische Bündnis nie zustande kam, blieb Frankreichs Haltung in der pfälzischen Frage undurchsichtig, der französische König erkannte dem jungen Pfalzgrafen nicht einmal den Titel eines Kurfürsten zu.

Es zeigte sich also, daß Bayern mehr in die Waagschale zu werfen hatte als der Pfälzer. Die englische Freundschaft konnte die Vorteile nicht aufwiegen, die der Kaiser und Frankreich sich von Bayern versprachen. Pfalzgraf Karl Ludwig faßte daher den Entschluß, sich selbst sein Erbe mit den Waffen zu erkämpfen. Aber er fand bei den deutschen Protestanten, die ja in der Mehrzahl ihren Frieden mit dem Kaiser gemacht hatten, kaum Unterstützung. Bei Vlotho im Oktober 1638 geschlagen, dann auf der Reise zu Herzog Bernhard von Weimar in Frankreich auf Befehl Richelieus gefangengesetzt und ein Jahr lang festgehalten, spielte er eine höchst klägliche Rolle. Es waren die Jahre, da sich Bayern erneut Frankreich näherte; Richelieu wollte sich sein Spiel von dem tatenlustigen jungen Fürsten nicht verderben lassen. Er vermied alles, was Maximilian enttäuschen konnte, aber er hütete sich auch, ihn allzu sicher zu machen. Er fand es zweckmäßig, ihn in Zweifel und Sorge zu erhalten, damit er um so williger bei Frankreich Hilfe suche.

Erst auf dem Regensburger Reichstag wurde die pfälzische Sache wieder aufgenommen. Aber der englische Gesandte Sir Thomas Roe konnte nicht einmal eine richtige Verhandlung mit dem Kaiser und Spanien in Gang bringen. Der spanische Botschafter erklärte, er sei ohne Instruktion in dieser Sache, und so kam sie nur als eine innerdeutsche Angelegenheit vor den Reichstag. Hier aber fiel die Entscheidung, wie nicht anders zu erwarten, gegen Pfalz aus. Selbst Brandenburg, sonst so oppositionell, hütete sich, in dieser Frage mit dem Kaiser zu brechen. Auch eine unmittelbare Verhandlung zwischen Bayern und Pfalz unter Vermittlung Dänemarks und der Kurfürsten scheiterte. Als der Reichstag sich auflöste, zog der Kaiser die pfälzische Sache zur weiteren Verhandlung nach Wien. Dort schloß er sie schließlich im Mai 1642 mit einer „Hauptresolution" ab, die dem Pfalzgrafen die Unterpfalz zusprach, aber nicht die Kurwürde. Sie sollte für drei Generationen der bayrischen Linie verbleiben und dann alternieren. Die Rückgabe der Oberpfalz wurde an die unerfüllbare Bedingung geknüpft, daß der Pfalzgraf dem Kurfürsten von Bayern seine Kriegskosten, 13 Millionen Taler, erstatte. Der englische Gesandte empfand diese Entscheidung als beleidigend und reiste ab. Noch dreimal wurden Termine zu gütlicher Verhandlung in Wien angesetzt. Sie verstrichen, ohne daß jemand erschien.

Allmählich aber wendete sich das Blatt. Die Kriegslage wandelte sich so, daß nun nicht mehr der Pfalzgraf, sondern der Kaiser und Bayern eine friedliche Erledigung der Sache wünschen mußten, bevor ein allgemeiner Friedenskongreß sich ihrer annähme. Jetzt aber setzte Karl Ludwig seine Hoffnung auf Schweden. Im April 1643 erhielt er von dieser Seite die Versicherung, man werde sich seiner Restitution annehmen. Allerdings, hatte man hinzugesetzt, müßten auch Frankreich und die Reichsstände etwas dazu tun, denn allein könne Schweden nicht den Haß der Gegner auf sich laden.

Zunächst galt es, die Sache überhaupt vor den Kongreß zu bringen. Im Hamburger Präliminarvertrag hatte der Kaiser auch für Kurpfalz einen Pass bewilligen müssen, darauf gedachte man ihn festzulegen. Aber der Kaiser hatte damit keineswegs einer Verhandlung der pfälzischen Sache vor dem Kongreß zustimmen wollen. Vielmehr betrieb er die Wiederaufnahme in Wien und setzte einen neuen Termin auf den 17. Oktober 1643 an. Schweden aber, dadurch unbeirrt, forderte in seiner ersten Proposition im Rahmen der allgemeinen Amnestie auch die Restitution der pfälzischen Erben, während Frankreich sich auf allgemeine Wendungen beschränkte und die Pfalz selbst nicht erwähnte. Die kaiserliche Duplik befolgte die gleiche Schweigetaktik, sie verwies auf die Regensburger Amnestie, von der ja die Pfalz ausgeschlossen war, suchte also die Sache zu einer erledigten Angelegenheit zu stempeln. Dagegen traten die evangelischen Stände in ihrem Gutachten für die volle Restitution ein und machten damit die pfälzische Angelegenheit zu einer gemeinevangelischen Sache.

Inzwischen hatte aber auch Maximilian erkannt, daß sie sich nicht mehr von dem europäischen Forum fernhalten lasse. Im März 1645 erklärte er sich zu Verhandlungen in Münster bereit, wenn er auf französische Unterstützung rechnen könne. Allerdings machte er wieder zur Bedingung, daß ihm die Kur erhalten bleibe, für dieses Ziel werde er selbst seine Länder und die Zukunft seiner Kinder aufs Spiel setzen. Seine territorialen Forderungen waren die gleichen wie die der Wiener Resolution von 1642, hinsichtlich der Kur ging er auf einen neuen französischen Vorschlag ein, für den Pfalzgrafen eine achte Kur zu schaffen, doch müsse er sich mit dem letzten Platz im Kurkolleg begnügen und Bayern der erste Rang unter den weltlichen Kurfürsten gesichert sein.

Diese achte Kur war nunmehr das bayrische Programm. Frankreich nahm es auf sich, mit Pfalz darüber zu sprechen. Es geschah nach längerem Zögern im Frühjahr 1646 in Paris, doch der dortige pfälzische Gesandte verwarf den Plan völlig: Man müsse bei sieben Kurfürsten bleiben oder, wenn man eine achte Kur schaffe, dann auch eine neunte hinzufügen. Es ging offensichtlich um das Gleichgewicht der Konfessionen im Kurkolleg; da die böhmische Kur ruhte, war es vor dem Krieg gewahrt geblieben, trat aber Bayern hinzu, so genügte die Wiederherstellung der pfälzischen Stimme nicht, es mußte noch eine evangelische hinzukommen.

Vielleicht waren es diese Konsequenzen, die man in Wien fürchtete, wenn man dort lange Zeit einer jeden Vermehrung der Kurstimmen widerstrebte und eine zwischen Bayern und Pfalz alternierende Kur vorzog. Auch Trauttmansdorff vertrat zunächst diesen Gedanken, ließ sich aber bald für den bayrischen Plan gewinnen. Freilich hatte das noch seine besonderen Schwierigkeiten, denn bei acht Stimmen konnte es sein, daß es bei der Kaiserwahl zu keiner klaren Mehrheit kam. Trauttmansdorff hat die Frage insgeheim mit den kurfürstlichen Gesandten am Kongreß erörtert. Kursachsen schlug vor, Stimmengleichheit dadurch zu vermeiden, daß Bayern und Pfalz zusammen nur eine Stimme bekämen und sich über ihr Votum vorher zu einigen hätten. Trauttmansdorff machte den Gegenvorschlag, bei Stimmengleichheit dem Böhmen zwei Stimmen zu geben und ihn so den Ausschlag herbeiführen zu lassen. Aber er bemerkte bald, daß die Kurfürsten, und zwar besonders Bayern, darauf nicht eingehen würden, und ließ die Sache fallen. Noch hoffte auch er, diese innerdeutsche Streitfrage den fremden Mächten zu entziehen, aber die evangelischen Stände versagten sich diesem Gedanken, ebenso die von Trauttmansdorff mit besonderer Höflichkeit behandelten kurpfälzischen Gesandten. Er mußte also mit Frankreich und Schweden verhandeln. Um nun aber die achte Kur ohne eine neunte und damit das katholische Übergewicht zu erhalten, galt es zunächst Frankreich und die katholischen Stände zu gewinnen. Das ist ihm ziemlich schnell gelungen. Schon im April 1646, als er den Franzosen das Elsaß antrug, legte er zugleich einen Vorschlag zur Regelung der pfälzischen Sache in diesem Sinne vor. Sogar die evangelischen Stände waren damals, wie es scheint, in ihrer Mehrheit schon schwankend geworden, nur Schweden zeigte sich unzugänglich.

Zielbewußt wurde nun dessen Stellung unterhöhlt. Die Franzosen nahmen das auf sich, waren sie sich doch bewußt, mit der Sache Bayerns jetzt auch ihre eigenen territorialen Ansprüche zu fördern. Im Juli 1646 gelang es ihnen, Oxenstierna zu überzeugen. Noch machte er Vorbehalte, noch versuchte er, als Gegenleistung wenigstens die von Mainz verpfändete Bergstraße und einen Teil der Oberpfalz dabei herauszuschlagen, schließlich aber haben auch die Schweden die achte Kur, die Oxenstierna noch kurz vorher als eine „ewige macula" für Pfalz bezeichnet hatte, in ihr Programm übernommen.

Nun erst schien es Maximilian an der Zeit, die pfälzische Frage zur Verhandlung zu bringen, jetzt aber auch so schnell wie möglich. Die günstige Konjunktur sollte genutzt werden. Immer wieder drängte er fortan den Kaiser und die kaiserlichen Unterhändler, die Regelung der pfälzischen Angelegenheit in dem besprochenen Sinne zur conditio sine qua non aller Friedensverhandlungen zu machen. Trauttmansdorff tat sein Bestes, und nicht ohne Erfolg: Der Vorvertrag vom 13. September 1646 verpflichtete die Franzosen, für die pfälzische Frage in diesem Sinne einzutreten. Sie konnte damit trotz aller Einsprüche evangelischer Mächte wie der Niederlande und der Schweiz als entschieden gelten. Nur die vertragliche Sicherung fehlte noch; Maximilian sollte sie trotz unaufhörlicher Bemühungen erst im allerletzten Stadium der Friedensverhandlungen erreichen.

Ansprüche und Streitfragen fürstlicher Häuser

Hessen-Kassel hatte es verstanden, sich durch langjährige wertvolle Dienste die Freundschaft Schwedens und Frankreichs zu sichern und seine Forderungen denen dieser Mächte fast gleichzustellen. So stand die hessische Frage der pfälzischen an Bedeutung kam nach.

Was Landgraf Wilhelm und nach seinem Tode die kluge, standhafte und zielbewußte Landgräfin Amalie Elisabeth erstrebten, war nicht nur die volle Restitution ihres Hauses durch Rückgabe ihres Anteils an der Marburger Erbschaft, sondern darüber hinaus eine beträchtliche Erweiterung ihres Landes durch Erwerb geistlicher Gebiete in Niedersachsen und Westfalen. Wir erinnern uns, daß Gustav Adolf mit Rücksicht auf Kursachsen und Darmstadt in der Marburger Erbschaftssache eine sehr vorsichtige Haltung gezeigt hatte. Oxenstierna ist ihm darin gefolgt. Dafür aber haben beide den Blick ihres Bundesgenossen immer wieder auf die benachbarten Stifter gelenkt. Sie sollten Hessen-Kassel für den verlorenen Anteil an dem oberhessischen Erbe entschädigen. Trotz dieser lockenden Aussichten gab es Zeiten, wo die hessischen Fürsten schwankten, ob sie nicht doch ihren Frieden mit dem Kaiser machen sollten. In den Jahren 1636—1638 haben Landgraf Wilhelm und nach ihm seine Witwe über den Beitritt zum Prager Frieden verhandelt. Aber es war doch zwischen ihrer Haltung und der der anderen Reichsstände ein merklicher Unterschied: Landgraf Wilhelm wagte es als einziger, dem Kaiser Bedingungen zu stellen. Er verwendete sich für Kurpfalz, forderte Garantien für die Reformierten und für sich selbst das Stift Hersfeld; er weigerte sich, seine Truppen in die Reichsarmee einzugliedern. Daran scheiterte die Verständigung. Seine Gemahlin bot später die Hand zu einem Vergleich mit Darmstadt, um die Einsetzung des Landgrafen Georg als Administrator in Niederhessen abzuwenden, ja sie war bereit, selbst auf Marburg zu verzichten, und teilte ihren Bundesgenossen Schweden und Frankreich mit, daß sie sich wohl dem Prager Frieden werde bequemen müssen, wenn der Kaiser ihr nur Hersfeld lasse und das reformierte Bekenntnis sicherstelle. Aber in Wien zögerte man und trieb es damit zum Bruch. Im August 1638 schloß die Landgräfin mit Frankreich den Vertrag von Dorsten, der ihr die Stellung eines selbständigen, fast gleichberechtigten Bundesgenossen verlieh. Ein gleiches Verhältnis zu Schweden ergab sich nicht, weil man dort weniger großzügig war, aber die Trennung vom Kaiser war schon mit dem französischen Bündnis unwiderruflich vollzogen. Hessen-Kassel galt von nun an als Reichsfeind, die Gesandten der Landgräfin wurden vom Regensburger Reichstag in aller Form verwiesen. Fortan suchte sie die Verwirklichung ihrer Ansprüche bei den Großmächten, die die Herstellung des Zustandes von 1618 zu ihrem Kriegsziel erklärt hatten. Landgraf Georg von Darmstadt hatte demgegenüber nur die Versicherung des Kaisers, daß er ihn bei dem Hauptakkord von 1627 erhalten werde, eine Zusage, die bei der Entwicklung der militärischen Lage von Jahr zu Jahr an Wert verlor.

Der Friedenskongreß schien nun endlich der Landgräfin die große Gelegenheit zu bieten, nicht nur in dem Erbstreit obzusiegen und ihr Gebiet bedeutend zu erweitern, sondern auch die alten Reichsreformpläne ihres Gatten zu verwirklichen. Sie war es ja, die die fremden Mächte immer wieder antrieb, die Reichsstände zu dem Kongreß zu laden. Man konnte in Wien nicht ahnen, wie stark sie an diesen Dingen beteiligt war. Schon ihre freundliche Antwort auf die französischen und schwedischen Rundschreiben wurde ihr am kaiserlichen Hof sehr verübelt, die Zulassung ihrer Gesandten am Kongreß suchte der Kaiser energisch, aber schließlich erfolglos zu verhindern.

Mit den eigenen Forderungen trat die Landgräfin zunächst klüglich nicht hervor. Sie wurden erst aufgeworfen, als die Propositionen Frankreichs und Schwedens im Juni 1645 den Grundsatz proklamiert hatten, daß Hessen-Kassel eine angemessene Entschädigung (satisfaction raisonnable) erhalten müsse. Der Kaiser verwies auf seine früheren Verhandlungen mit der Landgräfin und zeigte sich geneigt, dort wieder anzuknüpfen. Unbefriedigend war, daß weder Frankreich noch Schweden das heiße Eisen der Marburger Erbschaft anfassen wollten. Man war in Kassel entschlossen, die Frage dennoch wieder aufzurollen. Für Frankreich waren auch die hessischen Satisfaktionsforderungen sehr unangenehm, soweit dadurch katholische Reichsstände wie Köln, Mainz, Paderborn und Fulda berührt wurden. Diese geistlichen Gebiete waren zum großen Teil von hessischen Truppen besetzt, und wenn es nur nach Schweden gegangen wäre, so hätte die Landgräfin vielleicht Aussicht gehabt, große Teile von ihnen für immer an sich zu reißen. Aber die Zeiten, wo Gustav Adolf oder Oxenstierna allein in Deutschland geboten hatten, waren nicht mehr. Angesichts dieser Umstände trieb die Landgräfin eine Politik der vollendeten Tatsachen. Sie erklärte, als Pfand für die Erfüllung ihrer Forderungen die von ihren Truppen besetzten Festungen in den geistlichen Gebieten behalten zu wollen. Diese Politik der Faustpfänder trieb sie gleichzeitig auch mit Darmstadt: Im Januar 1646 rückten ihre Truppen in Oberhessen ein, besetzten Marburg und zwangen die Bürgerschaft zur Huldigung. Den darmstädtischen Gesandten erklärte die Landgräfin offen, sie werde das Land behalten, bis man sie in der Erbschaftssache zufriedengestellt habe; sie wollte nun einmal die Sache vor den Kongreß bringen.

Dort entstand über die so drastisch angemeldeten Forderungen alsbald lebhafter Streit. Frankreich und Schweden forderten, man müsse mit ihr verhandeln, und der Kaiser mußte sich bequemen, seinen Gesandten dazu Vollmacht zu erteilen. Darmstadt protestierte, der Fürstenrat in Osnabrück hielt sich in diesem Streit zweier seiner hervorragendsten Mitglieder neutral, während er die Satisfaktionsforderungen der Landgräfin für unvereinbar mit dem Grundsatz der allgemeinen Amnestie erklärte; er bat die Landgräfin, sie fallen zu lassen. Ähnlich, nur um einen Ton schärfer, schrieb ihr der Kurfürstenrat. Aber das Gegenteil geschah. Ende April wurde dem Kongreß ein neues Memorial übergeben, worin die Landgräfin ihre territorialen Forderungen in vollem Umfang aufrecht erhielt: Von Mainz die Ämter Fritzlar, Amöneburg, Naumburg, von Köln Teile der Grafschaft Arnsberg; auch Münster, Paderborn und Fulda sollten große Teile ihres Territoriums abtreten.

Darauf heftiger Protest der Betroffenen und aller katholischen Reichsstände. Der Kaiser verbot seinen Gesandten, auf diese Forderungen überhaupt zu antworten, die Franzosen ließen durchblicken, daß sie Ansprüche auf geistliche Gebiete nicht unterstützen könnten. Aber sie deuteten zugleich an, daß Hessen-Kassel stattdessen wohl auch eine Geldentschädigung annehmen, jedenfalls aber auf der Marburger Erbschaft bestehen werde. Um diese Fragen drehten sich die Verhandlungen des Sommers 1646. Im ersten Punkt zeigte sich Trauttmansdorff zugänglich, einer Verhandlung über die Marburger Frage aber durchaus abgeneigt, denn eine Aufhebung der zugunsten Darmstadts gefällten Urteile sei dem Kaiser nicht zuzumuten. Vor allem müßten vor jeder weiteren Verhandlung die niederhessischen Truppen aus Marburg abrücken.

Doch die Sache kam nun nicht mehr von der Tagesordnung. Dafür sorgten die Schweden und, wenn auch mit etwas geringerem Nachdruck, die Franzosen. Als Graf d'Avaux im Januar 1647 nach Osnabrück kam, nahm er sich auch mit Erfolg der hessischen Sache an, im Februar eröffnete Trauttmansdorff den Mainzer und Kölner Bevollmächtigten, daß zwar von Landabtretungen keine Rede sein könne, eine Geldentschädigung aber nicht zu umgehen sei. In der Marburger Frage hoffte man durch Verhandlungen mit Darmstadt irgendwie zum Ziel zu kommen.

Der hessischen Sache ähnelte die badische. Auch Markgraf Friedrich von Durlach war ja vom Prager Frieden und von der Amnestie ausgeschlossen worden, weil er gegen den Kaiser gekämpft hatte, der Regensburger Reichstag hatte diese Entscheidung bestätigt. Das ganze Land war in der Gewalt des Markgrafen Wilhelm von Baden-Baden, der sich nicht nur kaiserlichen Schutzes, sondern auch französischer Hilfe erfreute. Hier handelte es sich also nicht nur um einen Streit zweier verwandter Linien und nicht nur um einen konfessionellen Gegensatz, hier standen auch Frankreich und Schweden auf verschiedenen Seiten, was die Situation sehr komplizierte. Markgraf Friedrich forderte vom Kongreß die obere Markgrafschaft Baden-Baden, die Kassierung des Schiedsspruches von 1622 und der späteren Vergleiche, er forderte seine völlige Restitution. Die Schweden nahmen das auf, Verhandlungen hatten seither noch nicht stattgefunden.

Die württembergische Frage schien seit 1638 erledigt. Vieles spricht dafür, daß der Kaiser ursprünglich das Herzogtum ganz behalten und damit ein altes, schon von Karl V. verfolgtes Ziel der habsburgischen Politik verwirklichen wollte. Durch Vermittlung Sachsens und Brandenburgs aber war es schließlich dahin gekommen, daß Herzog Eberhard wieder zu Gnaden aufgenommen und in sein Land eingesetzt wurde. Auf die Klöster hatte er verzichten müssen. Trotzdem war er dazu übergegangen, sie durch Gewalt oder Repressalien wieder an sich zu bringen. Vergeblich wendeten sich die Äbte um Schutz an den Kaiser. Der wollte zwar helfen, drang aber nicht durch, denn die Kurfürsten hielten zu dem Herzog und setzten es durch, daß das Verfahren gegen ihn eingestellt wurde. Von Frankreich vermochten die Klöster nur einen wirkungslosen Schutzbrief zu erhalten, auf dem Reichstag zu Regensburg wurden ihnen Sitz und Stimme verweigert, weil ihr Anspruch auf Reichsstandschaft selbst den katholischen Ständen zweifelhaft erschien. Die reichsfürstliche Solidarität gegen die Mediatstände zeigte sich hier stärker als das religiöse Band, der Kurfürst von Bayern und die Erzherzöge von Tirol waren außerdem selbst an der Klosterfrage interessiert. Dies alles kam dem Herzog unmittelbar zugute. Der Reichstag schloß ihn in die Amnestie ein und bestätigte damit seinen Anspruch auf die Klöster. So blieb den Ordensbrüdern auf dem Friedenskongreß, da der Kaiser durch mannigfache Rücksichten gebunden war, als Schützer und tatkräftiger Helfer eigentlich nur der päpstliche Nuntius.

Ihr Vertreter in Münster war Adam Adami, der von mehr als zwanzig Konventen in Schwaben bevollmächtigt war. Aber es wurde ihm schwer gemacht, überhaupt Anerkennung zu finden. Der Herzog bestritt den Prälaten Sitz und Stimme, da sie seiner Landeshoheit unterworfen seien, und Adami konnte zunächst nur durch eine Vollmacht des Abtes von Corvey, später als Beauftragter von fünfundzwanzig weiteren Reichsklöstern, schließlich als beglaubigter Vertreter aller Reichsprälaten Zugang zu den Verhandlungen finden. So endlich mit Sitz und Stimme begabt, nahm er den Kampf für seine Klöster mutig auf. Der Herzog forderte sie alle für sich auf Grund der Regensburger Amnestie. Adami hatte dagegen einen schweren Stand, denn an der Amnestie Württembergs war nicht zu rütteln. Er bestritt aber, daß sie mit der Klosterfrage etwas zu tun habe, denn die Aberkennung der Klöster habe nichts mit der exclusio ex amnestia zu schaffen gehabt, sondern sei eine Sache für sich gewesen. Nun hatten aber die Kurfürsten bereits 1642 dem Kaiser geraten, die Klosterfrage den Reichsständen zur Entscheidung zu unterbreiten, und dasselbe tat im Mai 1646 der Reichshofrat mit der interessanten Begründung, es gehe hier um die Interpretation eines Reichsgesetzes, nämlich der Regensburger Amnestie, und dazu sei der Kaiser allein nicht mehr berechtigt!

Es mußte aber dem Wiener Hof daran liegen, auch diese Frage dem Kongreß fernzuhalten. Je weniger Reichssachen dort zur Entscheidung kamen, desto besser für das kaiserliche Ansehen. Trauttmansdorff, geschmeidig wie immer, suchte den Herzog auf unmittelbare Verhandlungen mit Wien zu verweisen und verzichte te selbst auf zwei Ämter, die ihm einst aus der württembergischen Beute zugefallen waren. Aber andere Interessenten, kaiserliche Diener und Bundesgenossen, zeigten sich nicht so großzügig. Sie machten Schwierigkeiten auf Schwierigkeiten und brachten den Herzog bald wieder so weit, daß er seine Hoffnung allein auf den Kongreß setzte. Wohl oder übel mußte der Kaiser auch die württembergische Sache, die er längst als erledigt betrachtet hatte, in den großen Bestand ungelöster Streitfragen hineinwerfen. Er setzte damit auch eigene Hausinteressen, nämlich den Besitz mehrerer württembergischer Herrschaften aufs Spiel, alter Pfandschaften aus österreichischem Besitz; Württemberg hatte sich stets geweigert, in ihre Auslösung zu willigen, und war nach der Schlacht von Nördlingen dazu gezwungen worden. Jetzt forderte der Herzog ihre Rückgabe, dazu auch die der Herrschaft Heidenheim, die er einst dem Kurfürsten von Bayern als Sicherheit für einen Vorschuß von 500000 Gulden überlassen hatte und die Bayern nur gegen Erstattung dieser Summe zurückgeben wollte.

Schweden, Frankreich und die Protestanten standen in allen diesen Fragen fest zu dem Herzog. Sie hielten sich bei den verwickelten Rechtsfragen, die hier hineinspielten, gar nicht erst auf, sondern verwiesen auf den Grundsatz der Amnestie: Nicht darauf komme es an, wer in dem Streit um die Klöster und Pfandschaften im Recht, sondern wer an dem für die Amnestie festzulegenden Stichtag im Besitz gewesen sei. Trauttmansdorff hoffte auf Kompromißlösungen und hatte bei den Satisfaktionsverhandlungen mit Frankreich zunächst einmal die österreichischen Forderungen an Württemberg zu sichern gesucht, freilich vorerst ohne Erfolg. Alle Fragen standen noch offen, und die Entscheidung der wichtigsten von ihnen, der Klostersache, war, da es sich in erster Linie um eine kirchliche Frage handelte, nur von den Religionsverhandlungen zu erwarten.

Diese großen landesfürstlichen Streitfragen sollten dem Kongreß noch viel Mühe machen, aber sie waren durchaus nicht die einzigen. Welche Fülle von Problemen wurde allein durch die schwedische Satisfaktion und die brandenburgische Entschädigung aufgeworfen! Da war zunächst Braunschweig-Lüneburg betroffen. Gustav Adolf hatte dem Herzog das sogenannte „kleine Stift" Hildesheim und das Bistum Minden versprochen, doch waren diese Zusagen wie so viele, die der König deutschen Fürsten machte, unklar und widerspruchsvoll. Er hatte das kleine Stift auch dem Wolfenbütteler Herzog in Aussicht gestellt, diesem sogar in aller Form in einem allerdings erst von Oxenstierna ratifizierten Allianzvertrag. Aus dieser Doppelverpflichtung wurde Schweden dadurch befreit, daß der Wolfenbütteler bald darauf kinderlos starb. Das kleine Stift kam zunächst in die Hand des Herzogs Georg von Lüneburg. Aber es wurde ihm bestritten von Herzog Ferdinand von Bayern, Erzbischof von Köln und Bischof von Hildesheim, dem ein Kammergerichtsurteil von 1629 sogar die seit 1521 dem Bistum durch Braunschweig entzogenen Gebiete, das sogenannte „große Stift", zugesprochen hatte. Herzog Georg gab, solange er lebte, seinen Anspruch nicht auf, erst seine Erben verstanden sich dazu. Es war ein bedeutender Erfolg für den Katholizismus, als der Goslarer Frieden zwischen dem Kaiser und Braunschweig im Jahre 1642 das Stift in vollem Umfang dem Wittelsbacher zurückgab. Im Hildesheimer Dom wurde wieder katholischer Gottesdienst gehalten, den evangelischen Stiftsuntertanen lediglich auf vierzig, dem Adel auf siebzig Jahre freie Religionsübung zugesichert.

Mit dem Goslarer Vertrag hatte sich das Haus Braunschweig selbst seine Aussichten für den Friedenskongreß so ziemlich verdorben. Dem Kaiser gegenüber gebunden, konnte es kaum wieder Ansprüche auf Hildesheim erheben, blieb daher mit seinen Hoffnungen auf Minden und Osnabrück angewiesen, wo seine Aussichten recht gering waren.

Schlimm war Mecklenburg daran. Herzog Adolf Friedrich von Schwerin hatte Wismar hergeben müssen, ohne daß man ihn darum gefragt hätte. Sein hartnäckiges Sträuben sollte ihm schlecht bekommen. Die Schweden waren noch beim Abschluß ihres Satisfaktionsvertrages durchaus geneigt, ihm Minden, Schwerin und Ratzeburg als Entschädigung zu geben, er hätte nur seinen Anspruch anmelden müssen. Aber er tat es nicht, weil er auf Wismar nicht verzichten wollte, und als er sich endlich dazu entschloß, war es zu spät und das ohnehin von vielen begehrte Minden bereits heimlich dem Brandenburger versprochen. Er mußte sich mit Schwerin und Ratzeburg begnügen. Beide Stifter waren ihm im kaiserlich-schwedischen Vorvertrag vom Februar 1647 zugesprochen worden mit dem Recht, die Hälfte der Kanonikate einzuziehen. Es war ein magerer Gewinn, denn seit der Mitte des 16. Jahrhunderts waren dort ohnehin nur mecklenburgische Prinzen Bischöfe gewesen, und der Prozeß der Mediatisierung war längst im Gange. Der Herzog bekam eigentlich nur, was er schon längst besaß. Sein Schicksal bewies, was kleinere Fürsten zu erwarten hatten, wenn sie sich dem Willen der Mächtigen nicht widerspruchslos beugten.

Die Reichsstädte. Handels- und Zollfragen

Wir kennen die Sorgen und Nöte der deutschen Reichsstädte unter dem Druck des Krieges. Über die Grenzen der Konfessionen hinweg trugen sie gemeinsam daran, und so sehen wir sie auch auf dem Kongreß vielfach zusammenwirken.

Da waren zunächst ihre politische Stellung und ihr Rang unter den Reichsständen. Noch immer hatten sie um ihre Gleichberechtigung zu kämpfen. Das zeigte sich bei einem erbitterten Präzedenzstreit, den sie im Jahre 1646 mit der Reichsritterschaft ausfochten. Die Ritter beriefen sich auf ihre Geburt, die Städte auf ihre Reichsstandschaft. Nach monatelangem Streit, der andere wichtige Verhandlungen lahm legte, half man sich durch einen Kompromiß, der in einem sprachlichen

Taschenspielertrick bestand: Man einigte sich, nach den Kurfürsten und Ständen die Städte für sich aufzuführen, dabei aber durch einen Zusatz zum Ausdruck zu bringen, daß sie eigentlich bereits in dem Wort „Stände" mit begriffen seien. Die besondere Erwähnung der Städte schien den Reichsrittern, der erklärende Zusatz den Städten recht zu geben, und beide waren zufrieden.

Dieser Streit war noch nicht ganz beigelegt, als ein Konflikt mit dem Fürstenrat ausbrach. Gegen das Herkommen berieten Fürsten und Städte auf dem Kongreß des einfacheren Geschäftsganges wegen meist gemeinsam. Bei Abstimmungen verlangten die fürstlichen Gesandten aber Zählung nach Kurien und nicht nach Stimmen, denn sie wollten nicht von der Masse der kleinen Städte, deren viele kaum mehr als Dörfer waren, majorisiert werden. Diesem billigen Verlangen widersetzten sich die Städte, weil sie für ihr votum decisivum fürchteten. Sie argwöhnten, daß man die Beschlüsse der städtischen Kurie nur als Gutachten werten und nicht dem der Kurfürsten und Fürsten gleichachten werde. Nur mit Mühe setzte sich eine gemäßigte Ansicht unter ihnen durch. Schließlich gaben die Städte in dem Abstimmungsmodus nach, hielten aber die Forderung auf das votum decisivum aufrecht und setzten es im Friedensvertrag schließlich durch.

Selbstverständlich ferner, daß die Städte einig waren, wo es um die Freiheit des Handels ging. Neue Zölle waren während des Krieges allenthalben errichtet worden und drohten den freien Handel zu ersticken. Alle Städte forderten mit Nachdruck ihre Abschaffung. Die Franzosen stimmten ihnen darin ohne weiteres bei, und selbst die Schweden, die Hauptnutznießer der neuen Zölle, konnten sich dieser gerechten Forderung nicht verschließen. Die ersten Propositionen beider Mächte forderten also die Freiheit des Handels. Freilich mit verschiedener Betonung: Die Franzosen sprachen von Abschaffung aller neuen im Krieg errichteten Zölle, die Schweden nur von den „in der Zwischenzeit" (interim) aufgerichteten Handelsschranken und deuteten an, daß über Einzelheiten noch zu verhandeln sein werde. Sie konnten nicht gut anders. Hätten sie die Aufhebung ihrer eigenen Lizenten fordern sollen, deren Erträge, wie sie selbst zugestanden, zum Unterhalt ihrer Armeen in Deutschland unentbehrlich waren? Diese unterschiedliche Haltung behielten beide Mächte in der Folgezeit bei. Die Franzosen gestanden, als sie das Elsaß erwarben, dem Kaiser Freiheit der Schiffahrt auf dem Rhein und freien Verkehr über den Rhein hinweg ohne weiteres zu, die Schweden ließen sich bei der Abtretung Pommerns und Wismars ausdrücklich die neu errichteten Zölle an den Küsten bestätigen mit der Zusage, sie so weit zu reduzieren, daß der Handel dadurch nicht ruiniert werde, was ja ohnehin nicht in ihrem Interesse gewesen wäre.

Kaiser und Reichsstände nahmen sich der städtischen Forderungen in diesem Punkt bereitwillig an. Nur die rechtmäßig erworbenen Zölle, forderten sie, sollten bleiben, alle anderen abgeschafft und neue künftig nur mit Zustimmung von Kaiser, Kurfürsten und Ständen eingerichtet werden. Außer den schwedischen Lizenten wurde am heftigsten der oldenburgische Weserzoll angegriffen. Graf Anton Günter von Oldenburg hatte sich dem Kaiser nützlich gemacht und als Lohn im Jahre 1621 diesen Zoll erhalten, der ihm außer erheblichem Gewinn die bittere Feindschaft der Stadt Bremen eintrug. Es war aber ein regelrecht verliehener, kein willkürlich erhobener Zoll, doch lag nur die Zustimmung der Kurfürsten und nicht die der gesamten Reichsstände vor. Obwohl in Zollfragen herkömmlich nur die Kurfürsten mitsprachen, bestritten die Bremer die Rechtmäßigkeit dieses Privilegs. Der Graf fühlte sich offenbar seiner Sache nicht sicher und erschien im Januar 1646 persönlich auf dem Kongreß, um sie zu verfechten. Bremen betrieb die Aufnahme seiner Beschwerden in die Reichsgravamina, der Graf wünschte durch einen besonderen Artikel des Friedensvertrages in seinem vermeintlichen Recht gesichert zu werden. Er fand auch Hilfe bei den Kurfürsten, die ihm ja den Zoll bewilligt hatten. Nur Brandenburg, das bei Bestätigung dieses Zolles ein gleiches für die schwedischen Lizenten fürchtete, suchte die Sache durch einen Vergleich aus der Welt zu schaffen. Nach wechselvollen Verhandlungen siegte Graf Günter, dessen Interesse sich mit dem schwedischen allzu gut deckte. Sämtliche Kriegszölle überhaupt abzuschaffen, davon konnte angesichts des schwedischen Widerstandes nicht die Rede sein, so sehr sich Trauttmansdorff darum bemühte. Nicht nur die gesetzlich bewilligten, auch die seit längerer Frist erhobenen Zölle (usu diuturno introducta) wurden ohne Prüfung der Rechtslage im Friedensvertrag bestätigt, und vergeblich suchte Trauttmansdorff der Stadt Bremen wenigstens den Rechtsweg offen zu halten. Schließlich erlangte Oldenburg mit Hilfe des Kurfürstenrates sogar eine besondere und ausdrückliche Bestätigung seines Zolles, die der Graf sich auch von Schweden noch durch eine besondere Zollbefreiung für das nunmehr schwedische Erzstift Bremen erkaufte.

Schwedens Zollansprüche waren bereits im Zusammenhang mit den Gebietsabtretungen befriedigt worden. Es geschah in einer Form, die der weitesten Auslegung Raum ließ: Die Zollrechte wurden keineswegs auf die abgetretenen Häfen beschränkt, sondern in unbestimmter Weise auf die pommerschen und mecklenburgischen Küsten erstreckt. Eine für Schweden höchst willkommene Unklarheit, denn wer wollte es hindern, seine Zollschiffe auch vor den Häfen kreuzen zu lassen, die ihm nicht gehörten? Vor allem ging es um den ergiebigen Warnemünder Zoll. Die Stadt Rostock, in Sorge um ihren Handel und um die Blüte ihrer Universität, erhob noch während der Friedensverhandlungen Klage beim Reichshofrat, der zu ihren Gunsten entschied, und verlangte Beschränkung der Zollrechte Schwedens auf die ihm im Friedensvertrag abgetretenen Küsten. Umsonst, sie blieben in dem Umfang bestehen, wie der Friedensvertrag sie bewilligt hatte, das heißt, die für Schweden so günstige Unklarheit blieb bestehen.

In solchen nüchternen politischen und wirtschaftlichen Alltagsfragen erschöpften sich die gemeinsamen Bemühungen der Städte auf dem Kongreß. Die großen Fragen, die das Reich, die Nation und den Glauben berührten, traten hinter den kleinen, eigensüchtigen Zwecken zurück. Die Zeiten, wo die deutschen Reichsstädte wagemutig und opferfreudig für große Ziele gekämpft hatten, waren längst vorbei. Ein vorsichtiges Lavieren, ein behutsames Schwimmen mit dem Strom kennzeichnete jetzt die Haltung der städtischen Abgesandten. Kaum ein Ansatz findet sich zu einer gemeinsamen reichsstädtischen Politik großen Stils, ein jeder war froh, wenn er nur einen kleinen Sondervorteil für seine Stadt mit nach Hause brachte.

Doch traten immerhin einige Gruppen unter den Städten hervor, die noch ein schwaches Abbild der mächtigen Städtebünde alter Zeit boten. So die „ausschreibenden Städte" Oberdeutschlands, das glänzende Viergestirn Nürnberg, Frankfurt, Straßburg und Ulm. Sie hatten sich als einzige von allen evangelischen Reichsstädten das unbeschränkte Reformationsrecht erkämpft und im Prager Frieden allen Schwierigkeiten zum Trotz behauptet. Dem Ruf der Großmächte folgend, waren sie im Juni 1644 in einem geheimen Vertrag einig geworden, den Kongreß zu beschicken, auf Sitz und Stimme für alle Stände, eine umfassende Amnestie, Abstellung der Religionsbeschwerden und paritätische Besetzung der obersten Gerichte zu dringen und dahin zu wirken, daß das Reich aus dem spanischfranzösischen Kriege ferngehalten werde. Das war schon ein ansehnliches politisches Programm, doch kam es immer noch darauf an, wie man es im einzelnen auffaßte und durchzusetzen versuchte. Das konnte sehr maßvoll und sehr entschieden geschehen, und zwischen beidem gab es noch viele Zwischenstufen. Im evangelischen Lager hatten die Städte immer einer gemäßigten Politik das Wort geredet. Allgemein lebte ja bei ihnen noch am stärksten der alte Reichspatriotismus, ihr Respekt vor dem Kaiser verband sich mit einem kräftigen Mißtrauen gegen die Fürsten, für eine Politik der Abenteuer waren sie nicht zu haben. So hatte Nürnberg von jeher zu der friedlichen Richtung des Luthertums geneigt, die sich auf Melanchthon berufen konnte. Es hielt sich umso näher an den Kaiser, als es selbst in seinem Bekenntnisstand völlig gesichert war und nichts zu fürchten brauchte, nahm also in der Reichspolitik eine ähnliche Stellung ein wie Kursachsen, mit dem es häufig zusammenging. Aller religiösen Bündnispolitik war die Stadt abgeneigt, nur zögernd und nur unter dem Druck des Restitutionsediktes hatte sie sich an Gustav Adolf angeschlossen und sobald wie möglich wieder dem Kaiser genähert. Wie Kursachsen erwartete auch Nürnberg alles Heil von der strengen Beachtung der Gesetze und Ordnungen des Reiches, ein tätiges Element auf dem Friedenskongreß wurden die Stadt und ihr Abgesandter Dr. Tobias Ölhafen nicht.

Ähnlich stand es mit Frankfurt, das den Anspruch auf selbständige Vertretung am Kongreß am lebhaftesten verfochten und die gemeinsame Politik der vier Städte eingeleitet hatte. Auch behauptete Dr. Zacharias Stenglin, der Frankfurter Bevollmächtigte in Osnabrück, das Stimmrecht der Reichsstände so energisch, daß es fast ein Zerwürfnis mit den kaiserlichen Gesandten gab, und trat, über den Geheimvertrag der vier Städte hinausgehend, für die völlige Restitution der Pfalz ein. Doch war das nicht grundsätzliche Opposition gegen den Kaiser, vielmehr fürchtete die Stadt für ihre Bewegungsfreiheit, wenn der bayrische und katholische Einfluß in ihrer unmittelbaren Umgebung überhand nähmen. Wo die eigenen Interessen und der eigene Bekenntnisstand nicht gefährdet schienen, zeigte sich Frankfurt sehr gemäßigt. So befürwortete die Stadt in dem erbitterten Kampf um den Geistlichen Vorbehalt eine Verständigung der Religionsparteien, und für die schwer ringenden Evangelischen seiner Geburtsstadt Augsburg hat Stenglin so gut wie nichts getan und darüber bittere Vorwürfe hören müssen.

Ulm trat überhaupt nicht hervor. Einige der landläufigen Beschwerden über Kriegsdrangsale, ein Rechtsstreit mit dem Bischof von Konstanz über ein Kloster und über gewisse Visitationsrechte, darin erschöpfte sich das Interesse, das die Stadt an den Friedensverhandlungen nahm.

Nur Straßburg neigte zu einer entschiedeneren Politik. Und doch war auch in dieser Stadt, die doch der Hort der evangelischen Sache im Reformationszeitalter gewesen war, der nüchterne, weltlich-politische, auf das praktisch Erreichbare gerichtete Sinn des Zeitalters eingezogen. Ähnlich wie Nürnberg war sie umso eher bereit, über Amnestie, Geistlichen Vorbehalt und Normaljahr Kompromisse zu schließen, als sie selbst dadurch nicht berührt wurde. Auch dem Straßburger Rat waren die eigenen Interessen der Stadt wichtiger. Aber die besondere Lage, in der sie sich zwischen dem Kaiser, Spanien, Schweden und Frankreich befand, zwang sie nun doch, in den großen Fragen Stellung zu nehmen. Es ging der Stadt zunächst darum, die ihr von Gustav Adolf zugewendeten Schenkungen zu behaupten und ihre mannigfachen Streitigkeiten mit dem Johanniterorden, dem Deutschritterorden und dem Bischof zur Entscheidung zu bringen. Es handelte sich da um einige niedergerissene Ordenshäuser und um die Kirchen von Alt- und Jung-St.-Peter, die während des Interims den Evangelischen genommen und nach dem Religionsfrieden wiedergegeben waren, nunmehr von beiden Konfessionen beansprucht wurden und zuletzt durch Reichshofratsurteil den Katholiken zugesprochen waren. Doch war das Urteil nicht vollstreckt worden, und der Kaiser hatte Anfang 1646 aus wohlerwogenen Gründen seinen Gesandten Nachgiebigkeit anbefohlen. Die katholischen Stände freilich hielten trotz des Normaljahres noch immer an dem Urteil fest. In diesen Fragen war die Stadt auf die Hilfe der Schweden angewiesen, ihr Gesandter Dr. Markus Otto hatte Befehl, stets im engsten Einvernehmen mit ihnen zu bleiben. Im übrigen verbot die Grenzlage eine wagemutige Politik. Zwischen Habsburg und Frankreich hatte Straßburg mit Mühe eine Art Neutralität zu behaupten gewußt, und jedes Übergewicht der einen oder anderen Macht war zu fürchten. Zur Zeit erschien das Vordringen Frankreichs am Oberrhein sehr bedrohlich. Sein Streben nach den Rheinübergängen, vor allem nach der Straßburger Brücke, war nicht zu verkennen. Man mußte vor dem Nachbarn aus dem Westen auf der Hut sein, ohne es doch mit ihm zu verderben. Der Zwang, die großen politischen Gegensätze und Machtkonstellationen im Auge zu behalten, gab den Straßburgern einen weiteren Blick als ihren reichsstädtischen Freunden aus dem Innern des Reiches, ihrer Politik freilich deshalb noch keinen Zug ins Große.

Im Schatten Straßburgs stand der Bund der zehn Städte, deren Interessen am Kongreß Balthasar Schneider von Kolmar wahrnahm. Es waren mancherlei Sorgen, die diese kleinen elsässischen Landstädte bewegten: Sie fürchteten, soweit sie evangelisch waren, für ihre freie Religionsübung und hielten sich in diesem Punkt meist an Schweden. Diese Macht sollte ihnen eine Garantie der Religionsübung verschaffen, wie sie bis zum Jahre 1627 fast unangefochten bestanden hatte, bevor die kaiserlichen Truppen das Elsaß besetzt und mit der kirchlichen Restitution schon lange vor Erlaß des Ediktes begonnen hatten. Der Hauptgegensatz war also der zum Kaiser, und er wurde noch dadurch verstärkt, daß die Dekapolis, wie wir hörten, bei Gelegenheit der Zession des Elsaß an Frankreich das Amt des Reichslandvogtes beseitigen wollte. Aber auch die französischen Ansprüche betrachtete man genau wie Straßburg mit Sorge, und man hatte sie noch mehr zu fürchten als die mächtige Reichsstadt. Balthasar Schneider hat schon im August 1645 die ersten Andeutungen französischer Ansprüche auf das Elsaß und die zehn Städte leidenschaftlich bekämpft und auch später den Franzosen nicht unerhebliche Schwierigkeiten bereitet, im ganzen doch ohne Erfolg. Wir wissen, aus welchen Gründen man ihn kaiserlicherseits im Stich ließ, warum man in Wien die Reichslandvogtei und die elsässischen Städte sogar in den Vordergrund zu schieben suchte und an erster Stelle auf das Satisfaktionsprogramm setzte.

Eine besondere Gruppe bildeten die konfessionell gemischten süddeutschen Reichsstädte, nämlich Augsburg mit seinem Anhang kleiner Stadtrepubliken: Biberach, Dinkelsbühl, Kaufbeuren, Ravensburg. Sie standen noch immer unter dem Druck der aufgezwungenen Verträge, die den überwiegend evangelischen Städten nach außen ein katholisches Gepräge gaben. Noch galt für Augsburg der Löwenberger

Akkord, noch waren hier und in den anderen Städten dem katholischen Gottesdienst alle Kirchen, den katholischen Bürgern alle Stellen im Stadtregiment vorbehalten. Der Kaiser zählte sie zu den katholischen Städten, ungeachtet des Protestes, den jüngst noch Sachsen und Brandenburg auf dem Frankfurter Deputationstag dagegen erhoben hatten. Ihre amtliche Vertretung am Kongreß führte der bekannte Dr. Leuxelring. Die evangelischen Stände erkannten ihn freilich nicht an, und die evangelische Mehrheit der Augsburger Bürgerschaft hatte die Wahrung ihrer Interessen dem Frankfurter Stenglin anvertraut, der aus Augsburg stammte. Aber der vorsichtige, wohl auch durch seine Instruktionen gebundene Mann enttäuschte ihre Erwartungen, an seiner Stelle nahm sich mehr und mehr der tüchtige, rührige Dr. Heider aus Lindau, der Bevollmächtigte der evangelischen Reichsstädte Schwabens, der Sache an. Ihm lag das Schicksal seiner unterdrückten und zum Schweigen verurteilten Glaubensgenossen am Herzen, er hat sich nicht nur der Evangelischen in den schwäbischen Städten, sondern auch in Hagenau, Eger und Donauwörth angenommen. Ihm vor allem haben die Protestanten in den schwäbischen Städten die religiöse und politische Gleichberechtigung zu verdanken, die ihnen der Frieden sicherte.

Sie war umso schwerer durchzusetzen, als hier mit dem Normaljahr und sogar mit der allgemeinen Herstellung des Status von 1618, wie ihn die evangelischen Gravamina und die Propositionen der Mächte gefordert hatten, nicht geholfen war. Die Beschwerden der Protestanten in den schwäbischen Städten reichten weiter zurück. Bei Kriegsbeginn war das Stadtregiment überall schon ganz oder doch vorwiegend in katholischer Hand, die Religionsübung bereits stark beschränkt gewesen. Der Kriegsverlauf und die erzwungenen Akkorde hatten das katholische Übergewicht nur verstärkt und schließlich überall zur katholischen Alleinherrschaft geführt. Die Forderung der Evangelischen ging daher nicht nur auf Restitution in den Vorkriegsstand, sondern auf Wiederherstellung der verlorenen Parität im Stadtregiment, auf Kassierung der Zwangsverträge, Aufnahme in den Religionsfrieden, in die Amnestie und in den Friedensvertrag. Diese besondere Situation der schwäbischen Städte und die daraus sich ergebenden Forderungen hatten die evangelischen Stände in ihren ersten Beschwerden übersehen. Sie suchten aber, einmal darauf hingewiesen, den Fehler wieder gutzumachen; ihr zweites Gutachten über die Religionsfragen vom März 1646 nahm die Mehrzahl der genannten Forderungen auf, für die kleineren Städte griff es sogar bis auf den Augsburger Religionsfrieden zurück und verlangte die Wiederherstellung des damaligen Zustandes.

Nun war ein solches Verfahren nicht ohne Bedenken für die Evangelischen selber. Wenn man Beschwerden aufnahm, die ihren Ursprung weit vor 1618 hatten, so mußte man mit entsprechenden katholischen Gegenforderungen rechnen. So fürchteten Straßburg und Ulm, daß man ihnen die Aufnahme von Katholiken in ihr Stadtregiment zumuten könne. Ihre Bedenken hatten die Folge, daß die evangelischen Vergleichsvorschläge vom Sommer 1646 die Augsburger Sonderwünsche wieder preisgaben und sich mit der einfachen Restitution in den Stand des Normaljahres begnügen wollten. Davon ging man zwar dank der tatkräftigen Bemühungen Dr. Heiders zum Teil wieder ab, aber zu dem vollen Umfang der früheren Forderungen kehrte man nicht zurück. In den rein kirchlichen Forderungen blieb man aus Furcht vor den angedeuteten Konsequenzen bei dem vereinbarten Normaljahr 1624 stehen in der Hoffnung, den kirchlichen Beschwerden der kleinen Städte durch eine besondere Verhandlung vor kaiserlichen Kommissaren abhelfen zu können, doch nahm man die politischen Forderungen — Kassierung der Zwangsverträge und Parität im Stadtregiment — wieder auf. Also Normaljahr in ecclesiasticis, Parität in politicis, auf dieses Programm legten sich die Protestanten in der Frage der gemischten Reichsstädte schließlich fest. Mit der ersten Forderung konnte man wohl hoffen durchzukommen, in der zweiten hatten die Katholiken bis Anfang 1647 noch nicht das geringste Zugeständnis gemacht. Sie erwiesen sich auch weiterhin in diesem Punkt so unzugänglich wie möglich. Sie wußten warum; es ging nicht nur um den konfessionellen Charakter einiger Reichsstädte, es ging um den Rest katholischen Einflusses im Städterat, wo die katholischen Städte ohnehin nur noch eine kleine Minderheit darstellten.

Denn es waren ja nur noch zwei große Reichsstädte, die dem alten Glauben anhingen: Aachen und Köln. Auch für sie waren die Verhandlungen des Kongresses nicht ohne Bedeutung. Die Beschwerden der Evangelischen in Aachen wurden durch ihren Prediger Georg Ulrich Wenning dem Kongreß vorgetragen; er sollte den Vertretern des Rates, dem Bürgermeister Joachim von Berchem und dem Ratsherrn Twist, entgegenwirken. Im Mai 1646 übergab er in Osnabrück seine Beschwerdeschrift, sie verklagte den Rat wegen Verletzung des Religionsfriedens und fand Aufnahme in die protestantischen Gravamina. Auch den Aachener Protestanten war mit dem Normaljahr oder der Herstellung des Vorkriegsstandes nicht geholfen, weil ihre Beschwerden älter waren. Man forderte daher zunächst, die Stadt in den Stand von 1555 zurückzuversetzen, erkannte jedoch bald, daß auch dies nicht recht passe, denn damals hatte der Protestantismus noch keine Rolle in der Stadt gespielt. Seinen günstigsten Stand und den größten Einfluß im Rat hatte er in den Jahren von 1578 bis 1598 gehabt, danach richteten sich die Protestanten in der endgültigen Fassung ihrer Beschwerden. Auch hier kam Widerspruch aus den eigenen Reihen, natürlich von Kursachsen, das eine entschiedene Abneigung gegen die Aachener Kalvinisten zeigte, und von einer drohenden Einmischung der Niederlande, ja einer Entfremdung der Stadt vom Reiche sprach. Hier aber blieb die Mehrheit der Protestanten fest. Sie übergaben die Aachener Forderungen den Mächten als ihre eigenen.

Auch Köln war seit 1645 in Münster vertreten. Sein katholischer Bekenntnisstand war völlig unbedroht, sein Stadtgebiet frei von Protestanten. In ihrer politischen Haltung nach Möglichkeit neutral, vertrat die Stadt in kirchlichen Fragen einen streng katholischen Standpunkt und hatte ihren Vertreter angewiesen, dahin zu wirken, daß den Evangelischen im Reich nichts Neues zugestanden werde. Nur wenn den Protestanten allgemeine Bekenntnisfreiheit im ganzen Reich bewilligt worden wäre, hätte die Stadt für ihren katholischen Charakter fürchten müssen. Da dies nicht zu erwarten war, konnte sie sich ohne Bedenken einer aktiven Rolle bei den Religionsverhandlungen enthalten.

Noch bestand als einziger der alten Städtebünde die Hanse. Ihre alte Macht und innere Geschlossenheit waren freilich dahin, und wenn sie auf dem Kongreß noch einmal wie in alten Zeiten aufzutreten versuchte, so geschah es doch nur mit geringem Erfolg. Noch umfaßte der Bund eine große Zahl von Küsten- und Binnenstädten, reichsunmittelbaren und mittelbaren, aber die allein noch tätigen Glieder waren Hamburg, Bremen und Lübeck, deren Gesandte den Bund auch auf dem Kongreß vertraten.

Ihr wichtigstes Anliegen war natürlich die Freiheit des Handels. Bremen fühlte sich durch den oldenburgischen Weserzoll, Hamburg durch die dänischen und lüneburgischen Zollschikanen auf der unteren Elbe bedroht, beide deshalb zu enger Zusammenarbeit mit den anderen Reichsstädten veranlaßt. Doch gab es auch noch ein besonderes hanseatisches Interesse wahrzunehmen: Die Hanse wollte namentlich in den Frieden eingeschlossen und damit vom Reich und von den europäischen Mächten förmlich anerkannt werden.

Damit wurde ein alter Streit erneuert und die Frage nach der reichsgesetzlichen Legitimation des Bundes wieder einmal aufgeworfen. Reich und Hanse hatten si h nie viel um einander gekümmert, bis im 16. Jahrhundert der Bund zu den Reichssteuern herangezogen werden sollte. Da ging es denn auf den Reichstagen um die Frage, ob die Hansestädte als reichsunmittelbar angesehen und direkt zur Türkenhilfe herangezogen werden könnten, oder ob ihre Besteuerung den Landesherren vorbehalten sei. Über die Vorfrage war man sich nie recht klar geworden, und wenn schließlich der Reichstag eine Verhandlung mit den Hansestädten über ihren Beitrag ins Auge faßte, so geschah es mit der Klausel „doch den Kurfürsten, Fürsten und Ständen sonsten an ihren herbrachten Ober- und Gerechtigkeiten dadurch nichts benommen".

Denn die Landesherren waren die eigentlichen Gegner der Hanse, die ihrerseits, wo sie nur konnte, den Kampf ihrer Mitglieder um Befreiung von der landesherrlichen Oberhoheit unterstützte. Im Jahre 1607 schlossen Lübeck, Hamburg, Bremen, Lüneburg und Magdeburg ein förmliches Bündnis mit der Stadt Braunschweig, die von ihrem Herzog hart bedrängt wurde, und die Folge war wiederum, daß der Herzog die ganze Hanse als „eine verbotene Konspiration und Rottierung" bezeichnete. Er sprach damit durchaus die Ansicht seiner fürstlichen Standesgenossen aus. Die Hanse dagegen suchte zu erweisen, daß sie eine löbliche, zulässige, rechtmäßige Verbindung sei und ihren Gliedern das Recht zustehe, sich selbst und ihren Handel mit den Waffen zu schützen, Kriege zu führen und Bündnisse zu schließen.

Dagegen durfte die Hanse auf Verständnis beim Kaiser hoffen. Zwar war ihre Politik durchaus nicht immer so gewesen, wie man in Wien wohl gewünscht hätte. Sie war mit den Niederlanden verbündet, wirkte der spanischen Macht in der Nord- und Ostsee entgegen und tat in den zwanziger Jahren das meiste dazu, die kaiserlichen Seemachtpläne zu vereiteln. Trotzdem wurden ihre Glieder vom Kaiser stets mit Schonung behandelt, Hamburg sogar offen begünstigt, noch 1618 zur freien Reichsstadt erhoben und mit der Ausübung der Hoheitsrechte des Reiches auf der unteren Elbe betraut.

Was sich jetzt in Osnabrück abspielte, war nur die Fortsetzung dieses alten Streites zwischen Landesherren und Hansestädten. Dem Antrag der Hanse auf Benennung und damit Anerkennung im Friedensvertrag traten sofort die fürstlichen Gesandten entgegen. Man bedeutete den Vertretern des Bundes, die Hanse möge sich um ihre Handelsinteressen kümmern, nicht aber Fürsten und Herren Verdruß zuziehen. Man beschloß im Fürstenrat, die Aufnahme in den Vertrag abzulehnen. Die kaiserlichen Gesandten vermieden solche Unfreundlichkeiten, sie nahmen sich auch der Interessen des Seehandels gegen Schweden an. Die wohlwollende Haltung Frankreichs und Schwedens, vor allem aber der Reichsstädte tat schließlich doch ihre Wirkung, die Hanse wurde in den Friedensentwurf aufgenommen, den Trauttmansdorff im Mai 1646 den Schweden überreichte, und damit der Bund als solcher immerhin legalisiert. Eine förmliche Anerkennung ihrer Reichsunmittelbarkeit erlangten die Glieder der Hanse allgemein nicht und konnten sie auch nicht erlangen, da viele von ihnen ganz zweifellos zu den mittelbaren Städten gehörten. Man sah in der Hanse nicht mehr als einen Handelsverein von Städten verschiedener Rechtsstellung.

Die beschränkte reichsgesetzliche Anerkennung erlangte die Hanse in einem Augenblick, wo sie sich bereits in vollem Niedergang befand. Auch war, was sie in Osnabrück suchte und fand, für ihre eigentlichen Lebensinteressen nicht so sehr wesentlich. Diese Interessen mußte sie ohnehin außerhalb der Reichspolitik in unmittelbaren Verhandlungen mit den großen Seemächten zu wahren suchen.

Auch sonst spielte der Kampf zwischen Landesherren und Mediatstädten in die Friedensverhandlungen hinein. Noch immer strebten einzelne Städte aus einer halben Abhängigkeit hinaus zur vollen Reichsfreiheit, noch immer gelang es einzelnen, das ersehnte Ziel zu erreichen, ziemlich als letzter Stadt wohl dem Haupt der Hanse, Hamburg. Während des Friedenskongresses schien auch die Stadt Bremen endlich zur freien Reichsstadt aufzusteigen, aber wir sahen, daß die kaiserliche Urkunde vom 1. Juni 1646 nicht unbestritten blieb. Die fremden Mächte verhielten sich zu solchen Bestrebungen doch recht vorsichtig, sie wünschten den Fürsten, ihren Bundesgenossen, nicht zu nahe zu treten. Nur in einzelnen Fällen haben sie ihre Unterstützung gewährt. So hat Schweden den Städten Stralsund, Rostock und Erfurt die Zulassung zum Kongreß verschafft. Allerdings war deren Ziel nicht geradezu die Reichsunmittelbarkeit. Stralsund hat vorübergehend danach gestrebt, dann aber in der Not des Krieges solche Pläne begraben. Als seine Gesandten im Jahre 1645 ohne kaiserlichen Geleitsbrief in Osnabrück eintrafen, sollten sie doch nur gewisse Rechte behaupten, die die Stadt sich durch ihre selbständige Politik während des Krieges erworben hatte, und sie sollten die Aufnahme in die Amnestie erwirken. Man traute in Stralsund einer allgemeinen Amnestie zu wenig und fürchtete, daß später „exceptiones erdacht" werden könnten. Die Bürger hatten sich 1628 mit Schweden verbündet und ihm die Tür nach Deutschland geöffnet, sie meinten, man werde nach Friedensschluß gegen sie vorgehen, und glaubten nur durch namentliche Aufnahme in die Amnestie dagegen geschützt zu sein. Von Schweden verlangten sie den Abzug der Besatzung nach Friedensschluß und Bestätigung der Schenkungen Gustav Adolfs an ihre Stadt.

Mehr forderten die bischöflichen Städte Erfurt, Münster, Osnabrück, Minden, Herford und Magdeburg, die den Kongreß zum Teil mit eigenen Gesandten beschickten. Sie alle kämpften seit Jahrhunderten mit ihren Oberherren und hatten ihnen teilweise schon wesentliche Rechte abgewonnen; mancher Stadt fehlte zur vollen Reichsunmittelbarkeit eigentlich nur noch die amtliche Anerkennung durch Aufnahme in die Reichsmatrikel. Erfurt, das schon im 15. Jahrhundert seinen Machtgipfel überschritten hatte und sich nur mit Mühe zwischen Kursachsen und Mainz behauptete, war von Schweden in seinem Streben nach Unabhängigkeit wieder sehr ermutigt und bestärkt worden. Es forderte Sicherung seiner Religionsfreiheit und Reichsstandschaft, aber daß es mit dem zweiten durchdringen würde, war schon deshalb nicht zu erwarten, weil seine Sache von den herzoglich sächsischen Gesandten geführt wurde, die an der ersten Forderung viel, an der zweiten garkein Interesse zeigten.

Münster und Osnabrück waren durch die Neutralisierung für die Dauer des Kongresses in einen Zustand faktischer Unabhängigkeit von der landesherrlichen Gewalt gekommen. Welche Verlockung für Rat und Bürgerschaft, die ohnehin seit Jahrhunderten von der Reichsunmittelbarkeit träumten! Aber erst gegen Ende des Jahres 1646 wagten sie sich offen mit ihren Plänen hervor. Osnabrück forderte zunächst nur die freie Religionsübung, später aber auch die Anerkennung als Reichsstadt. Dem Reich, äußerte man, könne nur damit gedient sein, wenn die Zahl der Reichsstädte sich vermehre. Münster blieb vorsichtiger, forderte nur die Erweiterung verschiedener Privilegien und sprach das verdächtige Wort von der Reichsunmittelbarkeit nicht aus. Daß die Osnabrücker entschiedener vorgingen, lag an der Furcht vor der Rückkehr ihres strengen Bischofs. Die beiden Landesherren, Ferdinand von Bayern und Franz Wilhelm von Wartenberg, erfuhren von den geheimen Absichten ihrer Residenzstädte und trafen ihre Gegenmaßnahmen. Trauttmansdorff und die Reichsstände waren mit Recht der Meinung, daß diese Dinge nun wirklich nicht vor den Friedenskongreß, sondern auf den nächsten Reichstag gehörten. Schweden hielt es diesmal durchaus nicht mit den beiden Städten, die denn auch den Rückzug antreten mußten. Der Osnabrücker Bürgermeister Gerhard Schepeler riet seiner Stadt selbst dazu, als er die Lage durchschaute, aber er hatte den Mut, die bischöfliche Festung auf dem Petersberg bei Osnabrück noch kurz vor dem Friedensschluß schleifen zu lassen, ehe der alte Landesherr wiederkehrte. So nahm er ihm wenigstens die Möglichkeit, die Stadt mit Gewalt in Schach zu halten und an den Rechten, die sie bewahrt hatte, zu kränken. Auch Münster blieb die bischöfliche Residenz, die es vor dem Kriege gewesen war.

Minden erfreute sich bei seinem Streben nach Reichsfreiheit und bei seinem Widerstand gegen den Kurfürsten von Brandenburg der Unterstützung Schwedens, die freilich sein Schicksal nicht wenden konnte. Herford, das noch 1631 durch Urteil des Reichskammergerichtes zur Reichsstadt erklärt worden war, wurde im August 1647 von dem Kurfürsten Friedrich Wilhelm mit Gewalt unterworfen und gezwungen, dem Vertreter der Stadt in Osnabrück die Vollmacht zu entziehen.

Selbst Magdeburg sollte trotz der hingebenden Bemühungen seines großen Bürgermeisters Otto von Guericke doch nur einen bescheidenen und nicht einmal einen dauernden Erfolg erringen. Im 15. Jahrhundert hatte diese Stadt sich zweifellos auf dem Wege zu voller Reichsunmittelbarkeit befunden. Später mußte sie sich dem Administrator beugen, erhielt im dreißigjährigen Kriege neue kaiserliche Privilegien, erlebte das Schicksal völliger Zerstörung und erfreute sich später schwedischer Gunst, schwedischer Privilegien und Schenkungen, um dann trotzdem, aber mit Oxenstiernas Zustimmung, dem Prager Frieden beizutreten, was nun wieder die Bestätigung des Befestigungsrechtes und der früher erteilten Privilegien durch den Kaiser zur Folge hatte. Aber damit nicht zufrieden, wollte Guericke seiner Vaterstadt die volle Reichsfreiheit erkämpfen, wobei die Berufung auf ein vermeintliches Privileg Kaiser Ottos I. eine große Rolle spielte. Im Oktober 1646 kam der Bürgermeister in Osnabrück an. Wieder eine Angelegenheit, die nach Trauttmansdorffs wohlbegründeter Meinung nichts mit dem Kongreß zu tun hatte und die er am liebsten an den Reichshofrat verwiesen hätte. Aber die Schweden nahmen sich ihrer an. Freilich wollten auch sie nicht um Jahrhunderte zurückgreifen und uralte Streitfragen entscheiden, die mit dem Kriege nichts zu tun hatten. Oxenstierna suchte dem hartnäckigen Bürgermeister klar zu machen, daß es sich hier nur darum handeln könne, jeden Stand in seinen früheren Status zu versetzen, nicht aber ihm mehr zu geben, als er vor dem Krieg besessen habe. Er wollte wohl auch den erzbischöflichen Administrator, der das Direktorium im Osnabrücker Fürstenrat führte, nicht gern vor den Kopf stoßen. Als aber die Abtretung des Stifts an Brandenburg beschlossene Sache war, wurde er ein wenig zugänglicher, nur genügten seine behutsamen Vorschläge dem ehrgeizigen Bürgermeister nicht. Er wollte das sagenhafte Privileg Kaiser Ottos vom Jahre 940 mit seinen weitgehenden Freiheitsrechten für die Stadt bestätigt haben. Aber der Anspruch war zweifelhaft, die Echtheit des Privilegs schon damals bestritten. Guericke ließ nicht locker, obwohl Kaiserliche und Schweden, Reichsstände und sogar der Städterat gegen ihn waren. Aus einem alten Sachsenspiegeldruck suchte er dem Grafen Oxenstierna die Echtheit des Privilegs zu erweisen, er focht und disputierte mit ihm bis in die Nacht hinein, und was seine gelehrten Argumente nicht vermochten, erreichte seine Beharrlichkeit, die selbst dem kaltherzigen Oxenstierna auf die Nerven fiel: Das angebliche Privileg und andere Vorrechte wurden der Stadt im Friedensvertrag feierlich bestätigt. Außer der Reichsfreiheit erreichte sie eigentlich alles, was sie wollte. Aber es nutzte ihr nichts. Mit dem Übergang an Brandenburg, den der Friedensvertrag bereits vorsah, war es auch mit allen ihren Sonderrechten vorbei.

Grafen und Ritter. Einzelfragen

Mit den größten und mit den geringsten Fragen sah sich dieser Kongreß befaßt; wer irgend ein Anliegen hatte, drängte sich herzu, Reichsstände, Landstände und Privatpersonen bestürmten die Abgesandten mit ihren Klagen, Bitten und Beschwerden. Wir müssen doch auf einige von ihnen kurz eingehen.

Die Wetterauer Grafen und die freie Reichsritterschaft, beide durch eigene Gesandte am Kongreß vertreten, hofften auf Erfüllung alter Wünsche. Den Grafen ging es um ihre reichsrechtliche Stellung und einige unbedeutende Privilegien, den Rittern um den Zugang zu den hohen Stiftern, aus denen der Hochadel sie mehr und mehr verdrängte, und um das Recht, in den Dienst fremder Potentaten und Republiken zu treten. Freilich ein fragwürdiges, ja bedenkliches Verlangen, aber wie wollte man den Rittern verwehren, was die deutschen Fürsten als ihr selbstverständliches Recht betrachteten? Vor allen Dingen aber wollten die Reichsritter ihr jus reformandi anerkannt sehen und darin den höheren Ständen gleichgestellt sein. Das Restitutionsedikt hatte ihnen nur für ihre Person die Bekenntnisfreiheit zuerkannt und nicht für ihre Untertanen. Wenn sie jetzt für alle ihre Glieder, ob reichsunmittelbar oder nicht, die Aufnahme in den Religionsfrieden begehrten, so kam das einer Bedrohung landesherrlicher Rechte gleich, und es war mit dem Widerstand der höheren Stände dagegen zu rechnen. Schon die evangelischen Stände gaben in ihren Religionsbeschwerden den Vorschlägen des ritterschaftlichen Vertreters Wolfgang von Gemmingen eine Fassung, wodurch die landsässige Ritterschaft vom Normaljahr ausgeschlossen wurde, und dabei ist es denn auch geblieben. Nur die Reichsritterschaft setzte ihr jus reformandi durch.

Was sonst an Forderungen und Beschwerden vor den Kongreß kam, hatte meist die Aufnahme in den Religionsfrieden oder in die Amnestie oder auch die Abstellung der unzähligen Gewalttaten, Erpressungen und Kriegsschäden zum Ziel. Leidenschaftlich vertraten besonders die Protestanten aus den österreichischen

Erblanden ihre Ansprüche auf Wiederherstellung freier Religionsübung und Rückgabe ihrer konfiszierten Güter. Die Exulanten, die nun seit über zwanzig Jahren in der Verbannung lebten, fanden Schutz bei der Krone Schweden, in deren Dienst viele von ihnen standen, aber selbst diese mächtige Protektion vermochte so gut wie nichts. Auch die noch in den österreichischen Kronländern lebenden Protestanten suchten sich mit Hilfe Schwedens oder evangelischer Reichsstände Gehör zu verschaffen. Der Kaiser berief sich ihren Klagen gegenüber immer darauf, daß ihm wie jedem Reichsstand in seinen Erblanden das Reformationsrecht zustehe, daß die Majestätsbriefe durch die späteren Empörungen verwirkt seien, daß die Zusagen des Kurfürsten von Sachsen an die schlesischen Lutheraner nur in dem Umfange gelten könnten, wie der Prager Frieden sie bestätigt habe, das heißt nur für die Stadt Breslau und das Gebiet der Herzöge von Brieg, Liegnitz und Oels. Kurfürst Johann Georg, der einst den Schlesiern sein Wort verpfändet hatte, erkannte diese Regelung niemals an und wurde bis zum Friedensschluß nicht müde, auf Erfüllung der Zusagen zu dringen, die er einst in des Kaisers Namen gegeben hatte. Aber der Kaiser zeigte sich in dieser Frage durchaus unzugänglich. Das protestantische Element hatte sich in seinen Staaten in Verbindung mit den ständischen Bestrebungen und mit den Bauernaufständen als eine politische und soziale Gefahr erwiesen. Mit Mühe war man ihrer Herr geworden, man glaubte sie noch lange nicht unterdrückt. Der Kaiser und alle seine Ratgeber waren darin einig, daß die Grundlagen der Monarchie ins Wanken kämen, wenn man die geforderte Religionsfreiheit erneut gewähre.

Groß war auch die Menge derer, die namentliche Aufnahme in die Amnestie begehrten. Viele, die dem Winterkönig, den Schweden und Franzosen gedient hatten, waren einst vom Prager Frieden ausgeschlossen worden und glaubten sich nicht einmal durch eine Generalamnestie genügend gesichert. Man mußte das wohl gelten lassen. Doch auch andere, weniger Bedrohte wünschten namentlich genannt zu werden, das Vertrauen auf allgemeine gesetzliche Bestimmungen war eben erschüttert und jeder suchte sich möglichst noch persönlich zu sichern. Wie aber hätte man aller namentlich gedenken können? Vielen gelang es nicht, in die Amnestieliste des Friedensvertrages aufgenommen zu werden, und mancher Name wurde auch wieder gestrichen. Daher fand man es nötig, ausdrücklich zu versichern, daß die Nichtgenannten oder wieder Ausgestrichenen keineswegs aus der Amnestie ausgeschlossen sein sollten (IPO IV § 1).

Viele Streitfragen, die mit den Kriegshändeln gar nichts zu tun hatten, wurden an den Kongreß herangetragen; einige davon lernten wir schon kennen. Wer irgend ein Anspruch zu haben glaubte, hing sich an einen der Mächtigen, um durch den Friedensvertrag in sein vermeintliches Recht eingesetzt zu werden. Manchem konnte man seines guten Rechtes oder seiner guten Fürsprache halber die Aufnahme nicht weigern. Aber wenn der Kongreß allen Wünschen hätte nachgeben wollen, so hätte er sich in eine Unzahl verwickelter Rechtsfragen einlassen müssen, für die er nicht zuständig und die zu entwirren er gar nicht imstande war.

14. Kapitel

KRISE UND NEUBEGINN

Der Ulmer Waffenstillstand

Kurfürst Maximilian von Bayern hatte viel dazu beigetragen, den Franzosen ihre Satisfaktion zu sichern. Der engste Bundesgenosse des Kaisers war zugleich der eifrigste Fürsprecher der französischen Ansprüche, der französischen Politik bot er die stärkste Stütze, die sie in Deutschland überhaupt besaß.

Dies umso mehr, als seit der zweiten Hälfte des Jahres 1646 das Kriegsglück sich endgültig den Franzosen zuzuneigen schien. Nach einem matt geführten Frühjahrsfeldzug raffte sich die französische Kriegführung im Juli zu neuen Anstrengungen auf. Turenne und Wrangel vereinigten sich in Hessen, drangen an den kaiserlichen Heeren vorbei über den Main nach Süden vor und erschienen im August an der Donau. Rain am Lech wurde erobert, Augsburg belagert, Schwaben und ein Teil Bayerns wurden zum Winterquartier der feindlichen Truppen. Unmittelbar an seinen Grenzen sah Maximilian die Flut gestaut, die im kommenden Frühjahr sein Land mit Verwüstung bedrohte.

Er suchte die Gefahr abzuwenden, ohne doch mit dem Kaiser zu brechen. Zunächst dachte er an einen allgemeinen Waffenstillstand, wie ihn der Kaiser schon seit Beginn der Friedensverhandlungen erstrebt und die beiden Vermittler ihn immer wieder befürwortet hatten. In Paris hatte man jeden Vorschlag der Art abgelehnt, ehe die eigene Satisfaktion gesichert war. Seit dem September 1646 aber sah man die Sache anders an. Ein allgemeiner Waffenstillstand auf dem deutschen Kriegsschauplatz wäre der französischen Regierung sogar willkommen gewesen, wenn nur der Kaiser zugleich gehindert worden wäre, den Spaniern Hilfe zu leisten. Die Franzosen hätten damit ihre militärischen Positionen und hinreichende Pfänder für die Zukunft in der Hand behalten und alle ihre Kräfte gegen Spanien wenden können. Maximilian wünschte ähnliches, weil er hoffte, während des Stillstandes in Ruhe über den Frieden und über seine eigenen Ansprüche verhandeln zu können.

Frankreich hat sich nach dem Vertrag vom 13. September 1646 bemüht, seinen Bundesgenossen Schweden zu einem solchen Stillstand zu bewegen. Aber Schweden sah sich noch nicht am Ziel seiner Wünsche. Wollte es sie erreichen, so mußte es freie Hand gegen den Kaiser behalten. Auch dieser, so sehr seine Armeen der Ruhe und Auffrischung bedurften, wollte eigentlich nur einem befristeten Waffenstillstand zustimmen. Eine Waffenruhe für unbestimmte Zeit auf der Grundlage des gegenwärtigen Besitzstandes hätte bedeutet, daß er Spanien seinem Schicksal überließ. Trotzdem konnte er nicht einfach Nein sagen, denn dann drohte ein bayrisches Separatabkommen mit Frankreich. Dann behielten die Franzosen freie Hand am Rhein, ja sie konnten von Schwaben unter Umgehung bayrischen Gebietes nach Tirol vordringen, während Schweden mit seinen protestantischen Verbündeten die Erblande des Kaisers von Norden angreifen konnte. Der Kaiser wäre ohne Hilfe Bayerns kaum in der Lage gewesen, einem solchen Doppelangriff zu widerstehen. Deshalb war man in Wien bereit, die Rücksicht auf Spanien hintanzusetzen und einem längeren Waffenstillstand zuzustimmen. Nur mußten dann der niederburgundische Kreis, Lothringen und Hessen-Darmstadt als die wichtigsten Bundesgenossen des Kaisers in ihn eingeschlossen werden und den Franzosen auf diese Weise ein weiteres Vordringen in das Reich unmöglich gemacht werden.

Alle diese Überlegungen aber wurden hinfällig, weil der schwedische Widerstand gegen eine allgemeine Waffenruhe nicht zu überwinden war. Alles lief nun doch auf ein Sonderabkommen der Kronen mit Bayern hinaus. Auch Schweden konnte dagegen im Ernste nichts einwenden, da sein Bündnis mit Frankreich ja nur gegen den Kaiser gerichtet war. Ein solcher Waffenstillstand konnte ihm sogar Vorteile bringen, da er den Kaiser isolierte. Am 11. März 1647 rang Avaux den Schweden ihre Zustimmung zu Waffenstillstandsverhandlungen mit Bayern ab.

Sechzehn Jahre lang hatte der Kurfürst allen französischen Lockungen widerstanden und jeder Trennung vom Kaiser widerstrebt, trotz aller Unzufriedenheit mit der kaiserlichen Politik. Er hatte das Verfahren Trauttmansdorffs in Münster und Osnabrück erbittert bekämpft, er war von Vorschlägen, Bitten, Mahnungen schließlich zu ungestümen Forderungen, ja Drohungen übergegangen. Oft hatten seine Gesandten am Kongreß ein bayrisches Sonderabkommen mit Frankreich binnen wenigen Tagen angekündigt, wenn die kaiserlichen Unterhändler nicht in diesem oder jenem Punkte augenblicklich nachgäben. Jetzt wurde es damit ernst. Im Dezember 1646 erbat Maximilian durch seine Gesandten in Münster die Bedingungen eines schon früher von Frankreich in Aussicht gestellten Sondervertrages. In Ulm wurden darüber Verhandlungen eröffnet. Im Januar teilte Maximilian dem Kaiser mit, daß er nun zum Abschluß schreiten werde, wenn der allgemeine Waffenstillstand nicht zustande komme. Er hat sich noch immer um einen solchen bemüht und Vorschläge dafür unterbreitet, aber die in Ulm anwesenden kaiserlichen Vertreter waren gar nicht so weit instruiert. Der Kaiser beschränkte sich darauf, die bayrisch-französischen Verhandlungen nach Möglichkeit zu stören, eigene Vorschläge machte er nicht. So kam es am 14. März zu dem Ulmer Waffenstillstand zwischen Frankreich, Schweden und Hessen-Kassel einerseits, Bayern und Köln andererseits. Frankreich sah alle seine Wünsche erfüllt: Die beiden Kurfürsten verpflichteten sich, den Teil der Reichsarmada, der ihrem Befehl unterstand, vom kaiserlichen Heer abzurufen. Der bayrische Kreis samt der Oberpfalz und der rechtsrheinischen Unterpfalz blieben den bayrischen Truppen als Quartier vorbehalten. Um sein Land ganz vom Feind freizubekommen, ließ sich Maximilian ferner zu dem bedenklichen Schritt verleiten, die Reichsfestungen Überlingen und Memmingen den Schweden, Heilbronn den Franzosen zu übergeben, obwohl er noch kurz vorher dem Kaiser versichert hatte, daß er an derartiges nicht denke.

Mit diesem Vertrag betraten zwei weitere Kurfürsten den Weg der faktischen Neutralität, auf dem 1641 Brandenburg und 1645 Sachsen und Trier vorangegangen waren. Der Kaiser sah sich fast jeden Haltes im Reich beraubt und nur noch auf seine erschöpften Erblande und das aus tiefen Wunden blutende Spanien angewiesen. Aber auch Bayern begab sich mit diesem Abkommen in eine sehr unsichere Lage. Nur Waffenruhe hatte es gewonnen und dafür keine politischen Vorteile eingetauscht, wohl aber den Rückhalt am Kaiser verloren. Maximilian hatte einsehen müssen, daß ein Staat von der Größe des seinen sich nicht selbständig zwischen den Großmächten behaupten könne, sondern Anlehnung brauche. Da der Kaiser sie ihm nicht mehr bieten konnte, mußte es Frankreich sein. Er gedachte deshalb den Ulmer Waffenstillstand zu einem Bündnis mit Frankreich auszubauen. Kam es ihm doch darauf an, eine Sicherung seiner pfälzischen Ansprüche zu erhalten. Eine bayrische Gesandtschaft, die alsbald nach Paris ging, legte die Grundzüge einer Allianz dar. Den Rahmen gab das Bündnis von 1631, aber in zeitgemäßer Abwandlung. Erhalten blieb der Grundgedanke einer wechselseitigen Garantie des territorialen Besitzstandes. Dieser selbst aber wurde neu umschrieben: Für Frankreich sollte er die Erwerbungen des Vorvertrages vom 13. September 1646 mit umfassen, für Bayern die Oberpfalz und die rechtsrheinische Unterpfalz nebst der Kur. Wäre das Bündnis zustande gekommen, so hätte Frankreich schon die Garantie des mächtigsten deutschen Fürsten für seine Eroberungen in der Tasche gehabt, noch ehe der Frieden geschlossen war, der sie ihm zusprechen sollte. Aber es hätte sich dafür auch in der pfälzischen Frage festlegen müssen. Die französische Politik konnte aber nicht von dem Grundsatz abgehen, daß die letzte Entscheidung in dieser Frage nur mit Zustimmung der Reichsstände getroffen und nicht einseitig vorweggenommen werden könne. An dieser Schwierigkeit sind die Bündnisverhandlungen gescheitert.

Doch der Ulmer Vertrag konnte gleichwohl nicht ohne Rückwirkung auf die Kongreßverhandlungen bleiben. Formell hatte sich keine der beteiligten Mächte gebunden, der Vertrag war ja rein militärischer Natur. Man vermied es, den Verhandlungen des Kongresses in irgendeiner Weise vorzugreifen. Aber das veränderte Verhältnis Bayerns zu den beiden Großmächten mußte sich auch in Münster und Osnabrück bemerkbar machen.

Die achte Kur. Erste Friedensentwürfe. Bistum Osnabrück

Anfang März 1647 — der Abschluß in Ulm stand unmittelbar bevor — sah Trauttmansdorff die Lage in den düstersten Farben: Bayern werde sich mit Frankreich gegen den Kaiser einlassen, den rheinischen, fränkischen, schwäbischen, bayrischen und westfälischen Kreis in französische Protektion ziehen, das Kaisertum aufheben oder an Frankreich übertragen. Es war wie eine Vision dessen, was erst anderthalb Jahrhunderte später eintreten sollte. Trauttmansdorff dachte an schwerwiegende Entschlüsse, an Verständigung mit Schweden und Protestanten über die Religionsfragen, an ein Bündnis mit den protestantischen Mächten gegen Frankreich und den katholischen Teil des Reiches — wahrlich seltsame Perspektiven! In Wien urteilte man ruhiger, immerhin wies der Kaiser den Grafen an, nunmehr in der pfälzischen Sache die Rücksicht auf Bayern fallenzulassen und sich einer Vertagung der ganzen Angelegenheit, einer Teilung der Oberpfalz nicht mehr zu widersetzen.

Freilich hatte ein solcher Frontwechsel des Kaisers seine Schwierigkeiten. Maximilian wahrte ja nach wie vor eine Art Zwischenstellung; das legte der kaiserlichen Politik immer noch Rücksichten auf. Ferner aber war die Frage, was für Folgerungen die beiden Großmächte, was für Vorteile Bayern aus der neuen Lage ziehen würden. Der Kurfürst hatte das kaiserliche Lager verlassen und damit die wichtigste Forderung Frankreichs endlich erfüllt. Mußte Frankreich dem nicht Rechnung tragen? Würde nicht auch Schweden sich fortan Zurückhaltung in der pfälzischen Frage auferlegen müssen?

Trauttmansdorff nahm, sobald die bayrische Annäherung an Frankreich offenkundig schien, insgeheim mit den Schweden Fühlung auf. Solange Bayern noch nicht mit Frankreich geschlossen habe, ließ er Oxenstierna wissen, werde der Kaiser sich der bayrischen Ansprüche wie bisher annehmen, komme es aber zum

Abfall, so werde man auch in Wien andere Resolutionen fassen müssen. Was werde man dann von Schweden zu erwarten haben? Oxenstierna war überraschend offenherzig und sehr entgegenkommend. Er verwarf die französischen Verhandlungen mit Bayern und gab Zusagen, als sei er der getreuste Vasall des Kaisers: Die Krone Schweden werde keine Zertrennung des Reiches, kein weiteres Vordringen Frankreichs dulden, vielmehr dafür sorgen, daß der Kaiser bei seiner Autorität im Reich erhalten und seiner Verpflichtung gegen Bayern entledigt werde, „bat darauf, wir wöllten dahin trachten, daß die Gravamina vollends möchten verglichen werden."

Trauttmansdorff war von diesen Erklärungen sehr befriedigt und versicherte dem Kaiser, er habe nun Aussicht, sich bei einer etwaigen Absonderung Bayerns gegen nachteilige Folgen zu sichern. Solange aber noch keine Meldungen aus Ulm vorlagen, vertrat er wie bisher die Interessen Bayerns in der pfälzischen Frage.

Sie war im Februar 1647 endlich auf die Tagesordnung gekommen. Ein bayrischer Entwurf lag vor, der die Kur und die Oberpfalz dem Hause Bayern, die Unterpfalz den Erben des Winterkönigs zusprach, aber ohne die Bergstraße, ohne die an Bayern übertragenen Lehen und unter Wahrung der derzeitigen Religionsübung, also unter Ausschluß der Unterpfalz vom Normaljahr. Schweden dagegen wollte dem Kurfürsten von Bayern von der Oberpfalz nur die Grafschaft Cham und die bisherige pfälzische Kur auf Lebenszeit gönnen, seine Erben aber auf eine neu zu schaffende achte Kur und auf den letzten Platz im Kurkolleg verweisen. Das wäre einer fast vollständigen Wiederherstellung des Hauses Pfalz gleichgekommen. Ein französischer Vermittlungsvorschlag, die Oberpfalz bei Bayern zu lassen und die Pfälzer Erben dafür mit Geld zu entschädigen, stieß auf die unüberwindliche Schwierigkeit, daß niemand die erforderliche Summe aufbringen konnte und wollte.

Allen diesen Vorschlägen war gemeinsam, daß sie eine achte Kur vorsahen. Diese Änderung der Reichsverfassung bedurfte vor allem erst einmal der Zustimmung der Reichsstände. Auch die Kurie erhob Anspruch, in dieser Frage mitzureden, betrachtete sie doch das Kaisertum als ein kirchliches Amt und die Ordnung der Kaiserwahl als eine Sache, bei der der Papst nicht übergangen werden dürfe. Freilich sah man in Rom eine Abweisung dieses Anspruchs voraus. Um sie zu vermeiden, hatte man sich schon im Jahre 1622 entschlossen, ihn nur im Notfall öffentlich geltend zu machen. Ging die pfälzische Kur auf einen katholischen Fürsten über, so war das ja nur zu begrüßen. In diesem Falle wollte man schweigen, kam es aber zu einer Vermehrung der Kurstimmen, so war ein päpstlicher Protest zu erwarten.

Am 16. März wurde die Kurfrage mit Zustimmung Schwedens und Bayerns von den kaiserlichen Gesandten in Münster und Osnabrück zugleich den Reichsständen zur Beratung vorgelegt. Sie entschlossen sich nicht leicht zu einem Ja. Es war die erste bedeutende Abänderung der Goldenen Bulle seit dreihundert Jahren. Der kirchliche Einspruch, den sie voraussahen, machte ihnen zwar wenig Sorge, aber immer wieder klang es in ihren Beratungen an, daß die Vorschriften der Goldenen Bulle für ewige Zeiten gedacht seien und man eigentlich Unrecht tue, an ihnen zu rütteln. Man ahnte wohl, daß man damit den ersten Schritt zum Umsturz alter, geheiligter Ordnungen tun würde, aber man glaubte dem Frieden dieses Opfer bringen zu müssen. Nur zwei Stände erhoben, soweit wir sehen, Bedenken. Im Kurfürstenrat machte Brandenburg geltend, die Übertragung der pfälzischen Kur auf Maximilian im Jahre 1623 sei nur für seine Person geschehen, seine Erben hätten sich demnach mit der neu zu schaffenden achten Kur zu begnügen. Der Vermehrung an sich widerstrebte Brandenburg nicht, wollte aber dem pfälzischen Hause seinen alten Rang erhalten. Im Fürstenrat opponierte Salzburg. Diese beiden Stimmen aber konnten das Reichskonklusum nicht hindern. Fürsten- und Städterat machten auf Wunsch ihrer evangelischen Mitglieder zur Bedingung, daß die Gravamina vor oder mindestens gleichzeitig mit der pfälzischen Sache erledigt werden müßten. Da Bayern sein Bestes versprach, sie zu fördern, neigte sich in den Reichsräten die Waage zu seinen Gunsten. Die Zustimmung der Evangelischen wurde schließlich dadurch gewonnen, daß die Freiheit der lutherischen Religionsübung in der Unterpfalz, und zwar nicht nach dem Normaljahr, sondern nach dem Stand von 1618 zur Bedingung gemacht wurde. Am 31. März 1647 wurde durch Beschluß aller drei Reichsräte die achte Kur bewilligt.

Damit war die pfälzische Sache, soweit es auf die Stände ankam, im Sinne Bayerns entschieden. Frankreich hatte die Sache gefördert und betrachtete die Entscheidung als einen Erfolg seiner eigenen Politik. Schweden hatte nicht widersprochen, ja wahrscheinlich sogar den Beschluß mit den evangelischen Ständen vorher verabredet. Die pfälzische Sache fand ihren Abschluß freilich erst im Laufe des Sommers. Die Schweden benutzten sie noch eine Zeitlang, um Zusatzbedingungen zu stellen und auf diese Weise andere Vorteile für sich einzuhandeln, kamen auch noch einmal auf den Vorschlag der alternierenden Kur zurück, aber das Endergebnis, das im August in einem besonderen Abkommen niedergelegt wurde, beruhte dann doch in allen wesentlichen Punkten auf diesem Beschluß der Reichsräte vom 31. März. Kurpfalz mußte sich noch einige Schmälerungen seines Territoriums gefallen lassen, indem die Ansprüche von Kurmainz und anderen anerkannt wurden, schließlich mußte sogar der Kaiser noch einen Geldbeitrag leisten, um alle Ansprüche zu befriedigen. Das jus reformandi und damit die Landeshoheit des Pfälzers erlitt durch die Garantie der lutherischen Religionsübung in der Unterpfalz eine fühlbare Einschränkung. Kurpfalz, einst Reichsvikariat und erstes der weltlichen Wahlfürstentümer, ging schließlich als achtes Kurland mit dem letzten Platz im Kurfürstenkolleg aus dem großen Ringen hervor.

Doch zurück zu der Lage im Frühjahr 1647! Noch war die Mehrzahl der deutschen Fragen offen. Aber nachdem die Abfindung der Kronen geregelt und mit der pfälzischen Frage auch das schwierigste aller Amnestieprobleme gelöst war, schien es an der Zeit, einen Vertragsentwurf aufzustellen. Bisher war alles Vereinbarte nur in Teilverträgen niedergelegt worden. Das erste Projekt eines vollständigen Friedensvertrages hatten die kaiserlichen Gesandten schon im Mai 1646 den Schweden überreicht. Darüber war fast ein Jahr vergangen, und die Entwicklung hatte es längst überholt. Den Franzosen hatten die Kaiserlichen Ende 1646 einen Entwurf präsentiert. Diese hatten sich bisher immer geweigert, ein gleiches zu tun. Im Herbst 1646 von den Schweden dazu aufgefordert, hatten sie einen derartigen Versuch für nutzlos erklärt, ehe nicht über alle Hauptfragen eine Einigung erzielt sei. Als aber die schwedische Satisfaktion gesichert war, griff Oxenstierna den Gedanken wieder auf. Am 6. April 1647 einigte er sich mit Volmar über die Formalitäten des Friedensinstrumentes und die Reihenfolge der einzelnen Gegenstände. Seit April 1647 sehen wir dann alle drei Hauptmächte mit Vertragsentwürfen beschäftigt, die, immer wieder vorgelegt, zurückgezogen und modifiziert, schließlich im Juni und Juli einen vorläufigen Abschluß fanden. Von diesen Projekten ist der am 3. Juni in Osnabrück vorgelegte kaiserliche Entwurf eines Friedens mit Schweden, der die Summe der bis dahin gepflogenen Verhandlungen zog, besonders wichtig geworden. Mit ihm schloß die Tätigkeit Trauttmansdorffs am Kongreß im wesentlichen ab, er wurde später die Grundlage des Osnabrücker Friedensvertrages.

Freilich bedeutete er noch keine Einigung, sondern nur einen Rahmen, den es noch auszufüllen galt. Denn während man sich mit der Abfassung aller dieser Vertragsprojekte beschäftigte, standen die wichtigsten innerdeutschen Fragen und noch manche Forderungen der Kronen und ihrer Verbündeten nach wie vor aus. Trauttmansdorff hatte, ehe Oxenstierna die Anregung zu einem Friedensentwurf vorbrachte, den Vorschlag gemacht, die Verhandlungen über die deutschen Fragen mit dem Punkt der Gravamina zu beginnen, „als welcher alle Stände zugleich antreffe", dann erst die Einzelinteressen, nämlich die Schwedens und seiner Bundesgenossen Hessen-Kassel, Braunschweig, Mecklenburg und die Entschädigung der schwedischen Armee anzugreifen. Die Versöhnung mit den Protestanten, darauf setzte er seine Hoffnung, danach würde sich alles leichter tun. Wenn Oxenstierna mit einem Friedensprojekt antwortete und die Kaiserlichen aufforderte, dasselbe zu tun, so hatte er dabei seine Absichten. Er band sozusagen alle offenen Streitfragen in einen Strauß zusammen, um über sie alle gleichzeitig zu verhandeln. Er wehrte sich gegen den Vorrang der Religionsfragen ganz offenbar darum, weil er in das wirre Bündel der deutschen Streitfragen die noch nicht befriedigten eigenen Ansprüche einmischen und mit ihnen zugleich durchbringen wollte. Wir treten damit in ein Stadium der Arbeit des Kongresses ein, wo die zahlreichen Einzelverhandlungen in ein einziges Bett einzumünden scheinen und zugleich so miteinander vermischt werden, daß in Monaten kaum ein Fortschritt zu bemerken ist. Im Jahre 1646 hatte man sich bemüht, das Einzelne zu sondern: Über Satisfaktion und Religionsfragen, Amnestie und Reichsverfassungsfragen hatte man nebeneinander beraten und damit doch immerhin einige Fortschritte erzielt. Jetzt griff ein neues Verfahren Platz, das doch nur dazu führte, daß man nach Monaten fruchtlosen Streites in Erbitterung voneinander schied. Erst nach langen Auseinandersetzungen und einer fast tödlichen Krisis des Kongresses kehrte man am Anfang des letzten Kriegsjahres zu einem ähnlichen Verfahren zurück, wie man es in der ersten Zeit beobachtet hatte.

Die Absicht der Schweden blieb natürlich nicht unbemerkt. Thumbshirn und seine Freunde, die bisher unter den Lutherischen am engsten mit ihnen zusammengearbeitet hatten, sahen wohl, daß hier die evangelische Sache mißbraucht werden sollte, um mit ihrer Hilfe schwedische Machtziele zu verwirklichen. Seitdem wuchs das ohnehin stets wache Mißtrauen unter der protestantischen Gefolgschaft der Schweden. Sie selbst haben auf diese Weise dazu beigetragen, daß sich im letzten Jahr der Friedensverhandlungen eine „dritte Partei" bilden konnte, die im Zusammenwirken mit den gemäßigten Katholiken den Frieden erzwingen wollte, den die fremden Mächte aus Gründen der Staatsraison immer weiter hinauszögerten.

Trauttmansdorff ging damals, im Frühjahr 1647, auf den von Oxenstierna vorgeschlagenen Verhandlungsmodus ein, weil er die Verständigung mit Schweden brauchte. Er hoffte sie schnell zu erreichen, aber er sollte bitter enttäuscht werden. Nach zwei Monaten rastlosen Verhandelns hatten zwar die Schweden einige ihrer noch offenen Forderungen durchgesetzt, aber keine der schwebenden deutschen Streitfragen war wirklich gelöst und nur in ganz wenigen Punkten ein Fortschritt erzielt. Man stand Ende Mai im wesentlichen noch da, wo man im März begonnen hatte.

Die besonderen Interessen, um die es den Schweden ging, betrafen ihre eigene Satisfaktion, die sie noch keineswegs als erfüllt betrachteten, und die Entschädigung ihrer Anhänger oder der durch ihre Annexionen geschädigten deutschen Fürsten. Sie traten plötzlich mit Forderungen hervor, an die kein Mensch je gedacht hatte: Eine Erweiterung des schwedischen Gebietsstreifens am rechten Oderufer, Anerkennung ihrer Donationen in Hinterpommern, Abtretung Wismars, einen Platz für Schweden im Kurkolleg zur Herstellung des konfessionellen Gleichgewichtes und den ersten Platz auf der weltlichen Bank des Fürstenrates, noch vor Bayern. Es zeigte sich bald, daß es ihnen in Wirklichkeit nur auf den Flottenstützpunkt Wismar ankam. Sie gewannen ihn tatsächlich und ließen die anderen Forderungen dafür fallen. Herzog Adolf Friedrich mußte schließlich noch froh sein, daß man ihm die Kanonikate von Schwerin und Ratzeburg, einen Elbzoll und eine Ermäßigung seiner Reichsabgaben als Almosen hinwarf.

Im übrigen erstreckten sich die Verhandlungen dieser Monate auf alle Punkte des Friedensprojektes, doch standen einige Fragen im Vordergrund, denen eine Art Schlüsselstellung zukam: Bei den Religionsfragen ging es vor allem um Osnabrück und die Autonomie. An Osnabrück hing viel, nicht nur die Vorherrschaft des Katholizismus im nordwestlichen Deutschland und damit die Frage des vorwiegenden französischen oder schwedischen Einflusses im westfälischen Kreise, es war auch das letzte reichsunmittelbare Stift, um das man noch stritt, und von einer Einigung in dieser Frage hing das Schicksal der Gravamina überhaupt zum guten Teil ab. Hier standen sich die Ansprüche des Bischofs Franz Wilhelm, also eines Hauptes der katholischen Partei, und des Hauses Braunschweig gegenüber, hinter dem Schweden als mächtiger Beschützer stand. Die andere Hauptfrage, die der Autonomie, also der protestantischen Religionsübung in katholischen Gebieten und vor allem in den kaiserlichen Erblanden, war nicht nur eine Ehrenfrage für die Protestanten, sondern auch ihre schärfste Waffe gegen den Kaiser im Verhandlungskampf. Man wußte, daß er vieles zugestehen würde, um in dieser Sache davon zu kommen. Auch von den zahlreichen Amnestiefragen waren die meisten noch offen: Württemberg, Baden und Hessen, die Angelegenheiten der süddeutschen Reichsstädte und viele andere.

Für die Gesamtlage auf dem Kongreß wurde nun vor allem der Streit um Osnabrück wichtig. Als man im Lauf des April in die Erörterung der kirchlichen Fragen eintrat, zeigte sich die veränderte Haltung eines Teiles der Evangelischen. Die Mehrheit, an der Spitze Thumbshirn, riet auf der Grundlage des bisher Erreichten den Frieden zu schließen; auf Aachen und Donauwörth müsse man verzichten, Osnabrück dem Bischof Franz Wilhelm wenigstens auf Lebenszeit überlassen und sich damit abfinden, daß den Protestanten unter katholischer Herrschaft nur für die jetzt Lebenden und ihre Kinder Religionsfreiheit zugestanden werde. Auch in der Justizfrage sei ein Kompromiß nötig. Gegen diese Vergleichsvorschläge erhob Braunschweig-Lüneburg, das mit Osnabrück seine Entschädigung zu verlieren fürchtete, heftigen Widerspruch. Trauttmansdorff nutzte den Zwiespalt, näherte sich den Gemäßigten und drohte mit Abreise. Es bedurfte nur dieses geringen Anstoßes, um den Gegensatz unter den Protestanten aufbrechen zu lassen. Thumbshirn und seine Freunde stellten in der Versammlung der evangelischen Stände den Antrag, die offenen Streitfragen einem künftigen Reichstag zuzuweisen oder einer unmittelbaren Verhandlung zwischen Trauttmansdorff und den Schweden ohne eigene Beteiligung der Protestanten zu überlassen. Magdeburg, Braunschweig, Mecklenburg und Hessen-Kassel opponierten. Die Schweden sahen in den Anträgen der Gemäßigten die Absicht, sie mit ihren eigenen Forderungen im Stich zu lassen; um so weniger dachten sie an Nachgeben. Ihr Friedensprojekt, Ende April übergeben, wiederholte alle die früheren radikalen Forderungen ohne Abstrich: Die alternierende Kur, die Rückgabe der Oberpfalz außer der Grafschaft Cham, vollständige Amnestie für die kaiserlichen Untertanen, völlige Wiederherstellung Württembergs und Badens; eine lange Liste von Amnestieforderungen für die kleinen und kleinsten Stände des Reiches schloß sich an. Trauttmansdorff versicherte, einen solchen Vertrag werde er auf keinen Fall unterschreiben, und wenn er in Stockholm im Gefängnis säße. Zwei Stunden später reiste er ostentativ nach Münster ab. Graf d'Avaux folgte ihm am nächsten Tage.

Dennoch brach man die Verhandlungen nicht ab. Man wußte, daß die Schweden nicht so unerschütterlich seien, wie sie sich gaben. In Stockholm machte sich mehr und mehr der Einfluß der jungen Königin geltend. Anfang 1647 war ihr Günstling Magnus de la Gardie aus Frankreich heimgekehrt. Sein Ansehen am Hofe stieg und damit auch der französische Einfluß, der des Kanzlers nahm spürbar ab. Der französische Gesandte Chanut stand in hoher Gunst, durch ihn hatte Avaux schon mehrfach Dinge erreicht, die er in Osnabrück nicht hatte durchsetzen können. Der Königin sagte man, daß die Oxenstiernas dem Frieden unnötige Hindernisse bereiteten; am 10. April 1647 griff sie zum erstenmal unmittelbar in die Verhandlungen ein. In einem Erlaß an die Gesandten führte sie aus, die schwedische Satisfaktion sei nunmehr gesichert, ein rascher Abschluß der Verhandlungen daher geboten. Sie drohte mit ihrer Ungnade, wenn die Gesandten sich durch ehrgeizige Phantasien einzelner Männer vom Wege des Friedens abbringen ließen. Solche unverhüllten Anspielungen in einem amtlichen Schreiben mußten den Kanzler und seinen Sohn aufs schwerste verletzen. In einem privaten Begleitbrief an Salvius sprach sich Christine noch schärfer aus. Diesen Brief, der den Zwiespalt am schwedischen Hof schonungslos enthüllte, mußte Salvius auf ihren ausdrücklichen Befehl sogar dem Grafen d'Avaux zeigen, damit er sehe, daß sie keine Schuld an der Verzögerung des Friedens trage.

Die Oxenstiernas haben sich heftig gegen die Anschuldigungen der Königin zur Wehr gesetzt, und es kam im Lauf des Sommers auch zu einer Art Versöhnung. Auf die Verhandlungen in Osnabrück aber konnte das alles nicht ohne Einfluß bleiben. Die Haltung der gemäßigten protestantischen Gruppe kam hinzu. Der junge Oxenstierna wurde vorsichtiger, Salvius kühner; im Lauf des Mai kam man einander in einigen wichtigen Punkten näher.

Zunächst einigte man sich über Osnabrück. Die Protestanten zeigten wenig Interesse für das Stift und wollten es preisgeben, nur Schweden und Braunschweig waren daran interessiert, aber in seiner jetzigen Lage mußte Oxenstierna doch an einen Kompromiß denken. Er schlug deshalb einen regelmäßigen Wechsel zwischen einem katholischen und einem evangelischen Bischof vor. Zunächst sollte Franz Wilhelm auf Lebenszeit im Besitz des Bistums bleiben, später einem evangelischen Bischof, der jedesmal aus dem welfischen Hause zu nehmen sei, regelmäßig ein katholischer folgen. So konnten sich schwedischer und französischer Einfluß die Waage halten und beide Konfessionen zufrieden sein. Die Braunschweiger waren bereit, diese Lösung anzunehmen, Avaux aber sträubte sich lange, und auch die Kaiserlichen leisteten Widerstand. Erst als der schwedische General Königsmark mit seinen Truppen in das Stift einfiel und das Domkapitel selbst darum bat, das Land durch Annahme des schwedischen Vorschlages von der Kriegslast zu befreien, stimmten sie zu. Man solle schreien lassen wer da wolle, äußerte Trauttmansdorff, als er endlich sein Ja sprach. Franz Wilhelm, der nun schon Verden und Minden verloren hatte, erhob den unvermeidlichen Protest, ohne doch den Lauf der Dinge wenden zu können. Allerdings war es nicht ganz leicht, den scheinbar so einfachen Grundgedanken dieses Vergleiches in die Tat umzusetzen. Zwar war man sich schnell darüber einig, daß auf Franz Wilhelm zunächst Prinz Ernst August von Lüneburg, der jetzige Koadjutor von Magdeburg, folgen solle. Dann aber begannen die Schwierigkeiten: Lüneburg sollte für den Verzicht auf Magdeburg die halberstädtischen Klöster Walkenried und Gröningen sowie einige Anrechte auf das Stift Ratzeburg erhalten, auch sollte ihm die ohnehin fragwürdige Tilly'sche Schuld erlassen werden. Nun aber protestierte Brandenburg gegen jede Schmälerung seiner Halberstädter Entschädigung, und Braunschweig meldete Ansprüche auf einige Güter an, die früher an die Grafen von Schaumburg verpfändet und nach deren Aussterben ihm angeblich wieder verfallen waren. Diese Güter beanspruchte aber auch Hessen-Kassel für sich. Es erhielt schließlich für seinen Verzicht als Pflaster ein Privileg de electione fori, das ihm bei Prozessen die Wahl zwischen Reichshofrat und Kammergericht frei ließ. Schließlich erhoben auch die Schweden Ansprüche auf eine Entschädigung für Gustav Gustavsohn, einen natürlichen Sohn Gustav Adolfs und bisherigen schwedischen Anwärter auf das Stift Osnabrück; auch forderten sie, daß im Stift der gegenwärtige politische und kirchliche Zustand erhalten bleibe und nicht etwa das Normaljahr gelte; darüber sollte eine ständige Kapitulation errichtet werden. Die Kaiserlichen aber kämpften für die Geltung des Normaljahres und setzten es schließlich auch durch. Bis zum Juli zog sich das alles hin, dann kam es zum Abschluß. Die Regelung der Einzelheiten durch eine Capitulatio perpetua wurde auf die Friedenszeit vertagt. So entstand das merkwürdige Zwittergebilde eines deutschen Territoriums mit gemischtem Bekenntnisstand und einer zwischen beiden Konfessionen wechselnden Landesherrschaft. Unter allen absonderlichen Einrichtungen, die es im Heiligen Römischen Reich gab, sicher eine der merkwürdigsten!

Damit war über das letzte reichsunmittelbare Bistum entschieden und die Gesamtheit der geistlichen Territorien zwischen beiden Konfessionen aufgeteilt. Um diesen Besitzstand für alle Zukunft zu erhalten, bedurfte es nur noch einer paritätischen Fassung des Geistlichen Vorbehaltes, dem damit alles Ehrenrührige für die Protestanten genommen werden konnte. Man sieht, welchen wichtigen Fortschritt für die Religionsverhandlungen die Regelung der Osnabrücker Frage bedeutete, die Gleichberechtigung der Konfessionen war nun wenigstens auf *einem* wichtigen Gebiet gesichert.

Noch nicht auf allen. Jede der beiden Parteien scheint, indem sie in dieser Sache ein wenig nachgab, dafür ein Entgegenkommen in der Frage der Autonomie erwartet zu haben. Der schwedische Friedensentwurf hatte erneut die volle Restitution aller in den weltlichen und geistlichen Stand wie vor den böhmischen Unruhen gefordert. Das betraf nicht nur die katholischen Reichsstände, sondern auch die kaiserlichen Erblande. Amnestie und Gravamina griffen hier ineinander. Oxenstierna äußerte damals, wenn ein terminus a quo für die Amnestie gefunden werde, könne man sich die Aufzählung der Einzelfälle ersparen, nur die soeben erreichte Regelung der pfälzischen Sache bedürfe besonderer Erwähnung. Wir sahen aber, daß ein Teil der Protestanten schon damals in dieser Sache zum Nachgeben neigte und keineswegs bereit war, mit den Schweden durch Dick und Dünn zu gehen. Die Kaiserlichen antworteten mit einem Entwurf, der zunächst einmal jeden Rechtsanspruch auf Religionsfreiheit leugnete, indem sie das jus reformandi erneut als einen Bestandteil der Landeshoheit bezeichneten. Ein Grundsatz, den die Protestanten früher selbst proklamiert hatten, jetzt aber lebhaft bekämpften. Trauttmansdorff wollte nun allerdings mit seinem Prinzip nicht jede Konzession abweisen, wohl aber sich die Möglichkeit offenhalten, zwischen dem Reich und den österreichischen Erblanden Unterschiede zu machen, dort nachzugeben und hier unerbittlich zu bleiben. So bot er gleichzeitig mit der neuen Betonung des Prinzips ein besonderes Zugeständnis an, nämlich die öffentliche Religionsübung für lutherische Untertanen in den Gebieten des Reiches außerhalb der Erblande, wo sie im Normaljahr 1624 bestanden habe, also eine Art Erneuerung der Ferdinandeischen Deklaration. Er hatte von den am meisten betroffenen geistlichen Fürsten Köln, Mainz und Fulda die Einwilligung dazu erhalten, denn sie meinten, die Unterdrückung des lutherischen Gottesdienstes sei fast überall schon vor 1624 geschehen, das Opfer also nicht gar zu schwer. Trauttmansdorff glaubte ohne Gefahr zugestehen zu können, daß schon eine stillschweigende Duldung zur Zeit des Normaljahres einen Anspruch auf fernere Religionsübung begründe, eine ausdrückliche Gewährung durch den Landesherrn also nicht vorausgesetzt werden müsse, um den Lutheranern auch künftig die Übung ihres Gottesdienstes zu gestatten. Wo Untertanen im Jahre 1624 die öffentliche Religionsübung nicht gehabt hatten, sollten sie zur Auswanderung berechtigt sein, ohne dazu gezwungen werden zu können. Nur wer nach Friedensschluß die Konfession wechsele, solle nach einer Frist von fünf Jahren zur Auswanderung genötigt werden können.

Auf dieser Grundlage kam es Mitte Mai zur Einigung über die Autonomie im Reich. Die Protestanten erkannten nach hartem Kampf das jus reformandi sive territorii an und errangen auch noch für alle ihre Glaubensgenossen im Reich, die im Normaljahr keine öffentliche Religionsübung besessen hatten, wenigstens die devotio domestica und den Auswanderungsschutz. Sie haben später auch noch ein letztes erkämpft, nämlich das Recht für jeden Untertanen, sich noch binnen einer bestimmten Frist nach Friedensschluß zur Augsburgischen Konfession zu bekennen und den Auswanderungsschutz in Anspruch zu nehmen. Von diesem späteren Zusatz abgesehen, war die Autonomie im Reiche schon jetzt gesichert, soweit es unter den obwaltenden Verhältnissen überhaupt möglich schien.

Dafür blieben die Protestanten in den Erblanden des Kaisers unberücksichtigt. Sie wurden zwar nicht oder noch nicht ausdrücklich geopfert, aber was besagte die Anerkennung des landesherrlichen jus reformandi in der von Trauttmansdorff verlangten Form anders, als daß es überall gelte, wo es nicht ausdrücklich eingeschränkt sei? Da der Kaiser seine Erblande von der eben besprochenen Regelung ausdrücklich ausnahm, wollte er also seinen evangelischen Untertanen gegenüber zu nichts verpflichtet sein. Nur in Breslau und in den schlesischen Herzogtümern wollte er den Lutheranern die öffentliche Religionsübung gemäß den Zusagen von 1621 erhalten.

Noch blieben die erwähnten großen Amnestiefragen, blieb von den Religionssachen der Justizpunkt ungeklärt. Gleichwohl schien Bedeutendes erreicht, als Trauttmansdorff am 3. Juni 1647 sein Friedensprojekt veröffentlichte. Aber war man wirklich über alles das einig, was hier als abgemacht und beschlossen zu Papier gebracht wurde? Mindestens hinsichtlich der Religionsfragen konnte man daran zweifeln. Trauttmansdorff hatte den Vergleich darüber selbständig geschlossen. Mehr und mehr hatten die katholischen Stände sich in der letzten Zeit von den Verhandlungen zurückgezogen und sie ihm schließlich fast allein überlassen. Würden sie billigen, was er zugestanden hatte? Großes hatten die Protestanten in den letzten drei Monaten erkämpft, aber es mußte sich erst noch zeigen, ob sie es auch behaupten würden. Das Kernstück des deutschen Friedens, der Religionsvergleich, hatte seine Probe erst noch zu bestehen.

Nochmals Frankreich und das Elsaß. Abreise Trauttmansdorffs

Es kennzeichnete den wahren Stand der Dinge, daß Trauttmansdorff in diesen Tagen, am 5. Juni, seinen Vertretern in Osnabrück befahl, die Gesandten der evangelischen Stände einzeln zu sich zu bitten und sie über den Ernst der Lage zu unterrichten: Die Schweden seien nicht, wie versprochen, nach Münster gekommen, um alles zu endlichem Schluß zu bringen. Ihre Beratungen mit den Franzosen gälten offenbar allein der Fortsetzung des Krieges. Der Kaiser habe alle seine Macht zusammengefaßt und traue sich, den Protestanten damit wirksam zu Hilfe zu kommen. Voraussetzung sei, daß sie auf der Grundlage des bisher Vereinbarten den Frieden mit der anderen Konfessionspartei eingingen, wozu der Kaiser die Katholiken bestimmen wolle. Erklärten nur erst die Protestanten ihre Bereitschaft zum Religionsvergleich und zum Waffenbündnis mit dem Kaiser, so werde man mit den Katholiken leichter einig werden.

Es ist schwer zu sagen, ob sich der Kaiser und seine Minister auf diesem Wege wirklich einen Erfolg versprachen. Viel eher scheint es, als habe Trauttmansdorff an dem Scheitern seiner Mission nicht mehr gezweifelt und wenigstens die eine Sicherheit mit nach Wien nehmen wollen, wer von den Reichsständen nach der unvermeidlichen Auflösung des Kongresses in dem dann neu aufflammenden Kampfe zur kaiserlichen Partei stoßen werde. Es müssen wohl düstere und schreckenerregende Bilder gewesen sein, die damals das Herz des Grafen bedrängten. Der Kongreß trat in seine Krise.

Ein halbes Jahr hatte der Schwerpunkt der Verhandlungen in Osnabrück gelegen. Mit der Übergabe des kaiserlichen Projektes am 3. Juni waren sie hier vorerst zum Abschluß gekommen. Man hatte sich mit Schweden über gewisse Grundfragen des Friedens geeinigt, aber noch längst nicht über alle. Es war nun die Frage, wie sich Frankreich zu den Osnabrücker Vereinbarungen stellen würde. Trat es ihnen bei, so ließ sich vielleicht auch das feindselige Mißtrauen der meisten katholischen Stände überwinden. Lehnte es ab, so war ein allgemeiner Frieden nach menschlichem Ermessen in absehbarer Zeit nicht zu erhoffen.

Nun war aber kein Zweifel, daß Frankreich an einem deutschen Frieden nur unter ganz bestimmten Voraussetzungen interessiert war. Es bedurfte nicht erst des Drängens der Vermittler, die mit Protesten gegen die Osnabrücker Verhandlungen nicht gespart hatten, um den Franzosen die Gefahren einer Verständigung des Kaisers mit Schweden und Protestanten deutlich zu machen. Seitdem die Spanier mit den Niederländern in aussichtsreichen Friedensverhandlungen standen, war es vollends klar geworden, daß der von Richelieu erhoffte europäische Universalfrieden mit Einschluß sämtlicher Mächte und kollektiver Sicherheit für alle nicht zu erreichen sei. Soviel war sicher, der Frieden auf dem deutschen und niederländischen Kriegsschauplatz würde eines Tages kommen, wenn auch vielleicht erst nach Jahren, der Kampf auf den italienischen, spanischen und burgundischen Schlachtfeldern aber würde weitergehen. Dann aber kam für Frankreich alles darauf an, daß der Kaiser nicht etwa mit seiner ganzen Macht zur Hilfe für Spanien bereitstünde. Das damalige Völkerrecht erlaubte es ja, eine kriegführende Macht zu unterstützen, ohne damit formell die Neutralität zu verletzen; Richelieu selbst hatte diese Methode des „verdeckten Krieges" jahrelang mit Meisterschaft geübt. Der Kaiser sollte daher nach Frankreichs Absicht bei einem deutschen Friedensschluß ausdrücklich verpflichtet werden, nicht nur auf das Bündnis mit Spanien, sondern auch auf jede direkte oder indirekte Hilfeleistung an diese Macht zu verzichten. Dies war für Frankreich eine conditio sine qua non; der Frieden sollte ihm selbst den Rücken decken und die Hände frei machen, die des Kaisers aber binden.

Wir werden auf diese Frage später zurückkommen. Bis jetzt hatte der Kaiser einen solchen Verzicht weit von sich gewiesen, also waren die Franzosen auch nicht bereit, eine Verständigung zwischen ihm und den Reichsständen zu fördern. Das hieß ja einen Frieden begünstigen, der Schwedens deutsche Stellung hob und die Frankreichs schwächte, der Frankreich isolierte und Habsburg stärkte! So war also von vornherein wenig Hoffnung, daß Trauttmansdorff für die Ergebnisse seiner Osnabrücker Verhandlungen die Zustimmung Frankreichs finden werde. Dann aber wuchs die Gefahr, daß der lange aufgestaute Unmut der Katholiken über sein eigenmächtiges Verfahren alle Dämme durchbrach und alles bisher Erreichte wieder umstürzte.

Dies umso mehr, als Trauttmansdorff in dem Friedensprojekt, das er am 13. Juni in Münster den Franzosen aushändigte, auf einen Punkt zurückkommen mußte, der ihnen besonders empfindlich war, nämlich auf die Bedingungen, unter denen der Vorvertrag vom September 1646 das Elsaß und die drei Bistümer an Frankreich zediert hatte. Eigentlich hatte man die Angelegenheit beiderseits als erledigt angesehen. Aber der Vertrag hatte eine lebhafte Bewegung unter den Ständen entfesselt. Unruhe und Besorgnis über das französische Vordringen ins Reich gab es allenthalben, auch bei solchen, die für sich selbst nichts zu fürchten hatten, die elsässischen Stände aber fühlten sich durch den Vorvertrag auch unmittelbar bedroht und gerieten in fieberhafte Erregung. Es war weniger Reichspatriotismus, was sie aufflammen ließ, als vielmehr die Furcht, die vielfach eingeschränkte österreichische Schutzherrschaft und die schwache Oberhoheit des Reiches gegen das straffe Regiment eines absoluten Königs einzutauschen.

Eine Gesamtvertretung der elsässischen Stände am Kongreß gab es nicht. Ihre Proteste kamen daher zu keiner einheitlichen Wirkung, ihre Gegenmaßnahmen trafen sie meist einzeln für sich. In der Hauptsache waren es die Vertreter der Städte Straßburg und Kolmar und der Gesandte des Bischofs von Straßburg, der zugleich die Reichsritterschaft des Unterelsaß vertrat, denen es überlassen blieb, die Sache der elsässischen Stände zu führen. Sie hatten allesamt keine Gelegenheit gefunden, sich rechtzeitig in die Verhandlungen einzuschalten, die über ihr Schicksal entschieden. Ihre Vertreter am Kongreß waren angewiesen, für das Verbleiben der Immediatstände beim Reich, für ihre Reichsunmittelbarkeit und ihre Privilegien zu sorgen. Besonders rührig zeigte sich dabei Balthasar Schneider aus Kolmar, der Vertreter der Dekapolis. Wir kennen sein Ziel, bei Gelegenheit dieser Friedensverhandlungen die Reichslandvogtei und ihre Rechte überhaupt zu beseitigen. Fortgesetzt hatte er sich bemüht, den Kongreß über ihren wahren Charakter aufzuklären und vor allem darzutun, daß mit ihr keinerlei territoriale Rechte verknüpft seien. Trotzdem zeigten die Franzosen Neigung, ihre Bedeutung höher einzuschätzen, jedenfalls hatten sie sich im Septembervertrag zedieren lassen. Wieder anders sahen die Dinge für Straßburg aus. Die Stadt hatte eigentlich nichts zu fürchten, wünschte aber doch eine besondere Assekurationserklärung, um vor allen französischen Ansprüchen sicher zu sein, und suchte durch ihren Gesandten in Paris Verhandlungen über einen Nebenrezess zum Friedensvertrag, den sie unmittelbar mit der französischen Regierung abschließen wollte. Alle aber waren ängstlich besorgt, Frankreich nicht zu reizen; ein energischer Kampf gegen seine Ansprüche verbot sich bei ihrer Schwäche von selbst.

Mindestens war es, als sie sich ernsthaft dazu entschlossen, bereits zu spät. Offenbar hat erst der Vorvertrag mit seinen dehnbaren Bestimmungen ihnen die Größe der Gefahr gezeigt. Jedenfalls erkannten sie nun, daß es keineswegs nur auf österreichischen Besitz und österreichischen Rechte abgesehen sei. Der Rat von Straßburg erklärte sofort, die den Ständen garantierte Reichsunmittelbarkeit und die Frankreich zugestandene Superiorität seien nicht miteinander vereinbar, die verfängliche Klausel Ita tamen müsse ausgestrichen oder wenigstens das französische supremum dominium ausdrücklich auf das österreichische Gebiet beschränkt werden. Aber die kaiserlichen Vertreter, an die man sich wendete, wollten offenbar nicht verstehen: Man habe doch alle Stände durch eine Generalklausel geschützt und keineswegs durch Nennung einzelner die anderen schädigen, vielmehr nur die meistgefährdeten schützen wollen. Aber eben das durfte man füglich bezweifeln. Da die Kaiserlichen sich versagten, setzten die Elsässer nun ihre Hoffnung auf die Reichsstände. Die Reichsritterschaft bemühte sich um Aufnahme weiterer Glieder ihrer Körperschaft in den Schutzparagraphen, der Bischof von Straßburg fand sich durch die französische Etappenstraße nach Philippsburg und das Garnisonsrecht in Zabern bedroht. Auch Balthasar Schneider erkannte nun, daß er sich vor allem an die Reichsstände halten und sie aufklären müsse. Er hatte im September 1646 gleich gesehen, daß man sich in Frankreich über die merkwürdige Zwischenstellung der elsässischen Stände zwischen Reichsunmittelbarkeit und Abhängigkeit von Österreich nicht klar war und den Vorvertrag in Überschätzung der österreichischen Rechte geschlossen hatte. Er erkannte freilich bald, daß nicht nur die Franzosen, sondern auch die Deutschen von diesen Verhältnissen wenig wußten. Er fand Kollegen unter den reichsständischen Gesandten, die von der Landvogtei Hagenau nicht mehr als den Namen kannten und denen er schwer verständlich machen konnte, daß sie gegenüber den zehn Städten so gut wie nichts zu bedeuten habe, wohl aber eine Art Landeshoheit über die Reichsdörfer um Hagenau darstelle, und daß es alles in allem das beste sei, das veraltete Amt des Reichslandvogtes überhaupt aufzuheben. Im Lauf des Winters hatte es lebhafte Verhandlungen zwischen den zehn Städten gegeben, als deren Ergebnis man schließlich dem Kongreß eine langatmige Denkschrift über die Rechte der Dekapolis und einen gemeinsamen Protest überreichte, die aber beide wenig Eindruck machten.

Es war schlimm, daß die Stadt Straßburg als der mächtigste Reichsstand des Elsaß so wenig Anteil an dem Schicksal der kleineren Genossen zeigte. Auf Straßburg war in der Tat nicht mehr zu zählen. Zwar gestand man sich dort ein, daß die Stadt, wenn erst die Dekapolis unter französische Herrschaft gekommen sei, nur noch das „beneficium Ulissis vor dem Polyphemo" haben werde, aber ihr Gesandter Markus Otto glaubte seine Stadt vorerst durch den Vertrag vom September 1646 genügend gesichert und hielt sich stille. Auf eine Anfrage Kolmars rieten die regierenden Männer in Straßburg davon ab, die Frage der Landvogtei am Kongreß anzuregen und damit den Kaiser und Frankreich zugleich herauszufordern. Markus Otto legte schon im April 1647 dem Rat von Kolmar schonungslos und vollkommen richtig die Situation dar: Weder der Kaiser noch der König von Frankreich hätten das geringste Interesse daran, in dieser Sache die Reichsstände zu fragen; der eine, weil er fremde Rechte als seine eigenen deklariert und abgetreten habe, der andere, weil er sich zu einer Geldentschädigung verpflichtet habe und sich damit der Notwendigkeit überhoben glaube, dies Geschäft noch der Genehmigung Dritter zu unterwerfen.

Immerhin, wenn die elsässischen Stände es offiziell verlangten, konnten die Reichsstände sich einer Erörterung der Frage nicht entziehen. Balthasar Schneider war geneigt, den Schritt für die Dekapolis zu tun. Doch der Rat in Kolmar verbot ihm solche „Extremitäten", er solle sich an die beiden Vertragsparteien wenden, aber nicht den Zorn Frankreichs durch Berufung an die Reichsstände reizen. Schneider tat, wie ihm geheißen, aber seine Sondierungen bei Avaux hatten keinen Erfolg. Er erhielt nur zur Antwort, wenn seine Darstellung richtig und Österreichs Recht so gering sei, dann habe der Kaiser eben fremdes Eigentum abgetreten, aber das gehe Frankreich nichts an. Trotzdem glaubte Schneider noch immer, die Franzosen würden bei besserer Unterrichtung über die wahre Natur der Landvogtei ihre Abtretung nicht mehr zur Bedingung machen und man werde dann auch ihre vollständige Aufhebung erreichen können. Aber er täuschte sich. Die Dekapolis hatte von allen Betroffenen die geringsten Aussichten durchzudringen. Gerade, daß die österreichischen Rechte hier so geringfügig waren und von den Franzosen überschätzt wurden, machte die Landvogtei zu einem besonders geeigneten Objekt für die Kaiserlichen. Hier konnte Österreich ohne eigene große Opfer den Appetit der Franzosen befriedigen und ihre Aufmerksamkeit von weiteren Ansprüchen ablenken.

Wohl aber hat, wie es scheint, das Drängen der übrigen Immediatstände des Elsaß seine Wirkung getan und den Kaiser überzeugt, daß er ihre Anträge nicht einfach mit Stillschweigen übergehen könne. Wir finden einige von ihnen in dem Friedensentwurf vom 13. Juni 1647 berücksichtigt. Freilich nur unvollkommen und nicht so, wie die Elsässer es wünschten mußten, um durchzudringen. Ihre Hauptforderung, eine genaue Umschreibung dessen, was österreichisch sei und als abgetreten gelten solle, fand sich nicht erfüllt. Die Kaiserlichen glaubten genug zu tun, wenn sie zur Beruhigung der Gemüter einige neue Stände namentlich in die Schutzklausel aufnähmen, so Württemberg für seine elsässischen Besitzungen Mömpelgard, Horburg und Reichenweier, so die Herren von Leiningen, Rixingen und Westerburg — wie üblich nur solche, die besonders gedrängt hatten oder irgendwelche Beziehungen hatten. Außerdem suchten sie durch eine allgemeine Formel auch die nicht namentlich genannten Reichsunmittelbaren zufriedenzustellen und den Bischof von Straßburg durch einige genauere Bestimmungen über das französische

Durchmarschrecht und durch einen Vorbehalt seiner Rechte im Unterelsaß zu beruhigen. Die Dekapolis ging leer aus, die von ihr erbetene Definition der landvogteilichen Rechte unterließ man mit Bedacht.

Die Agitation der elsässischen Stände hatte aber nun noch eine weitere Folge; ihre Wirkungen griffen, ob man wollte oder nicht, auch auf die Bestimmungen über Metz, Toul und Verdun über. Elsässische Immediatstände trugen Lehen von den Bistümern und wollten auch in dieser Hinsicht gesichert sein. Der Kaiser gab nach und forderte jetzt, daß Frankreich alle diese Lehensansprüche garantiere und die Lehensleute selbst in ihrer Reichsunmittelbarkeit anerkenne, auch die Privilegien der Geistlichen und vor allem das Wahlrecht der Kapitel in den drei Diözesen achte. Vielleicht hat hier auch der Nuntius seine Hand im Spiel gehabt. Schon im Jahr zuvor war er für die geistlichen Rechte eingetreten und von den Franzosen abgewiesen worden. Auch suchte Trauttmansdorff erneut die vor Jahresfrist abgelehnte ausdrückliche Beschränkung der Zession auf das weltliche Gebiet der Bistümer durchzusetzen, und wenn er das ominöse Wort „temporales" auf Verlangen der Franzosen auch gleich wieder strich, den Vorbehalt zugunsten der Vasallen ließ er stehen, und damit lebte der alte Konflikt wieder auf.

Die Franzosen gingen sofort zum Gegenangriff über. Da nun einmal die Frage neu aufgerollt war, wollten sie sie auch gleich endgültig geklärt sehen. Im Vorjahr hatten sie sich mit einer stillschweigenden Streichung der kaiserlichen Forderung begnügt, jetzt wünschten sie eine Formulierung, die ihren Anspruch ein für allemal bestätige und sicherstelle, und zwar nicht nur für die drei Bistümer, sondern auch für das Elsaß. Anfang Juli gaben sie eine neue Fassung der Satisfaktionsbestimmungen heraus. Hier zeigte sich nun, wie gefährlich es war, daß Trauttmansdorff an dem einmal vereinbarten Text des Vorvertrages gerüttelt hatte. Auch die Franzosen änderten jetzt und setzten zu, wie es ihnen gefiel. Sie forderten das weltliche *und* geistliche Gebiet der drei Bistümer nebst allen davon abhängigen Lehen, sie forderten im Elsaß die Grafschaft Pfirt, die dem Bischof von Basel gehörte, sie strichen alle Zusätze, die Trauttmansdorff dem Schutzparagraphen angehängt hatte, und lehnten jede Erweiterung der Liste der zu schützenden Stände ab.

Eine höchst gefährliche Wendung der Dinge! Für Trauttmansdorff umso entmutigender, als jetzt auch die katholische Partei ihr Haupt erhob und den in Osnabrück getroffenen Religionsvergleich angriff. Trauttmansdorff hatte von den evangelischen Ständen die Zusage erhalten, sie würden dem Frieden auf der Grundlage dieser Vereinbarungen zustimmen. Er glaubte die vornehmsten katholischen Stände jedenfalls so weit gebracht zu haben, daß sie sich dazu schriftlich äußern würden. Schon das war nicht leicht gewesen, denn in den Beratungen der katholischen Stände zu Münster war die radikale Gruppe bereits deutlich von den Osnabrücker Vereinbarungen abgerückt. Sie bestritt Trauttmansdorffs Vollmacht. Er wiederum warnte sie, dem protestantischen Ja ein katholisches Nein entgegenzusetzen und damit den Bruch zu verschulden, aber das reizte sie nur. Bischof Franz Wilhelm schleuderte ihm die heftigsten Vorwürfe entgegen: Sein Verfahren sei eigenmächtig, verletze das freie Votum der Reichsstände, er wolle wohl wie im Prager Frieden die Stände zur Unterschrift nötigen nach dem Motto: Vogel friß oder stirb! Der Kaiser habe ihm selbst, dem Bischof, weit andere Zusagen gemacht; was hier vorgehe, sei gegen den Willen des Kaisers und gegen die Freiheit der Stände, er müsse sich öffentlich darüber beschweren. Der streitbare Bischof und seine Gesinnungsgenossen wurden von Chigi zielbewußt unterstützt. Ohne selbst in Erscheinung zu treten, suchte er ihren Widerstand auf jede Weise zu stärken. Er hoffte wie Franz Wilhelm auf französische Hilfe, er unterrichtete die katholischen Gesandten davon, daß der Papst am Hof zu Paris energische Vorstellungen erhoben habe, daß man von dort aus die Sache der Kirche unterstütze. Auch er glaubte zu wissen, daß der Kaiser die Haltung seines Ministers am Kongreß mißbillige. Nichts fürchtete Trauttmansdorff mehr als einen öffentlichen Protest der Katholiken, der alles über den Haufen werfen mußte. Soweit kam es denn auch nicht. Aber die Katholiken griffen in ihrer Mehrheit trotz seines entschiedenen Widerspruches zu dem Mittel, womit die Stände auf deutschen Reichstagen seit jeher unbequeme Sachen zu erledigen pflegten: Sie erklärten, erst neue Instruktionen einholen zu müssen. Dieses bekannte und berüchtigte „Hintersichbringen" verschob die Entscheidung auf ungewisse Zeit und bedeutete so viel wie eine klare Ablehnung.

Wohin Trauttmansdorff blickte, nirgends fand er Hilfe gegen den Ansturm aus dem eigenen Lager. Die Katholiken trauten offenbar auf französischen Beistand, besonders auf den Grafen d'Avaux setzten sie ihre Hoffnung. Man hörte, er habe nur mit Mühe und nach heftigem Wortwechsel dazu gebracht werden können, seinen Namen unter das mit Schweden vereinbarte Friedensinstrument zu setzen und schließlich, um sein Gewissen zu salvieren, eine Klausel hinzugefügt und die Worte gesprochen: Utinam nescirem litteras! Trauttmansdorff war entschlossen, bei seinen Zusagen an die Protestanten zu bleiben, selbst wenn die katholischen Stände ihre Zustimmung versagen sollten. Er wollte in diesem Falle den Schweden erklären, der Kaiser wolle es bei den letzten Vereinbarungen in der Religionssache verbleiben lassen und hiermit den Frieden geschlossen haben. Welche Stände sich binnen Monatsfrist zu diesem Schluß verstehen würden, die sollten in den Frieden aufgenommen werden. Wenn aber der eine oder andere sich nicht dazu bekenne, so solle es doch bei dem gemachten Schluß bleiben und niemandem gestattet werden, dagegen zu handeln.

Franz Wilhelm hatte also recht: Nur das Verfahren des Prager Friedens schien dem Grafen noch einen Ausweg aus dem Labyrinth der widerstreitenden Interessen zu gewähren. Er war am Ende und entschlossen, dem Kongreß den Rücken zu kehren.

Schon seit Jahresfrist hatte er, wie seine vertraulichen Briefe an den Kaiser zeigen, das dunkle Gefühl, daß seine ganze Arbeit vergeblich sei. Im August 1646 hatte er die Ermächtigung erbeten und erhalten, den Zeitpunkt seiner Abreise selbst zu bestimmen. Sie sollte keinen Bruch der Verhandlungen darstellen, seine Vollmacht sollte vielmehr auf die zurückbleibenden Gesandten übergehen, aber der Schritt mußte allerdings, wenn er geschah, aller Welt zeigen, daß man in Wien keine große Hoffnung mehr auf den Kongreß setzte. So ist es verständlich, daß Trauttmansdorff seinen Entschluß Monat um Monat hinausschob. „An meiner Abreise liegt die Aufhebung der tractatus" schrieb er noch am 2. Juli 1647 dem Kaiser, drei Tage später aber meldete er, er habe seinen Wagen bestellt, denn nun sei es klar, daß die Kronen und ihre Anhänger den Frieden auf keine Weise wollten.

Dennoch zögerte er mehrere Tage. Nicht weil er noch Hoffnung gehabt hätte, sondern den Ständen zuliebe, die ihn bestürmten und denen er beweisen wollte, daß seine Anwesenheit den Frieden nicht herbeizwinge. Er hatte noch einen letzten Verhandlungserfolg in diesen Tagen errungen, er war mit den Schweden über die pfälzische und württembergische Sache endlich einig geworden. Es waren die Protestanten, die alles aufboten, um den kaiserlichen Minister am Kongreß zu halten, und die ihm noch im letzten Augenblick einen Aufschub von zwei Tagen abrangen. Sie wußten warum. Er war jetzt ihre stärkste Stütze, kein anderer war in der Lage, ihnen solche Bedingungen zu bieten wie er, kein anderer willens und mächtig genug, sie bei den katholischen Ständen durchzusetzen. Aber was konnten sie tun, um einen Abschluß herbeizuführen, noch dazu in so kurzer Frist? Sie gingen so weit, den Schweden einen Friedensschluß mit dem Kaiser ohne Frankreich nahezulegen, wobei die wenigen noch ungelösten Fragen einem künftigen Reichstag überlassen werden könnten. Aber die Schweden wiesen mit Recht darauf hin, daß ein solcher Frieden höchstens den niederdeutschen Kreisen Ruhe verschaffen, den Süden und Westen des Reiches weiter der Kriegsfurie ausliefern werde, und solange der Kampf zwischen dem Kaiser und Frankreich weitergehe, könnten auch sie nicht abrüsten.

Und es zeigte sich inzwischen auch, daß nicht einmal zwischen Schweden und dem Kaiser alles in Ordnung zu bringen war. Die Evangelischen hatten in fieberhafter Eile neue Besprechungen zwischen Salvius und Volmar im Quartier der Brandenburger in Gang gebracht; Trauttmansdorff hatte bereits seine Abschiedsbesuche gemacht und hielt es nicht für schicklich, an ihnen noch teilzunehmen. Aber er wartete ihren Ausgang ab. Anfangs schien es, als wolle man sich einander nähern. Aber dann traten zwei Fragen dazwischen, an denen es zum Bruch, ja zu heftigem Zusammenstoß kam: Der alte Streit um die Amnestie und Autonomie der österreichischen Protestanten und die neue Forderung der Schweden auf Satisfaktion ihrer Armee. Trauttmansdorff schickte einen Zettel in die Sitzung hinein, ob der Frieden noch diese Stunde geschlossen werden könne, wo nicht, so wolle er fort. Noch am selben Abend, am 16. Juli 1647, hat er „nach empfangener Relation und in der Kapuzinerkirche kurz verrichteter Devotion und empfangener Benediktion, auch von den anwesenden Gesandten genommenem Abschied, sich, dem äußeren Ansehen nach fröhlichen Mutes und mit öffentlichem Vermelden, daß man die Sache Gott befehlen müsse, auf die Kutsche gesetzt und in Begleitung vornehmer kurfürstlicher und anderer Gesandten bei der in den Waffen gestandenen Bürgerschaft und gelöstem groben Geschütz, nicht ohne Apprehension und Alteration vieler Gemüter, zur Stadt hinausgefahren und seinen Weg gen Frankfurt genommen."

Man sagte, seine Abberufung sei ein Werk der spanischen Partei am Wiener Hof. Aber wir wissen es anders. Er hatte wohl selbst das Gefühl, daß seine Arbeit in Münster getan sei. Er hatte die Ansprüche der fremden Kronen befriedigt, die Mehrzahl der deutschen Streitfragen gelöst und die Grundlagen eines neuen Religionsfriedens gelegt. Was noch zu tun blieb, war wenig im Vergleich zu diesen Erfolgen, und sie waren der Preis seines Könnens und seiner nie erlahmenden Geduld. Jetzt erhoben sich gegen dieses wahrhaft bedeutende Werk von allen Seiten die Gegner und drohten es umzustürzen. Es war eine Lebensfrage für Deutschland, ob es ihnen damit gelingen würde, und es ist der klarste Beweis für Trauttmansdorffs Größe als Staatsmann, daß man nach langen Wirren und Kämpfen schließlich doch den Frieden auf den von ihm gelegten Fundamenten errichtete.

Vorerst jedoch schien jede Aussicht auf Verständigung in weite Ferne entrückt.

Katholische Opposition. Französische Satisfaktion
und Forderungen der schwedischen Armee

Im Laufe dieses letzten Jahres, während Trauttmansdorff den Protestanten Schritt um Schritt nachgegeben hatte, waren die streitbaren Theologen wieder auf den Plan getreten. Ein Dillinger Jesuit, Heinrich Wangnereck, war jetzt der Rufer im Streit, und er führte ihn mit noch weit schärferen Waffen als seine Vorgänger. Im Jahre 1640 hatte er ein theologisches Gutachten für Bischof Heinrich von Augsburg verfaßt, das während der Friedensverhandlungen, Ende 1646, mitten im heftigsten Streit der Religionsparteien, im Druck erschien. Er bekämpfte den Augsburger Religionsfrieden mit den gleichen Gründen wie einst sein Ordensbruder Paul Laymann zur Zeit des Restitutionsediktes, aber er ging noch weiter und verwarf ihn ganz und gar. Ein Friedensschluß mit den Protestanten schien ihm überhaupt unerlaubt, ja Sünde. Wenn man 1555 geraubtes Kirchengut in ihren Händen habe lassen müssen, so sei das vielleicht noch entschuldbar gewesen, unverzeihlich aber und direkte Förderung der Ketzerei sei es, bereits zurückgewonnenes wieder fahren zu lassen. In der ewigen Dauer eines Religionsfriedens vollends sah Wangnereck eine Beleidigung Gottes und der wahren Religion. Er tadelte seinen Ordensbruder, weil er nur die protestantische Deutung des Religionsfriedens und nicht diesen selbst bestritten hatte; er glaubte mit seiner Meinung die Ansicht der Kirche schlechthin wiederzugeben.

Aber er vertrat doch nur eine Richtung in ihr. Es gab auch zur Zeit des bittersten Streites immer eine gemäßigte, und zu ihr gehörten Männer der Kirche, die als fürstliche Berater und Beichtväter der Politik näher standen, nämlich Wangnerecks Ordensbruder Vervaux am bayrischen Hof und der spanische Kapuziner Quiroga in Wien, der Beichtvater der Kaiserin. Sie erkannten, daß es nötig sei, um des Friedens willen mit den Protestanten einen Ausgleich zu treffen, sie suchten ihn zu rechtfertigen, ohne doch die Grundsätze der Kirche zu verletzen. Prinzipiell verwarfen auch sie jede Duldung der Häresie und jeden Verzicht auf kirchlichen Besitz, aber sie sahen auch, welchen Schaden die scharfe Polemik Wangnerecks anrichten mußte. Der Pater Quiroga selbst hätte gern, dem Wunsch der kaiserlichen Minister folgend, dem Dillinger Jesuiten mit einer Gegenschrift geantwortet, aber er war hochbetagt und fühlte sich einer Polemik nicht mehr gewachsen. So übertrug er die Aufgabe seinem Landsmann, dem Abt Johann Caramuel y Lobkowitz, der, ohne seinen Namen zu nennen, im Jahre 1647 eine Streitschrift „Sacri Romani Imperii pax licita demonstrata" verfaßte und ein Jahr darauf im Druck erscheinen ließ. Auch er sah einen Frieden mit den Protestanten nur unter dem Gesichtspunkt als erlaubt an, daß man ein geringeres Übel zulassen müsse, um ein größeres zu vermeiden. Aber während Wangnereck höchstens eine vorübergehende Duldung der Häresie hingehen lassen wollte, behauptete Caramuel kühn, man dürfe den Protestanten sogar einen ewigen Frieden gewähren, wenn nämlich das größere Übel, das man damit vermeide, oder das Gute, das man durch diesen Frieden erlange, gleichfalls von ewiger Dauer wären.

Als Trauttmansdorff mit dem Friedensentwurf vom Juni 1647 die kaiserlichen Zugeständnisse an die Protestanten bekannt gab, erreichte die katholische Polemik ihren Höhepunkt. Wangnereck unterzog diesen Entwurf in einer Abhandlung, die anonym und handschriftlich unter den katholischen Ständen in Münster verbreitet wurde, einer strengen Prüfung und verwarf ihn, wie nicht anders zu erwarten, vollständig. Artikel für Artikel zerpflückte er Trauttmansdorffs mühsame Arbeit, jede einzelne Bestimmung verdammte er mit bitterer Schärfe. Schon die feierliche Präambel des Entwurfes „Pax sit christiana, universalis et perpetua" erregte seinen Zorn, weil ein Frieden, der die Häresie dulde, nicht christlich sein könne. Und so ging es weiter. Jedes Zugeständnis maß er an den eigenen, unverrückbaren Prinzipien, nie ist strenger von einer vorgefaßten Idee aus über ein staatsmännisches Werk abgeurteilt worden, das doch nun einmal der Wirklichkeit der Dinge Rechnung tragen mußte.

Ihm trat der gemäßigte Pater Vervaux entgegen. Seine Schrift bedeutete einen großen Fortschritt zur Verständigung. Während Wangnereck der staatlichen Gewalt die Befugnis absprach, ohne päpstliche Genehmigung Religionsfreiheit zu bewilligen und über Kirchengut zu verfügen, während Caramuel eine Art Kompromißlösung suchte, verteidigte Vervaux das Recht des Staates. Freilich nicht vorbehaltslos und nicht ohne ängstliche Rücksicht; er suchte doch auch sein Gewissen dem Papst gegenüber damit zu beruhigen, daß er eine stillschweigende päpstliche Genehmigung voraussetzte, solange nichts anderes von Rom verlaute. Und selbst dieser gemäßigte Theologe tat Äußerungen über das Friedensprojekt, die die Protestanten erschrecken mußten. Er suchte die zeitlich unbegrenzte Überlassung der Kirchengüter damit zu rechtfertigen, daß sie ja nur bis zur Wiedervereinigung im Glauben gelten solle. Komme diese aber durch Schuld der Protestanten nicht zustande, so sei auch die Zeit der Überlassung abgelaufen. Gerade solche Äußerungen maßvoller Theologen zeigten, daß es für sie alle eine unübersteigbare Schranke gab: Es war ihnen nun einmal von ihrem Kirchenbegriff aus unmöglich, die Kirchen der Reformation als Glieder am Leibe Christi anzuerkennen. Äußerstenfalls konnten sie den Evangelischen Duldung und bürgerliche Gleichberechtigung, niemals aber Gleichheit in kirchlichen Dingen gewähren, ohne sich selbst aufzugeben.

Daran konnte auch der geistreiche Versuch eines Protestanten, des großen Juristen Hermann Conring, nichts ändern, der es unternahm, unter der Maske eines katholischen Theologen die Möglichkeit eines ewigen Religionsfriedens und einer vollständigen Gleichberechtigung der Evangelischen aus den Grundsätzen des katholischen Kirchenrechtes selber nachzuweisen. Die evangelische Seite hatte bisher der katholischen Polemik außer amtlichen Protesten nur wenig entgegenzusetzen gewußt und sich in ihrer Publizistik darauf beschränkt, den Grundsätzen des katholischen Kirchenrechtes die ihrigen entgegenzustellen. Conring griff die Sache anders an. Er erfaßte den Punkt, wo die Wurzel der katholischen Bedenken lag: Es war das Eingreifen weltlicher Mächte in die kirchlichen Dinge, das sie erschreckte. Und er sah, daß die katholische Polemik, auch die gemäßigte, ganz einseitig von den strengen theologischen und kirchenrechtlichen Grundsätzen ausging, wie sie sich seit dem Trienter Konzil gebildet hatten. Er fand aber im mittelalterlichen Kirchenrecht mancherlei Anknüpfungspunkte für eine mildere Auffassung. Ihr wollte er im katholischen Lager Geltung verschaffen. Als Protestant konnte er natürlich kein Gehör erwarten, so nahm er die Rolle eines Theologus Austriacus mit dem friedfertigen Pseudonym Irenaeus Eubulos an und trieb die Mystifikation so weit, vom evangelischen Glauben nach katholischer Art ständig als einer Häresie zu sprechen. Lampadius, der die Schrift im April 1648 zum Druck beförderte, bemerkte dies sehr mißfällig, lobte aber die Milde und das Verständnis des unbekannten Autors. Wußte er, wer sich dahinter verbarg? Man muß es annehmen, denn der gleichfalls ungenannte Verleger kündigte an, man werde den wahren Autor bekanntgeben, sobald auch die Gegner zum Kampf mit offenem Visier anträten. Daß die Protestanten sich so deutlich zu der Schrift bekannten, mußte sie freilich um den besten Teil ihrer Wirkung bringen.

Conring übernahm nicht nur alle schon bekannten Argumente der versöhnlichen Katholiken, er fügte ihnen auch neue und sehr bestechende Gründe hinzu. Er behauptete zunächst, daß nach katholischer Lehre niemand zum Krieg gegen die Häretiker verpflichtet werden könne, daß ein solcher Glaubenskrieg nicht geboten, sondern nur unter bestimmten Voraussetzungen erlaubt sei. In der gegenwärtigen Diskussion gehe es aber nur darum, was Pflicht und nicht was Belieben sei, und da könne nun niemand eine Verbindlichkeit der Katholiken zur Fortsetzung des Krieges behaupten. Conring ging, wie man sieht, dem Problem ganz anders auf den Grund als die Katholiken, von denen keiner gewagt hatte, die Verpflichtung zum Kampf gegen die Häresie an sich in Frage zu stellen. Ähnlich verfuhr er in der Frage der Kirchengüter. Unbesehen waren sie in der katholischen Publizistik aller Richtungen allein als Stiftungen für kirchliche Zwecke behandelt worden. Conring wies auf ihren Doppelcharakter hin: Sie seien zugleich Reichslehen und deshalb nicht uneingeschränkt der Immunität unterworfen. „Non omnia quae ab ecclesia possidentur spiritualia sunt." Deshalb könnten sie zweifellos veräußert werden, und zwar nicht nur im kirchlichen, sondern auch im allgemeinen Interesse (ob publicam necessitatem), und die Entscheidung darüber stehe allein der weltlichen Obrigkeit zu, auch wenn der Papst wider Erwarten dagegen protestieren sollte. Diese publica necessitas nachzuweisen, darauf lief Conrings Bemühen vor allem hinaus. Die Macht der Protestanten sei nicht mehr zu erschüttern, Franzosen und Schweden stünden ihnen bei, ewige Duldung und Überlassung der Kirchengüter für immer sei ihnen bereits von den kaiserlichen Bevollmächtigten zugestanden. Einen Frieden ohne diese Bedingungen würden sie zweifellos nicht mehr annehmen, und keine Macht der Welt könne sie dazu zwingen. So könne, ja müsse man um des Gewissens willen nachgeben und wie einst in Konstanz den Hussiten, in Passau und Augsburg den Lutheranern, so jetzt den Evangelischen ohne Unterschied den ewigen Frieden gewähren.

Mäßigung aus Vernunft, nüchterne Beurteilung der wirklichen Machtverhältnisse, das war es also, was Conring unter der Maske eines der Ihren den Katholiken zu predigen suchte. Wieviel oder wie wenig Erfolg er damit auch haben mochte, es ist doch sehr bezeichnend, daß eine solche Stimme sich in den Chor der konfessionellen Eiferer mischte. Was denen noch immer Gewissensskrupel verursachte, wurde hier zu einer Frage der kühlen Vernunft und der Zweckmäßigkeit erklärt. Wir haben dafür noch einen Zeugen in Hippolitus a Lapide, von dessen Buch wir nur nicht wissen, ob es um diese Zeit der Öffentlichkeit schon bekannt war und ob seine Argumente in dem Streit der Konfessionsparteien gehört wurden. Hier meldete sich die Staatsraison zum Wort. Es war ja für Chemnitz die wichtigste „ratio status" des aristokratisch verfaßten Reiches, daß die Eintracht unter den Ständen beider Religionen hergestellt werde, damit der habsburgische Übermut wirksam bekämpft werden könne. Unter diesem Gesichtspunkt, und zwar unter ihm allein, betrachtete er den kirchlichen Zwiespalt. Auch er teilte noch durchaus die herrschende Meinung, daß in einem Staatswesen nach göttlichem Gebot und politischer Vernunft eigentlich nur ein Glaube bestehen dürfe, da Spaltung in Dingen der Religion auch zu politischer Zwietracht führe. Aber schon diese Begründung ist bezeichnend. Daß Christus die Einheit im Glauben geboten hat, ist ihm schon gar nicht mehr die Hauptsache. Außerdem aber hielt er das Prinzip der Bekenntniseinheit im Reiche selbst gar nicht mehr für anwendbar. Nicht nur, weil das Reich ihm eigentlich nicht als Staat galt, sondern auch, weil die verschiedenen Konfessionen schon zu tief verwurzelt seien, als daß man sie ohne totalen Ruin des Ganzen noch ausrotten könne: „Hüben und drüben sind Gründe, hüben und drüben die Macht des Schwertes, jeder tritt mit Worten und Waffengewalt für seinen Glauben ein." Die einzige Rettung bestehe in einer Verständigung nach Art des Augsburger Religionsfriedens, aber auf der Grundlage völliger Gleichberechtigung der Konfessionen und mit dem Prinzip friedlicher Schlichtung aller künftigen Streitfragen durch paritätische Schiedsgerichte. Von Toleranz im späteren Sinne weiß auch er nichts, er will die zu duldenden Konfessionen reichsgesetzlich bestimmt und alle Sekten unterdrückt wissen. Er hat damit alle wesentlichen Grundsätze des Religionsvergleiches, wie er im Westfälischen Frieden tatsächlich getroffen wurde, vorweggenommen.

Die Schriften der Theologen und Juristen konnten die großen Streitfragen natürlich nicht entscheiden, waren aber deshalb nicht ohne Bedeutung. Für beide Parteien, besonders aber für die Katholiken, ging es bei alledem doch auch um Gewissensfragen; ein theologisches Gutachten konnte die Strenggesinnten in ihrer Schroffheit bestärken oder die Versöhnlichen in ihrem Gewissen beruhigen, je nachdem es ausfiel. Sicherlich hat Wangnereck viel dazu beigetragen, die streng katholische Partei zu ermutigen, aber im ganzen haben doch wohl die Schriften seiner Gegner stärker gewirkt. Nicht weil sie ihre Sache besser geführt hätten, sondern weil sie das nach Lage der Dinge Notwendige und Unvermeidliche aussprachen und forderten.

Am Kongreß behaupteten zunächst nach der Abreise Trauttmansdorffs die Radikalen das Feld. Ihnen lieferte der streitbare Dillinger Jesuit willkommene Waffen für ihren Kampf. An ihrer Spitze standen Franz Wilhelm, Adami und Leuxelring, die man die Triumvirn nannte. Adami beschränkte sich nicht darauf, die Interessen seiner zahlreichen Klöster zu vertreten, er hatte sich schon seit dem Frühjahr zum Ziel gesetzt, den Protestanten und den nachgiebigen Katholiken eine geschlossene Kampffront der Unerbittlichen entgegenzustellen. Ebenso streitbar zeigte sich Leuxelring, der im Interesse des Katholizismus in den süddeutschen Reichsstädten gegen das Normaljahr 1624 kämpfte und für Augsburg noch nicht einmal den Religionsfrieden von 1555 gelten lassen wollte, sondern allein den im Jahre 1548 von Karl V. der Stadt auferlegten Vertrag. Er sprach dem Kongreß die Befugnis ab, sich mit der Augsburger Frage überhaupt zu beschäftigen. Wie leidenschaftlich schließlich Franz Wilhelm für seine Bistümer kämpfte, bedarf keiner Wiederholung. Selbst Peñaranda, der die öffentliche Propaganda der Radikalen mißbilligte, weil sie nur die Protestanten in die Arme der Schweden treibe, sprach sich in seinen Briefen mit Entrüstung über Trauttmansdorffs Verfahren aus und nannte den Kongreß ein abscheuliches conciliabulum, das nur Schaden und Verderben für Gott und die Kirche zeitige.

Bei allen deckten sich freilich die theologischen Grundsätze nur allzu gut mit eigenen Interessen. Die kleinen Prälaten fürchteten die Säkularisation ihrer Klöster, die katholischen Stadtregimente den Verlust ihrer Herrschaft, Franz Wilhelm bangte um seine reichen Einkünfte; Grund genug für sie alle, jedes Zugeständnis zu bekämpfen. Aber auch die Gemäßigten waren nicht vorwiegend aus Grundsatz so

AD PACEM SVNT: ROGATE QVÆ

FRANCISCVS GVILIELMVS
Dei atq; Apostolicæ Sedis gratiâ Episcopus Osnabrugensis,
Mindensis, et Ferdensis, Metropolit: Cathedralium et Insigniū
Ecclesiarum Coloniensis, Ratisbonensis, Frisingensis, Bonnensis,
Œtingensis, Monacensis; respectiue Coadiutor, Præpositus,
Archidiaconus et Canonicus Capitularis S.R.I. Princeps,
Comes de Wartemberg, et Schaumburgh, Dominus in Waldt
et Hachenberg, etc. Serenissimi Electoris Coloniensis ad
Pacem Universalem Legatus Primarius, etc.
accessit Priuilegium Cæsareum.

Anselmus van Hulle pinxit. Cum priuilegio Regum et Hollandiæ ordinum. Anno 1648. Corn. Galle iunior sculpsit.

AMARE FLEBVNT · ANGELI PACIS

ADAMVS ADAMI
Prior in Murrart, Ord. S. Bened. S. Theol.
D. Electus Abbas Huisburgensis, Ill.mi Principis
Corbeiensis, et Praelatorum Imperialium, nec non
Abbatissarum Principum et Imperialium ad Tractatus
Pacis Vniversalis cum Plenipotentia Legatus.

Anselmus van Hulle Pinxit. Cum Priv. Ioh. 1649. accepit. Privilegio Caesareum. Cum Privilegio Regum et Hollandiae ordinum.

friedlichen Sinnes, auch sie verfolgten dabei ihre politischen Interessen. Der Kaiser wünschte die Reichsstände beider Konfessionen um sich zu scharen, um mit ihrer Hilfe Frankreich die Stirn zu bieten, Ansprüche auf seine Erblande abzuwehren und sein Bündnis mit Spanien zu behaupten. Die geistlichen Kurfürsten und die süddeutschen Bischöfe, die für sich selbst nichts zu fürchten hatten, neigten der Verständigungspartei zu, weil sie den Frieden brauchten. Selbst Maximilian von Bayern, der doch die Politik Trauttmansdorffs bekämpfte hatte, begann nun, nachdem seine pfälzischen Ansprüche gesichert waren, zum Frieden mit den Protestanten zu raten. Gerade die mächtigsten katholischen Stände traten jetzt auf diese Seite. Trotzdem behaupteten im katholischen Fürstenrat die Unversöhnlichen die Mehrheit, führte doch allein Adami etwa dreißig Stimmen. Auch setzte sich der Wille zur Verständigung nur langsam durch. So herrschte in dem Gutachten, das die katholischen Stände am 11. Oktober 1647 über Trauttmansdorffs letzte Vorschläge abgaben, noch durchaus der Geist der Unnachgiebigkeit. Alle Grundlagen der konfessionellen Einigung, wie sie Trauttmansdorff in langen und mühsamen Verhandlungen gelegt hatte, wurden hier verneint. Die ewige Abtretung geistlicher Güter, die Säkularisation der Stifter, die man Schweden und seinen Anhängern zugesprochen hatte, alle Abweichungen vom Normaljahr zugunsten der Protestanten, die Autonomie für die künftig zum evangelischen Glauben Übertretenden, die Parität an den Reichsgerichten, die Beschränkung der geistlichen Gerichtsbarkeit, Titel, Session und Votum der evangelischen Bistumsinhaber, das jus reformandi der Kalvinisten, der Reichsritter und Reichsstädte, nichts von alledem ließen sie unberührt. Die Gleichberechtigung der Protestanten ließen sie nur nach Maßgabe des Augsburger Religionsfriedens gelten, dem apostolischen Stuhl behielten sie alle seine Rechte vor.

Die Mehrheit der Katholiken wollte also erneut fast alle von Trauttmansdorff bereits geräumten Stellungen wieder besetzen. Drang sie damit durch, so waren alle seitherigen Verhandlungen mit den Protestanten umsonst und eine neue Anknüpfung kaum noch denkbar.

Zu den Ansprüchen der radikalen Katholiken traten die der Franzosen in ihrem nun endlich ausgehändigten ersten Friedensentwurf. Sie betrafen Lothringen, das Elsaß und die drei Bistümer.

Der Herzog von Lothringen, von den Franzosen aus seinem Lande verjagt, hatte bisher vergeblich durch den Kaiser und Spanien seine Zulassung zum Kongreß betrieben. Was allen Reichsständen zugebilligt war, blieb ihm versagt. Frankreich erkannte ihn nicht als Reichsstand an, wozu der Nürnberger Vertrag ihm immerhin einiges Recht gab, aber auch nicht als Verbündeten der Habsburger, da er in seinen verschiedenen Verträgen mit Ludwig XIII. ausdrücklich auf jedes Bündnis mit den Feinden Frankreichs verzichtet hatte; sein Land sei wegen Felonie und nach Kriegsrecht der Krone Frankreich verfallen. Wenn man bisher am Kongreß über Lothringen verhandelt hatte, so war es immer nur um die Pässe der lothringischen Gesandten gegangen, und die Reichsstände hatten stets betont, daß deswegen die Friedensverhandlungen nicht aufgehalten werden dürften. Beim Vorvertrag hatte der Kaiser die Aufnahme Lothringens in den allgemeinen Frieden vorbehalten, Frankreich aber widersprochen, weil der lothringische Krieg mit dem deutschen gar nichts zu tun habe. Jetzt wurde zum erstenmal das Schicksal des Landes selbst zur Erörterung gestellt. Die Franzosen wiederholten in ihrem Friedensprojekt den alten Standpunkt, machten daneben aber doch materielle Vorschläge. Sie erklärten, der König wolle das ihm eigentlich verfallene Herzogtum zehn Jahre nach Friedensschluß unter Schleifung der Festungen den Erben des Herzogs, nicht ihm selbst, zurückerstatten, aber die Teile des Landes behalten, die als Lehen der drei Bistümer oder auf Grund anderer Rechtstitel zu Frankreich gehörten. Der Herzog solle eine Geldentschädigung bekommen; lehne er diesen Vergleich ab, so dürfe er von Kaiser und Reich keine Unterstützung mehr erhalten.

Ihre Forderungen im Elsaß und in den drei Bistümern hatten die Franzosen schon vor der Abreise Trauttmansdorffs bekanntgegeben. Sie lehnten jede Einschränkung zugunsten der elsässischen Stände, die über den Vorvertrag hinausging, entschieden ab. Es war ihnen in der Zwischenzeit von Schweden und Bayern noch einmal nahegelegt worden, das Elsaß zur Beruhigung der Stände als Reichslehen anzunehmen. Man hatte den Gedanken in Paris erörtert, aber dann doch wieder verworfen. Jetzt forderte Frankreich sogar, der Kaiser solle auf den Titel eines Landgrafen im Elsaß, den die Habsburger seit Jahrhunderten führten, verzichten und alle Stände, Untertanen und Beamten ihres Eides entbinden, alle Hoheitsrechte urkundlich der Krone Frankreich übertragen. Sie wollten das Elsaß ganz besitzen und gegen jeden künftigen Einspruch gesichert sein.

Da aber wurden die elsässischen Stände vorstellig. Als der kaiserliche Entwurf ihre künftige Stellung erneut zur Debatte gestellt hatte, war endlich auch Straßburg aus seiner Reserve herausgetreten. Aber Markus Otto war, als er die Aufnahme seiner Stadt in die Schutzklausel betrieb, von Avaux mit ebenso höflichen Worten abgefertigt worden wie Balthasar Schneider. Das französische Gegenprojekt ließ vollends keinen Zweifel mehr, wo man in Paris hinauswollte, und wenn die Elsässer bisher zu keiner gemeinsamen Aktion gekommen waren, so schienen sie sich jetzt dazu aufraffen zu wollen.

Wie stellten sich die Schweden, wie die kaiserlichen Gesandten zu diesen Streitfragen? In Stockholm fand man die französischen Forderungen unberechtigt und übertrieben, aber es gelang dem französischen Gesandten dank seines Einflusses auf die Königin wenigstens soviel zu erreichen, daß die Bevollmächtigten in Osnabrück angewiesen wurden, diese Ansicht die Kaiserlichen nicht merken zu lassen. Bei denen mußte man, sobald es auf eine Einschränkung oder auch nur eine Definition der habsburgischen Rechte im Elsaß hinauslief, auf Widerstand gefaßt sein. Die zehn Städte versuchten es sogar mit Bestechung, sie bewilligten für jeden der kaiserlichen Gesandten einen Pokal im Wert von 1 000 Dukaten, aber wir sehen nicht, daß sie damit Erfolg gehabt hätten. In den Berichten nach Wien wurde vielmehr nach wie vor der Standpunkt vertreten, da die Landvogtei vom Hause Habsburg pfandweise erworben sei und ihm gehöre, stehe es nicht im Belieben der zehn Städte, sich einen Landvogt nach eigenem Willen zu setzen. Österreich habe genug getan, ihnen bei der Zession an Frankreich ihre Reichsunmittelbarkeit vorzubehalten, und man habe keinen Anlaß, ihnen eine größere Freiheit zu erkaufen, als sie bisher gehabt, zumal einige von ihnen einst die ersten gewesen seien, die den Kaiser verraten und ihre Tore erst den Schweden, dann den Franzosen geöffnet und die Protektion fremder Mächte angenommen hätten. So blieb nur der Appell an die Reichsstände, und zu diesem Schritt entschlossen sich die Elsässer nun endlich doch trotz aller Bedenken, die auch dabei noch mit unterliefen.

Zugleich mit der elsässischen Frage kam auch die der Vasallen von Metz, Toul und Verdun auf die Tagesordnung der reichsständischen Beratungen, denn auch über deren Schicksal konnte der Kaiser nicht gut ohne Zustimmung der Stände beschließen. In dieser Frage hatte sich der Gegensatz zwischen der französischen und der kaiserlichen Auffassung beim Austausch der Friedensprojekte deutlich gezeigt. Servien, der in diesen Tagen aus dem Haag zurückgekehrt war, hatte sofort energisch eingegriffen und die französische Auslegung des Vertrages vom September 1646 scharf präzisiert, der nun die Kaiserlichen die ihrige entgegensetzten. Die Auseinandersetzung drehte sich um den Begriff „Bistum". Der Septembervertrag sprach nur von „episcopatus" und „districtus" und ließ es aus den bekannten Gründen offen, ob darunter die Diözesen oder nur die weltlichen Territorien der Bischöfe zu verstehen seien. Der Versuch Trauttmansdorffs, die kaiserliche Auffassung durch den Zusatz „temporales" durchzusetzen, war ja schon bei den Vorverhandlungen zum Septembervertrag und dann ein zweites Mal im Sommer 1647 gescheitert, aber auch die französische Ansicht war nicht durchgedrungen. Die Kaiserlichen behaupteten jetzt erneut, das Wort „Bistum" bezeichne in Deutschland nur das Gebiet, worin der Bischof die Temporaljurisdiktion ausübe, und dies habe der Kaiser in seinem Zessionsangebot mit dem Wort „districtus" ausdrücken wollen. Dem supremum dominium und der superioritas eines Bischofs seien nur seine Untertanen unterworfen, keineswegs die Vasallen. Zwischen beiden sei nach Reichsrecht ein großer Unterschied; wer Lehen nehme, trete damit noch nicht unter das dominium und die superioritas des Lehensherrn, und so könnten die Franzosen denn auch keineswegs einen Anspruch gegen Reichsunmittelbare nur deshalb geltend machen, weil diese auch Lehen von den Bischöfen trügen oder im Diözesangebiet säßen, denn als Immediatstände fielen sie ja eben nicht unter die an Frankreich abgetretene bischöfliche superioritas.

Diese Auffassung bestritt Servien. Er ging von den französischen Verhältnissen aus, wo es keine geistlichen Staaten und kein weltliches Herrschaftsgebiet der Bischöfe gab, und legte dar, unter einem Bistum verstehe selbstverständlich jedermann eine Diözese, das heißt den ganzen Bereich der geistlichen Jurisdiktion eines Bischofs. Soweit die drei Diözesen sich erstreckten, seien die Rechte des Reiches an den König abgetreten, also sei er auch oberster Lehensherr aller Vasallen dieses Gebietes geworden, und es sei dabei unerheblich, ob sie ihre Lehen von den Bischöfen oder unmittelbar vom Reich hätten. Er suchte nachzuweisen, daß diese Auffassung auch der Wirklichkeit in den drei Bistümern entspreche, daß die königliche Protektion seit 1552 im Umfang aller drei Diözesen und nicht nur in den weltlichen Herrschaftsgebieten der Bischöfe anerkannt worden sei, daß die Rechtsprechung des Metzer Parlamentes seit 1633 und die Amtsgewalt der königlichen Gouverneure sich ebensoweit erstreckt hätten. Dies glückte ihm freilich nicht, denn das Metzer Parlament, das er befragte, konnte ihm die gewünschte Bestätigung nicht geben. Aber er blieb bei seiner Auffassung, die zwar dem französischen Staatsrecht entsprach, aber nicht dem Recht, das nun einmal für die drei alten Reichsbistümer bisher gegolten hatte.

Es ist kein Zweifel, daß beide Teile sich bei ihrer Auffassung wirklich im Recht glaubten. Der Kaiser hatte bei seinem Angebot gewiß nie daran gedacht, mehr als die weltlichen Territorien der drei Bischöfe abzutreten, niemals hatte er die Diözesen in ihrem vollen Umfang aus dem Reichsverband lösen wollen, nie damit gerechnet, daß der Begriff „episcopatus" bei diesen Verhandlungen anders verstanden werden könne als im Sinne des Reichsrechtes. Ebenso sicher aber scheint es, daß man in Frankreich an keine Unterscheidung zwischen geistlichen und weltlichen

Herrschaftsgebieten gedacht hatte, für die es im eigenen Lande kein Beispiel gab. Man glaubte nun nachträglich noch übervorteilt zu werden, man wies auf die Proteste der Vasallen selber hin, die nach französischer Ansicht erkennen ließen, daß auch sie die kaiserliche Zession so auffaßten wie sie in Frankreich verstanden wurde, denn wozu sonst ihre Proteste? Übrigens versicherten sie, der König denke nicht daran, diese Vasallen in ihren Rechten zu kränken; sie würden ihren bisherigen Status vollkommen behalten, nur daß an die Stelle des Kaisers als oberster Lehensherr der König von Frankreich trete. Kurz, Servien weigerte sich entschieden, die Auffassung der Kaiserlichen anzuerkennen, er warnte seine Regierung dringend, irgendeinen Vorbehalt zugunsten des Reiches zu akzeptieren und forderte, daß die Zession in aller Form auf den gesamten Umfang der drei Diözesen ausgedehnt werde.

Auch hier zeigte sich Servien wieder als der rücksichtslose Verfechter französischer Ansprüche, als den wir ihn schon im Jahre zuvor kennenlernten. Er war weit weniger als sein Kollege Avaux geneigt, den Bedenken der Reichsstände und der Kirche sein Ohr zu leihen. Auch der päpstliche Nuntius hat aufmerksam diese Auseinandersetzungen zwischen Franzosen und Kaiserlichen verfolgt, ihre einzelnen Phasen nach Rom berichtet und von dort zu seinem Trost die Weisung erhalten, gegen jede Schmälerung der päpstlichen Rechte in den drei Bistümern zu protestieren. Denn daß Frankreich für sie die Ernennung der Bischöfe nach den Bedingungen des französischen Konkordats durchsetzen wollte, war der Kurie wohl bekannt. Frankreich mußte also gewärtig sein, auch von dieser Seite Widerstand zu erfahren.

Am 25. September wurde das Reichsbedenken über die Beschwerde der Dekapolis beschlossen. In Osnabrück hatte man es als eine Anomalie bezeichnet, wenn als Folge einer Abtretung der Landvogtei an Frankreich Reichsabgaben an eine Macht gezahlt würden, die selbst nicht zum Reiche gehöre, und deshalb eine Kapitalisierung dieser Abgaben unter Anrechnung des Gesamtbetrages auf die von Frankreich zugesagte Entschädigungszahlung empfohlen. In Münster, wo Balthasar Schneider selbst die Sache führte, tadelte man die Unklarheiten des Vorvertrages und wünschte man eine deutliche Abgrenzung der Rechte des Reiches und des Hauses Österreich an der Landvogtei. Überhaupt könne Österreich sie gar nicht zedieren, da es sie nur pfandweise besitze. Nicht alle Stände hatten sich für die elsässischen Belange eingesetzt, besonders die Katholiken waren den zehn Städten gar nicht gewogen, doch war im Endergebnis die Erklärung der Reichsstände so günstig, wie sie es nur irgend wünschen konnten. Wie Balthasar Schneider es gewollt hatte, nahm man die zehn Städte von der Landvogtei und damit von der französischen Satisfaktion aus. Das Gutachten sprach sich auch über die anderen Fragen nach Wunsch aus, es wahrte dem Bischof von Basel seine Rechte auf Pfirt, dem von Straßburg die unterelsässische Landgrafschaft und allen sonstigen Reichsständen des Elsaß ihre Rechte und Privilegien. Es stellte sich schützend vor die Vasallen der drei Bistümer und betonte, nichts dürfe abgetreten werden, was außerhalb des weltlichen Gebietes der Bischöfe liege. Nur für Lothringen hatten die Stände des Reiches auch diesmal nichts übrig. Sie erinnerten an den Nürnberger Vertrag: Sei der Herzog souverän, so sei er ja ein extraneus, und man habe sich seiner nicht weiter anzunehmen.

Alles in allem war dieses Reichskonklusum wohl die schwerste Niederlage, die Frankreich nächst dem niederländischen Friedensschluß bisher auf dem Kongreß erlitten hatte. Es erfolgte denn auch ein förmlicher scharfer Protest der französischen Bevollmächtigten und die Erklärung, daß dieser Beschluß an den Vereinbarungen des Vorvertrages nichts ändern könne. Aber soviel hat er wohl doch bewirkt, daß die Franzosen in der Folge — wir werden davon hören — darauf verzichteten, weitere Konzessionen oder eine Auslegung dieses Vertrages in ihrem Sinne zu erzwingen.

Zu gleicher Zeit trat in Osnabrück eine bisher noch gar nicht behandelte Streitfrage von größter Bedeutung auf, die Entschädigung der schwedischen Miliz. Angekündigt war diese Forderung schon vor zwei Jahren in der ersten schwedischen Proposition. Jetzt war es die Armee selber, die, nicht zum erstenmal in diesem Kriege, unmittelbar in die Verhandlungen eingriff und damit nicht nur die Gegner, sondern auch die amtlichen Vertreter der eigenen Regierung in nicht geringe Verlegenheit setzte.

Das Söldnerwesen brachte es mit sich, daß die Heerhaufen jener Zeit außerhalb des eigentlichen soldatischen Dienstes ein großes Maß von Freiheit hatten, das sie oft genug noch willkürlich erweiterten. Der Söldner war sozusagen nur Soldat unter Bedingungen, nur solange an Pflicht und Eid gebunden, als sein Kriegsherr ihm Sold und Beute nach Vertrag zukommen ließ. Blieb beides aus, so glaubte er sich zur Selbsthilfe berechtigt, ja oft genug rechnete der Kriegsherr von vornherein mit ihr und wies seine Armeen geradezu auf sie an. Vor allem dadurch wurden die Heere des dreißigjährigen Krieges zu der furchtbaren Geißel, deren schrecklicher Ruf sich bis heute erhalten hat. Ihre Selbständigkeit und ihre Zuchtlosigkeit machten sie aber auch zu einer Gefahr für den eigenen Soldherrn. Nur schwach war das persönliche Band, das den Soldaten an den Kriegsherrn fesselte. Wer dem Heer Unterhalt gab, der hatte es in der Hand. Zwischen dem Soldaten und seinem Kriegsherrn stand in der Regel der Feldherr oder der Oberste, der ihn geworben hatte, dessen Kriegsglück ihm Beute versprach und der ihm oft genug aus der eigenen Tasche den Sold zahlte. Je ärmer an Geldmitteln eine Regierung war, desto größer war der Einfluß der Generale und Regimentsobersten, die den Soldaten gegenüber dem Kriegsherrn vertraten und der Regierung als selbständige Repräsentanten des Heeres gegenübertraten. Das Finanzwesen der Staaten war im 17. Jahrhundert ohnehin noch unvollkommen, ihre Einnahmen waren gering und durch einen Feldzug bald aufgezehrt. Je länger der Krieg währte, desto mehr entglitten die Armeen der Kontrolle der Regierungen, wurden die hohen Offiziere die Geldgeber der Soldaten und damit die Gläubiger ihrer Fürsten, die man durch Grundbesitz und Lehen, Ehren und Titel, nicht selten durch ganze Fürstentümer aus der Kriegsbeute zufriedenzustellen suchte. Aber damit war es nicht getan. Wenn man sie nicht in den Stand setzte, ihre Mannschaft zu entlohnen, konnte keine Armee aufgelöst und kein Frieden geschlossen werden. Die Armeen und ihre Offiziere waren fast zu einer selbständigen kriegführenden Macht geworden, deren Ansprüche genau so erfüllt werden mußten wie die der Regierungen.

Bei keinem Staat war nun die finanzielle Basis so schmal wie bei Schweden. Handelspolitik, Außenpolitik und Kriegführung wurden zum großen Teil durch die Notwendigkeit bestimmt, die Mittel für Heer und Flotte zu beschaffen. Gewiß wurden auch die Hilfsmittel des eigenen Landes ausgeschöpft und schließlich unter Königin Christine zahlreiche Krongüter an den Adel verschleudert, aber in der Hauptsache mußte doch der Krieg selbst den Krieg ernähren. Salvius hat schon auf dem Lübecker Kongreß geäußert, andere Völker führten Krieg, weil sie reich, Schweden, weil es arm sei. Das Bündnis mit Frankreich, die Annexionen und Säkularisationen in Deutschland, die Lizenten und Donationen, alles wurde durch die Finanznot diktiert. Schon Gustav Adolf hatte verzweifelte Geldschwierigkeiten, nach seinem Tode wurde es noch schlimmer, und nach der Schlacht von Nördlingen griffen die Führer der Armee zum ersten Mal in die diplomatischen Verhandlungen ein. Zweimal, bei den Schönebeckschen Traktaten und nach dem Tode Banérs im Jahre 1641, haben die Obersten nicht ohne Erfolg versucht, der politischen Führung ihren Willen aufzuzwingen, ja die Verhandlungen mit den Gegnern zeitweise selbst in die Hand genommen. Die schwedische Regierung konnte schon deshalb nicht viel dagegen tun, weil das Heer seit dem 16. Jahrhundert das Recht besaß, den Reichstag zu beschicken und damit über die Politik des Reiches mit zu entscheiden.

Es war also vorauszusehen, daß die Offiziere sich eines Tages auch in die Osnabrücker Friedensverhandlungen einmischen würden, um ihre Forderungen sicherzustellen. Vom ersten Tage an war die schwedische Regierung entschlossen, die Abfindung ihrer Soldaten, die sie selbst nicht aufbringen konnte, dem Kaiser und den katholischen Reichsständen oder gar, wenn es nicht anders ging, ihren protestantischen Bundesgenossen aufzuerlegen. Ihre erste Proposition enthielt bereits die Forderung auf Entschädigung, ohne sich noch darüber zu äußern, wer sie leisten solle. Die Mehrheit der Reichsstände lehnte anfangs den schwedischen Anspruch überhaupt ab, der Kaiser überging ihn in seiner Duplik mit Stillschweigen. Nur die Protestanten äußerten sich vorsichtig, ohne doch geradezu eine Anerkennung auszusprechen. Die Lage wurde für Schweden noch schwieriger, als die Franzosen im Sommer 1646 auf eine Entschädigungszahlung an ihre Armeen verzichteten, um ihre Gebietsforderungen besser durchzubringen. Dies war auch der Grund, warum Schweden sich zunächst Schweigen auferlegte. Kaiser und Stände hatten natürlich keinen Anlaß, von sich aus auf die Sache zurückzukommen. Man war der Ansicht, daß sie zu den Ausführungsbestimmungen des Friedens gehöre und mit diesen an den Schluß der Verhandlungen zu verweisen sei. Doch wurde man das unheimliche Gefühl nicht los, die gefährliche Soldateska könne sich eines Tages zusammenrotten und sich nehmen, was sie als ihr Recht ansah. Dann war mit dem Grundsatz des Kaisers, jeder solle seine Soldaten selber bezahlen, wohl nicht mehr gut durchzukommen. Auch der Vorschlag des Kurfürsten von Bayern, die Schweden einfach an die Protestanten zu verweisen, war unpraktisch, weil dann, wie Trauttmansdorff ihm auseinandersetzte, der schwäbische und fränkische Kreis zur Abfindung der schwedischen Armeen herangezogen werden müßten und die kaiserliche und bayrische Armada nur auf die rein katholischen Reichskreise angewiesen sein würden, die nicht sehr ergiebig waren.

Aber nicht nur der Kaiser und die Stände, auch die schwedischen Diplomaten selbst sahen der Entwicklung dieser Sache mit Unbehagen zu. Die Unruhe in der Armee stieg, je näher man dem Friedensschluß zu kommen glaubte. Im Sommer 1647 trat sie mit ihren Forderungen hervor. Früher war immer nur ein Teil des Heeres, waren vor allem die deutschen Obersten gegen die Regierung aufgetreten, diesmal war es die ganze Armee, auch die schwedischen Offiziere und die Generalität. Sie forderten Zahlung ihrer Auslagen, der versprochenen Belohnungen und des rückständigen Soldes, Ersatz für die Schäden, die sie durch den Krieg an ihrem Privatvermögen erlitten hätten, Versorgung der Hinterbliebenen ihrer gefallenen

Kameraden und nicht zuletzt volle Restitution der österreichischen Exulanten, die in großer Zahl in der Armee dienten.

Die Höhe dieser Forderungen und die herausfordernde Art, wie sie vorgebracht wurden, machten auch der schwedischen Regierung Sorge. Schon im April 1647 hatte sie den Kriegsrat Erskein abgeschickt, um mit der Armee über ihre Ansprüche zu verhandeln; die Königin ermahnte den Feldmarschall Wrangel in einem besonderen Schreiben zur Mäßigung. Das fruchtete wenig. Die Offiziere, mit denen Erskein im Lager bei Eger verhandelte, forderten in Erinnerung an frühere Schenkungen Gustav Adolfs und Oxenstiernas, unbekümmert um den Gang der großen Politik, die Bistümer Hildesheim, Minden, Osnabrück, Paderborn, Teile von Münster, Schweidnitz, Jauer, Sagan und Glogau, dazu die ungeheure Summe von 10—12 Millionen Talern. Das waren zehn Monate Sold für 56 Regimenter zu Pferd, 6 Regimenter Dragoner und 63 Regimenter zu Fuß. Das Dokument war von Wrangel und einer Anzahl von Obersten im Namen des ganzen Heeres unterschrieben; mit ihm langte Erskein im August in Osnabrück an.

Was man hier inzwischen zugunsten der Soldaten getan hatte, beschränkte sich auf eine rein grundsätzliche Wahrung ihrer Interessen in den Friedensprojekten, und zwar bei den Ausführungsbestimmungen. Hier lautete der schwedische Vorschlag, die Armeen genau so sicherzustellen wie diejenigen, die durch den Frieden zu restituieren seien, nämlich so, daß der Austausch der Ratifikationsurkunden nicht eher erfolgen dürfe, als bis die Armeen schriftlich ihre Abfindung bestätigt hätten. Der kaiserliche Gegenvorschlag sah eine Verteilung aller Truppen auf die Reichskreise vor, wo sie bis zu ihrer endgültigen Abfindung friedlich unter Aufsicht der Landesherren zu bleiben hätten. Über die Abfindung selber aber, ihre Art und ihre Höhe hatte man sich noch nicht einmal unterhalten.

Natürlich waren die schwedischen Bevollmächtigten weit entfernt, sich alle Forderungen der Armee zu eigen zu machen. Nach dem Stand der Friedensverhandlungen war ja gar keine Aussicht, die von den Offizieren genannten geistlichen Stifter oder gar Teile der kaiserlichen Erblande zu erhalten. Das sah auch Erskein, und so brachte er diesen Teil der Forderungen gar nicht erst vor, verlangte aber dafür eine Gesamtsumme von 20 Millionen Talern. Er trat sehr herrisch auf. Die Forderung, versicherte er, sei so niedrig wie möglich bemessen, die Armee wünsche den Frieden, wenn man sie aber hinhalte, werde sie schon Mittel und Wege finden, zu ihrer Satisfaktion zu gelangen.

Das Benehmen des Kriegsrates war den schwedischen Gesandten äußerst peinlich. Ihr Verhältnis zu den Evangelischen war seit Trauttmansdorffs Abreise nicht das beste. Diese hatten eine kaiserlich-schwedische Verständigung erhofft. Als zunächst Trauttmansdorff den Kongreß verließ und bald darauf Oxenstierna ohne Ergebnis von Münster nach Osnabrück zurückkehrte, waren sie tief niedergeschlagen und in mutloser Stimmung. Es konnte nicht die Absicht der Schweden sein, sich ihre Bundesgenossen noch mehr zu entfremden. So suchten sie abzuschwächen, was Erskein in barscher Form verlangt hatte, und ließen durchblicken, man habe nur die Armee für den neuen Feldzug bei Stimmung erhalten müssen, man werde in Wahrheit mit weniger auskommen. Sie sprachen von 120 Römermonaten, etwa 9 Millionen Talern. Aber auch diese Summe überstieg weit die Kraft des erschöpften Reiches.

Die Krise des Kongresses erreichte in diesen Spätsommertagen ihren Höhepunkt. Unversöhnte alte Gegensätze, unerfüllbare neue Forderungen auf allen

Seiten! Offenbar reichten die Befugnisse der kaiserlichen Vertreter nicht aus, um mit alledem fertig zu werden. Zwar hatte Trauttmansdorff bei seiner Abreise versichert, seine zurückbleibenden Kollegen hätten die gleichen Vollmachten wie er selber, aber in Wirklichkeit schienen sie gebundener als er und allenfalls ermächtigt, auf den von ihm gelegten Grundlagen abzuschließen, nicht aber, selbständig darüber hinauszugehen. Kein Wunder, daß Mutlosigkeit und Resignation bei den reichsständischen Gesandten um sich griffen. Manche vor allem aus dem städtischen Kollegium verließen den Kongreß, andere erbaten daheim ihre Abberufung. Die Verhandlungen stockten. Um sie wieder in Gang zu bringen, bedurfte es eines neuen Anstoßes von außen.

Anfänge einer Friedenspartei

Es begann mit dem überraschenden Rücktritt des Kurfürsten Maximilian vom Ulmer Waffenstillstand im September 1647. Dieser Vertrag hatte ihm im August die erwünschte Regelung der pfälzischen Frage eingetragen. Die Dokumente darüber, von den Vertretern der großen Mächte unterzeichnet, waren in seinem Besitz, seine Kriegsziele damit erreicht. Aber die weiteren politischen Vorteile, die Maximilian sich im März von seinem Parteiwechsel erhofft hatte, hatte er nur zum Teil davongetragen. Er war so vorsichtig gewesen, den Ulmer Vertrag, soweit er Schweden und Hessen betraf, noch nicht zu ratifizieren, so konnte er ihn diesen beiden Kontrahenten gegenüber aufkündigen und doch die Hoffnung dabei hegen, mit Frankreich weiter im Waffenstillstand zu bleiben. Freilich war auch das erwünschte Bündnis mit dieser Macht nicht zustande gekommen, obwohl seine Beauftragten den ganzen Sommer hindurch in Paris verhandelt hatten. Es war, wie wir uns erinnern, nichts Geringes, was sie zu bieten hatten, aber schließlich scheiterten die Verhandlungen doch wieder an den alten, längst bekannten Schwierigkeiten: Bayern erbot sich zu Bündnis und Freundschaft, zur Ratifikation des Ulmer Vertrages und zu einer gegenseitigen Beistandsverpflichtung über die allgemeinen Garantieverpflichtungen des künftigen Friedens hinaus, die beiden Mächten ihren Vorkriegsbesitz und ihre im Frieden gemachten Erwerbungen sichern sollte. Ja noch mehr, die Garantie sollte schon jetzt, noch vor dem Friedensschluß, wirksam werden und sich auf die französische Satisfaktion gemäß dem Septembervertrag einerseits, auf die bayrische Kur und den Erwerb der Oberpfalz gemäß den getroffenen Abreden andererseits erstrecken. Ferner wollte Bayern den Kaiser bestimmen, den Frieden im Reich ohne Rücksicht auf Spanien zu schließen, und äußerstenfalls bei beharrlicher Weigerung des Kaisers seine Waffen mit denen Frankreichs und Schwedens vereinigen. Zum ersten Mal bot Bayern Beistand sogar gegen den Kaiser an; der übliche Treuevorbehalt stand zwar auch in diesem Vertragsentwurf, war aber eingeschränkt durch den Zusatz, daß er dem gegenwärtigen Vertrag nicht präjudizieren solle.

Aber eine Bedingung des bayrischen Entwurfes war und blieb für Frankreich unannehmbar: Maximilian wollte den französischen Beistand auch gegen Schweden gewinnen, das zur Zeit dieser Verhandlungen dem Abkommen über die pfälzische Frage noch nicht zugestimmt hatte. Wie aber konnte man sich in Paris zur Waffenhilfe gegen den eigenen Bundesgenossen verpflichten? Frankreich konnte auch keinen Vertrag eingehen, der ihm Garantieverpflichtungen schon vor dem Friedensschluß auferlegte, es wollte sich nicht jetzt schon auf bestimmte Regelungen festlegen lassen und nicht verpflichtet sein, seinen eigenen Bundesgenossen in den Arm zu fallen. Die bayrische Gegenleistung konnte denn doch nicht als genügendes Äquivalent für einen solchen Frontwechsel der französischen Politik gelten. Maximilian wollte nicht gestatten, daß Frankreich Schweden und seine übrigen Alliierten bei der Allianz mit Bayern förmlich ausnehme. Er suchte darzutun, daß der Bündnisfall gegen Schweden ja nur eintreten könne, wenn dieses den Ulmer Vertrag oder später den Friedensvertrag brechen sollte; der erste Fall sei nicht wahrscheinlich und der zweite verpflichte Frankreich ohnehin auf Grund der allgemeinen Garantiebestimmungen des Friedens, gegen Schweden vorzugehen. Doch man blieb in Paris dabei, der bayrische Entwurf sehe ungleiche Verpflichtungen vor und wolle Frankreich bei seinen Bundesgenossen kompromittieren.

Im Grunde mißtraute man dem Kurfürsten, und nicht ohne Ursache. Er wollte gegen Schweden und Hessen gesichert sein, bevor er sich endgültig von der Sache des Kaisers und der Katholiken trennte. Das war ihm nicht zu verdenken, aber war es von Frankreich zu verlangen, daß es Verpflichtungen übernahm, die zum Bruch mit diesen seinen Bundesgenossen führen konnten? Das alte Ziel Richelieus, mit Bayern und Schweden, Katholiken und Protestanten zugleich in ein festes und dauerndes Verhältnis zu kommen, erwies sich wieder einmal als unerreichbar. Dem Kurfürsten aber öffneten diese Verhandlungen wohl doch die Augen darüber, in welche unnatürliche Stellung er zu geraten drohte. Eine Rückkehr ins alte Lager, eine Versöhnung mit dem Kaiser schien ihm wünschenswert.

Sie hätte, nachdem die Anlehnung an Frankreich mißlungen war, als eine Niederlage erscheinen können, wenn nicht gerade der Ulmer Vertrag zu einer Machtprobe zwischen Kaiser und Kurfürst geführt hätte, aus der Maximilian eindeutig als Sieger hervorgegangen war. Es ging dabei um den Oberbefehl über das bayrische Heereskontingent und die Meuterei des berühmten Reitergenerals Johann von Werth, der die ihm anvertrauten Truppen dem Kaiser zuführen wollte und dabei unterlag.

Durch den Prager Frieden hatte Maximilian einst seine Stellung als Haupt der Liga und selbständiger Kriegsherr verloren. Rechtlich gesehen war er seitdem nichts anderes als Befehlshaber eines Reichskontingentes. Mit dem Ulmer Vertrag hatte er, wie vor ihm Brandenburg und Sachsen, im Grunde genommen etwas Verbotenes getan und dem System des Prager Friedens abgesagt. Aber die militärische Lage rechtfertigte dieses Verhalten und ließ erwarten, daß der Kaiser es hinnehmen werde, wie er ja auch zu den Waffenstillstandsverträgen der anderen Kurfürsten geschwiegen hatte. Doch dem war nicht so. Man faßte vielmehr in Wien den Entschluß, dem Kurfürsten seine Armee zu entziehen. Die bayrischen Truppen hatten nach den Bestimmungen des Prager Friedens zugleich dem Kaiser und dem Landesherrn schwören müssen, doch wurde des Kaisers in dem bayrischen Fahneneid erst an zweiter Stelle und in abgeschwächter Form gedacht. Immerhin, hier konnte man anknüpfen. Auch wußte man in Wien, daß die Mehrzahl der hohen Offiziere des bayrischen Kontingentes den Ulmer Vertrag ablehnte. Als der Kurfürst nach Abschluß dieses Vertrages nicht, wie man gehofft hatte, seine Armee abdankte und zur Anwerbung durch den Kaiser freigab, wie es Brandenburg und Sachsen noch gehalten hatten, erließ Kaiser Ferdinand unmittelbare Befehle an die Generale und Obersten, ihre Regimenter ihm zuzuführen. Damit war Befehl gegen Befehl, Anspruch gegen Anspruch, Pflicht gegen Pflicht gesetzt und jeder einzelne Offizier in einen schweren Gewissenskonflikt gestürzt. Wie würden sie sich entscheiden? Fühlten sie sich als kaiserliche oder als bayrische Soldaten? Auch dem Kurfürsten wurde durch diese Befehle eine Entscheidung aufgezwungen. Er nahm den Kampf auf und durfte ihn wagen, wie sich alsbald zeigen sollte. Fast alle Offiziere lieferten ihm die kaiserlichen Mandate aus und unterstellten sich und ihre Truppen seinem Befehl. Unter den wenigen, die sich weigerten, war der Reitergeneral Johann von Werth. Wie immer spielte neben dem Gewissen auch die eigene Ehrsucht dabei eine Rolle. Der Kurfürst schätzte ihn nicht, der General glaubte sich von ihm übergangen, jedenfalls unternahm er den Versuch, die Armee dem Kaiser zuzuführen. Aber trotz des hohen Ansehens, das er bei den Soldaten genoß, mißglückte ihm das. Die Regimenter versagten sich ihm, er mußte über die österreichische Grenze flüchten und kam mit leeren Händen zum Kaiser.

Was einst der mächtige Generalissimus, der Herzog von Friedland, als geborener Untertan des Kaisers mit dem Leben bezahlen mußte, der Kurfürst durfte es wagen. Dieser Konflikt war von grundsätzlicher Bedeutung. Kaiser und Kurfürst waren sich darüber kar und haben die Rechtslage in einem ausführlichen Schriftwechsel erörtert. Der Kaiser argumentierte, die bayrische Armee sei ein Reichskontingent, Maximilian habe durch seinen Waffenstillstand das Kommando verwirkt. Der Kurfürst konnte dem wenig entgegensetzen. Er hatte selbst oft genug, wenn es ihm so paßte, seine Armee als einen Teil der Reichsarmada bezeichnet. Zu ihrem Unterhalt hatten der Kaiser, der schwäbische und der fränkische Kreis beigetragen. Aber Maximilian trug jetzt Sorge, Offiziere und Soldaten durch einen neuen Fahneneid allein an seine Person zu binden und jede andere Verpflichtung förmlich auszuschließen. Es gab hinfort nur noch eine bayrische Armee.

Darin liegt die allgemeine Bedeutung dieses Machtkampfes. Die landesherrliche Militärhoheit hatte sich gegen die kaiserliche vor aller Augen durchgesetzt. Das war sieben Jahre früher in Brandenburg zwar auch faktisch geschehen, aber nach außen nicht in Erscheinung getreten; diesmal war die Frage offen gestellt und zugunsten der landesherrlichen Gewalt entschieden worden.

So war der Rücktritt Maximilians zum Kaiser im Pilsener Vertrag vom 7. September 1647 für ihn keine Demütigung und für den Kaiser kein Sieg. Im Gegenteil, der alleinige Oberbefehl des Kurfürsten über die bayrische Armee wurde hier ausdrücklich anerkannt. Auch verpflichtete sich Maximilian nur zu einer sehr bedingten Unterstützung des Kaisers. Er hat in den folgenden Monaten immer wieder erklärt, seine Beistandspflicht gelte nur für ein Jahr und setze die Bereitwilligkeit des Kaisers zu einem billigen Frieden voraus. Er hoffte überdies, mit Frankreich im Waffenstillstand bleiben zu können. Seine Absicht war, dem Kaiser allein gegen Schweden zu helfen und den Kampf gegen Frankreich zu vermeiden. Frankreich aber zog nach einigem Zögern dann doch die Konsequenzen aus seiner Bündnispflicht gegen Schweden und kündigte seinerseits dem Kurfürsten den Waffenstillstand auf. So konnte es am Ende des Jahres scheinen, als sei einfach der alte Zustand wiederhergestellt und die Lage die gleiche wie vor dem Ulmer Vertrag. Doch so war es nicht. Die führende Stellung des Kaisers im Kreis der katholischen Reichsstände war erschüttert, wenn nicht ganz dahin. Maximilians Einfluß war gewachsen, er machte ihn in der Folgezeit tatkräftig zugunsten eines Verständigungsfriedens geltend.

Dem Kaiser hatte der Abfall Bayerns im Sommer 1647 schwerste militärische Bedrängnis gebracht. Die Schweden waren unter Wrangel bis nach Böhmen vorgedrungen und hatten Eger erobert. Zugleich schien die politische Niederlage Trauttmansdorffs am Kongreß offensichtlich. Auf dem Verhandlungswege erhoffte man nichts mehr, nachdem alle Zugeständnisse Trauttmansdorffs nur schärfste Opposition auf katholischer Seite hervorgerufen und die erhoffte Verständigung mit Schweden doch nicht gebracht hatten. Trotzdem hielt man in Wien, gerade unter dem Eindruck der militärischen Lage, an dem Grundgedanken seiner Politik, der Verständigung beider Konfessionen und aller Stände unter sich und mit dem Kaiser, fest. Was hätte man auch anderes tun können? Auf die katholischen Extremisten, deren fanatischer Eifer in keinem Verhältnis zu ihren Machtmitteln stand, konnte man sich nicht stützen. Bayern hatte sich abgewendet. Alle Versuche, zwischen Frankreich und Schweden einen Keil zu treiben, hatten sich als nutzlos erwiesen. Die schwerste Gefahr drohte den Erblanden des Kaisers zur Zeit von Schweden. Da Brandenburg und Sachsen aus dem Krieg ausgeschieden waren, stand den feindlichen Heeren der Weg nach Böhmen offen. Die einzige schwache Hoffnung des Kaisers bestand darin, die drei weltlichen Kurfürsten, deren Gebiete sozusagen das Glacis der böhmischen Festung bildeten, wieder auf seine Seite zu ziehen. Wenn dies glückte, so konnte ihr Beispiel wohl auch noch andere Stände zur Verbindung mit dem Kaiser ermutigen, auch konnten die Kontingente der Kurfürsten zum Kern einer reichsständischen Hilfstruppe werden. So ließ sich vielleicht das Schicksal noch wenden, sei es am Konferenztisch oder auf dem Schlachtfeld.

Von daher betrachtet schien die Rückkehr Bayerns trotz des damit verbundenen schweren Prestigeverlustes ein hoffnungsvolles Zeichen für den Kaiser zu sein. In der Tat hatte er zunächst einen überraschenden militärischen Umschwung zur Folge. Die Nachricht von dem Pilsener Vertrag schlug im schwedischen Lager wie eine Bombe ein. Dieser Schock mag dazu beigetragen haben, den vereinigten kaiserlich-bayrischen Truppen einen beachtlichen Anfangserfolg zu verschaffen: Sie drängten Wrangels Armee bis ins Westfälische zurück, der Kriegsschauplatz verlagerte sich im Herbst wieder nach dem Nordwesten Deutschlands. Auch in Süddeutschland erlitten die Schweden Rückschläge, am Ende des Jahres war ihre militärische Lage kritischer als lange zuvor. Die kaiserliche Politik schien wieder in die Bahnen des Prager Friedens einlenken zu können. Aber freilich hatte sie jetzt ganz andere Rücksichten zu nehmen als damals. Der Verlauf der Verhandlungen mit Brandenburg, Sachsen und Bayern sollte das zeigen. Eine nahezu vollständige Unterordnung unter den Kaiser wie damals kam natürlich nicht wieder in Betracht. Das Ergebnis war nicht eine Konjunktion von Haupt und Gliedern, sondern die Bildung einer reichsständischen Partei, die eine ziemlich selbständige Stellung zwischen den Großmächten einnahm und schließlich gar dazu beitrug, den Friedensschluß auch gegen den Kaiser zu erzwingen.

Noch während der Verhandlungen mit Bayern hatte der Kaiser mit Brandenburg Fühlung gesucht. Am 19. August wurde sein Gesandter am kurfürstlichen Hof, Blumenthal, beauftragt, die Frage einer „besseren Zusammensetzung" der Stände unter sich und mit dem Kaiser zur Sprache zu bringen. Durch gütliche Traktaten mit den Kronen sei der Friede nicht mehr zu erlangen. Der Kurfürst möge dem Kaiser mit seinen noch vorhandenen Kräften zur Hilfe kommen „und sich daran keine widrige impressiones, als wann es ihrer Religion und Libertät zu Schaden reichen würde, nichts irren lassen".

Wenn man die Politik des Kurfürsten Friedrich Wilhelm im ersten Jahrzehnt seiner Regierung auf eine kurze Formel bringen wollte, so könnte man etwa sagen: Sein Pflichtgefühl als Reichsfürst wies ihn an die Seite des Kaisers, Neigung und religiöse Überzeugung sprachen für Schweden. Er hatte seine Regierung mit einer deutlichen Absage an die Politik Schwarzenbergs und einem kaum verhüllten Übergang ins schwedische Lager begonnen. Dann aber hatte Schweden in der pommerschen Frage jede Rücksicht vermissen lassen und der Kaiser auf Brandenburgs Kosten den Frieden gesucht; nur der Einspruch der Niederlande und das Dazwischentreten Frankreichs hatten das Schlimmste verhütet. Trotz alledem sahen wir den Kurfürsten im Augenblick der Entscheidung über Pommern erneut um Schweden werben. Noch während der letzten Phase der Verhandlungen hatte er durch seine Gesandten in Osnabrück Freundschaft und Allianz anbieten lassen, ohne doch das geringste Entgegenkommen zu finden. Er hat um diese Zeit in einer eigenhändigen Aufzeichnung die Lage seines Staates erwogen. Er sah sich, eingeengt zwischen den beiden Großmächten Österreich und Schweden, in einer fast hoffnungslosen Lage. Auf den Frieden, der allein durchgreifende Hilfe bringen konnte, wagte er nicht zu rechnen, so galt es also, eine Stellung zu den Parteien zu nehmen, die sein Land wenigstens vor dem völligen Verderben rettete. Am liebsten würde er in der gegenwärtigen Neutralität verharren und alle Unwetter über sich ergehen lassen. Aber es fehlte ihm an den Mitteln, eine eigene Armee aufzustellen und seine Neutralität zu schützen. So meinte er denn Partei nehmen zu müssen, und er hielt sich vor Augen, daß er als deutscher Reichsfürst zunächst ein Zusammengehen mit dem Kaiser zu erwägen habe, um sich doch alsbald zu sagen, daß es dazu jetzt, nach dem Abfall Bayerns, zu spät sei und ein solcher Entschluß ihm nur die Feindschaft Frankreichs, Schwedens und der Generalstaaten eintragen werde. Zudem sei es nicht ratsam, einer katholischen Macht zu trauen, die ihm, dem Ketzer, doch keinen Glauben halten werde. Er gedachte der trüben Erfahrungen, die Brandenburg mit dem Kaiserhaus gemacht hatte; eben jetzt war er aufs neue erbittert darüber, daß der Kaiser ihm noch immer seine Festung Hamm in der Grafschaft Mark vorenthielt. So neigte er sich schließlich doch den Schweden zu, von denen zwar auch nichts Gutes zu erwarten sei, die aber doch wenigstens seines Glaubens seien. Das klingt nach konfessioneller Bündnispolitik, war aber anders gemeint. Was ihn zu den Schweden drängte, war nicht so sehr das gleiche Bekenntnis, sondern die nüchterne Erwägung, daß er nur mit ihrer Hilfe Mittel zur Anwerbung von Truppen finden könne, „Brot in der Wüste", wie er sagte. Die Allianz mit Schweden sollte ihm helfen, sich durch eigene Rüstung „considerabel" zu machen, mit Hessen und Braunschweig anzuknüpfen und mit denen gemeinsam schließlich auch den Schweden selber entgegenzutreten, wenn sie ihre Forderungen beim Frieden zu hoch spannen sollten. Dann werde der Kaiser erkennen, daß er getreue Kurfürsten im Reiche habe.

Unleugbar beseelte ihn also ein ehrlicher Reichspatriotismus, ja Ehrfurcht vor dem Kaiser, von dem ihn doch zugleich unverhohlenes Mißtrauen fernhielt. Seine Hoffnung war der Frieden, aber unter Sicherung der evangelischen Sache, die ihm durchaus nicht mit der Schwedens übereinzustimmen schien. Als sein wahres Ziel erscheint in dieser Aufzeichnung eine dritte Partei, gebildet zunächst aus den evangelischen Fürsten Norddeutschlands, unabhängig vom Kaiser wie von Schweden und stark genug, sich zwischen den Fronten zu behaupten und schließlich den Frieden zu erzwingen. Das war nichts anders als die Fortsetzung der Neutralitätspolitik, die er 1641 begonnen hatte, aber auf einer breiteren Basis. Es war natürlich, daß er dabei zunächst an die beiden angesehensten protestantischen Fürstenhäuser dachte, und von großer Bedeutung, daß das konfessionelle Moment in seinen Kombinationen nicht das vorherrschende war. Denn nur eine Allianz mit vorwiegend politischen Zielen war in der Lage, jederzeit verwandten Richtungen im katholischen Lager die Hand zu reichen. Sie waren vorhanden, wie wir gleich hören werden, und der Kurfürst wußte um sie. Ja, diese Querverbindungen hinüber zur anderen Konfession sollten sich als besonders wertvoll erweisen und der Sache des Friedens noch große Dienste leisten, während die Bündnisverhandlungen mit den glaubensverwandten norddeutschen Fürsten scheiterten.

Doch hat es noch Monate gedauert, ehe der Kurfürst überhaupt die ersten Schritte tat. Wie es scheint, haben sich zunächst noch Verhandlungen mit dem Kaiser dazwischengeschoben. Die Initiative dazu ging von Wien aus und ist in jener Instruktion vom 19. August zu erblicken, die wir erwähnten. Der Kurfürst nannte um diese Zeit als Preis eines Anschlusses an den Kaiser ganz Pommern, dazu die ihm bereits als Entschädigung überlassenen drei Bistümer sowie Jägerndorf. Es ist kaum anzunehmen, daß er an die Erfüllung solcher Bedingungen glaubte, das ganze sieht wie eine Ablehnung aus. Genau so aber verhielt er sich nach allen Seiten. Seine Räte warnten ihn auch vor einer Anknüpfung mit Schweden, selbst wenn sie nur taktisch gemeint sei, und er stimmte ihnen zu. Zur gleichen Zeit warb Frankreich um ihn mit Bündnisangeboten, worin ihm als Preis der Lösung vom Kaiser Schlesien in Aussicht gestellt wurde; er ließ sie unbeantwortet. Aber aus allen Verhandlungen dieser Monate, mit dem französischen Gesandten Wicquefort, dem kaiserlichen Gesandten Blumenthal, mit dem Wiener Hof unmittelbar durch seinen Gesandten von Kleist, spricht dasselbe Bestreben: Der Kurfürst suchte Geldmittel, um sich „in eine Verfassung zu stellen". Er wollte etliche tausend Mann anwerben, aber gewiß nicht, um sich damit der einen oder anderen Partei zur Verfügung zu stellen, wie er sie vielleicht gelegentlich hoffen ließ. Er wollte seine Stellung selbständig wählen, er wollte auf die „dritte Partei" hinaus, vor der der Kaiser ihn warnen ließ, weil er damit nur die Geschäfte der fremden Mächte besorgen werde, die die Separation der Stände vom Kaiser zum Ziel hätten. Friedrich Wilhelm kam mit dem Kaiser schon deshalb nicht weiter, weil alle seine Gesuche auf Herausgabe der Festung Hamm in Wien geflissentlich überhört oder dilatorisch behandelt wurden. Der Reichshofrat riet davon ab, selbst im Fall einer Konjunktion Brandenburgs mit dem Kaiser die Festung herzugeben, denn dann würden andere Reichsstände — Trier für Ehrenbreitstein, Köln für Dorsten — zu gegebener Zeit das gleiche fordern, auch sei es nicht geraten, den Platz, der den westfälischen Kreis in Devotion erhalte, aus der Hand zu geben.

Der Rücktritt Bayerns vom Ulmer Vertrag erweckte nun in Wien neue Hoffnungen auf eine allgemeine Konjunktion der Stände. Der Kaiser gab dem Kurfürsten zu verstehen, daß er sich erst zu dieser Möglichkeit äußern müsse, ehe über Hamm gesprochen werden könne. Das gab den Ausschlag. Friedrich Wilhelm antwortete, zu einer Konjunktion fehle es ihm an Mitteln, der Kaiser möge die Trauttmansdorffschen Projekte bestätigen und den Pfalzgrafen restituieren, um so die Evangelischen und mit ihnen die Schweden zum Frieden zu vermögen. Die Absage an die kaiserlichen Pläne konnte nicht deutlicher sein. Der Kurfürst bekannte sich mit dieser Antwort zu einer selbständigen Friedenspolitik, deren Ziele zwar die von dem kaiserlichen Minister selbst gesteckten waren, an die man sich aber in Wien, wie sich eben jetzt am Kongreß zeigte, neuerdings nicht mehr recht erinnern wollte.

In der Tat, die kaiserliche Politik zögerte aus später zu erörternden Gründen, alles das in vollem Umfang anzuerkennen, was Trauttmansdorff noch vor wenigen Wochen im Namen seines Herrn zugestanden hatte. Freilich, was einmal ausgesprochen war, ließ sich nicht so ohne weiteres zurücknehmen. Zwar hielt man sich bei diesen Friedensverhandlungen gewöhnlich an ein Angebot, das die Gegenseite verworfen hatte, fernerhin nicht mehr gebunden. Aber noch stets hatte man die Erfahrung gemacht, daß man bei einmal gewährten Konzessionen in der Regel eben doch festgehalten wurde. Trauttmansdorffs Friedensprogramm hatte den Evangelischen gezeigt, wozu man in Wien schon bereit gewesen war, und sie waren in ihrer Mehrheit entschlossen, davon trotz alles lärmenden Widerspruchs der extremen Katholiken nicht mehr abzugehen. Aber auch unter den gemäßigten katholischen Ständen nahm die Einsicht zu, daß man hinter Trauttmansdorffs Vorschläge, wie man auch zu ihnen gestanden haben mochte, nicht mehr zurückgehen könne. In der zweiten Hälfte des Jahres 1647 wurde das immer deutlicher. Ganz offenbar strebten die verständigungsbereiten Elemente im evangelischen und katholischen Lager aufeinander zu.

Der Kurfürst von Köln war seinem Bruder vorangegangen und hatte schon am 15. August den schwedischen Waffenstillstand gekündigt. Aber nicht, um dem Kaiser die Hand zu reichen, sondern wie Maximilian in der Absicht, den Frieden im Reich durch eine Verständigung mit den Protestanten auch gegen Kaiser und Schweden und selbst unter Opfern herbeizuführen. Er entzog seinem Vertreter in Münster, dem streitbaren Bischof Franz Wilhelm, die Vollmacht. Die Bischöfe von Bamberg, Würzburg und Konstanz hatten sich, dem Beispiel Maximilians folgend, zunächst Frankreich in die Arme geworfen, weil sie befürchtet hatten, der Kaiser könne sich mit Schweden auf Kosten der Katholiken verständigen. Auch sie bekundeten damit den Willen zu einer vom Kaiser unabhängigen Politik; zwischen Preisgabe der katholischen Sache und unversöhnlichem Radikalismus suchten sie den von Frankreich seit jeher empfohlenen Mittelweg einer Aussöhnung der Stände über die Grenzen der Konfessionen hinweg. Die führende Persönlichkeit unter ihnen war der Würzburger Bischof Johann Philipp von Schoenborn, und eben jetzt errang die Friedenspartei mit der Wahl dieses Mannes zum Erzbischof von Mainz einen großen Erfolg. Solange Kurfürst Anselm Kasimir noch regierte, hatte Mainz sich dem Kaiser willfährig gezeigt und in den Religionsfragen die strenge Richtung begünstigt. Seit 1644 war das Erzstift von französischen Truppen besetzt, aber nur widerstrebend und spät hatte sich der alte Herr zu einem Neutralitätsvertrag mit Frankreich bequemt, dem er von Herzen abgeneigt war. Doch wußte sich Frankreich eine Partei im Domkapitel zu sichern, mit deren Hilfe jetzt Johann Philipp gewählt wurde. Der Kaiser hatte die Wahl seines Bruders Leopold Wilhelm betrieben und war unterlegen. Der neue Reichserzkanzler ließ sogleich nach seiner Wahl den Kurfürsten von Brandenburg wissen, er wolle Frieden und Verständigung mit den Protestanten. Sie beide als die jüngsten Kurfürsten hätten am meisten Anlaß, auf Frieden zu dringen, weil sie Hoffnung hätten, ihn umso länger zu genießen; die unversöhnlichen Ansichten seines Vorgängers müsse er aus Gewissensgründen ablehnen. Er erhielt eine freundliche Antwort mit der Bitte, die katholischen Stände zur Annahme der Trauttmansdorffschen Friedensvorschläge zu bewegen; er, Friedrich Wilhelm, wolle im gleichen Sinne auf seine evangelischen Mitstände einwirken.

Damit war eine erste tragfähige Brücke von dem einen ins andere Lager geschlagen. Es bahnte sich noch mehr dergleichen an; Kurfürst Johann Georg von Sachsen wies gleichfalls seine Gesandten am Kongreß an, die Dinge auf der Grundlage der Vereinbarungen zwischen Trauttmansdorff und Schweden nun endlich zum Schluß zu treiben, er sei nicht gewillt, sich um anderer unfriedfertiger Stände willen länger der Gefahr des Krieges auszusetzen und etwa die Katholiken durch hartnäckige Forderungen zum Bruch zu treiben. Die Besprechungen, die sein Gesandter Dr. Leuber darüber in Osnabrück anknüpfte, erbrachten eine fast einhellige Zustimmung aller Evangelischen zu diesen Gedankengängen: Altenburg, Weimar, Braunschweig, Mecklenburg, Darmstadt erklärten sich einverstanden, nur wünschten sie noch eine letzte Verhandlung zwischen Kaiserlichen und Schweden über die bisher unverglichenen Punkte, ehe man unmittelbar mit den verständigungsbereiten Katholiken Fühlung aufnehme. Zunächst also erreichte Kursachsen sein eigentliches Ziel, eine bindende Zusage der Evangelischen zum Frieden auf der Trauttmansdorffschen Grundlage, noch nicht. Doch war der Vorbehalt der anderen nicht als Ablehnung des Trauttmansdorffschen Projektes gemeint, das sie vielmehr alle als eine brauchbare Friedensgrundlage betrachteten. Sie wollten nur das Letzte versucht haben, damit nicht die noch offenen Streitfragen den gemäßigten Katholiken Anlaß gäben, sich doch noch den Radikalen anzuschließen und auch das bisher Vereinbarte wieder in Frage zu stellen. Die evangelischen Kurfürsten hätten wohl am liebsten gleich den direkten Weg eingeschlagen, und so dachte auch der Markgraf Christian von Brandenburg-Kulmbach, der den Kurfürsten von Bayern und Sachsen vorschlug, über die bisher in Osnabrück vereinbarten Punkte den Frieden zwischen den Religionsparteien zu schließen und die übrigen auszusetzen oder auf rechtlichen Austrag zu verweisen. Er erhielt von beiden Seiten einen zustimmenden Bescheid; kurz, der Gedanke einer Verständigung gewann zusehends an Boden, und die Grundlage dafür konnten nur die Trauttmansdorffschen Vorschläge sein. Thumbshirn und die kursächsischen Gesandten in Osnabrück schlugen bereits den Kaiserlichen vor, eine Abordnung der Katholiken, und zwar „der prinzipalsten Stände, als welche man zum Frieden intentionierter wüßte", aus Münster kommen zu lassen und mit ihnen einen Friedensschluß zu machen, diesen dann zu publizieren mit dem Andeuten, wer damit nicht zufrieden sei, der möge im Kriege bleiben. Der Kurfürst von Bayern nahm diesen Vorschlag auf und riet dem Kaiser dringend, die Gelegenheit wahrzunehmen und in dem vorgeschlagenen Sinne zu verfahren. Wie Brandenburg auf evangelischer, so sammelte Bayern auf katholischer Seite in diesen Wochen die gemäßigten, dem Frieden geneigten Elemente um sich.

Sämtliche Kurfürsten, fast alle lutherischen Stände und die wichtigsten katholischen geistlichen Fürsten hatten sich damit auf der Grundlage der Trauttmansdorffschen Friedensvorschläge zusammengefunden. Das konfessionelle Mißtrauen besaß nicht mehr die alte Kraft. Die Fäden zwischen dem evangelischen und dem katholischen Lager waren geknüpft, hüben und drüben begannen sich die Gleichgesinnten zu erkennen.

15. Kapitel

VORBOTEN DES FRIEDENS

Die eidgenössische Souveränität

Während der Hauptstrom der Verhandlungen stockte, waren seine Nebenarme unmerklich in rascheren Fluß geraten. Zur Zeit der schweren Krise des Kongresses kamen die Niederländer ihrem Ziel, dem Frieden mit Spanien, näher, errang die Schweizer Eidgenossenschaft die Anerkennung ihrer Souveränität.

Das rechtliche Verhältnis der Eidgenossen zum Reich gehörte ursprünglich gar nicht zu den Verhandlungsgegenständen des Kongresses. Es kam auf sehr zufällige Weise auf die Tagesordnung. Den Anstoß gab der Versuch des Reichskammergerichtes, die Stadt Basel seiner Rechtsprechung zu unterwerfen. Dabei gehörte Basel noch gar nicht einmal zu den alten Gliedern der Eidgenossenschaft. Erst im Anfang des 16. Jahrhunderts hatte es sich ihr angeschlossen, die Stadt konnte also von Rechtswegen noch nicht einmal jene faktische Unabhängigkeit in Anspruch nehmen, die das Reich im Baseler Frieden von 1499 den alten Kantonen stillschweigend zugebilligt hatte. Aber gleich anderen neuen Orten, die seitdem zur Eidgenossenschaft gekommen waren, hatte Basel sich ohne viel Aufhebens den Verpflichtungen gegen das Reich allmählich entzogen. Dies wurde der Anlaß, aus dem die ganze eidgenössische Frage vor den europäischen Friedenskongreß kam.

In mehreren zivilen Rechtsstreitigkeiten waren während des Krieges Urteile des Baseler Stadtgerichtes vom Reichskammergericht aufgehoben und diese Entscheidungen durch Arreste gegen das Eigentum von Baseler Bürgern im Reich vollstreckt worden. Das Kammergericht bestritt dabei gar nicht die Privilegien der Eidgenossen, wohl aber ihre Gültigkeit für die Stadt Basel, die sich eigenmächtig und ohne Zustimmung des Kaisers und der Stände vom Reich gelöst habe, weshalb sie der Jurisdiktion des Kammergerichtes nach wie vor unterstehe. Basel wiederum berief sich auf ein privilegium de non evocando Kaiser Sigmunds von 1433 und bestritt außerdem, daß es überhaupt zum Reich gehöre.

Dies war keine Frage, die die gesamte Eidgenossenschaft unmittelbar angegangen wäre. Aber Basel suchte für seine Sonderinteressen ihren Schutz und zugleich die Hilfe des Friedenskongresses, da von Kaiser und Reich nach allen früheren Erfahrungen keine eindeutige Entscheidung gegen das Reichskammergericht zu erwarten war. Man konnte hoffen, in Münster vielleicht mit Frankreichs Hilfe zum Ziel zu gelangen, und zwar um so eher, wenn es gelang, die ganze Eidgenossenschaft für die Baseler Frage zu interessieren. Damit aber mußte die Frage zu einer hochpolitischen werden. Das Verhältnis der Eidgenossenschaft zum Reich überhaupt, im Baseler Frieden vor 150 Jahren behutsam umgangen, mußte dann wohl einmal offen erörtert werden. Aber auch ihre Stellung zwischen den Weltmächten Habsburg und Frankreich wie überhaupt der völkerrechtliche Status dieses jungen, noch nicht anerkannten Gliedes der europäischen Staatengesellschaft bedurften in einem solchen Fall der Klärung.

Eine einheitliche eidgenössische Außenpolitik gab es bisher nicht. Das Verhältnis zu Österreich war nur sehr allgemein durch die im Jahre 1474 geschlossene und 1511 erneuerte Erbeinung geregelt, die den Krieg zwischen beiden ausschloß und jedem Teil bei kriegerischen Konflikten mit dritten Mächten die wohlwollende Neutralität des anderen sicherte. Enger war das Verhältnis zu Frankreich. Seit den Burgunderkriegen war der französische König mit den Eidgenossen verbündet, zeitweise fast ihr Protektor; der ewige Frieden von 1516 hatte dieses Bundesverhältnis vertraglich bestätigt. Die beiden genannten Verträge ergänzten einander und gaben dem Lande nach beiden Seiten Sicherheit gegen Angriffe und eine neutrale Stellung zwischen den Großmächten. Aber dieses außenpolitische System wurde von innen her bedroht, als die Reformation die Schweiz in zwei feindliche Lager spaltete. Die evangelischen Orte suchten Anlehnung bei den benachbarten protestantischen Reichsständen, die katholischen bei Spanien. Einzelne Orte begannen das Durchmarschrecht, das fremden Mächten vertraglich zustand, parteiisch und willkürlich nach ihrem eigenen politisch-kirchlichen Interesse zu gewähren oder zu versagen. Von einer konsequenten Neutralitätspolitik konnte also keine Rede sein, es fehlten dazu nicht nur die Mittel einer gemeinsamen Streitmacht und Defensionsverfassung, sondern auch die Überzeugung und der Wille. Mehr als einmal drohte die Gefahr, daß die Schweiz in die Wirren des dreißigjährigen Krieges hineingezogen wurde, aber merkwürdigerweise hat gerade die kirchliche Spaltung das wiederum verhindert. Die Furcht der alt- und neugläubigen Kantone voreinander mahnte beide Seiten zur Vorsicht, und schließlich wünschten nicht einmal die kriegführenden Mächte ernsthaft eine Teilnahme der Schweiz am Krieg; ihre Werbungen blieben ohne rechten Nachdruck. So gewann der Gedanke einer wirklichen Neutralität im Lauf des Krieges wieder an Boden, am meisten in Basel, in dessen unmittelbarer Nachbarschaft die Heere der großen Mächte mehr als einmal aufeinandertrafen. Ein weiterer Grund, warum man in Basel zuerst eine Beteiligung am Friedenskongreß ins Auge faßte, warum diese Stadt zur Vorkämpferin der eidgenössischen Freiheit und Souveränität wurde.

Der führende Politiker der Stadt war Bürgermeister Johann Rudolf Wettstein. Wenn wir ihn als Vertreter einer schweizerischen Neutralität bezeichnen, so darf dies freilich nicht im Sinne einer modernen Neutralitätspolitik verstanden werden, wie sie die Schweiz seit 1815 beobachtet. In Zeiten des noch unentwickelten Völkerrechtes konnte Neutralität noch nicht den völligen Verzicht auf Expansion, Intervention und Bündnispolitik bedeuten. Vielmehr waren dies gerade Mittel, um das Land aus den großen Weltkonflikten herauszuhalten, um ihm Sicherheit gegen willkürliche Übergriffe der großen Mächte zu gewähren. Eine freiwillige Achtung der schweizerischen Neutralität war von ihnen nicht ohne weiteres zu erwarten, sie mußte aus eigener Kraft behauptet werden können. Was Wettstein vorschwebte, war eine auf dieses Ziel gerichtete Bündnispolitik und eine Sicherung der eidgenössischen Grenzen. Beides aber setzte eine Neuorientierung, ein Heraustreten aus den gewohnten Bahnen konfessioneller Politik voraus. Und natürlich stieß Wettstein auf Widerstand und Unverständnis, wie alle weitblickenden Staatsmänner, die von ihren Zeitgenossen fordern, daß sie umdenken und liebgewordene Vorstellungen aufgeben. Während Bern und Zürich an der konfessionellen Allianzpolitik im überlieferten Sinne festhielten, hoffte Wettstein auf ein Verteidigungsbündnis der gesamten Eidgenossenschaft. Deshalb lehnte Basel jede Sonderpolitik der evangelischen Kantone, etwa ein Bündnis mit Schweden oder Frankreich, ja selbst eine Friedensvermittlung ab. Ferner wollte Wettstein durch diplomatische und militärische Interventionen in den benachbarten Grenzgebieten einen Sicherheitsgürtel schaffen, um die Schweiz gegen die kriegführenden Mächte abzuschirmen, ein Verfahren, wie es die Generalstaaten in den ihnen nahegelegenen Reichskreisen schon längst befolgten.

Wettstein hatte, bei der geographischen Lage seiner Vaterstadt ganz natürlich, vor allem die nordwestlichen Grenzgebiete und vornehmlich das Elsaß im Auge. Hier aber drohte die größte Gefahr von Frankreich. Seit 1638 besaßen die Franzosen Breisach, sie kontrollierten von da aus den ganzen Oberrhein. Im Januar 1646 gaben sie ihre Gebietsansprüche bekannt, aus denen die Absicht, ihn dauernd zu beherrschen, unschwer zu erkennen war. Aber noch mehr: Es war kein Zweifel, daß die französische Politik unter Mazarin ein Protektorat über die Eidgenossen erstrebte. Schon 1643 hatte sich Frankreich erboten, ihre Aufnahme in den Friedensvertrag zu vermitteln. Eine solche Aufnahme war zwar höchst erwünscht, um die Schweiz vor künftigen Angriffen zu schützen, sie aber durch Frankreich erwirken hieß die Vertretung der schweizerischen Interessen am Kongreß einer fremden Macht übertragen. Nun stellten die evangelischen Orte 1644 und 1645 bei der Tagsatzung den Antrag, das französische Angebot zu akzeptieren, Basel aber stimmte mit den katholischen Orten dagegen und forderte schon damals, freilich ohne Erfolg, man solle einen Vertreter der Eidgenossenschaft nach Münster schikken. Es waren die katholischen Orte, die das verhinderten, und hinter ihnen stand der Kaiser, dessen Vertreter sich schmeichelte, er habe durch seinen Einfluß diese Schickung hintertrieben. Wettstein gab sein Ziel nicht auf, aber wenn überhaupt etwas geschehen sollte, so mußte er nun doch dem Gedanken einer besonderen Abordnung der evangelischen Kantone nähertreten.

Der französische Gesandte Caumartin erkannte die Gefahr, die der französischen Politik am Kongreß durch solche Absichten drohte. In Münster wurde um die französische Satisfaktion gerungen, die elsässischen Stände brachten Protest über Protest vor. Basel besaß Rechte auf das elsässische Dorf Hüningen und damit einen Rechtstitel, in der Satisfaktionsfrage mitzureden. Es gelang dem Franzosen tatsächlich, die geplante Sendung wenigstens solange zu verhindern, bis die Satisfaktionsfrage entschieden war. Erst als der Herzog von Longueville selbst, durch Vermittlung des Generals von Erlach darum angegangen, seine Zustimmung erteilt hatte, gab auch Caumartin seinen Widerspruch auf. Nachdem auch der schwedische Resident in der Schweiz zugestimmt hatte, wurde Wettstein als Bevollmächtigter der evangelischen Orte nach Münster entsandt, wo er am 14. Dezember 1646 eintraf.

Nicht ohne Bedenken hatten die Kantone zugestimmt. Konnte man nicht auf dem Kongreß leicht in Konflikt mit den Großmächten geraten? War es nicht gefährlich, das Verhältnis zum Reich vor Kaiser und Ständen zu erörtern? Konnte nicht die Beschickung des Kongresses als Anerkennung der Reichsstandschaft ausgelegt werden und Ladungen zu künftigen Reichstagen nach sich ziehen? Diese Bedenken spiegelt Wettsteins Instruktion deutlich wider. Sie wies ihn an, die Beschwerden der Stadt über das Reichskammergericht bei den kaiserlichen und französischen Gesandten vorzubringen, ihre Beratung durch die Reichsstände aber zu verhindern. Sie seien allein mit den kaiserlichen Privilegien für Basel und mit der allgemeinen Exemtion der Eidgenossenschaft von den Reichsgerichten, an der Basel teilhabe, zu begründen. Man hielt sich also streng an die Normen des Reichsrechtes, mit keinem Wort war die völkerrechtliche Stellung der Eidgenossenschaft berührt. Ferner wurde Wettstein beauftragt, die Einschließung der Eidgenossen in den Frieden zu betreiben, aber nicht etwa durch Frankreichs Vermittlung, sondern selbständig.

Es war nun die Frage, was der tatkräftige Bürgermeister aus dieser Instruktion herausholen, wie weit er mit ihrer Hilfe seine weitgesteckten politischen Ziele erreichen würde. Es war für ihn gewiß eine bittere Enttsäuchung, nicht als amtlicher Vertreter der gesamten Eidgenossenschaft in Münster auftreten zu können, wie er wohl gehofft hatte. Er hat die Kurzsichtigkeit der katholischen Orte oft bitter beklagt. Seine bescheidene Stellung, sein beschränkter Auftrag, in dessen Grenzen er sich wohl oder übel halten mußte, legten ihm Rücksichten auf und machten ihm Vorsicht zur Pflicht. Er hat zwar nicht, wie ihm nachgesagt wurde, ein Mandat der ganzen Eidgenossenschaft vorgetäuscht, wohl aber die Tatsache seiner beschränkten Vollmacht möglichst wenig hervortreten lassen. Ein Mann wie er hätte vielleicht in großen Verhältnissen eine glänzende staatsmännische Rolle gespielt, aber er wußte doch auch in den engen Grenzen, die ihm gezogen waren, Bedeutendes zu leisten. Er hat die großen Kämpfe der Zeit aufmerksam verfolgt und, wo es ging, mit zu entscheiden gesucht, an den allgemeinen Religionsverhandlungen des Kongresses seinen Anteil genommen, vor allem aber hat er die Unabhängigkeit seines Landes gegen französische Protektionsbestrebungen behauptet und seine Souveränität gegen die historischen Ansprüche des Reiches durchgesetzt.

Er fand in Münster einen gut vorbereiteten Boden. Schon vor seiner Ankunft hatten der Kaiser und Frankreich die Aufnahme der Eidgenossen in den Frieden zugesagt. Beide suchten sich gut mit ihnen zu stellen: Vor wenigen Monaten war die französische Satisfaktion geregelt worden, aber nur mit geheimen Vorbehalten auf beiden Seiten. In Paris hoffte man das Erworbene noch einmal auszudehnen, in Wien das Verlorene später wiederzugewinnen, die Haltung der Schweizer konnte bei den künftigen Auseinandersetzungen über das Elsaß große Bedeutung gewinnen.

Den Franzosen ging das, was Wettstein nach seiner Instruktion fordern sollte, entschieden nicht weit genug. Die Exemtion war ihnen schon recht, da sie zur Lockerung des Reichsverbandes beitrug, aber nicht die Berufung auf die kaiserlichen Privilegien. Schon Caumartin hatte den evangelischen Kantonen geraten, lieber dem Beispiel der Niederländer zu folgen; die alten Freiheiten, die sie vom Reich hätten, seien ein schlechter Titel, besser sei die Freiheit, die man sich selbst mit den Waffen erringe. In Münster suchte Theodor Godefroy den Baseler Abgesandten in langen Konferenzen und schließlich durch ein schriftliches Gutachten für die französische Auffassung von eidgenössischer Freiheit zu gewinnen, auch er riet, sich nur auf den tatsächlichen Zustand zu berufen, sich „mit der possession zu behelfen", so habe es auch Frankreich in seinen Provinzen, die einstmals Reichsländer gewesen, mit bestem Erfolg gehalten.

Wettstein selbst stand solchen Gedanken nicht fern. Seine Instruktion, von ihm selbst entworfen, sprach zwar mit Respekt von dem Kaiser und enthielt die den Franzosen so unsympathische Berufung auf die alten kaiserlichen Privilegien, redete aber auch schon die Sprache eines souveränen Staates und sprach von dem Reich, mit dem man übrigens gern in Frieden leben würde, wie von einer fremden Macht. Sie deutete an, die Eidgenossen seien gewillt, sich „durch Beistand Gottes bei ihrer Freiheit zu erhalten." Bald sah er sich selbst veranlaßt, die Sprache zu sprechen, die die Franzosen ihm nahelegten, den „freien Stand" seiner Vaterstadt als die Hauptsache und die kaiserlichen Privilegien als eine Sache zweiten Ranges zu behandeln. Trotzdem ist die Frage, ob Wettstein beauftragt gewesen sei, die Lostrennung vom Reich zu betreiben, falsch gestellt, weil sie von der Voraussetzung ausgeht, die Schweiz sei noch immer ein Glied des Reiches gewesen. Sie war es faktisch nicht mehr und wollte es auch nicht mehr sein. Wettsteins Verhandlungen in Münster stellen nur die letzte Phase ihrer Ablösung dar. Er selbst hat, wie die Instruktion zeigt, seine Heimat als einen souveränen Staat betrachtet, und es bedurfte sicher nicht erst der französischen Einwirkung, um ihn davon zu überzeugen.

Gleichviel, sein erster Besuch in Münster galt den Franzosen. Er brachte Basels Anspruch auf Hüningen und die Bitte um Aufnahme in den Frieden vor. Auf beides erhielt er entgegenkommenden Bescheid, man wandte auch nichts dagegen ein, daß er seine Klagen über das Kammergericht bei Kaiser und Reich vorbringe. Nur diese Angelegenheit war es denn auch, die er dem Grafen Trauttmansdorff vortrug, als er ihm an zweiter Stelle seine Aufwartung machte. Auch hier fand er die größte Bereitwilligkeit, er bemerkte aber doch, daß die Kaiserlichen bei allem guten Willen die Dinge anders sahen, als er es wünschte. Sie setzten als selbstverständlich voraus, daß Basel nichts anderes begehre als eine Bestätigung der kaiserlichen Privilegien, die der Bürgermeister ihnen vorlegte. Sie waren dazu bereit, wollten offensichtlich die Stadt und die Eidgenossenschaft dem Kaiser zu Dank verpflichten und darüber hinaus zu einer Erneuerung der alten Erbeinung kommen, die sie am liebsten zu einer gegenseitigen Beistandsverpflichtung erweitert hätten; Volmar sondierte den Bürgermeister gleich anfangs darüber. Daß man in der Schweiz über die Stellung zu Kaiser und Reich weit andere Anschauungen hegte, war ihnen offenbar neu. Wettstein tat alles, sie aufzuklären. Auf französischen Rat überreichte er ihnen eine Denkschrift, in der er gewissermaßen seinen ersten Vortrag korrigierte. „Es ist reichs- und weltkundig," heißt es darin, „daß die Eidgenossenschaft ein freier Stand, so nächst Gott einzig von sich selbsten dependiert, sei, der zum Teil oder sämtlich nach seinem Gefallen Krieg geführt und Frieden geschlossen, der mit den höchsten Potentaten und Häuptern der Christenheit Bündnisse, Vereine und Verträge eingegangen und aufgerichtet, der es auch ohne jemandes Eintrag noch tun kann und mag."

Damit bekannte sich Wettstein offen zur schweizerischen Souveränität als dem wahren Ziel seiner Mission. Freilich trugen solche staatsrechtlichen Erörterungen wenig zur Förderung seines eigentlichen Auftrages bei. Zunächst mußte ja einmal die Beschwerde über das Kammergericht erledigt werden, und das ging nun doch nicht ohne Beteiligung der Reichsstände. Man hätte in Basel wissen können, daß dieses Gericht eine reichsständische Einrichtung war und der Kaiser allein über die Beschwerde gar nicht befinden konnte. Indem aber die kaiserlichen Gesandten nun pflichtgemäß ein Reichsgutachten anforderten, lief die Sache eben den Weg, den Wettsteins Auftraggeber gern umgangen hätten. Die Kaiserlichen taten ein übriges und ließen bei den Reichsständen durchblicken, daß sie eine den Eidgenossen günstige Entscheidung gern sehen würden, aber was ging die Stände das österreichische Hausinteresse an? Sie wünschten, daß dem Reich nichts entfremdet werde, und vor allem fühlte sich der Kurfürst von Mainz als Erzkanzler und Visitator des Kammergerichtes verpflichtet, in dieser Sache das Reichsinteresse zu wahren. Sobald er in diesem Sinne vorausging, konnte er auch der anderen Stände sicher sein. Das Kammergericht, zur Stellungnahme aufgefordert, wiederholte seine Einwände gegen den Baseler Exemtionsanspruch, und die Proposition des

Reichserzkanzlers im Kurfürstenrat ließ durchblicken, daß er diesen Einreden mehr Gewicht beilege als den Rechtsgründen des Klägers.

Wettstein konnte den kaiserlichen Gesandten keine Vorschriften machen, wie diese Sache nach Reichsrecht zu behandeln sei, und sie lief schlecht. Eine unmittelbare Einwirkung auf die Reichsstände untersagte ihm seine Instruktion, so versuchte er es durch die Franzosen. Aber in Sachen, die das Reich betrafen, verfingen solche Mittel bei den Ständen in der Regel nicht. Kurfürstliche und fürstliche Gesandte gaben höfliche Worte, traten aber der Ansicht des Reichsdirektoriums bei. Eigentlich waren sie der Meinung, daß die Angelegenheit überhaupt nicht vor den Kongreß, sondern auf den nächsten Reichstag gehöre. Ein solcher Beschluß hätte freilich den Kaiser und die Franzosen zu stark brüskiert, so suchten sie Zeit zu gewinnen und ermannten sich erst im Februar 1647 auf neue dringende Mahnungen zu einem Beschluß, den sie als ein Entgegenkommen betrachteten, der aber in Wettsteins Augen alles andere als das war: Sie empfahlen dem Kaiser, der Stadt Basel das Privilegium de non evocando zu bestätigen und sie von der Jurisdiktion des Kammergerichtes zu befreien, wenn sie sich vorher mit ihrem Prozeßgegner einige und schleunige Rechtsprechung in Schuldsachen gegenüber anderen Reichsuntertanen verspreche.

Die wirkliche Absicht Wettsteins wurde also mißverstanden oder vielleicht auch ignoriert. Man befreite Basel vom Kammergericht, aber nicht von der Oberhoheit des Reiches. Nie konnte sich Wettstein damit zufrieden geben. Nahm er diese diplomatische Niederlage hin, so konnte er nicht mehr hoffen, daß man seine Mission als eine allgemeine eidgenössische anerkenne und seiner Vaterstadt die schweren Kosten dafür tragen helfe. Während der langen Wochen der reichsständischen Beratungen hatte er versucht, doch noch eine Legitimation von der gesamten Eidgenossenschaft zu erhalten. Man hatte ihm in Münster zu verstehen gegeben, daß man ihn eigentlich nicht als genügend bevollmächtigt ansehen könne. Wenn er wenigstens ein Empfehlungs- oder Dankschreiben aller dreizehn Orte hätte vorweisen können! Mit Mühe gelang es schließlich, dem katholischen Vorort Luzern die Zustimmung zu einem „Favorschreiben" abzuringen, das im Namen der dreizehn Orte den französischen und kaiserlichen Gesandten für ihr Eintreten dankte und die Bitte aussprach, Wettstein mit einem günstigen Resultat zu entlassen und den Eidgenossen beim Friedensschluß ihre alten Freiheiten zu wahren.

Gestützt auf diesen Brief ging Wettstein nun daran, die Frage der eidgenössischen Souveränität aufzugreifen und durchzukämpfen. Das Schreiben kam zu spät, um noch auf die Reichsstände zu wirken, deren Gutachten schon vorlag. Aber es blieb ihm noch die Einwirkung auf die kaiserlichen Gesandten, die das Reichsgutachten nach Wien zur Bestätigung schicken und dazu Stellung nehmen mußten. Wettstein durfte damit rechnen, daß sie ihn in jeder Weise unterstützen würden, hatte doch Trauttmansdorff die Reichsstände gewarnt, die quaestio status von Basel anzurühren, die Lage fordere vielmehr, „daß man hintangesetzt aller Rechtsgründe auf Mittel bedacht sei, dieses eidgenössische Corpus gegen dem Reich in gutem Willen zu erhalten." Volmar selbst beriet jetzt den Baseler Bürgermeister bei der Abfassung seiner Note, die mit dem reichsständischen Gutachten nach Wien gehen sollte, und Trauttmansdorff hat in der Tat alles getan, um dort eine günstige Entscheidung für Wettstein zu erwirken.

Diese Note vom 24. Februar, Recharge genannt, ist ein wichtiges Dokument. Zum erstenmal erhob darin die Eidgenossenschaft durch den Mund Wettsteins den formellen Anspruch, ein souveräner Staat zu sein. Wettstein betonte in dieser Schrift, er suche weder Bestätigung noch Ausdehnung alter Privilegien, sondern er bitte die Kaiserliche Majestät, die Eidgenossen bei ihrem freien souveränen Stand und Herkommen in Zukunft zu erhalten. Sie seien entschlossen, sich selbst bei dieser ihrer Freiheit zu schirmen und Gewalt mit Gewalt abzutreiben. Das geschichtliche Recht, auf das die Reichsstände gepocht hatten, wurde damit beiseite geschoben. Auf Tatsachen, auf faktischen Besitz wurde der Anspruch auf Souveränität gegründet, ganz wie es die Franzosen von Anfang an geraten hatten. Auch mit ihnen war das Schriftstück vorher beraten worden. Avaux hatte die Sache persönlich bei den kaiserlichen Gesandten unterstützt.

Es hätte dessen kaum bedurft, denn von ihnen war ohnehin nur Förderung zu erwarten. Trauttmansdorff schrieb darüber dem Reichsvizekanzler: „Weiln nun dies eine Sach ist, daraus leicht ein neuer Krieg entstehen oder Ihrer Kaiserlichen Majestät noch wohl Hülf und Beistand zuwachsen kann, als ersuche ich meinen Herrn Grafen ganz dienstlich, weiln ich jetziger Konjunktion nach am ratsamsten zu sein erachte, daß man die Schweizer bei gutem Willen erhalte, er wolle dies Werk dahin befördern, damit unserem Gutachten nach die kaiserliche Resolution ausfalle." Weder hier noch sonst in dieser ganzen Sache gedenkt Trauttmansdorff des Reiches, dem doch damit ein altes und nicht das schlechteste Glied verloren ging, nur vom österreichischen Hausinteresse und „jetziger Konjunktion" ist die Rede. Die Kaiserlichen wollten entgegen der Auffassung des Reichsgutachtens, das sie immer wieder als nebensächlich bezeichneten, Wettsteins Anträgen in Wien zur Annahme verhelfen und damit dem Hause Österreich einen künftigen Bundesgenossen gewinnen. Deshalb sollte das Verdienst des Kaisers um die Befreiung der Eidgenossen gebührend in Erscheinung treten und schon in der Formulierung des kaiserlichen Bestätigungsaktes erkennbar werden. Sie legten in ihrem Bericht dar, daß die dreizehn Orte in der Tat schon lange vom Reich eximiert seien. Allerdings vermieden sie die entschiedenen Formulierungen Wettsteins und begnügten sich mit der Feststellung, die Eidgenossen seien „in possessione vel quasi eines freien und ausgezogenen Standes". Der Ausdruck war korrekt. Das Reichsstaatsrecht kannte mehrere Grade der Abhängigkeit vom Reich, deren geringster, eben die Stellung eines „freien und ausgezogenen Standes" schon beinahe völliger Souveränität glich. Es war die sogenannte „Exemtionsfreiheit" oder „libertas ab imperio", im Gegensatz zur „libertas erga imperium", deren sich die reichsunmittelbaren Stände erfreuten. Wer die Exemtionsfreiheit besaß, wie Lothringen oder Burgund nach den Verträgen von 1542 und 1548, war der Reichsgewalt nur noch theoretisch unterworfen und dem Reich zu nichts mehr verpflichtet. Schonend nannte man diese entfremdeten Glieder auch „Anverwandte" des Reiches. Wettstein nahm nun allerdings mehr, nämlich die volle Souveränität, in Anspruch, aber für Kaiser und Reich mußte das verletzend klingen, und so konnte der Vorschlag der kaiserlichen Gesandten, den Ausdruck etwas zu mildern, der Eidgenossenschaft schließlich auch genügen, zumal wenn sie sich ihre Auffassung stillschweigend vorbehielt. In der Tat hat sich Wettstein später, da mehr nicht zu erlangen war, mit der Aufnahme einer solchen kaiserlichen Formel in den Friedensvertrag abgefunden.

Die kaiserlichen Gesandten rieten also ihrem Herrn, angesichts der französischen und schwedischen Einmischung in diese Sache die declaratio exemtionis zu erteilen und damit dem Anliegen Wettsteins im wesentlichen Rechnung zu tragen. Der Kaiser sah sich demnach vor die Wahl zwischen zwei Gutachten gestellt, dem der

Reichsstände und dem seiner Gesandten. Er zog als drittes noch ein Votum des Reichshofrates hinzu, der zwar den Gründen der Gesandten nicht viel entgegenzusetzen wußte, aber trotzdem mit Rücksicht auf die Reichsstände und auf die kaiserlichen Verpflichtungen aus der Wahlkapitulation von einer Weisung an das Kammergericht gemäß dem Antrag Wettsteins abriet. Sie werde nicht befolgt werden, eine einfache Abmahnung sei deshalb besser. Darauf entschloß man sich in Wien zu dilatorischer Behandlung der Sache.

Indem aber der Kaiser seine Entscheidung Monat um Monat hinauszögerte, spielte er nur den Franzosen und Schweden Vorteile in die Hand. Wettstein entschloß sich nämlich jetzt, bei den Signatarmächten, die eben an ihren Friedensentwürfen arbeiteten, die Aufnahme eines besonderen Artikels zu beantragen, der kammergerichtliche Prozesse gegen die Eidgenossen untersagen sollte. Damit wäre also diese Sache, in der Kaiser und Reich ihm bisher nicht zu Willen gewesen waren, über ihren Kopf hinweg durch die europäischen Mächte geregelt worden. Ein Entwurf, den er schon im März gemeinsam mit dem Herzog von Longueville aufsetzte, sollte die Schweiz auch für den Fall sicherstellen, daß der Kaiser das beantragte Dekret verweigere. Kam es doch noch, um so besser, dann konnte man sich in dem Friedensartikel darauf beziehen, blieb es aus, so mußte man eben die Sache auch ohne den Kaiser entscheiden. Im Juli 1647 erschien dieser Artikel in dem französischen Friedensprojekt. Die Kaiserlichen konnten ihn nicht ablehnen, beantragten aber eine Fassung, die seinen Inhalt zugleich als kaiserliche Willensmeinung bezeichnete; er sollte möglichst nicht als ein Ergebnis der Verhandlungen unter den Mächten, sondern als kaiserlicher Gnadenakt erscheinen. Dann mußte freilich das Dekret noch rechtzeitig vor dem Friedensschluß eintreffen, sonst konnte man sich nicht darauf beziehen. Wettstein wollte natürlich seine Sache nicht auf eine so unsichere Aussicht bauen, im September 1647 erbat und erhielt er von den drei Mächten die schriftliche Zusage, daß der Artikel in jedem Fall, sei es auch ohne kaiserliches Dekret, in den Friedensvertrag Aufnahme finden werde. Seine Sache war damit entschieden, und nur darauf kam es noch an, ob die Zustimmung von Kaiser und Reich in der endgültigen Fassung des Artikels zum Ausdruck kommen würde oder nicht. Daran war im wesentlichen nur noch der Kaiser selbst interessiert.

Die Reichsstände waren längst zu unbeachteten Nebenfiguren in diesem Spiel geworden. Sie sprachen sich im Oktober dafür aus, den Artikel entweder ganz auszulassen oder stark einzuschränken. Ihre Hauptsorge war, es könnten auch andere Reichsstände gleich Basel den Weg in die Eidgenossenschaft finden und als „zugewandte Orte" Exemtionen vom Reich beanspruchen. Endlich, im Herbst, ging das langersehnte Dekret ein, worin der Kaiser den Eidgenossen nach dem Vorschlag seiner Gesandten die Stellung eines „freien ausgezogenen Standes" bestätigte. Als Wettstein im November 1647 den Kongreß verließ, war seine Sache gesichert. Eine endgültige Fassung des Artikels, die die Berufung auf das kaiserliche Dekret enthielt, die sogenannte „clausula remissiva", war mit Longueville und Volmar vereinbart. Noch einmal ist es im März und August 1648 zu lebhaften Erörterungen unter den Reichsständen über die Schweizer Sache gekommen; an dem Ergebnis änderten sie nichts mehr.

Der spanisch-niederländische Frieden

Wir kehren noch einmal zum Anfang des Jahres 1647 zurück und erinnern uns des erbitterten Kampfes für und wider den niederländischen Frieden. Die 78 Artikel waren am 8. Januar unterzeichnet worden, bedurften aber der Ratifikation durch den spanischen König und die Generalstaaten. Die erste, daran war kein Zweifel, würde kommen. So schmerzliche Opfer der Friedensvertrag von Spanien verlangte, wichtiger war der unermeßliche Gewinn, den Spanien aus der Trennung der Niederlande von Frankreich ziehen konnte. Mitte Januar entschied Philipp IV. erneut, noch ohne Kenntnis des Vertragstextes, daß dieses Ziel vor allen anderen anzustreben sei. Anfang März konnte Peñaranda den Niederländern mitteilen, er habe die Ratifikation aus Madrid in Händen. Schon wurden den niederländischen Schiffen die spanischen Häfen geöffnet.

Mit der Ratifikation der Generalstaaten aber war so schnell nicht zu rechnen. Erst mußten alle sieben Provinzen gehört werden. Unter ihnen hatten Frankreich wie Spanien ihre Anhänger. Das Land hallte wider vom Kampf der Parteien für oder gegen den Frieden, das Abstimmungsergebnis jeder einzelnen Ständeversammlung konnte über die große Frage entscheiden. Wetteifernd warben die beiden stolzesten Monarchen der Christenheit, der katholische und der allerchristlichste König, um die Gunst der kalvinistischen Bürgerrepubliken.

Frankreich war dadurch im Vorteil, daß es eine diplomatische Vertretung im Lande hatte, außerdem erschien Servien in besonderer Mission. Spanien konnte seine Sache nicht selber führen; der Versuch, Brun in den Haag zu schicken, mißglückte. Schließlich war man ja noch im Kriegszustand, die Generalstaaten mußten wohl oder übel dem französischen Einspruch stattgeben und dem spanischen Diplomaten die Einreise verweigern.

In Paris erkannte man jetzt, welchen Fehler man gemacht hatte, als man die Generalstaaten zum Friedenskongreß lud. Aber es war zu spät, darüber noch Betrachtungen anzustellen. Serviens Aufgabe war schwierig genug, er sollte ungeschehen machen, was schon so gut wie entschieden war. Die französische Regierung war klug genug, einen förmlichen Protest gegen die Vereinbarungen von Münster zu unterdrücken. Hätte man es mit einem Souverän zu tun, schrieb Mazarin an Servien, so würde man allerdings protestieren, weil man sicher sein könnte, daß das Geheimnis der Verhandlungen gewahrt bliebe. Hier aber würde alles sofort bekannt und ein Protest gleich als Zweifel Frankreichs an der Bündnistreue seines Alliierten ausgeschrien werden. Nur keine Unruhe, keine Nervosität zeigen, keinem Mißtrauen Ausdruck geben! Man wußte, wie argwöhnisch diese Republikaner waren, man durfte nicht den Eindruck aufkommen lassen, als wolle man ihnen Vorschriften machen, ihrer Freiheit zu nahe treten, ihre Außenpolitik kontrollieren. Serviens offizieller Auftrag lautete deshalb nur auf Verhandlungen über einen Garantiepakt zur Sicherung des künftigen Friedens, aber die Absicht war, auf diese Weise die Ratifikation des Friedens durch die Generalstaaten möglichst zu verhindern. Allerdings war es fraglich, ob man das erreichen könne. Keinesfalls aber wollte Mazarin die Niederlande aus den beiden wichtigsten Verpflichtungen der alten Bündnisverträge entlassen, aus der dort vereinbarten gemeinsamen Garantie für den künftigen Frieden und dem strikten Verbot, Eroberungen dieses Krieges ohne Zustimmung des Bundesgenossen herauszugeben. Ließ sich über diese beiden Punkte eine neue Vereinbarung treffen, so mochte der Friedensschluß mit Spanien, so unangenehm er blieb, allenfalls hingehen. Wenn man darüber hinaus die Niederländer noch auf bestimmte Friedensbedingungen, die Frankreich an Spanien zu stellen gedachte, in der Form festlegen konnte, daß sie bei Nichtbewilligung durch Spanien den Krieg wieder aufnähmen, so wäre damit ein weiterer entscheidender Vorteil, den man sich bisher von der niederländischen Allianz versprochen hatte, gerettet worden.

Leider war Servien nicht der Mann, mit empfindlichen Leuten umzugehen. Am 14. Januar trat er vor die Generalstaaten. Seine Sprache war hochfahrend. Er erinnerte an seinen letzten Besuch vor drei Jahren, nun komme er wieder als Gesandter des mächtigsten Königs der Christenheit, der mit Recht erwarte, daß man auf seine Interessen Rücksicht nehme. Er warnte vor Spanien, er warb für einen Universalfrieden, der allein den Niederlanden Sicherheit geben könne, aber mit keinem Wort gedachte er der Vorgänge in Münster. Er wies darauf hin, daß ein künftiger Frieden nur dann Dauer verspreche, wenn das französisch-niederländische Bündnis fortbestehe. Er bot einen Garantievertrag an, der diesen künftigen Frieden gegen Verletzung durch den Gegner sichern sollte, indem Frankreich und die Niederlande in diesem Fall einander beistehen und nur gemeinsam erneut Frieden schließen würden. Aber er suchte die Generalstaaten zugleich auf eine Friedensbedingung festzulegen, die allein dem französischen Interesse entsprach und in den bisherigen Bündnisverträgen keine Stütze hatte: Spanien sollte den Katalanen einen dreißigjährigen Waffenstillstand gewähren! Zwar behauptete er, diese Verpflichtung ergebe sich aus der Bestimmung der erwähnten Allianzverträge, daß jeder Teil dem anderen seine Eroberungen garantiere. Man hielt ihm entgegen, die Vertragspartner hätten sich durch die Allianzen von 1634 und 1635 doch nur den damaligen Besitzstand garantiert und nicht ihre späteren Eroberungen. Man sei jedoch bereit, den Franzosen auch diese zu gewährleisten, soweit sie in den spanischen Niederlanden lägen, nicht aber die auf dem spanischen und italienischen Kriegsschauplatz. Zweifellos war dieser Standpunkt begründet, denn natürlich hatten die Vertragspartner sich seinerzeit nur solche Erwerbungen im voraus garantieren wollen, die ihnen beim Friedensschluß in aller Form zugesprochen und danach von einem Gegner mit Gewalt angefochten werden würden. Diese Garantievereinbarung war Bestandteil der allgemeinen Garantie des künftigen Friedens, nicht aber in der Absicht geschlossen, einander von vornherein auf bestimmte Friedensbedingungen oder alle nur denkbaren Forderungen festzulegen. Noch war Krieg, und unter welchen Bedingungen der allgemeine Frieden geschlossen werden würde, stand dahin. Wie konnte Frankreich eine solche Forderung an seinen Bundesgenossen stellen? Dieses Ansinnen war in der Tat unannehmbar und daher leicht abzuweisen.

Aber damit war man nun doch mitten in der Diskussion über die beiderseitigen Bündnisverpflichtungen, und hier fand Servien Gelegenheit, auf den Vertragsentwurf von Münster einzugehen, den er als unvereinbar mit der Allianz bezeichnete, und seine Annullierung zu fordern. Die Generalstaaten sahen sich damit auch von dieser Seite vor die Frage gestellt, ob sie das Verfahren ihrer Gesandten in Münster mißbilligen oder decken sollten. Die Frage war eine doppelte: Einmal, ob der Vertragsentwurf mit dem französischen Bündnis vereinbar sei, und zweitens, ob sein Inhalt den niederländischen Interessen genüge.

Die erste Frage wurde sehr entschieden von Holland bejaht und von der Mehrzahl der übrigen Staaten jedenfalls nicht ausdrücklich verneint. Man berief sich darauf, daß ja noch nichts abgeschlossen sei und auch Frankreich in Verhandlungen mit Spanien stehe. Dann aber schieden sich die Geister an der Frage, ob die Bedingungen von Münster annehmbar seien. Holland bejahte auch dies, aber hier waren nicht alle der gleichen Meinung. Man hatte in Münster vereinbart, die Frage der katholischen Kultübung in den südlichen Grenzbezirken des Landes auszusetzen und sechs Monate nach Friedensschluß in einem besonderen Vertrag zu regeln. Darin sahen die meisten Provinzen nicht nur einen religiösen Frevel, sondern auch eine Verletzung des Prinzips der Staatshoheit, die das Verfügungsrecht über das religiöse Bekenntnis der Untertanen einschließe. Das zweite Bedenken betraf den spanischen Anspruch auf Obergeldern, das dritte die Scheldezölle, das vierte die Interessen der West- und Ostindischen Kompanie. Zumal Geldern führte den Kampf gegen den Münsterschen Vertrag mit Nachdruck und bestritt den Generalstaaten das Recht, über die Interessen einer einzelnen Provinz durch Mehrheitsbeschluß zu entscheiden. Man mußte eine besondere Kommission einsetzen, um mit diesem Staat zu verhandeln.

Ungeachtet aller dieser Bedenken forderte Holland, jede Rücksicht auf Frankreich fahren zu lassen und abzuschließen. Sein materielles und moralisches Übergewicht war entscheidend, seine Ansicht gewann von Monat zu Monat an Gewicht. Da es über die Hälfte aller finanziellen Lasten trug, brachte es durch seinen Einspruch den Krieg gegen Spanien praktisch zum Stillstand; die Kampfhandlungen ruhten im Sommer 1647 fast vollständig. Servien forderte vergeblich die Eröffnung der Feindseligkeiten. Er mußte bei dieser Lage seine Bedingungen für den Garantiepakt erheblich herabmindern. Am 29. Juli kam der Vertrag zustande, aber was die Generalstaaten hier bewilligten, war nur eine Garantie für das, was Spanien den Franzosen in Münster bereits zugestanden hatte. Es gelang Servien nicht, sie auf weitere Friedensbedingungen festzulegen; die Niederländer waren nicht bereit, durch neue Garantieversprechungen an Frankreich die Spanier zu weiteren Zugeständnissen zu nötigen.

Im Mai und nochmals im August faßten die Generalstaaten gegen die Stimme von Utrecht den Beschluß, mit Spanien in Münster über die noch unverglichenen Punkte ihres Friedens weiterzuverhandeln. Frankreichs Versuch, den Niederländern seine willkürliche Interpretation der Bündnisverträge aufzunötigen, erwies sich als ein schwerer Fehler. Man hatte den plumpen Versuch gemacht, den Bundesgenossen über seine Verpflichtungen hinaus für die eigenen Kriegsziele einzuspannen. Mindestens hatte man diesen Eindruck hervorgerufen, und Servien hatte ihn durch sein anmaßendes Auftreten noch verstärkt. Er hatte selbst ehrenrührige Beschuldigungen gegen Mitglieder der niederländischen Friedensgesandtschaft nicht gescheut, Pauw mußte sich durch einen Eid von den Generalstaaten von dem Vorwurf reinigen, er habe sich von Spanien bestechen lassen. Serviens Abgang war wenig rühmlich, die Staaten von Holland wollten ihm sogar das übliche Abschiedsgeschenk verweigern. Das nun deutlich werdende Ausscheiden der Niederlande aus dem französischen Bündnissystem war die Folge einer Überspannung der französischen Ansprüche. Nicht nur, daß die französische Politik in ihren Zielen immer maßloser wurde, beschwor das Verhängnis herauf, sondern vor allem auch, daß sie in ein dem französischen Charakter so naheliegendes rein juristisches, fast möchte man sagen advokatenhaftes Denken verfiel. Man suchte aus den Bündnisverträgen das Letzte herauszuholen, man baute auf Verpflichtungen, die man dem Partner auferlegt hatte oder auferlegt zu haben glaubte, man interpretierte sie in gewagter und einseitiger Weise und rechnete mit ihnen mehr als mit dem natürlichen Interesse des Verbündeten, das doch letztlich seine Haltung und die Dauer der Verträge bestimmte. Die Klausel rebus sic stantibus war freilich noch kein anerkannter Grundsatz des Völkerrechtes, aber doch mindestens damals wie zu allen Zeiten stillschweigende Voraussetzung bei Staatsverträgen. Wie konnte man hoffen, einen Bundesgenossen gegen sein Interesse auf eine eigene, noch dazu höchst fragwürdige Auslegung der Verträge festlegen zu können?

Wir übergehen die französisch-spanischen Verhandlungen dieses Jahres in Münster, die die Niederländer durch ihre Vermittlung vergeblich zu fördern suchten. Sie blieben auf den Gang der allgemeinen Verhandlungen ohne Einfluß. Wir ersparen uns auch die Einzelheiten der spanisch-niederländischen Verhandlungen, die im September in Münster noch einmal begannen und nicht ohne Schwierigkeiten verliefen. Aber sie verhalfen dem Standpunkt der Generalstaaten in den meisten noch strittigen Punkten zum Siege. Am 16. Januar 1648 lag der abgeänderte Friedensvertrag fertig und gesiegelt vor. Die Unterschriften wurden noch ausgesetzt, um den Franzosen eine letzte Frist von 15 Tagen zur Verständigung mit Spanien zu lassen. Sie schien damals allein noch an der lothringischen Frage zu hängen, aber sie blieb aus. Am 30. Januar erschien Peñaranda, bis zuletzt im Zweifel über seinen Erfolg, mit dem gesiegelten Dokument im Quartier der Niederländer und erinnerte sie an die gegebene Zusage: Heute noch müsse unterschrieben oder alles als abgebrochen betrachtet werden. Noch einmal fuhren die Niederländer zu den Franzosen, machten sie vermittelnde Vorschläge in der lothringischen Frage, noch einmal baten sie die Spanier um einen Aufschub von zwei Tagen, ja nur bis zum nächsten Morgen. Peñaranda blieb unerschütterlich und drang durch; alle unterschrieben sie bis auf Nederhorst von Utrecht, der bis zuletzt der französischen Allianz die Treue hielt. Von Bedeutung war sein Widerspruch nicht.

Der erste Friedensschluß, der erste Hoffnungsstrahl für diesen an Enttäuschungen so reichen Kongreß!

Der Kaiser und die „dritte Partei"

Im Herbst des Jahres 1647 stand man vor der Frage, was geschehen könne, um die stockenden Verhandlungen an irgendeiner Stelle wieder in Gang zu bringen. Die Rückkehr Bayerns hatte die militärische Lage des Kaisers entscheidend verbessert, der bevorstehende niederländische Frieden gab ihm neue Hoffnung. Man konnte nun das Verhältnis zu Frankreich etwas gelassener betrachten als noch im letzten Sommer. Wie aber stand man mit Schweden? Die schwedische Regierung hatte im Zusammenhang mit ihren Geldforderungen für die Armee auch neue Bestimmungen über die Friedensexekution verlangt, die diese Forderungen sichern und ihr die Möglichkeit geben sollten, Teile des Reichsgebietes noch längere Zeit nach Friedensschluß besetzt zu halten. Erklärlich, daß man sie in Wien mit äußerstem Mißtrauen zur Kenntnis nahm. Vor allem aber bereiteten die noch immer unerledigten Religionsfragen dem Kaiser Sorge. Sie waren zur Zeit das dringlichste Problem.

Drei Gruppen von Fragen waren dabei zu unterscheiden: Bis zum 1. Dezember 1646 hatte Trauttmansdorff mit Zustimmung der wichtigsten katholischen Stände sehr bedeutende Konzessionen gemacht. Er hatte, wenn auch mit starken Einschränkungen in der Praxis, das Prinzip der Gleichberechtigung, das Normaljahr 1624 und die ewige Überlassung der geistlichen Güter zugestanden. Hiergegen protestierten aber der Nuntius und die extrem katholischen Stände mit Nachdruck. Im zweiten Stadium der Religionsverhandlungen war Trauttmansdorff im wesentlichen selbständig verfahren, wenn auch unter Vorbehalt der Billigung des Vereinbarten durch die Katholiken. In dieser Zeit hatten die Protestanten bedeutende Zugeständnisse zum Teil noch über das Normaljahr hinaus erkämpft: Minden und die württembergischen Klöster hatten sie gewonnen, die Parität in den schwäbischen Reichsstädten durchgesetzt, doch war sie für Augsburg, wie wir uns erinnern, von Volmar nur versehentlich zugestanden und alsbald widerrufen worden; schließlich hatten sie den bekannten Kompromiß über Osnabrück durchgesetzt. Die Vereinbarungen dieser beiden ersten Phasen der Religionsverhandlungen waren in dem Trauttmansdorffschen Friedensentwurf vom Juni 1647 niedergelegt worden, der aber die amtliche Zustimmung der Katholiken bisher nicht gefunden hatte. Ihr Gutachten vom 11. Oktober hatte sogar wichtige Zugeständnisse der ersten Verhandlungsphase wieder in Frage gestellt. Drittens erhoben die Schweden und die meisten Protestanten noch immer einige bisher unerfüllte Forderungen. Sie betrafen die Augsburger Frage, die Justiz, insbesondere die Parität am Reichskammergericht, und einige Restfragen der Autonomie im Reich, wobei es den Evangelischen in der Hauptsache auf einen langen Auswanderungstermin, auf die protestantische Religionsübung im Stift Hildesheim, in Aachen und anderswo ankam. In diese Forderungen hatte auch Trauttmansdorff nicht gewilligt, geschweige denn die katholischen Stände.

Die Meinung der kaiserlichen Gesandten in Münster und Osnabrück, die wir aus ihren ausführlichen Denkschriften zu dem katholischen Gutachten vom 11. Oktober kennen, war einhellig die, daß die Zugeständnisse Trauttmansdorffs vom Jahre 1646, da sie mit Zustimmung der wichtigsten katholischen Stände gemacht worden waren, den Protestanten zu halten seien. Bei der zweiten Gruppe hielten sie Änderungen für wünschenswert, denn da sei in der Tat den Katholiken „allzu hart auf den Fuß getreten" worden, sie versprachen sich aber von Verhandlungen darüber nichts. Deshalb sei hier die Entscheidung durch kaiserlichen Vorgriff herbeizuführen, und der setze voraus, daß die katholischen Stände sich zur Hilfe für den Kaiser entschlössen, und zwar mit der Tat und nicht nur auf dem Papier. Daß dies geschehen werde, war ihnen selbst wohl sehr zweifelhaft. Bei dem dritten Komplex der noch unerfüllten protestantischen Forderungen waren auch sie für entschlossenen Widerstand.

Soweit Verhandlungen über die kirchlichen Fragen noch in Betracht kamen, waren zwei Wege denkbar, entweder unmittelbare Besprechungen zwischen den Religionsparteien oder kaiserlich-schwedische Verhandlungen. Beide waren bisher beschritten worden, beide nicht ohne Erfolg, aber soviel hatte sich doch ergeben, daß ein Übereinkommen, dem alle Stände ohne Ausnahme zustimmten, nicht zu erzielen sein würde. Blieb noch die Möglichkeit des kaiserlichen „Vorgriffs." Durch ihn war man einst beim Passauer Vertrag, beim Augsburger Religionsfrieden und beim Prager Frieden über die unvereinbaren Gegensätze hinweggekommen: Der Kaiser hatte damals, teils auf Anheimstellen eines Teiles der Stände, teils aus eigener Machtvollkommenheit in den strittigen Fragen den Ausschlag gegeben und seine Entscheidung als Reichsgesetz verkündet. Ob ein solches Verfahren rechtlich zulässig sei, war bekanntlich umstritten. Ein Teil der Staatsrechtslehrer war der Ansicht, die Reichsgesetze und -beschlüsse seien Verträge zwischen Kaiser und Ständen, deshalb könne kein Teil den anderen zwingen: Aliud est conventio, aliud imperium. Aber es ging ja eben darum, was zu geschehen habe, wenn ein solches Übereinkommen in entscheidenden Fragen, von denen Friede und Eintracht im Reich abhingen, nicht zustande kam und die Parteien sich auch zu keinem Anheimstellen an den Kaiser entschlossen? Sollte dann alles übereinanderstürzen? War dann nicht der Kaiser kraft seines Amtes verpflichtet, die Entscheidung selbst zu treffen und den Streit durch Vorgriff zu beenden, um den Frieden zu wahren und einen Bürgerkrieg zu verhindern? Dies war die Frage, um die es im gegenwärtigen Moment ging. Die Räte des Kaisers bejahten sie, aber die Erfahrung hatte auch gezeigt, daß das Mittel des Vorgriffs ein fragwürdiges und eine Entscheidung aus kaiserlicher Machtvollkommenheit ein gewagtes Unternehmen war. Schon um seines Ansehens willen konnte der Kaiser, wie alle seine Berater mit Recht betonten, an einen solchen Schritt nur denken, wenn er damit rechnen konnte, daß eine Mehrheit der Reichsstände oder doch die mächtigeren unter ihnen seine Entscheidung annehmen und gegen ihre widerstrebenden Mitstände durchsetzen würden: Der „Vorgriff" setzte die „Konjunktion" wenigstens der bedeutendsten Stände mit dem Kaiser voraus. Nur so konnte auch die Zustimmung Schwedens und Frankreichs gewonnen oder äußerstenfalls erzwungen werden.

Erst Konjunktion, dann Vorgriff und Frieden, so stellte sich also das Problem für den Kaiser. Freilich war noch eine Schwierigkeit dabei: Er hatte Rücksicht auf Spanien zu nehmen, ohne dessen Zustimmung er nach dem Bündnisvertrag von 1634 keinen Frieden schließen konnte. Nun waren aber die Reichsstände, und zwar katholische wie evangelische ohne Unterschied, nicht gewillt, den Friedensschluß wegen dieser fremden Macht auch nur um eine Stunde zu vertagen. Frankreichs Hauptforderung an den Kaiser, dem Bündnis zu entsagen und ohne Spanien Frieden zu schließen, fand bei ihnen fast ungeteilten Beifall. Hier lag das größte Hindernis einer Konjunktion zwischen Kaiser und Ständen.

Auf die Haltung der Reichsstände kam es demnach an. Wie stand es damit? Das Votum der katholischen Stände vom 11. Oktober war ein Mehrheitsbeschluß, gab aber kein zutreffendes Bild der Lage. Gerade die mächtigsten katholischen Stände, nämlich Mainz, Köln und Bayern, Bamberg und Würzburg sahen vielmehr in dem Trauttmansdorffschen Entwurf eine geeignete Grundlage für den Frieden und wünschten, daß der Kaiser ungeachtet des Widerspruches der radikalen Partei die Sache möglichst rasch durch Vorgriff entscheide, indem er diesen Entwurf in Kraft setze. Sachsen, Brandenburg und die meisten der kleinen lutherischen Stände waren der gleichen Ansicht. Einige, die in der Sache durchaus zustimmten, hatten doch Bedenken, den Schweden auf diese Weise die Dinge aus der Hand zu nehmen und sie zu verstimmen, zum Teil wollten sie auch noch jene von Trauttmansdorff nicht bewilligten Forderungen durchsetzen. Sie drängten daher auf neue Besprechungen und Ausgleichsversuche, ehe für die dann noch strittigen Punkte die Frage des Vorgriffs gestellt werde; sie hofften die Grundlagen für einen solchen noch zu verbessern.

So erwünscht dem Kaiser an und für sich die Neigung der „dritten Partei" sein konnte, ihm die letzte Entscheidung anheimzugeben, so wenig konnte er doch auch verkennen, daß man ihn damit zu einem Frieden drängen wollte, der zwar dem Reich Ruhe verschaffte, aber Spanien seinem Schicksal überließ. Auch schien ihm der Vorgriff zu gewagt, solange er nur den Beifall der vornehmsten Stände hatte, ohne ihrer tatkräftigen Hilfe sicher zu sein. Der Kaiser hat daher in den folgenden Monaten die immer dringender von den Kurfürsten gestellte Frage, ob er nicht den Frieden auf der von Trauttmansdorff geschaffenen Grundlage in Kraft setzen wolle, stets mit der Gegenfrage beantwortet, was er von ihnen zu erwarten habe, wenn sich gegen seine Entscheidung Widerstand erheben sollte, und ob die Stände bereit seien, sich mit ihm zu verbinden und dem Vorgriff den nötigen Nachdruck zu verschaffen? Vor allem ging diese Frage die drei weltlichen Kurfürsten an. Gaben Sachsen und Brandenburg nach dem Vorbild Bayerns ihre Neutralität auf, verbanden sie alle drei ihre Waffen mit denen des Kaisers, dann, aber erst dann, konnte man der Frage des Vorgriffs nähertreten. So verlegte die kaiserliche Diplomatie in den folgenden Wintermonaten ihren Schwerpunkt vom Kongreß an die kurfürstlichen Höfe nach München, Dresden und an das brandenburgische Hoflager in Kleve.

Im September 1647 berichteten die kaiserlichen Gesandten aus Osnabrück zum erstenmal über unmittelbare Besprechungen zwischen einzelnen Ständen beider Konfessionen, von ihrer Forderung des Vorgriffs und dem Wunsch der Evangelischen, mit einer Deputation der verständigungsbereiten Katholiken aus Münster die unterbrochenen Religionsverhandlungen wieder aufzunehmen. Bald darauf erhielt man in Wien das Reichskonklusum, worin die zusätzlichen Forderungen Frankreichs im Elsaß und in den drei Bistümern so einmütig und entschieden abgelehnt wurden. Man sah in alledem hoffnungsvolle Ansätze zu einer möglichen „Zusammensetzung" der Stände mit ihrem Oberhaupt und gedachte diese Möglichkeit nicht zu versäumen. Der Kaiser ließ den Protestanten versichern, auch er halte die Trauttmansdorffschen Vorschläge für eine brauchbare Friedensgrundlage und sei nicht gewillt, seine Bedingungen jetzt in die Höhe zu schrauben, warnte aber vor zusätzlichen Forderungen. Das scharfe Votum der Katholiken vom 11. Oktober lag in Wien noch nicht vor, aber man hatte Nachrichten über ihre Beratungen und fand es ärgerlich, daß sie darin so saumselig verführen und die Trauttmansdorffschen Konzessionen erneut in Disput zögen. Man schrieb an Volmar, für den Fall, daß ihr Gutachten dem Kaiser keinen Raum zu Verhandlungen mit der Gegenseite gewähre, werde man freilich nicht umhin können, die Sache durch Vorgriff zu beenden. Die Absicht dieser nur so allgemein hingeworfenen Bemerkung war wohl, auf die Entschließungen der Katholiken mildernd einzuwirken, aber sie wurde gründlich mißverstanden, auch von den kaiserlichen Gesandten selber. Man hatte in Wien versäumt, sie über die eigenen Absichten ausreichend zu informieren, vielleicht sah man auch selbst noch keinen rechten Weg, jedenfalls zog Volmar aus dieser Instruktion den Schluß, daß der Kaiser entschlossen sei, mit Schweden und Protestanten auf der von Trauttmansdorff gelegten Grundlage abzuschließen. Er redete deshalb den katholischen Ständen ins Gewissen, den Protestanten das von Trauttmansdorff Zugesagte zu halten, und sprach in diesem Zusammenhang auch von dem kaiserlichen Recht des Vorgriffs. Die Folge war erneute Empörung der Radikalen, denen damit das billige Argument in die Hand gespielt war, der Kaiser befrage die Katholiken ja doch nur zum Schein. Volmar ist auch von Wien scharf getadelt worden, daß er mit dem Vorgriff gedroht habe, obwohl der Kaiser noch gar nicht entschlossen sei, ob und wie er ihn brauchen wolle. Für seine Verhandlungen mit den Religionsparteien war das ein schlechter Auftakt.

Er hatte das Unglück, auch bei den Verhandlungen mit den Franzosen gründlich danebenzugreifen. Seine Instruktion empfahl ihm, sich zunächst ihnen gegenüber noch etwas zurückzuhalten, bis man sehe, wie die französisch-spanischen Verhandlungen ablaufen möchten. Es ist klar, der Kaiser wollte seine eigenen Differenzen mit Frankreich nicht gar so schnell aus dem Wege räumen und damit Spanien sozusagen in den Rücken fallen. Aber wieder einmal erwies sich die französische Diplomatie als überlegen, die französische Position als die stärkere. Seit der Abreise Trauttmansdorffs waren die Franzosen den Verdacht nicht los geworden, die kaiserliche Politik werde von Spanien beherrscht und wolle Frankreich durch einen beschleunigten Abschluß mit Schweden und den Protestanten isolieren. Man war entschlossen, das zu verhindern und die schwebenden Differenzen mit dem Kaiser zu beseitigen. Hatte schon das Reichskonklusum den Franzosen eine Rückkehr zum ursprünglichen Wortlaut des Septembervertrages nahegelegt, so konnten diese Überlegungen sie nur noch darin bestärken. Das Opfer war nicht allzu groß, war doch der Anstoß zur Abänderung des Vertrages nicht von ihnen, sondern von den Kaiserlichen ausgegangen, und die Rückkehr zum ursprünglichen Text bedeutete keine Entscheidung der strittigen Fragen zu deren Gunsten. Die Möglichkeit, den eigenen Standpunkt später bei der Interpretation des Vertrages durchzusetzen, wurde nicht verschüttet. Diese Absicht, die Jahrzehnte später in der Praxis der Reunionskammern Ludwigs XIV. in so verhängnisvoller Weise verwirklicht worden ist, findet sich in diesen Tagen zum erstenmal in den Berichten der französischen Gesandten klar ausgesprochen. Man könne, so heißt es da, die französische Prätention auf die Diözesen der drei Bistümer „conserver et la faire valoir après la paix, selon que la conjecture le pourra permettre".

Es galt schnell zu handeln, da der kaiserliche Auftrag an Volmar, sich nach Osnabrück zu begeben, jeden Tag eintreffen konnte. Die Franzosen wußten dem kaiserlichen Unterhändler mit Hilfe des bayrischen Gesandten Dr. Ernst und der Vermittler plausibel zu machen, es sei im kirchlichen Interesse doch wohl besser, die Differenzen zwischen den katholischen Mächten erst ins Reine zu bringen, bevor er mit den Protestanten verhandle; sie seien daher bereit, es bei dem ursprünglichen Vertragstext zu belassen. Und wirklich entschloß sich Volmar, obwohl er inzwischen die erwartete Weisung aus Wien erhalten hatte, zunächst zur Verhandlung mit Frankreich. Die Reise nach Osnabrück stellte er zurück. Aber er ging in seiner Eigenmächtigkeit noch weiter: Der Kaiser glaubte sich deutlich genug darüber ausgesprochen zu haben, daß bei neuen Verhandlungen mit Frankreich die Geltung alles Vereinbarten erneut ausdrücklich von dem Friedensschluß Frankreichs mit Spanien und der Regelung der lothringischen Frage abhängig gemacht werde. Aber Volmar war offenbar der Meinung, daß die Rückkehr zum ursprünglichen Wortlaut des Septembervertrages gerade auch im österreichischen Interesse so erwünscht sei, daß man auf diesen Vorbehalten nicht bestehen solle, jedenfalls machte er sie nicht zur Bedingung. Schon in seinem Gutachten zu dem Reichskonklusum über die lothringische und elsässische Frage hatte er sich dahin ausgesprochen, daß die von den Reichsständen gewünschten Abänderungen des Vorvertrages nur neue französische Ansprüche wecken würden. Er selbst war es ja gewesen, der im Interesse der Innsbrucker Linie zuerst den Vorschlag gemacht hatte, den Franzosen die Landvogteirechte anzubieten. Nun aber hatte der Kaiser im Gegensatz zu dem Gutachten Volmars dem Reichskonklusum zugestimmt und damit die Forderungen der elsässischen Immediatstände anerkannt. Trieb Volmar hier eine eigene Politik? Jedenfalls nahm er nicht nur die Verhandlungen mit den Franzosen noch vor denen mit Schweden und Protestanten auf, er ließ sich auch herbei, das vom Kaiser bestätigte Reichskonklusum aufzuopfern und einfach zum ursprünglichen Wortlaut zurückzukehren; er handelte also in mehr als einem Sinn gegen den Willen des Kaisers.

Das war in den ersten Novembertagen, und man kam mit Hilfe der Vermittler rasch zum Ziel, indem man einfach alle Punkte, über die man nicht einig wurde, ausließ und die noch unerfüllten Forderungen beider Parteien schriftlich bei den Vermittlern niederlegte. Auf diese Weise blieben auch die spanische und lothringische Frage unerledigt. Zwar sprach Volmar nicht den von den Franzosen verlangten Verzicht auf das Bündnis mit Spanien und mit Lothringen aus, aber die Franzosen gingen auch nicht die Verpflichtung ein, beide in den Frieden einzuschließen. Dies war der Punkt, an dem der Kaiser, als er Volmars Berichte erhielt, den stärksten Anstoß nahm. Er konnte natürlich das Vereinbarte nicht mehr zurücknehmen, aber seine Gesandten erhielten im Dezember den gemessenen Befehl, sich samt und sonders zu den Vermittlern zu verfügen und die förmliche Erklärung abzugeben, daß die französische Satisfaktion wie überhaupt alle Abmachungen mit Frankreich für nicht geschlossen und unverbindlich zu halten seien, wenn Frankreich nicht zugleich auch mit Spanien Frieden schließe. Diese Weisung wurde auch dem spanischen Botschafter am Kaiserhof mitgeteilt. Volmar hatte eben nur das Nächste im Auge gehabt und die speziellen Interessen Österreichs im Elsaß zu wahren gesucht, in Wien dachte man vorwiegend an die weltpolitische Stellung des Hauses Habsburg, die nun einmal auf dem Bündnis mit Spanien beruhte. In demselben Augenblick, wo die reichsständische Friedenspartei auf Trennung von Spanien drängte, bekräftigte der Kaiser dem Hof von Madrid seine alten Verpflichtungen. Der Gegensatz reichsständischer und kaiserlicher Friedenspolitik konnte kaum größer sein.

Am 14. November traf Volmar in Osnabrück ein, um die Verhandlungen mit den Religionsparteien aufzunehmen, die er freilich durch seine Äußerungen in Münster zwei Wochen zuvor nicht gerade glücklich eingeleitet hatte. Er hatte im Namen des Kaisers eine Stellungnahme zu den schwebenden Streitfragen vorgetragen, die doch erst im Fall eines Vorgriffs erfolgen sollte und über die der Kaiser noch in langwierigen Verhandlungen mit den Kurfürsten begriffen war. Seine Aufgabe hatte sein sollen, beide Parteien, vor allem aber die Evangelischen, zur Nachgiebigkeit und Verständigung anzuhalten, er hatte stattdessen selbst Partei ergriffen, und zwar für die Trauttmansdorffschen Vorschläge, die der Kaiser zwar nicht verwarf, aber doch in einzelnen Punkten noch zu verbessern hoffte. So hatte sich Volmar eine Vermittlung von vornherein erschwert, wie sich alsbald zeigen sollte. Als er nämlich nach dem Wunsch der Katholiken einige der in Trauttmansdorffs Entwurf bereits geregelten Fragen erneut zur Verhandlung stellen wollte, weigerten sich Schweden und Protestanten sehr entschieden, darauf einzugehen. Das seien abgetane und verglichene Dinge, nur um die wenigen Fragen, die damals noch ungeklärt geblieben, könne es sich noch handeln. Die Protestanten führten eine fast drohende Sprache, und selbst unter den katholischen Ständen zeigte sich Verärgerung über den Kaiser, der geneigt schien, kaum daß die Kriegslage ihn aufatmen ließ, alles wieder umzustoßen, was sein eigener Minister in seinem Namen vereinbart hatte.

Bis Ende November war in Osnabrück kein Fortschritt zu erzielen, ja nicht einmal eine Verhandlung in Gang zu bringen. Die Protestanten wollten das Trauttmansdorffsche Projekt keinesfalls wieder in Frage stellen lassen, und von katholischer Seite lag nur das Votum vom 11. Oktober vor, das man auch nach Meinung Volmars und der gemäßigten Katholiken so, wie es war, keinesfalls als Verhandlungsgrundlage nehmen konnte, ohne gleich alles zu zerschlagen. Volmar bemühte sich auch, die Katholiken zu einer milderen Fassung zu überreden; er schlug im Einvernehmen mit den gemäßigten Ständen eine Anzahl Abänderungen vor, über die sie Mitte Dezember berieten. Aber diese Sitzungen führten nur zu weiterem Zerfall der katholischen Partei und nicht zur Besinnung. Die radikale Mehrheit beschloß schließlich ein Gutachten, die gemäßigte Minderheit weigerte sich, es als das ihre anzuerkennen. Volmar konnte nur wenig damit anfangen, übernahm aber immerhin einige Punkte in sein Verhandlungsprogramm, während die meisten und wichtigsten so waren, daß er sie unter den Tisch fallen lassen mußte. Stellte doch die radikale Gruppe erneut das Normaljahr 1624, die Rückgabe der württembergischen Klöster, die Vereinbarungen über Osnabrück und Minden, die ewige Überlassung der geistlichen Güter, das Prinzip der Gleichberechtigung, ja sogar die Säkularisation Bremens und Verdens und damit einen wesentlichen Teil der schwedischen Satisfaktion in Frage! Es wurde immer deutlicher, daß man wohl über den Widerspruch der extremen Partei werde hinweggehen müssen.

Dies eben war ja die Forderung der Gemäßigten, zu denen sich jetzt auch Kurfürst Maximilian bekannte. Seit er den Ulmer Vertrag gekündigt hatte, war er gemeinsam mit Mainz, Köln und den fränkischen Bischöfen immer wieder beim Kaiser vorstellig geworden, die Religionsverhandlungen durch Vorgriff zu beenden, ohne daß er allerdings anzugeben wußte, wie man sich eines Erfolges versichern könne. Anfangs meinte er, das könne nur durch Verhandlungen am Kongreß ermittelt werden, aber schon vor Ende November riß ihm angesichts des schleppenden Verfahrens in Osnabrück die Geduld. Schon drohte er wieder mit neuem Abfall, wenn nicht bald Frieden werde. Er wußte, daß mit dem Ende des Winters die Franzosen erneut angreifen und diesmal den Krieg unmittelbar nach Bayern hineintragen würden. Der Kaiser wies in seiner Antwort mit Recht darauf hin, daß ein Vorgriff eben unzeitig sei, solange man nicht wisse, ob und unter welchen Bedingungen Protestanten und Schweden ihn annehmen würden. Um dies festzustellen, hatte der Kaiser Sachsen und Brandenburg befragt, aber bis zum Jahresanfang 1648 noch keine Antwort erhalten. Diese noch schwebenden Verhandlungen vorzeitig durch einen Vorgriff abzuschneiden, war schon mit Rücksicht auf die beiden evangelischen Kurfürsten unmöglich, und so mußte man denn, ohne des Erfolges bei den beiden Häuptern des protestantischen Deutschland sicher zu sein, das Risiko eines neuen bayrischen Abfalls tragen und das wenig respektvolle Drängen und Drohen des Kurfürsten mit freundlich-gelassener Miene und liebenswürdiger Geduld anhören, denn der Kurfürst von Bayern, äußerten die kaiserlichen Räte, habe nun einmal die Zwickmühle zu Frankreich jederzeit offen und könne auf die feindliche Seite zurücktreten, wann es ihm beliebe. Man müsse ihn halten, denn Katholiken und Protestanten sähen auf ihn, und solange er beim Kaiser bleibe, würden auch sie zu ihm stehen. Aber Maximilian machte es dem Kaiser nicht leicht. Er verlangte als Preis seiner Treue einen neuen Vertrag, dessen Grundlage die Ausschließung Spaniens aus dem Frieden und die Anerkennung des Trauttmansdorffschen Projektes sein müsse. Vergebens stellte man ihm vor, daß ohne Spanien das Gleichgewicht unrettbar verloren, die Übermacht Frankreichs auf dem Schlachtfeld und am Kongreß erdrückend sein würde. Die Antwort aus München war sehr geschickt, sie lautete klar und präzise, es gehe jetzt zunächst nur um die Frage, ob der Kaiser den deutschen Frieden eingehen wolle, wenn er ihn ohne Spanien haben könne? Darauf wünsche man Antwort, der Kaiser möge nur ja oder nein sagen. Natürlich gab der Kaiser diese Antwort nicht; man konnte beiderseits nur feststellen, über den Frieden als Ziel sei man sich einig, über die Mittel nicht. Die letzte Frage des bayrischen Abgesandten war, wie der Kaiser sich verhalten werde, wenn die Stände des Reiches zusammenträten und für sich den Frieden unter Ausschluß Spaniens abschlössen; werde er dann beitreten? Der Reichsvizekanzler Graf Kurz berichtete, er habe den Bayern mit solchen „unzeitigen" Fragen abgewiesen. Wie wenig unzeitig sie waren, sollte noch vor Ablauf dieses Jahres offenkundig werden. Man einigte sich schließlich am 24. Februar auf einen neuen Vertrag, der dem Kaiser die bayrische Hilfe bis zum Friedensschluß sicherte, aber nur zur Erlangung eines solchen Friedens, wie ihn der Kaiser mit Bayern und anderen Reichsständen „wo nicht insgesamt, doch mit den meisten und vornehmsten" vereinbaren würde. Auf die Bedingung, die man in Wien für unerläßlich hielt, daß es ein Universalfrieden mit Einschluß Spaniens sein müsse, ließ sich der Kurfürst nicht ein.

In einer ganz anderen Atmosphäre spielten sich die gleichzeitigen Verhandlungen mit Kursachsen ab. Ende Oktober war zunächst der Vizekanzler nach Dresden geschickt worden. Auch Kurfürst Johann Georg setzte kaum noch Hoffnung auf eine Verständigung der Religionsparteien, die er seit der Abreise Trauttmansdorffs vom Kongreß unablässig, aber erfolglos betrieben hatte. Auch er wünschte, daß der Kaiser den Streit durch Vorgriff beende, über dessen Bedingungen er natürlich mit den anderen Kurfürsten des Reiches zuvor gehört sein wollte. Auch hier wollte der Kaiser erst Sicherheit haben, ob die „Konjunktion" zustande komme, ehe vom Vorgriff gesprochen werde. Der erste Schritt zu ihr sollte die Kündigung der Neutralitätsverträge sein, die Sachsen und Brandenburg mit Schweden geschlossen hatten. Der Kaiser wußte, daß beide Kurfürsten sich nicht zum besten dabei standen. Sie mußten ihre Länder vertragsgemäß für schwedische Durchmärsche offenhalten, was für sie eine schwere Last und für den Kaiser eine ständige Bedrohung darstellte. Graf Kurz machte dem sächsischen Kurfürsten, indem er ihn zur Kündigung des Vertrages mit Schweden zu überreden suchte, zugleich die Eröffnung, daß der Kaiser nicht die Absicht habe, von den Vereinbarungen, die er mit den Kronen und mit den Ständen bisher getroffen, zurückzutreten. Er hoffe, daß die Stände ihre Differenzen noch begleichen oder ihm den endlichen Vergleich und Ausschlag anheimstellen würden. Damit blieb indirekt ein Abweichen von den Trauttmansdorffschen Friedensgrundlagen, wenigstens in Einzelheiten, offen.

Der Vizekanzler stieß in Dresden auf eine doppelte Schwierigkeit: Der Kurfürst war zu einem plötzlichen Bruch mit den Schweden nicht zu bringen, wohl aber geneigt, ihnen die vereinbarten Kontributionen zu kündigen, was vielleicht in der Folge zu einer Kündigung des ganzen Vertrages durch Schweden führen konnte. Aber ehe er sich so weit entschloß, wünschte er Sicherheit, ob der Kaiser bei dem bleibe, was Trauttmansdorff in seinem Friedensentwurf zugestanden hatte. Nicht ob er zum Vorgriff überhaupt, sondern zum Vorgriff auf dieser Grundlage bereit sei, interessierte den Kurfürsten. Dies wollte er zur Voraussetzung seines Rücktritts zum Kaiser machen und diesen selbst in der vorsichtigsten Form vollziehen, während man doch in Wien genau umgekehrt dachte: Erst Konjunktion, dann — vielleicht — Vorgriff! So antwortete Graf Kurz ausweichend: Wie könne man etwas Endgültiges über die Friedensgrundlagen sagen, da doch Schweden, Protestanten und Katholiken mit dem bisher Verhandelten noch nicht zufrieden seien? Der Kurfürst aber, so ehrlich geneigt er sich sonst dem Kaiser zeigte, wollte nun einmal ohne Klarheit in diesem Punkt keinen entscheidenden Schritt wagen. Man kam daher nur zu einer vorläufigen Vereinbarung: Der Kurfürst versprach die Kontributionen zu kündigen und in Osnabrück auf raschen Friedensschluß zu dringen, notfalls auch mit Abberufung seiner Gesandten zu drohen. Man verabredete, Katholiken und Protestanten zu gegebener Zeit eine Frist zur Verständigung zu setzen und nach deren Ablauf Vorgriff und Konjunktion zugleich zu vollziehen, über die Bedingungen des Vorgriffs würde der Kaiser sich mit dem Kurfürsten vorher verständigen.

Der Kaiser hatte keinen Vorgriff ohne Konjunktion, der Kurfürst keine Konjunktion ohne Vorgriff bewilligen wollen, das Junktim zwischen beiden war der natürliche Ausweg aus diesem Dilemma, die vereinbarte Frist wiederum die notwendige Folge dieses Junktims, da die Bedingungen des Vorgriffs noch der Klärung bedurften. Der Kaiser konnte hoffen, bei den Verhandlungen darüber vielleicht doch noch einige Wünsche der Katholiken zu erfüllen. Daß Kursachsen darin nicht kleinlich sein werde, war zu erwarten, der Kurfürst hatte sich dem Vizekanzler gegenüber stark von seinen Glaubensgenossen distanziert und unumwunden erklärt, man habe den Katholiken Unbilliges zugemutet und allzu hart zugesetzt, er wolle daran keinen Teil haben und die Katholiken nicht zur Desperation bringen. Was aber der kaiserlichen Regierung besonders wichtig war: Die Verpflichtung, nur mit beiderseitiger Einwilligung Frieden zu schließen, stellte Spanien sicher, ohne dessen Beteiligung der Kaiser nun einmal keinem Frieden zustimmen würde. Graf Kurz und die kaiserlichen Räte wiesen auf diesen entscheidenden Vorteil ausdrücklich hin.

Das Nächste mußte eine Verständigung über den Inhalt des etwaigen Vorgriffes sein. Man entschloß sich in Wien, die eigenen Änderungsvorschläge zum Trauttmansdorffschen Friedensprojekt, die man bisher nur Bayern zugestellt hatte, jetzt auch den beiden evangelischen Kurfürsten mitzuteilen. „Einmal muß der Sachen ein End gemacht werden", schrieben die Räte dem Kaiser, „sonderlich aber dahin gesehen werden, wie man durch Ansichziehung dieser beiden Kurfürsten und anderer protestierenden Stände aus der Sachen kommen möchte." Am 17. Dezember übergab also Volmar in Osnabrück die kaiserliche Erklärung zu den kirchlichen Fragen, zur gleichen Zeit fertigte man in Wien den kaiserlichen Sekretär Schröder nach Dresden ab, wo er dem Kurfürsten dieselben Vorschläge als Grundlage des künftigen kaiserlichen Vorgriffs unterbreiten sollte.

Was der Kaiser hierin an Abstrichen von dem Trauttmansdorffschen Projekt und an sonstigen Vorbehalten zusammenstellte, war maßvoll zu nennen im Vergleich mit den unvernünftigen Forderungen der radikalen katholischen Partei am Kongreß. Es handelte sich, von Kleinigkeiten abgesehen, nur um wenige Hauptpunkte: Bei der Amnestie wünschten die Katholiken, auch die gemäßigten, die gerichtlich entschiedenen Fälle von der Restitution auszunehmen, denn es dünkte ihnen hart, daß der Frieden umstoßen sollte, was Richter für Recht erkannt hätten. Aber man hatte in Wien wenig Hoffnung, daß die Protestanten hierin nachgeben würden, und so stellte der Kaiser in diesem Punkt keine Forderung auf, er empfahl ihn nur zu des Kurfürsten Nachdenken. Der zweite Hauptpunkt betraf die gemischten Reichsstädte, besonders Augsburg. Nicht ihren Konfessionsstand, der durch das Normaljahr 1624 gesichert war, sondern die Zusammensetzung des Stadtregiments; der Kaiser lehnte gleich den Katholiken die von den Evangelischen gewünschte Parität ab. Die Hauptsache aber war dem Kaiser die Autonomie. Hier legte er alles Gewicht auf das landesherrliche Reformationsrecht, aus dem die protestantischen Autonomieforderungen in der Tat ein wichtiges Stück herausbrechen wollten. Immerhin wollte der Kaiser auch hier das Prinzip des Normaljahres respektieren; wo Untertanen im Jahre 1624 freie Religionsübung gehabt hatten, sollte sie ihnen bleiben. Keinesfalls aber dürfe im Friedensvertrag etwas darüber hinaus verfügt werden. Wo Pakte und Verträge einzelner Landesherren mit ihren Untertanen etwas derartiges enthielten, sei dies allein eine Sache ihrer Kompetenz und ihrer landesherrlichen Gewalt in ecclesiasticis. Eine Erwähnung solcher Pakte im Friedensvertrag sei deshalb ganz unnötig; geschehe sie doch, so sei klarzustellen, daß damit nur die Freiheit der Landesherren zu solchen Verträgen mit ihren Untertanen stipuliert, nicht aber eine Garantie derselben durch den Friedensvertrag ausgesprochen werden solle. Es dürfe daraus kein Recht des Reiches oder der Signatarmächte, sich in das Verhältnis der Landesherren zu ihren Untertanen einzumischen, hergeleitet werden. Auch den fünfzehnjährigen Auswanderungstermin lehnte der Kaiser ab; die Justizfragen seien auf den künftigen Reichstag zu verweisen.

Alle diese kaiserlichen Vorbehalte bezogen sich, wie man bemerken wird, auf die von Trauttmansdorff offengelassenen Streitfragen, sie berührten in keinem Punkt die von ihm bereits zugestandenen großen Prinzipien des Friedens, etwa die Gleichberechtigung, das Normaljahr, die ewige Überlassung der geistlichen Güter, denn wenn der Kaiser statt „ewig" die Formulierung „bis zu späterer Religionsvergleichung" vorschlug, so bedeutete das sachlich keine Änderung. Die sächsischen Räte fanden denn auch kaum etwas Triftiges gegen den Entwurf einzuwenden.

Aber während man noch verhandelte, bemerkte der kaiserliche Sekretär schon die ersten Anzeichen eines Umschwunges am sächsischen Hof. Es mag dazu die Verstimmung beigetragen haben, die der Kurfürst darüber empfand, daß der Kaiser seit Jahren und auch jetzt wieder die Erfüllung der Zusagen verweigerte, die der Kurfürst einst den Schlesiern hinsichtlich der freien Religionsübung im Namen des Kaisers gemacht hatte. Er gab ihr in dem Schlußbescheid an Schröder lebhaften Ausdruck und erklärte ihm gleichzeitig, er habe nunmehr Bericht von Osnabrück, daß man dort Hoffnung auf baldigen Vergleich der Konfessionen untereinander hege, nun könne man alles so einrichten, daß es eines Vorgriffs oder anderer Zwangsmittel nicht mehr bedürfe. Das war Ende Januar, zu einer Zeit, wo man am Kongreß noch weit von einer Verständigung entfernt war und die Kaiserlichen sich gerade bemühten, die heimlichen unmittelbaren Verhandlungen zwischen den verständigungsbereiten Gruppen beider Konfessionen zu unterbinden. Wenn der Kurfürst in diesem Augenblick auf die angeblich bevorstehende Verständigung am Kongreß verwies, so war es offensichtlich, daß er damit nur dem Vorgriff und der Konjunktion ausweichen wollte. Er könne jetzt nicht mit Schweden brechen, erklärte er dem Gesandten, ohne sofort die ganze schwedische Armee auf sich zu ziehen; die Lage habe sich seit dem Besuch des Vizekanzlers eben geändert. Damit war die Abrede mit Sachsen so gut wie entwertet. Der Kaiser stand in diesem Augenblick völlig allein da, der Vertrag mit Bayern war noch nicht perfekt, während zugleich Brandenburg sich seinen Plänen hartnäckig versagte.

Bereits im Oktober hatte Kurfürst Friedrich Wilhelm eine Konjunktion unzweideutig abgelehnt. Trotzdem hatte man von der anderen Seite neue Versuche gemacht, mit ihm ins Gespräch zu kommen. Im November ließ ihm der Kurfürst von Köln das Kriegsdirektorium im westfälischen und niedersächsischen Kreise antragen, sofern er sich mit dem Kaiser enger verbinde. Erneut lockte man ihn mit ganz Pommern und den ihm bereits überlassenen Stiftern, nur Minden sollte er gegen die Schaumburgischen Ämter eintauschen. Man wollte das Stift den Braunschweigern als Ersatz für ihren Anteil an Osnabrück bieten, so hoffte man wenigstens eines der großen norddeutschen Bistümer dem Katholizismus zu erhalten und eine Verständigung mit den radikalen Katholiken zu erleichtern. Aber der Kurfürst lehnte auch diesmal ab, er hatte andere Pläne. Im Oktober hatte er die ersten Schritte zu der längst geplanten Union getan und zunächst bei der Landgräfin von Hessen angefragt. Sie hatte ausweichend geantwortet und war wohl zu stark an Schweden gefesselt, um einem Sonderbund beizutreten, der seine Spitze fast noch mehr gegen diese Macht als gegen den Kaiser richtete. Darauf war der Kurfürst an Braunschweig und Sachsen herangetreten. Lampadius hatte sich auf eine Sondierung durch Wesenbeck zwar vorsichtig, aber nicht unfreundlich geäußert. Anfang Dezember begann Konrad von Burgsdorff eine Gesandtschaftsreise an die norddeutschen Höfe. Seine Instruktion bezeichnete als das Ziel des Kurfürsten eine Neutralität der evangelischen Stände, aber conjunctis et unitis consiliis et armis, also eine bewaffnete Neutralität anstatt der bisherigen wehrlosen Passivität. Der Bund sollte zunächst die Stände des ober- und niedersächsischen Kreises umfassen, mit dem ausdrücklichen Ziel, den Frieden gegen überspannte Ansprüche der einen wie der anderen Seite zu erzwingen. Ein Verständigungsfrieden sollte es sein, ein Sieg der einen wie der anderen Partei schien gleich bedrohlich. Man muß sich vergegenwärtigen, daß die kaiserlichen Heere damals wieder im westfälischen Kreise standen und der spanisch-niederländische Frieden unmittelbar bevorstand. Sollte Norddeutschland wieder zum Kriegsschauplatz werden? Aber auch wenn der umgekehrte Fall eintrat und das Kriegsglück sich wieder den verbündeten Mächten zuneigte, würden sie dann nicht ihre Ansprüche steigern und Schweden die Ostseeherrschaft vollends an sich reißen? Deshalb konnte der geplante Bund nicht schlagkräftig genug sein. Friedrich Wilhelm wünschte Abmachungen über gegenseitigen Beistand, Bildung eines Kriegsdirektoriums, gemeinsamen Oberbefehl und Truppengestellung. Die vorhandenen Streitkräfte Brandenburgs, Sachsens und Braunschweigs seien schon jetzt so dicht zusammenzulegen, daß eine Vereinigung innerhalb von drei bis vier Tagen möglich sei und man sich jedem Versuch, das entstehende Defensionswerk im Keim zu ersticken, widersetzen könne.

Aber auch dieser letzte Versuch einer Selbstbehauptung der kleinen Staaten zwischen den Großmächten sollte mißlingen wie alle früheren. Er scheiterte an der Haltung Kursachsens. Als Burgsdorff nach Dresden kam, verhandelte man dort gerade mit dem kaiserlichen Sekretär Schröder über das Friedensprojekt, und wenn der Kurfürst auch die Konjunktion mit dem Kaiser ablehnte, so war er doch deshalb keineswegs geneigt, sich einer anderen, noch gefährlicheren Kombination anzuschließen. Er war verstimmt gegen den Kaiser, aber die Verhandlungen mit Schröder hatten ihn gleichwohl überzeugt, daß das vorgelegte Projekt eine brauchbare Friedensgrundlage darstelle und daß es nun an den Protestanten sei, ihre letzten noch unerfüllten Forderungen aufzugeben, um endlich zum Schluß zu kommen. Vor allem aber siegte die alte Abneigung Johann Georgs gegen jede Bündnisverpflichtung, die mit der gesetzmäßigen Kreisverfassung konkurrierte. Burgsdorff selbst faßte das Ergebnis seiner Mission an den norddeutschen Höfen in die Worte zusammen: „Es wird heißen, ein jeder für sich und Gott für uns alle!" Das brandenburgische Unionsprojekt war also gescheitert so gut wie die kaiserlichen Konjunktionspläne, beide vornehmlich am Widerstand Kursachsens. Aber die Abneigung gegen Konjunktionen und Bündnisse, die sich allenthalben zeigte, entsprang doch nur einer tiefen Sehnsucht nach Frieden und dem Gefühl, daß er mit dem abgebrauchten Mittel neuer Parteibildungen nicht zu erlangen sein werde. Soviel hatten die lebhaften Verhandlungen dieses Winters in Osnabrück wie an den kurfürstlichen und fürstlichen Höfen die Gemäßigten auf beiden Seiten wenigstens gelehrt: Über die Grundlagen des Friedens, wie sie Trauttmansdorff gelegt hatte, würde man sich verständigen können. Jedenfalls wollten Bayern und seine katholische Gefolgschaft, wollten Kursachsen und Brandenburg ihn auf dieser Basis herstellen, und sie wollten ihn auf dem Wege der unmittelbaren Verständigung, nicht durch Konjunktion mit dem Kaiser, denn das hieß die vernünftige Idee einer Verständigung der Konfessionen an die Bedingung eines gleichzeitigen Friedens mit Spanien knüpfen. Hier lag der wahre Grund, warum der Kaiser mit seinen Plänen nicht zum Ziel kam.

Zur gleichen Zeit, da der Kaiser das revidierte Projekt Trauttmansdorffs nach Dresden schickte und seine Gesandten in Osnabrück anwies, in diesem Sinne zwischen den Konfessionsparteien zu vermitteln, wurde auch eine verschlossene Ordre nach dort mitgesandt, die nur im Fall des Scheiterns dieser Vermittlung zu öffnen war und die Vollmacht enthielt, auf der Grundlage des von Trauttmansdorff hinterlassenen Entwurfes den Frieden ohne Abstrich und Zusatz zu schließen. Das war, wenn man so will, der viel umstrittene „Vorgriff", doch nicht mehr in Verbindung mit der Konjunktion, wie sie dem Kaiser bisher vorgeschwebt hatte, denn die Ermächtigung war nur noch an die Vorbedingung geknüpft, daß die katholischen Stände oder doch die vornehmsten unter ihnen diesen Schritt guthießen; die Zustimmung der Protestanten setzte man offenbar voraus. Es war der Vorgriff, wie ihn die Kurfürsten und ihre Anhänger seit Monaten forderten. Noch hatte der Kaiser allerdings Hoffnung ihn zu vermeiden, denn noch liefen die eben geschilderten Verhandlungen mit den drei weltlichen Kurfürsten über ihre Verbindung mit dem Kaiser; ihr Scheitern war noch nicht vorauszusehen. Volmars Verhandlungen in Osnabrück auf Grundlage des revidierten Trauttmansdorffschen Projektes sollten daneben eine Verständigung der Religionsparteien herbeiführen und jene Sonderverhandlungen unterstützen. Je mehr dabei noch für die katholische Sache herauszuholen war, desto besser, denn dann hatte man Aussicht, noch einige der widerstrebenden Katholiken zu gewinnen. Ungewiß blieb die Haltung Schwedens wegen der unerfüllten Forderung seiner Armee; in jedem Fall bedurfte es zunächst weiterer Verhandlungen am Kongreß, die Volmar eben jetzt aufs neue begann. Aber in Wien rechnete man auch schon, wie der Geheimbefehl beweist, mit der Möglichkeit ihres Scheiterns und war bereit, sich auch damit abzufinden.

Der Entschluß wurde streng geheimgehalten. Den Kurfürsten war nur bekannt, daß über das revidierte Projekt verhandelt werden solle, dessen Wortlaut ihnen vorlag. Daß auch Volmar und seine Kollegen in Unkenntnis gelassen wurden, war wohlüberlegt, um so unbefangener konnten sie verhandeln und mit gutem Gewissen versichern, daß die revidierte Fassung des Kaisers letztes Wort darstelle und das Trauttmansdorffsche Projekt nur ein Eventualvorschlag gewesen sei, der mangels Zustimmung der Gegenseite überholt sei. Die Protestanten beharrten natürlich bei dem Projekt Trauttmansdorffs, während Volmar Teile daraus erneut zur Verhandlung stellte. Trauttmansdorff hatte wenig Rücksicht auf den überlieferten Rechtszustand und auf bestehende Verträge genommen, weil er sich klar war, daß es eben nicht um die Auslegung geltenden Rechtes gehe, sondern neues Recht gesetzt werden müsse, wenn man zum Frieden gelangen wolle. Diese seine Tendenz aber hatte das Gutachten der katholischen Stände vom Oktober entschieden bekämpft, und wenigstens teilweise trug jetzt auch der Kaiser diesem Einspruch Rechnung. So stellte er den Grundsatz auf, daß Verträge und Gerichtsurteile nicht ohne weiteres kassiert werden könnten. Verschiedene Amnestiebestimmungen, die Trauttmansdorff weitherzig aus dem schwedischen Entwurf übernommen hatte, wurden wieder in Frage gestellt, weil Proteste von Mainz, Trier und Lothringen dagegen vorlagen, die sich in ihrem Besitzstand geschädigt sahen. Auch sollten drei bereits aufgeopferte schwäbische Klöster auf Grund früherer Kammergerichtsurteile vom Normaljahr ausgenommen werden und anderes mehr. Wir ersparen es uns, die bekannten noch offenen Streitpunkte der Autonomie, der gemischten Reichsstädte, der Justizfragen erneut zu erörtern; auch sie waren in dem revidierten kaiserlichen Projekt berücksichtigt.

Volmar hat nun noch monatelang alles versucht, auf dieser Basis eine Einigung herbeizuführen, bald in unmittelbaren Konferenzen mit den Schweden, bald im vertraulichen Gespräch mit einzelnen katholischen Gesandten oder mit den Brandenburgern und Braunschweigern, die er zu einem Kompromiß über Minden zu bringen suchte, um Osnabrück zu retten. Dann wieder suchte er durch Vermittlung der Evangelischen mäßigend auf die Schweden einzuwirken, bei den katholischen Kurfürsten eine Herabsetzung der kirchlichen Forderungen zu erreichen oder neue Verhandlungen zwischen beiden Religionsparteien einzuleiten. Alles das führte trotz guten Willens einzelner nur zu immer neuen Erklärungen und Gegenerklärungen, zu Protesten und Vorbehalten, zu neuer Verhärtung. Anfang Februar wurde das revidierte Vertragsprojekt schließlich allen Ständen zur Beratung ausgehändigt — ein letzter, dennoch vergeblicher Versuch. Man mußte die Hoffnung schwinden lassen, alle evangelischen und katholischen Stände auf einer gemeinsamen Basis zu vereinigen. Die Schweden stellten fast ultimativ die Frage, ob der Kaiser das Trauttmansdorffsche Projekt noch anerkenne oder nicht. Als Volmar erneut seine Unverbindlichkeit betonte, brachen sie die Verhandlungen kurz ab. Die bayrischen Gesandten erklärten dazu, daß sie ihrerseits ermächtigt seien, auf das Trauttmansdorffsche Projekt zurückzugehen, und Äußerungen der Evangelischen ließen darauf schließen, daß sie von dieser bayrischen Absicht unterrichtet seien. Damit war den Vermittlungsversuchen des Kaisers der Boden entzogen, zur gleichen Zeit, wo seine Verhandlungen mit den Kurfürsten über Konjunktion und Vorgriff endgültig scheiterten. Neue Entschlüsse waren unvermeidlich.

Kuriale Protestdrohung. Annäherung der Religionsparteien und Abschluß der kirchlichen Fragen

In den Kreisen der extrem katholischen Partei war man in diesen Monaten tief bedrückt und erbittert. Dem Papst kamen Berichte Chigis und Briefe kirchlicher Würdenträger aus Deutschland zu, die von Unterdrückung der katholischen Religion sprachen und heftige Vorwürfe gegen Trauttmansdorff und Maximilian von Bayern enthielten: Jener habe sich die Vollmacht angemaßt, allein und unter Ausschluß der Stände zu verhandeln und Zugeständnisse zu machen, die untragbar seien, dieser denke nur an seinen eigenen Vorteil und verrate um zeitlichen Gewinnes willen die Sache der Kirche. Man nannte dem Papst als Hauptschuldige die Beichtväter des Kaisers und der Kurfürsten, man wies auf Caramuel und Quiroga hin, deren Agitation das Fundament der Kirche angreife. Man forderte den kirchlichen Bann gegen ihre opportunistischen Lehren und warnte den Papst, Gott werde einst Rechenschaft für Millionen verlorener Seelen von ihm fordern, wenn er nicht einschreite.

In Rom war man viel zu weit vom Schauplatz der Verhandlungen entfernt, um die richtigen Mittel und den rechten Zeitpunkt des Eingreifens beurteilen zu können, die ganze Last der Verantwortung fiel auf Chigi. Er hatte einst die Vollmacht erbeten und erhalten, äußerstenfalls mit einem öffentlichen Protest gegen die kirchlichen Verhandlungen einzuschreiten. Das auf 1644 zurückdatierte Breve, worin diese Ermächtigung ausgesprochen war, lag wohlverwahrt und streng geheimgehalten in seiner Schublade. Er allein mußte entscheiden, ob und wann es zu gebrauchen sei. Eine schwere Gewissenslast, denn mit einem öffentlichen Protest setzte sich die Kurie einer großen Gefahr aus. Drang sie damit nicht durch, so wurde die Emanzipation der weltlichen Mächte, und zwar gerade auch der katholischen, von dem geistlichen Oberhaupt offenkundig, begab sich die Kirche gleichzeitig ihres jahrhundertealten Vermittleramtes, denn wie konnte sie noch ihr Zeichen unter einen Vertrag setzen, gegen dessen Inhalt sie förmlich protestiert hatte?

So ist es verständlich, daß Chigi das päpstliche Breve jahrelang für sich behielt. Er war entschlossen, es nur im äußersten Falle zu benutzen. Dann allerdings mußte er es ungeachtet aller möglichen Folgen tun, um unwiederbringlichen Schaden von der Kirche abzuwenden. Wenn der ewige Verzicht auf geistliche Güter und die Gleichberechtigung nichtkatholischer Bekenntnisse Wirklichkeit werden sollten, dann durfte auch das letzte Mittel nicht unversucht bleiben, diesen Ausgang abzuwenden, auch wenn die Hoffnung auf Erfolg noch so gering und die Folgen eines Mißlingens noch so verhängnisvoll sein sollten.

Chigi hatte alle bisherigen Verhandlungen mit den Protestanten hingehen lassen, ohne öffentlich dagegen aufzutreten, blieb doch ihr Erfolg jederzeit zweifelhaft. Auch Trauttmansdorffs Friedensprojekt vom Sommer 1647 hatte ihn nicht aus seiner Reserve herausgelockt. Die Abreise des kaiserlichen Ministers kurz darauf schien deutlich seinen Mißerfolg zu bestätigen und alles wieder in weite Ferne zu rücken. Dann aber kam der Rücktritt des Kurfürsten Maximilian zum Kaiser und sein offenes Eintreten für die gleichen Friedensbedingungen, die Trauttmansdorff zuletzt formuliert hatte. Dann schlossen sich Mainz und Köln, Bamberg und Würzburg an Bayern an; über alle bisherigen Schranken hinweg reichten sie den Protestanten die Hand. Endlich ließ Volmar Ende Oktober verlauten, er habe den Auftrag, die Verhandlungen wieder aufzunehmen, und zwar auf der Grundlage des Trauttmansdorffschen Projektes. Chigi konnte nicht wissen, daß er damit zum mindesten voreilig handelte, daß der Kaiser noch keineswegs soweit entschlossen war. In diesem Augenblick ist er zum erstenmal aus seiner sonst streng gewahrten Unparteilichkeit herausgetreten. Er durfte es sich mit als Verdienst anrechnen, daß Volmar damals gegen seine Instruktion zuerst mit den Franzosen abschloß. Als Volmar dann doch nach Osnabrück ging und die Deputation der katholischen Stände in die zweite Kongreßstadt beschlossene Sache war, hat Chigi persönlich ihre Zusammensetzung zu beeinflussen und einige seiner zuverlässigen Freunde hineinzubringen gesucht. Auch das mißlang; das Unglück schien nicht mehr aufzuhalten. Chigi beschloß zu handeln.

Er richtete zunächst Ende November warnende Schreiben an den Kaiser persönlich, an die kaiserlichen Bevollmächtigten und an alle katholischen Stände. Das Oberhaupt des Reiches mahnte er als den Advocatus und Defensor der Kirche, die Sache Gottes allen anderen Rücksichten voranzustellen und nichts gegen die päpstlichen Weisungen, gegen die Beschlüsse der ökumenischen Konzilien und gegen die kirchlichen Ordnungen zu bewilligen. Geschehe es doch, so werde er als bevollmächtigter Vertreter des Heiligen Stuhles vor Gott und Menschen dagegen protestieren müssen. In gleicher Weise warnte er die anderen. Es war die amtliche Ankündigung des päpstlichen Protestes, wie er später nach Friedensschluß tatsächlich in Rom aufgesetzt und beschlossen wurde, um dann allerdings erst Jahre später öffentlich erhoben zu werden. Die Antworten, die Chigi erhielt, lauteten durchweg ausweichend, entschuldigend, alle aber unbefriedigend. Als der Gang der Verhandlungen in Osnabrück keinen Erfolg dieser Mahnungen erkennen ließ, tat Chigi am 24. Dezember einen weiteren Schritt, indem er allen katholischen Ständen jenes bisher geheimgehaltene Breve vom Oktober 1644 bekannt gab und diesen Akt protokollarisch bestätigen ließ.

Damit war die Stellung des Papstes und der Kirche unwiderruflich festgelegt, ein Zurück gab es nun nicht mehr. Mochte der öffentliche Protest der Kurie aus besonderen Gründen auch erst lange Zeit nach dem Friedensschluß erfolgen, so war er doch in Wirklichkeit schon mit diesem Akt vom Weihnachtsabend 1647 beschlossen und angekündigt.

Die nächsten Wochen sollten lehren, daß auch dieses letzte Mittel versagte. Eine Antwort erhielt Chigi auf die zweite Protestankündigung überhaupt nicht mehr. Die Zahl seiner Anhänger schmolz dahin, die Haltung des deutschen Episkopates und der katholischen Reichsfürsten war eine kaum verhüllte Absage an die Politik der Kurie. Zugleich kam Chigi in die schmerzliche Lage, auch gegen Spanien auftreten zu müssen. Bereits gegen den spanisch-niederländischen Friedensvertrag, der katholische Landesteile opferte und zugleich der protestantischen Religionsübung in diesen Gebieten Eingang verschaffte, hatte er Einspruch anmelden müssen. Im Mai 1648 folgte die feierliche Ratifikation dieses Friedens. Chigi mußte erneut protestieren. Er tat es in der denkbar mildesten Form, denn er wollte den frommen Grafen Peñaranda schonen. Den Protest erhob er nicht öffentlich, sondern in Form eines persönlichen Schreibens, und auch das erst am Tage nach der Ratifikation. Er erteilte dem Grafen sogar den apostolischen Segen, wenn auch nur für den guten Willen, den er gezeigt hatte, ja er machte ihm sogar eine Art Gratulationsbesuch, den Peñaranda erwartete und wünschte. Den amtlichen Protest legte Chigi am 18. Mai in Münster vor einem Notar und sieben Zeugen ein, die alle unter Eid zur strengsten Verschwiegenheit verpflichtet wurden. Das Dokument, das darüber aufgesetzt wurde, hat dreihundert Jahre in den Archiven verborgen gelegen und ist erst in unseren Tagen ans Licht gekommen. Chigi beurteilte den niederländischen Frieden immer noch günstiger als den deutschen; er hat später gesagt, dort sei nur durch Unterlassung, hier aber durch positive Zugeständnisse an die Protestanten gesündigt worden. Aber in beiden Fällen mußte die Kurie, da sie nicht vor der Macht unabwendbarer Tatsachen kapitulieren wollte, schließlich in unfruchtbarer Protesthaltung, sozusagen auf verlorenem Posten, verharren. Das größte Friedenswerk der neueren Geschichte wurde, wenn nicht gegen ihren Willen, so doch ohne sie vollendet, und schon ehe Chigi ihren Einspruch ankündigte, hatten sich die Mächte, katholische wie evangelische, durch die Antiprotestklausel gegen ihn verwahrt.

Inzwischen kamen sich in den ersten Wochen des Jahres 1648 die gemäßigten Gruppen auf katholischer und evangelischer Seite immer näher. Dabei taten sich hier der Würzburgische Gesandte Vorburg, dort die beiden herzoglich-sächsischen Bevollmächtigten Thumbshirn und Dr. Heher besonders hervor. Vorburg galt in katholischen Kreisen fast als ein Freund der Protestanten. Seit 1646 hatte er den Gedanken unmittelbarer Besprechungen mit ihnen verfolgt und dauernd festgehalten. Ihm schwebte ein Vergleich vor, den die Mehrheit der Reichsstände akzeptieren und die Schweden in ihr Friedensprojekt aufnehmen sollten. Das hieß allerdings einen Teil der katholischen Stände ausschließen und den Kaiser in eine Zwangslage versetzen. Trauttmansdorff hatte denn auch diesen Plan sehr unwillig aufgenommen und zu vereiteln gewußt. Inzwischen war Vorburgs Herr, der Bischof von Würzburg, zum Erzbischof von Mainz gewählt worden. Das gab der von ihm vertretenen Richtung starken Auftrieb. Ein Hindernis lag darin, daß das Mainzer Votum nach wie vor von dem bisherigen Kanzler Reigensberger geführt wurde, der dem Kaiser und Spanien ergeben war und den Vorburg in seine geheimsten Aufträge gar nicht einweihen durfte. Umso offener konnte er mit den Bayern sprechen, die jetzt ebenfalls, müde der langen und fruchtlosen Verhandlungen unter Volmars Vermittlung, interkonfessionelle Besprechungen ohne Vorwissen der kaiserlichen und schwedischen Gesandten für das beste Mittel erklärten und dazu andeuteten, ihr Herr werde gewiß keine extremen Forderungen stellen. Dem kamen gleichgerichtete Bestrebungen im anderen Lager entgegen. Allerdings nicht bei den beiden evangelischen Kurfürsten. Friedrich Wilhelm von Brandenburg hielt sich zurück, weil seine Hauptforderung, die Anerkennung der Reformierten als Augsburgische Konfessionsverwandte, noch immer nicht erfüllt war. Die kursächsischen Vertreter zeigten eine schwankende Haltung und trugen Zweifel, ob sie auf Sonderbesprechungen mit den katholischen Ständen hinter dem Rücken der Kaiserlichen eingehen dürften, denn daß der Kaiser eine solche Aktion scharf bekämpfen würde, war nicht zu bezweifeln.

So kam es, daß Vorburg zunächst nur mit einer kleinen Zahl katholischer und evangelischer Stände in Verbindung treten konnte und daß es ihm erst allmählich gelang, den Kreis zu erweitern. Im Anfang waren es nur die Gesandten der fränkischen Bischöfe, Braunschweigs und der sächsischen Herzogshäuser, erst im Laufe des Januar traten Mainz, Trier und Bayern, von evangelischer Seite Straßburg und dann sogar Sachsen und Brandenburg hinzu. Aber ehe man noch ernsthaft begonnen hatte, griff Volmar ein. Noch einmal gelang es ihm, die drohenden Geheimverhandlungen zu sprengen, aber nur so, daß er dem Hauptanliegen der versöhnungswilligen Stände Rechnung trug. Ein Entwurf wurde vorgelegt, der als eine bindende Zusage des Kaisers bezeichnet wurde. Es war noch nicht der letzte Schritt geschehen, die geheime Weisung des Kaisers lag noch uneröffnet da, und was Volmar jetzt als kaiserliche, mit den Kurfürsten vereinbarte Willensmeinung herausgab, enthielt noch immer eine Anzahl der uns bekannten Vorbehalte, die die Evangelischen nie anerkannt hatten und nun einmal nicht bewilligen wollten. Aber indem Volmar das Ganze als eine bindende Zusage bezeichnete, ließ er zum erstenmal für die Protestanten deutlich erkennbar die Absicht des Kaisers durchblicken, auch gegen den Widerstand der katholischen Extremisten ein Abkommen zu schließen.

Hier knüpfte man an. Die nächste Folge des Volmarschen Schrittes war, daß erst Kursachsen, dann auch Brandenburg sich von den Geheimbesprechungen zurückzogen, die zweite aber, daß die gemäßigten Katholiken einem neuen Verhandlungsmodus zustimmten, den die Schweden und Protestanten ihnen vorschlugen. Danach sollten die kaiserlichen und schwedischen Gesandten die Sache wieder in die Hand nehmen, diesmal aber sollte die Mitwirkung der Stände besser gesichert sein als bisher, indem die Bevollmächtigten der verhandlungswilligen katholischen und evangelischen Stände sich in erreichbarer Nähe aufhalten und von Fall zu Fall konsultiert werden sollten. Punkt für Punkt seien jetzt die strittigen Fragen zu erörtern, nichts unbereinigt zu lassen und das Vereinbarte alsbald schriftlich und endgültig festzusetzen, ehe man weitergehe; gar zu oft hatte das bisherige Verfahren, strittige Punkte offenzulassen, die Stände enttäuscht. Das Wichtigste aber war: was so vereinbart sei, müsse unter allen Umständen ungeachtet des Widerspruchs abwesender Stände als gültig und bindend betrachtet werden.

Indem Kaiserliche und Schweden diesem Verfahren zustimmten, behielten sie die Führung der Verhandlung in der Hand, aber unter Bedingungen, die dem Anliegen der Vermittlungspartei entsprachen. Es war ein großer Erfolg der selbständigen Friedensbemühungen der Stände, daß es dahin kam. Nun konnte man endlich auf Ergebnisse hoffen, die kein Widerspruch mehr in Frage stellen würde, freilich auch nur auf einen Religionsfrieden durch Beschluß eines Teils der Stände, keine einstimmige Verständigung mehr. Die an Zahl der Stimmen überlegene, an Macht freilich geringe Gruppe der radikalen Katholiken blieb grollend in Münster zurück und ließ sich durch kein Zureden, keine Einladung zur Teilnahme bewegen. Auf evangelischer Seite blieb Kursachsen, erzürnt über die neue Hereinziehung der Schweden in diese Sache, den Verhandlungen fern, seinem Beispiel folgte Brandenburg. So fielen die letzten Entscheidungen über die Religionsfragen in einem Kreise, dem vom Kurfürstenrat nur der katholische Teil, vom Fürstenrat etwa die Hälfte der Stände angehörte, während der Städterat durch seine evangelische Mehrheit fast vollzählig vertreten war.

Überraschend schnell kam man jetzt zum Ziel. Mit einer feierlichen Auffahrt aller beteiligten Gesandten begannen am 28. Februar in Oxenstiernas Quartier die Besprechungen. Um jeden Schein einer Zurücksetzung zu vermeiden, so wird berichtet, hatte er sogar die Zimmer der evangelischen und katholischen Gesandten mit gleichartigen Tapeten behängen lassen. Man kam mit dem besten Willen, und zu allem Guten traf am folgenden Tage die Weisung aus Wien ein, die die kaiserlichen Gesandten ermächtigte, den Geheimbefehl vom Dezember zu öffnen, also zu den Trauttmansdorffschen Friedensgrundlagen zurückzukehren. Zwar wurde dieser Entschluß des Kaisers nur den Gesandten der katholischen Kurfürsten mitgeteilt, weil man noch hier und da einige Verbesserungen zu erreichen hoffte. Aber diese Vorsicht war jetzt bloß noch ein taktisches Mittel, das grundsätzliche Ja zu der protestantischen Hauptforderung war beschlossene Sache.

Nach Lage der Dinge konnten sich die Verhandlungen eigentlich nur noch um die wenigen Fragen drehen, die im vergangenen Sommer offengeblieben oder nur teilweise gelöst worden waren. Das Programm umfaßte somit in der Hauptsache einige besondere Amnestiefälle, darunter als wichtigste die Begnadigung und Restitution der österreichischen Exulanten und die badische Sache. Die hessische Frage, über die zwischen Kassel und Darmstadt unmittelbar verhandelt wurde, schloß man trotz des Widerspruches der Kasseler Gesandten aus. Bei den Religionsfragen standen Augsburg und Aachen, der Justizpunkt und die Restfragen der Autonomie im allgemeinen sowie in den kaiserlichen Erblanden zur Debatte.

Man begann mit dem Justizpunkt. An dem Streit um die Rechtsprechung des Reichskammergerichtes hatte sich fünfzig Jahre zuvor der Kampf der Religionsparteien entzündet. Die Kernforderung der Protestanten war die Parität am Kammergericht, die Trauttmansdorff bereits zugestanden, Volmar aber auf Einspruch der katholischen Stände widerrufen hatte. Bisher hatte es geheißen, man solle diese Frage dem nächsten Reichstag überlassen und sich für jetzt mit dem Grundsatz der Parität in Religionsprozessen begnügen. Nun kam man aber doch mit geringen Konzessionen von beiden Seiten zu einer abschließenden Regelung, indem die Protestanten sich mit 24 Assessoren von 50 begnügten, bei je zwei Präsidenten von jeder Konfession; die Ernennung des Kammerrichters blieb dem Kaiser überlassen. Am 4. März setzten Krane und Salvius, Reigensberger und Thumbshirn ihre Namen unter das Dokument. Lebhaft empfand man die Bedeutung des Augenblickes. Die anwesenden Gesandten zeigten sich bis zu Tränen bewegt, daß nun nach so langem Streit die Reichsjustiz wieder ihre Ordnung gefunden hatte und damit die Grundlage für einen neuen Rechtszustand und ein friedliches Zusammenleben der Konfessionen gelegt war.

Zwei Wochen später folgte das Abkommen über die Autonomie im Reiche und in den Erblanden. Die Protestanten unterschieden hier drei Gruppen von Untertanen: Solche, die im Normaljahr 1624 die öffentliche oder private Religionsübung besessen hatten, solche, die sich im Augenblick des Friedensschlusses zum evangelischen Glauben bekennen, und schließlich solche, die erst künftig dazu übertreten würden. Volle Autonomie, wie sie eigentlich in der Konsequenz der protestantischen Ansichten lag, hätte bedeutet, allen drei Gruppen die öffentliche Religionsübung zu gestatten, ohne daß freilich die Verfechter dieser Meinung durchweg bereit gewesen wären, dem katholischen Gottesdienst in evangelischen Gebieten die gleiche Freiheit zu gewähren. Wo man auf evangelischer Seite bisher von Autonomie gesprochen hatte, hatte man in der Regel die Freiheit des eigenen Bekenntnisses ohne Gegenseitigkeit gemeint. Aber hatte man nicht auch jahrzehntelang das damit eigentlich unvereinbare jus reformandi und das Prinzip der durchgehenden Gleichheit beider Konfessionen gefordert und schließlich durchgesetzt? Das erschwerte natürlich den Kampf für die Autonomie, und es läßt sich denn auch deutlich beobachten, daß die Evangelischen ihn im Lauf ihrer Verhandlungen mit Trauttmansdorff mit abnehmender Energie, ja am Ende fast lässig und unlustig geführt hatten. Und doch konnten sie ihn aus sehr gewichtigen Gründen nicht einstellen. Vor allem war Schweden an einer möglichst weitgehenden Autonomie interessiert. Es sah seine Sicherheit, sein Ansehen und seine Ehre in dieser Frage beteiligt, es fühlte lebhaft die Verpflichtung gegenüber den vielen böhmischen und österreichischen Exulanten, die seit Gustav Adolfs Tagen im schwedischen Heer dienten und der schwedischen Sache die größten Dienste geleistet hatten. Die Armee setzte sich sehr entschieden für sie ein, und immer wieder hatten die schwedischen Gesandten versucht, den deutschen Protestanten in dieser Frage den Rücken zu stärken und sie zu einem mannhaften Eintreten für die unterdrückten Glaubensgenossen zu bestimmen. Sie hatten nur wenig erreicht und mit wachsender Sorge beobachten müssen, wie der Wille der Evangelischen in dieser Sache erlahmte. Aber man sah auch in Stockholm, daß man sie allein nicht werde durchkämpfen können. So hatte schließlich auch die schwedische Regierung kapituliert und ihre Bevollmächtigten angewiesen, in dieser wie in den anderen innerdeutschen Fragen die Reichsstände selbst den letzten Ausschlag geben zu lassen. Ein ernsthafter Widerstand in der Autonomiefrage war also auch von schwedischer Seite nicht mehr zu erwarten.

Der katholische Standpunkt war von dem Kaiser vor wenigen Wochen dahin erläutert worden, daß die Duldung eines anderen Bekenntnisses eine Angelegenheit der Landeshoheit sei und reichsgesetzlich nicht befohlen werden könne. Was ihn, den Kaiser, betreffe, so lehne er für seine Erblande kraft seines landesherrlichen jus reformandi jede Autonomie, ja auch jede Verhandlung darüber ab. Für die übrigen Gebiete des Reiches dagegen hatte Trauttmansdorff im Sommer 1647 mit Zustimmung der wichtigsten katholischen geistlichen Fürsten einer Regelung zugestimmt, die den obengenannten drei Gruppen von Untertanen gewisse sorgfältig abgestufte Rechte zuerkannte. Er hatte der ersten Gruppe die öffentliche oder private Religionsübung nach Maßgabe des Normaljahres konzediert, der zweiten dauernden Schutz vor Ausweisung und das Recht zum Gottesdienstbesuch jenseits der Grenzen oder auch zur Auswanderung, der dritten wenigstens einen Schutz vor Ausweisung für fünf Jahre. Das landesherrliche Reformationsrecht sollte also insoweit reichsgesetzlich beschränkt werden. Insbesondere sollte nach Trauttmansdorffs Vorschlag der Frieden eine Garantie für öffentliche oder private Religionsübung gewähren, wo eine solche auf Grund besonderer Verträge zwischen Landesherren und Untertanen bestand. Diesen letzten Punkt der Trauttmansdorffschen Autonomievorschläge aber hatte der Kaiser, wie erwähnt, nachträglich durch die künstliche Interpretation einzuschränken versucht, daß damit nur die Freiheit der Landesherren zu solchen Verträgen bestätigt, aber keine Verpflichtung und auch keine Garantie bestehender Verträge durch den Frieden statuiert werden solle. Das hätte aber die Untertanen ihrer Rechte aus solchen Verträgen beraubt, hätte sie der landesherrlichen Willkür preisgegeben und nicht vor einseitiger Aufhebung der vertraglich zugesicherten Glaubensfreiheit geschützt. Mit Recht betonten die brandenburgischen Gesandten in einem Bericht an ihren Herrn, daß das landesherrliche Reformationsrecht zwar grundsätzlich unumschränkt sei, sehr wohl aber wie jedes andere Recht durch Vertrag, der dann natürlich den Landesherrn binde, aufgehoben oder eingeschränkt werden könne. Der Kaiser war vermutlich dem Widerspruch einzelner katholischer Landesherren gewichen, und einige, so Bayern, erklärten auch jetzt noch, zu einer freiwilligen Duldung einer beschränkten evangelischen Gottesdienstübung würden sie vielleicht je nach Lage und Umständen die Hand bieten, nicht aber zu einer vertraglichen Bindung. Aber das konnte sich ja schließlich nur auf die Zukunft beziehen, nicht auf bereits bestehende Verträge, und wohl kaum so ausgelegt werden, als wollten die Katholiken der einseitigen

Aufhebung einmal eingegangener Verpflichtungen durch die Landesherren das Wort reden. Wenn sie aber bereit waren, das Prinzip der Vertragstreue und die Geltung bestehender Autonomieverträge anzuerkennen, warum dann nicht auch ihre Garantie durch den Friedensvertrag?

So griff denn auch Volmars Entwurf zur Autonomiefrage, so weit er auch noch hinter Trauttmansdorffs letztem Projekt zurückblieb, das Prinzip der reichsgesetzlichen Einschränkung des jus reformandi, soweit die Annahme des Normaljahres eine solche mit sich brachte, nicht mehr an. Er ließ darüber hinaus auch noch Raum für weitere freiwillige vertragliche Einschränkungen. Doch suchte er die Zahl der pflichtmäßigen Einschränkungen möglichst zu reduzieren. Wenn Trauttmansdorff sich bei seinen Konzessionen der Zustimmung von Mainz, Köln und Fulda versichert hatte, so waren doch nachträglich katholische Proteste, vor allem von den Reichsstädten Köln und Aachen, laut geworden. Sie fanden besonders den Begriff der devotio domestica unklar und gefährlich, und diesem Bedenken schlossen sich die anderen an. Deshalb beschränkte Volmar die Pflicht zur Duldung der Augsburgischen Konfessionsverwandten auf die Fälle, wo im Jahre 1624 die öffentliche Religionsübung bestanden hatte, und selbst sie sollte nur da gewährleistet bleiben, wo sie im Normaljahr vertraglich oder auf Grund langer Gewohnheit (vel longo usu) geduldet worden war. Der zweiten und dritten Gruppe der Untertanen dagegen ließ Volmar nicht mehr als einen zweijährigen Schutz vor Ausweisung.

Nun hatten aber wohl in den wenigsten Fällen die Evangelischen, wo sie im Jahre 1624 die öffentliche Religionsübung als Untertanen katholischer Reichsstände genossen hatten, darüber Verträge mit ihrer Obrigkeit gehabt. Die von Volmar vorgeschlagene dehnbare Fassung bedeutete demnach eine wesentliche Verschlechterung. Die Protestanten, die ja nicht wußten, daß er ermächtigt war, äußerstenfalls den Trauttmansdorffschen Entwurf wiederherzustellen, erreichten in den folgenden Verhandlungen immerhin eine wesentliche Annäherung an ihn, ja teilweise noch mehr. Zunächst setzten sie den Schutz der devotio domestica wieder durch, dann einen Zusatz, der die bloße praktische Übung (sola observantia) im Normaljahr, selbst ohne Wissen und Willen des Landesherrn, bereits für hinreichend erklärte. Hierfür hatten sich die Schweden mit größter Entschiedenheit eingesetzt, und es war sogar mehr, als selbst Trauttmansdorff bewilligt hatte. Sein Entwurf hatte die praktische Duldung (conniventia), also eine mindestens stillschweigende Willenserklärung des Landesherrn als Voraussetzung fernern Schutzes festgehalten und somit eigenmächtige oder gar heimliche Religionsübung während des Normaljahres nicht als hinreichenden Grund gelten lassen. Vergeblich versuchten die Katholiken auch jetzt noch, diese letzte Einschränkung zu behaupten. Ihre Mindestbedingung war, die Religionsübung des Normaljahres müsse wenigstens mit Wissen und stillschweigender Duldung der Obrigkeit (sciente et non contradicente magistratu) geschehen sein. Es war Volmar selbst, der diese Fassung abwies, und er wußte warum: Nur so vermochte er den Schweden den Verzicht auf die Autonomie in den Erblanden des Kaisers abzuringen, nur so auch den Verzicht auf Schutz für die zweite und dritte Gruppe von Untertanen, denen nur das Auswanderungsrecht und eine Frist von fünf bzw. drei Jahren zugestanden wurde, in der der Landesherr nicht zur Ausweisung schreiten durfte.

Alles in allem ein bedeutender Erfolg! Aber die Autonomie im Reich wurde von den Evangelischen mit einem schmerzlichen Verzicht erkauft, mit der endgültigen Aufopferung der österreichischen Protestanten. Mit unerbittlicher Härte haben die kaiserlichen Bevollmächtigten auch jetzt wieder daran festgehalten, sich in diesem Punkte nichts abringen zu lassen, und sie haben es durchgesetzt. Nur unter dieser ausdrücklichen Bedingung hat Volmar die Autonomie im Reich zugestanden. Als die Protestanten sahen, daß für die Erblande des Kaisers nichts zu erreichen sei, wollten sie den Punkt wenigstens stillschweigend auf sich beruhen lassen. Aber nicht einmal das wurde ihnen gestattet. Volmar verlangte, daß das Abkommen über die Autonomie in den Erblanden gleichzeitig unterschrieben werde, und vereitelte alle Versuche, eines von dem anderen zu trennen. Zwar erklärten die evangelischen Gesandten den Schweden, daß keiner von ihnen Vollmacht habe, die österreichischen Glaubensbrüder aufzuopfern, ließen aber zugleich keinen Zweifel, daß diese Frage nicht den Grund zu einer Fortsetzung des Krieges abgeben dürfe. Das hieß die Waffen strecken. Es gelang noch nicht einmal, die abweichende Auffassung der Protestanten als besondere Klausel dem Vertrag einzufügen. Die Kaiserlichen wußten zu gut, welche Folgen solche Reservationen im Augsburger Religionsfrieden gehabt hatten, und weigerten sich entschieden. Sie machten nur einige unbedeutende Zugeständnisse für den schlesischen und österreichischen Adel, die am Prinzip nichts änderten, und ließen eine schwedisch-protestantische Erklärung hingehen, daß sie die Frage beim Kaiser selbst weiter verfolgen würden, ohne damit die Rechtsgültigkeit des Abkommens in Frage stellen zu wollen. Selbst diese wenigen, eigentlich nur symbolischen Zugeständnisse, die doch nur den Schweden und Protestanten helfen sollten, das Gesicht zu wahren, wurden in Wien mit erstaunlicher Schärfe getadelt. Folgen hatten sie nicht. In den Erblanden des Kaisers gab es, wenn man von Teilen Schlesiens absieht, keine Rechte für die Evangelischen mehr.

Dann kamen die gemischten Reichsstädte an die Reihe. In der Hauptsache ging es um Augsburg und Aachen, dort um die politische Frage der Parität im Stadtregiment, hier um die Duldung des evangelischen Gottesdienstes, also eine kirchliche Frage. Für beide Städte traten die altgläubigen Stände mit zäher Beharrlichkeit ein, obwohl Volmar für Augsburg doch schon — wie wir wissen, aus Versehen — die Parität zugestanden hatte. Dagegen zeigte sich schon im Sommer und Herbst 1647 bei den Protestanten wachsende Unlust, in dieser Sache noch mehr zu tun. Besonders gleichgültig, ja ablehnend zeigten sich einige Lutheraner gegenüber den Aachener Kalvinisten. Nur Brandenburg und Hessen-Kassel traten für sie ein und schlugen ihren evangelischen Mitständen vor, wenigstens einen Kirchenbau vor der Stadt und die Zulassung der Protestanten zu den Zünften und Gaffeln zu fordern. In der Augsburger Sache tat der geschickte Dr. Heider sein Bestes, die Dinge in Fluß zu halten; er sorgte mit Geschenken für gute Stimmung bei den führenden evangelischen Gesandten und veranlaßte die Augsburger Protestanten, ihre Forderungen am Kongreß vorzubringen, wo man ihnen nachgesagt hatte, sie legten garkeinen Wert auf die Parität im Stadtregiment.

Im Januar 1648 hatten die Protestanten dann endlich beschlossen, sich der Glaubensgenossen in beiden Städten anzunehmen. Aber nur für Augsburg kam dank dem rastlosen Bemühen Heiders eine geschlossene Front der Schweden und Protestanten zustande, während auf der anderen Seite Bayern aus der katholischen Linie ausbrach und Volmar zum Nachgeben bestimmte. So endeten die Verhandlungen über Augsburg, die vom 19. bis 22. März geführt wurden, nach harten Kämpfen um jeden einzelnen Ratsposten, deren Spur man in den langatmigen Bestimmungen des Friedensvertrages wiederfindet, damit, daß den Protestanten die

Parität nahezu vollständig zugestanden wurde. Über Aachen ging man zur Tagesordnung über. Nach ermüdendem Streit unterlagen die Evangelischen dem gemeinsamen Widerstand der kaiserlichen und katholischen Gesandten. Die Aachener Sache wurde aus den Religionsfragen ganz ausgeschieden und nicht einmal bei den wenigen Restfragen erwähnt, die man dem künftigen Reichstag vorbehielt. Die Niederlage der Aachener Protestanten war vollständig.

Am 24. März 1648 war das letzte Abkommen zwischen Katholiken und Protestanten fertiggestellt, der Kampf der beiden großen Konfessionen um die Ausbreitung im Reich geschlichtet. Bald darauf fand auch der Bruderzwist unter den Protestanten sein Ende. Nachdem sich im Lauf des Jahres 1647 Lutherische und Reformierte im Prinzip bereits geeinigt hatten, war eine sachliche Differenz nicht mehr vorhanden. Die Aufnahme der Reformierten in den Religionsfrieden und der gegenseitige Verzicht auf das jus reformandi waren vereinbart. Trotzdem ist der Funke der Zwietracht noch einmal zur Flamme geworden, die in dem Augenblick, als die Verhandlungen mit den Katholiken zu Ende gingen, noch nicht gelöscht war. Im Februar 1648 hatte man dem Kurfürsten von Brandenburg den vereinbarten Entwurf des Artikels über die Reformierten vorgelegt. Er fand darin den Satz, daß die im Friedensvertrag den Augsburgischen Konfessionsverwandten gemachten Zugeständnisse auch den Reformierten zukommen sollten. Er vermutete hinter dieser Formulierung wohl nicht zu Unrecht die Absicht, noch immer zwischen Reformierten und Anhängern der Augsburger Konfession zu unterscheiden, und geriet darüber in hellen Zorn. Er ließ in Osnabrück erklären, daß er nicht gewillt sei, sich von der Confessio Augustana ausschließen zu lassen und seinem reformierten Bekenntnis eine Anerkennung zu erbetteln, die ihm nach dem Religionsfrieden zustehe. Er verlangte, daß die Bezeichnung „Evangelische" eingesetzt und jede Unterscheidung zwischen Reformierten und Anhängern der Augsburgischen Konfession getilgt werde, andernfalls werde er den ganzen Artikel verwerfen. Ja, man mußte ernstlich fürchten, in dem eben anhebenden Endkampf mit den Katholiken die Hilfe Brandenburgs ganz zu verlieren. Thumbshirn, Heher, Lampadius gerieten dadurch in die peinlichste Bedrängnis. Sie wünschten diese gefährliche Sache aus der Welt zu schaffen und wußten doch nicht wie. Als Politiker, hielten sie den Brandenburgern entgegen, seien sie doch gar nicht imstande zu entscheiden, ob das reformierte Bekenntnis mit der Confessio Augustana übereinstimme oder nicht. Sie hatten recht; keiner der lutherischen Gesandten hätte es wagen können, dieses heiße Eisen anzufassen. Jeder Versuch, in dieser theologischen Frage eine Entscheidung zu fällen, mußte zu einem Zwiespalt unter den lutherischen Ständen und damit zum Zerfall der evangelischen Partei führen. Aber auch hier fand schließlich die Spitzfindigkeit der Juristen den rettenden Ausweg. Sie wiesen den Kurfürsten darauf hin, daß der Satz, der seinen Zorn erregt hatte, einer durchaus anderen Deutung fähig sei. Was der Friede den Ständen allgemein, sowohl katholischer wie Augsburgischer Konfession, zubillige, hieß es da, solle auch denen zustehen, „die unter jenen Reformierte genannt werden." Dieses „inter illos" ließ sich nach Belieben auf die zuerst genannten Stände allgemein oder auf die zuletzt genannten Stände Augsburgischer Konfession beziehen. Nahm man das zweite an, so waren die Reformierten ausdrücklich zur Confessio Augustana gezählt, entschied man sich aber für das erste, so blieb die Frage offen, es lag dann zwar keine Anerkennung, aber auch keine Verneinung dieser Zugehörigkeit vor. Die Reformierten hatten „inter hos" gefordert, was die Frage zu ihren Gunsten entschieden hätte; was jetzt vorlag, war ein Kompromiß, der jeder Partei die ihr genehme Auslegung erlaubte (IPO VII § 1).

Der alte Streit um die Confessio Augustana variata und invariata, den des Kurfürsten Zorn noch einmal heraufbeschworen hatte, war nun zwar nicht entschieden, aber doch beschwichtigt. Er blieb es, obwohl Friedrich Wilhelm noch immer grollend erklärte, die Formel gehe ihn nichts an, und Kursachsen noch unentwegt gegen diese Einigung überhaupt protestierte. Lutherische und Reformierte traten als ein Corpus auf und wurden als solches in den Friedensvertrag aufgenommen; hinfort zählten sie zur evangelischen Partei, gab es im Reich ohne den geringsten Zweifel nur zwei Konfessionen. Ende April 1648 fand die Streitfrage der Reformierten damit ihre endgültige Erledigung.

Die letzten deutschen Fragen

Je näher man dem Friedensschluß kam, desto wichtiger wurde die Reihenfolge der noch ungeregelten Fragen. Man mußte damit rechnen, daß am Ende einige von ihnen, die den Abschluß hinderten, einfach abgesetzt, übergangen oder vertagt würden. So verstärkte sich in den letzten Monaten des Kongresses das Gedränge derer, die ihre Interessen in den Vordergrund schieben, ihre Sache auf die Tagesordnung oder, wenn sie schon verhandelt war, zur Unterschrift bringen und zum Bestandteil des Friedensvertrages erheben wollten. Im Interesse des Reiches und seiner Stände lag es, nach den kirchlichen Fragen die noch ungeregelten Amnestiebestimmungen vorzunehmen und damit endlich den inneren Frieden herzustellen. Jetzt aber geboten die Schweden zugunsten ihrer eigenen Anliegen und der ihrer Verbündeten Einhalt: Die Satisfaktion ihrer Armee und die hessische Sache seien zunächst zu verhandeln, die schon beschlossene brandenburgische und braunschweigische Entschädigung endlich zu unterschreiben. Die Gegenseite antwortete mit der Forderung, zuerst das pfälzische Abkommen vertragsreif zu machen. Schließlich wurden die drei letztgenannten Abkommen im Namen der Stände unterzeichnet, während Kaiserliche und Schweden ihre Unterschrift noch solange aussetzten, bis die hessische Sache zwischen ihnen geregelt sei.

Damit war die Frage der schwedischen Miliz zunächst in den Hintergrund geschoben, der Vorrang der Amnestiefragen behauptet. Unter ihnen war die hessische, nachdem die pfälzische geregelt war, zweifellos die wichtigste, aber auch die schwierigste. Was die Entschädigung Hessen-Kassels betraf, so hatte sich Trauttmansdorff für eine Geldzahlung ausgesprochen, während die schwierige Marburger Sache zwischen den beiden verwandten Häusern unmittelbar geregelt werden sollte. Aber die Landgräfin hatte ihre Ansprüche auf geistliches Gut durchaus nicht fallenlassen wollen. Schließlich waren ihr von Trauttmansdorff die Abtei Hersfeld und die schaumburgischen Ämter nebst 600000 Talern geboten worden. Aber das genügte ihr nicht. Sie hatte den oberen Teil des Bistums Paderborn, das Eggegebirge, in Besitz genommen und forderte wenigstens dieses Gebiet, da das ganze Stift nicht zu erlangen war. Schweden hätte es ihr schon zugesprochen, aber Frankreich war dafür nicht zu haben. Das Bistum stand in engen Beziehungen zu der Kathedrale von Le Mans, von wo einst die Gebeine des heiligen Liborius nach Paderborn überführt worden waren. Diese Verbindung verstand man in Paderborn zu nützen, von Paris erging Anweisung an die französischen Gesandten, sich des Bistums anzunehmen. So hatten die Franzosen im Mai 1647 erklärt, das Stift dürfe in seinem Besitz nicht geschmälert werden. Der Anspruch der Landgräfin wurde abgewiesen, dem Bistum ein besonderer Schutzbrief des französischen Königs erteilt. In dieser Frage hielten der Kaiser und Frankreich fest zusammen, so daß auch der schwedische Einfluß dagegen nicht aufkam.

Anders lagen die Dinge in der Marburger Erbschaftssache. Hier, wo keine Gefahr für katholisches Gut bestand, stützten die Franzosen die Landgräfin auch gegen den Kaiser und Schweden. Nicht mehr als ein Drittel der Erbschaft, ohne die Stadt und Universität Marburg, wollte Trauttmansdorff der Kasseler Linie zugestehen. Der Darmstädter bot schließlich sogar die Hälfte der Erbschaft an, wenn nur Stadt und Universität zu seinem Teil geschlagen würden und Hessen-Kassel die Rechtsgültigkeit des kaiserlichen Urteils von 1623 und des Vertrages von 1627 anerkenne. Die Reichsstände suchten zu vermitteln, aber die Landgräfin bestritt ihnen die Kompetenz in dieser Sache, die allein von dem Kongreß und unter Beiziehung beider Kronen entschieden werden könne. Dabei blieb sie auch, als ihr Landgraf Georg im August 1647 neue Verhandlungen anbot. Sie ging zwar darauf ein, behielt sich aber die Bestätigung des Vereinbarten durch den Kongreß und eine Garantie durch den Friedensvertrag vor. Die Verhandlungen wurden in Kassel geführt und schlossen am 9. Oktober mit einem Akkord, worin der Darmstädtische Unterhändler von Boyneburg zum erstenmal den bisher immer behaupteten Rechtsboden verließ. Er stimmte einer förmlichen Aufhebung des erwähnten Urteils und Vergleiches sowie einem Teilungsmodus zu, der der Landgräfin die Hälfte der Stadt und Universität Marburg überließ. Diesem Akkord aber versagte Landgraf Georg die Ratifikation, Boyneburg fiel in Ungnade. Jetzt war es Georg, der die Rückverweisung an den Kongreß betrieb. Er mochte glauben, daß die veränderte Kriegslage, die hohen Forderungen der Landgräfin und das herausfordernde Verhalten ihrer Truppen in den Gebieten der umliegenden Reichsstände ihm bei Kaiser und Ständen Unterstützung verschaffen würden. Doch die Rechnung sollte trügen. Gewiß, niemand wollte der Landgräfin wohl, aber niemand hatte auch Lust, es mit ihr zu verderben. Hersfeld war ihr inzwischen zugestanden, über die schaumburgischen Ämter hatte sie sich im Vertrag von Lauenau am 1. Oktober 1647 mit Braunschweig geeinigt, auch die Entschädigung von 600000 Talern war bewilligt. Noch wußte man freilich nicht, wer sie aufbringen solle. Man dachte sie auf die Stände des westfälischen Kreises umzulegen, in denen die hessischen Truppen standen, aber schon hatte die Landgräfin mit einigen von ihnen freundschaftliche Abmachungen getroffen und darin auf weitere Forderungen an sie verzichtet. Sie wollte die Last auf die geistlichen Fürsten abwälzen, aber natürlich hatten Mainz, Köln und Fulda keine Lust, die ganze Summe allein aufzubringen oder gar, wie Hessen verlangte, Teile ihres Landes auf fünfzig Jahre zu verpfänden. Schließlich vermittelten Thumbshirn und Krebs einen Vergleich, durch den Brandenburg für seine westfälischen Gebiete und Darmstadt als einzige von der Zahlung befreit wurden und die Landgräfin statt der geforderten Pfänder die Städte Coesfeld, Neuß und das feste Schloß Neuhaus bei Paderborn als Sicherheit bekam.

In der Marburger Sache aber gelang dem Kongreß noch immer kein Vergleich. Wir übergehen die Vorschläge und Teilungsprojekte, die neuerdings vorgelegt wurden; sie mußten scheitern, da weder Kassel noch Darmstadt ihre Gesandten zu weiteren Konzessionen ermächtigt hatten. Der Kongreß beschloß am 2. April, den Parteien noch einmal eine Frist von zwei Wochen zum Vergleich zu setzen, widrigenfalls man die Sache ohne ihre Zustimmung entscheiden werde. Erst jetzt verstand sich Georg zum Nachgeben. Unter Vermittlung des Herzogs Ernst von Gotha wurde am 14. April in Kassel der Vertrag geschlossen, der den langen Erbstreit im wesentlichen zugunsten von Kassel entschied. Die früheren Regelungen wurden kassiert, doch kam es auch nicht zu einer Wiederherstellung des Testamentes von 1604, sondern zu einer Teilung des strittigen Viertels der Erbschaft. Hessen-Kassel bekam das alleinige Eigentum an Stadt und Schloß Marburg, die Universität sollte beiden Linien gemeinsam gehören, ein Zustand, der freilich nicht lange bestanden hat. Kassel mußte dagegen den lutherischen Gottesdienst im Marburgischen Oberhessen gegen gewisse Konzessionen an reformierte Minderheiten garantieren. Der Vertrag wurde dem Kongreß mitgeteilt und als Ganzes dem Friedensvertrag einverleibt, also unter die Garantie der Mächte gestellt.

In der badischen Frage, die nun als letzte noch offen stand, war man bisher keinen Schritt vorangekommen. Anspruch stand gegen Anspruch: Markgraf Friedrich von Durlach, von Schweden unterstützt, forderte die obere Markgrafschaft und die Kassierung des Hofratsurteils von 1622, das er als ein rein politisches bezeichnete. Der Kaiser machte geltend, die badische Sache habe mit der Amnestie überhaupt nichts zu tun, sie hänge schon seit 1599 an und sei eine reine Rechtsfrage. Natürlich glaubte ihm das keiner, die parteiische Rechtsprechung des Reichshofrates war zu offenkundig. Aber die Position des Kaisers war hier stärker als in der hessischen Sache, weil Frankreich es gleichfalls mit dem katholischen Markgrafen Wilhelm hielt. So hatte Trauttmansdorff es sich leisten können, den Anspruch Friedrichs auf Restitution zu übergehen, obwohl er nach dem Grundsatz der Amnestie kaum zu bezweifeln war. In dem Trauttmansdorffschen Friedensprojekt war das Hofratsurteil von 1622 zur Grundlage genommen und der Markgraf mit seinen Stammlanden Durlach und Hochberg nebst den Ämtern Stein und Renkingen abgefunden, später hatte der Kaiser noch die drei oberbadischen Ämter Rötteln, Badenweiler und Sausenberg hinzugefügt, die sich eigentlich das Haus Österreich aus dem ehemaligen Besitz des Durlachers ursprünglich selbst zugedacht hatte. Das lief auf eine volle Restitution des Markgrafen Friedrich hinaus, aber unter Abweisung aller seiner Ansprüche an die Baden-Badener Linie. Mit einer solchen Regelung, die das umstrittene Urteil von 1622 bestätigte und nur seine Härten beseitigte, wollte sich der Markgraf freilich nicht abfinden. Er erhob durch Vermittlung der evangelischen Stände Einspruch und bot Verhandlungen an, die Markgraf Wilhelm ablehnte. Er wußte Frankreich, den Kaiser und alle katholischen Stände hinter sich. So blieb den Evangelischen nichts anderes übrig, als „den Stein, so nicht zu erheben, liegenzulassen." In unmittelbaren Verhandlungen zwischen Kaiserlichen und Schweden wurde die Sache im April 1648 im Sinne der letzten Vorschläge des Kaisers entschieden, Markgraf Friedrich für seine nichterfüllten Forderungen auf den Rechtsweg verwiesen.

Am 21. April konnte so auch das Abkommen über die Amnestie unterzeichnet werden. Nun waren auch die politischen Streitfragen unter den Ständen verglichen, denn die schon längst vereinbarten Bestimmungen über die verfassungsmäßigen Rechte der Stände, über Handel und Zölle harrten nur noch der Unterschrift. Die Reichsstände hatten das ihre getan, für sie stand dem Abschluß des Friedens nichts mehr im Wege. Noch blieben die unerfüllten Forderungen und unverglichenen Differenzen der drei Großmächte, Fragen voll gefährlichen Zündstoffes. Sie sollten den Kongreß noch in schwere Krisen stürzen.

16. Kapitel

FRIEDENSSCHLUSS

Ratifikation des niederländischen Friedens

Mehr als die Proteste der französischen Regierung hatten die Parteikämpfe in den Niederlanden die Ratifikation des am 30. Januar 1648 in Münster geschlossenen Friedens verzögert. Die Provinz Seeland, die schon 1646 dem Frieden widersprochen hatte und nur mit Mühe zur Ruhe gebracht worden war, widerstrebte auch diesmal wieder. Es war die Frage, ob die Generalstaaten in dieser Sache durch Mehrheitsbeschluß über den Protest eines Gliedstaates hinweggehen könnten. Die Provinzen galten als souverän, und insofern war die Frage zu verneinen. Aber Holland, auch jetzt wieder Vorkämpfer des Friedens mit Spanien, machte geltend, es gehe ja nur noch um die Ratifikation des Friedens, den die Generalstaaten durch Beschluß vom 26. November 1646 bereits grundsätzlich einstimmig gebilligt hätten, auch habe der Vertreter Seelands in Münster, Knuyt, den Vertrag mit unterschrieben. Es kam darüber zu stürmischen Szenen in den Generalstaaten. Vergeblich beschwor der junge Statthalter Wilhelm II. die Versammlung, einen einstimmigen Beschluß zu fassen. Nur Utrecht, das dem Frieden gleichfalls widerstrebte, erklärte, sich einem Mehrheitsbeschluß unterwerfen zu wollen, aber nicht Seeland. Der Zufall wollte, daß in der entscheidenden Woche Knuyt als Vertreter Seelands den Vorsitz zu führen hatte. Obwohl selbst Mitunterzeichner des Friedens, war er durch die Weisungen der Stände seiner Provinz gebunden, auch bezog er, wie wir wissen, eine Pension von Frankreich. Er schloß die Beratung, ohne es zu einer Abstimmung kommen zu lassen. Da nahm einer der Vertreter Hollands den leeren Präsidentenstuhl ein und verkündete als Beschluß der Versammlung die Ratifikation des Münsterschen Vertrages mit der Einschränkung, daß den Deputierten von Seeland zehn Tage Zeit gegeben werden solle, mit ihren Auftraggebern in Verbindung zu treten. Das war nicht, wie es scheinen möchte, ein Willkürakt, sondern stand im Einklang mit der Geschäftsordnung der Generalstaaten. Nach ihren Bestimmungen hatte ein Präsident, der Bedenken trug, die Meinung der Mehrheit zum Beschluß zu erheben, seinem Amtsvorgänger Platz zu machen, der dann den Beschluß zu verkünden hatte. So war es hier, wenn auch nicht ganz in der vorgeschriebenen Form, geschehen, und der einmal verkündete Beschluß wurde anerkannt und bestätigt. Am 17. April, nach Ablauf der gestellten Frist, wiederholte die Versammlung ihren Beschluß und ging über die Proteste Seelands hinweg. Noch einmal kehrten die Bevollmächtigten, doch ohne Knuyt, nach Münster zurück, um dort am 15. Mai den Frieden mit Spanien zu ratifizieren.

Der feierliche Akt ging im Rathaus am Prinzipalmarkt vor sich, in dem berühmten Saal des Erdgeschosses, der deshalb später den Namen „Friedenssaal" erhielt. Bei aller Schlichtheit war dieser bürgerliche Festraum, einer der schönsten Deutschlands, ein höchst würdiger Schauplatz für diesen wichtigen Akt. Man hatte ihn mit Laub und frischen Blumen bekränzt, einen zehneckigen Tisch in der Mitte des Raumes mit einer grünseidenen Decke belegt und mit zwölf Sesseln umstellt. Früh am Morgen fuhren die Gesandtschaftssekretäre vor. In kunstvollen Kassetten, die mit Silber beschlagen und mit roter Seide bespannt waren, brachten sie die kostbaren Dokumente herbei. Ehrfurchtsvoll bestaunten die als Zuschauer geladenen Bürger die goldene Kapsel mit dem Siegel des Königs von Spanien. Dann erschienen die Gesandten selber, erst die Niederländer, darauf die Spanier, alle von Ratsherren feierlich geleitet. Vom nahen Lambertiturm verkündeten Trompeter den großen Augenblick, aus dem benachbarten Stadtweinhaus klang festliche Musik, auf der Straße drängte sich das Volk. Während in einem Nebengemach die Friedensdokumente verglichen wurden, worüber fast eine Stunde verging, hatten die Gäste Zeit, den prunkvollen Aufzug des spanischen Gefolges zu bewundern. Ihre mit Gold und edlen Steinen verzierte spanische Hoftracht kontrastierte seltsam mit dem düsteren Ernst der schmucklosen schwarzen Bürgertracht, die die Niederländer selbst an diesem Festtag trugen. Um 11 Uhr betraten die Gesandten wieder den Saal und nahmen um den Tisch Platz. In lateinischer Rede verkündete der burgundische Parlamentsrat Antonius Brun, der zur Linken Peñarandas saß, daß sein Herr, der katholische König, den Vertrag vom 30. Januar 1648 ratifiziert habe und seine Gesandten nunmehr bereit seien, den Frieden zu beschwören; man hoffe damit dem ganzen Kongreß ein Beispiel zu geben. Ihm antwortete Barthold van Gent, der den Platz zur Rechten des Grafen innehatte, im Namen der niederländischen Gesandten. Laut wurde der Vertrag vor den anwesenden Diplomaten, Ratsherren und Bürgern verlesen, dann erhoben sich alle und entblößten die Häupter. Der spanische Gesandtschaftskaplan reichte dem Grafen Peñaranda das Evangelienbuch. Der legte die rechte Hand darauf und verlas von einem Blatt, das er in der Linken hielt, den Eid. Bei der Anrufung des göttlichen Namens hoben er und Brun die Rechte zum Schwur und küßten darauf das Kreuz. Die Niederländer leisteten den Eid auf ihre Art, weil, wie sie erklärten, die spanische Sitte ihnen fremd war. Barthold van Gent verlas den Eid, alle erhoben die Schwurhand und stimmten laut in die Schlußformel ein: Soo help ons Godt!

Dieser Augenblick ist es, den Gerard ter Borch in seinem Friedensbild festgehalten hat, einem der Meisterwerke seines Lebens und der Malerei überhaupt. Es ist nicht allzu häufig, daß ein großer Maler Augenzeuge eines bedeutenden geschichtlichen Ereignisses wird und es im Bilde verewigt. Hier haben wir nun gar einen Vorgang, den wir uns nach den Berichten bis in alle Einzelheiten vergegenwärtigen können, und einen Maler, der als objektiver Schilderer der Wirklichkeit seinesgleichen sucht und den man mit Recht den Historiker unter den Malern genannt hat. So hat er seine Rolle in diesem Augenblick auch verstanden und sich selbst zum Zeichen dessen am linken Rande des Bildes als aufmerksamen Zeugen dargestellt. Bis ins letzte stimmt seine Schilderung mit den Berichten überein, nur daß er die Szene entfaltet und, wie es nicht anders möglich war, den Kreis der handelnden und zuschauenden Personen nach dem Beschauer hin geöffnet hat. Es liegt über dem kleinen, auf Kupfer gemalten Bilde, das die Londoner Nationalgalerie aufbewahrt, eine Stimmung, die keine Reproduktion erreicht. Auf kleinstem Raum — die Gestalten sind nur eine Handspanne groß — zeigt dieses Bild die liebevollste Versenkung ins einzelne. Beides gibt dem Werk einen unvergleichlichen Reiz. Der dunkel getäfelte Saal, in den von rechts das Licht eines hellen Frühlingstages hereinbricht, ist von Menschen überfüllt. Alle Augen wenden sich nach der Mitte des Bildes, auf die dadurch auch der Blick des Beschauers gelenkt wird und zu der er immer wieder zurückkehrt, sollte er ja einmal von der feierlichen Szene abweichen, die sich dort vor unseren Augen begibt. Soeben hat Peñaranda den Schwur geleistet. Seine Rechte liegt noch auf dem Evangelium, die Linke hält das Blatt, sein Ausdruck verrät, daß er aufmerksam den Worten des Eides folgt, die Barthold van Gent soeben spricht. Die sechs Niederländer haben die Schwurhand erhoben, und man meint in der feierlichen Stille ihre Worte zu hören. Peñaranda und Barthold stehen im Mittelpunkt der Handlung. Sie fallen sogleich ins Auge, weil sie die Blätter in der Hand halten, noch mehr aber durch den geistvollen und würdigen Ausdruck ihrer Gesichter, der sie als die bedeutendsten in der Versammlung erscheinen läßt. Stolz, aber auch verhaltener Schmerz sprechen aus Peñarandas Zügen, Barthold van Gent zeigt Haltung, Blick und Gebärde eines Mannes, dem man wohl glaubt, daß er einen großen Augenblick bewußt und innerlich erhoben miterlebt. Zwei Welten begegnen sich hier, die farbenfrohe Pracht des südländischen Katholizismus und die düstere Strenge des Kalvinismus, dort Evangelienbuch und Kreuz als Symbole, auf die die Spanier den Eid leisten, hier gilt nur das Wort und wird jedes sinnliche Zeichen verschmäht. Ter Borch hat nicht nur lebendige Menschen dargestellt, sondern auch die geschichtliche Bedeutung des rasch vorübereilenden Momentes erfaßt; in der Fülle der Gestalten, die sich auf dem Bilde zusammendrängen, begegnen einander zugleich Geschichtsmächte und Geschichtsepochen. Wer sein Bild aufmerksam betrachtet, dem teilt sich die Stimmung jenes Augenblickes mit, der wird von dem Erlebnis einer großen geschichtlichen Stunde selbst innerlich erfaßt.

So empfanden alle, wie unsere Berichte bezeugen. Als der Eid gesprochen war und Peñaranda, wie es das Zeremoniell verlangte, zur gegenseitigen Umarmung auf die Niederländer zutrat, geschah es mit Freudentränen, und seine Ergriffenheit teilte sich den übrigen mit. Dann machte der Jubel sich Luft, und als Spanier und Niederländer draußen ihre Wagen bestiegen, wiesen sie triumphierend dem Volk die inhaltsschweren Dokumente. Rat und Bürger feierten ein Freudenfest, man will zwanzigtausend Menschen gezählt haben, die sich in den blumengeschmückten Straßen drängten. Vor Peñarandas Hause sprang Wein aus einem Brunnen, und von einer Bühne vor dem Rathaus wurde dem Volk der Friedensvertrag verlesen. Umsonst beschwerte sich Servien bei den Vermittlern, daß man diese Freudenkundgebungen zulasse; sie gaben ja nur dem Ausdruck, was jedermann an diesem Tag empfand und hoffte.

Abfindung des schwedischen Heeres. Abschluß mit Schweden

Im Jahre 1648 verließ das Kriegsglück erneut und diesmal für immer den Kaiser. Im Dezember 1647 zog sich Feldmarschall Holzapfel nach vergeblicher Belagerung des Marburger Schlosses aus Hessen nach Franken und Bayern zurück, zu Anfang des neuen Jahres folgte ihm Wrangel, von der Weser kommend, nach. Bei Mainz überschritt Turenne den Rhein. Im März vereinigten sich beide an der bayrischen Grenze. Die Entscheidung des Krieges nahte heran.

Der erste furchtbare Anprall der verbündeten Heere traf Württemberg und Franken, die erneut alle Greuel des Krieges erlebten. Im Mai erzwangen Franzosen und Schweden den Übergang über den Lech und verwüsteten darauf Bayern. Erst am Inn kam ihr Vormarsch zum Stehen. Während der kaiserliche Feldherr Lamboy sich in Westfalen und am Niederrhein mit den hessischen Truppen herumschlug, drang Königsmark über Eger nach Prag vor, das er Ende Juli erreichte und im Handstreich zu nehmen gedachte. Er wurde Herr der Kleinseite und schickte sich zum Sturm auf die Altstadt an, während zur gleichen Zeit Franzosen und

Schweden das völlig ausgeplünderte Bayern räumten. In diesem Augenblick machte die Botschaft vom Friedensschluß aus Münster den Feindseligkeiten ein Ende.

Auf diesem düsteren Hintergrund müssen wir die letzten Verhandlungen des Kongresses sehen. Das Unglück, das den Kaiser und seine Verbündeten verfolgte, bestimmte ihren Verlauf und ihren Ausgang.

Die Differenzen zwischen den Reichsständen waren behoben, wir sehen sie daher von nun an ungeachtet aller früheren Gegensätze einmütig für den Frieden eintreten, während Kaiserliche, Schweden und Franzosen, da sie mit ihren letzten Forderungen noch nicht durchgedrungen waren, den Vereinbarungen der Reichsstände vorerst noch ihre Unterschrift versagten. In dieser letzten Phase der Verhandlungen ist der Einfluß der Stände vielleicht stärker als je vorher gewesen, weil er sich so einmütig geltend machte. Ihrem Zusammenwirken verdankte Deutschland schließlich den Frieden, denn sie waren es, die die Großmächte und zumal den Kaiser zu den Opfern drängten, ohne die er nun einmal nicht zu erreichen war.

Zunächst ging es jetzt um den Frieden mit Schweden. Der Vertrag war im wesentlichen fertig bis auf zwei Punkte: Die Amnestie in den kaiserlichen Erblanden und die Entschädigung der schwedischen Miliz.

Man wird erstaunen, die erste Frage noch hier erwähnt zu finden, waren doch die Erblande des Kaiser schon von den soeben erst vereinbarten Bestimmungen über die Autonomie ausgenommen worden und damit, so sollte man denken, den Exulanten jede weitere Hoffnung abgeschnitten. Nachdem der Kaiser sich in den Fragen der Religionsübung so hartnäckig gezeigt hatte, konnte man doch wohl hinsichtlich der Amnestie in den Erblanden nichts mehr von ihm erwarten. Aber die Schweden verfolgten ihre Absichten insgeheim weiter, sie wollten die Rückkehr der Exulanten in die Heimat erzwingen. Konnte man nicht auch auf dem Wege über die Amnestie zu dem erwünschten Ziel gelangen und dabei vielleicht noch etwas für die Religionsübung der Emigranten erreichen? Um dies zu verhindern, hatte schon Trauttmansdorff in seinem Friedensentwurf bestimmte Sicherungen getroffen. Den kaiserlichen Untertanen wurde zwar Amnestie und Rückkehr in die Heimat zugestanden, mehr aber nicht. Natürlich ging es dabei nach der bekannten These des Kaisers immer nur um diejenigen, die nach 1630 den beiden Kronen unmittelbar Dienste geleistet hatten, und auch sie sollten sich den politischen und kirchlichen Gesetzen der Heimat unterwerfen. Das schloß also jede Religionsfreiheit aus.

Ende März 1648 erklärten sich die Schweden auch zu diesem Punkt. Sie forderten erneut die volle Amnestie und Restitution aller kaiserlichen Untertanen, auch in kirchlicher Beziehung. Man wolle, klagten die kaiserlichen Gesandten, offenbar ihrem Herrn dreißigtausend Rebellen in sein Land pflanzen, und man erzählte sich von einer Äußerung des Salvius, die österreichischen Protestanten müßten erhalten werden, sie seien die Mäuse, die an den Wurzeln des Baumes nagen und ihn einst zu Fall bringen würden. Die Schweden verknüpften diese Frage aufs engste mit der Entschädigung ihrer Armee. Nicht nur, weil beide Angelegenheiten wegen der zahlreichen Exulanten im schwedischen Heer aufs engste zusammenhingen, sondern weil diese Verknüpfung in der Tat zu einer leichteren und rascheren Lösung beider Probleme führen konnte. Denn wenn es gelang, die Exulanten in all ihre Rechte und Güter wieder einzusetzen, so war auch die Abfindung der Miliz um vieles leichter geworden. Gelang es nicht, so mußte eben ein um so größerer Geldbetrag aufgebracht und die Last für die evangelischen Reichsstände um so schwerer gemacht werden. So gewann diese Amnestiefrage für die Protestanten neben dem religiösen auch ein großes materielles Interesse. Sie setzten sich daher mit doppeltem Nachdruck für die schwedische Forderung ein, so daß Volmar ihrem vereinten Drängen wich und die Verknüpfung der Amnestie mit der Milizentschädigung zugestand. Beide sollten an den Schluß der Friedensverhandlungen verschoben werden. Während also die Amnestie im Reich ihre Erledigung fand, blieb die in den Erblanden des Kaisers offen.

Als dieser Bericht in Wien eintraf, war man bestürzt und ernstlich besorgt. Das Verfahren, das neuerdings am Kongreß geübt wurde, schien sich allmählich sehr gegen den Kaiser auszuwirken. Seitdem die Stände Anfang des Jahres so großen Einfluß auf die Führung der Verhandlung gewonnen hatten, waren zwar bedeutende Fortschritte erzielt worden, aber das Haus Habsburg mußte dabei auf die Dauer zu kurz kommen. Nicht genug, daß die Stände mehr und mehr die Bevollmächtigten des Kaiser beiseite gedrängt und seinen treuen Parteigänger, den Landgrafen von Darmstadt, in der Marburger Sache durch eine Art Ultimatum zur Unterwerfung gezwungen hatten, hatten sie auch seine wichtigsten Interessen beiseite gesetzt und eine Frage, an deren Entscheidung ihm viel lag, an den Schluß der Verhandlungen verschoben. Der Kaiser mußte fürchten, nach Erledigung aller anderen Punkte einem starken Druck der Reichsstände ausgesetzt zu werden. Dann konnte er in die Lage kommen, auf dem Wege über die Amnestie gewähren zu müssen, was bei den Verhandlungen über die Autonomie glücklich abgewiesen worden war. Volmar wurde heftig getadelt, man erwog sogar eine Zeitlang seine Abberufung. Der ganze Verhandlungsmodus fand in Wien schärfste Mißbilligung. Der Kaiser befahl, in Zukunft nichts mehr zu bewilligen, was eine Verschlechterung des Trauttmansdorffschen Friedensentwurfes bedeutete, und verlangte Rückkehr zu der ursprünglichen Reihenfolge der Verhandlungspunkte, das heißt Erledigung der Amnestiefrage an erster Stelle und Vertagung der Milizfrage bis zum Schluß der Verhandlungen, denn sie gehöre zur Exekution und nicht zum Frieden selber.

Indem aber der Kaiser seinen Gesandten auf diese Weise die Hände band, erreichte er nur, daß die Dinge sich ohne sein Zutun entwickelten und eine ihm höchst unerwünschte Wendung nahmen. Seine Räte hatten als Folge der kategorischen Forderung entweder schnellen Friedensschluß oder Bruch der Verhandlungen erwartet. Keines von beiden geschah, sie gingen ohne die kaiserlichen Gesandten weiter, die Reichsstände nahmen sie selbst in die Hand. Gegen den förmlichen Widerspruch der Kaiserlichen machten sie Anstalten, nun zwar die Amnestiefrage vorwegzunehmen, mit ihr aber auch die Milizfrage, und außerdem beide Streitpunkte in den Reichsständen zur Beratung zu stellen. Die Kaiserlichen bestritten die Zuständigkeit der Reichsstände in Angelegenheiten der österreichischen Erblande und weigerten sich, eine Proposition vorzulegen. Es half ihnen nichts, sie wurde von Kurmainz übernommen. Am 9. Mai beschlossen die Reichsstände, trotz des kaiserlichen Widerspruches in Verhandlungen über die Entschädigung der schwedischen Armee einzutreten.

Damit wurde aber zugleich der ganze Fragenkomplex der Ratifikation und Exekution des Friedens angerührt, von dem die Satisfaktion der Miliz ja nur ein Teilproblem darstellte. Man hatte schon früher über diese Fragen gesprochen, aber nur den völligen Gegensatz der beiderseitigen Auffassungen feststellen können. Die Schweden wollten das Reichsgebiet erst räumen, wenn die wichtigsten Friedensbestimmungen, vor allem die Restitutionen und die Bezahlung ihrer Armee, ausgeführt seien. Deshalb wünschten sie, daß zwischen Unterzeichnung und Ratifikation des Friedens eine Frist von drei Monaten für die Exekution eingeschaltet werde. Das hieß aber die Exekution des Friedens unter starken schwedischen Druck stellen und traf sich mit den Absichten derjenigen evangelischen Stände, denen an einer schnellen Restitution gelegen war. Um sie noch mehr zu beschleunigen, legten diese Stände Entwürfe zur Friedensexekution vor, worin den Geschädigten das Recht zugesprochen wurde, bei Widerstand gegen die im Vertrag vorgesehenen Restitutionen noch innerhalb der Ratifikationsfrist zur Selbsthilfe zu schreiten. Darauf drängte vor allem Württemberg, denn anders sei den hartnäckigen Mönchen der schwäbischen Klöster nicht beizukommen. Natürlich lehnten Kaiserliche und Katholiken das ab, denn niemand könne Richter in eigener Sache sein, die Exekution des Friedens müsse vielmehr dem Kaiser vorbehalten bleiben und von ihm nach Maßgabe der Reichsexekutionsordnung durchgeführt werden. Es kam darüber zwischen den Ständen zu keiner Einigung; man beschloß, die Sache den kaiserlichen und schwedischen Gesandten vorzutragen. Die Schweden nahmen in ihre Vorschläge ein verklausuliertes Recht zur Selbsthilfe auf, es sollte nur eintreten, wenn die Restitution durch Kommissare, die der Geschädigte wählen könne, nicht gelänge. Aber nicht an kaiserliche Kommissare war dabei gedacht, sondern an solche, die aus den Ständen des betreffenden Kreises zu nehmen oder auch von beliebigen anderen Reichsständen, ja sogar von Frankreich oder Schweden zu stellen seien. Man dachte dabei vornehmlich an Restitutionsforderungen eines Landesherrn gegen seine Mediatstände oder Untertanen, hatte also speziell den württembergischen Fall im Auge. Aber das konnte zu bösen Konsequenzen und weitgehender Einmischung der fremden Mächte führen, und die Kaiserlichen hatten guten Grund, sich dagegen zu wehren. Sie hatten dabei das Reichsrecht und alle katholischen, ja sogar einen Teil der evangelischen Stände auf ihrer Seite.

Die der Restitution folgende Ratifikation des Friedens sollte nach dem Willen der Schweden von allen Reichsständen geleistet werden, dann erst die Abführung der Truppen folgen. Da aber die formelle Ratifikation nach dem Reichsherkommen erst auf dem nächsten Reichstag möglich war, sollten die Stände eine vorläufige Ratifikation erteilen. Um die Frist zwischen Unterzeichnung und vorläufiger Ratifikation wurde nun viel verhandelt. Der Kaiser wollte natürlich die fremden Armeen möglichst bald loswerden und hatte deshalb ursprünglich die vorläufige Ratifikation zugleich mit der Unterzeichnung, und zwar mittels vorbereiteter Ratifikationsurkunden, gefordert, was die sofortige Abführung der Truppen bedeutet hätte. Ihre finanzielle Abfindung sollte erst nachher im Zuge der Exekution erfolgen, zu der sie nach Ansicht des Kaisers gehörte, im Friedensvertrag selbst habe sie nichts zu suchen.

Diesem kaiserlichen Standpunkt hatten die meisten Reichsstände bisher beigepflichtet. Auch ihnen lag ja daran, die ungebetenen Gäste möglichst schnell zu verabschieden. Die Protestanten erreichten durch Verhandlungen mit Salvius im März 1648 wenigstens eine Herabsetzung der Ratifikationsfrist von drei Monaten auf sechs Wochen. Als unerreichbar aber erwies es sich, die Verhandlungen über die Satisfaktion der Miliz bis nach Friedensschluß aufzuschieben. Der erwähnte Beschluß der Reichsstände vom 9. Mai bedeutete einen vollen schwedischen Erfolg in dieser Sache. Die Stände nahmen die von den Schweden geforderten Besprechungen gegen den Willen des Kaisers schon jetzt auf.

Nun begann ein wochenlanges Feilschen. Das Problem zerfiel in drei Einzelfragen: Wer zu zahlen und wer etwas zu fordern habe, wieviel zu zahlen sei und in welcher Form das geschehen solle.

Wer sollte zahlen, und wer durfte fordern? Daß den schwedischen Armeen eine Abfindung zu gewähren sei, darüber brauchte nicht mehr gesprochen zu werden, es war im Prinzip bereits zugestanden. Nun verlangte aber auch die Landgräfin von Hessen-Kassel eine Abfindung für ihre Truppen. Zugleich traten der Kaiser und Bayern mit ähnlichen Forderungen auf den Plan. Als jetzt die Beratungen der Reichsstände begannen, wurden die Gesandten von Mainz und Bayern zu den Kaiserlichen gerufen und an diese Ansprüche erinnert. Selbst für die Truppen des Herzogs von Lothringen versuchte der Kaiser eine Abfindung durchzusetzen.

Wer sollte diese zahlreichen Ansprüche befriedigen? Die Entschädigung der schwedischen Armeen hatten Kaiser und Katholiken von jeher abgelehnt, das sei Sache der Protestanten, die sie ja übers Meer gerufen hätten. In diesem Zusammenhang hatte Trauttmansdorff den Gedanken geäußert, die Abfindung der verschiedenen Armeen auf die Kreise aufzuteilen. Der ober- und niedersächsische als die einzigen rein evangelischen Kreise könnten den Schweden zugewiesen werden, der Rest den kaiserlichen und katholischen Heeren. Maximilian von Bayern forderte für sich allein drei Kreise, den bayrischen, fränkischen und schwäbischen, die ergiebigsten im ganzen Reich. Dem Kaiser wären dann außer seinen Erblanden der österreichische und die drei rheinischen Kreise geblieben; auf den burgundischen war nicht zu rechnen.

Diese Pläne aber waren nun keineswegs nach dem Sinn der Stände. Ihr Beschluß ging dahin, daß außer Schweden, dem Kaiser und Bayern niemand etwas zu fordern habe und für die Abfindung der schwedischen Miliz die Masse der Reichskreise heranzuziehen sei, um die voraussichtlich sehr drückende Last auf viele Schultern zu verteilen. Der Kaiser müsse sich mit seinen Erblanden und dem österreichischen Kreis, Maximilian mit dem bayrischen Kreis begnügen. Dabei blieb es trotz aller Proteste.

Nun ging es um die Höhe der schwedischen Entschädigung. Die Reichsstände meinten, sie werde sehr wesentlich davon abhängen, ob man ihnen die Aufbringung des Geldes erleichtere oder nicht. Je früher man ihnen die Soldateska vom Halse schaffe, desto mehr würden sie zahlen können, deshalb sei es eben gut, die Armeen sofort nach Friedensschluß, noch vor der Ratifikation, abzudanken. Aber da kamen sie schlecht an. Ohne Satisfaktion, erklärte Oxenstierna, würden sich die Soldaten nicht wegschicken lassen. Bei diesen Burschen gelte keine Rhetorik, keine Logik, kein Demosthenes und kein Cicero, sie müßten Geld sehen. Da mußte denn also wohl oder übel, ehe es an das Quomodo ging, über das Quantum geredet werden.

Hieraus entwickelte sich ein häßlicher Schacher zwischen Oxenstierna und den Ständen, den im einzelnen zu verfolgen nicht die Mühe lohnt. Einem Angebot der Stände von 1,6 Millionen Reichstalern stand eine Forderung von 20 Millionen gegenüber. Zwar gingen die Schweden bald auf die Hälfte herab, aber die Kluft blieb doch immer noch erschreckend. Sicher standen die schwedischen Gesandten selbst unter einem starken Druck. Sie fürchteten den aufrührerischen Geist der Armee. Der brandenburgische Gesandte Wesenbeck urteilte damals, die Dinge stünden für Schweden äußerst gefährlich. Man müsse damit rechnen, daß die unzufriedene Soldateska einen allgemeinen Aufruhr entfessele, „ein Corpus konstituiere, die Offiziere von sich jage, einen Stand nach dem anderen unter dem Schein prätendierter Satisfaktion ruiniere und dieser Krieg eine tragische Katastrophe gewinne." Die Armee, wenn sie auch nur selten durch ihren Abgesandten Erskein unmittelbar eingriff, stand doch als eine selbständige Macht drohend im Hintergrund; allein durch ihr Vorhandensein trieb sie die schwedischen Gesandten zu immer schärferem Drängen.

Nach längerem Hin und Her bekamen die Reichsstände aus dem etwas zugänglicheren Salvius heraus, daß die schwedische Instruktion auf 5 Millionen Taler laute. Diesen Betrag bewilligten sie schließlich am 12. Juni, und Oxenstierna nahm an.

Aber damit war es noch nicht getan. Nun ging es weiter um die Zahlungsfristen, die Höhe der ersten Abschlagszahlung und die Sicherung des Restes. Die verschiedenen Projekte, die die Reichsstände ausarbeiteten, liefen alle darauf hinaus, einen Teil, etwa ein Drittel, anzuzahlen und die Truppen dann abzudanken oder auf die einzelnen Reichsstände zu verteilen, unter deren Befehl und Jurisdiktion sie ihre endgültige Bezahlung abzuwarten hätten. Das war nun gar nicht nach dem Sinn der Schweden. Sie forderten 3 Millionen sofort bei Friedensschluß und eine Sicherheit für den Rest, etwa ein Landgebiet als Pfand, vor allem aber wünschten sie die Verfügung über ihre Armee bis zur Abdankung zu behalten. Deshalb seien alle einkommenden Gelder ihrem Generalissimus zuzuführen, der sie verteilen werde. Bei den Ständen erweckte das begründetes Mißtrauen. Man hatte zuviel erlebt, um noch großes Vertrauen in die Parole der Generale und Offiziere zu setzen. War man sicher, daß die Gelder richtig verteilt, die Truppen wirklich abgeführt wurden? Die Stände glaubten nur sicher zu sein, wenn sie selbst die Abfindung in der Hand behielten. Deshalb die vorgeschlagene Verteilung; mochte dann jeder Stand sehen, wie er mit den wilden Gesellen fertig wurde!

Vielleicht lag der schwedischen Regierung nicht allein an der Abfindung ihrer Truppen, sondern ebenso sehr an der weiteren Verfügung über sie, um Einfluß auf die Friedensexekution zu behalten. Aber es schien nun doch, als hätte sie den Bogen allmählich überspannt. Mit der Zeit begannen nämlich die Klagen sogar der evangelischen Stände einen drohenden Unterton anzunehmen. Schon während der Verhandlungen über die Höhe der Abfindung war es zu Beratungen unter den Reichsständen gekommen, ob man sich nicht lieber mit dem Kaiser zusammentun und die Schweden mit Gewalt zur Vernunft bringen solle. Wenn man schon so ungeheure Summen aufbringen müsse, dann doch besser dafür als zur Abfindung der fremden Bedrücker. Jetzt wurden erneut solche Stimmen gehört. Noch blieb es bei Worten, bei unverbindlichen Besprechungen und heimlichen Sondierungen. Wie immer, wenn es gegen Schweden ging, war Kursachsen am eifrigsten, während andere Protestanten wiederum unzweideutig erklärten, sie würden nichts gegen die Schweden unternehmen. Entscheidend mußte die Stellungnahme des Kurfürsten von Brandenburg werden. Friedrich Wilhelm aber zweifelte keinen Augenblick, was er zu tun habe. Er wußte genau, was er wagen konnte und was nicht. So schmerzliche Opfer ihm der Frieden auferlegte, auf eine abenteuerliche Politik der Kriegsverlängerung ließ er sich nicht ein, und so mißtrauisch man in Schweden auch gegen ihn war, seine Versicherungen, daß er nichts gegen Schweden plane, waren echt. Den aus der Erregung des Augenblicks geborenen Projekten der Osnabrücker Stände setzte er ein entschiedenes Nein entgegen. Dadurch wurde der Gedanke an bewaffneten Widerstand frühzeitig erstickt.

Aber die heftige Bewegung unter den Ständen konnte doch den Schweden nicht verborgen bleiben und auch nicht gleichgültig sein. Sie fanden sich zu einem Kompromiß bereit. Es lag ihnen an einer hohen Anfangszahlung, um zunächst einmal selbst vor den Soldaten Ruhe zu haben. So mußten ihnen die 3 Millionen zwar zugesagt werden, aber nur 1,8 Millionen in bar, der Rest in Assignationen, für deren Einlösung die schwedischen Befehlshaber an die Stände zu weisen seien. Ein Verzeichnis der Schuldner und der auf jeden einzelnen entfallenen Barzahlungen und Assignationen sollte beim Friedensschluß ausgehändigt werden, die Verteilung der gezahlten Summen auf die Truppen blieb aber Sache der schwedischen Kommandeure, nicht der Stände. Bis zur Ratifikation, acht Wochen nach Unterzeichnung des Friedens, sollten sich die einzelnen Stände mit den Befehlshabern geeinigt haben, nach der Ratifikation Entlohnung und Abdankung der Truppen Zug um Zug erfolgen. Für den Rest von 2 Millionen Talern hatten die Reichsstände insgesamt die Garantie zu übernehmen.

Durch dieses Abkommen kam der Kaiser in eine prekäre Lage. Sollte er zustimmen? Es war kein Reichskonklusum, denn die Mehrzahl der katholischen Stände saß in Münster und war auch diesen Verhandlungen ferngeblieben. Die beteiligten Stände konnten sich für ihr Verfahren vielleicht auf eine zwingende Notlage, aber nicht auf das Reichsrecht berufen. Auch inhaltlich erregte das Abkommen Bedenken. Die Zahl der schwedischen Soldaten war so hoch angegeben, daß in Wien der Verdacht aufkam, man habe die hessischen, braunschweigischen und brandenburgischen Truppen hinzugerechnet, ihnen so eine Abfindung erschlichen und die ganze Last auf die katholischen Stände abgewälzt. Die Leidtragenden würden, so rechnete man sich in Wien aus, wahrscheinlich die nordwestdeutschen Stifter sein, die bei Friedensschluß von den kaiserlichen Truppen geräumt werden mußten und dann schutzlos den schwedischen und hessischen Befehlshabern preisgegeben sein würden.

Wieweit man mit solchen Vermutungen recht hatte, bleibt offen. Immerhin hatte Erskein seinerzeit die Zahl der schwedischen Soldaten mit 125000 veranschlagt, während die Protestanten bei gleicher Zahl der Regimenter nur 75000 errechnet hatten. Dieser Anschlag lag auch jetzt den vereinbarten Zahlungen zugrunde. Aber was blieb dem Kaiser für eine Wahl? Und schließlich brachte das Abkommen doch auch ihm einen Vorteil: Es ebnete den Weg zu einer Verständigung über die Exekution des Friedens und die Amnestie in den Erblanden.

Denn die Schweden konnten jetzt, da die Abfindung ihrer Armeen gesichert war, leichter die Ansprüche der österreichischen Untertanen preisgeben, wurden sie doch nun, wenigstens soweit sie in schwedischen Diensten standen, auf andere Weise entschädigt. Sie konnten aber auch leichter einer Ordnung der Friedensexekution zustimmen, wie sie dem Kaiser vorschwebte, weil ihr Anliegen im voraus erfüllt und keine Frage der Friedensexekution mehr war. So kam man zu einer Ordnung der Exekution auf gesetzlichem Wege und unter Einschaltung der ordentlichen Reichsorgane. Das waren nach der Reichsexekutionsordnung die ausschreibenden Kreisfürsten und die Kreisobersten. Ihnen wurde jetzt das Geschäft übertragen, ein rechtlich einwandfreies Verfahren unter Einschaltung paritätischer Schlichtungsausschüsse vorgeschrieben und ihnen allein das Recht zuerkannt, gegen Widersetzliche mit Gewalt vorzugehen (IPO XVI. § 1—6). Damit hatte der Kaiser einen gefährlichen Angriff auf seine Exekutivgewalt siegreich abgewiesen.

Zugleich aber auch die Gefahr einer durchgehenden Amnestie in seinen Erblanden. Zum Glück konnten die Schweden den Reichsständen die Verantwortung dafür aufbürden, denn diese hatten bereits einen Beschluß gefaßt, der nur denjenigen Exulanten Amnestie und Restitution zuerkannte, die nach 1630 wegen ihrer den Franzosen oder Schweden geleisteten Dienste enteignet worden waren. Auf diesen Beschluß konnte man jetzt verweisen, und die Schweden versäumten nicht, im Vertragstext ausdrücklich zu betonen, daß sie lange und viel darum ersucht hätten, alle Emigranten zu restituieren, aber an dem Widerstand des Kaisers und der Abneigung der Reichsstände gegen eine Verlängerung des Krieges gescheitert seien.

Die letzten Fragen des schwedischen Friedens konnten dem Gutachten der Stände überlassen bleiben. Es waren die eidgenössische Sache, deren Ausgang wir schon kennen, und die mecklenburgische Entschädigung, in die Herzog Adolf Friedrich endlich einwilligte, nachdem ihm durch Vermittlung Brandenburgs noch einige Domherrenstellen zugelegt worden waren, während in den Zollfragen die Schweden ihren Willen behaupteten.

Am 6. August 1648 wurde in Oxenstiernas Quartier der Frieden mit Schweden vor den versammelten Gesandten des Kaisers, Schwedens und der mitwirkenden Reichsstände verlesen. Es gab noch immer Proteste und Verwahrungen; die meisten wurden abgewiesen, einige auch zu Protokoll genommen. Die Stände drängten auf Unterschrift, doch dazu verstanden sich die Schweden mit Rücksicht auf Frankreich noch nicht. Aber sie, die Kaiserlichen und der kurmainzische Gesandte im Namen des Reiches gelobten durch Handschlag, an dem Beschlossenen nichts mehr zu ändern und alles so zu achten, als sei es besiegelt und unterschrieben.

Letzter Kampf um das Elsaß. Trennung des Reiches von Spanien.
Frieden mit Frankreich

Auch Mazarin drängte zum Frieden, denn die inneren Gegensätze in Frankreich hatten sich durch den Aufruhr der Fronde bedenklich zugespitzt. Diesmal führte der hohe Adel die Opposition gegen den landfremden Kardinal. Indem Mazarin sich selbst und seine Stellung verteidigte, kämpfte er auch für Richelieus Traditionen in der Außenpolitik, denn die Fronde wünschte, wie einst die Importants, ein besseres Verhältnis zu Spanien. Mit Hilfe der Damen des Hofes suchte sie die Regentin zu gewinnen, auch geistliche Einflüsse wurden aufgeboten; das Ziel war der Frieden.

Noch 1647 schien Mazarins Stellung unangreifbar. Er konnte große kriegerische und diplomatische Erfolge aufweisen, seine Macht im Innern war unbestritten, an äußerem Glanz, in der Förderung der Künste und Wissenschaften suchte er es Richelieu gleichzutun. Aber seitdem hatte sich die Lage bedenklich verschlechtert. Der Winter hatte einen unglücklichen Feldzug in Italien, Mißerfolge der Revolution in Neapel, den Sonderfrieden der Niederlande, in Deutschland eine Revolte der Weimarer Armee und den Rücktritt Bayerns zum Kaiser, in Spanien die vergebliche Belagerung von Lerida gebracht. Mazarin war der Meinung, daß unter diesen Umständen ein ehrenhafter Frieden mit Spanien zur Zeit nicht möglich sei und daß man alle Mittel zusammenraffen müsse, den Kampf weiterzuführen. Das hieß die schon erschöpfte Steuerkraft des Landes weiter anspannen. Im Januar 1648 kam es zu den ersten Straßentumulten in Paris, zum Widerstand im Parlament, zu Reformforderungen. Die Dinge trieben einem gewaltsamen Konflikt zu.

Auch in Münster hatte die Opposition gegen Mazarin eine Stätte. Hier traf sie ihn besonders empfindlich, denn die Außenpolitik war seine eigentliche Domäne, an den innerpolitischen Fragen war der Italiener noch weniger interessiert als vor ihm Richelieu. Wenn etwas, so konnten nur außenpolitische Erfolge ihm helfen, mit der Opposition fertig zu werden. Das hieß, er brauchte den Frieden mit dem Reich, nicht nur um Spanien zu schwächen, sondern vor allen Dingen um sein eigenes Ansehen zu heben und die Macht zu behaupten. Dazu konnte er am Kongreß nur Männer gebrauchen, die seine Ansichten teilten und seinen Willen respektierten.

Beides durfte nur von Servien gelten. Dem mit der Fronde aufs engste verbundenen Herzog von Longueville, dem von kirchlicher Devotion erfüllten Grafen d'Avaux hatte er nie getraut. Immer offener verfolgten diese beiden jetzt eine Politik des Ausgleichs mit Spanien, immer unverblümter erhoben sie den Vorwurf, der Kardinal verlängere den Krieg, um sich selbst an der Macht zu halten. Keinen Vorwurf hat Mazarin bitterer empfunden als diesen, noch Jahre später hat er sich mit Leidenschaft dagegen verwahrt. Denn ein solcher Verdacht war nicht nur persönlich kränkend, sondern auch innenpolitisch gefährlich und außenpolitisch im Hinblick auf die Niederlande und Schweden verhängnisvoll. Er konnte ihre Bündnistreue erschüttern und Mazarins Absicht, mit Hilfe der Reichsstände die Trennung des Kaisers von Spanien zu erzwingen, vereiteln. Deshalb mußte das Odium der Unversöhnlichkeit unbedingt und für alle Welt erkennbar auf Spanien fallen.

In dem Bemühen aber, dies zu erreichen, hatten Longueville und Avaux wenig Geschick oder, was schlimmer war, durchaus keinen guten Willen gezeigt. Im Frühjahr 1647, als Servien im Haag um die Niederlande warb, hatte Longueville in Münster die Verhandlungen mit Spanien allein geführt und sich dazu der Vermittlung Pauws bedient, desselben Mannes, über den Servien zur gleichen Zeit bei den Generalstaaten Beschwerde führte. Longueville schenkte ihm volles Vertrauen, übergab ihm das französische Friedensprojekt und überließ es ihm, seiner Regierung davon Kenntnis zu geben. Offenbar geschah es keineswegs so, daß Spanien als das Hindernis des Friedens erschien, und der Herzog wurde von Mazarin scharf getadelt. Er blieb, wie es scheint, die Antwort nicht schuldig, kritisierte offen die Politik des Kardinals und bat um seine Abberufung. Mazarin wollte es soweit doch nicht kommen lassen. Er lenkte ein, und der Herzog ließ sich beschwichtigen, aber der Gegensatz war nun einmal offen ausgesprochen und trat wieder zutage, als Longueville und Avaux Ende des Jahres über niederländische Vermittlungsvorschläge in Verhandlungen eintraten, die Servien ohne Besinnen abweisen und nicht einmal nach Paris weitergeben wollte. Es ging dabei um die lothringische Frage, die wichtigste, die zwischen Frankreich und Spanien stand. Longueville und Avaux suchten nach irgendeiner Lösung des Problems durch eine gemischte französisch-spanische Kommission oder durch unparteiische Schiedsrichter oder gar durch Rückgabe des alten Herzogtums, ohne Bar und die drei Bistümer, an Herzog Karl. Auch lag ihnen viel daran, die Garantie der Generalstaaten für den französisch-spanischen Frieden zu erlangen, und sie hielten es deshalb nicht für geraten, die niederländischen Vermittlungsvorschläge einfach abzuweisen. Das lag auf der Linie, die Richelieu immer verfolgt hatte; auch ihm war die Sicherung des Friedens durch ein möglichst weitgespanntes System von Garantien immer wichtiger erschienen als territoriale Erwerbungen. Schließlich mißtrauten sie beide der Bündnistreue Schwedens und der deutschen Fürsten und wünschten auch darum die Freundschaft der Niederlande zu erhalten und den Frieden mit Spanien herbeizuführen. Mazarin verwarf solche Gedanken völlig, er wollte ganz Lothringen annektieren, denn nur so glaubte er Frankreichs übrige Erwerbungen — die Bistümer, das Elsaß, Breisach, Philippsburg — gesichert. Auch teilte er das Mißtrauen gegen Schweden und die deutschen Verbündeten nicht, den Bemühungen der „dritten Partei" in Deutschland maß er keine große Bedeutung bei. Der Sonderfrieden der Niederlande dagegen, glaubte er, sei so oder so eine beschlossene Sache und durch kein Opfer Frankreichs mehr aufzuhalten, einen Frieden mit Spanien hielt er zur Zeit überhaupt für unmöglich.

Das waren freilich unüberbrückbare Gegensätze. Servien unterrichtete den Kardinal durch seinen Vertrauten Lionne unter der Hand über alle Auseinandersetzungen mit seinen Kollegen, ohne daß diese darum wußten. In der Tat scheiterte damals der Frieden mit Spanien an der Haltung Mazarins und Serviens, durch ein Nachgeben in der lothringischen Frage wäre er wahrscheinlich möglich gewesen. Die unmittelbare Folge dieser Politik war die Unterzeichnung des spanisch-holländischen Friedens im Januar 1648. „Wir sind heraus aus dieser Verwirrung", schrieb der französische Resident Romain am 2. Februar an Mazarin, „wir haben den Krieg, die Generalstaaten den Frieden", und mit einem ähnlichen Gefühl der Erleichterung mag Mazarin die Nachricht begrüßt haben. Der Rückkehr Longuevilles wurde nun nichts mehr in den Weg gelegt. Am 3. Februar 1648 verließ er den Kongreß, Mazarin bemühte sich, seine Abwesenheit als eine vorübergehende aus privaten Gründen erscheinen zu lassen. Auch das Schicksal des Grafen d'Avaux war wohl jetzt schon entschieden. Ihm, nicht dem Herzog, gab Mazarin die Hauptschuld; vielleicht wollte er auch nur aus Klugheit den mächtigeren Gegner schonen, den zu vernichten er nicht stark genug war. Umso schwerer traf sein Zorn den anderen, der sich nicht wehren konnte. Zudem trieb Avaux Politik im kirchlichen Sinne, was Mazarin unbedingt verwarf. Im Haag war er schon 1644 höchst unvorsichtig als Fürsprecher der niederländischen Katholiken aufgetreten, in Münster hatte er Trauttmansdorff im Kampf um die geistlichen Stifter mehr unterstützt, als im Interesse Frankreichs wünschenswert schien. Er wußte übrigens, in welche Gefahr er sich damit begab, und sprach es schon damals dem Grafen Trauttmansdorff gegenüber offen aus. Bald darauf entlud sich das Unwetter, für den Betroffenen selbst in dieser Schwere wohl kaum erwartet: Ein Schreiben des Königs teilte ihm in kurzen Worten seine Abberufung mit. Gründe wurden nicht genannt, sein Verhalten habe nicht befriedigt. So schob man einen der tüchtigsten Diplomaten nach jahrzehntelangen erfolgreichen Diensten beiseite. Mazarin verfolgte ihn mit besonderem Haß und hätte ihn am liebsten in die Bastille gebracht. Soweit kam es nicht, aber man ließ ihn, ohne ihm direkt die Hauptstadt zu verbieten, wissen, er werde nicht damit rechnen können, von der Königin oder den Ministern empfangen zu werden. So blieb ihm nur übrig, auf seine Güter zu gehen, in eine Art freiwilliger Verbannung. Er wollte zu seiner Rechtfertigung eine Darstellung der Verhandlungen von Münster herausgeben, aber Freunde warnten ihn, auf solche Weise den Zorn des Kardinals zu reizen, er werde sich und sein Haus unweigerlich damit verderben.

Servien, der durch Erhebung zum Staatsminister mit Sitz im Conseil sichtbar geehrt wurde, blieb als einziger Bevollmächtigter in Münster zurück. Mazarin konnte jetzt sicher sein, seinen Willen bei den Verhandlungen respektiert zu sehen, doch hatten die Vorgänge der diplomatischen Welt gezeigt, welchen Widerständen seine Politik im eigenen Lande begegnete. Serviens Stellung war zwar durch die

Beseitigung seiner Kollegen gefestigt, aber nach außen hin keineswegs leichter geworden.

Die wichtigste Aufgabe, die seiner harrte, war der Frieden mit dem Kaiser unter Fortführung des Krieges mit Spanien, das heißt die Trennung des Bündnisses der beiden habsburgischen Linien. Seit Beginn der Friedensverhandlungen hatte Frankreich den förmlichen Verzicht des Kaisers auf dieses Bündnis zu seiner Hauptbedingung gemacht, der Kaiser stets mit der Gegenforderung geantwortet, dann müsse auch Frankreich sein Bündnis mit Schweden aufgeben. Schließlich könne man ja nicht von Spanien den Verzicht auf seine Ansprüche im Elsaß und die Räumung seiner Stützpunkte im Reich verlangen und es gleichzeitig vom Frieden ausschließen, wenigstens werde man den König von Spanien mit seinen zum Reich gehörigen burgundischen Landen in den Frieden aufnehmen müssen. Das waren Gründe, die auch den Reichsständen zu denken geben mußten, so wenig sie sonst den Spaniern geneigt waren. Selbst Schweden zeigte sich daran interessiert, daß das gesamte Reichsgebiet, also auch der burgundische Kreis, in den Frieden einbezogen würde, sonst sei es unvermeidlich, daß der Kaiser oder ein Teil der Reichsstände weiter in Waffen blieben und die Kronen eines Tages durch einen neuen Frieden von Passau oder Prag um die Früchte ihres Sieges betrogen würden. Auch Schweden wünschte also, daß Frankreich sich mit Spanien vertrage, wenigstens aber auf Reichsboden den Krieg mit ihm einstelle.

Trotz alledem verfolgte die französische Politik ihr Ziel weiter. Anfangs hatte man in Paris noch an gleichzeitigen Friedensschluß mit den beiden habsburgischen Mächten gedacht und den Kaiser nur zu der Verpflichtung nötigen wollen, in künftige Verwicklungen zwischen Frankreich und Spanien nicht mehr einzugreifen. Nun aber der Frieden mit Spanien in weite Ferne gerückt schien, mußte der Kaiser zu einem wirklichen Sonderfrieden und förmlicher Trennung von Spanien gezwungen werden. Das schien nur durch stärksten Druck erreichbar, und dazu mußten die Reichsstände helfen. Sie hatten bisher der französischen Forderung zugestimmt, soweit sie sich an den Kaiser als Reichsoberhaupt richtete, im übrigen aber erklärt, dem Erzherzog von Österreich könnten sie nicht verbieten, Bündnisse nach seinem Belieben zu schließen. Dagegen konnten die Franzosen, sonst Vorkämpfer des Bündnisrechtes der Reichsstände, in der Tat kaum etwas sagen. Hier lag unleugbar eine Schwäche ihrer Position. Ferner sollte Lothringen aus dem habsburgischen Bündnissystem herausgelöst und Frankreich einverleibt werden. Das war am besten zu erreichen, wenn der Herzog vom Kongreß und vom Frieden ausgeschlossen und auf besondere Verhandlungen mit Frankreich verwiesen wurde. Deshalb hatte die französische Regierung ihm die Geleitsbriefe für seine Gesandten bisher hartnäckig verweigert, der Kaiser sie ebenso hartnäckig gefordert, da Lothringen auf Grund des Nürnberger Vertrages von 1542 Anspruch auf den Schutz des Reiches habe und der Herzog außerdem zu seinen, des Kaisers, Bundesgenossen zähle, also auf Grund des Hamburger Präliminarvertrages zuzulassen sei.

Da nun weder Schweden noch die Reichsstände einer förmlichen Ausschließung Spaniens und Lothringens in dem von Frankreich gewünschten Sinne zustimmen wollten, hatte Mazarin schließlich im Jahre 1647 sein Bemühen darauf gerichtet, daß sie wenigstens im Frieden mit dem Kaiser nicht erwähnt, also stillschweigend übergangen würden, und dafür auch die Zustimmung Schwedens erlangt. Schließlich waren im Frühjahr 1648 die letzten Versuche der Niederländer, doch noch einen französisch-spanischen Frieden zu vermitteln, gescheitert. Peñaranda gab das Spiel verloren und verließ den Kongreß, die Ratifikation des niederländischen Friedens sicherte ihm einen leidlichen Abgang. Damit wurde es offenbar, daß Spanien auf einen Frieden mit Frankreich nicht mehr rechnete. Die Reichsstände sahen sich nunmehr vor die Entscheidung zwischen Frankreich und dem Kaiser gestellt und konnten nicht mehr mit dem Hinweis auf den erhofften französisch-spanischen Frieden ausweichen. Der Kaiser hat im Sommer 1648 dem drohenden Verhängnis noch zu begegnen versucht, indem er Fühlung mit den Generalstaaten aufnahm, um durch ein Bündnis mit ihnen wiederum Frankreich zu isolieren, ein ziemlich verzweifelter Schritt, der natürlich erfolglos blieb.

Spanien war Reichsstand als Glied des burgundischen Kreises, dessen Verhältnis zum Reich seit dem bekannten Vertrag von 1548 allerdings nur noch sehr lose war. Wenn Frankreich die Ausschließung Lothringens forderte, so mochte es sich auf dessen umstrittene Reichszugehörigkeit berufen, die Ausschließung Spaniens aber war nur möglich, wenn man den ganzen burgundischen Kreis, also einen ansehnlichen Teil des Reichsgebietes, förmlich vom Frieden ausnahm. Frankreich zögerte nicht, diese Konsequenz zu ziehen. Am 14. Juni 1648 stellte Servien diese Forderung an das Reichsdirektorium, aus Rücksicht auf die Reichsstände jedoch mit dem ausdrücklichen Zusatz, daß der burgundische Kreis im übrigen ein Teil des Reiches sei und auch bleiben solle. Er forderte ferner, daß der Kaiser auf jede Assistenz für Spanien verzichte, die Unterscheidung zwischen dem Reichsoberhaupt und dem Erzherzog von Österreich dürfe dabei keine Rolle spielen. Die lothringische Frage sei entschieden und gehöre nicht vor den Kongreß.

Über alle diese Punkte sollten also die Stände beraten. Noch waren die letzten Verhandlungen mit Schweden in vollem Gange. Seit Wochen hatten die Reichsstände wie auch die Schweden sich bei Servien darum bemüht, daß auch die Verhandlungen mit Frankreich nach Osnabrück verlegt werden möchten, damit man beide Verträge gleichmäßig fördern könne. Rein sachlich lag das durchaus im französischen Interesse, man konnte so die Kaiserlichen dem spanischen Einfluß in Münster entziehen. Aber das Ganze war nun auch eine Prestigefrage, denn der mit Frankreich vereinbarte Kongreßort war Münster, und es sollte nicht so aussehen, als habe der französische Bevollmächtigte aus eigenem Antrieb die Verhandlungen nach Osnabrück verlegt. Mit einem Wort, Servien wollte gebeten sein. Das geschah denn auch durch eine Deputation der Reichsstände, worauf er seinerseits den Antrag beim Reichsdirektorium einbrachte, die Frage der spanischen Assistenz und des burgundischen Kreises in Osnabrück zu verhandeln.

Am 20. Juni wollten die Stände darüber beraten. Da trat Volmar dazwischen. Er beschied erst die Vertreter der katholischen Kurfürsten, dann alle reichsständischen Gesandten in Osnabrück zu sich und legte ihnen dar, hier handele es sich um eine Sache, die dem Kaiser in seine Hoheit, seinen Stand und sein Wesen greife, sein Erb und Eigen betreffe. Er bestritt den Ständen das Recht, diese Dinge von sich aus durch einen Beschluß zu entscheiden. Die Frage sei schon in den reichsständischen Gutachten vom April 1646 und September 1647 erörtert worden, es liege also bereits ein Reichskonklusum vor, und der Kaiser habe kein neues von ihnen verlangt. Einseitigen Beschlüssen der Stände aber würden weder der Kaiser noch Spanien noch Lothringen sich unterwerfen und sich keineswegs „aus dem Feld votieren lassen". Burgund und Lothringen seien im übrigen vertraglich als Reichsstände anerkannt und in den Schutz des Reiches genommen, ihre Ausschließung werde den Ständen Schimpf und Unehre bringen, ohne doch den Frieden mit Frankreich zu fördern.

Dieser Einspruch schlug alles nieder. Es ist doch bezeichnend, daß die Stände selbst noch in diesem Stadium der Verhandlungen ein kaiserliches Veto mehr respektierten als die Wünsche Frankreichs. Inzwischen vergingen Wochen, wurde der Vertrag mit Schweden unterzeichnet, alles drängte dem Abschluß zu. Sollte es etwa doch noch zu einem schwedischen Sonderfrieden kommen? Das Beispiel der Niederlande konnte Schule machen, und die schwedische Regierung gab der französischen zu verstehen, daß ihr die burgundisch-lothringische Frage kein hinreichender Grund scheine, den Frieden aufzuhalten. Selbst Mazarin, der bisher nie Zweifel an Schweden gehegt hatte, wurde besorgt. Dazu kam die wachsende Unruhe im Innern. Diese letzten Monate vor dem größten Triumph, den die französische Diplomatie bisher errungen, waren die gefährlichste und spannungsreichste Zeit, die Frankreich am Kongreß erlebte. Wie ein Zeichen des Himmels begrüßte deshalb Mazarin den Sieg der Franzosen über die Spanier bei Lens im August, und schließlich behielt er mit seiner Zuversicht doch Recht. Frankreichs militärische und diplomatische Stellung war nun einmal so, daß im Ernst doch niemand daran denken konnte, es vom Frieden auszuschließen. Am wenigsten konnte Schweden sich das leisten; selbst der Kanzler Oxenstierna, gewiß kein Freund Frankreichs, wies seinen Sohn damals an, die Forderungen des Alliierten wie die eigenen zu vertreten. Zudem beging Volmar den Fehler, nach Abschluß des schwedischen Vertrages Osnabrück zu verlassen, um weitere Verhandlungen an diesem Ort abzuschneiden. Er handelte auf Weisung, mit Zustimmung der Vermittler und in Übereinstimmung mit dem Präliminarfrieden, aber er konnte die Reichsstände nicht zwingen, ihm zu folgen. Vielmehr traten sie nun ohne ihn in Verhandlungen mit Servien ein. Es ließ sich ja doch nicht verkennen, daß ohne Frankreichs Zustimmung auch der schwedische Vertrag unwirksam bleiben werde. Volmar wußte das auch und sah wohl, daß seine Abreise von Osnabrück die Trennung der Stände vom Kaiser nur beschleunigen werde, aber er war durch strenge Weisungen gebunden.

In dem Augenblick nun, wo Servien zum Stoß gegen das kaiserlich-spanische Bündnis ausholen wollte, trat ein unerwartetes Hindernis ein. Noch einmal kam die Frage des Elsaß auf die Tagesordnung des Kongresses. Die Reichsstände wollten das Schicksal dieses Landes geklärt sehen, ehe sie zu weiteren Verhandlungen schritten. Servien konnte sie in der gegenwärtigen Lage nicht abweisen und gewährte ihnen am 16. August eine geheime Unterredung, in der die Gegensätze, die man in zwei Verhandlungen künstlich verdeckt oder mühsam beiseite geschoben hatte, offen hervorbrachen.

Es war, wie sich nun zeigte, ein Irrtum gewesen, wenn die Franzosen seither gemeint hatten, diese Sache allein mit Österreich abmachen zu können. Nachdem die Proteste der elsässischen Stände im Herbst zuvor glatt zu Boden gefallen waren, hatten sie den Kongreß mit neuen Klagen bestürmt. Straßburg hielt sich dabei nach wie vor sorglich zurück. Es schien nicht bedroht und konnte die anderen leicht darauf hinweisen, daß papierene Klauseln doch nichts helfen würden. Markus Otto meinte, wenn Frankreich einmal das Faustrecht brauchen wolle, so werde nur Pulver und Blei, zuvörderst aber Gottes Allmacht helfen, was ihn jedoch nicht hinderte, auf alle Fälle die Aufnahme seiner Stadt in den Schutzparagraphen weiter zu betreiben. Nun, Straßburg konnte es sich leisten, nur an sich zu denken, die anderen aber sahen sich auf gegenseitige Hilfe angewiesen, wenn sie noch etwas erreichen wollten. Am tätigsten zeigte sich wieder Balthasar Schneider. Eine Schrift der zehn Städte an den Kongreß klagte über die „dunklen unbeschränkten Generalitäten und Verfänglichkeiten" des Septembervertrages und verlangte wenigstens eine einwandfreie Definition der an Frankreich zedierten Reichslandvogtei, deren Aufhebung man im vergangenen Jahr vergeblich betrieben hatte. Die Dekapolis scharrte ihr letztes Geld zusammen, um damit Freunde zu gewinnen, und setzte ihre Hoffnung darauf, daß der Vertrag mit Frankreich ja noch der Bestätigung durch die Reichsstände bedürfe. Im Juni 1648 meldeten Württemberg und Nassau-Saarbrücken, gleichzeitig Straßburg und Kolmar ihre Forderungen in aller Form an.

Die Beratung dieser Anträge in den Reichsständen war noch im Gange, als die Unterredung zwischen ihren Vertretern und Servien am 16. August stattfand. Die Wünsche, die sie ihm vortrugen, waren derart, daß ihre Verwirklichung tatsächlich jede willkürliche Auslegung des Friedens durch Frankreich ausgeschlossen und eine Reunionspolitik, wie sie Ludwig XIV. später trieb, von vornherein unmöglich gemacht oder doch um jeden Schein des Rechtes gebracht hätte: Frankreich sollte, was es bisher immer verweigert hatte, seinen Anspruch ausdrücklich auf das weltliche Gebiet der drei Bischöfe und den Umfang ihrer Landeshoheit beschränken, dabei den Grundsatz des Reichsrechtes anerkennen, daß Lehenshoheit keine Landeshoheit begründe (quod feudalitas non facit subditos), die Zession der drei Bistümer ihm also keinerlei Ansprüche, unter welchem Titel auch immer, gegen bischöfliche Lehensleute außerhalb des weltlichen Gebietes der Bistümer einräume. Im Elsaß, verlangten die Stände ferner von Servien, sei nicht die Landvogtei als solche abzutreten, sondern nur, was in dieser Landvogtei bisher pfandweise (hypothecae jure) vom Hause Österreich besessen worden sei. Das bedeutete eine Beschränkung auf die Reichsdörfer und einen Verzicht auf die zehn Städte. Schließlich hatte sich Frankreich im Septembervertrag nur zum Schutz der katholischen Religion in den abgetretenen Gebieten verpflichtet, die Stände verlangten jetzt, daß dies auch für die evangelische Religion nach Maßgabe des Religionsfriedens und des gegenwärtigen Friedensvertrages gelten müsse. Schließlich unterbreiteten sie eine neue Fassung des Schutzparagraphen, in der überhaupt kein elsässischer Reichsstand mehr namentlich genannt, sondern allen ohne Ausnahme (nemine excepto) die Reichsunmittelbarkeit zugesichert und die verfängliche französische Schlußklausel „ita tamen" gestrichen war. Statt ihrer war eine Klausel gesetzt, die genau umgekehrt den Reichsständen ihre Rechte und Besitzungen in den abgetretenen Gebieten vorbehielt. Damit wäre also die gefährliche Interpretation des Schutzparagraphen ausgeschlossen worden, die man in die Worte zu fassen pflegte: Unius inclusio est alterius exclusio. Durch die Streichung des „ita tamen" wäre der unbedingte Vorrang der französischen Souveränitätsrechte vor allen reichsständischen Rechten und Privilegien im Elsaß beseitigt worden. Schließlich verlangten die Stände für alle Streitfragen aus den Zessionsbestimmungen ein Schiedsgericht.

Servien war keinen Augenblick im Zweifel, daß er diese Forderungen samt und sonders abzuweisen habe. Allerdings mußte es in den rücksichtsvollsten Formen geschehen, waren es doch dieselben Stände, deren Hilfe Frankreich noch so dringend brauchte, um den Kaiser zur Trennung von Spanien zu zwingen. In der Sache blieb Servien unnachgiebig, er verweigerte jede Erläuterung, jeden Zusatz zu dem einmal geschlossenen Vertrag. Wieder wie im Vorjahr bekam man zu hören, wenn der Kaiser mehr zediert habe, als ihm zustehe, so sei das nicht Frankreichs Sache, dann habe eben der Kaiser für die Entschädigung der Betroffenen einzustehen. Die Stände deuteten schließlich an, sie würden sich unmittelbar nach Paris wenden. Servien riet seiner Regierung, ihnen so zu antworten, daß Frankreichs Ansprüche auf jeden Fall unverletzt blieben und später bei günstigerer Gelegenheit geltend gemacht werden könnten. Der Mächtigere werde seinen Anspruch immer durchsetzen, wenn er ihn nur aufrechterhalte, und das Reich werde, einmal im Frieden, kaum aufs neue zu den Waffen greifen, um einige kleine Stände vor einer Mediatisierung zu schützen, die die deutschen Fürsten in ihren Territorien fortgesetzt praktiziert hätten und noch täglich betreiben. Mit einem Wort, Servien zog einen vieldeutigen Vertragstext einem klaren, aber für Frankreich ungünstigen Wortlaut vor. Als alle Gegenvorstellungen nichts fruchteten, griffen die reichsständischen Vertreter zu einem letzten Mittel und schlugen vor, Frankreich möge das Elsaß vom Reich zu Lehen nehmen. Die Erörterungen über eine solche Möglichkeit hatten nie geruht, doch war für Frankreich die Frage längst entschieden. Nur zum Schein ging Servien auf den Vorschlag der Stände ein, um sie nicht zu verletzen, und nur weil er wußte, daß der Kaiser ihn bestimmt ablehnen werde.

Inzwischen erging das Reichskonklusum, das sich in allen Punkten der bedrohten Stände des Elsaß annahm und die spanisch-burgundischen Fragen an den Schluß der Friedenshandlung verwies. Auf Servien machte das keinen Eindruck, seine Haltung änderte sich nicht, nur daß er, um die fest geschlossene Front der beschwerdeführenden Stände zu lockern, der Stadt Straßburg die langersehnte Aufnahme in den Schutzparagraphen zugestand. Man hat diese Konzession mit Recht als schlüssigen Beweis dafür betrachtet, daß Frankreich damals noch mit keinem Gedanken an eine Annexion Straßburgs dachte, und Servien hat den Anspruch der Stadt auf Unabhängigkeit in seinem Bericht nach Paris ausdrücklich anerkannt. Sonst aber blieb er bewußt bei den Zweideutigkeiten und Unklarheiten des Vertrages, und er hat sich darüber in seinen Berichten sehr unbefangen ausgesprochen. Er wollte seinem Lande alle Wege offenhalten und hat damit den Reunionen Ludwigs XIV. den Weg bereitet, wenn er auch natürlich noch nicht an alle Konsequenzen dachte und denken konnte, die der König später daraus zog.

Von wirklicher Achtung vor dem Vertrage war also schon in dem Augenblick, als man ihn verhandelte und unterschrieb, keine Rede. Wir haben es hier mit einem besonders eindringlichen Beispiel der damals nicht gerade seltenen Praxis bewußter Vertragsverdunklung zu tun. Ihre Perfidie liegt auf der Hand, ihre Gefahr bestand darin, daß solche noch unausgesprochenen Forderungen später jedes Maß überschreiten konnten. Es ist diese Praxis, die Kant in seinem ersten Präliminarartikel zum ewigen Frieden meinte: „Es soll kein Friedensschluß für einen solchen gelten, der mit dem geheimen Vorbehalt des Stoffs zu einem künftigen Kriege gemacht worden." Er könnte diese Verhandlungen über das Elsaß vom August 1648 im Auge gehabt haben, als er die Worte schrieb: „Der Vorbehalt (reservatio mentalis) alter allererst künftig auszudenkender Prätensionen, deren kein Teil für jetzt Erwähnung tun mag, weil beide zu sehr erschöpft sind, den Krieg fortzusetzen, bei dem bösen Willen, die erste günstige Gelegenheit zu diesem Zweck zu benutzen, gehört zur Jesuitenkasuistik, und ist unter der Würde der Regenten, so wie die Willfährigkeit zu dergleichen Deduktionen unter der Würde eines Ministers desselben, wenn man die Sache, wie sie an sich selbst ist, beurteilt. Wenn aber, nach aufgeklärten Begriffen der Staatsklugheit, in beständiger Vergrößerung der Macht, durch welche Mittel es auch sei, die wahre Ehre des Staates gesetzt wird, so fällt freilich jenes Urteil als schulmäßig und pedantisch in die Augen."

Die Gerechtigkeit gebietet zu sagen, daß auch die österreichischen Unterhändler zu jener Unklarheit des Vertragstextes beigetragen hatten, für die Servien jetzt so energisch eintrat, und dem französischen Bevollmächtigten jetzt ihrerseits erklärten, der Kaiser begehre daran nichts zu ändern. „Wer alsdann einen anderen sensum daraus erzwingen wollte", erklärten sie den Reichsständen, „der würde seine Gefahr darüber ausstehen müssen." Das hieß die Verantwortung, die man wohl sah, von sich weisen.

Da die Reichsstände eine Abänderung des Vorvertrages nicht zu erreichen vermochten, legten sie die Bedingungen, unter denen sie allein der Zession des Elsaß zustimmen wollten, am 28. August in einer Deklaration nieder, worin die österreichischen Rechte im Elsaß, im Sundgau und in der Landvogtei als an Frankreich übertragene Reichslehen bezeichnet und die Rechte der Immediatstände und Untertanen, die des Erzbischofs von Trier und die der Lehensleute der drei Bistümer vorbehalten wurden. Man hoffte, Servien werde diese Erklärung stillschweigend passieren lassen, aber man täuschte sich. Er nahm sie nicht einmal an und war entschlossen zu protestieren, wenn man ihn zwingen wollte, sie amtlich zur Kenntnis zu nehmen. So blieb den Ständen kein anderer Weg, als sie unmittelbar dem König von Frankreich zu übersenden, der sie, dem Rate Serviens folgend, später mit einigen allgemeinen Wendungen beantwortete, ohne auf ihren Inhalt einzugehen. Man hat sie beim Reichsdirektorium deponiert und den Reichsgerichten insinuiert, an ihrer Bedeutungslosigkeit änderte das nichts. Die Streitfragen um das Elsaß wurden ungelöst einer späteren Zeit überlassen, die sie auf ihre Weise entschied.

Es blieb nur noch über den kaiserlichen Beistand für Spanien zu sprechen. Das stellte die Reichsstände vor die schwere Frage, ob sie unter Umständen auch ohne den Kaiser Frieden schließen sollten, denn daß er in diesem Punkt förmlich nachgeben werde, war nicht zu erwarten. Man konnte höchstens hoffen, daß er sich nachträglich in das Unabänderliche fügen werde. Leicht fiel den Ständen die Sache nicht, sie suchten nach Zwischenlösungen, die ihnen eine offene Stellungnahme gegen den Kaiser und diesem den Affront ersparen könnten. Bayern und Mainz hatten dabei die geringsten Skrupel, sie faßten als Äußerstes sogar den Sonderfrieden ins Auge und begannen bereits zu unterscheiden zwischen ihrer Lehenstreue gegen den Kaiser und der „hohen und teuren Pflicht, damit Kur- und Fürsten dem Heiligen Reich verwandt." Vorsichtig war Brandenburgs Haltung, Servien führte darüber lebhafte Klage. Der Kurfürst trat aber in diesen Tagen doch der bayrischen Ansicht näher und hieß einen gemeinsamen Schritt beim Kaiser gut; im übrigen befahl er seinen Gesandten, mit der Mehrheit zu stimmen und eine Kränkung des Kaisers wie auch Frankreichs möglichst zu vermeiden. Kursachsen zeigte die gewohnte Zurückhaltung, neigte aber zweifellos am meisten zum Kaiser, während die Menge der fürstlichen Gesandten in Osnabrück den bayrischen Standpunkt teilte. Nur das städtische Kollegium lehnte es ab, den Kaiser vor vollendete Tatsachen zu stellen, hatte aber kein entscheidendes Wort mitzureden, da Kurfürsten und Fürsten im wesentlichen einig waren.

Am 27. August faßten die Reichsstände den wichtigen Beschluß, bei Servien anzufragen, ob Frankreich äußerstenfalls auf eine Erklärung der Stände zur spanischen Assistenzfrage hin, auch ohne Zustimmung des Kaisers, zur Einstellung der Feindseligkeiten und zum Friedensschluß bereit sei. Noch war nichts über die Form einer solchen Erklärung gesagt. Man erwog verschiedene Möglichkeiten; zunächst dachte man an eine Deklaration des Inhalts, das Bündnisrecht des Kaisers und demnach auch seine Verpflichtungen gegenüber Spanien seien durch die Reichsabschiede und die Wahlkapitulation begrenzt. Dabei hatte man vor allem eine Klausel des Reichsabschiedes von 1570 im Auge, daß aus den auswärtigen Bündnissen der Stände keine Gefahr für das Reich entstehen dürfe und Musterungen im Reich aus Anlaß solcher Bündnisse verboten seien. Aber die reichsrechtlichen Vorschriften hatten ja auch bisher nicht verhindern können, daß der Kaiser sich ohne Befragung der Stände und ohne Rücksicht auf die Interessen des Reiches mit Spanien verbündete. Es war vorauszusehen, daß Frankreich sich mit dieser vorsichtigen Erinnerung an das geltende Reichsrecht kaum zufrieden geben werde. Für diesen Fall sollte Servien selbst um Vorschläge ersucht oder, falls er sich dazu nicht verstünde, die Vermittlung des Salvius erbeten werden.

So kam es denn auch. Servien verwarf die von den Ständen vorgeschlagene Formel, da sie weder auf Spanien noch auf Lothringen noch auf den burgundischen Kreis direkt Bezug nahm. Er verlangte ein bestimmtes Verbot für alle Glieder des Reiches, den Feinden Frankreichs zu assistieren oder sich in die Streitigkeiten wegen des burgundischen Kreises und Lothringens einzumischen. Er wünschte, daß man dieses Verbot in das Friedensinstrument aufnehme. Dann sollten die Verträge allerseits in Osnabrück unterzeichnet und beim Reichsdirektorium hinterlegt werden, worauf man insgesamt nach Münster übersiedeln und dort die Kaiserlichen zur Annahme der Verträge bestimmen werde.

Also ein förmliches Ultimatum des ganzen Kongresses an den Kaiser! Das ging selbst Salvius zu weit. Er warnte, hohe Potentaten könnten eher Land und Leute als eine solche Behandlung verschmerzen, man müsse deshalb die Unterzeichnung der Verträge in Münster vornehmen. Dem fielen die Reichsstände zu, und Servien fügte sich unwirsch. Einen Druck auf den Kaiser stellte auch dieses Verfahren noch dar, aber doch in milderer Form, weil es den kaiserlichen Gesandten die Möglichkeit eines Beitritts zugleich mit den Ständen offen ließ. Soviel zum Verfahren. In der Sache machte Salvius einen vermittelnden Vorschlag, worin Spanien zunächst unerwähnt blieb und stattdessen aus dem schwedischen Friedensvertrag der zweite Artikel übernommen wurde, der ganz allgemein allen Kontrahenten die Hilfeleistung an die Gegner der übrigen Vertragspartner untersagte. Da Spanien in den Frieden mit Frankreich nicht einbezogen war, wurde es durch diese Bestimmung automatisch isoliert und so die französische Absicht erreicht. Doch war damit noch nicht die Schwierigkeit behoben, daß dann ja auch der burgundische Kreis des Reiches weiter im Kriege blieb und auf Grund des Vertrages von 1548 Reichshilfe fordern durfte. Hier ging der Vorschlag des Salvius einen sehr geschickten Mittelweg. Zunächst wurde der burgundische Kreis ausdrücklich als Teil des Reiches anerkannt, dann aber folgte gleich die Einschränkung, trotzdem sei er für jetzt noch nicht in den Frieden einzuschließen, sondern erst nach Beendigung des gegenwärtigen spanisch-französischen Krieges. Bei künftigen Konflikten dieser beiden Mächte sollte dem Reich jede Parteinahme und Einmischung verboten sein. Damit wurde ihm unzweideutig die völkerrechtliche Handlungsfähigkeit in dieser Frage bestritten. Es ging freilich nicht gut an, dasselbe auch für die Reichsstände zu fordern, denen man eben erst das Bündnisrecht erkämpft hatte. Ihnen sollte es daher bei einem künftigen Konflikt zwischen Frankreich und Spanien unbenommen bleiben, sich zur einen oder anderen Partei zu schlagen und am Kriege teilzunehmen, aber nur außerhalb der Grenzen des Reiches und nur nach Maßgabe der Reichsgesetze. Das hieß, in Italien, Frankreich, Spanien mochten die Reichsstände ihre Truppen nach Belieben der einen oder anderen Macht zur Verfügung stellen, nicht aber in den burgundischen Grenzgebieten des Reiches, in Belgien, Luxemburg und der Franche Comté, oder wo sonst auf Reichsboden die beiden Großmächte sich ihren Kampfplatz wählen mochten, und auch nicht in Lothringen, das damit der Willkür Frankreichs überlassen wurde. In allen diesen Gebieten des Reiches sollte Kaiser und Ständen nur friedliche Vermittlung erlaubt und jedes bewaffnete Eingreifen verboten sein.

Dieser Kompromißvorschlag warf noch einmal die alten Streitfragen aus dem Burgundischen Vertrage auf. Es war genau hundert Jahre, seitdem Karl V. auf dem Augsburger Reichstag von 1548 den Reichsständen diesen Vertrag abgezwungen hatte. Widerstrebend hatten sie damals die burgundisch-niederländischen Besitzungen des Kaisers in des Heiligen Reiches „Schutz, Schirm, Verteidigung und Hilfe" nehmen müssen, und vor allem um das Wort „Verteidigung" war lange verhandelt worden. Schon damals hatten die Stände geltend gemacht, daß „dieses Wort Verteidigung eines weitläuftigen Verstandes sei, auch mehr in sich begreif dann das Heilige Reich in gemein einigem Stand, hohem oder niederen, zu leisten schuldig sei, daß auch kein Stand von dem Reich verteidigt werd, sondern ein jeder sein selbs Sachen verteidigen soll und muß." Aber es war ihnen damals nicht gelungen, die beschwerliche Neuerung abzuweisen, der Kaiser hatte sie durchgesetzt. Kaum, daß sie wieder Atem schöpfen konnten, hatten sie freilich den Zwang abgeworfen und in der Exekutionsordnung von 1555 den niederländischen und burgundischen Reichslanden den Schutz des Landfriedens und jede Reichshilfe gegen Angriffe von außen entzogen. Jetzt wendete sich vollends das Blatt. Erneut weigerten sich die Stände, der erzwungenen Verpflichtung nachzukommen und das Reich zum Schutz des burgundischen Kreises heranzuziehen. Insoweit entsprach die französische Forderung ihren eigenen Wünschen. Aber sie ging ja noch weiter. Frankreich wollte nicht nur dem Kaiser und dem Reich im ganzen, sondern auch jedem einzelnen Stand die Einmischung verwehren (nec ullus imperii status se immisceat IPM § 3). An dem einen einzigen Wort „ullus" hing alles, Servien erklärte es zum cardo totius negotii, und mit Recht, denn nur so war der Kaiser auch als Erzherzog von Österreich gebunden, nur so Spanien von jeder Hilfe entblößt. Die Reichsstände empfanden das als Härte gegen den Kaiser und als Beschränkung ihres eigenen Bündnisrechtes; sie baten, daß man auf dieses Wort verzichte. Salvius vermittelte, aber vergeblich; Servien blieb unerbittlich. Am 9. September beschlossen die Stände in pleno, das beanstandete Wort stehenzulassen, doch mit der Erklärung, daß ihr Beschluß nur sie selbst verpflichten könne und nicht den Kaiser, über den sie keine Gewalt hätten; es sei nicht ihre Absicht, Ihrer Kaiserlichen Majestät und dem hochfürstlichen Hause Österreich vorzugreifen.

Nun, das war eine jener papiernen Erklärungen, die an dem, was da stand, nichts mehr änderten. Man war schon über mehr dergleichen hinweggegangen. Der Beschluß der Stände tat allen französischen Forderungen Genüge, der französische Friedensvertrag war fertig. Am 15. September wurde das französische, am folgenden

Tage das schwedische Friedensinstrument signiert, jenes von Servien und Kurmainz, dieses von den kaiserlichen und schwedischen Legationssekretären. Es war für beide Verträge der Akt, den man heute als Paraphierung eines Staatsvertrages bezeichnet. Für den schwedischen Vertrag war im August schon ein anderes Stadium vorangegangen, das die Völkerrechtler als die Vereinbarung der „ne varietur-Formel" kennen. Beide Akte bedeuten nichts weiter als den formellen Abschluß der Verhandlungen. So auch damals. Man war sich dessen bewußt und wachte eifrig darüber, daß nichts mehr geändert werde. Servien erlebte es, als er noch vor der Signierung den Versuch unternahm, durch eine Abänderung des schwedischen Vertrages die katholische Religionsübung in der Unterpfalz zu retten. Er deutete an, daß er Einflüssen aus Paris folge und Schwierigkeiten zu fürchten habe, wenn er die katholische Sache im Stich lasse. Da erhob sich einmütiger Widerstand der Schweden und aller Reichsstände, auch der katholischen, gegen ihn, und er wich zurück. Man signierte und hinterlegte beide Dokumente versiegelt beim Reichsdirektorium.

Die förmliche Ausfertigung der Verträge sollte in Münster erfolgen. Frankreich hatte es anders gewollt, aber die Rücksicht auf den Kaiser hatte noch einmal gesiegt. Indes, was hatte er damit gewonnen? Von den Ständen des Reiches allein gelassen, stand er nun vor seiner letzten und schwersten Entscheidung.

Beitritt des Kaisers und Friedensschluß

In Wirklichkeit hatte der Kaiser seinen Entschluß in Voraussicht des Kommenden bereits gefaßt. Um ihn zu verstehen, muß man die militärische Lage des Sommers bedenken. Die Schweden standen vor Prag, die Franzosen, aus Bayern verdrängt, rückten gegen die Oberpfalz vor, um sich gleichfalls nach Böhmen zu werfen. Gelang ihnen die Vereinigung mit den Schweden, so war Wien ernsthaft bedroht. Hilfe aus dem Reich war nicht mehr zu erwarten.

Mit allen Mitteln suchte Spanien den wankenden Kaiser zu stützen. Es kam in diesen Wochen in Wien zu heftigen Auseinandersetzungen mit dem spanischen Botschafter, dem Grafen Lumiares. Er übte den denkbar stärksten Druck und hatte sogar Vollmacht, die soeben geschlossene Verlobung seines Herrn mit der Erzherzogin Maria Anna zu lösen und damit den Bruch vor aller Welt zu vollziehen. Die österreichischen Minister bewiesen ihm unwiderleglich, daß man Frieden schließen müsse, der Kaiser selbst schickte Brief auf Brief an den König, eine spanische Einwilligung vermochten sie nicht zu erlangen. Erst nach dem Friedensschluß hat sich Philipp IV. mit dem Unvermeidlichen abgefunden und die Vermählung mit der Kaisertochter vollzogen, so sehr auch seine Berater, voran Peñaranda, ihm den „Verrat" des Kaisers vor Augen rückten.

Die Bemühungen des Wiener Hofes gingen während dieser Wochen zunächst dahin, den spanisch-französischen Frieden möglichst doch noch herbeizuführen und sich so die förmliche Trennung von Spanien zu ersparen. Bevor die kaiserlichen Gesandten in Münster überhaupt in Verhandlungen mit den Franzosen über das Verhältnis zu Spanien und Lothringen eintreten durften, hatten sie nach den Weisungen, die im August ergingen, das äußerste zu versuchen, die Differenzen zwischen Spanien und Frankreich zu vergleichen. Gelang ihnen das nicht, so sollten sie Schweden, die gesamten Reichsstände und die Vermittler zu guten Diensten bei den beiden Mächten aufbieten. Blieb auch das vergeblich, so sollte versucht werden, die Beratung der spanisch-burgundischen Frage durch die Reichsstände solange hintanzuhalten, bis nach Wien berichtet und von dort Antwort eingetroffen sei. Aber alles das war umsonst. Die Reichsstände, müde des ewigen Wartens und ohne Hoffnung auf einen spanisch-französischen Frieden, waren zu selbständigen Verhandlungen mit Frankreich übergegangen und schickten sich an, ihren Frieden auch ohne den Kaiser zu machen. Nicht einmal den erbetenen zwanzigtägigen Aufschub wollten sie bewilligen. In denselben Tagen, als in Osnabrück die Verträge signiert wurden, verstand man sich deshalb in Wien zu neuen Vollmachten. Jetzt endlich gab der Kaiser Lothringen preis und willigte er in Verhandlungen über sein Verhältnis zu Spanien. Die Bedingungen aber, die er stellte, waren schon in dem Augenblick, da man sie niederschrieb, überholt. Als Kaiser wollte er sich zu allen Einschränkungen verstehen, die der Wahlkapitulation gemäß seien, also doch wohl seine Bündnisse der Genehmigung der Kurfürsten unterwerfen. Als Landesherr aber wollte er frei bleiben und sein Bündnisrecht genau so ausüben wie jeder Reichsstand. Der Kaiser, hieß es, versehe sich zu den Ständen, sie würden ihm nichts wider die Grundgesetze, Libertät und ständischen Rechte zumuten. Grundgesetze, Libertät und ständische Rechte — solche Worte hatte man bisher nur aus dem Munde der Fürsten gehört, wenn sie sich gegen den Kaiser verwahrten, jetzt berief sich das Reichsoberhaupt selbst auf sie, um seine landesherrlichen Rechte gegen die Reichsstände zu behaupten! So seltsam hatten die Dinge ihr Gesicht verändert. Noch einmal suchte der Kaiser eine zwanzigtägige Frist durchzusetzen, aber er rechnete schon nicht mehr mit ihr und ermächtigte seine Gesandten in einem beigelegten und verschlossenen, nur im Notfall zu öffnenden Schreiben zur Unterzeichnung ohne Bedingung. Wenige Tage später erreichte ihn eine Mitteilung des Kurfürsten von Bayern, er habe nun seine Gesandten beauftragt, auch ohne den Kaiser zu unterzeichnen. Nochmals bestätigte darauf der Kaiser seine Weisung, es zu keiner Trennung von Kurfürsten und Ständen kommen zu lassen.

Als diese Erlasse am 30. September in Münster eintrafen, waren die Dinge hier schon wieder ein Stück weiter gediehen. Vor zehn Tagen waren die Reichsstände mit den französischen und schwedischen Gesandten aus Osnabrück zurückgekehrt. Der Abschluß beider Friedensverträge war den kaiserlichen Gesandten mitgeteilt und ihr Beitritt erbeten worden. Sie hatten einige Tage später alles gebilligt bis auf die Abmachungen über Spanien, Lothringen und den burgundischen Kreis. Schließlich hatte man ihnen Frist gegeben bis zum 5. Oktober, um die kaiserliche Entscheidung abzuwarten, mit der man täglich rechnete. Die Spannung des Kongresses war groß, die allgemeine Ungeduld kaum noch zu beschwichtigen. Als nun endlich die kaiserlichen Befehle eintrafen, fand es sich — es mutet wirklich wie ein teuflisch-tückischer Streich an —, daß sie in einer fremden Chiffre geschrieben waren, zu der den Gesandten der Schlüssel fehlte. Während der langen Jahre des Kongresses war kein Schreiben aus Wien mit größerer Spannung erwartet worden als dieses, alles hing davon ab, und nun dieser Zufall! Volmar mühte sich einen ganzen Tag vergeblich, die Chiffre aufzulösen, schließlich blieb ihm nichts übrig, als am 2. Oktober den Ständen die peinliche und betrübliche Mitteilung zu machen, daß man im Besitz der kaiserlichen Weisung sei, sie aber nicht lesen könne und drei Wochen Zeit brauche, um den Schlüssel anzufordern. Verständlich, daß manche ihm nicht glaubten, doch erweist der Aktenbefund ganz klar, daß er die Wahrheit sagte. Der savoyische Gesandte schlug witzig vor, man möge doch den Nuntius bemühen, der vom Papst die Schlüssel habe und alles binden und lösen könne, aber den meisten war es nicht zum Scherzen. Qualvolle Spannung, Ärger, Erregung stiegen aufs höchste, bis schließlich nach einigen Tagen dem Scharfsinn Volmars die Entzifferung doch noch gelang und er den Ständen mitteilen konnte, der Kaiser habe seine Zustimmung zur Unterzeichnung beider Verträge erteilt. Die kaum noch erträgliche Spannung löste sich, in der allgemeinen Freude gingen die Proteste einiger Unzufriedener, vor allem des burgundischen Gesandten Brun, unter. Man drängte zum Schluß, man wollte sofort, noch am gleichen Tage, unterschreiben.

Aber bis zum letzten Augenblick blieb dieser Kongreß sich selber treu. Auch jetzt noch gab es Schwierigkeiten, Formalitäten, Bedenken, von denen nur eines Erwähnung verdient: Servien verlangte noch vor der Unterzeichnung die Urkunden mit dem förmlichen Verzicht des Kaisers und Spaniens auf das Elsaß. Aber Spanien widerstrebte ja dem Friedensschluß, und wie wollte man es zwingen? So mußten die Reichsstände sich ins Mittel legen. Sie verpflichteten sich, selbst eine Erklärung auszustellen, wenn Spanien sie verweigere, und ermächtigten Frankreich für diesen Fall ausdrücklich, die vier Waldstädte und die Geldentschädigung für die Abtretung des Elsaß einzubehalten. Volmar wurde davon erst unterrichtet, als die Versicherung bereits in Serviens Händen war. Sein Protest änderte nichts mehr, Frankreich konnte nun die Verzichterklärungen im äußersten Fall auch erzwingen.

So schritt man denn am 24. Oktober 1648 zur feierlichen Unterzeichnung.

Seit Jahren war die Frage erörtert worden, wer im Namen des Reiches unterschreiben solle. Der Standpunkt des Kaisers war klar: Solange er noch den Anspruch aufrechterhielt, allein das Reich zu repräsentieren, mußte er konsequent sein und niemandem als seinen Gesandten das Recht zur Unterzeichnung einräumen; noch im Mai 1646 stand es so in dem ersten Trauttmansdorffschen Friedensentwurf zu lesen. Die Mitwirkung der Reichsstände war hier dem Herkommen gemäß auf die Ratifikation beschränkt. Aber dieser Auffassung widersprachen von Anfang an nicht nur die Kronen, sondern auch die meisten Stände. Zuerst hatten die Evangelischen im November 1645 verlangt, der Frieden solle von einer gleichen Anzahl von Ständen beider Konfessionen mit unterschrieben werden, offenbar also nicht von allen. Bei diesem Vorschlag aber hatten sie in erster Linie das Abkommen über die kirchlichen Fragen im Sinne, das nach ihrer damaligen Ansicht zwischen den Religionsparteien zu schließen und dem Vertrag des Kaisers mit Schweden wörtlich einzufügen sei. Anders die Großmächte. Sie betrachteten die Frage staatsrechtlich und folgerten aus dem jus pacis et belli der Stände, daß sie alle einzeln zu unterzeichnen und zu ratifizieren hätten, jeder Stand gewissermaßen als eine völkerrechtliche Person für sich. Sobald Oxenstierna im Mai 1646 zum erstenmal diese Forderung erhob, fielen die Protestanten ihm zu. Trauttmansdorff verwies auf das Reichsherkommen, doch ohne Erfolg. Man erklärte ihm, Präzedenzfälle könnten hier nicht gelten, denn an keinem früheren Vertrag seien die Stände so interessiert gewesen wie an diesem, sie erst nachträglich zur Ratifikation auffordern würde heißen, sie vor eine vollendete Tatsache zu stellen. Trauttmansdorff suchte darauf nach einem Modus, der dem Herkommen wenigstens einigermaßen Rechnung trüge. Man konnte zum Beispiel den Frieden als einen Reichsabschied ansehen und wie einen solchen ausfertigen, was herkömmlich durch zwei Kurfürsten, vier Fürsten und zwei Städte oder auch durch die ordentliche Reichsdeputation geschah. Für einen solchen Modus warben nun die Kaiserlichen unter den Reichsständen.

Dabei kam ihnen zu Hilfe, daß eine Unterzeichnung durch alle Stände ihre Schwierigkeiten hatte. Der Frieden mußte in jedem Falle das ganze Reich, auch die abwesenden und widerstrebenden Stände, verpflichten. Es war nicht überflüssig, dies zu betonen, denn einerseits war die Verbindlichkeit der Reichstagsbeschlüsse für Abwesende noch immer umstritten, andererseits war damit zu rechnen, daß nicht alle Stände zur Unterzeichnung bereit sein würden. Im Juli 1648 faßten daher die Reichsstände den Beschluß, es solle kein Stand zur Unterschrift gezwungen werden, wohl aber jeder an den einmal geschlossenen Frieden gebunden sein. Von selbst ergab sich daraus die Frage, wieviele Unterschriften denn nun erforderlich sein sollten, um den Friedensvertrag für das ganze Reich verbindlich zu machen. Im Oktober 1648 wurden dann fünfzehn reichsständische Deputierte genannt — der Friedensvertrag führt sie in seinem letzten Paragraphen auf — deren Unterschrift zu diesem Zweck genügen solle. Den anderen stand es frei, zu unterschreiben oder nicht, doch wurde weder ihrer Unterschrift noch ihrer etwaigen Weigerung irgendeine rechtliche Bedeutung beigemessen.

So drang also die staatsrechtliche Auffassung der Stände durch. Jedenfalls konnte der Kaiser nicht mehr behaupten, er allein habe das Reich beim Friedensschluß vertreten. Doch war auch die Auffassung der fremden Mächte nicht durchgedrungen, daß die Stände selbständige Vertragspartner seien. Zu einer Auflösung des Reiches in eine Summe völkerrechtlich unabhängiger Staaten kam es nicht. Man findet bei manchen Forschern die Ansicht, das Reich sei als ganzes bei den Friedensverhandlungen nicht vertreten gewesen und habe als solches am Friedensschluß nicht teilgenommen. Verhielte es sich so, dann hätten die Reichsstände entweder überhaupt nicht, oder es hätten nur die beitretenden Stände einzeln unterschrieben. Aber sie unterzeichneten neben dem Kaiser als Corpus durch die vorher dazu bestimmten Deputierten, und die für den Kaiser ausgefertigten Originale beider Verträge wurden doch wohl nur deshalb dem Mainzer Reichsdirektorium übergeben, weil das Reich als Vertragspartner betrachtet wurde. Sie sind bis heute im Erzkanzlerarchiv verblieben, während der Kaiser sich mit Zweitausfertigungen begnügte.

Dies alles beweist, daß man das Reich und nicht nur den Kaiser als vertragschließenden Teil betrachtete. So spricht denn auch der erste Artikel beider Verträge einmal vom Frieden zwischen dem Kaiser und den beiden Königen, daneben aber auch vom Frieden zwischen dem Reich und den beiden Königreichen. Man übersehe auch nicht, daß zwar unter den Anhängern und Bundesgenossen der Kronen die „dahingehörigen" Kurfürsten, Fürsten und Stände (respective electores etc.), als Anhänger und Bundesgenossen des Kaisers dagegen alle Stände in ihrer Gesamtheit genannt werden. Das heißt doch nichts anderes als: Die Reichsstände genießen als einzelne völkerrechtliche Selbständigkeit, insbesondere das Bündnisrecht, in ihrer Gesamtheit aber repräsentieren sie neben dem Kaiser das Reich. Franzosen und Schweden freilich haben diese doppelte Rechtsstellung der Stände nicht anerkennen und bis zuletzt ihre Auffassung durchsetzen wollen, daher forderten sie nachdrücklich die Unterschrift aller Stände. Besonders Oxenstierna wollte sich darüber gar nicht beruhigen. Aber er konnte die Stände nicht umstimmen und gab schließlich nur unter der Bedingung nach, daß ihm ihr Beschluß vom Reichsdirektorium amtlich und schriftlich mitgeteilt werde. Offenbar bedurfte er dessen daheim zu seiner Rechtfertigung.

Auch über die Zahl der Ausfertigungen hatte man sich vorher geeinigt. Es ging natürlich nicht gut an, allen Reichsständen oder auch nur sämtlichen Unterzeichnern eine Originalurkunde auszuhändigen. Die evangelischen Stände hatten darüber mehrere Vorschläge gemacht: Zwei Exemplare für jede Kurie oder eines für jeden Kreis oder wenigstens ein Stück für jede der beiden Religionsparteien. Das war nicht nur eine Frage des Prestiges; man wollte einen authentischen Text zur Verfügung haben. Wie begründet diese Vorsicht war, hat sich sehr bald nach Friedensschluß gezeigt. Die Originale und die für Frankreich und Schweden, Kurmainz und Sachsen hergestellten Zweitausfertigungen verschwanden in den Archiven. Von den am 24. Oktober unterschriebenen Unterhändlerurkunden sind nur noch die beiden für den Kaiser bestimmten erhalten, eben die, die jetzt im Erzkanzlerarchiv liegen. Paris und Stockholm besitzen nur noch die Zweitausfertigungen, die aber erst einige Wochen nach Friedensschluß hergestellt und unterzeichnet worden sind, und niemand weiß, wo die Originale geblieben sind. Haben die Unterhändler sie als kostbare Erinnerungsstücke für sich behalten? So undenkbar wäre das nicht, haben doch noch in unseren Tagen Regierung und Parlament von England dem Feldmarschall Montgomery das Recht zuerkannt, das Original der deutschen Kapitulationsurkunde vom Mai 1945 als sein Eigentum zu betrachten und zu behalten. Die evangelischen Stände mögen damals ähnliches befürchtet haben, und die nachteiligen Folgen blieben nicht aus. Nur wenige Regierungen verfügten später über ein Vertragsexemplar mit authentischem Text, und niemand sorgte für einen zuverlässigen Druck. Erst nach hundert Jahren erschien ein solcher für den Osnabrücker Vertrag, weitere hundertfünfzig Jahre vergingen, bis der von Münster nach der Pariser Zweitausfertigung neu gedruckt wurde. Die bis dahin bekannten Texte wichen an zahlreichen Stellen voneinander ab, und es gab mancherlei Rechtsstreitigkeiten, für deren Entscheidung die Kenntnis des echten Wortlautes von großer Bedeutung gewesen wäre, aber nicht zu erlangen war.

Aber vielleicht haben die Evangelischen sogar noch an Schlimmeres gedacht. Fälschungen diplomatischer Aktenstücke waren während des Krieges an der Tagesordnung gewesen; man hatte Grund, einander nicht unbedingt zu trauen. Aber sie drangen nicht durch. Die Kaiserlichen haben sich immer gesträubt, den Ständen eine Originalurkunde des Friedens auszustellen, sie wollten ihre Selbständigkeit nicht so betont wissen. Es blieb dabei, daß von jedem Vertrag nur zwei Exemplare gefertigt wurden. Der diplomatische Brauch sah in solchen Fällen vor, daß beide Unterhändlerurkunden am gleichen Tage unterzeichnet würden. Jeder Vertragspartner unterschrieb in seinem Hause das für die Gegenseite bestimmte Exemplar, im Quartier des anderen Partners sein eigenes. Das machte für jeden Vertrag zwei getrennte Unterzeichnungsakte nötig. Erst danach unterschrieben etwaige zur Mitunterzeichnung zugelassene Dritte. Dies konnte nach der Übung sofort anschließend oder auch in einem besonderen dritten Unterzeichnungsakt geschehen.

Ein solches Verfahren hatte den Vorzug, daß es nur wenig Raum für die üblichen Präzedenzstreitigkeiten ließ. Man hat es deshalb auch in Münster befolgt. Kaiserliche und Reichsstände wünschten zunächst einen feierlichen gemeinsamen Akt im Bischofshof unter militärischem Gepränge, mit Glockengeläut und Geschützsalut. Aber da Franzosen und Schweden sich über den Vorrang nicht einigen konnten, entschloß man sich nach dem überlieferten Brauch für die getrennten Akte und gab den Kaiserlichen die Ehre, in ihrem Hause zu beginnen. Dann beschloß man im französischen und schwedischen Quartier den zweiten Akt folgen zu lassen, und zwar in beiden gleichzeitig, und schließlich die Urkunden in den Bischofshof zu schicken, wo die Reichsstände unterzeichnen würden.

So geschah es, aber bis zum Schluß schien über dem Friedenswerk ein Unstern zu walten. Selbst dieses feierlichen Augenblicks sollte man nicht froh werden. Am Morgen des 24. Oktober wollte man beginnen, aber die Kaiserlichen weigerten sich dessen, weil die Reichsstände den Franzosen die Waldstädte als Unterpfand für den spanischen Verzicht auf das Elsaß überlassen hatten, und Oxenstierna wollte die Verteilung der Winterquartiere in Deutschland zur Vorbedingung für seine Unterschrift machen. Man stritt den ganzen Vormittag und verglich sich nur mit Mühe. Erst um ein Uhr sah man Franzosen und Schweden bei den Quartieren der kaiserlichen Gesandten vorfahren. Verlesung, Sieglung, Unterzeichnung dauerten Stunden. Es wurde Abend, bis die Legationssekretäre mit den kostbaren Dokumenten im Bischofshof erschienen. In diesem Augenblick wurden die Stücke auf den Wällen, siebzig an der Zahl, zu dreimaligem Salut gelöst, stimmten die Glocken der vieltürmigen Stadt ihr Geläute an. Sie verkündeten der Welt, daß Frieden sei.

SCHLUSS

Ratifikation und Exekution des Friedens zu schildern, ist nicht mehr unsere Aufgabe. Mit dem Akt der Unterzeichnung war das Werk getan, die neue Ordnung geschaffen.

Darf man von einer solchen sprechen? Kann man sagen, daß der Westfälische Frieden mehr getan habe, als nur den Feindseligkeiten ein Ende zu setzen? Der Geschichtsschreiber soll mit Ruhmestiteln sparsam sein. Wenn wir das Werk von Münster und Osnabrück als eine wirkliche Neuordnung betrachten und uns damit in Widerspruch zu der fast einhelligen Meinung der deutschen Geschichtsschreibung setzen, so müssen wir uns wohl die Frage gefallen lassen, in welchem Sinne es einen solchen Namen verdient.

Noch einmal sei es betont: Der Frieden bedeutete für unser Volk ein nationales Unglück und für das Heilige Römische Reich, in dem es bis dahin seine staatliche Form gefunden hatte, den Anfang der tödlichen Krankheit, der es schließlich erlag. Das ist in allen unseren Geschichtsbüchern so oft und überzeugend dargetan worden, daß es einer Wiederholung nicht bedarf. Das Jahr 1648 ist eines der großen Katastrophenjahre unserer Geschichte.

Aber das reicht noch nicht aus, um den Frieden zu verdammen oder vielleicht gar über seine Urheber einen Schuldspruch zu fällen. Die Frage wäre doch wohl zu stellen und hätte längst gestellt werden sollen, ob der scheinbar pietätlose Abbruch gewohnter und geheiligter Satzungen und Institutionen nicht zugleich ein Aufbau neuer Ordnungen gewesen ist und deshalb als notwendig und heilsam, wennschon schmerzlich, bezeichnet werden muß, ob nicht vielleicht eines das andere bedingt hat? So geht doch nun einmal der Weg der Geschichte; nie schafft sie Neues, ohne Altes zu zerstören. Dann hätten der Leidensweg der deutschen Nation und der Zusammenbruch ihres Staates vielleicht doch so etwas wie einen höheren Sinn gehabt? Es wäre wohl nicht das einzige Mal in unserer Geschichte, daß sich diese Frage aufgedrängt hätte. Sie kann und darf nicht umgangen werden; es kann uns nicht gleichgültig sein, ob und in welchem Sinne die Verträge von 1648 Fundamente einer neuen Ordnung gelegt haben.

Der Zustand, von dem man ausging, war der eines scheinbar unversöhnlichen Gegensatzes großer Ideen, deren jede allein zu gelten beanspruchte und die schon lange miteinander kämpften, ohne sich gegenseitig niederringen zu können. So standen sich Universalmonarchie und Staatengemeinschaft, katholische Weltkirche und evangelische Landeskirchen, Bekenntniseinheit und Bekenntnisfreiheit, kaiserliche Gewalt und Landeshoheit gegenüber. Aber das Denken der Menschen wurde mit diesem Zwiespalt der Dinge noch nicht ohne weiteres fertig. Das universale Weltbild des Mittelalters wirkte noch immer nach, man sah in diesen Kämpfen nicht wie wir heute ein Ringen selbständiger Lebens- und Geschichtsmächte, von denen jede ihrem inneren Gesetz folgte und gleiches Recht beanspruchen konnte, sondern den Widerstreit von Ordnung und Chaos, von gottgewollter Einheit und verderblichem Zwiespalt. Bewußt oder unbewußt wirkten solche Anschauungen bis in die kirchenpolitischen Machtkämpfe und in die Bereiche profanster Tagespolitik hinein. Solange dies die herrschende Stimmung war, konnte der Gedanke einer kirchlichen oder politischen Ordnung, die auf dem gleichberechtigten Nebeneinander verschiedener, ja gegensätzlicher Mächte beruhte, nur schwer Boden fassen. So tragen alle Ausgleichsversuche und Friedensschlüsse des vorhergehenden Zeitalters den Charakter bloßer Waffenstillstände. Die vermeintlichen Friedensepochen waren nichts als vorübergehende Atempausen im Kampf, die die erschöpften Kämpfer sich zugestehen mußten, um bald mit verdoppelter Wut aufeinander loszustürzen. In der Technik der Vertragsschlüsse, kirchlicher wie politischer, hat das deutliche Spuren hinterlassen; wir haben zahlreiche Beispiele dafür kennengelernt, wie man unvereinbare Gegensätze zudeckte, statt sie zu bereinigen oder wenigstens offen bestehen zu lassen. Wie hätte man fundamentale Gegensätze zugeben und zugleich die Waffen niederlegen können, ohne die eigene Sache zu verraten? Man ließ vorübergehend voneinander ab, aber man erkannte sich gegenseitig nicht an.

Im Westfälischen Frieden bricht sich nun nach harten Kämpfen zum erstenmal ein anderes Prinzip Bahn. Die Tatsache, daß auch hier noch Gegensätze bestehen blieben, zahlreiche Streitfragen vertagt oder stillschweigend übergangen wurden, darf nicht darüber hinwegtäuschen, daß man gerade bei den großen und entscheidenden Grundsätzen, auf die es ankam, nicht so verfuhr. Man denke an die ausdrückliche Anerkennung des Prinzips der Gleichheit beider Konfessionen im Reich, an die faktische Anerkennung der völkerrechtlichen Gleichheit der Staaten, an die rechtliche Verankerung der Landeshoheit der Stände und ihrer Teilhabe an der Reichsgewalt. Man erstrebte klare Rechtsverhältnisse, und wie bewußt das alles geschah, erhellt aus der Sorgfalt, womit man gerade in diesen Dingen jeden möglichen Vorbehalt, jede abweichende Interpretation auszuschließen versuchte. Und vergessen wir in diesem Zusammenhang nicht die wichtige Tatsache, daß man die neue Ordnung gegen den Widerspruch des universalen Papsttums durch die Antiprotestklausel, gegen den des universalen Kaisertums durch die Garantiebestimmungen zu sichern unternahm!

Das alles aber ist für die Entstehung unserer modernen Welt von der größten Bedeutung geworden. Ein neues Denken hat den Universalismus des Mittelalters abgelöst. Die neue Ordnung beruht, im Westfälischen Frieden zum erstenmal deutlich erkennbar, auf einem zunächst noch erzwungenen Nebeneinander verschiedener Mächte und Gewalten. Und ein neues, rationales Denken hat sich durchgesetzt, das sich die Kraft zutraut, bewußt gestaltend und ordnend in die Dinge einzugreifen, denn an die Stelle eines weithin noch ungeschriebenen und ungestalteten Rechtes ist für weite Gebiete des Staats-, Völker- und Kirchenrechtes ein Vertragswerk getreten, das man nicht mit Unrecht als das Grundgesetz des neuzeitlichen Europa bezeichnet hat.

Die Frage kann also nur lauten, ob der Westfälische Frieden in einer Zeit tiefen Wandels aller Anschauungen und Verhältnisse und im Rahmen des damals Möglichen die Aufgabe erfüllt hat, die verlorene alte durch eine neue, tragfähige Ordnung zu ersetzen. Gewiß keine vollkommene und erst recht keine dauernde Ordnung, denn die großen Gegensätze, deren Ringen den Inhalt der Menschheitsgeschichte bildet, lassen sich nun einmal nicht aufheben, sondern immer nur vorübergehend ausgleichen und niemals in eine Form fassen, die allen Wandel überdauert. Zum Wesen aller menschlichen Gestaltungen gehören Unvollkommenheit und Vergänglichkeit. Man mag denn auch die damals geschaffene Ordnung in vielem fragwürdig finden, aber nur wer die dem Menschen gesetzten Grenzen und die Kräfte der Zeit verkennt, in der sie geschaffen wurde, wird jene Frage verneinen.

Sigillo nostro Regio Majori munire jussimus.
Dabantur in Regia nostra Stockholmensi
die decima Decembris, Anno supra Mil-
lesimum sexcentesimum, Quadragesimo quinto

Christina

L.S.

Joannes
Oxenstierna
Comes Moreæ Australis

Joes Maximilianus Comes
a Lamberg

Johan. Adler Salvius

Joannes Crane

Nomine Dñi Electoris Moguntini
Nicolaus Georgius Raigersperger

Nomine Domini Electoris Bavariæ
Joannes Adolphus Krebsm

Nomine Domini Electoris Saxoniæ
Joannes Leuber

Nomine Domini Electoris Brandenburgici
Joannes Comes in Hain et Wittgenstein et

Nomine Domus Austriacæ
Georgius Vldaricus Comes in
Wolkhenstayn & Rodnegg

Nomine Domini Episcopi Bambergensis
Cornelius Göbelius

Nomine Dñi Episcopi Herbipolensis ducis Franconiæ
Sebastianus Wilhelmus Meel mp.

Nomine Dñi Ducis Bavariæ
Joannes Ernestus J[C]tus

Nomine Ducis Saxoniæ Lineæ Aldenburgensis
Wolfgangus Conrader à Thumbshirn Consiliarius Altenburgensis & Coburgicus

Nomine Ducis Saxoniæ Lineæ Aldenburgensis
Augustus Carpzov J. Consiliarius Altenb. & Coburg.

Nomine Domini Marchionis Brandenburg. Culmbacensis
Matthæus Weselbeig consiliarius Marchionis Brand. m.p.

Nomine Domini Marchionis Brandenburg: Onolsbacensis
Johannes Frauenhold Consil. Elect. int. mp.

Nomine Domini Ducis Brunsvico-Lüneburgici
cellensis Henricus Langenbek Consil: intimus

Nomine Ducis Brunsvici Luneburgici
grubenhagensis
Jacobus Lampadius Ictus

Nomine domini Ducis Brunsvici Lüneburgici
Gullphebytani
Christophorus Colendorius Ictus mp.

Nomine Ducis Brunsvici Lüneburgici
Celebergensis
Jacobus Lampadius Ictus
Gulphebitanus informis & pene obrutus

Louis, et sur le reply, Par Le Roy
la Reyne Regente sa mere presente
De Lomenie, et sceellé du grand
sceau en cire Jaulne.

Johannes Ludovicus
comes de Nassau Sawürth

Isaac Volmar

Nomine Domini Electoris Moguntini
Nicolaus Georgius Raigersperger

Nomine Domini Electoris Bavariæ
Joannes Adolphus Krebs
Nomine Domini Electoris Saxoniæ
Joannes Leuber
Nomine Domini Electoris Brandenburgici
Joannes Comes in Sain et Wittgenstein

ANHANG

QUELLEN UND DARSTELLUNGEN ZUM WESTFÄLISCHEN FRIEDEN

Gedruckte Quellen

Hauptquelle für die Darstellung politischer Verhandlungen werden immer, trotz allem, was man gegen sie sagen kann, die amtlichen Akten bleiben. Was aus privater Quelle kommt, kann von hohem Wert sein, bleibt aber doch meist unzusammenhängend und lückenhaft, jedenfalls an Bedeutung mit den amtlichen Dokumenten nicht vergleichbar.

Wir sichten zunächst das gedruckte Quellenmaterial über die hier geschilderten Friedensverhandlungen.

Ein großer Teil davon war von vornherein für einen weiteren Kreis, nämlich für die deutschen Reichsstände, bestimmt. Ihre Verhandlungen — sie mußten ja zu den meisten Punkten des Friedens gehört werden — spielten sich in den auf Reichstagen üblichen Formen ab. Sie hatten zwar oft nur formale Bedeutung, aber jedenfalls doch die Folge, daß ein großer Teil der amtlichen Aktenstücke ihnen allen und damit auch der Öffentlichkeit mitgeteilt werden mußte. Das geschah häufig durch den Druck und dann meist in der Absicht, die Sache gleich ins Publikum zu bringen, in der Regel aber durch Diktat[1]. Alle für die Reichsstände bestimmten Noten, Propositionen, Friedensprojekte, Beschlüsse, Protokolle, Eingaben, Bittschriften usw. wurden der Kanzlei des kurmainzischen Reichsdirektoriums übergeben und von ihr den zu diesem Zweck zusammengerufenen Sekretären der Reichsstände in die Feder diktiert. An Geheimhaltung war dabei von vornherein nicht zu denken und wurde wohl auch nicht gedacht. So wurde ein erheblicher Teil der amtlichen Friedensakten frühzeitig bekannt.

Natürlich geben sie allein kein vollständiges und zuverlässiges Bild der Verhandlungen. Dies ist — und damit kommen wir zu einer zweiten Gruppe amtlicher Akten — nur aus dem den Archiven anvertrauten Material zu gewinnen. Hierher gehört der diplomatische Schriftwechsel, wie er aus den Verhandlungen von Tag zu Tag erwuchs, gehören die Schlußberichte oder Relationen, die ein Botschafter bei der Heimkehr vorzulegen hatte — ein Brauch, der im 17. Jahrhundert nach venezianischem Vorbild an den meisten Höfen üblich wurde —, gehören schließlich die von fast allen Gesandten geführten amtlichen Tagebücher, in denen sie sich selbst und ihren Regierungen ausführlich über jede Phase der Verhandlungen Rechenschaft ablegten, jedes Gespräch von einiger Bedeutung aufzeichneten, und die uns so den Gang der Verhandlungen von Tag zu Tag, ja oft von Stunde zu Stunde sehr lebendig vor Augen führen[2].

Neben der amtlichen hat es dann natürlich — soweit sich beides damals überhaupt trennen ließ — eine private Korrespondenz der Staatsoberhäupter, Minister

---

[1] Vgl. darüber K. Rauch, Traktat über den Reichstag im 16. Jahrhundert (Quellen und Studien zur Verfassungsgesch. des Deutschen Reiches Bd. I, 1), 1905, S. 95f. und J. J. Moser, Teutsches Staatsrecht Bd. 47, 1752, S. 5 ff.

[2] Daß es sich um einen allgemeinen Brauch handelte, bestätigt ein Brief Serviens an Avaux vom 27. Juni 1644: „Aussi bien vous sçavez que c'est l'ordinaire dans les Ambassades importantes de dresser un Journal pour en rendre compte plus fidellement aux Supérieurs". Lettres d'Avaux et Servien S. 10.

und Gesandten und manches private Tagebuch gegeben. Wir werden einiges der Art kennen lernen, aber an Umfang und Bedeutung sind solche ausgesprochenen Privatpapiere den diplomatischen Akten im eigentlichen Sinne nicht vergleichbar, wenigstens soweit das Vorhandene uns einen Vergleich erlaubt.

Was ist nun von diesem reichen Quellenbestand seither bekannt geworden, was liegt gedruckt vor? Wir beginnen mit den wichtigsten Dokumenten, den Friedensverträgen selber.

Von den vier Originalurkunden, die am 24. Oktober 1648 in Münster unterzeichnet wurden, sind nur zwei erhalten, und zwar die in der kaiserlichen Kanzlei gefertigten und für den Kaiser bestimmten Exemplare[3]. Sie sind frühzeitig aus unbekannten Gründen in das Mainzer Erzkanzlerarchiv und mit dessen Beständen nach Wien gekommen, wo sie heute im Haus-, Hof- und Staatsarchiv liegen. Die anderen vermeintlichen „Originale" in Paris, Stockholm, Wien und Dresden sind Zweitausfertigungen, teils einige Tage, teils Monate nach Friedensschluß hergestellt und unterschrieben. Im Text weichen sie nur unwesentlich von den Originalen ab[4].

Beide Verträge wurden sehr bald nach Friedensschluß gedruckt, der von Münster auf Veranlassung des kurmainzischen, der von Osnabrück mit Erlaubnis der kaiserlichen Gesandten[5]. Die ersten Drucke erschienen 1648 in Frankfurt am Main bei Philipp Jakob Fischer mit kaiserlichen und kurmainzischen Privilegien und beruhten, wie der Herausgeber versichert, auf einer vom Reichsdirektorium mitgeteilten Abschrift nach dem „rechten, wahren, bei demselben hinterlegten Original." Das wird richtig sein[6], gab aber den Drucken weder amtlichen Charakter noch

---

[3] Jeder Vertrag wurde in zwei Exemplaren gefertigt, von denen je eines in der kaiserlichen, das andere in der französischen bzw. schwedischen Kanzlei geschrieben wurde. Bei der Unterzeichnung kamen zunächst Franzosen und Schweden mit ihren Exemplaren ins Quartier der Kaiserlichen, wo man sie siegelte und unterschrieb, dann brachten die Kaiserlichen ihre Ausfertigungen zu den Franzosen und Schweden zu dem gleichen Zwecke. Nach Unterzeichnung aller Exemplare durch die Reichsstände im Bischofshof erhielt jede Signatarmacht ihr selbstgefertigtes Exemplar zum dauernden Verbleib zurück. So übereinstimmend der Bericht der kaiserlichen Gesandten vom 25. Oktober (Wien RK 58a) und der Serviens vom gleichen Tage (gedruckt bei P. Duparc, Les actes du traité de Munster de 1648 entre la France et l'Empire, Bibl. de l'école des chartes 107, 1948, S. 59).

[4] Über die verschiedenen Ausfertigungen und ihr Verhältnis zueinander handelt eingehend J. Bauermann in Pax optima rerum S. 63ff. Er hat sehr scharfsinnig mit Hilfe der gedruckten Literatur, ohne die Originale selbst gesehen zu haben, den richtigen Sachverhalt ermittelt. Die Nachprüfung an den Urkunden selbst (ich habe die von Wien und Stockholm, aber nicht die von Paris gesehen) ergab, daß seine Vermutungen zutreffen: Nur die beiden Wiener Exemplare (L. Bittner, Chronologisches Verzeichnis der österreichischen Staatsverträge I, 1903, Nr. 310/11, beschrieben bei Philippi S. 93) können mit einiger Wahrscheinlichkeit als zwei der vier am 24. Oktober in Münster unterzeichneten „Unterhändlerurkunden" angesprochen werden, während Paris und Stockholm, selbstverständlich auch Dresden und München, nur Zweitausfertigungen besitzen.

[5] Meiern VI 691. Verzeichnis der frühen Drucke bei Thiekötter Nr. 500a—535. Vgl. auch Bauermann a. a. O. Anm. 18 und 19.

[6] Es fehlt nämlich die Unterschrift des kursächsischen Gesandten Leuber, der erst am 14/15. November unterschrieb. Also liegt dem Druck eine sehr frühe Abschrift zugrunde. Alle späteren Drucke gehen auf diesen oder auf spätere Abschriften nach den Zweitausfertigungen zurück, auch die bei Dumont VI 1, S. 450ff.

Beweiskraft. Wir stehen vor der erstaunlichen Tatsache, daß der Büchermarkt mit Drucken beider Verträge überschwemmt wurde, von denen keiner einen wirklich zuverlässigen Text bot, und daß eine amtliche Ausgabe der Verträge überhaupt nicht erschien[7]. Seltsam genug angesichts der Bedeutung beider Verträge und der Fülle von Streitigkeiten, die sich aus ihnen ergaben!

Erst neunzig Jahre nach Friedensschluß veröffentlichte Meiern einen zuverlässigen Text des Osnabrücker Vertrages nach einer beglaubigten Abschrift aus dem Stockholmer Archiv[8]. Noch länger ließ eine authentische Ausgabe des Vertrages von Münster auf sich warten, diese brachte erst Henri Vast im Jahre 1893, wohl nach der erwähnten Zweitausfertigung von Paris[9]. Seitdem sind dann schnell weitere sorgfältige Textausgaben erschienen: Friedrich Philippi veröffentlichte 1898 den Text beider Verträge erstmals nach den Wiener Originalen. Auf ihn und Vast stützte sich Zeumer in seiner Quellensammlung zur Geschichte der deutschen Reichsverfassung. Er zog für den Osnabrücker Vertrag auch das vermeintliche „Stockholmer Original" heran, das jedoch, wie erwähnt, eine Zweitausfertigung ist und 1914 in der großen Sammlung der schwedischen Staatsverträge von Rydberg und Hallendorff neu abgedruckt wurde[10].

So ist der Text beider Verträge gesichert und allgemein zugänglich. Wie steht es mit den anderen Quellen?

Vieles ist bereits im 17. und 18. Jahrhundert gedruckt worden. Seit der Reformation begannen in ganz Europa die Menschen steigenden Anteil an den großen religiösen und politischen Zeitfragen zu nehmen. Die öffentliche Meinung wurde eine Macht, sie zu gewinnen ein Anliegen der führenden Männer in Staat und Kirche. Ein niederländischer Historiker hat darauf hingewiesen, daß es falsch sei zu glauben, die Regierungen hätten im 17. Jahrhundert ohne Rücksicht auf die Volksmeinung regiert[11]. Vielmehr haben sie die Stimmung des „gemeinen Mannes" dauernd im Auge behalten und sie zu lenken gesucht. So entstand eine Publizistik, die zumal in Zeiten politischer Spannungen und großer Ereignisse mächtig anschwoll. Aus ihr entstand in der ersten Hälfte des 17. Jahrhunderts das, was man

---

[7] Die ersten Klagen über fehlerhafte Drucke schon Ende 1648 in einem Brief des Pfalzgrafen Karl Ludwig bei J. C. Lünig, Teutsche Reichs-Cantzley, Bd. I, 1714, S. 28. Noch hundert Jahre später bezeugt J. J. Moser, Von Teutschland und dessen Staatsverfassung, 1766, S. 394 den gleichen Mangel. Es gab eben von Reichswegen kaum eine Gesetzespublikation. Der Reichsabschied von Speyer 1526 hatte zur Vermeidung fehlerhafter Drucke angeordnet, daß nur solche Abschriften zum Druck kommen dürften, die von dem Mainzer Sekretär beglaubigt seien, doch das geriet bald in Vergessenheit. Die Gesetzespublikation blieb den Reichsständen überlassen, am Reichstag begnügte man sich mit der Bekanntgabe an diese per dictaturam. Nur bei wenigen wichtigen Gesetzen wurde die Drucklegung im Reichsabschied befohlen (J. Lukas, Über Gesetzespublikation in Österreich und dem Deutschen Reich, 1903, S. 47f., 53ff.), für den Westfälischen Frieden geschah es nicht.

[8] Göttingen 1738 (= Thiekötter Nr. 526).

[9] Vgl. die Beschreibung bei Vast S. 9—11 mit Bauermann S. 69.

[10] Vgl. die Liste der kritischen Ausgaben im Literaturverzeichnis.

[11] P. J. Blok, De Nederlandsche Vlugschriften over de vredesonderhandlingen te Munster 1643—48, Verslagen en Mededeelingen der koninkl. Akad. van Wedenschapen, afd. letterkunde IV 1, Amsterdam 1897, S. 292—336. Freilich war in den Niederlanden die Freiheit der Meinungsäußerung damals am weitesten entwickelt.

als den Anfang einer Presse bezeichnen kann. Aus den unregelmäßig erscheinenden Flugschriften entwickelten sich in Deutschland die Meßrelationen, die Vorläufer der Wochen- und Tageszeitungen[12]. Aber auch sie taten der Leselust und Neugier noch nicht genug. Es fanden sich Unternehmer, die Flugschriften und Meßrelationen mehrerer Jahre in dicken Folianten gesammelt und zu einer fortlaufenden Erzählung verbunden herausgaben. Das berühmteste Werk dieser Art ist das Theatrum Europaeum, aus dessen reich mit Kupfern gezierten Bänden den Leser noch heute der Geist jener Zeit lebendig anweht.

Diese Publizistik bietet der Kulturgeschichte einen reichen Stoff, was sie für unseren Zweck wertvoll macht, ist dies, daß sie außer der Erzählung der Ereignisse eine Fülle von Aktenstücken bringt. Denn die Meßrelationen wollten mehr bieten als Sensationen für das Volk, sie rechneten mit einem Publikum, das auf Tatsachen Wert legte und sich aus den besten Quellen unterrichten wollte. Selbst das Theatrum Europaeum, das sich keine Skandalgeschichte, keine greuliche Mordtat und erschreckliche Mißgeburt entgehen läßt, bringt doch daneben eine Menge wertvoller Dokumente. Man sieht, daß es selbst bei seinem einfacheren Publikum Interesse dafür voraussetzte. Für die Gebildeten und Gelehrten erschienen außerdem Flugschriften rein belehrenden Inhaltes, die urkundliches Material in erstaunlicher Fülle, oft ohne jeden Kommentar, ausbreiteten. Auch aus dieser Art von Publizistik entwickelte sich in Deutschland ein großes Sammelwerk, Michael Kaspar Londorps „Acta Publica", die wie das Theatrum Europaeum alle paar Jahre in dicken Bänden erschienen und bewußt nur Akten und Urkunden zur Zeitgeschichte ohne sonstigen Text brachten.

Wie kamen aber amtliche Aktenstücke in die Flugschriften, Relationen und Sammelwerke? Der Möglichkeiten gab es viele[13]. Die Akten der Reichs- und Kreistage wurden, wie oben dargelegt, per dictaturam vervielfältigt und somit leicht bekannt. In großem Umfange sorgte die Propaganda der Regierungen für die Veröffentlichung politischer Akten, sei es, daß man aufgefangene und aufgekaufte Schriftstücke der Gegner druckte, um sie damit zu kompromittieren, sei es, daß man die eigenen Archive zur Selbstrechtfertigung öffnete. Die Praxis diplomatischer Farbbücher war schon ziemlich entwickelt und hat, wie man weiß, im dreißigjährigen Kriege eine bedeutende Rolle gespielt. Man ging darin womöglich noch weiter als heute. Es hat damals kaum ein wichtiges Ereignis gegeben, worüber nicht der offizielle Schriftwechsel schon den Zeitgenossen bekannt gewesen wäre[14], darunter auch geheime Korrespondenzen, die man nicht allzu ängstlich hütete.

---

[12] Nach K. Schottenloher, Flugblatt und Zeitung, 1922, S. 243 gab es zur Zeit des dreißigjährigen Krieges bereits in mindestens zehn deutschen Städten Wochenzeitungen oder ähnliche periodisch erscheinende Drucke. Über die großen Sammelwerke von Flugschriften und Meßrelationen vgl. R. E. Prutz, Geschichte des deutschen Journalismus I, 1845, S. 200 ff.

[13] Vgl. hierüber ausführlich E. Fischer, Michael Kaspar Londorp, der Herausgeber der Acta Publica, ein deutscher Publizist aus dem Anfange des 17. Jahrhunderts, 5. Jahresbericht über das Luisenstädt. Gymnasium Berlin, 1870, S. 22 ff.

[14] G. Mentz, Die deutsche Publizistik im 17. Jahrhundert (Sammlung gemeinverständlicher wissenschaftl. Vorträge Heft 272), 1897, S. 9. Vgl. z. B. das Verzeichnis von Flugschriften in Kongl. Bibliotekets handlingar Nr. 23, Stockholm 1901. Ein beträchtlicher Teil davon besteht aus Abdrucken amtlicher Akten.

Natürlich liefen Fälschungen mit unter, und es ist klar, daß alle diese Publikationen mit größter Vorsicht zu benutzen sind.

Nun findet sich allerdings gerade über die Westfälischen Friedensverhandlungen in den genannten Sammelwerken auffallend wenig. Das Theatrum Europaeum bringt in seinem fünften, bis 1647 reichenden Bande nur dürftige Notizen und einige wenige Aktenstücke. Das mag daran liegen, daß der Herausgeber dieses Teiles, der Arzt Johann Peter Lotichius, kein Fachmann war und sehr ungeschickt arbeitete. Die Friedensverhandlungen waren außerdem noch im Gange, er hatte noch nicht genügend Zeit gehabt, systematisch zu sammeln und war auf Material angewiesen, das zufällig bekannt wurde; er hielt sich sozusagen an die Tagespresse. Anders ist das Bild im sechsten Bande, der vier Jahre nach Friedensschluß herauskam. Inzwischen hatte ein Mann vom Fach, Johann Georg Schleber, Herausgeber vieler Meßrelationen, die Leitung übernommen. Der von ihm besorgte Band enthält ausführliche Nachrichten über das letzte Jahr der Friedensverhandlungen, die aus amtlicher Quelle, vielleicht aus dem Diarium eines evangelischen Gesandten, stammen[15].

Mehr müßte man für unseren Zweck eigentlich von dem großen Quellenwerk der Acta Publica erwarten, aber auch hier wird man enttäuscht. Der fünfte und sechste Band, die unseren Zeitraum umfassen und zwanzig Jahre nach dem Kriege erschienen, bieten kaum mehr, für das Jahr 1648 sogar weniger als das Theatrum. Während die Akten des Regensburger Reichstages von 1641 fast einen ganzen Folianten füllen, suchen wir für die Friedensverhandlungen vergeblich nach Aufschluß. Doch das hat seinen Grund. Der rührige Herausgeber hatte schon im Jahre 1648 eine umfangreiche Sammlung der Friedensakten unter dem Titel Praeliminaria Pacis Imperii erscheinen lassen, auf die er verweisen konnte[16]. Und hier findet sich in der Tat ein erstaunlich reiches Material, fast alles nämlich, was während des Kongresses an Akten durch Druck oder Diktat verbreitet worden war, die fremdsprachigen Stücke meist in deutscher Übersetzung. Über die frühen Verhandlungen bis 1645 bietet dieses Werk mehr als alle späteren Publikationen. Der Herausgeber (es war längst nicht mehr der alte Londorp) bezeichnete es als fünften Teil der Acta Publica, deren damals vorliegende 3. Auflage in vier Bänden bis zum Jahre 1641 reichte. Zwanzig Jahre später legte man die Präliminaria der 4. Auflage, und zwar dem 5. und 6. Bande, der Acta Publica zugrunde. Aber da man nur einen Teil wieder abdruckte, ist auch diese Auflage für die Geschichte des Westfälischen Friedens von geringem Ertrag. Die Präliminaria sollen, da sie einige für den Kaiser und die Katholiken wenig schmeichelhafte Aktenstücke enthielten, unterdrückt worden sein, galten jedenfalls bald als Rarität. Durch die große Publikation von Meiern wurden sie vollends überholt.

Alle diese frühen Aktenpublikationen sind natürlich unzuverlässig. Sie beruhen auf den Propagandaschriften, Flugblättern und Meßrelationen, deren zweifel-

---

[15] Über Lotichius und Schleber vgl. H. Bingel, Das Theatrum Europaeum, ein Beitrag zur Publizistik des 17. und 18. Jahrhunderts, Diss. München 1909, S. 53—71.

[16] Hoffmann, Bibliotheca juris publici Nr. 1111. Ich habe dieses selten gewordene Werk in einem Exemplar der Universitätsbibliothek Marburg benutzen können. Vgl. im übrigen J. Chr. von Aretin, der im Anhang seiner Schrift über die Präliminaria eine Übersicht des Inhaltes mit Angabe der späteren Drucke jedes einzelnen Aktenstückes gibt und die später nicht mehr publizierten noch einmal abdruckt. Diese Schrift ersetzt also die Präliminaria, wo sie fehlen sollten.

haften Wert wir kennen. Auch die Herausgeber waren parteiisch und haben sich nachweislich Fälschungen erlaubt. Ob sie gelegentlich unmittelbar aus Archiven schöpften, ist umstritten. Und was sie sonst an Material bringen, ist trotz ihres Sammeleifers nur ein kleiner Teil dessen, was gedruckt umlief und zum Teil noch in den Flugschriftensammlungen unserer Bibliotheken verstaubt. Von ihnen allen gilt, was von den Acta Publica gesagt worden ist: Eine Urkunde daraus zitieren, heißt weiter nichts, „als eine beliebiges Flugblatt oder auch Dokument des 17. Jahrhunderts anziehen, dessen historischer Wert oder Unwert, dessen Echtheit oder Unechtheit erst nachzuweisen sind"[17].

Echte Quellenpublikationen, die zuverlässiges Material aus den Archiven ans Licht förderten, brachte erst eine spätere Zeit. Zwar haben die leitenden Minister Frankreichs, die Regierungen Schwedens und Brandenburgs ihre Akten schon sehr bald nach dem Kriege offiziösen Geschichtsschreibern wie Siri, Chemnitz und Pufendorf zugänglich gemacht, aber nicht zum Zwecke der Quellenveröffentlichung und schon gar nicht um der Wissenschaft zu dienen, sondern um ihre Politik zu rechtfertigen. Es wird über diese Arbeiten noch zu reden sein. Bis amtliche Akten der Forschung wirklich erschlossen wurden, sollten noch Jahrzehnte vergehen, und die ersten Veröffentlichungen schöpften nicht unmittelbar aus den Archiven, sondern aus privaten Sammlungen. Man weiß, daß amtliche Akten damals noch nicht wie heute als ausschließliches Staatseigentum galten. Sie blieben häufig im Besitz des Ministers, aus dessen Tätigkeit sie erwachsen waren, auch wenn er ausschied, und kamen nach seinem Tode, manchmal auch schon zu seinen Lebzeiten, in fremde Hände. Für solchen hochinteressanten Aktenbesitz fanden sich bald Liebhaber, die ihn ausbeuteten. Es wurden Abschriften genommen, in den Handel gebracht und gesammelt. Ranke hat diese Verhältnisse in der Vorrede seiner Geschichte der Päpste ausführlich geschildert. Wir verdanken es diesem Umstand, daß noch im 17. Jahrhundert Publikationen erscheinen konnten, die über viele wichtige Phasen der Friedensverhandlungen Licht verbreiteten.

Zunächst in Frankreich. Richelieus Versuch, die Staatsbeamten zur Ablieferung ihrer Handakten an den Trésor des Chartes zu verpflichten, war vorerst nicht geglückt. Er selbst hatte dagegen verstoßen und seine eigenen Papiere seiner Familie hinterlassen. Mazarin tat das gleiche[18], und als die Unterhändler des Westfälischen Friedens ins Privatleben zurücktraten, hielten sie es nicht anders. Es vergingen fast hundert Jahre, bis die Nachlässe Richelieus, Mazarins und des Grafen d'Avaux durch Kauf in das Archiv des Auswärtigen Amtes kamen, und ehe dies geschah, waren sie bereits für eine Reihe von Publikationen ausgebeutet worden. Der Gegensatz, in dem die beiden französischen Gesandten Avaux und Servien in Münster zueinander gestanden hatten, gab den ersten Anlaß zu einer solchen Veröffentlichung. Schon 1674 erschien ein Buch, das offenbar auf den Papieren des Grafen

---

[17] Fischer a. a. O. S. 41. Nachweis von Fälschungen Londorps daselbst S. 33. Vgl. auch die kritischen Bemerkungen über die Meßrelationen bei Felix Stieve, Über die ältesten halbjährlichen Zeitungen und Messrelationen, Abh. hist. Klasse Ak. München 16 (1883), S. 233 f.

[18] Die Verordnung Richelieus vom 23. September 1628 in seinen Lettres III 134. Über Mazarins Nachlaß vgl. A. Baschet, Histoire du dépôt des archives des affaires étrangères, Paris 1875, S. 6 f., 26 ff., 37, 144 ff. und Mazarin, Lettres I, préface S. II.

d'Avaux beruhte und nachzuweisen suchte, daß der Krieg kein Religionskrieg gewesen und das katholische Interesse beim Friedensschluß gewahrt worden sei[19]. Aus dem Nachlaß Mazarins, den Colbert geerbt hatte und durch einen seiner Sekretäre bearbeiten ließ, erschienen dann weiterhin im Jahre 1710 vier Bände Akten[20]. Sie enthielten den Schriftwechsel Mazarins mit den Gesandten am Kongreß aus dem Jahre 1646. Diese Briefe oder Abschriften davon waren durch Diebstahl in unrechte Hände gelangt und wurden in Amsterdam mit einer Widmung an den Kurfürsten von der Pfalz publiziert. Die Absicht war wohl, Frankreich bei den deutschen Protestanten zu diskreditieren, durch diese Veröffentlichung wurden nämlich zum erstenmal die engen Beziehungen zwischen Frankreich und Bayern während der Friedensverhandlungen bekannt. Aber sehr bald verlor dieses Werk seinen Wert durch eine sehr viel umfassendere Publikation, die 1724/25 im Haag erschienen vier Foliobände der Négociations secrètes, die noch heute neben den erst im 19. Jahrhundert veröffentlichten Briefen Mazarins die Hauptquelle für die französische Politik während der Friedensverhandlungen darstellen. Sie enthalten einen großen Teil der Korrespondenz des Hofes mit den französischen Gesandten in Münster, freilich mit bedeutenden Lücken, die sich besonders in dem Schriftwechsel der Jahre 1644 und 1645 bemerkbar machen. Für 1648 enthält die Publikation so gut wie nichts, und selbst die Korrespondenz der Jahre 1646/47 ist alles andere als vollständig; man braucht nur den zweiten Band der Correspondencia diplomática, wo die von den Spaniern im Jahre 1647 aufgefangenen französischen Depeschen in spanischer Übersetzung abgedruckt sind, mit den entsprechenden Partien der Négociations secrètes zu vergleichen, um die Lücken festzustellen. Dennoch gibt das, was vorliegt, im ganzen ein recht gutes Bild der Verhandlungen von der französischen Seite her gesehen, und es erhebt sich die Frage, wie ein so bedeutender Teil der französischen Akten an die Öffentlichkeit gelangen konnte.

Das Werk selbst gibt darüber keinen Aufschluß. Nicht einmal der Herausgeber wird genannt. Aber einiges läßt sich doch feststellen: Ein damals weit berühmter Gelehrter, Jean Leclerc aus Amsterdam, gebürtiger Schweizer, Philosoph, Philologe und Historiker, der auch eine Biographie Richelieus veröffentlicht hat, hat das Vorwort geschrieben und das Werk in der von ihm herausgegebenen Bibliothèque Ancienne et Moderne[21] angezeigt. Über die Herkunft der Papiere freilich weiß auch er nichts zu sagen, aber wir können mit Sicherheit annehmen, daß sie aus dem Nachlaß des französischen Historiographen Theodor Godefroy stammen[22], der der

---

[19] Mémoires de M. D. touchant les négociations du Traité de paix faites à Munster en l'année 1648, Paris 1674, gleichzeitig in Grenoble und Köln erschienen; vgl. André V Nr. 3724. Das Werk war mir nicht zugänglich, ebenso nicht die gleichfalls bei André Nr. 3727 verzeichneten Actes et mémoires de la négociation de la paix de Munster, tome 1—4, Amsterdam 1680. — Über den Nachlaß des Grafen d'Avaux und seine Schicksale siehe Baschet S. 209 ff.

[20] Mémoires et négociations secrètes de la Cour de France touchant la paix de Munster; vgl. André V Nr. 3728, dazu Baschet S. 218 ff., der leider über die Publikationen aus dem Nachlaß Mazarins vor seiner Übernahme in das Archiv des Außenministeriums im Jahre 1732 garnichts mitteilt.

[21] Bd. 23, Amsterdam 1725, S. 318 ff. und Bd. 27, 1727, S. 1 ff.

[22] So schon Godefroy-Menilglaise, Les savants Godefroy, 1873, S. 137 f. Die Biographie von A. des Amorie van der Hoeven, De Joanne Clerico, Amsterdam 1843, enthält über die Sache nichts.

Friedensgesandtschaft in Münster als Sachverständiger beigegeben war und wahrscheinlich auch das Diarium der Verhandlungen zu führen hatte, wofür ihm dann wohl die Abschriften der Akten zur Verfügung gestellt wurden[23], die man später aus seinem Nachlaß veröffentlichte. Der Inhalt der Négociations secrètes bestätigt diese Vermutung. Das lückenhafte Material des Jahres 1645, der völlige Mangel an Schriftstücken aus dem Jahre 1648 mögen damit zusammenhängen, daß Godefroy erst Ende 1645 in Münster eintraf und in der letzten Zeit schwer erkrankte; er starb 1649 in Münster. Zur Sicherheit wird unsere Vermutung, wenn wir die Négociations secrètes mit dem Nachlaß Godefroys in der Bibliothek des Institut de France in Paris vergleichen. Schon früher war bekannt, daß die im ersten Bande abgedruckten „Mémoires et instructions sur les intérêts de la France et de ses alliés", die bereits 1665 im Buchhandel erschienen und fälschlich dem Staatssekretär Lionne zugeschrieben worden waren, von Godefroy stammen. Die darin enthaltenen Denkschriften und Materialien finden sich denn auch als Entwürfe oder Ausfertigungen im Nachlaß Godefroys vor, zum Teil sogar in derselben Reihenfolge wie in den „Mémoires et instructions." Beruht der erste Band der Négociations secrètes demnach unzweifelhaft auf den Papieren Godefroys, so wird es mit den folgenden nicht anders sein. Darüber hinaus kann man es überhaupt als ziemlich sicher bezeichnen, daß alle Sammlungen von Kopien der Friedensakten französischer Herkunft, von denen wir zahlreiche Bände in privaten Nachlässen des 17. und 18. Jahrhunderts in Frankreich und teilweise auch im Ausland finden, auf die Sammlung Godefroys zurückgehen, denn keine dieser heute noch vorhandenen Sammlungen enthält, soweit die Kataloge erkennen lassen und ich durch Vergleich eines Teiles dieser Handschriften feststellen konnte, mehr als das, was uns aus den Négociations secrètes bekannt ist. Auswahl und Anordnung der Dokumente weisen alle auf denselben Ursprung zurück. Von der sehr viel reichhaltigeren Abschriftensammlung, die Colbert im Jahre 1656 für Mazarin unmittelbar aus den Originalakten anfertigen ließ, ist nichts in die Öffentlichkeit gedrungen[23a].

---

[23] Unmittelbar nachweisen läßt sich das nicht, doch geht aus einer Aktennotiz vom 23. April 1634 (Paris AAE Allemagne 17 fol. 396) hervor, daß für damals bevorstehende Verhandlungen, für die Godefroy in derselben Funktion vorgesehen war, eine dienstliche Anweisung dieses Inhalts geplant war. Man darf annehmen, daß für Münster eine ähnliche Regelung getroffen worden ist.

[23a] Über die „Mémoires et instructions" von 1665 vgl. Godefroy-Menilglaise S. 127 und W. Mommsen, Richelieu, Elsaß und Lothringen, 1922, S. 391, Anm. 21. Die Entwürfe Godefroys zu den in diesem Buch gedruckten Denkschriften etc. meist in Coll. Godefroy vol. 19 (Institut de France). Ich konnte nicht den ganzen Nachlaß systematisch durcharbeiten, aber nach den Stichproben scheint mir die Herkunft der Négociations secrètes aus den Papieren Godefroys sicher. Wie zahlreich Abschriften der französischen Friedensakten waren, lehrt noch heute ein Blick in die Handschriftenkataloge. Die Bibliothèque Nationale besitzt deren mindestens acht (Fonds français Nr. 10644—46, 10648—51, 15850—64, 15939—47, 20984—89, 23565—74, Coll. Baluze 163, 167 - 172, Coll. Clairembault 600—611), die Bibliothèque Mazarine (Nr. 2219—29) und das Archiv des Außenministeriums (Mémoires et Documents, Fonds France Nr. 1416—1424 bis) je eine, ebenso die Handschriftensammlung Philipps (H. Omont, Manuscrits relatifs à l'histoire de France conservés dans la Bibliothèque de Sir Th. Philipps à Cheltenham, Paris 1889, Nr. 3190—92). Ich habe einige der Kopienbände der Bibliothèque Nationale mit den Négociations secrètes und der weiter unten erwähnten Publikation von Gärtner verglichen. Beide stimmen bis auf Einzelheiten überein. Die geringen Abweichungen, wie Fehler und Unsicherheiten

Als eine Ergänzung, freilich von sehr viel geringerem Wert, tritt neben die Négociations secrètes eine aus dem Nachlaß des französischen Gesandten in Stockholm, Chanut, geschöpfte Darstellung, die im Jahre 1677 erschien und den ziemlich unerfreulichen Plagiator Linage de Vauciennes zum Verfasser hat, ein Werk von sehr zweifelhaftem Quellenwert, das aber, mit Vorsicht benutzt, über die Verhältnisse am schwedischen Hof und die schwedisch-französischen Beziehungen zur Zeit der Friedensverhandlungen immerhin einiges ergibt[24].

Man sieht, wieviel in Frankreich schon im ersten Jahrhundert nach dem Westfälischen Frieden zur Aufhellung seiner Vorgeschichte getan worden ist. Daß aber die wichtigsten Aktenpublikationen über den Frieden in Deutschland erschienen, wird niemand erstaunlich finden. Hier kam zu dem Interesse der Politiker und Historiker noch das der Juristen hinzu, war doch der Frieden das wichtigste Grundgesetz des Reiches und die Kenntnis seiner Vorgeschichte für seine Auslegung von der größten Bedeutung. Und es gab in Deutschland schon eine Tradition, an die man nur anzuknüpfen brauchte: Hortleder, Lehmann, Seckendorf waren berühmte Namen. In Deutschland fand sich ferner das reichste Material zur Geschichte des Friedens in den zahlreichen Archiven der Fürsten und Städte und im Privatbesitz. Zuerst erschienen 1710 in einem von dem Magdeburgischen Landsyndikus Adam Cortrejus herausgegebenen Sammelwerk „Corpus juris publici" das Diarium des kaiserlichen Bevollmächtigten Dr. Isaak Volmar, doch ohne den letzten, das Jahr 1648 umfassenden Teil[25]. Cortrejus hatte von seinem Schwiegervater, dem magdeburgischen Gesandten beim Friedenskongreß, allerlei Material über die Friedensverhandlungen geerbt; wie allerdings das Tagebuch des katholischen kaiserlichen Gesandten in die Hände des evangelischen erzbischöflich magdeburgischen Kanzlers geraten konnte, bleibt dunkel[26]. Da das Original im Wiener Archiv liegt, wird es sich auch hier um eine Abschrift gehandelt haben. Genug, mit diesem Werke wurde der deutschen gelehrten Welt eine der wichtigsten Quellen über die Friedensverhandlungen in die Hand gegeben, zu deren vollem Verständnis freilich die Kenntnis der amtlichen Akten gehört, auf die das Tagebuch dauernd verweist. Diese Ergänzung folgte, wenigstens für einen Teil der Friedensverhandlungen, bald nach: Zwanzig Jahre später erschien die neunbändige „Westphälische Friedens-Cantzley" von Carl Wilhelm Gärtner[27]. Sie beruhte auf den Handakten des kaiserlichen Hofrates und Gesandten in Osnabrück Johann Krane, der schon in Köln und Hamburg den Kaiser vertreten hatte. Krane ließ alles abschreiben, was

in der Datierung einzelner Aktenstücke, deuten darauf hin, daß die Handschriften zwei verschiedenen Gruppen zugehören. Zu der einen sind die Négociations secrètes, zu der anderen ist Gärtner zu rechnen. Beide Gruppen beruhen offensichtlich auf Godefroy, scheinen aber auf zwei verschiedene Kopien aus dessen Papieren zurückzugehen. — Über die Kopien Colberts aus den Originalakten, die sich heute im Archiv des Ministeriums der auswärtigen Angelegenheiten, Correspondance politique, Reihe Allemagne, befinden, vgl. Baschet S. 220.

[24] Über Linage vgl. L. Delavaud in Rapports et Notices sur l'édition des Mémoires du Cardinal de Richelieu II, 1907, S. 207 ff. Über den Wert der Darstellung Linages sehr ausführlich M. Weibull, Om „Mémoires de Chanut", Hist. Tidskrift Bd. 7/8, 1887/88.

[25] Diesen letzten Band habe ich in den Friedensakten der Reichskanzlei des Wiener Haus-, Hof- und Staatsarchivs benutzen können.

[26] J. St. Pütter, Litteratur des Teutschen Staatsrechts I 322.

[27] Pütter I 432.

ihm an amtlichen Papieren zukam[28], wichtiges und unwichtiges mit gleicher Sorgfalt. So entstand eine riesige Sammlung, von der offenbar noch weitere Abschriften angefertigt und verbreitet wurden; noch am Ende des 18. Jahrhunderts besaß der Fortsetzer der Häberlin'schen Reichsgeschichte, Renatus Karl von Senkenberg, eine solche Kopie, sie umfaßte die Akten der Jahre 1636—1647[29]. Gärtners Publikation beruht auf einem anderen Exemplar, vielleicht der ursprünglichen Sammlung Kranes. Sie beginnt mit dem Jahre 1643 und endet mit dem 31. Mai 1646. Die Fortsetzung unterblieb, weil die Papiere bei einem Brande in Dresden zugrunde gingen. Kritiklos ist hier alles, wie es vorlag, in chronologischer Folge abgedruckt[30], so daß der Schriftwechsel dreier Jahre 9 Bände nicht geringen Umfanges füllt. Das Werk wäre, wenn fortgesetzt, die reichhaltigste Quellensammlung zur Geschichte des Westfälischen Friedens geworden, freilich eine sehr einseitige, denn Gärtner hat außer den Kraneschen Akten nur noch eine Sammlung von Abschriften der Papiere Godefroys benutzt, die, wie erwähnt, damals ziemlich häufig waren, und die dort veröffentlichten Briefe Mazarins und der französischen Gesandten seiner Sammlung einverleibt. Das gibt dem Werk zunächst ein gewisses Ansehen, erst bei näherem Zusehen erkennt man, wie bequem es sich der Herausgeber gemacht hat. Auf Archivforschungen hat er sich nicht eingelassen, auch weiteres Material aus privater Hand offenbar nicht zu beschaffen versucht. Aber was er bringt, ist, von der Einseitigkeit der Auswahl abgesehen, von hohem Wert.

Die umfassendste aber und heute noch wichtigste Quellensammlung schuf der Hannoversche Hofrat Johann Gottfried von Meiern[31]. Seine Acta Pacis Westphalicae, sechs Prachtfolianten, erschienen 1734—36, gleichzeitig mit Gärtners Friedenskanzlei. Hier wurde nun zum erstenmal das Ergebnis gründlicher und systematischer Archivforschungen vorgelegt. Meiern hatte keine Mühe gescheut, seine Sammlung so vollständig wie möglich zu machen und so würdig wie es ging auszustatten; man sagte, er habe sein ganzes Vermögen dabei zugesetzt und leider einen Teil der Auflage als Makulatur verkaufen müssen[32]. Was damals erreichbar war, hat er jedenfalls geleistet. Der Reichtum der Sammlung ist kaum auszuschöpfen. Meiern hat das Kulmbacher und Rudolstädter Archiv durchforscht, hat die Berichte des braunschweigischen Gesandten Lampadius und des Mecklenburgers Keyser aus privater Hand bekommen, dazu noch einige Ergänzungen von anderen Seiten. Aus diesem Material gestaltete er eine fortlaufende Erzählung, in die er die Dokumente einschaltete, doch so, daß diese den größten Raum einnehmen. Also eine Aktensammlung mit verbindendem Text, nach Möglichkeit chronologisch geordnet, nur wo die Übersicht er erfordert, werden einzelne Verhandlungsgegenstände in ihrem sachlichen Zusammenhang verfolgt. Die Erzählung lehnt sich bewußt eng an den Wortlaut der Vorlagen an, denn Meiern wollte auch hier die Quellen selber sprechen lassen und sich, wie er sagt, der eigenen Verantwor-

---

[28] An Abschriften ist deshalb zu denken, weil Krane die Originale nicht behalten haben kann; Konzepte wie Ausfertigungen des gesamten bei Gärtner gedruckten Schriftwechsels ruhen nämlich im Wiener Haus-, Hof- und Staatsarchiv.

[29] Häberlin-Senkenberg, Neuere Teutsche Reichsgeschichte Bd. 27, 1798, S. 14, 229f.

[30] Ein Vergleich mit den Wiener Akten, den ich für Teile des Werkes durchführte, hat gezeigt, daß in der Tat kaum irgend ein Stück fehlt.

[31] Über ihn Pütter I 433 ff. und K. von Schlözer, Die Familie von Meiern in Hannover und am Markgräflichen Hof in Bayreuth, 1855.

[32] Moser, Patriotisches Archiv für Deutschland Bd. V, 1786, S. 13.

tung möglichst entheben. Das kennzeichnet sein Werk. Es ist eine Materialsammlung, von Durchdringung des Stoffes, von einem selbständigen Urteil, von einer Scheidung des Wesentlichen und Unwesentlichen kann keine Rede sein. Den Stolz auf sein Werk verhehlt er nicht. Den größten Wert legt er auf sorgfältigen Abdruck der Urkunden und versagt es sich nicht, die Nachlässigkeit seiner Vorgänger — er nennt Londorp, Gärtner, die Négociations — zu tadeln. Freilich kann man auch ihm eine Menge von Ungenauigkeiten, Verwechslungen, falschen Datierungen und ähnlichem nachweisen. Die strengen Forderungen, die heute an solche Publikationen gestellt werden, waren noch unbekannt. Aber die Fehler können im ganzen den Wert des Riesenwerkes nicht mindern. Als besonderen Vorzug seiner Arbeit betrachtete Meiern die bis dahin nicht erreichte Vollständigkeit. In der Vorrede zum ersten Bande forderte er seine Leser auf, ihm weiteres Material mitzuteilen, als er den fünften Band herausgab, bat er, man möge ihn damit verschonen, er sei überzeugt, daß in keinem Archive mehr etwas zur Erläuterung des Westfälischen Friedens vorhanden sei, was er nicht schon sechs- und mehrfach besitze! Doch war er sich bestimmter Lücken bewußt. Besonders hat er es bedauert, daß ihm kein katholischer Reichsstand sein Archiv öffnete, obwohl er versichert, keine Mühe gescheut zu haben, um dies zu erreichen.

Ohne Meiern wäre eine Geschichte des Friedens auch heute noch kaum zu schreiben, jedenfalls ersetzt seine Sammlung umfangreiche Archivstudien. Alle offiziellen und per dictaturam mitgeteilten Akten, alles Material, das Londorp, Gärtner und andere stückweise bringen, findet man hier vollständig beisammen. Besonders wertvoll ist die lange Reihe der Protokolle des Osnabrücker Fürstenrates und der Sonderberatungen der evangelischen Stände, die den Lauf der Religionsverhandlungen von Anfang bis Ende begleiten; hierzu das katholische Gegenstück zu erhalten, war Meierns Hauptabsicht, als er sich um die Benutzung eines katholischen Archivs, leider vergeblich, bemühte.

Neben und nach dem Meiernschen Werk wurde in Deutschland noch manches an Quellen veröffentlicht. Aus dem 18. Jahrhundert ist nur noch Johann Jakob Mosers „Erläuterung des Westfälischen Friedens aus reichshofrätlichen Handlungen" zu nennen (1775/76), eine Sammlung von Entscheidungen des Reichshofrates, die dem Historiker jedoch nicht viel bietet. Dagegen hat im 19. Jahrhundert die landesgeschichtliche Forschung noch mancherlei aus den Archiven zutage gefördert. Die Politik des Großen Kurfürsten wurde durch die „Urkunden und Aktenstücke" und durch die von Meinardus veröffentlichten Protokolle und Relationen seines Geheimen Rates ins Licht gerückt, die wichtige pommersche Frage durch die Aktenpublikation von Max Bär (1896) und durch die Berichte der pommerschen Friedensgesandten an ihre Auftraggeber, die Landstände, in den „Baltischen Studien" (1837—50). Aus dem Dresdener Archiv hat Gottfried August Arndt im Jahre 1800 die Reskripte des Kurfürsten Johann Georg an seine Gesandten veröffentlicht, allerdings nur zum Teil und ohne die Berichte der Gesandten selber. Nehmen wir noch die von G. Krause 1866 veröffentlichten Anhaltischen Gesandtschaftsakten und den von Opel 1867 herausgegebenen Bericht des Magdeburger Bürgermeisters Otto von Guericke hinzu, erwähnen wir schließlich noch die Berichte des Osnabrücker Bürgermeisters Gerhard Schepeler aus Münster, die C. Stüve ediert hat, so ist das deutsche Quellenmaterial mit einiger Vollständigkeit genannt. Man sieht, wie sehr wir bis heute auf Meiern angewiesen sind und wie uns zu diesem nur aus den Archiven evangelischer Reichsstände stammenden

Material die Ergänzung von katholischer Seite fehlt, wie wir vor allem für die Politik des Wiener Hofes und so wichtiger Reichsstände wie Bayern, Mainz und Hessen-Kassel ganz auf die Archive angewiesen bleiben.

Nächst Deutschland und Frankreich hat Schweden das meiste Quellenmaterial durch Publikationen beigesteuert. Es ist zu bedauern, daß die große Ausgabe der Schriften und Briefe Oxenstiernas noch nicht bis zu den Jahren der Friedensverhandlungen gediehen ist. Nur die Briefe des Kanzlers an seinen Sohn Johan, den schwedischen Hauptgesandten in Osnabrück, besitzen wir in der Ausgabe von Gjörwell (1810—15). Er versichert in der Vorrede, die Reihe der Briefe, die er abdruckt, sei vollständig, aber wer in ihnen Aufschlüsse über die schwedische Politik sucht, wird enttäuscht. Das Private überwiegt durchaus, und wir müssen annehmen, daß der Kanzler sich in seinen Briefen wirklich darauf beschränkt hat. Ihr Hauptwert liegt darin, daß sie uns zeigen, wie stark der Sohn unter dem Einfluß des Vaters stand, wie der alte Kanzler es selbstverständlich fand, daß Johan seine Anschauungen vertrat und in Osnabrück zur Geltung brachte. Auch über die Gegensätze zwischen Königin und Kanzler erfahren wir nichts, was wir nicht sonst schon wüßten. Eine weit wichtigere Quelle sind daher die Protokolle des schwedischen Reichsrates in der 3. Serie der Handlingar rörande Sveriges historia. An der langen Reihe dieser Niederschriften verfolgen wir, wie die Entschlüsse der Körperschaft zustandekamen, die während der Minderjährigkeit der Königin die schwedische Politik leitete. Und schließlich haben wir auch einen großen Teil der schwedischen Gesandtschaftsberichte aus Osnabrück vorliegen: Die auf Brandenburg und die pommersche Frage bezüglichen sind im 23. Bande der Urkunden und Aktenstücke, wenn auch meist nur in Regestenform, gedruckt, die wichtigsten aus den letzten anderthalb Jahren des Kongresses im vollen Wortlaut im sechsten Bande der Sammlung Sveriges traktater. Die schwedische Satisfaktion war damals bereits geregelt, die Berichte betreffen somit fast ausschließlich die deutschen Angelegenheiten. Die beiden Veröffentlichungen ergänzen sich daher einigermaßen zu einem Gesamtbild der Tätigkeit der schwedischen Gesandten in Osnabrück.

Von besonderer Bedeutung sind natürlich auch die Archive der mit der Vermittlung des Friedens betrauten Mächte. Erst in den letzten Jahren haben die italienischen Sammlungen ihren Beitrag zur Geschichte des Westfälischen Friedens zu liefern begonnen. Seit 1943 erscheinen, von Vlastimil Kybal und Giovanni Incisa della Rocchetta herausgegeben, die Briefe, Berichte und Tagebücher des päpstlichen Friedensvermittlers Fabio Chigi. Die große Sammlung der „Nuntiaturberichte aus Deutschland", in deren Bearbeitung sich das österreichische und das preußische historische Institut in Rom seit 1891 teilten[33], ist nicht bis zur Nuntiatur des Fabio Chigi vorgedrungen, doch hatte schon vor dem ersten Weltkriege der Geschichtsschreiber der Päpste und damalige Leiter des österreichischen Institutes Ludwig von Pastor seinem Mitarbeiter Kybal den Auftrag gegeben, die Publikation der Akten über diese Nuntiatur vorzubereiten[34] Sie stammen fast durchweg aus der Biblioteca Chigiana, nur wenige aus dem Vatikanischen Archiv. Die päpstlichen

---

[33] F. Schnabel, Deutschlands geschichtliche Quellen und Darstellungen in der Neuzeit, 1931, S. 137.

[34] Vgl. die Vorrede zum ersten Band der Publikation La nunziatura di Fabio Chigi 1640—51 in den Miscellanea della R. Deputazione Romana di Storia Patria, 1943. Näheres darüber wie überhaupt zu den Quellen der Mission Chigis bei Pastor XIV, Anhang 2.

Diplomaten hielten es wie ihre weltlichen Kollegen und behielten ihre amtlichen Papiere im Privatbesitz, obwohl bereits Papst Paul V. zu Anfang des 17. Jahrhunderts die Einlieferung in das Vatikanische Archiv vorgeschrieben hatte[35].

Der erste Band der großen Publikation, in zwei Teilen 1943 und 1946 erschienen, reicht von 1640 bis zum Juni 1645, dem Zeitpunkt der Übergabe der ersten Propositionen und dem eigentlichen Beginn der Friedensverhandlungen. Er umfaßt nur 47 Briefe aus Chigis Kölner Zeit, dagegen für das erste Jahr seines Aufenthaltes in Münster außer dem Tagebuch mehr als 350 Schriftstücke. Es ist, wie man sich denken kann, ein bedeutendes Material, das hier vor uns ausgebreitet wird, wenn auch manches allzu Nebensächliche mit unterläuft, das ohne Schaden hätte fortbleiben können. In der Hauptsache ist es der private Briefwechsel des Nuntius und deshalb nicht allzu reich an politischen Aufschlüssen — hier darf man von den folgenden Bänden noch mehr erwarten —, aber farbenreich tritt das Bild des Kongresses in diesem seinem ersten Jahre, eindrucksvoll die edle, charaktervolle Gestalt des Nuntius und späteren Papstes vor uns hin. Man sieht, er war ein Mann, wie dieses schwere Amt ihn brauchte, seiner Verantwortung bewußt, geschickt in der Menschenbehandlung, ein vortrefflicher Diplomat, der doch nie vergaß, daß er ein Priester war.

Als eine Ergänzung dieser Publikation dürfen wir die mustergültige Textausgabe der Instruktion für Chigi betrachten, die K. Repgen besorgt und mit einer Einleitung versehen hat, die die Entstehungsgeschichte dieses wichtigen Aktenstückes aufhellt. Die Arbeit von Laura Schiavi über die päpstliche und venetianische Friedensvermittlung, die auf dem gesamten Material beider Archive beruht, kann uns für die noch fehlenden Teile der Chigi'schen Papiere nicht entschädigen. Dagegen ist die Relation des venetianischen Botschafters Contarini, die Fiedler 1866 in den Fontes rerum Austriacarum veröffentlicht hat, eine sehr wichtige Quelle. Contarini hat wie Chigi als Vermittler genaue Kenntnis aller Personen und Verhandlungen gehabt. Sein Schlußbericht gibt, ohne sich in Einzelheiten zu verlieren, eine auf genauester, kluger Beobachtung beruhende Darstellung der Interessen aller beteiligten Mächte und eine scharfsinnige, knappe Erörterung der Hauptprobleme, deren Lösung dem Kongreß aufgegeben war.

Schließlich die spanischen und niederländischen Quellen! Eine wichtige und gut unterrichtende Publikation sind die drei Bände der Correpondencia diplomática de los plenipotenciarios españoles en el congreso de Munster, 1884/85 in der Coleccion de documentos inéditos para la historia de España erschienen. Freilich erkennt man darin deutlich die Lücken, die das Archiv von Simancas aufweist. Viele Stücke fehlen, dagegen sind neben den amtlichen Berichten auch in größerer Zahl Privatbriefe, etwa die des Grafen Peñaranda an den Statthalter Castel Rodriguo in Brüssel, abgedruckt, und den größten Teil des zweiten Bandes nehmen französische Akten, Berichte der Gesandten in Münster nach Paris, in spanischer Übersetzung ein, die die Spanier aufgefangen oder durch Bestechung in ihren Besitz gebracht haben. Sehr vermißt man die Erlasse der spanischen Regierung, die uns die Absichten und den Gang der spanischen Politik erläutern könnten, von der wir nur wenig wissen.

---

[35] Schnabel S. 138. Vgl. auch H. Kiewning in: Nuntiaturberichte aus Deutschland, Nuntiatur des Pallotta 1628—1630, Bd. I, 1895, S. XIX Anm. 1 und Pastor XIII 1017.

Über die niederländische Politik unterrichtet man sich am besten aus den Geschichtswerken des Lieuwe van Aitzema, dessen Darstellung mit vielen wörtlich abgedruckten Aktenstücke durchsetzt ist. Einige Ergänzungen bietet Siri in den Bänden seines Mercurio.

Schließlich ist die Sammlung der Akten zu erwähnen, die sich auf die Lostrennung der Schweiz vom Reich beziehen, die von dem eidgenössischen Unterhändler Wettstein selbst herausgegebenen Acta und Handlungen, sowie das spätere Werk von Johann Jakob Moser über die eidgenössische Souveränität, das gleichfalls nicht wenige Aktenstücke bringt.

Nur gering ist die Zahl der gedruckten Quellen privaten Ursprungs. Oxenstiernas Briefe an seinen Sohn erwähnten wir schon. Eine Schilderung der Friedensverhandlungen von dem burgundischen Rechtsrat Antonius Brun, Mitglied der spanischen Gesandtschaft, hat J. J. Moser nach einer Handschrift in der Stuttgarter Bibliothek veröffentlicht. Sie bietet wenig Bemerkenswertes. Geistvoll und anschaulich dagegen ist die Schilderung des Kongresses in den Briefen, die ein unbeteiligter Zuschauer, der Mömpelgarder Kanzler Christoph Forstner, 1646 und Anfang 1647 an den schwedischen Residenten in Münster, Schering Rosenhane, schrieb. Recht gut erfaßt er die politischen Situationen, ehrlich und unverblümt ist sein Urteil über den skrupellosen Egoismus der Großmächte. Belanglos schließlich für die großen Fragen, aber reizvoll durch seine Schilderungen des Kongreßlebens ist das Tagebuch des französischen Gesandtschaftskaplans François Ogier, der uns als gewandter Prediger, disputierender Theologe und eifriger Büchersammler entgegentritt und, politisch völlig unerfahren, Menschen und Dinge ganz mit den Augen seines Brotherrn und Beichtkindes, des Grafen d'Avaux, betrachtet.

Von hohem Rang aber ist das einzige Memoirenwerk, das der Kongreß gezeitigt hat, von einem seiner führenden Männer, dem Prior Adami, geschrieben. Man kann es so nennen, obwohl es sich als eine geschichtliche Darstellung gibt, denn Adami hat dem Kongreß von Anfang bis Ende tätig beigewohnt und unmittelbar danach die Niederschrift begonnen. Sie war 1652 abgeschlossen, erschien aber erst 1698 im Druck, während ein fehlerfreier Text erst zweihundert Jahre später durch die Arbeit von Israel hergestellt wurde[36]. Adamis einseitiges, aber charaktervolles Buch ist dank der persönlichen Kenntnis der Dinge und der Fülle amtlicher Dokumente, die ihm zu Gebote standen, eine der wichtigsten Quellen und vor allem ein Zeugnis des Geistes der streng katholischen Partei, zu deren Häuptern der Verfasser gehörte. Ein unparteiisches Geschichtswerk sind die Arcana Pacis nicht, sondern eine Parteischrift, die sich aber von grober Polemik freihält.

Archivalien

Dank dem großzügigen Entgegenkommen der Leitung des Wiener Haus-, Hof- und Staatsarchivs konnte ich den größten Teil der Friedensakten der österreichischen Reichskanzlei und Staatskanzlei in Marburg benutzen. Sie sind für Einzel-

---

[36] Israels Buch ist ebenso wie die Schrift von Ziegelbauer stets neben der letzten, von Meiern 1737 besorgten Ausgabe zu benutzen. Beide enthalten wesentliche Textverbesserungen und -ergänzungen. Über Adamis Leben und Geschichtswerk hat Israel gleichfalls erschöpfend gehandelt.

fragen des Friedens schon mehrfach ausgewertet worden. Mir kam es auf eine Untersuchung der Wiener Gesamtpolitik in dem entscheidenden Abschnitt der Friedensverhandlungen von der Entsendung Trauttmansdorffs im November 1645 bis zum Friedensschluß an. Die von mir benutzten Akten schließen zeitlich ungefähr an die bis Mai 1646 reichende Gärtnersche Sammlung (s. oben) an.

Die heute in den „Friedensakten" der Reichs- und Staatskanzlei vereinigten Bestände sind aus der amtlichen Tätigkeit der älteren Reichshofkanzlei und der 1620 gegründeten österreichischen Hofkanzlei erwachsen. Der zähe Kampf dieser beiden Behörden um die Führung der Außenpolitik hatte eben erst begonnen; noch hielt die Reichskanzlei, die ja eigentlich eine Behörde des Mainzer Reichserzkanzlers sein sollte, das Heft in der Hand[37]. Doch hatte der Kurfürst von Mainz praktisch keinen Einfluß auf die Geschäfte, zumal der in diesen Jahren amtierende Reichsvizekanzler Graf Kurz, der Leiter der Reichskanzlei, nicht von ihm, sondern unter Mißachtung der Wahlkapitulation allein von dem Kaiser ernannt und ganz dessen Geschöpf war. Die Außenpolitik war infolgedessen eine rein kaiserliche, ja mehr noch österreichische als kaiserliche. Der Einfluß des Reichsvizekanzlers war im übrigen gering, die Beratung des Kaisers oblag dem Geheimen Rat, in dem Graf Kurz nur ein Mitglied unter anderen, und noch gar nicht einmal das einflußreichste war. Für besondere Fragen wurden auch „deputierte Räte" eingesetzt; deren Gutachten bilden zusammen mit den Berichten der kaiserlichen Gesandten, den an diese ergangenen Weisungen und den persönlichen Briefen Trauttmansdorffs an den Kaiser aus Münster und Osnabrück den Hauptteil der benutzten Akten. Man sieht bei ihrem Studium in die Stimmungen und Pläne am Hof, in das Werden der kaiserlichen Entschlüsse hinein, selten allerdings in die Meinungen der einzelnen Räte, denn die Akten enthalten in der Regel nur die Ratschläge, auf die sie sich schließlich einigten. Wieweit der Einfluß der intimen Ratgeber, vor allem Trauttmansdorffs, ging, erfahren wir nur lückenhaft aus seinen Geheimberichten, zu denen leider die Antworten des Kaisers fehlen. Sie dürften im Trauttmansdorffschen Familienarchiv in Wien liegen, dessen Benutzung nicht freigegeben ist[38]. Wenn also noch Fragen genug offen bleiben, so haben die Wiener Akten doch erlaubt, das Bild in vielem deutlicher und klarer zu zeichnen. Auf die Politik der katholischen Reichsstände werfen die Protokolle ihrer Beratungen, die sich in den Akten der österreichischen Gesandtschaft in der Staatskanzlei finden, einiges Licht, wenn auch weniger, als ich gehofft hatte.

[37] L. Groß, Die Geschichte der deutschen Reichshofkanzlei von 1559 bis 1806 (= Gesamtinventar des Haus-, Hof- und Staatsarchivs V 1) 1933, S. 47. Allerdings betont derselbe Verfasser in seinem Aufsatz über den Kampf der Reichskanzlei und der österreichischen Hofkanzlei um die Führung der auswärtigen Geschäfte (Hist. Vschr. 22, 1924, S. 285), die Hofkanzlei sei schon bei den Westfälischen Friedensverhandlungen stärker hervorgetreten. Doch blieb der Einfluß der Reichskanzlei immer noch führend.

[38] Die Friedensakten sind summarisch verzeichnet bei L. Bittner, Gesamtinventar des Haus-, Hof- und Staatsarchivs I, 1936, S. 350 ff., 435 ff. Die Akten des Erzkanzlerarchivs (daselbst S. 393) habe ich nicht benutzt. Über die Bearbeitung der auswärtigen Angelegenheiten im Geheimen Rat s. L. Groß a. a. O. S. 172 ff., über den Einfluß der vertrauten Ratgeber des Kaisers ebenda S. 176. — Einen Überblick über die erhaltenen Teile des Trauttmansdorff'schen Nachlasses in Prag und Wien geben W. Schulz, Ferdinand Graf Trauttmansdorff und V. Kratochvil in den Veröffentlichungen der Kommission für neuere Geschichte Österreichs, Bd. 4, 1913, S. 56 ff., 133 ff., 470 ff.

Das französische Aktenmaterial zum Westfälischen Frieden ist etwas weiter verstreut. Ich konnte es in Paris benutzen, aber man muß es dort an mehreren Stellen suchen, in der Hauptsache im Archiv des Ministeriums der auswärtigen Angelegenheiten und in den Handschriftenfonds der Bibliothèque Nationale. Es handelt sich durchweg um Papiere, die lange Zeit im Privatbesitz Richelieus, Mazarins, der Familien d'Avaux, Brienne und Servien gewesen sind, und es ist ein besonderes Glück, daß sich so viel davon erhalten hat. Bei den wechselvollen Schicksalen dieser Handschriften wäre ihre völlige Zerstreuung und Vernichtung kein Wunder, aber ein großer Verlust gewesen, weil sie den gesamten schriftlichen Niederschlag der Verhandlungen auf französischer Seite enthalten und amtliche Akten im eigentlichen Sinne daneben nie existiert haben. Zwar war die Gewohnheit der Minister und Diplomaten, ihre Handakten für sich zu behalten, durchaus nicht auf Frankreich beschränkt, aber sie wirkte sich hier besonders nachteilig aus, weil noch keine feste Behörde für die auswärtigen Geschäfte da war. Anders als in Österreich, Schweden oder selbst in den deutschen Territorien war die Außenpolitik bei der Schwäche der meisten Könige und den langen Regentschaftszeiten eine sehr persönliche Angelegenheit der leitenden Minister geworden. Wohl gab es seit der Mitte des 16. Jahrhunderts das Amt der Staatssekretäre[39], von denen zunächst alle, später nur einer neben inneren Angelegenheiten auch die laufenden außenpolitischen Geschäfte wahrnahm, aber diese Männer standen fast alle im Schatten der leitenden Minister, und zumal Richelieu und Mazarin behandelten ihre Staatssekretäre ganz als Gehilfen und Handlanger. Sie hatten auszuführen, was ihnen befohlen wurde, hatten selten eigene politische Ideen und mußten mitunter sogar wie Sekretäre nach dem Diktat des Ministers schreiben, der im übrigen jederzeit, wenn es ihm paßte, in ihre Tätigkeit eingriff[40].

Der höchst persönliche Charakter, den die Geschäfte in Frankreich trugen, brachte es mit sich, daß Minister, Staatssekretäre und Diplomaten sich für den dienstlichen Schriftverkehr ihrer eigenen Geheimsekretäre und Schreiber bedienten[41], die sie in ihrem Hause arbeiten ließen, und daß sie sich ihr eigenes Archiv anlegten, das sie beim Übergang ins Privatleben natürlich mit sich nahmen. In welchem Maße die Geschäfte darunter leiden konnten, hat Richelieu bei Antritt seines ersten Ministeriums selber erfahren, er mußte damals die französischen Vertreter im Ausland um Abschriften der ihnen erteilten Instruktionen bitten, weil sein Vorgänger ihm nichts hinterlassen hatte[42]. Wenn das in anderen Staaten geschah, so war der Schaden nicht so sehr groß, weil eben immer noch die amtlichen Akten, Niederschlag der behördlichen Tätigkeit, dem Staat verblieben und eine Kontinuität der Geschäfte ermöglichten. In Frankreich war das anders und änderte sich auch unter Richelieu und Mazarin (trotz theoretischer Einsicht, daß es so eigentlich nicht gehe) nicht wesentlich. Wir könnten heute eine Geschichte der kaiserlichen und schwedischen Politik jener Zeit zur Not auch ohne Kenntnis der Nachlässe eines Trauttmansdorff oder Oxenstierna schreiben, in Frankreich aber

---

[39] O. Hintze, Die Entstehung der modernen Staatsministerien, Hist. Ztschr. 100 (1908), S. 67 ff, auch in seinen Gesammelten Abhandlungen, 1. Bd; Staat und Verfassung, 1941 S. 276 ff.
[40] Richelieu, Lettres, Bd. 1, Préface S. X.
[41] G. d'Avenel, Richelieu et la monarchie absolue, Bd. I, 1884, S. 58.
[42] Richelieu, Lettres I, 196.

stünden wir vor dem Nichts, wenn nicht eine spätere Zeit die Papiere Richelieus, Mazarins und ihrer Mitarbeiter wieder zusammengebracht und daraus nachträglich ein Archiv der auswärtigen Angelegenheiten für die erste Hälfte des 17. Jahrhunderts rekonstruiert hätte. Freilich sind es nur Teile der wiedererworbenen Nachlässe, die ins Archiv der Auswärtigen Angelegenheiten gelangt sind. Vieles wurde nämlich der Königlichen Bibliothek (der jetzigen Nationalbibliothek) einverleibt oder anderswohin verbracht, und diese Zerstreuung ursprünglich zusammengehöriger Aktenbestände erschwert natürlich heute die Arbeit.

Wir können deshalb nicht umhin, die sonderbaren Schicksale der für uns wichtigsten Nachlässe kurz ins Auge zu fassen. Richelieus Papiere sind wohl für die Vorgeschichte der Friedensverhandlungen, nicht aber für diese selbst von Bedeutung. Hier nimmt der Nachlaß Mazarins die erste Stelle ein[43]. Er hinterließ eine unübersehbare Korrespondenz, vermehrt um eine Riesensammlung von Kopien politischer Akten in Hunderten von Bänden. Er mißtraute der Dauer menschlicher Verhältnisse und hielt es für gut, die Dokumente seiner politischen Tätigkeit mehrfach zu besitzen. Sein Archiv scheint sein Stolz gewesen zu sein, er führte es auch auf Reisen wohlgeordnet in Kassetten und Koffern mit sich und scheute selbst zweifelhafte Mittel nicht, um seine Sammlungen zu bereichern[44]. Nach seinem Tode hat Colbert den Nachlaß geordnet und durch Kopien weiter vermehrt, ein Verzeichnis von 1666 führt über 500 Bände politischer Akten auf. Die politische Korrespondenz war nach Ländern geordnet, fast 50 Bände umfaßten die Akten über den Westfälischen Frieden, die Hälfte davon Kopien. Im Jahre 1732 kaufte der König die Bibliothèque Colbertine und überwies die politische Korrespondenz Mazarins dem dépôt des affaires étrangères. Nur einige vergessene Bände liegen heute noch in der Bibliothèque Mazarine.

Mazarins nächster Gehilfe, der Staatssekretär Brienne, der in der Regel die diplomatische Korrespondenz führte, hatte sich gleichfalls ein ansehnliches Privatarchiv geschaffen, dessen Schicksale im einzelnen nicht bekannt sind. Wir finden seine Papiere zu Anfang des 18. Jahrhunderts im Besitz eines adligen Herren namens Roger de Gaignières. Sie gingen 1715 in königlichen Besitz über und wurden als Fonds Gaignières der Bibliothek einverleibt, wo sie sich noch befinden[45]. Sie sind allerdings unvollständig; Stücke davon tauchten später im Handel unter den nachgelassenen Papieren eines Beamten des Außenministeriums auf und wurden für das Archiv des Ministeriums erworben[46].

Wenden wir uns der Korrespondenz der Gesandten in Münster zu: Die des Herzogs von Longueville ist nicht erhalten, mindestens ist ihr Verbleib unbekannt. Der Nachlaß des Grafen d'Avaux wurde im Jahre 1723 von dem König erworben, die über 600 Bände umfassende Korrespondenz zwischen der Bibliothek und dem Archiv geteilt, so daß dieses alle politischen Akten, über 200 Bände, erhielt[47].

---

[43] Über Mazarins Nachlaß Baschet S. 218—32 und Chéruel in der Einleitung zum 1. und 3. Bande der Briefe Mazarins.
[44] Mazarin, Lettres I, 444, 446 und A. Franklin in der Einleitung zu Bd. 1 des Catalogue Général des manuscrits des bibliothèques de France, Bibliothèque Mazarine, Paris 1885.
[45] Baschet S. 148—158. Die Papiere Briennes bilden heute die Bände Nr. 20657—74 des Fonds Français der Bibliothèque Nationale.
[46] Baschet S. 86 ff., 192, 232 f.
[47] Baschet S. 192, 209—18.

Auch Serviens Akten finden sich hier, und zwar ziemlich vollständig, doch habe ich nicht feststellen können, wann und unter welchen Umständen sie in das Archiv gelangt sind.

Aus Teilen aller dieser Nachlässe bestehen heute die auf den Vertrag von Münster bezüglichen Friedensakten des Archivs der auswärtigen Angelegenheiten[48]. Man mag bei späteren Ordnungsarbeiten hier und da einiges miteinander vermengt haben, aber im großen ganzen lassen Inhalt und Einband der einzelnen Bände noch ihre Herkunft erkennen.

So ist also der nachträgliche Aufbau eines diplomatischen Archivs für diese Jahre erst ein Werk des 18. Jahrhunderts. Für die Westfälischen Friedensverhandlungen steht es an Wert dem Wiener Archiv nicht nach. Der Schriftwechsel zwischen Paris und Münster ist nicht nur vollständig, sondern sogar mehrfach vorhanden, denn dank seiner Entstehung ist dieses Archiv zugleich Aussteller- und Empfängerarchiv, fast jedes Stück ist nicht nur in Konzept und Ausfertigung, sondern meist auch noch in Abschrift in irgend einem der Kopienbände erhalten, und auch persönliche und geheime Korrespondenzen fehlen nicht.

Dazu treten noch die aus den verschiedensten Sammlungen stammenden Manuskriptbände der Bibliothèque Nationale. Überblickt man deren vorzügliche Kataloge[49], so stößt man überall auf Material für unser Thema, und in vielen Fällen sind die hier verzeichneten Bände eine unentbehrliche Ergänzung zu den Akten des Archives am Quai d'Orsay.

Unmöglich konnte ich diesen ganzen Reichtum ausschöpfen. Dazu wären Jahre nötig gewesen, und vielleicht ist mir wertvolles Material entgangen. Aber auch in der Auswahl, mit der ich mich begnügen mußte, waren mir diese Schätze von größtem Wert.

Schließlich bot mir noch der Nachlaß Théodore Godefroys, des Historiographen und französischen Sachverständigen am Friedenskongreß, der im Institut de France aufbewahrt wird, willkommene Aufschlüsse über die französische Politik, für die seine Gutachten nicht ohne Bedeutung waren[50].

Ganz andere Verhältnisse fand ich in Stockholm vor. Auch hier spiegeln die Archivbestände in ihrer Eigenart ein Stück Verwaltungsgeschichte wider. Bis zum Beginn des 17. Jahrhunderts herrschte ein sehr persönliches Regiment des Königs. Dann aber, im Jahre 1602, wurde der Reichsrat als Regierungsorgan geschaffen, in strenger Unterordnung unter den Herrscher, aber nicht als Conseil, sondern als eine kollegiale Behörde aus hohen Reichsbeamten adligen Standes, die

---

[48] In der Abteilung Correspondance politique, Allemagne, sind es die Bände Nr. 17—124. Sie sind summarisch verzeichnet in: Archives du Ministère des affaires étrangères, Etat numérique des fonds de la Correspondance politique de l'origine à 1871, Paris 1936, eingehender mit kurzen Inhaltsangaben im Inventaire sommaire des archives du Département des affaires étrangères, Correspondance politique, Bd. 1, Paris 1913. Hier ist auch die Herkunft der einzelnen Bände, soweit feststellbar, angegeben.

[49] Bibliothèque Nationale, Catalogue des manuscrits français, Ancien Fonds, Bd. 1—5, Paris 1868—1902; H. Omont, Catalogue général des manuscrits français de la Bibliothèque Nationale, Bd. 1—12, Paris 1895—1902. Dazu die gedruckten Spezialkataloge für diejenigen Sammlungen, die als geschlossene Fonds erhalten geblieben sind.

[50] Catalogue général des manuscrits des bibliothèques publiques de France, Bibliothèque de l'Institut, Collection Godefroy, Paris 1914.

von Gustaf Adolf später als unabsetzbar anerkannt wurden, womit die Ausbildung zu einer festen Behörde nicht nur bestätigt, sondern für unwiderruflich erklärt wurde. Die häufige Abwesenheit des kriegerischen Königs und die lange Regentschaftszeit nach seinem Tode festigten das kollegiale Reichsregiment; 1634 erhielt es gesetzliche Sanktion.

In diesem Kollegium führte der Reichskanzler mit Hilfe der ihm unterstellten Reichskanzlei die Außenpolitik. Während in Frankreich zu dieser Zeit der Minister die Geschäfte mit seinem eigenen Personal wahrnahm, war der schwedische Kanzler auf die mit königlichen Beamten besetzte Kanzlei angewiesen, deren staatlicher Charakter unbestritten war. Oxenstierna hat den Geschäftsgang dieser Behörde in mehreren Kanzleiordnungen geregelt und im Zuge dieser Maßnahmen im Jahre 1618 zur Aufnahme der amtlichen Akten das Reichsarchiv ins Leben gerufen[51]. So kam es, daß, während in Frankreich beim Abgang eines Ministers mit seinen Papieren fast jede Spur seiner amtlichen Tätigkeit verschwand, in Schweden immer ein Kernbestand an Akten blieb, auch wenn der scheidende Kanzler seine Handakten mit sich nahm. Die Kontinuität blieb erhalten, und die amtliche schriftliche Überlieferung reicht weiter zurück als in Frankreich, wo sie erst unter Ludwig XIV. richtig einsetzt.

Für die Westfälischen Friedensverhandlungen kommen im wesentlichen drei große Aktengruppen des Stockholmer Reichsarchivs in Betracht: Diplomatica, Kungliga koncept und Riksregistratur, dazu die Sammlungen Oxenstierna und Salvius. In den Diplomatica (Germanica A I)[52] finden sich sämtliche Berichte aus Osnabrück mit allen Anlagen, aber nicht die von Stockholm ergangenen Erlasse. Diese würde man zunächst in der Reihe der Königlichen Konzepte vermuten, die uns jedoch hier fast völlig im Stich lassen. Die Konzepte scheinen zum größten Teil verloren, und so müßten wir die Erlasse wohl überhaupt missen, wenn man nicht schon frühzeitig in der Königlichen Kanzlei Sorge getragen hätte, sie wenigstens in Abschrift zu erhalten. Die seit dem späten Mittelalter mit Sorgfalt geführte „Reichsregistratur" enthält in Hunderten von Foliobänden die Kopien fast aller wichtigen königlichen Urkunden, Erlasse und Briefe, die uns die nicht mehr auffindbaren Konzepte ersetzen müssen[53]. So allein ist uns z. B. die wichtige Instruktion, die Johan Oxenstierna und Salvius am 5. Oktober 1641 für die Friedensverhandlungen erhielten, aufbewahrt worden.

So reichhaltig dieses amtliche Material ist, so wichtig sind uns doch auch die Ergänzungen aus den Privatsammlungen von Oxenstierna und Salvius. Zwar sollten nach den Kanzleiordnungen Oxenstiernas alle amtlichen Schriftstücke nur 2—3 Jahre in der Kanzlei bleiben und dann ins Archiv wandern[54], aber das wurde wenig beachtet, und auch hier waren es wieder gerade die höchstgestellten Beamten, die sich der Ablieferungspflicht entzogen. Die Oxenstiernas gingen mit schlech-

---

[51] Nils Edén, Den Svenska Centralregeringens utveckling till kollegial organisation 1602—34 (Skrifter utg. af K. Humanist. Vetenskaps-Samfundet i Uppsala VIII 2), Uppsala 1902 (mit deutschem Resumée); Severin Bergh, Svenska Riksarkivet 1618—1837, Meddelanden från Svenska Riksarkivet, Ny följd, Ser. II, Bd. 5, 1916, S. 10ff., 367ff.

[52] Verzeichnet in Meddelanden Bd. II, 7 (1883), S. 135ff.

[53] Über die Riksregistratur einige Notizen bei Samuel E. Bring, Bibliografisk Handbok till Sveriges historia, 1934, S. 58ff. Vgl. auch Bergh a. a. O. S. 84f.

[54] Bergh S. 367ff. Zum folgenden K. G. Malmström, Ablieferung von Gesandtschaftsakten in Schweden im 17. und 18. Jahrhundert, Archival. Zeitschr. Bd. 10, 1885, S. 247ff.

tem Beispiel voran, andere taten es ihnen nach, und mehrfach sind im 17. Jahrhundert königliche Befehle zur Ablieferung der Nachlässe hoher Staatswürdenträger ohne Erfolg geblieben. Trotz strenger Verbote behielten die Erben die Papiere bei sich, und die Regierung wagte nicht zuzugreifen, obwohl man genau wußte, welche Schätze die Privatarchive der großen Adelsfamilien bargen. So ist das große Oxenstiernasche Archiv erst 1848 in das Reichsarchiv gelangt. Sehr merkwürdige Schicksale hat der Nachlaß des Johan Adler Salvius gehabt. Ein Teil kam 1755 ins Reichsarchiv, der Hauptteil aber ist aus Schweden noch einmal nach Deutschland zurückgewandert, war im 18. Jahrhundert lange im Besitz eines Greifswalder Gelehrten, hat dann jahrelang in der Universitätsbibliothek in Greifswald gelegen, die erst durch einen Prozeß zur Herausgabe gezwungen werden mußte, und kam schließlich im Jahre 1805 ins Stockholmer Reichsarchiv[55], wo sich nun alles vereinigt findet, was für den Anteil Schwedens am Westfälischen Frieden irgend von Bedeutung ist.

Auch hier war mir nicht die Zeit vergönnt, den ganzen großen Bestand systematisch durchzuarbeiten. Aber es fand sich doch vieles, was Aufschlüsse über die gedruckte Literatur hinaus gab, die, wie ich hoffe, der Darstellung zugute gekommen sind.

Gering an Umfang, aber von großer Bedeutung war das Aktenmaterial aus dem Marburger Staatsarchiv, das ich hier nicht im einzelnen besprechen will. Daß ich von allen deutschen Archiven nur dieses eine benutzt habe, lag nicht nur an der räumlichen Nähe, sondern hat auch gewichtige sachliche Gründe. Kein deutsches Fürstenhaus hat so enge Beziehungen zu den beiden Großmächten unterhalten wie Hessen-Kassel, keines so radikale Forderungen zur Reichsreform vertreten, keines aber auch mit so nachhaltigem Erfolg auf die Friedensverhandlungen eingewirkt. Auch waren diese Akten noch in keiner Monographie zum Westfälischen Frieden verwertet, nichts davon bisher publiziert, während die Archive der meisten anderen deutschen Staaten schon nach dieser Richtung hin durchforscht sind. Auch aus ihnen hätte man gewiß noch wertvolle Aufschlüsse gewinnen können, doch war die Zeit, die ich an die Arbeit wenden konnte, begrenzt, und so glaubte ich mich im wesentlichen mit dem Aktenmaterial aus den Archiven der drei Hauptsignatarmächte begnügen zu müssen.

Ein solcher Verzicht ist nie ganz leicht. Ist es doch das erste Beispiel einer Begegnung und Verständigung aller europäischen Staaten, von der wir hier handeln, und immer wieder erstaunt man über den Reichtum schriftlicher Überlieferung, den uns die europäischen Archive über alle Katastrophen hinweg als Zeugnis jener denkwürdigen Verhandlungen bewahrt haben, und den uns eine neuerdings geplante Aktenpublikation hoffentlich bald erschließen wird.

[55] Zu diesen beiden Nachlässen vgl. P. Sondén, Rikskansleren Axel Oxenstiernas brefväxling och öfriga i Riksarkivet förvarade handlingar, Meddelanden, Ny följd, Ser. II, Bd. 2, 1907; Bertil Boethius, Johan Adler Salvius' papper i Riksarkivet, Meddelanden Ny följd, Ser. I, Bd. 4, 1916, S. 98ff. Zu den Schicksalen der Salvius'schen Sammlung noch: J. C. C. Oelrichs, Beiträge zur Geschichte und Literatur, Berlin 1760, S. 57—68; Perlbach, Versuch einer Geschichte der Universitätsbibliothek zu Greifswald, Heft 1, 1882, S. 55, 69.

Darstellungen

Die Grenze zwischen Geschichtsquellen und -darstellungen ist fließend. Adami war noch Augenzeuge und Mithandelnder, wir rechnen daher seine Geschichte der Friedensverhandlungen noch zur ersten, die seiner jüngeren Zeitgenossen Chemnitz, Pufendorf und Siri zur zweiten Gattung.

Diese drei haben ihre Geschichtswerke im Auftrage der schwedischen, brandenburgischen und französischen Regierung und nach deren amtlichen Akten verfaßt, waren also keine unabhängigen, nur der Wissenschaft verpflichteten Historiker — was noch nichts gegen ihre Wahrheitsliebe sagt. Chemnitz und Pufendorf, beide bedeutende Publizisten, die als Hippolithus a Lapide und als Severinus de Monzambano den Kampf gegen Habsburg führten und die ehrwürdige Verfassung des Reiches der Verachtung preisgaben, waren zugleich die besten deutschen Geschichtsschreiber ihrer Zeit. Beide standen im Solde Schwedens, Pufendorf später im Dienst Brandenburgs, waren aber doch mehr als Hof- und Parteihistoriographen gewöhnlichen Stils. Sie wollten wirklich Geschichte im echten Sinne schreiben und strebten nach Wahrheit; zu bedeutenden Leistungen wurden ihre Werke aber vor allem durch die umfassende Verwertung amtlicher Akten. Wohl hatten schon vor ihnen italienische und französische Historiker aus den Archiven geschöpft, aber doch nicht so unmittelbar und vielseitig die welthistorischen Ereignisse nach den Papieren der handelnden Staatsmänner geschildert[56]. Man hat die Art, wie sie ihr Material benutzten, eingehend untersucht, ihre Darstellung fast Seite für Seite mit den Akten verglichen und kritisch geprüft[57]. Man fand, daß Chemnitz sich sehr eng an seine Vorlagen anlehnte und sie zum Teil sogar wörtlich übernahm. Sein Werk ist stellenweise ein Mosaik von Quellenstücken mit nur geringen Zutaten, unglaublich weitschweifig im Stil der Zeit, aber nicht ohne Geschick und Darstellungskraft. Für die Friedensverhandlungen hat er die Berichte der schwedischen Gesandten benutzt. Freilich sind große Teile des Werkes gerade für diese Zeit verloren; von 1636—1642 klafft eine Lücke, mit dem Jahre 1646 bricht es ab.

Hier treten Pufendorfs Werke über den schwedischen Krieg und über den Großen Kurfürsten in die Lücke. Chemnitz schrieb noch während des Krieges und unmittelbar danach, Pufendorf Jahrzehnte später. Sein „Schwedischer Krieg" sollte nur den Auftakt zu einer Geschichte des Königs Karl Gustav bilden, daher glaubte er sich berechtigt, die noch ungedruckten Teile des Chemnitz'schen Werkes die er im Stockholmer Archiv vorfand, zu verwerten. Er übernahm sie fast ohne Änderungen und machte daraus auch keinen Hehl, man sollte ihn deshalb aber nicht einen „Plagiarius" schelten[58]. Er ersetzt uns also die verlorenen Teile des Chemnitz, schrieb aber im Gegensatz zu diesem lateinisch, denn er wollte auf ein größeres Publikum, ja auf ganz Europa wirken.

Er unterscheidet sich aber auch darin von seinem Vorgänger, daß er sein Material anders, nämlich eigenwilliger und freier benutzt. Er scheut sich nicht vor

---

[56] So urteilt Ranke in seiner Kritik beider Historiker in Zwölf Bücher preußischer Geschichte, Analekten 4, Akademie-Ausgabe III 401 ff. Vgl. über Chemnitz auch G. Jacobson in Svensk Biografisk Lexikon VIII 414 ff.
[57] Frieda Gallati, Der Königlich Schwedische in Deutschland geführte Krieg des Boguslaw Philipp von Chemnitz und seine Quellen, Diss. Zürich 1902.
[58] Wie es Th. v. Mörner, Märkische Kriegsobersten des 17. Jahrhunderts, 1861, S. 254 tut.

Umstellungen und willkürlichen Änderungen, die im einzelnen die Dinge verschieben, wenn nur ein geschichtlich wahres Gesamtbild entsteht. Er hat auch sonst über die Aufgaben des Geschichtsschreibers sehr merkwürdige Ansichten geäußert. Wenn er etwa die erstaunlichen Sätze schreibt, der Historiker habe nicht ein eigenes Urteil zu fällen, sondern sich zum Dolmetsch der Handlungen und Meinungen seines Auftraggebers zu machen, und der Skribent singe das Lied dessen, der ihm Brot gebe, so möchte man beinahe an Zynismus glauben[59]. Doch so einfach liegen die Dinge nicht. Pufendorf hat das Amt des Historikers, der sich unter Aufgabe seines Selbst in den Gegenstand seiner Darstellung vertieft, zwar strenge von dem des Richters geschieden, der über den Parteien steht, aber noch strenger von dem des Advokaten, der, wie etwa Pallavicini in seiner Geschichte des Trienter Konzils, „alle Streiche brauchet, seine Sache zu behaupten und seinen Gegenpart außer Kredit zu setzen". Pufendorf ist nach dem glücklich gewählten Wort eines seiner Beurteiler wohl bewußt einseitig, aber nicht tendenziös[60], und es ist nur die Frage, wo der Grund für diese bewußte Einseitigkeit zu suchen ist. Droysen[61] meint, er habe nicht die Absicht gehabt, zu schildern, „wie die Dinge an sich sind und sich wie durch eigenes Gewicht bewegen, sondern darzulegen, wie sie in ihrer Bewegung denen, durch welche sie sich vollziehen, erscheinen, wenigstens wie sie von ihnen gefaßt, verstanden, kombiniert werden". Besser noch hat Erik Wolf, mit meisterhaftem Einfühlungsvermögen aber Friedrich Meinecke[62] den Historiker Pufendorf aus seinem Denken heraus verstanden: Der im Namen der Staatsraison und zu ihrer Verwirklichung handelnde Staatsmann verfährt nach einer obersten, in sich selbst gerechtfertigten Norm. Wer zu so verantwortungsvollem Handeln berufen ist, darüber entscheidet allein die Geschichte. Hier mag der Zusammenhang mit Pufendorfs Auffassung vom Amt des Historikers zu suchen sein. Nicht zu richten und zu verteidigen ist seines Amtes, den Prozeß der Selbstverwirklichung der Staatsraison in dem politischen Tun des jeweils Handelnden soll er verstehen und darstellen. So konnte Pufendorf, ohne sich selbst zu widersprechen, erst vom schwedischen und dann vom brandenburgischen Standort aus Geschichte schreiben, so erklärt sich seine bewußte Beschränkung in der Wahl des Quellenmaterials. Er hat für die Geschichte des Großen Kurfürsten von dem ihm bekannten schwedischen

---

[59] „Historicus, qui non suum judicium exponit, sed publicum interpretem agit actionum quam inclinationum eius principis vel rei publicae, cuius gesta conduntur." Briefe Pufendorfs vom 19. Jan. 1688 und 5. März 1690, HZ 70, S. 28, 44f. — Vgl. auch seine ebendort ausgesprochene Hoffnung, man werde ihm nicht abstreiten, „quin et ibi Suecica et heic Brandenburgica sensa non infeliciter assimilaverim", oder seine Auffassung, man müsse als Historiker „eadem cum hoc (scil. cui subjecti agimus) odia in alios induere" (a. a. O.), oder seine spätere Äußerung: „was ich in der brandenburgischen Historie nicht meo nomine, sed electoris sagen werde" (HZ 73, S. 62).

[60] E. Salzer, Der Übertritt des Großen Kurfürsten von der schwedischen auf die polnische Seite .... in Pufendorfs „Carl Gustav" und „Friedrich Wilhelm", 1904, S. 7. Dort auch S. 8 die zitierte Stelle über Pallavicini, die man mit der Briefstelle HZ 70, S. 44 zusammenhalten muß: „... cum historici munus ab advocati functione longe diversum sit." — Vgl. übrigens Rankes, von Pufendorfs Meinung kaum abweichendes Urteil über Pallavicini in der Geschichte der Päpste (Werke Bd. 39, S. 34*ff.).

[61] Beiträge zur Kritik Pufendorfs, Berichte über die Verhandlungen der Kgl. Sächs. Gesellsch. d. Wiss. zu Leipzig, phil.-hist. Klasse, Bd. 16, 1864, S. 87.

[62] E. Wolf, Große Rechtsdenker der deutschen Geistesgeschichte, 3. Aufl., 1951, S. 357, F. Meinecke, Die Idee der Staatsraison in der neueren Geschichte, 2. Aufl., 1925, S. 293 ff.

Aktenmaterial keinen Gebrauch gemacht, und das offenbar ganz bewußt. So etwas konnte allerdings schon den Zeitgenossen und gelegentlich auch ihm selbst als Mangel bewußt werden, er hat es selbst bedauert, z. B. die kaiserlich-französischen Verhandlungen in Münster nicht ausführlich dargestellt zu haben, weil ihm dafür keine Akten vorlagen, und er hat sich vergeblich bemüht, aus dem Vatikanischen Archiv Material dafür zu erhalten[63]. Doch berührt das nicht seine grundsätzliche Auffassung, und eine bewußte Einseitigkeit des Standpunktes und der Quellenauswahl muß man bei Pufendorf in Kauf nehmen.

Auch Vittorio Siri[64] war ein offiziöser Geschichtschreiber. Der italienische Ordensgeistliche war bereits zu der Zeit, wo der spanisch-französische Gegensatz in Italien zum offenen Kriege führte, als entschiedener Parteigänger Frankreichs aufgetreten. Er gewann die Gunst Richelieus, und als er 1641 seinen „Mercurio", ein vielbändiges Werk über die Geschichte seiner Zeit, begann, erhielt er von französischen Politikern reiches Material. Er war unglaublich produktiv, jedes Jahr gedachte er einen Band über die Ereignisse des vorhergehenden Jahres herauszubringen und hat es in vierzig Jahren immerhin auf 16 Bände gebracht, ja während dieser Arbeit noch Zeit gefunden, in seinen achtbändigen Memorie recondite eine Geschichte der Jahre 1600—1640 zu schreiben. Freilich konnte bei dieser Massenproduktion nicht viel mehr als eine Materialsammlung herauskommen, eine Darstellung, die man vielleicht als Aktenreferat bezeichnen kann, weitschweifig nach der Mode der Zeit, unkritisch, langweilig zu lesen, aber nicht ohne Wert durch die Fülle des verarbeiteten und oft im Wortlaut mitgeteilten Materials. Denn die enge Beziehung zur französischen Regierung sollte sich lohnen. Nur mit großen Schwierigkeiten erhielt Siri für den ersten Band des Mercurio in Venedig die Druckerlaubnis, die Regierung fürchtete Schwierigkeiten wegen der darin aufgedeckten Staatsgeheimnisse. Siri ging nach Frankreich, erst für kurze Zeit, später ganz. Mazarin verschaffte ihm den Titel eines königlichen Rates und Historiographen, und hinfort standen ihm in Frankreich die Mazarinschen Akten offenbar ziemlich unbeschränkt zu Gebote. Er erwähnt einmal den chiffrierten Briefwechsel Serviens mit Lionne, dem Vertrauten des Kardinals[65], den er vollständig gelesen und verwendet habe, und er bringt vieles, was wir in den Négociations secrètes vermissen. Wieweit seine Wahrheitsliebe, seine Abhängigkeit von der Regierung und seine Parteilichkeit gingen, wissen wir nicht. In der Wiedergabe der Akten hat man ihm an vielen Stellen falsche Angaben und fehlerhafte Datierungen nachgewiesen, und bekannt ist seine erbitterte Feindschaft gegen Papst Urban VIII. Wer möchte sich einem Geschichtschreiber anvertrauen, der sich so offensichtlich als parteilich erweist? Wir werden ihn nur mit Vorsicht benutzen und nur dann heranziehen können, wenn andere Quellen versagen und kein Verdacht besteht, daß er uns Falsches berichtet[66].

[63] An Thomasius, 18. Sept. 1688, bei E. Gigas, Briefe Samuel Pufendorfs an Christian Thomasius, 1897, S. 29f.

[64] Über ihn J. Affò, Memorie degli scrittori e letterati Parmigiani Bd. V, Parma 1797, S. 205—36.

[65] Mercurio XII 183. Diese chiffrierten Depeschen befinden sich jetzt in den aus dem Besitz Serviens stammenden Bänden der Archives des affaires étrangères, Corresp. politique, Allemagne.

[66] Das Urteil über Siri ist lange durch Ranke bestimmt worden, der ihn schätzte. Daß er über gutes Quellenmaterial verfügte, betont Ranke z. B. Französische Geschichte V 150f.

Chemnitz, Pufendorf und Siri erzählten die Geschichte ihrer Zeit im allgemeinen, die erste Monographie über den Westfälischen Frieden schrieb 1679 der Gothaische Geheime Rat Tobias Pfanner[67]. Man nannte ihn wegen seiner Erfahrung in den Reichssachen „das lebendige Archiv des Hauses Sachsen". Er erzählt im Vorwort seiner „Historia Pacis Westphalicae", wie ihn die dienstliche Beschäftigung mit den Friedensakten des sächsischen Archivs zu seiner Arbeit angeregt habe. Er zeigt dasselbe Interesse an dem komplizierten Spiel der diplomatischen Verhandlungen wie alle Historiker seiner Zeit, aber schon nicht mehr den gleichen konfessionellen Eifer. Wir hören von ihm, er habe „in der Religion einige besondere Prinzipia" gehabt und sei „in Abwartung des öffentlichen Gottesdienstes nicht gar zu emsig" gewesen. Man meint in seiner sachlich-ruhigen Darstellung etwas davon zu spüren. Er verleugnet nicht den Protestanten, sucht aber doch auch den katholischen Standpunkt zu verstehen. Sein Buch ist vor allem für die innerdeutschen Fragen von Interesse.

Im Jahre 1725 erschien im Haag ein zweibändiges Werk „Histoire des traités de paix et autres négociations du XVII. siècle", das dem französchen Gesandten verdächtig vorkam. Er schickte ein Exemplar nach Paris, wo man mit Erstaunen feststellte, daß es sich um eine auf Grund der französischen amtlichen Akten für den inneren Dienstgebrauch im Außenministerium gefertigte Arbeit handelte, um eine Art Lehrbuch für den jungen Diplomatennachwuchs, der in der Academie de politique, einer dem Ministerium angegliederten Schule, ausgebildet wurde. Ein ungeratener Zögling dieser Akademie hatte das Manuskript entwendet und in Holland verkauft. Der Verfasser des Werkes ist der damalige Garde du Dépôt, Jean Yves de St.-Prez. Es enthält im zweiten Bande eine Geschichte der Westfälischen Friedensverhandlungen, deren Wert heute gering ist, da die benutzten Akten inzwischen veröffentlicht sind. Nur weniges führt über die Négociations secrètes hinaus; die Darstellung selbst bereichert weder unsere Kenntnis noch unser Urteil[68].

Bedeutender ist die Geschichte der Friedensverhandlungen, die im Jahre 1743 der französische Jesuit Bougeant herausgab[69]. Sie beruht auf dem schriftlichen Nachlaß des Grafen d'Avaux, der als Gegner Mazarins schließlich in Ungnade fiel und den Kongreß verlassen mußte. Bougeant hatte von der Familie d'Avaux den Auftrag, das Andenken dieses Mannes durch eine Darstellung seines Wirkens in

---

(Benutzung geheimer, sonst nicht bekannter Instruktionen). Heute beurteilt man ihn negativ. Zur Kritik Siris zusammenfassend Pastor XIII 1022 ff. mit reichen Literaturangaben.

[67] Näheres über Pfanner bringen die allgemeinen Gelehrtenlexika von Jöcher III 1485 und Adelung V 2163. Seine Historia Pacis Westphalicae erschien 1679 in erster, 1697 in dritter Auflage.

[68] Das Werk verzeichnet André V Nr. 3212. Über Verfasser und Entstehungsgeschichte vgl. Baschet S. 138, 173, 558 f. In den Négoc. secr. nicht abgedruckte Aktenstücke finden sich z. B. II Anhang S. 37 verwertet (Bericht Serviens vom 24. 8. 1648 zur elsässischen Frage, später veröffentlicht von Overmann ZGORh 59, S. 140). — Solche Memoires aus den Akten wie dieses wurden im französischen Außenministerium häufig angefertigt. Eine ähnliche Arbeit mit dem Titel „Mémoire extrait des préliminaires, dépêches et actes de la négociation de Munster" findet sich z. B. in der Bibl. Nationale Fonds Français Nr. 10652. Der Verfasser wird nicht genannt. Das Manuskript stammt aus dem Anfang des 18. Jahrhunderts. Es beruht ganz auf den Akten, auf die am Rande fortgesetzt verwiesen wird.

[69] Über das Werk Bougeants und seine Quellen s. F. E. Rambach in der Vorrede zu seiner deutschen Übersetzung, Bd. 1, Halle 1758, S. 47 ff.

Münster zu retten. Rücksichtslos deckt seine Schilderung die innersten Antriebe der französischen Politik auf, die er sehr objektiv betrachtet. Er schildert mit spürbarem Behagen das Spiel der Diplomaten, ihre Intrigen, ihre Künste und ihre raffinierte Psychologie. Bei ihm tritt der pragmatische Charakter der Geschichtschreibung der Zeit besonders zutage: Ihr eigentliches Interesse gilt dem handelnden Staatsmann, ihr Gegenstand sind allein die kriegerischen und diplomatischen Kämpfe, die nicht als ein Ringen überpersönlicher Ideen und Mächte, sondern menschlicher Kräfte, ja als ein virtuoses Spiel menschlicher Kunst erscheinen. Das Bild, das der Geschichtschreiber zeichnet, gleicht einem Relief, der geschichtlichen Anschauung fehlt es an Tiefe und Hintergrund, und die Eleganz der Darstellung bei Bougeant kann darüber nicht hinwegtäuschen[70]. Es entsprach dem Geist der Zeit, aber auch den Traditionen der französischen Politik, wenn Bougeant dem dreißigjährigen Krieg den Charakter eines Religionskrieges durchaus absprach. Der Friedensschluß ist bei ihm nicht viel mehr als ein bewunderswertes Meisterstück diplomatischer Technik. Seiner geschichtlichen Bedeutung vermochte Bougeant so wenig gerecht zu werden wie die Geschichtschreibung der Zeit überhaupt.

Es ist eine verbreitete Meinung, dem 17. und 18. Jahrhundert habe es an geschichtlichem Interesse gefehlt. Das Gegenteil ist richtig. Ist es doch die Zeit der Quellenstudien, der Beschäftigung mit den Staatsakten und diplomatischen Papieren, die Zeit der voluminösen, wenn auch nicht gerade kritischen Aktenpublikationen. Erst in der zweiten Hälfte des 18. Jahrhunderts läßt das eigentlich historische Interesse nach, überwiegt der spekulative Sinn. Die Geschichte tritt in den Dienst der Philosophie und der Jurisprudenz. Wir beobachten das auch bei unserem Thema. Die Wissenschaft vom deutschen Staatsrecht hatte sich schon immer gerne mit dem Westfälischen Frieden als dem wichtigsten Grundgesetz des Reiches beschäftigt, jetzt wurde seine Erforschung ihre besondere Domäne, seine Geschichte schien eigentlich nur noch zum Zwecke der Interpretation des Friedens der Aufhellung wert. „Gleichwie bei allen und jeden Gesetzen", schreibt ein Staatsrechtslehrer der Zeit, „vornehmlich nötig ist, daß man causam legis wisse, oder was selbige veranlasset, indem ohne solches weder die Gesetze selber verstanden, noch weniger die anbewegende Ursache, warum solche gegeben oder verfertigt worden, zu begreifen stehet, am allerwenigsten aber die behörige Application von selben sich findet, also ist alles dieses bei denen Teutschen Reichsgrundgesetzen umsomehr zu beobachten, vor andern aber bei dem allerwichtigsten derselben, nämlich bei dem Instrumentum Pacis Westphalicae."[71]

Immerhin, welches auch die Gesichtspunkte der Juristen waren, ihre Beschäftigung mit dem Frieden hat doch zu einer Fülle von Einzelforschungen angeregt und damit die geschichtliche Kenntnis gefördert. Die meisten Kommentare des Vertragswerkes enthalten geschichtliche Einleitungen und Exkurse, das beste dieser

---

[70] E. Wolf schreibt a. a. O. S. 227 über Hermann Conring: „Zwar hat er grundsätzlich nicht an der Vorstellung des persönlichen Gottes als oberster potentia gezweifelt, aber geglaubt, daß, wo Gott nicht gehandelt, sich nicht unzweideutig offenbart habe, der Handlungsraum für die schöpferischen Kräfte des Menschen unbegrenzt sei. Der Mensch erscheint deshalb .... ganz und gar als Herr seiner Geschichte, *er* macht sie." Das gilt von der Geschichtsschreibung des 17. und 18. Jahrhunderts fast allgemein und in besonderem Maße von Bougeant.

[71] J. E. Zschackwitz, Geschichtsmäßige Erläuterung des Westfälischen Friedens, Halle 1741, S. 1f.

Werke, Pütters „Geist des Westfälischen Friedens", 1795 erschienen, ist geradezu ein geschichtliches Lehr- und Handbuch und bis heute von hohem Wert.

Erst in den letzten Jahren des alten Reiches erwachte wieder so etwas wie ein geschichtliches Interesse an unserem Gegenstand. Noch Häberlins bändereiche „Teutsche Reichsgeschichte" behandelte den Westfälischen Frieden mit auffallender Kürze. Er ersetzte die fehlende geschichtliche Darstellung der Verhandlungen durch einen Kommentar zu den Verträgen[72]. Dagegen gab ein anderes vielgelesenes Geschichtswerk der Zeit, die „Geschichte der Deutschen" von Michael Ignatz Schmidt[73], zum erstenmal seit langem wieder eine ausführliche Geschichte der Friedensverhandlungen nach den bis dahin bekannten Quellen. Der Fortschritt in der Auffassung ist nicht zu verkennen. Schmidt ist kaiserlich und katholisch gesinnt, aber katholisch in dem milden Geist des Josephinismus und daher voll Abneigung gegen die konfessionellen Eiferer auf beiden Seiten und duldsam gegen die Protestanten. Man hatte sich längst an eine ruhigere Betrachtung dieser Fragen gewöhnt. Die rein pragmatische Auffassung ist überwunden, auch die allgemeinen Zustände finden Beachtung, von den großen Mächten und ihren Interessen versucht er ein Bild zu geben. — Auch der Protestant Karl Ludwig von Woltmann, der mit seiner „Geschichte des Westfälischen Friedens" (in zwei Bänden, 1808—09) nichts Geringeres als eine Fortsetzung von Schillers „Geschichte des dreißigjährigen Krieges" geben wollte, läßt wohl beiden Religionsparteien Gerechtigkeit widerfahren, zeigt aber wie Schmidt wenig Verständnis für die religiösen Motive. Auch er nimmt die Partei des Kaisers, sieht in dem Streben der Reichsstände nach Souveränität den Ursprung alles Unglücks und in der Politik des Kaisers und Kursachsens die wahre Friedenspolitik. Dieser verspätete Reichspatriotismus paart sich in seltsamer Weise mit einer glühenden Verehrung Napoleons, dessen deutsche Politik er durchaus von der Richelieus und Mazarins, des königlichen und feudalen Frankreich unterschied, weil sie im Gegensatz zu dieser die deutsche Nationaleigentümlichkeit nicht durch die französische verschlingen lassen wolle. Seine Darstellung beschränkt sich, wie alle früheren, auf den äußeren Gang der diplomatischen Verhandlungen.

Woltmanns Geschichte des Westfälischen Friedens ist die letzte geblieben. Mit dem Untergang des Heiligen Reiches schwindet das Interesse für ihn fast ganz aus der deutschen Geschichtsschreibung. Die alte feste Form, die er dem Reich und dem alten Europa gegeben hatte, war zerschlagen. Der Große Krieg fand noch viele Darstellungen, der Frieden keine mehr.

Anders war es bei den Nationen, die ihm ihre nationale Unabhängigkeit und Größe verdankten. In *Schweden* hat die Geschichtsforschung nicht aufgehört, sich mit ihm zu beschäftigen, aber natürlich vorwiegend seine Bedeutung für die eigene Geschichte gewürdigt. Sehr gründlich hat C. T. Odhner 1877 die Politik Schwedens auf dem Friedenskongreß untersucht. Niemand hat so umfassende Archivstudien unternommen wie er, außer dem schwedischen Reichsarchiv und den wichtigsten deutschen Landesarchiven hat er auch Wien und Venedig aufgesucht, nicht jedoch Rom und Paris; die spanische und niederländische Politik vollends lagen ganz außerhalb seines Gesichtskreises. Die Fülle des Materials blieb freilich weitgehend ungenutzt, da der Verfasser sich in seinem Thema bewußt beschränkte und

---

[72] Häberlin-Senkenberg, Neuere Teutsche Reichsgeschichte, Bd. 28, Frankfurt 1804.
[73] Bd. 11, Ulm 1793. Vgl. B. Erdmannsdörffer, HZ 14, S. 3, und A. Berney, Michael Ignaz Schmidt, H. Jb. 44 (1924), S. 211—39.

nur eine nüchterne, gedrängte, aber sehr zuverlässige Darstellung der Verhandlungen Schwedens mit dem Kaiser, Frankreich und den evangelischen Ständen gab. Die Historiker *Frankreichs* haben sich in zahlreichen Untersuchungen den Fragen ihrer Ostgrenze zugewandt, meist in eifriger Auseinandersetzung mit der deutschen Forschung, man kann sagen, daß kein Teil des ganzen Vertragswerkes genauer untersucht und öfter erörtert worden ist als die Bestimmungen über die Abtretung des Elsaß. Das Schrifttum hierüber füllt eine kleine Bibliothek, aber eine Gesamtdarstellung des Friedens gibt es auch von französischer Seite nicht. Chéruel, der die Geschichte Frankreichs unter Mazarin geschrieben hat, behandelt die Friedensverhandlungen nur kurz. In den *Niederlanden* hat im 17. Jahrhundert Lieuwe van Aitzema in seinem schon erwähnten Werk die Friedensverhandlungen zwischen Spanien und den Generalstaaten auf breiter Quellengrundlage geschildert, aber erst dreihundert Jahre später nahm J. J. Poelhekke in einem Buch über den Frieden von Münster (1948) das Thema wieder auf. Er stützte sich vorwiegend auf die Akten spanischer und italienischer Archive. Die Kritik hat bemängelt, daß diese Einseitigkeit der Quellen nicht ohne Einfluß auf die Darstellung geblieben sei[74]. Das Verdienst des Buches liegt mehr in der lebendigen Erzählung als in der Aufdeckung neuer Tatsachen oder in neuen Gesichtspunkten. Die niederländischen Archive blieben fast ungenutzt, sie allein aber würden uns ein Bild jener inneren Kämpfe geben, die in den Niederlanden dem Abschluß des Friedens vorangingen und die Stellung des jungen Staates in der europäischen Politik auf lange Zeit bestimmten. Hier bleiben wir noch immer auf die älteren Werke von Aitzema, Wicquefort und das neuere von Waddington angewiesen. Die Bedeutung des Friedens für die Stellung zum Reich ist dagegen öfter erörtert worden, und dasselbe gilt von der *Schweiz*. Hier haben wir eine Reihe von Monographien, deren umfassendste das abschließende, auf besten Quellen beruhende Werk von Frieda Gallati über die Eidgenossenschaft und den Kaiserhof (1932) darstellt. In *Italien* hat Laura Schiavi eine Studie über die päpstliche und venetianische Friedensvermittlung und Andrea Rapisardi Mirabelli eine Untersuchung über die Bedeutung der Westfälischen Friedensverhandlungen für die Geschichte des Völkerrechtes beigetragen, Mario Toscano über den Gedanken der kollektiven Sicherheit und internationalen Garantie im Westfälischen Frieden gehandelt.

Unmöglich kann die Menge der *deutschen* Einzelarbeiten an dieser Stelle besprochen werden. Was an gründlicher, den Frieden und seine Probleme nach allen Seiten aufhellender Forschung geleistet worden ist, davon gibt die Bibliographie von Thiekötter mit ihren über tausend Titeln einen Begriff. Über das Kongreßleben und die Kongreßstädte, die Gesandten und leitenden Staatsmänner, die Politik der Kurfürsten, Fürsten und Städte, über die Abtretungen an Frankreich und Schweden, die Säkularisationen und kirchlichen Streitfragen, die Anerkennung der Reformierten und die Zulassung der Reichsstände zu den Friedensverhandlungen, über ihr Bündnisrecht und die Reform der Reichsjustiz, die pfälzische, hessische und württembergische Frage sind wir durch Quellenpublikationen, Untersuchungen und Darstellungen sehr gut unterrichtet. Aber es sind eben Einzelforschungen und keine Gesamtdarstellungen. So mag der Versuch gerechtfertigt erscheinen, die Ergebnisse dieser umfangreichen, aber zusammenhanglosen Forschung zu einem neuen Gesamtbild dieses geschichtlich bedeutsamen Vertrages zusammenzufassen.

[74] H. A. Enno v. Gelder in Tijdschrift voor Geschiedenis 62, 1949, S. 138.

Anmerkungen

(Die Zahlen am Rande verweisen auf die Seiten)

EINLEITUNG

Es würde zu weit führen, die einleitenden Abschnitte ebenso ausführlich wie die eigentliche Darstellung durch Literaturangaben zu ergänzen. Wo allgemein anerkannte Forschungsergebnisse vorliegen, wäre eine Anhäufung von Büchertiteln überflüssig; wo ich herrschende Auffassungen nicht teilen kann, was hier und da der Fall ist, würde eine Auseinandersetzung den Rahmen der Einleitung sprengen. So beschränke ich mich auf das Notwendigste.

Man wird vielleicht finden, daß ich in der Einleitung zu weit zurückgegriffen habe oder zu ausführlich geworden bin, aber ich glaube, daß es für das Verständnis der folgenden Darstellung doch nötig war, die bei den Friedensverhandlungen erörterten Fragen bis in ihre Ursprünge zurückzuverfolgen. Sind auch die Grundlinien der Entwicklung bekannt, so bleibt in der Auffassung doch manches umstritten. Wer es unternimmt, die Lösung der großen Streitfragen jenes Zeitalters zu untersuchen, muß sich eine eigene Ansicht über sie bilden und kann sich nicht ganz davon entbinden, über sein Bemühen Rechenschaft zu geben.

1 Die Beurteilung des Westfälischen Friedens in der Geschichtsschreibung ist ein interessantes Kapitel der Historiographie und verdiente eine Untersuchung. Das tendenziöse Buch von Th. Heinermann, Frankreich und der Geist des Westfälischen Friedens, 1941, ist mit Vorsicht zu benutzen, trägt aber immerhin nützliches Material zusammen. — Die heute in *3* Deutschland noch vorherrschende stark kritische Beurteilung hat sich eigentlich erst in der Mitte des vorigen Jahrhunderts gebildet. Großdeutsche und kleindeutsche Geschichtsschreiber stimmten hier einmal überein. Unter den ersten stehen zeitlich voran etwa F. v. Hurter, Französische Feindseligkeiten gegen das Haus Oesterreich, 1859, und Joh. Janssen, Frankreichs Rheingelüste, 1861. Etwa gleichzeitig von kleindeutscher Seite Droysens Geschichte der preußischen Politik III 1, 1861, S. 337 ff und B. Erdmannsdörffer, HZ 14 (1865), S. 4,19.

4 Verzerrend und vergröbernd dann die nationalsozialistische Haßpropaganda, z. B. bei F. Kopp und Ed. Schulte, Der Westfälische Frieden, 1940. Gerecht und maßvoll trotz mancher Vorbehalte die meisten Schriften des Jubiläumsjahres 1948: K. v. Raumer (in Pax optima rerum S. 73—97), M. Braubach, R. Laun. Sehr kritisch noch G. Smolka, Frankfurter Hefte 3 (1948), S. 1099—1112. Neuerdings O. Brunner in: Deutsche Geschichte im Überblick, hrsg. von P. Rassow, 1953, S. 314 sowie E. W. Zeeden und G. Oestreich in Gebhardts Handbuch der Deutschen Geschichte, 8. Aufl. 1956, II 200, 331.

6 Zur völkerrechtlichen Bedeutung des Friedens sind die Arbeiten von Mirabelli, Fahlborg, Turrettini (dieser im einzelnen fehlerhaft) zu nennen; ferner H. Rogge, Rechtssysteme der internationalen Friedenssicherung, Archiv d. Völkerrechts 2 (1950), S. 163, und G. Pagès, La guerre de trente ans, 1949, S. 253 f; interessant Proudhon, Oeuvres complètes VIII, 250 ff. und F. v. Liszt, Das Völkerrecht systematisch dargestellt, 12. Aufl., 1925, S. 21. — Von einer *8* geringen Bedeutung des Friedens für die Reichsverfassung spricht H. Delbrück, Weltgeschichte, 2. Aufl., 1931, III 410, steht aber damit, soweit ich sehe, allein. — Die Tragweite der kirch- *9* lichen Entscheidungen hat S. R. Gardiner, The thirty years War, 1874, S. 210 ff. besonders betont und in ihnen die eigentliche Bedeutung des Friedens erblickt.

10 Zu den kirchlichen Streitfragen: Die Hochschätzung, die der Augsburger Religionsfrieden fast durchweg findet, scheint mir nicht ganz begründet. Es ist zuzugeben, daß bei der Erschöpfung beider Parteien und dem Machtgleichgewicht zwischen ihnen ein anderes Ergebnis kaum möglich war. Andererseits ist nicht zu verkennen, daß die schwierigsten Fragen einfach zugedeckt wurden, statt die Gegensätze offen zuzugeben. Das entsprach zwar der Praxis bei Vertragsschlüssen der Zeit, hat aber verhängnisvolle Folgen gehabt. Meist wird auch übersehen, daß nicht nur der Frieden selbst vieles im Unklaren ließ, sondern auch jede Rechtsnorm zur Entscheidung kirchlicher Streitfragen überhaupt fehlte, auf die man mangels gesetzlicher oder vertraglicher Vorschriften hätte zurückgreifen können. Zu den Erörterungen darüber vgl. die Akten des Reichstages von 1559 bei Chr. Lehmann, De pace religionis acta publica I, 1707, S. 82, 89. Die Frage wurde bei den Westfälischen Friedensverhandlungen wichtig. Zum Reformationsrecht: B. v. Bonin, Die praktische Bedeutung des jus reformandi, 1902; J. Lecler, Les origines et le sens de la formule: Cujus regio, ejus religio, Recherches de science religieuse 38 (1951), S. 119—131; M. Heckel, ZRG 73, S. 136, 211 ff, 221 ff. Bd. 74, S. 206 ff. — Zum Begriff der „Freistellung": Burgkard S. 1—2; H. Moritz, Die Wahl Rudolfs II, der Reichstag zu Regensburg und die Freistellungsbewegung, 1895, S. 2, Anm. 3. —

Ich habe mich bemüht, die von Ranke,Werke VII, 144 betonte Tatsache herauszuarbeiten, daß der Kampf um den Religionsfrieden ganz von selbst in einen solchen um die Grundlagen der Reichsverfassung und der Reichsjustiz überging (dazu R. Smend, Das Reichskammergericht, 1911, I 190 ff., O. v. Gschließer, Der Reichshofrat, 1942, S. 55 ff., H. Bröhmer, Die Einwirkungen der Reformation auf die Organisation und Besetzung des Reichskammergerichts, Diss. Heidelberg 1931, S. 18 ff.) und schließlich selbst die höchstrichterliche Gewalt des Kaisers in den Streit der Meinungen zog und schwer erschütterte.

Zur Publizistik über die Religionsfragen s. die Literaturangaben zu Kapitel 14 und die im Literaturverzeichnis genannte Abhandlung von M. Heckel.

Die Reichsverfassungsentwicklung seit dem hohen Mittelalter wird meist als ein unaufhaltsamer Rückgang der kaiserlichen Macht und als ein kontinuierlicher Aufstieg der partikularen Gewalten gesehen. Zutreffender war die bei den Juristen und Historikern des 17. und 18. Jahrhunderts noch sehr wohl bekannte Auffassung, daß das Reich unter Karl V. und Ferdinand II. dicht vor einer monarchischen Lösung der Verfassungsfrage gestanden habe. Zweimal ist die sonst geradlinige Entwicklung vom Interregnum bis zum Westfälischen Frieden unterbrochen worden. Es schien mir wichtig, zum Verständnis dieser Tatsache die gesetzlichen Möglichkeiten darzustellen, die die Reichsverfassung im 16. und 17. Jahrhundert für eine kaiserliche Machtsteigerung noch immer bot, und auch die traditionellen Methoden habsburgischer Reichspolitik zu schildern. An Literatur darüber nenne ich für die Zeit des dreißigjährigen Krieges nur Carl Schmitt, Die Diktatur, 1921, S. 58—68, 79—96; F. Hartung, Deutsche Verfassungsgeschichte, 5. Aufl., 1952, S. 39; Oestreich bei Gebhardt, 8. Aufl. II § 95. — Die Gegensätze zwischen den Kurfürsten und den „niederen Ständen" waren zu erörtern, weil der Frieden an die Stelle der kurfürstlichen Oligarchie, die sich durch ihr enges Zusammenwirken mit dem Kaiser sozusagen kompromittiert hatte, die Gesamtheit der Reichsstände als maßgebenden Faktor setzte.

Der Abschnitt über die einzelnen Reichsstände beruht auf der hinlänglich bekannten landesgeschichtlichen Literatur.

Bei der großen Bedeutung des Westfälischen Friedens für die westlichen Grenzgebiete des Reiches einschließlich der Schweiz und der Niederlande war auf deren Entwicklung einzugehen. Hier ist, vor allem hinsichtlich der deutsch-französischen Grenzfragen, im einzelnen manches kontrovers. Viel verdanken wir den Arbeiten von Gaston Zeller, vor allem seinem großen Werk über Metz. Die wichtigsten seiner einschlägigen Aufsätze werden später genannt. Zu nennen sind ferner die Aufsätze von Sauerland und Gritzner im Jahrb. d. Ges. f. lothr. Gesch. 5,6 und 19 (1893/94, 1907) und von R. Folz, Le concordat germanique et l'élection des évêques de Metz, Annuaire de la soc. d'hist. de Lorraine 40 (1931). — Für die Schweiz vgl. die im Literaturverzeichnis genannten Werke (Acta und Handlungen, die Arbeiten von J. J. Moser, von Jan und F. Gallati), dazu noch K. Stehlin im Anzeiger f. Schweizer Gesch. 48 (1917) und K. Müller in Schweizer Beiträge z. allg. Gesch. 4 (1946). — Über die Niederlande und das Reich F. Rachfahl WZ 19 (1900); G. Turba, Über das rechtliche Verhältnis

der Niederlande zum Deutschen Reich, Progr. Wien 1903; H. v. Srbik, Österreichische Staatsverträge, Niederlande, Bd. I (= Veröffentlichungen der Kommission für neuere Geschichte Österreichs 10), 1912, Einleitung; A. van Arkel in Tijdschr. voor Geschied. 59
41 (1946). Zur Verfassung der Union: Wicquefort, Histoire I 8—38 und Waddington I 3—55.
— Ein Quellenwerk ersten Ranges für alle Fragen, die das Verhältnis des burgundischen Raumes zum Reich berühren, sind die Urkunden und Aktenstücke des Reichsarchivs Wien. (s. Lit.-Verz.).
42 Zur deutschen Politik Frankreichs und Schwedens im dreißigjährigen Kriege verzichte ich hier auf Belege und verweise auf die Literaturangaben zu den Kapiteln 1, 2, 4 und 7. — Über
50 den Umfang der schwedischen Donationen in Deutschland s. v. Stälin in Württ. Vierteljahreshefte f. Landesgesch. 3, 6, 8 (1895—99). Zum jus belli vgl. H. Grotius, De jure belli ac pacis lib. III cap. VI § 7 und das Gutachten Hortleders bei B. Röse, Herzog Bernhard der Große I, 1828, S. 417 ff. — Über die Höhe der schwedischen Zölle findet sich einiges bei E. Wendt, Det Svenska Licent-Väsendet i Preußen, Ak. Afh. Uppsala 1933, S. 246; F. Bothe, Gustav Adolfs und seines Kanzlers wirtschaftspolitische Absichten auf Deutschland, 1910,
51 S. 107; Balt. Studien 7 (1840), S. 192 ff. — Arnims Urteil über die schwedische Herrschaft in Deutschland: Gaedeke 256.

ERSTER TEIL

VORGESCHICHTE UND ANFÄNGE DES KONGRESSES

1. KAPITEL

Friedensverhandlungen zur Zeit des schwedischen Krieges 1630—1635

59 Dieses Kapitel war niedergeschrieben, als das Buch von A. Wandruszka, Reichspatriotismus und Reichspolitik zur Zeit des Prager Friedens von 1635 (Veröff. d. Inst. f. oest. Geschichtsforschung 17), 1955 erschien. Man wird die Übereinstimmung unserer Auffassungen und Ergebnisse leicht bemerken. Sie war mir besonders wertvoll, weil W., der in dieser Epoche wohl am besten bewandert ist, seine Darstellung zum großen Teil auf Aktenstudien aufgebaut hat, während ich mich für diesen Zeitraum auf die — allerdings zahlreichen — gedruckten Quellen und die Darstellungen angewiesen sah. Auch W. kommt zu dem Ergebnis, daß die Entwicklung des Reiches zu einer wirklichen Monarchie auf der Höhe des dreißigjährigen Krieges durchaus noch denkbar war und sieht gleichfalls in dem Eingreifen der auswärtigen Mächte den entscheidenden Grund dafür, daß es dann doch anders kam. Auch darin, daß die Friedensbemühungen der Epoche des Prager Friedens scheitern mußten, weil der Frieden ohne Zustimmung der Mächte nicht mehr möglich war und dies verkannt wurde, stimme ich mit W. überein.

Gustav Adolfs spärliche Andeutungen über seine Kriegsziele: Irmer I 72, 215 f., 219. — Über Arnim die Biographie von G. Irmer (1894). Kritisch urteilt über ihn H. v. Srbik, Wallensteins Ende, 2. Aufl., 1952, S. 32, 45. Über seine politischen Ansichten s. Gaedeke
60 217, 255, Hildebrand 78, H. Hallwich FDG 21 (1881), S. 115—222. — Protestantische Friedensbedingungen Leipzig 1631: Londorp IV 226.
61 Friedensvermittlung des Landgrafen Georg: Irmer Bd. 1, dazu G. Droysen im Archiv f.
62 sächs. Gesch. NF 6 (1880), 143 ff. Reichsreformpläne des Landgrafen Wilhelm: Irmer I 72, 124.
63 Torgau: Die brandenburgischen Vorschläge bei Ranke, Geschichte Wallensteins, Werke XXIII 350, irrtümlich als sächsische bezeichnet, was W. Struck, Johann Georg und Oxenstierna, 1899, S. 98 berichtigt hat. Vgl. auch Droysen a. a. O. S. 236 ff.

1. Kap. Friedensverhandlungen 1630—1635

Slawatas Äußerungen bei Pekar, Wallenstein, 1937, II 94. Zur Wiener Politik jetzt allgemein Wandruszka Abschnitt II. Frankfurter Kompositionstag: Londorp IV 220ff. — Die Wiener Theologengutachten bei Khevenhiller, Annales Ferdinandei XI 1484. Verzicht auf das Restitutionsedikt: Ranke 159, 168.   64

Kampf um die Führung im evangelischen Lager: Struck 43 ff., 62. Dänische Vermittlung: J. A. Fridericia, Danmarks ydre politiske Historie fra freden i Lybek til freden i Prag, 1876, S. 244; Irmer II 34. Dresdener Konferenzen: Struck 97 ff. Der sächsische Entwurf, der in noch unklarer Form das Normaljahr 1612 vorsieht, in Pirnische und Pragische Friedenspakten 291 ff.   65

Leitmeritz März 1633: Struck 104—25 nebst Anhang 1 und 3; Irmer II 90 ff. Brandenburgs Stellung: Struck 98 Anm. Dort auch S. 294 ff. die Friedensbedingungen des Heilbronner Bundes; zu ihrer Entstehung J. Kretzschmar, Der Heilbronner Bund, 1922, I 306, 444 und J. Müller MIÖG 24 (1903), S. 254—59.   66

Ende der dänischen Vermittlung: Struck 166; Kretzschmar II 328 ff. Stellung Brandenburgs: Struck 229 f.   67

Eine eigene Auffassung über Wallenstein vorzutragen ist hier natürlich nicht beabsichtigt. Klarheit über seine wahren Absichten dürfte kaum zu gewinnen sein, es sei denn es gelänge die Lösung des Wallensteinproblems. Seine verschiedenen Friedensprojekte finden sich bei Irmer I 93, Ranke 330 (=Hallwich, Wallensteins Ende II, 1879, S. 274), Gaedeke 161, 207, 222. — Zusammenhang seiner Pläne mit denen der böhmischen Emigranten: Pekar I 230. Über Kinsky und Thurn: ADB XV 775, XXXIX 70. — Oxenstiernas Stellung zu Wallenstein: Hildebrand 29.   68
  69

Die neue kaiserliche Politik kündet sich schon in der Instruktion für Breslau August 1633 an: Hallwich, Briefe und Akten IV 241—76. — Zum Gedanken eines kirchlichen Normaljahres allgemein Ritter III 591, der ihn auf protestantische Anregungen und bis in das Jahr 1613 zurückführt. Unklar noch Wallensteins Projekt vom Oktober 1633 bei Gaedeke 207 und Hallwich, Wallensteins Ende II 358. Sachsen hat immer das Jahr 1612 im Auge gehabt, auf dem Frankfurter Tag 1631 nach Sattler VII 50 jedoch das Jahr 1620 vorgeschlagen. Sonst bestanden die Evangelischen allgemein auf 1618. Trauttmansdorff nennt das Jahr 1627 zum erstenmal, soweit ich sehe, in seinen Äußerungen zu Wallensteins Projekt bei Hallwich, Briefe und Akten IV 404. Er meint das später im Prager Frieden angenommene Stichdatum des 12. November 1627. Von diesem Tage datierte das Mühlhausener Gutachten der katholischen Kurfürsten, das die Rückgabe aller seit dem Passauer Vertrag von 1552 eingezogenen geistlichen Güter forderte und den Anstoß zum Restitutionsedikt gegeben hatte. Man kehrte also mit Annahme dieses Stichtages vor die Edikt einen Schritt zurück. Es wäre dann weiterhin von dem kurfürstlichen Gesamtgutachten vom 4. November 1627 auszugehen gewesen; dieses hatte verlangt die Beilegung der Gravamina „nach Inhalt der Reichskonstitutionen, auch Religions- und Profanfriedens, soweit und viel darinnen (scil. in den Gravamina) submittiert." Diese Einschränkung war von großer Tragweite und ist hart umstritten worden. So hat Kursachsen noch den rigorosen Bestimmungen des Restitutionsediktes über die geistlichen Güter ausweichen wollen, weil sie sich nur auf die seit 1552 eingezogenen Stifter bezögen, deren Rückgabe katholischerseits vor dem Edikt „submittiert", d. h. gerichtlich eingeklagt worden sei. Das hätte die Mehrzahl der Stifter von der Restitution ausgeschlossen. Der Kaiser ließ aber keinen Zweifel darüber, daß er eine solche Einschränkung keineswegs gemeint habe und gerichtliche Klagen der Protestanten nur über die quaestio facti zulässig seien, ob ein Stift im Jahre 1552 protestantisch gewesen sei oder nicht. Vgl. zu dieser Streitfrage: Briefe und Akten zur Geschichte des dreißigjährigen Krieges NF II Bd. 3 (1942), S. 739; Bd. 4 (1948), S. 386.   70

Frankfurter Konvent 1634: Kretzschmar II 327 ff.; Bär 106, 463 ff. Vorverhandlungen über den Prager Frieden: Pirnische und Pragische Friedenspakten; K. G. Helbig in Raumers hist. Taschenbuch 3. Folge, Bd. 9 (1858), S. 573 ff.; Wandruszka 27 ff. — Reformationsrecht der großen Reichsstädte: Häberlin-Senkenberg, Neuere Teutsche Reichs-Geschichte 27,   71
  72

73 1798, S. 12 ff; Gärtner VII 480 ff. — Zur Beurteilung des Friedens: Wandruszka 56 ff. Das Normaljahr sieht auch Ritter III 592 offenbar als den bedeutendsten Fortschritt im Prager
74 Frieden an.

Stellung des schwedischen Reichsrates zur Kriegslage 1635: Riksrådets protokoll IV 237, Lundgren 109. — Oxenstiernas Anknüpfung mit Brandenburg: Chemnitz II 620, 673 ff., 690, 698; Bär 106; Meinardus I S. XI f.; Odhner 26 f. Drängen des Reichsrates: Riksr. prot. V 29.

75 Über die schwedisch-sächsischen Verhandlungen vgl. Helbig S. 599; Londorp IV 486 ff.; Chemnitz II 732 ff., 790 ff.; F. C. Khevenhiller, Annales Ferdinandei XII (1726), S. 1722 ff.; Bär 317 ff.; E. Dürbeck, Kursachsen und die Durchführung des Prager Friedens, Diss. Leipzig 1908; W. Jesse, Mecklenburg und der Prager Friede, Jbb. des Vereins f. meckl. Gesch. 76 (1911), 161 ff. — Eingreifen der schwedischen Armee: Lorentzen 40 ff. — Schwedische
76 Konzessionen: Riksr. prot. V 176, 180, 201; Chemnitz II 760, 859 ff. — Friedensangebot: Oxenstierna I 1, S. 566 ff., dazu Dürbeck 63 Anm. 1. — Den Brief Oxenstiernas an Ferdinand II. hat Chemnitz II 775 der Initiative des Kaisers zugeschrieben. Das hat F. Gallati, Der Kgl. schwedische in Deutschland geführte Krieg des B. Ph. von Chemnitz und seine Quellen, Diss. Zürich 1902, S. 87 ff. als Fälschung erwiesen. Zur Beurteilung des Briefes Dürbeck 74 Anm. 3.

Verhandlungen von Schönebeck Ende 1635: Londorp IV 523 ff., Chemnitz II 836 ff., 865 ff., Odhner 30 f., Bär 325—332. Die hierher gehörigen Bände des Oxenstiernaschen Briefwechsels sind noch nicht alle erschienen; Serie I Bd. 13 (1635) liegt vor, war mir aber nicht zugänglich. Der Schriftwechsel mit der schwedischen Regierung aus den Jahren 1635—36 ist gedruckt in Handlingar rörande Skandinaviens Historia Bd. 35—38 (1854—57). —
77 Zu dem letzten, bei Londorp IV 535 gedruckten Vorschlag Oxenstiernas findet sich in Wien SK Karton 1 Abschrift einer streng geheimen kaiserlichen „Erklärung auf der Kron Schweden anderweitige Vorschläge zum Frieden", die die Belehnung der Königin von Schweden mit Vorpommern vorbehaltlich brandenburgischer Zustimmung vorsieht, und zwar als Sicherheit für die von den Evangelischen aufzubringenden 40 Tonnen Goldes Entschädigung. Man ging also materiell in den Zugeständnissen an Schweden schon sehr weit, scheiterte aber an dem schwedischen Verlangen, die Entschädigung in den Frieden selbst aufzunehmen.

2. KAPITEL

Jahre des Gleichgewichts 1635—40

Die Frage, wann und unter welchen Umständen sich Richelieu für den offenen Krieg entschied, ist für die Beurteilung seiner Außenpolitik nicht ohne Bedeutung. Vgl. etwa W. Mommsen, Richelieu, Elsaß und Lothringen, 1922, S. 82, 185; dagegen B. Baustaedt,
78 Richelieu und Deutschland, 1936, S. 125 ff. — Eine Stellungnahme Ludwigs XIII. für den Kriegseintritt vom 4. August 1634, von Richelieu veranlaßt und bisher unbekannt, findet sich in Abschrift Paris BN 5202 fol. 109—12. Avenel erwähnt sie (Richelieu, Lettres VII 728), ohne sie zu kennen. Vgl. zu den Ansichten des Königs und Richelieus im Jahr 1633 Waddington I 213 und Richelieu, Mémoires (im Folgenden immer zitiert nach der Ausgabe von Michaud-Poujoulat, 2ᵐᵉ série) VIII 462, zur Situation im Sommer 1634 Waddington I 242 ff., Lettres VII 727.

Geheimverhandlungen des Sommers 1634: Leman 380—424, Richelieu, Mémoires VIII 548—55, Lettres IV 589 ff.
80 Schiedsgericht und Vermittlung: Kenneth Colegrove, Diplomatic procedure preliminary to the Congress of Westphalia, Am. Journal of international law 13 (1919), 450—82. Mit der Geschichte der internationalen Rechtsmittel haben sich die Historiker bisher kaum beschäftigt, um so mehr die Völkerrechtslehrer. Zur päpstlichen Schiedsgerichtsbarkeit des Mittelalters: F. Funck-Brentano, Le caractère religieux de la diplomatie du Moyen Age,

Rev. d'hist. dipl. 1 (1887), 113—25; Eckhardt 7 ff.; W. Schücking, Das völkerrechtliche Institut der Vermittlung, Publications de l'Institut Nobel Norvégien 5 (1923), 2f. Einen Überblick über die päpstlichen Friedensbemühungen im Mittelalter gibt J. Müller, Das Friedenswerk der Kirche in den letzten drei Jahrhunderten, 1927, S. 33 ff. Zur Unterscheidung zwischen Schiedsgericht, Vermittlung, guten Diensten und Intervention sowie zur Entstehung neuer Streitschlichtungsmittel im 16. Jahrhundert vgl. von Kaltenborn, Ztschr. f. d. gesamte Staatswiss. 17 (1861), 69—124; Ch. Fourchault, De la médiation, Thèse Paris 1900, S. 53—69, 99 ff.; N. Politis, Revue générale de droit internat. publ. 17 (1910), 136—63; E. de Melville, Vermittlung und gute Dienste in Vergangenheit und Zukunft, 1920, S. 2 ff.; Schücking § 2; H. v. Hentig, Der Friedensschluß, Geist und Technik einer verlorenen Kunst, 1952, S. 84—105. — Die Lehre des Grotius: De jure pacis ac belli lib. II cap. 23, § 6—11, dazu Schücking S. 12. *81*

Intervention und Vermittlung als Instrumente der französischen Politik: Fourchault 101 f.; Feuquières I 228 ff., 278; Richelieu, Mémoires VIII 458 f., 550, 554. *82*

Päpstliche Auffassung von der Vermittlung: Leman 42, 216; Hauptinstruktion Ginettis bei Repgen QuFiA 34 (1954), 270 ff. — Turretini 60 f. betont mit Recht, daß die päpstliche Friedensvermittlung in Köln und Münster nach heutigen Begriffen eher mit „guten Diensten" zu bezeichnen wäre. — Erste Anregung eines Doppelkongresses: Leman 379 f.; Feuquières I 304 f. *83*

Sinkende Autorität des Papsttums in politischen Fragen: Eckhardt 29 ff.; Ranke, Die römischen Päpste, Werke XXXVIII 371 ff.

Zur Politik Urbans VIII. vgl. Pastor XIII 462 ff. Neuerdings hat K. Repgen sie auf Grund neuer Quellen (s. Lit.-Verz.) einer genauen Untersuchung unterzogen und auch die bekannten Quellen eingehend geprüft und besser interpretiert. Das Ergebnis ist denn doch ein wesentlich anderes Bild der Politik Urbans, als man es bisher vor allem aus Rankes Darstellung gewonnen hatte. — Zur Frage der Unterhandlung mit den protestantischen Mächten und der Stellung der Kurie dazu vgl. besonders Leman S. 3 f., 51, 263 f., 298 f. Die Vorgeschichte des Kölner Kongresses behandeln Pastor XIII 481 ff. und Leman, Urbain VIII. et les origines du congrès de Cologne de 1636, Rev. d'hist. eccl. 19 (1923), 370—83. Vgl. ferner Richelieu, Mémoires IX 10—26. *84*

85

Kölner Kongreß: Die Haltung der Mächte nach der Ernennung Ginettis schildert Leman Rev. d'hist. eccl. 19, 374 ff. Vgl. ferner Odhner 49 ff. — Frankreich und Hessen: Richelieu, Mémoires IX 7, 9; Altmann 150 ff. *87*

Über die Entwicklung der französischen Gebietsansprüche s. im Zusammenhang unten Kap. 7 und die dort genannte Literatur. Hier handelt es sich nur um die Kriegsziele Richelieus zur Zeit des Kölner Kongresses. Die Quellenzeugnisse stellt am ausführlichsten Mommsen a. a. O. S. 77 ff., 192 ff., 370 ff. zusammen. Die wichtigsten sind der Vertrag mit den Niederlanden vom 15. April 1634 mit einer genauen Aufstellung der wichtigsten französischen Interessen (Dumont VI 1, S. 71), das „projet d'accomodement" für Charbonnières vom Sommer 1634 (Siri, Memorie recondite VIII 137 ff.) und Richelieu, Lettres V 612 f, 738 ff, 743. Außerdem stütze ich mich auf die Instruktion für die französischen Bevollmächtigten vom Februar oder März 1637 in Paris AAE Allemagne 15, fol. 187 ff. (Kopie); eine zweite Kopie in BN 10212, fol. 55 ff. *88*

Kurfürstentag von Regensburg 1636: Die Akten bei Londorp IV 576 ff. Eine ausführliche aktenmäßige Darstellung gibt Chemnitz III 1, S. 56 ff. Bei Richelieu, Mémoires IX 26—33 eine Kritik der kaiserlichen Proposition vom französischen Standpunkt. — Haltung Brandenburgs in der Amnestiefrage: Droysen III 1, S. 166 f. — Zur Wahl Ferdinands III. zum römischen König s. F. Hartung, Die Wahlkapitulationen der deutschen Kaiser und Könige, in: Volk und Staat in der deutschen Geschichte, 1940, S. 86 f., wo aber die Stärke der kurfürstlichen Opposition m. E. überschätzt ist. Stellung Frankreichs dazu: G. Fagniez, Le père Joseph et Richelieu, 1894, II 317 ff.; A. Leman, Le St. Siège et l'élection impériale du 22. décembre 1636, Rev. d'hist. eccl. 34, 1 (1938), 542—55. *89*

90 Verlauf des Kölner Kongresses: Richelieu, Mémoires IX 16, 189—200, 316ff.; Lettres V 525, 765f.; Siri, Mercurio II 991ff. — Zur Beurteilung: Fagniez II 390—93; Baustaedt 175ff.

91 Über die französisch-schwedischen Beziehungen von 1629—1636 liegen sehr genaue Untersuchungen vor in den drei akademischen Abhandlungen von L. Weibull (Lund 1899), E. Falk (Uppsala 1911) und Sv. Arnoldsson (Göteborg 1937); für die Zeit nach 1636 haben wir keine Darstellung. — Bündnisverhandlungen von Wismar und Hamburg: Pufendorf, De rebus Suec. IX § 71ff. X § 2—15; Bougeant I 349ff.; Odhner 56ff.; Lundgren 160ff. Vgl. auch Richelieu, Mémoires IX 5—7, 123—28; Instruktion des Grafen d'Avaux für die Hamburger Verhandlungen mit Schweden in Paris AAE Allemagne 14, fol. 258—74.

92 Die im einzelnen nicht mehr ganz zu rekonstruierenden Geheimverhandlungen zwischen dem Kaiser vor und nach dem Wismarer Vertrag schildert Pufendorf IX § 54ff. X § 63ff. Dazu noch Richelieu, Mémoires IX 235f., 318f.; der schwedische Reichsratsbeschluß über die künftige Deutschlandpolitik bei Oxenstierna I 1, S. 574ff. Zu den Geheimverhandlungen der Jahre 1637/38 unter mecklenburgischer Vermittlung s. R. Stehmann, Beiträge zur Geschichte des Herzogs Adolf Friedrich I. von Mecklenburg-Schwerin, Diss. Münster 1906, S. 39ff. — Sendung des Grafen Kurz: Fridericia II 56ff. — Odhner 59 und Stehmann 62 scheinen Salvius' Interesse an diesen Geheimverhandlungen zu überschätzen; vgl. H. Brockhaus, Der Kurfürstentag von Nürnberg 1640, 1883, S. 35f. Daselbst S. 128 Anm. das später
94 viel umstrittene Projekt, das die Lauenburger am 4. Juli 1638 überreichten. — Graf Kurz in Dänemark: Pufendorf X § 80; D. Schäfer, Geschichte von Dänemark V (1902), S. 588ff.; Brockhaus 38. — Richelieus Urteil über die „reconciliati": Lettres VI 37.

95 Wende des Krieges: Schon im Februar 1639 hat man nach Brockhaus S. 38 vorausgesehen, daß Dänemark nicht auf die Seite des Kaisers treten werde. Entschieden wurde das nach Schäfer 588f. und Odhner 60 erst im April, aber der Entschluß des Kaisers, den Frieden durch ein geheimes Angebot Vorpommerns an Schweden zu erkaufen, scheint schon Anfang 1639 unter dem Eindruck der dänischen Haltung gefaßt zu sein. Vgl. zum Februarangebot Pufendorf XI § 66 (wo aber in der mir vorliegenden Ausgabe Utrecht 1686, S. 383 Zeile 9 sinnentstellend „abnuiturus" statt „adnuiturus" steht), Brockhaus 36f., Odhner 60. Es scheint danach, als habe Kurz Vorpommern nur mündlich genannt; im Projekt ist nur von einem
96 Landstück NN die Rede. — Pufendorf XI § 67 erwähnt sogar noch weitergehende Angebote der Lauenburger an Salvius, während sich das bei Brockhaus 128 Anm. 1 gedruckte kaiserliche Projekt vom Juli 1639 auf der Linie des Februarangebotes hält. — Verhandlungen mit Brandenburg: Brockhaus 42, 60ff.; Odhner 63ff.; Droysen III 1, S. 193; Urk. und Akten I 391f. Es ergibt sich daraus, daß der Kaiser seit Februar 1639 vergeblich um Brandenburgs Zustimmung bemüht war, trotzdem aber im Lauf des Jahres erst allgemein gehaltene, dann spezialisierte Angebote an Schweden gemacht hat. Das vom Dezember, genannt der „unverfängliche Aufsatz", bei Londorp IV 1118, dazu die Korrekturen bei Brockhaus 67 Anm. 23. Brandenburg hat erst Februar 1640 zugestimmt unter der Bedingung, „de praesenti und Zug um Zug" ein Äquivalent zu erhalten; vgl. Brockhaus 73, 139; Urk. und Akten I 392; Baur II 38.

97 Zu den letzten Verhandlungen mit Schweden siehe Pufendorf XII § 68ff. XIII § 78ff.; Odhner 67ff.; Urk. und Akten I 718. Scharfsinnig und richtig urteilt Bougeant I 452 über ihren Wert.

3. KAPITEL

Vom Präliminarvertrag zum Friedenskongreß 1640—43

98 Vorgeschichte des Kurfürstentages von Nürnberg: Brockhaus 92 Anm.; Baur II 36ff. —
99 Seine Verhandlungen über die Friedensfrage: Brockhaus 77ff.; R. Rast, Die bayrische Politik in den Jahren 1640—45, Diss. München 1902, S. 34ff.; Richelieu, Lettres VI 458ff.

3. Kap. Vom Präliminarvertrag zum Friedenskongreß 1640—1643

Zum hessisch-braunschweigischen Antrag vgl. Rast 49 ff. — Stellung Kursachsens: Londorp V 130. [100]

Die Akten des Regensburger Reichstages sind gedruckt bei Londorp Bd. 4 und 5, doch ohne die Protokolle des Kurfürstenrates. Eine ausführliche Darstellung seiner Verhandlungen bei Häberlin-Senkenberg, Neuere Teutsche Reichsgeschichte 27, S. 411—36, 481—571. Zusammenfassend Erdmannsdörffer in Urk. und Akten I 691 ff. [101]

Zur Frage der „reconciliati" die entschiedene Stellungnahme Bayerns bei Sattler VII 234. — Verhandlungen über die pommersche Frage und Umschwung der brandenburgischen Politik: Urk. und Akten I 391 ff., 696; Meinardus I 39, 51, 94, II, S. XLV. — Die im Text erwähnte Mitteilung des Kaisers an Schweden wird in einem „Votum ad Imperatorem in puncto satisfactionis" vom 22. Februar 1646 (Wien RK 52^d) erwähnt. — Stellung des Reichstages zur lothringischen Frage: Fitte 54 ff. [102]

Die Politik des Großen Kurfürsten auf dem Reichstag erhellt aus seiner Instruktion in Urk. u. Akt. I 712. Sein Vorstoß in der Friedensfrage ebenda I 701.

Wahl der Kongreßorte: Adami 31; Bougeant I 460.

Zu den Amnestieverhandlungen Erdmansdörffer in Urk. u. Akt. I 692 f. und M. Ritter, GGA 1907 II, 560 ff.

Der Reichsabschied bei Senkenberg, Neue und vollständige Sammlung der Reichsabschiede III, 1747, S. 551. [103]

Erneuerung des französisch-schwedischen Bündnisses: Richelieu, Lettres VIII 371 ff.; Pufendorf XII § 53—65 XIII § 74—77; Bougeant I 420 ff., 453 ff., dort auch 461 ff. der Abdruck des Vertrages. Von den beiden Fassungen bei Dumont VI 1, S. 207 ist nur die erste zuverlässig, aber falsch datiert; der Vertrag ist am 30. Juni 1641 geschlossen.

Verhandlungen über den Hamburger Präliminarfrieden: Chemnitz IV 1, S. 71 ff.; Bougeant I 485 ff.; beide haben den Text des Vertrages, ebenso Meiern I 8. — Richelieus Verzögerungstaktik: Lettres VII 275, 904, VIII 369. — Einwendungen des Kaisers gegen den Vertrag: Bougeant I 506 ff.; Adami 36 ff. — Ratifikationen: Bougeant I 533. [104] [105]

Zur Geschichte der Reichskriegsverfassung bedarf es keiner Einzelnachweise; die Entwicklung ist bekannt. Karls V. Plan einer Reichskriegskasse: Ranke, Deutsche Geschichte (Akademie-Ausgabe) V 23. Zur weiteren Entwicklung vgl. M. Jähns, Zur Geschichte der Kriegsverfassung des Deutschen Reiches, Pr. Jbb. 39 (1877), 113 ff. Beschränkung des jus armorum der Stände durch die Exekutionsordnung: K. F. Eichhorn, Deutsche Staats- und Rechtsgeschichte IV, 4. Aufl., 1836, S. 329 ff. Neuer kaiserlicher Vorstoß 1564: C. Erdmann, Ferdinand I. und die Kreisverfassung, HVschr. 24 (1929), 25 f. — Kaiserliche Maßnahmen auf militärischem Gebiet im dreißigjährigen Krieg: F. Hartung, Deutsche Verfassungsgeschichte, 5. Aufl., 1950, S. 39. Opposition dagegen: O. Heyne, der Kurfürstentag zu Regensburg von 1630, 1866, S. 76 f., 95 f. — Vgl. im übrigen E. v. Frauenholz, Das Heerwesen in der Zeit des dreißigjährigen Krieges, Bd. 1. 2., 1938/39. [106] [107]

Lage Brandenburgs 1640: Meinardus I Einleitung. Über das brandenburgische Heerwesen nach dem Prager Frieden ebenda I 345 ff. und II Einleitung; ferner Meinardus, Die Legende vom Grafen Schwarzenberg, Pr. Jbb 86 (1896), 42 ff.; Jany, Die Anfänge der alten Armee (= Urkundl. Beiträge zur Geschichte des preußischen Heeres Heft 1), 1901, S. 69 ff. — Zur Heeresreduktion des Kurfürsten Friedrich Wilhelm vgl. Droysen III 1, S. 221 ff., 247 ff.; Meinardus Pr. Jbb. 86, S. 53 ff. Es handelte sich nicht etwa um Ansätze zum Aufbau einer eigenen Feldarmee (die erst aus der Armee des schwedisch-polnischen Krieges 1655—60 hervorgegangen ist), sondern allein um Maßnahmen zur Entlastung der Marken; vgl. E. Brake, Die Reduktion des brandenburgischen Heeres im Sommer 1641, Diss. Bonn 1898. Jany 84 f. hat nachgewiesen, daß die Truppenetats von 1641 ein Jahrzehnt lang in Kraft geblieben sind. Die Schwenkung des Großen Kurfürsten im Jahre 1641 war, wie Brake S. 22 f. richtig sagt, eine solche vom Krieg zum Frieden, nicht vom Kaiser zu Schweden. Ihre Bedeutung für die allgemeine Entwicklung ist gleichwohl nicht zu verkennen. — Versuche einer Annäherung an Schweden in der pommerschen Frage: Meinardus I Einleitung und 171 f.; die schwedische Haltung dazu nach der Friedensinstruktion vom 5. Oktober 1641 (Stock- [109] [110]

holm RA Riksregistratur 1641, fol. 1052 ff.), mit einem „Bymemorial" für etwaige Verhandlungen mit Brandenburg.

Anknüpfung Bayerns mit Frankreich: Riezler V 547, 554, 558 ff. sowie die bereits er-
111 wähnte Arbeit von Rast; ferner Richelieu, Lettres VI 623 ff. — Politik der katholischen Kurfürsten und kleineren Stände, Friedensbewegung in den Kreisen: Mentz I 16 ff., Chemnitz IV 1, S. 22; Gärtner I 104 ff.; Waddington II 4 f.; Riezler V 560; G. Stöckert, Die Admission der deutschen Reichsstände zum Westfälischen Friedenskongreß, 1869, S. 23.

113 Über die Zusammensetzung der Reichsdeputation und Stimmverhältnis s. Ritter II 159, 386; Droysen III 1, S. 277 Anm. Zur Geschichte der Reichsdeputation: F. Hartung, Karl V. und die deutschen Reichsstände von 1546 bis 1555, 1910, S. 165 ff. — Vorgeschichte des Frankfurter Tages: Ritter III 617; die Verhandlungen nach Chemnitz IV Buch 2 und 3, sowie Droysen III 1, S. 274 ff. Umfangreiches Aktenmaterial bei J. G. v. Meiern, Acta comitialia Ratisbonensia publica II, 1738, S. 1—344; Urk. und Akten I 793 ff. — Salvius'
115 Schreiben an die Reichsstände vom April 1643 bei Meiern I 11 f. Die im Text zitierten Sätze sind aus einer bei Meiern abgedruckten eigenhändigen Nachschrift des Gesandten in dem für den Markgrafen Christian von Brandenburg-Kulmbach bestimmten Exemplar.

117 Beginn des Kongresses, europäische Verwicklungen: Der Tod des Kardinals Richelieu bedeutet einen tiefen Einschnitt in der französischen Außenpolitik. K. v. Raumer, Zur Problematik des werdenden Machtstaates, HZ 174 (1952), S. 74 f. hat es als eine entscheidende Frage bezeichnet, wann Richelieus defensiv gedachte Politik in die Offensive umschlug. Ich meine, das geschah im Zuge einer längeren Entwicklung und trat zuerst unter Mazarin deutlich in Erscheinung. Zwei Umstände scheinen mir dazu beigetragen zu haben: Des neuen Ministers größere Neigung, den Boden der Tatsachen zu verlassen und utopischen Zielen (z. B. dem niederländischen Teilungsplan) nachzujagen, und der Umschwung der europäischen Lage zugunsten Frankreichs, der sich vor und nach Richelieus Tode vollzog. Richelieu hätte vorsichtiger auf ihn reagiert, insofern scheint mir sein Tod in diesem Augenblick von Bedeutung. Im großen ganzen blieb Mazarin in den von Richelieu gewiesenen Bahnen; der Westfälische Frieden ist Richelieus Werk, nicht das Mazarins, denn er hat die Voraussetzungen geschaffen. Was er seinen Nachfolgern nicht vererben konnte, war die Kunst, im Glück Maß zu halten.
118 Über Mazarins deutsche Bündnispolitik vgl. die Dissertation von G. Heyner, Marburg 1946, ferner Mazarins zahlreiche Schreiben an deutsche Reichsstände in seinen Lettres,
119 Bd. 1. Restitutionsversprechen an Kurtrier s. dort S. 285, 405, 590; Stellung zu den Reichsstädten: S. 619, 708; Bedeutung des deutschen Kriegsschauplatzes: S. 351, 547, 607.
120 Anfänge des Kongresses: Adami 43 ff. — Schwedisch-dänischer Krieg: U. Voges, der Kampf um das dominium maris Baltici 1629—45, Diss. Greifswald 1938; D. Schäfer, Ge-
122 schichte von Dänemark V 608 ff.; ferner Gärtner Bd. 2. — Schweden und Siebenbürgen: M. Depner, Das Fürstentum Siebenbürgen im Kampf gegen Habsburg, 1938, S. 141 ff. — Mazarins Stellungnahme zum schwedisch-dänischen Krieg: Lettres I, S. CI, 597, 618, 751 ff;
124 Négoc. secr. II 1, S. 62, 79 ff. — Ausschaltung der dänischen Vermittlung: Meiern I 217; Gärtner II 763 ff., III 456 ff.; Nég. secr. II 1, S. 36; Chemnitz IV 4, S. 94. — Vertrag mit Rakoczy: Nég. secr. II 1, S. 44, 52 f., 70 ff.; Depner 165.

4. KAPITEL

Reichsverfassung und Bündnisrecht. Die deutsche Politik der Großmächte

Mittelalterliche Auffassungen vom deutschen Staatsrecht: O. von Gierke, Das deutsche Genossenschaftsrecht, Bd. 3, 1881. — Daß die umwälzenden Staatstheorien des 16. Jahrhunderts, insbesondere die der Monarchomachen vom Staats- und Herrschaftsvertrag, weit mehr aus der Wirklichkeit des Ständestaates als aus der Staatsphilosophie stammen, hat zuerst überzeugend K. Wolzendorff, Staatsrecht und Naturrecht in der Lehre vom Widerstandsrecht des Volkes, 1916, dargetan; vgl. neuerdings W. Näf, Herrschaftsverträge und Lehre vom Herrschaftsvertrag, Schweizer Beiträge z. allg. Gesch. 7 (1949), 26—52. Noch nicht genügend erforscht und gewürdigt scheint mir dagegen der Einfluß der Widerstandslehren des deutschen Luthertums auf den französischen Kalvinismus und die Monarchomachen.

Die angebliche Äußerung des Kurfürsten von Mainz 1519 über das Reich als Aristokratie: Sleidan, De statu religionis et reipublicae Carolo V. Caesare commentarii ed. C. am Ende, 1785, I 67. Zur Herkunft der Erzählung vgl. Ranke, Zur Kritik neuerer Geschichtschreiber (Werke 34), 65 ff. und R. Fester, Sleidan, Sabinus, Melanchthon, HZ 89 (1902), 1—16. Die Beziehungen des Sabinus zum Mainzer Hof: M. Toeppen, Die Gründung der Universität Königsberg, 1844, S. 45 ff. Zu einer durchgebildeten reichsständischen Verfassungstheorie kommt es aber erst im Verlauf der Erörterungen im protestantischen Lager über das Widerstandsrecht. Die umfangreiche Literatur darüber hat dieser Seite der Sache meist nur wenig Beachtung geschenkt; vgl. aber L. Cardauns, Die Lehre vom Widerstandsrecht im Luthertum und Kalvinismus des 16. Jahrhunderts, Diss. Bonn 1903; K. Müller, Luthers Äußerungen über das Recht des bewaffneten Widerstandes gegen den Kaiser, SB der Bayr. Ak., phil.-hist. Klasse 1915 (8); F. Kern, Luther und das Widerstandsrecht, ZRG (Kanon. Abt.) 37 (1916), S. 331—40; Carlyle, A History of mediaeval political theory in the West, 2. ed., 1950, VI 271—87; Joh. Heckel, Lex charitatis, eine juristische Untersuchung über das Recht in der Theologie Martin Luthers, Abh. d. Bayr. Ak., phil.-hist. Klasse NF 36, 1953, Anhang I; G. Hillerdal, Luther och tysk evangelisk politik 1530, Kyrkohist. Årsskrift 55 (1956), 124—40. — Die Entwicklung der Auffassungen Luthers über die Reichsverfassung erhellt aus folgenden Stellen der Weimarer Ausgabe: Werke XIX 633—44, 652 ff., XXX c, 390 ff. (= Tischreden I 325 f.), XXXIX b, 74 ff., XXXXV 267, 292 f.; Briefe V 210, 249—61, 660—64 (hier liegt das bei Müller 98 f. gedruckte Juristengutachten zugrunde, vgl. ferner für den ganzen Zusammenhang E. Fabian, Die Entstehung des Schmalkaldischen Bundes, 1956, S. 47 ff., 145 f.), VI 16 f., 35 ff., 55 ff., VIII 364 ff.; Tischreden II 404 ff., IV 235—41. — Landgraf Philipp von Hessen: W. Gußmann, Quellen und Forschungen zur Geschichte des Augsburgischen Glaubensbekenntnisses I, 1911, S. 59 f. und der dort S. 333 abgedruckte Ratschlag der hessischen Theologen; Aufzeichnungen des Landgrafen und seiner Räte in Marburg, Pol. Archiv Philipps Nr. 256, teilweise gedruckt bei G. Franz, Urkundliche Quellen zur hessischen Reformationsgeschichte II, 1954, S. 121 f., dazu Fabian S. 58 ff.; Philipps Briefe zur Sache bei H. v. Schubert, Bekenntnisbildung und Religionspolitik, 1910, S. 201, 217 und Weimarer Ausgabe Briefe V 653 ff. — Die Gutachten Spenglers und des Joh. Brenz bei F. Hortleder, Handlungen und Ausschreiben von Rechtmäßigkeit des Teutschen Krieges, 2. Aufl., Gotha 1945, S. 7 ff. und 3 ff., das von Brenz besser bei Th. Pressel, Anecdota Brentiana, 1868, S. 44 ff., 47 ff.

Die Schrift der Magdeburger Pfarrer von 1550 ist gedruckt bei Hortleder 1053 ff. — Stellung der Schweizer Reformatoren zum Widerstandsrecht: Zwingli, Auslegung des 42. Artikels (1523), Corpus Reformatorum 89, S. 344 f.; Calvin, Institutio IV, 20 Nr. 31. — Über den Einfluß der deutschen lutherischen Lehren vom Widerstandsrecht der „niederen Obrigkeiten" auf den französischen Kalvinismus vgl. M. Lossen, Die Vindiciae contra tyrannos des angeblichen Stephanus Junius Brutus, SB der Bayr. Ak., phil.-hist. Klasse 1887 I 215—54 und neuerdings J. W. Allen, A history of political thought in the 16th century, 1928, S. 103 ff.; A. A. van Schelven, Bezas De jure magistratuum in subditos, Archiv f. Reformationsgesch. 45 (1954), 62—83; R. M. Kingdon, The first expression of Th. Bezas political ideas, ebenda 46 (1955), 88—99; Ernst Wolf, Das Problem des Widerstandsrechtes bei Calvin, in: Widerstandsrecht und Grenzen der Staatsgewalt, hrsg. v. B. Pfister und G. Hildmann, 1956, S. 54 ff. — Von daher dann die Auffassungen über die Reichsverfassung bei Beza (De jure magistratuum, Frankfurter Ausgabe 1608, S. 208 ff., 238 f., 260), Franz Hotman (Francogallia, 1573, S. 83) und Philippe du Plessis-Mornay (Vindiciae contra tyrannos, Frankfurter Ausgabe 1608, S. 44, 74, 97, 128).

Die Bodinliteratur (vgl. die Übersicht bei R. Höhn, Der individualistische Staatsbegriff, 1935, S. 64—76) war mir nur zum Teil zugänglich. Die Six livres de la république

werden nach der Ausgabe Paris 1583, die lateinische Fassung nach der editio tertia Frankfurt
128 1594 zitiert. Zur Vorgeschichte seines Souveränitätsbegriffs vgl. Gierke III 381f., 609ff.,
633—42, 691ff.; M. Landmann, Der Souveränitätsbegriff bei den französischen Theoretikern von Bodin bis Rousseau, Diss. Leipzig 1896, S. 16—19; M. Cremer, Staatstheoretische
Grundlagen der Verfassungsreformen im 14. und 15. Jahrhundert, Diss. Kiel 1939, S. 19—23.
129 — In der Kritik des Bodinschen Souveränitätsbegriffes ist man sich, soweit ich sehe, weithin
einig; vgl. etwa G. Jellinek, Allgemeine Staatslehre, 3. Aufl., 1929, S. 440—68; F. Meinecke,
Die Idee der Staatsraison, 2. Aufl., 1925, S. 70ff.; R. v. Albertini, Das politische Denken in
Frankreich zur Zeit Richelieus, 1951, S. 34ff. — Über die Reichsverfassung äußert sich
Bodin S. 135, 180, 236, 278, 301, 320ff. (hierzu lat. Ausg. S. 358ff.), 539. Zum Bündnisrecht
und Widerstandsrecht der deutschen Fürsten: S. 118, 121, 175, 306. Zu Bodins Beurteilung
der Reichsverfassung besonders J. Moreau-Reibel, Jean Bodin et le droit public comparé,
1933, 236ff.

Anwendung der Begriffe „superiorem non recognoscens" und „potestas legibus soluta"
auf die Landeshoheit seit dem 16. Jahrhundert: Gierke III 695f. — Über das Verhältnis
der Souveränität zum Protektions-, Tribut- und Lehensverhältnis: Bodin Buch I Kap. 7 und
9. „Souveraineté" zur Bezeichnung der Landeshoheit im späteren französischen Schrifttum:
Denkschrift über das Bistum Metz von 1607 im Jb. d. Gesellsch. f. lothr. Gesch. 10 (1898),
160ff.; Ch. Hersent, De la souveraineté du Roy à Metz, Paris 1632, S. 102ff.; Silhon, Le
Ministre d'estat, Amsterdam 1662, III 197ff.; anders Lebret, De la souveraineté du Roy,
Paris 1632, S. 9ff., vgl. auch Th. Kürschner, Die Landeshoheit der deutschen Länder seit
dem Westfälischen Frieden, Diss. Heidelberg 1938, S. 16f. Übertragung ins Deutsche als
„superioritas": Gierke IV 223ff. Im gleichen Sinne IPO V § 30 (dazu Zycha, Deutsche
Rechtsgeschichte der Neuzeit, 1937, S. 45) und IPM § 74 (wo erst das folgende „supremum
dominium" die volle Souveränität meint), anders dagegen IPM § 96.

Über den Streit Vultejus-Antonii vgl. R. Stintzing, Geschichte der deutschen Rechtswissenschaft I 462, II 39 und ADB I 496. Vultejus hat seine Theorie entwickelt in der Vorrede zu seinem Commentarius ad titulos Codicis qui sunt de jurisdictione et foro competenti,
Frankfurt 1599. Von den Gegenschriften des Antonii habe ich nur die zweite, die Disputatio
apologetica de potestate Imperatoris legibus soluta, Gießen 1608, benutzen können. — Der
130 von Vultejus gegebene Anstoß wirkt weiter bei F. Hortleder, Decades quattuor excerptarum
ex Sleidano, 1608 in Jena von dem Prinzen Johann Ernst von Sachsen als Rektoratsrede
vorgetragen, gedruckt aber erst 1621 bei D. Arumaeus, Discursus academici de jure publico
Bd. I, Nr. 26. Dann haben die um Donauwörth gewechselten Streitschriften den Kampf um
das Kaiserrecht fortgeführt: Donauwörthische Relation, 1610, S. 83ff., 94ff., 162ff.; Beständige Information facti et juris, 2. Ausgabe, 1612, S. 109—137. Vgl. auch Stintzing II 178f.

131 Althusius: Hier genügt es, das klassische Werk von Gierke, Joh. Althusius und die Entwicklung der naturrechtlichen Staatstheorien, 3. Aufl. 1913 (zuerst 1880) zu nennen. Die
Politica methodice digesta habe ich in der 4. Auflage (Herborn 1625) benutzt.

133 Abwandlung des Bodinschen Souveränitätsbegriffes in Deutschland: E. Hancke, Bodin,
eine Studie über den Begriff der Souveränität, 1894, S. 41f. — Der folgenden Darstellung
der reichsständischen Verfassungstheorien liegen als Quellen zugrunde: Tob. Paurmeister,
De jurisdictione Imperii Romani, 2. Aufl., Frankfurt 1616 (zuerst 1608); die schon erwähnten
134 Discursus academici des Dominicus Arumaeus, Bd. 1—5, Jena 1621—23, und zwar die Abhandlungen von Arumaeus selbst (Bd. I, Nr. 1—3, 7; IV Nr. 1—3), von Bortius (I Nr. 30),
Carpzow (III Nr. 15; IV Nr. 43), außerdem das abschließende Werk der ganzen Schule,
135 Joh. Limnaeus, De jure publico Imperii Romano-Germanici, Bd. 1—3, 2. Aufl., Straßburg
1645 (zuerst Gießen 1629). — An Darstellungen sind zu vergleichen: Stintzing II 35—45,
55ff. (über Carpzow), 211ff. (über Limnaeus); Gierke, Althusius 164—181 und Genossenschaftsrecht IV 213ff.; E. Wolf, Idee und Wirklichkeit des Reiches im deutschen Rechtsdenken des 16. und 17. Jahrhunderts, in: Reich und Recht in der deutschen Philosophie,
hrsg. v. K. Larenz, 1943, I 102—106. Für Einzelnes: M. Ritter, Friedrich Hortleder als
Lehrer der Herzöge Johann Ernst und Friedrich von Sachsen-Weimar, Neues Archiv f.

sächs. Gesch. 1 (1880) 188—202; A. Köcher, Jakob Lampadius, HZ 53 (1885), 402—29; R. Dietrich, Jakob Lampadius, in: Forschungen zu Staat und Verfassung, Festgabe für F. Hartung, 1958, besonders S. 176 ff.

Der einzige nennenswerte Gegner dieser Richtung ist Theodor Reinkingk. Über ihn: *136* Stintzing II 189—211. Sein Hauptwerk De regimine seculari et ecclesiastico erschien zuerst 1619 in Gießen.

Die Verwertung der Theorien der reichsständischen Schule in der Tagespublizistik schil- *137* dert F. Weber, Hippolithus a Lapide, HZ 29 (1873), 254—306. Wir übergehen diese Art Literatur von geringem Wert und kaum spürbarer Wirkung, um uns gleich dem bekannten und viel umstrittenen Pamphlet des Bogislav Philipp Chemnitz, alias Hippolithus a Lapide (s. Lit. Verz.) zuzuwenden. Über ihn außer Weber noch Stintzing II 46 ff.; H. Breßlau, Severinus von Monzambano (Klassiker der Politik Bd. 3), 1922, Einleitung; Meinecke 168 f. — Die erste Ausgabe des Buches gibt als Erscheinungsjahr 1640 an. Nach Joh. Steph. *138* Pütter, Historische Entwicklung der heutigen Staatsverfassung Bd. 2, 1786, S. 42 soll sie in Stettin gedruckt sein. Man hat vermutet, es sei erst Jahre später verfaßt und gedruckt, aber absichtlich zurückdatiert. So Breßlau S. 19 Anm. und vor ihm schon N. Goldschlag, Beiträge zur politischen und publizistischen Tätigkeit Hermann Conrings, Diss. Göttingen 1884, Exkurs II, dem Stintzing II 46 Anm. 1 folgte (vgl. aber S. 193 und 202, wo er sich anders äußert). Weber hatte noch an der früheren Abfassungszeit festgehalten, während G. Jacobson, Svensk Biografisk Lexikon VIII, 1929, S. 415 die Frage offen ließ. Sie ist aber wichtig, denn wenn das Buch erst 1643 oder gar noch später erschienen ist, so kann es auf die Friedensverhandlungen keinen großen Einfluß mehr gehabt haben, da die Entscheidung über die deutschen Verfassungsfragen, wie wir sehen werden, im wesentlichen schon 1645 fiel. Ist es aber schon 1640 verfaßt und gedruckt, so kann es nicht im schwedischen Auftrag geschrieben sein, da Chemnitz nachweislich erst Ende 1640 in Beziehungen zu Schweden trat. Man muß wohl (mit Breßlau) Abfassungszeit und Erscheinungsjahr getrennt untersuchen. Alle inhaltlichen Merkmale (näheres Weber 266 Anm.) deuten auf eine Abfassung in den Jahren 1639—40, falls man nicht eine außerordentlich geschickt durchgeführte Täuschung des Lesers annehmen will. Es bliebe noch die Möglichkeit, daß die Schrift erst Jahre später (und dann wohl auf schwedische Kosten) gedruckt wäre. Man beruft sich meist auf den späten Widerhall in der deutschen Publizistik (die erste Entgegnung veröffentlichte Reinkingk 1651), aber argumenta e silentio sind immer fragwürdig. Und warum hätte man das Buch um Jahre zurückdatieren und die kaiserliche Politik mit Argumenten bekämpfen sollen, die im Jahre 1643 oder später längst überholt waren (vgl. etwa II 56, 73 den Vorwurf, die Habsburger hätten die Reichstage ausgeschaltet)? Auch tragen die ersten Nachdrucke in den Niederlanden die Jahreszahl 1641. Sind auch sie zurückdatiert? Und warum? — Läßt sich demnach das Erscheinungsjahr 1640 schwer anzweifeln, so bleibt es immerhin merkwürdig, daß die später so ingrimmig bekämpfte Schrift bis zum Friedensschluß keine erkennbare Wirkung ausgeübt hat. Weder in der Publizistik noch in den Akten wird sie je erwähnt. Nur deshalb wurde Conrings beiläufiger Äußerung aus sehr viel späterer Zeit, Chemnitz habe das Buch in Schweden geschrieben, solches Gewicht beigelegt, daß sie zum Hauptargument für die späte Abfassungszeit und die Rückdatierung wurde. — Zur Lehre von der ratio status des *140* Reiches bei Chemnitz und ihren Vorstufen vgl. Arnold Clapmarius, De arcanis rerumpublicarum (zuerst 1605; ich benutzte den Leydener Nachdruck von 1644); ferner H. Hegels, Arnold Clapmarius und die Publizistik über die arcana imperii im 17. Jahrhundert, Diss. Bonn 1918; Breßlau a. a. O. S. 15 ff.; Meinecke 158 ff.; G. Lenz, Zur Lehre von der Staatsraison, Archiv f. öff. Recht NF 9 (1925), 261—88.

Über das Bündnisrecht der deutschen Fürsten zusammenfassend die Bonner Rektorats- *1.* rede von F. v. Bezold, 1904, allerdings nur eine Skizze. Zu den mittelalterlichen Verhältnissen einiges bei M. Lintzel, Die Beschlüsse der deutschen Hoftage, 1924, S. 40 ff.; B. Schmeidler, Königtum und Fürstentum, in: Franken und das Deutsche Reich im Mittelalter, 1930, S. 10 ff.; G. Läwen, Stammesherzog und Stammesherzogtum, 1935, S. 33. — Bündnis und Einigung: O. v. Gierke, Das deutsche Genossenschaftsrecht I, 1868, S. 459, 806 ff., 834 ff. — Zum Treuevorbehalt: Lehngesetz von Roncaglia 1158 (Zeumer, Quellensammlung Nr. 14c)

143 § 10; Sachsenspiegel Landrecht II 1. — Doppelvasallität: H. Mitteis, Lehenrecht und Staatsgewalt, 1933, S. 104f.; W. Kienast, Deutsche Fürsten im Dienst der Westmächte, Bd. 1. 2., 1924/30; ders., Untertaneneid und Treuevorbehalt, 1952; vgl. auch F. Kern, Die Anfänge der französischen Ausdehnungspolitik bis zum Jahre 1308, 1910, Exkurs III.
Stellung der Reichsgewalt zum Bündnisrecht: Landfrieden von Roncaglia (Zeumer Nr. 14b) § 6; Goldene Bulle cap. XV, dazu J. P. Ludewig, Vollständige Erläuterung der Güldenen Bulle, 2. Aufl. 1752, II 116 ff.; J. D. Olenschlager, Neue Erläuterung der Güldenen Bulle, 1766, S. 314 ff.; K. Zeumer, Die Goldene Bulle, 1908, I 72 ff. Vgl. auch Deutsche Reichstagsakten VI 32 ff.; M. G. Schmidt, Die staatsrechtliche Anwendung der Goldenen Bulle, Diss. Halle 1894, S. 37 ff. — Noch Lazarus von Schwendi (vgl. E. v. Frauenholz, Lazarus von Schwendi, 1939, S. 169f.) forderte 1570 Verbot aller Bündnisse im Reich durch Reichstagsbeschluß.
Frage der Bündnisse im Projekt einer Regimentsordnung 1495: J. Ph. Datt, De pace Imperii publica, Ulm 1698, S. 624 und J. J. Müller, Reichstagstheatrum unter Kaiser Maximilian I., 1718/19, I 381 ff., II 659. Handhabung Friedens und Rechts (Zeumer Nr. 175)
144 § 7. — Verhandlungen von 1508: Müller I 301; Ranke, Deutsche Geschichte (Ak. Ausg.) I 132 ff. — Wahlkapitulation Karls V. (Zeumer Nr. 180) § 7, 11.

Pensionsverhältnisse deutscher Fürsten: Reiches Material in der Dissertation von E. Clason, Bonn 1905. — Warnungen vor Bündnissen in protestantischen Fürstenhäusern: F. Hartung, Der deutsche Territorialstaat des 16. und 17. Jahrhunderts nach den fürstlichen Testamenten, in: Volk und Staat in der deutschen Geschichte, 1940, S. 107. — Bodin über die Eidgenossen: De re publica I 7 (ed. tertia, Frankfurt 1594, S. 120). — Treuevorbehalt in der protestantischen Bündnispolitik: u. a. H. v. Schubert, Bekenntnisbildung und Religionspolitik, 1910,
145 S. 184 ff.; Verhältnis zu Frankreich: H. Baumgarten, Geschichte Karls V., Bd. 3, 1892, S. 271, 275, 301, 328; E. Fabian, Die Entstehung des Schmalkaldischen Bundes, 1956, S. 98 f.
146 Stellung der deutschen Fürsten zum Bündnisrecht im dreißigjährigen Kriege: Feuquières I 270; Briefe und Akten NF II 1, S. 194, II 3, S. 471; F. v. d. Decken, Herzog Georg von Braunschweig-Lüneburg, 1834, II 292 ff.; einiges auch bei D. Böttcher, Propaganda und öffentliche Meinung im protestantischen Deutschland 1628—1636, Archiv f. Reform. Gesch. 44—45 (1953/54) und E. W. Zeeden in Gebhardts Handbuch der deutschen Geschichte, 8. Aufl. Bd. II, 1956, § 50.

Zur exceptio imperii in den Bündnissen mit dem Ausland zur Zeit des dreißigjährigen Krieges: W. Dorsch, Der Bündnisvertrag zwischen Bayern und Frankreich vom Jahre 1631, Maschschr. Diss. München 1920; G. Fagniez, Le père Joseph et Richelieu, 1894, I 537f. — Ein reichsrechtlich beschränktes Bündnisrecht der Stände „ex antiquissimo libertatis praetenso jure concessum" lehrte Waremund von Erenberg, Meditamenta pro foederibus, Offenbach 1610, S. 135 ff., 164 ff., 278 ff. Für verboten erklärte alle Bündnisse ohne kaiserliche Genehmigung G. v. H. eques Germanicus, S. Caes. Majestatis necnon electorum statuumque imperii splendor ..., Hamburg 1635, S. 62f. Ausführliche Rechtfertigung des Bündnisrechtes bei Balth. Schneider, Apologia Civitatis Imperialis Colmariensis, 1645, S. 273 ff., 310 ff.

147 Mitwirkung der Kurfürsten an der Außenpolitik des Reiches: Briefe und Akten z. Geschichte des dreißigj. Krieges NF II 3 (1942), 342 ff., 666, II 4 (1948), 337; E. Wilmanns, Der Lübecker Friede, Diss. Bonn 1904, S. 9 ff., 61; Khevenhiller, Annales Ferdinandei XI, 1726, S. 1188; O. Heyne, Der Kurfürstentag zu Regensburg, 1866, S. 73, 80, 96.

148 Französisch-schwedische Sicherheitspolitik: Es sei gestattet, diesen dem 17. Jahrhundert fremden Begriff hier einzuführen, denn er trifft die Sache. Damals sprach man meist von Assecuratio pacis; ihre zentrale Bedeutung für die Politik Frankreichs und Schwedens im Westfälischen Frieden und davor ist kaum erkannt, wenn man von der Studie Toscanos absieht.

Zeitgenössische Ansichten über Interventionsrecht: Vindiciae contra tyrannos, Frankfurt
149 1608, S. 170 ff. (Quaestio IV); Richelieus Instruktion für Delisle 1631 bei Fagniez II 488; vgl. dazu seine Mémoires (hier die Ausgabe der Société de l'hist. de France) VII 45; Lettres

II 618, III 288, 505. Seine Ansicht, daß ein Interventionsrecht zugunsten fremder Untertanen nur gegeben sei, wenn diese ein gesetzliches Widerstandsrecht ausüben und um Hilfe gebeten haben, ist in den Entwürfen zur Friedensinstruktion von 1641 (Paris AAE Allemagne 15, fol. 423ff.) ausführlich entwickelt.

Schweden: Die hessische „Eventualkonföderation", Muster aller folgenden Verträge mit deutschen Fürsten, in Sverges traktater V 2, S. 491 ff. — Erster Plan einer Gesamtverfassung: J. M. Söltl, Der Religionskrieg in Deutschland, III, 1842, S. 275, dazu Kretzschmar, Gustav Adolfs Pläne und Ziele in Deutschland, 1904, S. 168; J. Paul, Gustav Adolf, II 212; B. Boethius in Hist. Tidskrift 1911, S. 199 ff. Andeutungen des Königs in dieser Richtung bereits im Juli 1630: K. G. Helbig, Gustav Adolf und die Kurfürsten von Sachsen und Brandenburg, 1854, S. 17. Die scheinbare Anerkennung der Reichsverfassung im Jahre darauf (Chemnitz I 139; vgl. auch Helbig S. 19) steht in klarem Widerspruch zu den vorher genannten Äußerungen. — Der entscheidende Schritt, das offene Bekenntnis zu einem evangelischen Bund außerhalb des Reiches, wird deutlich in dem Bericht der braunschweigischen Räte vom 1. 2. 1632 bei v. d. Decken a. a. O. S. 298 ff. und dem Untertaneneid der Augsburger bei H. O. Laber, Die Schweden in Augsburg, Münchener Hist. Abh. II 1, 1932, S. 20. — Widerstand der Fürsten: Helbig 72; Kretzschmar 31, 40, 170. Andeutungen bei den Verhandlungen mit Hessen und Sachsen: Irmer I 72; Chemnitz I 363ff.; Oxenstierna II 1, S. 857ff.; dazu Paul III 97ff., 131. — Bedenken gegen Lösung vom Reich nach der Äußerung des Herzogs Adolf Friedrich von Mecklenburg bei Kretzschmar 327. Zunehmender Druck des Königs: Kretzschmar 44, 276ff., 291; vgl. auch die Verträge mit Christian von Celle (Art. 10), Lüneburg und Mecklenburg (Art. 18) in Sv. Traktater V 2, S. 594f., 680, 712f. — Die Krönung bedeuten die Versuche, jede andere Verpflichtung auszuschließen (Kretzschmar 326) und das kaum verhüllte Streben nach dem Kaisertum (dazu Kretzschmar 176ff.; G. Droysen, Gustav Adolf, 1870, II 666; Paul III 99). — Salvius über allgemeine Sicherheit: Droysen III 1, S. 199 Anm. — Über die Bündnisverhandlungen mit Hessen: Rommel VIII 550 und die Marburger Akten (Pol. Akten nach Philipp, Staatenabt. Schweden Nr. 121, 140).

Frankreich: Zur Frage der Wahl eines römischen Königs vivente imperatore vgl. Joh. Victoriensis 1292 bei M. Krammer, Quellen zur Geschichte der deutschen Königswahl, 1912, II 24 und die Cronica S. Petri Erfordensis z. J. 1299 (Monum. Erphesfurtensia ed. Holder-Egger, 1899, S. 321), dazu Th. Lindner, Deutsche Geschichte unter den Habsburgern und Luxemburgern I, 1890, S. 86, 134. Weiter K. Zeumer, Die Goldene Bulle I 187f.; G. Ulmann, FDG 22, S. 151 (Wahl Maximilians I.); Wahlkapitulation Karls V. (Zeumer Nr. 180) § 28; Zur Wahl Ferdinands I. 1531 die Literaturangaben bei K. Brandi, Karl V., 1941, II 219f. und der Vertrag von Kaden 1534 bei Dumont IV 2, S. 119. Auch bei Karls V. Sukzessionsplänen 1551 hat die Frage eine Rolle gespielt; vgl. K. Lanz, Staatspapiere zur Geschichte Kaiser Karls V. 1845, S. 461 und A. v. Druffel, Beiträge zur Reichsgeschichte 1564—1552, Bd. III., 1882, S. 162, 193. Zuletzt war die Frage bei den Wahlverhandlungen von 1612 (J. C. Müldner, Capitulatio harmonica, 1697, Anhang S. 79—84) und noch während des dreißigjährigen Krieges (Briefe und Akten NF II 4, S. 27, 53f., 64) erörtert worden. Ansichten der Staatsrechtslehrer dazu: Arumaeus, Discursus academici de jure publico, vol. I, Jena 1621, Nr. 4 u. 5; Th. Reinkingk, Tractatus de regimine seculari et ecclesiastico, 2. Aufl., Marburg 1632, S. 152ff. (lib. I, class. III, cap. 14); Hippolithus a Lapide pars II cap. II. — Ein französischer Anspruch auf die Kaiserkrone hat nach 1519 in der amtlichen Politik keine Rolle mehr gespielt; vgl. speziell für Richelieu G. Zeller, Les rois de France candidats à l'Empire, RH 173 (1934), 518ff. Wohl aber hat sich die französische Publizistik noch lebhaft für die Frage interessiert, reichlich phantastisch Jacques de Cassan, La recherche des droicts du Roy, Paris 1632, I 1—29 (gegen ihn die schon genannte Schrift des G. v. H. eques Germanicus S. 5—32), mit meist sehr nüchterner Einschätzung solcher Möglichkeiten die bei L. André, Les sources de l'histoire de France IV Nr. 2396, 2397, 2400 aufgeführten französischen Flugschriften zur Kaiserwahl von 1619; vgl. dazu auch V. L. Tapié, La politique étrangère de la France au debut de la guerre de trente ans, 1934, S. 372. Doch hat dieses offensichtliche Interesse der französischen Öffentlichkeit für die Kaiserwahlen in Verbindung mit der Erinnerung an die Wahl von 1519 zweifellos dazu beigetragen, in Deutschland ein tiefes Mißtrauen gegen vermeintliche Absichten Frankreichs wachzuhalten. Richelieu hat keinen Augenblick an ein französisches Kaisertum gedacht, er wollte im Rahmen seiner Sicherheitspolitik die Erblichkeit der Krone verhindern und zunächst einen Wittelsbacher als Nachfolger Ferdinands II. fördern. Vgl. dazu Briefe und Akten NF II 4, S. 322 ff.; Mémoires VIII 65, 263, 439, 445, 588; Fagniez II 483 f, 489, 145 ff. Stellung der deutschen Fürsten dazu: Feuquières I 164 f., 167, II 37, 91; Kretzschmar, Der Heilbronner Bund I 279. Zum Wahltag 1636: Richelieu, Lettres V 604, VII 758 ff.; A. Leman, Rev. d'hist. eccl. 34, 1 (1938), S. 542—55; Instruktion für d'Avaux vom August 1637 in Paris AAE Allemagne 14, fol. 258 (vgl. auch Mémoires IX 127, 198 f.). — Die große Bedeutung, die Richelieu der Frage beilegte, geht aus mehreren amtlichen und halbamtlichen Schriften hervor. Vgl. Mercure d'Estat, 1634 (André IV Nr. 2378), S. 14; Mémoires IX 26—30 (dazu Leman a. a. O. S. 555, Anm. 2), wo wahrscheinlich eine Denkschrift Th. Godefroys verarbeitet ist. Von ihm eine spätere Denkschrift aus dem Jahre 1645 in Paris Inst. Coll. Godefroy 491, fol. 168—77, die das Thema gründlich und mit guter Kenntnis der deutschen staatsrechtlichen Literatur behandelt. Im Urteil sehr vorsichtig, hat sie vielleicht dazu beigetragen, daß die Franzosen angesichts des Widerspruches der Reichsstände die Forderungen ihrer ersten Proposition zur Königswahl fallen ließen.

Richelieus Ansichten über die Rechte der Reichsstände: Fagniez II 489; Mémoires VIII 353; Lettres VI 459, 461. Die Äußerungen darüber sind selten, die Rechtslage schien ihm *156* offenbar klar. Häufig ist die Forderung eines Reichstages bzw. eines Kongresses unter Zuziehung der Reichsstände zur Entscheidung über die Friedensbedingungen: Briefe und Akten NF II 4, S. 408 ff.; L. Weibull, De diplomatiska förbindelserna mellan Sverige och Frankrike 1629—31, Akad. Afh. Lund 1899, S. 39 ff. und Anlage II; Mémoires VIII 439, *157* 444 f., 450, 550; Siri, Memorie recondite VIII 138.

Zum Bündnisrecht: Richelieu, Mémoires VIII 353, 450, IX 32, 199. Mehrere amtliche Gutachten zu dem Fall des Kurfürsten von Trier: Mémoires VIII 614; Arbeiten Godefroys dazu: P. Dupuy, Traitez touchant les droicts du Roy très chrestien, Paris 1655, S. 563—72 (= Nég. secr. I 55—58); eine aus dem Jahre 1641 erwähnt Avenel in Richelieu, Lettres VII 890; eine dritte in Paris AAE Allemagne 17, fol. 45 f. — Für die Geschichte der völkerrechtlichen Garantie haben wir den gleichen Mangel zu beklagen wie für die der internationalen Rechtsmittel, von denen oben die Rede war: Die Historiker haben sich mit ihr nicht beschäftigt, die Völkerrechtler begnügen sich mit einigen Notizen darüber. Einiges bei G. Quabbe, Die völkerrechtliche Garantie, Diss. Breslau 1911; weitere Literatur nennt R. Schnur, Der Rheinbund von 1658 in der deutschen Verfassungsgeschichte, Rheinisches Archiv Heft 47, 1955. — Über Wert und Unwert der Allianzen für die französische Politik sprechen sich mehrere Flugschriften der Zeit aus: Recueil de quelques discours (André IV Nr. 2377), S. 43 f., 190; Mathieu de Morgues in dem Recueil de diverses pièces (André IV Nr. 2654), S. 664 ff. (dazu Fagniez, Rev. d'hist. dipl. 14, 1900, S. 392 f.); Jean de Silhon, Le Ministre d'Estat, Leiden 1643, S. 290 ff.

159 Richelieus Ligapläne, die den ersten Entwurf eines europäischen Systems kollektiver Sicherheit darstellen, sind im Zusammenhang noch nicht untersucht worden. Vgl. zum heutigen Stand der völkerrechtlichen Diskussion und zum Begrifflichen: R. Bindschedler, Grundfragen der kollektiven Sicherheit, in: Rechtsfragen der internationalen Organisation, Festschrift für H. Wehberg, 1956. Zum Londoner Vertrag von 1518: C. L. Lange, Histoire de l'Internationalisme I (= Publications de l'Institut Nobel Norvégien tome 4), 1919, *161* S. 118 ff. — Schon in Richelieus verschiedenen Bündnisvorschlägen an Bayern finden sich die Grundgedanken eines Sicherheitssystems: Briefe und Akten NF II 3, S. 324—31, II 4, S. 321 —32; Siri, Memorie VII 152 ff.; Fagniez I 266 ff., 537 ff. Besonders wichtig die italienischen Ligaprojekte von 1629: Mémoires (Soc. de l'hist. de France) VIII 228 ff., IX 117 ff., 165 ff., 342 ff.; die Projekte selbst in Lettres III 239 ff., 279, 330 Anm. 3. — Verbindung der italieni- *162* schen mit der deutschen Liga: Lettres VII 642 f.; Briefe und Akten NF II 4, S. 411, 413; Schnitzer, Röm. Quartalsschr. 13 (1899), S. 201—03. — Eine Übersicht über die späteren italienischen Ligapläne gibt Avenel in Richelieu, Lettres VII 695—704. — Zur Vorgeschichte der Garantieklausel des Heilbronner Bündnisses von 1633 vgl. Kretzschmar I 286; die sonst im Text genannten Verträge finden sich alle bei Dumont. — Überaus zahlreich sind die Stellen in Richelieus Briefen und Memorien, die von Friedensgarantie und allgemeiner Beistandsverpflichtung reden; ich nenne nur noch für Deutschland: Mémoires VIII 450, 551, 585; vgl. auch Lettres V 740, VI 461, VIII 330.

5. KAPITEL

Der Kampf um Berufung und Stimmrecht der Reichsstände

Zur Berufung der Reichsstände allgemein die schon oben zu Kap. 3 genannte Arbeit von G. Stöckert, der aber nichts von dem Anteil der evangelischen Stände, vor allem Hessens, an den Entschlüssen der fremden Mächte weiß. — Deputationstag, Stimmung der kleinen Stände: Chemnitz IV 3, S. 60f., 111f., 165ff.; — Vorgeschichte des zweiten schwedischen Rundschreibens: Gjörwell 90, 98; Chemnitz IV 3, S. 108. Zu den ersten schwedischen Anregungen bei Hessen August 1643 und den hessischen Schritten vom Oktober: St. A. Marburg, Pol. Akten nach Philipp, 4f. Schweden Nr. 139, 4h Kriegsakten 193 Nr. 3; Bericht der schwed. Gesandten vom 7. Nov. 1643 in Stockholm RA Diplomatica A I, Oxenst. och Salvius'bref. Das Rundschreiben bei Meiern I 43ff. Seine Wirkung: Chemnitz IV 4, S. 6f.; Meiern I 178. — Hessischer Schritt bei Frankreich: Weisung an Krosigk, 27. Dez. 1643, Marburg Kriegsakten 193 Nr. 3; hier auch zahlreiche Einladungsschreiben der Landgräfin an die evangelischen und einige katholische Stände und deren Antworten, Okt./Nov. 1643.

Erst jetzt, vermutlich auf Grund des hessischen Schrittes, trat auch Frankreich für Berufung aller (nicht nur der verbündeten) Reichsstände ein. (Schreiben Salvius' vom 1. Febr. 1644, RAStockholm a. a. O.) Vgl. Mazarin, Lettres I 619, 708ff. — Französische Einladung an die Stände: Nég. secr. I 246; Kaiserliche Gegenschrift: Meiern I 223; Vorstellungen des Nuntius: Chigi I 1, S. 125ff.; Haltung des Deputationstages: Chemnitz IV 4, S. 49ff., 86ff.; Urk. u. Akt. I 853; Meinardus II 506ff., 630. Stellung der einzelnen Stände: Pufendorf XVII § 77 (Kursachsen); Krause V 1, S. 365ff. (Weimar und Anhalt); Sattler VIII 76ff. und Beilagen 26—30, 34—37 (Württemberg, Hessen); Bougeant II 55f. (Salzburg, Würzburg, Bamberg).

Weitere Rundschreiben der Mächte bei Meiern I 269ff., 314ff. Ihre Wirkungen: Meiern I 288ff., 304ff., 348ff.; Gärtner III 626ff.; Nég. secr. II 1, S. 187; Mossmann, Revue d'Alsace 1883, S. 400ff., 1885, S. 467ff.; Stöckert 18ff.—Kaiserliche Einladung an die Kurfürsten: Gärtner III 621ff. Zusage Bayerns und Kölns: Nég. secr. II 1, S. 173.

Streit um die Vollmachten: Meiern I 267f., 274ff.; Volmar 52ff., 89—102. Haltung Schwedens: Chemnitz IV 4, S. 140; der Vermittler: Chigi I 1, S. 525ff.; Nég. secr. II 1, S. 170.

Erörterungen zwischen Frankreich und Schweden über den Vorrang der Sicherheitsfrage: Nég. secr. II 1, S. 16, 182; Toscano 8ff. Plan einer Erklärung über Herstellung des status quo ante: Nég. secr. II 1, S. 174; Bougeant II 195ff. (der aber diese der ersten Proposition vorhergehenden Verhandlungen erst nachher berichtet). Einen französischen Erfolg in der Sicherheitsfrage darf man wohl mit Toscano S. 12 (vgl. Nég. secr. II 2, S. 21) darin erblicken, daß ihr zeitlicher Vorrang bei den kommenden Verhandlungen von Schweden zugestanden wurde. Die Bedeutung dieses Punktes für Frankreich erhellt aus dem diesbezüglichen Satz der französischen Proposition: „Le Roy ayant toujours estimé beaucoup mieux....", der offenbar bei Meiern I 320 nicht ganz richtig wiedergegeben ist; richtig Nég. secr. I 318.

Die Propositionen der vier Großmächte sind bei Meiern I 317ff. und Bougeant II 134ff. zusammengestellt. — Französische Auslegung des Präliminarvertrages: Meiern I 322. — Erörterungen über das jus pacis et belli der Reichsstände: Servien an Brienne, 10. und 31. Dez. 1644 (Paris AAE Allemagne 40, fol. 321, 441); Gutachten der kaiserlichen Räte

Januar 1645 (Wien SK Friedensakten 1; Jacob 312 ff.); Königin Christine an die Bevollmächtigten, 14. Jan. 1645 (Stockholm RA Riksregist. 1645 I fol. 75). — Über die geplante Erklärung betr. status quo ante: Erlaß Mazarins vom 19. Dez. 1644 (Paris AAE Allemagne
173 40, fol. 473 = Siri V 2, S. 485 ff.) und Nég. secr. II 2, S. 14—30. — Stellung der Stände: Stöckert 22 ff.; Instruktionen an Krosigk, 26. und 30. Jan. 1645 und dessen Memoire für die französischen Gesandten vom 30. Januar (Marburg 4h Kriegsakten 193 Nr. 3 und 195). — Umfrage des Kaisers bei den Kurfürsten: Gärtner III 751, 773, 778, IV 3; Volmar 112ff.
174 Entscheidung des Kaisers: Gärtner IV 126, 184; Meiern I 344. — Die Lage in den Reichskreisen: Chemnitz IV 5, S. 8; Meiern I 348, 385.

Die widerstreitenden Einwirkungen auf Frankreich und Schweden: Nég. secr. II 2, S. 4, 13; Chemnitz IV 4, S. 150; Berichte Scheffers vom 3. und 20. Januar (Marburg 4h Kriegsakten 194). — Verhandlungen zwischen Avaux und Schweden: Nég. secr. II 2, S. 44 ff.; Chemnitz IV 5, S. 15 ff.; Bericht der schwed. Gesandten, 12. Febr. 1645 (Stockholm Dipl.
175 Germ. A I, Legaterna Ox. och Salv. bref 1645 I). — Zu den Gegensätzen in der Sicherheitsfrage vgl. auch Nég. secr. II 2, S. 21, 45.

Kaiserliche Antwort, französische Replik: Meiern I 369, 377. — Weiterer Zustrom der
176 Stände: Krause V 1, S. 383 f. — Deputationstag: Chemnitz IV 4, S. 101 ff., IV 5, S. 27 f.;
177 Gärtner IV 678, 768. — Befreiung des Kurfürsten von Trier: Baur II 61 ff. — Inkraftsetzung der Amnestie: Gärtner IV 675. Frage der Verlegung des Deputationstages: Meiern I 379 ff, 386 ff.; Gärtner V 166 ff.; Nég. secr. II 2, S. 247.

178 Friedensbedingungen: Die Erörterungen zwischen den Großmächten nach Chemnitz IV 5, S. 22 f.; Siri V 2, S. 640 ff.; Nég. secr. II 2, S. 65 ff.

Reichs- und Religionsfragen: Zur Aufstellung der protestantischen Beschwerden siehe
179 Meiern I 339f.; Chemnitz IV 5, S. 25. — Ihre Vorgeschichte (Reichstag von Regensburg und Deputationstag): Londorp V (dort S. 205 die evangelischen, S. 321 die katholischen Gravamina, S. 729 das Reichsbedenken über die Justizfragen). Zum Deputationstag die oben bei Kap. 3 genannte Literatur.

180 Die hessischen Ansichten über Reichsverfassung und Assecuratio pacis und ihre Bedeutung für die Propositionen der Mächte lassen sich nach den Akten recht eingehend nachweisen: 1) In Marburg St. A. Pol. Akten nach Philipp, 4h Kriegsakten 193 Nr. 2 und 3 finden sich ausführliche Denkschriften darüber, und zwar: a) Instruktion der hess. Gesandten vom 4. Juni 1644, b) Gutachten des Vizekanzlers Helfferich Deinhardt vom 21. Jan. 1645 (von Rommel VIII 746 Anm. 228 fälschlich auf 1643 datiert und der Landgräfin persönlich
181 zugeschrieben), c) „Poincts qui pourront estre ou au moins en substance inserez dans la proposition réelle sur ce qui regarde les affaires de l'Empire", an Frankreich überreicht am 27. April 1645; dasselbe in Paris AAE Allemagne 41, fol. 388 (Kopie) und in italienischer Übersetzung bei Siri, Mercurio V 2, S. 701. — Ihnen entsprechen in Stockholm (RA Dipl. A I, Legaterna Ox. och Salv. brev 1645 I Anlage zum Bericht vom 14. März 1645) die von Hessen eingereichten Forderungen der evangelischen Stände: „Unvorgreiffliche Puncten so der Proposition mit einzurücken", inhaltlich fast völlig mit den „Poincts" übereinstimmend. — Der hessische Einfluß auf die Mächte liegt somit auf der Hand. Auch braunschweigischer Einfluß (Lampadius) wäre denkbar, doch habe ich weder in den Pariser noch in den Stockholmer Akten etwas darüber gefunden, so daß man annehmen muß, daß Hessen den beiden Großmächten die entscheidenden Hinweise allein oder doch in erster Linie gegeben hat. —
182-84 Vorbesprechungen über die schwedische Proposition: Meiern I 382 f.; Gärtner IV 741, Nég. secr. II 2, S. 80, 86, 253 ff.; Chemnitz IV 5, S. 62 ff.; Bougeant II 263 ff. — Text der
185 Propositionen: Meiern I 435, 443. Den Begriff „souveraineté" in der französischen Proposition, an den man oft zu weitgehende Folgerungen geknüpft hat, hat bereits Eichhorn, Deutsche Staats- und Rechtsgeschichte IV 284 richtig als Inbegriff aller Rechte der Reichsstände, gleichbedeutend mit superioritas, jus territoriale, Landeshoheit erklärt. Souveränität im Vollsinne ist nicht gemeint.

Zu der überraschenden schwedischen Forderung einer allgemeinen Friedensgarantie vgl. Toscano 16 ff., der aber irrtümlich von zwei Versionen der schwedischen Proposition (Art.

XVII) spricht; der richtige Text ist der von ihm S. 17 Anm. 27 als vermeintliche „zweite Version" abgedruckte, während die angebliche erste Version aus dem kaiserlichen Gegenvorschlag (Gärtner VI 135, 147f. = Meiern I 622) stammt. Der Unterschied zwischen beiden ist S. 333 unserer Darstellung erläutert. — Die französische Zurückhaltung in diesem Punkt ist nach Nég. secr. II 2, S. 66, 253 durch Rücksicht auf Schweden zu erklären.

Jus suffragii: Allgemein Pfanner 89ff. Meiern I 451—95 bringt die Gutachten der Evangelischen dazu. Zur Stellung der kaiserlichen Gesandten ferner Volmar 179ff.; Gärtner V 294ff., 319ff.; zum Gedanken eines Reichstages auch Gärtner V 378ff.; Chemnitz IV 5, S. 90. — Besprechungen in Lengerich: Gärtner V 313, 423ff.; Egloffstein 36f.; Meiern I 503ff. — Kampf um das Provisorium: Chemnitz IV 5, S. 126ff.; Gärtner V 550—62, 601f., 695ff., 736ff., 771ff.; Meiern I 511—613; Bougeant II 187f. — Zur Teilung der reichsständischen Kollegien und den daraus erwachsenden Schwierigkeiten s. Jaeck 255f. *186* *187* *188*

Kaiserliche Einladung an die Reichsstände: Gärtner V 894. Vgl. zur völkerrechtlichen Bedeutung dieses Aktes R. Knubben, Die Subjekte des Völkerrechtes (Handbuch des Völkerrechtes Bd. II 1) 1928, S. 60ff. Hier wird zutreffend das Gesandtschaftsrecht, das Vertragsrecht und das Recht über Krieg und Frieden als entscheidend für die völkerrechtliche Selbständigkeit der Reichsstände (bei fortdauernder staatsrechtlicher Unterordnung unter Kaiser und Reich) betrachtet. Diese Rechte wurden den Ständen, wie Knubben ausführt, im Friedensvertrag amtlich zuerkannt, de facto jedoch schon mit der Zulassung zum Kongreß erkämpft. Daraus erhellt die Bedeutung dieser Entscheidung für das Völkerrecht. *189*

6. KAPITEL

Der Friedenskongreß

In der Geschichte der Diplomatie und des Völkerrechtes hat der Kongreß von Münster und Osnabrück Epoche gemacht. Auch kulturgeschichtlich bietet er viel Interessantes. Aber selbst für die politische Geschichte sind die lokalen und persönlichen Einzelheiten nicht ohne Bedeutung. Der Friedensschluß ist ja nicht als ein selbstverständliches Ergebnis der allgemeinen Entwicklung der politischen Verhältnisse aufzufassen, sondern weitgehend ein Werk der Persönlichkeiten und ein Resultat der Parteiverhältnisse des Kongresses. Dieses Ineinander großer Notwendigkeiten und kleiner Zufälligkeiten rechtfertigt, ja fordert eine Darstellung des Kongresses, seines Schauplatzes, der beteiligten Personen, seines gesellschaftlichen Lebens und der Verhandlungsmethoden.

Das äußere Bild des Kongresses ist oft beschrieben worden. Das deutsche Schrifttum verzeichnet ziemlich vollständig Thiekötter Nr. 338—427. Auf Einzelnachweise kann daher weitgehend verzichtet werden. Unerschöpflich für viele Einzelheiten des diplomatischen Getriebes ist das grundlegende Diplomatenhandbuch der Zeit: Abraham de Wicquefort, L'Ambassadeur et ses fonctions, 2 Bände, gleichzeitig 1682 französisch im Haag und deutsch in Frankfurt am Main erschienen. Ich zitiere nach der deutschen Ausgabe, einbändig, übersetzt von J. L. Sautern.

Für die Topographie beider Kongreßstädte ist auf die Beiträge und Pläne in dem Philippi'schen Sammelwerk zu verweisen. Besonders hübsch die Schilderung Osnabrücks von L. Bäte, Der Friede in Osnabrück 1648, S. 65ff. — Den anerkennenden Vergleich Münsters mit Orleans fand ich in der Description de la Ville de Münster par le Sieur l'Escalopier, Aumonier de Son Altesse le Duc de Longueville aus dem August 1645, Paris Inst., Coll. Godefroy 20, fol. 174. — Mancherlei Einzelzüge entnahm ich dem Tagebuch des französischen Gesandtschaftskaplans Ogier, so die Schilderung der westfälischen Landstraßen und das von ihm gedichtete Ballett mit der Huldigung an die Frauen von Münster (Ogier 50, 218). — Kranes Quartiermachertätigkeit: Gärtner I 289. Näheres über die einzelnen Gesandtenquartiere in Osnabrück bei Philippi 155 und Bäte 70f., in Münster bei Philippi *190* *191*

130f. und E. Hövel in Pax optima rerum 157ff., dazu Wicquefort 615. Die Notizen über Schloß Mark nach Gärtner I 325, 354.

Gerichtsbarkeit: Wicquefort 627, äußere Sicherheit: Bougeant II 179, Kriegsfolgen
192 Ogier 235. — Die Erwägungen, den Kongreß zu verlegen, gehören nur der ersten Zeit an, vgl. darüber Volmar 132; Gärtner II 491, IV 378ff., V 4.

Über das Postwesen auf dem Kongreß hat E. Müller, Westf. Z. Bd. 77, 120ff. und Bd. 86, 219ff. gehandelt. Vgl. zu den Postlinien auch Gärtner I 638. Die Laufzeiten der Briefe nach den in den Akten häufig vorkommenden Empfangsbestätigungen.

193 Die vollständigste Liste der Gesandten findet sich bei Philippi 207—10. Er führt übrigens den Schweizer Wettstein nicht auf, ohne Zweifel deshalb, weil er nicht akkreditiert war, auch nicht die bei Ogier 12 erwähnten Katalanen, die vorübergehend anwesenden polnischen und siebenbürgischen Gesandten, wohl aber die beiden portugiesischen Vertreter, obschon auch sie vom Kaiser und Spanien nicht anerkannt waren. — Literatur über die einzelnen Persönlichkeiten bei Thiekötter Nr. 151—253. Auf ihr beruht, soweit nichts anderes vermerkt, die Darstellung. Eine Charakteristik der wichtigsten Gesandten bei Braubach 11—47, ein knappes Bild der Parteiverhältnisse zeichnet G. Wolf in Gebhardts Handbuch der Deutschen Geschichte, 7. Aufl., 1930, I 726ff.

Über die Bildnisse der Gesandten jetzt abschließend J. Striedinger, Die Bildnisse in den Friedenssälen von Münster und Osnabrück, Quellen und Forschungen z. Gesch. d. Stadt Münster Bd. 4, 1931, 223—252. Ein Verzeichnis aller bekannt gewordenen Portraits und eine Bibliographie der in Betracht kommenden Kupferstichwerke bei W. Tekotte, Beiträge zur Publizistik des Westfälischen Friedens (Graphik und Malerei), Diss. Münster 1934, 39ff. — Die meisten Gesandten hat man nach Contarini 337 in Münster Anfang 1646 gezählt. Eine freilich übertrieben schmeichelhafte Charakteristik der Versammlung gab der französische Kaplan Ogier (S. 222) in einer Karfreitagspredigt: „Je peux dire que je voy sous mes yeux aujourd'huy toute la prudence humaine, assemblée en vos personnes: toutes les lumières de la raison, toutes les connoissances plus pénétrantes de la politique, toutes les raisons d'Etat qui s'empressent, qui s'étudient, qui veillent incessament pour faire réussir une si grande entreprise!" Zur Ehre des Paters kann gesagt werden, daß er in der gleichen Predigt den hochmögenden Herren auch ernsthaft ins Gewissen redete.

Chigis schwierige Stellung auf dem Kongreß: Steinberger 74 und Beilagen 4 und 6,
194 ferner Gärtner VII 179f.; Chigi I 265f., 274, 394; Schiavi 31ff., 39. — Zweifel an der Unparteilichkeit der Vermittler konnten bei ihrer schwierigen Stellung kaum ausbleiben und finden sich ebenso häufig in den spanischen wie in den französischen Berichten. Wir finden bei Bougeant II 178f. Beispiele für ihr Bemühen um unparteiliche Haltung, Ausdrücke schärfsten Argwohns gegen sie bei Mazarin, Lettres I, S. CVIIf, II 759, 811.

Das bürgerliche Element im diplomatischen Dienst der deutschen Fürsten konstatiert mit deutlichem Mißfallen Contarini 296. Ihm, dem Venetianer, war das ungewohnt, in Deutschland aber herkömmlich. Hier haben in den Anfängen des diplomatischen Dienstes im
195 15. und 16. Jahrhundert die bürgerlichen Juristen überwogen, über die Avaux (Nég. secr. IV 62) und Trauttmansdorff (Odhner 124) so spöttisch urteilten. Der Adel wendet sich eigentlich erst im 17. Jahrhundert bereitwilliger dem diplomatischen Dienst zu. Ähnlich auch in Frankreich: Vgl. Avenel, Richelieu et la monarchie absolue I, 1884, S. 288.

Trauttmansdorffs äußere Erscheinung schildert Bougeant II 465. Verbannung des Her-
196 zogs von Longueville nach Münster: Chéruel II 16f., über Avaux als Gegner Mazarins: Chéruel I 269 und Bericht Trauttmansdorffs an den Kaiser vom 3. 7. 1646 (Wien RK 50b),
197 über seinen Zwist mit Servien die Lettres de messieurs d'Avaux et Servien sowie die Nég. secr. II 1. 2. laufend, dazu E. Charvériat, D'Avaux et Servien, Revue du Lyonnais, 5e série, vol. 5, 1888, S. 252—258. Vgl. auch Volmar 134 und Chigi I 1, 293.

Johan Oxenstierna wird übereinstimmend sehr ungünstig beurteilt, vgl. Nég. secr. II 1, 50; Ogier 172 Anm.; Odhner 112; Urk. und Aktenstücke z. Gesch. d. Kurf. Friedr. Wilh. IV 672; Trauttmansdorff an den Kaiser 7. 12. 1646, Wien RK 50a. Salvius war als tüchtig

geschätzt (Nég. secr. II 1, 95, IV 51; Odhner 114), galt aber als bestechlich. Über seine
Stellung zur Friedenfrage vgl. Arnoldsson, Svensk-fransk krigs- och fredspolitik i Tyskland, *198*
1937, 262 ff. — Verhältnis der schwedischen Gesandten zueinander: Lundgren 227 und
Gjörwell II 10 ff., 53, 86.

Der burgundische Parlamentsrat Brun: Contarini 296 f. Über die niederländ. Gesandtschaft: J. H. Scholte in Pax optima rerum 137—156, über die katalanischen und portugie- *199*
sischen Gesandten: Ogier 10 ff., Chigi I 464, 475 ff.

Adamis und Leuxelrings Stimmenzahl im Fürstenrat nach Israel 69, und ADB I 47 —.
Lampadius' politische Ansichten: ADB XVII 576. *200*

Einzelnachweise für das Überhandnehmen von Prunk und Schuldenwirtschaft erspare *201*
ich mir, da eigentlich alle zeitgenössischen Schilderungen davon reden. Vgl. zu diesen Zeiterscheinungen im allgemeinen A. v. Reumont, Italienische Diplomaten und diplomatische
Verhältnisse, Beitr. z. ital. Geschichte I, 1853, besonders S. 214 ff. — Über die Maler des *203*
Kongresses vgl. A. Pieper bei Philippi 183—201 und die schon erwähnte Arbeit von Striedinger.

Wer Einzelheiten über Bestechungen sucht, sei auf Spannagel S. 15 f. und Anhang I oder
auf die Arbeit von Düßmann (insbes. die dort S. 86 abgedruckte Bestechungsliste) verwiesen.
— Über Teuerung in Münster findet sich einiges bei Volmar 9, Gärtner II 136, Corr. dipl.
I 15. — Die in der Darstellung erwähnten einzelnen Bestechungsfälle sind teils der Literatur, *204*
teils den Wiener Akten entnommen, ebenso die Beispiele finanzieller Bedrängnis, die sich
beliebig vermehren ließen. — Die Sitte, daß Diplomaten kostbare Geschenke erhielten, war
allgemein, wie Wicquefort 665 ff. bezeugt, wurde aber bei den Gesandten der Republiken
durch strenge Verbote bekämpft, vgl. dazu Wicquefort 673 f., 817; Poelhekke 226. Ein Autor
der Zeit (Brunus, de legationibus, 1548, S. 166) wundert sich darüber: „Quamquam (quod
mirandum est) aliquos legatos traditum est munera, quae a regibus privatim acceperant, in
aerarium quidem, priusquam ad Senatum legationem retulerint, detulisse: Scilicet de publico ministerio nihil cuiquam praeter laudem bene administrati officii debere judicantes." —
Sittliche Entrüstung über die Korruption: Düßmann 79, 87, Urk. u. Aktenst. IV 486, Wild 10. *205*

Es schien mir nicht überflüssig, den Abschnitt über die so viel verlästerten Zeremoniell- *206*
streitigkeiten mit einigen Zeugnissen ernsten Verantwortungsbewußtseins zu eröffnen, damit
jene im richtigen Lichte erscheinen. Man hat aus ihnen oft ungerechte Schlüsse auf den Ernst,
wohl gar auf den Charakter der Beteiligten gezogen. Die Stellen finden sich Nég. secr. II 2,
173; Chigi I 215; Ogier 4; dagegen Corr. dipl. I 77, 133, II 324, III 236; die zuletzt angeführten *207*
sind der Mißstimmung und dem sanguinischen Temperament des Grafen Peñaranda zugute
zu halten. Chigis Klagen über die zeremoniellen Übertreibungen bei Poelhekke 214 und
Schiavi 60.

Über die Rangklassen bei den Diplomaten und das Zeremoniell im allgemeinen ist in der
Literatur über die Frühgeschichte der Diplomatie das Notwendige zu finden. Außer Wicquefort und der bereits erwähnten Abhandlung von Reumont kommen in Betracht: O.
Krauske, Die Entwicklung der ständigen Diplomatie vom 15. Jahrhundert bis zu den Beschlüssen von 1815 und 1818, Schmollers staats- und sozialwiss. Forschungen V 3, 1885;
A. Schaube, Zur Entstehungsgeschichte der ständigen Gesandschaften, MIÖG 10, 1889,
501—552. Krauskes Forschungen, seit Schaubes harter Kritik lange unterschätzt, werden
heute doch wieder höher gewertet; vgl. dazu F. Ernst, Über Gesandtschaftswesen und Diplomatie an der Wende vom Mittelalter zur Neuzeit, Archiv f. Kulturgesch. 33, 1950, S. 68. —
Die älteste, im ganzen Mittelalter übliche Bezeichnung des Gesandten ist nach V. Menzel,
Deutsches Gesandschaftswesen im Mittelalter, 1892, S. 56 das Wort legatus (neben nuntius).
Es wird seit dem 13. Jahrhundert durch das italienische ambassiator (auch ambaxator, von
ambactia = Amt) ersetzt, oder besser beide Bezeichnungen laufen von da ab nebeneinander
her und nehmen später die spezifische Bedeutung „Gesandter einer souveränen Macht" an
(so auch Menzel S. 245 f.). — Über Rangklassen im 16. und 17. Jahrhundert dann Wicque-

fort 13, 16; Reumont 139f.; Krauske 155 ff.; E. Markel, Die Entwicklung der diplomatischen Rangstufen, Diss. Erlangen 1951, S. 35 ff. Zur Herkunft des Wortes ambaxator vgl. E. Satow, A Guide to diplomatic practice, London 1917, I 229f. Als Kennzeichen eines ambassadeur oder legatus gibt z. B. F. de Marselaer, Legatus, Amsterdam 1644, S. 7 an: „Qui a potente principe, ex alterius imperio independente, ad pacem mittuntur, proprie sunt Legati." Ähnlich Le Bret, De la Souveraineté du Roy, Paris 1632, 592. In Deutschland sprach Schubhard (bei Arumaeus, Discursus academici de jure publico I, Jena 1615, S. 810) das Recht zur Entsendung der Legati den Inhabern der jura majestatis zu, während Brunus a. a. O. S. 13 es bereits den deutschen Fürsten, ja auffallenderweise sogar der Reichsritterschaft und der Hanse zuerkannte.

208   Wie das Zeremoniell den Vorrang der Ambassadeurs vor anderen Gesandten zum Ausdruck brachte, ist bei Wicquefort 414, 433, 463, 533f. und bei Reumont 180 ff., 193 nachzulesen. In dem Anspruch auf Teilhabe an diesen zeremoniellen Vorrechten zeigt sich, und zwar erstmalig bei den Westfälischen Friedensverhandlungen, der Aufstieg Venedigs und der Generalstaaten zum Rang von souveränen, den Monarchien gleichgeachteten Mächten.

209   Über die Auseinandersetzungen der beiden Republiken mit Frankreich vgl. Nég. secr. II 1, S. 20, 34, II 2, S. 15, 29f., 34, 40; Corr. dipl. I 28 ff. Eine Art Vorspiel war der spanisch-venezianische Präzedenzstreit am Kaiserhof, über den v. Zwiedenick-Südenhorst, Die Politik der Republik Venedig während des dreißigjährigen Krieges I, 1882, S. 149 ff., 194 ff. ausführlich berichtet. — Zu den niederländischen Ansprüchen vgl. Aitzema, Historie of Verhael VI 273 und Wicquefort, Histoire I 104 ff. Die kurfürstlichen Gesandten waren seit der Wahlkapitulation Ferdinands III. (Artikel V, bei J. C. Müldner, Capitulatio harmonica, 1697, S. 28f.) denen der auswärtigen Mächte grundsätzlich gleichgestellt, doch wurde ihr Anspruch auf den Exzellenzentitel und auf Präzedenz vor den Gesandten der Republiken vom Kaiser zunächst noch abgelehnt (Volmar 49, Meiern I 53f., Gärtner IV 206, 260 ff.), im Laufe der Friedensverhandlungen aber zugestanden (Volmar 152, 163, Bougeant II 172), ebenso von Frankreich (Nég. secr. II 2, 25f., 34), was schließlich auch zur Gleichstellung der italienischen Fürsten (Wicquefort 373, 380, Chigi I 1, S. 304f., 310 ff.), aber auch zu Protesten der deutschen Fürsten führte (Meiern III 394), während Kursachsen überhaupt jede Neuerung ablehnte.

210   Von dem Streit um den Rang ist der um die Präzedenz insofern zu unterscheiden, als er auch innerhalb der gleichen Rangklasse entstehen konnte, wofür die angeführte Äußerung Charnacés zu Gustav Adolf (in den Memoiren Richelieus bei Michaud-Poujoulat, Nouvelle Collection des Mémoires II 8, S. 74) ein Beispiel gibt. Viel Material darüber bei J. J. Moser, Teutsches Staatsrecht, Bd. 34 und 35 und bei Wicquefort 506 ff. Die Präzedenzkonflikte in Münster und Osnabrück verraten wenig Sinn für die (in der Theorie schon ziemlich allgemein anerkannte) Gleichheit aller souveränen Mächte. Der Kongreß zeigte vielmehr das Bild vielfacher zeremonieller Abstufungen und heftigen Präzedenzstreites. — Zum Vortritt des Nuntius vgl. Nég. secr. II 1, S. 21, der Kaiserlichen: Wicquefort 508 ff., Nég. secr. III 213f., 252, 316, zu dem durch die letztere Frage ausgelösten schwedisch-sächsischen Konflikt: Nég. secr. III 286. — Präzedenzstreit der Franzosen und Spanier: Der Vortritt der Spanier war auf Reichsboden anerkannt (Volmar 105), wurde aber auf dem Kongreß von Frankreich

211 bestritten (Nég. secr. II 1, S. 5, II 2, S. 56, 63, Wicquefort 425). Trauttmansdorffs Verfahren: Bougeant II 467. — Französisch-schwedischer Präzedenzstreit: Meiern I 197, Bougeant II 80f., Satow I 22. — Präzedenz Venedigs vor den deutschen Kurfürsten und italienischen Fürsten: Meiern I 284 ff., Gärtner V 187f, Wicquefort 67, 521, Reumont 194, 197.

    Die Bedeutung des Kongresses für die Rangordnung der Mächte kennzeichnet Satow I 14 so: „Gustavus Adolphus asserted the equality of all crowned heads, Queen Christine maintained it at the Congress of Westphalia." Das ist im wesentlichen richtig, wenn man noch die beiden souveränen Republiken einbezieht. Die in der Literatur (auch noch bei Satow I 13) oft erwähnte angebliche Rangliste der Souveräne des Papstes Julius II. vom Jahre 1504 hat schon E. Nys, Etudes de droit international et de droit politique I, 1896, S. 211—18 als Privatarbeit eines päpstlichen Zeremonienmeisters erwiesen.

Zur Stellung der nachgeordneten Bevollmächtigten siehe Reumont 230 ff., der bürgerlichen Gesandten: Contarini 296, Ogier 95. Vorrang der fürstlichen Geburt: Wicquefort 420 f. — Das jus legationis der Reichsfürsten betrachtete der altenburgische Gesandte von Thumbshirn offenbar als eine Selbstverständlichkeit: Meiern VI 119. Zum Präzedenzstreit unter den Reichsständen vgl. Wicquefort 67 f., Bougeant II 173. Die älteste mir bekannte Erwähnung solcher Konflikte zwischen Reichsfürsten bei Lambert von Hersfeld z. J. 1063, ed. v. Holder-Egger (Script. rer. Germ.) S. 81 f., dazu G. Waitz, Deutsche Verfassungsgeschichte VI, 2. Aufl., 1896, S. 312 ff. Im späteren Mittelalter waren sie eine fast regelmäßige Erscheinung bei Reichszusammenkünften; vgl. K. Zeumer, Die Goldene Bulle I, 1908, S. 25 ff. Über die strenge Rangordnung in den Zeugenreihen der Urkunden s. J. Ficker, Vom Reichsfürstenstande I, 1861, S. 156 ff. Beispiele vom Kongreß: Gärtner IX 533; Meiern I 384, 684, III 159, 170, 579 ff., 645 f., V 824, 836, 844, 897.

Die Überschätzung von Rang und Präzedenz sind also Jahrhunderte hindurch gleich geblieben, doch zeigt die Äußerung des französischen Chronisten des 15. Jahrhunderts (bei Huizinga, Herbst des Mittelalters, 6. deutsche Aufl., 1952, S. 42) im Vergleich mit dem Satz Wicqueforts (S. 506, offenbar entlehnt von Le Bret, De la Souveraineté du Roy, 1632, S. 601 f.), wie damals die schöne Form als solche wesentlich war (mit welcher völlig zweckfreien Übertreibung hat Huizinga 40 ff. dargetan), während sich bei den Diplomaten des 17. Jahrhunderts sehr reale Zwecke damit verknüpften.

Die französische Erklärung über den provisorischen Charakter der zeremoniellen Regelungen von Münster bei Bougeant II 171. Dem entsprach die spätere Praxis am französischen Hof, z. B. bei der Behandlung der kurfürstlichen Gesandten: Wicquefort 555, 558.

Zum Verfahren der Vermittler: Nég. secr. III 39, Contarini 308, Bougeant II 228, zur Frage des schriftlichen oder mündlichen Verfahrens: Corr. dipl. I 26, 540, 542; Nég. secr. II 2, S. 4; Bougeant II 157 ff., Contarini über die Schreibseligkeit der Deutschen: S. 317 seiner Relation. — Propositionen: Volmar 106; Chigi I 604. — Mündliches Verfahren: Die 800 Sitzungen der Vermittler erwähnt Wicquefort 948. Vgl. ferner Poelhekke 229. — Über Reichstagsverhandlungen Näheres bei K. Rauch, Traktat über den Reichstag im 16. Jahrhundert (Quellen und Studien zur Verf. Gesch. des Deutschen Reiches, hrsg. v. K. Zeumer I, 1905) S. 84 ff. mit den Ergänzungen in der Besprechung von F. Hartung, MIÖG 29, 1908, S. 337 f. Die Geschäftsführung durch das Mainzer Reichsdirektorium fand übrigens mehrfach Kritik wegen angeblicher Parteilichkeit zugunsten Spaniens, der katholischen Partei oder eigener Mainzer Territorialinteressen; vgl. dazu Meiern IV 374, 733 ff., 763 f.

Jahreszeitliche Schwankungen: Ogier 239 und P. Volk S. 123.

Hinsichtlich der Verhandlungssprachen gab es nach Wicquefort 721 f. an den europäischen Höfen und bei Kongressen noch keine Überlieferung. Hundert Jahre später macht F. C. Moser, Abhandlung von den europäischen Hof- und Staatssprachen, 1750, S. 23 noch die gleiche Feststellung. Brauch bei den Reichsständen: Volmar 106, 220; Gärtner V 825; Chemnitz IV 4, S. 152; in Schweden: Gjörwell I 34, II 4. — Vordringen der Nationalsprachen: Aitzema, Historie VI 273; Nég. secr. IV 84; Corr. dipl. II 192; vgl. auch Katterfeld 12.

ZWEITER TEIL

DIE GEBIETSABTRETUNGEN AN FRANKREICH UND SCHWEDEN

7. KAPITEL

Vorverhandlungen

216 Gustav Adolfs Berufung auf das jus belli: Bär 278. Andeutungen und Hinweise auf seine Gebietsforderungen: Bär 78 ff., 263 ff.; Sverges traktater V 2, S. 380 ff.; G. Droysen, Schriftstücke von Gustav Adolf, 1877, S. 119, 126, 169; J. Kretzschmar FBPG 17, 2, S. 5, 12 ff.; Paul II 196 ff.; J. Kretzschmar, Gustav Adolfs Pläne und Ziele in Deutschland, 1904, S.
217 164 f. — Zurückhaltung bei Äußerungen über schwedische Ansprüche: Helbig, Gustav Adolf und die Kurfürsten von Sachsen und Brandenburg, 1854, S. 79; Irmer I 217 ff.; Kretzschmar, Der Heilbronner Bund II 107 f, 238 f. — Haltung der deutschen Fürsten dazu: Kretzschmar I 378, II 164, 168 ff., 185 ff.; Sattler VII 99.

Ausbau der schwedischen Herrschaft in Pommern: Bär 119 ff. nebst Anlagen; Urk. u. Akt. I 511 ff.; Odhner 33 ff. Die Erklärung Steno Bielkes bei Bär 339. Verhandlung im schwe-
218 dischen Reichsrat: Riksr. prot. VII 178 ff., 214 ff. Zur Politik des Großen Kurfürsten 1640—42 vgl. Urk. u. Akt. I 524, XXIII 20 und Meinardus II S. LXXV. — Über die schwedische Herrschaft in Bremen-Verden liegt die gründliche Arbeit von Zetterquist vor; vgl. auch Chemnitz I 256, 340 f., II 554, 570, 584 ff., 669 ff., III 22 und v. Bippen II 349. — Wismar
219 und Warnemünde: Pries 7 ff.; Sv. traktater V 709, 719 (Vertrag vom 29. Febr. 1632, Art. VII, Bündnisentwurf vom 17. Sept. 1631).

Zur Taktik der schwedischen Regierung in der Frage der Gebietsforderungen vgl. Nég. secr. II 2, S. 115 ff.; Bougeant II 353 ff., 391; Balt. Studien IV 2 S. 56, 97; Axel Oxenstierna an seinen Sohn, 1. Dez. 1643, bei Meiern I 340 (mit falscher Jahreszahl).

Die schwedische Instruktion mit sehr eingehender Erörterung der Gebietsforderungen,
220 datiert vom 5. Okt. 1641, in Stockholm RA, Riksregistratur 1641, fol. 1052 ff.; ein Auszug gedruckt Urk. u. Akt. XXIII 13 ff.

Die Schwankungen während des dänischen Krieges nach Bär 424 ff.; Riksr. prot. X 143 ff., 284 ff.; Urk. u. Akt. XXIII 51 f. Oxenstiernas Schreiben an die Königin vom 2. April 1645 in Stockholm RA, Axel Oxenst. Saml. A I, Koncepter 1645—48.

221 Schwedisch-brandenburg. Separatverhandlungen über Pommern und ihr Scheitern: Urk. u. Akt. I 808; Meinardus I 695 ff., II 245, 254 ff., 524; Bericht vom 12. Febr. 1645 (Stockholm RA Dipl. Germ. A I, Legaterna Ox. och Salv. bref 1645 I) und Weisung vom 6. März 1645 (Riksreg. 1645 I, fol. 434).

Die französischen Kriegsziele sind schwerer erkennbar als die schwedischen, wie die zahlreichen Untersuchungen und Kontroversen über die Rheinpolitik Richelieus und die Zessionsbestimmungen des Westfälischen Friedens beweisen. Noch Ranke, Werke IX 271 ff., 324 ff., 330 und Sorel, L'Europe et la révolution française I, 1885, S. 272 ff. sahen die Rheingrenze als Richelieus Ziel an, erst die spätere Forschung hat dargetan, daß es mit so einfachen Formeln nicht geht. Die Frage ist, nach welchen Gesichtspunkten Richelieu die Frage etwaiger Annexionen betrachtet hat.

Von „natürlichen" Grenzen hat man nach E. Wisotzki, Zeitströmungen in der Geographie, 1897, S. 193 ff. im 17. Jahrhundert noch kaum gesprochen. Dagegen haben geschichtliche Grenzen — vermeintliche und wirkliche, wobei Geschichtslegenden und kühne Konstruktionen eine große Rolle spielten — ihre Bedeutung gehabt; vgl. dazu F. Kern, Die Anfänge der französischen Ausdehnungspolitik, 1910, S. 15 f. und Zeller I 21 ff., 33, 60. Trotzdem wird nicht immer sorgfältig genug zwischen beiden Begriffen unterschieden, was zu häufigen Fehlurteilen über die französische Ausdehnungspolitik geführt hat. Der Begriff „natürlicher" Grenzen taucht in der Publizistik des 17. Jahrhunderts nur am Rande auf und merkwürdigerweise meist, um eine Beschränkung territorialer Ansprüche zu empfehlen, nicht um diese selbst zu begründen: R. v. Albertini, Das politische Denken in Frankreich zur Zeit Richelieus, 1951, S. 151. Auch E. Bourgeois, Manuel historique de politique étrangère I, 9. Aufl., 1925, S. 41 bestreitet die Bedeutung dieser Idee für Richelieus Politik.

Die Untersuchungen von W. Mommsen (Richelieu, Elsaß und Lothringen, 1922 und GGA 190, 1928, S. 348 ff.) und seine Auseinandersetzung mit K. v. Raumer (ZGORh 82, 1930, S. 149—64, 483—88) haben in verdienstvoller Weise den Blick dafür geschärft, daß Richelieus territoriale Ziele im Rahmen seiner Gesamtpolitik, nicht als Bestandteil eines Programms oder einer Ideologie, gesehen werden müssen. Als weitere Beiträge zum Thema seien genannt: B. Baustaedt, Richelieu und Deutschland, 1936; K. v. Raumer, Französische Rheinpolitik im 17. Jahrhundert, in: Der Rhein und das deutsche Schicksal, 1936, S. 23—41; G. Zeller, La monarchie d'ancien régime et les frontières naturelles, Rev. d'hist. moderne 8 (1933), 305—33; ders., Saluces, Pignerol et Strasbourg, RH 193 (1942/43), 97—110; P. E. Hübinger, Die Anfänge der französischen Rheinpolitik als historisches Problem, HZ 171 (1951), 21—45.

222

Über die Bedeutung der „droits du roi" für Richelieus Außenpolitik vgl. Mommsen, Richelieu 387—406 und Albertini 146—159. Meine Auffassung stützt sich auf eine Aufzeichnung Richelieus aus dem Jahre 1642: „Scavoir s'il faut faire la Paix en renonçant aux anciens droictz de la France ou non" in Paris AAE Espagne 19, fol. 417—30 (1. Entwurf) und Allemagne 15, fol. 508—26 (2. Entwurf), erwähnt von Avenel in Richelieu, Lettres VII 804. Die von Mommsen S. 398 Anm. 63 geäußerten Zweifel über Richelieus Anteil an ihr sind nach dem Handschriftenbefund unbegründet. — Die Bedeutung solcher Rechtstitel für Richelieus Politik hat vor allem L. Batiffol sehr hoch, m. E. zu hoch eingeschätzt; vgl. Les anciennes républiques alsaciennes, 1918, S. 199 f.; Richelieu et la question d'Alsace, RH 138 (1921), 170 ff.; Richelieu et le roi Louis XIII, 1934, S. 61 f.

Eine ausführliche und systematische Verteidigung des jus belli findet sich in einer Denkschrift über die Vereinigung Lothringens mit Frankreich bei Haussonville, Histoire de la réunion de la Lorraine à la France I, 1854, S. 561 ff., ohne Verfasserangabe. Der Entwurf, datiert vom 12. Febr. 1634, findet sich in Paris Inst. Coll. Godefroy 335, ist also eine Arbeit dieses amtlichen Gutachters. Daß sie auf einen Auftrag Richelieus zurückgeht, scheint mir nach Lettres VIII 266 Anm. 4 sicher. Dies sowie zahlreiche verstreute Äußerungen Richelieus ähnlicher Tendenz rechtfertigen es m. E., in dieser Denkschrift auch seine Meinung zu erkennen.

223

Zur Interpretation des vielzitierten „Avis au roi" vom Januar 1629 (Lettres III 179—213) vgl. K. Jacob, Straßburgische Politik 1621—1632, 1899, S. 94 und, ihm folgend, Mommsen 37 f. Richelieu hat aber hier nicht, wie beide Forscher im Gegensatz zu der sonst beliebten Überschätzung dieses Dokumentes annehmen, nur Wunschträume oder Fernziele ohne unmittelbare praktische Bedeutung aussprechen wollen. Es bleibt doch zu beachten, daß er die darin angedeuteten Maßnahmen in den folgenden Jahren Zug um Zug in Angriff genommen hat; vgl. für Straßburg: Jacob a. a. O. S. 120 ff., 133, 139 ff.; Kentzinger, Documents historiques relatifs à l'histoire de France tirés des archives de Strasbourg, 1818, I 198 ff., II 25 ff., 36 ff.; R. Reuss in Rev. d'Alsace 20 (1869), 289 ff., 507 f., C. Bünger, Matthias Bernegger, 1893, S. 351 ff.; für Genf und Versoy: R. Rott, Richelieu et l'annexion projetée de Genève, RH 112/13 (1913). Aber es ist zu beachten, daß Richelieu sehr genau zwischen Eroberungen (die er mindestens vorerst ablehnt, da sie Teilnahme am Krieg voraussetzen) und Besetzung militärischer Stützpunkte längs der französischen Grenzen unterscheidet, die er für die Dauer des europäischen Krieges trotz eigener Neutralität für eine notwendige Schutzmaßnahme hält. Nur wenn man diesen Unterschied beachtet, wird der Gedankengang verständlich. Am richtigsten scheint mir die Interpretation von G. Zeller RH 193, S. 104 ff.

224

Im übrigen muß, worauf W. Mommsen mit Recht sehr nachdrücklich hingewiesen hat, Richelieus Vorgehen in den einzelnen Grenzgebieten jeweils für sich und in jeder Phase wieder im Rahmen seiner allgemeinen Politik betrachtet werden. Dafür im folgenden die wichtigsten Hinweise:

Pinerolo: Die Absicht dauernden Erwerbs steht seit 1630 fest. Vgl. Pagès RH 179 (1937), 82 ff.; Mémoires VIII 189f.; Lettres III 850, 856, IV 18, 30. — Die perfide Art der Aneignung schildert ausführlich Leman 21—35. Abweisung der Lehensansprüche des Kaisers: P. Dupuy, Traitez touchant les droits du Roy, 1655, S. 579 (= Nég. secr. I 41); Mémoires VIII 208, 424.

Metz, Toul, Verdun, Lothringen: Richelieus persönliche Initiative bei der Einsetzung
225 der Untersuchungskommission von 1624 hat Zeller II 230 ff. wahrscheinlich gemacht. Die Akten der Kommission bei Dupuy 591—682; über ihre Tätigkeit s. Kaufmann 25—41 und Zeller II 232—36. Der ständige Ausdruck „protection et souveraineté" in den Akten der Kommission zeigt die der Praxis vorauseilende Theorie vom Wesen der Protektion; vgl. ihren publizistischen Niederschlag bei Ch. Hersent, De la souveraineté du Roy à Metz, 1632, besonders S. 163 ff., 171f. Noch Bodin (Buch I Kap. 7) hatte streng daran festgehalten, daß ein Protektionsvertrag kein Souveränitätsrecht des Schutzherrn, keine Minderung der Souveränität des Adhärenten begründe. — Wie Richelieu die Resultate der Untersuchung als Kompensationsobjekte benutzte, zeigen Haussonville I 208 ff., 256 Anm. 1; Mommsen 47, 53 ff. — Zum weiteren Verlauf s. die Darstellungen von Haussonville, Mommsen und Zeller. Richelieus Bereitschaft, die Rechte des Reiches auf die drei Bistümer gegen Aner-
226 kennung des status quo zu respektieren: Mémoires VIII 450; Hanotaux RH 7 (1878), 426, dazu Mommsen 77 f. Anders in Lothringen, wo den Rechten des Reiches die Anerkennung versagt wurde: Mémoires VIII 476.

Zur Besetzung der Rheinübergänge allgemein: Vigier RQH 50 (1891), 465 ff., 470 ff.; Lettres IV 256 ff.; Mémoires VIII 364 ff., 436 ff. (dazu Fagniez, Le père Joseph et Richelieu
227 II 109). — Ehrenbreitstein und Philippsburg: Fagniez I 593, Baur I 231 ff. — Entwurf eines Schutzvertrages mit Kurköln: Mémoires VIII 484 ff.; Feuquières II 111; Fagniez II 152 ff.; Baur I 303 ff.

Elsaß: Die elsässische Frage steht im Mittelpunkt der Diskussion über Richelieus Annexionspolitik. Bis zum ersten Weltkrieg hatte eine ausgedehnte Einzel- und Lokalforschung die Etappen des französischen Einsickerns ins Elsaß sehr genau untersucht, ohne dabei die Frage nach den Absichten Richelieus zu stellen; die Annexionsabsicht schien auf der Hand zu liegen. So noch eindeutig E. Reybel, La question d'Alsace et de Brisach, Annales de l'Est 16/17 (1902—03). Im ersten Weltkrieg und danach stellten französische Forscher die These von der freiwilligen Annahme der französischen Protektion durch die Elsässer auf; vgl. außer den schon genannten Arbeiten von L. Batiffol noch Ch. Pfister, Pages Alsaciennes, 1927 (die darin gesammelten Aufsätze reichen bis 1917 zurück). Von deutscher Seite trugen Mommsen und v. Raumer ihre schon erörterten Ansichten vor, während E. Anrich, Richelieu und das Elsaß, Jb. der Stadt Freiburg i. B. IV (1940), 33—48 mehr der überlieferten deutschen Beurteilung folgte. Kritisch: G. Zeller, Comment s'est faite la réunion de l'Alsace à la France, 1948. — Zu den Gründen für das Fußfassen im Elsaß vgl. Lettres VIII 230. — Die Etappen
228 des Eindringens übersichtlich bei Baustaedt 105 ff. und Livet 28 ff. Einzelbelege müssen aus Raumgründen unterbleiben.

Spanische Niederlande: Die Aufzeichnung Richelieus Lettres VII 676—79 enthält nicht seine eigenen Gedanken, sondern ist ein Resumé der durch den französischen Gesandten im Haag mitgeteilten Pläne der Aufständischen, wie der Vergleich mit Waddington I 400—405 zeigt. Dies ist Mommsen 82 Anm. 25 entgangen; er nimmt daher irrtümlich eine Fehldatie-
229 rung Avenels an. — Richelieus Stellung zur belgischen Adelsverschwörung nach Mémoires VIII 392; Lettres VII 682; Waddington I 151 ff., 406 ff. Verhandlungen 1633/34: Lettres IV 424; Mémoires VIII 451 f., 460 ff.; Fagniez II 124 ff., 202 ff.; Waddington I 211 ff., 242 ff.; J. de Pange, Charnacé et l'alliance franco-hollandaise, 1905. Das wichtigste Dokument aus diesen Verhandlungen ist Richelieus Denkschrift vom Juni 1634 bei Mignet, Négociations relatives à la succession d'Espagne sous Louis XIV., 1835, I 174 ff.; vgl. damit die niederländische Instruktion bei Waddington I 413 ff., besonders S. 421 f. — Vertrag vom 8. Februar 1635 bei Dumont VI 1, S. 80 ff.

Für die Entwicklung der französischen Kriegsziele seit 1635 ist vor allem auf Mommsens ausführliche Darstellung zu verweisen. Zahlreiche Zusagen, die besetzten deutschen Plätze beim Friedensschluß zurückzugeben, stellt Batiffol RH 138, S. 189—93 zusammen; vgl. auch Lettres V 612, 739, 743, VIII 309. Zu den Verhandlungen mit Bernhard von Weimar vgl. B. Roese, Herzog Bernhard der Große II, 1829, S. 101 ff. und die entsprechenden Urkunden im Anhang; G. Droysen, Bernhard von Weimar, 1885, II 180 ff., 396 ff., 505 ff., 521 und FDG 26, S. 363 ff., 383 ff.; Reybel, Annales de l'Est 16, S. 239 ff., 395 ff.; Batiffol RH 138, S. 182 ff. — Erwägungen, den Herzog eventuell an anderer Stelle zu entschädigen: Roese II 467; Fagniez II 170.

230

Die französischen Gebietsansprüche beim Tode Richelieus und bei Beginn der Friedensverhandlungen sind sehr eingehend in der Instruktion vom 30. Sept. 1643 erörtert (zwei Ausfertigungen in Paris AAE Allemagne 18 und BN 4144, dazu mehrere bis 1637 zurückreichende Entwürfe in AAE Allemagne 15, fol. 411—502 und BN 5202, als Anlage eine Aufzeichnung „Divers projects selon lesquels on peut accommoder les différens entre la France et la maison d'Austriche"). Die Instruktion beruht auf langjährigen Vorarbeiten Richelieus und ist von Mazarin nur wenig verändert worden. Frankreichs Politik am Kongreß ist also im wesentlichen den von Richelieu gewiesenen Bahnen gefolgt.

231

Zu Mazarins im Text erwähnten Projekten vgl. seine Lettres II 774 und Chéruel II 176, 270. Über seine Absichten auf die spanischen Niederlande s. unten Kap. 8. — Servien als Vorkämpfer einer rücksichtslosen Eroberungspolitik: Volmar 94 und Serviens Denkschrift vom 16. Dez. 1644 in Paris AAE Allemagne 41, fol. 393 ff., benutzt bei Siri, Mercurio V 2, S. 514 ff. Avaux' Äußerungen zu den schwedischen Gesandten nach deren Bericht vom 12. Febr. 1645. Die französische Regierung war keineswegs so fest entschlossen, das Elsaß zu annektieren, wie Servien es gern gesehen hätte und Overmann ZGORh 58, S. 435 vermutet. Das beweisen folgende Stellen: Servien regte am 31. Dez. 1644 (an Brienne, AAE Allem. 40, fol. 441) Verhandlungen mit Schweden über Benfeld an für den Fall, daß man das ganze Elsaß behalten wolle („sy on est bien resolu de retenir Brisak et toute l'Alsace, comme il me semble que touttes sortes de raisons y convient (!)"). Die Antwort Briennes vom 14. Jan. 1645 (Nég. secr. II 2, S. 18) gab nur Klarheit über Breisach, ließ aber die Frage des Elsaß offen; vgl. Jacob S. 47. Der päpstliche Nuntius in Paris (an Chigi, 24. Dez. 1644; Chigi I 654) umschrieb damals das französische Programm wie folgt: Pinerolo, Breisach, Roussillon, die eroberten Plätze des Artois, unter Rückerstattung aller anderen Eroberungen. Er war sicher nicht schlecht informiert. Vgl. über diesbezgl. Meinungsverschiedenheiten innerhalb der französischen Regierung auch Chigi I 1, S. 331 (Informationen des venetianischen Botschafters Nani in Paris).

232

233

Zur Haltung der deutschen Reichsstände vgl. Nég. secr. II 2, S. 21 und Moßmann, Revue d'Alsace 1886, S. 228; 1887, S. 119 ff. — Verhandlungen des P. Vervaux in Paris 1644: Bougeant II 246 ff.; Egloffstein 20 ff.; Jacob 49 ff.; Steinberger 41 ff., Riezler V 590 ff; Mazarin, Lettres II 140 ff., 147 ff. Die gleichzeitigen Verhandlungen in Münster nach Gärtner V 172, 189 ff.; Volmar 168, 172 ff., 192 ff.; dazu laufend Nég. secr. II 1 und II 2, ferner Jacob 56 ff. und Overmann ZGORh 58, S. 435 ff. Vgl. auch Siri V 2, S. 694 ff. In diesen Verhandlungen haben die französischen Bevollmächtigten Frankreichs Forderung wie folgt formuliert (Jacob 56, Overmann 436): „La haute et basse Alsace, pour la tenir par le roy aux mesmes droits et titres que la possède la maison d'Autriche, sans faire scrupule de la relever de l'Empire," ebenso die französische Regierung in ihrem Memoire an die Gesandten vom 1. Juli 1645 (Nég. secr. II 2, S. 82 ff.), aber ohne den Hinweis auf die österreichischen Besitztitel. Doch scheint es mir mit Overmann 436 Anm. 3 sicher, daß auch sie nur den österreichischen Besitz in beiden Elsaß im Auge hatte. Daß über die Ansprüche auf Lothringen und die drei Bistümer zunächst bewußt geschwiegen wurde, ergibt sich aus Nég. secr. II 2, S. 109 und Bougeant II 349.

234

235

236

Es scheint, als seien die Franzosen erst durch die Bayern am 16. Juli auf die Existenz zahlreicher Immediatstände im Elsaß hingewiesen worden, obwohl der Bericht der bayrischen Gesandten bei Jacob S. 60 nichts darüber sagt, wer die Frage der Immediatstände zuerst berührt hat. Es ist jedoch von vornherein unwahrscheinlich, daß dies von französischer Seite geschehen sei, mußte es doch zu unwillkommenen Erörterungen über den Umfang ihrer Ansprüche führen. Entscheidend ist hier die Frage, wie weit die Franzosen damals über den tatsächlichen Umfang der österreichischen Rechte im Elsaß orientiert waren. Erst durch diese Frage sah sich die Forschung veranlaßt, die Rechts- und Territorialverhältnisse des Elsaß selbst näher zu untersuchen. Nur so konnte man zu einer zutreffenden Interpretation der Zessionsartikel des Vertrages von Münster kommen, die man früher immer nur aus dem Wortlaut zu gewinnen versucht hatte. So z. B. im wesentlichen noch A. Legrelle, Louis XIV. et Strasbourg, 1884, S. 146 ff. und E. Marcks in seiner Kritik dieses Buches in GGA 1885 I, 114 ff. — Über den wahren Umfang der österreichischen Rechte vgl. vor allem: M. Kirchner, Elsaß im Jahre 1648, Progr. Duisburg 1878; Reuß I 361 ff.; Die alten Territorien des Elsaß nach dem Stand vom 1. Januar 1648, Statist. Mitt. über Elsaß-Lothringen Heft 27 (1896); Overmann ZGORh 58, S. 83—111. Auch die im Literaturverzeichnis genannten Arbeiten von Bardot sind für Einzelfragen wichtig, während Jacobs im Jahre 1897 erschienenes Buch sich den Vorwurf unzureichender Kenntnis dieser Dinge gefallen lassen mußte, so wertvoll es sonst ist. — Der Frage, wieweit man in Frankreich über den beschränkten Umfang der österreichischen Besitzungen und Rechte im Elsaß Bescheid wußte, hat W. Mommsen, Richelieu, Elsaß und Lothringen, 1922, S. 382—86 einen Exkurs gewidmet. Danach hätten die Franzosen das Elsaß als habsburgischen Besitz, die „Landgrafschaft" nicht als ein Amt, sondern als ein Territorium, und die „Landvogtei" als eine Landesherrschaft über die zehn Städte aufgefaßt; nur von Straßburg habe man in Frankreich gewußt, daß es nicht habsburgisch sei. Als einzigem Franzosen traut Mommsen dem P. Joseph eine bessere Kenntnis zu. Nun ist sicher, daß man sich in Frankreich zur Zeit Richelieus für das Elsaß auffallend wenig interessiert hat. In den unzähligen Denkschriften der Zeit, die sich mit allen möglichen Ländern Europas als Objekten französischer Ansprüche beschäftigen, kommt das Elsaß so gut wie nie vor, und in den Handschriftenkatalogen der französischen Bibliotheken muß man lange suchen, ehe man für die Zeit vor 1648 auf Untersuchungen über das Elsaß trifft. Erst dann setzen die Enquêten und Berichte der französischen Intendanten ein. Für die Zeit vorher habe ich nur zwei Ausarbeitungen Godefroys feststellen können: Die eine (Paris Inst. Coll. Godefroy 335, fol. 18—20) „Que la Ville de Strasbourg estoit anciennement du Royaume de Lorraine" sucht im Stile Hersents Ansprüche auf diese Stadt aus der karolingischen Tradition herzuleiten. Wichtiger ist die andere (ebenda 491, fol. 265 ff.): „De l'Alsace et les Seigneuries qu'elle comprend". Hier wird der Umfang der habsburgischen Rechte eher zu gering angegeben, z. B. die Landvogtei überhaupt nicht darunter genannt. Von den zehn Städten heißt es, sie seien „républiques libres .... et ne sont du Domaine ou Patrimoine particulier d'aucun Prince ou Seigneur." Als habsburgisch werden die Landgrafschaft Oberelsaß, Sundgau und Breisgau erwähnt. Von den mannigfachen österreichischen Rechten über die kleinen Reichsstände des Oberelsaß weiß Godefroy anscheinend nichts, andererseits denkt er offenbar auch nicht daran, die französischen Ansprüche auf habsburgischen Besitz zu beschränken, wenn er die zehn Städte als „commodes à la France pour d'autant pouvoir mieux conserver la Lorraine" bezeichnet. Vgl. auch die bei Livet 26 Anm. 2 genannten Denkschriften Godefroys. — Godefroy war der französischen Gesandtschaft in Münster beigegeben; sollte seine Kenntnis nicht auch den beiden Unterhändlern zugute gekommen sein? Immerhin, was ihnen die Bayern eröffneten, stellte sie offenbar vor eine neue Situation und veranlaßte sie (Nég. secr. II 2, S. 91, 109), genaue Untersuchungen an Ort und Stelle zu beantragen. Im August zeigen ihre Forderungen (Gärtner VI 53; Nég. secr. II 2, S. 133 ff.) eine merkwürdige Unbestimmtheit (Overmann 58, 440 ff. scheint mir die Präzision ihrer Angaben zu überschätzen), im Oktober (Gärtner VI 546 f.; Volmar 221) äußern sie die eigentümliche Ansicht, der habsburgische Hausbesitz gehöre nicht zum Reich, und erst im Januar 1646 (Moßmann, Revue d'Alsace 1887, S. 484 f.) verraten sie eine etwas genauere Kenntnis der Dinge, vielleicht auf Grund der inzwischen im Elsaß durch die französische Regierung eingezogenen Erkundigungen. Vgl. über sie und den Wert der Auskünfte Vautortes und Erlachs: Nég. secr. III 108, 134, 150 und Jacob 170 ff., 326.

Doch sah man noch im April in Paris nicht recht klar (Nég. secr. III 157), so daß Vautorte im Mai 1646 erneut Auftrag zu genauen Recherchen erhielt (Paris BN 4173, fol. 291).

Intervention Bayerns und Kölns beim Kaiser: Gärtner V 432 ff., 664 ff., 806 ff. Folgen der Schlacht von Allerheim: Bougeant II 364 ff.; Nég. secr. II 2, S. 133 ff., 147; Jacob 63 ff.; Riezler V 594 ff.; Egloffstein 28, 45. — Stillstand der französisch-bayrischen Verhandlungen: *239* Nég. secr. II 2, S. 137—96; Mazarin, Lettres II 224; Egloffstein 48 f.

Zum sächsischen Waffenstillstand: K. Helbig, Die sächsisch-schwedischen Verhandlungen zu Kötzschenbroda und Eilenburg, Archiv für sächs. Gesch. 5 (1867), 264—88. — Französische Fühler in der Satisfaktionsfrage: Nég. secr. II 2, S. 115 ff.; Chemnitz IV 5. S. 160; Bougeant II 353 ff., 391 ff.; Ablehnung von Sonderverhandlungen durch Brandenburg: Urk. und Akten IV 400. Wachsende Ansprüche Schwedens: Balt. Stud. IV 2, S. 30 ff.; *240* Volmar 235; Urk. und Akt. IV 404 ff., 408; Meinardus III 258 ff.

Über die pommersche Gesandtschaft am Kongreß vgl. Bär 154 ff.; ihre Absichten: Balt. Stud. IV 2, S. 19, 89 ff. — Schwedische Taktik gegenüber Lutheranern und Reformierten: Balt. Stud. IV 2, S. 35, 73. Haltung der Kaiserlichen: Urk. u. Akt. IV 411, 414; Balt. Stud. IV 2, S. 59; Gärtner VI 669, 830; der Franzosen: Urk. u. Akt. IV 406, 412; Balt. Stud. IV 2, S. 46, 49; der Reichsstände: Urk. u. Akt. IV 411; Balt. Stud. IV 2, S. 56 f.; Odhner 106.

Gutachten und kaiserliche Weisungen zu den Propositionen der Mächte: Gärtner V 291, *241* 514 ff., 815 ff. — Verhandlungen des Grafen Kurz in München: Gärtner V 853 (ein Bericht des Grafen Kurz, den Gärtner fälschlich als einen solchen aus Osnabrück bezeichnet), VI 46 ff., 72; Jacob 68. Kaiserlicher Entwurf einer Antwort an die Kronen mit Änderungsvorschlägen Maximilians bei Gärtner V 678 ff. — Anschließende französisch-bayrische Verhandlungen: *242* Nég. secr. II 2, S. 201—215, 243; Siri V 2, S. 834 ff.; Egloffstein 56 f.

Text der kaiserlichen Gegenvorschläge: Meiern I 615 ff. Ihre Vorlage bei den Reichsständen: Meiern I 670; Gärtner VI 280, 293. Französisches Urteil: Nég. secr. II 2, S. 172. — Verzicht der Stände auf Beratung: Volmar 219. — Übergabe an die Mächte: Meiern I *243* 737 f.; Gärtner VI 478—483, 562 ff.; Volmar 219 f.

Inkraftsetzung der Regensburger Amnestie: Gärtner VI 421 ff., 835 ff.; Meiern II 4 ff.; Volmar 233 f. — Der Entschluß zur Entsendung Trauttmansdorffs scheint nach Gärtner VI 337 und 352 zwischen dem 30. September und 4. Oktober 1645 gefallen zu sein.

8. KAPITEL

Trauttmansdorff und die kaiserliche Politik

Das Annexionsprogramm der Mächte

Zeitgenössische Urteile über Trauttmansdorffs Sendung und Vollmachten: Corr. dipl. I 165, 173, 212; Mazarin, Lettres II 278; Nég. secr. II 2, S. 211 ff., 231; Chemnitz IV 5, S. 204; Volmar 240; Gärtner VI 764; Adami 129. — Die Sendung Trauttmansdorffs ist *244* schon im Juli 1643 von den kaiserlichen Räten Martinitz, Slawata und Prickelmayer angeraten worden, im September 1645 auch von Kolowrat, Graf Kurz, Khevenhiller, Graf Schlick und Werdenberg (Gutachten in Wien SK Friedensakten 1). Zugleich sprachen sich die Räte über das Verfahren bei den Friedensverhandlungen aus; vgl. hierzu vor allem die Gutachten von Trauttmansdorff selber: Im Juli 1643 (Wien SK a. a. O.) schreibt er: *245* „Semper primo tractatus incipiatur cum Gallis, qui nostrae religioni sunt potentiores. Si cum illis concludamus, Sueci sequi debent, non ita vice versa." Im Januar 1645 dagegen (vgl. sein Gutachten bei Jacob 312 ff.) erwartet er von Frankreich eigentlich nichts mehr; dafür deutet er die Möglichkeit einer „Konjunktion" mit den Reichsständen an.

Nach der eigenhändigen Geheiminstruktion Ferdinands III. vom 16. Oktober 1645 haben bisher alle Forscher vergeblich gesucht (vgl. Odhner 128. Jacob 95 Anm. 4, Egloffstein 60). Sie soll sich im Fürstlich Trauttmansdorffschen Familienarchiv befunden haben, wo sie aber laut freundlicher Mitteilung des Grafen Ferdinand Trauttmansdorff nicht mehr zu finden ist. Da das Archiv im letzten Krieg Schäden erlitten hat, ist sie möglicherweise

246 verloren. Das durch sie anbefohlene Verfahren läßt sich aus gelegentlichen Äußerungen des Grafen in seinen Briefen an den Kaiser aus Münster erschließen; vgl. auch Gärtner VII 26f, 125f.; Adami 212; Bougeant II 468; Jacob 98 ff. — Trauttmansdorffs Äußerungen während der Reise nach Münster: Chemnitz IV 5, S. 214; Gärtner VI 765f; Wien RK 49a (Bericht an den Kaiser vom 20. Nov. 1645). — Geheimratsgutachten vom 5. Nov. 1645: Wien RK 49b und SK Friedensakten 1.

Franzosen und Schweden im Herbst 1645: Nég. secr. II 2, S. 226; Chemnitz IV 5,
247 S. 209 ff., 212, 215. — Über die Erörterungen im Schoße der kaiserlichen Regierung unterrichten die eben erwähnten Gutachten der Geheimen Räte. Bei Martinitz heißt es im Juli 1643:
„4° Civitatem Argentoratum dare, 5° Una cum ea Episcopatum ipsum Gallo subijcere, 6° Unum vel alterum locum in Alsatia, vel ad tempus, vel titulo inscriptae summae et hypothecae, vel denique titulo feudo concedendum, 7° Alsatiam ipsam pactis matrimonialibus (si qua forte occasio praesentetur) dotis nomine recipere, 8° Denique etiam titulo feudi a Corona Franciae acceptare."
Ähnliche Gedanken kehren wieder in einem eigenhändigen Entwurf Ferdinands III. vom März 1646 „Gradus observandi in tractatu cum Gallis ratione Alsatiae" (Wien RK 52d), der aber so nicht verwertet wurde und dessen endgültige Fassung Jacob 316 ff. abdruckt. Vgl. zum Gedanken einer Abtretung des Bistums Straßburg die Äußerungen des Herzogs von Longueville bei Siri VII 902 und Jacob 318, zu einer eventuellen Übereignung des Elsaß durch Heirat die schon im vorigen Kapitel erwähnte Anlage zur französischen Friedensinstruktion „Divers projects" (AAE Allemagne 15, fol. 411—18), in der Richelieu u. a. bemerkt: „Et que Sa Majesté remette .... Brissac et toute l'Alsace, soit à l'Archiduc avec une liaison avec la France, laquelle apparément ne peut estre qu'imaginaire...". Man kann sich des Eindrucks nicht erwehren, daß solche Möglichkeiten inoffiziell schon lange beiderseits erörtert worden sind, denn anders ist die Übereinstimmung der in Paris und in Wien auftauchenden Projekte kaum zu erklären. Jedenfalls ist der Kaiser schon frühzeitig dem Gedanken einer Aufopferung großer Teile des Elsaß einschließlich der Stadt und des Bistums Straßburg nicht unbedingt abgeneigt gewesen. Sein erster eigenhändiger Entwurf vom März 1646 spricht ganz unzweideutig davon; vgl. den Auszug daraus unten zu Kap. 9. —

248 Unvorsichtige Sondierungen der kaiserlichen Gesandten am Kongreß vor Trauttmansdorffs Ankunft und Mißbilligung durch den Kaiser: Gärtner VI 303 ff., 426 ff., 499 ff., 542 ff.; 567 ff.; Volmar 218, 220, 222 f., 225; Nég. secr. II 2, S. 189 ff.; Chemnitz IV 5, S. 197; Erlaß an Trauttmansdorff, 13. Nov. 1645 (Wien RK 50c). — Bayrisches Drängen und erstes Angebot an Frankreich: Jacob 100 ff.; Volmar 241; Siri V 2, S. 867 ff.; Berichte Trauttmansdorffs, 1. u. 8. Dez. (Wien RK 50a). — Haltung der Vermittler: Volmar 239—46, 248 ff.; Meiern II 213 ff.

Die französische Zusatzinstruktion vom 22. Nov. 1645 hat Overmann ZGORh 58, S. 443 benutzt. Der entscheidende Satz über das Elsaß ist jedoch bei ihm unvollständig wiedergegeben; er lautet:

249 „Pour ce qui est de l'Allemagne, on demeure d'accord de rendre toutes les places que nous tenons sur le Rhin et de retenir Philipsbourg, Brisac et la haute et basse Alsace en la forme et suivant ce que lesdits Sieurs plénipotentiaires proposèrent eux-mesmes par une de leurs dépêches du mois de juin et que Sa Majesté approuva des lors, avec la précaution pourtant que dans cette proposition il ne pust rien estre établi qui regarde la Lorraine, et avec le surplus que l'on écrivit en réponse de ladite dépêche."
Mit dem „surplus" sind nur einige Gebietsabrundungen im Festungsbereich von Philippsburg gemeint, keine Ausdehnung der Ansprüche im Elsaß. Im übrigen wird (so richtig Overmann) einfach die Weisung vom 1. Juli bestätigt. Es fällt auf, daß die bereits im Sommer mitgeteilten Bedenken hinsichtlich der elsässischen Immediatstände mit Stillschweigen übergangen werden. Offenbar hat man sie in Paris unterschätzt und noch immer geglaubt, mit

8. Kap. Trauttmansdorff und die kaiserliche Politik

der Forderung auf die habsburgischen Rechte und Besitzungen im wesentlichen das ganze Elsaß zu erfassen.

Schwedische Instruktionen: Riksr. prot. XI 224 ff.; Urk. u. Akt. XXIII 75 f.; Odhner 107 f. — Französisch-schwedische Besprechungen: Nég. secr. III 17; Chemnitz IV 5, S. 246 ff.; Urk. u. Akt. XXIII 77 f. — Die Forderungen der Mächte wurden mündlich übermittelt; die Protokolle darüber bei Meiern II 182 ff., 200 ff.; Gärtner VII 374 ff.; Nég. secr. III 394 ff. Zum Verfahren vgl. außer Meiern noch Gärtner VII 435 ff., 560 ff.; Volmar 254: Chemnitz IV 5, S. 249; Adami 183 ff. — Die hessischen Unterhändler und ihre Ansprüche: Gärtner VII 413; Volmar 253; Meiern II 187, 210. Kaiserliche Vollmacht zur Verhandlung mit Hessen: Gärtner VII 672.

250

Eindruck der französischen und schwedischen Forderungen auf den Kongreß: Bougeant III 420; Urk. u. Akt. IV 417; Chemnitz IV 5, S. 249; Odhner 133.

Zu Trauttmansdorffs Verhandlungen in Osnabrück seine Berichte in Wien RK 50a und 50b; Chemnitz IV 5, S. 258. — Seine Angebote an Schweden: Gärtner VII 570 ff., 667 ff.; Chemnitz IV 6, S. 40 f;. Odhner 134 ff. — Fühlungnahme mit Brandenburg: Urk. u. Akt. IV 421.

251

Rückwirkung der Osnabrücker Verhandlungen auf Frankreich und Haltung Bayerns: Nég. secr. III 11—101 passim; Mazarin, Lettres II 716, 718; Volmar 269. — Sendung St. Romains nach Stockholm und des Grafen d'Avaux nach Osnabrück: Nég. secr. III 33, 40, 57, 85 ff.

252

Beratungen der Reichsstände: Zum Streit um den Vorrang der Gravamina vgl. Bougeant II 512; Gärtner VII 561 ff., 654, 664. — Trauttmansdorffs Eintreten für die Protestanten: Gärtner VII 229, 559, 568. — Abtrennung der Gravamina: Volmar 256; Gärtner VII 422, 548 ff. Über den Konflikt Trauttmansdorffs mit Maximilian von Bayern: Wien RK 50a, 50b, 52a (Extractus protocolli v. 3. Febr.) und die auf diesen Akten beruhende Darstellung bei Jacob 107 ff. — Verfahren der katholischen Stände in Münster: Corr. dipl. I 272 ff.; Meiern II 262; Volmar 261 ff.; Gärtner VIII 109, 161 ff.

253

254-56

Die den Ständen vorgelegten Gutachten der kaiserlichen Gesandten bei Gärtner VIII 70 ff., 92 ff. Die rein beratende Kompetenz der Stände betont ein Gutachten der kaiserlichen Räte vom 2. März 1646 in Wien RK 52d. — Über die Ständeverhandlungen hat Meiern II 261 ff. nur die Protokolle des Osnabrücker Fürstenrates (aus dem Rudolstädter Archiv). Einige Mitteilungen aus dem Fürstenrat in Münster, die französische Satisfaktion betreffend, bei Jacob 113 ff. Verhandlungsniederschriften der anderen Kurien besitzen wir nicht. Eine zusammenfassende Darstellung gibt Pfanner 215—64. Bei dieser Quellenlage kann unsere Darstellung nur summarisch sein; wir müssen uns im wesentlichen an die in den Gutachten der einzelnen Kurien vorliegenden Ergebnisse halten. Diese sind wie folgt gedruckt: a) Kurfürstenrat: Meiern II 914 = Gärtner IX 215; b) Fürstenrat: Meiern II 509 = Gärtner IX 267 und Meiern II 894 = Gärtner IX 301; c) Städterat: Meiern II 947 = Gärtner IX 397. — Das brandenburgische Separatvotum in der Amnestiefrage bei Meiern II 931 = Gärtner IX 479, bayrischer Protest dagegen und brandenburgische Replik bei Gärtner IX 334, 347. — Die „Capita assecurationis" des Fürstenrates bei Meiern II 487 = Gärtner IX 353.

257

258

Für Einzelheiten der Beratungen stütze ich mich auf die Berichte der Kaiserlichen Gesandten in Wien RK 50a und 52a. — Abstimmungen zur Satisfaktionsfrage: Jacob 115 ff.; Egloffstein 75 Anm. 2; Balt. Stud. V 1, S. 76. Brandenburgischer Protest und Stellungnahme des Osnabrücker Fürstenrates dazu: Meiern II 451 ff., Gärtner IX 316 (hier wohl die endgültige Fassung).

259

Übergabe der Gutachten an die kaiserlichen Gesandten Ende April: Gärtner IX 215, 537; Volmar 300; Meiern II 976, III 54.

9. KAPITEL

Zwiespalt im Hause Habsburg. Vorvertrag mit Frankreich

260   Das Verhältnis der beiden Linien des Hauses Habsburg war zuletzt durch den Geheimvertrag über das Elsaß von 1617 (O. Gliß, Der Oñatevertrag, Diss. Frankfurt 1930), insbesondere aber durch das Bündnis vom 31. Oktober 1634 (H. Günter, Die Habsburger Liga, 1908; hier S. 425 der Vertragstext) geregelt worden. Allerdings war jener in seiner Geltung fragwürdig, dieses nie, wie vorgesehen, durch ein offenes Bündnis ergänzt worden.

261   Olivarez' Denkschrift von 1628 bei Poelhekke 21 ff. Zu den spanisch-niederländischen und französisch-niederländischen Beziehungen seit 1632 ist Waddingtons Darstellung zu vergleichen, insbesondere II 15—37 die Erörterungen über die Beschickung des Friedenskongresses und II 46—61, 377—83 die Bündnisverhandlungen im Haag 1643/44. Vgl. weiter

262   II 96 ff., 127 ff; Corr. dipl. I 310 ff; Blok IV 515 ff. — Die Instruktion der niederländischen Gesandten vom 28. Okt. 1645 bei Siri VI 763 ff.; dazu Waddington II 162 ff. Ihre Verhandlungen in Münster: ebda II 173 ff. — Über die spanische Gesandtschaft vgl. Meiern I 58; Waddington II 10 ff., 170 ff.; Corr. dipl. I 46 f.; Volmar 8.

263   Die Einzelheiten der französisch-spanisch-niederländischen Verhandlungen sind für die Vorgeschichte des Westfälischen Friedens von keiner unmittelbaren Bedeutung, deshalb nur die notwendigsten Hinweise: Aufschlußreich für die spanische Politik ist die Abhandlung von M. Mecenseffy, Philipp IV. von Spanien und seine Heirat mit Maria Anna von Österreich, Histor. Studien für A. F. Pribram, 1929, S. 41 ff. und das im Literaturverzeichnis genannte Buch derselben Verfasserin. Der Entschluß, den Niederlanden Frieden und Souveränität zuzugestehen, ist nach Poelhekke 182 Anm. 1 schon im Oktober 1644 gefallen. — Mazarins Plan einer Teilung der spanischen Niederlande: Lettres II 288 f., 298 ff., 728; Nég.

264   secr. III 20—29; Contarini 343; Chéruel II 269 ff.; Poelhekke 239 ff., 248 ff. — Trauttmansdorff und die Spanier: H. Günter a. a. O. S. 61, 231; Corr. dipl. I 213 ff., 244 ff., 275 ff.

265   Serviens Vorschläge zur französischen Satisfaktion: Siri VI 748 ff. Bayern zur französischen Annexionspolitik: Urk. u. Akt. I 789 f. — Deutsche Stimmen gegen die französischen

266   Ansprüche: Nég. secr. III 56, 65, 100. Mazarins neue Weisungen: Nég. secr. III 43 ff., 73, 100 f., 122. Die Gründe für die plötzliche Abschwächung der französischen Forderungen kommen bei Jacob 117 f. und Overmann 446 nicht recht heraus, beide haben Siris Mercurio nicht benutzt, der gerade für diese Fragen in den Privatberichten Serviens wertvolles Material besaß und manchen Aufschluß gibt. Offenbar hat Serviens Bericht vom 13. Januar, den nur Siri hat, Mazarins Haltung bestimmt.

Über die Erörterung der französischen Satisfaktionsfrage am Wiener Hof habe ich Gutachten der kaiserlichen Räte vom 28. Feburar und 2. März (Wien RK 51 b, 49 b, 52 d) und einen Bericht über die Verhandlung mit dem kurbayrischen Abgesandten Dr. Mändl (Wien

267   RK 50 c) benutzt. Weitere Aktenstücke bei Jacob 315 ff. Der dort unter Nr. 3 gedruckten „instructio secreta" vom 2. März geht der bereits oben (Kap. 7) erwähnte eigenhändige Entwurf des Kaisers vorher, den Jacob offenbar übersehen oder, weil er keine Folge hatte, übergangen hat. Wir bringen daraus die Punkte 1—4 (von 5 an stimmt er im wesentlichen mit dem Druck bei Jacob überein), die immerhin für die Stellung des Kaisers recht aufschlußreich sind:

„Gradus observandi in tractatu cum gallis R[atio]ne Alsatiae:
   Item Conditiones sine q[ui]b[u]s non:
P^{us} esto: Oblatio der landvogtey hagenau: prout Volmayr proposuit comiti a Traut[tmansdorff]:
   Vel pars Episcopatus vel e[tia]m totus Episcopatus argentoratensis, salvo jure superioritatis S. S. C. M^{tis} et Imperii: praevio t[a]m[en] assensu Ser^{mi} Archiducis, cui aliunde ad dies uitae pro reditibus Episcopatus prouidendum:
2^{dus} Si cum episcopatu nolint e[ss]e Contenti Galli et placuerit praeferre oblationi

Episcopatus oblat[ionem] praefecturae Hagenau: detur ipsis et praefectura Hagenauensis et Episcopatus simul:

3. Si nec hoc sufficiat, uel si Episcopatum Respuant, [späterer Zusatz: reseruetur Episcopatus et] detur ipsis amore Pacis Una alsatia, illaque uel inferior uel Superior. [Eine Kopie dieser Aufzeichnung von anderer Hand hat hier noch den Zusatz: prout una vel altera minus augustae domui praeiudicetur circa quae cum Archiducibus Communicandum.]

4. Si nec hoc [Kopie statt hoc: una] obtineri pax pos[sit]: Cedet tandem Utraque gallis, una cum Suntgouia.

Excipiantur semper Brisgauia, Brisacum, Ciuitates Siluestres, et omnia quae ex hac parte Rheni sunt ....."

Zu dem unter 1 erwähnten Vorschlag Volmars vgl. Gallati, Eidgenossenschaft und Kaiserhof S. 168. Volmar wollte eine Schädigung der Tiroler Linie des Hauses Habsburg, der das Oberelsaß gehörte, abwenden und verfiel daher auf die Landvogtei. Ebenso wird es das dynastische Interesse gewesen sein, das den Kaiser auf den Gedanken brachte, statt Hausbesitzes ein Reichsbistum anzubieten. Freilich war dazu die Zustimmung seines Bruders, des Erzherzogs Leopold Wilhelm, Bischofs von Straßburg, erforderlich. Ob sie nachgesucht und verweigert wurde oder ob man den Plan vorher fallen ließ wissen wir nicht. Zu der späteren Regelung (Angebot des Elsaß) hat er sie jedenfalls (nach dem bei Jacob 315 abgedruckten Schreiben des Kaisers) erteilt. Die gleiche Reihenfolge von Angeboten, nämlich Landvogtei, Hochstift Straßburg ganz oder teilweise, dann Stift und Landvogtei, dann erst eine der beiden elsässischen Landgrafschaften und als letzter gradus beide Landgrafschaften, erscheint in dem erwähnten Gutachten der Räte vom 28. Februar, das gleichfalls bei Jacob keine Verwertung gefunden hat.

Das erste offizielle Angebot an Frankreich ist bei Jacob 127 ff. und Overmann 449 ff. *268* eingehend besprochen. — Zur spanischen Proposition: Bericht Trauttmansdorffs, 20. März (Wien RK 50a); Volmar 279 ff.; Gärtner VIII 608 ff.; Nég. secr. III 132 f.; 461. Französische Ablehnung: Nég. secr. III 139, 147. — Angebot des Unterelsaß: Volmar 283 ff.; Meiern II 870 ff. (unvollständig); Nég. secr. III 141 ff. Über den wirklichen Umfang dieses Objektes besonders Overmann 448 ff. Zu dem Memoriale pro mediatoribus, das Jacob 129 Anm. 1 abdruckt, ist aus Wien RK 52a noch der Schlußsatz zu ergänzen, worin als besonderer Vorteil für Frankreich die dadurch gesicherte Verbindungslinie zum Rhein bezeichnet wird. Auch würden die Franzosen damit eine Versorgungsbasis (horreum) in Hagenau gewinnen. In der Tat nahm Österreich seit Beginn des Krieges ein Garnisonrecht in den Städten der Landvogtei in Anspruch. Überhaupt ist, wie Overmann hervorgehoben hat, der Umfang der habsburgi- *269* schen Rechte im Unterelsaß in diesem Angebot sehr korrekt umschrieben.

Auseinandersetzungen innerhalb der französischen Gesandtschaft: Siri VII 902 ff. — *270* Longuevilles Versuch, das Bistum Straßburg zu erhalten: Jacob 130 f, 318. — Bayrisch-französische Verhandlungen: Siri VII 921 ff.; Jacob 132 ff.; Volmar 291 ff.; Meiern III 3 ff., ferner die österreichischen Berichte (Wien RK 50a und 50b).

Konflikt Trauttmansdorffs mit den Spaniern: Außer den eben genannten Wiener Akten *271* noch Volmar 288, 282 ff.; Corr. dipl. I 301, Gliß 54 ff. — Das Angebot des ganzen Elsaß *272* (soweit es habsburgisch war) vom 14. April bei Gärtner IX 103 ff. und Meiern III 6; vgl. auch Volmar 296 f. und über die Unterschiede zwischen den beiden genannten Drucken Jacob 135 Anm. 5, 138 Anm. 1, zur Interpretation Overmann 451 f. — Volmars Vertrags- *273* entwurf aus der zweiten Aprilhälfte bei Gärtner IX 505 ff.; dazu Jacob 142 f. (mit der Selbstkorrektur S. 306) und Overmann 448 Anm. 1. — Französische Stellungnahme: Nég. secr. III 155, 160 ff.; Gärtner IX 128 ff., 141 ff.; Jacob 138 ff. — Waffenstillstandsfrage: Nég. secr. III 255.

Über den modus agendi und die kaiserliche Verhandlungsvollmacht enthalten die *274-76* Geheimratsgutachten vom 22. Febr. und 2. März (Wien RK 52d) weitläufige Erörterungen, ebenso über die schwedische Satisfaktion und etwaige Entschädigung Brandenburgs. — Zur Antwort Schwedens auf Trauttmansdorffs Kompromißvorschlag vom Februar die *277*

Erlasse vom 14. und 21. März (Stockholm RA Riksregistr. 1646 II, fol. 480, 491 ff.). Odhner schiebt S. 135 ff. einen Bericht über Pläne einer Teilung Pommerns in seine Darstellung ein, der in das Jahr 1647 gehört (vgl. Lundgren 249) und verwirrt dadurch die Vorgänge. Trauttmansdorff erhielt die schwedische Ablehnung am 4. April (Bericht an den Kaiser, 6. April, Wien RK 50b).

Auftrag zur Ausarbeitung eines Friedensprojektes: Gärtner VIII 480 f., IX 4. Der Osnabrücker Entwurf bei Gärtner IX 24, der Volmars ebda IX 505. — Brandenburgische Warnungen und Proteste: Gärtner IX 5, 74, 150 ff.; Volmar 291; Preisgabe Pommerns durch
278   Trauttmansdorff: Gärtner IX 157 f. und Bericht vom 19. April (Wien RK 50 b).

Die kaiserlichen Dupliken bei Meiern III 13, 54; vgl. Gärtner IX 559 ff., 590 ff.; Volmar 302 ff., 305. — Angebot ganz Pommerns: Bericht vom 8. Mai (Wien RK 50a); Gärtner IX
279   597 ff.; Urk. u. Akt. XXIII 87. — Übergabe des Friedensprojektes an Schweden: Gärtner IX, 634 ff., 682 ff.; neue schwedische Forderungen und Proteste dagegen: Gärtner IX 712, 733, 845 ff., 926 ff., 936 ff.; Meiern III 76. — Fürsprache der Generalstaaten: Meiern III 83 f.

Mit dem Kampf um Breisach tritt das strategische Interesse deutlich als das herrschende auf französischer Seite hervor. Ihm hat in besonderer Weise die Arbeit von F. Textor, Eine entmilitarisierte Zone am Oberrhein im 17 Jahrhundert, Rhein. Vierteljahrsbll. 5 (1935), S. 290—301 Rechnung getragen. Zahlreiche zeitgenössische Äußerungen betonen die über-
280   ragende militärische Bedeutung der Festung Breisach, u. a. ein Gutachten von de la Grange aux Ormes in AAE Allemagne 15, fol. 534, gleich nach der Übernahme durch Frankreich im Jahre 1639 geschrieben. Er nennt drei bedeutende Vorteile: Breisach sperrt Spanien den Zugang zur Franche Comté, deckt Lothringen gegen habsburgische Angriffe und dient Frankreich als Waffenplatz im oberen Deutschland. — Mazarins Weisungen bezüglich Breisachs: Nég. secr. III 160 ff., 168; vgl. auch Turenne, Mémoires (Michaud-Poujoulat) III 402. — Die ostensible, die Abtretung verweigernde Weisung des Kaisers nach Volmar 310 und Corr. dipl. I 299; die wirkliche (vgl. Volmar 308, 313) beruht auf dem Geheimratsgutachten vom 22. April (Wien RK 52 b, dazu Jacob 145) und war am 3. Mai in Volmars Hand.

281   Zu den Verhandlungen über Breisach vgl. Meiern III 18 ff., Volmar 307—319, Nég. secr. III 178 f., 187, 194 f., 206, 214 ff.; Gärtner IX 872 ff. und den Schriftwechsel Trauttmansdorffs mit dem Kaiser in Wien RK 50 a, b, c. — Haltung Bayerns: Egloffstein 82 ff., der katholischen Stände: Nég. secr. III 175, 179, 187; Volmar 312; Jacob 148 f., der Spanier: Corr. dipl. I 292 ff. — Protest Volmars: Die genannten Wiener Akten; zur Rechtslage vgl.
282   Gliß 49. — Für die französischen Absichten auf Neuenburg, Laufenburg und Rheinfelden dürfte das bei Jacob 326 mitgeteilte Gutachten Erlachs entscheidend gewesen sein. — Zur
283   Ausdehnung der französischen Ansprüche auf die Diözesen Metz, Toul und Verdun vgl. Kaufmann 53 ff., der aber die mit hineinspielende Frage der Benefizien nicht erwähnt; dazu
284   R. Folz, Le concordat Germanique et l'élection des évêques de Metz, Annuaire de l'hist. et d'archéologie de Lorraine 40 (1931), 286 ff. Den Vorbehalt der päpstlichen Rechte erwähnt Adami 330.

Nachforderungen der Franzosen im Elsaß: Jacob 161 ff.; Overmann 456 ff.; Nég. secr.
285   III 157, 249. — Ihre Rücksicht auf die deutschen Katholiken: Nég. secr. III 133, 154, 208; über den französischen Einfluß in den deutschen Stiftern ebda 154, 213. — Interessen des Bischofs von Basel: Volmar 264; Nég. secr. III 175. — Schneiders Äußerung: Reuß I 147. — Letzte beiderseitige Erklärungen: Jacob 163 ff., 319 ff.

286   Über die Schicksale Philippsburgs im dreißigjährigen Krieg siehe Baur I 234 ff., 240 ff., 308 ff., 359 ff. Die Verhandlungen Frankreichs mit Sötern: Baur II 111 ff., 120 ff.; dazu Nég. secr. III 494 f. (Vautorte), 73, 102, 194, 233, 241, 261 (Andonville); die Geheimverträge bei Dumont VI 1, S. 346, dazu auch Mazarin, Lettres II 780. — Richelieus Absichten auf die Koadjutorie Trier: Baur I 317 ff. — Stellung des Domkapitels: Bericht aus Münster vom 7. Aug. 1646 (Wien RK 52 a). — Französische Protektion: Meiern III 570 f.; Berichte vom 6. Mai und 7. Sept. (Wien RK 50 a, b). — Trauttmansdorff und die Philippsburger Frage: Nég. secr. III 260.

Bei den auf das Elsaß bezüglichen Forderungen Frankreichs ist genau zu unterscheiden 287
a) die Frage nach der Art der Übereignung, ob zu Lehen oder zu souveränem Besitz,
b) die Frage nach der künftigen Stellung der elsässischen Immediatstände.

Zu a): Frühere Versuche einer französischen Reichsstandschaft sind erörtert bei G. Zel- 288
ler, La réunion de Metz à la France, 1926, II 26 ff. und bei K. Lehr. Mazarins Bereitwilligkeit,
auch die drei Bistümer zu Lehen zu nehmen, und Briennes Ansicht dazu: Nég. secr. III 44,
73, 164; Lehr 12f. — Die Frage, ob Souveränität mit Lehensabhängigkeit vereinbar sei,
hatten Bodin, De re publica libri sex, lib. I cap. IX (ed. tertia, Frankfurt 1594, S. 168 ff.)
und Lebret, De la Souveraineté du Roy, Paris 1632, S. 9 ff. verneint. Lebret polemisiert
gegen einen zu weit gefaßten Souveränitätsbegriff, will ihn nur auf die „puissances pleine-
ment souveraines" angewendet wissen und erklärt geradezu: „Le vasselage, spécialement
quand il est lige, fait cesser la souveraineté." (Vgl. auch R. v. Albertini, Das politische Denken in Frankreich zur Zeit Richelieus, 1951, S. 40). Man muß diese Erörterungen der zeitgenössischen Publizistik im Auge behalten, um die Überlegungen der französischen Politiker
bei den Verhandlungen über den Erwerb des Elsaß zu verstehen. — Bedenken gegen eine 289
Lehenshuldigung des Königs für das Elsaß finden sich wiederholt: Siri VII 981 ff.; Nég
secr. III 244 ff.; Bardot, La question S. 53 Anm. 3. — Stellung des Kaisers zur Frage einer
französischen Reichsstandschaft: Jacob 329 ff.; Ferdinand III. an Trauttmansdorff, 26. Mai
1646 (Wien RK 50c). Zur bayrischen Auffassung vgl. Egloffstein 92, 99 ff., 107, 123 f. —
Zum ganzen Fragenkomplex ferner die Darstellungen von Jacob 176 ff. und Bardot 47 ff.

Zu b): Daß die vom Kaiser angebotene französische Souveränität die Stellung der Immediatstände im Elsaß nicht unberührt lassen könne, ist zuerst von den Franzosen selbst betont
worden: Jacob 169f.; dazu Overmann 455f., 462. — Frage der Gerichtsbarkeit im Elsaß, 290
Erfahrungen mit dem Metzer Parlament: Kaufmann 42 ff.; W. Mommsen, Richelieu, Elsaß
und Lothringen, 1922, S. 84 ff., 230 ff.; Bougeant III 445 (Bericht Forstners). — Die Äußerung Briennes findet sich Nég. secr. III 195 (dazu die Textkorrektur bei Overmann 455 Anm.
4); daß Brienne (wie Overmann 462 annimmt) hier nur die unter österreichischer Protektion stehenden Stände gemeint hat, glaube ich nicht.

Französische Erklärung vom 1. Juni: Meiern III 36 = Gärtner IX 963. Die mündliche
Erklärung an die Vermittler (Volmar 319f.) hatte rein taktische Bedeutung (Nég. secr. III
214, 249; Jacob 175). — Trauttmansdorffs vorläufige Antwort vom 5. Juni: Jacob 319 ff.;
dazu Jacob 163f., 306f.; Overmann 462 ff., dessen Interpretation der französischen Forderungen ich jedoch nicht folgen kann. M. E. waren die Franzosen sich durchaus bewußt,
über ihre früheren Ansprüche hinauszugehen. — Trauttmansdorffs Ablehnung: Jacob 291
319 ff.; Volmar 337; Bericht vom 8. Juni (Wien RK 52a). — Vorlage an die Reichsstände,
Protest der Evangelischen: Meiern III 47 ff. — Einlenken der Franzosen: Trauttmansdorff
an den Kaiser, 3. Juli (Wien RK 50a); Overmann 464f.; Volmar 335; A. Gonzenbach, Der 292
General Hans Ludwig von Erlach, 1881, II 497 ff. und Urkundenband Nr. 35 sowie Erlachs
Brief bei Jacob 326 ff. Brienne über die Vorteile souveränen Besitzes: Nég. secr. III 244f.;
dazu Jacob 182f., Overmann 464f., Lehr 25f.

Unklarheit der Bestimmungen über Unterelsaß: Jacob 184; Overmann 459, 465f.;
Bardot, La question 55 ff.

Verhandlungen des Sommers 1646 über Philippsburg: Gärtner IX 873; Mazarin, Lettres
II 759, 774f.; Volmar 322 ff.; Berichte Trauttmansdorffs in Wien RK 50a und b; Erlaß vom
1. Juni (Wien RK 52b). — Franzosen und Schweden: Meiern III 87 ff.; Volmar 331 ff.,
339 ff.; Nég. secr. III 271. — Trauttmansdorffs Annäherung an Spanien: Nég. secr. III
259 ff., 277; Volmar 343f.

Neue Verhandlungen vom 20. August ab: Gutachten und Berichte in Wien RK 52a und 293
b; Meiern III 709 ff.; Volmar 343 ff., 347 ff.; spanischer Protest: Contarini 321. Zu Philippsburg speziell vgl. Nég. secr. III 283; Bougeant II 611 ff. Über die Beratungen im Kurfürstenrat s. Jacob 191f., der auch für die weiteren Verhandlungen zu vergleichen ist und insbesondere S. 195 Anm. 2 einige Korrekturen zu den bei Meiern abgedruckten Aktenstücken gibt.

— Stellung des Nuntius: Adami 370. — Letzte Verhandlungen: Siri VIII 239 ff. — Über die Frage Lehen oder Souveränität ist offenbar (obwohl eine Äußerung Stenglins bei Gonzenbach II 513 diesen Eindruck erweckt) gar nicht mehr gesprochen worden, wohl aber über die Rechte der elsässischen Immediatstände und der Domkapitel in den drei Bistümern. Vgl. darüber außer Jacob noch Overmann 469 ff.; Moßmann, Revue d'Alsace 1888, S. 105 ff.; 201 ff.; Kaufmann 55 f. — Anträge einzelner Reichsstände um Aufnahme in den Schutzparagraphen „Teneatur rex christianissimus . . ." (später IPM § 87): Meiern III 586; Jacob 204 ff. Es ist anzunehmen, daß alle Erweiterungen der Schutzklausel, die jetzt noch erfolgten, auf Antrag geschahen, obwohl sich solche Anträge nicht in allen Fällen nachweisen lassen. Später, im Sommer 1648, hat bloß noch die Stadt Straßburg Aufnahme gefunden, alle anderen Anträge wurden, wie wir sehen werden, abgewiesen.

294-95

Wichtig erscheint die Einführung des Begriffes „supremum dominium" durch die Franzosen in diesem Stadium der Verhandlungen, offenbar doch im Zusammenhang mit den Forderungen der Immediatstände. Welchen Sinn sie damit verbanden, ist bei der terminologischen Unklarheit in der damaligen Wissenschaft vom deutschen Staatsrecht schwer zu sagen. (Vgl. darüber oben Kap. 4). Welche Stellung sollte Frankreich künftig in den abgetretenen Gebieten einnehmen? Der (vermutlich von Volmar verfaßte) kaiserliche Entwurf sprach von „omnimoda jurisdictio et superioritas." Beide Begriffe waren schillernd, sie konnten ebensogut für die Landeshoheit der deutschen Reichsstände verwendet werden wie auch gelegentlich die volle Souveränität bedeuten, und man fragt sich, ob Volmar vielleicht mit Absicht einen zwischen Landeshoheit und Souveränität schwankenden Ausdruck gewählt hat. Dem ursprünglichen Sinn nach sind jurisdictio und superioritas Herrschaft über Personen, dominium vorwiegend Herrschaft über Sachen. So ist z. B. bei Althusius, Politica methodice digesta cap. XXXVII, § 54 das „jus supremi dominii" eindeutig die Verfügungsgewalt über die bona regni, die allein dem summus magistratus zukommt und die er nicht aus der Hand geben darf. Nach W. Schätzel, Die Annexion im Völkerrecht, Archiv d. Völkerrechts 2 (1950), S. 10 hat sich der moderne Begriff der Gebietshoheit in der Tat aus den Rechtssätzen des privaten Eigentumsrechtes entwickelt, und zwar im Anfang des 17. Jahrhunderts; für beides gebrauchte man den Begriff „dominium." Vgl. auch Carl Schmitt, Der Nomos der Erde im Völkerrecht des Jus Publicum Europaeum, 1950, S. 108. Für den mittelalterlichen „Personenverbandsstaat" mochten wohl jurisdictio, superioritas, imperium als Bezeichnungen der Staatshoheit genügen, nicht so dem modernen Staatsdenken der Franzosen: Vielleicht wollten sie mit dem Ausdruck „supremum dominium" ihren Anspruch auf volle Gebietshoheit gegen alle Mißdeutungen sicherstellen; nur unter Einfügung dieses Zusatzes jedenfalls haben sie den Schutzparagraphen „Teneatur rex . . . ." akzeptiert. Eine spätere Äußerung Serviens (bei Overmann ZGORh 59, S. 111 f.) scheint derartiges anzudeuten.

Die Franzosen haben ferner eine Klausel des kaiserlichen Entwurfes vom April 1646 zu entfernen gewußt, die ihnen die Errichtung eines obersten Gerichtshofes (Parlament) im Elsaß verbieten wollte, jedenfalls fehlt sie bereits in den kaiserlichen Vorentwürfen zum Präliminarvertrag vom August 1646. Vgl. dazu das „Mémoire historique sur le conseil souverain d'Alsace" des Präsidenten Corberon aus dem 18. Jahrhundert in Revue d'Alsace 7 (1856), S. 268 ff. Eine solche Klausel hätte den elsässischen Immediatständen die Möglichkeit gelassen, künftige Rechtsstreitigkeiten mit Frankreich aus dem Friedensvertrag vor die obersten Reichsgerichte zu bringen. Eben das sollte offenbar verhindert werden, und in der Tat ist ja Ludwig XIV. zur Einrichtung einer solchen „cour souveraine" im Elsaß (nach dem Vorbild des Metzer Parlaments, doch ohne den Namen eines solchen) geschritten.

296-97

298

Die Absichten der Franzosen bei den Abänderungen des Wortlautes der Schutzklausel ergeben sich zweifelsfrei aus den Randnotizen der Bevollmächtigten, die Overmann ZGORh 58, S. 474 ff. abdruckt und schon Siri VIII 249 benutzt hat. Die Bedeutung der Abänderung des „sua libertate" in „ea libertate" hat Jacob 199 Anm. 3 durchaus verkannt. Avaux's Bemerkungen zu Balthasar Schneider: Revue d'Alsace 1888, S. 203. — Zu dem gekünstelten, noch 1884 von Legrelle wiederholten Versuch, den Sinn der Schutzklausel durch grammatische Spitzfindigkeiten zu verfälschen, vgl. Jacob 298 Anm. 1.

An den schon im Vorvertrag festgesetzten Text der Zessionsbestimmungen hat sich 299
jener ausgedehnte wissenschaftliche Streit geknüpft, über den Jacob 282—303 ausführlich berichtet. Viel weiter sind wir seitdem noch nicht gekommen. Vielleicht würde eine genaue Untersuchung der staatsrechtlichen Anschauungen und Begriffe der vertragschließenden Parteien uns ein Stück weiterführen.

10. KAPITEL

Spanien und die Niederlande. Schwedische Satisfaktion

Über das Verhältnis Spaniens zum Reich während des dreißigjährigen Krieges ausführ- 300
lich H. Günter, Die Habsburger Liga (Hist. Studien Heft 62), 1908. Die Haltung der kaiserlichen Gesandten auf dem Kongreß wurde durch die Instruktion vom 15. Juli 1643 (Gärtner I 427f.) bestimmt. Die Gründe für die kaiserliche Zurückhaltung werden in einer Randnotiz auf dem Konzept dieser Instruktion (Wien RK 52d) unumwunden dargelegt. Dazu Trauttmansdorffs Briefe an den Kaiser, 2. und 6. März 1646 (Wien RK 50a).

Beratung der Reichsstände über die spanische Frage: Brun 587ff.; Meiern I 803f, II 301
295f., 338ff., 395, 518, 914. Stellungnahme des Kaisers: Meiern III 14. Protest der Evangelischen: Meiern III 170, 184, 300. — Peñarandas Haß gegen Trauttmansdorff: Schiavi 70; Jacob 186 Anm. 2; Briefwechsel Trauttmansdorff-Peñaranda 25/26. April 1646 (Wien RK 50a).

Die ergebnislosen spanisch-französischen Verhandlungen ausführlich bei Bougeant Bd. 3 und 4; Nég. secr. Bd. 3.

Wiederaufnahme der spanisch-niederländischen Verhandlungen im Mai 1646: Volmar 302
306; Corr. dipl. I 310—400; Aitzema, Hist. pacis 377ff.; Waddington II 174ff. — Entscheidung im spanischen Staatsrat: Poelhekke 272. — Zu den inneren Auseinandersetzungen in 303
den Niederlanden über den Frieden mit Spanien vgl. Aitzema 418ff.; Wicquefort, Histoire I 99ff.; Waddington II 178ff.; Poelhekke 297ff.

Text des Vertrages vom Dezember 1646 bei Dumont VI 1, S. 360. — Auseinandersetzungen mit den Franzosen: Poelhekke 365ff. — Unterzeichnung und niederländischer Vorbe- 304
halt: Corr. dipl. I 489ff.

Schweden und Brandenburg: Über die Verhältnisse am schwedischen Hof die Berichte de la Thuilleries, aus denen Chéruel II 284ff. einiges mitteilt. Im Frühjahr 1646 trat Chanut an seine Stelle, der in seinem Urteil weniger besonnen war und sicher manches übertrieb. Zum Verhältnis zwischen Königin und Kanzler neuerdings N. Ahnlund, Königin Christine von Schweden und Reichskanzler Axel Oxenstierna, HJb 74 (1955), S. 282—93.

Anfänge des Gegensatzes am schwedischen Hof: Chanut 27f.; Pufendorf Frid. Wilh. II § 48. — Beratung der Februarbedingungen Trauttmansdorffs: Riksr. prot. XI 310ff., die darauf ergangenen Instruktionen in Stockholm RA, Riksregistr. 1646 II fol. 480, 491, III fol. 846, IV fol. 1265; vgl. auch Urk. u. Akt. XXIII 85—97. — Zu den privaten Weisungen 305
des Kanzlers an seinen Sohn vgl. Gjörwell II 248; Odhner 135, 148; Lundgren 254. — Salvius' Beziehungen zur Königin und abweichende politische Stellung: Arckenholtz, Mémoires concernant Christine, reine de Suède, 1751, I 90ff.; Lundgren 247f., 258ff.; Balt. Stud. V 1, S. 27, 35. — Haltung der pommerschen Stände: Balt. Stud. V 2, S. 62ff.; der Niederlande: ebda VI 1, S. 5, 13, 43f.; Meiern III 83; Proteste der Evangelischen 306
Krause V 2, S. 145; Meiern III 85f., 264ff.; Odhner 153ff. — Die Stellung Johan Oxenstiernas zur pommerschen Frage ist übrigens bei Odhner 135, 160f. nicht richtig angegeben; vgl. dazu Lundgren 249.

Brandenburg und Frankreich: Urk. u. Akt. I 531f., 542ff., 607ff., IV 746ff.; Meinardus II 451ff. — Schwedische Heirat: Urk. u. Akt. IV 439; Meinardus III 44, 116, 123, 127, 137, 262, 312, 392. — Wirkungen der schwedischen Proposition und der Politik Trauttmansdorffs:

Meinardus III 347, 364, 386, 441; Urk. u. Akt. IV 421, 434. — Mission Dohnas: Urk. u. Akt. I 610, 640 ff., IV 54 ff.

307 Erste Konzessionen Brandenburgs: Meinardus III 396, 465 ff., 470 ff., 524, Pufendorf; De reb. Suec. XVIII § 104. — Die Weisung an die brandenburgischen Gesandten vom 18.
308 August 1646 bei Meinardus III 542. — Schwedische Instruktion vom 29. Sept. in Stockholm RA Riksregistr. 1646 V fol. 1727; vgl. Odhner 163 f.; Urk. u. Akt. XXIII 95.

Verhandlungen mit Brandenburg, Ultimatum: Berichte der kaiserlichen Gesandten in
309 Wien RK 51 a, 52 a; Volmar 351—66; Urk. u. Akt. IV 458 ff. — Zu Einzelheiten: Die französische Haltung nach Nég. secr. III 17, 29 ff., 249, 348; Krause V 2, S. 133; Chanut 52 ff. Ausgleichsversuche: Balt. Stud. VI 1, S. 11 f., 43; Pufendorf, Frid. Wilh. II § 57. Zu den Verhandlungen in Osnabrück noch Urk. u. Akt. XXIII 94 ff.; Nég. secr. III 304 f, 337. —
310 Brandenburgische Proteste: Meiern III 741 ff.

Die ergebnislosen schwedisch-brandenburgischen Besprechungen: Meinardus III 553 ff.; Pufendorf, Frid. Wilh. II § 59; Urk. u. Akt. IV 463—67. — In der Folge scheint Salvius eine Verständigung mit Brandenburg angestrebt zu haben, während Oxenstierna und Trauttmansdorff über den Kopf des Kurfürsten hinweg zur Entscheidung kommen wollten (Volmar 367 ff.). Die Wiener Akten (u. a. Geheimratsgutachten vom 21. Okt., Wien RK 52 d) zeigen deutlich das Mißtrauen gegen Frankreich und die Furcht vor neuen Ansprüchen auf Schle-
311 sien als Motive des Kaisers. — Die schwedischen Forderungen vom 18. November und die kaiserliche Antwort: Meiern III 754 ff.; Volmar 371.

Letzte Verhandlungen in Münster: Meiern III 773 f.; Urk. u. Akt. IV 467 ff.; Volmar 373 ff.; Nég. secr. III 375, 382, 385; Odhner 167 ff.

312 Französische Vermittlung: Die Verhandlungen des Kurfürsten im Haag nach Urk. u. Akt. IV 58 ff. — Sendung Plettenbergs: Urk. u. Akt. IV 478 ff.; Meiern III 777 ff. (Pufendorf II § 68 ist in der Wiedergabe der dem Kurfürsten vorgetragenen Bedingungen ungenau). — Ablehnung des Kurfürsten: Meiern III 780 ff. (doch ohne den letzten, das Ganze etwas abmildernden Hinweis auf den Vorschlag der pommerschen Stände, den ich in einer Abschrift in Wien RK 54 a fand); Urk. u. Akt. II 11; Krause V 2, S. 193 (die hier erwähnte Erklärung Wittgensteins ebenso in dem Bericht Trauttmansdorffs vom 21. Januar 1647 in
313 Wien RK 53 a); Meiern IV 234 ff. — Der Vermittlungsvorschlag der pommerschen Stände und sein Schicksal: Urk. u. Akt. IV 67, 469 ff., 479 ff.; Balt. Stud. VI 2, S. 69 ff., 99. ff. u ö.; vgl. auch Nég. secr. III 382, 385, 389; Odhner 172 ff.

Trotz Brandenburgs förmlichem Verzicht auf österreichischen Hausbesitz (darüber Trauttmansdorffs Berichte vom 30. Nov. und 11. Dez. und sein Briefwechsel mit dem Kurfürsten, 8. u. 18. Dez., Wien RK 50 a und b) hat man über seinen Kopf hinweg mit Schweden weiter verhandelt; vgl. Volmar 381 ff. Zur Haltung Schwedens außer Odhner 171 f. und Riksr. prot. XI 529, 544 ff., XII 1 ff. die Instruktion vom 17. Nov. (Stockholm RA Riksregistr. 1646 VI, fol. 2098; vgl. Urk. u. Akt. XXIII 100 ff.), später mehrfach bestätigt (Riksregistr. 1646 VI, fol. 2362, 1647 I, fol. 1, 32), und die Briefe des Kanzlers an seinen Sohn bei Gjörwell II 318, 220, 347 f. (der zweite Brief bei Gjörwell mit falscher Jahreszahl, was Odhner 136 übernommen hat; vgl. Lundgren 249). Plan einer Reichsgarantie für Pommern: Volmar 390 ff.; Meiern IV 227 ff.; Urk. u. Akt. IV 482 ff. — Johan Oxenstiernas
314 Garantieprojekt nach Balt. Stud. XIV 2, S. 50, 58 und den Wiener Akten (Bericht vom 3. Jan., Erlaß vom 26. Jan., RK 53 a und c). Pufendorf und Odhner erwähnen die Garantieverhandlungen überhaupt nicht, infolgedessen auch nicht diesen Vorschlag. Da auch die Stockholmer Akten, soweit ich sehe, nichts darüber sagen, muß man ihn wohl als eine private Äußerung Oxenstiernas nehmen.

Die Wendung der brandenburgischen Politik erfolgte am 13. Januar: Pufendorf, Frid.
315 Wilh. III § 1; Meinardus III 610. — Motive der französischen Vermittlung: Nég. secr. IV 2, 8, 72, 75; Mazarin, Lettres II 835. — Über die nun folgenden Verhandlungen vgl. die Darstellungen von Breucker und Odhner 180 ff., die Aktenstücke bei Meiern IV 230 ff.; Nég. secr. IV 1 ff.; Urk. u. Akt. IV 492 ff., XXIII 106 ff.; Volmar 399 ff. Zu Meierns ziemlich verworrener Chronologie vgl. Breucker 84 Anm. 2.

10. Kap. Schwedische Satisfaktion

Schwedische resolutio ultima: Meiern IV 264; ebendort S. 266ff. die abschließenden Verhandlungen, ferner Pufendorf III § 8—9 und Balt. Stud. XIV 2, S. 96ff. — Die schwedischen Absichten auf Alleinbesitz des rechten Oderufers und ihre vorwiegend militärischen Hintergründe (ähnlich wie bei Frankreichs Absichten auf das rechte Oberrheinufer) ergeben sich aus Urk. u. Akt. XXIII 103; Gjörwell II 364; Balt. Stud. XIV 2, S. 86 ff. — Interesse des vorpommerschen Adels am Stift Kammin: Balt. Stud. XIV 2, S. 81, 88. *316*

Säkularisationen, Entschädigung Brandenburgs, Vertrag mit Schweden: Meiern IV 280ff.; Pufendorf, Frid. Wilh. III § 10—14.

Die Säkularisationen waren die bedeutendsten Veränderungen, die der Westfälische Frieden für das alte Reich gebracht hat. Zur Geschichte des Begriffes und der Sache vgl. den Artikel von E. Sehling in der Protestantischen Realenzyklopädie, 3. Aufl., 1908, XXI 838ff. Die Ansicht des Großen Kurfürsten: Urk. u. Akt. IV 384. — Trauttmansdorffs Auseinandersetzung mit Bischof Franz Wilhelm von Osnabrück in dem Briefwechsel zwischen beiden, 6./10. Januar 1647 (Wien RK 50b). Versuche Trauttmansdorffs, die Rechte der Bischöfe und Kapitel trotz Abtretung zu erhalten: Gärtner IX 37; Meiern III 437, 760. Das freie Wahlrecht war natürlich in einem solchen Fall nicht zu retten; so heißt es z. B. hinsichtlich Magdeburgs in dem Angebot an Brandenburg: „non obstante ulla electione aut postulatione, interea temporis sive clam sive palam facta." Das bezieht sich auf die gleich zu erwähnenden Wahlen in Magdeburg und Halberstadt. *317* *318*

Über die für Brandenburg bestimmten Bistümer vgl. E. Wagner, Die Säkularisation des Bistums Halberstadt und seine Einverleibung in den preußischen Staat, Ztschr. d. Harzvereins 38 (1905), 161ff.; G. Geist, Die Säkularisation des Bistums Halberstadt im Westfälischen Friedenskongreß, Diss. Halle 1911; J. Opel, Die Vereinigung des Herzogtums Magdeburg mit Kurbrandenburg, 1880; K. Wittich, Aus den ungedruckten Papieren des Administrators Christian Wilhelm, Geschichtsbll. f. Stadt und Land Magdeburg 33 (1898), S. 325ff. (hierzu Meiern IV 971, VI 191ff.); B. Szczeponik, Herzog Ernst Bogislav von Croy, der letzte Bischof von Kammin, im Streit Schwedens und Brandenburgs um den Besitz des Bistums, Diss. Greifswald 1913 (hierzu Balt. Stud. XIV 2, S. 119). — Zahlreiche Protestschreiben der betroffenen Kapitel und Städte bei Meiern im 4. Bande. — Zu dem selbständigen Vorgehen der Kapitel von Magdeburg und Halberstadt s. Meiern IV 256; Geist 54ff.; über die Interessen des braunschweigischen Hauses in beiden Stiftern Pütter 193ff. — Bemühungen des Lampadius und brandenburgischer Protest dagegen: Meiern IV 282ff.; Meinardus III 609. — Annahme der Entschädigung durch Brandenburg: Bericht vom 4. Febr. (Wien RK 53a); Meiern IV 293f, 306 ff. Schwedisch-brandenburgischer Vertrag: Sverges traktater VI 1, S. 149. *319* *320*

Zu den schwedischen Forderungen auf Wismar, Bremen und Verden vgl. die Arbeiten von Brückner, Pries, Schnell, Zetterquist und v. Bippen II Kap. 10. — Verhandlungen darüber: Meiern IV 312ff., 339ff. — Französischer Vorschlag eines Kondominiums in Wismar: Pufendorf, De reb. Suec. XVIII § 76. Die schwedischen Mindestforderungen: Riksr. prot. XI 455.

Die kaiserliche Urkunde über die Reichsfreiheit der Stadt Bremen ist gedruckt bei Bippen II 404. Verhandlungen über Stift und Stadt Bremen: Volmar 373; 406f., 415; Trauttmansdorff an den Kaiser, 16. Nov. 1646 über Bewilligung des weltlichen Status für Bremen und Verden (Wien RK 50b); letzter Vorstoß der Katholiken: Meiern III 328ff. *321*

Verhandlungen über die Rechtsstellung der pommerschen Landstände: Balt. Stud. IV 2, S. 28; V 1, S. 99ff.; V 2, S. 103, 115ff., 144ff.; VI 1, S. 3f., 27, 82, 120ff.; VII 1, S. 136ff., 168ff.; XIV 2, S. 67ff., 82, 105, 134ff. *322*

Osnabrück: Volmar 411ff. — Minden: Die Arbeit von Spannagel und ein Briefwechsel zwischen dem Kurfürsten von Brandenburg und Trauttmansdorff, 19./23. Febr. 1647 (Wien RK 50b), ferner Meiern IV 330; Urk. u. Akt. IV 540; Volmar 411ff.; Pufendorf, Frid. Wilh. III § 13. *323*

Schwedische Geldforderungen: Riksr. prot. XI 450ff.; Odhner 187f. Die geheime Vorschußzahlung des Kaisers und ihr Nachspiel: Meiern V 749f.; Sverges traktater VI 1, S. 159; Odhner 352. — Behandlung der pfälzischen Frage: Volmar 412ff.

Der schwedische Vorvertrag über die Satisfaktion ist gedruckt bei Odhner im Anhang und Sv. traktater VI 1, S. 152ff. (Meiern IV 312ff hat nur einen Entwurf dazu). Nachspiel in Stockholm: Chanut 105ff.; Arckenholtz I 110f.; Urk. u. Akt. XXIII 110f.; Riksr. prot. XII 45f.; Odhner 191f. — Letzte Einwirkung auf Brandenburg: Meinardus III 656ff.

DRITTER TEIL

DIE DEUTSCHEN FRAGEN UND DER ABSCHLUSS DES FRIEDENS

11. KAPITEL

Reichsverfassung und Friedensgarantie

325 Jura statuum und Assecuratio pacis hingen aufs engste zusammen, weil die Großmächte und ein Teil der Stände den Frieden nur gesichert glaubten, wenn die monarchische Gewalt des Kaisers wirksam beschränkt werde. Unsere Darstellung in Kapitel 4 hat diesen Zusammenhang schon im ersten Stadium der Friedensverhandlungen nachzuweisen gesucht. Die Verhandlungen über beide Fragen gingen auch in der Folge häufig Hand in Hand, doch werden wir sie um der Übersichtlichkeit willen hier nacheinander erörtern.

Die Erörterung des ganzen Fragenkomplexes beginnt mit der kaiserlichen Antwort auf
326-27 die ersten Propositionen der Mächte: Meiern I 620, 630; dazu K. F. Eichhorn, Deutsche Staats- und Rechtsgeschichte, 4. Aufl., 1836, IV 281ff. Stellung der Stände dazu: Gärtner V 686ff., VI 152f.; Meiern I 750, 759ff., 778ff., 782ff., 812ff.; die Gravamina politica der
328 evangelischen Stände in der endgültigen Fassung ebenda I 822ff. — Dupliken der Kronen vom Januar 1646 bei Meiern II 183—203, dazu die Gutachten der kaiserlichen Gesandten bei Gärtner VIII 82, 102. — Ständeberatungen: Meiern II 251f., 259, 317—27, 354—62,
329-30 387—92. Die Ständegutachten sind oben zu Kap. 8 (am Schluß) aufgeführt, dort auch die „Capita assecurationis" des Fürstenrates. Vgl. ferner die Osnabrücker Gravamina politica bei Gärtner IX 386—95.

331 Die kaiserlichen Dupliken vom Mai 1646 bei Meiern III 13, 54, die kaiserlichen Friedensprojekte vom April und Mai 1646 bei Gärtner IX 24ff., 505ff., 642ff. (= Meiern III 66ff.). Für den Fortgang der Verhandlungen s. Volmar 329, 334f. und die Friedensentwürfe vom April 1647 bei Meiern IV 490, 493, V 457ff., vom Mai bis Juli 1647 ebda IV 557ff., V 130ff., 141ff. Die letzten Entwürfe aus dem Jahre 1648 finden sich bei Meiern V 762ff., 925ff., VI 3ff., 91ff., 109ff. Einen Überblick über die Verhandlungen zur Frage der römischen Königswahl gibt Scheel S. 114—23.

332 Assecuratio und Antiprotestklausel; Hierzu vornehmlich Toscano 19ff., der sich aber nur mit der völkerrechtlichen Garantie des Friedens beschäftigt. Auf S. 24 behauptet er irr-
333 tümlich (auf Grund des unvollständigen Textes Nég. secr. I 438f.), die kaiserliche Replik vom September 1645 habe den schwedischen Sicherheitsvorschlag mit Stillschweigen übergangen; vgl. dazu den Text bei Meiern I 622f. (= Gärtner VI 147), der ausdrücklich auf die schwedische Proposition Bezug nimmt. Der französisch-schwedische Meinungsaustausch des Sommers 1645 nach Nég. secr. II 2, S. 102f., 110, 116. — Dupliken der Kronen vom Januar 1646
334 wie oben; Gutachten der kaiserlichen Gesandten zur Assecuratio: Gärtner VIII 70ff., 92ff. — Meinung der Stände: Meiern I 830, II 483ff., 927ff. (Kurfürstenrat), II 897ff. (Fürstenrat), II 961ff. (Städterat). Die „Capita assecurationis" der Evangelischen liegen in drei Fassungen

11. Kap. Reichsverfassung und Friedensgarantie 565

bei Meiern II 205, 487, 488 vor, dazu das brandenburgische Separatvotum bei Gärtner IX *335-36*
341. — Einen bequemen Überblick über diese Verhandlungen gibt Moser, Garantie, S. 3—
38.

Zur kurialen Politik am Westfälischen Friedenskongreß und zur Vorgeschichte des Breve *337*
Zelo domus Dei vgl. die im Quellen- und Literaturverzeichnis genannten Arbeiten von
K. Repgen, durch die zum erstenmal einiges Licht in die Vorgeschichte des päpstlichen
Protestes gegen den Frieden gekommen ist, ohne daß schon alle Fragen geklärt wären.
Pastor XIII 488 ff. und Eckhardt 54 ff. schildern die Haltung der Kurie während des Kölner
Kongresses (s. oben Kap. 2) und danach. Die Kurie hat sich in dieser Zeit mit diplomatischen
Vorstellungen bei den katholischen Mächten begnügt, allenfalls (gegen die Regenburger
Amnestie) mündlich protestiert, öffentliche Proteste jedoch vermieden, höchstens für die
Zukunft erwogen. Für den Zeitpunkt des Umschwungs kommt es auf die richtige Da- *338*
tierung der hierhergehörigen Aktenstücke an: Chigi sandte den ersten Protestentwurf am 15.
Dezember 1645 nach Rom (Pastor XIV 77), die Folge war das Kredentialbreve vom 19. Mai
1646, das man auf den 5. Oktober 1644 zurückdatierte. Es ist häufig gedruckt, u. a. bei Adami
46 und Meiern IV 861; die Rückdatierung ist Pastor XIV 74 und Eckhardt 57 entgangen;
vgl. Repgen HJb 75, S. 121. — Wie die Ginetti-Instruktion von 1636 der Öffentlichkeit bekannt wurde, hat Repgen QuFiA 34, S. 253 nachgewiesen.

Zur Vorgeschichte der Antiprotestklausel vgl. Eckhardt 59 ff., Meiern I 601 ff., 606, 681, *339*
685, 705, die schon erwähnten Ständegutachten, die „Capita assecurationis", die kaiserlichen
Repliken und verschiedenen Friedensprojekte, insbesondere Meiern III 92, 94, 152 f.
und folgende Stellen aus den Friedensentwürfen des Jahres 1647: Meiern V 467, 139, 160,
IV 589, 833 ff. (in dieser Reihenfolge).

Endgültige Fassung der Garantiebestimmungen und deren Auslegung: Toscano 33 ff., *340-41*
der sie mit vielen anderen Forschern nur auf die Bestimmungen über die innerdeutschen
Angelegenheiten, vornehmlich also Reichsverfassungs- und Religionsfragen, beziehen will.
Anders (und m. E. richtig) H. Wehberg, Die Schieds- und Garantieklausel der Friedensverträge von Münster und Osnabrück, in: Die Friedenswarte 48 (1948), S. 281—89, der die
Meinung vertritt, daß der gesamte Vertragsinhalt garantiert worden sei. Dieser Auffassung
scheint auch J. J. Moser (Garantie S. 39 ff.) zu sein.

Die letzten Verhandlungen über die Antiprotestklausel: Meiern III 356, 422, 425, IV 36, *342*
39, 79, 89, 118; Eckhardt 61 ff., 93 ff., 137 ff.

12. KAPITEL

Die kirchlichen Streitfragen

Veränderte Haltung der katholischen Mächte im letzten Stadium des Krieges: Eckhardt *343*
Kap. 6—9.

Zur Erörterung der Religionsfragen während des Krieges vor allem folgende Aktenstücke:
Sattler VII Beilage 4 und 6; Irmer I 74 f. 125 ff., (Hessen-Kassel 1632), 224 (Kursachsen);
die Forderungen der evangelischen Kurfürsten nach Pirnische und Pragische Friedenspacten
291 ff.; Ranke, Wallenstein (Werke XXIII), 350; H. Knapp, Matthias Hoe von Hoenegg, 1902,
S. 52 ff. Gravamina des Regensburger Reichstages: Londorp V 205, 321, 326, 418. — Ent- *344*
stehung der protestantischen Gravamina Ende 1645: Meiern I 740 ff, 765 ff., 801 ff., II 98
—138, 522 ff., 537 ff.; Chemnitz IV 5, S. 222 ff.

Für die folgende Darstellung waren von besonderem Wert die Protokolle der katholischen
Ständeberatungen in Münster (Wien SK Karton 1 und 2), verschiedene Gutachten der
kaiserlichen Geheimen Räte über die Gravamina aus dem Jahre 1646 (Wien RK 49 b und
52 d), deren erstes zum größten Teil wörtlich in die kaiserliche Instruktion vom 11. Januar 1646
(Gärtner VII 441 ff.) eingegangen ist, schließlich der Schriftwechsel Trauttmansdorffs mit
Wien aus dieser Zeit (Wien RK 50 a, b und c). Bei dem Umfang dieses Materials ist es leider

nicht möglich, die benutzten Aktenstücke einzeln zu zitieren, wie in den anderen Kapiteln geschehen.

345-49 Zum Grundsatz der Aequalitas: Pütter 361 ff.; Aegidi 42 ff. und die von ihm zitierten Stellen. Doch ist Aegidi insofern zu berichtigen, als die schwedische Proposition vom 1. Juni 1645 noch nicht von einer durchgehenden Gleichheit der Konfessionen, sondern von ihrer Rechtsgleichheit gesprochen hatte, die der Kaiser in seiner Antwort vom September 1645 ohne Bedenken annehmen konnte. Erst die protestantischen Gravamina vom Dezember 1645 faßten die Sache genauer. Die eigentliche Bedeutung des Prinzips der aequalitas am klarsten bei J. N. F. Brauer, Von den Normen in Beurteilung des Verhältnisses verschiedener Religionsverwandten gegeneinander, in: Abhandlungen zur Erläuterung des Westfälischen Friedens II, 1784, S. 93—133.

350 Trauttmansdorffs mündliche Äußerungen: Adami 131, 209. Wiener Theologengutachten Anfang 1646: Steinberger 58 ff. (doch ist Gärtner IX 874 ff. nicht, wie er glaubt, das hier gemeinte Gutachten, sondern ein Schreiben Trauttmansdorffs an die kathol. Stände). —
351 Gemäßigte Ansichten auf evangelischer Seite: Forstner bei Bougeant III 427 f.; Sattler VIII 119; Gärtner IX 198; Urk. u. Akt. I 738. — Die extremen Katholiken: Adami 235 f.; G. Wolf in Gebhardts Handbuch der Deutschen Geschichte, 7. Aufl., 1930, I 727.

Zu den weiteren Verhandlungen, zunächst zwischen den beiden Konfessionsparteien,
352 d. h. den evangelischen und katholischen Ständen unmittelbar: Meiern II 565—761; Gärtner Bd. 8 und 9; Volmar 266—98; Adami 220 ff.; Pfanner 264 ff. — Über die Begriffe exercitium publicum, privatum und devotio domestica: Sägmüller, Theolog. Quartals-
353 schrift 90 (1908), 255 ff. und M. Heckel ZRG 74, S. 279 f. — Katholische Berufung auf das gemeine Recht: Meiern II 641 f., 648.

Vermittelnde Haltung Trauttmansdorffs und Frankreichs: Meiern II 635 ff.; Nég. secr.
354 III 174 f. — Der zweite Abschnitt der Religionsverhandlungen beginnt mit dem Eingreifen Trauttmansdorffs. Über den Standpunkt des Kaisers und seine Verhandlungen mit Mainz und Bayern unterrichten außer den Gutachten der kaiserlichen Räte und verschiedenen
355 Relationen (in Wien RK 50c, 51b, 52d) noch Volmar 307 und Steinberger 61 f. Verlauf der Verhandlungen bis August 1646: Adami 243 ff.; Volmar 309—46; Gärtner IX 747—1048
356 (hier S. 874 Trauttmansdorffs Antwort an die katholischen Stände vom 12. Mai, fälschlich, wie oben bemerkt, als Gutachten der Wiener Theologen bezeichnet); Meiern III 97, 150 ff. — Über das Prinzip der aequalitas in diesen Verhandlungen: Aegidi 46 ff. und die dort ge-
357 nannten Stellen aus Meiern. — Nachgiebige Tendenzen auf evangelischer Seite: Krause V 2, S. 124 f.
358 Zur sächsischen Politik: K. Helbig, Die sächsisch-schwedischen Verhandlungen in Kötzschenbroda und Eilenburg, Archiv f. sächs. Gesch. 5 (1867), 264 ff., die Reskripte des Kurfürsten bei Arndt, ferner Krause V 1, S. 427; Nég. secr. III 227 f. Vgl. auch H. Almquist, Königin Christina und die österreichische Protestantenfrage, Arch. f. Ref. Gesch. 36 (1939), S. 1 ff.

359-62 Für die weiteren Verhandlungen des Jahres 1646 sei summarisch auf die Akten bei Meiern III, Buch 20 — 21 verwiesen; die „Endliche Erklärung" der Katholiken vom 1. Dezember 1646 findet sich daselbst S. 434 ff. — Für die ersten Wochen des Jahres 1647 das
363 Gutachten der kaiserlichen Gesandten in Osnabrück vom 17. Okt. 1647 (Wien RK 53b), das nachträglich die Verhandlungsvollmacht Trauttmansdorffs erörtert, sowie Meiern IV Buch 25; Aegidi 48 ff.
364 Kampf um die norddeutschen Stifter: Die braunschweigischen Forderungen bei Meiern
365 VI 396 ff. — Frankreichs Stellung: Nég. secr. IV 22 ff., 37, 51, 57, 60; Mazarin, Lettres II 392 ff., 422; Berichte Trauttmansdorffs (Wien RK 50a, b; 53a).

Auch zum weiteren Fortgang der Religionsverhandlungen wieder vornehmlich die Wiener Akten (RK 53a, 54c, Gutachten vom 27./28. März und 4. April 1647) — Volmars Irrtum über Augsburg: Bericht Trauttmansdorffs vom 22. April (Wien RK 50b). — Protestanten
366 in den kaiserlichen Erblanden: Meiern IV 165—77. — Die geheimen Vereinbarungen mit

12. Kap. Die kirchlichen Streitfragen

Avaux nach den Berichten Trauttmansdorffs (Wien RK 50a,b) und dem Protokoll der Sitzung der katholischen Stände vom 6. April (Wien RK 54e).

Anerkennung der Reformierten: Hierüber die Arbeiten von Richter, Keller und Kochs (s. Lit. Verz.). Zur kirchlichen und politischen Bedeutung des lutherisch-reformierten Gegensatzes vgl. Sven Göransson, Sverige och bekännelsefrågan vid den Westfaliska fredskongressen 1645—1648, Kyrkohist. Årsskrift 1947, S. 86—156; ders., Schweden und Deutschland während der synkretistischen Streitigkeiten 1645—1660, Arch. f. Ref. Gesch. 42 (1951), S. 220—43. Ferner J. J. Müller, Entdecktes Staatskabinett IV, 1716, S. 56—133. 367 368

Über die Anfänge der Verhandlungen im Jahre 1645 enthalten die Berichte des hessischen Gesandten Scheffer (Marburg St. A. Pol. Akten nach Philipp, Kriegssachen 194) interessante Einzelheiten. — Zur Vorgeschichte der Frage schon die kaiserlich-hessischen Verhandlungen 1638: Rommel VIII 518 ff.; Erdmansdörffer HZ 14 (1865), 27 ff.; Kochs 90. — Stellung des Großen Kurfürsten: Urk. u. Akt. I 713, 738, Volmar 266 f. — Gleichberechtigung der Reformierten als hessische Forderung: Rommel VIII 553, 750 ff. — Erörterungen der Franzosen und Schweden darüber: Bericht der schwedischen Gesandten vom 6. Juni 1645 (Stockholm RA Dipl. A I, Legaterna Ox. och Salvii brev till K. M. 1645 I); Nég. secr. II 2, S. 253 ff.; Chemnitz IV 5, S. 68 ff. — Zu der kaiserlichen Formel „si ipsi velint et quiete vivant" vgl. die ganz ähnliche Wendung in der Antwort der lutherischen Stände auf die kgl. Resolution in Augsburg 1555 bei Chr. Lehmann, De pace religionis acta publica I, 1707, S. 37, die bei M. Heckel, ZRG 73, S. 194 erwähnten Formulierungen lutherischer Juristen und die Erklärung Trauttmansdorffs Balt. Stud. IV 2, S. 74 sowie Richter 27 Anm. 47. — Die gereizten Erörterungen der Lutheraner und Reformierten nach den Berichten Scheffers und Richter 19 ff.; die Vorschläge beider Parteien bei Richter 20, 28, der Passus der schwedischen Proposition bei Meiern I 436 f. — Das lutherische Projekt eines von den Reformierten auszustellenden Reverses bei Meiern II 8 ff. ist zwar undatiert, doch bezieht sich Scheffer in seinem Bericht vom 22. November darauf; seine fragwürdige Tendenz geht aus Scheffers Berichten vom 22. und 29. November eindeutig hervor. 369 370

Äußerungen gegen das jus reformandi überhaupt sind relativ zahlreich, z. B. von Kurfürst Friedrich Wilhelm (Urk. u. Akt. IV 410; Balt. Stud. V 1, S. 117), Johan Oxenstierna (Urk. u. Akt. IV 409; Bericht Scheffers vom 1. November), bei diesem aber, der im Gegensatz zu dem Unionisten Salvius ein Gegner der Reformierten war, von der Absicht diktiert, bei den Pommern gegen den Kurfürsten von Brandenburg Stimmung zu machen; vgl. dazu Göransson, Arch. f. Ref. Gesch. 42, S. 231. Über gelegentliche Vorschläge, das jus reformandi durch volle Bekenntnisfreiheit der Untertanen zu ersetzen, vgl. Richter 34 f.; Kochs 98, Müller IV 65 f. — Vorläufig ergebnislose Verhandlungen des Winters 1645/46: Balt. Stud. IV 2, S. 50, 74, 79; Krause V 2, S. 28, 66 ff., 77 f.; Urk. u. Akt. IV 417 ff.; Meiern I 795 f, II 140, 205, 230 f. 371

Fortgang der reformierten Sache im Jahre 1646: Meiern VI 239 ff.; Richter 36—65; Kochs 98 ff. — Stellung Kursachsens: Richter 37; Brandenburgs: Urk. u. Akt. IV 686, Meiern II 936 ff. — Das Memorial der Reformierten vom 17. Mai 1646 bei Krause V 2, S. 113 ff. — Zur Beteiligung Schwedens: Meiern III 144 ff.; Krause V 2, S. 101, 112, 134, 140 f. — Verwendung der Generalstaaten: Volmar 398. — Weiterhin die bei Richter im Anhang gedruckten Projekte. 372

13. KAPITEL

Die Reichsstände auf dem Kongreß

Zu der mittelalterlichen Auffassung jeder „Reform" als Wiederherstellung eines alten Rechtszustandes vgl. F. Kern, Recht und Verfassung im Mittelalter, HZ 120 (1919), S. 1—79; J. Spörl, das Alte und das Neue im Mittelalter, HJb 50 (1930), besonders S. 306—15; H. Angermeier, Begriff und Inhalt der Reichsreform, ZRG 88 (1958), S. 181 ff. 373

374-76   Amnestie und Restitution: Zum Grundsätzlichen Pütter 328 ff. — Der kaiserliche Standpunkt ergibt sich aus den Gutachten der Geheimen Räte vom 22. Februar, 2. März, 2. April, 28. Juni und 1. Juli 1646 (Wien RK 52 d, 50 c); dazu die Berichte aus Osnabrück vom 11. Juni, 17. und 30. Juli 1646 (Wien RK 50 b, 52 a, 51 b). — Vgl. ferner Meiern III 153 ff., 199 ff., 279 ff.; Krause V 2, S. 124 f.

377   Zur pfälzischen Frage: Joh. Joach. Rusdorf, Consilia et negotia politica, Frankfurt 1725, S. 421—72; dazu Khevenhiller, Annales Ferdinandei XII 2096 ff. Einen Gesamtüberblick gibt L. Häusser, Geschichte der rheinischen Pfalz II, 1845, S. 542—64; über einzelne Phasen vgl. E. Blesch, Die Restitution der Pfalz und die Beziehungen Karl Ludwigs zu England, Diss. Heidelberg 1891; A. Jüdel, Verhandlungen über die Kurpfalz und die pfälzische Kur-
378 würde 1641—42, Diss. Halle 1890; R. B. Mowat, The mission of Sir Thomas Roe to Vienna 1641—42, Engl. Hist. Review 25 (1910), 264—75. Zu den Verhandlungen der Jahre nach 1641 noch: Urk. u. Akt. I 742; Chemnitz IV 1, S. 88 ff., IV 2, S. 20 ff., 71 ff., IV 3, S. 60 f. — Versuche des Kaisers, die Sache vom Kongreß fernzuhalten: Meiern I 31; Gärtner I 384, 716; Volmar 8, 23; Chigi I 1, S. 69.

Die Forderungen der pfälzischen Erben nach Londorp IV 640 ff.; Meiern I 569, III 501 ff. Stellung der evangelischen Stände: Meiern I 806, II 313 f. Einlenken Bayerns: Jacob 57; Gärtner V 853 f (Graf Kurz an den Kaiser, 28. Aug. 1645; bei Gärtner mit falscher Über-
379 schrift), VI 47 ff.; Volmar 304. — Vorschlag der achten Kur: Egloffstein 26; Meiern III 587 f. Dazu die Stellung Frankreichs: Nég. secr. III 48, 66, 115, 145, 151. — Einlenken der kaiserlichen Politik: Chemnitz IV 6, S. 61 ff.; Gärtner IX 14 ff.; Meiern III 7, 13, 32, 43, 68; der Schweden: Nég. secr. III 255; Volmar 328 f., 332 f. Schwedische Vorbehalte: Volmar 354, 373, 405.

Entwicklung der pfälzischen Frage am Kongreß: Meiern III 23. — Fürsprache der Generalstaaten und der evangelischen Kantone: Volmar 398, 402; Amtl. Sammlung der eidgenöss. Abschiede V 2, S. 1423.

380   Hessische Sache: Hier die auf Akten beruhenden Darstellungen von Rommel VIII und Weber. — Prager Frieden, Bündnis mit Frankreich und Schweden: Rommel VIII 379 ff., 399 ff., 503 ff., 546 ff. — Zusicherungen des Kaisers an Darmstadt: Weber 41. — Streit um die
381 Zulassung von Hessen-Kassel zum Kongreß: Nég. secr. II 1, 76; Volmar 70, 77. — Die hessischen Forderungen vom Januar 1646: Volmar 253; Gärtner VII 413 ff.; Meiern II 161 ff., 210. — Über den „Hessenkrieg" und die Gegensätze zwischen Kassel und Darmstadt die Monographie von Weber (Lit.-Verz.). — Nachgeben des Kaisers am Kongreß: Gärtner VII 672; Proteste Darmstadts: Meiern II 856; Nég. secr. III 64. Stellung der Reichsstände zur hessischen Frage: Meiern II 159 ff., 465 ff., 896, 924 f. — Die territorialen Forderungen Kassels bei Gärtner IX 564 (hier sind die Paderborner Ämter irrtümlich zur Grafschaft Arnsberg gezogen, so daß der Eindruck entsteht, als habe Kassel das ganze Stift Paderborn gefordert). Stellung des Kaisers dazu: Gärtner IX 663. — Verhandlungen des Sommers 1646: Volmar 301, 334, 337, 343; Meiern III 94, 546, 648. — Vorstoß Schwedens November
382 1646 und Haltung Frankreichs: Meiern III 755, IV 422 ff.; Nég. secr. III 268; Bericht aus Osnabrück, 21. Febr. 1647 (Wien RK 53 a).

Über die badische Frage am Kongreß liegt keine Spezialuntersuchung vor. Die Forderungen des Markgrafen Friedrich bei F. v. Weech, Badische Geschichte, 1890, S. 347, die schwedische Forderung auf seine völlige Restitution bei Volmar 333.

Zur württembergischen Frage ausführlich und mit Abdruck der wichtigsten Akten Sattler Bd. 8; ferner Günter 307 ff; Israel 13 ff.; Volk 84 ff. — Zur ursprünglichen Rechtsstellung der schwäbischen Klöster s. H. Hirsch, Die Klosterimmunität seit dem Investiturstreit, 1913, S. 115 f. Abweisung der schwäbischen Prälaten durch den Regensburger Reichstag: Sattler VII 231 f. Württembergs Forderungen an den Kongreß: E. Schneider, Württembergische Geschichte, 1896, S. 269. — Adamis Stimmenkumulation: Israel 29, Volk 91. — Stellung
383 der Kurfürsten zur württembergischen Klostersache: Gutachten von 1642 bei Sattler VIII

13. Kap. Die Reichsstände auf dem Kongreß

Beilage 14. Gutachten des Reichshofrates Mai 1646: Gärtner IX 762 ff. — Stellung Schwedens und Frankreichs: Volmar 333 f., 363; Sattler VIII 114 f. — Versuche, die österreichischen Forderungen an Württemberg bei den Verhandlungen mit Frankreich sicherzustellen: Meiern III 711, 713. Trauttmansdorffs persönlicher Verzicht: Sattler VIII 121 ff. — Vgl. im übrigen zu Württembergs Stellung auf dem Kongreß Sattler VIII 98—256.

Braunschweig-Lüneburg: Gustav Adolfs Versprechungen: Kretzschmar, Gustav Adolfs Pläne und Ziele in Deutschland, 1904, S. 18 ff., 51. Bestätigung durch Oxenstierna: Kretzschmar, Der Heilbronner Bund I 397. — Über die braunschweigischen Forderungen und ihre Behandlung am Kongreß die Arbeit von Plesken. *384*

Über Mecklenburg vgl. die Abhandlung von Brückner. — Zum Streit um Minden die bei Moser, Erläuterungen II 291 ff. gedruckten Akten.

Reichsstädte, Handels- und Zollfragen: Rangstreit zwischen Städten und Ritterschaft: Meiern III 579 ff., 645 f.; Jaeck 253 ff. Der Streit klingt nach in der Art, wie in IPO V § 29 der Reichsstädte besonders gedacht wird. — Ihr Kampf gegen die Zölle fand bei Franzosen und Schweden trotz des Nutzens, den sie selbst aus ihnen zogen, Unterstützung: Meiern I 438, 445. Doch zeigt sich bei den Schweden eine etwas vorsichtigere Haltung, was ein Vergleich der Bestimmungen über den Handel auf dem Rhein bei Meiern III 725 mit den schwedischen Forderungen bei Volmar 373 und Meiern III 754, IV 332 (wo die Zession schließlich auf die antiqua vectigalia reduziert ist) deutlich erkennen läßt. — Kaiser und Reich für die städtischen Forderungen: Meiern II 975, III 59 f., 69, 713. — Über den oldenburgischen Weserzoll s. Segelken, Die Grafschaft Oldenburg von 1638—1648, Diss. Jena 1931, und Düßmann. Bestätigung des Oldenburger Zolles: Meiern V 652, 706 f., 726, VI 98, 293 ff.; v. Bippen II 326. — Die schwedischen Ostseezölle: Pries 61 ff.; Moser, Erläuterungen II 241; Meiern VI 87. *385* *386*

Geheimvertrag der vier „ausschreibenden" Städte zur Beschickung des Kongresses: Jaeck 229 ff. — Über ihre Politik dort die Arbeiten von Jaeck, Katterfeld und E. Franz, Nürnberg, Kaiser und Reich, 1930, S. 329 f. Über Ulm ist wenig zu ermitteln; zu seinem Prozeß mit dem Bischof von Konstanz vgl. Meiern III 446 f., 611 f., 695 f. — Stellung des Kaisers zu Straßburg: Gärtner VII 450. Dekapolis: Revue d'Alsace 1881, S. 527 f. 1885, S. 482; 1886 S. 53 f. *387* *388*

Über das Religionswesen in den einzelnen Reichsstädten ausführlich J. J. Moser, Teutsches Staatsrecht Bd. 41, 1750, S. 75—564. — Der Kampf der Augsburger Protestanten um die Parität im Stadtregiment ist bei v. Stetten und H. Vogel dargestellt; vgl. auch Meiern III 103—122. Eintreten Sachsens und Brandenburgs dafür: v. Stetten II 650. Nichtanerkennung Leuxelrings: Meiern II 607, 953; v. Stetten II 713. Schweden und die Evangelischen forderten den Status von 1618 (Meiern I 436, 806, II 186, 314) oder einfach volle Parität (Meiern II 614; Chemnitz IV 5, S. 236 ff.), in den kleineren Städten die Herstellung des Status nach dem Religionsfrieden (Meiern II 615). Das spätere Schwanken der Evangelischen in der Augsburger Sache ergibt sich aus dem deutlichen Unterschied, den sie zwischen Augsburg und den kleineren Städten machen; vgl. dazu Meiern III 167, 335, 361, 413 ff., 425, 440, IV 24. *389* *390*

Katholische Reichsstädte: Zu Aachen vgl. Finken, zu Köln: Ennen V 736 ff.; P. J. Hasenberg, Die Reichspolitik der Freien Reichsstadt Köln im dreißigjährigen Krieg, Diss. Köln 1934. (Der letzte Teil dieser Arbeit, der die Politik der Stadt auf dem Kongreß behandelte, ist leider, wie der Verfasser mir mitteilte, während des Krieges im Manuskript verbrannt). — Die Forderungen der Aachener Protestanten bei Meiern III 101 ff. Ihre Aufnahme in die evangelischen Gravamina: Meiern III 167 (erste Fassung), 336 (spätere Fassung). Widerstand Kursachsens: Meiern III 350.

Hansestädte: F. Frensdorff, Das Reich und die Hansestädte, ZRG 20 (1899), 135—141; W. Fleischfresser, Die politische Stellung Hamburgs in der Zeit des dreißigjährigen Krieges, Progr. Hamburg 1883/4. — Begünstigung der Hanse durch die kaiserlichen Gesandten: Volmar 125; Gärtner VII 141 ff.; durch Frankreich: Meiern II 202. Stellung des Fürsten- *391* rates: Meiern I 791 ff., II 121 ff., 520. Die Reichsstädte und die Hansa: Meiern II 965 ff. Die Hansa im kaiserlichen Friedensentwurf: Meiern III 73.

392-94 Mediatstädte: Stralsund zwischen dem Reiche, Pommern und Schweden: F. W. Barthold, Geschichte von Rügen und Pommern IV 2 (1845), 528 ff.; Malmström 64 ff., 82 ff.; J. Paul, Die Ziele der Stralsunder Politik im dreißigjährigen Kriege, in: Staat und Persönlichkeit, E. Brandenburg zum 60. Geburtstag dargebracht, 1928, S. 130—152. Stellung und Forderungen am Kongreß: Chemnitz IV 5, S. 245; Meiern II 828 ff. — Erfurt: W. J. A. v. Tettau, Über das staatsrechtliche Verhältnis von Erfurt zum Erzstift Mainz, Jbb der Kgl. Akademie gemeinnütziger Wissenschaften zu Erfurt, NF 1 (1860), 1—140. — Magdeburg: G. Stöckert, Die Reichsunmittelbarkeit der Altstadt Magdeburg, HZ 66 (1891), 193—240, sowie den von Opel veröffentlichten Bericht Guerickes (s. Quellenverz.) — Münster: W. Sauer, Bestrebungen Münsters nach Reichsfreiheit, Westf. Z. 30 (1897), 103—140. — Osnabrück: Die von Stüve veröffentlichten Briefe Schepelers (s. Quellenverz.); H. Schröter, Dr. Gerhard Schepeler und seine Zeit, Mitt. d. V. f. Gesch. und Landeskunde von Osnabrück 63 (1948), 22—73. — Bremen: A. Köcher, Bremens Kampf mit Schweden um seine Reichsfreiheit, Hansische Geschichtsbll. 1882, S. 85 ff.; Bippen II 400. — Die Forderungen Erfurts, durch die herzoglich sächsischen Gesandten eingebracht, bei Meiern II 26 ff.; die Osnabrücker Petita bei Meiern II 169 ff., III 680 ff., VI 208 ff.; die der Stadt Münster in Westf. Z. 27 (1867), 336 ff. — Minden: Spannagel 19 ff.; Meiern II 877 ff., IV 211. — Über Herfords vergebliche Bemühungen um Reichsfreiheit s. Spannagel 53 ff.; Meiern IV 743 ff. — Eger: Meiern II 20 f.

Grafen und Ritter: Meiern II 19, 508, III 127 ff., 629, 644; IPO V § 28.

395 Forderungen der österreichischen Protestanten: Meiern II 24 ff., III 461 ff., 696 ff.

Über die große Zahl der kleineren Amnestieforderungen: Pütter 299 ff.

14. KAPITEL

Krise und Neubeginn

396 Ulmer Waffenstillstand: Meiern V 2 ff.; Bougeant III 254 ff.; Riezler V 606 ff.; J. Bender, Der Ulmer Waffenstillstand, Progr. Neuß 1903; dazu die Wiener Akten (RK 54e) und der
397 Schriftwechsel zwischen dem Kaiser und Trauttmansdorff (Wien RK 50a, b, c). Text der Ulmer Verträge: Sv. traktater VI 1, S. 58 ff., 82 ff. — Bayrisches Bündnisangebot an Frank-
398 reich: S. Riezler, Bayern und Frankreich während des Waffenstillstandes von 1647, SB der Münchener Ak. d. Wiss., hist. Klasse, 1898 II, 493—541.

Die ersten Friedensentwürfe: Hauptquellen für diesen Abschnitt sind die Berichte der kaiserlichen Gesandten vom Februar bis Mai 1647 in Wien RK 53a und b, die schwedischen Berichte aus dem gleichen Zeitraum in Sv. traktater VI 1.

399 Zur pfälzischen Frage: Meiern IV 354 ff., 395 ff.; Volmar 417; Nég. secr. IV 54 f.; Adami 510 ff.; Pfanner 484 ff.; Pütter 268 ff.; D. Albrecht, Der Heilige Stuhl und die Kurübertra-
400 gung von 1623, QuFiA 34 (1954), 236—49. — Abschluß der pfälzischen Sache: Meiern IV 409 ff., 616; Nég. secr. IV 125, 132, 140; das Abkommen ist gedruckt Sv. traktater VI 1, S. 164.

Erörterungen über die Friedensentwürfe: Pufendorf, De reb. Suec. XVIII § 135; Volmar 418; Pfanner 443 ff. Die recht zahlreichen Projekte sind nur teilweise gedruckt; vgl. für das
401 Jahr 1646: Gärtner IX 24, 642 (= Meiern III 66), für 1647: Meiern V 457, IV 557, V 130, 141 (in dieser Reihenfolge).

Abrücken der Evangelischen von den Schweden: G. Schmid, Arch. f. Ref. Gesch. 44
402 (1953), 209. — Neue schwedische Forderungen: Balt. Stud. XIV 2, S. 157, 165; Nég. secr. IV 38, 50 f., 56, 58. — Über Wismar: Meiern VI 511 ff.; Sv. trakt. VI 1, S. 160 f.; Brückner 53 ff. — Fortgang der Verhandlungen bis Ende Mai: Meiern IV 190 ff., 486 ff.; Nég. secr.
403 IV 60, 64, 92; Volmar 421 ff. — Eingreifen der Königin Christine: Meiern V (Vorbericht); Arckenholtz, Mémoires I 107 ff.; Odhner 209 ff.; Lundgren 281 ff. — Braunschweigische

Entschädigung und Stift Osnabrück: Meiern VI 396 ff.; Nég. secr. IV 65 f.; Volmar 423 f.; C. Stüve, Geschichte des Hochstiftes Osnabrück 1624—1647, Mitt. d. V. f. Gesch. u. Landesk. Osnabrücks 12 (1882), S. 320; vgl. auch Freckmann ebenda Bd. 31 (1906), S. 135; Geist 74 ff. — Zur Autonomie: Volmar 424; Meiern IV 514; Balt. Stud. XIV 2, S. 169, in den kaiserlichen Erblanden: Meiern IV 525 ff., 533 ff., V 550.

Neue Erörterungen über die französische Satisfaktion und die Dekapolis: Jacob 219 ff.; Overmann ZGORh 59, S. 103 ff.; Reuß I 154 ff.; Moßmann, Rev. d'Alsace 1885, S. 468 f., 1888, S. 256, 423 f., 1889, S. 96, 327 ff., 470 ff.; Katterfeld 72 ff.; Meiern V 406 ff. — Befürchtungen über das französische Vordringen im Reich finden sich mehrfach und auf verschiedenen Seiten: Meiern IV 717; Jaeck 262, 283; J. Gauß, Schweizer Beiträge zur allg. Gesch. IV (1946), 139—41. — Zu Metz, Toul und Verdun vgl. Kaufmann 56; Nég. secr. IV 121, 130; Meiern V 151 ff.

Zustimmung der Protestanten zu Trauttmansdorffs Entwurf eines Religionsvergleiches und Protest der Katholiken: Meiern IV 609, 617 ff.; Volmar 428 ff.; Berichte Trauttmansdorffs in Wien RK 50 a, b und Protokolle der katholischen Ständeberatungen in Wien SK Karton 3. — Die Rolle Chigis dabei nach H. Fischer, Beiträge zur Kenntnis der päpstlichen Politik während der Westfälischen Friedensverhandlungen, Diss. Bern 1913, S. 17 ff. (nach den vatikanischen Akten).

Letzte Verhandlungen und Abreise Trauttmansdorffs: Volmar 434 ff.; Meiern IV 651 ff.; Pufendorf, De reb. Suec. XIX § 140; Odhner 224; Israel 269 ff.

Die theologischen Erörterungen, die den Gang der Religionsverhandlungen begleiteten, konnten in diesem Stadium natürlich nichts wesentlich Neues mehr bringen. Sie erschöpfen sich in der Anwendung früher entwickelter Grundsätze auf die jeweilige Lage. Über die Anfänge dieser bedeutsamen Publizistik wurde schon in der Einleitung berichtet; es mögen hier die wichtigsten Literaturangaben folgen: Burgkard (d. i. Andreas Erstenberger), Ernestus de Eusebiis (d. i. Heinrich Wangnereck), Caramuel y Lobkowitz sind mit ihren Schriften im Quellenverzeichnis genannt, dazu treten weitere, teils auch ungedruckte Streitschriften aus der Feder Wangnerecks und anderer, über die Steinberger ausführlich berichtet. Er hat sich als erster mit dieser Streitschriftenliteratur und ihrem Gedankengehalt systematisch beschäftigt. Dann hat M. Ritter, Das römische Kirchenrecht und der Westfälische Frieden, HZ 101 (1908), 253 ff. diese Untersuchungen weitergeführt, B. Duhr in seiner Geschichte der Jesuiten (Lit.-Verz.) II 1, 1913, S. 452—93 und Eckhardt Kap. 14—16 haben noch mancherlei neues Material hinzugetragen; vgl. ferner für die Gegenseite D. Böttcher, Propaganda und öffentliche Meinung im protestantischen Deutschland 1628—36, Arch. f. Ref. Gesch. 44/45 (1953—54). — Nachdem in den genannten Hauptwerken die Frage auf katholischer Seite grundsätzlich erörtert worden war, ob man mit den Häretikern überhaupt ein Abkommen in Religionsfragen schließen und insbesondere auf Kirchengut verzichten dürfe, trat diese Frage in den vierziger Jahren mit Beginn der Friedensverhandlungen als eine unmittelbar brennende und sehr praktische in Erscheinung. Jetzt (Ende 1646) erschien Wangnerecks schon 1640 entworfenes „Judicium theologicum" im Druck, während seine „Ponderatio" und die dagegen gerichteten „Notae" seines bayrischen Ordensbruders Vervaux nur handschriftlich am Kongreß verbreitet wurden (1647); jene jetzt bei Meiern IV 590 ff. Im gleichen Jahr erschien Caramuels „Pax licita" (s. Quellenverz.), auf die Adami mit einem „Anticaramuel" antwortete. Von evangelischer Seite mischte sich der Theologe Dorsche (Dorschaeus) mit einer „Anticrisis opposita Judicio theologico", der berühmte Conring unter der Maske eines katholischen Theologen mit einer Abhandlung „Pro pace perpetua Protestantibus danda" ins Gespräch; vgl. über beide Sattler VIII 221 f. Auch Hippolithus a Lapide Pars III cap. IV ist hier zu nennen. — Diese ganze Literatur brachte weder, wie gesagt, irgend etwas grundsätzlich Neues, noch hatte sie den geringsten Einfluß auf die Friedensverhandlungen, weshalb wir uns beschränken, sie als ein Zeichen für die Anteilnahme der gelehrten Öffentlichkeit an den Religionsverhandlungen zu registrieren. Eckhardt 165 f. meint freilich: „This battle of these seventeenth-century pamphleteers was the literary aspect of a tremendous struggle to change the trend of modern history, to make possible the secularization of politics," aber mir scheint diese ganze Literatur doch zu zweit- oder drittrangig, um ihr eine solche Bedeutung zuzusprechen.

Zur Haltung Adamis vgl. Israel 60 ff.; Meiern V 307 ff. Über Leuxelring: v. Stetten II 789 ff. — Peñarandas Ansicht: Corr. dipl. II 95, 324. — Beratungen und Gutachten der katholischen Stände: Meiern IV 767 ff.; Corr. dipl. II 389 ff.; Adami 486 ff.; Fischer 31 ff.

417

Das französische Friedensprojekt vom Juli 1647 bei Meiern V 141. Vgl. zu den neuen französischen Forderungen bezgl. Lothringens Adami 499 ff.; Fitte 59 ff.; hinsichtlich des Elsaß und der drei Bistümer Siri IX 1383 ff., X 1033 ff.; Moßmann, Rev. d'Alsace 1890, 340 ff.; Jacob 233 ff.; Overmann ZGORh 59, S. 108 ff.; Kaufmann 56 ff.; H. Fischer 38 ff.; Lehr 32 f. — Stellungnahme Schwedens: Chanut 146 ff., 160 ff. — Die Ansichten der Kaiserlichen nach ihren Berichten vom 15. August und 1. Oktober (Wien RK 54a). — Ständeberatungen: Meiern IV 764 ff.

418-19

420

Forderungen der schwedischen Armee: Die Arbeit von Lorentzen, die Berichte Trauttmansdorffs vom August 1646 (Wien RK 50b), die protestantischen Äußerungen bei Meiern I 828, 848, 864, II 75. Die Abfindung der Armee spielt auch bei den schwedischen Vorschlägen zur Executio pacis im Projekt vom April 1647 (Meiern V 467 f.) und in den entsprechenden kaiserlichen Projekten (Meiern IV 580, 587) eine Rolle. — Eingreifen der schwedischen Armee: Pufendorf, De reb. Suec. XIX § 119, 120, 149; Meiern IV 723 ff., 769 ff. Das schwedische Memorial vom 14. August (Wien RK 54a) gibt die Zahl der Regimenter und ihre Forderungen etwas höher an als die von Erskein im August 1647 und von Oxenstierna im Mai 1648 übergebenen Aufstellungen; beide finden sich bei Meiern V 852, 846. — Abschwächung der Forderungen des Heeres durch die Gesandten: Lorentzen 93.

421

422

423

Anfänge einer Friedenspartei: Zur bayrischen Politik im Sommer 1647 vgl. Meiern V 24 ff.; Riezler V 615 ff. und seine schon genannte Akademieabhandlung. Der Nég. secr. IV 132 erwähnte Entwurf eines französisch-bayrischen Bündnisses ist wahrscheinlich der bei Siri X 1011 ff. gedruckte (Siris Datierung auf September 1647 erweckt Zweifel, da Punkt 2 und 5 des Entwurfes noch das Bestehen des Ulmer Vertrages vorauszusetzen scheinen). Der Entwurf enthält die bayrischen Wünsche, die Randbemerkungen der französischen Bevollmächtigten lassen ihre Bedenken erkennen, von denen einige übrigens schon in dem bei Siri gedruckten Entwurf berücksichtigt sind, so daß sie sich offenbar auf einen früheren, nicht bekannten Entwurf beziehen. — Zur Haltung der bayrischen Armee vgl. S. Riezler, Die Meuterei Johanns von Werth 1647, HZ 82 (1899), S. 38 ff., 193 ff. — Der Pilsener Vertrag bei Meiern V 48. — Bayern und Schweden: Sverges traktater VI 1, S. 90 ff. — Kündigung des Ulmer Vertrages durch Frankreich: Mazarin, Lettres II 508, 519, 537, 541 ff., 551 f.

424

425

426-27

Zur brandenburgischen Politik: Urk. u. Akt. IV 541 ff., XIV, 14 ff. u. Einleitung S. 8. Ergänzungen aus den Wiener Akten (RK Staatenabt. Brandenburgica 9b), ferner Droysen III 1, S. 317 ff. und die Arbeit von Brandstetter. — Plan einer Allianz mit Schweden: Urk. u. Akt. IV 508 f.; Meinardus III 476, 721 ff.; Verhältnis zum Kaiser: Meinardus III 724 f.; Urk. u. Akt. IV 605 ff.; zu Frankreich: Meinardus IV 43; Urk. u. Akt. I 640—88.

428

429

Die katholischen Stände: Über Köln Meiern V 39 ff. Die süddeutschen Bischöfe: Siri IX 1301 ff.; Nég. secr. III 181, 287 ff., IV 156; Mazarin, Lettres II 448, 510, 889, 905, 963. — Schoenborn und Mainz: Siri X 1593—1610; Mazarin II 510; die Berichte Vautortes in Nég. secr. III 518 ff.; V. Loewe, Frankreich, Österreich und die Wahl des Erzbischofs Johann Philipp von Mainz im Jahre 1647, WZ 16 (1897), S. 172—88; Mentz I 46 ff. Die Botschaft Schoenborns an Friedrich Wilhelm bei Meinardus IV 42, die Antwort des Kurfürsten vom 20. Dez. 1647 abschriftlich in Wien RK Brandenburgica 9b.

430

431

Zur kursächsischen Politik lagen mir Abschriften aus dem Diarium des Gesandten Dr. Leuber (in Wien RK 54f.) vor. — Markgraf Christian und Bayern: Theatrum Europaeum VI 251 ff.

Vorschlag neuer Religionsverhandlungen: Theatr. Eur. VI 260 f.; Meiern V 106 ff.; Adami bei Ziegelbauer 40 f.

15. KAPITEL

Vorboten des Friedens

Zur eidgenössischen Politik: Die Acta und Handlungen, die im Literaturverzeichnis *432-33* genannten Arbeiten von J. J. Moser, von Jan, Gonzenbach, Gallati, Gauß, Bonjour. Ferner A. Fechter, Die im Westfälischen Frieden ausgesprochene Exemtion der Eidgenossen vom Reich, Arch. f. Schweizer Gesch. 18 (1873), 76—108; J. Gauß, Bürgermeister Wettstein und die europäischen Konfessions- und Machtkämpfe seiner Zeit, Schweizer Beitrr. z. allg. Gesch. 4 (1946). Gegenwirkungen des Kaisers gegen Wettsteins Mission: Ferdinands III. Briefwechsel *434* mit Oberst Zweyer, 24./28. März 1646 (Wien SK 2). — Wettsteins Instruktion ist gedruckt bei Fechter 101 ff.; zu ihrer Entstehung J. Gauß in Z. f. Schweizer Gesch. 28 (1948), 179. — Wettsteins Schlußbericht in den Acta und Handlungen S. 6 ff. oder auch in der Amtl. Sammlg. d. eidgen. Abschiede V 2, S. 2260 ff. — Französische Ratschläge: Amtl. Sammlg. V 2, S. *435-36* 1383; Gauß, Z. f. Schw. Gesch. 28, S. 182f. — Wettsteins „Recharge" in Acta u. Handl. 28, der Begleitbericht der Kaiserlichen dazu bei von Jan III 241 ff. Zur Abschwächung der *437-38* Anträge Wettsteins in diesem Bericht ist zu bemerken, daß sie nicht in dem Zusatz „vel quasi" zu „possessio" liegt, sondern in dem Ausdruck „libertas et exemptio ab Imperio." Merkwürdigerweise hat man in dem „vel quasi", das im römischen Recht den Besitz einer unkörperlichen Sache bezeichnet und in den Akten der Zeit ganz gebräuchlich ist, eine beschränkte oder zweifelhafte possessio erblickt. So übersetzt z. B. Oechsli, Quellenbuch zur Schweizergeschichte, kleine Ausgabe, 1910, S. 371 irrtümlich „im Besitz so gut wie voller Freiheit". Eine solche Beschränkung lag aber nicht in der Absicht der kaiserlichen Gesandten und wäre von Wettstein nicht akzeptiert worden. Vgl. zur Sache K. Stehlin, Die Exemtionsformel zugunsten der Schweiz im Westfälischen Frieden, Anz. f. Schweizer Gesch. 48 (1917), S. 35; Gallati 307f.; K. Müller, Die Exemtion der Eidgenossenschaft 1648, ein Beitrag zur Erklärung der Exemtionsartikel im Westfälischen Frieden, Schw. Beitrr. z. allg. Gesch. 4 (1946), S. 216 ff. — Zum Begriff der libertas ab Imperio siehe von Jan II an vielen Stellen. — Das Gutachten des Reichskammergerichtes bei v. Jan III 213 ff., das des Reichshofrates bei *439* J. J. Moser, Erläuterungen II 124 ff. und Amtl. Sammlung V 2, S. 2272. Das kaiserliche Dekret bei v. Jan III 256, die clausula remissiva bei Gallati 245.

Spanisch-niederländischer Frieden: Zur Stimmung im spanischen Lager vgl. Corr. dipl. *440-42* II 31 ff. — Über die Verhandlungen im Haag ebenda Bd. 2 und 3; Nég. secr. Bd. 4; Aitzema, Hist. pacis 488 ff.; Waddington II 184 ff.; Poelhekke Kap. 9 und 10. Mazarins Weisung an Servien in seinen Lettres II 359 ff. — Über die Kolonialfragen bei den spanisch-niederlän- *443* dischen Verhandlungen ausführlich F. G. Davenport, European Treaties bearing on the history of the United States and its Dependencies to 1648, Washington 1917, S. 353 ff.

Der Kaiser und die „dritte Partei": Die Absichten der Wiener Politik im letzten Kriegswinter sind trotz des massenhaften Aktenmaterials nur schwer zu ergründen. Was in unserer Darstellung darüber gesagt wird, geschieht mit Vorbehalt. Sicher ist, daß der Kaiser den sogenannten „Vorgriff" an bestimmte Bedingungen knüpfte, die wir kennen; ob er ihn überhaupt ernsthaft erwog oder nur unter Vorwänden ablehnen wollte, um sein Glück nochmals auf die Waffen zu setzen, ist schwer zu sagen. Zur Frage einer kaiserlichen Entschei- *444* dungsbefugnis bei Nichtzustandekommen eines Beschlusses der Stände (sog. „Vorgriff") siehe Tob. Paurmeister, De jurisdictione Imperii Romani, ed. secunda, Frankfurt 1616, Lib. II, cap. II, Nr. 50 u. 74; Joh. Limnaeus, De jure publico Imperii Romano-Germanici, ed. secunda, Straßburg 1645, lib. IX, cap. I, Nr. 169—175. — Für die kaiserliche Politik *445-46* am Kongreß sind Wien RK 52b, 53b, 53c, 54a, SK Karton 3 benutzt, für die Verhandlungen mit Bayern RK 54e, für die mit Sachsen RK 54f. Die Instruktion vom 14. Oktober ist gedruckt bei Meiern IV 815.

Erneuerung des französischen Vorvertrages: Nég. secr. IV 151, 169 ff., 179 ff.; Jacob *447-48* 251 ff.; Meiern V 161 ff. (hier der neu vereinbarte Text). — Volmars Verhandlungen in

Osnabrück: Meiern IV 786 ff.; Theatr. Eur. VI 276 ff.; Volmar 456 ff.; Adami bei Ziegelbauer 47 ff.; H. Fischer, Beiträge zur Kenntnis der päpstlichen Politik, Diss. Bern 1913,

449 S. 46—60. Die Erklärung, die Volmar Mitte Dezember 1647 für die weiteren Verhandlungen mit Schweden und Protestanten aufsetzte, bei Meiern IV 821 ff., 831 ff. Sie hat bereits, wie sich aus den Wiener Akten (RK 53 b) ergibt, das (Meiern offenbar nicht bekannte) katholische Gutachten vom 13. Dezember berücksichtigt, seine radikalsten Forderungen aber ausgemerzt.

450 Neuer Vertrag Kaiser-Bayern: Meiern V 126. — Das den Kurfürsten mitgeteilte abge-
451-53 änderte kaiserliche Friedensprojekt bei Meiern V 544 ff.; vgl. IV 1009 ff. — Verhandlungen mit Brandenburg: Meiern IV 799; Bericht aus Osnabrück vom 2. Dez. (Wien RK 53 b); Urk. u. Akt. IV 629 f., 753 ff.; Brandstetter 15 ff.

454-55 Frage des „Vorgriffs" und Verhandlungen in Osnabrück bis Februar 1648: Wien RK 55 a und c, 89/III (Diarium Volmars), 53 c (Gutachten vom 3. Dez., Erlasse vom 6. u. 11. Dez. 1647); Meiern IV 818 ff.; Theatr. Eur. VI 282 ff., 385 ff.; Odhner 239—51.

456 Religionsverhandlungen: Zur Protestdrohung des Nuntius vgl. H. Fischer a. a. O. 60 ff.; Adami bei Ziegelbauer 43 ff., 53 ff. (hier die Protest- oder besser Warnschreiben Chigis im
457 Wortlaut); Steinberger Beilage 6; Pastor XIV 77, 82, 92, 95 ff. — Für die Stimmung der katholischen Extremisten bezeichnend ein Schreiben des Abtes Georg von Adelberg an den Papst vom 6. Nov. 1647 bei W. Friedensburg, Regesten zur deutschen Geschichte 1644—55, QuFiA 6 (1904), 150 ff. — Stellung Chigis zum spanisch-niederländischen Frieden: Fischer 66 ff.; Eckhardt 110—14; Poelhekke 502 ff. und Anhang X.

458 Vorburg und seine Vermittlungspolitik: Sattler VIII 161 ff.; Chigi I 1, S. 134 f.; Wild 68 ff. Ähnliche Bestrebungen auf bayrischer Seite: Urk. u. Akt. IV 647, 650. — Interkonfes-
459 sionelle Geheimverhandlungen: Meiern IV 945 ff.; Eingreifen Volmars: Wien RK 55 a, 89/III. Eine Liste der an den Osnabrücker Verhandlungen beteiligten und der in Münster zurückgebliebenen Glieder des Fürstenrates bei Adami 549; vgl. auch Israel 275 und Meiern VI 333.

460 Über die abschließenden Religionsverhandlungen Meiern V 470 ff.; Theatr. Eur. VI 399 ff.; dazu die kaiserlichen Berichte in Wien RK 55 a und die schwedischen in Sverges traktater VI 1, S. 257 ff.; hier auch S. 169 ff. Abdruck der einzelnen Abkommen, die später in den Friedensvertrag übergingen. — Entwürfe zur Autonomie: Meiern IV 199, 570 f., 962;
461-62 Urk. u. Akt. IV 659 ff.; Odhner 252 f. — Österreichische Protestantenfrage: Meiern V 509. —
463 Gemischte Reichsstädte: Vogel 43 ff.; v. Stetten II 809 ff.; Finken 37 ff.
464 Lutheraner und Reformierte: Urk. u. Akt. IV 578, 665—86; Meinardus IV 61; Meiern IV 993, VI 272 ff.; Pfanner 612 ff.; Richter 65 ff. Abschluß des Artikels über die Reformierten: Meiern V 628, 642, 724.

465 Die letzten deutschen Fragen: Erörterungen über ihre Reihenfolge bei Meiern V 541, 577 f., 607; Sv. trakt. VI 1, S. 277 ff.

Hessische Entschädigung und Stift Paderborn: M. Gorges, Beiträge zur Geschichte des ehemaligen Hochstiftes Paderborn im 17. Jahrhundert, Westf. Z. 50 II (1892), 4 ff.; Adami
466 bei Israel 263 f. — Marburger Erbschaft: Meiern IV 429 ff., V 633 ff.; Weber 150 ff. Der Kasseler Vergleich vom 14. April 1648 nebst den zugehörigen Aktenstücken in Sv. trakt. VI 1, S. 209 ff.

467 Badische Sache: Pütter 286 ff. (zur Rechtslage); ferner Meiern V 460, 694 ff.
Das Abkommen über die Amnestie in Sv. trakt. VI 1, S. 224 ff.

16. KAPITEL

Friedensschluß

Beschluß der Generalstaaten über die Ratifikation des Friedens: Aitzema, Hist. pacis 648 ff.; Verhael VI 508 ff.; Wicquefort, Histoire I 110 ff.; Poelhekke 510 ff. *468*

Über den durch ter Borchs Gemälde berühmt gewordenen Ratifikationsakt vom 15. Mai 1648 haben wir mehrere Augenzeugenberichte: Corr. dipl. III 201 ff., 210 ff.; Aitzema, Hist. pacis 675 f.; den von E. A. Heyden veröffentlichten Bericht eines Bürgers von Münster, Westf. Z. 33 (1875), 155 ff. Danach die Schilderungen von J. H. Scholte in Pax optima rerum S. 144 ff. und Poelhekke 534 ff. Von ter Borchs Gemälde in der National Gallery in London (auf Kupfer) existieren nach dem Katalog der Galerie zwei Kopien in Amsterdam und Münster. Eine farbige Reproduktion ist bisher nicht bekannt geworden, die zahlreichen Schwarzweißdrucke erreichen den Eindruck des Originals nur sehr unvollkommen. Trotz des kleinen Formates ist der Ausdruck der Gesichter sprechend, Komposition und Farbwirkung sind bewundernswert. Vgl. zur Würdigung des Werkes A. Rosenberg, Terborch und Jan Steen, 1897, S. 38. *469-70*

Abschluß mit Schweden: Über die Amnestie in den österreichischen Erblanden s. Meiern IV 564, 919, 956, V 741 ff., 752 ff.; Theatr. Eur. VI 424 ff. — Zum Verhandlungsmodus: Gutachten, Erlasse und Berichte in Wien RK 55 a und c; J. J. Moser, Erläuterungen I 45 f.; Meiern V 731 ff. *471* *472*

Exekution und Ratifikation: Meiern I 438, 445, II 189 f., V 467; Sv. trakt. VI 1, S. 299 ff. (französischer und schwedischer Standpunkt); Meiern I 627, 631, IV 588, 833 ff., V 553 ff. (kaiserlicher Standpunkt); Meiern V 669, 703, 763 f. (Standpunkt der Reichsstände); vgl. Sv. trakt. VI 1, S. 252 ff. Über die Versuche, den Reichsständen bei der Exekution des Friedens ein Selbsthilferecht zu sichern, vgl. Meiern V 806, 814 ff., 933 f., VI 88, 93, 106; ferner J. Sundermahler, De potestate jus suum vi et armis persequendi in Imperio haud permissa, vulgo von der Selbsthilfe, in: Sammlung einiger neuerer Schriften von der im Westfälischen Frieden erlaubten Selbsthilfe, Leipzig 1756, S. 52—68. Dagegen D. G. Struben in dem gleichen Werk S. 95 ff. Der Streit der Staatsrechtslehrer des 18. Jahrhunderts ging darum, ob der Frieden die Selbsthilfe nur bei den allgemeinen Garantiebestimmungen (IPO XVII § 6) oder auch bei der Friedensexekution zugelassen habe. Um dies zu klären, griff man auf die Friedensverhandlungen zurück. Nach Sundermahlers Darlegungen ist kein Zweifel, daß die kaiserlichen Gesandten die Friedensexekution als eine Sache des Kaisers allein betrachteten und ihren Standpunkt auch durchsetzten. *473*

Erörterungen über die Abfindung der schwedischen Armeen: Volmar 447 f.; Meiern V 799 ff., VI 1 ff.; Odhner 258 ff.; Berichte und Gutachten in Wien RK 55 b und c; Urk. u. Akt. IV 689 ff., XXIII 113 ff. — Amnestie in den kaiserlichen Erblanden: Adami bei Ziegelbauer 85 f.; die Verträge über Satisfaktion der Miliz und Amnestie in den Erblanden in Sv. trakt. VI 1, S. 233, 239. *474-76*

Mecklenburgische Entschädigung und Zollfragen: Meiern V 829 f., VI 521 ff.; Brückner 65 ff. *477*

Abschluß mit Schweden: Meiern VI 119 ff.; Sv. trakt. VI 1, S. 316.

Frankreich: Über die inneren Verhältnisse und die Stellung Mazarins siehe Chéruel II 278 ff., 476 ff. — Stellung Longuevilles und des Grafen d'Avaux: Bougeant IV 10—23 (dessen Darstellung freilich parteiisch ist und die sachlichen Gegensätze ignoriert); Mazarin, Lettres II 402 ff., 413, 437 f., 440 ff., 450, III 14—18, 23, 40, 79, 108 Anm. 2; Brienne, Mémoires (Michaud-Poujoulat, Nouvelle Collection de mémoires, 3e série, tome 3), S. 94 f.; N. Goulas, Mémoires (Soc. de l'hist. de France 64) II 229, 266, 280 f. — Die Verhandlungen über Lothringen nach dem Schriftwechsel zwischen Paris und Münster in Paris AAE Allemagne 107, 113 (Januar 1648). — Auszeichnung Serviens: Mazarin, Lettres III 96. *478* *479*

480 Trennung des Kaisers von Spanien als französische Forderung: Meiern II 201f., 475ff.; Nég. secr. IV 135f., 142ff.; Urk. u. Akten des Reichsarchivs Wien II 454, III 1—69. — Lothringen: Fitte 69—74. — Zur Ausschließung Spaniens und Lothringens vom Frieden:
481 Chanut 146, 160f., 219, 320; Meiern V, Vorbericht S. 11. — Kaiserlich-niederländische Geheimbesprechungen: Wien RK 57, 58a. — Abreise Peñarandas: Corr. dipl. III 275ff. Serviens Antrag auf Ausschließung des burgundischen Kreises vom Frieden und Einspruch Volmars: Meiern V 894ff.; Theatr. Eur. VI 445ff., Diarium Volmars (Wien RK 89/III). —
482 Sorge vor schwedischem Sonderfrieden: Mazarin, Lettres III 155, 160, 169ff., 218ff., 229; Chanut 311, 320ff., 325ff.

Abschließende Verhandlungen über das Elsaß: Berichte Serviens April bis Sept. 1648 (Paris AAE Allemagne 113/114); Meiern V 168—73; Jacob 257ff.; Overmann ZGORh 59, S. 117ff.; Bougeant IV 83—102. — Speziell für Mömpelgard: Meiern VI 134, 297; Stälin, Württ. Vierteljahrshefte f. Landesgesch. NF 10 (1901), 397ff. Zu Mömpelgard ist zu bemerken, daß das Trauttmansdorffsche Friedensprojekt und der Vertrag von Osnabrück die volle Restitution des Hauses Württemberg-Mömpelgard in seine elsässischen Besitzungen, und zwar mit Bestätigung ihrer Reichsunmittelbarkeit, festgesetzt haben, während Servien die Aufnahme dieser Bestätigung in den Vertrag von Münster ablehnte. Das ist in dem Abdruck des Vertrages von Münster bei Zeumer Nr. 198 nicht berücksichtigt; vgl. IPO IV § 25 mit IPM § 32 (z. B. bei Vast oder Müller). — Über die Verhandlungen der Reichsstände mit
483-84 Servien im August 1648 haben wir die Berichte der kaiserlichen Gesandten (Wien RK 55b), des österreichischen Gesandten Wolkenstein (Wien SK Karton 3, Nr. 46), Thumbshirns (Meiern VI 303), Serviens (Overmann 139) und Salvius' (Sv. trakt. VI 1, S. 323); vgl.
485 auch Pfanner 670ff.; Lehr 36ff. — Die Deklaration der Reichsstände bei Meiern VI 336, 556f.
486 Assistenz für Spanien: Meiern VI 287ff.; Theatr. Eur. VI 562ff.; Bougeant IV 82f.; Berichte der kaiserlichen Gesandten und Wolkensteins (Wien RK 58b und SK Karton 4, Nr. 47). Die burgundische Frage bei den Beratungen über die Exekutionsordnung 1555:
487 F. Hartung, Karl V. und die deutschen Reichsstände von 1546 bis 1555, 1910, S. 167. — Zur Haltung der Reichsstände vgl. Urk. u. Akt. IV 707ff.; Meinardus IV 124ff., 132f.
488 Zur „ne-varietur-Formel" und zur Paraphierung vgl. L. Bittner, Die Lehre von den völkerrechtlichen Vertragsurkunden, 1924, S. 167ff.; H. O. Meisner, Aktenkunde, 1935, S. 138; W. Vogel, Der Anteil Osnabrücks und Münsters am Anschluß des Westfälischen Friedens, Mitt. V. f. Gesch. u. Landesk. Osnabrücks 63 (1948), 12—21.

Der Kaiser und Spanien 1648: M. Mecenseffy, Histor. Studien für F. A. Pribram, 1929,
489 S. 62ff. — Zu den letzten Verhandlungen in Münster: Wien RK 55c, 58a und b; Meiern VI 542ff.; Odhner 281ff.; Jacob 273ff.
490-91 Über den Modus der Unterzeichnung durch die Stände im Namen des Reiches waren mannigfache Erörterungen vorhergegangen: Meiern I 830, III 152, 170, IV 590, 835, V 140, 553ff., 713f., 728f., VI 117ff., 128, 580, 590f.; vgl. IPO XVII § 12 = IPM § 120.—Zur Frage der Verbindlichkeit von Reichstagsbeschlüssen für Abwesende vgl. F. Hartung, Deutsche Verfassungsgeschichte, 6. Aufl., 1950, S. 21, 33, 38, 47. — Hartung sagt S. 42, das Reich als Ganzes sei bei den Friedensverhandlungen nicht vertreten gewesen und habe an dem Friedensschluß nicht teilgenommen. Das scheint mir nicht richtig. Zwar haben beide Großmächte immer die Fiktion aufrecht erhalten, sie seien nur mit dem Kaiser und nicht mit dem Reich im Kriegszustand, aber in den Präambeln der Verträge werden gleichwohl die Reichsstände als „praesentes, suffragantes et consentientes" genannt, die Eingangsartikel sprechen von Herstellung des Friedens nicht nur mit dem Kaiser, sondern auch mit der Gesamtheit der Reichsstände, das Corpus der Stände hat schließlich durch bevollmächtigte Vertreter die Verträge mit unterzeichnet, und der Reichserzkanzler hat eine Ausfertigung der Verträge („Unterhändlerurkunde", nämlich das dem Kaiser überlassene Original beider Verträge; vgl. Bauermann in Pax optima rerum S. 66, 70) zum Verbleib erhalten, während der Kaiser selbst sich eine Zweitausfertigung herstellen ließ. Wer unterzeichnet und als Symbol

des vollzogenen Rechtsgeschäftes eine Ausfertigung des Vertrages erhält, wird aber damit zweifellos als Vertragspartner anerkannt (L. Bittner a. a. O. S. 184f.). Unklarheit über die Stellung des Reiches bzw. der Stände konnte nur entstehen, weil Kaiser und Kronen sich in den jahrelangen Verhandlungen über diese Frage nicht hatten einigen können und deshalb klare Vertragsbestimmungen vermieden. Die Tatsache, daß die Reichsstände in Artikel I beider Verträge einmal als Corpus zu den Anhängern und Bundesgenossen des Kaisers, einzelne von ihnen aber außerdem zu den Anhängern und Bundesgenossen der Kronen gezählt werden, ist nur ein Ausdruck dieser Schwierigkeit. Eine genaue Interpretation dieser Artikel kann nur zu dem Ergebnis kommen, daß die Stände als einzelne weitgehende völkerrechtliche Selbständigkeit, insbesondere Bündnisfreiheit, besaßen, als Corpus aber neben dem Kaiser das Reich repräsentierten. Dagegen ginge es zu weit, wenn man sie in ihrer Gesamtheit als einen selbständigen dritten Vertragspartner neben Kaiser und Kronen betrachten wollte, obwohl ähnliches den Kronen bei ihren ersten Vorschlägen, wie wir sahen, vorgeschwebt hatte.

Zur Zahl der Vertragsausfertigungen vgl. Bauermann a. a. O.; Meiern I 830, II 97, 498f., 502, V 503f. — Etikette bei der Unterzeichnung: Vast Einleitung S. IV; vgl. Meiern VI 586ff, 593f.   *492*

Die Unterzeichnung am 24. Oktober 1648: Meiern VI 606, 612ff.; Sverges traktater VI1, S. 331f.   *493*

VERZEICHNIS DER BENUTZTEN ARCHIVALIEN

Wien

Haus-, Hof- und Staatsarchiv

Friedensakten der Reichskanzlei

Nr. 49 a	Berichte aus Münster 1645
49 b	Gutachten über die erstatteten Berichte 1645—46
50 a	Geheimberichte des Grafen Trauttmansdorff an den Kaiser, Korrespondenz des Grafen Kurtz 1645—47.
50 b	Relationen des Grafen Trauttmansdorff 1646—47.
50 c	Rescripte an Graf Trauttmansdorff 1646—47.
51 a	Berichte aus Osnabrück 1646.
51 b	Weisungen nach Osnabrück 1646.
52 a	Berichte aus Münster 1646.
52 b	Weisungen nach Münster 1646—47.
52 d	Gutachten und Vota 1646.
53 a/b	Berichte aus Osnabrück 1647.
53 c	Weisungen nach Osnabrück 1647.
54 a	Berichte aus Münster 1647.
54 e	Verhandlungen zwischen Bayern und Frankreich, bayrischer Waffenstillstand 1647.
54 f	Verhandlungen mit Sachsen 1647—48.
55 a	Berichte aus Osnabrück Jan.—Mai 1648.
55 b	Berichte aus Osnabrück Juni—Sept. 1648.
55 c	Weisungen nach Osnabrück 1648.
57	Friede zwischen Spanien und Holland 1648.
58 a	Berichte aus Münster 1648.
58 b	Weisungen nach Münster 1648—49.
89/III	Protokoll des Isaak Volmar über die Verhandlungen in Münster, Teil III, 1648—49.

Friedensakten der Staatskanzlei

Karton 1	Korrespondenzen Kaiser Ferdinands III., der Erzherzogin Claudia von Tirol, des Erzherzogs Leopold Wilhelm u. a. 1635—49.
Karton 2	Korrespondenz Kaiser Ferdinands III. mit Kurz, Erzherzog Leopold Wilhelm u. a., Berichte aus Münster und Osnabrück 1644—49.
Karton 3	Berichte aus Münster und Osnabrück 1647—48.
Karton 4	Berichte aus Münster 1648—50, Korrespondenz des Grafen Trauttmansdorff mit Volmar.

Paris

Archives des affaires étrangères.

Correspondance politique
    Espagne Nr. 19.
    Allemagne Nr. 14—18, 40—42, 69, 107, 113—14, 116, 118.

Bibliothèque Nationale, Département des Manuscrits

Fonds Français
Nr. 4144   Documents relatifs aux négociations de Münster.

4168—73	Recueil de copies de pièces formé des dépêches écrites ou signées par M. Le Tellier, vol. 1—6.
5202	Instructions données aux plénipotentiaires français envoyés à Münster,
10212	Recueil de copies d'instructions.
10642	Instructions pour la paix de Münster.
10652	Mémoires de la négociation de Münster.
15870	Instructions à divers ambassadeurs.
20658	Papiers de Henri Auguste de Lomménie, Comte de Brienne. Vol. II Instructions.

Fonds Français, Nouvelles acquisitions:
Nr. 5163   Papiers de Théodore Godefroy.
Mélanges Colbert
Nr. 10   Recueil de mémoires concernant l'Allemagne
Collection Dupuy
Nr. 803   Lettres françoises de plusieurs personnages.
    881   Recueil de Lettres et Documents concernant les relations de P. Dupuy et Th. Godefroy avec Richelieu.

Institut de France
Collection Godefroy
Nr. 19—22	Mélanges relatifs aux négociations de Münster et d'Osnabrug.
34	Mélanges relatifs aux préliminaires de la paix de Westphalie.
275	Lettres originales du règne de Louis XIV., tome 1.
292	Droits du Roy de France sur plusieurs royaumes et seigneuries.
335	Mélanges conc. la Lorraine.
343	Mélanges conc. la Lorraine.
491	Mélanges conc. le Saint Empire.

Stockholm

Riksarkiv
Riksregistratur
            1641, 1645—47.
Diplomatica
            Germanica A I: Allmänna fredskongresser.
            Legaterna Joh. Oxenstiernas och J. A. Salvii brev från Osnabrück 1644—47 (insgesamt 10 Faszikel).
Kungliga koncept
            vol. 46—47 (1633—44).
Axel Oxenstiernas samling
   A I: Koncept till Axel Oxenstiernas egna brev och instruktioner 1633—49.
   A II: Koncept till kungliga brev, förordningar och instruktioner vol. 1—3.
Johan Adler Salvii samling
            vol. 7 Brev från Kungliga Huset 1645—51.

Marburg

Staatsarchiv
Politische Akten nach Philipp
   4 f   Staatenabteilung
            Frankreich Nr. 1364, 1375.
            Schweden Nr. 121, 122, 128, 136, 139, 140, 142, 147.
   4 h   Kriegsakten
            Nr. 193/2, 193/3, 194, 195.

LITERATURVERZEICHNIS

Vorbemerkung: Für das Verzeichnis der gedruckten Quellen ist Vollständigkeit angestrebt. Von den Darstellungen wird nur das wichtigste genannt, vor allem häufig zitierte oder in den angeführten Bibliographien nicht erfaßte Werke.

A. Bibliographische Hilfsmittel

Gryphius, Christian, Apparatus sive dissertatio isagogica de scriptoribus historiam seculi XVII illustrantibus, Leipzig 1710, S. 130—135.

Hoffmann, Christian Gottfried, Einleitung in das Jus Publicum des Heil. Römischen Reiches, Frankfurt a. d. Oder 1734.
  (Anhang: Bibliotheca Juris Publici.)

Pütter, (Johann Stephan), Litteratur des Teutschen Staatsrechts, Bd. 1—4, Göttingen 1776—1791.
  (Hoffmann und Pütter verzeichnen die umfangreiche staatsrechtliche Literatur des 17. und 18. Jahrhunderts zum Westfälischen Frieden.)

Lelong, Jacques, Bibliothèque Historique de la France, Nouvelle édition, Bd. 3, Paris 1771, Nr. 29177—83, 29228—33, 30664—65, 30720—28, 30741—93, dazu die Nachträge in Bd. 4, S. 453 ff.

Erdmannsdörffer, B., Zur Geschichte und Geschichtschreibung des dreißigjährigen Krieges, HZ 14, 1865, S. 1—44.

The *Cambridge Modern History*, Bd. 4, Cambridge 1906, S. 801 ff.

André, Louis, Les sources de l'histoire de France, XVII. siècle (1610—1715), Bd. 5, 1926, S. 226—231.

Setterwall, Kristian, Svensk Historisk Bibliografi, Bd. 1. 2. 3. Stockholm 1907, Uppsala 1923, 1937.
  (Verzeichnet die Literatur der Jahre 1771—1920. Von da ab sind die jährlichen Literaturübersichten der Historisk Tidskrift zu vergleichen.)

Thiekötter, Hans, Pacis Westphalicae Bibliotheca Germanica 1648—1948. In: Pax optima rerum, Beiträge zur Geschichte des Westfälischen Friedens 1648, hrsg. v. Ernst Hövel, Münster 1948, S. 197—292.
  (Hier ist in mehr als 1000 Nummern die gesamte deutschsprachige Literatur zum Westfälischen Frieden verzeichnet. Einige Nachträge bringt W. Vogel, HZ 171, 1951, S. 132 f.)

Westfälische Bibliographie, herausgegeben von der Historischen Kommission für Westfalen, Münster 1952, Nr. D 1474—1566.

B. Ausgaben der Friedensverträge[1]

v. Meiern, Johann Gottfried, Instrumenta Pacis Caesareo-suecicum et Caesareo-gallicum, Göttingen 1738.

---

[1] Hier nur die besten und leicht zugänglichen Drucke. Verzeichnisse früherer Ausgaben bei Hoffmann Nr. 1113—20, Pütter II 420 ff., Thiekötter Nr. 500a—535. Vgl. auch: Die Urkunden der Friedensschlüsse zu Osnabrück und Münster nach authentischen Quellen, Zürich 1848, S. 7 ff. und Ludwig Bittner, Chronologisches Verzeichnis der österreichischen Staatsverträge, Bd. 1, Wien 1903, S. 58 f. Deutsche Übersetzungen, die in großer Zahl erschienen sind, finden sich gleichfalls in diesen Bibliographien verzeichnet.

(Diese erste auf dem Stockholmer Original beruhende Textausgabe ist wieder abgedruckt in Joh. Ludolf Walther's Universal-Register zu J. G. v. Meiern's Acta Pacis Westphalicae, Göttingen 1740. Der Abdruck des Vertrages von Münster beruht auf einem früheren, nicht nach dem Original gefertigten Druck.)

Vast, Henri, Les grands traités du règne de Louis XIV., (Bd. 1), Traité de Munster, ligue du Rhin, traité des Pyrénées. (Collection de textes pour servir à l'étude et à l'enseignement de l'histoire 15), Paris 1893, S. 1—64.

(Enthält nur den Vertrag von Münster, aber mit den Urkunden über die Abtretung des Elsaß.) [2]

Philippi, Friedrich, Der Westfälische Frieden. Ein Gedenkbuch zur 250jährigen Wiederkehr des Tages seines Abschlusses am 24. Oktober 1648, Münster 1898, S. 33—93.

Zeumer, Karl, Quellensammlung zur Geschichte der deutschen Reichsverfassung in Mittelalter und Neuzeit, 2. Aufl., Tübingen 1913, S. 395—443.

Sverges traktater med främmande magter, utg. af C. Hallendorff, Bd. VI 1, Stockholm 1914, S. 333—465.

(Die drei letztgenannten Ausgaben haben beide Verträge in sorgfältiger Textgestaltung nach den Originalurkunden von Wien und Stockholm.)

Instrumenta Pacis Westphalicae. Die Westfälischen Friedensverträge 1648. Vollständiger lateinischer Text mit Übersetzung der wichtigeren Teile und Regesten. Bearbeitet von Konrad Müller (= Quellen zur neueren Geschichte Heft 12/13.) Bern 1949.

C. Quellen

Acta und *Handlungen* betreffend gemeiner Eydgenossenschaft Exemption, Basel 1651.

Acta Pacis Westphalicae, herausgegeben von Max Braubach und Konrad Repgen. Serie I: Instruktionen. Band 1: Frankreich, Schweden, Kaiser, Münster 1962.

Actes et mémoires de la négociation de la paix de Munster, Bd. 1—4, Amsterdam 1680.

Adami, Adam, Relatio historica de pacificatione Osnabrugo-Monasteriensi, hrsg. von Joh. Gottfr. v. Meiern, Leipzig 1737.

(Hierzu die Textergänzungen und -berichtigungen bei Ziegelbauer und Israel S. 249—77.)

Aitzema, Leo ab, Historia pacis a foederatis Belgis ab anno MDCXXI ad hoc usque tempus tractatae, Lugduni Batavorum 1654.

—, Lieuwe van, Historie of Verhael van Saken van Staet en oorlogh, 6. Teil, s'Gravenhage 1661.

von *Aretin*, Joh. Chr., Historisch-literarische Abhandlung über die erste gedruckte Sammlung der Westfälischen Friedensakten, München 1802.

(Gibt ausführliche Nachrichten über die seltenen Praeliminaria Pacis Imperii von 1648. Im Anhang werden aus diesem Werk einige später nicht wieder gedruckte Aktenstücke veröffentlicht.)

Arndt, Gottfried August, Des Kurfürsten Johann Georgs I. Reskripte an seine bei den Westfälischen Friedenstraktaten befindlichen Gesandten. Arndt's Archiv der sächs. Geschichte Bd. 2, 1785, S. 47—230, Bd. 3, 1786, S. 42—180.

Avaux s. Lettres.

Bär, Max, Die Politik Pommerns während des dreißigjährigen Krieges (Publikationen aus den Kgl. Preuß. Staatsarchiven 64), Leipzig 1896.

---

[2] Der Vertrag von Münster hat im Original (und in den Drucken bei Philippi und Sverges traktater) keine Paragraphenzählung. Die Zählung bei Vast, Zeumer und Müller ist Zutat der Herausgeber. Dabei haben Zeumer und Müller die §§ 3—5, 110—111 und 112—113 (nach der Zählung von Vast) jeweils in einen zusammengefaßt. Wir folgen der in Deutschland üblichen Zählung von Zeumer und Müller.

Briefe und *Akten* zur Geschichte des dreißigjährigen Krieges. Neue Folge: Die Politik Maximilians I. von Bayern. Teil II, Band 1—4, München 1907—1948.

(*Brun*, Antonius). Antonii Bruni Hispaniorum regis ad tractatus Pacis Westphalicae Legati relatio de pacificatione Monasteriensi. In: Joh. Jak. Moser, Miscellanea Juridicohistorica, Frankfurt und Leipzig 1729, S. 456—760.

Burgkard, Franciscus (Pseud. für Andreas Erstenberger), De Autonomia, das ist von Freystellung mehrerley Religion und Glauben, 2. Auflage, München 1602.

(*Caramuel* y Lobkowitz), S. R. Imperii Pax licita demonstrata, 1648.

Chanut s. Linage de Vauciennes

Chemnitz, Bogislav Philipp s. Hippolithus a Lapide

(*Chigi*). Vlastimil Kybal e G. Incisa della Rocchetta, La nunziatura di Fabio Chigi (1640—1651), Bd. I, 1. 2., Roma 1943/46. (Miscellanea della R. Deputazione Romana di Storia Patria).
  (Zwei Halbbände mit durchlaufender Seitenzählung).

Conring, Hermann s. Eubulos, Irenaeus.

(*Contarini*, Aluise). Relatione de S. Aluise Contarini ritornato dall' Ambasceria di Munster. In: J. Fiedler, Die Relationen der Botschafter Venedigs über Deutschland und Österreich im 17. Jahrhundert, Bd. 1 (= Fontes rerum Austriacarum Abt. II, Bd. 26), Wien 1866, S. 293—366.

Correspondencia diplomática de los plenipotenciarios españoles en el congreso de Munster 1643—48, Bd. 1—3 (= Coleccion de documentos inéditos para la historia de España, Bd. 82—84), Madrid 1884/85.

Cortrejus, Adam, Viri Excellentissimi Domini Isaaci Volmari, Liberi Baronis de Rieden...... Diarium sive Protocollum Actorum Publicorum Instrumenti Pacis Generalis Westphalicae......, in: Corpus juris publici Bd. 4, Frankfurt 1710.

Dorsche, Joh. Georg, Anticrisis theologica opposita Judicio theologico, Argentorati 1648.

Dumont, Jean, Corps Universel diplomatique du droit des gens, Bd. VI 1, Den Haag 1728.

Dupuy, Pierre, Traitez touchant les droicts du Roy très chrestien, Paris 1655

(*Eubulos*, Irenaeus). Pro pace perpetua Protestantibus danda consultatio catholica autore Irenaeo Eubulo, Theologo Austriaco (Pseudonym für Hermann Conring), Frideburgi, apud Germanum patientem, 1648.

Ernestus de *Eusebiis* (Pseudonym für Heinrich Wangnereck), Judicium theologicum super quaestione an pax qualem desiderant Protestantes sit secundum se illicita, Ecclesiopoli 1648.

Erstenberger, Andreas s. Burgkard, Franciscus.

Feuquières, M. de, Lettres et négociations, Bd. 1—3, Amsterdam 1753.

(*Forstner*, Christoph), Epistolae arcanae internum negotii pacificatorii Monasterio-Osnabrugensis statum exponentes, in:
  a) Bougeant-Rambach III 419—528, IV 611—17
  b) Chr. Gottfr. Hoffmann, II 11—73
  c) Meiern Bd. III (Einleitung).

Pirnische und Pragische *Friedens Pacten* / zusampt angestelter Collation vnd Anweisung der discrepantz vnd Vnterscheids zwischen denenselben...... Gedruckt im Jahr Christi 1636.
  (Abdruck der Texte des Pirnaer Vorentwurfes, des Prager Friedens und anderer Aktenstücke).

Gaedeke, Arnold, Wallensteins Verhandlungen mit den Schweden und Sachsen 1631—1634. Mit Akten und Urkunden aus dem Kgl. Sächsischen Hauptstaatsarchiv zu Dresden, Frankfurt 1885.

Gaertner, Carl Wilhelm, Westphälische Friedenscanzlei, Bd. 1—9, Leipzig 1731—37.
Gjörwell, Carl C., Bref ifrån Svea Rikes-Canceller Grefve Axel Oxenstierna till Grefve Johan Oxenstierna ..... åren 1642—49, Bd. 1, 2, Stockholm 1810.
Gross, Lothar, s. Urkunden u. Aktenstücke des Reichsarchivs Wien.
Guericke, Otto von s. Opel.
Hallwich, Hermann, Briefe und Akten zur Geschichte Wallensteins (1630—1634), Bd. 1—4 (= Fontes rerum Austriacarum Abt. II Bd. 63—66), Wien 1912.
Hildebrand, E., Wallenstein und seine Verbindungen mit den Schweden. Aktenstücke aus dem Schwedischen Reichsarchiv zu Stockholm, Frankfurt 1885.
Hippolithus a Lapide (Pseudonym für Bogislav Philipp Chemnitz), Dissertatio de ratione status in Imperio nostro Romano-Germanico, o. O. Anno 1640.
Hoffmann, Christ. Godofr., Series serum per Germaniam et in comitiis a transactione Passaviensi ad annum MDCCXX gestarum, Bd. 1. 2., Frankfurt und Leipzig 1720.
(Im ersten Bande eine Zeittafel der wichtigsten Verhandlungen von 1555—1648 mit Quellenbelegen, im zweiten erläuternde Aktenstücke, darunter die wichtigsten Friedensentwürfe und die Briefe Forstner's).
Irmer, Georg, Die Verhandlungen Schwedens und seiner Verbündeten mit Wallenstein und dem Kaiser von 1631 bis 1634, Bd. 1—3, (= Publikationen aus den Kgl. Preuß. Staatsarchiven 35, 39, 46), Leipzig 1888—91.
Khevenhiller, F. C., Annales Ferdinandei, Bd. 11, Leipzig 1726.
Krause, G., Urkunden, Aktenstücke und Briefe zur Geschichte der Anhaltischen Lande und ihrer Fürsten unter dem Drucke des dreißigjährigen Krieges, Bd. V 1. 2., Leipzig 1866.
(*Laymann*, Paul), Pacis Compositio inter principes et ordines Imperii Romani catholicos atque Augustanae Confessionis adhaerentes..., Dillingen (1629).
Lettres de messieurs d'Avaux et Servien, ambassadeurs pour le Roy de France en Allemagne, concernantes leurs differens et leurs responses de part et d'autre en l'année 1644, o. O. 1650.
Linage de *Vauciennes*, P., Mémoires de ce qui s'est passé en Suède et aux provinces voisines depuis l'année 1645 jusques en l'année 1655 tirez des depesches de Monsieur Chanut, Bd. 1, Köln 1677.
Londorp, Michael Caspar, Der Römischen Kayserlichen Majestät und des Heiligen Römischen Reiches ... Acta Publica, Bd. 4. 5., Frankfurt 1668.
Mayr, J. K., s. Urkunden u. Aktenstücke d. Reichsarchivs Wien.
(*Mazarin*), Lettres du cardinal Mazarin pendant son ministère, recueillies et publiées par M. A. Chéruel (= Collection de documents inédits, 1e série), Bd. 1—3, Paris 1872—83.
von *Meiern*, Johann Gottfried, Acta pacis Westphalicae publica oder Westphälische Friedenshandlungen und Geschichte, Bd. 1—6, Hannover 1734—36.
—, Acta pacis executionis publica, Bd. 1, 2, Hannover und Göttingen 1736/37.
—, Universalregister über die sechs Teile der Westphälischen Friedenshandlungen und Geschichte, hrsg. v. Joh. Ludolf Walther, Göttingen 1740.
Meinardus, Otto, Protokolle und Relationen des Brandenburgischen Geheimen Rates aus der Zeit des Kurfürsten Friedrich Wilhelm, Bd. 1—4 (= Publikationen aus den Kgl. Preußischen Staatsarchiven Bd. 41, 54, 55, 66), Leipzig 1889—1896.
Mémoires de M. D. touchant les négociations du traité de paix faites à Munster en l'année 1648, Paris (auch Köln und Grenoble) 1674.
Mémoires et négociations secrètes de la Cour de France touchant la paix de Munster, Bd. 1—4, Amsterdam 1710.
Moser, Johann Jakob, Erläuterung des Westphälischen Friedens aus Reichshofräthlichen Handlungen, Bd. 1., 2., Erlangen 1775/76.

—, Von der Garantie des Westphälischen Friedens, nach dem Buchstaben und Sinn desselbigen, o. O. 1767.

—, Die gerettete Souveränität der löblichen schweizerischen Eidgenossenschaft, Tübingen 1731.

Négociations secrètes touchant la paix de Munster et d'Osnabrug 1642—48, Bd. 1—4, La Haye 1725/26.

Ogier, François, Journal du congrès de Munster, publié par Auguste Boppe, Paris 1893.

Opel, Julius Otto, Otto von Guericke's Bericht an den Magistrat von Magdeburg über seine Sendung nach Osnabrück und Münster 1646—47, Neue Mitteilungen aus dem Gebiet historisch-antiquarischer Forschungen, Bd. 11, 1867, S. 23 ff.

(*Oxenstierna*, Axel). Rikskansleren Axel Oxenstiernas Skrifter och brefvexling, utgifna af kongl. Vitterhets-Historie- och Antiquitets-Akademien, Stockholm 1888 ff.

—, s. auch Gjörwell.

Praeliminaria Pacis Imperii, das ist der Röm. Key. Maj. Ferdinandi III., der Cron Hispanien, Franckreich und Schweden und anderer deß H. Römischen Reichs Churfürsten, Fürsten und Ständt ... Acta et tractata ... 1648. (Vgl. hierzu v. *Aretin*).

Repgen, Konrad, Die Hauptinstruktion Ginettis für den Kölner Kongreß (1636), QuFiA Bd. 34, 1954, S. 250—287.

—, Fabio Chigis Instruktion für den Westfälischen Friedenskongreß. Ein Beitrag zum kurialen Instruktionswesen im dreißigjährigen Kriege. Röm. Quartalsschrift Bd. 48, 1953, S. 79—116.

Richelieu, Cardinal de, Mémoires, in: Michaud — Poujoulat, Nouvelle Collection de Mémoires, IIe. série, Bd. 8. 9., Paris 1838.

(*Richelieu*). Lettres, instructions diplomatiques et papiers d'état du Cardinal de Richelieu, recueillis et publiés par M. Avenel (= Collection de documents inédits, 1e série), Bd. 1—8, Paris 1853—77.

Svenska *Riksradets* protokoll (= Handlingar rörande Sveriges historia, 3. serien), Bd. 3—12, Stockholm 1885—1908.

Amtliche *Sammlung* der älteren eidgenössischen Abschiede, Bd. V 2, Basel 1875.

Sattler, Christian Friedrich, Geschichte des Herzogthums Würtenberg unter der Regierung der Herzogen, Bd. 7. 8., Ulm 1774—76.

(Im Anhang beider Bände zahlreiche Urkunden und Akten).

Servien, Abel s. Lettres.

Stüve, C., Briefe des Osnabrücker Bürgermeisters G. Schepeler aus Münster im Jahre 1647, Mitt. d. Histor. Vereins zu Osnabrück Bd. 15, 1890, S. 303—339.

Theatrum Europaeum, Bd. 5. 6., Frankfurt 1651, 1663.

Urkunden und *Aktenstücke* zur Geschichte des Kurfürsten Friedrich Wilhelm von Brandenburg. Bd. 1—4, 14 (1), 23, Berlin 1864—67, 1890, 1929.

Urkunden und *Aktenstücke* des Reichsarchivs Wien zur reichsrechtlichen Stellung des Burgundischen Kreises, bearbeitet von L. Groß und J. K. Mayr (= Veröffentlichungen des Reichsarchivs Wien), Bd. 1—3, 1944—45.

Verhandlungen der pommerschen Gesandten auf dem Westfälischen Friedenskongreß, Baltische Studien Bd. 4—7, 14; 1837—50.

Volmer, Isaak, s. Cortrejus.

Wangnereck s. Ernestus de Eusebiis.

Wettstein, Johann Rudolf, Diarium 1646/47, bearbeitet von Julia Gauss (= Quellen zur Schweizer Geschichte NF III. Abteilung, Bd. 8), Bern 1962

Wicquefort, Abraham, L'Ambassadeur oder Staats-Botschafter und dessen hohe fonctions und Staatsverrichtungen; deutsch von Johann Leonhard Sautern, Frankfurt 1682.

(*Ziegelbauer*, Magnoald), Meieri Emblemata sive loca quaedam ex Adami Adami, ... historia de pacificatione Westphalica a Joh. Godofr. de Meieren interpolata ..., Ratisbonae 1739.

D. Darstellungen

Adler, Hedwig, Die Behandlung der Religionsfrage in den Westfälischen Friedensverhandlungen, Diss. Wien 1950 (Masch. Schr.).

Aegidi, Ludwig Karl, Der Fürsten-Rath nach dem Luneviller Frieden, Berlin 1853.

Almquist, H., Königin Christina und die österreichische Protestantenfrage, Archiv f. Reformationsgeschichte 36, 1939.

Altmann, Ruth, Landgraf Wilhelm V. von Hessen-Kassel im Kampf gegen Kaiser und Katholizismus 1633—1637, Marburg 1938.

Arnoldsson, Sverker, Svensk — fransk krigs- och fredspolitik i Tyskland 1634—1636. Akad. afhandl. Göteborg 1937.

Bäte, Ludwig (Herausgeber), Der Friede in Osnabrück 1648, Beiträge zu seiner Geschichte, Oldenburg 1948.

Bardot, G., La question des dix villes impériales d'Alsace depuis la paix de Westphalie jusqu'aux arrêts de „réunions" du conseil souverain de Breisach 1648—50, 1899.

Bardot, G., Quomodo explanandum sit instrumenti pacis Monasteriensis caput 87 quod inscribitur: Teneatur rex Christianissimus, Lyon 1899.

Baur, J., Philipp von Sötern, geistlicher Kurfürst von Trier, und seine Politik während des dreißigjährigen Krieges, Bd. 1. 2., Speyer 1897, 1915.

Bender, J., Der Ulmer Waffenstillstand, Programm Neuß 1903.

von *Bippen*, Wilhelm, Geschichte der Stadt Bremen, Bd. 2, Bremen 1898.

Blok, P. J., Geschichte der Niederlande, Bd. 3. 4., Gotha 1907, 1910.

Böttcher, Diethelm, Propaganda und öffentliche Meinung im protestantischen Deutschland 1628—1636, Archiv f. Reformationsgeschichte 44/45, 1953/54.

Bonjour, E., Die Loslösung der Eidgenossenschaft vom Reich und J. R. Wettstein, Schweiz. Monatshefte 28 (1948/49), S. 481—90 (auch in desselben Aufsatzsammlung Die Schweiz und Europa, 1948, S. 173—83).

Bougeant, G. H., Historia des dreyßigjährigen Krieges und des darauf erfolgten Westphälischen Friedens. Aus dem Französischen übersetzt ... von Fr. Eb. Rambach, B. 1—4, Halle 1758—60.

Brandstetter, Friedrich Richard, Kurbrandenburgische Unionsbestrebungen 1647—48, Diss. Leipzig 1898.

Braubach, Max, Der Westfälische Friede, Münster 1948.

Brauer, J. F. N., Von den Normen in Beurteilung des Verhältnisses verschiedener Religionsverwandten gegeneinander, in: Abhandlungen zur Erläuterung des Westfälischen Friedens Bd. 2, Offenbach 1784.

Breucker, Gustav, Die Abtretung Vorpommerns an Schweden und die Entschädigung Kurbrandenburgs. Diss. Halle 1879.

Brockhaus, Heinrich, Der Kurfürstentag zu Nürnberg im Jahre 1640, Leipzig 1883.

Brückner, Ernst Friedrich Christoph, Commentatio ad art. XII IPO de compensatione ducibus Megapolitanis facta, Dissert. Göttingen 1793.

Bücker, Hermann, Der Nuntius Fabio Chigi (Papst Alexander VII) in Münster 1644—1649, Westfäl. Ztschr. 108, 1958, S. 1—90.

Chemnitz, Bogislav Philipp von, Kgl. Schwedischen in Teutschland geführten Krieges 1. Theil, Stettin 1648, 2. Theil, Stockholm 1653, 3. 4. Theil, Stockholm 1855—59.

Chéruel, A., Histoire de France pendant la minorité de Louis XIV., Bd. 1—3, Paris 1879—80.

Chiaramonte, Samuele, Per la Pace di Westfalia, Collectanea Franciscana, Bd. 4. 5., 1934/35.

Dickmann, Fritz, Rechtsgedanke und Machtpolitik bei Richelieu, HZ 196, 1963, S. 265—319.

Dietrich, Richard, Landeskirchenrecht und Gewissensfreiheit in den Verhandlungen des Westfälischen Friedenskongresses, HZ 196, 1963, S. 563—583.

Domke, Waldemar, Die Viril-Stimmen im Reichs-Fürstenrath von 1495—1645 (Untersuchungen zur deutschen Staats- und Rechtsgeschichte, hrsg. v. O. Gierke, Bd. 11), Breslau 1882.

Droysen, Johann Gustav, Geschichte der Preußischen Politik, Bd. III 1, Leipzig 1861.

Düßmann, Karl, Graf Anton Günther von Oldenburg und der Westfälische Friede 1643—1653, Dissert. Kiel 1935.

Duhr, Bernhard, Geschichte der Jesuiten in den Ländern deutscher Zunge, Bd. II 1, Freiburg 1913.

Eckhardt, Carl Conrad, The papacy and world-affairs as reflected in the secularization of politics, Chicago 1937.

von *Egloffstein*, Herrmann, Bayerns Friedenspolitik in den Jahren 1645—47. Ein Beitrag zur Geschichte der Westfälischen Friedensverhandlungen, Leipzig 1898.

Ennen, L., Geschichte der Stadt Köln, Bd. 5, Düsseldorf 1880.

Fagniez, Gustave, Le Père Joseph et Richelieu, Bd. 1. 2., Paris 1894.

Fahlborg, Birger, Westfaliska folksrättspinciper och Svensk jämviktspolitik, in: Historiska Studier, tillägnade Sven Tunberg, Uppsala 1942, S. 339—356.

Falk, Erik, Sverige och Frankrike från Gustaf II. Adolfs död till uplösningen af det svensk — franska förbundet 1632—1634, Akadem. afhandl. Uppsala 1911.

Fechter, A., Die im Westfälischen Frieden ausgesprochene Exemtion der Eidgenossen vom Reich, Archiv f. Schweizer Geschichte 18, 1873, S. 76—108.

Feenstra, R., A quelle époque, les Provinces — Unies sont — elles devenues indépendentes en droit à l'égard du St. Empire? Tijdschrift voor Rechtsgeschiedenis 20, 1952.

Finken, Joseph, Die Reichsstadt Aachen auf dem Westfälischen Friedenskongreß, Zeitschr. d. Aachener Gesch. Vereins Bd. 32, 1910, S. 1—77.

Fischer, Hans, Beiträge zur Kenntnis der päpstlichen Politik während der Westfälischen Friedensverhandlungen, Diss. Bern 1913.

Fitte, Siegfried, Das staatsrechtliche Verhältnis des Herzogtums Lothringen zum Deutschen Reich seit dem Jahre 1542 (= Beiträge zur Landes- und Volkskunde von Elsass-Lothringen, Heft 14), Strassburg 1891.

Fleischfresser, W., Die politische Stellung Hamburgs in der Zeit des dreißigjährigen Krieges, Programm Hamburg 1883/84.

Fridericia, J. A., Danmarks ydre politiske historie fra freden i Lybek til freden i Prag, Bd. 1. 2., Kopenhagen 1876—1881.

Gallati, Frieda, Eidgenössische Politik zur Zeit des dreißigjährigen Krieges, Jahrb. f. Schweizer Gesch. Bd. 43/44, 1918—19.

—, Die Eidgenossenschaft und der Kaiserhof zur Zeit Ferdinands II. und Ferdinands III. 1619—57, Zürich 1932.

Gauß, Julia, Die Westfälische Mission Wettsteins im Widerstreit zwischen Reichstradition und Souveränitätsidee, Zeitschr. für Schweizerische Geschichte Bd. 28, 1948, S. 177—190.

—, Bürgermeister Wettstein und die europäischen Konfessions- und Machtkämpfe seiner Zeit, Schweizer Beiträge zur allgemeinen Geschichte 4, 1946.

—, und *Stoecklin*, Alfred, Bürgermeister Wettstein. Der Mann, das Werk, die Zeit, Basel 1953.

Geist, G., Die Säkularisation des Bistums Halberstadt im Westfälischen Friedenskongreß, Diss. Halle 1911.

Godefroy-Menilglaise, Les savants Godefroy. Mémoires d'une famille pendant les XVI., XVII. et XVIII. siècles, Paris 1873.

Göransson, Sven, Sverige och bekännelsefragan vid den Westfaliska fredskongressen, Kyrkohist. Årsskrift 1947, S. 86—156.

—, Schweden und Deutschland während der synkretistischen Streitigkeiten 1645—1660, Archiv f. Reformationsgesch. 42, 1961, S. 220—243.

von *Gonzenbach*, August, Die schweizerische Abordnung an den Friedenskongreß in Münster und Osnabrück 1646—48, Sonderabdruck aus dem Archiv des Hist. Vereins Bern Bd. 9, Bern 1880.

—, Rückblicke auf die Lostrennung der schweizerischen Eidgenossenschaft von dem Reichsverband durch den Friedenskongreß von Münster und Osnabrück 1643—48, Jahrbuch f. Schweiz. Gesch. Bd. 10, 1885, S. 129—250.

Günter, Heinrich, Die Habsburger Liga, Histor. Studien Bd. 62, Berlin 1908.

—, Das Restitutionsedikt von 1629 und die katholische Restauration Altwirtenbergs, Stuttgart 1901.

d'*Haussonville*, J. O. B., Histoire de la réunion de la Lorraine à la France, Bd. 2, Paris 1856.

Heckel, Martin, Staat und Kirche nach den Lehren der evangelischen Juristen Deutschlands in der ersten Hälfte des 17. Jahrhunderts, ZRG 73/74 (Kanon. Abt. 42/43), 1956/57.

—, Autonomia und Pacis Compositio. Der Augsburger Religionsfriede in der Deutung der Gegenreformation. ZRG 76 (kanonist. Abt. 45), 1959, S. 141—248.

—, Parität. ZRG 80 (kanonist. Abt. 49), 1963, S. 261—420

Helbig, Karl Gustav, Der Prager Friede, Raumers Histor. Taschenbuch 3. Folge, Bd. 9, 1858, S. 571—643.

—, Die sächsisch-schwedischen Verhandlungen in Kötzschenbroda und Eilenburg, Archiv f. sächs. Geschichte 5, 1867, S. 264—288.

Heyne, O., Der Kurfürstentag zu Regensburg von 1630, Berlin 1866.

Hövel, Ernst, (Herausgeber), Pax optima rerum. Beiträge zur Geschichte des Westfälischen Friedens 1648, Münster 1948.

von *Hurter*, Friedrich, Friedensbestrebungen Kaiser Ferdinands II., Wien 1860.

Israel, Friedrich, Adam Adami und seine Arcana pacis Westphalicae (Histor. Studien hrsg. v. E. Ebering, Heft 69), Berlin 1909.

Jacob, Karl, Die Erwerbung des Elsaß durch Frankreich im Westfälischen Frieden, Straßburg 1897.

Jaeck, Karl Peter, Frankfurt und der Westfälische Friede, Archiv für Frankfurts Geschichte und Kunst, 4. Folge, Bd. 1, 1925, S. 215—289.

von *Jan*, Ludwig Friedrich, Staatsrechtliches Verhältnis der Schweiz zu dem Deutschen Reich von dem Ursprung der Eidgenossenschaft bis zum Ende des 18. Jahrhunderts, Bd. 1—3, Nürnberg 1801—03.

Katterfeld, Winfried, Die Vertretung Straßburgs auf dem Westfälischen Friedenskongreß, Diss. Straßburg 1912.

Kaufmann, Hermann, Die Reunionskammer zu Metz, Dissert. Straßburg 1899.

Keller, S., Die staatsrechtliche Anerkennung der Reformierten Kirche auf dem Westfälischen Friedenskongreß. In: Festgabe für Paul Krüger, 1911.

Kochs, Ernst, Die staatsrechtliche Gleichordnung der Reformierten mit den Lutheranern. In: Der Friede in Osnabrück, hrsg. von L. Bäte, Oldenburg 1948.

Köcher, Adolf, Bremens Kampf mit Schweden um seine Reichsfreiheit, Hansische Geschichtsblätter 4 (2), 1882, S. 87—101.

Kopp, Friedrich und *Schulte*, Eduard, Der Westfälische Frieden, München 1940.

Kretzschmar, Johannes, Der Heilbronner Bund, Bd. 1—3, Lübeck 1922.

Laun, Rudolf, Die Lehren des Westfälischen Friedens, Hamburg 1948.

Legrelle, A., Louis XIV. et Strasbourg, 4. Aufl., Paris 1885.

Lehr, Kuno, Die Frage einer französischen Reichsstandschaft im 17. Jahrhundert. Diss. Frankfurt 1941.

Leman, Auguste, Urbain VIII. et la rivalité de la France et de la maison d'Autriche de 1631 à 1635 (= Mémoires et travaux des facultés catholiques de Lille 16), Lille 1920.

Livet, Georges, L'intendance d'Alsace sous Louis XIV. 1648—1715 (= Publications de la faculté des lettres de l'université de Strasbourg 128), Paris 1956.

Loewe, Viktor, Frankreich, Österreich und die Wahl des Erzbischofs Johann Philipp von Mainz im Jahre 1647, WZ 16, 1897, S. 172—188.

Lonchay, Henri, La rivalité de la France et de l'Espagne aux Pays-bas 1635—1700, Bruxelles 1896.

Lorentzen, Theodor, Die Entschädigung der schwedischen Armee nach dem dreißigjährigen Kriege, Diss. Heidelberg 1888.

Lundgren, Sune, Johan Adler Salvius. Problem kring freden, krigsekonomien och maktkampen, Akad. Afh. Lund 1945.

Malmström, Oscar, Bidrag till Svenska Pommerns Historia 1630—53, Ak. Afh. Lund 1892.

Mecenseffy, Margarete, Habsburger im 17. Jahrhundert. Die Beziehungen der Höfe von Wien und Madrid während des dreißigjährigen Krieges, Archiv f. öst. Gesch., Bd. 121, Heft 1, Wien 1955.

Mentz, Georg, Johann Philipp von Schönborn, Kurfürst von Mainz, Bischof von Würzburg und Worms 1605—75, Bd. 1, Jena 1896.

Mirabelli, Andrea Rapisardi, Le congrès de Westphalie, ses négociations et ses résultats au point de vue de l'histoire du droit des gens (= Bibliotheca Visseriana dissertationum ius internationale illustrantium XX), Lugduni Batavorum 1929.

Mommsen, Wilhelm, Richelieu, Elsaß und Lothringen, Berlin 1922.

Mossmann, X., Matériaux pour servir à l'histoire de la guerre de trente ans, tirés des archives de Colmar, Revue d'Alsace 1878—1899.

Odhner, C. T., Die Politik Schwedens im Westphälischen Friedenscongreß und die Gründung der schwedischen Herrschaft in Deutschland, Gotha 1877.

Opel, Julius, Die Vereinigung des Herzogtums Magdeburg mit Kurbrandenburg, Halle 1880.

Overmann, A., Die Abtretung des Elsaß an Frankreich im Westfälischen Frieden, ZGORh Bd. 58/59 (= NF Bd. 19/20), 1904/05.

von *Pastor*, Ludwig, Geschichte der Päpste seit dem Ausgang des Mittelalters, Bd. 13, Freiburg 1928/29. (Zwei Halbbände, aber mit durchlaufender Seitenzählung).

Paul, Johannes, Die Ziele der Stralsunder Politik im dreißigjährigen Kriege; in: Staat und Persönlichkeit, Erich Brandenburg zum 60. Geburtstag dargebracht, Leipzig 1928, S. 130—152.

Pax optima rerum. Beiträge zur Geschichte des Westfälischen Friedens 1648, herausgegeben v. Ernst Hövel, Münster 1948.

Peters, Jan, Schwedische Ostseeherrschaft und Grundbesitzveränderungen in Vorpommern, Ztschr. für Geschichtswissenschaft 9, 1961, S. 75—110.

Petri, Franz, Der Friede von Münster und die Selbständigkeit der Niederlande, Westfalen 37, 1959, S. 17—28.

Pfanner, T., Historia pacis Westphalicae, ed. tertia, Gotha 1697.

Philippi, F., Der Westfälische Friede. Ein Gedenkbuch. Münster 1898.

Plesken, Petrus, Explanatio historica Art. XIII Instrumenti Pacis Osnabrugensis de compensatione ducibus Brunsvici et Luneburgi facta, Dissert. Göttingen 1750.

Poelhekke, J. J., De vrede van Munster, s'Gravenhage 1948.

(de *Saint-Prez*, Jean Yves), Histoire des traités de paix et autres négociations du dix-septième siècle depuis la paix de Vervins jusqu'à la paix de Nimuege, Bd. 1. 2., Amsterdam - La Haye 1725.

Pries, Alexander, Der schwedische Zoll in Warnemünde in den Jahren 1632—54, Diss. Rostock 1914.

Pütter, (Johann Stephan), Geist des Westfälischen Friedens, Göttingen 1795.

Pufendorf, Samuel, Commentariorum de rebus Suecicis libri XXVI ab expeditione Gustavi Adolphi ad abdicationem usque Christinae, Ultrajecti 1686.

—, De rebus gestis Friderici Wilhelmi Magni electoris Brandenburgici commentariorum libri XIX, Berlin 1695.

von *Raumer*, Kurt, Westfälischer Friede, HZ 195, 1962, S. 596—613.

Repgen, Konrad, Der päpstliche Protest gegen den Westfälischen Frieden und die Friedenspolitik Urbans VIIII., HJb 75, 1956, S. 94—122.

—, Die Römische Kurie und der Westfälische Friede. Idee und Wirklichkeit des Papsttums im 16. und 17. Jahrhundert. Bd. 1: Papst, Kaiser und Reich 1521—1644. 1. Teil: Darstellung, Tübingen 1962.

Reuß, Rodolphe, L'Alsace au dix-septième siècle, Bd. 1. 2. (= Bibliothèque de l'école des hautes études 116, 120), Paris 1897/98.

Richter, Hubert, Die Verhandlungen über die Aufnahme der Reformierten in den Religionsfrieden auf dem Friedenskongreß zu Osnabrück 1645—48, Diss. Leipzig 1906.

Riezler, Sigmund, Geschichte Baierns, Bd. 5, Gotha 1903.

—, Bayern und Frankreich während des Waffenstillstandes von 1647, Sitzungsber. d. hist. Klasse der Bayer. Akad. d. Wiss. 1898/II, S. 493—541.

—, Die Meuterei Johanns von Werth 1647, HZ 82, 1899, S. 38—97, 193—239.

Ritter, Moritz, Deutsche Geschichte im Zeitalter der Gegenreformation und des dreißigjährigen Krieges 1555—1648, Bd. 1—3, Stuttgart 1889—1908.

von *Rommel*, Christoph, Geschichte von Hessen, Bd. 8, Kassel 1843.

Sattler, Christoph, Geschichte des Herzogtums Wirtemberg unter der Regierung der Herzogen, Bd. 7, Ulm 1774.

Scheel, Günter, Die Stellung der Reichsstände zur Römischen Königswahl seit den westfälischen Friedensverhandlungen, in: Forschungen zu Staat und Verfassung, Festgabe für Fritz Hartung, Berlin 1958, S. 113—32.

Schiavi, Laura, La mediazione di Roma e di Venezia nel congresso di Münster, Bologna o. J.

Schmid, Gerhard, Bestrebungen und Fortschritte in der Frage der konfessionellen Gleichberechtigung auf dem Westfälischen Friedenskongreß, Diss. Jena 1952 (Masch. Schr.).

—, Konfessionspolitik und Staatsraison bei den Verhandlungen des Westfälischen Friedenskongresses über die Gravamina Ecclesiastica, Archiv f. Reformationsgesch. 44, 1953, S. 203—223.

Schnell, H., Mecklenburg zur Zeit des dreißigjährigen Krieges 1603—1658 (= Mecklenburg. Geschichte in Einzeldarstellungen, Heft 10), Berlin 1907.

Schröter, Hermann, Dr. Gerhard Schepeler und seine Zeit, Mitt. d. Vereins f. Gesch. u. Landeskunde von Osnabrück 63, 1948, S. 22—73.

Segelken, Günter, Die Grafschaft Oldenburg von 1638 bis 1648, Diss. Jena 1931.

Siri, Vittorio, Il Mercurio ovvero istoria de' correnti tempi, Bd. 5—12, Casale 1655—72.

Spannagel, Karl, Minden und Ravensberg unter brandenburgisch-preußischer Herrschaft von 1648 bis 1719, Hannover 1894.

von *Srbik*, Heinrich, Der Westfälische Frieden und die deutsche Volkseinheit, München 1940.

Steinberger, L., Die Jesuiten und die Friedensfrage in der Zeit vom Prager Frieden bis zum Nürnberger Friedensexekutionshauptrezeß 1635—50 (= Studien und Darstellungen aus dem Gebiet der Geschichte Bd. V, Heft 2. 3.), Freiburg 1906.

von *Stetten*, Paul, Geschichte der des Heil. Röm. Reiches Freyen Stadt Augspurg ..., Bd. 2, Frankfurt und Leipzig 1758.

Stöckert, G., Die Admission der deutschen Reichsstände zum Westfälischen Friedenskongreß, Kiel 1869.

Struck, Walter, Johann Georg und Oxenstierna, 1899.

Stüve, C., Geschichte des Hochstifts Osnabrück 1624—1647, Mitt. d. Vereins f. Gesch. und Landeskunde von Osnabrück 12, 1882, S. 1—335.

Sturmberger, Hans, Das Tagebuch des Grafen Johann Maximilian von Lamberg. Zur Geschichte des Westfälischen Friedenskongresses, Mitt. des Oberösterr. Landesarchivs 1. 1950, S. 275—289.

Suchanek, Helene, Die Idee Europas während der Westfälischen Friedensverhandlungen, Diss. Wien 1950 (Masch. Schr.).

Sundermahler, J., De potestate jus suum vi et armis persequendi in Imperio haud permissa, vulgo von der Selbsthilfe, in: Sammlung einiger neuerer Schriften von der im Westfälischen Frieden erlaubten Selbsthilfe, Leipzig 1756, S. 52—68.

Szczeponik, B., Herzog Ernst Bogislav von Croy, der letzte Bischof von Kammin, im Streit Schwedens und Brandenburgs um den Besitz des Stifts, Diss. Greifswald 1913.

Tham, Wilhelm, Den Svenska utrikes politikens historia, Bd. I 2, 1560—1648, Stockholm 1960.

Toscano, Mario, Sicurezza collettiva e garanzie internazionali nei trattati di Westfalia, Milano 1939.

Turretini, R., La signification des traités de Westphalie dans le domaine du droit des gens, Thèse, Genève 1949.

Vogel, Hermann, Der Kampf auf dem Westfälischen Friedenskongreß um die Einführung der Parität in der Stadt Augsburg, Dissert. München 1900.

Vogel, Walter, Der Anteil der beiden Kongreßstädte Osnabrück und Münster an dem Abschluß des Westfälischen Friedens, Mitt. d. Vereins f. Geschichte u. Landeskunde von Osnabrück 63, 1948, S. 12—21.

Volk, Paulus, Der Friedensbevollmächtigte Adam Adami bei den Verhandlungen in Münster und Osnabrück 1645—48, Annalen des Hist. Vereins f. d. Niederrhein Bd. 142/43, 1943, S. 84 ff.

Waddington, A., La république des Provinces-Unies, la France et les Pays-Bas espagnols de 1630—50, Bd. 1. 2. (= Annales de l'Université de Lyon 18, 31), Paris 1895—97.

Wagner, Franz, Die Säkularisation des Bistums Halberstadt und seine Einverleibung in den brandenburgisch-preußischen Staat, Ztschr. d. Harzvereins 38, 1905, S. 161—213.

Weber, Hans H., Der Hessenkrieg, Darmstadt 1935.

Weber, Lothar, Die Parität der Konfessionen in der Reichsverfassung von den Anfängen der Reformation bis zum Untergang des alten Reiches im Jahre 1806, Diss. Bonn 1961.

Wehberg, Hans, König Gustav Adolf und das Problem der Annexion besetzten feindlichen Gebietes, in: Liber Amicorum of Congratulation Algot Bagge, Stockholm 1956; Wiederabdruck in: Internationales Recht und Diplomatie, 1958, S. 215—222.

Weibull, Lauritz, De diplomatiska förbindelserna mellan Sverige och Frankrike 1629—1631, Akad. afhandl. Lund 1899.

Wicquefort, Abraham de, Histoire des Provinces-Unies des Pais-Bas depuis le parfait établissement de cet état par la paix de Munster, publié par M. L. Ed. Lentig, Bd. 1, Amsterdam 1861.

Wild, Carl, Johann Philipp von Schönborn, Diss. Heidelberg 1896.

Wilmanns, Ernst, Der Lübecker Friede, Diss. Bonn 1904.

Zeller, Gaston, La réunion de Metz à la France 1552—1648, Bd. 1. 2. (= Publications de la faculté des lettres de l'université de Strasbourg fasc. 35—36), Straßburg 1926.

Zetterquist, Edvard A., Grundläggningen af det Svenska Väldet i hertigdömena Bremen och Verden, Ak. Afh. Lund 1891.

Nachtrag

Šindelář, Bedřich, Die böhmischen Exulanten in Sachsen und der Westfälische Friedenskongreß: Sborník Prací Filosofické Fakulty Brněnské University 9 (1960), Řada Historická, S. 215—249.

— ‚Comenius und der Westfälische Friedenskongreß, in: Historica V (Historische Wissenschaften in der Tschechoslowakei), Praha 1963, S. 71—107.

VON 1964 BIS 1984 ERSCHIENENES SCHRIFTTUM ZUM WESTFÄLISCHEN FRIEDEN UND ZUM DREISSIGJÄHRIGEN KRIEG
Zusammengestellt von Winfried Becker

A. Bibliographische Hilfsmittel

Auswahlbibliographie. In: Der Dreißigjährige Krieg. Perspektiven und Strukturen. Hg. von Hans Ulrich Rudolf (= Wege der Forschung 451). Darmstadt 1977. S. 541–547.

Bibliographie de la Réforme 1450–1648. Hg. von der Commission Internationale d'Histoire Ecclésiastique. Bd. 1ff. Leiden 1958ff.

Bodin-Bibliographie. In: Jean Bodin. Verhandlungen der internationalen Bodin-Tagung in München. Hg. von Horst Denzer. München 1973. S. 489–513.

Bogel, Else – *Blühm*, Elger: Die deutschen Zeitungen des 17. Jahrhunderts. Ein Bestandsverzeichnis mit historischen und bibliographischen Angaben (= Studien zur Publizistik 17). Bd. 1–2. Bremen 1971.

Pressefrühdrucke aus der Zeit der Glaubenskämpfe (1517–1648). Bestandsverzeichnis des Instituts für Zeitungsforschung (= Dortmunder Beiträge zur Zeitungsforschung 33). München, New York, London, Paris 1980.

Schrifttum zur Geschichte und geschichtlichen Landeskunde von Hessen. Bd. I–III. Bearb. von Karl E. Demandt. Wiesbaden 1965, 1968.

Scupin, Hans-Ulrich – *Scheuner*, Ulrich: Althusius-Bibliographie. Bibliographie zur politischen Ideengeschichte und Staatslehre, zum Staatsrecht und zur Verfassungsgeschichte des 16.–18. Jahrhunderts. Bearb. von Dieter Wyduckel. Berlin 1973.

Thiekötter, Hans: Bibliographie zur Geschichte des Westfälischen Friedens. In: Ex officina literaria. Beiträge zur Geschichte des westfälischen Buchwesens. Hg. von Joseph Prinz. Münster 1968. S. 299–364.

B. Ausgaben der Friedensverträge

Instrumenta pacis Westphalicae. Die Westfälischen Friedensverträge 1648. Vollständiger lateinischer Text mit Übersetzung der wichtigeren Teile und Regesten. Bearb. von Konrad Müller (= Quellen zur Neueren Geschichte H. 12/13). 2. Aufl. Bern 1966.

A collection of all the treaties of peace, alliance, and commerce between Great-Britain and other powers, from the treaty signed at Munster in 1648, to the treaties signed at Paris in 1783. Vol. I (1648–1713). London 1968 (Nachdruck der Ausg. 1785).

The consolidated treaty series. Ed. by Clive Parry. Vol. I. New York 1969.

Quellen zur Verfassungsentwicklung des Heiligen Römischen Reiches deutscher Nation (1495–1806). Auf der Grundlage der von Hanns Hubert Hofmann herausgegebenen „Quellen zum Verfassungsorganismus des Heiligen Römischen Reiches deutscher Nation 1495–1815" (= Texte zur Forschung 43). Bearb. v. Heinz Duchhardt. Darmstadt 1983.

C. Quellen

Acta pacis Westphalicae. Hg. von der Rheinisch-Westfälischen Akademie der Wissenschaften in Verbindung mit der Vereinigung zur Erforschung der Neueren Geschichte e. V. durch Konrad Repgen. Münster.
Serie I. Instruktionen.
    Bd. 1: Frankreich, Schweden, Kaiser. Bearb. von Fritz Dickmann, Kriemhild Goronzy, Emil Schieche, Hans Wagner, Ernst Manfred Wermter. 1962.
Serie II. Korrespondenzen.
    Abt. A: Die kaiserlichen Korrespondenzen.
        Bd. 1: 1643–1644. Bearb. von Wilhelm Engels. 1968.
        Bd. 2: 1644–1645. Bearb. von Wilhelm Engels. 1976.
    Abt. B: Die französischen Korrespondenzen.
        Bd. 1: 1644. Bearb. von Ursula Irsigler. Münster 1979.
    Abt. C: Die schwedischen Korrespondenzen.
        Bd. 1: 1643–1645. Bearb. von Ernst Manfred Wermter. 1965.
        Bd. 2: 1645–1646. Bearb. von Wilhelm Kohl. 1971.
        Bd. 3: 1646–1647. Bearb. von Gottfried Lorenz. 1975.
Serie III. Abt. A: Protokolle.
    Bd. 1: Die Beratungen der kurfürstlichen Kurie 1 (1645–1647). Bearb. von Winfried Becker. 1975.
    Bd. 4: Die Beratungen der katholischen Stände 1 (1645–1647). Bearb. von Fritz Wolff. 1970.
    Bd. 6: Die Beratungen der Städtekurie Osnabrück (1645–1649). Bearb. von Günter Buchstab. 1981.
Serie III. Abt. D: Varia.
    Bd. I: Stadtmünsterische Akten und Vermischtes. Bearb. von Helmut Lahrkamp. 1964.

Briefe und Akten zur Geschichte des Dreißigjährigen Krieges. Neue Folge. Die Politik Maximilians I. von Bayern und seiner Verbündeten 1618–1651. Hg. von der Historischen Kommission der Bayerischen Akademie der Wissenschaften. München, Wien.
Teil I. Bd. 1: 1618–1620. Bearb. von Georg Franz. 1966.
Teil I. Bd. 2: 1621–1622. Bearb. von Arno Duch. 1970.
Teil II. Bd. 5: 1629–1630. Bearb. von Dieter Albrecht. 1964.
Teil II. Bd. 8: 1633–1634. Bearb. von Kathrin Bierther. 1981.

Documenta Bohemica bellum tricennale illustrantia. (Quellen zur Geschichte des Dreißigjährigen Krieges aus tschechoslowakischen Archiven und Bibliotheken). Hg. von Josef Kočí, Josef Polišenský, Gabriele Cechová. Prag, Wien, Köln, Graz.
Tom. 2: Der Beginn des Dreißigjährigen Krieges. Der Kampf um Böhmen. Quellen zur Geschichte des böhmischen Krieges 1618–1621. Hg. von Miroslav Toegel. 1972.
Tom. 3: Der Kampf des Hauses Habsburg gegen die Niederlande und ihre Verbündeten. Quellen zur Geschichte des Pfälzisch-Niederländisch-Ungarischen Krieges 1621–1625. Hg. von Miloš Kouřil. 1976.

Tom. 4: Der Dänisch-Niederdeutsche Krieg und der Aufstieg Wallensteins. Quellen zur Geschichte der Kriegsereignisse der Jahre 1625–1630. Hg. von Josef Kollmann. 1974.
Tom. 5: Der schwedische Krieg und Wallensteins Ende. Quellen zur Geschichte der Kriegsereignisse der Jahre 1630–1635. Hg. von Miroslav Toegel. 1977.
Tom. 6: Der große Kampf um die Vormacht in Europa. Die Rolle Schwedens und Frankreichs 1635–1643. Hg. von Bohumil Badura. 1979.
Tom. 7: Der Kampf um den besten Frieden. Quellen zur Geschichte des 30jährigen Krieges zur Zeit der Friedensverhandlungen von Westfalen und der Ratifizierung des Friedens 1643–1649. Hg. von Miroslav Toegel. 1981.
Nuntiaturberichte aus Deutschland nebst ergänzenden Aktenstücken. Die Kölner Nuntiatur. Hg. durch die Görres-Gesellschaft. München, Paderborn, Wien.
Bd. 5, 1: Nuntius Antonio Albergati (1610–1614). Bearb. von Wolfgang Reinhard. 1972.
Bd. 6: Nuntius Pietro Francesco Montoro (1621–1624). Bearb. von Klaus Jaitner. 1977.
Bd. 7, 1: Nuntius Pier Luigi Carafa (1624–1627). Bearb. von Joseph Wijnhoven. 1980.
(*Oxenstierna*, Axel). Rikskansleren A. Oxenstiernas skrifter och brevväxling. Utg. av Kungl. Vitterhets-, historie- och antikvitetsakademien. Stockholm.
Afd. 1. Bd. 11,2: 1634 IV–V. 1969.
Bd. 12: 1634 VI–XII. 1977.
Quellen und Forschungen zur Geschichte der Stadt Münster. NF. Bd. 5. Hg. von Helmut Lahrkamp. Münster 1970.
Repgen, Konrad: Die Römische Kurie und der Westfälische Friede. Idee und Wirklichkeit des Papsttums im 16. und 17. Jahrhundert. Bd. 1: Papst, Kaiser und Reich 1521–1644. 2. Teil: Analekten und Register. Tübingen 1965.
(*Richelieu*, Armand-Jean du Plessis de). Les papiers de Richelieu. Section politique intérieure. Correspondance et papiers d'État. (= Monumenta Europae historica. Commission internationale pour l'édition des sources de l'histoire Européenne). Paris.
Tom. 1: 1624–1626. 1975.
Tom. 2: 1627. 1977.
Tom. 3: 1628. Index. 1979/80.
Tom. 4: 1629. 1980.
(*Turenne*, Henri de La Tour d'Auvergne). Lettres de Turenne (1626–1669) extraites des Archives Rohan-Bouillon. Ed. par Suzanne d'Huart. Paris 1971.

D. Darstellungen
I. Europa
1. Allgemeine Darstellungen, Handbücher

Beller, E. A.: The Thirty Years War. In: The New Cambridge Modern History. Vol. IV. Ed by J. P. Cooper, Cambridge 1970. S. 306–358.
Engel, Josef: Von der spätmittelalterlichen respublica christiana zum Mächte-Europa der Neuzeit. In: Handbuch der europäischen Geschichte. Bd. 3: Die Entstehung des neuzeitlichen Europa. Stuttgart 1971. S. 1–443.
Friedrich, Carl Joachim: The age of the baroque 1610–1660. Westport/Conn. 1983.
Heckel, Martin: Deutschland im konfessionellen Zeitalter (= Deutsche Geschichte Bd. 5). Göttingen 1983.
Jedin, Hubert: Europäische Gegenreformation und konfessioneller Absolutismus (1605–1655). In: Handbuch der Kirchengeschichte. Hg. von H. Jedin. Bd. IV: Reformation, Katholische Reform und Gegenreformation. Freiburg, Basel, Wien 1967. S. 650–683.
Lutz, Heinrich: Reformation und Gegenreformation (= Oldenbourg, Grundriß der Geschichte 10). München, Wien 1979.
Lutz, Heinrich: Das Ringen um deutsche Einheit und kirchliche Erneuerung. Von Maximilian I. bis zum Westfälischen Frieden (1490 bis 1648) (= Propyläen-Geschichte Deutschland 4). Berlin 1983.
Maland, David: Europe at War, 1600–1650. London 1980.
Mann, Golo: Das Zeitalter des Dreißigjährigen Krieges. In: Propyläen Weltgeschichte. Hg. von Golo Mann. Bd. 7: Von der Reformation zur Revolution. Frankfurt/M., Berlin, Wien 1976 (1. Ausg. 1964). S. 133–230.

Parker, Geoffrey: The Thirty Years War. London 1984.
Pennington, D. H.: Seventeenth Century Europe. (= A General History of Europe. Hg. von D. Hay, 7). London 1970.
Steinberg, Sigfrid Heinrich: Der Dreißigjährige Krieg und der Kampf um die Vorherrschaft in Europa 1600–1660 (= Kleine Vandenhoeck-Reihe 261). Göttingen 1967 (1. engl. Ausg. London 1966).
Wedgwood, Cicely Veronica: Der Dreißigjährige Krieg. Bergisch Gladbach 1978. (1. dte. Ausg. 1967).
Zeeden, Ernst Walter: Deutschland von der Mitte des 15. Jahrhunderts bis zum Westfälischen Frieden (1648). In: Handbuch der europäischen Geschichte. Bd. 3: Die Entstehung des neuzeitlichen Europa. Stuttgart 1971. S. 445–580.
Zeeden, Ernst Walter: Hegemonialkriege und Glaubenskämpfe 1556–1648. Frankfurt/M., Berlin, Wien 1982.

2. Friedensordnung, Krise

Crisis in Europe 1560–1660. Essays from „Past and Present". Ed. by Trevor Aston. London 1969 (1. Ausg. 1965).
Franz, Günther: Der Dreißigjährige Krieg und das deutsche Volk. Untersuchungen zur Bevölkerungs- und Agrargeschichte (= Quellen und Forschungen zur Agrargeschichte 7). Stuttgart 1979 (1. Aufl. 1933).
Hroch, Miroslav: Handel und Politik im Ostseeraum während des Dreißigjährigen Krieges. Zur Rolle des Kaufmannskapitals in der aufkommenden allgemeinen Krise der Feudalgesellschaft. Prag 1976.
Hroch, Miroslav – *Petráň*, Josef: Das 17. Jahrhundert. Krise der Feudalgesellschaft (= Historische Perspektiven 17). Hamburg 1981.
Koenigsberger, Helmut Georg: Estates and revolutions. Essays in early modern European history (= Studies presented to the International Commission for the History of Representative and Parliamentary Institutions 40). Ithaca 1971.
Koenigsberger, Helmut Georg: Die Krise des 17. Jahrhunderts. In: Zeitschrift für historische Forschung 9 (1982). S. 143–165.
Parker, Geoffrey: Europe in crisis 1598–1648. Brighton 1980.
Parker, Geoffrey – *Smith*, Lesley M.: The general crisis of the seventeenth century. London 1978.
Polišenský, Josef V.: Der Krieg und die Gesellschaft in Europa 1618–1648 (= Documenta Bohemica bellum tricennale illustrantia 1). Wien, Köln, Graz 1971.
Randelzhofer, Albrecht: Völkerrechtliche Aspekte des Heiligen Römischen Reiches nach 1648 (= Schriften zum Völkerrecht I). Berlin 1967.
von Raumer, Kurt: 1648/1815. Zum Problem internationaler Friedensordnung im älteren Europa. In: Forschungen und Studien zur Geschichte des Westfälischen Friedens (= Schriftenreihe der Vereinigung zur Erforschung der Neueren Geschichte 1). Münster 1965. S. 109–126.
Repgen, Konrad: Aktuelle Friedensprobleme im Lichte der Geschichte des Westfälischen Friedens. In: Ders., Historische Klopfsignale für die Gegenwart. Münster 1974. S. 50–63 (1. Ausg. 1969).
Repgen, Konrad: Dreißigjähriger Krieg, in: Theologische Realenzyklopädie 9. Berlin, New York 1981. S. 169–188.
Trevor-Roper, Hugh Redwald: Die allgemeine Krisis des 17. Jahrhunderts. In: Ders., Religion, Reformation und sozialer Umbruch. Frankfurt/M., Berlin, Wien 1970. S. 53–93 (erstmals in: Past and Present, 1959).

II. Einzelne Länder und Mächte

1. Papst, Venedig

Andretta, Stefano: La diplomazia veneziana e la pace di Vestfalia (1643–1648). In: Annuario dell'Istituto Storico Italiano per l'Età moderna e contemporanea 27/28 (1975/76). S. 5–128.
Duchhardt, Heinz: Studien zur Friedensvermittlung in der frühen Neuzeit (= Schriften der Mainzer philosophischen Fakultätsgesellschaft 6). Wiesbaden 1979.

Dupront, Alphonse: De la Chrétienté à l'Europe. La passion westphalienne du nonce Fabio Chigi. In: Forschungen und Studien zur Geschichte des Westfälischen Friedens (= Schriftenreihe der Vereinigung zur Erforschung der Neueren Geschichte 1). Münster 1965. S. 49–84.

Eickhoff, Ekkehard – *Eickhoff,* Rudolf: Venedig, Wien und die Osmanen. Umbruch in Südosteuropa 1645–1700. München 1970.

Lutz, Georg: Kardinal Francesco Guidi di Bagno. Politik und Religion im Zeitalter Richelieus und Urbans VIII. (= Bibliothek des Deutschen Historischen Instituts in Rom 34). Tübingen 1971.

Lutz, Heinrich: Italien vom Frieden von Lodi bis zum Spanischen Erbfolgekrieg (1454–1700). In: Handbuch der europäischen Geschichte. Bd. 3: Die Entstehung des neuzeitlichen Europa. Stuttgart 1971. S. 851–901.

Lutz, Heinrich: Die Konfessionsproblematik außerhalb des Reiches und in der Politik des Papsttums. In: Archiv für Reformationsgeschichte 56 (1965). S. 218–227.

Repgen, Konrad: Die Finanzen des Nuntius Fabio Chigi. Ein Beitrag zur Sozialgeschichte der römischen Führungsgruppe im 17. Jahrhundert. In: Geschichte, Wirtschaft, Gesellschaft. Festschrift für Clemens Bauer. Berlin 1974. S. 229–280.

Repgen, Konrad: Wartenberg, Chigi und Knöringen im Jahre 1645. Die Entstehung des Planes zum päpstlichen Protest gegen den Westfälischen Frieden als quellenkundliches und methodisches Problem. In: Dauer und Wandel der Geschichte. Festgabe für Kurt von Raumer. Münster 1966. S. 213–268.

2. Spanien

Beladiez, Emilio: España y el Sacro Imperio Romano Germánico. Wallenstein, 1583–1634. Madrid 1967.

Brightwell, Peter: The Spanish origins of the Thirty Years War. In: European Studies Review 9 (1979). S. 409–431.

Brightwell, Peter: Spain, Bohemia and Europe 1619–1621. In: European Studies Review 12 (1982). S. 371–399.

Elliott, John Huxtable: The Spanish Peninsula 1598–1648. In: The New Cambridge Modern History. Vol. IV. Ed. by J. P. Cooper. Cambridge 1970. S. 435–473.

Elliott, John Huxtable: Imperial Spain 1469–1716. Harmondsworth 1970 (1. Ausg. 1963).

Elliott, John Huxtable: A question of reputation? Spanish foreign policy in the seventeenth century. In: The Journal of Modern History 55 (1983). S. 475–483.

Fayard, Janine: Les membres du conseil de Castille à l'époque moderne, 1621–1746. Genf 1979.

Mühleisen, Hans-Otto: Die Friedensproblematik in den politischen Emblemen Diego de Saavedra Fajardos. Ein Beitrag zur Staatsphilosophie aus der Zeit des Dreißigjährigen Krieges. München 1982.

Nichols, William Gary: The course and development of Spanish-Imperial relations 1618–1637. Ann Arbor/Mich. 1971 (Phil. Diss. Alabama 1970).

Parker, Geoffrey: The army of Flanders and the Spanish road 1567–1659. The logistics of Spanish victory and defeat in the Low Countries' War. London 1972.

Rabe, Horst: Die iberischen Staaten im 16. und 17. Jahrhundert. In: Handbuch der europäischen Geschichte. Bd. 3: Die Entstehung des neuzeitlichen Europa. Stuttgart 1971. S. 581–662.

Stradling, R. A.: Europe and the decline of Spain. A study of the Spanish system 1580–1720. London 1981.

Straub, Eberhard: Pax et Imperium. Spaniens Kampf um seine Friedensordnung in Europa zwischen 1617 und 1635. Paderborn 1980.

3. Frankreich

a) Handbücher

Bourde, André – *Témime,* É.: Frankreich vom Ende des Hundertjährigen Krieges bis zum Beginn der Selbstherrschaft Ludwigs XIV. (1453–1661). In: Handbuch der europäischen Geschichte. Bd. 3. Stuttgart 1971. S. 714–850.

Mandrou, Robert: La France aux XVIIe et XVIIIe siècles (= Nouvelle Clio 33). 3. Aufl. Paris 1974 (2. Aufl. 1970).

Mousnier, Roland: French institutions and society 1610–1661. In: The New Cambridge Modern History. Vol. IV. Cambridge 1970. S. 474–502.

Mousnier, Roland: Les institutions de la France sous la monarchie absolue 1598–1789. Vol. 1–2. Paris 1974, 1980.

b) Einzeldarstellungen: Staatsmänner, Gesandte, auswärtige Politik, innere Lage, Staatstheorie

von Aretin, Karl Otmar: Frankreich und der Entschluß zum Eintritt in den Dreißigjährigen Krieg. Die geheimen Verhandlungen des kaiserlichen Diplomaten Graf Schönberg in Paris im Aug./Sep. 1634. In: Weltpolitik – Europagedanke – Regionalismus. Festschrift für Heinz Gollwitzer. Hg. von H. Dollinger, H. Gründer, A. Hanschmidt. Münster 1982. S. 47–57.
Baxter, Douglas Clark: Servants of the sword. French intendants of the army 1630–1670. Urbana, London 1976.
Bonney, Richard: Political change in France under Richelieu and Mazarin 1624–1661. Oxford 1978.
Burckhardt, Carl Jacob: Richelieu. Teil 3–4. München 1966, 1967.
Church, William Farr: Richelieu and reason of State. Princeton/N. J. 1972.
Desmed, R.: A propos de l'humanisme en France et en Pologne à l'époque de la Guerre de Trente Ans: une lettre inédite du comte d'Avaux. In: Latomus 26 (1967). S. 800–811.
Dethan, Georges: Mazarin. Un homme de paix à l'âge baroque 1602–1661. Paris 1981.
Erlanger, Philippe: Richelieu. 1. L'ambitieux. 2. Le révolutionnaire. 3. Le dictateur. Paris 1967, 1969, 1970.
Franklin, Julian H.: Jean Bodin and the rise of absolutist theory. London 1973.
La Fronde. Contestation démocratique et misère paysanne. Ed. par Hubert Carrier. Paris 1983.
Grand-Mesnil, Marie Noelle: Mazarin, la Fronde et la presse 1647–1649 (= Collection Kiosque 31). Paris 1967.
Guillaume, P.: Henri II d' Orléans au congrès de la paix à Munster. Bulletin trimestrial de la société archéologique et historique de l'Orléanais. 3e trimestre 1961. S. 1–22.
Guth, Paul: Mazarin. Frankreichs Aufstieg zur Weltmacht. 2. Aufl. Frankfurt/M. 1974 (1. Aufl. Paris 1972).
Harth, Erica: Ideology and culture in Seventeenth Century France. Ithaca/N. Y. 1983.
Histoire comparée de l'administration (IVe–XVIIIe siècles). Actes du 14e colloque historique francoallemand. Tours 27 mars – 1er avril 1977. Publ. par Werner Paravicini et Karl Ferdinand Werner (= Francia 9). Zürich, München 1980.
Knecht, Robert Jean: The Fronde (= Appreciations in history 5). London 1975.
Kretzer, Hartmut: Calvinismus und französische Monarchie im 17. Jahrhundert. Die politische Lehre der Akademien Sedan und Saumur, mit besonderer Berücksichtigung von Pierre Du Moulin, Moyse Amyraut und Pierre Jurieu (= Historische Forschungen 8). Berlin, München 1975.
Lutz, Heinrich – *Schubert,* Friedrich Hermann – *Weber,* Hermann: Frankreich und das Reich im 16. und 17. Jahrhundert. Göttingen, Zürich 1968.
Mousnier, Roland: Les mouvements populaires en France avant les traités de Westphalie et leur incidence sur ces traités. In: Forschungen und Studien zur Geschichte des Westfälischen Friedens (= Schriftenreihe der Vereinigung zur Erforschung der Neueren Geschichte 1). Münster 1965. S. 13–48.
O'Connell, Daniel Patrick: Richelieu. London 1968.
Ranum, Orest: Richelieu and the great nobility. Some aspects of early modern political motives. In: French Historical Studies 3 (1963). S. 184–204.
Salmon, J. H. M.: Bodin and the Monarchomachs. In: Jean Bodin. Verhandlungen der internationalen Bodin-Tagung in München. Hg. von Horst Denzer. München 1973. S. 359–378.
Soziale und politische Konflikte im Frankreich des Ancien Régime. Hg. von Klaus Malettke (= Einzelveröffentlichungen der Historischen Kommission zu Berlin 32). Berlin 1982.
Thuau, Étienne: Raison d'Etat et pensée politique à l'époque de Richelieu. Paris 1966.
Treasure, Geoffrey Russell Richards: Cardinal Richelieu and the development of absolutism. London 1972.

Weber, Hermann: Frankreich, Kurtrier, der Rhein und das Reich 1623–1635 (= Pariser historische Studien 9). Bonn 1969.
Weber, Hermann: Richelieu et le Rhin. In: Revue historique 239/92 (1968). S. 265–280.
Wollenberg, Jörg: Richelieu. Staatsräson und Kircheninteresse. Zur Legitimation der Politik des Kardinalpremier. Bielefeld 1977.

4. Nordische Länder: Schweden, Dänemark

a) Handbücher

von Brandt, Ahasver: Die nordischen Länder von 1448 bis 1654. In: Handbuch der europäischen Geschichte. Bd. 3. Stuttgart 1971. S. 961–1002.
Jeannin, Pierre: L'Europe du Nord-Ouest et du Nord aux XVIIe et XVIIIe siècles (= Nouvelle Clio 34). Paris 1969.
Roberts, Michael: Sweden and the Baltic, 1611–1654. In: The New Cambridge Modern History. Vol. IV. Cambridge 1970. S. 385–410.

b) Kongreßpolitik, Verfassungsgeschichte, Staatsmänner, Heerführer, Kriegsfinanzierung

Åström, Sven-Erik: The Swedish economy and Sweden's role as a great power 1632–1697. In: Sweden's age of greatness 1632–1718. Ed. by Michael Roberts. London, New York 1973. S. 58–101.
Bagge, Paul: Dänisch und Deutsch während der Zeit des dänischen Absolutismus: Auffassungen einiger dänischer Historiker. In: Nerthus. Nordisch-deutsche Beiträge. Bd. II. Düsseldorf, Köln 1972. S. 244–248.
Barudio, Günther: Absolutismus – Zerstörung der „libertären Verfassung". Studien zur „Karolinischen Eingewalt" in Schweden zwischen 1680 und 1693 (= Frankfurter historische Abhandlungen 13). Wiesbaden 1976.
Böhme, Klaus-Richard: Geld für die schwedischen Armeen nach 1640. In: Scandia. Tidskrift för historisk forskning 33 (1967). S. 54–95.
Böhme, Klaus-Richard: Hans Christopher von Königsmarcks Testament. In: Niedersächsisches Jahrbuch für Landesgeschichte 41/42 (1969/70). S. 134–155.
Böhme, Klaus-Richard: Lennart Torstenson und Helmut Wrangel in Schleswig-Holstein und Jütland 1643–1645. In: Zeitschrift der Gesellschaft für Schleswig-Holsteinische Geschichte 90 (1965). S. 41–82.
Dunsdorfs, Edgars: The Livonian Estates of Axel Oxenstierna. Stockholm 1981.
Ekholm, Lars: Svensk krigsfinansiering 1630–1631 (= Studia historica Upsaliensia 56). Uppsala 1974 (mit engl. Zusammenfassung).
Goetz, Sigmund: Die Politik des schwedischen Reichskanzlers Axel Oxenstierna gegenüber Kaiser und Reich. Kiel 1971.
Jorgensen, Johann: Die dänisch-deutschen Beziehungen im 16. und 17. Jahrhundert. Einige dänische Gesichtspunkte und Studien. In: Nerthus. Nordisch-deutsche Beiträge. Bd. III. Düsseldorf, Köln 1972. S. 243–261.
Landberg, Hans – *Ekholm,* Lars – *Nordlund,* Roland – *Nilsson,* Sven A.: Det kontinentala krigets ekonomi. Studier i krigsfinansiering under svensk stormaktstid (= Studia historica Upsaliensia 36). Kristianstad 1971 (mit deutscher Zusammenfassung der Ergebnisse von Sven A. Nilsson: Kriegsfinanzierung während der schwedischen Großmachtzeit).
Lindgren, Jan: Utskrivning och utsugning. Produktion och reproduktion i Bygdeå 1620–1640 (= Studia historica Upsaliensia 117). Stockholm 1980.
Odhner, Clas Theodor: Die Politik Schwedens im Westphälischen Friedenscongress und die Gründung der schwedischen Herrschaft in Deutschland. Hannover-Döhren 1973 (Nachdr. der Aufl. 1877).
Roberts, Michael: On aristocratic constitutionalism in Swedish history, 1520–1720. London 1966.
Roberts, Michael: The Swedish imperial experience 1560–1718. Cambridge 1979.
Roberts, Michael: Oxenstierna in Germany, 1633–1636. In: Scandia 48 (1982). S. 61–105.
Runeby, Nils: Die Macht des Königs und die Verteilung der Macht unter Königin Christina. In: Analecta reginensia. Queen Christina of Sweden. Documents and Studies. Ed. by Magnus v. Platen (= Nationalmusei skriftserie 12). Stockholm 1966. S. 322–331.

Suvanto, Pekka: Die deutsche Politik Oxenstiernas und Wallenstein (= Studia historica 9). Helsinki 1979.

5. Niederlande

Hallema, A.: Retorsie-Maatregelen in het Brabantse kort voor de Munsterse vrede. Een der oorzaken vom de slechte verstandhouding tussen Rooms-Katholieken en Protestanten in het zuiden na deze vrede. In: Nederlands archief voor kerkgeschiedenis NS 47 (1965/66). S. 12–21.

Israel, Jonathan Irvine: The Dutch Republic and the Hispanic world 1606–1661. Oxford, New York 1982.

Kossmann, E. H.: The Low Countries. In: The New Cambridge Modern History. Vol. IV. Cambridge 1970. S. 359–384.

Parker, Geoffrey: Spain and the Netherlands 1559–1659. Ten Studies. London 1979.

Poelhekke, J. J.: Geen blijder maer in tachtig jaer. Verspreide studiën over de crisisperiode 1648–1651. Zutphen 1973. S. 7–14: De Vrede van Munster (1. Aufl. 1948).

6. Eidgenossenschaft

von Greyerz, Hans: Die Schweiz von 1499 bis 1648. In: Handbuch der europäischen Geschichte. Bd. 3. Stuttgart 1971. S. 689–713.

Stadler, Peter: Das Zeitalter der Gegenreformation. In: Handbuch der Schweizer Geschichte. Bd. 1. Zürich 1972. S. 573–670.

Vogler, Bernard: Le monde germanique et helvétique à l'époque des réformes 1517–1618. Bd. 1–2. Paris 1981.

III. Reich

1. Kaiser, österreichischer Reichskreis, Böhmen, Schlesien

a) Handbücher

Gutkas, Karl: Geschichte des Landes Niederösterreich. 4. Aufl. St. Pölten 1974 (3. neu bearb. Aufl. 1973).

Koenigsberger, Helmut Georg: The Habsburgs and Europe 1516–1660. Ithaca 1971.

Richter, Karl: Die böhmischen Länder von 1471–1740. In: Handbuch der Geschichte der böhmischen Länder. Bd. II. Stuttgart 1974. S. 99–412.

Tapié, Victor L.: The Habsburg Lands 1618–1657. In: The New Cambridge Modern History. Vol. IV. Cambridge 1970. S. 503–530.

Zöllner, Erich: Geschichte Österreichs. Von den Anfängen bis zur Gegenwart. 6. Aufl. München 1979 (1. Aufl. 1961).

b) Einzeldarstellungen: Einzelne Kaiser, Erzhaus, auswärtige und Kongreßpolitik, Gesandte, Militaria, Landesherrschaft

Barker, Thomas Mack: Army, aristocracy, monarchy. Essays on war, society, and government in Austria 1618–1780. New York 1982.

Bireley, Robert: Religion and politics in the age of the counterreformation. Emperor Ferdinand II, William Lamormaini, S. J., and the formation of imperial policy. Chapel Hill 1981.

Broucek, Peter: Die Eroberung von Bregenz am 4. Jänner 1647 (= Militärhistorische Schriftenreihe 18). Wien 1971.

Broucek, Peter: Erzherzog Leopold Wilhelm und der Oberbefehl über das kaiserliche Heer im Jahre 1645. In: Aus drei Jahrhunderten. Beiträge zur österreichischen Heeres- und Kriegsgeschichte von 1645–1938 (= Schriften des Heeresgeschichtlichen Museums in Wien 4). Wien, München 1969. S. 7–38.

Broucek, Peter: Der Schwedenfeldzug nach Niederösterreich 1645/46 (= Militärhistorische Schriftenreihe 7). Wien 1967.

Evans, Robert John Weston: The making of the Habsburg monarchy 1550–1700. An interpretation. Oxford, London, New York 1979.

Franzl, Johann: Ferdinand II. Kaiser im Zwiespalt der Zeit. Graz, Wien, Köln 1978.

Haan, Heiner: Kaiser Ferdinand II. und das Problem des Reichsabsolutismus. Die Prager Heeresreform von 1635. In: Historische Zeitschrift 207 (1968). S. 297–345.

Haselier, Günther: Geschichte der Stadt Breisach am Rhein. 2 Halbbände. Breisach 1969, 1971.

Irgang, Winfried: Freudenthal als Herrschaft des Deutschen Orden 1621–1725 (= Quellen und Studien zur Geschichte des Deutschen Ordens 25). Bonn-Bad Godesberg 1971.

Jaeckel, Georg: Die staatsrechtlichen Grundlagen des Kampfes der evangelischen Schlesier um ihre Religionsfreiheit. Teil V, VI. In: Jahrbuch für Schlesische Kirchengeschichte NF 43 (1964). S. 67–88. NF 45 (1966). S. 71–110.

Meienberger, Peter: Johann Rudolf Schmid zum Schwarzenhorn als kaiserlicher Resident in Konstantinopel in den Jahren 1629–1643. Ein Beitrag zur Geschichte der diplomatischen Beziehungen zwischen Österreich und der Türkei in der ersten Hälfte des 17. Jahrhunderts (= Geist und Werk der Zeiten. Arbeiten aus dem Historischen Seminar der Universität Zürich 37). Bern, Frankfurt/M. 1973.

Repgen, Konrad: Über den Zusammenhang von Verhandlungstechnik und Vertragsbegriffen. Die kaiserlichen Elsaß-Angebote vom 28. März und 14. April 1646 an Frankreich. In: Ders., Historische Klopfsignale für die Gegenwart. Münster 1974. S. 64–96 (1. Aufl. in Festschrift E. Ennen 1972).

Ruppert, Karsten: Die kaiserliche Politik auf dem Westfälischen Friedenskongreß (1643–1648) (= Schriftenreihe der Vereinigung zur Erforschung der Neueren Geschichte 10). Münster 1979.

Sturmberger, Hans: Adam Graf Herberstorff. Herrschaft und Freiheit im konfessionellen Zeitalter. München 1976.

Suvanto, Pekka: Wallenstein und seine Anhänger am Wiener Hofe zur Zeit des zweiten Generalats 1631–1634 (= Studia historica 5). Helsinki 1963.

Wandruszka, Adam: Die jüngere tirolische Linie bei den westfälischen Friedensverhandlungen. Zur Geschichte der Feindschaft zwischen Isaak Volmar und Wilhelm Bienner. In: Neue Beiträge zur geschichtlichen Landeskunde Tirols. Festschrift für Franz Huter (= Tiroler Wirtschaftsstudien 26). Innsbruck, München 1969. S. 445–453.

Weis, Georg: Das Haus Österreich und die Regelung der Rückerstattung konfiszierten Vermögens im Westfälischen Frieden von 1648. In: Rechtsprechung zum Wiedergutmachungsrecht 22 (1971). S. 241–248.

2. Bayerischer Reichskreis: Bayern mit Oberpfalz, Freising, Salzburg

Albrecht, Dieter: Das konfessionelle Zeitalter. 2. Teil: Die Herzöge Wilhelm V. und Maximilian I. In: Handbuch der bayerischen Geschichte. Bd. II: Das alte Bayern. Der Territorialstaat vom Ausgang des 12. Jahrhunderts bis zum Ausgang des 18. Jahrhunderts. Hg. von M. Spindler. München 1966. S. 351–409.

Altmann, Hans Christian: Die Kipper- und Wipperinflation in Bayern (1620–23). Ein Beitrag zur Strukturanalyse des frühabsolutistischen Staates (= Miscellanea Bavarica Monacensia 63). München 1976.

Altmann, Hugo: Die Reichspolitik Maximilians I. von Bayern 1613–1618 (= Briefe und Akten zur Geschichte des Dreißigjährigen Krieges 12). München, Wien 1978.

Bireley, Robert: Maximilian von Bayern, Adam Contzen S. J. und die Gegenreformation in Deutschland 1624–1635 (= Schriftenreihe der Historischen Kommission bei der Bayerischen Akademie der Wissenschaften 13). Göttingen 1975.

Heinisch, Reinhard Rudolf: Salzburg im Dreißigjährigen Krieg (= Dissertationen der Universität Wien 18). Wien 1968.

Heinisch, Reinhard Rudolf: Die Neutralitätspolitik Erzbischof Paris Lodrons und ihre Vorläufer. Salzburgs Verhältnis zu Liga und Reich. In: Mitteilungen der Gesellschaft für Salzburgische Landeskunde 110/111 (1970/71). S. 255–276.

Kraus, Andreas: Kurfürst Maximilian I. von Bayern. Das neue Bild eines großen Fürsten. In: Historisches Jahrbuch 97/98 (1978). S. 505–526.

Kraus, Andreas: Geschichte Bayerns. Von den Anfängen bis zur Gegenwart. München 1983.

Schweinesbein, Karl: Die Frankreichpolitik Kurfürst Maximilians I. von Bayern 1639–1645. München 1968.

Volkert, Wilhelm: Oberpfalz. Die politische Entwicklung vom 12. bis zum 18. Jahrhundert. In: Handbuch der bayerischen Geschichte. Bd. III. Teilbd. 2: Schwaben, Oberpfalz bis zum Ausgang des 18. Jahrhunderts. München 1971. S. 1251–1349.

Weber, Leo, S. D. B.: Veit Adam von Gepeckh, Fürstbischof von Freising 1618 bis 1651 (= Studien zur altbayerischen Kirchengeschichte Bd. 3/4). München 1972.
Wittelsbach und Bayern. Hg. von Hubert Glaser. Bd. 2: Um Glauben und Reich. Kurfürst Maximilian I. München 1980.

3. Fränkischer Reichskreis: Bamberg, Würzburg

Dietz, Heinrich Georg: Die Politik des Hochstifts Bamberg am Ende des Dreißigjährigen Krieges unter besonderer Berücksichtigung seiner Bemühungen um den Westfälischen Frieden. Phil. Diss. Würzburg 1967.
Endres, Rudolf: Vom Augsburger Religionsfrieden bis zum Dreißigjährigen Krieg. In: Handbuch der bayerischen Geschichte. Bd. III. Teilbd. 1: Franken bis zum Ausgang des 18. Jahrhunderts. München 1971. S. 212–230.
Gustav Adolf, Wallenstein und der Dreißigjährige Krieg in Franken. Ausstellung des Staatsarchivs Nürnberg zum 350. Gedenkjahr (1632–1982) (= Ausstellungskataloge der Staatlichen Archive Bayerns 14). Neustadt a. d. Aisch 1982.
Schröcker, Alfred: Besitz und Politik des Hauses Schönborn vom 14. bis zum 18. Jahrhundert. In: Mitteilungen des Österreichischen Staatsarchivs 26 (1973). S. 212–234.

4. Schwäbischer Reichskreis: Augsburg, Württemberg, Reichsprälaten

Bireley, Robert: The origins of the „Pacis Compositio" (1629). A Text of Paul Laymann S. J. In: Archivum Historicum Societatis Jesu 42 (1973). S. 106–121.
Friedrichs, Christopher R.: Urban society in an age of war. Nördlingen 1580–1720. Princeton/N. J. 1979.
Lehmann, Hartmut: Die württembergischen Landstände im 17. und 18. Jahrhundert. In: Ständische Vertretungen in Europa im 17. und 18. Jahrhundert. Hg. von D. Gerhard (= Veröffentlichungen des Max-Planck-Instituts für Geschichte 27). 2. Aufl. Göttingen 1974. S. 183–207 (1. Aufl. 1969).
Naujoks, Eberhard: Vorstufen der Parität in der Verfassungsgeschichte der schwäbischen Reichsstädte (1555–1648). Das Beispiel Augsburgs. In: Bürgerschaft und Kirche. 17. Arbeitstagung des Südwestdeutschen Arbeitskreises für Stadtgeschichtsforschung in Kempten 1978. Hg. von Jürgen Sydow (= Stadt in der Geschichte 7). Sigmaringen 1980. S. 38–66.
Philippe, Roswitha: Württemberg und der Westfälische Friede (= Schriftenreihe der Vereinigung zur Erforschung der Neueren Geschichte 8). Münster 1976.
Schreiner, Klaus: Altwürttembergische Klöster im Spannungsfeld landesherrlicher Territorialpolitik. In: Blätter für deutsche Landesgeschichte 109 (1973). S. 196–245.
Vann, James Allen: The Swabian Kreis. Institutional growth in the Holy Roman Empire 1648–1715 (= Studies presented to the International Commission for the History of Representative and Parliamentary Institutions 53). Brüssel 1975.
Volk, Paulus: Zur Biographie des Adam Adami. In: Festschrift Percy Ernst Schramm. Bd. I. Hg. von P. Classen und P. Scheibert. Wiesbaden 1964. S. 373–381.

5. Oberrheinischer Reichskreis: Hessen-Darmstadt, -Kassel, Elsaß

Beck, Kurt: Der Hessische Bruderzwist zwischen Hessen-Kassel und Hessen-Darmstadt in den Verhandlungen zum Westfälischen Frieden von 1644 bis 1648. Frankfurt/M. 1978.
Demandt, Karl E.: Geschichte des Landes Hessen. 2. neu bearb. Aufl. Kassel, Basel 1972 (1. Aufl. 1959).
Frohnweiler, Karl-Heinz: Die Friedenspolitik Landgraf Georgs II. von Hessen-Darmstadt in den Jahren 1630–1635. In: Archiv für hessische Geschichte und Altertumskunde NF 29 (1964) S. 1–185.
Hertner, Peter: Stadtwirtschaft zwischen Reich und Frankreich. Wirtschaft und Gesellschaft Straßburgs 1650–1714 (= Neue Wirtschaftsgeschichte 8). Köln, Wien 1973.
Livet, Georges: La Guerre de Trente Ans et les traités de Westphalie. La formation de la province d'Alsace (1618–1715). In: Histoire d'Alsace. Publ. sous la direction de Ph. Dollinger. Toulouse 1970. S. 259–303.
Livet, Georges: Landgraviat, préfecture, province et gouvernement dans l'Alsace d'Ancien Régime. Essai d'étude d'institution comparée. In: Cahiers de l'association interuniversitaire de l'Est 15 (1970) 2. S. 69–84.

Oberlé, Raymond: La république de Mulhouse pendant la Guerre de Trente Ans (= Publications de l'Institut des Hautes Études Alsaciennes 20). Paris 1965.
Perrin, Bernard: La conquête du ressort en Alsace après le traité de Westphalie (quelques principes, quelques événements, quelques textes). In: Annales de la Faculté de droit et des sciences économiques de Lille (1964). S. 7–98.
Petrén, Sture: La Suède et l'Alsace à l'époque de la Guerre de Trente Ans. In: Saisons d'Alsace 18 (1966). S. 165–190.
Seidel, Karl J.: Das Oberelsaß vor dem Übergang an Frankreich. Landesherrschaft, Landstände und fürstliche Verwaltung in Alt-Vorderösterreich (1602–1638). Bonn 1980.
Thies, Gunter: Territorialstaat und Landesverteidigung. Das Landesdefensionswerk in Hessen-Kassel unter Landgraf Moritz (1592–1627). Marburg, Darmstadt 1973.
van Tongerloo, Louise: Beziehungen zwischen Hessen-Kassel und den Vereinigten Niederlanden während des Dreißigjährigen Krieges. In: Hessisches Jahrbuch für Landesgeschichte 14 (1964). S. 199–270.

6. Kurrheinischer Reichskreis: Kurköln, Kurpfalz, Frankenthal

Egler, Anna: Die Spanier in der linksrheinischen Pfalz 1620–1632. Invasion, Verwaltung, Rekatholisierung (= Quellen und Abhandlungen zur mittelrheinischen Kirchengeschichte 13). Mainz 1971.
Foerster, Joachim F.: Kurfürst Ferdinand von Köln. Die Politik seiner Stifter in den Jahren 1634–1650 (= Schriftenreihe der Vereinigung zur Erforschung der Neueren Geschichte 6). Münster 1976.
Kessel, Jürgen: Spanien und die geistlichen Kurstaaten am Rhein während der Regierungszeit der Infantin Isabella (1621–1633) (= Europäische Hochschulschriften 3, 113). Frankfurt/M. 1979.
Knoch, Annegret: Die Politik des Bischofs Franz Wilhelm von Wartenberg während der Westfälischen Friedensverhandlungen (1644–1648). Phil. Diss. Bonn 1966.
Lahrkamp, Helmut: Der Einzug des Fürstbischofs Franz Wilhelm von Osnabrück als Gesandter beim Friedenskongreß in Münster. In: Dona Westfalica. Georg Schreiber dargebracht (= Schriften der Historischen Kommission Westfalens 4). Münster 1963. S. 174–191.
Maur, Anna (Hg.): Die Geschichte der Stadt Frankenthal und ihrer Vororte. Speyer 1969.
Menk, Gerhard: Restitutionen vor dem Restitutionsrecht. Kurtrier, Nassau und das Reich 1626–1629. In: Jahrbuch für westdeutsche Landesgeschichte 5 (1979). S. 103–130.
Weiß, Elmar, Die Unterstützung Friedrichs V. von der Pfalz durch Jakob I. und Karl I. von England im Dreißigjährigen Krieg (1618–1632) (= Veröffentlichungen der Kommission für geschichtliche Landeskunde in Baden-Württemberg B 37). Stuttgart 1966.

7. Westfälischer Reichskreis: Jülich-Berg, Münster, Lippe

Benecke, Gerhard: Society and politics in Germany 1500–1750. London, Toronto 1974.
Fleitmann, Wilhelm: Plan einer Postverbindung Münster – Ahlen – Sauerland – Frankfurt am Main aus dem Jahre 1644. In: Postgeschichtsblätter für den Bezirk der Oberpostdirektion Münster 14 (1968) 2. S. 31–32.
Fleitmann, Wilhelm: Postverbindungen für den Westfälischen Friedenskongreß 1643 bis 1648. In: Archiv für deutsche Postgeschichte H. 1 (1972). S. 3–48 (1. Aufl. in: Beiträge zur Geschichte der Post in Westfalen, 1969).
Jaitner, Klaus: Die Konfessionspolitik des Pfalzgrafen Philipp Wilhelm von Neuburg in Jülich-Berg von 1647–1679 (= Reformationsgeschichtliche Studien und Texte 107). Münster 1973.
Kohl, Wilhelm: Christoph Bernhard von Galen. Politische Geschichte des Fürstbistums Münster 1650–1678 (= Veröffentlichungen der Historischen Kommission Westfalens 18). Münster 1964.
Leffers, Renate: Die Neutralitätspolitik des Pfalzgrafen Wolfgang Wilhelm als Herzog von Jülich-Berg in der Zeit von 1636 bis 1643 (= Bergische Forschungen 8). Neustadt a. d. Aisch 1971.
Schmidt, Hans: Philipp Wilhelm von Pfalz-Neuburg (1615–1690) als Gestalt der deutschen und europäischen Politik des 17. Jahrhunderts. Bd. I: 1615–1658. Düsseldorf 1973.

Walz, Rainer: Stände und frühmoderner Staat. Die Landstände von Jülich-Berg im 16. und 17. Jahrhundert (= Bergische Forschungen 17). Neustadt a. d. Aisch 1982.

8. Obersächsischer Reichskreis: Kurbrandenburg, Pommern, Ostseeküste

Back, Pär-Erik: Die Stände in Schwedisch-Pommern im späten 17. und 18. Jahrhundert. In: Ständische Vertretungen in Europa im 17. und 18. Jahrhundert. Hg. von D. Gerhard. 2. Aufl. Göttingen 1974. S. 120–130 (1. Aufl. 1969).
Fleitmann, Wilhelm: Brandenburgische und braunschweig-lüneburgische Nachrichtenverbindungen für den Westfälischen Friedenskongreß. In: Postgeschichtsblätter für den Bezirk der Oberpostdirektion Münster NF 2 (August 1970). S. 33–35.
Olechnowitz, Karl-Friedrich: Handel- und Seeschiffahrt der späten Hanse. Weimar 1965.
Opgenoorth, Ernst: Friedrich Wilhelm. Der große Kurfürst von Brandenburg. Eine politische Biographie. 1. Teil: 1620–1660. Göttingen, Frankfurt/M., Zürich 1971.

9. Niedersächsischer Reichskreis: Magdeburg, Bremen, Hildesheim, Holstein, Hamburg

Böhme, Klaus-Richard: Bremisch-verdische Staatsfinanzen 1645–1676. Die schwedische Krone als deutsche Landesherrin (= Studia historica Upsaliensia 26). Uppsala 1967.
Engfer, Hermann: Der Weihbischof Adam Adami und sein Wirken im Bistum Hildesheim. In: Unsere Diözese in Vergangenheit und Gegenwart. Zeitschrift des Vereins für Heimatkunde im Bistum Hildesheim 20 (1963). S. 13–31.
Joppen, Rudolf: Das Erzstift Magdeburg unter Leopold Wilhelm von Österreich (1628–1635). In: Studien zur katholischen Bistums- und Klostergeschichte Bd. 11. Hg. von Franz Schrader. Leipzig 1969. S. 290–342.
Kellenbenz, Hermann: Hamburg und die französisch-schwedische Zusammenarbeit im Dreißigjährigen Krieg. In: Zeitschrift des Vereins für Hamburgische Geschichte 49/50 (1964) S. 83–107.
Lange, Ulrich: Verfassungskämpfe in Schleswig-Holstein zu Beginn der Neuzeit. In: Zeitschrift der Gesellschaft für Schleswig-Holsteinische Geschichte 104 (1979). S. 153–170.
Lange, Ulrich: Die politischen Privilegien der schleswig-holsteinischen Stände 1588–1675. Veränderung von Normen politischen Handelns (= Quellen und Forschungen zur Geschichte Schleswig-Holsteins 75). Neumünster 1980.
Lorenz, Gottfried: Das Erzstift Bremen und der Administrator Friedrich während des Westfälischen Friedenskongresses. Ein Beitrag zur Geschichte des schwedisch-dänischen Machtkampfes im 17. Jahrhundert (= Schriftenreihe der Vereinigung zur Erforschung der Neueren Geschichte 4). Münster 1969.
Reimann, Michael: Der Goslarer Frieden von 1642 (= Quellen und Darstellungen zur Geschichte Niedersachsens 90). Hildesheim 1979.
Schleif, Karl H.: Regierung und Verwaltung des Erzstifts Bremen am Beginn der Neuzeit (1500–1645). Eine Studie zum Wesen der modernen Staatlichkeit (= Schriftenreihe des Landschaftsverbands Stade 1). Hamburg 1972.

IV. Reichsverfassung

1. Reichsversammlungen, Reichskreise, Reichsstände

Becker, Winfried: Der Kurfürstenrat. Grundzüge seiner Entwicklung in der Reichsverfassung und seine Stellung auf dem Westfälischen Friedenskongreß (= Schriftenreihe der Vereinigung zur Erforschung der Neueren Geschichte 5). Münster 1973.
Bierther, Kathrin: Der Regensburger Reichstag von 1640/41 (= Regensburger historische Forschungen 1). Kallmünz 1971.
Böckenförde, Ernst-Wolfgang: Der Westfälische Frieden und das Bündnisrecht der Reichsstände. In: Der Staat 8 (1969). S. 449–478.
Bosbach, Franz: Die Kosten des Westfälischen Friedenskongresses. Eine strukturgeschichtliche Untersuchung (= Schriftenreihe der Vereinigung zur Erforschung der Neueren Geschichte 13). Münster 1984.

Buchda, Gerhard: Reichsstände und Landstände in Deutschland im 16. und 17. Jahrundert. In: Recueils de la Société Jean Bodin pour l'histoire comparative des institutions 25. Gouvernés et gouvernants 4. Brüssel 1965. S. 193–226.

Buchstab, Günter: Reichsstädte, Städtekurie und Westfälischer Friedenskongreß. Zusammenhänge von Sozialstruktur, Rechtsstatus und Wirtschaftskraft (= Schriftenreihe der Vereinigung zur Erforschung der Neueren Geschichte 7). Münster 1976.

Forschungen und Quellen zur Geschichte des Dreißigjährigen Krieges. Hg. von Konrad Repgen (= Schriftenreihe der Vereinigung zur Erforschung der Neueren Geschichte 12). Münster 1981.

Haan, Heiner: Der Regensburger Kurfürstentag von 1636/1637 (= Schriftenreihe der Vereinigung zur Erforschung der Neueren Geschichte 3). Münster 1967.

von Kietzell, Roswitha: Der Frankfurter Deputationstag von 1642–1645. Eine Untersuchung der staatsrechtlichen Bedeutung dieser Versammlung. In: Nassauische Annalen 88 (1972) S. 99–119.

Der *Kurfürst von Mainz* und die Kreisassoziationen 1648–1746. Zur verfassungsmäßigen Stellung der Reichskreise nach dem Westfälischen Frieden. Hg. von Karl Otmar von Aretin (= Veröffentlichungen des Instituts für Europäische Geschichte Mainz, Universalgeschichte 2). Wiesbaden 1975.

Magen, Ferdinand: Die Reichskreise in der Epoche des Dreißigjährigen Krieges. In: Zeitschrift für historische Forschung 9 (1982). S. 409–460.

Mathy, Helmut: Über das Mainzer Erzkanzleramt in der Neuzeit. Stand und Aufgaben der Forschung. In: Geschichtliche Landeskunde. Veröffentlichungen des Instituts für geschichtliche Landeskunde an der Universität Mainz. Bd. 2. Wiesbaden 1965. S. 109–149.

Neuhaus, Helmut: Reichsständische Repräsentationsformen im 16. Jahrhundert. Reichstag, Reichskreistag, Reichsdeputationstag (= Schriften zur Verfassungsgeschichte 33). Berlin 1982.

Rössler, Hellmuth: Der deutsche Hochadel und der Wiederaufbau nach dem Westfälischen Frieden. In: Blätter für deutsche Landesgeschichte 101 (1965). S. 129–146.

Walker, Mack: German home towns. Community, state, and general estate 1648–1871. Ithaca, London 1971.

Strukturprobleme der frühen Neuzeit. Ausgewählte Aufsätze von Gerhard Oestreich. Hg. von B. Oestreich. Berlin 1980.

Weber, Hermann (Hg.): Politische Ordnungen und soziale Kräfte im Alten Reich (= Veröffentlichungen des Instituts für Europäische Geschichte Mainz, Universalgeschichte 8). Wiesbaden 1980.

2. Reichsstaatsrecht, Konfessionen

Belstler, Ulrich: Die Stellung des Corpus Evangelicorum in der Reichsverfassung. Jur. Diss. Tübingen 1968.

Dickmann, Fritz: Das Problem der Gleichberechtigung der Konfessionen im Reich im 16. und 17. Jahrhundert. In: Historische Zeitschrift 201 (1965). S. 265–305.

Gross, Hanns: Empire and sovereignty. A history of the public law literature in the Holy Roman Empire, 1599–1804. Univ. of Chicago Press 1975.

Heckel, Martin: Staat und Kirche nach den Lehren der evangelischen Juristen Deutschlands in der ersten Hälfte des 17. Jahrhunderts (= Jus Ecclesiasticum 6). München 1968.

Hoke, Rudolf: Bodins Einfluß auf die Anfänge der Dogmatik des deutschen Reichsstaatsrechts. In: Jean Bodin. Verhandlungen der internationalen Bodin-Tagung in München. Hg. von Horst Denzer. München 1973. S. 315–332.

Neuer-Landfried, Franziska: Die Katholische Liga. Gründung, Neugründung und Organisation eines Sonderbundes 1608–1620 (= Münchner Historische Studien, Bayerische Geschichte 9). Kallmünz 1969.

Schlaich, Klaus: Maioritas – protestatio – itio in partes – corpus Evangelicorum. Das Verfahren im Reichstag des Hl. Römischen Reichs Deutscher Nation nach der Reformation. In: Zeitschrift für Rechtsgeschichte KA 61 (1977). S. 264–299. 64 (1978). S. 139–179.

Schubert, Friedrich Hermann: Die deutschen Reichstage in der Staatslehre der frühen Neuzeit (= Schriftenreihe der Historischen Kommission bei der Bayerischen Akademie der Wissenschaften 7). Göttingen 1966.

Schubert, Friedrich Hermann: Volkssouveränität und Heiliges Römisches Reich. In: Historische Zeitschrift 213 (1971). S. 91–122.
Sellert, Wolfgang (Hg.): Die Ordnungen des Reichshofrates 1550–1766. 1. Halbband bis 1626 (= Quellen und Forschungen zur höchsten Gerichtsbarkeit im Alten Reich 8/I). Köln, Wien 1980.
Urban, Helmut: Das Restitutionsedikt. Versuch einer Interpretation. München 1968.
Wolff, Fritz: Corpus Evangelicorum und Corpus Catholicorum auf dem Westfälischen Friedenskongreß. Die Einfügung der konfessionellen Ständeverbindungen in die Reichsverfassung (= Schriftenreihe der Vereinigung zur Erforschung der Neueren Geschichte 2). Münster 1966.

V. Kulturgeschichte, Militär- und Sozialgeschichte

Analecta reginensia. Stockholm.
  Bd. 1: Queen Christina of Sweden. Documents and Studies. Ed by Magnus von Platen (= Nationalmusei skriftserie 12). 1966.
  Bd. 2: van Regteren Altena, Johan Quirijn: Les dessins italiens de la reine Christine de Suède (= Nationalmusei skriftserie 13). 1966.
  Bd. 3: Bjurström, Per: Feast and theatre in Queen Christinas Rome (= Nationalmusei skriftserie 14). 1966.
Barker, Thomas Mack: The military intellectual and battle. Raimondo Montecuccoli and the Thirty Years War. Albany/N. Y. 1975.
Blühm, Elger – *Garber,* Jörn – *Garber,* Klaus: Hof, Staat und Gesellschaft in der Literatur des 17. Jahrhunderts. Amsterdam 1982.
Coupe, William A.: The German illustrated broadsheet in the seventeenth century. Historical and iconographical studies (= Bibliotheca Bibliographica Aureliana XVII/XX). Bd. 1–2. Baden-Baden 1966, 1967.
Der *Dreißigjährige Krieg.* Beiträge zu seiner Geschichte (= Schriften des Heeresgeschichtlichen Museums in Wien 7). Wien 1976.
Der *Dreißigjährige Krieg.* Perspektiven und Strukturen. Hg. von Hans Ulrich Rudolf (= Wege der Forschung 451). Darmstadt 1977.
Jessen, Hans (Hg.): Der Dreißigjährige Krieg in Augenzeugenberichten. 3. Aufl. Düsseldorf 1965 (1. Aufl. 1963).
Kroener, Bernhard: Les routes et les étapes. Die Versorgung der französischen Armeen in Nordostfrankreich 1635–1661. Ein Beitrag zur Verwaltungsgeschichte des Ancien Régime (= Schriftenreihe der Vereinigung zur Erforschung der Neueren Geschichte 11). Münster 1980.
Lahrkamp, Helmut: Französische Ballettaufführungen während des Friedenskongresses zu Münster (1645 und 1646). In: Ex officina literaria. Beiträge zur Geschichte des westfälischen Buchwesens. Hg. von Joseph Prinz. Münster 1968. S. 227–242.
Lang, Elisabeth Constanze: Friedrich V., Tilly und Gustav Adolf im Flugblatt des Dreißigjährigen Krieges. Ann Arbor/Mich. 1974 (Phil. Diss. Austin/Texas 1974).
Langer, Herbert: Kulturgeschichte des 30jährigen Krieges. 2. Aufl. Leipzig 1980 (Stuttgart 1978).
Parker, Geoffrey – *Parker,* Angela: European soldiers 1550–1650. Cambridge 1977.
Rassem, Mohammed – *Stagl,* Justin: Statistik und Staatsbeschreibung in der Neuzeit, vornehmlich im 16.–18. Jahrhundert. Bericht über ein interdisziplinäres Symposion in Wolfenbüttel, 25.–27. September 1978 (= Quellen und Abhandlungen zur Geschichte der Staatsbeschreibung und Statistik 1). Paderborn, München, Wien, Zürich 1980.
Redlich, Fritz: The German military enterpriser and his work force. A study in European economic and social history (= Vierteljahrsschrift für Sozial- und Wirtschaftsgeschichte. Beih. 47–48). Wiesbaden 1964/65.
Die *Sammlung* der Herzog-August-Bibliothek in Wolfenbüttel. Kommentierte Ausgabe. Bd. 2. Historica. Deutsche illustrierte Flugblätter des 16. und 17. Jahrhunderts II. Hg. von W. Harms. München 1980.
Wohlfeil, Rainer – *Wohlfeil,* Trudl: Landsknechte im Bild. Überlegungen zur „Historischen Bildkunde". In: Bauer, Reich und Reformation. Festschrift f. Günther Franz. Hg. von P. Blickle. Stuttgart 1982. S. 104–119.

ABKÜRZUNGEN

AAE	=	Archives des affaires étrangères, Paris.
ADB	=	Allgemeine Deutsche Biographie.
BN	=	Bibliothèque Nationale, Paris.
FBPG	=	Forschungen zur Brandenburgischen und Preußischen Geschichte.
FDG	=	Forschungen zur Deutschen Geschichte.
GGA	=	Göttingische Gelehrte Anzeigen.
HJb	=	Historisches Jahrbuch der Görres-Gesellschaft.
HVschr.	=	Historische Vierteljahrsschrift.
HZ	=	Historische Zeitschrift
Inst	=	Institut de France, Paris.
IPM	=	Instrumentum Pacis Monasteriensis.
IPO	=	Instrumentum Pacis Osnabrugensis.
Jb	=	Jahrbuch.
Jbb	=	Jahrbücher.
MIÖG	=	Mitteilungen des Instituts für Österreichische Geschichtsforschung.
NF	=	Neue Folge.
PrJbb	=	Preußische Jahrbücher.
QuFiA	=	Quellen und Forschungen aus italienischen Archiven.
RA	=	Riksarkiv, Stockholm.
RH	=	Revue Historique.
RK	=	Reichskanzlei, Friedensakten (Haus-, Hof- und Staatsarchiv Wien).
RQH	=	Revue des questions historiques.
SB Ak	=	Sitzungsberichte der Akademie ...
SK	=	Staatskanzlei, Friedensakten (Haus-, Hof- und Staatsarchiv Wien).
Vschr	=	Vierteljahresschrift.
WZ	=	Westdeutsche Zeitschrift für Geschichte und Kunst.
Westf. Z.	=	Zeitschrift für vaterländ. Geschichte und Altertumskunde Münster.
ZGORh	=	Zeitschrift für die Geschichte des Oberrheins.
ZKG	=	Zeitschrift für Kirchengeschichte.
ZRG	=	Zeitschrift der Savignystiftung für Rechtsgeschichte, Germanistische Abteilung.
Ztschr	=	Zeitschrift.
ZV	=	Zeitschrift des Vereins für ....

ZU DEN ABBILDUNGEN

Titelbild: **Gerard ter Borch, Friede von Münster.** London, National Gallery. Die farbige Reproduktion an dieser Stelle mit gütiger Erlaubnis der National Gallery nach dem dortigen Original. Zur Würdigung des Bildes, das bekanntlich die Ratifikation des spanisch-niederländischen Friedens im Rathaus zu Münster am 15. Mai 1648 darstellt, vgl. S. 469 f. und Anmerkung S. 575.
Die **Gesandtenporträts** sind Arbeiten des **Anselm van Hulle** (vgl. S. 203 und Anm. S. 544) und entstammen dem Sammelwerk Celeberrimi ad pacificandum christiani nominis orbem Legati Monasterium et Osnabrugas missi... Antwerpen 1648 (Thiekötter Nr. 915). Wir bringen aus der großen Zahl der Porträts folgende Auswahl:

Seite 192: Die Vermittler Fabio Chigi und Aluise Contarini.
" 256: Die kaiserlichen Hauptgesandten Maximilian Graf Trauttmansdorff und Dr. Isaak Volmar.
" 272: Die französischen Bevollmächtigten Graf d'Avaux und Graf Servien.
" 304: Der spanische Hauptgesandte Graf Penaranda und der Rat des Prinzen von Oranien Johan de Knuyt, Vertreter der Provinz Seeland in der niederländischen Gesandtschaft.
" 320: Die schwedischen Bevollmächtigten Graf Johan Oxenstierna und Adler Salvius.
" 352: Die Gesandten von Sachsen-Altenburg und von Braunschweig-Lüneburg, Wolfgang Konrad von Thumbshirn und Dr. Jacob Lampadius.
" 416: Franz Wilhelm von Wartenberg, Bischof von Osnabrück, und Adam Adami, Prior von Murrhardt.
" 496: **Verträge von Osnabrück und Münster** 1648 Oktober 24, Unterschriften und Siegel. Nach den einzigen noch erhaltenen Originalurkunden im Haus-, Hof- und Staatsarchiv Wien (vgl. oben S. 500). Abdruck mit freundl. Genehmigung der Archivleitung. Wir bringen die beiden ersten Unterschriftenseiten des Vertrages von Osnabrück und die erste des Vertrages von Münster. — Es sind zwei der am Nachmittag des 24. Oktober 1648 unterzeichneten „Unterhändlerurkunden" (S. 492, 576); das untrügliche Zeichen der Echtheit, die erst nachträglich eingefügte Unterschrift des kursächsischen Gesandten Dr. Leuber, ist auf beiden Exemplaren deutlich zu erkennen. — Diese Urkunden dienten den Unterhändlern als Beleg für das vollzogene Verhandlungsgeschäft, daher der Name. Die Ratifikation der Souveräne blieb vorbehalten; sie erfolgte später durch besondere Ratifikationsurkunden, in die der Text der Unterhändlerurkunden im vollen Wortlaut aufgenommen wurde.
Die Reihenfolge Unterschrift-Besiegelung ist deutlich erkennbar. Die Art der Besiegelung zeigt an, daß nur der Kaiser und Schweden bzw. Frankreich als Vertragsparteien angesehen wurden: Nur ihre Bevollmächtigten haben ihre Siegel **auf** die Schnur oder das Band gesetzt, mit denen die Dokumente zusammengeheftet waren, die als Mitunterzeichner neben den Kaiserlichen zugelassenen reichsständischen Gesandten (S. 490 f., 576 f) haben nur auf dem Papier gesiegelt. — Interessant ist, daß das Osnabrücker Exemplar (nur dieses!) oben links das Siegel Trauttmansdorffs zeigt, obwohl er den Kongreß schon im Jahr zuvor verlassen hatte. Er hat offenbar sein Petschaft zurückgelassen, nicht etwa ein blanko gesiegeltes Papier, wie u. a. im Tagebuch des Grafen Lamberg (bei Sturmberger S. 284) und im Diarium des altenburgischen Gesandten (vgl. Bauermann in Pax optima rerum S. 64) behauptet wird, denn sein Siegel bedeckt deutlich den unteren Bogen des C des letzten Wortes „Christina", ist also **nach** Anfertigung der Urkunde aufgedrückt. Es erhebt sich die Frage, warum man nur das Osnabrücker

Exemplar mit seinem Siegel versehen hat und nicht auch das von Münster. Wahrscheinlich galt in Münster Johann Ludwig von Nassau, der als Reichsgraf von vornehmerer Geburt war als Trauttmansdorff, als Hauptbevollmächtigter. Jedenfalls hat er den Vertrag von Münster als solcher unterzeichnet; sein Name erscheint dort an der gleichen Stelle wie der Trauttmansdorffs auf dem Osnabrücker Exemplar.

Die dem **Einband** aufgeprägte **Schaumünze** wurde im Jahre 1648 von dem bischöflichen Münzmeister Engelbert Ketteler in Münster geprägt (B. Peus in Pax optima rerum S. 187 und Tafel VII 4). Die Vorderseite zeigt das Stadtbild von Münster, dessen Umriß wir auf dem Einbandrücken wiedergeben, die Rückseite, die auf der Titelseite des Einbandes abgebildet ist, feiert mit barocker Symbolik und tönender Umschrift in Form eines lateinischen Hexameters den Friedensschluß: Zwei ineinander gefügte Hände, aus Wolken hervorragend, von der Sonne bestrahlt, von Waffen, Lorbeer und Füllhörnern umgeben, dazu die Umschrift „Caesaris et regum junxit pax aurea dextras", aus der einige Buchstaben größeren Formates herausragen, die addiert als lateinische Ziffern die Jahreszahl 1648 ergeben.

Die **Stadtansichten** auf dem **Schutzumschlag** stellen die beiden Kongreßstädte etwa um das Jahr 1570 dar. Sie sind dem bekannten Sammelwerk von G. Braun und F. Hogenberg, Civitates orbis terrarum, Köln 1572 entnommen; ein moderner Nachdruck bei F. Bachmann, Die alte deutsche Stadt, Bd. I 1, 1941, Tafel 43 und 59. Die Ansicht von Münster geht auf einen weit schöneren und reicheren Originalstich des Remigius Hogenberg zurück, den Max Geisberg, Die Ansichten und Pläne der Stadt Münster i. W., 1910, Tafel I wiedergibt. Die Originalform der Ansicht von Osnabrück habe ich nicht feststellen können. Das Bild von Münster bei Braun-Hogenberg ist eine verkleinerte und vereinfachte, in Einzelheiten berichtigte Kopie des Originalstiches. Alle späteren Ansichten von Münster bis ins 17. Jahrhundert gehen (nach Geisberg) auf sie zurück oder sind doch, soweit selbständig, keine zuverlässigen, auf Autopsie beruhenden Arbeiten. So kommt die Hogenbergsche Ansicht in der Umarbeitung von 1572 dem Stadtbild, wie es sich um 1648 dem Beschauer bot, wohl am nächsten. — Bei Osnabrück mag es sich ähnlich verhalten, doch sei hier noch ergänzend auf den späteren Stich bei J. A. Werdenhagen, De rebus publicis Hanseaticis, Frankfurt 1641, Bd. 2, Abb. 149 (auch bei Bachmann a. a. O. Tafel 43) verwiesen, der z. B. die von Bischof Franz Wilhelm errichtete und kurz vor Kriegsende geschleifte Zitadelle erkennen läßt. — Nachweis weiterer alter Stadtansichten bei F. Bachmann, Die alten Städtebilder, 1939, Tabelle Nr. 1458 und 1598.

REGISTER

Die Zahlen in Klammern beziehen sich auf die Anmerkungen, auf die jedoch nur dann besonders verwiesen wird, wenn sie inhaltlich über die Darstellung Hinausgehendes enthalten.

A

Aachen 13, 14, 33, 364, **390**, 402, 444, 460, 462, **463f.**
Abfindung d. Armeen s. Schweden.
Absetzungsrecht d. Kurfürsten s. Kurkolleg.
Acht s. Reichsacht.
Adami, Adam, Prior v. Murrhardt **199f.**, 204, 214, 293, 350f., 353, 356f., 362, 512.
Adel 28, 194f., 197, 199, 211, 317, 319, 328, 349, 384, 394, 463, 477, 518.
Administratoren, evangelische 13f., 16, 72, 317, 319f., 347, 349, 351, 355ff., 360f., 417.
Adolf Friedrich I., Herzog v. Mecklenburg 151, 320f., 384, 402, 477.
Advocatus ecclesiae 17, 339, 457.
Aequalitas s. Gleichberechtigung.
Aitzema, Lieuwe van, Historiker 512, 525.
Akten 499, 502f.; Ablieferungspflicht 504, 514, 517f.
Aktenpublikationen allg. 504—12, 523; deutsche 507—10; französ. 504—07; italienische 510f.; schwedische 510; spanische 511.
Alba, Herzog von 41.
Althusius, Johann 131—33, 134.
Amalie Elisabeth, Landgräfin von Hessen 152f., 164f., 168, 173, 367f., 371, 380f., 453, 465f., 474.
Ambassadeur 207f. (545).
Amnestie
  im Prager Frieden 72f., 89, 96, 374f.; Regensburger A. (1641) 102f., 114, 116, 177, 243, 257f., 366, 375f.; bei den Friedensverhandlungen 250, 257f., 266, 275, 278f., 283, 293f., 344, **375f.**, 403, 405, 467; Verfahren dabei 219, 257, 291, 344, 401, 465, 472.
  Stellung d. Kaisers 72, 103, 116, 177, 243, 248, 283, 293f., 372, 403; der kathol. Stände 257, 278f.; der ev. Stände 66, 89, 103, 110, 114, 180f., 258, 358, 374, 376, 383, 387; der Großmächte 92, 153, 170f., 178, 184, 283, 293f., 372, 383, 403, 405.
Grundsatz des gegenseit. Vergessens (oblivio) 6.
Grundsatz der vollständ. Restitution 92, 110, 141, 170f., 178, 180f., 184, 358, 372, 374f., 389; der Teilrestitution nach Stichjahr 72, 103, 257, 375f., 405; possessor. und petitor. Stichjahr 376, 383; Ausschließung einzelner 72, 75, 96, 99ff., 184; Vorbehalt gerichtlich entschiedener Fälle 451; Prinzip der Einzelregelungen 376, 403, 405; Nichtgenannte und Ausgestrichene (expuncti) 395; Sonderregelung für kais. Erblande 66, 72, 184, 403, 405, 412, 471f., 476f.
Amöneburg (Hessen) 381.
Amsterdam 192, 264, 505.
Andlau (Elsaß), Kloster 291.
Anhalt 168, 367f.
Anna von Österreich, Gemahlin Ludwigs XIII. v. Frankreich 117ff., 477, 479.
Annexion 223f. (549), 226f, 265, 289, 417, 440f.
Anselm Kasimir v. Wambold, Kurfürst von Mainz 61, 430.
Antegravati 358f., 364.
Antiprotestklausel 339, 342f., 361, 363, 458, 495.
Anton Ulrich, Prinz v. Braunschweig-Wolfenbüttel 319.
Antonii, Professor in Gießen 130, 136.
Antwerpen 263f.
Anverwandte des Reiches 438.
Archive und Bibliotheken 499, 502, 504, 507. — Dresden 509; Greifwald 518; Kulmbach 508; Marburg 518; Paris 504, 506, 514—16; Rom 510f., 521; Rudolstadt 508; Simancas 511; Stockholm 517f., 519; Stuttgart 512; Wien 507, 513, 517f., 519.
Arndt, Gottfried August, Historiker 509.

Arnim, Hans Georg von, Feldmarschall 51, 59f., 63ff., 69, 73.
Arnsberg, Grafschaft 381.
Arnulf, Herzog v. Bayern 18.
Arras 95, 231.
Artois 39, 230f. 232, 271.
Arumaeus, Dominicus, Professor in Jena 133—36.
Arundel, Lord, engl. Diplomat 377.
Assecuratio pacis als Forderung der Großmächte allg. 148f.; Frankreichs 52 ff., 88, 99, 119, **157—63 (540f.)**, 222, 230, 262, 407; Schwedens 47, **149—53 (539)**; der Reichsstände allg. 258; Hessens 166, 173, 181f.; — Verhandlungen am Kongreß 169—72, 175f., 185f.(542), **332—36, 339—43**.
Assistenz, kaiserliche für Spanien s. Spanien
Audonville, franz. Diplomat 287.
Augsburg, Bistum 17, 336, 413.
Augsburg, Reichsstadt 85, 150, 396; Lage der Protestanten 33, 72; Politik d. kathol. Rates 168, 174, 199, 357, 416; Verhandlungen am Kongreß 184, 200, 205, 359, 362, 365, 387, **388—390 (569)**, 444, 452, 460, **463f**. — s. auch Confessio Augustana, Interim, Reichstage, Religionsfrieden.
August, Herzog v. Sachsen, Administrator v. Magdeburg 72, 311, 319.
Aushebungen s. Jus armorum.
Ausnahmerecht für Protestanten im Religionsfrieden 346, 348.
Auslegung der Reichsgesetze u. d. Religionsfriedens s. Interpretation.
Auslegungsnorm s. Religionsfrieden.
Aussig (Böhmen) 71.
Austrasien, Königreich 265.
Auswanderung s. Jus emigrandi.
Auswärt. Politik. des Reiches s. Jus pacis et belli.
Autonomie
 Begriff und Grundsätzliches 13, 17, 352, 371, 414—17.
 A. als evang. Forderung 10, 62, 99, 344, 349, 351f., 357, 364, 366, 404, 460f.; Stellung Schwedens 219, 460f.; des Kaisers u. d. Katholiken 355f., 366, 405, 417, 452, 455, 461f.; Wallensteins 67.
 A. im Reich (ohne kaiserl. Erblande) 405, 461f.; in den Erblanden 68, 245, 251, 351, 357, 359, 364f., 366, 395, 402f., 404f., 412, 461—63, 471; in Schlesien 72, 357, 395, 405, 452, 463.

 Sonderfälle: Elsaß, Dekapolis 388, 483; Oberhessen 467; Osnabrück 393; Reichsritter 394; Unterpfalz 399f., 488.
 s. auch Jus emigrandi, Jus reformandi.
Avaux, Claude du Mesme de, Graf, franz. Bevollmächtigter. Persönliches **195f.**, 207; Beziehungen zu Mazarin 196, 478f.; zu Servien 175, 196f.
 Polit. Wirksamkeit: Bündnis mit Schweden 92f.; Präliminarfrieden 104f.; Kongreß: Zeremoniellfragen 209—11; Verhandl. mit Reichsständen, deutsche Fragen 166f., 174f., 250, 252—54, 306, 382, 403; kirchl. Fragen 365f., 368f., 404, 411, 420; Satisfaktionsverhandlungen 233, 235f., 298, 409, 418; Vermittlung zwischen Schweden und Brandenburg 213, 315f., 322f.
 Abberufung 479; Nachlaß 504f., 514f., 522.

B

Baden **32**, 72, 184, 364, 375f., **382**, 402f., 460, **467.**
Badenweiler 467.
Bär, Max, Historiker 509.
Bärwalde, Vertrag (1631) 56.
Baldus de Ubaldis, ital. Jurist (um 1400) 136.
Bamberg 174.
Bamberg, Bistum 50, 165, 168, 216, 430, 449.
Banér, Johan, schwed. General 95f., 105, 422.
Bapaume 231.
Bar, Herzogtum 478.
Barde, de la, franz. Resident in Osnabrück 252, 371.
Bartolus, ital. Jurist (14. Jhdt.) 128, 136.
Basel 119, 199, 270, 273, 279, 432ff.
Basel, Bistum 285, 290f., 294, 410, 420, 445, 456, 458.
Basel, Frieden (1499) 39, 432.
Bayern
 Geschichtliches 27, 142, 209; Mitwirkung bei den Friedensverhandlungen 89, 101, 111, 168, 176, 241f., 254f., 258f., 265f., 275, 313, 422, 474; Stellung zu Reichs- u. Religionsfragen 170, 173, 186f., 326f., 343, 351, 355f., 417, 431, 445f., 449, 454, 456, 458, 461, 463.
 Verhältnis z. Kaiser 27, 110f. 146, 167,

38 Dickmann, Westf. Frieden

241, 256, 301, 354, 397, 425—27, 446, 449f., 485; zu Reichsständen 101, 111, 313, 382f., 387, 402; zur Liga 111, 425; zu Frankreich 53f., 57, 99f., 110f., 145, 155, 161, 167, 184, 231, **234—36, 238f.**, 241f., 252, 273, 289, 354, **396—98**, 418, 424—26; zu Spanien 111, 301. s. auch Maximilian, Pfalz, Ulm (Waffenstillstand).

Bayrischer Kreis s. Reichskreise.
Bayrische Kur s. Kurkolleg.
Befestigungsrecht s. Jus armorum.
Belgien 487.
Benfeld (Elsaß) 231, 270, 272f., 280ff., 285.
Berchem, Joachim von, Bürgermeister von Aachen 390.
Bergstraße 26, 379.
Bern 433.
Bernhard, Herzog von Sachsen 28, 50, 70, 94f., 230f., 280, 377.
Berthold v. Henneberg, Erzbischof von Mainz 143.
Bestechungen und Pensionswesen 204 ff. (545), 323, 418, 442, 468.
Beza, Theodor 127.
Biberach 33, 388.
Bibliotheken s. Archive.
Bielefeld 310.
Birkenfeld 284.
Bismarck 2.
Bjelke, Steno, schwed. Statthalter in Pommern 92, 217, 240.
Blieskastel 284.
Blois, Frieden (1505) 160.
Blumenthal, kais. Diplomat 427, 429.
Bodin, Jean 44, 127—37, 139, 144, 155, 185.
Böhmen 63, 66ff., 72, 94, 167, 170, 184, 193, 239, 357, 426f., 488.
Böhmische Kur s. Kurkolleg.
Böhmisch-pfälzischer Krieg 358.
Bogislaw XIV., Herzog von Pommern 31, 74f., 150, 216f.
Bologna 87.
Bortius, Matthias, Rechtsgelehrter 134f.
Bougeant, Guillaume-Hyacinthe, Jesuit, Historiker 207, 522f.
Bourbon-Verneuil, Henri de, Bischof von Metz 38.
Boyneburg, hessen-darmstädt. Rat 466.
Brabant 41.
Brabanter Bulle 32f.
Braganza, portugies. Geschlecht 97.
Brahe, Per, Graf, schwed. Reichsdrost 304.

Brandenburg, Bistum 28, 362.
Brandenburg, Kurfürstentum
 Politik während d. Krieges 28, 63, 89, 99, 101f., 113f., 131, 147, 167, 346f.; Verhältnis z. Kaiser 96f., 101—03, 108—10; zu Schweden 60, 62, 70, 92, 101—03, 108—10, 114, 163, 221; Heeresreduktion 108—10 (533).
 Stellung a. d. Kongreß: Beschickung 175; Jus suffragii 186f; Rangstreit 212; Reichsangelegenheiten 258f., 275, 328, 330, 335, 378, 382, 386, 399f., 430f., 433f., 458f.; Religionsfragen 368, 371—373, 389, 458, 461, 463; Verhältnis z. Kaiser 276, 279, 283, 306f, 309f., 427—429, 445f., 449, 453; zu Frankreich 255, 293, 306f., 315, 485; zu den Niederlanden 307, 312, 314; zu Schweden 306, 310, 428.
 Pommersche Frage s. Pommern. - Entschädigung Brandenburgs 205, 316—20, 323, 384, 393f., 404, 455, 465f., 476; Vermittlung zugunsten Mecklenburgs 477.
 Bedeutung d. Friedens für B. 3.
 s. auch Friedrich Wilhelm, Kurfürst.
Brasilien 261.
Braunschweig 113, 391; Erwerbspolitik (Bistümer) 199, 318—20, 323, 383f.; Politik im Kriege 30, 100, 112, 116, 146, 150f., 164, 167, 179, 383f. — Beschickung d. Kongresses 174, 176, 200; Braunschweig. Entschädigung 319f., 364, 401—04, 453, 455, 465f., 476; Polit. Stellung 428, 431.
Breisach 94f., 106, 228, 231, 233, 235, 238, 247ff. (554), 255, 260, 267 (556f.), 270f., 273, **279—83 (558)**, 285, 288, 302, 356, 434, 479.
Breisgau 32, 238 (552), 249, 267 (556f.), 269f., 272f., 279.
Breitenfeld, Schlacht (1631) 48, 61, 64, 67, 150, 216, 219.
Breitenfeld, Schlacht (1642) 105.
Bremen, Erzbistum 13, 16, 30, 121, **218—220**, 249f., 277—79, 305, 307f., 318, 320f., 354, 360ff., 364, 386, 449.
Bremen, Stadt 218, 321, 385f., **390—92**.
Brenz, Johannes, Reformator 126.
Breslau 66f., 69, 72, 82, 395, 405.
Breve Zelo domus Dei (1648) s. Protest, päpstlicher.
Brieg, Herzogtum 72, 395, 405.
Brienne (de Loménie), Henri-Auguste de,

Graf, franz. Staatssekretär 206, 273, 290, 514f.
Brömsebro, Frieden (1645) 219, 239.
Brüssel 271.
Brun, Antoine de, span. Gesandter 194, **198**, 255, 440, 469f., 490, 512.
Buchsweiler (Elsaß) 227.
Bündnisse und Einungen 20f., 49, 52ff., 76f., 139, 142f., 391f., 454.
Bündnisrecht der Reichsstände 7f., 23, 72f., 106, 139, **142—47** (537f.), 156f., 185, 211, 242, 326, 329—32, 387, 480, 486f., 489, 491; des Kaisers (im Namen des Reiches) s. Jus pacis et belli.
s. auch Treuevorbehalt.
Burg, Magdeburg. Amt 72, 311, 319.
Burgkard, Franz s. Erstenberger.
Burgsdorff, Konrad von, brandenburg. Diplomat 453f.
Burgund, Herzogtum 113f., 142, 260, 289, 438, 482.
s. auch Franche Comté.
Burgundischer Kreis s. Reichskreise.
Burgundischer Vertrag (1548) 40f., 260, 438, 481, 486f.

C

Calvin 127.
Cambrai 264.
Cambrai, Frieden (1529) 334.
Capitulatio perpetua für Osnabrück 404.
Caramuel y Lobkowitz, Johann, Abt 413f., 456.
Carpzow, August, altenburg. Gesandter 344.
Carpzow, Benedikt, Jurist 134f.
Casale (di Monferrato), Festung 95, 279.
Castel Rodriguo, span. Statthalter in Brüssel 511.
Caumartin, franz. Gesandter in der Schweiz 434f.
Cham (Oberpfalz), Grafschaft 399, 403.
Chambord, Vertrag (1552) 35f., 145.
Chanut, franz. Gesandter in Stockholm 403, 418, 507.
Charnacé, franz. Diplomat 56, 77, 210.
Chemnitz, Schlacht (1639) 95.
Chemnitz, Bogislav Philipp von, Geschichtschreiber und Publizist, 24, 134, **137—42 (537)**, 201, 373, 415f., 504.
Cherasco, Frieden (1631) 56, 161f., 224.
Chigi, Fabio, päpstl. Nuntius und Vermittler 193; Ankunft in Münster 120; Zeremoniellfragen 203, 207, 210; Verfahren als Vermittler 194, 213; Tätigkeit als solcher 167, 269, 280; Beziehungen zur kathol. Opposition 338, 351, 382, 411, 444, 457; Wahrung kirchl. Interessen 193f., 284, 293, **337f.**, 344, 410, 420, 444, **456—58**; Stellung zum niederländ. Frieden 457f. — Chigis Tagebuch 510f.
Christian, Markgraf von Brandenburg-Bayreuth 112, 164, 431.
Christian von Braunschweig, Administrator v. Halberstadt 318, 323.
Christian IV., König v. Dänemark 32, 65—67, 93ff., 104, 120f., 124, 202, 322.
Christian Wilhelm v. Brandenburg, Administrator v. Magdeburg 319, 393f.
Christine, Königin von Schweden 65, 197, 277, **304—06**, 315, 323, 368, **403**, 418, 421, 510.
Clapmar, Arnold, Publizist 140.
Clausula remissiva 439.
Codex Justiniani 12, 297.
Coesfeld (bei Münster) 466.
Colbert, Jean Baptiste, franz. Minister 505f., 515.
Colchon, Abt von Seligenstadt 1.
Compiègne 4.
Compiègne, Vertrag (1635) 91.
Condé, Anne-Geneviève, Prinzessin s. Longueville.
Condé, Heinrich II., Prinz 118, 198.
Condé, Ludwig, Herzog von Enghien 105, 119.
Confessio Augustana 9f., 15f., 32, 72, 367—73, 405, 458, 464f.
Conring, Hermann, Rechtsgelehrter 130f., 141, 414f., 523 Anm. 70.
Contarini, Aluise, venez. Gesandter und Vermittler 120, **194**, 195 198, 205, 209, 211, 213, 269, 273, 280f., 292f., 313, 511.
Corpus Evangelicorum 48, 56, 152f., 156.
Cortrejus, Adam, Magdeburg. Landsyndikus 507.
Corvey (Weser), Stift 30, 50, 382.
Crossen s. Krossen
Croy, Ernst Bogislaw, Herzog, Bischof von Kammin 319.
Crucé, Emeric, franz. Publizist 45.
Cujus regio ejus religio 347, 370f.

D

Dänemark
Ostseeherrschaft 46; Elbzoll 32, 391; Ansprüche auf Bremen-Verden 218f.;

Protest. Bündnispolitik (1625) 42; Stellung im Reich, deutsche Politik 53, 147, 181, 378; Gegensatz zu Schweden 48, 220, 306; Friedensvermittlung (1633) 65—67; Annäherung an den Kaiser (1638) 92—95; Friedensvermittlung (1641—45) 79, 104, 199; Krieg mit Schweden 120—124, 220; Verlust der Machtstellung 324.

Dahme, Magdeburg. Amt 72, 311, 319.
Damm (Oder) 311, 315.
Declaratio Ferdinandea 10, 13, 15, 405.
Deinhardt, Helfferich, hess. Kanzler 181 (542).
Dekapolis 168, 228, 234, 237f., 291, 295ff., **388, 408—10**, 418, 483.
Delbrück, Hans, Historiker 8.
Delisle, franz. Diplomat 149.
Deputation s. Reichsdeputation.
Deputationstag s. Frankfurt.
Deutschritterorden 388.
Devotio domestica 352, 405, 460ff.
Diedenhofen 95, 119, 284.
Diepholz, Grafschaft 322.
Dillingen 17, 413, 416.
Dinkelsbühl 33, 388.
Diplomaten, Diplomatie 44, 194f., 201f.
Direktorium im Fürstenrat 186, 355, 394.
Direktorium der ev. Stände 200, 358.
Domanium (franz. domaine) 222, 225, 236f., 296ff.
Dominium (auch dominium supremum) 291, 296ff. (560), 408—10, 419.
Dominium maris Baltici s. Ostsee.
Domkapitel 28, 317 (563), 349, 351, 356, 360. — Einzelne: Metz, Toul, Verdun 37f., 282, 284, 410; Magdeburg, Halberstadt, Kammin 317—20 (563); Osnabrück 404; Schwerin, Ratzeburg 321; Straßburg 364; Trier 430.
Donationen **49f.**, 305, 315f., 322, 388, 392, 393, 402, 421.
Donauwörth 14, 21, 72, 112f., 130f., 359, 364, 389, 402.
Dorsten (Westfalen) 429.
Dorsten, Vertrag (1638), 380.
Dortmund 227.
Dresden 66, 68, 192, 446, 450f., 453f., 500, 508.
„Dritte Partei" 401, 427—31, 445f., 453f., 458f., 471, 479.
Droysen, Joh. Gustav, Historiker 3, 520.
Druck der Friedensverträge s. dort.
Dun (Maas) 284.

Dupliken s. Propositionen.
Durlach s. Baden.

E

Eberhard III., Herzog von Württemberg 351, 382f., 470, 473, 483.
Effectus suspensivus der Regensburger Amnestie 116, 243.
Eger 389, 423, 427, 470.
Eggegebirge 465.
Ehrenbreitstein 26, 56, 177, 226f., 247, 286, 429.
Eickstedt, Marx von, Gesandter der pommerschen Stände 240.
Eidgenossenschaft s. Schweiz.
Eilenburg, Vertrag (1646) 358.
Einquartierungen s. Jus armorum.
Einsiedel, erzbischöfl. Magdeburg. Gesandter 344, 372, 374, 507.
Einsiedeln (Schweiz) 99.
Einstimmigkeit bei Reichstagsbeschlüssen s. Mehrheitsprinzip.
Einungen s. Bündnisse.
Eitel Friedrich v. Hohenzollern, Bischof v. Osnabrück 322.
Elbe 32, 324, 391.
Elbzoll 402.
Elsaß
Geschichtliches, Rechte Österreichs 146, 236f.; Spaniens (Oñatevertrag 1617) 26, 51, 260, 271.
Restitutionsedikt im E. 16, 388; Schwed. Okkupation, Übergabe an Frankreich 49, 57; Französ. Okkupation 77f., 227f.; Entwicklung der franz. Annexionspläne 222—24, **230—233 (549)**, 237f. (551f.), 248f. (554f.), 263f., 266, 269f. (556), 479.
Verhandlungen über Elsaß: Franz. Taktik 100, 264, 265; Ansichten des Kaisers 247f. (554), 267 (556f.); Vorverhandlungen mit Bayern 235f., 238f.; Franz. Forderung u. Verhandlung darüber 250, 268—73 (557); Souveränitätsfrage 281f., 284—86, 287—92 (559); Vorvertrag (1646) 294—300 (560); Neue Verhandlungen (1647) 407—10, 418, 420f., 446—48; letzte Erörterungen (1648) 482—85, 490, 493.
Stellung der Reichsstände 56, 235f., 238f., 241f., 255, 265, 267, 270f., 277, 288, 409, 420f., 482—85; Schwedens 292;

der Schweiz 434f.; Spaniens 268, 271f., 301, 480, 490.
Elsäss. Immediatstände: Geschichtliches u. Rechtslage 236f. (551f.); erste Bedenken 236, 238f., 241, 249f.; Stellung der Reichsstände 255; des Kaisers 272f, 282f.; weitere Verhandlungen 285f., 289—92 (559); Agitation der els. Stände 294f., 407—09, 482f.; Kampf um die Schutzklausel 294-300, 409f., 418; Reichsbedenken 420f., 447; letzte Kämpfe 482—85. Aufnahme d. Annexion in Frankreich 2. s. auch Dekapolis, Landgrafschaft, Reichslandvogtei.
Enghien, Herzog von s. Condé.
England 42, 49, 54, 159f., 199, 262f., 377f., 492.
Entfestigungen: Breisach, Oberrhein, Elsaß 247, 273, 280ff., 285; lothr. Festungen 247, 418; Ostseeküste 77, 93.
Entscheidungsnorm s. Religionsfrieden.
Erasmus von Rotterdam 45.
Erbeinung, österreich.-eidgenössische (1477) 432.
Erblande, österreichische s. Kaiser, Böhmen, Österreich, Schlesien; vgl. auch Autonomie.
Erblichkeit d. Kaisertums s. Kaiserwahl.
Erbrecht, dynastisches 42.
Erdmannsdörffer, Bernhard, Historiker 3.
Erfurt 26, 83, 174, 392.
Erlach, Hans Ludwig von, Generalmajor 284f., 291, 434.
Ernst v. Bayern, Erzbischof v. Köln 14, 72.
Ernst der Fromme, Herzog von Sachsen-Gotha 467.
Ernst-August v. Braunschweig-Lüneburg, Koadjutor v. Magdeburg 319, 404.
Ernst, Dr., bayrischer Gesandter 447.
Eroberung s. Annexion.
Erskein, schwed. Kriegsrat 423, 475f.
Erste Bitten 139, 351, 360.
Erstenberger, Andreas, kais. Hofrat (Pseud.: Burgkard, Franz) 17.
Europäisches Gleichgewicht 1, 3, 7, 46, 152, 158.
Europäisches Staatensystem **42—46**, 158, **259f.**, 337.
Eventualkonföderation s. Stralsund, Vertrag.
Exceptio Imperii s. Treuevorbehalt.
Exekution der Reichsgesetze 19, 20, 22f. — s. auch Friedensverträge, Reichsgesetzgebung.
Exekutionsordnung (1555) 14, 21, 60, 107, 131, 139, 295, 335f., 473, 476, 487.
Exemtion d. Eidgenossenschaft 434f., 438.
Exercitium religionis privatum u. publicum 352, 357, 405, 460ff.
Expuncti s. Amnestie.
Exulanten, böhmische u. österreichische 67f., 394f., 423, 460f., **471f., 476f.**
Exzellenzentitel d. kurfürstl. Gesandten 177, 187, 208f., 211.

F

Fälschungen diplomatischer Akten 492, 503f.
Ferdinand I., Kaiser 107, 135, 154.
Ferdinand II., Kaiser 21ff., 40, 52, 68, 74, 107, 154, 156, 195, 269, 300.
Ferdinand III., Kaiser 20, 28, 89, 155, 177, 193, 195, 244f., 321, 425f., 488.
Ferdinand, Herzog v. Bayern, Erzbischof v. Köln u. Bischof v. Hildesheim 30, 384, 393, 430.
Ferdinandeische Deklaration s. Declaratio Ferdinandea.
Feria, Herzog von 227, 280.
Ferrara, Frieden (1644) 119.
Feuquières, Marquis de, franz. Diplomat 57, 78, 227.
Ficker, Julius, Historiker 34.
Finnland 46.
Fischer, Philipp Jakob, Drucker in Frankfurt a. M. 500.
Flandern 39, 230.
Florenz 158.
Flugschriften 502ff.
Foch, franz. Marschall 4.
Föderalismus 2, 8.
Forstner, Christoph, Kanzler von Mömpelgard 512.
Franche Comté 224, 231, 263, 268f., 270f., 279, 487.
Franken 470.
Frankfurt a. M. 65f., 72, 102, 176, 189, 200, 204f., **386f.**, 500.
Frankfurter Deputationstag (1643) 99, **113—17**, 164ff., 173, 176f., 180, 344, 389.
Frankfurter Kompositionstag (1631) 60, 64, 71.
Frankfurter Konvent (1634) 70, 74, 217.
Fränkischer Kreis s. Reichskreise.

Frankreich
   Innere Zustände 117f., 477—80.
   Außenpolitik vor Richelieu 35—38, 51f., 145, 160; Politik Richelieus 52—58, 85, 87f., 92—94, 97f., 99f., 102—05, 110f., 149, **153—57 (539f.)**, 159, **160—162**, 163, **221—32**, 233, 261, 286f., 377; Mazarins **118f. (534)**, 162f., 166—72, 175, 232f., **261—64**, 342; Beziehungen zu Kaiser und Reich vor Kongreßbeginn 38, 51—58, 104f., 149, 153—57 (539f.), 162, 163, 166—69.
   Vertretung auf dem Kongreß 196f.; Verfahrensfragen 177f., 213; Französ. Sprache 215; Zeremonielles 209f.
   Teilnahme an Kongreßverhandlungen: Reichs- u. Religionsfragen 183—85, 254, 283, 293, 325, 343, 365, 368f., 377—79, 381—83, 385, 391, 396, 411, 430, 465f., 467, 471; schwed. Satisfaktion 308f., 312, 315f.; franz. Satisfaktion **221—239 (548—52), 277ff. (554)**, 275 (556f.), **279—86, 286—300 (559f.)**, 301, 388, **407—10, 417—21**, 424, 434f., **447f., 482—85**, 493.
   s. auch Assecuratio, Avaux, Bayern, Brandenburg, Elsaß, Hessen-Kassel, Lothringen, Metz, Niederlande, Pfalz, Schweden, Spanien, Straßburg u. a.
Franz I., König v. Frankreich 55.
Franz, Herzog v. Lothringen, Bischof v. Verdun 296.
Franz Wilhelm v. Wartenberg, Bischof v. Osnabrück 190, 195, **199**, 202f., 205, 254f., 257, 317, 322f., 351, 356f., 359, 393, 402—04, 410f., 416, 423, 430, 444, 449, 453, 455.
Freiburg i. B., Schlacht (1643) 119.
Freigrafschaft s. Franche Comté.
Freistellung s. Autonomie.
Friedensidee 6, 45.
Friedensschlüsse s. die betr. Ortsnamen.
Friedensverhandlungen, Teilnahme der Reichsstände s. Jus pacis et belli, Geleitbriefe, Kongreß, Reichsstände.
Friedensverträge v. Münster u. Osnabrück.
   Bedeutung allg. 5—9, 494—96; für d. Kirchenrecht 8f.; f. d. Reichsverfassung 7f., 332; f. d. Völkerrecht 6f.; f. d. Westgrenze 34. — Beurteilung durch die Nachwelt 1—5 (526).
   Vertragsentwürfe 213, 277, 340; Unterzeichnungsbefugnis 335, 340f., **490f.**; Unterzeichnung 493 (576f.), 500 Anm. 3; Ausfertigungen 491f., 500; Publikation 147, 501 Anm. 7; Drucklegung 492, 500f.; Ratifikationsbefugnis 147, 166, 176, 181, 186, 336, 473, 490; Ratifikation 423, 472f.; Exekution s. Friedensvertrag v. Osnabrück.
Friedensvertrag v. Münster (span.-niederländ.) — Bedeutung 198, 260; Entwürfe 303, 441f.; Paraphierung 303; Unterzeichnung 208, 443; Ratifikation 440, 457, 468—70, 481; päpstl. Protest 457f.
Friedensvertrag v. Münster (kais.-franz.) = IPM.
   Entwürfe: Kaiserliche 273f., 283, 341, 400, 407, 409, 419; französische 417, 419, 439; Vorvertrag 300; Paraphierung 487f.; Unterzeichnung 493; Erstdrucke 501.
   Einzelbestimmungen[1]):
      § 3: 183, 263, 266f., 301, 407, 448, 480—482, 485—88, 489; **§ 4**: 292f, 301, 417f., 447f., 480—82, 486, 489; § 32: 409 (576) vgl. IPO IV § 25; § 70: 235, 248, 265f., 268, 282—84, 295f., 410, 418—20; § 71: 295f.; § 72: 248, 268, 282; § 73/74: 129 (536), 235—39 (551—53), 268f., 272f. (556f.), 281 (558), 284—86 (559), 289, 294—300 (560), 418, 447f., 482—485; § 75: 483; § 76/77: 235, 239, 249, 270, 272, 285, 286f., 290, 294; § 78: 285, 418, 490, 493; § 81: 273, 282, 285; § 82: 285; § 85: 269f., 272f., 385 (569); § 87: 236—39 (551f.), 272f., 282f. (559), 289—92, 294f., 297—99 (560), 407—10, 418, 420f., 482—85; § 88: 272f., 490; § 96: 129 (536).
Friedensvertrag v. Osnabrück (kais.-schwed.) = IPO.
   Entwürfe: Kaiserliche a) Mai 1646: 277—79, 321, 391f., 490; b) Juni 1647:

---

[1] Nachweis der Stellen, die zur Erläuterung einzelner Paragraphen von IPM und IPO dienen können, insbesondere zur Entstehungsgeschichte. — Zur Paragraphenzählung von IPM vgl. S. 581 Anm. 2. Soweit IPM mit IPO wörtlich übereinstimmt (was die Drucke von Zeumer und Müller bequem erkennen lassen), sind im Register nur die betr. Paragraphen von IPO berücksichtigt.

341f., 400f., 406, 413f., 423, 429ff., 444, 455f., 467, 471f.; c) revidiertes Projekt: 451, 453; Schwed. Entwurf: 403, 423.

Vor- und Teilabkommen (Unterzeichnungsakte): über schwed. Satisfaktion 316, 323; Justiz u. Autonomie 460; Religionsfragen 464; Reformierte 465; brandenburg. u. braunschw. Entschädigung 465; Pfalz 465; Hessen u. Baden 467; Amnestie 467, 472, 477; Rechte der Stände 467; Handel u. Zölle 467; Abfindung d. Armeen u. Friedensexekution 476.

Ne varietur-Formel 477, 488; Paraphierung 487f.; Unterzeichnung 493, 500 Anm. 3; Ratifikationsverfahren 472f., 476; Exekutionsverfahren 323, 422f., 443, 472—76, 493; Erstdrucke 501.

Einzelbestimmungen[1]):
Präambel: 576.
I: 6, 414, 491 (576f.).
II: 6, 486.
III: § 1: 178, 184, 374—76;
§ 2: 451, vgl. auch IV § 49.
IV: § 1: 395; § 2—18: 27, 184, 377—79, 399f., 403, 465; § 19: 359, 399f., 488;
§ 24: 16, 31f, 184, 362, 364f., 382f., 403; § 25: 409 (576); § 26: 32, 184, 364, 382, 403, 467; § 49: 451f., 455; § 51: 375; § 52—54: 471f., 476f.
V: § 1: 182, 339, 342f., 345f. (566), 349f., 357, 363f.; § 2: 60, 69f. (529), 71, 74, 348f, 351f., 356, 359, 376;
§ 3—11: 33, 184, 365, 388—90 (569), 452, 463f.; § 12: 14, 72, 359, 364, 402;
§ 14: 15, 28f., 71, 279, 355f., 359—65, 417, 449, 452; § 15: 11, 72, 251, 349, 351—53, 355—57, 360, 404; § 16/17: 317—20, 356; § 18: 351, 360; § 19: 351, 417; § 21/22: 13f., 72, 349, 351, 355—357, 360f., 417; § 25/26: 10, 347, 349f., 355f., 362; § 28: 71, 346f., 349, 394; § 29: 33, 71f., 346f., 349, 357, 386—88 (zur Formulierung vgl. S. 384f.); § 30: 10, 129 (536), 344, 346f., 349, 366, 371, 405, 461; § 31/32: 352, 356, 366, 405, 452, 460—62; § 33: 452, 461f. (Hildesheim 384, 444); § 34: 405, 462; § 36/37: 405, 444, 452, 460—62; § 38—40: 72, 357, 395, 405, 463; § 41: 245, 251, 357, 359, 365, 395, 403, 405, 462f.; § 42—44: 346; § 48/49: 360, 417; § 50: 15, 179, 182, 348, 350, 359f.; § 51: 113, 360, 364; § 52: 15, 25, 179f., 182, 327, 348—50, 356 (vgl. auch VIII § 2); § 53—58: 19f., 175, 180, 348, 350, 417, 460.
VI: 38f., 432—39 (573).
VII: § 1/2: 10, 62, 183f., 367—73, 464f.
VIII: § 1: 129 (536), 185 (542), 332;
§ 2/3: 184f., 242, 258, 325—32 (vgl. auch V § 52); § 4: 25, 327, 385 (betr. Zölle s. auch IX § 2).
IX: § 1: 32f., 385f.; § 2: 254, 385f. (weitere Zollbestätigungen VIII § 4; X § 3, 13; XII § 4).
X: § 1—3: 216—18, 220f., 249, 251, 276—79, 304—16, 323f.; § 4: 315f.; § 5: 240, 305, 307; § 6: 216, 219, 249, 251, 277—79, 320f., 384f., 402; § 7: 218f., 220, 249, 251, 277—79, 321; § 8: 321;
§ 9—11: 315, 324, 402; § 12: 324; § 13: 50f., 220, 323f., 385f (569) (vgl. auch IX § 2); § 14: 305, 314; § 15: 321f.;
§ 16: 310, 322, 390—92.
XI: § 1: 96, 216, 249, 278f., 311, 314, 316, 318; § 4: 205, 220, 249, 314, 320, 322f.;
§ 5: 220, 249, 251, 308, 319; § 6: 96, 216, 249, 311, 314, 316, 319f.; § 8: 200f., 393f.; § 9/10: 72, 311, 319.
XII: § 1: 277, 320f., 384, 402, 477; § 2: 364 (vgl. auch XIII § 13); § 4: 402 (vgl. auch IX § 2).
XIII: § 1: 30, 322, 364, 402—04; § 2: 50, 404; § 3: 404; § 4: 359, 361f., 404;
§ 5—7: 403f.; § 9—11: 404.
XIV § 1—3: 319.
XV: § 1: 29f., 72, 380f.; § 2: 362, 380, 465;
§ 3: 404, 465f.; § 4: 381f., 465f.; § 5—12: 466; § 13: 29f., 380—82, 466f.
XVI: § 1—7: 472f., 476f. (575); § 8—14: 323, 422f. (572), 473—77.
XVII: § 1: 147, 181, 186, 423, 472f., 490f.; § 2: 258, 336, 491; § 3: 336—39 (565), 342f., 363, 495; § 4: 336; § 5/6: 169—72, 175f., 185f. (542), 332—36, 339—43; § 7: 333, 336, 339, 473 (575); § 8: 336; § 12: 490—92 (576f.).

Friedrich III., Kaiser 154.
Friedrich V., Markgraf v. Baden-Durlach 32, 382, 467.
Friedrich V., Kurfürst v. d. Pfalz 22, **27**, 90, 150, 279, 377, 395, 399.
Friedrich, Prinz v. Dänemark, Koadjutor v. Bremen und Halberstadt 219, 319, 322.

Friedrich Ulrich, Herzog von Braunschweig 30, 384.
Friedrich Wilhelm, Kurfürst von Brandenburg.
  Persönlichkeit, polit. Ansichten 428; schwed. Heiratsplan 65; niederländ. Heirat 312, 314; Regierungsantritt 101—03; Heeresreduktion 108—10 (533); Oppositionelle Reichspolitik 114, 164.
  Politik am Kongreß: Verhältnis zu Schweden 114, 218, 475; zu Frankreich 306, 485; Stellung in der pommerschen Frage 218, 221, 240, 277, 306—14, 318, 323; in den kirchl. Fragen 351, 368, 372, 458, 464 f.; Unionspolitik 427—29, 453 f.
Fritzlar 381.
Fronde 2, 44, 196, 477 f.
Fürstenaufstand (1552) 23, 35.
Fürsten, Fürstenrat s. Reichsfürsten.
Fulda, Stift 30, 50, 211, 381 f., 405, 462, 466.

G

Gärtner, Carl Wilhelm, Publizist 507, 509.
Gallas, Matthias, Kais. General 33, 96.
Garantie, völkerrechtliche.
  Geschichtliches 157 ff.
  Einzelfälle: Französ. Verträge mit Bayern 398, 424 f.; sonstigen Reichsständen 162; Niederlanden 262, 440 f., 478.
  G. im Westf. Frieden: 8, 341 f., 495; franz. Garantiepläne 90, 119, 149, 157, 222, 230, 234, 340; schwedische 171, 185 f.; reichsständische 181, 258; Verhandlungen über Friedensgarantie 332—36, 339—43 (565); Frage der G. für kirchl. Bestimmungen 363, 370, 452, 461; für Hessen 466 f; für Schweden 305, 313 ff. (Pommern), 476 (Miliz).
Gardie, Jakob de la, schwed. Reichsmarschall 304.
Gardie, Magnus de la, Sohn des Vorigen 304, 403.
Gardiner, S. R., engl. Historiker 9.
Gebietsabtretungen s. Frankreich, Schweden unter Satisfaktion.
Gebietshoheit 296 f. (560).
Geblütsrecht 153 f.
Gegenreformation 346, 353.
Geheimer Rat, kaiserlicher 513.
Geistliche Gerichtsbarkeit 360, 417.

Geistliche Güter
  Grundsatzfragen 346 f., 357, 359, 413—416, 456.
  Geistl. Güter im Augsb. Religionsfrieden 10 f., 347; spätere Praxis 13—15; Restitutionsedikt 15 f.; Prager Frieden 71, 347, 349.
  Frage der geistl. Güter bei schwed. Satisfaktionsverhandl. 249, 251 f., 277—79, 308—12, 404, 479; bei Religionsverhandl. 346—65, 416 f., 444, 449, 452; französ. Widerstand 280, 365, 381, 465 f.; hess. Ansprüche s. Hessen-Kassel.
  Immediatstifter 11, 16, 28 f., 182, 316—323, 347, 350, 359, 361 f., 403 f., 465 f., (s. auch Domkapitel, Geistl. Vorbehalt); Mediatstifter 10, 16, 182, 347, 349 f., 355 f., 362 (s. auch Württemberg unter Klosterfrage).
Geistlicher Vorbehalt **11**, 12, 13, 31, 60 ff., 66, 72, 135 f., 138, 182, 251, 346 f., 349—53, 355—57, 360, 368, 387, 404.
Geldern 40, 442.
Geleitbriefe 90, 94, 97, 102, 120, 169, 417, 480.
Gemeines Recht 12, 345, 353.
Gemmingen, Wolfgang von, Vertreter der Reichsritterschaft 394.
Generalstaaten s. Niederlande.
Generalstände s. Stände, französische.
Genf 224.
Gent, Barthold van, Gesandter von Geldern 469 f.
Georg, Herzog v. Braunschweig-Lüneburg 30, 384.
Georg II., Landgraf v. Hessen-Darmstadt 61 f., 64, 66 f., 380, 466 f., 472.
Georg Friedrich, Markgraf v. Baden-Durlach 32.
Georg Wilhelm, Kurfürst v. Brandenburg 63, 65, 74 ff., 108, 217.
Gerhardt, Paul 1.
Gerichtsbarkeit d. Reiches s. Reichsjustiz.
Gerichtsstand der Reichsfürsten 13, 139.
Gernrode (Harz), Kloster 362.
Gesandschaftsrecht s. Jus pacis et belli.
Gesetzesinitiative s. Reichsgesetzgebung.
Gesetzgebung s. Reichsgesetzgebung.
Gewohnheitsrecht 8, 130 f., 135, 138 f., 142, 181, 187, 257 f., 274, 325, 328 f., 335, 373 f., 385, 473, 490.
Gießen 130.
Ginetti, Martio, Kardinal 82, 85—87, 338.
Gjörwell, schwed. Historiker 510.

Gleichberechtigung der Konfessionen 8, 12, 63, 67, 345—50 (566), 352f., 356f., 359f., 362—65, 389f., 402, 414, 416f., 444, 449, 452, 456, 460, 495; der Reformierten 370—73.
Gleichberechtigung, völkerrechtliche 6, 207—12, 495.
Gleichgewicht s. Europ. Gleichgewicht.
Gleichgewicht, konfessionelles und politisches, im Reich 53, 57, 152, 175, 181, 185f., 226, 365.
s. auch Parität.
Glogau 277, 307, 314, 423.
Gloxin, David, Gesandter d. Stadt Lübeck 200.
Glückstadt 32.
Godefroy, Theodor, franz. Historiograph 157, 215, 237 (552), 285, 435, 505f., 508, 516.
Goetzen, Sigmund von, brandenburg. Kanzler 75, 307, 310.
Goldast, Melchior, Publizist 135f.
Goldene Bulle (1356) 8, 18, 27, 139, 153f., 180f., 258, 326, 329ff., 355, 399.
Gollnow (Pommern) 315f.
Gorze (Lothringen), Abtei 225.
Goslar, Vertrag (1642) 112, 384.
Grafen 394.
Gramont, französ. Marschall 238.
Gravamina ecclesiastica s. Religionsverhandlungen.
Gravamina politica s. Reichsverfassung.
Greifenhagen (Pommern) 315f.
Greifswald 218, 518.
Grenzsicherung, eidgenössische 433f.; niederländische 434.
Grimaldi, päpstl. Nuntius in Paris 234.
Gröningen (bei Halberstadt), Kloster 404.
Grotius, Hugo 50, 81.
Grubenhagen, Fürstentum 30.
Grundgesetze s. Reichsgrundgesetze.
Günter, Graf v. Oldenburg 205f., **385f**.
Guericke, Otto von, Bürgermeister v. Magdeburg 200f., 393f., 509.
Güstrow s. Mecklenburg.
Gustav Adolf, König von Schweden
Gründe des Kriegseintritts 47f.; Kriegsziele allg. 47f., 59; Assecuratio (deutsche Bündnispolitik) 48, 149—52, 156f., 324; Satisfactio (territoriale Ziele) 61, 216—19.
Beziehungen zum Kaiser 84; zu Wallenstein 67; Brandenburg 61, 63, 151, 216; Pfalz 150; Kursachsen 60f., 63, 151;
Braunschweig 30, 146, 150, **383f**.; Hessen 59, 61f., 151, 380; Mecklenburg 150f., 216; Pommern 150f., 216f.; Augsburg 150; Nürnberg 387; Straßburg 388; Stralsund 392.
Polit. Umschwung nach seinem Tode 57, 65, 91, 227, 304.
Gustav Gustavsohn, natürl. Sohn Gustav Adolfs 50, 404.
Gustav Wasa, König v. Schweden 46.
Gutachten der kais. Räte 513; der kathol. Theologen 64, 71, 342, 350, 354, 356.
Gute Dienste 81f., 488.

H

Haag, den 77, 209, 261f., 302ff., 311, 478f., 505.
Haager Konzert (1625) 42.
Habsburg, Gesamthaus
Geschichtliches 236f.; europäische Stellung (Universalmonarchie) 2, 43, 45, 52, 54, 90, 159f., 167, 240, 259f., 494; deutsche Machtstellung, Erbreichspläne 3, 138—42, 153—155, 265f., 330; Vertretung am Kongreß 193; gemeinsame Proposition 268; habsburg. Nebenlinien 193, 231 (vgl. auch Tirol).
s. auch Elsaß (öst. u. span. Rechte), Kaiser (Hausmacht u. Erblande), Spanien (Verhält. z. Kaiser, Habsb. Liga, Assistenzfrage).
Haff, Stettiner 315.
Hagenau (Elsaß) 228, 231, 268f., 389, 408.
— s. auch Reichslandvogtei.
Hagenauer Reichswald 237.
Halberstadt, Bistum 13, 15, 30, 72, 75, 96, 216, 220, 249, 277—79, 307—11, 314, 316, **318f**., 320, 322, 359, 362, 364, 404, 429, 453.
Hamburg 31, 92f., 102f., 122, 189, 192, **390—92**.
Hamburg, Bündnisverträge (Frankreich-Schweden, 1638, 1641) 92f., 103, 152, 178, 244.
Hamburg, Präliminarfrieden (1641) 90, **104f**., 106, 163, 169, 171, 191, 252, 274, 378, 480, 482.
Hamm (Westfalen) 428f.
Hanau, Grafschaft 368.
Hanau-Lichtenberg, Grafschaft 227.
Handel allg. 32, 254, 306, **385f., 391,** 467; überseeischer 261, 302f., 307.

Hanse 200, 250, 263, **390—92.**
Havelberg, Bistum 28, 362.
Heerwesen s. Jus armorum.
Heher, Georg Achatius, Gesandter v. Sachsen-Weimar 205, 344, 458, 464.
Heidelberg 78.
Heidenheim (Württemberg) 383.
Heider, Valentin, Gesandter von Lindau 200, 389, 463.
Heilbronn 66, 397.
Heilbronner Bund 49f., 57, 67, 70, 91, 162, 200, 228.
Heilbronn, Vertrag (1633) 162.
Heilige Allianz (1815) 160.
Heinrich I., deutscher König 18.
Heinrich II., König v. Frankreich 35, 38, 232, 283, 288, 365.
Heinrich IV., König v. Frankreich 35, 36, 37, 45, 119, 160, 284.
Heinrich, Bischof v. Augsburg, s. Knöringen.
Henneberg, Berthold von, Kurfürst von Mainz 143.
Herberstein, Georg von, OP 105.
Herford, Stadt 392f.
Herford, Kloster 362.
Herkommen s. Gewohnheitsrecht.
Herrschaftsvertrag 125ff., 132f., 149.
Hersfeld, Abtei 362, 380, 465f.
Hesdin (Artois) 231.
Hessen 16, **29—30,** 144, 396, 470.
Hessen-Darmstadt **29,** 61f., 176, 263, **380— 82,** 396, 431, 460, **466f.**
Hessen-Kassel
  Beziehungen zum Kaiser 29f., 72, 100, 283, 380; zu Bayern 397, 424f.; zu Brandenburg 428, 453; zu Frankreich 87, 119, 152, 162, 163—66, 173—175, 181, 380—82, 465; zu Schweden 30, 50, 59—62, 150f., 152f., 164—66, 174, 181, 217, 381f., 465.
  Reichsreformpläne, Reichspolitik **62, 163—68,** 173, 179, **180—82,** 184, 325, 327, 373f., 380; Stellung zu den Religionsfragen 62, 181f., 349, 351, 403; zur Frage d. Reformierten 367f., 380, 463; zur Assecuratio 166, 336.
  Vertretung am Kongreß 176; Bestechung 205; Verhandlungen über Hessen allg. 283, 292f., 381f., 401, 460, 465; Marburger Erbstreit **29f.,** 50, 375f., **380— 82,** 460, **466f.,** 472; Ansprüche auf geistl. Territorien 30, 50, 380—82, 465f.; auf Grafschaft Schaumburg 404,

465f.; auf Entschäd. d. hess. Armee 474, 476.
Hildesheim, Bistum 14, 29, 30, 50, 72, 211, 307, 317f., **383f.,** 423, 444.
Hippolithus a Lapide s. Chemnitz, Bogislaw Philipp.
Hitler, Adolf 4.
Hochbarr (Elsaß) 228.
Hochberg (Baden), Grafschaft 467.
Hoë von Hoënegg, Matthias, sächs. Hofprediger 73.
Hoff, von, hess. Diplomat 165.
Hoheitsrechte s. Bündnisrecht, Jus armorum, j. belli, j. pacis et belli, j. reformandi, kaiserl. Rechte, Landeshoheit.
Holland (Provinz) 198, 303, 314, 441f., 468. — vgl. Niederlande.
Holstein, Herzogtum 31, 121.
Holzapfel (Holzappel) s. Melander.
Horburg (Elsaß), Grafschaft 409.
Horn, Gustav, schwed. General 70, 220, 304.
Hortleder, Friedrich, Publizist 130, 135, 507.
Hotman, Franz, französ. Publizist 127.
Hoya, Grafschaft 322.
Hoyer, dän. Kanzler 121.
Hüningen (Elsaß) 434, 436.
Huizinga, Johan, Historiker 212.
Hulle, Anselm van, Maler 203.
Hussiten 415.

I

Immediatstände im Elsaß s. Elsaß; in den Bistümern Metz, Toul, Verdun s. Metz.
Immediatstifter s. Geistl. Güter.
Importants 118, 477,
Indien s. Ostindien, Westindien.
Ingweiler (Elsaß) 227.
Initiative s. Reichsgesetzgebung.
Innozenz X., Papst 174, 338.
Innsbrucker Linie s. Tirol.
Instruktionen (nur Hauptinstruktionen): Französische 87f., 118, 162, 163, 170, 230—32, 233, 247, 288, 531, 551; hessische 336, 374; kaiserliche 69, 245, 248, 553f.; päpstliche 85f., 338; sächsische 358; schwedische 153, 219f., 368, 517, 533f., 548; schweizerische 434f.
Interim, Augsburger (1548) 10, 31, 126, 388.
Interpretation, authentische, der Reichsgesetze u. des Religionsfriedens 15, 19, 62, 74, 139, 179, 182, 184, 242, 326, 348, 350, 383.

Intervention, Interventionsrecht 8, 44, 81 f., 97 f., **148 f.**, 160, 165, 224, 227, 340, 433.
Invariata s. Confessio Augustana.
Investiturstreit 153, 361.
Irenaeus Eubulos (Pseudonym) s. Conring, Hermann.
Italien 119, 161, 199, 224, 262 f., 280, 302, 441, 477, 487.

J

Jägerndorf, Fürstentum 429.
Jakobiner 2.
Jankau, Schlacht (1645) 176.
Jauer, Fürstentum 307, 423.
Jena 130, 133.
Jesuiten 17, 66, 200, 339, 413, 416.
Johann Ernst, Prinz v. Sachsen-Weimar 130.
Jehann Friedrich I., Kurfürst von Sachsen 28.
Johann Friedrich v. Holstein, Erzbischof v. Bremen 218.
Johann Georg I., Kurfürst v. Sachsen **27 f.**, 48, 60 ff., 65 f., 70 ff., 82, 100, 146, 168, 194, 209 f., 311, 344, **358**, 395, 431, **450— 53**, 454, 509.
Johann Philipp, Erzbischof v. Mainz u. Bischof v. Würzburg s. Schoenborn.
Johanniterorden 388.
Joseph, Pater, Kapuziner 45, 83, 155.
Jülich, Herzogtum 113.
Jülich'scher Erbfolgestreit 28.
Jüterbog, Magdeburg. Amt 72, 311, 319.
Jütland 121.
Jura comitialia s. Reichstag.
Jura reservata s. Kaiser (Stellung i. d. Reichsverfassung).
Jura statuum s. Reichsstände.
Jurisdictio 296 (560), 340, 346.
Jus armorum (Militärhoheit)
  des Reiches: Geschichtliches 106 f.; Ausübung durch d. Kaiser 23, 72 f., 107 f., 425; Opposition dagegen 89 f., 141; Anspruch auf Mitwirkung der Stände 184, 242, 326, 332, 486.
  der Landesherren 108 f. (533), 397, 425 f., 453, 487; der Hanse 391.
  Befestigungsrecht des Kaisers im Reich 326; der Schweden in Pommern 322; der Stadt Magdeburg 393. — s. auch Entfestigungen.
Jus belli (Kriegsrecht) 43, 50, 222 f., 226, 228 f., 231, 237, 287, 415, 417.
  s. auch Annexion.

Jus emigrandi 10, 182, 444, 452, 461 f.
Jus foederum s. Bündnisrecht.
Jus legationis (Gesandtschaftsrecht) s. jus pacis et belli.
Jus pacis et belli (völkerrechtl. Handlungsfähigkeit, Außenpolitik)
  des Reiches: Ausübung durch den Kaiser 147, 166 f., 350, 513; seine Vertrags- u. Verhandlungsvollmacht 88 f., 173, 186, 256, 274—76; Anspruch d. Stände auf Mitwirkung 89, 106, 113 f., 138 f., 143 f., 147 f., 156, 164, 171, 180, 182, 184, 186, 242 f., 326, 332, 339 ff., 489; deren Teilnahme u. Stimmrecht am Kongreß 79, 90, 101, 112, 114—16, 156, 163—69, 172—74, 176, 186—89, 253. — s. auch Friedensverträge (Unterzeichnungs- u. Ratifikationsrecht).
  der Landesherren: 142 f., 489; deren Gesandtschaftsrecht 189 (543), 208 (546), 211 (547); zeremonielle Gleichstellung mit Souveränen 209 f. — s. auch Bündnisrecht.
Jus publicum Europaeum s. Völkerrecht.
Jus reformandi
  Begriff 9 f.; Geschichtliches 10; Inhalt 62, 346 f., 352, 452, 460 ff.; Verhältnis z. Landeshoheit 10, 33, 63, 344, 346 f., 349, 366, 371, 394, 400, 405, 452, 461 f.
  Inhaber 10 f; J. r. geistlicher Obrigkeiten 15, 346; Württembergs über d. schwäb. Klöster 31, 346 f.; der Reichsritter 71, 346, 349, 394, 417; der Reichsstädte 33, 71 f., 346 f., 349, 360, 386, 417; der Reformierten 367—73, 464; der Lutheraner gegen Reformierte 369 f., 373, 464.
Jus suffragii (Stimmrecht am Kongreß) s. Reichsstände.
Justinian, röm. Kaiser 297.
Justiz s. Reichsjustiz.

K

Kaden, Vertrag (1534) 154, 330.
Kärnten 142.
Kaiser
  Stellung i. d. Reichsverfassung allg. 18—23 (527), 124—42; Kais. Gewalt 125, 130 f., 134, 137, 181, 276, 329 f., 331, 332; Reservatrechte 18, 20, 136, 139, 186, 326—31; einzelne Rechte vgl. Exe-

kution, Interpretation, jus armorum, jus pacis et belli, Lehenshoheit, Reichsgesetzgebung, Reichsjustiz, Vorgriff. — Beschränkung durch die Stände vgl. Kurfürsten, Reichsstände, Reichstag; monarch. Bestrebungen 20—23.
Politik gegenüber Reichsständen allg. vor dem Kriege 17f., 21—23; im Kriege 63—65, 69f., 71—74, 88—90, 98—103, 114, 167f., 173f., 175—78, 244f.; auf dem Kongreß 186—89, 242f., 245f., 253, 257—59, 274—76, 406, 411, 427, 429f., 444—46 (573), 459, 481f., 486—91. — Beziehungen zu einzelnen Ständen s. dort.
Kirchenpolitik: Kaiser als advocatus ecclesiae 17, 339, 399, 457; Entscheidungsbefugnis in kirchl. Streitfragen 64, 179 (s. auch Religionsfrieden). — Einzelnes s. Religionsverhandlungen.
Hausmachtpolitik s. Habsburg, Spanien. Erblande 26, 39f., 340, 417, 481f.; Rücksicht auf E. bei Satisfaktionsverhandlungen 247, 267ff., 281, 295, 310, 409.
— s. auch Autonomie, Böhmen, Österreich, Schlesien.
Kaiserswerth 227.
Kaisertum, bayrisches 27, 55, 155; evangelisches od. alternierendes 48, 67, 266, 363; französ. 55, 155 (539), 266, 398; spanisches 52.
Kaiser- und Königswahl 21, 55, 62, 89f., 104, 125f., 139, 140f., **153—55**, 185, **325—329**, 331, 339, 379, 399.
Kalenberg, Herzogtum 49.
Kammergericht s. Reichskammergericht.
Kammin, Bistum 220, 249, 251, 308, 311, 315f., 318, **319**, 362.
Kalmar 220.
Kanonisches Recht 12, 154, 345, 357, 414f.
Kant, Immanuel 484.
Kapitel s. Domkapitel.
Karl d. Große, Kaiser 221.
Karl I., König v. England 377.
Karl III., Herzog v. Lothringen 36.
Karl IV., Kaiser 32, 154.
Karl IV., Herzog v. Lothringen 56f., 101f., 420, 478, 480.
Karl V., Kaiser 8, 20ff., 33, 35, 39f., 42, 51, 74, 107, 154, 207, 233, 289, 382, 416, 487.
Karl VIII., König v. Frankreich 159.
Karl d. Kühne, Herzog v. Burgund 34, 40.

Karl Gustav, Pfalzgraf v. Zweibrücken, später König v. Schweden 304, 519.
Karl I. Ludwig, Pfalzgraf, später Kurfürst v. d. Pfalz 377ff., 429.
Kassel 29, 466f.
Kasseler Akkord (1647) 466.
Kasseler Vertrag (1648) 467.
Katalonien 44, 79, 97f., 149, 199, 231f., 271, 301, 441.
Kaub (Rhein) 227.
Kaufbeuren 16, 33, 388.
Kempen (Niederrhein) 105.
Keyser, Dr., Mecklenburg. Gesandter 320f., 508.
Kirchengüter s. Geistl. Güter.
Kirchliche Fragen s. Religionsverhandlungen.
Kitzingen 205.
Klausel rebus sic stantibus 443.
Kleist, von, brandenburg. Diplomat 429.
Kleve 310, 314, 446.
Kleve-Berg, Herzogtum 368.
Klöster, schwäbische s. Württemberg.
Knöringen, Heinrich von, Bischof v. Augsburg 17, 413.
Knuyt, Johan de, Gesandter der Provinz Seeland 198, 468.
Koblenz 119.
Köln, Erzbistum
Kölnischer Krieg 14; Gegenreformation 26; Abordnung z. d. Friedensverhandlungen 89, 168, 199; Bündnispolitik 111f.; Reichs- und Religionsfragen 186, 275, 405, 445, 449, 456, 462; hessische Ansprüche 30, 50, 381f., 466; Beziehungen zu Frankreich 167, 227, 238, 255, 259, 293, 397; zu Schweden 430.
Köln, Reichsstadt 33, 93f., 102f., 113, 168, 189f., 192f., 357, **390**, 462.
Kölner Kongreß (1636) 82, 87ff., 336f., 511.
Königsmark, schwed. General 121f., 404, 470.
Königswahl s. Kaiserwahl.
Kötzschenbroda, Vertrag (1645) 239, 358.
Kolbatz (Pommern) 315f.
Kolberg 308.
Kollektive Sicherheit s. Assecuratio pacis.
Kolmar (Elsaß) 146, 168, 228, 231, 285, 295, 388, 407, 409, 483.
Kolonialfragen 261, 302f., 307.
Komödianten 203.

Kongreß
  Vorgeschichte: Schwierigkeiten allg. 79; K. als französ. Forderung 156; Idee des Doppelkongresses 82f.; Konfessionelle Schwierigkeiten 88, 188, 193, 336f.; Kongreßorte 83, 93f., 102, 189f.; Teilnehmerkreis 79, 94, 99f., 102, 114f., 163—69, 172f., 186—89, 243, 392, 417, 480 (vgl. auch Geleitbriefe, Reichsstände).
  Zusammentritt 119f.; Eintreffen d. Gesandten 120, 167f.; Vollmachten s. dort; die Gesandten 192—201; Aufwand, Schulden, Korruption 201—206; Zeremoniell 206—12.
  Zuständigkeit d. Kongresses 172, 182, 186, 276, 325, 374; Verhandlungsformen 177f., 187f., 212—14; 274f., 430; Verhandlungssprachen 214f.; Schutz d. Kongresses 190—92 — (vgl. auch Neutralisierung); Postwesen 192; Kuriere 192; Chiffrierung 489f.
Konkordate 37, 284, 361, 420.
Konstanz 39, 85.
Konstanz, Bistum 113, 387, 430.
Konstanzer Konzil (1414—18) 415.
Kontributionen s. Jus armorum.
Kopenhagen 121f.
Krane, Johann, kais. Gesandter 190f., 194, 205, 251, 460, 507f.
Krebs, Dr., bayr. Gesandter 258, 466.
Kreise s. Reichskreise.
Krieg u. Kriegsrecht s. Jus belli.
Kriegsächtung 7.
Kriegsdirektorium 151f., 218, 453.
Krönungseid des Kaisers 135.
Krondomäne, Krongut s. Domanium.
Krosigk, von, Gesandter von Hessen-Kassel 173.
Krossen (Oder), Fürstentum 311f.
Küstrin 307.
Kur, achte s. Kurkolleg.
Kurfürsten, Kurfürstenrat
  Wahlrecht 125, 126, 139, 153—55, 325—331 (s. auch Goldene Bulle, Kaiserwahl); Absetzungsrecht 125f., 135; Aufstellung d. Wahlkapitulation 139, 327f., 329, 339 (s. auch Wahlkapitulation); Mitwirkung b. d. Reichsregierung 22, 88f., 114, 143f., 147f., 164, 166, 244, 275f., 292, 385f.
  Verhältnis zu d. übrigen Ständen (Präeminenz) 24, 125f., 147, 163f., 178f., 187, 211f., 325, 327; Usurpation ständischer Rechte 139, 147, 327f., 329; Rangansprüche 208f., 211f.
  Anteil an den Friedensverhandlungen 88—90, 98—100, 255, 293, 312f., 335, 381, 383, 446, 448, 449—54, 459.
  Kurfürstentage: Mühlhausen (1627) 70, 147; Regensburg (1630) 107, 147, 155; Regensburg (1636) 88ff., 92, 114, 155, 168, 173, 189; Nürnberg (1640) 98ff., 111.
Kurie s. Papst, Papsttum.
Kurien am Reichstag u. Kongreß 187f.
Kuriere s. Kongreß.
Kurkolleg
  Geschichtliches 24; Vertretung b. d. Friedensverhandlungen 89, 114f., 148, 168, 176, 199.
  Aufnahme fremder Mächte ins Kurkolleg 181; Aufhebung (als hess. Forderung) 62; Mehrheitsprinzip 327; konfess. Gleichgewicht 66f., 175, 181, 363, 379, 402; Konfess. Gegensätze 25, 147; päpstl. Ansprüche 86, 399.
  Einzelne Kurstimmen: Bayern 22, 25, 27, 49, 54, 378f., 399f.; Böhmen 181, 379; Pfalz 22, 25, 27, 155, 377, 399f.; Sachsen 27f., 57; Trier 155. — Vorschlag der 8. Kur 248, 378f., 399f.; der 9. Kur 379; der alternierenden Kur 379, 403.
Kurrheinischer Kreis s. Reichskreise.
Kurverein 24.
Kurz, Graf, Reichsvizekanzler 92ff., 95, 241f., 256, 271, 293, 438, 450f., 513.

L

Lamberg, Johannes Max Graf von, kais. Gesandter 194, 305, 311.
Lambert von Hersfeld 211.
Lamboy, kais. General 470.
Lampadius, Jakob, braunschweig. Gesandter 146f., 175, 187, **200**, 320, 328, 330, 344, **346f.**, 358, 363, 414, 453, 464, 508.
Landeshoheit
  Begriff 129, 136, 185 (542), 296 (560); Inhalt 143, 185, 489; Verhältnis zur Reichsgewalt 125, 129, 133, 136; zum jus reformandi s. dort.
  Geschichtliches 18, 494; Bestätigung im Westf. Frieden 7, 18, 332, 495.
  L. geistlicher Fürsten 284, 483 (Metz,

Toul, Verdun), 404 (Osnabrück); weltlicher Fürsten 320 (Mecklenburgs in Wismar), 382 (Württembergs über schwäb. Klöster); der Landvogtei im Elsaß 408; der Reichsritter 394; der Reichsstädte 33, 72, 391—394. s. auch Souveränität.
Landfrieden 20, 24, 177, 295, 336, 341, 487.
Landgrafschaft im Elsaß 236f. (552), 272f., 282, 286, 289, 291f., 418, 420.
Landstände 321f., 351, 356, 372, 382, 394f., 473. — s. auch Pommern.
Landvogtei s. Reichslandvogtei.
Langensalza 83.
Languedoc 298.
Lauenau, Vertrag (1647) 466.
Lauenburg, Herzöge von 92f., 96.
Laufenburg (Rhein) 282.
Lausitz 27, 64.
Lauter (Fluß im Elsaß) 268.
Laymann, Paul, SJ 17, 413.
Lebus, Bistum 362.
Leclerc, Jean, Philologe u. Historiker 505.
Legisten 222.
Legrelle, franz. Historiker 299.
Lehen, Lehenrecht 143, 158, 289, 297, 326, 334, 415, 417, 419.
Lehenshoheit allg. 296, 483; des Kaisers 150ff., 226, 242, 276, 287ff., 298, 314, 332, 360f.
Lehmann, Christof, Publizist 507.
Leiningen, Herren von 409.
Leipzig 174.
Leipziger Konvent (1631) 60, 72, 149, 150.
Leitmeritz 66, 70.
Le Mans 465.
Lengerich (bei Münster) 187, 212.
Lens, Schlacht (1648) 482.
Leopold, Erzherzog v. Österreich 281.
Leopold Wilhelm, Erzherzog v. Österreich 15, 16, 28, 30, 193, 267 (557), 270, 318f., 359, 430.
Lerida (Spanien) 477.
Leuber, Johann, kursächs. Gesandter 431, 500 Anm. 6.
Leuxelring, von, Gesandter der Reichsstadt Augsburg 199, 204, 351, 353, 356f., 389.
Lex regia 130, 135.
Libertät, reichsständische 105, 115, 118, 133, 137, 151, 184, 209, 219, 246, 253, 321, 427, 489.
Libertas ab Imperio, libertas erga Imperium 438.

Liegnitz, Herzogtum 72, 395, 405.
Liga, deutsche 15, 22, 53, 56f., 69, 111, 161, 226, 425.
Liga, Habsburger s. Spanien.
Liga, italienische 119, 158f., 161.
Limnaeus, Johann, Staatsrechtslehrer 134—36, 138.
Linage de Vauciennes, Publizist 507.
Lindau (Bodensee) 200, 389.
Linz (Donau) 354.
Linz (Rhein) 227.
Lionne, Hughes de, franz. Staatsmann 196, 479, 506, 521.
Lippstadt 41.
Lit de justice 117.
Lizenten s. Zölle.
Lodi, Friede (1454) 158.
Löben, Johann Friedrich von, brandenburg. Gesandter 206, 250, 307, 314.
Löwenberger Akkord 362, 388f.
London 469.
London, Vertrag (1518) 159.
Londorp, Michael Kaspar, Publizist 502f., 509.
Longueville, Heinrich Herzog von, franz. Prinzipalgesandter 51, 175, 195, **196,** 197, 201f., 211, 246f., 270, 353, 434, 439, **478f.,** 515.
Longueville, Herzogin von (geb. Prinzessin Condé) 196.
Lothringen
  Geschichte 34f., 142; Beziehungen zu Kaiser u. Reich 34f., 89, 101f., 396, 417, 420, 438, 447f., 480ff, 488f. (vgl. auch Nürnberger Vertrag); zu Spanien 101, 417, 443, 478; zu Frankreich 35, 56f., 91, 225f., 230, 417, 478; französ. Annexionspläne 100, 222, 224ff., 231, 235, 262, 284, 418, 478f.
  Zulassung z. Kongreß 79, 278, 283, 417, 480; Verhandlungen über L. am Kongreß 292f., 301, 417f., 420, 447f., 478, 480—82, 486f., 488f.; lothr. Protest gegen Amnestie 455; Abfindung d. lothr. Truppen 474.
Lotichius, Johann Peter, Arzt u. Publizist 503.
Ludwig XIII., König v. Frankreich 77f., 84, 97f., 117, 231, 417.
Ludwig XIV., König v. Frankreich 2, 117, 269, 299, 447, 483f., 517.
Ludwig III., Landgraf v. Hessen-Marburg 29.

Ludwig V., Landgraf v. Hessen-Darmstadt 29.
Lübeck, Bistum 13, 360, 362.
Lübeck, Reichsstadt 51, 67, 93f., 102, 176, 189, 390f.
Lübecker Friedensverhandlungen (1629) 147.
Lüders (Elsaß), Kloster 291.
Lüneburg, Herzogtum s. Braunschweig.
Lüneburg, Stadt 77, 391.
Lüttich, Bistum 14, 29.
Lützelstein (Elsaß), Grafschaft 291.
Lützen, Schlacht (1632) 63.
Lützow, Konrad von, kais. Diplomat 96f., 101, 104.
Luther, Martin 125f., 317.
Lutherische Religionsübung i. d. Unterpfalz 399f.
Lutter am Barenberge, Schlacht (1626) 30.
Luxemburg 487.
Luzern 437.

M

Machiavelli, Niccolò 140, 313.
Madrid 78, 192.
Magdeburg 126, 200, 391f., **393f.**
Magdeburg, Erzbistum
  Geschichtliches 13, 319; Ansprüche auf M. 16, 28, 30, 72, 364, 404.
  Schwed. Forderungen 75, 220, 249; Übergabe an Brandenburg 96, 216, 307, 311f. 314, 316, 319f., 429, 453.
  Säkularisation 318, 362; Magdeburg. Direktorium im Fürstenrat 186, 355; Session am Reichstag 360.
Mailand 158, 161, 227, 289.
Main 396.
Mainz 26, 176, 227.
Mainz, Kurfürstentum
  Geschichte 26; Absichten Schwedens 50, 216; Frankreichs 286.
  Delegation f. d. Friedensverhandlungen 89, 92; Beschickung d. Kongresses 175f.; Rangkonflikt 212; Beratung d. Kaisers 241, 275, 354f., 367; Reichs- u. Religionspolitik 101, 111, 255, 293, 405, 430, 445, 449, 456, 458, 462; Mainzer Eigeninteressen 379, 381f., 392, 455, 466.
  Tätigkeit als Reichsdirektorium 113, 186f., 214 (547), 238, 255, 322, 336, 436, 472, 474, 477, 481, 485f., 488, 491f. (576), 499f., 513.

Majestätsbriefe 395.
Majestas s. Souveränität.
Mannheim 227.
Marburg (Lahn) 29, 67, 129, 133, 380—382, 466f., 470.
Marburger Erbstreit s. Hessen-Kassel.
Maria Anna, Erzherzogin 488.
Mark, Grafschaft 428.
Mark, Schloß (bei Münster) 191.
Markirch (Elsaß) 284.
Markolsheim (Elsaß) 228.
Marsal (Lothringen), Festung 224.
Martin, Henri, franz. Historiker 2.
Martinitz, Graf von, kais. Rat 247, 267.
Matthias, Kaiser 90, 113, 154.
Maximilian I., Kaiser 8, 20, 39f., 143, 154.
Maximilian I., Kurfürst v. Bayern
  Persönlichkeit 27; Vorkämpfer kurfürstl. Rechte 146; Ablehnung der Kaiserkrone 27, 55, 155; kath. Urteil über ihn 456.
  Reichspolitik allg. 98—100, 110—12, 241f., 343, 355, 382, 424—27, 430f., 449. — Stellung z. Kaiser, zu Frankreich s. Bayern; in der pfälz. Sache s. Pfalz.
Mazarin, Jules, Kardinal
  Amtsantritt 117; innere Opposition 118, 477; Verbannung 2; persönl. Verhältnis zu den Bevollmächtigten 196, 478f.
  Außenpolitik 118f. (543); Einzelfragen: Annexionen 232, 248f., 280, 285—88, 290; Sicherheitspolitik 162f., 170; Bez. zu Schweden 123, 365, 482; Spanien, Lothringen 478f., 480; Niederlanden 261—64; Schweiz 434; Reichsständen 118f., 174, 233—235 (551), 306.
  Kongreß: Vorschriften über Verfahren 177f., 213; Urteil über Vermittler 194; über Trauttmansdorff 243.
  Schriftl. Nachlaß 504f., 508, 514f.; Geschichtschreibung (Siri) 521.
Mecklenburg **30—31**, 49f., 72, 92, 95, 150, 176, 216, 220, 240, 250, 277, 320f., 384, 386, 401ff., 431, 477.
Mediatstädte 392—94.
Mediatstände s. Landstände.
Mediatstifter s. Geistliche Güter.
Medici, Maria von, Gemahlin Heinrichs IV. v. Frankreich 38.
Mehl, Dr., Gesandter v. Mainz 205.
Mehrheitsprinzip am Reichstag 15, 25, 242, 327, 332, 385; spez. in Religionssachen 15,

25, 116, 179f., 182, 327, 348—50, 356; bei Steuerbewilligungen (Kontributionen) 25, 184f., 327; im Kurkolleg 327; im Schwäb. Bund 21; in den Generalstaaten 41f., 442, 468.
Meiern, Johann Gottfried von, hannov. Hofrat 1, 501, 508f.
Meinecke, Friedrich, Historiker 46, 141, 520.
Meißen, Bistum 28, 362.
Melanchthon, Philipp 317, 387.
Melander v. Holzappel, Graf Peter, General 470.
Memmingen 397.
Merseburg, Bistum 28, 362.
Mersen, Vertrag (870), 236.
Meßrelationen 502f.
Metz, Bistum 228. — s. weiter Metz, Toul, Verdun.
Metz, Reichsstadt 223f., 269, 282. s. auch Parlament.
Metz, Toul, Verdun, Bistümer Franz. Ansprüche, Stellung des Reiches dazu 35—38, 89, 224f., 230, 233; Verhandl. am Kongreß 235, 248, 265f., 268, **282—84**, 288f., 295f., 300, 342, 410, **418— 420,** 446f., 478f., 483; Immediatstände i.d. Bistümern 419f.
Militärhoheit s. Jus armorum.
Militärische Operationen, Einfluß auf d. Friedensverhandlungen 95, 105, 111, 119, 176, 214, 238, 396, 426f., 470f., 477, 482, 488.
Minden (Westfalen) 120, **392f.**
Minden, Bistum 13, 30, 199, 205, 220, 249 277, 307, 314, 317f., 320, **322f.,** 359, 361f., 364f., 383f., 404, 423, 429, 444, 449, 453.
Mischehen 360.
Moder (Fluß im Elsaß) 268.
Mömpelgard 226f., 409, 512, 576.
Möser, Justus 1.
Mommsen, Wilhelm, Historiker 221f.
Monarchomachen 42, 127, 130, 148, 155.
Montbéliard s. Mömpelgard.
Montgomery, engl. Feldmarschall 492.
Moritz d. Gelehrte, Landgraf von Hessen-Kassel 29.
Moritz, Kurfürst v. Sachsen 27, 74.
Moser, Johann Jakob, Staatsrechtslehrer 509, 512.
Moyenvic (Lothringen), Festung 56, 224f., 247f., 268, 282.
Mühlhausen (Thüringen) 61, 67, 83, s. auch Kurfürstentage.

München 446.
Münster (Westfalen) 102—04, 115f., 120, 167f., 176—78, 186—89, **189—92,** 193, 203, 213, 246, 252, **392f.,** 468ff., 481, 486; Einzelnes: Bischofshof 191, 492f.; Dom 190; Krameramtshaus 191; Lambertikirche 469; Prinzipalmarkt 189, 468; Rathaus 468ff.; Stadtweinhaus 469.
Münster, Bistum 14, 29, 50, 113, 164f., 307, 317, 364, 381, 423.
Munkacz, Vertrag (1645) 123.
Murbach (Elsaß), Kloster 291.
Murrhardt (Schwaben), Kloster 199.
Mylius, Hermann, oldenburg. Landrichter 206.

N

Nancy 225.
Napoleon I. 7, 152, 524.
Napoleon III. 2, 52.
Narwa 220.
Nassau-Hadamar, Joh. Ludwig Graf von, kais. Gesandter 194, 203.
Nassau-Saarbrücken 284, 483.
Natürliche Grenzen 221 (548f.).
Naturrecht 128, 135, 140, 151.
Naumburg (Saale), Bistum 28, 362.
Naumburg (Hessen) 381.
Navarra 224.
Neapel 119, 159, 477.
Nederhorst s. van Reede.
Neuchâtel (Schweiz) 224.
Neuenburg (Rhein) 270, 273, 280, 285.
Neuhaus (bei Paderborn), Schloß 466.
Neuß (am Rhein) 466.
Neutralisierung der Kongreßstädte 105, 192, 393.
Neutralität 407, 453; Einzelfälle: Bayern 397; Brandenburg 109, 397, 428f., 450f.; Köln 397; Mainz 430; Sachsen 358, 397, 450f.; Schweiz 433f.; Straßburg 388; Trier 286.
Neuweiler (Elsaß) 227.
Ne varietur-Formel s. Friedensvertrag v. Osnabrück.
Niederlande, Spanische 32, 228f., 231f., 263, 441.
Niederlande, Vereinigte Geschichte 39—42; Innere Zustände 41f., 204, 440, 442; Kirchliche Zustände 261, 302f., 442, 457, 479; Kolonien, Welthandel 41, 261.

Teilnahme am Kongreß 79, 198, 208f., 440; Verhältnis zu Kaiser und Reichsständen 39—41, 112, 279, **300**, 314, 372, 377, 379, 390f., 428, 434; zu Frankreich 39, 54, 118, 149, 209, 228f., **260—63, 302—04, 440—43**, 477—79, 480f.; Bündnis mit Frankreich (1635) 53, 78, 162, 209, 261f.; Garantievertrag mit Frankreich (1644) 262, 303; dsgl. (1647) 442.

Verhältnis zu Schweden 49, 279; zu Spanien 42, 149, 208, **260—63**, 281, 302, 407, **440—43**, 480f. — Vgl. auch Friedensvertrag v. Münster.

Niederrhein 470.
Niederrhein.-westfäl. Kreis s. Reichskreise.
Niedersachsen 380.
Niedersächs. Kreis s. Reichskreise.
Nizza 95, 232.
Nördlingen, Schlacht (1634) 31, 58, 70f., 74, 78, 217f., 228, 286, 383, 422.
Nordsee 391.
Normaljahr für kirchl. Besitz und Bekenntnisstand: Zwischen Katholiken u. Protestanten 8, 60, 62, 64, 69f. (529), 71, 74, 183f., 348—51, 352—354, 356—65, 376, 387—90, 394, 405, 416f., 444, 449, 452, 460ff.; Ausnahmen davon 359, 399f., 404, 455, zwischen Lutheranern u. Reformierten 372. — Normaljahr bei der Amnestie s. dort.
Nürnberg 72, 113, 126, 168, 174, 187, **386f.** — s. auch Kurfürstentage.
Nürnberger Vertrag (1542) 35, 102, 417, 420, 438, 480.

O

Obergeldern 442.
Oberhessen 381.
Oberpfalz 267, 272, 346, 377—79, 397f., 399, 403, 424, 488.
Oberrheinischer Kreis s. Reichskreise.
Obersächsischer Kreis s. Reichskreise.
Oder, Odermündungen 305, 307ff., 311f., 315f., 402.
Oelhafen von Schöllenbach, Tobias, Gesandter der Stadt Nürnberg und der Fränk. Grafenbank 205, 344, 387.
Oels (Schlesien) 395.
Österreich 113f., 116, 167, 176, 193, 338, 344, 383, 394f., 408f., 420, 432f., 436, 438, 447f., 463, 467, 480f., 487.
Österreich ob der Enns (Oberösterreich) 27, 64, 102, 398.
Österreichischer Kreis s. Reichskreise.
Ogier, Francois, franz. Gesandtschaftskaplan 190, 214, 512.
Okkupation, militärische (Rechtsfolgen) 228ff.
Oldenburg 31, 32, 205, **385f.**, 391.
Olivarez, Graf, span. Minister 261.
Olivier, franz. Kanzler 232.
Oñate-Vertrag (1617) s. Elsaß.
Oranien, Moritz von 40, 337.
Oranien, Wilhelm I. von 41.
Oranien, Wilhelm II. von 198, 261, 263, 468.
Orléans 189.
Orléans, Herzog von 118.
Ortenau (Baden) 32, 272.
Osnabrück 102—04, 116, 120, 174, 178, 186—89, **189—92**, 193, 213—15, 246, 251f., 272, 276, 352, 362, **392f.**, 406, 481, 486.
Osnabrück, Bistum 30, 50, 75, 199, 220, 249, 279, 307, 314f., **317f.**, **322f.**, 359, 361f., 364ff., 384, **402—04**.
s. auch Franz Wilhelm, Bischof.
Ostindien 261; Ostindische Kompanie 442.
Ostsee 46ff., 391, 453.
Ottheinrich, Kurfürst v. d. Pfalz 346.
Otto I., Kaiser 393f.
Otto, Bischof v. Augsburg s. Truchseß.
Otto, Markus, Gesandter der Reichsstadt Straßburg 200, 205, 215, 344, 388, 409, 418, 482.
Oxenstierna, Graf Axel von, schwed. Reichskanzler
Polit.-kirchl. Anschauungen 43, 368; Stellung in Schweden 304f., 368, 403; innere Verwaltung (Reichsarchiv) 517; Verhältnis zur schwed. Armee 76, 423.
Deutsche Politik 47—49, 65, 70, 74—77, 87, 92f., 151f., 217, 220, 239, 380f., 393; persönl. Absichten auf Mainz 26, 50; Beziehungen zu Wallenstein 69; zu Frankreich 49, 57, 87, 91, 164, 228; Einfluß auf die Friedensverhandlungen 164, 193, 197, 214, 313, 323, 482.
Schriftl. Nachlaß 510, 517f.
Oxenstierna, Graf Johan von, schwed. Gesandter.
Charakter 197, 201f., 205; Verhältnis zum Vater 197, 403, 510; zu Salvius 197f., 305, 403.

Tätigkeit am Kongreß: Anreise 120, 194; Verhandlungen über Verfahren 400f.; Zulassung d. Reichsstände u. Propositionen 172, 177, 183; über schwed. Satisfaktion u. Abfindung der Armee 240, 246, 250, 278, 305, 310f., 313f., 322, 474f., 493; Religionsfragen 351, 368, 371, 459f.; deutsche Fragen 249, 251, 320, 334, 340, 379, 393f., 398f., 405, 423, 490f.

P

Paderborn, Bistum 30, 50, 364, 381, 423, **465f.**

Pässe s. Geleitsbriefe.

Pallavicini, Sforza, SJ, Geschichtschreiber 520.

Papsttum **82—87,** 161f., 284, 293, **336—339,** 344, 351, 353, 361, 399, 411, 414f., 417, 420, **456—58.**

Paris 2, 182, 192, 263, 273, 379, 398, 411, 424, 477, 492, 500, 514 ff. s. auch Parlamente.

Paris, Vertrag (1. Nov. 1634) 91, 162, 228.

Parität
in der Reichsdeputation 113, 180, 360, 364; im Kurkolleg 66f., 175, 181, 363, 379, 402; bei den Reichsgerichten 175, 180, 348, 350, 356, 360, 364, 387, 417, 444, **460**; in gemischten Reichsstädten (Augsburg u. a.) 33, 364f., 389f., 452, 463f. — Parität. Ständevertretung beim Friedensschluß 490, 492.

Parlamente: Elsaß 283, 285, 290, 294; Metz 226, 265, 283, 290, 419; Paris 117f., 226, 232, 477.

Passau, Bistum 29.

Passauer Vertrag (1552) 15, 31, 33, 64, 345, 357, 415, 444, 480.

Paul V., Papst 511.

Paurmeister, Tobias, Staatsrechtslehrer 130, 135.

Pauw, Adrian, Gesandter v. Holland 198, 442, 478.

Peene (Fluß in Pommern) 307.

Peñaranda, Graf von, span. Hauptbevollmächtiger 191, 194, **198,** 201, 203ff., 207, 263f., 271, 281, 300ff., 416, 440, 443, 457, 469f., 481, 488, 511.

Pensionswesen s. Bestechung.

Perpignan 233.

Petersberg (bei Osnabrück), Zitadelle 393.

Pfalz, Kurfürstentum.
Geschichtliches 14f., 21f., 90; Pfälz. Sache: Frühere Verhandlungen **27,** 49, 54, 72, 86, 94, 179, **377f.**; auf dem Kongreß 184, 241, 248, 251, 279, 283, 292f., 323, 359, **378f., 399f.,** 403, 412, 465.

Stellung des Kaisers 27, 72, 94, 170, 248, 251, 260, 279, 283, 293, 379, 399; Bayerns 238, 255, 343, 354, 378f., 398f., 424; der Reichsstände 63, 66, 110, 116, 257, 359, 376, 379f., 387, 399f., 429; Frankreichs 54, 155, 170, 227, 283, 378f., 400; Schwedens 153, 279, 323, 379, 398, 400, 403, 405; der Kurie 86, 399.

s. auch Friedrich V., Kurfürst.

Pfälzische Kur s. Kurkolleg.

Pfalz-Neuburg 174.

Pfalz-Zweibrücken 284, 368.

Pfandbesitz, Pfandschaften 346, 383. s. auch Bergstraße.

Pfanner, Tobias, sächs. Geheimrat, Geschichtschreiber 522.

Pfirt (Elsaß), Grafschaft 410, 420.

Philipp II., König v. Spanien 40f., 289.

Philipp IV., König v. Spanien 300, 302, 440, 469, 488.

Philipp d. Großmütige, Landgraf von Hessen 29, 125f., 130, 139.

Philipp d. Schöne, Sohn Maximilians I. 143.

Philippsburg, Festung 26, 78, 119, 177, 228, 235, 239, 247ff. (554), 266, 269f., 272, 280ff., 285, **286f.,** 290, 292ff., 408, 479.

Pilsen, Vertrag (1647) 426f.

Pinerolo (Piemont), Festung 56, 99, 105, 224, 230ff., 233, 247f., 264, 268, 282.

Pirna, Verhandlungen (1634) 70f., 73.

Plettenberg, kais. Diplomat 122, 312f.

Poel (vor Wismar), Insel 249, 320.

Polen 46, 48, 120, 123, 199, 220, 306, 324.

Pommern
als Reichsstand 113, 116, 289; Brandenburg. Erbrecht 28, 65, 75, 216—218, 240, 305.

Stettiner Vertrag mit Schweden (1630) 31, 75, 150f., 216—18; schwedische Okkupation 31, 50f., **217f.**; schwed. Annexionspläne 70, 75, 93, 153, 173, 216—18, 220f., 304f., 323f.

Verhandlungen über P. vor Kongreßbeginn 96f. (532), 101; auf dem Kon-

greß 239f., **246—51, 276—79,** 292, **306—16,** 321f., 386, 402, 428f., 453.
Pommersche Landstände 240, 305, 307, 310, 312, 314, **321f.,** 371, 509.
s. auch Donationen, Zölle.
Portugal 44, 79, 97f., 198f., 261ff., 278, 301.
Postwesen s. Kongreß.
Präeminenz s. Kurfürsten.
Prälaten 382f., 416.
Präliminarfrieden s. Hamburg.
Präzedenz 79, **210—12 (546),** 384f., 492.
Prag 66, 95, 470, 488.
Prager Fenstersturz (1618) 63.
Prager Frieden (1635)
Vorgeschichte, Inhalt **70—73,** 244, 276, 319, 374, 376, 377, 386; Anteil Trauttmansdorffs 244.
Bedeutung für die pol. Machtverhältnisse 58, 74; für die Reichsverfassung (einschl. Kriegswesen) 8, 23, 73, 107f. 143; für die kirchlichen Verhältnisse 73f., 183, 347—49; Umschwung d. kais. Politik 343.
Frage des Beitritts Schwedens 75—77; der Reichsstände 74, 89, 177, 179, 306, 367, 380, 393; Opposition gegen den Frieden 94, 96, 99, 102f., 109, 111, 180, 425.
Frage der Revision bzw. Aufhebung b. d Friedensverhandlungen 181, 184, 241, 248, 311, 325, 350, 352, 358, 375, 395; P. Frieden als Präzedenzfall 410f., 427, 444, 480.
Preces primariae s. Erste Bitten.
Presse s. Publizistik.
Preußen, Herzogtum 28, 46, 95, 307, 317.
Privilegium de non appellando (für Schweden) 322, 324; de non evocando (für Basel) 432, 437; de electione fori (für Hessen-Kassel) 404.
Propositionen
Verfahrensfragen 174, 178, 274.
Eröffnungspropositionen (1644 Dez.) **170f.,** 174; französ. Sonderproposition (1645 Febr.) 175.
Repliken: Kaiserliche (1645 März) 175f.; französ.-schwedische (1645 Juni) 142, 178, **181—86,** 325, 332, 344f., 368f., 371, 374, 381, 385, 389, 421f.
Dupliken: Kaiserliche (1645 Sept.) 189, 238, **241—43,** 333, 344f., 369, 378, 422; französ.-schwedische (mündl., 1646 Jan.) **248ff.,** 251f., 283, 287, 320, 332—334, 339; kaiserl. Antwort darauf (1646 Mai) **278,** 331, 340.
Ständeberatungen über Repliken und Dupliken 253f., 257—59, 278, 327—31.
Span. Proposition (1646 März) 266, 268.
Protektion, Protektionsverträge 35ff., 55, 149ff., 167, 225f., 237f., 283, 287, 295, 298, 398, 408, 418f., 433f.
Proteste gegen den Westf. Frieden: Päpstl. 337f. (565), 342, 344, 456—458 (s. auch Antiprotestklausel); katholischer 411.
Proudhon, Pierre Joseph, französ. Sozialist 6f.
Prüm (Eifel), Kloster 287.
Publikation der Reichsgesetze und Friedensverträge s. Reichsgesetzgebung.
Publizistik **16f.,** 137, 155f., 288, **413—16 (571f.),** 501f.
Pütter, Johann Stephan, Staatsrechtslehrer 524.
Pufendorf, Samuel 519—21.
Pyritz (Pommern) 315f.
Pyrmont 227.

Q

Quedlinburg, Abtei 362.
Querfurt, Magdeburg. Amt 72, 311, 319.
Quiroga, Kapuziner, Beichtvater der Kaiserin 413, 456.

R

Rain (am Lech) 396.
Rakoczy, Georg, Fürst v. Siebenbürgen 122—24.
Rangklassen, diplomatische 207ff. (545ff.).
Rangordnung s. Präzedenz.
Ranke, Leopold 5, 44, 85f., 540.
Ratifikation s. Friedensverträge.
Ratio status s. Staatsraison.
Ratzeburg, Bistum 321, 362, 384, 402, 404.
Raumer, Kurt von, Historiker 4.
Ravensberg, Grafschaft 322.
Ravensburg, Reichsstadt 33, 338.
Recharge 437.
Rechte der Stände s. Reichsstände.
Rechtsgleichheit der Konfessionen s. Gleichberechtigung.
Rechtsprechung s. Reichsjustiz.
Reconciliati 94, 97, 99ff.
Reede, Godard van, Gesandter der Provinz Utrecht 198, 443.

Reformationsrecht s. Jus reformandi.
Reformierte 8, 10, 62, 183f., 240, 243, 355, **367—73**, 390, **464f.**, 467.
Regensburg 172 (vgl. auch Kurfürstentage, Reichstage).
Regensburg, Vertrag (1630) 89, 171, 173. — s. auch Kurfürstentage.
Reich s. Habsburg, Kaiser, Reichsstände.
Reichenweiher (Elsaß) 409.
Reichsabschiede allg. 19, 130, 135, 486, 490.
— Einzelne Abschiede s. Reichstage.
Reichsacht 20, 21f., 72, 90, 139, 182, 184, 327, 331.
Reichsbedenken s. Reichsstände (Beschlüsse u. Gutachten).
Reichsdeputation 24, 62, 113, 139, 177, 180, 182, 186ff., 331, 360, 364, 390. — s. auch Frankfurter Deputationstag.
Reichsdirektorium s. Mainz.
Reichsexekution 125f., 139, 184, 295. s. auch Exekutionsordnung.
Reichsfinanzen 20, 107, 139, 141, 182, 184f., 242, 391, 402, 420.
Reichsfürsten, Reichsfürstenrat 24, 28, 147, 163f., 184, 211, 327ff., 347, 355, 360, 381, 385, 387, 391ff., 402, 459, 485, 491.
Reichsgesetzgebung **18f.**, 73, 126, 129, 135f., 138f., 184, 242, 257, 326f., 444f. s. auch Interpretation, Vorgriff.
Reichsgrundgesetze 8, 18, 131, 139, 141, 258, 325f., 336, 489, 507, 523.
Reichsgut s. Domanium.
Reichsheerwesen s. Jus armorum.
Reichsherkommen s. Gewohnheitsrecht.
Reichshofen (Elsaß) 228.
Reichshofrat
  Entstehung 19; Kompetenz 14, 19f., 393; Konkurrenz mit Reichskammergericht 19, 131, 180, 348; hess. Privileg de electione fori 404.
  Entscheidungen u. Gutachten: betr. Baden 32, 375f., **467**: Eidgenossen 439; Hamm 429; Hessen 29, 375f.; Religionssachen 15; Rostock 386; Straßburg 388; Württemberg. Klosterstreit 383, 455; Sammlung von Entscheidungen 509.
  Reformforderungen: Besetzung durch Stände 66; Parität 175, 180, 348, 350, 356, 364, 387, 417, 460; Aufhebungsverlangen 141.
Reichsjustiz
  Gerichtshoheit des Reiches 129, 139; höchstrichterliche Gewalt des Kaisers 19f., 131, 326, 340, 348, 375; Verfall der Reichsjustiz 14f. (527).
  Justizfragen beim Prager Frieden 72, 348; in Regensburg (1641) 179f.; am Deputationstag (1643) 113, 177; in den Gravamina 344, 349f.; bei den Garantiefragen 334f., 340f.; bei den Religionsverhandlungen 266, 279, 326, 359f., 368f., 371, 402, 406, 417, 444, 452, 455, 460.
Reichskammergericht
  Geschichte 21, 139; Kompetenz 14, 19f., 71, 131 (Konkurrenz mit Reichshofrat s. dort); Jurisdiktion in Lothringen, Metz, Toul, Verdun 35, 37, 226; in Schwed.-Pommern 218.
  Rechtsprechung in Sachen Basel 432, 434, 436—39; Elsaß 485; Herford 393; Hildesheim 384; in Religionssachen 12, 336.
  Reformvorschläge: Kompetenzerweiterung 62, 141, 348; Parität 62, 175, 180, 348, 356, 364, 387, 417, 444.
Reichskanzlei 513.
Reichskanzlei, schwedische 517.
Reichskreise (auch Kreistage) 112, 114f., 148, 177, 187, 328, 331f., 336, 339, 422f., 454, 473, 474, 476f., 492, 502. — Einzelne Kreise: Bayrischer 112, 176, 397f., 474; Burgundischer 396, 474, 480—82; 486f., 489; Fränkischer 112f., 165, 173ff., 176, 187, 398, 422, 426, 474; Kurrheinischer 398, 474; Niederrhein.-Westfälischer 112, 174, 270, 365, 398, 402, 429, 453, 466; Niedersächsischer 121f., 220, 324, 365, 453, 474; Oberrheinischer 398 474; Obersächsischer 168, 176, 365, 453, 474. Österreichischer 474; Schwäbischer 168, 174, 187, 346f., 398, 422, 426, 474.
Reichslandvogtei im Elsaß 237 (552), 267ff., (556f.), 237f., 281f., 286, 289, 291, 295, 297f., 388, **408f.**, **418—21**, 447, 483, 485.
Reichsmatrikel 107, 184, 321, 331f., 392.
Reichsrat, schwedischer 49, 74, 76, 87, 220, 304f., 516f.
Reichsreform 8, 18ff., 107, 125, 139, 143, 373f., 380f.
Reichsregiment, ständisches 139, 141; Reichsregiment von 1500: 144.
Reichsritterschaft
  Rangstreit mit Städten 212, 384f.; Stellung zum Bündnisrecht 146, 394;

Ansprüche auf geistl. Pfründen 317, 394.
— Ritterschaft im Elsaß 408.
s. auch Jus reformandi, Landeshoheit.

Reichsstädte
Allg. Stellung 386; Beschickung des Kongresses 176; Städterat 24, 360, 459, 485; Verhältnis zum Kaiser 33, 385, 391f.; zu den Landesherren 391—94 (vgl. auch Landeshoheit); Rangstreit mit Reichsritterschaft s. dort. — Votum decisivum 25, 327, 385.
Kirchl. Verhältnisse 11, 33, 71f., 360, 364f., **387—90 (569)**, 402, 416f., 444, 452, 455, 463f., (s. auch Jus reformandi).
Handels- u. Zollfragen 32, 385f., 391.
Bündnisrecht 146f., 335; Gesandtschaftsrecht 211.
Urteil Mazarins über die R. 119.
s. auch Hanse, Parität.

Reichsstände
Verhältnis z. Kaiser 7f., 22f., 124—42 (vgl. auch Kaiser); Gegensätze untereinander 23—25.
Zulassung z. Kongreß 79, 90, 112, 114—116, 156, 171—77; Stimmrecht 114, 163—66, 177f., 184, 186—89, 274, 387, 410; Kompetenz, Verhältnis zu d. kaiserl. Unterhändlern 257, 274—76, 443—55, 472, 481f., 486; Hauptvertreter 199—201; Rangfragen 209f., 211f.; Mitwirkung bei Unterzeichnung und Ratifikation 490—92 (576f.).
Formen der ständ. Beratungen 214; Beratung über Propositionen 253—59, 278; jura statuum 18, 156f., 171, 181—185 (542), 325—32; Friedensgarantie 157—63, 175, 185f., 333—36, 339—42; Stellung zu Amnestie u. Restitution 179—81, 373—76; zur franz. Satisfaktion 258f., 288, 292f., 408f., 420f., 482—85; zur schwed. Satisfaktion 258f., 314; zu Spanien u. Niederlanden 300f., 481, 485—87; Schweiz 436—439; Friedensexekution u. Abfindung der Armeen 422, 473—76; hess. Frage 381, 466f.; achte Kur 399f.
Beschlüsse u. Gutachten allg. 257—59, 278, 327, 331, 420f., 436ff., 446f., 477, 481, 484; der evang. Stände 345; der kath. Stände 345, 357, 417, 444f., 449, 455.

s. auch Bündnisrecht, Jus armorum, Jus pacis et belli, Landeshoheit.

Reichsstandschaft 186, 382, 434; auswärtiger Mächte s. Session.

Reichssteuern s. Reichsfinanzen.

Reichstag
Verhältnis z. Kaiser 20f., 139, 144; Kompetenzen (jura comitialia): Gesetzgebung 18f., 136; Religionssachen 14, 348; Verfahren 214, 499; Reichstagsakten 502; keine Teilnahme der Eidgenossen 434; Teilnahme fremder Mächte s. Session.
Forderung neuer Kompetenzen: Jus pacis et belli 171, 326f., 331f.; Mitwirkung bei Wahlkapitulation 330; beim Friedensschluß 55f., 156, 187f.; bei Ratifikation d. Friedens 166, 172f., 473; bei der Garantie 336, 339, 341.
Forderung regelmäß. Berufung 327, 331; Vertagung von Restfragen auf künftigen Reichstag 331, 393, 403, 412, 437, 452, 460, 464.
s. auch Mehrheitsprinzip, Session.
Einzelne Reichstage: Worms (1495) 143, 146, 330; Worms (1521) 20; Speyer (1526) 12, 346; Speyer (1529) 25, 144; Speyer (1544) 12, 353; Augsburg (1548) 487; Augsburg (1555) 21, 24 (s. auch Religionsfrieden); Augsburg (1559) 12; Speyer (1570) 486; Augsburg (1582) 13; Regensburg (1603) 300; Regensburg (1608) 14f., 25, 130; Regensburg (1613) 15; Regensburg (1641) 95, **100ff.**, 110ff., 114, 116, 148, 164, 177, **179f.**, 243, 257f., 337, 344, 348f., 350f., 374—76, 377f., 380, 382f., 503.

Reichstag, schwedischer 422.

Reichsverfassung 4, 8, **18—25**, 106—08, 124—42, **148—57**, 170—72, 184—89, 242, 253—59, **325—32**, 335, 374, 399, 489, 490—92.

Reifenberg, Domkapitular in Trier 287.

Reigensberger, Nikolaus Georg von, kurmainz. Kanzler 205, 255, 458, 460.

Reinkingk, Theodor, Staatsrechtslehrer 136f.

Relationen 499, 511.

Religionsfreiheit s. Autonomie.

Religionsfrieden, Augsburger (1555)
Inhalt und Bedeutung 9—13 (526f.), 338f.

Intention u. Rechtsverbindlichkeit 17, 327, 336, 345f., 413—16 (571f.); Unveränderlichkeit, Normcharakter 73, 184, 353, 355, 359; Geltungsdauer 64, 346, 414.
Anwendung 13—15; Verfahren bei Streitfällen 64, 179, 348, 359f.; authent. Interpretation 15, 139, 179, 182, 348, 350; Auslegungsnorm 12 (527), 15, 345f. (566), 357, 417.
Garantie 336, 345, 349, 357.
s. auch Autonomie, Geistl. Güter, Geistl. Vorbehalt, Jus emigrandi, Jus reformandi, Normaljahr, Publizistik, Restitutionsedikt.

Religionsverhandlungen
Zur Vorgeschichte s. Religionsfrieden, Restitutionsedikt, Frankfurter Kompositionstag, Prager Frieden. — Religionsfragen in Regensburg (1641) 179f., 344, 349; am Deputationstag (1643) 114, 116; Stand vor Kongreßbeginn 343f.
Zuständigkeit u. Verfahren des Kongresses 116, 176f., 219, 241, 252, 253f., 275, 291, 338, 344, 356f., 361f., 363, 401, 444f., 454, 458f.; Gravamina u. Propositionen 141, 170, 178, 182f., 249, 344f., 349f.; Ständeberatungen 253—259, 275, 278f.; erste Verhandlungen d. Parteien 272, 351—354; Vermittlung Trauttmansdorffs 354—58; Kursachsens 358f.; vorläufiges Scheitern 360—62; Konzessionen Trauttmansdorffs 363—67, 404—06; kathol. Opposition 410f., 413—17; Annäherung 430f., 443—46; Vermittlung Volmars 448f., 454f.; Einigung 459—64.
vgl. auch Autonomie, Geistl. Güter, Geistl. Vorbehalt, Gleichberechtigung, Jus emigrandi, Jus reformandi, Normaljahr, Parität, Reformierte, Publizistik.

Renkingen, bad. Amt 467.
Repliken s. Propositionen.
Reservatrechte s. Kaiser.
Restitution s. Amnestie.
Restitutionsedikt (1629) 15f., 19, 31, 33, 47, 60ff., 68ff. (529), 86, 181, 183, 199, 275, 318, 348, 362, 367, 387f., 394, 413.
Reumont, Johann von, Oberst 191, 198.
Reunion, Reunionskammern 225, 447, 483.
Rhein, Rheingrenze 2, 34, 57, 118f., 221—228, 231—33, 247, 259f., 265—67, 269—271, 273, 279f., 282, 285, 290, 434.
Rheinfelden (bei Basel) 282.
Rheinschiffahrt 385.
Richelieu, Armand-Jean du Plessis de, Kardinal
Rechtsanschauungen 44, 97f., 149, 222f.
Außenpolitik allg. 45f., 51—58, 77f., 82, 87f., 90, 99, 105, 145f., 153—62 (538—540), 163, 170, 261f., 377, 425; Grenzpolitik, Annexionen 35, 56—58, 99f., 111, 221—32 (548f.), 264, 269; Absichten auf Koadjutorie Trier 286.
Tod u. Nachwirkung 117f. (534), 477; schriftl. Nachlaß 504, 514f., 521.
Ritter, Moriz, Historiker 4.
Ritterschaft des Unterelsaß 291, 407.
Rixingen (Elsaß), Herren von 409.
Rocroy, Schlacht (1643) 105, 119.
Rodt, Winand, brandenburg. Diplomat 306.
Roe, Sir Thomas, engl. Diplomat 377f.
Römisches Recht 12, 124f., 129—31, 133ff., 138, 297.
Röteln, bad. Herrschaft 467.
Rohan, Herzog Heinrich von 46.
Rom 83.
Rosenhane, Schering, schwed. Resident in Münster 512.
Rosetti, päpstl. Legat 337.
Rostock 174, 220, 386, 392.
Roussilon 105, 230ff., 263, 271, 301.
Rudolf II., Kaiser 21, 24, 154.
Rügen 96, 101, 216, 220.
Rühs, Friedrich, Schriftsteller 7.
Runge, Friedrich, Gesandter der pommerschen Landstände 240, 316.
Rußland 46, 120, 123, 199.

S

Saalfeld, Abtei 362.
Saarbrücken 284.
Saarburg 284.
Saavedra, Don Diego, span. Gesandter 191.
Sachsen, altes Herzogtum 142.
Sachsen, Kurfürstentum
Geschichtliches 15, 144.
Abordnung als Friedensunterhändler 89; Beratung des Kaisers 241, 275, 449 450—53.
Reichspolitik 15, 27f., 57, 60ff., 65—68, 70—74, 99, 147, 150, 167, 358, 379, 382, 445f., 450f., 454, 485; Religionspolitik

11, 16, 27, 71 ff., 100, 344 f., 358 f., 389 f., 431, 445, 450, 452, 458 f., 465.
Stellung zum Bündnisrecht 146; Verhältnis zu Schweden 74—77, 111 f., 151, 163, 217, 220, 313, 358, 450, 475.
Sächs. Eigeninteressen 27, 72, 319.
Sachsen, Herzogtümer 28, 345, 351, 392, 401, 431, 458.
Sachsenspiegel 394.
Säkularisationen **316—20**, 342, 351, 416 f., 422, 449.
Sagan, Fürstentum 307, 314, 423.
Salm (Elsaß), Grafen u. Grafschaft 228, 284.
Saluzzo (Piemont), Markgrafschaft 224.
Salvius, Johan Adler, schwed. Gesandter
Charakter 197 f., 205; Polit.-kirchl. Ansichten 152, 166 f., 197, 368, 421; Beziehungen zur Königin 306, 315, 324, 368, 403; zu d. Oxenstiernas 197 f., 305, 403; zu Lampadius 200.
Polit. Wirksamkeit vor d. Kongreß 92 f., 96 f., 104; auf dem Kongreß: Vorbereitungen 115, 120—24, 165; Reichsu. Religionsfragen 182 f., 362—65, 368, 412, 460, 471, 473, 486 f.; schwed. Satisfaktion 240, 246, 251, 277, 305 f., 310, 312 f., 315, 322, 475.
Schriftl. Nachlaß 517 f.
Salzburg, Erzbistum 168, 331, 355, 400.
Satisfaktion allg. 89, 169, 171, 175, 178, 183, 241 f., 246, 250, 253—59, 266, 274 ff., 278, 401.
s. auch Frankreich, Schweden.
Sausenberg, bad. Amt 467.
Savoyen 161, 224, 232.
Schaumburg, Grafschaft 314, 322, 404, 453, 465 f.
Scheffer, Reinhard, Gesandter von Hessen-Kassel 174 f., 181 f., 368, 370 f.
Schelde 442.
Schenkungen s. Donationen.
Schepeler, Gerhard, Bürgermeister v. Osnabrück 190, 206, 393, 509.
Schiedsgerichtsbarkeit 7, 80 f., 157 f., 333, 335, 341 f., 416, 476, 478, 483.
Schiffahrt s. Handel, Rheinschiffahrt.
Schiller, Friedrich 3, 4 f., 48, 524.
Schleber, Johann Georg, Publizist 503.
Schlesien 249, 251, 278, 309, 342, 357, 405, 429, 452, 463.
Schleswig 121.
Schlettstadt 228, 231.
Schlußberichte s. Relationen.

Schmalkaldischer Bund 131, 145.
Schmidt, Michael Ignaz, Historiker 524.
Schneider, Balthasar, Gesandter von Kolmar (Elsaß) 146 f., 234, 285, 295, 298, 388, 407—09, 418, 420, 483.
Schoenborn, Johann Philipp von, Erzbischof v. Mainz u. Bischof von Würzburg 280, 430, 458.
Schönebeck (Elbe), Verhandlungen (1635) 76 f. (530), 93, 95, 171, 173, 241, 422.
Schröder, kaiserl. Sekretär 451 ff.
Schulden 203 f.
Schutzklausel s. Elsaß (Immediatstände).
Schwaben 142, 236, 396.
Schwäbisch-Hall 126.
Schwäbischer Kreis s. Reichskreise.
Schwarzenberg, Graf Adam von, brandenburg. Minister 89, 101, 108, 428.
Schweden
Innere Zustände 46 f., 49, 304 f., 323 f., 368, 403, 421 f.
Außenpolitik allg. 42, 46 f., 74 f., 87; Verhältnis zu Frankreich 49, 53 f., 57 f., 87, 91, 92 f., 97, 102—05, 122 f., 152, 163, 170—72, 175, 177 f., 182—86, 219, 226, 252 f., 308, 315, 365, 369 f., 399, 411, 418, 424 ff., 482, 488.
Deutsche Politik: Beziehungen zum Kaiser 73, 76, 92, 95—97, 103 f., 121 f., 251 f., 277—79, 308—14, 399, 412, 471—477; zu Reichsständen (auch Reichsverfassung) 47 f., 51, 63, 74, 91 f., 146, **149—53**, 164—66, 171 f., 175, **182—86**, 188, 219, 314, 340, 374, 376, 385, 465; zu den Evangelischen (allg. Religionspolitik) 91, 152, 170, 183, 185, 219, 249, 354, 362, 368, 371 f., 401, 412, 455, 459—61; zu einzelnen Reichsständen s. dort.
Schwed. Satisfaktion: Absichten 47 f., **216—21**; Verhandlungen vor Kongreßbeginn 61—63, 75—77 (530), 92 f., 95—97 (532), 99, 101; auf dem Kongreß 153, 169 f., 183, 239 f., **249 f.**, **277—79**, 283, 293, **304—16, 320—24**, 362, 371, 383, 385 f., 402. — s. auch Bremen, Pommern, Verden, Wismar.
Schwed. Armee: Ihre Ansprüche 76, 153, 183, 279, 323, 421 f., 454, 465; Verhandlungen darüber 96, 401, **422 f.**, 443, **471—77**.
Schweidnitz 307, 423.

Schweiz **38f.**, 144, 199, 224, 270, 379, **432—39 (573)**, 477.
Schwerin, Bistum 321, 362, 384, 402.
Seckendorf, Veit Ludwig von, Staatstheoretiker 507.
Seeland (niederländ. Provinz) 198, 468.
Selbsthilfe 333, 336, 339, 473 (575).
Seligenstadt (Main) 1.
Senkenberg, Renatus Karl Freiherr von, Historiker 508.
Servien de la Roche des Aubiers, Abel, Graf, franz. Bevollmächtigter.
   Persönliches, Beziehungen zu Mazarin 196f., 478f., 504f.; zu Avaux s. dort.
   Tätigkeit am Kongreß: Vorbereitungen 123; Reichs- u. Religionssachen 172, 175, 182f., 481; franz. Satisfaktion 232f., 235, 246, 265f., 269f., 295, 297, 419f., 482—85; Spanien u. Niederlande 303, 365, 440—42, 470.
   Schriftl. Nachlaß 514, 516.
Session am Reichstag für evang. Stiftsinhaber s. Administratoren; für fremde Mächte 220, 273, 287—90 (559), 292, 315, 324. — s. auch Kurkolleg, Reichsstandschaft.
Sicherheit, kollektive s. Assecuratio pacis.
Sicherheitspolitik, schweizerische 433f.
Siebenbürgen 122—24, 199.
Sigismund, Markgraf v. Brandenburg 92.
Sigmund, Kaiser 432.
Siri, Vittorio, Geschichtschreiber 504, 521.
Sizilien 119.
Slawata, Wilhelm von, böhm. Statthalter 63.
Sleidan, Johannes, Historiker 125, 127, 130.
Soest 41.
Sötern, Philipp von, Kurfürst, Erzbischof v. Trier u. Bischof v. Speyer 26, 78, 94, 105, 111, 119, 157, 170f., 174f., 177, 259, 282, 285ff., 290, 292f., 295, 485.
Sorel, Albert, franz. Historiker 2.
Souveränität
   Begriff bei Bodin 127f.; bei Althusius 131f.
   S. im völkerrechtl. Sinne 6, 43f., 81, 160, 288; ihr Träger im Reich 128—131, 132—39; S. als Landeshoheit 7, 129 (536), 133, 141, 185 (542).
   Französ. S. im Elsaß 281ff., 285, 287—89, 290, 292, 294—300 (560), 408, 418, 482—84; über Metz, Toul, Verdun 36f., 226, 281f., 295f., 419f.

S. der Niederlande 302; der Schweiz 435ff. (573).
Spanien
   Beziehungen zum Kaiser 22, **259f.**, 268, 271, 280f., 396f., 412, 447, 449, 488f.; Habsburger Liga (1634) 183f., 260, 300f., 417, 445, 448, 480; Assistenz, kaiserliche für Spanien 183f., 263f., 266f., 278, 292f., 301, 387, 407, 417, 445, 449f., 451, **480—82**, 483, **485—88**, **489**. — s. auch Elsaß (Oñatevertrag), Habsburg.
   Verhältnis z. Reich u. Reichsständen 114, 260, 278, 286, 289, 301, 339, 377f., 387, 391, 424, 449f., 478, 481, 483, 485ff. s. auch Bayern, Lothringen.
   Verhältnis zu Frankreich 51ff., 58, 78, 97f., 104, 223f., 229, 245, 263f., 268, 301f., 477—79, 481, 488ff., 490; zu d. Niederlanden s. dort; zu Schweden 252, 301, 482, 486f.; zur Schweiz 433; Italien. Stellung 264, 280, 289; Bez. zur Kurie 457.
   s. auch Friedensvertrag v. Münster, Philipp IV., Katalonien, Portugal.
Spengler, Lazarus, Stadtschreiber v. Nürnberg 126.
Speyer 85 (s. auch Reichstage).
Speyer, Bistum 177, 287, 294.
Spinola, Ambrosius, span. General 33.
Srbik, Heinrich von, Historiker 4.
Staatensystem s. Europäisches St.
Staatsräson 140f., 306f., 343, 401, 415, 520.
Staatsvertrag 132. — s. auch Herrschaftsvertrag.
Stadtlohn, Schlacht (1638) 377.
Städte, Städterat s. Reichsstädte.
Stände, französ. u. schwedische 176, 222, 298, 333f., 340.
Stände s. Elsaß (Immediatstände), Landstände, Pommern.
Standeserhöhungen im Reich 328.
Stein, bad. Amt 467.
Stenglin, Zacharias, Gesandter der Reichsstadt Frankfurt 200, 387.
Stettin 51, 218, 305, 307—16, 320.
Stettiner Vertrag (1630) s. Pommern.
Stimmrecht am Reichstag u. Kongreß s. Reichsstände, Reichsstädte (votum decisivum).
St. Maximin, Abtei in Trier 287.
Stockholm 192, 219, 252, 403, 492, 500, 516ff.

Stockholm, Vertrag (1641) 109, 218.
Stralsund 46, 96, 101, 174, 392.
Stralsund, Vertrag (1630) 30, 150f.
Straßburg, Bistum 28, 228, 236f., 239, 247 (554), 266f. (556f.), 270, 273, 285, 290f., 294, 364, 388, 407—10, 420.
Straßburg, Reichsstadt
   Geschichtliches 237 (552); kirchl. Zustände 16, 72; Kriegsereignisse 119; Sonstiges 127, 192.
   Beschickung d. Kongresses 168, 176, 200; Reichs- u. Religionspolitik 386, 387f., 389, 458; französ. Satisfaktion 223f., 247 (554), 269f., 273, 295, 299, 407—10, 418, 482—84.
St. Romain, franz. Diplomat 252, 310, 312, 479.
Stuhmsdorf, Vertrag (1635) 76.
St. Wendel 284.
Sully, Maximilian de Béthune, Herzog, Minister Heinrichs IV. v. Frankreich 45f.
Sundgau 236 (552), 238, 270, 272, 281f., 485.
Superioritas 129, 296f.
Supremum dominium s. Dominium.
Sybel, Heinrich von, Historiker 34.

T

Tagebücher, amtliche 499f., 503, 506, 507, 511.
Ter Borch, Gerard, Maler 45, 203, 469f. (575).
Thann (Elsaß) 1.
Theologengutachten s. Gutachten.
Thionville s. Diedenhofen.
Thiers, Adolphe, franz. Politiker und Historiker 2.
Thuillerie, de la, franz. Gesandter in Stockholm 304.
Thumbshirn, Wolfgang Konrad von, Gesandter v. Sachsen-Altenburg 200, 205, 211, **344,** 358, 363, 372, 401—03, 431, 458, 460, 464, 466.
Thurn, Graf Matthias von 68.
Thurn und Taxis, Fürst von 192.
Tilly, Graf Johann Tserclaes von, Feldherr der Liga 29, 49, 60, 404.
Tirol, Erzherzöge von 242, 250, 265f., 271ff., 281 (557), 289, 382, 447.
Toledo 264.

Toleranz 8f., 345, 370f., 415. — s. auch Autonomie.
Torgau 63, 66.
Torstensson, Graf Lennart, schwed. Feldherr 105, 121ff., 176, 304.
Toul, Bistum s. Metz.
Translatio Imperii 129f.
Trauttmansdorff, Graf Maximilian von, kaiserl. Hauptbevollmächtigter
   Persönlichkeit **195,** 205, **243—45;** polit. Tätigkeit vor Kongreßbeginn 70, 244f.
   Ankunft in Münster 243; Unterbringung 190f.; Zeremoniell 210f.; Auftrag u. polit. Programm 245f.
   Verhandlungen am Kongreß: Reichsangelegenheiten 253—59, 272, 292f., 375f., 379, 381f., 383, 386, 392, 393, 398f., 401—03, 467, 490; Religionssachen 251, 316—20, 338, 342, 350, 353—66, 369, 405, 413f., 416, 443f., 456, 458, 461f.; franz. Satisfaktion 259f., 265—73, 280—84, 289—300, 406f.; schwed. Satisfaktion u. brandenburg. Entschädigung 250—52, 276—79, 304—11, 313, 323, 474; Spanien, Niederlande 264, 268, 271, 300; Schweiz 436, 438.
   Abreise 410—12, 424; Nachwirkungen, Fortführung seiner Politik 427, 429f., 445f., 448, 450f., 454, 456f., 459, 472.
   Schriftl. Nachlaß 513.
Treitschke, Heinrich von, Historiker 48.
Trésor des Chartes 504.
Treuevorbehalt 126, 142—47, 151, 242, 326ff., 424. — s. auch Bündnisrecht
Trient 83, 85.
Trienter Konzil 13, 209, 414, 520.
Trier 26, 41, 51, 78, 286.
Trier, Erzbistum 26, 50, 56, 91, 94, 119, 155, 157, 163, 177, 227, 255, 258f., 286f., 292f., 295, 397, 429, 455, 458.
   s. auch Sötern, Philipp von.
Truchseß v. Waldburg, Gebhard, Erzbischof v. Köln 14.
Truchseß v. Waldburg, Otto, Bischof v. Augsburg 17, 336.
Trzka, Graf Adam 68.
Türkei 199.
Türkenhilfe 265f., 272, 391.
Türkenkrieg 194, 267.
Turenne, Henri de la Tour d'Auvergne, Vicomte de 286, 366, 396, 470.
Turin 95.
Twist, Ratsherr von Aachen 390.

U

Überlingen (Bodensee) 397.
Ulm, Reichsstadt 16, 72, 174, 176, 386, **387**, 389.
Ulm, Vertrag (1620) 52; Waffenstillstand (1647) 397f., 424f., 429f., 449.
Unabhängigkeitserklärung, niederländische (1581) 42.
Ungarn 231.
Union 15, 29, 52.
Unionisten 368.
Unionspolitik, brandenburgische (1647/48) 453f.
Universalfrieden 70, 75, 83, 118f., 310, 407, 441, 450.
Universalmonarchie s. Habsburg.
Unterpfalz 377—79, 397f., 399f., 488.
Unterzeichnung s. Friedensverträge.
Unterzeichnungsbefugnis 340f., **490f.**
Urban VIII., Papst 82—86, 245, 336f., 521.
Usedom 216.
Utrecht 198, 442f., 468.

V

Variata s. Confessio Augustana.
Vautorte, französ. Intendant im Elsaß 238, 287.
Velasquez, Diego, Maler 45.
Veltlin 51, 86, 262, 279.
Venedig 83, 87, 158, 161, 194, 204, 208f., 211, 267, 521.
Venedig, Liga (1495) 159.
Verbindlichkeit der Reichstagsbeschlüsse u. des Friedens für Abwesende u. Dissentierende 17, 187f., 336, 357, 459, 491.
Verden, Bistum 13, 30, 121, 199, **218—20**, 249ff. 277—79, 305, 308, 318, 320f., 354, 359, 361f., 364, 404, 499.
Verdun, Bistum s. Metz.
Verdun, Vertrag (843) 34.
Verhandlungsformen und -sprachen s. Kongreß.
Verhandlungsmodus (Reihenfolge der Beratungsgegenstände etc.) 188, 253f., 291, 401f., 465, 472.
Verhandlungsvollmacht des Kaisers s. Jus pacis et belli.
Vermittler s. Chigi, Contarini.
Vermittlung 67, 79, **80—82**, 84, 88, 111, 120—23, 156, 177, 193f., 213f., 307, 308, 315, 337, 361f., 456, 466, 478, 481, 487.

Versailles, Frieden (1919) 6, 192.
Versoix (bei Genf) 224.
Vertragscharakter der Reichsgesetze u. des Religionsfriedens s. dort.
Vervaux SJ., Beichtvater Maximilians v. Bayern 235, 306, 413f.
Vervins, Frieden (1598) 337.
Verzichterklärungen, kaiserliche u. spanische, über Elsaß 285, 490.
Vic (Lothringen), Festung 56, 77, 225.
Vierraden (bei Schwedt a. d. Oder) 92.
Völkerrecht 6f., 42f., 149, 157ff., 189, 223, 335, 339ff., 407, 433, 443, 495.
  s. auch Garantie, gute Dienste, Intervention, Schiedsgerichtsbarkeit, Vermittlung u. a.
Volkssouveränität 131.
Vollmachten 169, 208, 302, 424, 430, 435.
Volmar, Isaak, kaiserl. Bevollmächtigter
  Herkunft, Charakter 195, 205.
  Tätigkeit am Kongreß: Äußeres 191, 202; Reichsangelegenheiten 264, 331, 334, 365, 412, 444, 446f., 448f., 451, 454f., 456f., 458f., 460, 462, 472, 481f.; Tiroler Interessen 271, 281 (556f.); französ. Satisfaktion 239, 273, 283, 447f.; schwed. Satisfaktion 310, 472; Schweiz 436, 439; Redaktion der Friedensentwürfe 273, 400; Abschließendes 489f.
  Urteil über den Frieden 1; amtl. Tagebuch 507.
Voltaire 2.
Vorburg, Würzburg. Gesandter 115, 200, 206, 458.
Vorgriff, kaiserlicher 19, 356, 444—46, (573), 448—52, 454f.
Vorrang s. Präzedenz.
Votum decisivum s. Reichsstädte.
Vultejus, Hermann, Rechtsgelehrter 129f., 135.
Vultejus, Johann, Gesandter von Hessen-Kassel 368.

W

Waffenstillstand, allgemeiner 177, 242, 273, 369f.; sächsisch-schwedischer 358, 397. — s. auch Stockholm (Vertrag) u. Ulm (Waffenstillstand).
Wahlkapitulation allg. 19, 24, 130f., 135f., 139, 141, 172, 288, **327—32**, 336, 339, 439, 486, 489, 513. — Einzelne Wahl-

kapitulationen: Karl V. (1519) 8, 18, 20, 107, 125, 144; Matthias (1612) 131, 154; Ferdinand III. (1636) 20, 88—90, 148, 178, 209, 276.
Wahlrecht der Domkapitel s. dort; der Kurfürsten s. dort u. unter Kaiserwahl.
Waldstädte (im Breisgau) 231, 249, 267 (556f.), 269f., 272f., 282, 285, 290f., 490, 493.
Walfisch (bei Wismar), Fort 219f., 249, 320.
Walkenried, Kloster 362, 404.
Wallenstein 22f., 49, 57, 64, 67—69, 107, 426.
Wambold s. Anselm Kasimir.
Wangnereck, Heinrich SJ. 194, 413f., 416.
Warnemünde 216, 219f., 320, 386.
Wartenberg s. Franz Wilhelm.
Wasa, Königshaus 289.
Weinsberg (Württemberg) 195.
Weißenburg (Elsaß) 268.
Wenning, Georg Ulrich, ev. Prediger in Aachen 390.
Wenzel, deutscher König 236.
Werth, Johann von, bayr. General 425f.
Wesel, Vertrag (1636) 87, 162.
Wesenbeck, Matthaeus, brandenburg. Gesandter 370, 453, 474.
Weser 324, 470.
Weserzoll 385f., 391.
Westerburg, Herren von 409.
Westfalen 427, 470.
Westfälischer Kreis s. Reichskreise.
Westindien 261.
Westindische Kompanie 442.
Wetterauer Grafen 394.
Wettstein, Rudolf, Bürgermeister von Basel 39, 199, 433—39, 512.
Wicquefort, Abraham de, Diplomat 204, 208, 212, 429, 525.
Widerstandsrecht 42, 44, 125—27, 144f., 146f., 149, 232.
Wiedertäufer 107.
Wien 78, 192, 377f., 488, 500, 512f.
Wiener Kongreß (1814/15) 192.
Wilhelm, Markgraf v. Baden-Baden 32, 382, 467.
Wilhelm, Herzog v. Sachsen-Weimar 28, 150, 168.
Wilhelm V., Landgraf v. Hessen-Kassel 30, 62, 150f., 181, 380.
Wismar 76, 174, 216, 219f., 246, 249, 251, 277—79, 305, 308, **320f.**, 322, 384, 385, 402.
Wismar, Bündnis (1636) 87, 91ff., 97, 152, 163, 178, 182f., 219, 244, 365.
Wittgenstein, Graf Johann VIII. v. Sayn-W., brandenburg. Gesandter 194, 200, 205f., 250f., 307, 312, 314f., 323.
Wohlau, Fürstentum 72, 405.
Wolfenbüttel s. Braunschweig.
Wolgast 216, 307, 309.
Wollin 308, 315.
Wolsey, Kardinal 159.
Worms 102. — s. auch Reichstag.
Wormser Konkordat (1122) 361.
Wrangel, Karl Gustav von, schwed. Feldmarschall 304, 396, 423, 426f., 470.
Württemberg 31, 244, 351; Klosterfrage 16, 31f., 199f., 362, 364ff., 382f., 444, 449, 455, 473 (s. auch Jus reformandi); Schwed. Donationen 50; Württ. Frage am Kongreß 72, 176, 184, 364ff., 382f., 402f., 412.
s. auch Eberhard III., Herzog.
Würzburg, Bistum 50, 113, 165, 168, 200, 205, 216, 280, 331, 430, 449, 456, 458.
s. auch Schoenborn, Joh. Philipp v.

Y

Yves de St. Prez, Archivar 522.

Z

Zabern 224, 228, 231, 239, 247, 270, 272f., 280f., 285, 408.
Zaberner Steige 225, 231, 269.
Zapata, span. Gesandter 194.
Zehnstädtebund s. Dekapolis.
Zeitungen 502.
Zeremoniell 79, **206—12**, 262, 274, 470, 492.
Zölle 32, 385; Elbe 32, 391, 402; Ostsee 30, 32, 47, 50f., 150, 422; Rhein 32, 41, 282; Schelde 442; Weser 385f., 391.
Zollfragen b. d. Friedensverhandlungen 89, 220, 323f. (569), 467, 477.
Zürich 433.
Zütphen (Zutfen) 40.
Zulassung zum Kongreß s. Reichsstände.
Zweibrücken 284. — s. auch Pfalz-Zweibrücken.
Zwingli 127.

Für die Erforschung des Westfälischen Friedens wird zunehmend wichtiger die von der Rheinisch-Westfälischen Akademie der Wissenschaften in Verbindung mit der Vereinigung zur Erforschung der Neueren Geschichte e.V. durch Konrad Repgen herausgegebene große Edition der Acta Pacis Westphalicae. Daneben treten Monographien in der ebenfalls von ihm herausgegebenen Schriftenreihe der Vereinigung zur Erforschung der Neueren Geschichte e.V.

ACTA PACIS WESTPHALICAE

Die mit * bezeichneten Bände liegen vor

SERIE I: INSTRUKTIONEN

Band 1:
Frankreich-Schweden-Kaiser. Bearbeitet von Fritz Dickmann, Kriemhild Goronzy, Emil Schieche, Hans Wagner und Ernst Manfred Wermter. – 1962, XXXII und 476 Seiten. – Einzelpreis: Leinen 60,– DM, Subskriptionspreis: 55,– DM.

SERIE II: KORRESPONDENZEN

Abteilung A: Die kaiserlichen Korrespondenzen

Band 1:
1643–1644. Bearbeitet von Wilhelm Engels unter Mithilfe von Elfriede Merla. – 1969, XXX und 745 Seiten. – Einzelpreis: Leinen 140,– DM, Subskriptionspreis: 129,– DM.

Band 2:
1644–1645. Bearbeitet von Wilhelm Engels. Mit einem Nachtrag von Karsten Ruppert. – 1976, XXVIII und 737 Seiten. – Einzelpreis: Leinen 240,– DM, Subskriptionspreis: 216,– DM.

Band 3:
1645–1646. Bearbeitet von Karsten Ruppert. – 1985, XLVIII und 635 Seiten. – Einzelpreis: Leinen 198,– DM, Subskriptionspreis: 178,– DM.

Band 4:
1646. – Im Satz.

Band 5:
1646–1647. – Im Satz.

Band 6–8:
1647–1649. – In Vorbereitung.

Abteilung B: Die französischen Korrespondenzen

Band 1:
1644. Bearbeitet von Ursula Irsigler unter Benutzung der Vorarbeiten von Kriemhild Goronzy. – 1979, XC und 943 Seiten. – Einzelpreis: Leinen 280,– DM, Subskriptionspreis: 255,– DM.

Band 2:
1645. Bearbeitet von Franz Bosbach unter Benutzung der Vorarbeiten von Kriemhild Goronzy und unter Mithilfe von Rita Bohlen. – 1986, XLVIII und 974 Seiten. – Einzelpreis: Leinen 310,– DM, Subskriptionspreis: 280,– DM.

Band 3:
1645–1646. – Im Satz.
Band 4–6:
1646–1649. – In Vorbereitung.

Abteilung C: Die schwedischen Korrespondenzen
*Band 1:
1643–1645. Bearbeitet von Ernst Manfred Wermter. – 1965, XXXII und 960 Seiten. – Einzelpreis: Leinen 175,- DM, Subskriptionspreis: 160,- DM.
*Band 2:
1645–1646. Bearbeitet von Wilhelm Kohl. – 1971, XL und 609 Seiten. – Einzelpreis: Leinen 130,- DM, Subskriptionspreis: 118,- DM.
*Band 3:
1646–1647. Bearbeitet von Gottfried Lorenz. – 1975, LVI und 738 Seiten. – Einzelpreis: Leinen 210,- DM, Subskriptionspreis: 190,- DM.
Band 4:
1647–1649. – In Vorbereitung.

SERIE III:
PROTOKOLLE, VERHANDLUNGSAKTEN, DIARIEN, VARIA

Abteilung A: Protokolle
*Band 1,1:
Die Beratungen der kurfürstlichen Kurie 1645–1647. Bearbeitet von Winfried Becker. – 1975, CXXIV und 960 Seiten. – Einzelpreis: Leinen 298,- DM, Subskriptionspreis: 272,- DM.
Band 1,2:
Die Beratungen der kurfürstlichen Kurie 1647–1649. – In Vorbereitung.
Band 2:
Die Beratungen des Fürstenrates Münster 1645–1649. – In Vorbereitung.
Band 3,1:
Die Beratungen des Fürstenrates Osnabrück 1645–1647. – Im Satz.
Band 3,2:
Die Beratungen des Fürstenrates Osnabrück 1648–1649. – In Vorbereitung.
*Band 4,1:
Die Beratungen der katholischen Stände 1645–1647. Bearbeitet von Fritz Wolff unter Mitwirkung von Hildburg Schmidt-von Essen. – 1970, LXVIII und 585 Seiten. – Einzelpreis: Leinen 115,- DM, Subskriptionspreis: 102,- DM.
Band 4,2:
Die Beratungen der katholischen Stände 1647–1649. – In Vorbereitung.
Band 5:
Die Beratungen der evangelischen Stände. – In Vorbereitung.
*Band 6:
Die Beratungen der Städtekurie Osnabrück 1645–1649. Bearbeitet von Günter Buchstab. – 1981, XLVIII und 917 Seiten. – Einzelpreis: Leinen 340,- DM, Subskriptionspreis: 306,- DM.

Abteilung B: Verhandlungsakten – In Vorbereitung.

Abteilung C: Diarien

*Band 1,1;
Diarium Chigi 1639–1651. 1. Teil: Text. Bearbeitet von Konrad Repgen. – 1984, XLII und 533 Seiten. – Einzelpreis: Leinen 168,– DM, Subskriptionspreis: 150,– DM.

Band 1,2:
Diarium Chigi 1639–1651. 2. Teil: Kommentar und Register. – In Vorbereitung.

*Band 2,1–2:
Diarium Volmar. Bearbeitet von Joachim F. Foerster und Roswitha Philippe. 1. Teil: 1643–1647. 2. Teil: 1647–1649. – 1984, XLVIII und 1280 Seiten. – Einzelpreis: Leinen 480,– DM, Subskriptionspreis: 430,– DM.

Band 2,3:
Diarium Volmar. 3. Teil: Register. – Im Satz.

*Band 3:
Diarium Wartenberg. Bearbeitet von Joachim F. Foerster. 1. Teil: 1644–1646. – 1987, L und 666 Seiten. 2. Teil: 1647–1648. – 1988, VI und Seiten 667–1357. – Einzelpreis: Leinen 398,– DM, Subskriptionspreis: 360,– DM.

*Band 4:
Diarium Lamberg 1645–1649. Bearbeitet von Herta Hageneder. – 1986, XL und 268 Seiten. – Einzelpreis: Leinen 78,– DM, Subskriptionspreis: 70,– DM.

Abteilung D: Varia

*Band 1:
Stadtmünsterische Akten und Vermischtes. Bearbeitet von Helmut Lahrkamp. – 1964, XXIV und 402 Seiten. – Einzelpreis: Leinen 58,– DM, Subskriptionspreis: 53,– DM.

VERLAG ASCHENDORFF MÜNSTER

SCHRIFTENREIHE DER VEREINIGUNG ZUR ERFORSCHUNG DER NEUEREN GESCHICHTE

1 Forschungen und Studien zur Geschichte des Westfälischen Friedens. Vorträge bei dem Colloquium französischer und deutscher Historiker vom 28. April bis 30. April 1963 in Münster. – 1965, VIII und 126 Seiten, kart. 26,- DM, ISBN 3-402-05620-8.

2 Corpus Evangelicorum und Corpus Catholicorum auf dem Westfälischen Friedenskongreß. Die Einfügung der konfessionellen Ständeverbindungen in die Reichsverfassung. Von Fritz WOLFF. – 1966, XX und 231 Seiten, kart. 48,- DM, ISBN 3-402-05621-6.

3 Der Regensburger Kurfürstentag von 1636/1637. Von Heiner HAAN. – 1967, XX und 304 Seiten, kart. 62,- DM, ISBN 3-402-05622-4.

4 Das Erzstift Bremen und der Administrator Friedrich während des Westfälischen Friedenskongresses. Ein Beitrag zur Geschichte des schwedisch-dänischen Machtkampfes im 17. Jahrhundert. Von Gottfried LORENZ. – 1969, XXII und 264 Seiten, kart. 50,- DM, ISBN 3-402-05623-2.

5 Der Kurfürstenrat. Grundzüge seiner Entwicklung in der Reichsverfassung und seine Stellung auf dem Westfälischen Friedenskongreß. Von Winfried BECKER. – 1973, X und 419 Seiten, kart. 88,- DM, ISBN 3-402-05624-0.

6 Kurfürst Ferdinand von Köln. Die Politik seiner Stifter in den Jahren 1634-1650. Von Joachim F. FOERSTER. – 1976, X und 455 Seiten, kart. 118,- DM, ISBN 3-402-05625-9.

7 Reichsstädte, Städtekurie und Westfälischer Friedenskongreß. Zusammenhänge von Sozialstruktur, Rechtsstatus und Wirtschaftskraft. Von Günter BUCHSTAB. – 1976, VIII und 250 Seiten, kart. 74,- DM, ISBN 3-402-05626-7.

8 Württemberg und der Westfälische Friede. Von Roswitha PHILIPPE. – 1976, VIII und 148 Seiten, kart. 48,- DM, ISBN 3-402-05627-5.

9 Protection Royale. Eine Untersuchung zu den Protektionsverhältnissen im Elsaß zur Zeit Richelieus 1622-1643. Von Wolfgang Hans STEIN. – 1978, XII und 647 Seiten, 14 Karten auf Tafeln, kart. 164,- DM, ISBN 3-402-05628-3.

10 Die kaiserliche Politik auf dem Westfälischen Friedenskongreß (1643-1648). Von Karsten RUPPERT. – 1979, XVI und 438 Seiten, kart. 98,- DM, ISBN 3-402-05629-1.

11 Les Routes et les Étapes. Die Versorgung der französischen Armeen in Nordostfrankreich (1635-1661). Ein Beitrag zur Verwaltungsgeschichte des Ancien Régime. Von Bernhard KROENER. – 1980, XIV und 257 Seiten, dazu ein Kartenheft als Beilage (mit 16 Faltkarten), kart. 92,- DM, ISBN 3-402-05630-5.

12 Forschungen und Quellen zur Geschichte des Dreißigjährigen Krieges. – 1981, VI und 287 Seiten, kart. 68,- DM, ISBN 3-402-05631-3.

13 Die Kosten des Westfälischen Friedenskongresses. Eine strukturgeschichtliche Untersuchung. Von Franz BOSBACH. – 1984, XVIII und 285 Seiten, 28 Tabellen und 17 Diagramme (z. T. auf Falttafeln), kart. 98,- DM, ISBN 3-402-05632-1.

14 Die Ormée (1651–1653). Gestaltende Kräfte und Personenverbindungen der Bordelaiser Fronde. Von Helmut KÖTTING. – 1983, VIII und 288 Seiten, kart. 78,- DM, ISBN 3-402-05633-X.

15 Der Trierer Kurfürst Philipp Christoph von Sötern und der Westfälische Friede. Von Karlies ABMEIER. – 1986, XII und 298 Seiten, kart. 78,- DM, ISBN 3-402-05634-8.

16 Armeefinanzierung im Dreißigjährigen Krieg. Der niederrheinisch-westfälische Reichskreis 1635–1650. Von Hubert SALM. – 1990, VI und 213 Seiten, 37 Abbildungen auf Tafeln, 5 Karten, kart. 148,- DM, ISBN 3-402-05636-6.

17 Der Nürnberger Exekutionstag 1649-1650. Das Ende des Dreißigjährigen Krieges in Deutschland. Von Antje OSCHMANN. – 1991, LXVI und 718 Seiten, 2 Karten als Beilage, kart. 248,- DM, ISBN 3-402-05636-4.

18 Madrid und Wien 1632–1637. Politik und Finanzen in den Beziehungen zwischen Philipp IV. und Ferdinand II. Von Hildegard ERNST. – 1991, XII und 339 Seiten, kart. 140,- DM, ISBN 3-402-05637-2.

19 Das Herrscherbild im 17. Jahrhundert. Herausgegeben von Konrad REPGEN. – 1991, VIII und 118 Seiten, kart. 45,- DM, ISBN 3-402-05670-4.

20 Kurfürst Maximilian I. und der westfälische Friedenskongreß. Die bayerische auswärtige Politik von 1644 bis zum Ulmer Waffenstillstand. Von Gerhard IMMLER. – Im Satz.

VERLAG ASCHENDORFF MÜNSTER